社区工作法律法规一本通

（上册）

侯佳儒　主　编
柴云乐　副主编

红旗出版社

红旗出版社
RED FLAG PRESS
推动进步的力量

图书在版编目（CIP）数据

社区工作法律法规一本通 / 侯佳儒主编 . — 北京：红旗出版社，2020.1
ISBN 978-7-5051-5054-6
Ⅰ．①社… Ⅱ．①侯… Ⅲ．①社区管理—法律—基本知识—中国 Ⅳ．①D922.182.04
中国版本图书馆 CIP 数据核字（2019）第 301280 号

书　　名　社区工作法律法规一本通
主　　编　侯佳儒　　　　副 主 编　柴云乐
出 品 人　唐中祥　　　　选题策划　盘黎明　刘险涛
总 监 制　褚定华　　　　责任编辑　毛传兵
出版发行　红旗出版社　　地　　址　北京市沙滩北街 2 号
邮政编码　100727　　　　编 辑 部　010-57274526
E - mail　hongqil608@126. com
发 行 部　010-57270296
印　　刷　北京卓诚恒信彩色印刷有限公司
开　　本　787mm × 1092mm　1/16
字　　数　1442 千字　　　印　　张　88.5
版　　次　2020 年 1 月北京第 1 版　　印　　次　2020 年 1 月北京第 1 次印刷
ISBN 978-7-5051-5054-6　　定　　价　298. 00 元（上下册）

欢迎品牌畅销图书项目合作　联系电话：010 - 57274627

“中国梦·和天下”社区治理丛书暨
红旗出版社智库书系丛书编委会

目录 CONTENTS

1 社区组织

（一）基层政权

中华人民共和国村民委员会组织法

（2018年12月29日修正）

第一章　总　则

第一条　为了保障农村村民实行自治，由村民依法办理自己的事情，发展农村基层民主，维护村民的合法权益，促进社会主义新农村建设，根据宪法，制定本法。

第二条　村民委员会是村民自我管理、自我教育、自我服务的基层群众性自治组织，实行民主选举、民主决策、民主管理、民主监督。

村民委员会办理本村的公共事务和公益事业，调解民间纠纷，协助维护社会治安，向人民政府反映村民的意见、要求和提出建议。

村民委员会向村民会议、村民代表会议负责并报告工作。

第三条　村民委员会根据村民居住状况、人口多少，按照便于群众自治，有利于经济发展和社会管理的原则设立。

村民委员会的设立、撤销、范围调整，由乡、民族乡、镇的人民政府提出，经村民会议讨论同意，报县级人民政府批准。

村民委员会可以根据村民居住状况、集体土地所有权关系等分设若干村民小组。

第四条　中国共产党在农村的基层组织，按照中国共产党章程进行工作，发挥领导核心作用，领导和支持村民委员会行使职权；依照宪法和法律，支持和保障村民开展自治活动、直接行使民主权利。

第五条　乡、民族乡、镇的人民政府对村民委员会的工作给予指导、支持和帮助，但是不得干预依法属于村民自治范围内的事项。

村民委员会协助乡、民族乡、镇的人民政府开展工作。

第二章　村民委员会的组成和职责

第六条　村民委员会由主任、副主任和委员共三至七人组成。

村民委员会成员中，应当有妇女成员，多民族村民居住的村应当有人数较少的民族的成员。

对村民委员会成员，根据工作情况，给予适当补贴。

第七条　村民委员会根据需要设人民调解、治安保卫、公共卫生与计划生育等委员会。村民委员会成员可以兼任下属委员会的成员。人口少的村的村民委员会可以不设下属委员会，由村民委员会成员分工负责人民调解、治安保卫、公共卫生与计划生育等工作。

第八条　村民委员会应当支持和组织村民依法发展各种形式的合作经济和其他经济，承担本村生产的服务和协调工作，促进农村生产建设和经济发展。

村民委员会依照法律规定，管理本村属于村农民集体所有的土地和其他财产，引导村民合理利用自然资源，保护和改善生态环境。

村民委员会应当尊重并支持集体经济组织依法独立进行经济活动的自主权，维护以家庭承包经营为基础、统分结合的双层经营体制，保障集体经济组织和村民、承包经营户、联户或者合伙的合法财产权和其他合法权益。

第九条　村民委员会应当宣传宪法、法律、法规和国家的政策，教育和推动村民履行法律规定的义务、爱护公共财产，维护村民的合法权益，发展文化教育，普及科技知识，促进男女平等，做好计划生育工作，促进村与村之间的团结、互助，开展多种形式的社会主义精神文明建设活动。

村民委员会应当支持服务性、公益性、互助性社会组织依法开展活动，推动农村社区建设。

多民族村民居住的村，村民委员会应当教育和引导各民族村民增进团结、互相尊重、互相帮助。

第十条　村民委员会及其成员应当遵守宪法、法律、法规和国家的政策，遵守并组织实施村民自治章程、村规民约，执行村民会议、村民代表会议的决定、决议，办事公道，廉洁奉公，热心为村民服务，接受村民监督。

第三章　村民委员会的选举

第十一条　村民委员会主任、副主任和委员，由村民直接选举产生。任何组织或者个人不得指定、委派或者撤换村民委员会成员。

村民委员会每届任期五年，届满应当及时举行换届选举。村民委员会成员可以连选连任。

第十二条　村民委员会的选举，由村民选举委员会主持。

村民选举委员会由主任和委员组成，由村民会议、村民代表会议或者各村民小组会议推选产生。

村民选举委员会成员被提名为村民委员会成员候选人，应当退出村民选举委员会。

村民选举委员会成员退出村民选举委员会或者因其他原因出缺的，按照原推选结果依次递补，也可以另行推选。

第十三条　年满十八周岁的村民，不分民族、种族、性别、职业、家庭出身、宗教信仰、教育程度、财产状况、居住期限，都有选举权和被选举权；但是，依照法律被剥夺政治权利的人除外。

村民委员会选举前，应当对下列人员进行登记，列入参加选举的村民名单：

（一）户籍在本村并且在本村居住的村民；

（二）户籍在本村，不在本村居住，本人表示参加选举的村民；

（三）户籍不在本村，在本村居住一年以上，本人申请参加选举，并且经村民会议或者村民代表会议同意参加选举的公民。

已在户籍所在村或者居住村登记参加选举的村民，不得再参加其他地方村民委员会的选举。

第十四条　登记参加选举的村民名单应当在选举日的二十日前由村民选举委员会公布。

对登记参加选举的村民名单有异议的，应当自名单公布之日起五日内向村民选举委员会申诉，村民选举委员会应当自收到申诉之日起三日内作出处理决定，并公布处理结果。

第十五条　选举村民委员会，由登记参加选举的村民直接提名候选人。村民提名候选人，应当从全体村民利益出发，推荐奉公守法、品行良好、公道正派、热心公益、具有一定文化水平和工作能力的村民为候选人。候选人的名额应当多于应选名额。村民选举委员会应当组织候选人与村民见面，由候选人介绍履行职责的设想，回答村民提出的问题。

选举村民委员会，有登记参加选举的村民过半数投票，选举有效；候选人获得参加投票的村民过半数的选票，始得当选。当选人数不足应选名额的，不足的名额另行选举。另行选举的，第一次投票未当选的人员得票多的为候选人，候选人以得票多的当选，但是所得票数不得少于已投选票总数的三分之一。

选举实行无记名投票、公开计票的方法，选举结果应当当场公布。选举时，应当设立秘密写票处。

登记参加选举的村民，选举期间外出不能参加投票的，可以书面委托本村有选举权的近亲属代为投票。村民选举委员会应当公布委托人和受委托人的名单。

具体选举办法由省、自治区、直辖市的人民代表大会常务委员会规定。

第十六条　本村五分之一以上有选举权的村民或者三分之一以上的村民代表联名，可以提出罢免村民委员会成员的要求，并说明要求罢免的理由。被提出罢免的村民委员会成员有权提出申辩意见。

罢免村民委员会成员，须有登记参加选举的村民过半数投票，并须经投票的村民过半数通过。

第十七条　以暴力、威胁、欺骗、贿赂、伪造选票、虚报选举票数等不正当手段当选村民委员会成员的，当选无效。

对以暴力、威胁、欺骗、贿赂、伪造选票、虚报选举票数等不正当手段，妨害村民行使选举权、被选举权，破坏村民委员会选举的行为，村民有权向乡、民族乡、镇的人民代表大会和人民政府或者县级人民代表大会常务委员会和人民政府及其有关主管部门举报，由乡级或者县级人民政府负责调查并依法处理。

第十八条　村民委员会成员丧失行为能力或者被判处刑罚的，其职务自行终止。

第十九条　村民委员会成员出缺，可以由村民会议或者村民代表会议进行补选。补选程序参照本法第十五条的规定办理。补选的村民委员会成员的任期到本届村民委员会任期届满时止。

第二十条　村民委员会应当自新一届村民委员会产生之日起十日内完成工作移交。工作移交由村民选举委员会主持，由乡、民族乡、镇的人民政府监督。

第四章　村民会议和村民代表会议

第二十一条　村民会议由本村十八周岁以上的村民组成。

村民会议由村民委员会召集。有十分之一以上的村民或者三分之一以上的村民代表提议，应当召集村民会议。召集村民会议，应当提前十天通知村民。

第二十二条　召开村民会议，应当有本村十八周岁以上村民的过半数，或者本村三分之二以上的户的代表参加，村民会议所作决定应当经到会人员的过半数通过。法律对召开村民会议及作出决定另有规定的，依照其规定。

召开村民会议，根据需要可以邀请驻本村的企业、事业单位和群众组织派代表列席。

第二十三条　村民会议审议村民委员会的年度工作报告，评议村民委员会成员的工作；有权撤销或者变更村民委员会不适当的决定；有权撤销或者变更村民代表会议不适当的决定。

村民会议可以授权村民代表会议审议村民委员会的年度工作报告，评议村民委员会成员的工作，撤销或者变更村民委员会不适当的决定。

第二十四条　涉及村民利益的下列事项，经村民会议讨论决定方可办理：

（一）本村享受误工补贴的人员及补贴标准；

（二）从村集体经济所得收益的使用；

（三）本村公益事业的兴办和筹资筹劳方案及建设承包方案；

（四）土地承包经营方案；

（五）村集体经济项目的立项、承包方案；

（六）宅基地的使用方案；

（七）征地补偿费的使用、分配方案；

（八）以借贷、租赁或者其他方式处分村集体财产；

（九）村民会议认为应当由村民会议讨论决定的涉及村民利益的其他事项。

村民会议可以授权村民代表会议讨论决定前款规定的事项。

法律对讨论决定村集体经济组织财产和成员权益的事项另有规定的，依照其规定。

第二十五条　人数较多或者居住分散的村，可以设立村民代表会议，讨论决定村民会议授权的事项。村民代表会议由村民委员会成员和村民代表组成，村民代表应当占村民代表会议组成人员的五分之四以上，妇女村民代表应当占村民代表会议组成人员的三分之一以上。

村民代表由村民按每五户至十五户推选一人，或者由各村民小组推选若干人。村民代表的任期与村民委员会的任期相同。村民代表可以连选连任。

村民代表应当向其推选户或者村民小组负责，接受村民监督。

第二十六条　村民代表会议由村民委员会召集。村民代表会议每季度召开一次。有五分之一以上的村民代表提议，应当召集村民代表会议。

村民代表会议有三分之二以上的组成人员参加方可召开，所作决定应当经到会人员的过半数同意。

第二十七条　村民会议可以制定和修改村民自治章程、村规民约，并报乡、民族乡、镇的人民政府备案。

村民自治章程、村规民约以及村民会议或者村民代表会议的决定不得与宪法、法律、法规和国家的政策相抵触，不得有侵犯村民的人身权利、民主权利和合法财产权利的内容。

村民自治章程、村规民约以及村民会议或者村民代表会议的决定违反前款规定的，由乡、民族乡、镇的人民政府责令改正。

第二十八条　召开村民小组会议，应当有本村民小组十八周岁以上的村民三分之二以上，或者本村民小组三分之二以上的户的代表参加，所作决定应当经到会人员的过半数同意。

村民小组组长由村民小组会议推选。村民小组组长任期与村民委员会的任期相同，可以连选连任。

属于村民小组的集体所有的土地、企业和其他财产的经营管理以及公益事项的办理，由村民小组会议依照有关法律的规定讨论决定，所作决定及实施情况应当及时向本村民小组的村民公布。

第五章　民主管理和民主监督

第二十九条　村民委员会应当实行少数服从多数的民主决策机制和公开透明的工作原则，建立健全各种工作制度。

第三十条　村民委员会实行村务公开制度。

村民委员会应当及时公布下列事项，接受村民的监督：

（一）本法第二十三条、第二十四条规定的由村民会议、村民代表会议讨论决定的事项及其实施情况；

（二）国家计划生育政策的落实方案；

（三）政府拨付和接受社会捐赠的救灾救助、补贴补助等资金、物资的管理使用情况；

（四）村民委员会协助人民政府开展工作的情况；

（五）涉及本村村民利益，村民普遍关心的其他事项。

前款规定事项中，一般事项至少每季度公布一次；集体财务往来较多的，财务收支情况应当每月公布一次；涉及村民利益的重大事项应当随时公布。

村民委员会应当保证所公布事项的真实性，并接受村民的查询。

第三十一条　村民委员会不及时公布应当公布的事项或者公布的事项不真实的，村民有权向乡、民族乡、镇的人民政府或者县级人民政府及其有关主管部门反映，有关人民政府或者主管部门应当负责调查核实，责令依法公布；经查证确有违法行为的，有关人员应当依法承担责任。

第三十二条　村应当建立村务监督委员会或者其他形式的村务监督机构，负责村民民主理财，监督村务公开等制度的落实，其成员由村民会议或者村民代表会议在村民中推选产生，其中应有具备财会、管理知识的人员。村民委员会成员及其近亲属不得担任村务监督机构成员。村务监督机构成员向村民会议和村民代表会议负责，可以列席村民委员会会议。

第三十三条　村民委员会成员以及由村民或者村集体承担误工补贴的聘用人员，应当接受村民会议或者村民代表会议对其履行职责情况的民主评议。民主评议每年至少进行一次，由村务监督机构主持。

村民委员会成员连续两次被评议不称职的，其职务终止。

第三十四条　村民委员会和村务监督机构应当建立村务档案。村务档案包括：选举文件和选票，会议记录，土地发包方案和承包合同，经济合同，集体财务账目，集体资产登记文件，公益设施基本资料，基本建设资料，宅基地使用方案，征地补偿费使用及分配方案等。村务档案应当真实、准确、完整、规范。

第三十五条　村民委员会成员实行任期和离任经济责任审计，审计包括下列事项：

（一）本村财务收支情况；

（二）本村债权债务情况；

（三）政府拨付和接受社会捐赠的资金、物资管理使用情况；

（四）本村生产经营和建设项目的发包管理以及公益事业建设项目招标投标情况；

（五）本村资金管理使用以及本村集体资产、资源的承包、租赁、担保、出让情况，征地补偿费的使用、分配情况；

（六）本村五分之一以上的村民要求审计的其他事项。

村民委员会成员的任期和离任经济责任审计，由县级人民政府农业部门、财政部门或者乡、民族乡、镇的人民政府负责组织，审计结果应当公布，其中离任经济责任审计结果应当在下一届村民委员会选举之前公布。

第三十六条　村民委员会或者村民委员会成员作出的决定侵害村民合法权益的，受侵害的村民可以申请人民法院予以撤销，责任人依法承担法律责任。

村民委员会不依照法律、法规的规定履行法定义务的，由乡、民族乡、镇的人民政府责令改正。

乡、民族乡、镇的人民政府干预依法属于村民自治范围事项的，由上一级人民政府责令改正。

第六章　附　则

第三十七条　人民政府对村民委员会协助政府开展工作应当提供必要的条件；人民政府有关部门委托村民委员会开展工作需要经费的，由委托部门承担。

村民委员会办理本村公益事业所需的经费，由村民会议通过筹资筹劳解决；经费确有困难的，由地方人民政府给予适当支持。

第三十八条　驻在农村的机关、团体、部队、国有及国有控股企业、事业单位及其人员不参加村民委员会组织，但应当通过多种形式参与农村社区建设，并遵守有关村规民约。

村民委员会、村民会议或者村民代表会议讨论决定与前款规定的单位有关的事项，应当与其协商。

第三十九条　地方各级人民代表大会和县级以上地方各级人民代表大会常务委员会在本行政区域内保证本法的实施，保障村民依法行使自治权利。

第四十条　省、自治区、直辖市的人民代表大会常务委员会根据本法，结合本行政区域的实际情况，制定实施办法。

第四十一条　本法自公布之日起施行。

中华人民共和国城市居民委员会组织法

（2018 年 12 月 29 日修正）

第一条　为了加强城市居民委员会的建设，由城市居民群众依法办理群众自己的事情，促进城市基层社会主义民主和城市社会主义物质文明、精神文明建设的发展，根据宪法，制定本法。

第二条　居民委员会是居民自我管理、自我教育、自我服务的基层群众性自治组织。

不设区的市、市辖区的人民政府或者它的派出机关对居民委员会的工作给予指导、支持和帮助。居民委员会协助不设区的市、市辖区的人民政府或者它的派出机关开展工作。

第三条　居民委员会的任务：

（一）宣传宪法、法律、法规和国家的政策，维护居民的合法权益，教育居民履行依法应尽的义务，爱护公共财产，开展多种形式的社会主义精神文明建设活动；

（二）办理本居住地区居民的公共事务和公益事业；

（三）调解民间纠纷；

（四）协助维护社会治安；

（五）协助人民政府或者它的派出机关做好与居民利益有关的公共卫生、计划生育、优抚救济、青少年教育等项工作；

（六）向人民政府或者它的派出机关反映居民的意见、要求和提出建议。

第四条　居民委员会应当开展便民利民的社区服务活动，可以兴办有关的服务事业。

居民委员会管理本居民委员会的财产，任何部门和单位不得侵犯居民委员会的财产所有权。

第五条　多民族居住地区的居民委员会，应当教育居民互相帮助，互相尊重，加强民族团结。

第六条　居民委员会根据居民居住状况，按照便于居民自治的原则，一般在一百户至七百户的范围内设立。

居民委员会的设立、撤销、规模调整，由不设区的市、市辖区的人民政府决定。

第七条　居民委员会由主任、副主任和委员共五至九人组成。多民族居住地区，居民委员会中应当有人数较少的民族的成员。

第八条　居民委员会主任、副主任和委员，由本居住地区全体有选举权的居民或者由每户派代表选举产生；根据居民意见，也可以由每个居民小组选举代表二至三人选举产生。居民委员会每届任期五年，其成员可以连选连任。

年满十八周岁的本居住地区居民，不分民族、种族、性别、职业、家庭出身、宗教信仰、教育程度、财产状况、居住期限，都有选举权和被选举权；但是，依照法律被剥夺政治权利的人除外。

第九条　居民会议由十八周岁以上的居民组成。

居民会议可以由全体十八周岁以上的居民或者每户派代表参加，也可以由每个居民小组选举代表二至三人参加。

居民会议必须有全体十八周岁以上的居民、户的代表或者居民小组选举的代表的过半数出席，才能举行。会议的决定，由出席人的过半数通过。

第十条　居民委员会向居民会议负责并报告工作。

居民会议由居民委员会召集和主持。有五分之一以上的十八周岁以上的居民、五分之一以上的户或者三分之一以上的居民小组提议，应当召集居民会议。涉及全体居民利益的重要问题，居民委员会必须提请居民会议讨论决定。

居民会议有权撤换和补选居民委员会成员。

第十一条　居民委员会决定问题，采取少数服从多数的原则。

居民委员会进行工作，应当采取民主的方法，不得强迫命令。

第十二条　居民委员会成员应当遵守宪法、法律、法规和国家的政策，办事公道，热心为居民服务。

第十三条　居民委员会根据需要设人民调解、治安保卫、公共卫生等委员会。居民委员会成员可以兼任下属的委员会的成员。居民较少的居民委员会可以不设下属的委员会，由居民委员会的成员分工负责有关工作。

第十四条　居民委员会可以分设若干居民小组，小组长由居民小组推选。

第十五条　居民公约由居民会议讨论制定，报不设区的市、市辖区的人民政府或者它的派出机关备案，由居民委员会监督执行。居民应当遵守居民会议的决议和居民公约。

居民公约的内容不得与宪法、法律、法规和国家的政策相抵触。

第十六条　居民委员会办理本居住地区公益事业所需的费用，经居民会议讨论决定，可以根据自愿原则向居民筹集，也可以向本居住地区的受益单位筹集，但是必须经受益单位同意；收支账目应当及时公布，接受居民监督。

第十七条　居民委员会的工作经费和来源，居民委员会成员的生活补贴费的范围、标准和来源，由不设区的市、市辖区的人民政府或者上级人民政府规定并拨付；经居民会议同意，可以从居民委员会的经济收入中给予适当补助。

居民委员会的办公用房，由当地人民政府统筹解决。

第十八条　依照法律被剥夺政治权利的人编入居民小组，居民委员会应当对他们进行监督和教育。

第十九条　机关、团体、部队、企业事业组织，不参加所在地的居民委员会，但是应当支持所在地的居民委员会的工作。所在地的居民委员会讨论同这些单位有关的问题，需要他们参加会议时，他们应当派代表参加，并且遵守居民委员会的有关决定和居民公约。

前款所列单位的职工及家属、军人及随军家属，参加居住地区的居民委员会；其家属聚居区可以单独成立家属委员会，承担居民委员会的工作，在不设区的市、市辖区的人民政府或者它的派出机关和本单位的指导下进行工作。家属委员会的工作经费和家属委员会成员的生活补贴费、办公用房，由所属单位解决。

第二十条　市、市辖区的人民政府有关部门，需要居民委员会或者它的下属委员会协助进行的工作，应当经市、市辖区的人民政府或者它的派出机关同意并统一安排。市、市辖区的人民政府的有关部门，可以对居民委员会有关的下属委员会进行业务指导。

第二十一条　本法适用于乡、民族乡、镇的人民政府所在地设立的居民委员会。

第二十二条　省、自治区、直辖市的人民代表大会常务委员会可以根据本法制定实施办法。

第二十三条　本法自1990年1月1日起施行。1954年12月31日全国人民代表大会常务委员会通过的《城市居民委员会组织条例》同时废止。

中共中央办公厅、国务院办公厅关于加强和改进城市社区居民委员会建设工作的意见

（2010 年 8 月 26 日）

我国城市社区居民委员会是居民自我管理、自我教育、自我服务的基层群众性自治组织。自2000年11月《中共中央办公厅、国务院办公厅关于转发〈民政部关于在全国推进城市社区建设的意见〉的通知》下发以来，城市社区居民委员会在服务居民群众、搞好城市管理、密切党群干群关系、维护社会稳定等方面发挥了不可替代的重要作用。当前，我国正处于全面建设小康社会、加快推进社会主义现代化建设的新的历史起点，城市基层正在发生新的深刻变革，社区居民委员会承担的社会管理任务更加繁重、维护社会稳定的功能更加突出，居民群众对社区居民委员会的服务需求更加迫切，但不少社区居民委员会还存在着组织不健全、工作关系不顺、工作人员素质偏低、服务设施薄弱、工作经费难以落实等问题，影响了社区居民委员会功能作用的发挥，影响了城市社区建设的整体推进。为深入贯彻落实党的十七大和十七届三中、四中全会精神，适应新形势新任务需要，进一步完善基层群众自治制度，健全城市基层管理和服务体制，经党中央、国务院同意，现就加强和改进城市社区居民委员会建设工作提出以下意见。

一、正确把握加强和改进城市社区居民委员会建设工作的指导思想、基本原则和目标任务

（一）加强和改进城市社区居民委员会建设的指导思想是：全面贯彻党的十七大和十七届三中、四中全会精神，以邓小平理论和“三个代表”重要思想

为指导，深入贯彻落实科学发展观，认真实施《中华人民共和国城市居民委员会组织法》，以服务居民群众为宗旨，以提高居民文明素质和社会文明程度、促进社区和谐为目标，着力加强和改进社区居民委员会组织建设、队伍建设、制度建设、设施建设，努力把社区居民委员会建设成为功能完善、充满活力、作用明显、群众满意的基层群众性自治组织，进一步健全完善以社区党组织为核心的城市社区组织体系，为构建社会主义和谐社会奠定组织基础。

（二）加强和改进城市社区居民委员会建设工作的基本原则是：

——坚持党的领导，把握正确方向。从社会主义初级阶段基本国情出发，坚持同完善社会主义市场经济体制相适应，坚持党的领导、人民当家作主、依法治国有机统一，推进社区居民依法直接行使民主权利，管理社区公共事务和公益事业，建立健全社区党组织领导的充满活力的基层群众自治机制，实现政府行政管理与基层群众自治的有效衔接和良性互动。

——坚持以人为本，服务居民群众。始终把实现好维护好发展好社区居民的根本利益作为工作的出发点和落脚点，把居民的服务需求作为第一信号，把居民满意程度作为检验工作成效的第一标准，真正把加强和改进社区居民委员会建设工作变成服务居民、造福居民的民心工程。

——坚持政府主导，社会共同参与。切实转变政府职能，理顺关系，充分发挥各级党委和政府在政策制定、工作部署、设施建设、财力投入等方面的主导作用，尊重社区居民群众的主体地位，积极动员社会力量共驻共建、资源共享，形成社区居民委员会建设的合力。

——坚持因地制宜，注重工作实效。紧密联系各地实际，区分不同情况，加强分类指导，创新工作载体，切实解决长期以来困扰和阻碍社区居民委员会建设的突出问题，力戒形式主义，使社区居民委员会建设工作始终体现时代性、把握规律性、富于创造性。

（三）加强和改进城市社区居民委员会建设的目标任务是：到2020年，努力使全国城市社区居民委员会的组织体系更加健全，社区居民的组织化程度明显提高；社区居民群众享有更多更切实的民主权利，社区居民自治范围进一步扩大，社区民主管理制度日趋完善；干部队伍结构进一步优化，社区管理和服务能力显著增强；工作用房和居民公益性服务设施能够满足社区居民群众的基本服务需求；政府投入与社会投入相结合的经费保障机制基本建立；内外关系更加协调，全社会尊重、关心和支持社区居民委员会工作的良好氛围进一步形成。

“十二五”时期是全面加强和改进社区居民委员会建设的关键时期。要着力理顺社区工作关系，强化社区管理和服务功能，充实壮大社区工作力量，建立健全社区保障机制，为实现到2020年城市社区居民委员会建设的各项奋斗目标奠定坚实基础。

二、进一步明确城市社区居民委员会的主要职责

（四）依法组织居民开展自治活动。社区居民委员会是社区居民自治的组织者、推动者和实践者，要宣传 宪法、法律、法规和国家的政策，教育居民遵守社会公德和居民公约、依法履行应尽义务，开展多种形式的社会主义精神文明建设活动；召集社区居民会议，办理本社区居民的公共事务和公益事业；开展便民利民的社区服务活动，兴办有关服务事业，推动社区互助服务和志愿服务活动；组织居民积极参与社会治安综合治理、开展群防群治，调解民间纠纷，及时化解社区居民群众间的矛盾，促进家庭和睦、邻里和谐；管理本社区居民委员会的财产，推行居务公开；及时向人民政府或者它的派出机关反映社区居民群众的意见、要求和提出建议。

（五）依法协助城市基层人民政府或者它的派出机关开展工作。社区居民委员会是党和政府联系社区居民群众的桥梁和纽带，要协助城市基层人民政府或者它的派出机关做好与居民利益有关的社会治安、社区矫正、公共卫生、计划生育、优抚救济、社区教育、劳动就业、社会保障、社会救助、住房保障、文化体育、消费维权以及老年人、残疾人、未成年人、流动人口权益保障等工作，推动政府社会管理和公共服务覆盖到全社区。

（六）依法依规组织开展有关监督活动。社区居民委员会是社区居民利益的重要维护者，要组织居民有序参与涉及切身利益的公共政策听证活动，组织居民群众参与对城市基层人民政府或者它的派出机关及其工作人员的工作、驻社区单位参与社区建设的情况进行民主评议，对供水、供电、供气、环境卫生、园林绿化等市政服务单位在社区的服务情况进行监督。指导和监督社区内社会组织、业主委员会、业主大会、物业服务企业开展工作，维护社区居民的合法权益。

三、不断健全城市社区居民委员会组织体系

（七）加快社区居民委员会组织全覆盖。社区居民委员会的设置要充分考虑公共服务资源配置和人口规模、管理幅度等因素，按照便于管理、便于服务、便于居民自治的原则确定管辖范围，一个社区原则上设置一个社区居民委员会。加快城乡接合部、城中村、工矿企业所在地、新建住宅区、流动人口聚居地的社区居民委员会组建工作。新建住宅区居民入住率达到50%的，应及时成立社区居民委员会，在此之前应成立居民小组或由相邻的社区居民委员会代管，实现对社区居民的全员管理和无缝隙管理。社区居民委员会的筹建工作在社区党组织领导下开展。

（八）健全社区居民委员会下属的委员会。调整充实社区居民委员会下属的委员会设置，建立有效承接社区管理和服务的人民调解、治安保卫、公共卫生、计划生育、群众文化等各类下属的委员会，切实增强社区居民委员会组织居民开展自治活动和协助城市基层人民政府或者它的派出机关加强社会管理、提供公共服务的能力。选齐配强居民小组长、楼院门栋长，积极开展楼院门栋居民自治，推动形成社区居民委员会及其下属的委员会、居民小组、楼院门栋上下贯通、左右联动的社区居民委员会组织体系新格局。

（九）规范社区居民委员会专业服务机构。为更好地完成社区管理和服务任务，辖区人口较多、社区管理和服务任务较重的社区居民委员会，根据工作需要可建立社区服务站（或称社区工作站、社会工作站）等专业服务机构。按照专干不单干、分工不分家的原则，社区专业服务机构在社区党组织和社区居民委员会统一领导和管理下开展工作，以形成工作合力。社区居民委员会有足够能力承担应尽职责的社区，可以不另设专业服务机构。

四、努力壮大城市社区居民委员会工作队伍

（十）扩大社区居民委员会工作人员来源渠道。社区居民委员会一般配置5至5人，辖区人口较多、社区管理和服务任务较重的社区居民委员会可适当增加若干社区专职工作人员。社区专职工作人员面向社会公开招聘，优先安排符合岗位要求的就业困难人员，其配备比例、招聘办法及专业服务机构的设置标准由市（地）级人民政府或各省、自治区、直辖市人民政府确定。提倡社区党组织班子成员、社区居民委员会成员与业主委员会成员交叉任职，社区居民委

员会下属的委员会和居民小组的负责人可以由社区居民推选产生，也可以由社区居民委员会成员或社区专职工作人员经过民主程序兼任。鼓励社区民警、群团组织负责人通过民主选举程序担任社区居民委员会成员。研究建立新录用公务员到社区锻炼制度。鼓励党政机关和企事业单位优秀年轻干部到社区居民委员会帮助工作或建立经常性联系制度，鼓励高校毕业生、复转军人等社会优秀人才到社区担任专职工作人员，鼓励党政机关、企事业单位在职或退休党员干部、社会知名人士以及社区专职工作人员参与社区居民委员会选举，经过民主选举担任社区居民委员会成员。

（十一）加强对社区居民委员会工作人员的教育培训。根据经济社会发展和社区工作的需要，制定培训规划，丰富培训内容，改进培训方式，增强培训效果。城市基层人民政府或者它的派出机关每年至少对社区居民委员会主任培训一次，其他成员每2年至少接受培训一次。要组织社区居民委员会成员和社区专职工作人员深入学习中国特色社会主义理论体系，学习党的路线方针政策和国家法律法规，学习社会工作知识，增强他们坚持党的领导的信念，牢固树立爱岗敬业、乐于奉献、一心为民的精神，努力掌握在新的历史条件下做好群众工作的方法和本领，不断提高服务群众和依法办事的能力和水平。鼓励社区居民委员会成员和社区专职工作人员立足岗位，自学成才，支持他们参加社会工作等各种职业资格考试和学历教育考试，不断提高综合素质。

（十二）关心社区居民委员会工作人员的成长进步。积极把优秀社区居民委员会工作人员培养发展成为党员，积极推荐符合条件的优秀社区居民委员会工作人员担任各级党代会代表、人大代表、政协委员和劳动模范，加大从优秀社区居民委员会成员、社区专职工作人员中考录公务员和选任街道（乡镇）机关、事业单位领导干部的力度。对工作成绩突出、居民群众满意的社区居民委员会工作人员应及时给予宣传、表彰和奖励。

五、积极完善城市社区党组织领导下的社区居民自治制度

（十三）坚持以扩大党内基层民主带动社区居民民主。推广社区党组织班子成员由党员和群众公开推荐与上级党组织推荐相结合的办法，逐步扩大社区党组织领导班子直接选举范围。全面推进社区党务公开，健全社区党员代表议事制度，引导党员参与民主实践，积极探索扩大党内基层民主多种实现形式，

带动和促进社区居民民主健康发展。

（十四）坚持和发展社区民主选举制度。进一步规范社区民主选举程序，稳步扩大社区居民委员会直接选举覆盖面。社区党组织要加强对社区居民委员会选举工作的领导和指导，提倡按照民主程序将不参与选举的社区党组织负责人推选为居民选举委员会主任，主持居民选举委员会工作。社区居民委员会选举由居民推选产生的居民选举委员会主持。居民选举委员会成员依法被确定为居民委员会成员候选人的，应当退出居民选举委员会，所缺名额从原推选结果中依次递补。在符合相关法律法规规定的前提下，各地要对居民委员会成员候选人的资格条件作出规定，引导居民把办事公道、廉洁奉公、遵纪守法、热心为居民服务的人提名为候选人。探索社区流动人口在居住地参加社区居民委员会选举的方式方法，保障其民主政治权利。

（十五）完善社区民主管理制度。进一步健全社区党组织领导的充满活力的社区居民自治机制，推广社区党员或党员代表议事制度，深入开展以居民会议、议事协商、民主听证为主要形式的民主决策实践，以自我管理、自我教育、自我服务为主要目的的民主管理实践，以居务公开、民主评议为主要内容的民主监督实践，全面推进居民自治制度化、规范化、程序化。积极探索网上论坛、民情恳谈、社区对话等有效形式，鼓励社区居民和驻区单位广泛参与，切实保障社区居民的知情权、参与权、决策权、监督权。

（十六）健全社区居民委员会日常工作制度。社区居民委员会要把工作重点进一步转移到社区管理和服务上来，按照居民活动空间最大化、服务设施效益最优化的要求，改进社区居民委员会服务场所管理，方便居民群众使用。建立健全社区居民委员会与驻区单位协商议事制度，推行分片包块、上门走访、服务承诺、结对帮扶等做法，密切社区居民委员会工作人员与社区居民的关系。实行错时上下班、全日值班、节假日轮休等工作制度，方便群众办事。建立健全社区党组织与社区居民委员会联席会议制度，规范社区居民委员会财产、档案、公章管理，确保社区居民委员会工作有效运转。

六、切实改善城市社区居民委员会服务设施

（十七）加强工作用房和居民公益性服务设施建设。要将社区居民委员会工作用房和居民公益性服务设施建设纳入城市规划、土地利用规划和社区发

展相关专项规划，并与社区卫生、警务、文化、体育、养老等服务设施统筹规划建设。地方政府应对建设资金来源、产权归属和使用管理方式等作出明确规定。新建住宅小区和旧城区连片改造居民区的建设单位必须按照国家有关标准要求，将公共服务设施配套建设纳入建设工程规划设计方案。城市规划行政主管部门要按照规定的配套建设指标对建设工程规划设计方案进行审查，对不符合规定配置标准和要求的不予批准。工程的设计、施工及验收使用，应广泛征求社区居民及所在地街道办事处的意见。未按规划要求建设社区居民委员会工作用房和居民公益性服务设施的，不能通过验收。验收合格后，建设单位要根据规定将社区居民委员会工作用房和居民公益性服务设施交给所在地街道办事处使用管理。老城区和已建成居住区没有社区居民委员会工作用房和居民公益性服务设施的或者不能满足需要的，由区（县、市）人民政府负责建设，也可以从其他社区设施中调剂置换，或者以购买、租借等方式解决，所需资金由地方各级人民政府统筹解决。积极推动社区综合服务设施建设，提倡“一室多用”，提高使用效益。服务设施的供暖、水电、煤气、电信等费用应按照当地居民使用价格标准收取。

（十八）积极推进社区信息化建设。整合社区现有信息网络资源，鼓励建立覆盖区（县、市）或更大范围的社区综合信息管理和服务平台，实现数据一次收集、资源多方共享。整合区、街道、社区面向居民群众、驻区单位服务的内容和流程，建设集行政管理、社会事务、便民服务为一体的社区信息服务网络，逐步改善社区居民委员会信息技术装备条件，提高社区居民信息技术运用能力，全面支撑社区管理和服务工作。积极推进社区居民委员会内部管理电子化，减轻工作负担，提高工作效率。

七、逐步理顺城市社区居民委员会与相关组织的工作关系

（十九）自觉接受社区党组织的领导。社区党组织是党在社区全部工作和战斗力的基础，是社区各类组织和各项工作的领导核心。社区居民委员会要自觉接受社区党组织的领导，社区党组织要不断加强自身建设、改进工作方式，切实领导和指导好社区居民委员会工作。以“三有一化”（即有人有钱有场所、构建城市区域化党建格局）为重点，积极推进社区党组织建设，为社会主义和谐社区建设提供坚强组织保证。支持和保障社区居民委员会充分行使职权，及时帮助解决社区居民委员会工作中存在的困难和问题。提倡社区党组织班子成员与社区居民委员会成员交叉任职，健全社区党组织领导社区居民委员会开展工作的相关制度，确保社区党建与和谐社区建设紧密结合，确保党的路线方针政策和各项工作得到贯彻落实。切实加强社区党员教育、管理和服务工作，坚持和完善党员设岗定责、依岗承诺、志愿服务和帮扶结对等制度，进一步落实在职党员到社区报到的要求，拓宽党员服务群众渠道，充分发挥党员在和谐社区建设中的先锋模范作用。

（二十）支持社会组织和社区志愿者参与社区管理和服务。社区居民委员会要积极培育社区服务性、公益性、互助性社会组织，对不具备登记条件的社区服务性、公益性、互助性社会组织，要主动帮助办理备案手续，并在组织运作、活动场地等方面为其提供帮助。社区党组织要加强对社区各类社会组织的政治领导，注意培养社区社会组织负责人队伍。要通过政府购买服务、设立项目资金等途径，积极引导各种社会组织和各类志愿者参与社区管理和服务，鼓励和支持社区居民开展互助服务，使之成为推进社区居民委员会工作的重要力量。大力推行社区志愿者注册制度，健全社区志愿服务网络，力争用3至5年的时间，实现社区志愿者注册率占居民人口10%以上的目标。

（二十一）发挥业主大会和业主委员会在社区管理和服务中的积极作用。社区居民委员会要积极支持物业服务企业开展多种形式的社区服务，业主委员会和物业服务企业要主动接受社区居民委员会的指导和监督。建立健全社区党组织、社区居民委员会、业主委员会和物业服务企业协调机制，及时协调解决物业服务纠纷，维护各方合法权益。召开业主大会、业主委员会会议应当告知所在社区居民委员会，并听取其意见。

（二十二）强化驻区单位的社区建设责任。建立社区党组织、社区居民委员会、驻区单位联席会议制度，定期研究资源共享、社区共建事项。积极推动驻区单位将文化、教育、体育等活动设施向社区居民开放。推动驻区单位将服务性、公益性、社会性事业逐步向社区开放，为社区居民委员会提供人力、物力、财力支持。探索建立驻区单位社区建设责任评价体系，推动共驻共建、资源共享。要把驻区单位履行社区建设责任的情况纳入和谐社区示范单位创建内容，有关部门在评先表优时要主动听取社区居民委员会对驻区单位的意见。

八、大力加强对城市社区居民委员会建设工作的领导

（二十三）城市基层人民政府或者它的派出机关对社区居民委员会的工作给予指导、支持和帮助。城市基层人民政府或者它的派出机关要大力推进服务型政府建设，切实转变职能，改进管理方式和工作作风，履行好社会管理和公共服务的职责。要在街道社区服务中心设立“一站式”服务大厅，为社区及居民群众提供方便快捷优质的服务。普遍推行社区公共服务事项准入制度，凡属于基层人民政府及其职能部门、街道办事处职责范围内的事项，不得转嫁给社区居民委员会；凡依法应由社区居民委员会协助的事项，应当为社区居民委员会提供必要的经费和工作条件；凡委托给社区居民委员会办理的有关服务事项，应当实行权随责走、费随事转。逐步清理和整合在社区设立的各种工作机构，规范政府部门面向社区居民委员会开展的检查评比达标活动，大力压缩针对社区居民委员会的各类会议、台账和材料报表。加快街道办事处法制建设步伐，省级人民政府要积极研究制定城市基层人民政府或者它的派出机关指导社区居民委员会工作规则。

（二十四）落实领导责任制。要把加强和改进社区居民委员会建设工作纳入党委重要议事日程，纳入政府履行社会管理和公共服务职能的重要内容。各省、自治区、直辖市党委和政府要定期研究社区居民委员会建设工作。区（县、市）委书记要认真履行第一责任人的职责，街道办事处党工委书记要履行好直接责任人的职责，市、区（县、市）领导干部和街道（镇）领导干部要建立社区居民委员会建设联系点，要将社区居民委员会建设工作成效作为市、区（县、市）党委和政府工作目标管理和年度目标考核的重要内容。

（二十五）加强部门协调配合。在当地党委、政府统一领导下，党委组织部门在加强社区居民委员会建设中要发挥抓总引领作用，民政部门要充分发挥牵头指导作用，搞好协调服务。依托社区居民委员会开展公共服务的教育、科技、公安、司法、社会治安综合治理、人力资源和社会保障、城乡建设、文化、卫生、人口和计划生育、环保、体育等部门要强化责任意识，把支持和帮助社区居民委员会建设作为为民办实事的重要内容予以落实。各级发展改革、财政、金融、税务、工商等部门要按照各自职能和权限，采取有效政策措施，积极支持社区居民委员会建设。工会、共青团、妇联及残联、老龄协会、计划生育协会、慈善协会等群众组织要发挥各自优势，积极参与社区居民委员会建设。

（二十六）切实加大经费保障力度。要将社区居民委员会的工作经费、人员报酬以及服务设施和社区信息化建设等项经费纳入财政预算。社区居民委员会兴办公益事业所需费用，经居民会议或居民代表会议讨论，按照自愿原则，可以向社区居民或受益单位筹集。街道办事处要将社区居民委员会工作经费纳入街道办事处银行账户管理，实行专款专用，分账核算，不得挪用、挤占、截留，并定期向社区居民委员会及居民公开使用情况，接受居民监督。加大对财政困难地区一般性转移支付力度，增强其做好社区居民委员会建设工作的保障能力。社区居民委员会成员、社区专职工作人员报酬问题由县级以上地方人民政府统筹解决，其标准原则上不低于上年度当地社会平均工资水平。社区居民委员会成员和社区专职工作人员按国家有关规定参加基本养老、失业、基本医疗、生育、工伤保险，有条件的地方逐步落实住房公积金政策。

（二十七）提高指导社区居民委员会建设的工作水平。要以改革创新精神研究新情况、解决新问题，不断改进社区居民委员会建设的工作方法，创新工作机制。针对不同地区社区居民委员会建设的实际加强分类指导，不断总结和探索社区居民委员会建设工作的经验和规律。要把加强社区居民委员会建设工作与党的建设紧密结合，与社区建设紧密结合，加大宣传力度，大力表彰先进典型，总结推广先进经验，为推进城市社区居民委员会建设、构建社会主义和谐社会创造良好氛围。

各地区各有关部门要按照本意见精神，结合实际，制定贯彻落实的具体措施。

中共中央办公厅、国务院办公厅关于加强和改进村民委员会选举工作的通知

（2009年2月24日）

近年来，村民委员会选举工作在全国各地农村深入开展，对保障村民实行自治、发展农村基层民主发挥了重要作用。但也应看到，有的地方村民委员会选举竞争行为不规范、贿选现象严重，影响了选举的公正性；有的地方没有严格执行村民委员会选举的法律法规和相关政策，影响了村民的参与热情；有的地方对村民委员会选举中产生的矛盾纠纷化解不及时，影响了农村社会稳定。为进一步做好当前和今后一个时期的村民委员会选举工作，保障村民委员会选举的公正有序，保障村民享有更多更切实的民主权利，推动农村经济平稳较快发展，确保农村社会和谐稳定，经党中央、国务院同意，现就加强和改进村民委员会选举工作通知如下。

一、充分认识加强和改进村民委员会选举工作的重要意义

村民委员会选举，是我国社会主义民主在农村最广泛的实践形式之一。当前，我国农村正在发生新的变革，农村社会结构快速变动，社会利益格局和农民思想观念深刻变化。适应农村改革发展的新形势，不断加强和改进村民委员会选举工作，进一步完善选举各项程序，做深做细做实选举各个环节工作，有利于保障村民依法直接行使民主权利，发展农村基层民主；有利于密切党群干群关系，维护农村社会和谐稳定；有利于调动亿万农民群众建设社会主义新农村的积极性、主动性和创造性，推动农村全面建设小康社会进程。

各地区各部门要高举中国特色社会主义伟大旗帜，以邓小平理论和“三个代表”重要思想为指导，深入贯彻落实科学发展观，按照党的十七大关于坚持

和完善基层群众自治制度和党的十七届三中全会关于健全农村民主管理制度的要求，充分认识加强和改进村民委员会选举工作的重要意义，认真研究解决目前选举工作中存在的问题，把以直接选举、公正有序为基本要求的村民委员会选举实践进一步推向深入。

二、切实加强村民委员会选举前的各项准备工作

加强选举领导机构和工作机构。凡举行村民委员会换届选举的地方，省、市、县、乡各级都要成立专门的领导机构和工作机构，保证必要的工作人员和经费，推动选举工作有组织、有步骤、有秩序地开展。要积极指导依法推选村民选举委员会，组织好村民委员会选举工作。

加强选举教育和培训工作。各地区各部门要在农民群众中广泛深入地开展社会主义民主法制教育，激发他们参与村民委员会选举的热情，了解村民委员会选举的基本程序，珍惜民主权利，真正把办事公道、廉洁奉公、遵纪守法、热心为村民服务的人选进村民委员会。县级党委和政府要重点做好对县乡两级负责村民委员会选举工作的党政干部的培训工作，使他们牢固掌握法律法规和相关政策，不断提高指导选举工作的能力和水平。乡级党委和政府要重点做好对包村干部、村民选举委员会成员的培训工作，使他们熟悉村民委员会选举程序和方法步骤，不断提高实际操作的规范化水平。凡不掌握村民委员会选举法律法规和相关政策的县乡干部以及在选举培训中不合格的县乡干部，不得派到村里指导选举工作。

加强选举方案制定工作。县乡两级要围绕组建村民委员会选举领导机构和工作机构、选举教育和培训、选举工作各个阶段的基本要求、选举工作进展安排等制定工作方案。积极开展调查研究，摸清本地区社会结构变化、人口流动、基层干部群众思想状况等社情民意，增强选举方案的指导性和针对性。加强与外出务工经商人员联络沟通，妥善解决他们依法行使选举权和被选举权问题。重点关注村情复杂、干群矛盾突出以及历次选举中问题较多的村，并制定工作预案，加强工作力量，加大指导力度。未经县（市、区）委批准，无故取消或拖延村民委员会换届选举的，要依法追究乡（镇、街道）党委（工委）、政府和村党组织、村民委员会主要负责人的责任。

加强村级财务审计工作。乡级党委和政府要认真组织开展对现任村民委员会成员的民主评议，做好村级财务清理和村民委员会成员任期届满审计工作。村集体财务收支情况、集体财产管理使用情况、生产经营和建设项目的发包和管理情况、土地补偿分配和使用情况、村级债权债务情况，以及农民群众反映集中、强烈要求审计的其他内容，要列入审计范围，并及时将审计结果公之于众。

三、依法规范村民委员会选举程序

规范村民选举委员会产生程序。村民选举委员会成员必须依法推选产生，任何组织或个人不得任意指定、撤换。提倡按照民主程序将村党组织负责人推选为村民选举委员会主任，主持村民选举委员会工作，发挥村党组织的领导核心作用。村民选举委员会成员依法被确定为村民委员会成员候选人的，应当退出村民选举委员会，所缺名额从原推选结果中依次递补。村民选举委员会成员不履行职责的，经村民会议、村民代表会议或者村民小组讨论同意，按照原推选结果依次递补或者另行推选。

规范村民委员会成员候选人提名方式。村民委员会主任、副主任和委员候选人由本村有选举权的村民直接提名产生，候选人的名额应当多于应选名额。在符合法律法规规定的前提下，各地要对村民委员会成员候选人的资格条件作出规定，引导村民把办事公道、廉洁奉公、遵纪守法、热心为村民服务的人提名为候选人。鼓励农村致富能手、复转军人、外出务工经商返乡农民、回乡大中专毕业生、大学生“村官”、县乡机关和企事业单位提前离岗或退休干部职工通过法定程序积极参与选举村民委员会成员的竞争。提倡村党组织成员和村民委员会成员交叉任职，但要从实际出发，不搞一刀切。适应中国特色社会主义新农村建设需要，提倡把更多女性村民特别是村妇代会主任提名为村民委员会成员候选人。

规范候选人的竞争行为。村民选举委员会应积极主动、客观公正地向村民介绍正式候选人的情况。有条件的地方，提倡组织候选人同村民见面，介绍治村设想或竞职承诺，回答村民提出的问题，禁止候选人或候选人指使的人私下拉票。要加强对候选人治村设想或竞职承诺的审核把关工作，治村设想或竞职承诺不得有与 宪法、法律、法规和国家政策相抵触的内容，不得有侵犯其他村民人身权利、民主权利和合法财产权利的内容，不得有对竞争对手进行人身攻击的内容。要引导候选人着力围绕发展经济、完善管理、改进服务提出方案和措施，防止出现为当选进行个人捐助村内公益事业财物比拼加码的现象。对候选人承诺捐助村集体的资金或物资，不应由候选人在选举前或选举后私自决定分配方案，而应交由依法选举产生的村民委员会组织召开村民会议或村民代表会议民主讨论决定。

规范投票行为。全面设立秘密划票处，普遍实行秘密写票制度，保障村民在无干扰的情况下自主表达选举意愿。严格规范委托投票，限定选民接受委托投票的人次，禁止投票现场临时委托。严格控制流动票箱的使用，确有必要使用流动票箱的，其对象和人数应由村民代表会议讨论决定，并张榜公布。切实维护选举大会的现场秩序，禁止任何人实施向选民展示钱物等扰乱选举现场秩序、影响选民投票意向的行为。投票结束后，应当公开唱票、计票，当场公布选举结果。

四、扎实做好村民委员会选举后续工作

扎实做好新老村民委员会交接工作。新老村民委员会的交接工作，由乡级政府负责主持，村党组织参与。原村民委员会应依法在规定期限内将印章、办公场所、办公用具、集体财务账目、固定资产、工作档案、债权债务及其他遗留问题等，及时移交给新一届村民委员会。已经完成选举的地方，要认真检查验收。对拒绝移交或者无故拖延移交的，乡级党委和政府、村党组织应当给予批评教育，督促其改正。要耐心做好落选人员思想工作，引导他们积极支持新当选的村民委员会成员开展工作。选举工作结束后，要及时统计、汇总、上报选举结果，建立健全村民委员会选举工作档案。

扎实做好新当选村民委员会成员培训工作。选举结束后，各地区应根据当地实际，制订规划，广泛培训新当选的村民委员会成员，组织他们学习党的路线方针政策，深入学习实践科学发展观，学习法律法规和实用技术，增强村民委员会成员坚持党的领导的信念，增强正确执行政策、坚持依法办事、善于做群众工作的能力，增强带领广大农民群众建设社会主义新农村的本领。

扎实做好村务公开和民主管理制度健全工作。加强对村民委员会成员履行选举期间竞职承诺的监督，防止其利用职权谋取不正当利益。理顺村级各类组织的关系，抓好以村党组织为核心的村级组织配套建设，领导和支持村民委

员会等村级组织依照法律法规和章程开展工作。进一步健全完善村党组织领导的充满活力的村民自治机制，深入开展以村民会议、村民代表会议、村民议事为主要形式的民主决策实践，以自我教育、自我管理、自我服务为主要目的的民主管理实践，以村务公开、财务监督、群众评议为主要内容的民主监督实践，全面推进村民自治制度化、规范化、程序化。凡未经村民会议或者村民代表会议讨论决定，任何组织或个人擅自以集体名义借贷，变更和处置村集体的土地、企业、设备、设施等，均为无效，村民有权拒绝，造成的损失由相关责任人承担，构成违纪的给予其党纪政纪处分，涉嫌犯罪的移送司法机关依法处理。对无正当理由拒不履行为村民服务职责或拒不协助乡（镇）政府开展工作的村民委员会成员，村党组织和乡（镇）党委、政府应对其进行批评教育，对拒不改正的应依法启动罢免程序。

扎实做好村民委员会成员合法权益保障工作。妥善解决村干部的报酬和养老保险等问题，帮助他们解决工作和生活中的实际困难，解除他们的后顾之忧。按规定渠道，切实解决村民委员会的活动场所问题，及时拨付工作运行经费；乡级政府需要委托村民委员会承办的事项，应按照“权随责走、费随事转”的原则妥善解决。对于一心为民、工作成绩突出的村民委员会成员，应及时给予宣传表彰。

五、坚决查处村民委员会选举中的贿选等违法违纪行为

坚决制止和查处贿选行为。在村民委员会选举的过程中，候选人及其亲友直接或指使他人用财物或者其他利益收买本村选民、选举工作人员或者其他候选人，影响或左右选民意愿的，都是贿选。各地要结合实际，进一步明确贿选的界限，加强监督，加大查处力度。对参与或指使他人以暴力、威胁、欺骗、贿赂、伪造选票、虚报选举票数等违法手段破坏选举或者妨碍村民依法行使选举权和被选举权的，以及对控告、检举选举违法行为的人进行打击、报复的，要发现一起坚决查处一起。对选举中的违法违纪行为，村民有权向乡、民族乡、镇的人民代表大会和人民政府或者县级人民代表大会常务委员会和人民政府及其有关主管部门举报，有关机关应当负责调查并依法处理。对参与或指使他人以暴力、威胁、欺骗、贿赂、伪造选票、虚报选举票数等违法手段参选的，一经发现即取消其参选资格，已经当选的，其当选无效；违反治安管理规

定的，依法给予治安管理处罚；构成犯罪的，依法追究刑事责任。

加大对选举工作人员违法违纪行为的查处力度。村民选举委员会成员在村民委员会选举中有违法违纪行为的，要及时终止其资格。对伪造选举文件、篡改选举结果或者以威胁、贿赂、欺骗等手段，妨害村民依法行使选举权、被选举权的农村党员干部，要给予撤销党内职务、留党察看或者开除党籍处分。农村党员和国家公务员有参与或者怂恿村民委员会选举中违法违纪行为的，要分别给予党纪或者政纪处分。对假借选举之名，打着宗教旗号从事非法活动、民族分裂活动和刑事犯罪活动的，要坚决依法予以打击。

六、加强对村民委员会选举工作的组织领导

健全和落实领导责任制。各级党委、人大、政府要把加强和改进村民委员会选举工作列入重要议事日程，形成党委领导、人大监督、政府实施、各有关部门密切配合的工作体制和运行机制。县级党委书记要认真履行“第一责任人”的职责，乡级党委书记要认真履行“直接责任人”的职责，村党组织要在村民委员会选举中充分发挥领导核心作用。地方各级人大和县级以上地方各级人大常委会在本行政区域内要切实保证 村民委员会组织法的实施，保障村民依法行使选举权利。各级党委组织部门要统筹协调村级党组织选举工作和村民委员会选举工作，加强指导。各级民政部门要充分发挥职能作用，认真抓好村民委员会选举工作的指导和监督检查。各级财政部门要落实相关工作经费，保证选举工作顺利进行。各级纪检监察、宣传、信访、公安、司法、综合治理、妇联等部门，各级人民法院、人民检察院，要积极参与、配合村民委员会选举工作。要建立健全工作责任追究制度，对因领导和指导工作不力、敷衍应付、处置不当引发较大规模群体性事件的，要追究相关领导和有关人员的责任。

认真做好群众来信来访工作。县乡两级村民委员会换届选举工作领导机构和工作机构要向社会公布办公地址和工作电话，提供咨询服务。对有关村民委员会选举的来信来访，要及时调查研究，妥善答复，切实维护群众合法权益。对群众反映的问题，如果属实或基本属实的，要及时纠正解决；对与实际情况有出入的，要本着有什么问题就解决什么问题的原则进行完善；对与实际情况完全不符的，要尽快说明情况，争取群众的认可；对群众听信谣传、上当受骗的，要及时予以揭露，澄清事实，消除群众误解。县乡村三级都要建立健全村

民委员会选举工作信息报告制度，全面掌握选举动态，及时上报选举引发的重大事件。在选情复杂的地方，县乡两级要建立应急处置工作机制，制定应急处置预案，加强对突发事件的防范和处置。

加大对村民委员会选举工作的监督力度。要充分发挥党委、人大、政府及其职能部门的监督作用，同时结合实际，发挥村民选举委员会、村民对选举全过程的监督作用。要积极探索舆论监督以及各级党代表、人大代表、政协委员担任选举监督员等形式，加强社会力量对选举工作的监督。

加强对村民委员会选举工作的舆论引导。各地区各部门要充分发挥新闻媒体的积极作用，大力宣传党的十七大和十七届三中全会精神，宣传村民委员会选举的法律法规和相关政策，宣传选举中涌现的好经验好做法，形成正面引导的强大声势。县乡村三级都要把宣传教育和舆论引导贯穿于选举工作全过程，把依法办事贯穿于选举实践全过程，把为什么举行村民委员会选举、应该选举什么样的人进村民委员会、什么样的选举行为为法律法规所允许等问题，通过多种方式清清楚楚地告诉广大村民，引导他们行使好自己的民主权利，引导候选人坚持社会主义荣辱观，正确对待自己、其他候选人和村民，正确对待困难、挫折和荣誉，促进理性公平竞争，努力形成和谐选举的良好局面。各地区各部门要将本通知精神尽快传达贯彻到农村干部群众中，村民委员会选举工作中遇到的重大问题请及时报告中央。

国务院办公厅转发民政部、公安部关于规范村民委员会印章制发使用和管理工作意见的通知

（2001 年 7 月 22 日）

各省、自治区、直辖市人民政府，国务院各部委、各直属机构：

民政部、公安部《关于规范村民委员会印章制发使用和管理工作的意见》已经国务院同意。现转发给你们，请遵照执行。

民政部、公安部关于规范村民委员会印章制发使用和管理工作的意见

（2001 年 6 月 21 日）

村民委员会印章，是村级公共权力的象征，在办理村公共事务和公益事业方面具有重要作用。规范村民委员会印章的制发、使用和管理，是村民委员会组织建设的重要内容。一个时期以来，一些农村村民委员会在印章制发、使用和管理方面存在不规范的现象，对农村的社会管理造成了不良影响，有些甚至给村集体经济造成重大损失。为切实保障广大农民群众的利益，规范农村基层管理，促进村民自治健康有序发展，现就规范村民委员会印章制发、使用和管理工作提出以下意见：

一、村民委员会印章的规格式样和制发程序

村民委员会的印章为圆形，直径不得大于4.2厘米，中央刊五角星，五角星

外刊县（自治县、旗、市、区）乡（民族乡、镇）村民委员会名称，自左而右环行，或者名称前段自左而右环行、后段在五角星下自左而右横排。民族自治地方的村民委员会，应当并刊汉字和相应的民族文字。印章所刊汉字，应当使用国务院公布的简化字，字体为宋体。

今后，村民委员会的印章一律由乡级人民政府负责制发。刻制村民委员会印章，由村党支部、村民委员会提出意见，交村民代表会议讨论，报乡级人民政府审核，由乡级人民政府到所在地县级人民政府公安机关办理准刻手续，并到指定的厂家刻制。对不按程序刻制村民委员会印章的行为，要进行批评教育，责令改正；造成严重后果的，要依法追究当事人的法律责任。

村民委员会撤销或者合并，被撤销或合并前的村民委员会的印章不得继续使用，制发机关应予及时收缴。村民委员会因故需要更换印章，制发机关应在颁发新印章的同时收缴其旧印章。村民委员会印章丢失，应及时向制发机关报告并申请补发，应予补发的由制发机关登记并办理补发。制发机关应以适当方式公布新印章启用和旧印章作废。使用已作废村民委员会印章的，按私刻公章行为处理。

二、建立健全村民委员会印章的使用管理制度

乡级人民政府和县级人民政府民政部门要加强对村民委员会印章使用管理的指导。要指导村民委员会建立印章使用的审批、登记、备案制度，并纳入村民自治章程或村规民约之中。村民委员会印章要有专人保管，保管人由村党支部、村民委员会提名，并经村民代表会议讨论后决定。为防止乱用印章，一般情况下，印章使用的审批人与印章保管人不得为同一人。村党支部书记、村民委员会主任一般不宜直接保管印章。凡涉及贷款、承包、对外签订合同等重大问题需使用印章时，村民委员会应及时召开村民会议或村民代表会，经会议讨论同意并经村民委员会主任签字后方可使用。对违反印章使用管理规定的，要视情节轻重给予批评教育，造成严重后果的要追究当事人的法律责任。

村民委员会要加强对印章和印章使用的管理，既要严格遵守印章管理规定和印章使用审批程序，又要方便群众的生产和生活。不得以欠交税费等为借口，在村民办理参军、婚姻状况证明、外出务工证明等手续时，拒绝使用印章，也不得借机吃、拿、卡、要，增加农民负担。

三、加强村民委员会的印章管理工作

乡级人民政府、县级人民政府民政部门要监督做好村民委员会换届后的印章移交工作。换届选举工作结束后，上一届村民委员会应在10天内向本届村民委员会移交印章。拒不移交村民委员会印章的，由制发机关负责追缴，并追究责任。

村民委员会成员在届内被集体罢免的，印章由乡级人民政府暂时代管。乡级人民政府应在重新选举工作结束后及时将印章发给新的村民委员会。

各地应结合正在推行的村民自治工作，对村民委员会印章的制发、使用情况和管理工作进行一次检查，以往做法与本意见不一致的，以本意见为准。

城市居民委员会印章的刻制、使用和管理可参照本意见执行。

国务院批转民政部关于加强城市街道居民委员会工作报告的通知

（1987 年 6 月 15 日）

国务院同意民政部《关于加强城市街道居民委员会工作的报告》，现转发给你们，请遵照执行。

民政部关于加强城市街道居民委员会工作的报告

（1987 年 6 月 15 日）

为了加强城市街道居民委员会的建设，充分发挥居民委员会在城市两个文明建设中的作用，我部于1986年12月3日至9日，在河北省石家庄市召开了全国城市街道居民委员会工作座谈会。会议总结了居民委员会工作取得的成绩，分析了存在的问题，讨论了新时期居民委员会的地位、作用和主要工作，研究了在城市经济、政治体制改革和社会主义精神文明建设的新形势下，进一步加强居民委员会建设的措施，形成了一致的意见。现报告如下：

一、居民委员会在新的历史时期的地位、作用和主要工作

我国城市居民委员会是在1954年12月《城市居民委员会组织条例》颁布以后普遍建立起来的。三十多年来，特别是新 宪法颁布以来，居民委员会在社会主义革命和建设中发挥了重要作用，在办理公共事务和公益事业、调解民间纠纷、协助维护社会治安、普及法律教育、移风易俗、向人民政府反映居民的意见、要求和建议等方面，做了大量的工作，促进了城市的安定团结，促进了社

会主义物质文明和精神文明建设的发展。

居民委员会是城市基层群众性自治组织，是党的政府联系群众的桥梁和纽带，是社会主义物质文明和精神文明建设的一支重要力量。在新的历史时期，加强居民委员会的工作，充分发挥居民委员会的作用，对于贯彻落实党的十一届三中全会以来的路线、方针、政策，发展安定团结的政治局面，建设高度的社会主义民主，促进城市社会主义物质文明和精神文明建设，具有重要的意义。

今后一个时期居民委员会的主要工作是：

（一）加强社会主义精神文明建设。居民委员会要同本居住地区的机关、团体、部队、企事业等单位密切配合，共同建设社会主义精神文明。要对居民进行社会主义法制、道德和纪律教育，进行爱祖国、爱人民、爱劳动、爱科学、爱社会主义的教育。要扶贫济困、尊敬老人，保护妇女儿童的合法权益，照顾烈军属和荣誉军人，关心鳏寡孤独和残疾人。要广泛开展文明楼（院）、五好家庭的评比表彰活动，建立家庭内部、邻里之间平等、友爱、团结、互助的社会主义新型的人与人之间的关系。要积极兴办老年人活动站、青少年文化站，通过多种有效形式，活跃居民的精神文化生活。要发动群众开展爱国卫生活动，绿化、美化环境，实行计划生育，改革落后愚昧的习俗，破除封建迷信活动，努力把本居住区建设成为文明、整洁、安全、舒适的居住区。

（二）积极参加社会治安的综合治理。居民委员会要采取多种形式，在居民中普及法律知识，增强居民的法制观念。要组织居民开展治安防范活动，协助公安、司法机关严厉打击各种犯罪活动，维护社会治安和社会秩序，做好帮教失足青少年及劳改释放、解除劳教人员的工作，防止和减少犯罪。要及时调解民间纠纷，做好疏导工作，防止矛盾激化。努力使本居住区无刑事案件发生，一般民事纠纷能够得到及时调处，

（三）积极兴办便民、利民的生产、生活服务事业。居民委员会应当充分发挥自我服务的作用，广泛发动群众，动员社会力量，大力兴办便民、利民的生产、生活服务事业，解决居民生活中种种不便，尽量减少他们的后顾之忧，使之专心致志地工作、学习，幸福愉快地生活。

（四）教育居民履行依法应尽的义务，密切人民政府同居民的关系。居民委员会要认真宣传党和政府的方针、政策，教育居民遵守国家的 宪法、法律、法规，自觉履行法律规定的公民义务，如计划生育、服兵役、义务教育等，组

织居民参加社会事务的民主管理，行使人民当家做主的权利。要及时向人民政府反映居民的意见、要求和提出建议。

二、认真解决居民委员会建设和工作中存在的问题

当前，居民委员会建设和工作中还存在一些问题。主要是：任务过多过重；干部素质与工作需要不相适应；一些地方干部的生活补贴和办公经费、办公用房未得到妥善解决；兴办便民、利民的生产、生活服务事业缺乏相应的扶持保护政策。为了进一步发挥居民委员会在城市两个文明建设中的作用，真正把居民委员会建设成为有活力、有威望的基层群众性自治组织，各级政府要采取有效措施，切实帮助解决一些实际问题。

（一）减轻居民委员会的工作负担。各级政府及其派出机关要切实尊重居民委员会的法律地位。今后，凡属政府职能部门职责范围内的工作，不要推给居民委员会。确需居民委员会帮助完成的事项，应当由街道办事处或基层人民政府统一安排，其他部门和群众团体，不得直接给居民委员会布置工作。

（二）提高居民委员会干部队伍的素质。要广开门路，多方开辟居民委员会干部来源，可以采取选聘或吸收离退休人员，在待业知识青年中选拔优秀分子，从厂矿或事业单位中选调优秀职工参加所在地的居民委员会工作等办法，改善居民委员会的干部结构。同时，要采取措施，制定规划，把居民委员会干部的培训工作开展起来，并逐步使培训工作经常化、制度化，提高居民委员会干部的素质。居民委员会干部要发扬密切联系群众的优良传统，经常深入居民家庭，知百家情，办百家事，与群众打成一片。涉及居民利益的重大问题，要发动居民民主讨论决定。

（三）切实解决居民委员会建设和工作中的实际困难。目前，居民委员会干部生活补贴过低，办公经费较少，有些地方还执行着五十年代规定的标准，实际困难很多。各级人民政府要制定具体办法，按照当地居民的实际生活水平确定统一的补助标准，妥善解决居民委员会干部的生活补贴问题。所需经费，由各地人民政府具体确定，务使居民委员会干部的生活补贴得到落实。对于从事居民委员会工作多年、因年老体弱退下来的居民委员会干部，也要给予一定的生活补贴。补贴的具体办法和标准，各地根据实际情况自行确定。对于居民委员会的办公经费，要予以适当提高，以保证居民委员会起码的办公需要。要采取多种途径解决居民委员会的办公用房。新建居民住宅区，要按国家有关规定将居民委员会办公用房纳入基建规划。老居民住宅区居民委员会没有办公用房的，由市、区人民政府统筹解决。

（四）扶持和保护居民委员会兴办便民利民的生产、生活服务事业。居民委员会兴办便民利民的生产、生活服务网点，是件一举多得的好事，不仅可以为国家创造财富，方便居民的生活，而且可以补充居民委员会所需经费的不足。各级人民政府要积极提倡，从政策上给予扶持和保护。居民委员会举办的生产、生活服务网点，其资产和利润任何部门不得无偿平调。前些年已经无偿平调或上收的服务网点，凡是与当地居民生活密切相关、适合居民委员会经营，且具备腾退条件的，原则上要退还给居民委员会；不能退还的可与居民委员会实行联营或返还一部分利润给居民委员会。对居民委员会兴办的盈利微薄、方便居民的生活服务项目，有关部门要在审批场地、办理营业执照、技术指导、物资供应等方面给予积极支持，税收问题按《中华人民共和国集体企业所得税暂行条例》的有关规定办理。

三、加强对居民委员会工作的领导

加强对居民委员会工作的领导，是做好居民委员会工作、发挥其作用的关键。建议各级人民政府切实加强领导，把居民委员会工作纳入议事日程，确定专人负责，研究解决居民委员会建设和工作中存在的问题。定期培训居民委员会干部，广泛开展评比、表彰先进居民委员会和先进居民委员会干部的活动，动员城市各部门、各单位和全体居民关心、支持居民委员会的工作，切实帮助解决工作中的问题。

街道办事处是城市基层政府的派出机关，负有直接指导居民委员会工作的职责。因此，应当结合城市经济体制改革和政治体制改革，本着简政、放权、搞活的精神，加强街道办事处的建设，使街道办事处享有同它所承担的任务相适应的财力和行政管理权力。各地人民政府可从本地实际情况出发，选择一两个街道进行简政放权的试点。街道办事处要把指导居民委员会的工作作为一项重要工作抓紧抓好。

民政部门是负责城乡基层政权建设日常工作的部门。要及时总结、交流经验，调查研究城市基层政权和居民委员会工作中的情况和问题，加强对居民委员会工作的指导，努力使居民委员会工作出现一个新局面。

以上报告如无不妥，请批转各地执行。

中共中央、国务院关于加强农村基层政权建设工作的通知

（1986 年 9 月 26 日）

各省、自治区、直辖市党委和人民政府，中央和国家机关各部委，军委总政治部，各人民团体：

全国农村人民公社政社分开、建立乡政府的工作已经全部结束。这是我国农村继普遍推行联产承包责任制以后，又一项具有深远意义的改革。这项改革已经取得了初步成效，开始改变党政不分、政企不分的状况，加强了党的领导和基层政权的建设，适应了农村经济体制改革的新形势，促进了农村经济的发展。

农村基层政权体制的改革是政治体制改革的重要组成部分。由于这项改革的时间不长，与此相关的一系列配套改革措施没有跟上去，当前农村基层政权建设中还存在不少问题，主要是党、政、企之间的关系还没有完全理顺，有些地方党政不分、政企不分的现象依然存在，少数地方乡政府还没有完全起到一级政权的作用。

基层政权是人民民主专政的基础组织，一系列的工作都要通过基层政权才能完成。我国有8亿人口在农村，把农村基层政权建设好，对于顺利推进政治体制和经济体制改革，加强社会主义民主和社会主义法制，促进社会主义精神文明建设，实现社会治安和社会风气的根本好转，实现本世纪末全国工农业年总产值翻两番的战略目标，建设有中国特色的社会主义，具有十分重要的意义。为了进一步巩固和发展已取得的改革成果，真正把农村基层政权建设成为密切联系群众、全心全意为人民服务，并且能够有效地领导和管理本行政区域的政治、经济、文化和各项事务的有活力、有权威、高效能的一级政权，特作如下通知：

一、明确党政分工，理顺党政关系

政社分开以后，有些地方仍存在党政不分、以党代政的现象，乡党委包揽行政工作。这不仅不利于加强党的自身建设，也不利于发挥乡政府的作用。

乡党委要按照党章的规定和实行党政分工的要求，集中精力抓好党的路线、方针、政策的贯彻执行，抓好基层党的思想建设和组织建设，加强对共青团、妇联和民兵的领导，抓好农民群众的政治思想教育，促进党风和社会风气的稳定好转。

乡党委对政府的领导，主要是政治、思想和方针政策的领导，对干部的选拔、考核、监督，对经济、行政工作中重大问题的决策，而不是包办政府的具体工作。乡党委要保证乡政府依照 宪法和法律的规定独立行使职权，支持乡长大胆地开展工作。

为了从制度上保证党政合理分工、各省、自治区、直辖市可按党章和《中华人民共和国地方各级人民代表大会和地方各级人民政府组织法》的规定，结合本地实际情况制订乡党委和乡政府暂行工作条例。中央有关部门在总结经验的基础上，分别制订《中国共产党农村基层组织工作条例》、《乡镇人民代表大会工作条例》和《乡镇人民政府工作条例》。

县级和县级以上党政机关也要解决好党政合理分工的问题，按照党政分工的正常工作渠道领导基层工作。凡属于乡政府的工作，就不要布置给乡党委。县级人民政府每年要召开几次乡长会议，研究安排政府工作。经过上下共同努力，逐步理顺关系，党政协调一致地开展工作。

二、实行政企分开，促进农村经济进一步发展

政社分开后，不少地方虽然分别建立了乡政府和乡经济组织，但实际上政企职责并没有完全分开。不少地方乡政府没有配备管理经济的人员，而把政府管理本乡经济的职权交由乡经济组织行使，仍然是政企不分。乡政府应按实际需要配备必要的专职干部，行使政府管理经济的职能。

乡政府管理经济，主要是运用经济的、法律的和行政的手段，为发展商品生产服务。其主要职责是：制订本行政区域内的经济和社会发展规划并组织实施；协调本行政区域内各村、各经济组织间的关系；监督各经济组织和个体户认真执行国家的法律、法规和政策，保障各经济组织和个体户的合法经济权

益，取缔违法经营，打击经济犯罪活动；管理乡级财政，指导和监督合作经济组织，做好财务会计、经济统计和其他经济管理工作；管理、推广科学技术成果。

乡政府要支持乡经济组织行使其自主权，不能包揽或代替经济组织的具体经营活动，更不能把经济组织变成行政管理机构。

三、简政放权，健全和完善乡政府的职能

目前，县级许多部门在乡设有分支机构，并且统得过多过死，使乡政府难以统一组织和管理本行政区域内的各项工作。这种条块分割的管理体制必须逐步改革。改革的基本原则，是简政放权。凡属可以下放的机构和职权，要下放给乡；少数必须由县集中统一领导的机构，仍要集中统一领导。在县级综合改革试点中已经把一些机构下放给乡管理的地方，要认真总结经验，做好巩固和完善工作。尚未开展试点的地方，都要根据当地实际情况，积极进行试点，上级主管部门要积极支持这项工作。

各地要尽快把乡一级财政建立起来。少数确有困难尚未建立的地方，乡政府要有专人负责抓好这项工作。已经建立乡财政的地方，要在发展商品经济的基础上为乡多开辟一些财源。乡财政超收部分，要给乡适当留一些，并尽量实行一定几年不变的办法，以调动基层聚财的积极性，加速乡村建设。乡财政收入中国家预算内部分，包括上级政府划归乡财政的乡镇企业所得税和奖金税、屠宰税、城市维护建设税、集市交易税、牲畜交易税、车船使用牌照税、契税和其他收入，其划归乡的具体范围，由各地根据实际情况确定。

随着政企分开和条块矛盾的逐步解决，要提高乡政府的工作效率，减少管理层次，凡是设了镇政府的地方，就不再设立乡政府；要坚决撤销那些不必要的临时机构；大力精简以农代干的行政人员，除边远山区、交通不便的地区以外，县以下一般不要设立区公所。

四、切实搞好乡政权的自身建设

乡政府要按照《中华人民共和国地方各级人民代表大会和地方各级人民政府组织法》的规定，按期召开人民代表大会，向人民代表大会报告工作，听取代表的建议、批评和意见，加强对政府工作的监督。乡人民代表大会会议要充分发扬民主，畅所欲言。对代表提出的意见和建议，要认真研究，作出决议，贯彻执行。要逐步改革和完善选举制度，在基层政权中实现人民的直接民主，使人民充分行使作为国家主人的权利，使乡人民代表大会成为有权威的权力机关。对于那些不称职、不能代表人民利益的乡长，乡人民代表大会有权予以罢免。依法选举产生的正副乡长，除犯有严重错误或确属不胜任工作的以外，一般不宜在任期内调动。如因工作需要必须作个别变动时，应向乡人民代表大会报告，由任免机关批准。对因故出缺的正副乡长，应召开乡人民代表大会进行补选。乡人民代表大会闭会期间，乡政府要确定一名副乡长负责人民代表大会闭会期间的工作，要安排好代表小组的活动，发挥人民代表的作用，经常听取他们的意见和建议。从农村优秀人才中聘用干部的制度要继续坚持，并不断总结经验，使之完善。基层干部应做到能上能下，能官能民。

要高度重视和解决一些地方基层政权软弱涣散的问题。乡党委和乡政府要始终坚持四项基本原则，坚决贯彻党中央既要开放、又要搞活，还要把人们的精神状态搞好的指示，加强社会主义精神文明建设，不断丰富群众的精神文化生活，反对封建迷信、铺张浪费等不良风气。要采取有力措施，加强政法工作，动员各方面的力量，经过扎扎实实的努力，使社会治安和社会风气在近几年内得到根本好转，为改革和建设创造良好的社会环境。

五、努力提高干部素质，认真改进工作作风

今后3年内，各地要把乡干部分期分批培训一遍。地区负责培训乡的正、副职干部，县负责培训乡的一般干部。培训的内容主要是：马克思主义基本理论，法律知识，科学技术和现代管理知识，党在农村的改革和发展经济的各项政策。通过培训，教育干部全心全意为人民服务，知法、懂法、守法、依法办理；掌握组织发展商品经济和科学管理的基本技能。地方财政要在培训经费上给予适当安排。

乡干部要切实改进工作作风。要深入群众，加强调查研究，关心群众疾苦，帮民致富，尤其要关心那些生产、生活上还比较困难的贫困户，扶持他们尽快摆脱贫困。要少说空话，多办实事，每年都能扎扎实实为群众办几件事，取信于民。要妥善处理人民内部矛盾，坚持启发疏导，多做思想政治工作，防止简单化和强迫命令。

县以上党政机关要组织力量，分期分批地到基层，特别是到那些较为贫困的乡村去，调查研究，帮助工作；要本着精简上层、加强基层的原则，充实乡级干部队伍；要建立、健全乡级干部岗位责任制，实行目标管理；对于那些长期坚持在贫困地区工作，对改变当地面貌卓有成效的干部，以及扶助贫困地区成果优异的干部，要大力进行表彰，并给以奖励。

六、搞好村（居）民委员会的建设

目前，有相当一部分地方，特别是经济困难地区的村（居）民委员会组织不健全，甚至无人负责，处于瘫痪、半瘫痪状态。这个问题必须引起各级党委和政府的高度重视。

各地要采取措施，认真整顿农村基层组织。要把思想整顿放在首位，教育基层干部全心全意为人民服务，积极带领群众勤劳致富，遵纪守法，抓好物质文明和精神文明建设。其次是组织整顿，要帮助村（居）民委员会建立健全人民调解、治安保卫、公共卫生、社会福利等工作委员会（组）和各项工作制度，妥善解决村（居）民委员会工作人员的经济补贴和工作中遇到的困难。经济特别困难的地方，地方财政要帮助解决村（居）民委员会工作人员的经济补贴。补贴面可以小一些，但一定要落实。

村（居）民委员会要进一步完善村规民约，大力开展创建文明村、评选五好家庭等活动，发动广大村（居）民积极参加社会生活的民主管理，以进一步发挥群众自治组织的自我教育、自我管理、自我建设、自我服务的作用。

七、加强对农村基层政权建设工作的领导

各级党委和政府，首先是县级党委和政府，必须充分认识进一步加强和完善农村基层政权建设，是我国政治体制改革的重要组成部分。做好这项工作，对于巩固人民民主专政，保证社会安定，促进农村经济和社会事业的全面发展具有十分重要的意义。要把这项工作列入重要议事日程，注意总结经验，及时解决存在的问题。要积极推进县级综合改革，做到经济体制改革同政治体制改革互相配合，同步进行，县级以上的体制改革同基层体制改革配套进行，上下左右协调动作，健全和完善基层政权体制。

党中央、国务院责成民政部门负责城乡基层政权建设的日常工作，其主要

职责是：调查了解基层政权的现状和存在的问题，提出改进和加强基层政权建设的意见；总结交流经验；组织先进乡镇和先进村（居）民委员会的评比、表彰活动；培训乡镇长和村（居）民委员会主任；指导村（居）民委员会的组织建设和制度建设；制订和修改有关的条例和规章制度。各级党委和政府要支持和监督民政部门做好这项工作，民政部门要把基层政权建设工作列为自己的重要任务，切实抓好。

各级党委和政府接到本通知后，都要认真研究一次农村基层政权建设工作，作出贯彻本通知的具体部署。民族自治地方农村基层政权建设问题，有关省区可根据当地特点和实际需要，参照 民族区域自治法的有关规定和本通知的精神，作出具体规定。杂散居地区民族乡的政权建设，大体按本通知要求执行，上级有关部门要注意到这些地区的民族特点，从政策上体现出对少数民族的照顾。各地农村基层政权建设工作中的重大情况和问题，望及时报告党中央、国务院。

中共中央组织部、民政部关于进一步严肃村“两委”换届工作纪律的通知

（2010年11月5日）

各省、自治区、直辖市党委组织部、民政厅（局），新疆生产建设兵团党委组织部、民政局：

去年以来，各地认真贯彻落实中共中央办公厅、国务院办公厅《关于加强和改进村民委员会选举工作的通知》（中办发〔2009〕20号）和全国村“两委”换届选举工作座谈会精神，切实加强党对换届选举工作的领导，始终掌握工作主导权，村“两委”换届选举工作总体平稳有序。但也有少数地方不同程度地存在一些违法违纪现象：有的地方任意简化选举程序，利用委托投票、代写选票等形式徇私舞弊；有的地方拉票贿选等不正当竞争行为屡禁不止；有的地方存在宗族宗派等各种势力甚至黑恶势力干扰换届选举的现象，等等。这些问题，严重损害了党员、群众的民主权利，破坏了换届选举的正常秩序，干扰了农村基层民主政治建设的健康发展，影响了农村经济发展和社会稳定，必须采取切实有效措施坚决加以整治。今年下半年和明年，全国大多数省（区、市）将进行新一轮村“两委”换届。为进一步严肃村“两委”换届工作纪律，确保换届选举健康有序进行，现就有关事项通知如下。

一、细化换届工作程序。严格遵循《中国共产党章程》和国家有关法律法规的规定，进一步细化和规范村“两委”换届选举程序和实施办法，精心编制换届工作流程图。指导和引导村民选举委员会依法依规制定好本村选举办法，对候选人资格条件作出具体规定，切实把好候选人资格条件关。同时，进一步细化选举程序、选民资格认定、委托投票、有效选票认定以及回避制度等相关规定。探索推行村“两委”换届选举“全程签字”制度，换届选举各个环节，

都必须由参与竞争人员签字认可，确保换届选举法定程序、步骤严格执行不变通。

二、规范候选人竞争行为。全面推行乡镇党委和参与竞争人员集体谈话制度，教育他们自觉采取合法、正当的方式，有序参与竞争。引导党员群众在换届选举前，通过制定选举办法等方式，对不当或非法竞争行为裁定提前作出明确规定，让参与竞争人员和党员群众明白哪些可以做，哪些不可以做，确保有序参与不违规。可以通过竞职承诺、公开演说、现场问答等形式，组织候选人与选民直接见面，正当宣传展示自己，搭建候选人公开亮相、公平竞争的有效平台。

三、严格投票组织管理。加强投票现场组织工作，切实维护选举秩序。选举时，应召开选举大会集中投票，也可设立中心投票会场和若干投票站投票，当场领票、写票、投票，集中唱票、计票，当场公布选举结果。严格控制流动票箱的使用，依法办理委托投票手续，规范委托投票和代写选票。完善秘密写票制度，运用人防、物防、技防等各种手段做好防范工作，确保村民在无干扰的情况下自主表达选举意愿，防止出现舞弊现象。

四、完善防范监督措施。要广泛宣传换届选举的目的意义和有关法律、法规、政策，明确换届选举应该选什么样的人、什么样的选举行为符合法律法规，引导广大党员群众正确行使民主权利，自觉抵制拉票贿选等各种干扰破坏换届选举的违法违纪行为。要完善选举监督体系，切实加强对换届选举全过程、全方位的监督。对村民选举委员会推选、候选人提名、候选人公开竞争、投票选举等重点环节，实行全程跟踪监督。采取设立选举监督委员会，邀请党代表、人大代表、政协委员等担任社会监督员等措施，积极探索舆论监督途径，加强社会力量对换届选举的监督。对那些选情复杂、竞争激烈，可能出现拉票贿选或各种势力影响干扰换届选举的重点村、难点村，要重点加强指导和监督，有针对性地制定工作预案，并采取司法提前介入等措施，及时消除隐患，解决苗头性问题。县和乡镇党委、政府要向每个村派驻换届工作指导员；对一些问题较多、矛盾纠纷大的重点村、难点村，要派出得力干部组成工作组驻村指导。切实加强对换届工作指导员及相关工作人员的法律法规政策培训。

五、严查违法违规行为。根据本地区经济社会发展状况和风俗人情等实际情况，具体明确拉票贿选等违法违纪行为的界定标准，同时进一步明确对违法违纪行为进行认定、查处的具体程序和责任部门。乡镇党委、政府按程序具体负责对村“两委”换届选举中违法违纪问题的调查处理，必要时，提请县级纪检监察、公安机关和法院、检察院依法依规进行调查认定。做好群众举报和来信来访受理工作。建立反映换届选举违法违纪问题专办制度，县、乡选举工作机构要公布举报电话及其他举报渠道，采取措施方便群众反映问题。坚持有访必接，有报必查，凡情节具体、线索清楚的，要限时办结。切实加大对违法违纪行为的打击力度。对参与或指使他人以暴力、威胁、欺骗、贿赂、伪造选票、虚报选票数等手段，以及利用宗族宗教势力等破坏、妨碍选举的，依法严肃查处；对以不正当竞争手段参选的，一经发现即取消参选资格，已经当选的，宣布当选无效；对黑恶势力、境内外敌对势力干扰破坏选举的，做到依法打击，绝不手软。对换届选举中查处的典型案例，要在一定范围进行通报。

六、加强组织领导。各级党委组织部门要发挥牵头协调作用，统筹抓好换届选举工作，重点抓好村党组织换届选举工作；各级民政部门要充分发挥职能作用，加强对村委会换届选举的指导和督查。县、乡党委、政府要高度重视，切实将严肃换届工作纪律、加强和改进村“两委”换届选举工作列入重要议事日程，并积极协调纪检监察、宣传、信访、公安和司法等有关部门参与和配合做好换届选举工作。县、乡党委书记要切实履行第一责任人和直接责任人的职责，认真抓好工作落实。探索建立村“两委”换届工作考核评估机制，把严肃换届工作纪律、防止和打击拉票贿选等违法违纪行为，作为农村创先争优活动考核评价的重要内容。建立换届选举应急处置机制，加强对突发事件的防范、掌控和处理，完善选举重大问题、重要信息报送、情况通报制度和责任追究制度。在村“两委”换届过程中，对工作领导、指导不力和对违法违纪行为查处不力，造成严重后果的，要追究当地党委、政府和有关部门负责人的责任，并作出相应处理。中央组织部将会同民政部，适时对各地村“两委”换届工作纪律执行情况进行专项督查。

中共中央组织部

民政部

2010年11月5日

村级档案管理办法

（2018 年 1 月 1 日）

国家档案局、民政部、农业部令（第 12 号）

《村级档案管理办法》已经国家档案局局务会议、民政部部务会议审议通过，并经农业部同意，现予公布，自2018年1月1日起施行。

国家档案局局长　李明华

民政部部长　黄树贤

农业部部长　韩长赋

2017年11月23日

村级档案管理办法

第一条　为了加强农村档案工作，规范村级档案管理，服务新形势下的农村工作，根据《中华人民共和国档案法》《中华人民共和国村民委员会组织法》《中华人民共和国农业法》和国家有关规定，制定本办法。

第二条　本办法所称村级档案是指村党组织、村民委员会、村集体经济组织等（以下简称村级组织）在党组织建设、村民自治、生产经营等活动中形成的具有保存价值的文字、图表、音像等不同形式和载体的历史记录。

第三条　村级档案工作主要包括村级组织对村级档案进行的收集、整理、保管、鉴定、利用等工作。

第四条　村级档案工作实行统一领导、集中管理、安全方便的原则。

村级组织应将档案工作作为村级工作的重要事项，健全相应的工作制度，明确领导、健全机制、保障经费，确保档案的真实、完整、规范和安全。

第五条　村级档案工作在业务上接受乡镇人民政府、档案行政管理部门、民政部门、农业部门和相关部门的监督和指导。

第六条　村级组织应当指定专人负责档案的收集、管理和提供利用。有条件的村应当设立专用档案柜和档案库房集中管理档案。

档案管理人员应当具有良好的政治素质，遵纪守法，忠于职守，具备相应的档案管理知识，并经过一定的档案业务培训。

第七条　村级组织形成的具有保存价值的文件材料，均应当按照要求规范整理后归档，任何组织和个人不得据为己有或者拒绝归档。

县级档案行政管理部门可以依据《村级文件材料归档范围和档案保管期限表》（见附件）的规定，制定符合本地实际的村级文件材料归档范围和档案保管期限表。

第八条　村级档案一般包括文书、基建项目、设施设备、会计、音像、实物等类别。各类文件材料整理方法和归档时间如下：

（一）文书类应当按照《文书档案案卷格式》（GB/T 9705—2008）或者《归档文件整理规则》（DA/T 22—2015）的要求进行整理，于次年上半年归档。

（二）基建项目类应当按照《科学技术档案案卷构成的一般要求》（GB/T 11822—2008），并参照《国家重大建设项目文件材料归档要求与档案整理规范》（DA/T 28—2002）的有关规定及时整理归档。

（三）设施设备类应当在开箱验收后即时归档，使用维修记录等按照《科学技术档案案卷构成的一般要求》进行收集管理。

（四）会计类应当按照《会计档案管理办法》（财政部 国家档案局令第79号）的要求进行收集整理，在会计年度终了后于次年3月底之前归档。

（五）照片应当按照《照片档案管理规范》（GB/T 11821—2002）、《数码照片归档与管理规范》（DA/T 50—2014）整理，由拍摄者在拍摄后1个月内将照片原图连同文字说明一并归档。

（六）电子文件应当按照《电子文件归档与电子档案管理规范》（GB/T 18894—2016）收集归档并管理。

（七）实物和其他门类按照档案工作有关规定及时归档。

第九条　档案制成材料和装订材料应当符合档案保护的要求。

第十条　档案库房应当采取防火、防盗、防水（潮）、防光、防尘、防磁、防高温、防有害生物等措施。

档案管理人员应当定期检查档案的保管状况，确保档案安全。对音像档案和电子档案，要定期检查信息记录的安全性，确保档案可读可用。

第十一条　不具备档案安全保管条件的，应当将档案交由乡镇档案机构代为保管，村级组织可以保存档案目录等检索工具以方便利用。

第十二条　村级组织换届选举后10日内，应当履行档案交接手续。必要时可以在选举前将档案暂存乡镇政府。村以及村民小组在设立、撤销、范围调整时，应当将档案妥善移交。

档案工作人员离任时应当进行档案移交，履行交接手续，防止档案散失。

第十三条　销毁已达到保管期限的档案时，应当成立档案鉴定工作小组及时进行鉴定。

鉴定工作小组由村级档案管理人员和形成档案的村级组织的人员（或者村民代表）组成，鉴定后应当形成档案鉴定报告。对失去保存价值的档案，应当清点核对并编制档案销毁清册，经过必要的审批手续后按照规定销毁。

禁止擅自销毁档案。村级档案销毁清册应当永久保存。

第十四条　村级档案工作应当积极推进档案信息化建设，配备必要的设施设备和档案管理软件，建立档案电子目录和全文数据库，逐步实现档案的信息网络共享。

第十五条　村级档案工作应当建立档案查阅利用制度，为本村各类组织及其成员、村民提供服务。查阅档案要遵守利用规定、履行查阅手续，不得有涂改、损毁、调换、抽取档案等行为。

档案管理人员应当围绕村中心工作或村级组织及其成员、村民利用需求，加强档案信息资源的开发利用，积极开展档案编研工作，如编写村史、村志、大事记等。

第十六条　对在村级档案工作中做出突出贡献的村干部、档案工作人员和其他组织、个人，由各级人民政府、档案行政管理部门及相关单位给予表彰和奖励。

第十七条　各省（自治区、直辖市）、新疆生产建设兵团档案行政管理部门商同级民政部门和农业部门，可以结合本办法和本地实际，制定实施办法及细则。

第十八条　本办法由国家档案局、民政部、农业部负责解释。

第十九条　本办法自2018年1月1日起施行。

附件：村级文件材料归档范围和档案保管期限表

附　件

村级文件材料归档范围和档案保管期限表

一、文书类

1.党群组织工作文件材料

1.1本村党组织（党委、党总支、党支部）委员会会议记录、党员大会会议记录、村“两委”联席（班子）会议记录　永久

1.2本村党组织年度工作计划、总结等材料　永久

1.3本村党组织关于机构设置、撤并、名称更改、启用和废止印章的请示，上级批复、通知、决定等材料　永久

1.4本村党务干部任免、分工、考察、奖惩等材料　永久

1.5本村党组织换届选举候选人的请示、批复和换届选举工作的通知、议程、报告、领导人讲话、大会发言、选举办法、选举结果、决议、上级批复等材料　永久

1.6本村党员教育培训、组织活动、党性分析、民主评议等方面的计划、总结、会议（活动）记录、请示及上级的批复　永久

1.7本村发展新党员，党员转正、延期、退党，处置不合格党员等方面的材料　永久

1.8本村执行上级党组织工作的决定、纪要、报告等材料

（1）重要的永久

（2）一般的30年

1.9本村党组织、党员名册和年报表　永久

1.10本村党组织关系介绍信、通知书存根　永久

1.11本村党员交纳党费的清单、票据等　永久

1.12本村先进集体、先进个人登记表，审批表，名册及各种事迹材料

（1）受到县级（含）以上表彰、奖励的　永久

（2）受到县级以下表彰、奖励的　30年

1.13本村党员违法违纪的有关材料，处理意见和上级决定、批复等材料

（1）受到警告（不含）以上处分的　永久

（2）受到警告处分的　30年

1.14本村纪检、党风廉政工作的计划、总结、报告等材料　30年

1.15本村开展政治思想、形势教育、精神文明建设工作的计划、总结等有关材料　10年

1.16本村共青团组织发展、换届选举材料，团员名册、组织关系介绍信及存根、团费缴纳、年度统计表等材料　永久

1.17本村团代会通知、议程、代表名单、开幕词、报告、决定、选举结果、闭幕词等材料　永久

1.18本村团组织、团员获得表彰奖励及违法违纪受到处分的请示、报告、批复等材料　永久

1.19本村工会年度工作计划、总结，工会代表大会的通知、名单、议程、开幕词、报告、决议、闭幕词、选举结果等材料　永久

1.20本村工会干部任免的请示、批复，会议记录，工会干部、会员名册及统计年报表等材料　永久

1.21本村妇代会换届选举等材料　永久

1.22本村计划生育工作年度计划、总结、统计表等材料　永久

1.23本村独生子女证申请表，育龄妇女生育多胎的申请表、审批表及超生调查报告、汇报、处罚决定等材料　永久

1.24本村村民婚姻状况证明存根等材料　永久

1.25本村五好家庭、敬老爱幼模范、文明户、好婆婆、好媳妇等评选活动的材料　30年

1.26上级发布的本村民兵工作需要执行的文件材料　10年

1.27本村普通民兵、基干民兵登记表和花名册　永久

1.28本村兵役登记材料，现役军人、退伍军人情况登记表　永久

2.村务管理文件材料

2.1本村村委会会议记录、纪要、决议等材料　永久

2.2本村村委会年度工作计划、总结等材料　永久

2.3本村村史、组织沿革、大事记等材料　永久

2.4本村村委会换届选举工作的通知、选票、选举结果、干部任免等材料　永久

2.5本村各类工作的请示、报告、汇报及上级的批复等材料

（1）重要的　永久

（2）一般的　30年

2.6本村干部、村民名册，村办股份公司股民名册、各类技术人员名册等　永久

2.7本村干部的招聘、录用、定级、调配、人员任免、离退、调动介绍信存根、工资表，农业村级协管员的聘书、合同或协议等材料　永久

2.8本村和村内机构设置、更名、撤并及行政区划与隶属关系的变化，启用、废止印章等材料　永久

2.9本村关于年终分配方案、工资福利、劳动保护的各种文件材料和参加社会养老保险人员名册　永久

2.10本村干部、职工工资单及年终收益分配审批表、归户结算表等材料　永久

2.11本村关于房屋拆迁、土地征用、村民房产、地产等材料，相关人员名册等　永久

2.12本村的村规民约等各种规章制度材料　永久

2.13本村各种年度统计报表（包括农副工业生产年报，收益分配报表，土地、人口、户数等基本情况统计表等材料）永久

2.14本村各种保险材料、综合治理、安全生产承包责任和各种案件、民事纠纷的调解协议、处理决定等材料　永久

2.15本村信访信件处理结果等材料

（1）有领导重要批示及处理结果的　永久

（2）有处理结果的　30年

（3）没有处理结果的　10年

2.16本村拥军优属、优抚救助等材料　30年

2.17本村开展教育、卫生、合作医疗等工作的材料　永久

2.18本村规划、经济建设及重大决策等材料　永久

2.19本村公共设施管理、维修维护的材料　永久

2.20本村生产管理、企业管理的年度工作计划及总结和重大决策等材料　永久

2.21本村财务管理的年度计划、总结，有关财务审计情况材料　永久

2.22本村工业、农业等相关税收征收清册和纳税变动情况等材料　永久

2.23本村各种经济、人口普查统计表　永久

2.24本村重大事故事件登记材料，调查处理意见、情况报告及善后工作中形成的材料　永久

2.25本村创建文明小区、爱国卫生工作形成的材料　30年

2.26 本村农业村级协管事项公开、协查工作记录等材料　30年

3.村级集体经济组织经营管理文件材料

3.1本村经营管理中长期规划和专项发展计划等材料　永久

3.2本村企业发展重大经营决策方案、规划　永久

3.3本村企业董事会会议记录、纪要、决议等材料　永久

3.4本村企业负责人对企业承包、租赁、任期目标责任等材料　永久

3.5本村企业改制、转制等各种法律证书等材料　永久

3.6本村企业历史沿革、大事记等材料　永久

3.7本村集体经济组织、所属各企业年度工作计划、总结等材料　永久

3.8本村企业的设置、撤并、名称更改、启用和废止印章的请示、批复、通知等材料　永久

3.9本村及所属各企业的产权文件、土地使用证，各种集体财产合同、协议、委任书、公证书等法律文本、证书材料　永久

3.10本村集体经济组织章程，换届选举工作的通知、选举结果等材料　永久

3.11本村集体经济组织成员（股东）名册、股权登记簿　永久

3.12本村新办公司、企业项目的申请和批复及可行性报告、章程、合同、验资、营业执照等材料　永久

3.13本村有关工商企业管理执照的申报、登记、批复以及违章违法被处理，经营不善歇业、破产等材料　永久

3.14本村企业年度各种统计报表及经济分析等材料　永久

3.15本村有关物资供销工作的合同、协议等材料　30年

3.16本村有关经营活动的争议、索赔、判决等材料　永久

3.17本村企业合资、独资、联营招商的合同、协议等材料　永久

3.18本村企业年度经营、销售统计等报表

（1）重要的　永久

（2）一般的　10年

3.19本村企业工资计划、工资总额、奖惩、年终分配方案等表册　永久

3.20本村企业物资管理、安全生产检查、整改措施执行情况等材料　永久

3.21本村企业环境保护等材料　永久

3.22本村企业有关产品标准、国际质量认证等材料　永久

3.23本村企业有关资产评估，资金、价格管理的审查、验证材料　永久

3.24本村企业有关经营、审计活动中形成的各项证明和结论材料　永久

3.25本村有关产品市场调查、宣传、广告和用户服务等材料　30年

3.26本村有关产品销售等活动中形成的材料　30年

3.27本村各类农业普查材料　永久

3.28本村农作物规划布局，粮、棉、油多种经营实种面积、产量以及采、购、留、分配等材料　永久

3.29本村科学种植、科学饲养的经验总结及原始记录　永久

3.30本村“星火”“丰收”“火炬”计划项目的申报、验收材料　永久

3.31本村农业植保、农机管理、水利建设等材料　永久

3.32本村副业生产及上交任务的指标（畜、禽、蛋、鱼、菌菇等）以及各项任务完成情况、年报、统计表等材料　永久

3.33本村村办副业项目材料　30年

3.34本村关于土地批租、出让、租赁有关材料　永久

3.35本村农村集体产权制度改革实施方案、工作计划、总结、汇报材料　永久

3.36本村成立的农村集体产权制度改革工作领导小组、理事会、监事会等机构及组成人员名单　永久

3.37本村农村集体产权制度改革工作领导小组、理事会、监事会工作职责及工作制度　30年

3.38本村研究农村集体产权制度改革工作所形成的会议记录、纪要、决议　永久

3.39通过协商、招标、挂牌、拍卖等方式流转农村土地承包经营权的文件材料　永久

3.40农村集体产权制度改革的动员会、宣传、培训，上级领导检查等形成的文件材料　10年

3.41农村耕地保护、土地承包经营权、集体建设用地使用权台账　永久

3.42集体土地调查材料及统计表　永久

3.43农村集体土地所有权、农村建设用地使用权、村民宅基地使用权等相关确权、登记、颁证的文件材料　永久

3.44农村土地承包经营权登记申请书、变更登记申请书、登记簿、核准文件　永久

3.45农村土地承包经营权流转备案申请书、登记表和备案证明等材料　永久

3.46农村土地承包经营权确权登记方案、登记册、花名册及审核材料　永久

3.47农村土地使用权确权登记注册情况公告、注册表　永久

3.48农村土地承包合同、土地承包经营权流转合同、耕地保护合同　永久

二、基建项目类

1.项目建议书、申请、报告及批复等材料　永久

2.可行性研究报告、论证意见、项目评估、调查报告等材料　永久

3.项目设计任务书、计划任务书或立项报告、批复等材料　永久

4.基建项目的会议记录等材料　永久

5.地质勘探合同、报告、记录、说明等材料　永久

6.征用土地移民申请、报告、批复、通知、许可证、使用证、用地范围等材料　永久

7.工程建设执照、防火、环保、防疫等审核通知单　长期

8.工程建设招投标文件、会议纪要等材料　长期

9.工程初步设计图纸、概算、设计合同等材料　长期

10.施工设计、说明、总平面图、建设施工图、给排水图等专业图纸　长期

11.施工合同、协议，施工预决算，图纸会审纪要、技术核定单、工程更改、材料代用、原材料质保书和全套竣工图等材料　永久

12.施工监理文件材料　长期

13.水电安装合同、协议，施工预决算，技术交底，图纸会审，材料出厂证明和竣工图等材料　永久

14.项目竣工验收申请、批复，消防、环保、防疫、档案等验收记录，基建财务结、决算，项目审计，项目竣工验收证书等材料　永久

三、设施设备类

1.设备仪器购置可行性研究报告、申请、批复和购置仪器资金申请、批复等材料　长期

2.设施设备招投标文件、设备采购合同、购买协议等材料　长期

3.设备仪器开箱验收记录、使用说明书、操作手册、合格证、装箱清单等材料　长期

4.设备仪器安装调试记录、验收报告、操作保养规定等材料　长期

5.设备仪器运行、检修、保养、事故处理等记录材料　长期

6.设施设备技术改造、升级改装、革新改进等文件材料　长期

7.设备仪器报废申请、批复、证明等材料　长期

四、会计类

1.各类会计原始凭证、记账凭证、汇总凭证　30年

2.会计账簿类

2.1银行日记账、现金日记账　30年

2.2总账、明细账、辅助账簿　30年

3.会计报表类

3.1年度财务报表　永久

3.2年度财务决算表　永久

3.3月、季度财务报表　10年

4.其他类

4.1会计档案移交清册　永久

4.2会计档案保管清册　永久

4.3会计档案销毁清册　永久

五、照片类

1.上级领导来村视察、检查工作的照片　永久

2.国际友人、专家、学者等知名人士前来活动的照片　永久

3.本村委会各种会议、重要活动形成的照片　永久

4.本村委会各种产品、奖状、证书、奖杯、锦旗等的拍摄照片　永久

5.反映村容、厂貌、市政项目建设等的照片　永久

6.新闻媒体刊登的反映本村情况的照片　永久

民政部关于印发《村民委员会选举规程》的通知

（2013 年 5 月 2 日）

各省、自治区、直辖市民政厅（局），新疆生产建设兵团民政局：

为加强对村民委员会换届选举工作的指导，深入推进以直接选举、公正有序为基本要求的村民委员会选举工作实践，根据《中华人民共和国村民委员会组织法》和有关政策规定，在总结各地经验的基础上，我们制定了《村民委员会选举规程》，现印发你们，供在实际工作中参考。本规程明确了 村民委员会选举程序和场地要求，《村民委员会选举程序》（MT/028—2012）和《村民委员会选举场地要求》（MT/029—2012）同时废止。

村民委员会选举中的重大问题请及时报告。

民政部

2013年5月2日

村民委员会选举规程

第一章　村民选举委员会的产生

一、推选村民选举委员会

村民选举委员会主持村民委员会的选举。

村民选举委员会由主任和委员组成，由村民会议、村民代表会议或者村民小组会议推选产生，实行少数服从多数的议事原则。

村民选举委员会的人数应当根据村民居住状况、参加选举村民的多少决定，不少于三人，以奇数为宜。村民之间有近亲属关系的，不宜同时担任村民选举委员会成员。

村民委员会应当及时公布选举委员会主任和委员名单，并报乡级人民政府或者乡级村民委员会选举工作指导机构备案。

二、村民选举委员会的任期

村民选举委员会的任期，自推选组成之日起，至新老村民委员会工作移交后终止。

三、村民选举委员会成员的变动

村民选举委员会成员被提名为村民委员会成员候选人，应当退出村民选举委员会。

村民选举委员会成员退出村民选举委员会或者因其他原因出缺的，按照原推选结果依次递补，也可以另行推选。

村民选举委员会成员不履行职责，致使选举工作无法正常进行的，经村民会议、村民代表会议或者村民小组会议讨论同意，其职务终止。

村民选举委员会成员的变动，应当及时公布，并报乡级人民政府或者乡级村民委员会选举工作指导机构备案。

四、村民选举委员会的职责

村民选举委员会主要履行以下职责：

（一）制定村民委员会选举工作方案；

（二）宣传有关村民委员会选举的法律、法规和政策；

（三）解答有关选举咨询；

（四）召开选举工作会议，部署选举工作；

（五）提名和培训本村选举工作人员；

（六）公布选举日、投票地点和时间，确定投票方式；

（七）登记参加选举的村民，公布参加选举村民的名单，颁发参选证；

（八）组织村民提名确定村民委员会成员候选人，审查候选人参选资格，公布候选人名单；

（九）介绍候选人，组织选举竞争活动；

（十）办理委托投票手续；

（十一）制作或者领取选票、制作票箱，布置选举大会会场、分会场或者投票站；

（十二）组织投票，主持选举大会，确认选举是否有效，公布并上报选举结果和当选名单；

（十三）建立选举工作档案，主持新老村民委员会的工作移交；

（十四）受理申诉，处理选举纠纷；

（十五）办理选举工作中的其他事项。

村民委员会选举工作方案应当由村民会议或者村民代表会议讨论通过，并报乡级人民政府或者乡级村民委员会选举工作指导机构备案。

第二章　选举宣传

一、宣传内容

村民选举委员会应当就以下内容开展宣传：

（一）宪法有关内容，《中华人民共和国村民委员会组织法》，本省（自治区、直辖市）有关村民委员会选举的法规；

（二）中央和地方有关村民委员会选举的政策和规定；

（三）村民委员会选举中村民的权利与义务；

（四）县、乡两级政府村民委员会选举的工作方案；

（五）本村选举工作方案；

（六）其他有关选举事项。

二、宣传方式

村民选举委员会可以采取以下方式进行选举宣传：

（一）广播、电视、报纸、互联网等；

（二）宣传栏、宣传车、宣传单等；

（三）选举宣传会议、选举咨询站；

（四）标语、口号等。

第三章　登记参加选举的村民

一、公布选民登记日

选民登记日前，村民选举委员会应当发布公告，告知本届村民委员会选举的选民登记日。

二、登记对象

村民委员会选举前，应当对下列人员进行登记，列入参加选举的村民名单：

（一）户籍在本村并且在本村居住的村民；

（二）户籍在本村，不在本村居住，本人表示参加选举的村民；

（三）户籍不在本村，在本村居住一年以上，本人申请参加选举，并且经村民会议或者村民代表会议同意参加选举的公民。

已在户籍所在村或者居住村登记参加选举的村民，不得再参加其他地方村民委员会的选举。经村民选举委员会告知，本人书面表示不参加选举的，不列入参加选举的村民名单。

依照法律被剥夺政治权利的人，不得参加村民委员会的选举。

三、登记方法

登记时，既可以村民小组为单位设立登记站，村民到站登记，也可由登记员入户登记。

村民选举委员会应当对登记参加选举的村民名单进行造册。

四、公布选民名单

村民选举委员会应当对登记参加选举的村民名单进行审核确认，并在选举日的二十日前公布。

对登记参加选举的村民名单有异议的，应当自名单公布之日起五日内向村民选举委员会申诉，村民选举委员会应当自收到申诉之日起三日内作出处理决定，并公布处理结果。

登记参加选举的村民名单出现变动的，村民选举委员会应当及时公布。

五、发放参选证

选举日前，村民选举委员会应当根据登记参加选举的村民名单填写、发放参选证，并由村民签收。投票选举时，村民凭参选证领取选票。

第四章　提名确定候选人

一、确定职位和职数

村民会议或者村民代表会议拟定村民委员会的职位和职数，村民选举委员会应当及时公布，并报乡级人民政府或者乡级村民委员会选举工作指导机构备案。

二、确定候选人人数

村民选举委员会应当根据村民委员会主任、副主任、委员的职数，分别拟定候选人名额。候选人名额应当多于应选名额。

三、提名确定候选人

村民委员会成员候选人，应当由登记参加选举的村民直接提名，根据拟定的候选人名额，按照得票多少确定。每一村民提名人数不得超过拟定的候选人名额。无行为能力或者被判处刑罚的，不得提名为候选人。

候选人中应当有适当的妇女名额，没有产生妇女候选人的，以得票最多的妇女为候选人。

四、公布候选人名单

村民选举委员会应当以得票多少为序，公布候选人名单，并报乡级村民委员会选举工作指导机构备案。

候选人不愿意接受提名的，应当及时向村民选举委员会书面提出，由村民选举委员会确认并公布。候选人名额不足时，按原得票多少依次递补。

村民委员会选举，也可以采取无候选人的方式，一次投票产生。

第五章　选举竞争

一、选举竞争的组织

村民选举委员会应当组织候选人与村民见面，由候选人介绍履职设想，回答村民提问。选举竞争应当在村民选举委员会的主持和监督下，公开、公平、公正地进行。村民选举委员会应当对候选人的选举竞争材料进行审核把关。

二、选举竞争的时间

选举竞争活动一般在选举日前进行。候选人在选举日可进行竞职陈述，其他选举竞争活动不宜在当日开展。确有需要的，由村民选举委员会决定并统一组织。

三、选举竞争的形式

村民选举委员会可以组织以下形式的选举竞争活动：

（一）在指定地点公布候选人的选举竞争材料；

（二）组织候选人与村民见面并回答村民问题；

（三）有闭路电视的村，可以组织候选人在电视上陈述；

（四）其他形式。

四、选举竞争的内容

选举竞争材料和选举竞职陈述主要包括以下内容：

（一）候选人的基本情况；

（二）竞争职位及理由；

（三）治村设想；

（四）对待当选与落选的态度。

第六章　投票选举

一、确定投票方式

村民委员会投票选举，可采取以下两种方式：

（一）召开选举大会；

（二）设立投票站。

采取选举大会方式的，可以组织全体登记参加选举的村民集中统一投票；也可以设立中心选举会场，辅之以分会场分别投票。采取投票站方式的，不再召开选举大会，村民在投票站选举日开放时间内自由投票。

选举大会可以设置流动票箱，但应当严格控制流动票箱的使用。

具体投票方式，流动票箱的使用对象和行走路线，由村民代表会议讨论决定。

二、公布选举日、投票方式、投票时间和投票地点

村民选举委员会应当及时公布选举日、投票方式、投票时间和投票地点。

选举日和投票的方式、时间、地点一经公布，任何组织和个人不得随意变动和更改。如因不可抗力，或者无法产生候选人等因素，需要变更的，应当报乡级人民政府或者乡级村民委员会选举工作指导机构批准并及时公布。

三、办理委托投票

登记参加选举的村民，选举期间外出不能参加投票的，可以委托本村有选举权的近亲属代为投票。每一登记参加选举的村民接受委托投票不得超过三人。提名为村民委员会候选人的，不得接受委托。

委托投票应当办理书面委托手续。村民选举委员会应当及时公布委托人和受委托人的名单。

受委托人在选举日凭书面委托凭证和委托人的参选证，领取选票并参加投票。受委托人不得再委托他人。

四、设计和印制选票

选票设计应当遵循明白易懂、科学合理和便于操作、便于统计的原则。县级民政部门可以统一设计选票样式。

村民选举委员会应当在乡级人民政府或者乡级村民委员会选举工作指导机构的指导下，根据选票样式，印制符合本村实际的选票。

选票印制后应当加盖公章并签封，选举日在选举大会或者投票站上，由选

举工作人员当众启封。

五、确定选举工作人员

村民选举委员会应当依法依规提名选举工作人员，经村民代表会议讨论通过。选举工作人员包括总监票员、验证发票员、唱票员、计票员、监票员、代书员，投票站工作人员，流动票箱监票员等。

选举工作人员要有一定的文化水平和工作能力，遵纪守法、公道正派。候选人及其近亲属，不得担任选举工作人员。

采取选举大会投票的，选举工作人员名单应当在选举日前公布，并在选举大会上宣布；采用投票站形式投票的，应当在选举日前公布。

选举工作人员确定后，村民选举委员会应当对其进行培训。

六、布置会场或者投票站

村民选举委员会应当在选举日前布置好投票会场或者投票站。

投票会场应当按选举流程设计好领票、写票、投票的循环路线，方便村民投票。投票站的设定应当根据村民居住的集中情况和自然村或者村民小组的分布情况决定，并且应当设立一个中心投票站。

七、投票选举

（一）选举大会投票程序。

采取选举大会进行选举的，由村民选举委员会召集，村民选举委员会主任主持。流程如下：

1.宣布大会开始；

2.奏国歌；

3.报告本次选举工作进展情况；

4.宣布投票办法和选举工作人员；

5.候选人发表竞职陈述；

6.检查票箱；

7.启封、清点选票；

8.讲解选票；

9.根据需要派出流动票箱；

10.验证发票；

11.秘密写票、投票；

12.销毁剩余选票；

13.集中流动票箱，清点选票数；

14.检验选票；

15.公开唱票、计票；

16.当场公布投票结果；

17.封存选票，填写选举结果报告单；

18.宣布当选名单。

投票结束后，应当将所有票箱集中，将选票混在一起，由选举工作人员逐张检验、清点选票总数后，统一唱票、计票。难以确认的选票应当由监票人在公开唱计票前提交村民选举委员会讨论决定。

（二）投票站投票程序。

采取投票站方式选举的，由村民选举委员会主持。流程如下：

1.同时开放全部投票站；

2.各投票站工作人员当众检查票箱，并启封、清点选票；

3.验证发票；

4.村民秘密写票、投票；

5.关闭投票站，销毁剩余选票并密封票箱；

6.集中票箱，清点选票数；

7.公开验票、唱票、计票；

8.当场公布选举结果；

9.封存选票，填写选举结果报告单；

10.宣布当选名单。

八、选举有效性确认

选举村民委员会，有登记参加选举的村民过半数投票，选举有效。参加投票的村民人数，以从票箱收回的选票数为准。

有下列情形之一的，选举无效：

（一）村民选举委员会未按照法定程序产生的；

（二）候选人的产生不符合法律规定的；

（三）参加投票的村民人数未过登记参加选举的村民半数的；

（四）违反差额选举原则，采取等额选举的；

（五）收回的选票多于发出选票的；

（六）没有公开唱票、计票的；

（七）没有当场公布选举结果的；

（八）其他违反法律、法规有关选举程序规定的。

因村民选举委员会未按照法定程序产生而造成选举无效的，乡级村民委员会选举指导机构应当指导组织重新选举。因其他原因认定选举无效的，由村民选举委员会重新组织选举，时间由村民代表会议确定。

九、确认当选

候选人获得参加投票的村民过半数的选票，始得当选。获得过半数选票的人数超过应选名额时，以得票多的当选；如遇票数相等不能确定当选人时，应当就票数相等的人进行再次投票，以得票多的当选。

村民委员会主任、副主任的当选人中没有妇女，但委员的候选人中有妇女获得过半数选票的，应当首先确定得票最多的妇女当选委员，其他当选人按照得票多少的顺序确定；如果委员的候选人中没有妇女获得过半数选票的，应当从应选名额中确定一个名额另行选举妇女委员，直到选出为止，其他当选人按照得票多少的顺序确定。

选举结果经村民选举委员会确认有效后，须当场宣布，同时应当公布所有候选人和被选人所得票数。以暴力、威胁、欺骗、贿赂、伪造选票、虚报选举票数等不正当手段当选的，当选无效。

村民选举委员会应当在投票选举当日或者次日，公布当选的村民委员会成员名单，并报乡级人民政府备案。村民选举委员会无正当理由不公布选举结果的，乡级人民政府或者乡级村民委员会选举工作指导机构应当予以批评教育，督促其改正。

十、颁发当选证书

县级人民政府主管部门或者乡级人民政府，应当自新一届村民委员会产生之日起十日内向新当选的成员颁发统一印制的当选证书。

十一、另行选举

村民委员会当选人不足应选名额的，不足的名额另行选举。另行选举可以在选举日当日举行，也可以在选举日后十日内进行，具体时间由村民选举委员会确定。

另行选举的，第一次投票未当选的人员得票多的为候选人，候选人以得票多的当选，但得票数不得少于已投选票数的三分之一。

另行选举的程序与第一次选举相同。参加选举的村民以第一次登记的名单为准，不重新进行选民登记。原委托关系继续有效，但被委托人成为候选人的委托关系自行终止，原委托人可以重新办理委托手续。

经另行选举，应选职位仍未选足，但村民委员会成员已选足三人的，不足职位可以空缺。主任未选出的，由副主任主持工作；主任、副主任都未选出的，由村民代表会议在当选的委员中推选一人主持工作。

第七章　选举后续工作

一、工作移交

村民委员会应当自新一届村民委员会产生之日十日内完成工作移交。

原村民委员会应当依法依规将印章、办公场所、办公用具、集体财务账目、固定资产、工作档案、债权债务及其他遗留问题等，及时移交给新一届村民委员会。

移交工作由村民选举委员会主持，乡级人民政府监督。对拒绝移交或者无故拖延移交的，乡级人民政府应当给予批评教育，督促其改正。

二、建立选举工作档案

村民委员会选举工作结束后，应当及时建立选举工作档案，交由新一届村民委员会指定专人保管，至少保存三年以上。

选举工作档案包括：

（一）村民选举委员会成员名单及推选情况材料；

（二）村民选举委员会选举会议记录；

（三）村民选举委员会发布的选举公告；

（四）选民登记册；

（五）候选人名单及得票数；

（六）选票和委托投票书、选举结果统计、选举报告单；

（七）选举大会议程和工作人员名单；

（八）新当选的村民委员会成员名单；

（九）选举工作总结；

（十）其他有关选举的资料。

第八章　村民委员会成员的罢免和补选

一、罢免

本村五分之一以上有选举权的村民或者三分之一以上的村民代表联名，可以提出罢免村民委员会成员的要求，启动罢免程序。

罢免程序如下：

（一）书面向村民委员会提出罢免要求，说明罢免理由；

（二）召开村民代表会议，审议罢免要求；

（三）被罢免对象进行申辩或者书面提出申辩意见；

（四）召开村民会议，进行投票表决；

（五）公布罢免结果。

罢免村民委员会主任的，由副主任主持村民会议投票表决，不设副主任的，由委员推选一人主持；罢免村民委员会副主任、委员的，由村民委员会主任主持。罢免村民委员会全体成员的，或者主任、副主任、委员不主持村民会议的，可在乡级人民政府指导下，由村民会议或者村民代表会议推选代表主持。

罢免村民委员会成员，须有登记参加选举的村民过半数投票，并须经投票的村民过半数通过。罢免获得通过的，被罢免的村民委员会成员自通过之日起终止职务，十日内办理工作交接手续。罢免未获通过的，六个月内不得以同一事实和理由再次提出罢免要求。

二、补选

村民委员会成员出缺，可以由村民会议或者村民代表会议进行补选。

村民委员会成员出缺的原因有：

（一）职务自行终止；

（二）辞职；

（三）罢免。

村民委员会成员因死亡、丧失行为能力、被判处刑罚或者连续两次民主评议不称职，其职务自行终止。村民委员会成员因故辞职，应当书面提出申请，村民委员会应当在三十日内召开村民代表会议，决定是否接受其辞职。村民委员会成员连续两次提出辞职要求的，应当接受其辞职。村民代表会议可以决定对辞职的村民委员会成员进行离任经济责任审计。

补选程序，参照村民委员会选举投票程序。补选村民委员会个别成员的，由村民委员会主持；补选全体村民委员会成员的，由重新推选产生的村民选举委员会主持。补选时，村民委员会没有妇女成员的，应当至少补选一名妇女成员。

村民委员会成员职务自行终止、因故辞职，以及补选结果，村民委员会应当及时公告，并报乡级人民政府备案。

村务监督委员会成员、村民代表和村民小组长的推选可以参照本规程办理。

附件一

村民委员会选举常用文书样式

一、村民选举委员会成员名单公告样式

××村村民选举委员会成员名单公告

××选字第×号

根据《中华人民共和国村民委员会组织法》和《××省（区、市）村民委员会选举办法》，经本村村民会议（村民代表会议、各村民小组会议）推选，产生了本村村民选举委员会成员，现将名单公布如下：

主　任：

副主任：

成　员：

村民对选举委员会成员名单如有不同意见，可在名单公布之日起5日内向村民委员会提出。

××村民委员会（公章）

××××年×月×日

二、选民登记公告样式

××村第×届村民委员会换届选举选民登记通知

××选字第×号

根据《中华人民共和国村民委员会组织法》和《××省（区、市）村民委员会选举办法》，经村民代表会议商议，本村第×届村民委员会换届选民登记时间定为××××年×月×日至××××年×月×日。以下人员将被纳入选民登记范围：

1. 户籍在本村且在本村居住的村民；

2. 户籍在本村，不在本村居住，本人表示参加选举的村民；

3. 户籍不在本村，在本村居住一年以上，本人申请参加选举，并经村民会议或者村民代表会议同意参加选举的公民。

选民登记的地点设在村民委员会或各村民小组组长处，对于偏远的地方，我们也将派工作人员入户进行登记。请村民相互转告，积极参加选民登记，行使选举权利。

××村村民选举委员会（公章）

××××年×月×日

三、选民名单公告样式

×× 村第 × 届村民委员会换届选举选民登记通知

×× 选字第 × 号

根据《中华人民共和国村民委员会组织法》和《×× 省（区、市）村民委员会选举办法》，经村民代表会议商议，本村第 × 届村民委员会换届选民登记时间定为 ×××× 年 × 月 × 日至 ×××× 年 × 月 × 日。以下人员将被纳入选民登记范围：

1. 户籍在本村且在本村居住的村民；

2. 户籍在本村，不在本村居住，本人表示参加选举的村民；

3. 户籍不在本村，在本村居住一年以上，本人申请参加选举，并经村民会议或者村民代表会议同意参加选举的公民。

选民登记的地点设在村民委员会或各村民小组组长处，对于偏远的地方，我们也将派工作人员入户进行登记。请村民相互转告，积极参加选民登记，行使选举权利。

×× 村村民选举委员会（公章）

×××× 年 × 月 × 日

四、参选证样式

×× 村第 × 届村民委员会选举参选证

编　号：（ ）
姓　名：
性　别：
年　龄：
所在村组：
投票时间：
投票地点：
注意事项：
1. 凭本证领取选票；
2. 此证只限本人使用；
3. 未经盖章无效。

×× 村村民选举委员会（公章）
发证日期：×××× 年 × 月 × 日

五、正式候选人公告样式

××村第×届村民委员会换届选举正式候选人名单公告

××选字第×号

根据《中华人民共和国村民委员会组织法》和《××省（区、市）村民委员会选举办法》的规定，经本村选民提名，现将本届村民委员会换届选举正式候选人名单公告如下：

主任候选人：×××、×××

副主任候选人：×××、×××

委员候选人：×××、×××

选民如对名单公布的候选人有不同意见，可在×日前向村民选举委员会反映。

××村村民选举委员会（公章）

××××年×月×日

六、选票样式

	主　任			副主任			委　员				
姓　名	×××	×××		×××	×××		×××	×××	×××	×××	
符　号											

说明：

1. 应选主任 1 名、副主任 1 名，委员 3 名。等于或少于应选名额的选票有效；多于应选名额的选票无效；

2. 同意的请在候选人姓名栏下方符号栏内划“○”，不同意的划“×”；不同意选票上的候选人，可在姓名空格栏内另写上另选其他人的姓名，并在其姓名下方符号栏划“○”；

3. 不许划同一候选人担任两种或两种以上职务，如划同一候选人两种或两种以上职务，该选项作废，其他划对的职务视为有效；

4. 任何符号不划的，视为弃权票，胡写乱划而无法辨认的选票视为废票。

七、委托投票证样式

<table>
<tr><td>选民姓名</td><td></td></tr>
<tr><td>被委托人姓名</td><td></td></tr>
<tr><td>委托理由</td><td></td></tr>
<tr><td>村民选举委员会意见</td><td>（公章）××××年×月×日</td></tr>
<tr><td colspan="2">说明：此证由选民填写，经村民选举委员会批准盖章有效。被委托人凭此证领取选票。</td></tr>
</table>

八、疑难选票认定表样式

<table>
<tr><td rowspan="2">选票编号</td><td rowspan="2">简述选票
认定缘由</td><td colspan="3">表决情况</td></tr>
<tr><td>同意</td><td>反对</td><td>弃权</td></tr>
<tr><td></td><td></td><td></td><td></td><td></td></tr>
<tr><td></td><td></td><td></td><td></td><td></td></tr>
<tr><td></td><td></td><td></td><td></td><td></td></tr>
</table>

村民选举委员会成员签字：

××××年×月×日

附件二

选举场地设置

一、场地确定

村民委员会选举应设置选举中心会场，选举中心会场或投票站为选民投票的选举场地。为方便选民投票，可在村内适宜场所设置投票站，投票站设置由村民选举委员会确定并公告。

二、场地面积

选举场地应能够容纳参加投票的选民，还应符合选举中心会场或投票站布置的其他要求。

三、场地悬挂物

选举场地可悬挂有关选举的宣传横幅、候选人的简历介绍展板等，场地悬挂物由村民选举委员会统一负责管理。

四、选举会场布置

（一）主席台。选举中心会场应设置主席台，主席台上方（或后上方）应悬挂“×× 村第 × 届村民委员会选举大会”字样的横幅。主席台应设置村民选举委员会主任和委员席位。

（二）监督员席。在主席台或会场侧边应设置专门的选举监督员席。

（三）选民席位划分。选民席位按村民小组划分，选民分区域入席参加选举大会。各区域前宜设置“第 ×× 村民小组”字样标牌。

（四）安全通道。选举中心会场应设置快速疏散选民的安全通道，并设置可识别的安全标识。

（五）验证发票处。选举中心会场应设置 2 至 4 个验证发票处，每个投票站应设置验证发票处。每个验证发票处应配备 2 名验证发票员。

（六）写票处。选举中心会场和投票站应设置专门的写票处。写票处应具备封闭性，写票处之间应有障碍物隔离，保证选民投票意愿不被他人察觉。每个写票处应统一配置笔和桌椅。

（七）代书处。选举中心会场和投票站应设置专门的代书处。每个代书处应配备 1 名熟悉选举程序的代书员。

（八）投票处。选举中心会场和投票站应设置专门的投票处。每个投票箱应配备监票员 2 名。

（九）计票处。选举中心会场和投票站应设置专门的计票处。每个计票处应配备计票员 2 名。

（十）流动票箱设置。流动票箱的设置由村民选举委员会确定，并由村民选举委员会负责管理。存在下列情况之一时，不应设置流动票箱：

1. 本村没有不能到站投票的选民；

2. 本村有不能到站的投票选民，但全部办理了委托投票。

（十一）选举场所间的间距。选举场所间的间距一般应符合下列要求：

1. 验证发票处与写票处之间的距离应不少于 1.5 米；

2. 写票处与代书处之间的距离应不少于 1 米；

3. 写票处、代书处与投票处的距离应不少于 2 米。

中央组织部、中央宣传部、民政部等关于学习宣传和贯彻实施《中华人民共和国村民委员会组织法》的通知

（2010 年 12 月 1 日）

各省、自治区、直辖市党委组织部、宣传部，政府民政厅（局）、司法厅（局）、法制办公室：

新修订的《中华人民共和国村民委员会组织法》（以下简称《村委会组织法》）已于 2010 年 10 月 28 日经第十一届全国人大常委会第十七次会议审议通过。胡锦涛主席同日签署第三十七号主席令，颁布实施。为深入学习宣传和贯彻实施好《村委会组织法》，现就有关事项通知如下：

一、深刻认识贯彻实施《村委会组织法》的重大意义

《村委会组织法》自 1998 年 11 月颁布实施以来，我国农村基层民主制度体系逐步完善，组织载体日益健全，自治内容不断丰富，实践形式更加多样，村民自治制度已经发展成为中国特色社会主义民主政治的重要组成部分。为适应农村经济社会发展和城乡户籍制度、农村税费制度改革深化的需要，在总结村民自治实践经验基础上，全国人大常委会对《村委会组织法》进行了修订。新修订的《村委会组织法》，按照党的十七大关于坚持和完善基层群众自治制度和十七届三中全会关于健全农村民主管理制度的要求，以规范程序、完善制度为重点，扩大村民自治范围，着力解决《村委会组织法》实施过程中遇到的突出问题，进一步完善以民主选举、民主决策、民主管理和民主监督为主要内容的村民自治制度，保障和落实农民群众的民主权利，为我们党带领亿万农民群众发展农村基层民主、促进农村和谐稳定提供了法律保障。当前，我国农村正在发生新的变革，农村社

会结构快速变动，社会利益格局和农民思想观念深刻变化，农民民主意识、法制意识不断增强。贯彻落实好《村委会组织法》，有利于保障农民依法直接行使民主权利，健全村党组织领导的充满活力的村民自治机制；有利于密切党群干群关系，维护农村社会和谐稳定；有利于调动亿万农民群众建设社会主义新农村的积极性、主动性和创造性，推动农村全面建设小康社会进程。

各地各部门要高举中国特色社会主义伟大旗帜，以邓小平理论和“三个代表”重要思想为指导，深入贯彻落实科学发展观，充分认识学习宣传和贯彻实施好《村委会组织法》的重要意义，把坚持党的领导、人民当家作主、依法治国有机统一于村民自治实践之中，不断推进村民自治制度化、规范化、程序化，努力使贯彻实施《村委会组织法》的成果转化为推进农村基层民主在新的历史起点上科学发展的强大动力，促进农村经济社会又好又快发展。

二、深入开展学习宣传活动

要把《村委会组织法》的学习宣传工作纳入普法规划和农村基层干部培训计划。各级领导干部要以身作则、带头学习、掌握精神，并督促下级机关和干部认真学习。县乡两级负责农村基层民主政治建设的党政干部，要自觉学习、吃透精神。要组织广大农村干部认真学习领会《村委会组织法》的精神实质和任务要求，使其成为农民学法用法的带头人和农村基层民主政治建设的组织者、实施者、推动者。要利用讲习班、培训班、研讨会、以会代训等多种形式，组织对县、乡、村干部进行专门培训，切实提高农村基层干部贯彻执行《村委会组织法》的自觉性。各地的学习宣传和培训工作要以全国人大常委会法工委、民政部、国务院法制办等单位共同编写的《村民委员会组织法学习读本》作为必备参考书。各地要抓住当前有利时机，在今冬明春掀起一个学习贯彻《村委会组织法》的高潮，并将学习宣传活动与正在开展的创先争优活动结合起来，与推进学习型党组织建设结合起来。

要利用广播电视、网络、墙（板）报、农村党员干部现代远程教育网络等宣传教育阵地，大力宣传《村委会组织法》和农村基层民主知识，宣传农村基层民主实践的历史性进展，宣传介绍农民群众参与农村基层民主的典型事例，做到《村委会组织法》不断深入人心，使农民群众不仅明白自己的民主权利，而且学会如何正确地行使自己的民主权利，把参与农村基层民主的积极性变为建设社会主义新农村的自觉行动。

要建立一支专兼职结合的宣传教育队伍，深入开展《村委会组织法》的宣传和法律咨询服务。要通过农民群众喜闻乐见的形式开展宣传教育活动，有条件的地方可以通过农村基层民主实践成就展览，或组织报告团进行宣讲活动等形式，进一步营造贯彻实施《村委会组织法》的良好氛围。要动员鼓励有关人员围绕农村基层民主政治建设的若干重点问题，撰写一批有深度、有分量、通俗易懂的文章，推动农村基层民主理论创新、制度创新和实践创新。

三、不断健全农村基层民主管理制度

要坚持完善村党组织领导的充满活力的村民自治机制，积极探索其实现形式，实现党的领导机制、村“两委”协调机制、党内基层民主机制和村民自治机制的有机融合，保证村党组织充分发挥领导核心作用、村委会依法行使职权、党员和村民的民主权利得到充分尊重。要推动形成农村利益协调机制、诉求表达机制、矛盾调处机制和权益保障机制，落实农民群众的知情权、参与权、表达权、监督权，引导农民群众实行自我管理、自我教育、自我服务，最大限度地增进和谐因素，最大限度地减少不和谐因素。

要进一步完善以宪法为根据、以《村委会组织法》为核心、以地方法规为支撑、以村民自治章程为补充的法律法规和制度体系。要根据新修订的《村委会组织法》的要求和规定，抓紧制定或修订本省（区、市）的《村委会组织法》实施办法、村委会选举办法、村务公开办法等地方配套法规，着重完善民主选举、民主决策、民主管理、民主监督的机制和程序，进一步提高农村基层民主相关法律的针对性和实用性。要组织指导农村干部群众，依照《村委会组织法》，制定或修订村民自治章程、村规民约和切实可行的工作规则，落实农村基层民主的各项具体制度，保障农民群众依法依章办理自己的事情。

要依据《村委会组织法》对现行的法规制度进行检查清理。凡是与《村委会组织法》精神一致的，要继续坚持，并不断完善丰富；不一致的，应当尽快修改或废止。要尊重农民群众的首创精神，对农村基层民主实践中涌现出的好做法，及时归纳、总结并用制度的形式固定下来，条件成熟的，要推动地方立法，把成功经验上升为政策，把成熟的政策固定为法规。

四、继续深化农村基层民主实践

要按照党的十七大和十七届三中、四中、五中全会精神要求，充分发挥农村基层党组织的领导核心作用，深入开展以直接选举、公正有序为基本要求的民主选举实践，以村民会议、村民代表会议、村民议事为主要形式的民主决策实践，以自我教育、自我管理、自我服务为主要目的的民主管理实践，以村务公开、财务监督、群众评议为主要内容的民主监督实践。要根据农村改革发展的新形势新情况，大胆创新农村民主形式，丰富民主内容，拓展民主渠道，全面提升农村基层民主实践的水平。

要认真检查农村基层民主实践中的不足和问题，满腔热情地予以指导和引导，并及时帮助加以解决。要扎实推进村务公开和民主管理“难点村”治理工作，以解决农民群众最关心最直接最现实的利益问题为切入点，全面提升村务公开和民主管理工作整体水平。要大力充实各地各部门指导农村基层民主实践的工作力量，对于长期存在的工作力量不够、经费不足、手段缺乏的问题，各部门自身能够解决的，应当及时解决；各部门难以自行解决的，要报请当地党委、人大、政府尽快协调解决，保证政令畅通。要建立健全社会参与的监督机制，充分发挥人大代表、政协委员、专家学者、新闻媒体、人民群众的监督作用，动员社会力量对《村委会组织法》的贯彻执行情况进行有效监督。

要建设一支守信念、讲奉献、有本领、重品行的农村基层干部队伍，为推动农村科学发展、带领农民致富、维护农村社会稳定提供坚强的组织保证。要建立健全村务监督委员会或者其他形式的村务监督机构，保障其履行职责，促进村集体资产、资金、资源管理使用的公开透明。要坚持服务农民、依靠农民，积极推进农村社区建设，大力培育农村服务性、公益性、互助性社会组织，完善农村基层社会管理和服务体制机制，推动形成政府行政管理和村民自我管理的有效衔接、政府依法行政和村民依法自治的良性互动的局面。

五、切实加强组织领导

各级党委、政府要把贯彻实施《村委会组织法》作为推进农村基层民主政治的基础性工作摆上重要议事日程，明确领导和指导责任，精心组织，分类指导，认真研究解决工作中存在的突出问题和困难。要统筹安排、因地制宜，切实把贯彻执行《村委会组织法》的工作与贯彻落实党的十七届五中全会精神，开展创先争优活动紧密结合起来，一级抓一级、一级带一级，引导广大基层干部积极适应农村社会形势的深刻变化，以求真务实、改革创新的精神贯彻执行好《村委会组织法》，努力开创农村基层民主实践的新局面，推动农村改革发展稳定各项工作的落实。各项贯彻实施工作要本着节俭、务实、有效的原则进行，不搞形式主义，防止增加群众负担。

各地各部门要在党委和政府的统一领导下，紧密配合，形成合力。要根据各自部门工作职责，精心设计活动主题和特色鲜明、务实管用的活动载体，研究制定贯彻执行《村委会组织法》的具体措施，使这项工作既丰富生动，又务实有效。组织部门要切实加强农村基层党组织建设，充分发挥基层党组织战斗堡垒和广大党员先锋模范作用，增强贯彻执行《村委会组织法》的自觉性，支持和保障村民依法开展自治活动、直接行使民主权利。宣传部门要坚持正确的舆论导向，做好新闻媒体的沟通、协调工作，加强正面引导，及时宣传报道村民自治的好经验好做法。司法行政部门要结合“六五”普法规划制定实施和“法律进乡村”活动，深入推进《村委会组织法》宣传普及，促进广大农民群众知法、懂法、守法、用法。政府法制机构要积极配合有关部门抓紧制定或修订《村委会组织法》的配套法规。民政部门要认真开展调查研究，及时掌握各方面情况，切实加强督促指导，充分发挥职能作用，当好党委和政府的参谋助手。

请各地民政部门将学习、宣传、贯彻《村委会组织法》的具体安排和意见报民政部。贯彻执行过程中遇到的重大问题和情况请及时请示报告。

中央组织部

中央宣传部

民政部

司法部

国务院法制办公室

2010 年 12 月 1 日

民政部关于切实加强村民委员会选举工作指导的意见

（2010年7月23日）

各省、自治区、直辖市民政厅（局）、新疆生产建设兵团民政局：

目前，全国各地农村普遍开展了7至8届村委会选举，总体平稳有序，对保障村民直接行使民主权利，发展农村基层民主发挥了重要作用。但也应看到，一些地方在村委会选举中，由于执法不严、指导不力等原因，出现了一些违法违规现象，如有的村故意简化选举程序，利用委托投票、代写选票等形式徇私舞弊；有的村投票时间尚未结束就开箱计票、唱票；有的村不当众公布选举结果，甚至出现不进行民主推选直接内定候选人的情况；有的村存在贿选等不正当现象且未及时加以制止；有的村选举完成后不及时办理移交手续，甚至存在恶意毁坏集体财务账册、工作档案等文件资料；个别村存在宗族宗派势力、黑恶势力插手村委会选举等情况，影响了选举的公正性，挫伤了村民的参与热情。今明两年，大部分省份将陆续开展新一届村委会换届选举工作，为进一步规范选举程序，引导村民正确行使民主权利，发挥好民政部门的职能作用，切实加强对村委会选举工作的指导，现提出以下意见。

一、认真做好宣传教育和舆论引导工作

宣传教育和舆论引导是做好村委会选举的重要基础。地方民政部门要在党委、政府的统一领导下，会同宣传、广播电视、新闻出版等部门，通过广播、电视、报刊、网络、宣传画、文艺队、公示栏、黑板报等群众喜闻乐见的形式，在村民中广泛深入地开展社会主义民主法制教育，帮助村民了解村委会选举的有关法律、法规和政策，了解选举程序和步骤，珍惜和维护自身的民主权利，增强抵制村委会选举中违法违纪行为的能力和自觉性，真正把奉公守法、品行

良好、公道正派、热心公益的人选进村委会。要结合实际大力宣讲村委会选举与社会主义新农村建设、维护农村社会稳定的重要关系，把为什么选举村委会、选举什么样的人进村委会、怎样选好村委会、什么样的选举行为为法律法规所允许等问题，通过多种方式清清楚楚地告诉广大村民群众。要及时讲清村委会选举中出现的违法违规案例所造成的巨大危害和处理结果，表明党和政府纠正违法违规行为的坚定决心和态度，最大限度地消除不利因素对村委会选举的干扰和破坏。要注重做好新闻媒体的沟通协调工作，加强正面引导，多宣传选举中涌现的好经验好做法，防止个别人利用媒体特别是网络作不实报道，甚至恶意炒作，形成正确的舆论导向。

二、认真做好调查研究和摸底排查工作

调查研究和摸底排查是做好村委会选举的重要前提。要重点加强对“难点村”以及撤并村、改制村和经济开发区所属村等特殊村选举工作的调查研究和摸底排查，把做好这些村的选举工作摆在突出位置。县乡要加强分类指导，派得力干部驻村指导，逐个分析村情选情，有针对性地制定工作预案，实施“一村一策”，推动这类村庄依法依规完成选举工作。要及时掌握拉票贿选、宗族宗教和黑恶势力、境内外敌对势力插手村委会选举等情况，对可能影响和破坏选举的重大隐患和已经出现的苗头，要专项治理。要加强对带普遍性的选举难点问题进行调查研究，如村党组织在村委会选举中发挥领导核心作用的途径、方法，选举纠纷仲裁和违法行为的纠正，选民、候选人资格认定，竞职规则、贿选界定与处理等问题。要研究制定切实有效的措施，鼓励引导农村致富能手、复转军人、外出务工经商返乡农民、回乡大中专毕业生、大学生“村官”、县乡机关和企事业单位提前离岗或退休干部职工积极参与村委会选举，调动他们的积极性，形成人才辈出的局面。要及时发现总结村民群众创造的好经验、好做法，把实践证明行之有效的做法用制度形式固定下来，不断提高村委会选举的制度化、规范化和程序化水平。

三、认真做好选举前的教育培训工作

教育培训是做好村委会选举的重要步骤。教育培训的重点是县乡两级负责村委会选举工作的党政干部和村民选举委员会的成员。教育培训要以《中华人

民共和国村民委员会组织法》、《中共中央办公厅国务院办公厅关于加强和改进村民委员会选举工作的通知》（中办发〔2009〕20号），以及《中共中央纪委、中共中央组织部、民政部关于认真解决村级组织换届选举中“贿选”问题的通知》（组通字〔2006〕30号）、《中共中央组织部、民政部关于认真做好村党组织和村民委员会换届工作的通知》（组通字〔2008〕33号）等法律政策和村委会选举规程为主要内容，使县乡负责村委会选举工作的干部牢牢把握好村委会选举的各项要求，熟悉村委会选举程序和方法步骤，不断提高指导选举工作的能力和实际操作的水平。不熟悉法律政策的县乡干部不宜解答村民的咨询，不宜接待村民的上访，不宜进村入户指导。未开展教育培训的地方，不宜匆匆忙忙组织换届选举。教育培训工作采取分级负责、逐级组织的方法。省级重点培训市、县两级的师资力量和部分县级负责村委会选举工作的党政干部；市级重点培训县、乡两级的师资力量和部分乡镇负责村委会选举工作的党政干部；县级重点培训乡镇负责村委会选举工作的党政干部和村民选举委员会主任；乡级重点培训包村干部和村民选举委员会成员。教育培训要结合当地实际，穿插典型案例，力求生动形象，便于掌握和记忆。

四、认真做好投票程序的组织实施工作

组织实施好投票程序是做好村委会选举的关键环节。要认真指导和引导村民选举委员会依法依规制定好本村选举办法，对村干部任职资格条件、职数、选举程序、选民资格认定、委托投票、不当或非法选举行为裁定、有效选票认定以及回避制度等作出规定，并经村民会议或者村民代表会议审议通过。各省（区、市）要依据地方法规指导基层制定更加具体的选举办法。要切实组织好选举投票工作，选举时，应召开选举大会集中投票或设立中心投票会场和若干投票站投票，当场领票、写票、投票，集中唱票、计票，当场公布选举结果。要严格控制流动票箱的使用，依法办理委托投票手续，规范代写选票。同时，在选票的设计、发放、读取，以及秘密写票间的设计、管理上采取相应措施，运用人防、物防、技防等各种手段做好防范工作，确保法定程序一个不能少，法定步骤一步不能少，绝不允许走过场，图省事。对不懂不会的现象要及时加以指导和帮助。

五、认真做好选举监督和违法违规行为查处工作

选举监督和违法违规行为查处是做好村委会选举的重要保障。要完善村委会选举监督体系，充分发挥村务监督机构以及各级党代表、人大代表、政协委员担任选举观察员等形式的监督作用，积极探索舆论监督，加强社会力量对村委会选举工作的监督。要突出程序监督，依据村委会组织法和各省（区、市）制定的选举办法或选举规程，抓住村民选举委员会产生程序、村委会候选人提名方式、候选人的竞争行为、选举人投票行为等重要环节，全程跟踪监督，保障村委会选举公正有序。要认真做好群众来信来访工作，充分发挥村民群众的监督作用。对群众反映的问题，能解决的要及时予以解决，需要协调其他部门解决的及时协调解决，解决不了的要向村民选举委员会或者村民解释清楚，做到及时回应、妥善解决。村委会选举期间，县（市、区）选举工作机构要公布本地区工作电话，受理群众举报投诉，进行法规政策咨询解答。要加大执法力度，及时查处工作中发现的和群众反映的选举违法违规行为。坚决查处和打击拉票、贿选等违法违规行为，各省（区、市）要根据本地区经济社会发展状况和风俗人情等，具体明确拉票、贿选行为的界定范围，公之于众，并明确拉票、贿选行为的界定部门和界定程序，做到严密防范、露头就管，发现一起、查处一起。要会同有关部门对参与或指使他人以暴力、威胁、欺骗、恶意造谣、贿赂、伪造选票、虚报选票数等手段，以及利用宗族宗教势力破坏选举或妨碍选举的，依法严肃查处；对以不正当竞争手段参选的，一经发现即取消参选资格，已经当选的宣布当选无效；对黑恶势力、境内外敌对势力干扰破坏选举的，做到依法严惩，绝不手软。要进一步完善选举重大问题报告、重要信息报送和情况通报等制度，及时掌握动态，切实加强指导。选情复杂的地方，要成立应急处理工作小组，加强对突发事件的防范、掌控和处理。

六、认真做好选举后移交和人才培育工作

选举后移交和人才培育是做好村委会选举的重要环节。要认真组织好新老班子的交接工作，原村民委员会应依法在规定期限内将印章、办公场所、办公用具、集体财务账目、固定资产、工作档案、债权债务及其他遗留问题等，及时移交给新一届村民委员会。要抓好新当选村委会成员的教育培训，提高他们履行职责、服务群众的能力，增强带领广大农民群众建设社会主义新农村的本

领。指导村委会班子健全村务公开和民主管理制度，制定任期目标和工作计划，认真兑现对群众的公开承诺。要深入细致地做好落选人的思想工作，关心爱护离任村委会干部，引导他们积极支持新班子的工作，形成团结和谐的工作氛围。要修订完善村委会议事规则，理顺村级各类组织关系，进一步健全和完善村党组织领导的充满活力的村民自治机制。要健全村民民主评议和考核村委会班子和村委会干部的管理制度，严格兑现奖惩，坚持用制度、程序和奖惩结合的方法，有效地把村干部的权力置于村民监督之下，避免盲目决策和决策失误，堵死滥用权力之路。要结合当前正在开展的“难点村”治理工作和创优争先活动，积极探索人才培养、使用的途径和方法，切实解决部分村庄缺乏带头人的问题。

民政部

2010 年 7 月 23 日

民政部关于广泛开展农村村级民主政治建设宣传活动的通知

（2010 年 2 月 5 日）

各省、自治区、直辖市民政厅（局），新疆生产建设兵团民政局：

做好农村村级民主政治建设的新闻宣传工作，是加强和改进民政新闻宣传工作的重要内容。2010 年，全国有 13 个省（区、市）进行新一届村民委员会换届选举，村务公开和民主管理“难点村”治理工作进入全面推进阶段，再次修订的《中华人民共和国村民委员会组织法》也即将颁布实施。为了切实贯彻《民政部关于加强和改进民政新闻宣传工作的意见》（民发〔2009〕174 号），营造良好的村委会换届选举和“难点村”治理工作舆论环境，客观展示农村村级民主政治建设取得的新成就、新进展，进一步完善符合国情的农村基层治理机制，民政部决定于 2010 年度广泛开展农村村级民主政治建设宣传活动。现将有关事项通知如下：

一、指导思想

以邓小平理论和“三个代表”重要思想为指导，深入贯彻落实科学发展观，按照党的十七大和十七届三中、四中全会精神要求，坚持为农民群众服务、为中国特色社会主义服务、为全党全国工作大局服务，通过多种形式的宣传活动，在营造健康向上的主流思想舆论氛围上取得新实效，进一步增强各级各部门推进农村村级民主政治建设的责任感和使命感，进一步增强广大农民群众参与农村村级民主政治建设的积极性、主动性和创造性，进一步促进农村村级民主政治建设各项政策措施的落实，推动农村村级民主政治建设健康发展。

二、宣传重点

（一）宣传农村村级民主政治建设的法律法规和方针政策。宣传党的十七大和十七届三中、四中全会精神，加大工作力度，在全面准确、广泛深入、务求实效上下功夫，在武装头脑、指导实践、推动工作上下功夫，进一步把广大农村干部群众的思想统一到中央的决策上来。宣传村民委员会选举的法律法规和相关政策，宣传选举中涌现的好经验好做法，为村级民主各项制度的正确落实营造良好的舆论氛围。宣传推进农村村级民主政治建设过程中的重大事件和重大部署，形成正面引导的强大声势，为完善党领导的充满活力的村民自治机制奠定坚实基础。

（二）宣传村级民主政治建设给农村经济社会发展带来的巨大变化。宣传农村村级民主政治建设的不断推进和深化，拓展和完善了农村选人、用人的渠道，使村委会干部的整体素质有了较大的提高，促进了党在农村各项方针政策的贯彻落实。宣传实行村民直接选举村干部，密切了干群关系，推动了农村村级组织建设和党风廉政建设，促进了农村社会和谐稳定。宣传广大村民群众参与村级民主选举、民主决策、民主管理、民主监督实践，活跃了村级民主生活，调动了村民群众建设社会主义新农村、全面建设小康社会的积极性。

（三）宣传农村村级民主政治建设实践创新和制度创新。宣传各地在推进村级民主选举、民主决策、民主管理和民主监督过程中的实践创新和制度创新，充分发挥舆论引导作用和典型示范带动作用，引导各地着力完善工作思路，突出工作重点，用工作创新推动农村村级民主政治建设制度创新。

（四）宣传村务公开和民主管理“难点村”治理工作。宣传开展“难点村”治理工作的重要意义、工作部署、目标任务、工作措施、工作进展和创新举措，真正把县、乡干部的思想认识统一到中央开展“难点村”治理工作的要求上来。要宣传“难点村”治理工作给农村社会、农民生活带来的积极变化，让广大群众了解到看得见的实惠，调动他们参与治理工作的积极性和主动性。

三、组织协调

民政部负责会同相关部门，协调中央有关新闻媒体，开展农村村级民主政治建设宣传活动，并对各地的宣传活动进行指导。各地民政部门负责本地区宣传活动的组织协调工作，充分调动新闻媒体参与宣传活动的积极性，切实增强宣传实效。

四、工作要求

（一）提高认识，强化措施。各地要充分认识开展农村村级民主政治建设宣传活动的重要意义，制定工作方案，落实工作力量和经费保证，加强与相关部门的协调配合，形成合力，把宣传活动搞得轰轰烈烈、扎扎实实。

（二）坚持正确的舆论导向。按照高举旗帜、围绕大局、服务人民、改革创新的要求，坚持解放思想、实事求是、与时俱进，坚持贴近实际、贴近生活、贴近群众，坚持重在持续、重在提升、重在统筹、重在为民，提高宣传能力，增强宣传效果，为推进农村村级民主政治建设提供强大的思想保证、舆论支持和精神动力。

（三）形式多样，力求实效。要发挥宣传报道主渠道作用，积极协调各类、各级新闻单位，充分利用广播电视、报刊网络等媒体的宣传优势，通过专栏、专题、专访等形式，加大力度，挖掘题材，进行深度报道。坚持把“真、实、活、效”的要求贯穿到宣传活动的各个方面，努力在服务人民上有新作为，在加强运作上有新措施，在统筹兼顾上有新加强，在改革创新上有新起色，在求真务实上有新成效。

（四）把宣传活动与各地的日常工作紧密结合起来。宣传活动要紧密联系工作实际，既要宣传各地推进农村村级民主政治建设取得的成就，又要引导各地解决好群众反映强烈的突出问题，切实增强宣传活动的针对性，努力把宣传活动的成果转化为推进工作的动力。

（五）做好工作总结。各地要认真总结活动开展的情况、经验和效果，探索行之有效的宣传方式，将宣传活动办出特色，使之成为推动农村村级民主政治建设的重要平台。各省（区、市）要及时向民政部报送宣传活动动态，并请分别于2010年6月底和12月底将工作开展的情况同时报送民政部基层政权和社区建设司及部新闻办公室。民政部将及时总结推广各地宣传活动的好做法和好经验，适时表扬组织工作好、宣传效果明显的单位。

民政部

2010年2月5日

全国村务公开协调小组关于印发村务公开和民主管理“难点村”认定参考标准的通知

（2009年7月16日）

各省、自治区、直辖市村务公开领导（协调）机构，计划单列市、新疆生产建设兵团村务公开领导（协调）机构，全国村务公开协调小组各成员单位：

根据中央纪委、中组部、民政部等12部委《关于开展全国村务公开和民主管理“难点村”治理工作的若干意见》（民发〔2009〕20号）与全国村务公开和民主管理“难点村”治理工作视频会议精神，现就村务公开和民主管理“难点村”认定问题提出如下参考标准：

一、村“两委”班子不健全，主要村干部不团结，村级组织软弱涣散，村务公开和民主管理工作无法正常开展。干群关系紧张，党和国家强农惠农政策得不到落实。

二、村民委员会不能按期换届选举或者选举缺乏公开、公平、公正，存在威胁、贿赂、伪造选票等不规范选举行为。

三、民主决策不落实，近三年没有召开过村民会议或者近一年内没有召开过村民代表会议，村民参与重大村务决策的民主权利得不到保障。

四、村民民主理财组织不能正常发挥作用，集体财务管理混乱，集体资产非正常流失，村民合法权益得不到有效保障。

五、民主监督流于形式，存在村务不公开、半公开、假公开现象，村民不能对村干部进行有效监督。

六、宗族、家族、宗教、黑恶势力干预农村公共事务，妨碍农村经济发展和社会稳定。

七、经济社会发展长期滞后，人均收入低于当地平均水平，村落后面貌长期得不到改善，村集体无力为群众办实事、解难题。

八、因村务公开和民主管理工作存在问题，引发村民一年内3次集体进京上访。

九、村民对村务公开和民主管理工作不满意率达30%以上。

各省、自治区、直辖市根据本参考标准，结合本地实际，制定更具体更有针对性的认定标准。凡具备以上情形之一的，即可认定为村务公开和民主管理的“难点村”。各地区也可以根据本地实际，按照村总数一定比例倒排认定“难点村”。

全国村务公开协调小组

2009年7月16日

全国村务公开协调小组关于印发《村务公开和民主管理“难点村”治理工作宣传提纲》的通知

（2009 年 7 月 16 日）

各省、自治区、直辖市村务公开领导（协调）机构，计划单列市、新疆生产建设兵团村务公开领导（协调）机构，全国村务公开协调小组各成员单位：

现将《村务公开和民主管理“难点村”治理工作宣传提纲》印发你们，请你们积极协调、组织有关新闻媒体，尤其是各部门主管新闻媒体刊载宣传，真正使村务公开和民主管理“难点村”治理工作的各项要求深入人心、家喻户晓。

全国村务公开协调小组
2009 年 7 月 16 日

村务公开和民主管理“难点村”治理工作宣传提纲

经中央领导同志批准，全国村务公开协调小组研究决定，从今年开始，在扎实推进村务公开和民主管理面上工作的同时，开展“难点村”专项治理，力争用三年的时间，使现有“难点村”面貌发生根本性转变。根据中央纪委、中央组织部、民政部等 12 部委《关于印发〈关于开展村务公开和民主管理“难点村”治理工作的若干意见〉的通知》（民发〔2009〕20 号）精神，制定本宣传提纲。

一、如何认识开展村务公开和民主管理“难点村”治理工作的重要意义

（一）治理“难点村”是深入贯彻落实科学发展观的必然要求。深入贯彻落实科学发展观，要求切实保障农民权益，始终把实现好、维护好、发展好广大农民群众根本利益作为农村一切工作的出发点和落脚点。“难点村”往往是农村村级组织软弱涣散，村务公开和民主管理制度不健全、不落实，农民群众的物质利益和民主权利得不到有效保障，干群关系紧张的地方。在深入推进农村改革发展的新形势下，集中力量治理“难点村”，解决制约村务公开和民主管理的突出问题，有利于把党和国家各项强农惠农政策落到实处，促进农村经济社会平稳较快发展；有利于发展农村公共事业，加强农业基础建设，加快形成城乡经济社会发展一体化新格局；有利于调动农民群众的积极性和创造性，密切党群干群关系、巩固党的执政基础，形成推动科学发展的强大力量。

（二）治理“难点村”是全面建设小康社会的必然要求。到 2020 年实现全面建设小康社会，是我们党的伟大目标之一；实现全面建设小康社会的宏伟目标，最艰巨最繁重的任务在农村，最广泛最深厚的基础也在农村。“难点村”是农业基础薄弱、农村发展滞后、农民增收困难等表现得尤为突出的地方，是农村工作中的重中之重、难中之难。治理“难点村”，有利于给农村发展注入新的动力，为整个经济社会发展增添新的活力；有利于加强农业发展基础，促进农业增产、农民增收、农村繁荣，形成农业增效、农民增收的良性互动格局，为经济社会全面协调可持续发展提供有力的支撑，为全面建设小康社会奠定坚实的基础。

（三）治理“难点村”是加强农村基层民主政治建设的必然要求。党的十七大第一次把基层群众自治制度作为我国社会主义民主政治建设四项重要制度之一。党的十七届三中全会把“农村基层组织进一步加强，村民自治制度更加完善，农民民主权利得到切实保障”纳入 2020 年农村改革发展的目标任务之中，并将“健全农村民主管理制度”作为今后农村改革发展过程中必须大力加强的六项重大制度之一。党的十七大和十七届三中全会提出的目标和任务，为治理“难点村”指明了方向。“难点村”往往存在干群民主法制观念淡薄、村务管理不公开等现象。治理“难点村”，解决好村务公开和民主管理中的突出矛盾和问题，是贯彻落实党的十七大和十七届三中全会提出的目标和任务的有力措施，有利于保障广大农民的知情权、参与权、表达权和监督权，保障农

民当家作主的民主权利；有利于健全村党组织领导的充满活力的村民自治机制，保障农村基层民主政治建设健康发展。

（四）治理“难点村”是维护农村社会稳定的必然要求。农村社会的和谐稳定是全社会和谐稳定的重要基础，抓住了农村和谐稳定这个大头，就有了把握全社会和谐稳定的主动权。“难点村”往往是群众对村干部意见较多、干群关系紧张的地方。治理“难点村”，就是要维护好农民群众的民主权利和社会主义新农村建设各方面的利益关系，及时化解矛盾，密切干群关系，引导农民群众规范有序地参与村级公共事务的决策和管理，以理性合法形式表达利益诉求，把矛盾化解在基层、解决在萌芽状态，最大限度地增进和谐因素，最大限度地减少不和谐因素，促进农村社会稳定。

二、如何认识开展“难点村”治理工作的机遇和挑战

（一）“难点村”治理工作的机遇：

——科学发展观的贯彻落实，社会主义和谐社会的构建和社会主义新农村建设工作的全面推进，为“难点村”治理工作提供了前所未有的良好政策和社会环境。

——村民自治工作成效显著，村党组织领导的村民自治机制充满生机活力，民主选举、民主决策、民主管理和民主监督日益深入人心，得到农民群众的衷心拥护，特别是党的十七大把基层群众自治制度确立为我国社会主义民主政治建设四项制度之一，进一步提升了基层群众自治制度的地位和作用，为“难点村”治理提供了扎实的政治基础。

——改革开放30年，农村基层民主选举制度、村务公开和民主管理制度日益完善，大学生“村官”计划的积极实施，党风廉政建设的深入推动，为“难点村”治理提供了良好的工作基础。

——改革开放30年，我国经济和社会发展成果显著，农村生产力空前解放，总体上已经进入以工促农、以城带乡的新阶段，特别是国家高度重视“三农”问题，加大了对农业、农村和农民的投入，制定了许多强农惠农政策，减轻了农民负担，增强了农民增收致富的能力，这为开展“难点村”治理工作奠定了雄厚的物质基础。

——我国城乡差别目前仍然很大，广大农民尤其是长期发展滞后地区的农

民盼致富、求发展的愿望迫切。“难点村”治理顺应了广大农民过上美好生活新期望，具有深厚的群众基础。

（二）“难点村”治理工作的挑战：

——开展“难点村”治理工作的重要性还没有得到各级地方党委政府的足够重视，尤其是一些基层党委政府领导干部思想有顾虑，担心承认辖区内有“难点村”会影响政绩；特别是有些因征地拆迁、环境污染、国家有关强农惠农政策不落实等原因形成的“难点村”，与基层政府工作有直接关系。这些地方会出于多种考虑，容易导致治理工作走过场。

——部分涉及农业、农村和农民的法规政策还存在着这样或那样的不足，部分农民群众法律知识贫乏，依法维权意识淡薄，容易导致“难点村”有些问题难以解决。

——“难点村”治理群众参与度不高，一些地方村“两委”班子难以选拔到优秀人才。一方面，有些地方的农民群众参与村务、财务管理的主体意识还不够强；另一方面，有些地方大部分青壮年农民外出务工，导致人才流失严重。

三、如何认识村务公开和民主管理“难点村”的现状及其成因

（一）“难点村”的现状。近年来，在各级党委、政府的领导下，村务公开和民主管理工作的领域不断拓展，载体不断丰富，制度化、规范化、程序化水平进一步提高。但是，工作中还存在一些问题和不足，农民群众还有不满意的地方。有的村级组织不健全，领导班子软弱涣散，村干部能力不强；有的政策法规不落实，村务不公开、半公开或假公开，村务管理不民主现象长期存在；有的村干群关系紧张，经济社会发展滞后，等等。据不完全统计，全国共有3万多个这样的“难点村”，约占行政村总数的6%。“难点村”虽然是少数，但如不及时解决，势必影响村务公开和民主管理工作整体水平的提高，势必影响农村经济社会又好又快发展。

（二）“难点村”的成因。目前，我国处于深化农村改革的新旧体制转换过程中，“难点村”所表现出来的问题是农村管理体制、经济利益和社会关系格局不断调整、深刻变化所引发的各种社会矛盾的集中表现。问题产生的具体原因十分复杂，既有客观原因，也有主观原因；既受到村庄内部条件的制约，也与外部环境密切相关。要彻底解决这些问题，化解这些矛盾难度大、要求高、

周期长，治理任务非常艰巨。

四、“难点村”认定参考标准

（一）村“两委”班子不健全，主要村干部不团结，村级组织软弱涣散，村务公开和民主管理工作无法正常开展。干群关系紧张，党和国家强农惠农政策得不到落实。

（二）村民委员会不能按期换届选举或者选举缺乏公开、公平、公正，存在威胁、贿赂、伪造选票等不规范选举行为。

（三）民主决策不落实，近三年没有召开过村民会议或者近一年内没有召开过村民代表会议，村民参与重大村务决策的民主权利得不到保障。

（四）村民民主理财组织不能正常发挥作用，集体财务管理混乱，集体资产非正常流失，村民合法权益得不到有效保障。

（五）民主监督流于形式，存在村务不公开、半公开、假公开现象，村民不能对村干部进行有效监督。

（六）宗族、家族、宗教、黑恶势力干预农村公共事务，妨碍农村经济发展和社会稳定。

（七）经济社会发展长期滞后，人均收入低于当地平均水平，村落后面貌长期得不到改善，村集体无力为群众办实事、解难题。

（八）因村务公开和民主管理工作存在问题，引发村民一年内 3 次集体进京上访。

（九）村民对村务公开和民主管理工作不满意率达 30%以上。

各省、自治区、直辖市根据本参考标准，结合本地实际，制定更具体更有针对性的认定标准。凡具备以上情形之一的，即可认定为村务公开和民主管理的“难点村”。各地区也可以根据本地实际，按照村总数一定比例倒排认定“难点村”。

五、“难点村”治理工作的指导思想和目标要求

（一）治理“难点村”的指导思想是：治理“难点村”，要以邓小平理论和“三个代表”重要思想为指导，深入贯彻落实科学发展观，按照党的十七大和十七届三中全会精神要求，以解决村民群众最关心最直接最现实的利益问题为切入

点，以村级组织建设为重点，以健全和完善村务公开和民主管理制度为着力点，保障村民群众的合法权益，促进农村社会和谐，推动农村经济社会又好又快发展。

（二）治理“难点村”的目标要求：治理“难点村”要实现的目标要求有四项：

一是提高农村基层干部群众民主法制素质。干部群众对坚持党的领导、人民当家作主、依法治国有机统一的思想认识得到有效提高，对推行村务公开和民主管理的自觉性得到有效提升，对搞好村务公开和民主管理的要求认识明确，基层干部组织开展村务公开和民主管理实践的能力明显增强。

二是健全并落实村务公开和民主管理制度。自觉将各级党委政府强农惠农政策、社会各界支持新农村建设的项目、新农村建设各项资金及其使用情况、农村集体资产和资源处置情况、计划生育政策执行情况，以及对村干部的民主评议、考核和审计结果等事项，纳入公开的内容，接受群众监督，真正做到凡是与农民群众切身利益密切相关的事项，坚持由农民群众民主决策，不由个人或少数人说了算。村民会议、村民代表会议制度得到落实。

三是加强农村基层组织。村党组织的领导核心作用明显发挥，村委会能够履行法定职责，在村党组织领导下，积极协助乡镇政府开展工作。村务公开监督机构、村民民主理财机构建立健全，发挥作用。村级群团组织和社会组织不断发展，活动规范化、经常化。

四是促进各项工作。党在农村的各项方针政策得到贯彻落实，农民群众反映强烈的突出问题得到有效解决，村内各项事业得到发展，群众生活水平稳步提高，干群关系和谐，社会稳定，村风文明。

六、“难点村”治理工作的主要原则

治理“难点村”要坚持五条主要原则：

一是坚持治理工作与促进农村科学发展相结合。围绕促进农村改革发展稳定大局，坚持以人为本，把“难点村”治理工作与深入学习实践科学发展观活动结合起来，与促进农村各项事业发展结合起来，与保障村民群众物质利益和民主权利结合起来，不搞形式主义，不做表面文章，务求实效，为农村经济社会全面协调可持续发展打牢基础。

二是坚持发扬民主，走群众路线。尊重农民意愿，充分发挥村民群众的主

体作用，调动村民群众参与的积极性和主动性。认真听取村民群众的意见和建议，自觉接受监督，努力解决影响和制约村务公开和民主管理中的突出问题，把群众满意作为评价治理工作成效的根本依据。

三是坚持从实际出发，分类指导。根据本地区农村经济社会发展的实际情况，有针对性地提出具体的治理方案和治理方法，对症下药，有什么问题就解决什么问题，什么问题突出就重点解决什么问题，不搞一刀切，确保治理工作取得实效。

四是坚持上下结合，综合治理，标本兼治。根据产生“难点村”的不同原因，采取相应措施，属于村的问题，从村级层面下功夫；属于政府及其职能部门的问题，就从政府或者职能部门这个层面解决。系统研究制约影响村务公开和民主管理的各种因素，充分运用政治、法律、经济、行政等手段，多管齐下，从源头上解决问题。

五是坚持制度建设，着力形成长效机制。尊重村民群众的首创精神，及时总结推广治理“难点村”的成功经验，并在实践中不断丰富、完善和提高。加强“难点村”治理的制度建设，形成带有普遍规律性和指导性的政策措施，形成治理“难点村”的长效机制，不断提高治理“难点村”的工作水平。

七、“难点村”治理工作的主要任务

治理“难点村”的主要任务有五项：

一是加强农村基层组织建设，解决村级组织软弱涣散、村干部能力不强的问题。加强农村基层组织建设是做好治理工作的关键环节。抓好以村党组织为核心的村级组织配套建设，充分发挥村党组织的领导核心作用，领导和支持村委会、集体经济组织、共青团、妇代会、民兵等组织依法开展工作。建立健全村务公开监督机构、村民民主理财机构，保障其履行职责，监督村务公开制度的落实、村集体资产管理使用和财务收支等活动。注重从农村致富能手、退伍军人、外出务工返乡农民中选拔村干部。引导高校毕业生到村任职，鼓励党政机关和企事业单位优秀年轻干部到村帮助工作，鼓励优秀民营企业经营管理人员、县乡机关和企事业单位退居二线、提前离岗或退休干部职工中的党员回村任职，建设一支守信念、讲奉献、有本领、重品行的农村基层干部队伍。整合培训资源，广泛培训农村基层干部，提高他们的思想素质和开展农村工作的水

平。通过财政转移支付和党费补助等途径，形成农村基层组织建设、村干部报酬和养老保险、党员干部培训资金保障机制。抓紧村级组织活动场所建设和农村党员干部现代远程教育工作，两年内覆盖全部行政村。

二是完善村务公开和民主管理制度，解决村务不公开、管理不民主的问题。制度建设是专项治理工作的基础。认真贯彻落实《中共中央办公厅国务院办公厅关于健全和完善村务公开和民主管理制度的意见》（中办发〔2004〕17号），以财务公开为重点，不断丰富村务公开的内容。在巩固村务公开栏形式的基础上，积极推行村民点题公开、建立信息公开平台等做法，创新公开形式。加强对农村集体资金、资产、资源的管理和审计，建立健全财务管理制度。完善村级会计委托代理服务，实行村务公开答疑纠错的监督制度，保证村务公开及时便捷、全面真实。完善村民自治章程和村规民约等，健全村民会议和村民代表会议议事规则，推进村级事务管理的制度化、规范化、程序化。加强法制宣传教育，引导村民群众规范有序地参与村级公共事务的决策和管理。积极探索新形势下开展村务公开和民主管理的途径和方式，保障村民群众享有正当的民主权利。

三是加强农村党风廉政建设，解决群众反映强烈的突出问题。农村党风廉政建设是做好治理工作的重要保证。认真贯彻落实《中共中央办公厅国务院办公厅关于加强农村党风廉政建设的意见》（中办发〔2006〕32号），做好被征地农民社会保障工作，做到先保后征，使被征地农民生活水平不降低，长远生计有保障。清理整顿农村财务管理混乱村，查处党政机关干部、村干部等侵占村集体资产和资金、铺张浪费给集体造成损失等问题。

四是帮助发展农村经济和社会事业，解决“难点村”经济和社会发展长期落后的问题。发展是根本解决“难点村”问题的决定性因素。引导村级组织和村民根据市场要求和本村的实际条件，大力发展集体经济，增强集体组织服务功能，促进农民增收。培育农民新型合作组织，大力发展专业合作经济。积极组织和引导文化、教育、医疗卫生、计划生育、社会保障、社会管理等政府公共服务覆盖到农村，缩小城乡公共服务差距，促进城乡基本公共服务均等化。积极探索对接互助形式，鼓励城市社区和“强村”、“强企”结对帮助“难点村”发展经济，增强“难点村”自身发展能力。

五是强化农村社会管理，消除可能引发农村社会不稳定的因素。强化农村社会管理，是做好专项治理工作的重要条件。坚持服务农民、依靠农民，完善农村社会管理体制机制，加强农村社区建设，培育农村服务性、公益性、互助性社会组织，推动形成政府行政管理和村民自我管理的有效衔接、政府依法行政和村民依法自治的良性互动的局面。坚决纠正和制止村党支部和村委会换届选举中的“贿选”和其他违法违纪行为，反对和制止利用宗教、宗族势力干预农村公共事务。加强农村精神文明建设，做好教育和思想疏导工作，化解人民内部矛盾。坚决依法打击农村黑恶势力和各类刑事犯罪，加强社会治安综合治理，维护农村正常生产生活秩序。加强农村警务建设，逐步建立以驻村民警为主导，以群防群治队伍为补充，人防、物防、技防相结合的安全防范机制和防控网络，全面提升农村社区安全防范水平。有条件的村庄，要依托社区资源，组织开展以社区保安、联防队员为主体，专职人员和义务志愿者相结合的邻里守望、看楼护院、看村护家等活动。建立健全村党组织主导的群众维权机制，引导村民群众以理性合法的方式表达利益诉求，维护自身权益。

八、如何帮助和推动“难点村”的经济和社会事业发展

治理“难点村”，根本目的是理顺生产关系，解放生产力，更好地发展农村经济和社会事业，保障农民群众的物质利益和民主权利。

（一）积极发展农村经济。“难点村”所在地区，要积极引导村党组织和村委会班子、农民群众根据市场需要和本村实际，选准促进经济发展的好路子，充分挖掘农业发展潜力，拓展非农就业增收空间，实现农业增产、农民增收、农村繁荣；要继续巩固完善强农惠农政策，坚持并完善农业支持保护和补贴制度。各地区各部门在执行这些面对所有农业农村的普惠政策时，特别是安排农业基础设施建设项目等，要统筹考虑，留出一部分资金和项目向“难点村”倾斜。

（二）大力发展农村社会事业。在“难点村”治理过程中，要结合农村社区建设，搭建城市公共服务向农村延伸的平台，加快农村城镇化进程。结合扩内需、保增长的要求，加大农村基础设施建设力度，加快农村饮水安全工程实施进度，增加农村沼气投入，实施农村电网改造，发展农村公共交通等，使农民群众看到治理的成果，树立起发展的信心。

（三）积极探索社会力量帮助治理“难点村”的新形式。采取有效措施，鼓励全社会关注并积极参与发展“难点村”的经济和社会公共事业。动员城市

有条件的企事业单位对口帮扶，增强城市对农村的辐射带动作用，积极探索新形势下的对接互助形式；鼓励城市社区与强村结对帮助“难点村”；积极引导非公有制企业本着互惠互利、共赢多赢的原则，广泛开展村企结对活动，开发“难点村”的发展潜力。

九、在治理“难点村”工作中如何加强以村党组织为核心的村级组织配套建设

加强以村党组织为核心的村级组织配套建设，为“难点村”治理工作提供重要保障。

（一）加强村党组织建设。以村党组织领导班子的建设为重点、健全党组织为保证、三级联创活动为载体，把村党组织建设成为推动科学发展、带领农民致富、密切联系群众、维护农村稳定的坚强领导核心。一是要紧密结合创先争优和三级联创活动，加强“难点村”党组织建设。围绕基层党组织争创“五个好”（领导班子好、党员干部队伍好、工作机制好、小康建设业绩好、农民群众反映好），农村党员干部争当“五带头”（带头跟党走、带头发展致富、带头服务群众、带头维护和谐稳定、带头弘扬新风正气）的目标要求，把治理“难点村”作为创先争优活动和三级联创活动的重要内容，扎实解决“难点村”党组织建设存在的问题。二是要着眼于构建城乡统筹的基层党建新格局，加大对“难点村”党组织的帮扶力度。要进一步树立城乡统筹的党建工作理念，积极探索建立城乡互帮互助机制，积极开展选派党政机关年轻干部到“难点村”帮助工作或任职，开展党政机关、街道社区、企事业单位等城市党组织与“难点村”党组织结对帮带等活动，建立健全领导干部联系点、部门包村、干部驻村等工作制度，建立健全城乡一体的党员动态管理机制等，切实加大对“难点村”党组织的帮扶力度。三是要进一步推进党内基层民主，促进“难点村”党组织建设。积极探索完善村党组织议事规则和决策程序，落实党员知情权、参与权、选举权、被选举权和监督权，发挥党员的主体作用。改革和完善农村基层选举制度，完善村党支部领导班子“两推一选”办法；推进农村基层党务公开，明确党务公开内容，提高党务公开质量，实现党务公开的经常化、制度化、规范化。四是要以村党支部书记队伍建设为突破口，提升“难点村”党组织建设水平。进一步明确村党支部书记的工作职责，建立健全选拔培养、岗位责任和监督、

教育培训、激励保障等四个工作机制，形成岗位有明确目标，工作有合理待遇、干好有发展前途、退岗有一定保障的村党支部书记队伍建设长效机制，培养造就一支守信念、讲奉献、有本领、重品行的村党支部书记队伍。

（二）抓好以村党组织为核心的村级组织配套建设。在加强村党组织建设的同时，切实加强村民委员会以及村集体经济组织、共青团、计生协、妇代会、民兵连等村级其他组织建设，领导和支持他们依照法律法规和章程开展工作。健全和完善村民会议、村民代表会议制度，加强村务公开监督组织和村民民主理财组织建设，认真做好民主决策、民主管理、民主监督工作。积极培育和发展农村服务性、公益性、互助性社会组织。充分发挥这些组织在发展生产、提供服务、参与监督和建言献策等方面的积极作用。

（三）抓好村级组织活动场所和农村党员干部远程教育站点建设。村级组织活动场所和党员干部远程教育站点是基层党组织服务群众的重要阵地。各地区各部门要加大财政投入力度，多渠道筹集资金，按照党的十七届三中全会提出的“村级组织活动场所建设在两年内覆盖全部行政村，党员干部远程教育两年内实现全国乡村网络基本覆盖”的要求，认真抓好项目规划、资金配套、工程管理、设备配置、管理使用等重点环节，确保按期完成所有“难点村”活动场所建设和党员干部远程教育站点建设，为“难点村”治理提供良好的外部条件。同时，切实加强对村级组织活动场所的使用管理和配套建设，充分发挥活动场所“一室多用”的综合效益，把活动场所建设成为集党员活动、村民议事、便民服务、教育培训、文化娱乐等多项功能于一体的综合阵地。

十、如何加强“难点村”的干部队伍建设

（一）选好配强村党组织和村委会班子。选好配强村党组织和村委会班子，特别是选好村党组织书记和村委会主任。不断改革和创新村干部的选拔任用制度，进一步拓宽选人渠道。注重从农村致富能手、退伍军人、外出务工返乡农民中选拔村干部，特别是从优秀大学生中选用村干部。

（二）做好村干部培训。要进一步加大培训力度，提高村干部开展村务公开和民主管理的能力和素质。把“难点村”村干部特别是村党组织书记和村委会主任纳入干部培训计划。要丰富培训内容，重点加强对依法办事、民主管理、服务群众等方面知识技能的培训。要整合培训资源，创新培训形式，充分发挥

党校、大中专院校、职业学校、广播电视大学、农广校等各种教育培训机构和资源的作用。

（三）加强作风建设。要坚持不懈地进行马克思主义群众观点和党的群众路线教育，引导村干部摆正同群众的关系，增进同群众的感情，努力学习掌握在新的历史条件下做好农村工作和群众工作的方法和本领。把加强教育与严肃纪律结合起来，对漠视群众利益的个别干部，要进行严肃批评和处理。

（四）建立健全激励保障机制。要拓展发展空间，加大从优秀村党组织书记、村委会主任中选拔乡镇公务员力度。要通过财政转移支付和党费补助等途径，形成村级组织建设、村干部报酬和养老保险、党员干部培训资金保障机制。要注重对优秀村干部从物质上、精神上给予表彰和奖励，引导社会舆论和新闻媒体客观公正地宣传评价村干部，营造良好的舆论环境和社会氛围。

（五）加强对村干部的监督。治理“难点村”，要强化监督管理机制，确保村干部想干事、会干事、干成事、不出事。要以维护农民权益为重点，加强监督检查，切实纠正损害农民利益的突出问题，严肃查处涉农违纪违法案件。切实保证村干部选任后廉政谈话、诫勉谈话、述职述廉，向村民会议或者村民代表会议报告工作，接受村民民主评议、村干部任期届满或离任时的经济审计等制度落到实处，提升民主监督的水平。

十一、如何建立健全“难点村”民主管理制度

（一）要以财务公开为重点，在巩固村务公开栏形式的基础上，积极推行村民点题公开、建立信息公开平台等做法，创新公开形式，丰富公开内容。

（二）要加强对农村集体资金、资产、资源的管理和审计，实行村务公开答疑纠错的监督制度，保证村务公开及时便捷、全面真实。县乡两级要建立健全村务公开和民主管理责任追究制度。

（三）要依法完善村民自治章程和村规民约等规章制度，健全村民会议和村民代表会议议事规则、财务管理制度。建立和完善“一事一议”制度，做到所“议”之事确实符合大多数村民的意愿、议事过程充分发扬民主、实施过程和结果接受群众监督，真正体现村务依法民主管理。要抓好制度的宣传普及，采取群众喜闻乐见的方式，使有关村务公开和民主管理的方针政策、法律法规深入人心，家喻户晓。

十二、如何推进“难点村”党风廉政建设

一是要认真落实中央纪委、监察部《关于深入学习贯彻党的十七届三中全会精神进一步加强农村党风廉政建设若干问题的意见》（中纪发〔2008〕34号），以树立理想信念和加强思想道德建设为基础，以规范和制约权力行为核心，以维护农民权益为重点，坚持以纠风和惩治相结合的方式，推进农村惩治和预防腐败体系建设。

二是要重点围绕执行政策、遵纪守法、秉公办事等制定完善村干部具体行为规范，不断提高村级事务管理规范化水平，确保中央方针政策的贯彻落实。要认真执行党内监督制度，加强对强农惠农政策落实情况、支农资金物资使用情况、扩大内需项目建设情况、计划生育政策落实情况的监督检查。

三是要以农民最关心、最直接、最现实的利益问题为切入点，认真解决损害农民利益的突出问题，严肃查处涉农违纪违法行为，切实保障农民权益。引导农村党员加强党性修养，弘扬求真务实、勤政为民、艰苦奋斗、清正廉洁的优良作风。在严格教育、严格管理、严格监督的同时，支持村干部勇于改革、大胆创新，及时为受到错告诬告的同志澄清是非，引导群众客观评价村干部的工作。

十三、如何加强“难点村”社会管理工作

一是要坚持服务农民、依靠农民建立健全农村基层社会管理体制，加强农村社区建设，培育农村服务性、公益性、互助性社会组织，推进形成政府行政管理和村民自我管理有效衔接、政府依法行政和村民依法自治良性互动的局面。

二是要坚决纠正和制止村党支部和村委会换届选举中的“贿选”和其他违法违纪行为，反对和制止利用宗教、宗族势力干预农村公共事务。加强农村精神文明建设，做好教育和思想疏导工作，化解人民内部矛盾。建立健全村党组织主导的群众维权机制，引导村民群众以理性合法的方式实现利益诉求，维护自身权益。

三是要坚决依法打击农村黑恶势力和各类刑事犯罪，加强社会治安综合治理，维护农村正常生产生活秩序。加强农村警务建设，逐步建立以驻村民警为主，以群防群治队伍为辅，人防、物防、技防相结合的安全防范机制和防控网络，全面提升农村社区安全防范水平。有条件的村，要依托社区资源，组织开展以

社区保安、联防队员为主体，专职人员和志愿者相结合的邻里守望、看楼护院、看村护家等活动。

十四、如何搞好“难点村”的精神文明建设工作，丰富农村公共文化生活

（一）确立目标，统筹规划。充分认识农村精神文明建设的重要意义，按照政府主导、因地制宜的原则，加强“难点村”文化基础设施建设，确保“乡乡建有文化站”“村村建有文化室”。

（二）完善经费投入体系。协调各方面关系，调动社会力量，加大文化建设投入。坚持公益性文化设施以政府投入为主的原则，对经济相对落后村的文化基础设施建设，财政给予扶持和倾斜。采取政府扶持和鼓励社会捐助相结合的多渠道筹资方式，扶持和资助有代表性和有影响的农村民间民俗活动。

（三）培养农村文化工作队伍。积极扶持农村专业和业余文化队伍，健全必要的奖励机制为他们开展活动提供有利条件。文化部门要定期或不定期地举办各类培训班，为农村培养科技文化人才，推动农村科技文化队伍发展壮大。

（四）打造农村文化阵地。加快广播电视村村通工程、文化信息资源共享工程、基层文化阵地建设工程、农村电影放映工程、“东风工程”和农家书屋工程等文化阵地建设，充分发挥现有宣传文化阵地的作用，广泛开展群众文化活动，不断满足村民群众的文化需求。

（五）加强城乡文化联动。组织“文化六进”活动，积极探索“三下乡”活动的长效机制，在活动内容上力求不断创新、与时俱进，真正使活动成为反映农民呼声、满足农民需求的有效载体。组织村民群众乐于参与、便于参与的活动形式，提高农民群众的思想认识和文化素质，推动农村精神文明建设。

十五、如何加强“难点村”社会治安综合治理工作，解决宗族和黑恶势力非法干预村务问题

一是要整合农村基层维护社会治安和社会稳定的力量，形成以村党组织为核心，群众自治组织为基础，基层综合治理、政法组织为骨干的农村社会治安综合治理工作网络，筑牢维护社会治安和社会稳定的第一道防线。对于非法干预村务公开和民主管理的宗族、宗教势力，要坚决予以制止。

二是要加强公安派出所、司法所、人民法庭和村警务室建设，发挥他们在基层社会稳定工作中的骨干作用。建立军警民团结协作、群防群治的工作机制，共同维护农村基层社会稳定。加强农村治安防控体系建设，加大打击犯罪的力度，严厉打击农村黑恶势力犯罪，彻底铲除其赖以生存的土壤。

三是各级党委、政府和政法部门要从政策导向、力量配置、经费保障、技术装备等方面向“难点村”倾斜。着力整合群防群治力量，加强治保、帮教、调解、法律援助、治安联防等组织建设。

四是要广泛组织党员、团员、民兵、青年志愿者、离退休人员等参与治安防范，建立多渠道、多行业的治安信息员队伍，发动民间组织参与社会治安综合治理，最大限度地把人民群众组织起来，形成人人参与治安防范的工作格局。

十六、如何加强“难点村”治理工作的社会参与

一是要坚持群众路线，动员群众参与。深入基层，深入群众，到群众困难的地方去排忧解难，到群众意见多的地方去理顺情绪，到出现新情况新变化的地方去总结经验，到工作推不开的地方去打开局面，让农民群众感受到实实在在的利益，吸引广大农民群众积极参与“难点村”治理工作。

二是要借助新闻媒体，提高“难点村”治理的社会参与。全国村务公开协调小组办公室将协调相关新闻媒体，以专版、专栏、专刊等多种形式，全程跟踪报道村务公开和民主管理“难点村”治理工作所取得的进展和阶段性成果，发挥舆论引导作用。各地也应因地制宜，制定相应工作机制。

三是要建立信息通报平台，加大“难点村”治理的社会监督力度。全国和省（区、市）村务公开协调（领导）机构办公室要充分利用现代化信息传播手段，建立高效率的信息沟通系统，用专门网站、专用信箱、专设线路，做到上情及时下达，下情及时上报，受理群众举报投诉，进行法规政策咨询问答，对“难点村”治理工作进行全程信息化管理。

四是“难点村”治理工作的成效，以村民群众是否满意为根本依据。制定“难点村”治理成效群众民主测评指标体系和运作机制，收集群众意见，真正做到以群众的利益诉求和直接需求为工作方向，以群众是否满意为工作成效的根本依据，务求实效。

十七、如何加强“难点村”的集体资产管理工作

一是要按照民主管理的原则，建立健全集体经济组织成员大会或成员代表大会制度。涉及集体资产管理的重大事项，必须经过民主讨论决定，保障集体经济组织成员有效地行使对集体资产的监督权、决策权，发挥集体经济组织成员参与管理的积极性。

二是要搞好民主理财，加大财务公开。加强集体资金的管理和监督，促进集体资产的保值和增值，切实维护集体经济组织的合法权益。进一步加强和规范民主理财制度，加大财务公开力度，切实维护农民群众的知情权、参与权、决策权、监督权，让农民群众全面、充分地了解集体财务活动，参与集体财务决策。

三是要建立健全产权登记、财务会计、民主理财、资产报告等制度，建立健全村会计委托代理服务，完善集体资产管理办法。加强对所属企业的集体资产运行状况的监督。实行联营、股份经营和中外合资、合作经营的农村集体企业，严格执行国家有关法律、法规和政策规定，切实保障集体经济组织对其资产的所有权、收益权。

四是要将集体资产通过拍卖、转让或者由于实行租赁经营、股份经营等方式而发生所有权或使用权转移时，必须进行资产评估，并以评估价值作为转让所有权或使用权的依据。对贪污、挪用、平调、私分、无偿占用及挥霍浪费集体资产等违法、违纪的单位和个人，要依法或按有关规定严肃处理。被侵占的集体资产必须如数归还；不能归还的，应作价赔偿；情节严重、构成犯罪的，依法追究当事人的刑事责任。

十八、如何加强“难点村”治理的组织领导

（一）做好“难点村”治理工作，乡级是基础，县级是关键。要强化党委统一领导、党政齐抓共管、村务公开领导（协调）机构组织协调、有关部门各负其责的领导体制和工作机制。各级党委和政府尤其是县乡两级党委和政府要高度重视，县乡两级主要负责同志要切实履行第一责任人的责任。

（二）各省（区、市）要建立健全村务公开领导（协调）机构，明确职责，落实任务，真正运转起来，充分发挥作用，确保有人理事、有钱办事。村务公开领导（协调）机构各成员单位要明确分工、各负其责，相互支持、相互配合，

真正形成一级抓一级、层层抓落实的工作格局。

（三）要把“难点村”治理作为推进农村改革发展的重要任务，制定切实可行的治理方案，抽调精干人员组建治理工作组，深入“难点村”开展工作，并加强督导，务求实效。

十九、如何加大“难点村”治理督查督办力度

（一）治理“难点村”，必须强化责任意识，严格落实责任制。建立“难点村”治理台账，实行销号制。凡是治理工作不达标的，帮扶工作组不离村；对于工作拖拉、进展不力，不积极解决群众反映问题的，要给予通报批评；对于违纪违法的基层干部，要及时予以党纪政纪处分，对违法犯罪的移送司法机关。对于个别治理工作难度大，或者治理工作长期没有进展的村，县一级要直接派出工作组指导乡镇进行重点治理。

（二）要落实督查督办机制，重点督查领导是否重视、机制是否健全、责任是否明确、工作是否规范、群众是否满意等，总结运用好的做法和经验，及时发现和解决治理工作中存在的问题，提出改进工作的意见和建议，推动工作深入开展。

二十、如何建立“难点村”治理的长效管理机制

一是要做好基础工作。针对征地拆迁、农村城镇化、土地承包、民主选举、村务公开和民主管理等方面出现的损害农民群众利益的问题，逐步建立起与农村经济社会发展相适应、相协调的利益分配机制、矛盾化解机制和社会管理机制，保障农民群众合法权益，促进农村和谐稳定。要统筹兼顾不同阶层、不同方面群众的利益，注意依靠社会力量，通过社会关爱、邻里扶助以及群众间的精神抚慰和思想疏导，把内部矛盾解决在基层、化解在萌芽状态，特别要积极预防和有效处置由此引发的群体性事件。

二是要建立健全动态管理机制。要对已经治理的“难点村”进行动态管理机制，采取有力措施巩固治理成果。对经过整治并已经销号了的“难点村”，要实行跟踪问效，对反弹的“难点村”要重新治理。特别是对整治工作中启动的帮扶项目，要抓好落实。对新出现的“难点村”，要及时发现，及时治理。

二十一、“难点村”治理工作成效的评估标准

（一）农村基层组织建设有成效。以村党组织为核心的村级组织配套建设得到加强，建立健全村务公开监督机构、村民民主理财机构，建设一支守信念、讲奉献、有本领、重品行的农村基层干部队伍。

（二）农村基层工作经费有保障。通过财政转移支付和党费补助等途径，形成农村基层组织建设、村干部报酬和养老保险、党员干部培训资金保障机制。

（三）村级组织活动有场所。建成适合村级组织活动需要的村级组织活动场所。其中包括村“两委”办公室、村党员活动（党员干部现代远程教育）室、会议室、图书阅览室、文体活动室、农村社区服务中心、卫生所、计生室等场所。

（四）村务公开和民主管理有制度。建立方便村民观看的固定村务公开栏，做到以财务公开为重点，不断丰富村务公开的内容。建立健全财务管理和定期审计制度，实行村级会计委托代理服务。建立村级事务通报、村级重要工作征询意见、村级重大事项票决、村级工作民主评议和村务公开答疑纠错的监督制度。修订完善村民自治章程和村规民约等，健全村民会议和村民代表会议议事规则。

（五）农村基层党风廉政建设有措施。对财务管理混乱村进行清理整顿，克扣、截留、挪用征地补偿费用和村内征地补偿分配不合理等问题得到有效解决。建立农村党风廉政宣传教育、党风廉政建设监督员、党风廉政情况评议和公示等制度，有效推进农村基层党风廉政建设。

（六）“难点村”可持续发展有保障。村级组织和村民根据市场需求和本村的实际条件，制定发展集体经济、增强集体组织服务功能、促进农民增收的规划和措施。有条件的地方要建立农村新型合作组织，大力发展专业合作经济。政府公共服务覆盖到“难点村”，并提供有效服务。每个“难点村”至少有 1 个城市社区或“强村”或“强企”结对帮助其发展经济，增强其自身发展能力。

（七）农村基层社会管理有秩序。村内无黑恶势力和各类刑事犯罪，社会治安综合治理切实得到加强，农村生产生活秩序正常，初步形成政府行政管理和村民自我管理的有效衔接、政府依法行政和村民依法自治的农村基层社会管理体制。

（八）村民群众满意率高。建立科学合理的“难点村”治理成效测评机制，群众满意率在 70% 以下的为不合格。70% 以上的为合格，90% 以上的为优秀。

全国村务公开协调小组关于印发《村务公开和民主管理“难点村”治理工作计划（2009—2011年）》的通知

各省、自治区、直辖市村务公开领导（协调）机构，计划单列市、新疆生产建设兵团村务公开领导（协调）机构，全国村务公开协调小组各成员单位：

根据中央纪委、中组部、民政部等12部委《关于开展村务公开和民主管理“难点村”治理工作的若干意见》（民发〔2009〕20号）的要求与全国村务公开和民主管理“难点村”治理工作视频会议精神，制定本计划。

村务公开和民主管理“难点村”治理工作分四个阶段进行，具体安排如下：

一、试点启动阶段：2009年2月—2009年12月

目标：2009年12月31日前完成20%的“难点村”治理试点工作。

（一）建立健全“难点村”治理的保障体制机制（4月–7月）。

1.建立办事机构。省、市、县三级建立健全村务公开领导（协调）机构，确保有专人理事。县（市、区）要公布本地区“难点村”治理工作电话，受理群众举报投诉，进行法规政策咨询解答。

2.完善工作机制。各级党委、政府要依托同级村务公开领导（协调）机构，各成员单位要明确分工、各负其责，形成上下协调、左右联动、共同参与的工作机制。

3.落实工作经费。各级财政根据实际需要，安排“难点村”治理专项工作经费，确保有钱办事。

4.制定宣传教育方案。以全国村务公开协调小组印发的“难点村”治理工作宣传提纲为参考依据，结合本地实际制定宣传教育方案，确定宣传教育形式。

5.开展宣传教育活动。充分利用会议、文件、新闻媒体、村务公开栏等多种渠道，积极开展“难点村”治理的思想发动和宣传教育工作。

2009年7月31日前，各省（区、市）将“难点村”治理保障体制机制建立健全情况报全国村务公开协调小组及其办公室。

（二）摸底排查建立台账（7月–8月）。

6.细化“难点村”认定标准。根据全国村务公开协调小组制定的《村务公开和民主管理“难点村”认定参考标准》，省、市指导县（市、区）制定更具体、更有针对性的本地区“难点村”认定标准。

7.摸清底数。认真做好调查研究，根据认定标准，摸清本地区“难点村”的数量、产生原因、表现形式、影响后果等，建立“难点村”台账。

8.对调查摸底情况进行综合分析，形成综合分析报告。

9.在摸清底数的基础上，省、市、县三级要制定治理工作试点方案。

2009年8月31日前，各省（区、市）要将“难点村”台账、综合分析报告、试点方案报送全国村务公开协调小组及其办公室。

（三）做好试点工作，探索治理经验（9月–11月）。

10.确定试点单位。省、市、县三级分别按本地区“难点村”总数的20%安排确定试点单位。

11.组成试点工作组。工作组成员要熟悉农村政策法律，了解农村情况，有事业心和责任感。

12.做好培训。以县（市、区）为单位，对参加治理试点工作的人员进行政策、业务培训，帮助他们掌握开展“难点村”治理工作的政策措施和基本方法。

13.抓好治理试点。工作组要进村入户摸清情况，找准问题，研究解决问题的办法和措施，积极稳妥地做好试点工作。县乡两级要定期分析试点工作中出现的情况和问题，加强信息沟通和工作研究。省、市两级要加强工作指导和政策研究。

（四）总结试点工作经验，部署全面展开治理工作任务（10月–12月）。

14.制定考核测评标准。在全面总结试点经验的基础上，以省（区、市）为单位，制定科学合理的“难点村”治理考核测评标准。

15.检查验收。省、市在县、乡自查的基础上，适时组织工作组对完成治理任务的试点单位进行抽查评估，了解治理效果，认真总结推广试点工作经验。

16.制定治理方案和程序。省（区、市）根据试点经验和“难点村”的综合情况，制定带有普遍适用性、指导性的治理方案和程序。市、县、乡三级根据省（区、市）总体部署和要求，结合本地“难点村”的具体情况制定操作性更强的工作方案，并认真组织实施。

17.开展督导检查。全国村务公开协调小组将适时组成督导组深入各地开展调研督查，召开治理工作经验交流会，通报各地“难点村”治理情况。

2009年12月31日前，各省（区、市）将本地区2009年度“难点村”治理工作总结、试点先进经验、考核测评标准和经过治理达标的“难点村”花名册（参见附件）报送全国村务公开协调小组及其办公室。

二、全面治理阶段：2010年1月—2010年12月

目标：全面推进现有“难点村”的治理工作。

18.组建全面治理工作组。以县（市、区）为基本单位，以参加试点工作的干部为骨干，根据本地区“难点村”具体情况，抽调有关部门人员，组建工作组，进行政策、业务培训。

19.全面开展治理工作。根据中央纪委、中组部、民政部等12部委《关于开展村务公开和民主管理“难点村”治理工作的若干意见》与全国村务公开和民主管理“难点村”治理工作视频会议精神，深入“难点村”，宣传发动党员和群众，参照试点取得的成功经验，结合实际开展“难点村”的治理工作。

20.做好督查工作。省、市两级组织专门力量，定期开展督查工作。村务公开领导（协调）机构和各成员单位要针对治理中的突出问题，深入基层开展专项调研督导。

21.认真做好验收工作。省、市、县组织专门力量对已完成治理任务的“难点村”进行检查验收，依据本地区治理考核测评标准，验收合格的予以销号，验收不合格的要组织进行整改。

22.及时进行情况通报。全国村务公开协调小组办公室和省、市两级村务公开领导（协调）机构要及时以各种形式（简报、新闻媒体等）通报各地治理工作进展情况。

23.做好情况上报工作。县、乡要及时掌握“难点村”治理工作的情况并定期向上报告。省级村务公开领导（协调）机构要及时掌握治理动态，汇总本地区的治理情况，并及时上报全国村务公开协调小组及其办公室。

2010年12月31日前，各省（区、市）要将2010年度“难点村”治理工作总结和经过治理达标的“难点村”花名册报送全国村务公开协调小组及其办公室。

三、攻坚克难阶段：2011年1月—2011年6月

目标：重点攻克未合格的“难点村”治理任务。

24.制定攻坚克难方案。组织专门人员，对未合格的“难点村”做深入的调查研究，全面掌握资料，查找深层次症结所在，综合考虑各方面因素，制定攻坚克难治理方案。

25.开展治理工作。县（市、区）组建联合工作组，在乡镇党委、政府的支持配合下，进驻“难点村”，切实解决存在的问题，满足群众合理的愿望和要求。

2011年6月30日前，各省（区、市）要将“难点村”治理工作总结和经过治理达标的“难点村”花名册报全国村务公开协调小组及其办公室。

四、巩固提高阶段：2011年7月—2011年12月

目标：建立健全“难点村”治理的长效机制。

26.做好检查验收工作。治理工作基本结束时，要对本地区已治理达标的“难点村”进行全面检查验收，确保治理工作扎实有效，不走过场。

27.做好满意度测评。治理工作基本结束时，要采取适当方式向本村党员、群众通报。组织村民代表对治理工作进行满意度测评，测评结果要向村民公布。根据测评情况，进一步完善跟踪治理的措施，确保在治理工作中尚未解决的突出问题继续得到有效解决。

28.做好工作总结。各地分别收集、整理材料，依次做好省、市、县三级工作总结，提炼当地专项治理工作的好经验好做法。

29.做好表彰工作。以省（区、市）为单位，对那些在专项治理中工作得力、方法适当、效果显著的优秀县（市、区）、乡（镇、街道）及先进个人，

进行表彰；市、县两级根据本地实际情况表彰优秀乡（镇、街道）和先进个人。

30.加强制度建设。制定适合当地情况的“难点村”治理工作规程，作为指导今后一段时期工作的操作指南。健全符合本地区实际情况的村务公开和民主管理制度，切实保障村民群众的知情权、决策权、参与权和监督权。

2011年11月30日前，各省（区、市）要将本地区三年治理工作总结报告、已完成治理任务的“难点村”花名册报送全国村务公开协调小组及其办公室。

各地要以本工作计划为基础开展“难点村”治理工作，时间进度安排上不能迟于本工作计划的基本要求，各阶段工作安排可以交叉进行，确保“难点村”治理任务如期完成。全国村务公开协调小组将适时表彰“难点村”治理工作先进单位和个人，推进“难点村”治理工作的深入开展。

中央纪委、中央组织部、中央农村工作领导小组办公室等关于开展村务公开和民主管理“难点村”治理工作的若干意见

（2009 年 2 月 24 日）

近年来，在各级党委和政府的高度重视下，村务公开和民主管理工作取得了显著成效，对于促进农村改革发展稳定发挥了重要作用。但也应看到，一些地方还存在村务公开和民主管理的“难点村”。在这些村庄，有的村级组织不健全，村级班子软弱涣散，村干部能力不强问题没有得到根本解决；有的政策法规不落实，村务不公开或假公开，村务管理不民主现象长期存在；有的群众对村干部意见多，党群干群关系紧张，经济社会发展落后，等等。村务公开和民主管理“难点村”虽然是少数，但如不认真解决，势必影响村务公开和民主管理工作整体水平的提高，势必影响农村经济社会又好又快发展。为深入贯彻落实党的十七大和十七届三中全会精神，经全国村务公开协调小组研究决定，从2009年至2011年，在指导做好村务公开和民主管理面上工作的同时，开展“难点村”专项治理，力争用三年的时间，使现有“难点村”面貌发生根本性转变。为此，提出以下意见。

一、指导思想和目标要求

治理“难点村”，要以邓小平理论和“三个代表”重要思想为指导，深入贯彻落实科学发展观，按照党的十七大和十七届三中全会精神要求，以解决村民群众最关心最直接最现实的利益问题为切入点，以村级组织建设为重点，以健全和完善村务公开和民主管理制度为着力点，保障村民群众的合法权益，促进农村社会和谐，推动农村经济社会又好又快发展。

治理“难点村”工作，要达到以下目标要求：

（一）提高农村基层干部群众民主法制素质。干部群众对坚持党的领导、人民当家作主、依法治国有机统一的思想认识得到有效提高，对推行村务公开和民主管理的自觉性得到有效提升，对搞好村务公开和民主管理的要求认识明确，基层干部组织开展村务公开和民主管理实践的能力明显增强。

（二）健全并落实村务公开和民主管理制度。自觉将各级党委政府强农惠农政策、社会各界支持新农村建设的项目、新农村建设各项资金及其使用情况、农村集体资产和资源处置情况，以及对村干部的民主评议、考核和审计结果等事项，纳入公开的内容，接受群众监督，真正做到凡是与村民群众切身利益密切相关的事项，坚持由村民群众民主决策，不由个人或少数人说了算。村民会议、村民代表会议制度得到落实。

（三）加强农村基层组织。村党组织的领导核心作用明显发挥，村委会能够履行法定职责，在村党组织领导下，积极协助乡镇政府开展工作。村务公开监督机构、村民民主理财机构建立健全，发挥作用。村级群团组织和社会组织不断发展，活动规范化、经常化。

（四）促进各项工作。党在农村的各项方针政策得到贯彻落实，村民群众反映强烈的突出问题得到有效解决，村内各项事业得到发展，群众生活水平稳步提高，党群干群关系和谐，社会稳定，村风文明。

二、主要原则

（一）坚持治理工作与促进农村科学发展相结合。围绕促进农村改革发展稳定大局，坚持以人为本，把“难点村”治理工作与深入学习实践科学发展观活动结合起来，与促进农村各项事业发展结合起来，与保障村民群众物质利益和民主权利结合起来，不搞形式主义，不做表面文章，务求实效，为农村经济社会全面协调可持续发展打牢基础。

（二）坚持发扬民主，走群众路线。尊重农民意愿，充分发挥村民群众的主体作用，调动村民群众参与的积极性和主动性。认真听取村民群众的意见和建议，自觉接受监督，努力解决影响和制约村务公开和民主管理中的突出问题，把群众满意作为评价治理工作成效的根本依据。

（三）坚持从实际出发，分类指导。根据本地区农村经济社会发展的实际情况，有针对性地提出具体的治理方案和治理方法，对症下药，有什么问题就解决什么问题，什么问题突出就重点解决什么问题，不搞一刀切，确保治理工作取得实效。

（四）坚持上下结合，综合治理，标本兼治。根据产生“难点村”的不同原因，采取相应措施，属于村的问题，从村级层面下功夫；属于政府及其职能部门的问题，就从政府或者职能部门这个层面解决。系统研究制约影响村务公开和民主管理的各种因素，充分运用政治、法律、经济、行政等手段，多管齐下，从源头上解决问题。

（五）坚持制度建设，着力形成长效机制。尊重村民群众的首创精神，及时总结推广治理“难点村”的成功经验，并在实践中不断丰富、完善和提高。加强“难点村”治理的制度建设，形成带有普遍规律性和指导性的政策措施，形成治理“难点村”的长效机制，不断提高治理“难点村”的工作水平。

三、主要任务

（一）加强农村基层组织建设，解决村级组织软弱涣散、村干部能力不强的问题。加强农村基层组织建设是做好治理工作的关键环节。抓好以村党组织为核心的村级组织配套建设，充分发挥村党组织的领导核心作用，领导和支持村委会、集体经济组织、共青团、妇代会、民兵等组织依法开展工作。建立健全村务公开监督机构、村民民主理财机构，保障其履行职责，监督村务公开制度的落实、村集体资产管理使用和财务收支等活动。注重从农村致富能手、退伍军人、外出务工返乡农民中选拔村干部。引导高校毕业生到村任职，鼓励党政机关和企事业单位优秀年轻干部到村帮助工作，鼓励优秀民营企业经营管理人员、县乡机关和企事业单位退居二线、提前离岗或退休干部职工中的党员回村任职，建设一支守信念、讲奉献、有本领、重品行的农村基层干部队伍。整合培训资源，广泛培训农村基层干部，提高他们的思想素质和开展农村工作的水平。通过财政转移支付和党费补助等途径，形成农村基层组织建设、村干部报酬和养老保险、党员干部培训资金保障机制。抓紧村级组织活动场所建设和农村党员干部现代远程教育工作，两年内覆盖全部行政村。

（二）完善村务公开和民主管理制度，解决村务不公开、管理不民主的问题。制度建设是专项治理工作的基础。认真贯彻落实《中共中央办公厅国务院办公厅关于健全和完善村务公开和民主管理制度的意见》（中办发〔2004〕17号），以财务公开为重点，不断丰富村务公开的内容。在巩固村务公开栏形式的基础上，积极推行村民点题公开、建立信息公开平台等做法，创新公开形式。加强对农村集体资金、资产、资源的管理和审计，建立健全财务管理制度。完善村级会计委托代理服务，实行村务公开答疑纠错的监督制度，保证村务公开及时便捷、全面真实。完善村民自治章程和村规民约等，健全村民会议和村民代表会议议事规则，推进村级事务管理的制度化、规范化、程序化。加强法制宣传教育，引导村民群众规范有序地参与村级公共事务的决策和管理。积极探索新形势下开展村务公开和民主管理的途径和方式，保障村民群众享有正当的民主权利。

（三）加强农村党风廉政建设，解决群众反映强烈的突出问题。农村党风廉政建设是做好治理工作的重要保证。严肃查处违法征占耕地、不给农民合理经济补偿的违法违纪案件。做好被征地农民社会保障工作，做到先保后征，使被征地农民生活水平不降低，长远生计有保障。清理整顿农村财务管理混乱村，查处党政机关干部、村干部等侵占村集体资产和资金、铺张浪费给集体造成损失等问题。

（四）帮助发展农村经济和社会事业，解决“难点村”经济和社会发展长期落后的问题。发展是根本解决“难点村”问题的决定性因素。引导村级组织和村民根据市场要求和本村的实际条件，大力发展集体经济，增强集体组织服务功能，促进农民增收。培育农民新型合作组织，大力发展专业合作经济。积极组织和引导文化、教育、医疗卫生、计划生育、社会保障、社会管理等政府公共服务覆盖到农村，缩小城乡公共服务差距，促进城乡基本公共服务均等化。积极探索对接互助形式，鼓励城市社区和“强村”、“强企”结对帮助“难点村”发展经济，增强“难点村”自身发展能力。

（五）强化农村社会管理，消除可能引发农村社会不稳定的因素。强化农村社会管理，是做好专项治理工作的重要条件。坚持服务农民、依靠农民，完善农村社会管理体制机制，加强农村社区建设，培育农村服务性、公益性、互助性社会组织，推动形成政府行政管理和村民自我管理的有效衔接、政府依法行政和村民依法自治的良性互动的局面。坚决纠正和制止村党支部和村委会换届选举中的“贿选”和其他违法违纪行为，反对和制止利用宗教、宗族势力干预农村公共事务。加强农村精神文明建设，做好教育和思想疏导工作，化解人民内部矛盾。坚决依法打击农村黑恶势力和各类刑事犯罪，加强社会治安综合治理，维护农村正常生产生活秩序。加强农村警务建设，逐步建立以驻村民警为主导，以群防群治队伍为补充，人防、物防、技防相结合的安全防范机制和防控网络，全面提升农村社区安全防范水平。有条件的村庄，要依托社区资源，组织开展以社区保安、联防队员为主体，专职人员和义务志愿者相结合的邻里守望、看楼护院、看村护家等活动。建立健全村党组织主导的群众维权机制，引导村民群众以理性合法的方式表达利益诉求，维护自身权益。

四、方法步骤

（一）宣传教育、统一思想。做好思想发动和宣传教育工作，把农村基层干部思想、行动统一到治理工作的要求上，把村民群众动员、凝聚到治理工作的实践上。

（二）调查研究、摸清底数。在乡（镇）自查的基础上，以县（市、区）为基本单位，认真做好调查研究，摸清本地区“难点村”的具体情况，包括“难点村”的数量、产生原因、表现形式、影响后果等，并对本地区“难点村”情况进行综合分析，有关情况及时报上一级村务公开协调（领导）机构。

（三）抓好试点、积累经验。在摸清底数、掌握情况的基础上，可以选择一些不同类型的“难点村”开展治理试点工作。各级村务公开协调（领导）机构要及时总结推广治理经验，可以采用现场会、培训班、学习班等方式，对参与治理工作的有关干部进行政策、业务等方面的培训，为全面开展治理工作打好基础。

（四）结合实际、制定方案。省、自治区、直辖市要根据试点经验和“难点村”的综合情况，制定出带有普遍适用性、指导性的治理方案和程序；市、县、乡三级要根据省、自治区、直辖市总体部署和要求，结合本地“难点村”的具体情况制定有针对性的工作方案。

（五）抽调人员、组建工作组。以县、乡为主体，集中精力，抽调专门力量组成工作组，深入“难点村”宣传发动党员和群众，从抓村党支部和村委会班子建设和解决好群众最关心最现实的利益问题入手，开展“难点村”的治理工作。

（六）协同治理、加强督查。县、乡两级要定期报告“难点村”治理情况，省、市两级村务公开协调（领导）机构要根据各县（市、区）工作进展情况，安排各成员单位深入基层，就村民反映的突出问题开展专项督查，推动治理工作健康有序开展。在县、乡两级治理工作结束后，要组织力量进行检查验收。检查验收要充分听取村民的意见和反映，并作为考核治理工作的依据。

（七）攻坚克难、不留死角。省、市两级要对县、乡难于攻克的“难点村”，抽调力量组成工作组深入基层进行调研，与县、乡干部一道分析问题，找准原因，寻求解决的办法，帮助县、乡共同攻克难点。对检查验收不合格的，要督促进行整改完善，确保治理工作不走过场，取得实效。

五、组织领导

“难点村”治理工作任务繁重，责任重大，各地区各部门要在党委和政府统一领导下，把治理工作列入重要议事日程，切实抓紧抓好。

（一）加强领导、齐抓共管。做好“难点村”治理工作，县级是关键，乡级是基础，县、乡两级主要负责同志是第一责任人，县、乡两级党委和政府要把“难点村”治理作为推进农村改革发展的重要任务，作为深入学习实践科学发展观活动的配套性工程，列入工作考核目标，采取得力措施，确保治理工作顺利开展。各省、自治区、直辖市要建立健全村务公开协调（领导）机构，发挥好协调指导作用，各成员单位要加强协作，形成合力。各职能部门要切实履行职责，抓好工作落实。

（二）强化问责、加强督查。采取派工作督导组、召开专题督办会议、建立督查通报制度等形式，推广典型经验，表彰先进，鞭策后进。建立“难点村”治理台账，实行销号制，做到治理工作不达标，帮扶工作组不离村。对治理工作走过场的，要给予批评教育，并进行补课。对工作不力、进展缓慢的，要予以通报。对出于个人利益考虑，不积极解决群众反映强烈的突出问题，甚至充当违法犯罪分子和黑恶势力保护伞，严重失职渎职的干部，应及时采取组织措施，给予党纪政纪处分，构成犯罪的，移送司法机关处理。

（三）把握政策、讲究策略。要妥善处理各方面的利益关系，统筹协调和兼顾不同阶层、不同方面群众的利益，把一切积极因素充分调动起来，促进治理工作扎实稳妥进行。要注意依靠农村社会组织和村民群众的力量，通过社会关爱、邻里扶助以及群众间的精神抚慰和思想疏导，把人民内部矛盾和社会问题解决在萌芽状态，解决在基层。要注意掌握政策，具体情况具体分析，分清是非，保护那些坚持原则、公道正派、群众认可、有能力、有干劲干部的积极性。

（四）建立机制、动态管理。建立和完善“难点村”治理的动态管理机制，采取有力措施巩固治理成果。对经过整治并已经销号的“难点村”，要实行跟踪检查，对反弹的“难点村”要重新治理。特别是对整治工作中启动的帮扶项目，要抓好落实。对新出现的“难点村”，要及时进行治理。

各省、自治区、直辖市村务公开协调（领导）机构，全国村务公开协调小组各成员单位，要按照本意见的精神，结合实际，制定贯彻落实的具体措施。

中央纪委
中央组织部
中央农村工作领导小组办公室
监察部
民政部
司法部
财政部
国土资源部
农业部
人口计生委
国家预防腐败局
国家信访局
2009年2月24日

民政部关于进一步加强新形势下妇女参加村民委员会工作的意见

为全面贯彻落实党的十七大、十七届三中全会精神，深入学习实践科学发展观，扩大村民自治范围，进一步完善农村村民自治制度，加强农村村委会建设，充分发挥妇女在村民自治实践中作用，不断把村民自治实践引向深入，现就进一步加强新形势下妇女参加村委会工作提出如下意见。

一、充分认识妇女参加村委会工作的重要意义。妇女是“半边天”，是创造人类文明和推动社会发展的一支伟大力量。妇女的发展水平，妇女地位的提高，是社会发展的重要指标，也是衡量社会进步的尺度。随着工业化、信息化、城镇化、市场化、国际化对我国农村影响的不断加深，农村人口流动不断加大，大量农村青壮年劳动力外出务工，在广大农村普遍存在“留守老人”“留守妇女”“留守儿童”现象，妇女日益成为村级事务管理和决策的重要力量，成为农业生产、推动农村经济社会又好又快发展的骨干力量，成为农村物质文明、精神文明、政治文明以及生态文明建设的主力军。新形势下，如何更好地发挥农村广大妇女的参与作用，是深化村民自治实践面临的新课题。近年来，各地积极推进妇女参与村民选举、决策和管理，推动妇女参与农村各项事务，提高村委会成员妇女当选比例和妇女参与程度，保障妇女行使政治权利取得了积极成效。实践证明，妇女参加村委会工作，成为村委会成员，有利于妇女的发展和提高，有利于扩大村民自治范围，有利于健全村党组织领导的充满活力的村民自治机制。进一步扩大妇女参加村民自治实践，是发展农村基层民主，保障人民享有更多更切实的民主权利的必然要求，是扩大党的群众基础、巩固党的执政基础的迫切需要，是完善农村村民自治制度的客观需要，对最大限度地激发社会创造活力，最大限度地增加和谐因素，最大限度地减少不和谐因素，维护农村改革发展稳定的大局具有重要意义。各级民政部门、妇联要充分认识农村妇女在经济发展和社会进步建设中的巨大作用，自觉推进妇女参与村委会工作，把妇女当选村委会成员、参与村级事务管理、提高妇女整体素质，作为全面推进村民自治工作的重要内容，切实抓紧抓好。

二、采取有效措施，引导妇女参加村委会工作。要注重引导妇女参与村民自治实践，采取灵活多样的措施，吸引妇女群众参与民主选举、民主决策、民主管理、民主监督等活动。尤其要抓住民主选举这个关键环节，保障妇女在村民选举中的合法权益，确保《村民委员会组织法》关于“村民委员会成员中，妇女应当有适当的名额”的规定落到实处。在推选村民选举委员会时，要引导村民会议或村民小组把符合条件的女村民吸收进去；在村民直接提名村委会成员候选人时，要引导村民提名符合条件的女村民，同时，积极鼓励农村妇女破除封建思想和世俗偏见，勇于挑重担，敢于接受竞争；在介绍正式候选人时，要引导村民选举委员会积极介绍女候选人的业绩，不得给予任何歧视和不公正待遇；在投票选举时，要组织、教育和引导广大村民尤其是农村妇女正确行使民主权利，把村民拥护的思想好、作风正、有文化、有本领、真心实意为群众办事的妇女，选进村委会班子。条件具备的地方，要探索通过政策创新提高妇女当选比例和推进妇女参与的新办法和新形式，如在选票上注明妇女应有名额等方式，确保村委会成员中妇女当选比例有新的提高。对利用宗族、派性势力，给妇女参选、当选设置障碍的，要依法予以制止和处理。已经完成新一届村委会选举的地方，要认真总结经验，凡村委会班子中没有女成员的，当届期内村委会成员出现缺额时，应首先补选女委员，或建议党委部门在村党组织内配备一名妇女。支持妇女代表担任村民民主理财小组成员和村务监督机构成员，有条件的地方可以开展扩大妇女在村民代表会议、村民小组会议组成人员比例的试点。农村妇女代表会由农村妇女民主选举代表组成，要采取有效措施推动农村妇女代表会主任进入村委会。

三、加强对当选女村委会成员的培训，提高妇女干部的自身素质。要结合村委会选举、村务公开和民主管理等具体实践，开展学习培训，使全体妇女既知晓并享有民主权利，又自觉履行法定义务，增强民主法制意识。要依托基层党校、高等院校、农技校、农广校、妇干校以及现代远程教育网络等，加强对女村委会成员开展政治理论、实用技能和妇女工作业务培训，提高妇女干部的政治业务素质。在对新当选村委会成员进行培训时，要注重培训新当选的女性村委会成员，为她们量身定做培训内容和培训方式，使她们迅速掌握村务管理、决策等方面的方法和技能，增强本领，提高能力，以适应农村工作的需要。要广泛开展“双培双带”活动，把女能人培养成妇女干部，把妇女干部培养成女能人，鼓励她们带头致富，带领妇女群众共同致富、共同发展。在组织社会工作专业培训、资格认证时，优先考虑女村委会成员、村妇代会干部和妇女骨干。对任期内全心全意为村民服务，工作成绩显著的女干部，要及时给予表彰，为连选连任，提高妇女在农村社会生活中的地位创造条件。

四、密切配合，切实加强对妇女参加村委会工作的领导。各级民政部和妇联组织要在党委和政府的统一领导下，把进一步加强新形势下妇女参加村委会工作纳入工作整体规划，统筹协调，共同推进。考虑到农村妇女工作在整个村民自治工作中的特殊性、重要性，今后凡进行村委会换届选举的地方，民政部门在报请党委或政府批准村委会换届选举领导（指导）小组时，过去已吸收同级妇联组织参与的，要继续保持，没有吸收的，要增补，以共同推动村民自治工作的发展。要认真研究新情况，解决新问题，及时总结、推广新经验。要加大宣传力度，通过电视、报刊、网络等大众媒体宣传基层妇女为建设社会主义新农村，推进农村村民自治制度建设作出的积极贡献，团结妇女一道努力把城乡社区建设成为管理有序、服务完善、文明祥和的社会生活共同体。

民政部关于切实做好城市社区居民委员会换届选举工作的通知

（2009年2月2日）

各省、自治区、直辖市民政厅（局），计划单列市民政局，新疆生产建设兵团民政局：

2009年，全国将有16个省、自治区、直辖市进行城市社区居民委员会（以下简称居委会）换届选举。为切实做好居委会换届选举工作，现就有关事项通知如下：

一、充分认识做好新形势下居委会换届选举工作的重要意义

居委会换届选举是宪法和法律规定的一项重要制度，也是我国社会主义民主在城市基层最广泛的实践形式之一。当前，我国城市基层社会正在发生深刻变化，居委会换届选举工作面临着许多新情况、新问题，特别是随着城市流动人口的激增、就业压力的增大和社区居民民主法制意识的增强，做好居委会换届选举工作的难度在加大、要求在提高、工作量在增加。2009年是我国进入新世纪以来经济发展最为困难的一年。切实做好居委会换届选举工作，对于进一步提高城市社区管理和服务水平，切实保障社区居民享有更多更切实的民主权利，落实中央关于保增长、保民生、保稳定的各项方针政策，都具有重要的意义。各级民政部门要从深入贯彻落实科学发展观和坚定走中国特色社会主义政治发展道路的高度，按照党的十七大关于坚持和完善基层群众自治制度的要求，切实提高对做好2009年居委会换届选举工作重要性的认识，加强组织引导，认真研究解决选举中存在的问题，将居委会换届选举工作抓实做好。

二、认真做好选举前的准备工作

建立健全工作领导机构。凡有居委会换届选举的地方，各级民政部门都要积极向同级党委、人大和政府汇报，在省、市、区、街道层面建议成立由党委、人大和政府领导挂帅，有关部门参与，民政部门组织协调的换届选举工作机构，并保证必要的工作人员和工作经费。要积极指导社区依照有关法律和政策规定组建社区选举委员会，推动选举工作有领导、有步骤、有秩序地开展。

制定完善实施方案。各地特别是市区、街道要在总结和巩固以往换届选举成功经验的基础上研究制定切实可行的换届选举工作实施方案。制定实施方案前要搞好摸底调查，全面掌握社区情况、居委会干部情况及群众关注的突出问题。要重点关注城乡接合部、撤村建居、外来人口聚集、新建住宅区等“难点”社区的选举，对流动人口参选、社区干部交叉任职、候选人竞争演讲等问题做出预案，确保换届选举顺利进行。在撤村建居的地方，凡农村集体经济改制没有完成的，选举时应适用村委会组织法的规定，不能适用居委会组织法的规定。

组织开展选举培训。各地要分级对民政系统工作人员进行培训，使他们熟悉有关法律、法规和政策，熟悉选举的各项程序和相关问题的处置方法，提高指导选举的工作能力。市区、街道要重点做好选举骨干人员的培训，使他们掌握组织选举的必备知识、选举中常见问题的处理方法和技巧，提高实际操作的规范化水平。培训要理论联系实际，以实际操练为重点。

做好宣传动员工作。要通过行之有效的方式，对社区居民进行广泛深入的社会主义民主法制教育，激发他们参与社区居委会选举的热情，了解选举的基本程序，积极主动地参加选民登记和投票选举，同时要引导选民珍惜自己的民主权利，自觉抵制各种违法行为，真正把那些遵纪守法、办事公道、热心为居民服务的人选进居委会。

三、扎实做好投票选举工作

认真做好选民登记工作。对人户分离的城镇居民，原则上要在经常居住地进行登记，对愿意参加户口所在地选举的，要尊重其自主选择的权利，但不得重复行使选举权利。对选派到社区工作的机关干部、复退军人和大学生，也要在尊重其意愿的基础上对其进行登记。对居住在本社区一年以上的外来务工经商人员，应认真听取其意见，尊重其意愿，凡愿意参加本社区选举的人员，并经社区选举委员会同意，应予以登记。对自愿放弃选民权利的社区居民，可不计算在本届选民数内。

民主提名候选人。各地可以依据法律和有关政策提出候选人倡导性条件，但不得与 宪法、法律相抵触。候选人居住的社区原则上应与其参选的社区一致。候选人要由居民提名产生，其人数应多于应选人数。有条件的社区要组织候选人与社区居民见面，向社区居民介绍自己的情况及社区治理方案，组织候选人开展有序竞争。坚决反对和抵制贿选。

组织搞好投票选举工作。要严格按照选举程序组织投票，采用大会形式进行选举投票的，要维持好会场秩序。探索利用互联网、手机短信等现代技术和采用分时设立投票站的灵活做法组织投票选举。投票结束后，要公开唱票、计票。每个统计组由一个唱票员、一个计票员和两个监票员组成，分别负责唱票、计票和监票工作。对选举结果有争议的，由社区选举委员会民主裁定。

四、努力做好换届选举的后续工作

搞好工作交接和建章立制工作。新一届居委会产生后，上届居委会要在街道办事处和社区选举委员会的指导监督下，及时办理工作交接手续，并把公章、财务账目、办公设备、服务设施等一并移交。及时指导居委会在原有的基础上进一步健全居民公约，规范民主决策、民主管理、民主监督程序，完善议事协商、共驻共建等制度，推动社区管理和服务工作有条不紊地进行。

对新一届居委会成员进行培训。要对新当选的居委会成员分期分批进行岗位培训，使他们熟练掌握和运用社区建设的有关法律、法规和政策以及居委会的基本工作方法和相关技能，尽快适应新的岗位，进入新的工作角色。对连任的居委会成员不定期进行轮训。

切实解决居委会成员工作报酬、福利待遇和工作条件问题。对新当选人员，要落实他们的工作补贴和各种福利待遇，其报酬应不低于当地平均社会工资水平；对落选人员要做好思想工作，妥善解决好其生活保障问题。要逐步提高居委会工作经费标准，改善居委会工作用房和居民公益性服务设施等工作条件，确保居委会正常开展工作。

五、加强组织引导，确保居委会换届选举工作顺利完成

各级民政部门要积极争取党委政府的重视和支持，依法履行好对换届选举工作的指导职能。要以省为单位统一届期，以便统一部署、统一组织、统一指导、统一检查，提高工作效率，降低选举组织工作成本。要积极扩大居委会直接选举的覆盖面，力争在“十一五”末实现直接选举覆盖面50%的目标。要及时把握选情，靠前指导，对换届选举中出现的问题，凡是民政部门能够解决的，应及时解决；需要几个部门联合解决的，要主动与有关部门协商解决；需要报请党委、人大常委会或政府决定的，应及时将解决方案上报。要研究新情况，解决新问题，及时进行督促检查，全面掌握换届选举的进程，把握指导工作的主动权和规律性。换届选举工作结束后要及时以省（自治区、直辖市）为单位向本级人民政府写出书面报告，同时报送民政部。

民政部

2009年2月2日

民政部关于贯彻执行《中华人民共和国城市居民委员会组织法》的通知

（1990 年 1 月 24 日）

各省、自治区、直辖市民政厅（局），各计划单列市民政局：

《中华人民共和国城市居民委员会组织法》（以下简称《居民委员会组织法》的颁布施行，标志着我国城市居民委员会建设进入一个新的历史发展阶段。依法建设好居民委员会，对于团结、动员和带领广大居民群众，巩固和发展安定团结的政治局面，促进城市的社会主义物质文明和精神文明建设，具有十分重要的意义。为了贯彻落实好《居民委员会组织法》，特作如下通知：

一、认真学习和宣传《居民委员会组织法》

首先，要抓好街道干部和居民委员会干部的学习。要以党的十三届四中全会和五中全会精神为指针，逐条逐款地对《居民委员会组织法》进行学习。其次，在此基础上，要有组织有计划地向居民群众宣传《居民委员会组织法》。宣传的主要内容是：居民委员会的性质、任务和产生办法；什么人有选举权和被选举权；居民自治的内容、形式、原则及居民自治的权利。

二、搞好试点

各省、自治区、直辖市民政厅（局）和计划单列市民政局要在当地政府的领导下，与有关部门一起，组织专人，选择一二个工作基础比较好的居民委员会进行贯彻《居民委员会组织法》的试点，全面实施《居民委员会组织法》，搞好群众的自我管理、自我教育和自我服务，发挥居民委员会群众自治组织的作用。要注意总结试点经验，通过典型示范，带动全盘，逐步把本地区的居民委员会真正建设成为基层群众性自治组织。

三、进一步加强居民委员会的建设

按照《居民委员会组织法》的规定，选配好居民委员会领导班子。要多方开辟居民委员会干部的来源，不断提高居民委员会干部的文化素质和业务水平。

建立健全居民委员会下设的机构，制定和完善各项规章制度。对于那些工作无人抓、处于涣散状态的居民委员会，要弄清问题的症结，采取有效措施，认真进行整顿。扶持和保护居民委员会兴办有关的服务事业，推进社区服务活动的开展，增强居民委员会的凝聚力。

四、加强对居民委员会工作的指导

民政部门要做好居民委员会建设的日常工作。当前，要把学习、宣传、贯彻《居民委员会组织法》和指导居民委员会建设的工作作为一件大事来抓。要深入基层，调查研究，弄清本地区居民委员会建设的基本情况，向当地政府提出贯彻执行《居民委员会组织法》的具体方案和实施方法。

请各地将学习、宣传、贯彻《居民委员会组织法》的具体安排和意见，以及贯彻实施过程中的重大情况和问题，于四月一日前报部。

民政部

1990年1月24日

民政部办公厅关于对家属委员会是否需要民主选举的请示的答复

（1997年7月15日）

江西省民政厅：

你厅“关于家属委员会是否需要民主选举的请示”收悉，我们原则上同意你们对这个问题的解释，并补充如下：

一、家属委员会是对家属聚居区的居民实行社会管理和服务的群众性自治组织，是居民委员会的一种组织形式，其性质、功能和所承担的任务同居民委员会是一样的。

二、家属委员会与居民委员会的区别在于，一是居民委员会的工作只接受市辖区或不设区的市人民政府以及它的派出机关的指导，而家属委员会不仅要接受市辖区或不设区的市人民政府以及它的派出机关的指导，而且要接受所在单位的指导；二是居民委员会的经费来源、居民委员会成员的生活补贴费用均由市辖区或不设区的市的人民政府规定并拨付，居民委员会的办公用房由当地人民政府统筹解决，而家属委员会的工作经费和家属委员会成员的生活补贴费、办公用房则由所在单位解决。

三、家属委员会的组织结构及其成员的任职条件、任职时间和产生办法，均应同《居民委员会组织法》对居民委员会的规定相一致。

四、家属聚居区的居民参与家属委员会的选举，是法律赋予他们的民主权利，如家属委员会成员不经过民主选举产生，无异于剥夺了居民的民主权利，属违法行为，应坚决予以纠正。

此复

附：

江西省民政厅关于家属委员会是否需要民主选举的请示

（1997 年 6 月 28 日）

民政部：

最近，省人大内务司法委转来南昌市人大内务司法委关于“企业家属委员会是否与城市居民委员会一样任期3年并进行换届选举的请示”，由于《居委会组织法》没有明确规定，请示如下：

我们认为，机关、团体、部队、企业、事业单位家属聚居区如何设立家属委员会的问题既然列入了《居委会组织法》的条款并规定承担居民委员会的工作，其性质就应该“自我管理、自我教育、自我服务”的基层群众性自治组织，既然是群众自治组织就应按《居委会组织法》的规定任期3年并进行换届选举，如果是没有任期且不进行民主选举就将改变其性质。另外，我厅在“关于开展居民委员会建设达标升级活动的规定”中不仅包括了家属委员会，而且要求居（家）委会成员“由民主选举产生”。为此，我们意见是家属委员会应与城市居民委员会一样任期3年并进行换届选举。

妥否，请批示。

民政部办公厅关于转发武汉市人民政府关于进一步加强城市居民委员会建设的通知

（1997 年 7 月 28 日）

各省、自治区、直辖市民政厅（局），各计划单列市民政局：

武汉市人民政府在充分调查研究的基础上，学习借鉴上海经验，就加强城市居民委员会建设的有关问题作了明确规定，特别是在解决长期制约居民委员会建设的突出问题方面有所突破。现将《武汉市人民政府关于进一步加强居民委员会建设的通知》转发你们，供借鉴参考。

武汉市人民政府关于进一步加强城市居民委员会建设的通知

（1997 年 5 月 26 日）

各地区人民政府，市人民政府各部门、各直属机构：

城市居民委员会（以下简称居委会）是基层群众性自治组织，是我国政权的基础，是党和政府联系居民群众的桥梁和纽带，是城市工作的落脚点。根据《市委、市人民政府关于学习上海经验，开创武汉改革开放和经济建设新局面的决定》（武发〔1997〕6号）和《中华人民共和国城市居民委员会组织法》、《湖北省实施〈中华人民共和国城市居民委员会组织法〉办法》，为全面贯彻中共中央十四届六中全会精神，充分发挥居委会在创建文明城市中的积极作用，经研究，现对居委会建设中的若干问题通知如下：

一、进一步明确居委会的工作任务

（一）召集和主持居民会议，向居民会议负责并报告工作，执行居民会议的决定、决议，监督执行居民公约。

（二）向居民宣传党的路线、方针、政策和国家法律、法规，教育居民遵纪守法，爱护公共财物，履行法定义务。

（三）加强本居住地区居民的社会主义精神文明建设，开展多种形式的理想道德、科学教育和健康向上的文化娱乐活动，教育居民尊老爱幼、扶困助残、拥军优属、团结互助、移风易俗，养成文明、健康、高尚的生活方式。

（四）开展便民利民的社区服务活动，办理本居住地区的公共事务和公益事业，为居民生活排忧解难。

（五）调解民间纠纷，做好疏导工作，防止矛盾激化，促进居民家庭和邻里团结。

（六）协助有关部门进行社区管理，发动居民开展爱国卫生运动，保持本居住地区整洁，搞好绿化、美化。

（七）协助维护社会治安，配合做好“两劳”释放人员的安置、帮教和常住、暂住人口的登记管理工作。

（八）协助街道办事处做好计划生育、青少年教育和优抚救济等项工作。

（九）维护居民的合法权益，向街道办事处反映居民的意见、要求和提出建议。

二、切实保障居委会的合法权益和依法行使职责

（一）居委会成员的产生和撤换必须严格依法进行。

（二）居委会在研究与驻本居住地区单位有关问题时，通知有关单位派员参加。有关单位要遵守所在地居委会的有关决定和居民公约。居委会成员到驻本居住地区单位和有关部门联系工作时，有关单位和部门应热情接待和积极支持。

（三）有关部门不能把不属于居委会职责范围内的工作交给居委会承担，确需居委会帮助完成的，经与居委会协商同意后，再由街道办事处统一安排。居委会拒绝有关部门直接布置的工作。

（四）居委会享有与其职责相应的居民活动组织权；居民公共事务与公益

事业决策管理权；居民公约监督执行权；集体财产管理权；自有资金支配权；居民参军、招工就业推荐权；五好家庭、文明单位的评议权。

（五）产权属居委会的办公、社区服务、社区文化、经济实体等用房、设备以及居委会的收入、上级下拨的办公经费归居委会集体所有，任何单位和个人不得侵占、截留、上收、平调和挪用，审计、财政、民政部门每年要对居委会的收支情况进行审计。

（六）各单位要教育职工增强居民意识，支持居委会的工作，参加居委会的有关活动。居民要尊重和爱护居委会成员，积极配合工作。对干扰、妨碍居委会工作的居民，所在单位要给予批评教育，情节严重的要按规定予以严肃处理。

三、加强居委会的组织建设和制度建设

（一）配齐配强居委会领导班子，居委会成员原则上在街道办事处辖区内通过招聘、选派、选聘等方式推荐，依法选举产生。要把年龄轻、文化素质高、热心居委会工作的同志推选到居委会工作。要把居委会成员的推荐与机关干部的交流、下岗职工的再就业和大中专毕业生的安置结合起来。家属委员会成员由所在单位推荐，经过民主选举产生。街道办事处可选派机关干部协助居委会工作。

（二）要逐步改善居委会成员的年龄和文化结构，新当选的居委会成员原则上不超过50周岁，文化程度在高中以上。居委会成员的最高年龄原则不超过65周岁。为减少居委会成员职数，居委会党支部成员与居委会成员可交叉任职。

（三）居委会要建立健全居民代表会议制度、居委会工作制度、财务管理制度、居委会成员岗位责任制、目标管理和考核检查等项管理制度，组织制定《居民公约》，使居委会工作逐步走上法制化、制度化、规范化的轨道。

（四）区人民政府对居委会主任、街道办事处对居委会其他成员每届内要组织培训一至两次，不断提高居委会成员的自身素质。

四、大力支持居委会搞好社区服务工作和社区管理

（一）居委会的工作以社区服务和社区管理为重点，不再从事与社区服务无关的生产经营活动。居委会所办企业或市场，经营情况好、可以继续兴办的实行所有权和经营权分离，由街道经济组织经营管理，经济收入按居委会与街道办事处协商的比例返还。对污染扰民、占道经营、经营困难、不宜再办下去的要依法注销经营资格。

（二）居委会要大力开展社区服务活动，建立志愿者协会、兴办便民利民的社区服务事业，办理好本居住地区的公共事务和公益事业，为居民的生活排忧解难。

（三）各级人民政府和有关部门及居委会所在地单位要在政策、场地、资金等方面大力支持居委会开展社区服务、社区管理。工商、税务、卫生等部门对居委会兴办的社区服务业在办证、征收税费等方面要给予优惠。

（四）力争在两年内使全市每个居委会都要有文化活动室和一定面积的社区服务场地。市建委、市规划、土地局要根据我市“九五”计划确定的目标，适当提高新建住宅小区配套设施中社区服务设施的规划指标，特别是增加便民利民服务设施、文化教育设施、老年人生活服务设施等的规划指标。

（五）居委会兴办的社区服务业，实行有偿服务与无偿服务相结合，有偿服务的收入主要用于社区服务设施的建设和居民群干的生活补贴。居委会在兴办社区服务业中，要严格执行市人民政府第55号令的规定，严禁利用其活动场所从事赌博、色情等违法经营活动。

五、不断改善居委会群干的生活条件和工作条件

（一）每个居委会配备3名专职干部，在职期间享受事业编制待遇，收入原则上不低于全市职工人均月收入水平。由区财政按上述要求核定人员开支，经费由区街分担。从1997年10月1日开始执行。

（二）从1997年10月1日起，将居委会办公经费由每月300元提高到500元，增加部分仍按市、区、街分别负担60%、20%、20%的办法执行。家属委员会的经费仍按原渠道解决。

（三）对新建的居委会，从建立之日起除按规定划拨经费外，再由区财政一次性增拨3万元经费，用于居委会的筹建和社区服务、社区管理。

（四）除专职成员外的其他居委会成员的生活补贴，由街道办事处统一标准，原则上不得低于全市职工最低工资线，经费由街道办事处和居委会分担。

（五）居委会成员因公负伤，医疗费由所在单位负担；无单位负担的，由居委会负担；居委会支付有困难的，由街道办事处予以补助。居委会成员因公致残，参照党政机关干部评残办法和条件，由市民政局审批，区人民政府给予抚恤。对在居委会工作时间较长的离任成员，由街道办事处一次性补贴一定的经费。对居委会成员要逐步实行养老保险。

（六）居委会的办公用房不得低于50平方米的使用面积，达不到这一标准的，由区人民政府、有关开发建设单位商市规划、房地局制定补建或调整计划，保证1999年底全面达标；家属委员会的办公用房由所在单位解决。居委会办公用房拆迁，必须就地还建，还建面积未达到标准的，应予补足，否则有关部门不得验收使用。新建住宅小区由开发商按每500户无偿提供70平方米使用面积的居委会办公用房，交给街道办事处，由居委会使用。凡因将居委会原有办公用房改作它用而致使居委会办公用房达不到标准的，必须在1997年底前恢复为办公用房。

（七）各城区人民政府要根据先期介入的原则，及时组建和调整居委会。新建居委会以400户至800户为宜。原有居委会过大或过小可作适当调整。新建住宅小区只要迁入一定户数居住户数一时达不到上述标准，就要提前建立居委会。新建住宅小区不得以物业管理机构代替居委会，凡违反上述规定的要立即纠正，物业管理机构应协助居委会的工作，共同搞好社区管理。

六、加强对居委会工作的指导

（一）市、区人民政府要把居委会建设作为一件大事来抓，列入重要议事日程，定期召开专门会议研究居委会工作，每年要对居委会工作进行总结表彰。

（二）市、区人民政府和有关部门要经常深入居委会调查研究，全面掌握工作情况。

（三）市人民政府办公厅要督促有关部门负责居委会有关工作的组织、协调、指导和督办。

（四）民政部门是负责居委会日常工作的职能部门，其职责是：

1.指导居委会的组织建设和制度建设；

2.总结交流经验；

3.组织开展先进居委会和优秀居委会成员的评比表彰活动；

4.指导社区服务；

5.组织指导居委会成员的培训工作；

6.调查了解居委会的现状和存在的问题，为政府提供决策依据；

7.制定和修改有关的规章制度。

（五）街道办事处负有直接指导居委会建设的职责，主要领导同志要亲自抓，要把居委会建设作为街道办事处的主要工作任务抓紧抓好。要把居委会建设的好坏作为考核街道办事处及主要领导同志工作的重要依据。街道办事处要制定指导居委会工作的办法，建立专门会议制度，及时调查了解和研究解决居委会建设中的困难和问题，要关心、爱护居民群干，切实减轻他们的工作负担。

（六）公安、司法、文化、教育、卫生、计生等有关部门要各司其职，加强对居委会下设的专门委员会和专项工作的指导，并指导好专项业务的培训和制度建设。同时，各部门又要相互配合，狠抓落实，共同促进居委会建设和社区建设。

（七）要把创建模范居委会升级达标活动作为促进居委会建设的一项重要措施继续发展下去，该项活动由民政部门按条件考核验收，每年底由市、区、街分别对达标的模范居委会命名表彰。对模范居委会要着重考核社区服务、社区管理、社区治安、社区环境、社区文化、计划生育等精神文明建设指标。

（八）加强对《中华人民共和国城市居民委员会组织法》和居委会工作的宣传教育，增强法律意识和居民意识，使全市居民进一步认识居委会工作的重要性，关心支持居委会的工作，逐步提高居委会成员的社会政治地位。

（九）各城区人民政府及市有关部门要按照本通知精神，制定有关的落实措施和实施细则，狠抓落实，促进全市居委会工作的健康发展。

民政部关于进一步建立健全村务公开制度深化农村村民自治工作的通知

（1997 年 8 月 5 日）

各省、自治区、直辖市民政厅（局）：

建立健全村务公开制度是加强农村村委会建设的重要内容。近几年来，全国各地在推行村民自治的过程中，对村务公开工作也进行了积极的探索和实践，这对提高村民自治的整体水平和质量，促进农村经济发展和社会稳定起到了很好的作用。为进一步建立健全村务公开制度，深化农村村民自治工作，特作如下通知：

一、提高认识，高度重视村务公开工作

我国农村社会主义市场经济和民主法制建设的实践证明，广大农民群众在积极发展经济的同时，要求民主决策、民主管理、民主监督农村各项事务的愿望在不断增强。切实保护农民群众的民主权利，积极发挥他们参与村务管理的积极性，是今后一个时期农村村民自治工作的一项基本任务。事实表明，一些地方由于村务不公开或公开的程度不够，造成了干群矛盾尖锐，影响了农村社会稳定。而村务公开则强化了民主监督，密切了干群关系，促进了基层廉政建设，有利于社会稳定，符合时代精神。党政领导的重视，农民群众的强烈要求以及推行村务公开的实际效果，已使村务公开工作从整个村民自治工作中突出出来。各级民政部门要从维护农村社会稳定，促进经济发展和社会主义基层民主政治建设的大局出发，深刻认识建立健全村务公开制度的重要性、紧迫性；要抓住当前党政领导重视村务公开工作的有利时机，切实把深入开展村务公开工作当作开展村民自治工作的重要内容，同开展村民自治的其他工作紧密结合起来；要通过推行村务公开促进村民自治整体工作的深化，加强农村基层政权建设；要通过村民自治示范活动的深入开展，促进村务公开工作的持久、健康发展。

二、注重实效，努力实现村务公开的规范化、制度化

推行村务公开，贵在持之以恒、讲求实效。要从农民群众普遍关心的问题入手。从现实情况看，村务公开的内容大体包括以下几个方面：一是财务管理公开；二是计划生育指标公开；三是征用土地和宅基地审批公开；四是农民负担情况公开；五是集体经济项目承包、经营情况公开；六是农用挂钩物资分配和救灾救济款物发放公开；七是村干部年底工作目标、工资报酬、功绩过失情况公开。在实际工作中，各地还可以根据本地实际情况，制定具有自身特点的村务公开内容，并随着形势的变化，不断调整、充实村务公开的内容，真正做到凡涉及农民群众切身利益的大事，都要向群众公开，接受群众监督。

要逐步建立起推行村务公开的运行机制。对村民普遍关心的问题，公开前必须提交村党员大会和村民代表会议审核，做到公开程序规范；公开的事项要全面、准确、具体，做到公开内容规范；要根据大多数村民的意见，决定公开的时间和次数，做到公开时间规范；要从方便村民了解村内事务出发，设置固定的村务公开栏，做到公开阵地规范；要在村民代表会议中建立村务公开小组，具体负责村务公开工作，做到公开管理规范。要建立健全各项村务管理制度，不断完善村务公开的运行机制和保障监督机制，规范、约束干部和群众的行为，使村务公开工作有章可循。

三、重视调查研究、分类指导，不断总结村务公开的新经验

村务公开所涉及的内容是农村群众普遍关注的问题。因此，各级民政部门一定要重视村务公开的调查研究，及时掌握情况，加强分类指导，有针对性地开展工作。没有实行村务公开的地方，要采取有力措施，加大力度，尽快推开。已经实行村务公开的地方，要持之以恒，不断巩固和完善。要抓好典型示范，不断总结新经验，以点带面，推动工作，把村务公开引向深入。要认真总结、推广通过村务公开密切党群干群关系，维护社会稳定的经验，通过村务公开促进农村社会主义民主政治建设的经验，通过村务公开促进农村经济发展、

促进社会全面进步的经验，通过村务公开促进村民自治整体推进、不断深化的经验。要认真研究总结村务公开工作自身的运行规律，结合乡镇政府规范化管理的客观要求，积极探索乡镇政务公开的路子，实现乡、村两级公开的互相促进、互相监督，实现乡村两级组织配套建设的有机结合。

四、加强领导，不断提高村务公开工作的水平

推行村务公开是一项政策性很强的工作，一定要加强领导。各级民政部门要发挥职能作用，切实把建立健全村务公开制度、推行村务公开工作当作全面加强村委会建设、深化村民自治工作的重要内容摆上议事日程，抓紧抓好。要在各级党委、政府的指导下，认真研究村务公开的内容、程序、形式和监督等问题。省一级要结合本地实际，加强指导，明确要求：县、乡两级要制定村务公开的具体实施办法，切实搞好村务公开工作。要加强推行村务公开工作的宣传、教育工作，采取多种形式，进行经常性的宣传、教育，使乡村干部增强民主意识、树立群众观点，掌握正确开展村务公开的基本知识，消除对村务公开的种种疑虑和模糊认识，积极主动地投身到村务公开、村民自治工作中去。各级民政部门在开展村民自治示范评比表彰活动中，要将村务公开作为评选村民自治模范单位的重要条件。要加强与有关部门的协调，形成整体合力。要经常深入基层，加大检查、监督力度，及时发现并解决问题，推动村务公开工作不断深入地开展下去。

民政部

1997 年 8 月 5 日

民政部关于印发《全国农村村民自治示范活动指导纲要（试行）》的通知

（1994年2月4日）

各省、自治区、直辖市民政厅（局），各计划单列市民政局：

现将《全国农村村民自治示范活动指导纲要（试行）》印发给你们，请结合各地情况参照执行。

村民自治示范活动，是在贯彻《中华人民共和国村民委员会组织法（试行）》过程中，一些地方的创造。中共中央〔1990〕19号文件，对开展村民自治示范活动，提出了具体要求。目前，村民自治示范活动已在全国多数地方展开。这项活动开展的时间不长，但已对推进村民自治起到了摸索经验，树立典型的作用。实践证明，开展村民自治示范活动是贯彻落实《村委会组织法》，推进农村基层民主政治建设的好办法。各地民政部门一定要将这项活动扎扎实实地开展下去，并注意发挥典型的作用，做到点与面的有机结合，进一步推进农村村民自治和农村基层民主政治建设，促进农村两个文明建设的发展。

全国农村村民自治示范活动指导纲要（试行）

（1994年2月8日）

为了贯彻落实中央农村工作会议精神，进一步贯彻《中华人民共和国村民委员会组织法（试行）》（以下简称《村委会组织法》），加强村民委员会的建设，使村民委员会能够切实履行自治职能，管好本村事务，根据《中华人民共和国宪法》《村委会组织法》以及中共中央〔1990〕19号文件关于“每个县都要选择几个或十几个村，开展村民自治示范活动，摸索经验，树立典型”的要求，结合各地实践经验，特制定本指导纲要。

一、村民自治示范活动的目标和任务

（一）村民自治示范活动的目标是：到本世纪末，每个省（自治区、直辖市）、每个地（市）、每个县（市）、每个乡（镇）均建有符合标准的村民自治示范单位，并逐步实现每个地（市）建成一个村民自治示范县（市），每个县（市）建成一个村民自治示范乡（镇），每个乡（镇）建成一个村民自治示范村，并能发挥其示范作用。

（二）村民自治示范单位的任务是：全面贯彻《村委会组织法》，村民委员会干部依法由村民直接选举，实行直接民主；建立村民会议或村民代表会议，村中重大事情由村民民主决策；制订村规民约或村民自治章程，村务工作由村民民主管理；建立村务公开制度和村民监督机制，实行民主监督。通过民主选举、民主决策、民主管理、民主监督的系统程序和制度，全面增强和提高村民的参政议政意识和能力，发动和依靠群众，把村委会建设成为自觉执行党的政策和国家法律、法规，履行自治职能，管好本村事务和具有较强凝聚力的群众性自治组织。

二、村民自治示范单位的标准

（三）村民自治示范村是村民自治示范活动的基础。村民自治示范村的标准是：

1.村民直接选举村委会干部，村委会班子团结坚强，干部任期目标责任明确；

2.村委会各下属委员会和村民小组健全，职责明确，制度落实，切实发挥作用；

3.村民参与村务决策和管理，制度健全，村民会议或者村民代表会议真正成为村民发扬民主的组织制度和民主决策的组织形式，真正做到村务公开，民主管理，群众监督；

4.经济发展较快，公益事业办得好，社会管理有序，社会保障工作扎实，村容村貌整洁；

5.治安防范措施完备，社会秩序稳定，民间纠纷调处及时，村风民风好；

6.村民依法履行公民义务，全面完成国家的各项任务。

（四）村民自治示范乡（镇）的标准是：

1.所有村委会组织健全，村民自治制度完善；

2.按期依法进行村委会换届选举；

3.所有的村委会都能按照民主的程序处理村务；

4.乡（镇）政府对村委会实施正确指导，保障村委会依法做好各项工作；

5.所辖区域内85%以上的村委会达到村民自治示范村的标准。

（五）村民自治示范县（市）的标准是；对村民自治认识高，领导得力；建立和形成系统的领导村民自治工作的办法和措施；所辖乡（镇）70%以上达到村民自治示范乡（镇）的标准。

（六）各地可参照以上标准，制定本地区的村民自治示范单位的具体标准，但要注意在各项标准中围绕经济建设这一中心，突出村民自治的内容。

三、村民自治示范活动的工作原则和指导方针

（七）村民自治示范单位在实行村民自治中要坚持如下基本原则：

——必须在各级党组织的领导下，在党的政策和国家法律、法规允许的范围内进行。村委会要自觉接受乡（镇）政府的工作指导，积极协助乡（镇）政府开展工作。

——必须抓住村民民主选举、民主决策、民主管理、民主监督等关键环节，提高村民自治水平。

——必须坚持与农村整体工作相结合，促进农村经济发展，维护农村社会稳定，加强精神文明建设，保证国家在农村各项任务的完成。

（八）指导村民自治示范活动要坚持如下方针：

——确定村民自治示范单位。要注意选择对《村委会组织法》宣传广泛，对村民自治认识统一；工作基础较好，经济发展水平在本地区有一定代表性；领导重视，班子坚强有力；村民有一定的民主意识和自治能力的单位。

——制定村民自治示范方案。要从实际出发，紧紧围绕实现村民自治，促进农村工作的基本内容，突出重点，拟定的措施要易于操作和实施。

——开展村民自治示范工作。要建立和完善村民自治的系统法规和制度，

各地要以《村委会组织法》为主要依据，省级制定贯彻实施办法；县级制定村民会议或者村民代表会议制度、村民自治章程的指导意见；乡（镇）制定指导村委会工作规则；村级建立村民会议或者村民代表会议制度，制定村规民约或者村民自治章程。

四、开展村民自治示范活动的措施

（九）检查验收。对村民自治示范单位分级进行检查验收：省级民政部门负责村民自治示范县（市）的检查验收，地（市）级民政部门负责村民自治示范县（市）的初查和村民自治示范乡（镇）的检查验收，县级民政部门负责村民自治示范乡（镇）的初查和村民自治示范村的检查验收。凡验收合格者，由省、地、县各级分别予以命名表彰。在各地命名表彰的基础上，民政部择先选优，进行全国性的命名表彰。

（十）组织观摩。各地要有计划地组织各种形式的交流、观摩，充分发挥村民自治示范单位的引导、带动和辐射作用，逐步把村民自治向面上推进。民政部可根据情况，组织观摩各省、自治区、直辖市的村民自治示范县（市）。

（十一）培训骨干。各地要从实际出发，分期、分批、分层次培训示范县（市）、乡（镇）、村的领导干部和村民骨干以及民政系统从事基层政权和群众自治组织建设工作的干部，使全国逐步形成一批推进村民自治工作的骨干力量。

（十二）点面结合。在非示范单位，根据村民自治的工作内容，提出要求，开展村民自治活动，促进村民自治活动的全面发展。

（十三）宣传配合。要注意运用报刊、电台、电视台等新闻媒介，宣传村民自治典型。

五、村民自治示范活动的领导和指导

（十四）村民委员会的建设工作是各级党委和政府特别是县乡两级党委和政府的一项重要工作，村民自治是村委会建设的核心内容。村民自治示范工作要在各级党委和政府的统一领导下进行，主动接受各级人大常委会的检查监督，民政部门具体负责日常工作。其主要工作是：确定村民自治示范单位；帮助示范单位制定方案；依法指导村委会建设；总结推广示范单位经验；组织对示范单位进行检查验收；向党委、政府汇报工作开展情况。

中央社会治安综合治理委员会、公安部、民政部、农业部关于加强农村治保会工作的意见

（1994 年 11 月 21 日）

农村的社会治安状况对于农村的稳定与发展，乃至全国的稳定与发展，都有着极其重要的影响。长期以来，农村治保会作为维护农村治安的一支重要群众力量，在维护农村社会秩序，宣传组织群众落实各项安全防范措施，教育挽救失足青少年，协助调解处理民事纠纷及打击违法犯罪等方面发挥了重要作用，为保持农村社会治安的稳定做出了重要贡献。但是，当前农村治保会建设中出现了一些亟须解决的问题：有相当一部分农村治保会处于瘫痪半瘫痪状态；现有治保人员量少质弱，年龄老化，后继无人；治保经费得不到保障，治保人员补贴难以解决。究其原因，主要是一些地方的领导对农村治保会的工作不重视，认为可有可无，没有摆上应有的位置；一些地方农村基层政权组织软弱涣散，对治保会存在的问题和困难不能认真加以解决等。这种状况，严重削弱了农村治安工作的基础，是当前部分农村地区治安形势严峻的重要原因之一。

治保会是我国宪法确定的群众性治安保卫自治组织，是党和政府动员组织群众维护社会治安秩序的桥梁和纽带，是坚持专门工作与群众路线相结合的重要形式，搞好本村的社会治安，保一方平安，是广大农民群众的强烈愿望，是农村村民自治的重要内容。多年的实践证明，加强治保会建设是推动社会治安综合治理的一项重要的治本措施。中共中央、国务院《关于当前农业和农村经济发展的若干政策措施》（中发〔1993〕11号）中关于“加强以农村治保会为主体的群防群治组织建设，搞好农村的社会治安，使农村经济社会面貌有一个较大的改观”的指示，更加明确地指出了在新形势下加强农村治保会的必要性

和重要性。现就加强农村治保会工作提出以下意见：

一、进一步重视、支持农村治保会工作，切实加强领导

各地要切实把加强治保会建设作为维护农村稳定的一条重要措施，纳入社会治安综合治理工作规划和领导责任制，列为今、明两年的目标，结合目前正在进行的整治农村社会治安的斗争狠抓落实，认真检查、验收。乡镇党委、政府专抓综合治理工作的副职要将加强治保会建设作为本职工作，积极协调、落实各项措施，并作为考核其政绩和当地综合治理工作成绩的内容。各级组织、民政、农业和农村工作部门要把治保会的整顿和建设作为加强农村基层组织建设，搞好农村村民自治工作的重要内容，在政治上关心，在人、财、物方面给予必要的支持。公安机关要从实际出发，因地制宜，积极探索新形势下开展治保工作的新方法、新路子。派出所要加强对治保会工作的指导，积极支持治保人员开展工作，虚心听取他们的意见和建议，为他们撑腰说话，解除后顾之忧，并及时查处打击报复治保人员的违法犯罪分子。

二、抓好治保组织的整顿和建设

抓好组织建设是当前加强农村治保会工作的首要环节。各级综合治理委员会和公安、民政、农业及农村工作部门要充分发挥各自的职能作用，按照中央的有关要求，积极协助党委、政府做好治保会的整顿和建设工作。

（一）从严整顿，务求实效。要结合中央关于加强村级组织建设的要求，把那些名存实亡，处于瘫痪状态的作为重点，做好组织重建工作；对不胜任或不适宜从事治保工作的要迅速调整；对极少数混入治保组织违法乱纪的坏人要坚决清除，依法查处。

（二）严格掌握治保人员条件。治保人员应拥护党的基本路线，工作能力强，并有一定文化水平、法律知识。可以吸收一部分复员、退伍军人和表现好的农村青年及其他符合条件的人参加治保工作。治保会主任可以是专职的，也可以由村委会主任、副主任或委员兼任。治保主任候选人，由公安派出所考察，村民会议或村民代表会议民主选举产生，报乡镇政府备案。

（三）合理解决治保人员的待遇和抚恤问题。专职治保主任享受同级村民委员会副村级干部待遇。对多年积极从事治保工作、现因年老体弱不能继续任职，生活困难的治保会成员，除在政治上要给予一定的待遇外，地方政府在经济上应给予适当的补助。治保人员因维护社会治安同违法犯罪分子进行斗争而致死的，应依照审批烈士的有关规定办理。对符合烈士审批条件的，授予革命烈士称号，对不符合烈士审批条件的，按照因公牺牲的有关规定办理，其家属享受革命烈士家属或因公牺牲民兵家属的有关抚恤和优待；治保人员因维护社会治安致残的，应按有关规定办理评残手续，并享受相应的伤残抚恤待遇，其医疗、生活补助费用，由当地政府拨给或从见义勇为基金中解决。各地应积极组织治保人员参加农村社会养老等保险，以解决治保人员的后顾之忧，所需费用由地方政府统筹安排。

（四）各地在对村委会工作进行总结评比时，要对工作成绩突出的治保组织和个人给予表彰和奖励，颁发荣誉证书或授予荣誉称号；对工作不力的，要落实督促、整改措施。

（五）治保会要建立、健全治安岗位责任制和学习例会、工作检查、总结汇报等项工作制度及群众监督制度。基层公安机关也应与治保会建立必要的制度，并抓好对治保主任和委员的培训，提高他们的政治业务素质。

三、明确任务，更好地发挥职能作用

农村治保会的根本任务是为维护农村社会稳定和发展农村经济创造良好的治安秩序。它的主要任务是：宣传、教育群众，增强法制观念和安全防范意识，组织群众开展治安巡逻、安全检查等项群防群治工作，落实防盗、防火、防破坏和防其他治安灾害事故的安全防范措施；及时向政府及公安机关反映敌社情动态和有可能危害社会治安的民间纠纷和闹事苗头，并协助政府和有关部门做好教育疏导工作；对有违法犯罪行为的人进行帮助、教育、监督、考察；协助公安机关保护案件现场，积极提供破案线索，对现行违法犯罪分子进行控制或扭送公安机关；向政府及公安机关反映群众对社会治安管理工作的意见、建议和要求。

四、多渠道解决治保经费来源

要想方设法切实解决治保经费，特别是治保人员的劳动报酬问题。首先，地方财政应给予最基本的保障，在条件允许的情况下，应逐步增加治保经费的投入，改变长期以来治保经费不能通过正常渠道解决的状况。在此基础上，可广开门路，在不增加农民负担的前提下，多渠道解决治保人员的经济报酬和治保会的活动经费。在基本报酬方面，除政府拨款外，治保人员的报酬可来源于村民承担的“村提留”中的“管理费”；也可以采取减免义务工和劳动积累工的办法解决；在经济状况较好的地方，乡财政和村集体经济组织应给予照顾。在增收渠道方面，可把治保主任安排在村办企业中任职，也可参与暂住人口管理站工作，在不影响治保工作开展的前提下，还可以创办与治保工作相关的小型服务网点，各级地方政府和公安、工商等部门要给予积极扶持。在治保会的活动经费方面，包括治保培训费、会议费、非脱产的治保人员参加会议和培训所需的交通、误工补贴、伙食补助、住宿、公杂费，以及慰问治保人员的费用，应根据公安部、财政部关于《公安业务费开支范围和管理办法的规定》（公发〔1991〕12号），在所列预算中予以保证，专款专用，不得挪用和挤占。

中央社会治安综合治理委员会

公安部

民政部

农业部

1994年11月21日

司法部关于城市街道办事处代行民间纠纷处理权的批复

（1992 年 9 月 18 日）

福建省司法厅：

你厅《关于城市街道办事处能否作为受理处理民间纠纷的主体的请示》（闽司〔1992〕46号）收悉。经研究，批复如下：

一、《城市街道办事处组织条例》第四条第（二）项规定，街道办事处“指导居民委员会的工作”；根据现行宪法和城市居民委员会组织法的规定，居民委员会下设人民调解委员会负责调解民间纠纷，因此，城市街道办事处负有指导人民调解委员会和指导调解民间纠纷的法定职责。

二、《人民调解委员会组织条例》第九条第二款规定，“经过调解，当事人未达成协议或者达成协议后又反悔的，任何一方可以请求基层人民政府处理”，因为街道办事处是城市基层人民政府的派出机关，负有指导人民调解的职责，所以城市街道办事处可以代基层人民政府处理民间纠纷。

此复。

（二）社区建设

民政部、中央组织部、中央综治办、国家发展和改革委员会、教育部、工业和信息化部、公安部、司法部、财政部、人力资源和社会保障部、住房和城乡建设部、农业部、文化部、国家卫生和计划生育委员会、国家体育总局、中国残疾人联合会关于印发《城乡社区服务体系建设规划（2016—2020年）》的通知

（2016年10月28日）

各省、自治区、直辖市民政厅（局）、党委组织部、综治办、发展改革委、教育厅（教委）、工业和信息化主管部门、公安厅（局）、司法厅（局）、财政厅（局）、人力资源社会保障厅（局）、住房城乡建设厅（建委、规划局）、农业厅（局）、文化厅（局）、卫生计生委、体育局、残联，新疆生产建设兵团民政局、党委组织部、综治办、发展改革委、教育局、工业和信息化委、公安局、司法局、财务局、人力资源社会保障局、建设局、农业局、文化局、卫生局、体育局、残联：

《城乡社区服务体系建设规划（2016—2020年）》已经全国社区建设部际联席会议第二次全体会议审议通过，现印发给你们，请结合实际贯彻落实。

附件：

城乡社区服务体系建设规划（2016—2020 年）

民政部　中央组织部　中央综治办
国家发展和改革委　教育部　工业和信息化部
公安部　司法部　财政部
人力资源和社会保障部　住房和城乡建设部　农业部
文化部　国家卫生计生委　体育总局
中国残疾人联合会
2016年10月28日

附件信息　1.附件：城乡社区服务体系建设规划（2016—2020年）.doc（略）

国务院关于发展城市社区卫生服务的指导意见

（2006年2月11日）

各省、自治区、直辖市人民政府，国务院各部委、各直属机构：

社区卫生服务是城市卫生工作的重要组成部分，是实现人人享有初级卫生保健目标的基础环节。大力发展社区卫生服务，构建以社区卫生服务为基础、社区卫生服务机构与医院和预防保健机构分工合理、协作密切的新型城市卫生服务体系，对于坚持预防为主、防治结合的方针，优化城市卫生服务结构，方便群众就医，减轻费用负担，建立和谐医患关系，具有重要意义。

改革开放以来，我国城市卫生事业有了很大发展，服务规模不断扩大，科技水平不断提高，医疗条件明显改善，疾病防治能力显著增强，为增进人民健康发挥了重要作用。同时，在城市卫生事业发展中还存在优质资源过分向大医院集中，社区卫生服务资源短缺、服务能力不强、不能满足群众基本卫生服务需求等问题。这是造成群众看病难、看病贵的重要原因之一。为深化城市医疗卫生体制改革，优化城市卫生资源结构，发展社区卫生服务，努力满足群众的基本卫生服务需求，制定以下指导意见：

一、发展社区卫生服务的指导思想、基本原则和工作目标

（一）指导思想。以邓小平理论和“三个代表”重要思想为指导，全面落实科学发展观，坚持为人民健康服务的方向，将发展社区卫生服务作为深化城市医疗卫生体制改革、有效解决城市居民看病难、看病贵问题的重要举措，作为构建新型城市卫生服务体系的基础，着力推进体制、机制创新，为居民提供安全、有效、便捷、经济的公共卫生服务和基本医疗服务。

（二）基本原则。

——坚持社区卫生服务的公益性质，注重卫生服务的公平、效率和可及性。

——坚持政府主导，鼓励社会参与，多渠道发展社区卫生服务。

——坚持实行区域卫生规划，立足于调整现有卫生资源、辅以改扩建和新建，健全社区卫生服务网络。

——坚持公共卫生和基本医疗并重，中西医并重，防治结合。

——坚持以地方为主，因地制宜，探索创新，积极推进。

（三）工作目标。到2010年，全国地级以上城市和有条件的县级市要建立比较完善的城市社区卫生服务体系。具体目标是：社区卫生服务机构设置合理，服务功能健全，人员素质较高，运行机制科学，监督管理规范，居民可以在社区享受到疾病预防等公共卫生服务和一般常见病、多发病的基本医疗服务。东中部地区地级以上城市和西部地区省会城市及有条件的地级城市要加快发展，力争在二三年内取得明显进展。

二、推进社区卫生服务体系建设

（四）坚持公益性质，完善社区卫生服务功能。社区卫生服务机构提供公共卫生服务和基本医疗服务，具有公益性质，不以营利为目的。要以社区、家庭和居民为服务对象，以妇女、儿童、老年人、慢性病人、残疾人、贫困居民等为服务重点，以主动服务、上门服务为主，开展健康教育、预防、保健、康复、计划生育技术服务和一般常见病、多发病的诊疗服务。

（五）坚持政府主导、鼓励社会参与，建立健全社区卫生服务网络。地方政府要制订发展规划，有计划、有步骤地建立健全以社区卫生服务中心和社区卫生服务站为主体，以诊所、医务所（室）、护理院等其他基层医疗机构为补充的社区卫生服务网络。在大中型城市，政府原则上按照3万~10万居民或按照街道办事处所辖范围规划设置1所社区卫生服务中心，根据需要可设置若干社区卫生服务站。社区卫生服务中心与社区卫生服务站可实行一体化管理。社区卫生服务机构主要通过调整现有卫生资源，对政府举办的一级、部分二级医院和国有企事业单位所属医疗机构等基层医疗机构进行转型或改造改制设立。现有卫生资源不足的，应加以补充和完善。要按照平等、竞争、择优的原则，统筹社区卫生服务机构发展，鼓励社会力量参与发展社区卫生服务，充分发挥社会力量举办的社区卫生服务机构的作用。

（六）建立社区卫生服务机构与预防保健机构、医院合理的分工协作关系。调整疾病预防控制、妇幼保健等预防保健机构的职能，适宜社区开展的公共卫生服务交由社区卫生服务机构承担。疾病预防控制、妇幼保健等预防保健机构要对社区卫生服务机构提供业务指导和技术支持。实行社区卫生服务机构与大中型医院多种形式的联合与合作，建立分级医疗和双向转诊制度，探索开展社区首诊制试点，由社区卫生服务机构逐步承担大中型医院的一般门诊、康复和护理等服务。

（七）加强社区卫生服务队伍建设。加强高等医学院校的全科医学、社区护理学科教育，积极为社区培训全科医师、护士，鼓励高等医学院校毕业生到社区卫生服务机构服务。完善全科医师、护士等卫生技术人员的任职资格制度，制订聘用办法，加强岗位培训，开展规范化培训，提高人员素质和专业技术能力。要采取多种形式鼓励和组织大中型医院、预防保健机构、计划生育技术服务机构的高、中级卫生技术人员定期到社区卫生服务机构提供技术指导和服务，社区卫生服务机构要有计划地组织卫生技术人员到医院和预防保健机构进修学习、参加学术活动。鼓励退休医护人员依照有关规定参与社区卫生服务。

（八）完善社区卫生服务运行机制。政府举办的社区卫生服务机构属于事业单位，要根据事业单位改革原则，改革人事管理制度，按照服务工作需要和精干、效能的要求，实行定编定岗、公开招聘、合同聘用、岗位管理、绩效考核的办法。对工作绩效优异的人员予以奖励；对经培训仍达不到要求的人员按国家有关规定解除聘用关系。要改革收入分配管理制度，实行以岗位工资和绩效工资为主要内容的收入分配办法，加强和改善工资总额管理。社区卫生服务从业人员的收入不得与服务收入直接挂钩。各地区要积极探索建立科学合理的社区卫生服务收支运行管理机制，规范收支管理，有条件的可实行收支两条线管理试点。地方政府要按照购买服务的方式，根据社区服务人口、社区卫生服务机构提供的公共卫生服务项目数量、质量和相关成本核定财政补助；尚不具备条件的可以按人员基本工资和开展公共卫生服务所需经费核定政府举办的社区卫生服务机构财政补助，并积极探索、创造条件完善财政补助方式。各地区要采取有效办法，鼓励药品生产经营企业生产、供应质优价廉的社区卫生服务常用药品，开展政府集中采购、统一配送、零差率销售药品和医药分开试点。

（九）加强社区卫生服务的监督管理。规范社区卫生服务机构的设置条件和标准，依法严格社区卫生服务机构、从业人员和技术服务项目的准入，明确社区卫生服务范围和内容，健全社区卫生服务技术操作规程和工作制度，完善社区卫生服务考核评价制度，推进社区卫生服务信息管理系统建设。加强社区卫生服务的标准化建设，对不符合要求的社区卫生服务机构和工作人员，要及时调整、退出，保证服务质量。加强社区卫生服务执业监管，建立社会民主监督制度，将接受服务居民的满意度作为考核社区卫生服务机构和从业人员业绩的重要标准。发挥行业自律组织提供服务、反映诉求、规范行为等作用。加强药品、医疗器械管理，确保医药安全。严格财务管理，加强财政、审计监督。

（十）发挥中医药和民族医药在社区卫生服务中的优势与作用。加强社区中医药和民族医药服务能力建设，合理配备中医药或民族医药专业技术人员，积极开展对社区卫生服务从业人员的中医药基本知识和技能培训，推广和应用适宜的中医药和民族医药技术。在预防、医疗、康复、健康教育等方面，充分利用中医药和民族医药资源，充分发挥中医药和民族医药的特色和优势。

三、完善发展社区卫生服务的政策措施

（十一）制订实施社区卫生服务发展规划。地方政府要制订社区卫生服务发展中长期规划和年度发展计划，将发展社区卫生服务纳入当地国民经济和社会发展规划及区域卫生规划，落实规划实施的政策措施。在城市新建和改建居民区中，社区卫生服务设施要与居民住宅同步规划、同步建设、同步投入使用。市辖区人民政府原则上不再举办医院，着力于发展社区卫生服务。

（十二）加大对社区卫生服务的经费投入。各级政府要调整财政支出结构，建立稳定的社区卫生服务筹资和投入机制，加大对社区卫生服务的投入力度。地方政府要为社区卫生服务机构提供必要的房屋和医疗卫生设备等设施，对业务培训给予适当补助，并根据社区人口、服务项目和数量、质量及相关成本核定预防保健等社区公共卫生服务经费补助。政府举办的社区卫生服务机构的离退休人员费用，在事业单位养老保障制度改革前，由地方政府根据有关规定予以安排。地方政府要根据本地实际情况进一步加大力度安排社区公共卫生服务经费，并随着经济发展逐步增加。中央财政从2007年起对中西部地区发展社区公共卫生服务按照一定标准给予补助。中央对中西部地区社区卫生服务机构的基础设施建设、基本设备配置和人员培训等给予必要支持。

（十三）发挥社区卫生服务在医疗保障中的作用。按照“低水平、广覆

盖”的原则，不断扩大医疗保险的覆盖范围，完善城镇职工基本医疗保险定点管理办法和医疗费用结算办法，将符合条件的社区卫生服务机构纳入城镇职工基本医疗保险定点医疗机构的范围，将符合规定的医疗服务项目纳入基本医疗保险支付范围，引导参保人员充分利用社区卫生服务。探索建立以社区卫生服务为基础的城市医疗救助制度。

（十四）落实有关部门职责，促进社区卫生服务发展。各有关部门要切实履行职责，共同推进社区卫生服务发展。

——卫生部门负责制订社区卫生服务发展规划、准入标准和管理规范，制订社区公共卫生服务项目，加强行业监督管理。按照国家有关规定，组织开展社区卫生服务从业人员岗位培训和继续教育。

——机构编制部门牵头研究制订政府举办的社区卫生服务机构人员编制标准的意见。

——发展改革部门负责将社区卫生服务发展纳入国民经济和社会发展规划，根据需要安排社区卫生服务机构基础设施建设投资。价格部门研究制订社区卫生服务收费标准和药品价格管理办法。

——教育部门负责全科医学和社区护理学科教育，将社区卫生服务技能作为医学教育的重要内容。

——民政部门负责将社区卫生服务纳入社区建设规划，探索建立以社区卫生服务为基础的城市医疗救助制度，做好社区卫生服务的民主监督工作。

——财政部门负责制订社区卫生服务的财政补助政策及财务收支管理办法。

——人事部门负责完善全科医师、护士等卫生技术人员的任职资格制度，制订社区全科医师、护士等卫生技术人员的聘用办法和吸引优秀卫生人才进社区的有关政策。

——劳动保障部门负责制订促进城镇职工基本医疗保险参保人员到社区卫生服务机构就诊的有关政策措施。

——建设（规划）部门负责按照国家有关标准，将社区卫生服务设施纳入城市建设规划，并依法加强监督。

——人口和计划生育部门负责社区计划生育技术服务的指导和管理。

——食品药品监管部门负责社区卫生服务所需药品和医疗器械的质量监督

管理。

——中医药部门负责制订推动中医药和民族医药为社区居民服务的有关政策措施。

四、加强对社区卫生服务工作的领导

（十五）发展社区卫生服务是政府履行社会管理和公共服务职能的一项重要内容，主要责任在地方政府。地方政府要充分认识发展社区卫生服务对于维护居民健康、促进社区和谐的重要意义，认真贯彻落实国家有关方针政策，将发展社区卫生服务纳入政府年度工作目标考核。要成立以政府分管领导为组长、各有关部门负责同志参加的领导小组，加强对社区卫生服务发展工作的领导。省级人民政府要按照指导意见要求，结合本地实际，制订贯彻落实的具体政策措施，层层明确责任，加强调查研究，统筹协调，督查指导，落实工作任务。国务院成立由负责卫生工作的国务院副总理任组长的城市社区卫生工作领导小组，研究制订促进社区卫生发展的方针和政策措施，研究解决工作中的重大问题，加强对地方社区卫生服务工作的检查指导，推动社区卫生服务持续健康发展。

国务院关于加强和改进社区服务工作的意见

（2006 年 4 月 9 日）

各省、自治区、直辖市人民政府，国务院各部委、各直属机构：

随着社会主义市场经济的发展和城镇化进程的加快，城市社区在经济社会发展中的地位越来越重要，社区居民对社区服务的需求越来越多，要求越来越高。做好社区服务工作对于提高居民生活质量、扩大就业、化解社会矛盾、促进和谐社会建设都具有重要意义。现就加强和改进社区服务工作提出以下意见：

一、加强和改进社区服务工作的指导思想、基本原则和主要任务

（一）指导思想。以邓小平理论和“三个代表”重要思想为指导，贯彻落实科学发展观，推进社会主义和谐社会建设，以不断满足社区居民的物质、文化、生活需要为出发点，充分发挥政府、社区居委会、民间组织、驻社区单位、企业及居民个人在社区服务中的作用，整合社区资源，健全服务网络，创新服务方式，拓宽服务领域，强化服务功能。

（二）基本原则。

1.坚持以人为本。着眼于居民多层次、多样化的物质文化需求，特别是对居民最关心、最需要、通过努力又可以解决的问题及时提供服务，为社区居民排忧解难。

2.坚持社会化。发挥政府、社区居委会、民间组织、驻社区单位、企业及个人在社区服务中的作用，政府提供公共服务，鼓励、支持社区居民和社会力量参与社区服务。

3.坚持分类指导。按照政企分开、政事分开原则，区分不同类型的社区服务，实行分类指导。既要整体推进，又要解决薄弱环节、重点项目和关键问题；既要坚持广受居民欢迎的传统服务方式，又要善于运用现代科学技术手

段，不断提高社区服务水平。

（三）主要任务。通过努力，逐步建立与社会主义市场经济体制相适应，覆盖社区全体成员、服务主体多元、服务功能完善、服务质量和管理水平较高的社区服务体系，努力实现社区居民困有所助、难有所帮、需有所应。

二、大力推进公共服务体系建设，使政府公共服务覆盖到社区

（四）推进社区就业服务。加强街道、社区劳动保障工作平台建设，通过提供就业再就业咨询、再就业培训、就业岗位信息服务和社区公益性岗位开发等，对就业困难人员提供针对性的服务和援助。结合居民物质文化生活需要开发就业岗位，挖掘社区就业潜力，创建充分就业社区，提高就业稳定性。探索建立信用社区、创业培训与小额担保贷款联动机制，为下岗失业人员自谋职业和自主创业创造条件。建立就业与失业保险、城市居民最低生活保障工作联动机制，促进和帮助享受失业保险、城市居民最低生活保障待遇的相关人员尽快实现就业。

（五）推进社区社会保障服务。加强企业离退休人员社会化管理服务工作，加快老年公共服务设施和服务网络建设。具备条件的地方，可开展老年护理服务，兴建退休人员公寓。充分发挥劳动保障工作平台的作用，促进和帮助城镇居民按规定参加各项社会保险。

（六）推进社区救助服务。加强对失业人员和城市居民最低生活保障对象的动态管理，及时掌握他们的就业及收入状况，切实做到“应保尽保”。积极开展基层社会救助服务，帮助群众解决生产生活中的实际困难。进一步推进社会福利社会化，加快发展社区居家养老服务业。大力发展社区慈善事业，加强对社区捐助接收站点、“慈善超市”的建设和管理。

（七）推进社区卫生和计划生育服务。坚持政府主导、社会力量参与，建立健全以社区卫生服务中心（站）为主体的社区卫生和计划生育服务网络，以妇女、儿童、老年人、慢性病人、残疾人、贫困居民等为重点，为社区居民提供预防保健、健康教育、康复、计划生育技术服务和一般常见病、多发病、慢性病的诊疗服务。大力培养社区卫生服务技术和管理人员，加强对社区卫生服务的监督管理，保证服务质量。实施国家政策规定的计划生育基本项目免费服务。建立民主监督制度，把社区居民满意程度作为考核社区卫生服务工作人员

业绩的重要标准。完善社区卫生服务运行机制，发挥社区卫生服务的健康保障功能，努力实现人人享有初级卫生保健的目标。

（八）推进社区文化、教育、体育服务。发展面向基层的公益性文化事业，逐步建设方便社区居民读书、阅报、健身、开展文艺活动的场所，加强对社区休闲广场、演艺厅、棋苑、网吧等文化场所的监督管理，促进社会主义精神文明建设。调动社区资源和力量支持和保障社区内中小学校开展素质教育和社会实践活动，为青少年健康成长创造良好的社区环境。落实《全民科学素质行动计划纲要》，不断提高居民科学素质。统筹各类教育资源，充分发挥社区学院、市民学校的作用，积极创建各种类型的学习型组织，面向社区居民开展多种形式的教育培训和科普活动，建立覆盖各类人群的多渠道、全方位的社区学习服务体系。培育群众性体育组织，落实《全民健身计划纲要》，配置相应的健身器材，不断增强居民体质。

（九）推进社区流动人口管理和服务。按照“公平对待、合理引导、完善管理、搞好服务”和“以现居住地为主，现居住地和户籍所在地互相配合”的原则，实行与户籍人口同宣传、同服务、同管理，为流动人口的生活与就业创造好的环境和条件。简化办事程序，减少相关手续，取消不合理收费，为流动人口提供优质服务。

（十）推进社区安全服务。深入开展基层安全创建活动，加强社区警务室（站）建设，大力实施社区警务战略，建立人防、物防、技防相结合的社区防范机制和防控网络。依托社区居委会等基层组织，挖掘和利用社区资源，加强群防群治队伍建设。深入开展法制宣传教育和咨询服务活动，建立完善收集、反馈社情民意的工作机制，组织开展以社区保安、联防队员为主体，专职和义务相结合的巡逻守望、看楼护院等活动。建立及时有效的矛盾纠纷排查、调处工作机制，加强对刑释解教人员、监外执行人员和有不良行为青少年的帮助、教育和转化工作。做好社区消防工作，提升社区消防安全水平。深入开展打击“黄赌毒”和禁止传销等工作。健全社区环境保护管理制度，建设资源节约型、环境友好型社区。建立传染病、食品安全、灾害事故的应急反应机制，不断提高社区应对突发事件的能力。

（十一）不断改进政府公共服务方式。整合政府各部门在城市基层的办事机构，积极推进“一站式”服务，提高为社区及其居民提供公共服务的水平。政府有关部门不得将应由自身承担的行政性工作摊派给社区组织。对有些社区组织做起来有优势的行政性工作，可依法采取“权随责走、费随事转”的原则，委托社区组织承担。积极探索通过政府“购买服务”、项目管理等多种形式，调动社会组织参与社区服务的积极性，促进公共服务社会化。梳理、整合各类服务热线、呼叫热线，形成社区公共资源共享机制。建设社区信息化平台，提高社区公共服务的自动化、现代化水平。

三、充分发挥社区居委会在社区服务中的作用

（十二）支持社区居委会协助城市基层政府提供社区公共服务。充分发挥社区居委会在了解社区居民需求、提供便民服务方面的独特优势和重要作用。城市基层政府及有关单位要妥善解决社区居委会开展有关服务所必需的房屋、设施和工作经费。要积极指导社区居委会定期听取居民对社区公共服务的意见，并积极向政府反映，促进社区公共服务质量的不断提高。

（十三）支持社区居委会组织社区成员开展自助和互助服务。鼓励并支持社区居委会组织动员驻社区单位和社区居民开展邻里互助等群众性自我服务活动，为居家的孤老、体弱多病和身边无子女老人提供各种应急服务，为优抚对象、残疾人及特困群体缓解生活困难提供服务；倡导社区居民和驻社区单位开展社会捐赠、互帮互助，对社区困难群体实行辅助性生活救助；管理、利用好社区公益性服务设施，方便社区成员生活。有条件的地方，社区居委会可以根据居民需要，建立热线电话救助网络、社区智能服务网络、社区服务站、社区公共服务社等服务载体，开展非营利服务。

（十四）指导社区居委会为发展社区服务提供便利条件。鼓励并指导社区居委会组织居民参与文化、教育、科技、体育、卫生、法律、安全等进社区活动；支持社会各方面力量利用闲置设施、房屋等资源兴办购物、餐饮、就业、医疗、废旧物资回收等与居民生活密切相关的服务网点，并维护其合法权益；引导和管理各类组织和个人依法有序开展社区服务；正确处理好社区居委会与社区物业管理企业的关系，支持和指导物业管理企业依法经营。

四、培育社区服务民间组织，组织开展社区志愿服务活动

（十五）大力培育社区生活服务类民间组织。支持和鼓励社区居民成立形

式多样的慈善组织、群众性文体组织、科普组织和为老年人、残疾人、困难群众提供生活服务的组织，使社区居民在参与各种活动中，实现自我服务、自我完善和自我提高。积极支持民间组织开展社区服务活动，加强引导和管理，使其在政府和社区居委会的指导、监督下有序开展服务。

（十六）积极组织开展社区志愿服务活动。培育社区志愿服务意识，弘扬社区志愿服务精神，推行志愿者注册制度。积极动员共产党员、共青团员、公务员、专业技术人员、教师、青少年学生以及身体健康的离退休人员等加入志愿服务队伍，优化志愿人员结构，壮大志愿人员力量。指导建立志愿服务激励机制，使志愿者本人需要帮助时，能够及时得到志愿者组织和其他志愿者的服务。指导志愿组织和志愿人员开展社会救助、优抚、助残、老年服务、再就业服务、维护社区安全、科普和精神文明建设活动，不断创新服务形式，提高服务水平。

五、鼓励和支持各类组织、企业和个人开展社区服务

（十七）鼓励和支持有关单位服务设施向社区居民开放。按照互惠互利、资源共享原则，积极引导社区内或周边单位内部食堂、浴池、文体和科教设施等向社区居民开放。充分利用社区内的学校、培训机构、幼儿园、文物古迹等开展社区教育活动。有关单位开展社区服务，既可以单独经营，也可以与社区组织联营共建。

（十八）鼓励和支持各类组织、企业和个人开展社区服务业务。鼓励相关企业通过连锁经营提供购物、餐饮、家政服务、洗衣、维修、再生资源回收、中介等社区服务。利用现代信息技术、物流配送平台帮助社区内中小企业，实现服务模式创新，推动社区商业体系建设。对开办商业性社区服务项目的，有关部门要依法简化审批手续，维护其合法权益。积极落实各项优惠政策，鼓励下岗失业人员自办或合伙兴办社区服务组织，或通过小时工、非全日制工和阶段性就业等灵活方式参与社区服务。

六、加强领导和政策指导，强化社区服务监管

（十九）加强组织领导。地方各级人民政府和有关部门要充分认识新形势下搞好社区服务的重要性，把这项工作与提高居民生活质量、实施社会救助

和再就业工程、发展第三产业、促进精神文明建设等各项工作紧密结合起来。要建立健全政府统一领导、民政部门牵头、有关部门配合、社会广泛参与的社区服务管理体制和工作机制。依托社区提供公共服务的教育、科技、公安、司法行政、劳动保障、建设、文化、卫生、人口计生、环保、体育等部门，要按照社区服务发展要求加强业务指导，提高服务水平。各级发展改革、财政、商务、银行、税务、工商等部门要按照各自职能，进一步制定促进社区服务发展的政策措施。积极鼓励工会、共青团、妇联及残联、老龄、慈善等组织参与社区服务，大力倡导团结互助、扶贫济困的良好风尚，形成推动社区服务发展的合力。

（二十）加强社区服务工作队伍建设。切实解决社区居委会成员及其聘用的服务人员的生活补贴、工资、保险等福利待遇问题，并使待遇水平随经济发展而适当增长。经常开展对社区服务人员的思想教育和业务培训，不断提高他们服务居民、管理社区的能力。加强对社区服务的理论研究，鼓励有条件的大专院校和培训机构开设社会工作专业、社区服务课程，培养专业人才。

（二十一）加强社区服务的统筹规划和政策指导。地方各级人民政府要从实际出发，因地制宜，分级制订社区服务发展规划，确定发展目标和重点，完善相关政策措施，促进社区服务各项工作的落实。要将社区服务设施建设纳入城市规划和土地利用规划，统筹安排，通过新建和改造，完善社区各类服务设施，健全服务体系，增强服务功能。有条件的地方，可以开展农村社区服务的试点，逐步实现城乡社区服务统一规划，统筹发展。

地方各级人民政府和有关部门要帮助社区落实开展公共服务的资金、场所和人员，对社区组织开展的互助性服务、志愿服务和社会力量兴办的微利性商业服务给予政策和资金扶持；对社区营利性商业服务要积极引导向产业化、市场化发展，充分发挥行政机制、互助机制、志愿机制、市场机制在社区服务中的作用。积极推进适宜产业化经营的社区服务实体的股份制改造；鼓励大型服务企业兼并、控股国有或集体所有的社区服务单位，支持个体私营经济参股或兴办社区服务企业。

（二十二）加强对社区服务活动的监督管理。综合运用行政、法律手段监督、管理社区服务。推动制定各类社区服务行业标准并监督执行。建立健全反映社区服务设施、服务管理、居民需求及满意程度等有关信息的采集及工作评估体系。严格财务和审计制度，严禁将救助、福利、公益款物等挪作他用。认真解决社区服务发展中的各种问题，及时查处违法违纪和损害群众利益的行为，保证社区服务健康发展。

各省、自治区、直辖市人民政府要按照本意见精神，结合实际，制订贯彻落实的具体措施。国务院有关部门要加强对本意见贯彻执行情况的监督检查。

民政部关于大力培育发展社区社会组织的意见

（2017 年 12 月 27 日）

各省、自治区、直辖市民政厅（局），各计划单列市民政局，新疆生产建设兵团民政局：

社区社会组织是由社区居民发起成立，在城乡社区开展为民服务、公益慈善、邻里互助、文体娱乐和农村生产技术服务等活动的社会组织。培育发展社区社会组织，对加强社区治理体系建设、推动社会治理重心向基层下移、打造共建共治共享的社会治理格局，具有重要作用。为贯彻落实党的十九大关于“加强和创新社会治理”的精神，根据中央有关文件要求，现就大力培育发展社区社会组织提出如下意见。

一、培育发展社区社会组织的总体要求

深入学习贯彻党的十九大精神，以习近平新时代中国特色社会主义思想为指导，认真落实党中央、国务院关于大力培育发展社区社会组织的部署要求，以满足群众需求为导向，以鼓励扶持为重点，以能力提升为基础，引导社区社会组织健康有序发展，充分发挥社区社会组织提供服务、反映诉求、规范行为的积极作用。力争到2020年，社区社会组织培育发展初见成效，实现城市社区平均拥有不少于10个社区社会组织，农村社区平均拥有不少于5个社区社会组织。再过5到10年，社区社会组织管理制度更加健全，支持措施更加完备，整体发展更加有序，作用发挥更加明显，成为创新基层社会治理的有力支撑。

二、充分发挥社区社会组织的积极作用

（一）提供社区服务。支持社区社会组织承接社区公共服务项目。推动家庭服务、健康服务、养老服务、育幼服务等领域的社区社会组织主动融入城乡

社区便民利民服务网络，为社区居民提供多种形式的生活服务。鼓励社区社会组织多为社区内低保对象、特困人员、空巢老人、农村留守人员、困境儿童、残疾人等困难群体提供生活照料、文体娱乐、医疗保健等志愿服务。支持社会工作服务机构面向社区提供心理疏导、人文关怀、精神慰藉和心理健康等专业服务。引导农村社区社会组织发扬邻里互助的传统，开展以生产互助、养老互助、救助互助为主的活动，增强农村居民自我服务能力。

（二）扩大居民参与。发挥社区社会组织扎根社区、贴近群众的优势，广泛动员社区居民参与社区公共事务和公益事业。引导社区社会组织在基层党组织领导下，协助基层群众性自治组织推动社区居民有序参与基层群众自治实践，依法开展自我管理、自我服务、自我教育、自我监督等活动。引导社区居民在参与社区社会组织活动过程中有序表达利益诉求，养成协商意识、掌握协商方法、提高协商能力，协商解决涉及城乡社区公共利益的重大事项、关乎居民切身利益的实际问题和矛盾纠纷。鼓励社区社会组织参与制定自治章程、居民公约和村规民约，拓展流动人口有序参与居住地社区治理渠道，促进流动人口社区融入。

（三）培育社区文化。发挥社区社会组织在完善社区公共文化服务体系中的积极作用，丰富群众性文化活动，提升社区居民生活品质。指导社区社会组织在组织开展文化、教育、体育、科普、娱乐、慈善等社区居民活动中积极培育和践行社会主义核心价值观，倡导移风易俗，弘扬时代新风。鼓励社区社会组织参与社区楷模、文明家庭等各种社区创建活动，弘扬优秀传统文化，维护公序良俗，形成向上向善、孝老爱亲、与邻为善、守望互助的良好社区氛围，增强居民群众的社区认同感、归属感、责任感和荣誉感。

（四）促进社区和谐。发挥社区社会组织在源头治理方面的积极作用，协助提升社区矛盾预防化解能力。支持社区社会组织参与物业纠纷、农村土地承包经营纠纷、家庭纠纷、邻里纠纷调解和信访化解。指导社区社会组织参与群防群治，协助做好社区矫正、社区戒毒、刑满释放人员帮扶、社区防灾减灾、精神障碍社区康复等工作，积极参与平安社区建设，助力社区治安综合治理。

三、加大对社区社会组织的培育扶持力度

（一）实施分类管理。符合法定登记条件的社区社会组织，可以到所在地县级民政部门申请登记，其中符合直接登记条件的可以直接提出申请。民政部门要通过简化登记程序、提高审核效率、结合社区社会组织特点制定章程范本等方式优化登记服务。落实中央有关文件要求，对未达到登记条件的社区社会组织，按照不同规模、业务范围、成员构成和服务对象，由街道办事处（乡镇政府）实施管理，加强分类指导和业务指导；对规模较小、组织较为松散的社区社会组织，由社区党组织领导，基层群众性自治组织对其活动进行指导和管理。

（二）明确发展重点。加快发展生活服务类、公益慈善类和居民互助类社区社会组织。重点培育为老年人、妇女、儿童、残疾人、失业人员、农民工、服刑人员或强制戒毒等限制自由人员的未成年子女、困难家庭、严重精神障碍患者、有不良行为青少年、社区矫正人员等特定群体服务的社区社会组织。鼓励支持有条件的社区社会组织吸纳社会工作专业人才，发挥“三社联动”优势。加快农村社区社会组织发展，引导它们有序参与乡村治理体系建设，在脱贫攻坚、就业创业、生产互助、卫生健康、文化体育、社会治安、纠纷调解、生活救助、减灾救灾、留守人员关爱等方面发挥作用。支持高校毕业生、复转军人和返乡创业农民工创建农村社区社会组织或到农村社区社会组织中就业。

（三）加大扶持力度。要协调有关部门加大对社区社会组织发展的资金支持，鼓励引导社会资金支持社区社会组织发展，推动建立多元化、制度化的资金保障机制。推动基层政府将城乡社区服务纳入政府购买服务指导目录，逐步扩大购买范围和规模，支持社区社会组织承接相关服务项目。中央财政支持社会组织参与社会服务项目将加大对社区服务类社会组织的支持力度。民政部门彩票公益金支持资助社区社会组织开展扶老、助残、救孤、济困等服务项目。鼓励有条件的地方设立社区发展基金会，为城乡社区治理募集资金，为其他社区社会组织提供资助。鼓励有条件的基层群众性自治组织对社区社会组织开展的公益慈善类服务活动给予一定经费和服务场地支持。推动政府资金、社会资金等资金资源向农村社区社会组织和服务项目倾斜。依托街道（乡镇）社区服务中心、城乡社区服务站等设施，建立社区社会组织综合服务平台，鼓励将闲置的宾馆、办公用房、福利设施等国有或集体所有资产，通过无偿使用等优惠方式提供给社区社会组织开展公益活动。有条件的地方可探索设立孵化培育资金，建设孵化基地，为初创的社区社会组织提供公益创投、补贴奖励、活动场地、费用减免等支持。

（四）促进能力提升。加强社区社会组织人才培养，通过强化业务培训、引导参加相关职业资格考试等措施，着力培养一批热心社区事务、熟悉社会组织运作、具备专业服务能力的社区社会组织负责人和业务骨干。推动建立专业社会工作者与社区社会组织联系协作机制，发挥专业支撑作用，提升社区社会组织服务水平。强化社区社会组织项目开发能力，通过开展社区服务项目交流会、公益创投大赛等方式，指导社区社会组织树立项目意识，提升需求发现、项目设计、项目运作水平。推进社区社会组织品牌建设，引导优秀社区社会组织完善自身发展规划和品牌塑造，加强公益活动宣传，提高品牌辨识度和社会知晓度。指导社区社会组织规范资金使用和活动开展，强化决策公开和运作透明，不断提升服务绩效和社会公信力。

四、加强对社区社会组织的管理服务

（一）加强党的领导。按照《中共中央国务院关于加强和完善城乡社区治理的意见》要求，推动街道（乡镇）党（工）委和城乡社区党组织加强对社区社会组织各项工作的领导，确保社区社会组织全面贯彻落实党的路线方针政策和决策部署，沿着正确方向发展。推动建立城乡社区党组织与社区社会组织定期联系制度，组织和协调社区社会组织参与城乡社区共驻共建活动。鼓励社区党员担任社区社会组织负责人，把符合条件的社区社会组织骨干培养发展为党员，把社区社会组织中的优秀党员吸收到城乡社区党组织领导班子中。社区社会组织要认真落实《中共中央办公厅印发〈关于加强社会组织党的建设工作的意见（试行）〉的通知》要求，在城乡社区党组织的指导下加强自身党的建设工作，推进党的组织和工作有效覆盖。社区社会组织党组织应当结合自身特点开展党组织活动，在业务活动中宣传党的主张，贯彻党的决定，团结动员社区群众，严格落实“三会一课”等制度，做好党员的教育、管理和监督，引导党员发挥先锋模范作用。

（二）加强工作指导。各级民政部门要依法加强已登记的社区社会组织日常活动、负责人、资金往来、信息公开等方面的管理，通过抽查、评估、培训等方式，指导其强化自律诚信和守法意识，按照章程规定健全组织机构，完善运行机制，建立管理制度，强化组织人员、重大活动、收费标准等信息公开，自觉接受监督。指导街道办事处（乡镇政府）、基层群众性自治组织做好未达到登记条件的社区社会组织的培育扶持、服务指导等工作，指导社区社会组织建立必要的活动制度和服务规范，自觉践行服务社区、服务居民的宗旨，对于存在问题的组织及时提醒和帮助纠正。鼓励在街道（乡镇）成立社区社会组织联合会、社区社会组织服务中心等枢纽型社会组织，发挥管理服务协调作用，规范社区社会组织行为，提供资源支持、承接项目、代管资金、人员培训等服务。

（三）做好组织宣传。各级民政部门要在深入学习贯彻党的十九大精神过程中，进一步深化对培育发展社区社会组织工作重要意义的认识，积极争取党委和政府的重视与支持，推动将社区社会组织发展和管理工作纳入基层政府绩效考核内容和社会治安综合治理考评体系。科学制定社区社会组织发展规划、扶持措施、管理制度，加大部门协调力度，完善工作运行机制，形成各部门共同支持社区社会组织发展的工作格局。发挥先进典型的示范引领作用，及时归纳总结发展社区社会组织的先进经验，加大对社区社会组织优秀典型、先进事迹的表扬、奖励和宣传，营造关心、支持社区社会组织发展的良好社会氛围。

民政部

2017年12月27日

民政部、中央组织部关于进一步开展社区减负工作的通知

（2015 年 7 月 13 日）

各省、自治区、直辖市民政厅（局）、党委组织部，新疆生产建设兵团民政局、党委组织部：

2014年以来，各地区各部门按照中央组织部、中央党的群众路线教育实践活动领导小组《关于在第二批党的群众路线教育实践活动中进一步加强基层党组织建设的通知》（中组发〔2014〕13号）要求，推进社区减负工作，取得较好成效。但社区减负工作远未到位，行政事务多、检查评比多、会议台账多、不合理证明多等问题仍然非常突出，社区干部不堪重负，居民群众反映强烈。为深入贯彻党的十八大、十八届三中、四中全会和习近平总书记系列重要讲话精神，落实“三严三实”要求，推动基层社会治理创新，切实减轻基层负担，提升为民服务水平，现就进一步开展社区减负工作通知如下。

一、依法确定社区工作事项

按照国家法律、法规和地方性法规有关规定，以市（地、州、盟）为单位制定社区工作事项清单，实行社区工作准入制度。属于基层人民政府及其职能部门、街道办事处职责范围内的事项，不得转嫁给社区；应由社区协助的事项，应当为社区提供必要的经费和工作条件。社区承担的招商引资、协税护税、经济创收等任务指标，以及社区作为责任主体的执法、拆迁拆违、环境整治、城市管理等事项，原则上一律取消。

二、规范社区考核评比活动

各省（区、市）面向城乡社区的评比达标表彰项目应按照中央办公厅、国

务院办公厅《评比达标表彰活动管理办法（试行）》（中办发〔2010〕33号）精神执行。以市（地、州、盟）为单位对社区工作实行综合考核评比，建立统一的考核评比指标体系，将各职能部门的工作指标一并纳入，各职能部门不再单独组织考核评比活动。建立以社区居民群众满意度为主要评价标准的社区考核机制，取消对社区的“一票否决”事项。

三、清理社区工作机构和牌子

根据社区工作实际和群众需求，对各职能部门在社区设立的工作机构和加挂的各种牌子进行规范清理，原则上能整合的一律整合，能取消的一律取消。社区办公场所对外只悬挂社区党组织、社区居民自治组织牌子以及“中国社区”标识。各职能部门不得以是否设机构、挂牌子作为考核社区工作的依据。

四、精简社区会议和台账

大力压缩基层人民政府、街道办事处及其职能部门要求社区参加的各类会议和活动。大幅减少各职能部门针对社区的各类台账和材料报表，整合内容重复、形式雷同的材料报表。

五、严格社区印章管理使用

以市（地、州、盟）为单位制定社区印章使用范围清单。对法律法规有明确规定且社区有能力提供证明的，方可使用社区印章。各职能部门、企事业单位、社会组织职责范围内的证明核实事项不得要求社区出具证明。

六、整合社区信息网络

加快社区公共服务综合信息平台建设，逐步实现社区公共服务事项的一站式受理、全人群覆盖、全口径集成和全区域通办。精简各部门建设和部署在社区的业务应用系统和服务终端，部门新建业务应用系统不再单设服务终端或向社区延伸，已建成的各类业务应用系统要逐步向社区公共服务综合信息平台迁移或集成。规范各类业务应用系统与社区公共服务综合信息平台的共享范围、共享方式和共享标准，实现数据一次采集、资源多方共享。

七、增强社区服务能力

建立健全基层政府购买服务机制，逐步扩大购买服务资金来源和数量，拓展购买服务领域和范围，规范购买服务程序和方式，将适合采用市场化方式提供的公益性、专业性、技术性服务交由社会组织、企业等社会力量承担。积极培育发展社区社会组织，加快社区工作者队伍专业化建设，充分发挥社区的平台作用、社区社会组织的载体作用、社会工作专业人才的骨干作用，不断提升社区服务管理水平。加大财政保障力度，统筹整合各级各部门相关社区建设资金，重点保障社区工作经费、人员报酬、服务群众专项经费以及社区服务设施和信息化建设经费，更好地为群众提供精准有效的服务。

八、切实加强组织领导

社区减负工作涉及面广、政策性强、工作要求高，要在党委、政府统一领导下，民政、组织部门牵头协调，有关部门参与，共同抓好落实。各省（区、市）民政、组织部门要统一安排部署，加强工作指导，研究解决重大问题。市（地、州、盟）民政、组织部门要在深入摸排基础上，制定工作计划和实施方案，协调有关部门，抓好组织实施。县（市、区、旗）民政、组织部门要逐项抓好落实，确保工作落地见效。把社区减负工作纳入市县乡党委书记抓基层党建工作述职评议考核的重要内容。各地可借鉴教育实践活动做法，部署开展专项行动，上下联动、集中推进社区减负工作。加强督促检查，中央组织部、民政部将会同有关部门，适时组织开展联合督查，各地各部门也要组织力量，明察暗访、督促落实。加大舆论宣传力度，注意总结社区减负工作的做法经验，形成长效机制。

各地区各部门开展社区减负工作的情况，请及时报送中央组织部、民政部。

民政部　中共中央组织部

2015年7月13日

国家民族事务委员会、民政部关于加强新形势下社区民族工作的意见

（2011 年 12 月 15 日）

各省、自治区、直辖市及新疆生产建设兵团民（宗）委（厅、局）、民政厅（局）：

为促进各民族共同团结奋斗、共同繁荣发展，推进和谐社区建设，现就加强新形势下社区民族工作提出以下意见。

一、充分认识加强社区民族工作的重要意义

1.做好社区民族工作重要而紧迫。社区是社会的基本单元，也是各民族交流交往的重要平台。当前，随着我国工业化、城镇化的快速发展，民族分布和交往格局正在发生重大变化，城市和散杂居地区的少数民族人口不断增加，各民族交错居住在同一社区的现象日益普遍，社区民族工作任务日趋繁重。各地各部门积极应对，不断探索，创造了许多新鲜经验，社区民族工作取得了显著成绩。但同时，一些社区的民族工作也存在着基础比较薄弱、服务和管理水平有待提高、方法和机制亟须创新等问题。

加强社区民族工作，是服务各族群众、夯实党的执政基础的需要，是促进民族团结、建设和谐社区的需要，是加强和创新社会管理、维护社会稳定的需要。必须站在全局和战略的高度，进一步增强责任感和紧迫感，切实把社区民族工作摆在重要位置，抓紧抓好。

二、全面把握加强社区民族工作的总体要求

2.坚持社区民族工作的正确方向。社区民族工作要坚持以邓小平理论和“三个代表”重要思想为指导，深入贯彻落实科学发展观，牢牢把握各民族共

同团结奋斗、共同繁荣发展的主题，以和谐社区建设为依托，以宣传教育、保障权益、完善服务为工作着力点，整合资源，形成合力，不断加强社区民族工作，进一步巩固和发展平等、团结、互助、和谐的社会主义民族关系，为全面建设小康社会和构建社会主义和谐社会奠定更加坚实的基础。力争用5年左右的时间，在全国形成一个比较健全的社区民族工作网络，培育一批热心民族工作的少数民族联谊组织和社会工作者队伍，建成一批民族团结进步模范社区，努力把社区建设成各族群众团结和睦、安居乐业的幸福家园。

三、进一步明确加强社区民族工作的重点任务

3.大力推进民族团结宣传教育。认真落实中共中央办公厅、国务院办公厅《关于深入开展民族团结宣传教育活动的意见》（中办发〔2009〕34号），深入宣传民族理论、民族政策、民族法律法规和民族基本常识，不断增强各族群众的国家意识、公民意识和民族团结意识。结合和谐社区建设、文明城市创建、社会管理综合治理等活动，把民族团结教育纳入公民道德教育和社会主义精神文明建设全过程，尤其要切实加强对青少年的宣传教育。

进一步加强对公共服务和社会管理部门工作人员的宣传教育，帮助他们不断增强严格执行党和国家的民族政策的自觉性。广泛开展成就展览、知识竞赛、文体表演和网上交流等各族群众喜闻乐见的活动，让民族团结元素融入社区群众的日常工作、学习和生活中，引导各族群众不断增强对伟大祖国、中华民族、中华文化和中国特色社会主义道路的认同，牢固树立汉族离不开少数民族、少数民族离不开汉族、各少数民族之间也相互离不开的思想观念，自觉维护民族团结、社会稳定和国家统一。

4.扎实开展民族团结进步创建活动。结合社区实际，采取有力措施，按照中央宣传部、中央统战部、国家民委《关于进一步开展民族团结进步创建活动的意见》（民委发〔2010〕13号）的要求，把创建活动纳入社区发展总体规划，进一步创新形式、创新载体、创新手段，大力推进民族团结进步模范社区、模范单位建设。

坚持以人为本，把创建活动与帮助社区发展经济社会事业结合起来，与解决各族群众生产生活实际困难结合起来，逐步使创建活动成为便民、利民、惠民的民心工程。推动民族团结进步表彰活动制度化、规范化，及时表彰和奖励

社区民族团结进步模范集体和个人，努力形成维护民族团结光荣、破坏民族团结可耻的社会氛围。

5.努力提供满足各族群众需求的便捷服务。建立健全信息平台，密切联系沟通，全面了解和掌握社区少数民族情况，及时反映和解决他们生产生活中存在的困难。加强社区服务体系建设，尊重少数民族风俗习惯，积极创造条件，满足少数民族群众在清真饮食、殡葬服务、欢度民族节日和传承本民族文化等方面的需求。少数民族人口较多、民族工作任务较重的社区，应根据实际通过设立“少数民族服务中心”、“民族之家”、热线电话等方式，为各族群众提供方便畅通的办事渠道。

积极开展对少数民族困难家庭的帮扶工作。充分利用社区资源，通过购买社工服务等方式帮助困难群众解决就业、就学、就医等方面遇到的特殊困难。引导和鼓励社区内的企事业单位、社会团体积极参与社区民族工作，为各族群众提供针对性更强的便捷服务。

切实加强对少数民族流动人口的服务与管理。在外来少数民族人口较多的社区要明确有关责任人，积极提供就业帮助、语言翻译、法律维权等方面的服务。

6.大力促进社区各民族交流交往、互助合作。充分利用展示橱窗、社区网站、市民学校、文化馆站、文化广场等活动阵地，不断创新和完善社区民族工作载体，为各族群众提供交流、联谊和参与社区建设的渠道。积极开展专项咨询和培训活动，引导和帮助少数民族流动人口尽快适应城市和社区生活。广泛开展丰富多彩、富有民族特色的群众性文体活动，努力活跃社区各族群众的业余文化生活。注意发挥企事业单位、社会团体和社会工作者的作用，利用“互帮”“共建”等形式，帮助各族群众融入社区。

7.重视做好少数民族社区工作者的培养和使用工作。少数民族社区工作者来自本民族，熟悉本民族的历史和文化，了解本民族的心理和愿望，是联系各族群众的桥梁和纽带，是做好社区民族工作的重要力量。注意发现和培养少数民族代表人士，逐步形成一支与党和政府同心同德、关心民族工作、热心社区服务的骨干队伍。支持他们积极联系本民族群众，鼓励他们积极建言献策，带动各族群众积极投身和谐社区建设。注重发挥他们在各种群众性组织中的特殊作用，发挥他们在宣传党和国家政策，反映社情民意，特别是在处理涉及民族因素的突发事件、维护民族团结和社会稳定方面的重要作用。

8.妥善处理涉及民族因素的矛盾纠纷。随着各民族之间交流交往不断增多，社区内各民族之间的共同因素不断增多，但民族特点、民族差异和各民族在经济文化发展上的差异将长期存在，从而可能引发一些涉及民族因素的摩擦、纠纷和矛盾。要不断提高预防和处理有关矛盾和纠纷的工作水平，及时、准确、全面地掌握有关信息，做到早发现、早部署、早处理，力争把问题解决在社区、解决在当地、解决在萌芽状态。

要定期排查影响民族关系的不稳定因素，认真制定和不断完善有关突发事件的处置预案。坚持具体问题具体分析，是什么问题就按什么问题处理，不要把与民族关系无关的问题归入民族问题，也不要把民族问题当作一般的社会问题来处理。对一般的矛盾纠纷，要采取教育、疏导、化解的办法来解决。凡属违法犯罪的，不论涉及哪个民族，都要坚决依法处理。切实维护各族群众的合法权益，维护民族团结、社会和谐、国家统一和法律尊严。

四、切实加强对社区民族工作的组织领导

9.切实把社区民族工作摆上重要位置。新形势下的社区民族工作，既是社区工作的组成部分，也是民族工作的重要内容。各级民族和民政部门要积极推动有关地区和部门把社区民族工作摆上重要议事日程，自觉加强对马克思主义民族观及党和国家民族法规政策的学习，加强对社区民族工作的研究，努力提高驾驭和处理民族问题的能力。建立健全目标责任制，逐步将社区民族工作状况作为有关地区和部门干部考核的重要内容。少数民族人口较多、民族工作任务较重的乡镇、街道，要将社区民族工作状况作为有关干部选拔任用的重要依据。

10.创新社区民族工作的体制机制。省（区、市、兵团）民族和民政部门要加强对社区民族工作的指导、协调和督促。市（地、州、盟）、县（市、区、旗）、乡（镇、街道）三级民族和民政部门，要在党委政府统一领导下，逐步推动建立和完善社区民族工作管理体制和工作机制。少数民族人口较多、社区民族工作任务较重的乡镇、街道，要配备民族工作专（兼）职干部。少数民族人口较多的社区要配备民族工作联络员，注意培育一批热心民族工作的少数民族联谊组织和社会工作者队伍。有关部门要为开展社区民族工作提供必要的工

作条件，保障必要的工作经费。

11.加强社区民族工作的监督检查。各级民族和民政部门要采取定期与不定期相结合、上级检查与自查相结合等方式，加强对开展社区民族工作情况的监督检查，重点是检查党和国家民族政策和有关法律法规贯彻落实情况。对查找出的问题要提出切实可行的整改方案，务求取得实效。要及时总结经验，立足各地实际，加强分类指导，力争在今后5年内有计划地建成一批民族团结进步模范社区，促进社区民族团结进步事业蓬勃健康发展。

国家民委

民政部

2011年12月15日

民政部办公厅关于建立全国和谐社区建设示范单位联系制度的通知

（2010 年 3 月 24 日）

各省、自治区、直辖市民政厅（局），新疆生产建设兵团民政局：

2009年，在全国和谐社区建设工作会议上，民政部命名表彰了188个城区（市）为全国和谐社区建设示范城区（市）、253个街道为全国和谐社区建设示范街道、500个社区为全国和谐社区建设示范社区。为贯彻落实民政部最近提出的大兴调查研究之风、团结协作之风、改革创新之风的要求，积极探索新形势下推动社区工作科学发展的新思路、新办法、新途径，充分发挥全国和谐社区建设示范单位的榜样作用，现就建立全国和谐社区建设示范单位联系制度，通知如下。

一、总体要求

通过建立全国和谐社区建设示范单位联系制度，深入贯彻落实党的十七大以来中央关于社区建设的一系列重要决策和2009年全国和谐社区建设工作会议精神，切实加强对社区工作的理论和政策性研究，促进各示范单位之间的交流与合作，加大对各示范单位的工作指导力度，真正发挥示范单位的典型引导、辐射带动作用，推动全国和谐社区建设在范围上得到新拓展，在质量上得到新提升，在群众满意度上实现新飞跃。

二、主要任务

（一）传达和学习贯彻好中央关于和谐社区建设的指示精神，督促检查各示范单位相关政策落实情况和任务完成情况，协调解决政策落实中的难点问题，推动中央有关政策在基层的贯彻落实。

（二）加强各示范单位之间的交流与合作，收集、通报各地的年度工作要点、阶段性工作计划和工作进展情况，促进不同区域之间相互借鉴、优势互补、整体推进。

（三）指导和支持各示范单位推进体制机制创新，总结和推广各地创新成果及经验，为工作发展提供思路。

（四）组织开展调查研究，研究确定重大调研课题，为政策制定提供决策依据。

（五）修订、完善和谐社区建设示范单位标准体系，推动和谐社区建设示范单位创建活动科学化、制度化、规范化。

三、职责分工

（一）民政部。主要联系全国和谐社区建设示范城区（市）以及部分示范街道、示范社区。

（二）各省（区、市）民政厅（局）。主要联系本地区的全国和谐社区建设示范街道以及部分示范城区（市）、示范社区。

（三）各城区（市）民政局。主要联系本地区的全国和谐社区建设示范社区以及部分示范街道。

四、工作措施

（一）建立联席会议制度。民政部召集的联席会议由2009年表彰的全国和谐社区建设示范城区（市）和部分示范街道、示范社区以及各省（区、市）民政厅（局）基层政权和社区建设处组成。各示范城区（市）和部分示范街道、示范社区的有关负责人以及各省（区、市）民政厅（局）基层政权和社区建设处处长为联席会议成员，各成员单位1名干部为联席会议联络员。民政部基层政权和社区建设司作为联席会议的总召集单位，负责整体协调和日常工作。联席会议多以片会形式进行。

各省（区、市）民政厅（局）和各城区（市）民政局也要根据需要建立相应的联席会议制度，加强本地区示范单位的联系，推动形成示范单位联系制度工作网络。

（二）建立信息通报制度。民政部联系的各示范单位每季度或半年应向民政部上报一次工作进展情况，包括工作计划、相关政策落实和任务完成情况，并对工作提出意见和建议，临时工作信息可随时报送。民政部根据各地上报情况，不定期编发《全国和谐社区建设示范单位工作动态》简报，分送各示范单位，及时推广各地好的经验和做法，促进各成员单位之间的交流与合作，指导各地研究解决和谐社区建设工作的重要问题和政策落实中的难点问题。

各省（区、市）民政厅（局）和各城区（市）民政局要通过多种形式加强本地区示范单位的信息交流工作，及时掌握工作进展和工作动态，推广好的做法和经验，指导各地开展工作。

（三）建立学习交流制度。民政部依托联席会议片会和每两年召开的城区论坛，组织示范单位定期开展学习交流，及时学习领会党中央、国务院关于和谐社区建设工作的指示及有关会议、文件精神，交流各地工作开展经验，研究解决工作中的难点和突出问题，提出完善政策措施的建议。通过考察、调研、培训班、报告会等多种方式组织协调各示范单位之间开展学习交流活动，使各示范单位主动了解、积极借鉴兄弟单位的新理念、新经验、新办法，取长补短，加强合作，提高推动和谐社区建设工作的能力。

各省（区、市）民政厅（局）和各城区（市）民政局要采取有效措施建立学习交流制度，加强本地区示范单位之间的学习交流，既要立足自身向实践学习、向书本学习、向群众学习，也要以开放的心态积极走出去，把好的经验和做法引进来，形成良好学习氛围，建立长效交流机制，不断推动和谐社区建设工作深入发展。

（四）建立示范单位动态管理制度。各示范单位要对照全国和谐社区建设示范单位标准体系每年自查一次，总结经验，查找不足，不断完善提高。各省（区、市）民政厅（局）要不定期对本地区的示范单位进行检查，并积极组织开展城乡社区之间、不同区域之间的交流与合作，形成以城带乡、优势互补、共同提高的局面。必要时民政部可组织全国示范单位之间进行互查，对工作成效不明显、示范作用不强的及时督促改进；对长期工作不力、改进效果不明显的，建议取消示范单位称号。通过对示范单位实行动态管理，避免出现“牌子到手、创建到头”现象，使和谐社区建设工作保持持续强劲的发展势头。

（五）建立推动地方改革创新制度。各示范单位要根据本地区的实际情况，积极推进和谐社区建设工作体制机制创新，以改革的精神、创新的办法解决前进中的困难和问题，努力在和谐社区建设的领导体制、改革措施、规划标准、投入机制和参与机制上求突破、求发展。各省（区、市）民政厅（局）要加强对本地区示范单位创新实践的指导、支持和帮助，对创新成果及时进行总结和推广。民政部拟采用适当方式定期或不定期推出一批理论和实践创新成果，并给予通报表彰。

各省（区、市）民政厅（局）要高度重视和谐社区建设示范单位联系制度工作，认真组织，精心筹划，研究制定贯彻落实措施，做好本地区的协调工作。各示范单位要大力支持联系制度的建立，积极参与相关工作，切实加强领导，明确专人负责落实，以取得实实在在的效果。民政部将适时召开工作片会，研究协商联系制度的具体事项。

请各地以省（区、市）为单位将民政部召集的联席会议成员和联络员名单（包括姓名、单位、职务、通信地址、办公电话、手机号码）于2010年4月2日之前上报至民政部基层政权和社区建设司城市工作处。民政部联系的部分示范街道、示范社区由各省（区、市）推荐，原则上每省（区、市）推荐2个示范街道、1个示范社区。

2010年3月24日

民政部关于进一步推进和谐社区建设工作的意见

（2009 年 11 月 23 日）

各省、自治区、直辖市民政厅（局），各计划单列市民政局，新疆生产建设兵团民政局：

近年来，各地全面贯彻落实中央关于构建社会主义和谐社会的重要部署和2005年民政部在吉林省长春市召开的全国社区建设工作会议精神，积极推进和谐社区建设，为加强和改进基层社会管理、提高居民生活质量、维护社会和谐稳定、密切党和政府同人民群众的关系作出了重要贡献，但与我国经济社会发展新要求、人民群众过上美好生活新期待相比仍有很大差距。为深入贯彻落实党的十七大和十七届三中、四中全会精神，充分发挥社区在构建社会主义和谐社会中的重要基础作用，加快形成城乡经济社会发展一体化新格局，根据刚刚闭幕的全国和谐社区建设工作会议精神，现就进一步推进和谐社区建设工作提出以下意见。

一、充分认识进一步推进和谐社区建设工作的重要性和紧迫性

社区是社会的基本单元，是人们社会生活的共同体和人居的基本平台，社区和谐是社会和谐的基础。加强社会管理的重心在社区，改善民生的依托在社区，维护稳定的根基在社区。实践证明，和谐社区建设事关党和国家大政方针的贯彻落实，事关人民群众的切身利益，事关城乡基层的和谐稳定。当前，随着工业化、信息化、城镇化、市场化、国际化的深入发展，我国正处在社会结构深刻变动、利益格局深刻调整、思想观念深刻变化的重要时期，社区日益成为各种利益关系的交会点、各种社会矛盾的集聚点、社会建设的着力点和党在基层执政的支撑点。做好和谐社区建设工作，对于保障城乡困难群众的基本生活权益，满足普通居民群众多层次、多样化的物质文化生活需求，对于夯实我们党的执政基础，激发广大人民群众参与社会建设的积极性、主动性、创造

性，为经济社会发展创造更加良好的社会环境，具有重要的现实意义和深远的历史意义。各地民政部门要在党委、政府统一领导下，从贯彻落实科学发展观的高度，从我国经济社会发展的新要求和人民群众过上美好生活的新期待的高度，把和谐社区建设摆在更加突出的位置，切实抓紧抓好，抓出更大成效。

二、进一步推进和谐社区建设工作的总体思路和目标要求

进一步推进和谐社区建设工作，要坚持以邓小平理论和“三个代表”重要思想为指导，深入贯彻落实科学发展观，全面把握党的十七大以来中央关于社区建设的一系列重要决策和部署，围绕中心、服务大局，把服务居民、造福群众作为出发点和落脚点，把建设管理有序、服务完善、文明祥和的社会生活共同体作为基本目标，把统筹推进城乡社区建设作为重要方针，把创新体制机制作为根本动力，把加强以党组织为核心的社区组织体系和社区工作者队伍建设作为基础保证，把和谐社区示范创建活动作为重要载体，推动和谐社区建设在范围上得到新拓展，在质量上得到新提升，在群众满意度上实现新飞跃，为实现全面建设小康社会奋斗目标和构建社会主义和谐社会奠定更加坚实的基础。力争用五年的时间，把全国80%以上的城乡社区建设成为管理有序、服务完善、文明祥和的社会生活共同体；到建党100周年时，把所有城乡社区全面建设成为管理有序、服务完善、文明祥和的社会生活共同体。

三、当前和今后一个时期进一步推进和谐社区建设工作的主要任务

（一）进一步健全以基层群众自治为基础的新型社区管理体制机制，不断提高基层治理水平。加快城乡接合部、“城中村”、工矿企业所在地、新建住宅区、流动人口聚居地的社区党组织和自治组织的组建工作，健全以基层党组织为核心的城乡社区组织体系。积极推进街道管理体制创新和农村综合改革，建立健全利益协调机制、诉求表达机制、矛盾调处机制、权益保障机制和自然灾害、事故灾难、公共卫生事件、社会安全事件应急管理体制机制。落实社会治安综合治理责任制，加强对吸毒人员、刑释解教人员以及流浪儿童、服刑人员的未成年子女、农村留守儿童的管理、监督和教育，加强和改进对流动人口的服务管理以及非公有制经济组织和新社会组织的管理，实现城乡社区的“无缝隙”管理。积极推广、运用现代信息技术，有条件的地方可实行社区网格化

管理，提升社区管理的现代化水平。深入开展以民主选举、民主决策、民主管理、民主监督为重要内容的实践活动，健全城乡基层党组织领导的充满活力的基层群众自治机制，推进基层群众自治制度化、规范化、程序化。适应城乡社会结构、利益格局的发展变化，拓展基层群众自治范围，扩大城市居民委员会直接选举的覆盖面，完善农村村民委员会直接选举制度。选齐配强农村村民小组长、城市居民小组长、楼院门栋长、村（居）民代表，形成村（居）委会及其下属的委员会、村（居）民小组、村落、楼院、门栋上下贯通、左右联动的城乡基层群众自治组织体系。广泛开展院落、楼座、门栋自治及邻居节等睦邻活动，强化村（居）民委员会和村（居）民代表对政府公共服务的监督和评议，增强民主的实效性。建立健全共青团、妇联、残联、老年协会等群团组织在社区的机构，大力培育服务性、公益性、互助性社区社会组织，发挥其提供服务、反映诉求、规范行为的作用。适当放宽社区社会组织的登记条件，降低门槛，简化登记手续，及时办理备案手续，并在活动场地等方面提供帮助。积极探索业主自治与居民自治的有效衔接，认真研究物业管理机构参与社区管理与服务的方式和途径，切实维护社区居民和业主的合法权益。建立城乡社区党组织主导的群众维权机制，引导社区居民以理性合法的形式表达利益诉求，维护自身的合法权益。

（二）进一步完善以民生需求为导向的新型社区服务体系，不断提高社区居民生活水平。充分发挥行政机制、互助机制、志愿机制、市场机制的作用，进一步完善覆盖城乡社区居民的社区服务体系，满足居民群众多样化、多层次、多方面的服务需求。依托社区服务中心和社区服务站，积极推进以就业、社会保险、社会救助、社会治安、医疗卫生、计划生育、文化、教育、体育为主要内容的政府公共服务覆盖到社区，促进实现城乡基本公共服务均等化。规范、整合社区公共服务设施的功能作用，提倡“开放式办公、一站式服务”，合理设置服务窗口，优化工作流程，规范服务标准，鼓励开展全程委托代理、全年无休假等便民服务。大力推行社区公共服务事项准入制度，凡属于城乡基层政府及其职能部门职责范围内的事项，不得转嫁给村（居）委会；凡依法应由村（居）委会协助的事项，应当为村（居）委会提供必要的经费和工作条件；凡委托给村（居）委会办理的有关服务事项，应当实行权随责走、费随事转。大力发展居家养老服务，依托社区养老机构和社区老年人日间照料中心，逐步建立以居家为基础、社区为依托、机构为补充的社会养老服务体系。大力推行社区志愿者注册登记制度，尽快建立健全以区、县为单元，以社区、街道为依托，全国统一的社区志愿者注册管理系统。研究制定社区志愿者在升学、择业、晋升等方面的激励措施，鼓励和引导社区居民广泛参与志愿服务活动。大力培育发展社区志愿者组织，依托社区服务中心（站），在街道（乡镇）、社区（村）建立志愿者服务站，健全社区志愿服务网络，力争用3—5年的时间，实现社区志愿者注册率占居民人口10%以上的目标。鼓励社区内或周边单位向社区居民开放内部食堂、浴室、文体和科教设施，支持驻社区单位和社区居民开展邻里互助等群众性自我服务活动，为低收入人群、老年人、残疾人、优抚对象、城市流浪儿童和农村“留守儿童”等提供各种服务，发展慈善事业。鼓励各类组织、企业和个人兴办与居民生活密切相关的城乡社区服务业，推进社区商业服务规模化、集约化、产业化，鼓励企业以连锁经营、品牌加盟等服务业态进社区。进一步完善社区便民服务设施，加快发展家政服务业，深入实施以“便利消费进社区、便民服务进家庭”为主题的“双进工程”。充分挖掘社区资源，鼓励开设具有一定规模的社区居民食堂或就餐点，为社区居民提供卫生方便的就餐送餐服务。引导社区居民树立节能环保观念，积极推动社区再生资源的回收利用、剩余物资的调剂互换。积极推进政府购买服务、社会化运作等方式，对社区组织开展的公益性服务和社会力量兴办的微利服务给予政策和资金扶持。鼓励通过社区网站、呼叫热线、短信平台和有线数字电视平台、电子阅览室、信息服务自助终端，为社区居民提供“一网式”、“一线式”综合服务。

（三）进一步繁荣以增强社区凝聚力为宗旨的城乡社区文化，不断提高社区居民文明素质。广泛开展社会主义核心价值体系宣传普及工作，从城乡社区存在的具体问题入手，深入开展社会公德、职业道德、家庭美德、个人品德教育，推进廉政文化教育进社区，推动形成良好的社会风尚与和谐的人际关系、邻里关系。加强社区文化基础设施建设，在社区建设方便居民读书、阅报、上网、娱乐、健身等活动场所。充分挖掘社区文化资源，广泛开展各具特色的群众性文化活动，着力丰富居民群众的精神文化生活。利用春节、清明、端午、中秋等民族传统节日，广泛开展节日民俗活动和文化娱乐活动，弘扬中华民族优秀文化传统。积极发展社区教育，倡导终身学习理念。加强未成年人思想道德建设，利用社区资源为社区内中小学开展素质教育和社会实践活动提供方便，不断优化青少年成长环境。大力开展全民健身活动，不断增强社区居民体质。重视社区物质文化遗产和非物质文化遗产保护。建立健全社区心理咨询网络，加强对居民的人文关怀和心理疏导。要从看得见、摸得着、见效快的问题入手，对社区人居环境进行整治，实施乡村清洁工程，建设资源节约型、环境友好型社区。健全社区环境保护管理制度，广泛发动社区居民积极参与环保活动，普及社区防灾减灾知识，倡导义务植树护草，文明饲养家禽和宠物，自觉养成节约能源资源、爱护环境、讲究卫生的习惯。做好人口和计划生育工作，推行计划生育居（村）民自治，搞好计划生育技术服务，提高出生人口素质。少数民族聚居的社区要利用公开栏、宣传统筹为重点的社区党建工作，不断提高基层党组织的战斗力。适应市场经济发展和城乡社会结构变化的实际，在所有符合条件的城乡社区、居民区、楼宇、新经济组织和新社会组织、农村专业生产合作社、专业协会、产业链、外出务工经商人员相对集中点等建立不同形式的党组织，加快建立开发区、新建住宅区、城中村、村改居地区社区党组织，明确各种新型党组织与社区党组织的关系，建立“横向到边、纵向到底”的组织领导体系。对尚不具备成立党组织条件的地方，通过设立党员联络服务站、选派党建工作指导员等多种形式，积极开展党建工作，消除社区党建的盲点和空白点，使社区党建工作覆盖到社区的各个层面。广泛开展党员设岗定责、依岗承诺、创先争优、帮扶困难群众等活动，构筑社区党员联系和服务居民的网络。主动抓好社区党员的学习培训和实践锻炼，及时将社区退休人员、复转军人、大中专毕业生、下岗失业人员、流动人口中的党员，纳入社区党员教育管理服务范围，促进形成城乡一体、流入地党组织为主、流出地党组织配合的党员动态管理机制。

（四）进一步发展党内基层民主，继续扩大基层党组织领导班子直接选举范围。动员和组织广大党员积极参与基层事务的民主管理和志愿服务，充分发挥先锋模范作用，做推进和谐社区建设的表率。适应城乡基层工作的特点，建立健全以党组织为核心的社区党建工作协商议事机构，围绕地区性、群众性、公益性工作，协调解决社区建设中的重要问题。按照条块结合、资源共享、优势互补、共驻共建的原则，进一步完善社区民意反映机制、科学决策机制、日常沟通机制和应急机制，确保全面准确及时地了解社区居民的呼声和驻区单位的意愿，充分发挥社区党组织在城乡社区管理和服务中的领导核心作用，构建城乡统筹的基层党建新格局。

（五）进一步推进农村社区建设工作，不断扩大农村社区建设的覆盖面和受益面。按照城乡一体化发展要求，选择不同类型的农村地区开展农村社区建设实验工作。统筹土地利用和城乡规划，合理安排市县域城镇建设、农田保护、产业聚集、社区分布、生态涵养等空间布局。统筹城乡社区干部培训，引导城市人才向农村流动。统筹城乡基础设施建设和公共服务，全面提高财政保障农村公共事业水平，逐步建立城乡统一的公共服务制度。统筹城乡劳动就业，加快建立城乡统一的人力资源市场。统筹城乡社会管理，推动流动人口服务和管理体制创新。加快农村社区公共服务设施建设，每个社区应有一个统一标识的综合性社区服务中心，具备办公、管理、服务、活动等多种功能。坚持服务农民、依靠农民，创新农村社会管理体制机制，推行社区化管理，初步具备农村社区利益协调、诉求表达、矛盾化解等功能。拓展村民自治范围，探索农村社区建设与村民自治衔接配套的有效方法。大力推进政府公共服务向农村社区延伸，开展农村社区志愿服务，积极扶持和发展农村社区商业服务，构筑政府基本公共服务、农民志愿服务和互助性服务、市场商业性服务相衔接的新型农村社区服务体系。在城乡单位、城市社区与农村社区之间开展结对帮扶活动，鼓励社会各类组织和个人以资金、技术、信息、智力、技能等方式参与农村社区建设，努力形成全社会关心、支持、参与农村社区建设的良好氛围。

四、切实加强进一步推进和谐社区建设工作的组织领导

（一）把和谐社区建设摆在更加突出的位置。党中央、国务院责成民政部门牵头推进和谐社区建设工作，是对民政部门的信任和重视。各级民政部门要不负重托，采取有效措施，把推进和谐社区建设作为解决民生、维护民利、落实民权的一件大事来抓。主要领导要率先垂范，经常研究部署，提出指导意见；分管领导要抓好落实，经常进行督促检查，提出决策建议；班子成员要明确责任，密切配合做好相关工作。民政部门要切实履行好自身职责，为政府部门和社会各界参与和谐社区建设搭建平台、提供服务，带头搞好行政和社会资源的开发、利用和整合，在推进城乡和谐社区建设中发挥示范作用。

（二）推动建立健全领导体制和工作机制。各地民政部门要积极争取党

委、政府的重视和支持，进一步健全党委领导、政府负责、民政牵头、有关部门配合、社会协同、居民参与的社区建设领导体制和工作机制。已建立社区建设领导协调机构的地方，应根据形势发展的需要进一步调整充实领导力量，明确各有关部门的工作职责；尚未建立的，应向当地党委、政府提出建议方案，尽快成立统一的社区建设领导协调机构，切实加强对和谐社区建设工作的组织领导。要积极推动市（地）、县（区）、乡镇（街道）党委和政府把和谐社区建设工作纳入党委的重要议事日程，纳入政府履行社会管理和公共服务职能的重要内容，纳入当地经济社会发展规划，经常研究和谐社区建设中的重点、难点、热点问题，积极引导各地把和谐社区建设纳入领导班子绩效考核和科学发展考评体系的重要内容，进一步加大政策支持力度、财政投入力度，确保有人做事、有钱办事、有地方办事。

（三）切实加强社区工作者队伍建设。根据党的政策和国家有关法律的规定，对城乡社区党组织、群众性自治组织以及其他需要选举产生的基层组织成员实行民主选举，把热爱社区工作、群众拥护的人，选进社区组织的领导班子。提倡社区党组织成员与自治组织成员通过民主程序实行交叉任职，鼓励年轻干部和大中专毕业生到城乡社区建功立业。加大从优秀社区工作者中考录公务员力度。及时组织对新当选或新任社区工作者开展业务培训和岗位轮训，每人每年受训时间一般不少于20小时，不断提高他们管理社会事务、协调利益关系、开展群众工作、处理矛盾纠纷、维护社会稳定的本领。逐步推进社区工作者的专业化、职业化，继续推动落实社区党组织成员、群众性自治组织成员及其聘用的服务人员的生活补贴、工资、保险等福利待遇问题，建立完善城乡社区工作经费和人员待遇正常增长机制。对成绩突出、居民满意的社区工作者，要及时给予表彰和奖励，鼓励他们在社区工作中创造优秀业绩。

（四）继续深入开展和谐社区示范创建活动。各地民政部门要认真履行职责，强化对和谐社区建设工作的指导，为党委和政府当好参谋助手。要以城市和谐社区建设示范单位创建活动和“农村社区建设试验全覆盖”创建活动为载体，进一步完善和谐社区建设示范单位指导标准，改进和完善评估方法，努力实现和谐社区建设示范单位创建活动的科学化、制度化、规范化。要研究制定和谐社区建设示范单位管理办法，丰富创建内容，拓展创建途径渠道，不断深化示范单位创建活动。要积极与有关部门沟通和协调，为和谐社区建设提供政策支持。要进一步健全社区共驻共建机制和社会参与机制，形成全社会共同推进和谐社区建设的合力。继续坚持一手抓推进、一手抓研究的成功经验，加强和谐社区建设的理论研究和舆论宣传工作，广泛动员社会力量参与社区建设理论研究和决策咨询，充分发挥专家、学者的作用，推动社区建设理论创新和实践探索。利用多种形式广泛开展和谐社区宣传教育活动，扩大和谐社区建设的影响，在全社会形成有利于建设和谐社区的良好氛围。

民政部

2009年11月23日

民政部关于开展“农村社区建设实验全覆盖”创建活动的通知

（2009 年 3 月 6 日）

各省、自治区、直辖市民政厅（局），新疆生产建设兵团民政局：

为巩固农村社区建设实验工作的阶段性成果，扩大受益面，促进农村经济社会又好又快发展，我部决定开展“农村社区建设实验全覆盖”创建活动，现就有关事项通知如下：

一、指导思想

以邓小平理论和“三个代表”重要思想为指导，深入贯彻落实科学发展观，以农村社区建设规划为引领，以农村社区公共服务设施建设为抓手，以提高农村社区管理和服务能力为重点，以完善农村基层社会管理体制为保障，深入推进农村社区建设实验工作，推动各个层面确定的农村社区建设实验单位在较短的时期内尽快实现实验工作全覆盖，让更多的农村居民从中受益。

二、创建标准

（一）领导协调机制的全覆盖。县乡两级建立有党委政府领导、民政部门牵头、有关部门协同、社会力量参与的农村社区建设领导体制和工作机制，各有关职能部门在农村社区建设中职责明确、政策到位、工作有力，形成推进农村社区建设整体合力。社区（村）一级成立有相应的协调共建机制。农村社区建设工作纳入党委政府重要议事日程，纳入本地区经济社会发展规划，纳入政府财政预算，有稳定的经费投入机制，各项资金合理统筹。

（二）社区建设规划的全覆盖。制定有农村社区建设规划，农村社区建设的指导思想、工作原则、目标任务和保障措施明确，农村社区的设置模式、分布范围、功能定位、社区服务设施建设标准和投资方式合理，农村社区建设的步骤可行。社区建设规划既能满足农村社区化管理服务的新要求，又能与本地经济社会发展规划和新农村建设规划有机衔接。辖区内全部农村地区都按照规划要求开展了农村社区建设实验工作。

（三）社区综合服务设施的全覆盖。农村社区全部建有或规划建有综合服务中心，初步形成了以综合服务设施为主体、专项服务设施为配套、服务站点为补充的社区服务设施网络。社区服务设施辐射半径一般不超过2–3公里，社区居民步行前往一般不超过20分钟。综合服务设施布局合理、功能整合、使用方便、利用率高，能够为农村居民提供安全、方便、就近、快捷的生产生活服务，建设和维护所需的资金和人员落实到位。

（四）社区各项服务的全覆盖。初步构筑起社区基本公共服务、志愿服务和互助服务、社区服务业相衔接的农村社区服务体系。以社会救助、社会福利、社会治安、医疗卫生、计划生育、文教体育为主要内容的公共服务覆盖到农村社区，群众性的志愿服务和互助服务活动普遍开展。兴建了一批有助于改善农民生产生活条件、方便农民消费需求的农资供销、农产品经营、农村金融、农业科技类社区服务业网点。农民群众对社区服务能力和服务质量基本满意。

（五）社区各项管理的全覆盖。农村社区组织体系完善，社区党组织（村党组织）领导的充满活力的基层群众自治机制健全，社区民间组织、驻社区单位和社区居民在社区管理中的作用充分发挥。建立了一支专兼职相结合的农村社区工作队伍，其工资和福利待遇得到切实解决。推行了社区志愿者登记注册制度，初步形成一支较为稳定的志愿者队伍。外来人口能参与社区管理与服务，驻在农村社区的机关、部队、学校和企事业单位与社区建立了多种形式的资源共享、共驻共建机制。

三、工作要求

（一）以人为本。创建活动中要切实尊重农村居民的主体地位，保障农民的知情权、参与权、表达权、监督权，把满足农民群众需要作为全部工作的出发点和落脚点。在农村社区规划、建设、管理等各个环节都要听取农民意见、吸纳农民参与、支持农民当家作主，使创建活动真正成为给广大农民群众带来实惠的民生工程和民心工程。

（二）因地制宜。创建活动要从实际出发，充分考虑当地经济社会发展水平和农民承受能力，因地制宜、因势利导、因陋就简，有效整合资金、资源、资产，避免重复建设，防止为兴建社区服务设施而增加农民负担、产生新的乡村债务。注重强化优势，突出区域特色、农村特色、民族特色，对不同类型和建设模式的农村社区实行分类指导、分层推进、分批解决，不搞“一刀切”，切忌形式主义。

（三）分级创建。创建活动要以社区为基础，在不同层面开展各具特色的创建活动，形成上下联动、整体推进的局面。民政部重点抓全国农村社区建设实验单位的全覆盖创建工作，省（自治区、直辖市）、市（地、州）、县（市、区）、乡（镇）要分别抓好各自确定的农村社区建设实验单位的全覆盖创建工作。要以创建活动为抓手，凝聚各方力量，整合各方资源，发挥各自优势，形成共同参与创建的合力。

（四）择优宣传。本次创建活动不搞统一模式、不搞集中命名表彰活动，成熟一个宣传一个。民政部确定的全国农村社区建设实验单位只要达到创建标准就可以向民政部申请自荐，经评估合格后，即以“全国农村社区建设实验全覆盖示范单位”名义进行宣传推广。省级以下农村社区建设实验全覆盖示范单位的宣传推广由各地自行组织开展。

四、保障措施

（一）加强组织领导。开展农村社区建设实验全覆盖示范单位创建活动，是深化农村社区建设实验工作、推动形成城乡经济社会一体化新格局以及促进城乡基本公共服务均等化的重要措施，各地要充分认识这项活动的重要意义，采取积极有效措施，推动创建活动持续、健康开展。

（二）加强宣传培训。要采取广大农民群众喜闻乐见的形式，深入宣传开展农村社区建设实验工作的目的和意义，提升创建活动的社会影响，引导社会各界关心、支持、参与农村社区建设。要在新闻媒体上广泛宣传推广示范单位推进农村社区建设的好经验、好做法，营造良好社会氛围，促成以点带面的工作态势。要继续做好各级民政干部和社区工作者培训工作，强化其开展农村社区建设的认识和能力，提高农村社区建设整体水平。

（三）加强督促检查。各创建单位要结合自身实际进行经常性督促检查，地方各级民政部门要切实履行责任，加大督查力度，指导各地查找共性问题、研究疑难问题、解决重点问题，确保创建活动取得实效。

各地创建活动的进展情况和好经验、好做法，要及时报部基层政权和社区建设司。

民政部

2009 年 3 月 6 日

民政部关于进一步推进廉政文化进社区工作的指导意见

（2008年2月19日）

各省、自治区、直辖市民政厅（局），计划单列市和新疆生产建设兵团民政局：

为全面贯彻落实党的十七大精神和中央纪委第二次全会精神，按照中共中央《建立健全教育、制度、监督并重的惩治和预防腐败体系实施纲要》（以下简称《实施纲要》）的要求，充分发挥社区在传播、弘扬廉政文化中的积极作用，促进廉政文化建设，现就进一步推进廉政文化进社区工作提出如下意见。

一、充分认识推进廉政文化进社区工作的重要意义

廉政文化进社区是加强廉政文化建设的重要组成部分，是和谐社区建设的重要内容，是深入开展反腐倡廉建设的重要环节，是发展基层民主政治的内在要求。近年来，各地社区在当地党委、政府的统一安排部署下，采用灵活多样的方式，积极宣传、弘扬廉政文化，取得了良好的社会效果。实践证明，推进廉政文化进社区，有利于发挥社区在反腐倡廉建设中的基础阵地作用，推动社区各项工作健康发展；有利于加强基层群众自治组织建设，增强社区组织的凝聚力；有利于培养和增强广大居民的反腐倡廉意识，提高群众参与的积极性；有利于对党员和干部工作八小时以外的监督，促进廉洁自律建设；有利于密切党群干群关系，树立党和政府的良好形象。各级民政部门要从践行党的十七大精神、构建社会主义和谐社会、推进反腐倡廉建设的高度，进一步提高对廉政文化进社区重要性的认识，增强做好廉政文化进社区工作的自觉性，把这项事关和谐社区建设的重要工作抓紧抓好。

二、推进廉政文化进社区工作的基本原则和目标要求

廉政文化进社区要全面贯彻落实科学发展观，以促进和谐社区建设为主题，以推进群众性的反腐倡廉宣传教育为重点，以开展社区文化活动为载体，与社区各项工作紧密结合，扎实推进社区廉政文化建设。

推进廉政文化进社区，要坚持统一部署、资源整合，把廉政文化进社区纳入和谐社区建设总体布局中，统一部署，相互促进，充分利用社区宣传教育资源，结合街道、社区实际开展工作；要坚持以人为本、注重实效，社区廉政文化建设要着眼于提高居民的政治素质和思想境界，增强居民的廉洁意识、崇廉意识和助廉意识，做到以德感人、以情动人、以理服人；要坚持依靠社区居民力量、发挥群众作用，建立社区居民参与机制，紧紧依靠社区居民，发挥他们的聪明才智，积极营造崇尚廉洁、文明向上的社会氛围，使廉洁理念真正成为全社会的共识；要坚持因地制宜、实事求是，按照贴近群众、贴近实际、贴近生活的要求，依托社区优势，突出本地特色，从能办到的事情入手，创新载体，以灵活多样的形式增强廉政文化建设的吸引力、渗透力和感染力，力戒形式主义，避免铺张浪费；要坚持廉政文化建设与社区建设相结合、促进社区健康发展，以清正廉洁作风服务居民，及时公开与居民群众利益密切相关的政策、制度和有关事务，坚决纠正侵害群众利益的突出问题，维护社区居民的切身利益，积极推进和谐社区建设。

经过努力，到2012年，廉政文化进社区的工作机制基本健全，社区廉政文化建设的内容、载体和形式日趋丰富，社区廉政文化活动蓬勃开展，社区民主管理制度基本建立，廉政文化深入社区居民心中，为营造清正廉洁的社会氛围奠定坚实的群众基础。

三、推进廉政文化进社区工作的主要任务

（一）加强社区宣传教育，扩大党和政府加强廉政文化建设的影响力。要利用社区图书室、党员活动室、公开栏、宣传栏、公开信、宣传标语、居民论坛和社区网站等各类社区服务设施和条件，建立起覆盖社区党员、社区居民、外来人员等群体的社区廉政文化宣传教育阵地，重点宣传党和政府有关廉政建设的方针政策、法律法规，宣传反腐倡廉建设的要求，宣传“为民、务实、清廉”的先进典型。要以社区居民为对象，开展反腐倡廉主题教育活动；要以党

员干部家庭为对象，开展“家庭共筑防腐墙”的家庭助廉主题活动；要以青少年学生为对象，开展“敬廉崇洁”为主题的爱廉教育活动；要以驻社区的企业为对象，开展“廉洁诚信、依法经营”为主题的自律教育活动。通过广泛开展宣传教育和主题教育活动，让党和政府有关廉政建设的方针政策在社区扎根，把廉政文化植根于社区建设之中。

（二）积极开展社区文化活动，努力营造廉政文化建设的浓厚氛围。要利用“全国文化信息资源共享工程”“农家书屋”“万家社区图书室援建和万家社区读书活动”，广泛开展社区反腐倡廉文化宣传活动。要将反腐倡廉文化活动进社区纳入社区文化活动计划之中，结合和谐社区建设工作，开展灵活多样、丰富多彩、寓教于乐的廉政文化活动，使社区居民广泛参与到廉政文化建设中来。要利用社区文化资源，组织社区居民自编自导自演各种群众喜闻乐见的文艺节目，广泛宣传、普及廉政文化。要利用社区文体活动场所和阵地，举办以“尊廉崇洁”为主题的晚会、歌咏会、演讲会、邻居节、电影夜市等，努力营造“以廉为荣、以贪为耻”的社会氛围。要结合社区居民的思想实际，探索多种廉政文化宣传教育主题活动，如开设廉政文化课堂、主题演讲会、书画展览、专场演出、文化长廊、警示格言、网上论坛等，让廉政文化深入居民的日常生活，植根于群众心里。要利用社区人文资源，定期或不定期地邀请社区老党员、老干部、先进模范人物、驻区院校专家教授和专业人士给社区党员、群众宣讲反腐倡廉形势和相关政策，增强社区居民反腐倡廉意识，促进人人崇尚廉洁社会风尚的形成。

（三）强化社区民主监督，切实提高社区成员中党员领导干部及社区工作者的廉洁自律意识。要结合社区实际，探索对党员干部特别是领导干部实施工作八小时以外的有效监督方法和途径。社区居委会要组织召开党员干部家属座谈会，提醒家属把好“家门”，树立良好的“家风”，协助做好监督工作。要结合日常培训、学习等，加强社区工作队伍的廉政文化教育，提高他们防腐拒变的能力。要注重发挥社区党员的表率作用，引导社区在职党员发挥特长，激励他们在社区廉政文化建设中起模范带头作用。要发挥社区志愿者作用，倡导社区党员、群众担任廉政义务监督员和宣传员，协助开展廉政文化宣传教育活动。

（四）健全社区民主管理制度，探索建立社区廉政文化建设的长效机制。

要健全民主选举及聘用制度，把好社区工作队伍的入门关，建设一支廉洁守法、居民信得过、能为居民办事的社区工作者队伍。要结合社区实际，制定行之有效的社区反腐倡廉建设制度，把廉政文化建设的内容纳入居民公约之中。要建立和完善方便群众办事的服务承诺制度，搞好社区服务站建设和管理，简化办事程序和环节，实行“一站式”窗口服务。要完善居民会议制度，规范民主决策程序，健全公开办事制度，确保在社区物品购置、扶贫救灾款物发放、低保家庭申报确认、廉租房分配等重大事项的处理中，做到公开、公正、透明。要在方便居民群众观看的地方设立固定的居务公开栏，有条件的社区也可以同时通过社区网站、社区论坛等其他形式公开居务事项，切实保障社区居民的知情权和监督权。

四、切实加强对廉政文化进社区工作的组织领导

《实施纲要》明确指出：“大力加强廉政文化建设，积极推动廉政文化进社区、家庭、学校、企业和农村。社区组织要积极开展丰富多彩的廉政文化创建活动。”因此，积极推动廉政文化进社区是各级民政部门义不容辞的责任，必须切实加强组织领导。民政部成立廉政文化进社区工作领导小组，基层政权和社区建设司为牵头单位，部机关有关司（局）共同参与。各地民政部门也要有相应的机构和人员承担此项工作，同时，要积极争取当地党委和政府的支持，紧密配合纪检监察机关，研究制定推进廉政文化进社区的工作方案，并精心组织实施。要把廉政文化进社区工作纳入和谐社区建设的总体规划，纳入和谐社区示范单位创建活动，与社区其他工作一同部署安排、一同检查考核。要抓好廉政文化进社区的试点工作，精心培育社区廉政文化建设的先进典型，探索和总结廉政文化建设的有效途径和方法。要建立社区廉政文化建设的考核评估和激励机制，对优秀项目、活动及时进行奖励，扎扎实实地推进廉政文化进社区工作。

民政部

2008年2月19日

全国社区建设示范城基本标准

（2007 年 12 月 7 日）

一、组织领导坚定有力。党委和政府高度重视，把社区建设纳入经济和社会发展总体规划，制定社区建设发展规划和年度实施计划。建立以党政领导挂帅的社区建设工作领导机构，民政部门切实发挥参谋助手、组织协调和监督检查的作用，各有关部门和单位各司其职，各负其责，形成合力。

二、社区体制改革创新。认真按照中办发〔2000〕23号文件精神，明确定位，统一规划，科学合理划分社区；全面贯彻执行《城市居民委员会组织法》，社区内实行民主选举、民主决策、民主管理、民主监督；政府转变职能，工作重心下移，强化社区功能；政府和社区的职责明确，社区各种关系理顺。

三、社区组织机构健全。社区党组织和社区居民自治组织机构健全，职责明确，发挥作用。社区党组织在社区建设中的领导核心作用发挥得好，社区居民委员会依法自治。社区居民代表会议和居民委员会能有效实行自我管理、自我教育、自我服务和自我监督。

四、社区服务功能完备。社区服务设施完备，社区志愿者和各类民间服务组织发育良好，积极开展活动，服务形成体系和网络。城区、街道均建有综合性、多功能的社区服务中心，社区建有社区服务站。社区内老年人服务形成网络，达到小型、就近、便利；残疾人合法权益得到保障；城市居民的最低生活保障得到落实；优抚对象的生活得到妥善安排；面向社区居民的婚丧服务、便民利民服务和面向社区单位的社会化服务及时方便；下岗职工的再就业服务成效显著。社区服务功能完善，程序规范，质量优良，居民普遍满意。

五、社区卫生不断发展。社区卫生服务站点健全，形成服务网络，方便群众就医。从业人员具有法定执业资格。根据群众需求，积极开展健康教育、预防、保健、计划生育技术指导，提供一般常见病、多发病及诊断明确的慢性病的治疗、护理和伤残康复，执业行为规范，服务质量优良。社区居民家庭健康档案规范。

六、社区文化活跃繁荣。社区各类文化活动设施齐全，经常组织具有社区特色、群众喜闻乐见、健康向上的群众性文体活动。充分利用社区教育资源，广泛开展青少年校外教育，在职和下岗职工培训，老年教育，社会公德、家庭美德教育等各类教育培训活动，宣传普及科学知识，形成团结互助、平等友爱的新型人际关系和崇尚科学、破除迷信、抵制邪教的良好氛围。

七、社区治安状况良好。按照“一区（社区）一警”模式建立民警责任区，健全社区治安防范体系，形成群防群治。群众性的法制教育和法律咨询坚持经常，社区内民事纠纷调解、刑满释放和解除劳教人员的帮教转化、流动人口的管理等项工作取得明显成效。社区治安管理规范，社会秩序稳定，群众安居乐业。

八、社区环境整治优美。社区内净化、绿化、美化、生态环境保持良好。路、街、巷等公共场所管理井然有序，居民出行无障碍。社区环境综合整治工作成效明显，主要考核指标达到全国或全省（自治区、直辖市）先进水平。

民政部基层政权和社区建设司

2007年12月7日

城市社区档案管理办法

第一条　为规范城市社区档案（以下简称社区档案）管理，根据《中华人民共和国档案法》《中华人民共和国城市居民委员会组织法》和国家有关规定，制定本办法。

第二条　本办法所称社区档案，是指城市社区党组织、居民委员会、社区服务机构、社区社会组织（以下简称社区各类组织）和居民在社区建设中形成的具有保存价值的各种文字、图表、声像、电子数据等不同形式和载体的历史记录。

第三条　社区档案工作在业务上接受街道办事处（乡镇人民政府）以及档案行政管理部门和民政部门的监督和指导。

第四条　社区党组织和居民委员会应当重视档案工作，加强组织领导，将档案工作纳入社区建设内容，促进档案工作与社区其他各项工作同步协调发展。

第五条　社区档案工作经费从社区的办公经费中列支，并应当满足实际工作的需要。

第六条　社区党组织或者居民委员会应当指定人员管理本社区各类档案，有条件的地方可以设立综合档案室。

档案管理人员应当经过档案专业知识培训，调离工作岗位时应当在离职前办理档案交接手续。

第七条　社区综合档案室或者档案管理人员负责宣传、贯彻和执行党和国家有关档案工作的法律法规和标准规范，指导、监督本社区文件材料的归档、整理和移交工作。

第八条　社区档案由社区综合档案室或者档案管理人员集中统一管理，任何单位和个人不得据为己有或者擅自销毁。

第九条　社区建设中形成的文件材料可以分为文书类、科技类、会计类等三个大类，具体的归档范围和保管期限参照本办法附件。

第十条　社区文件材料的归档，应当符合以下要求：

（一）归档的文件材料应当齐全、完整、排列有序；装订结实、整齐；备考表填写真实、清楚；归档文件目录或者卷内文件目录明晰、准确；

（二）归档的文件材料中有照片或者复印件的，应当图文清晰；

（三）归档时间：

文书材料于次年6月底前归档；

科技文件材料在科技活动结束后1个月内归档；

会计材料由会计部门在会计年度终了后保管1年，于次年3月底前归档；

声像材料在活动结束或者办理完毕后随时归档；

实物材料及时归档；

电子文件按照《电子文件归档与管理规范》（GB/T18894）和《电子文件归档光盘技术要求和应用规范》（DA/T38）的要求整理。

第十一条　社区档案按照下列规则进行分类编号：

（一）文书档案按照年度——问题（社区党建、居民自治、社区管理、社区服务、社区治安等）进行分类，参照《归档文件整理规则》，以件为单位，按年度——问题——保管期限排列编号；

（二）科技档案中的基建档案按照工程项目分类整理，按照项目——时间排列编号；设备仪器档案按照型号分类整理，按照型号——时间排列编号；

（三）会计档案按照年度——类别（报表、账簿、凭证、其他）分类整理并排列编号。

第十二条　社区综合档案室或者档案管理人员应当设立专室或者专柜保管档案，采取有效的防火、防盗、防高温、防潮、防光、防尘、防鼠、防虫、防磁等措施，确保档案的完整与安全。

第十三条　档案管理人员应当定期对档案及其保管状况进行全面检查，并形成安全检查记录；如有破损、霉变、虫蛀、褪色等现象时，应当及时修补、复制或者进行其他技术处理。

对声像档案和电子档案，要定期检查信息记录的安全性，确保档案可读可用；有条件的地方要及时对声像档案进行数字化转化，以利于长期使用。

第十四条　社区综合档案室或者档案管理人员应当建立档案统计制度，对档案的收进和移出、保管数量、借阅和利用效果、销毁等情况，进行及时、准确的统计。

第十五条　社区综合档案室或者档案管理人员应当建立健全档案利用制度，为档案利用创造条件，简化手续，提供方便。

利用档案时应当按照规定办理手续，并及时做好利用效果登记。

档案管理人员应当认真检查归还档案，如发现有短缺、涂改、污损情况，要及时报告并追查。

第十六条　社区应当组织成立档案鉴定工作小组，对已到期档案及时进行鉴定。

鉴定工作小组由社区档案管理人员和形成档案的组织的人员（或者居民代表）组成，鉴定后应当形成档案鉴定报告。对失去保存价值的档案，应当清点核对并编制档案销毁清册，经过必要的审批手续后按照规定销毁。

禁止擅自销毁档案。档案销毁清册应当永久保存。

第十七条　社区档案应当依法保持齐全完整，不得随意将社区档案拆散、重新组合。

第十八条　社区综合档案室或者档案管理人员应当围绕社区中心工作和居民利用需求，加强档案信息资源的开发利用，积极开展档案编研工作。

第十九条　社区档案管理应当积极采用计算机等先进技术，逐步实现档案管理的信息化、现代化。

第二十条　涉及国家秘密、商业秘密和个人隐私等内容的档案的保管、利用，应当按照国家有关法律法规规定办理。

第二十一条　违反国家有关规定，对档案有损毁、丢失以及出卖、涂改、伪造、泄密等情况的，应当依法追究相关人员责任。构成犯罪的，依法追究刑事责任。

第二十二条　各省（自治区、直辖市）、新疆生产建设兵团档案行政管理部门商同级民政部门，可以结合当地实际情况制定本办法的实施细则。

第二十三条　本办法由国家档案局和民政部负责解释。

第二十四条　本办法自2016年1月1日起施行。

民政部、财政部、卫生计生委、中国残联关于加快精神障碍社区康复服务发展的意见

（2017 年 10 月 26 日）

各省、自治区、直辖市民政厅（局）、财政厅（局）、卫生计生委、残联，新疆生产建设兵团民政局、财务局、卫生局、残联：

精神卫生问题是影响经济社会发展的重大公共卫生问题和社会问题。当前，我国严重精神障碍患者人数众多，患病率居高不下且因病致残、致贫现象十分突出。社区康复服务是精神障碍患者恢复生活自理能力和社会适应能力，最终摆脱疾病、回归社会的重要途径，是多学科、多专业融合发展的社会服务。近年来，在各级党委政府的领导下，相关部门积极探索推动“社会化、综合性、开放式”的精神障碍社区康复服务工作，取得了良好成效，但与精神障碍患者的社区康复服务需求相比，还存在服务供给不足、区域发展不平衡、工作机制不健全等突出问题。加快精神障碍社区康复服务发展，是贯彻落实“健康中国2030”规划纲要，努力实现残疾人“人人享有康复服务”目标的重要举措，是贯彻落实《中华人民共和国精神卫生法》，坚持预防、治疗、康复相结合的原则，补齐精神卫生康复体系短板的必然要求，有利于预防精神障碍患者致残致贫，有利于促进患者家庭减轻负担、精准脱贫、加快全面小康进程，对于促进患者家庭幸福和社区和谐，维护社会稳定具有重要意义。

一、总体要求

（一）指导思想。全面贯彻党的十九大精神，按照“四个全面”战略布局和党中央、国务院决策部署，牢固树立和贯彻落实创新、协调、绿色、开放、共享的发展理念，进一步完善体制机制，着力推进资源整合和政策协调，着力

加强服务供给和质量提升，不断满足精神障碍患者多层次、多样化社区康复服务需求。

（二）基本原则。

坚持政府主导，社会参与。发挥政府在规划制定、政策扶持、资金投入、监督管理等方面的主导作用，将精神障碍社区康复服务工作纳入精神卫生服务体系，统一部署，协调推进。搭建跨部门合作机制和开放式服务平台，引导和激励社会组织、企事业单位、社区组织、家庭和个人参与服务。

坚持需求为本，强化服务。以促进精神障碍患者生活自理、回归社会为最终目标，不断整合拓展医学康复、教育康复、职业康复、社会康复等专业服务，推动形成全方位、全生命周期的服务模式。

坚持统筹推进，分类指导。加强顶层制度设计和科学布局，促进精神障碍社区康复服务重要制度、重要机制基本成型。强化基层实践和创新，分类指导，精准发力，有针对性解决不同地区的发展问题。

（三）工作目标。到2025年，80%以上的县（市、区）广泛开展精神障碍社区康复服务。在开展精神障碍社区康复的县（市、区），60%以上的居家患者接受社区康复服务，患者病情复发率、致残率显著降低，自理率、就业率不断提高。形成一批具有推广价值的技术规范和服务模式，基本建立家庭为基础、机构为支撑、“社会化、综合性、开放式”的精神障碍社区康复服务体系。

二、主要任务

（一）着力拓展服务供给。加大政府投入，积极引导社会力量参与，不断优化服务存量，扩充服务增量，大力推进服务主体多元化、服务形式多样化。

建立健全基层服务网络。贯彻落实《中华人民共和国精神卫生法》相关要求，由县级人民政府根据区域实际，统筹规划精神障碍社区康复机构建设。有需求和条件的地方，应充分利用现有资源，重点设立以区（县）为服务范围的精神障碍社区康复机构，大力支持有条件的地区开展以城乡社区为范围的精神障碍社区康复服务，增强服务的可及性、灵活性、个性化。加强资源整合，促进精神障碍患者社区康复服务与医疗救治、社会救助、长期照料、就业服务的衔接配合，构建满足精神障碍患者全面康复需要的全人服务网络。

大力培育服务机构。鼓励有条件的地区新建、改扩建一批政府投资举办的精神障碍社区康复机构。民政举办的精神卫生社会福利机构和有条件的残疾人康复中心要普遍开展精神障碍社区康复服务，并对精神障碍社区康复机构发挥辐射带动作用。新建城乡社区服务机构、政府投资新建的残疾人托养机构要设置精神障碍社区康复服务功能，预留服务场地。鼓励现有城乡社区服务机构、残疾人托养机构积极创造条件，为精神障碍社区康复服务提供场地。精神卫生专业机构、社区卫生服务机构应当发挥技术优势，支持精神障碍社区康复服务。支持成立民办非营利精神障碍社区康复机构，符合慈善组织条件的，可直接向民政部门依法申请登记。培育一批民办精神障碍社区康复机构、从事精神障碍社区康复服务的社会工作专业机构和社会组织。现有精神障碍社区康复机构要通过增加服务项目、提升专业水平等方式挖潜增效，增强服务能力。鼓励社会力量参与精神障碍社区康复机构建设，有条件的地区可以探索在服务设施、运行补贴、职称待遇等方面给予一系列扶持政策。

不断丰富服务形式。通过政府购买服务等方式，鼓励和引导社会组织开展精神障碍社区康复工作。围绕精神障碍患者提高生活自理能力、社会适应能力、恢复职业能力等需求，不断丰富服药训练、生活技能训练、社交技能训练、职业能力训练、居家康复指导等服务项目，因地制宜、积极发挥农疗站、工疗站、日间中心、中途宿舍、精神康复综合服务中心、康复会所、阳光家园等不同类型的服务机构作用，为精神障碍患者提供多种类型的康复服务。鼓励精神障碍社区康复机构开展连锁化、品牌化服务。逐步建立精神障碍社区康复服务的个案管理制度，大力推行精准康复。鼓励精神障碍患者参与社区志愿服务活动，发挥自身价值作用，积极接触社会、融入社会。

（二）探索建立服务转介机制。加强精神障碍治疗与康复资源的整合协调，建立信息共享、衔接顺畅、运转有序的服务转介系统，逐步打通医疗、康复服务循环梗阻。

搭建信息转介平台。以区县为单位，依托辖区精神卫生专业机构、区县社会福利院、残疾人康复中心、精神障碍社区康复机构等资源，建设区县级精神障碍患者社区康复资源平台，承担所辖区域精神障碍患者社区康复需求汇总、转介、调剂等服务工作，加强与卫生计生部门严重精神障碍管理系统的信息比对，形成精神卫生专业机构、精神障碍社区康复机构、精神障碍患者和家庭之间的服务信息交换平台和资源调配平台。加强精神障碍社区康复患者档案管理，充分应用信息化手段，提高社区康复资源数据共享与交换的管理能力和服务能力。

建立康复转介机制。精神卫生专业机构要开展精神障碍患者出院康复评估，并向精神障碍患者和监护人提供社区康复建议及相关信息。适宜参加社区康复的患者，经患者和监护人同意后可由医院转介到相应地区的精神障碍患者社区康复资源平台。建立绿色通道，精神障碍患者社区康复期间病情复发的，可通过精神障碍社区康复机构向医院快速转介。

建立就业转介机制。对病情稳定、具有就业意愿且具备就业能力的精神障碍患者，经功能评估合格后，可由精神障碍社区康复机构直接向相关单位推荐就业，或转介到残疾人就业服务机构、其他就业服务机构推荐就业。精神障碍患者就业后，社区康复机构可协助做好有关辅导工作。鼓励各类企事业单位设置公益性庇护性工作岗位，为精神障碍患者提供更多就业机会。

（三）支持家庭更好发挥主体作用。采取有效措施，不断巩固和增强家庭照护功能，促进家庭成为精神障碍社区康复服务体系的重要力量和资源。

强化家庭监护主体责任。监护人要依法履行对精神障碍患者的监护职责和扶养、抚养、赡养等义务，不得虐待、遗弃患者。要密切关注患者病情变化，学习掌握相关知识技能，照料患者日常生活，积极引导患者在家开展康复活动和参加社区康复，协助医疗机构和社区康复机构做好相关康复工作。监护人不履行监护职责或者侵害被监护人合法权益的，应按照有关法律规定承担责任。

构建社区支持网络。村（居）民委员会应当为生活困难的精神障碍患者家庭提供帮助，并向所在地乡镇人民政府或者街道办事处以及县级人民政府有关部门反映患者及其家庭的情况和要求，帮助其解决实际困难，为患者融入社会创造条件。有条件的地区要建立以家属照护者、社区康复协调员、残疾人专职委员、民政专干、社区医务人员、片警等相关人员为主的综合管理小组。精神卫生专业机构和精神障碍社区康复机构要引导家庭照护者建立互助小组，协调组织有能力的社区志愿者和志愿服务组织为有需要的家庭提供志愿服务。乡镇卫生院、社区卫生服务机构应当建立严重精神障碍患者的健康档案，对在家居住的严重精神障碍患者进行定期随访，指导患者服药和开展康复训练。

创新政策支持体系。将家庭照护者居家康复、照护技能培训纳入精神障碍社区康复基本服务范围，定期组织家庭照护者学习交流。支持建立不同规模的精神障碍患者家庭照护支援中心，为家庭提供照护资讯、政策咨询、情感支持等专业服务。鼓励有条件的地区探索实施精神障碍患者家庭照护者喘息服务，缓解家庭压力。积极实施以奖代补政策，确保精神障碍患者监护责任落到实处。全面实施困难残疾人生活补贴和重度残疾人护理补贴制度，有条件的地区可将持有二代残疾人证并且残疾等级为三级、四级的精神障碍患者纳入护理补贴范围，已开展长期护理保险试点的地区，要做好重度残疾人护理补贴与长期护理保险的统筹衔接。

（四）提高服务管理水平。依法构建科学的管理机制，推动精神障碍社区康复服务规范化、标准化、专业化发展，切实维护精神障碍患者和服务机构的合法权益。

健全管理服务机制。推进精神障碍社区康复服务放管结合，加强民办非营利精神障碍社区康复机构内部治理建设。建立精神障碍社区康复机构法人登记管理和业务管理分工明确、有机衔接、规范高效的管理机制。精神障碍社区康复机构要依照法律法规政策和章程健全内部管理制度，从事医疗康复和护理的人员必须具备相应职业资格。支持精神障碍社区康复机构建立行业组织，发挥管理服务协调作用。

建立技术指导体系。以精神卫生、社会工作、社区康复等领域专家学者和经验丰富的实践工作者为骨干，建立部、省、市三级精神障碍社区康复专家技术指导组，有条件的地区可以建立县级专家技术指导组。专家技术指导组通过研讨、培训、评估、调研等方式，对所辖范围内精神障碍社区康复服务进行技术指导。以市为单位，建立精神卫生专业机构对精神障碍社区康复服务定期指导制度，建立社会工作专业机构对精神障碍社区康复服务的定期督导制度。支持通过定点指导或对口帮扶等方式，协助精神障碍社区康复机构提高服务水平。

强化质量安全管理。强化服务机构质量安全主体责任，指导精神障碍社区康复机构健全安全管理预案，加强安全管理能力建设。探索制定精神障碍社区康复服务协议范本，积极引导服务机构与患者或监护人签订服务协议。开展服务质量评估示范活动，鼓励服务机构建立服务质量管理体系。严禁未经有关部门批准、登记或备案，擅自开展精神障碍社区康复服务。支持精神障碍患者维护自身合法权益。

积极推进标准化和标准认证。培养一批标准化技术人才，研究制定精神障碍社区康复服务标准体系，在信息转介、基本服务、管理制度、成熟模式等重点领域扶持制定一批标准和操作规范。加强标准推广应用，鼓励精神障碍社区康复机构参加标准认证，并采用第三方认证手段进行规范。

三、保障措施

（一）加强组织领导。建立政府组织领导、部门各负其责、家庭、单位和个人尽力尽责、全社会共同参与的综合管理机制。将精神障碍社区康复服务发展纳入各级政府重要议事日程，加强统筹规划和组织协调。民政部、卫生计生委、中国残联要各司其职、加强协调，统筹指导全国精神障碍社区康复服务工作。民政部牵头推进精神障碍社区康复服务工作，促进精神障碍社区康复与残疾人社会福利服务、社区建设、社会工作等业务的融合发展；卫生计生委要将精神障碍康复服务纳入精神卫生服务体系，提供医疗技术支持，促进精神障碍预防、治疗、康复工作有机衔接；中国残联要促进精神障碍社区康复服务与残疾人康复工程、托养服务、就业服务等工作同步有序推进。

（二）加强政策协调。充分发挥相关政策作用，推动形成精神障碍社区康复服务发展政策合力。促进社区康复与精神卫生服务体系相协调，努力实现精神障碍预防、治疗、康复均衡发展，推进社区康复在精神卫生综合管理试点中取得突破，促进精神卫生专业机构康复服务、社区卫生服务与社区康复服务的有效衔接。促进社区康复与综合治理相协调，将精神障碍社区康复服务纳入严重精神障碍患者救治救助工作体系，防范肇事肇祸事件发生，推动落实严重精神障碍患者监护职责以奖代补政策与社区康复服务相互支持，促进严重精神障碍患者家庭和谐与社会稳定。促进社区康复与残疾人福利政策相协调，将精神障碍社区康复服务纳入残疾人基本康复服务目录和残疾人社区康复体系，促进精神障碍社区康复服务与残疾人托养服务、残疾人就业服务的衔接配合。

（三）加强资金支持。各地应当建立健全多元化资金投入机制，统筹保障精神障碍社区康复服务所需经费。财政部门要根据精神障碍社区康复服务需求等情况，合理编制支出预算。民政部门要运用留归民政部门使用的彩票公益金对精神障碍社区康复服务给予支持。卫生计生部门要对精神障碍社区康复服务给予技术支持，并将其纳入精神卫生工作支持范围。残联要将精神障碍社区康复服务纳入精准康复、精准扶贫支持范围。政府资助或享受税收优惠政策的残疾人辅助性就业单位、集中使用残疾人用人单位要积极安排病情稳定、有就业意愿且具备就业能力的精神障碍患者。有条件的地区可根据精神障碍社区康复机构服务人数、次数、质量、效果等，通过政府购买服务方式支持其开展精神障碍康复服务。支持符合条件的精神障碍社区康复社会组织依法取得慈善组织公开募捐资格，开展公开募捐活动。鼓励社会力量通过设立专项基金、定向捐赠等公益慈善方式，资助精神障碍社区康复服务。

（四）加强队伍建设。通过招聘引进等方式，广泛建立以精神科医师、社会工作者为核心，以护士、心理治疗师、心理咨询师、公共卫生医师、康复师、社区康复协调员、其他社区康复服务人员为重要专业力量的综合服务团队。加强精神障碍社区康复服务理论研究和科技创新，重点突破一批基础性、关键性、实用性康复技术。依托现有资源，在省级层面和有条件的地市级层面，设立精神障碍社区康复服务培训基地，大力开展精神障碍社区康复服务培训。要通过设立社会工作岗位、加强社会工作培训等方式，积极引入和培育一支熟练掌握精神障碍社区康复服务知识技能的社会工作者队伍。

（五）加强督查指导。建立精神障碍社区康复服务发展评估体系，依托专家技术指导组定期检查评估各地工作情况。将精神障碍社区康复服务发展纳入地方政府目标管理体系和社会治安综合治理考评体系，纳入民政、卫生计生、残联相关年度考核范围。加强经验总结，向全国普及推广一批符合中国国情、普遍适用、科学有效的社区康复服务模式，加快工作滞后地区发展进程，缩小区域发展差距。同时，加大相关政策及工作推进的宣传力度，营造全社会关心关注精神障碍社区康复服务工作的良好舆论氛围。

民政部
财政部
卫生计生委
中国残疾人联合会
2017年10月26日

2 社会保障

中华人民共和国社会保险法（2018 修正）

（2018 年 12 月 29 日）

第一章　总　则

第一条　为了规范社会保险关系，维护公民参加社会保险和享受社会保险待遇的合法权益，使公民共享发展成果，促进社会和谐稳定，根据宪法，制定本法。

第二条　国家建立基本养老保险、基本医疗保险、工伤保险、失业保险、生育保险等社会保险制度，保障公民在年老、疾病、工伤、失业、生育等情况下依法从国家和社会获得物质帮助的权利。

第三条　社会保险制度坚持广覆盖、保基本、多层次、可持续的方针，社会保险水平应当与经济社会发展水平相适应。

第四条　中华人民共和国境内的用人单位和个人依法缴纳社会保险费，有权查询缴费记录、个人权益记录，要求社会保险经办机构提供社会保险咨询等相关服务。

个人依法享受社会保险待遇，有权监督本单位为其缴费情况。

第五条　县级以上人民政府将社会保险事业纳入国民经济和社会发展规划。

国家多渠道筹集社会保险资金。县级以上人民政府对社会保险事业给予必要的经费支持。

国家通过税收优惠政策支持社会保险事业。

第六条　国家对社会保险基金实行严格监管。

国务院和省、自治区、直辖市人民政府建立健全社会保险基金监督管理制度，保障社会保险基金安全、有效运行。

县级以上人民政府采取措施，鼓励和支持社会各方面参与社会保险基金的监督。

第七条　国务院社会保险行政部门负责全国的社会保险管理工作，国务院其他有关部门在各自的职责范围内负责有关的社会保险工作。

县级以上地方人民政府社会保险行政部门负责本行政区域的社会保险管理工作，县级以上地方人民政府其他有关部门在各自的职责范围内负责有关的社会保险工作。

第八条　社会保险经办机构提供社会保险服务，负责社会保险登记、个人权益记录、社会保险待遇支付等工作。

第九条　工会依法维护职工的合法权益，有权参与社会保险重大事项的研究，参加社会保险监督委员会，对与职工社会保险权益有关的事项进行监督。

第二章　基本养老保险

第十条　职工应当参加基本养老保险，由用人单位和职工共同缴纳基本养老保险费。

无雇工的个体工商户、未在用人单位参加基本养老保险的非全日制从业人员以及其他灵活就业人员可以参加基本养老保险，由个人缴纳基本养老保险费。

公务员和参照公务员法管理的工作人员养老保险的办法由国务院规定。

第十一条　基本养老保险实行社会统筹与个人账户相结合。

基本养老保险基金由用人单位和个人缴费以及政府补贴等组成。

第十二条　用人单位应当按照国家规定的本单位职工工资总额的比例缴纳基本养老保险费，记入基本养老保险统筹基金。

职工应当按照国家规定的本人工资的比例缴纳基本养老保险费，记入个人账户。

无雇工的个体工商户、未在用人单位参加基本养老保险的非全日制从业人员以及其他灵活就业人员参加基本养老保险的，应当按照国家规定缴纳基本养老保险费，分别记入基本养老保险统筹基金和个人账户。

第十三条　国有企业、事业单位职工参加基本养老保险前，视同缴费年限期间应当缴纳的基本养老保险费由政府承担。

基本养老保险基金出现支付不足时，政府给予补贴。

第十四条　个人账户不得提前支取，记账利率不得低于银行定期存款利率，免征利息税。个人死亡的，个人账户余额可以继承。

第十五条　基本养老金由统筹养老金和个人账户养老金组成。

基本养老金根据个人累计缴费年限、缴费工资、当地职工平均工资、个人账户金额、城镇人口平均预期寿命等因素确定。

第十六条　参加基本养老保险的个人，达到法定退休年龄时累计缴费满十五年的，按月领取基本养老金。

参加基本养老保险的个人，达到法定退休年龄时累计缴费不足十五年的，可以缴费至满十五年，按月领取基本养老金；也可以转入新型农村社会养老保险或者城镇居民社会养老保险，按照国务院规定享受相应的养老保险待遇。

第十七条　参加基本养老保险的个人，因病或者非因工死亡的，其遗属可以领取丧葬补助金和抚恤金；在未达到法定退休年龄时因病或者非因工致残完全丧失劳动能力的，可以领取病残津贴。所需资金从基本养老保险基金中支付。

第十八条　国家建立基本养老金正常调整机制。根据职工平均工资增长、物价上涨情况，适时提高基本养老保险待遇水平。

第十九条　个人跨统筹地区就业的，其基本养老保险关系随本人转移，缴费年限累计计算。个人达到法定退休年龄时，基本养老金分段计算、统一支付。具体办法由国务院规定。

第二十条　国家建立和完善新型农村社会养老保险制度。

新型农村社会养老保险实行个人缴费、集体补助和政府补贴相结合。

第二十一条　新型农村社会养老保险待遇由基础养老金和个人账户养老金组成。

参加新型农村社会养老保险的农村居民，符合国家规定条件的，按月领取新型农村社会养老保险待遇。

第二十二条　国家建立和完善城镇居民社会养老保险制度。

省、自治区、直辖市人民政府根据实际情况，可以将城镇居民社会养老保险和新型农村社会养老保险合并实施。

第三章　基本医疗保险

第二十三条　职工应当参加职工基本医疗保险，由用人单位和职工按照国家规定共同缴纳基本医疗保险费。

无雇工的个体工商户、未在用人单位参加职工基本医疗保险的非全日制从业人员以及其他灵活就业人员可以参加职工基本医疗保险，由个人按照国家规定缴纳基本医疗保险费。

第二十四条　国家建立和完善新型农村合作医疗制度。

新型农村合作医疗的管理办法，由国务院规定。

第二十五条　国家建立和完善城镇居民基本医疗保险制度。

城镇居民基本医疗保险实行个人缴费和政府补贴相结合。

享受最低生活保障的人、丧失劳动能力的残疾人、低收入家庭六十周岁以上的老年人和未成年人等所需个人缴费部分，由政府给予补贴。

第二十六条　职工基本医疗保险、新型农村合作医疗和城镇居民基本医疗保险的待遇标准按照国家规定执行。

第二十七条　参加职工基本医疗保险的个人，达到法定退休年龄时累计缴费达到国家规定年限的，退休后不再缴纳基本医疗保险费，按照国家规定享受基本医疗保险待遇；未达到国家规定年限的，可以缴费至国家规定年限。

第二十八条　符合基本医疗保险药品目录、诊疗项目、医疗服务设施标准以及急诊、抢救的医疗费用，按照国家规定从基本医疗保险基金中支付。

第二十九条　参保人员医疗费用中应当由基本医疗保险基金支付的部分，由社会保险经办机构与医疗机构、药品经营单位直接结算。

社会保险行政部门和卫生行政部门应当建立异地就医医疗费用结算制度，方便参保人员享受基本医疗保险待遇。

第三十条　下列医疗费用不纳入基本医疗保险基金支付范围:

（一）应当从工伤保险基金中支付的；

（二）应当由第三人负担的；

（三）应当由公共卫生负担的；

（四）在境外就医的。

医疗费用依法应当由第三人负担，第三人不支付或者无法确定第三人的，由基本医疗保险基金先行支付。基本医疗保险基金先行支付后，有权向第三人追偿。

第三十一条　社会保险经办机构根据管理服务的需要，可以与医疗机构、药品经营单位签订服务协议，规范医疗服务行为。

医疗机构应当为参保人员提供合理、必要的医疗服务。

第三十二条　个人跨统筹地区就业的，其基本医疗保险关系随本人转移，缴费年限累计计算。

第四章　工伤保险

第三十三条　职工应当参加工伤保险，由用人单位缴纳工伤保险费，职工不缴纳工伤保险费。

第三十四条　国家根据不同行业的工伤风险程度确定行业的差别费率，并根据使用工伤保险基金、工伤发生率等情况在每个行业内确定费率档次。行业差别费率和行业内费率档次由国务院社会保险行政部门制定，报国务院批准后公布施行。

社会保险经办机构根据用人单位使用工伤保险基金、工伤发生率和所属行业费率档次等情况，确定用人单位缴费费率。

第三十五条　用人单位应当按照本单位职工工资总额，根据社会保险经办机构确定的费率缴纳工伤保险费。

第三十六条　职工因工作原因受到事故伤害或者患职业病，且经工伤认定的，享受工伤保险待遇；其中，经劳动能力鉴定丧失劳动能力的，享受伤残待遇。

工伤认定和劳动能力鉴定应当简捷、方便。

第三十七条　职工因下列情形之一导致本人在工作中伤亡的，不认定为工伤：

（一）故意犯罪；

（二）醉酒或者吸毒；

（三）自残或者自杀；

（四）法律、行政法规规定的其他情形。

第三十八条　因工伤发生的下列费用，按照国家规定从工伤保险基金中支付：

（一）治疗工伤的医疗费用和康复费用；

（二）住院伙食补助费；

（三）到统筹地区以外就医的交通食宿费；

（四）安装配置伤残辅助器具所需费用；

（五）生活不能自理的，经劳动能力鉴定委员会确认的生活护理费；

（六）一次性伤残补助金和一至四级伤残职工按月领取的伤残津贴；

（七）终止或者解除劳动合同时，应当享受的一次性医疗补助金；

（八）因工死亡的，其遗属领取的丧葬补助金、供养亲属抚恤金和因工死亡补助金；

（九）劳动能力鉴定费。

第三十九条　因工伤发生的下列费用，按照国家规定由用人单位支付：

（一）治疗工伤期间的工资福利；

（二）五级、六级伤残职工按月领取的伤残津贴；

（三）终止或者解除劳动合同时，应当享受的一次性伤残就业补助金。

第四十条　工伤职工符合领取基本养老金条件的，停发伤残津贴，享受基本养老保险待遇。基本养老保险待遇低于伤残津贴的，从工伤保险基金中补足差额。

第四十一条　职工所在用人单位未依法缴纳工伤保险费，发生工伤事故的，由用人单位支付工伤保险待遇。用人单位不支付的，从工伤保险基金中先行支付。

从工伤保险基金中先行支付的工伤保险待遇应当由用人单位偿还。用人单位不偿还的，社会保险经办机构可以依照本法第六十三条的规定追偿。

第四十二条　由于第三人的原因造成工伤，第三人不支付工伤医疗费用或者无法确定第三人的，由工伤保险基金先行支付。工伤保险基金先行支付后，有权向第三人追偿。

第四十三条　工伤职工有下列情形之一的，停止享受工伤保险待遇：

（一）丧失享受待遇条件的；

（二）拒不接受劳动能力鉴定的；

（三）拒绝治疗的。

第五章　失业保险

第四十四条　职工应当参加失业保险，由用人单位和职工按照国家规定共同缴纳失业保险费。

第四十五条　失业人员符合下列条件的，从失业保险基金中领取失业保险金：

（一）失业前用人单位和本人已经缴纳失业保险费满一年的；

（二）非因本人意愿中断就业的；

（三）已经进行失业登记，并有求职要求的。

第四十六条　失业人员失业前用人单位和本人累计缴费满一年不足五年的，领取失业保险金的期限最长为十二个月；累计缴费满五年不足十年的，领取失业保险金的期限最长为十八个月；累计缴费十年以上的，领取失业保险金的期限最长为二十四个月。重新就业后，再次失业的，缴费时间重新计算，领取失业保险金的期限与前次失业应当领取而尚未领取的失业保险金的期限合并计算，最长不超过二十四个月。

第四十七条　失业保险金的标准，由省、自治区、直辖市人民政府确定，不得低于城市居民最低生活保障标准。

第四十八条　失业人员在领取失业保险金期间，参加职工基本医疗保险，享受基本医疗保险待遇。

失业人员应当缴纳的基本医疗保险费从失业保险基金中支付，个人不缴纳基本医疗保险费。

第四十九条　失业人员在领取失业保险金期间死亡的，参照当地对在职职工死亡的规定，向其遗属发给一次性丧葬补助金和抚恤金。所需资金从失业保险基金中支付。

个人死亡同时符合领取基本养老保险丧葬补助金、工伤保险丧葬补助金和失业保险丧葬补助金条件的，其遗属只能选择领取其中的一项。

第五十条　用人单位应当及时为失业人员出具终止或者解除劳动关系的证

明，并将失业人员的名单自终止或者解除劳动关系之日起十五日内告知社会保险经办机构。

失业人员应当持本单位为其出具的终止或者解除劳动关系的证明，及时到指定的公共就业服务机构办理失业登记。

失业人员凭失业登记证明和个人身份证明，到社会保险经办机构办理领取失业保险金的手续。失业保险金领取期限自办理失业登记之日起计算。

第五十一条　失业人员在领取失业保险金期间有下列情形之一的，停止领取失业保险金，并同时停止享受其他失业保险待遇：

（一）重新就业的；

（二）应征服兵役的；

（三）移居境外的；

（四）享受基本养老保险待遇的；

（五）无正当理由，拒不接受当地人民政府指定部门或者机构介绍的适当工作或者提供的培训的。

第五十二条　职工跨统筹地区就业的，其失业保险关系随本人转移，缴费年限累计计算。

第六章　生育保险

第五十三条　职工应当参加生育保险，由用人单位按照国家规定缴纳生育保险费，职工不缴纳生育保险费。

第五十四条　用人单位已经缴纳生育保险费的，其职工享受生育保险待遇；职工未就业配偶按照国家规定享受生育医疗费用待遇。所需资金从生育保险基金中支付。

生育保险待遇包括生育医疗费用和生育津贴。

第五十五条　生育医疗费用包括下列各项：

（一）生育的医疗费用；

（二）计划生育的医疗费用；

（三）法律、法规规定的其他项目费用。

第五十六条　职工有下列情形之一的，可以按照国家规定享受生育津贴：

（一）女职工生育享受产假；

（二）享受计划生育手术休假；

（三）法律、法规规定的其他情形。

生育津贴按照职工所在用人单位上年度职工月平均工资计发。

第七章　社会保险费征缴

第五十七条　用人单位应当自成立之日起三十日内凭营业执照、登记证书或者单位印章，向当地社会保险经办机构申请办理社会保险登记。社会保险经办机构应当自收到申请之日起十五日内予以审核，发给社会保险登记证件。

用人单位的社会保险登记事项发生变更或者用人单位依法终止的，应当自变更或者终止之日起三十日内，到社会保险经办机构办理变更或者注销社会保险登记。

市场监督管理部门、民政部门和机构编制管理机关应当及时向社会保险经办机构通报用人单位的成立、终止情况，公安机关应当及时向社会保险经办机构通报个人的出生、死亡以及户口登记、迁移、注销等情况。

第五十八条　用人单位应当自用工之日起三十日内为其职工向社会保险经办机构申请办理社会保险登记。未办理社会保险登记的，由社会保险经办机构核定其应当缴纳的社会保险费。

自愿参加社会保险的无雇工的个体工商户、未在用人单位参加社会保险的非全日制从业人员以及其他灵活就业人员，应当向社会保险经办机构申请办理社会保险登记。

国家建立全国统一的个人社会保障号码。个人社会保障号码为公民身份证号码。

第五十九条　县级以上人民政府加强社会保险费的征收工作。

社会保险费实行统一征收，实施步骤和具体办法由国务院规定。

第六十条　用人单位应当自行申报、按时足额缴纳社会保险费，非因不可抗力等法定事由不得缓缴、减免。职工应当缴纳的社会保险费由用人单位代扣代缴，用人单位应当按月将缴纳社会保险费的明细情况告知本人。

无雇工的个体工商户、未在用人单位参加社会保险的非全日制从业人员以及其他灵活就业人员，可以直接向社会保险费征收机构缴纳社会保险费。

第六十一条　社会保险费征收机构应当依法按时足额征收社会保险费，并将缴费情况定期告知用人单位和个人。

第六十二条　用人单位未按规定申报应当缴纳的社会保险费数额的，按照该单位上月缴费额的百分之一百一十确定应当缴纳数额；缴费单位补办申报手续后，由社会保险费征收机构按照规定结算。

第六十三条　用人单位未按时足额缴纳社会保险费的，由社会保险费征收机构责令其限期缴纳或者补足。

用人单位逾期仍未缴纳或者补足社会保险费的，社会保险费征收机构可以向银行和其他金融机构查询其存款账户；并可以申请县级以上有关行政部门作出划拨社会保险费的决定，书面通知其开户银行或者其他金融机构划拨社会保险费。用人单位账户余额少于应当缴纳的社会保险费的，社会保险费征收机构可以要求该用人单位提供担保，签订延期缴费协议。

用人单位未足额缴纳社会保险费且未提供担保的，社会保险费征收机构可以申请人民法院扣押、查封、拍卖其价值相当于应当缴纳社会保险费的财产，以拍卖所得抵缴社会保险费。

第八章　社会保险基金

第六十四条　社会保险基金包括基本养老保险基金、基本医疗保险基金、工伤保险基金、失业保险基金和生育保险基金。除基本医疗保险基金与生育保险基金合并建账及核算外，其他各项社会保险基金按照社会保险险种分别建账，分账核算。社会保险基金执行国家统一的会计制度。

社会保险基金专款专用，任何组织和个人不得侵占或者挪用。

基本养老保险基金逐步实行全国统筹，其他社会保险基金逐步实行省级统筹，具体时间、步骤由国务院规定。

第六十五条　社会保险基金通过预算实现收支平衡。

县级以上人民政府在社会保险基金出现支付不足时，给予补贴。

第六十六条　社会保险基金按照统筹层次设立预算。除基本医疗保险基金与生育保险基金预算合并编制外，其他社会保险基金预算按照社会保险项目分别编制。

第六十七条　社会保险基金预算、决算草案的编制、审核和批准，依照法律和国务院规定执行。

第六十八条　社会保险基金存入财政专户，具体管理办法由国务院规定。

第六十九条　社会保险基金在保证安全的前提下，按照国务院规定投资运营实现保值增值。

社会保险基金不得违规投资运营，不得用于平衡其他政府预算，不得用于兴建、改建办公场所和支付人员经费、运行费用、管理费用，或者违反法律、行政法规规定挪作其他用途。

第七十条　社会保险经办机构应当定期向社会公布参加社会保险情况以及社会保险基金的收入、支出、结余和收益情况。

第七十一条　国家设立全国社会保障基金，由中央财政预算拨款以及国务院批准的其他方式筹集的资金构成，用于社会保障支出的补充、调剂。全国社会保障基金由全国社会保障基金管理运营机构负责管理运营，在保证安全的前提下实现保值增值。

全国社会保障基金应当定期向社会公布收支、管理和投资运营的情况。国务院财政部门、社会保险行政部门、审计机关对全国社会保障基金的收支、管理和投资运营情况实施监督。

第九章　社会保险经办

第七十二条　统筹地区设立社会保险经办机构。社会保险经办机构根据工作需要，经所在地的社会保险行政部门和机构编制管理机关批准，可以在本统筹地区设立分支机构和服务网点。

社会保险经办机构的人员经费和经办社会保险发生的基本运行费用、管理费用，由同级财政按照国家规定予以保障。

第七十三条　社会保险经办机构应当建立健全业务、财务、安全和风险管理制度。

社会保险经办机构应当按时足额支付社会保险待遇。

第七十四条　社会保险经办机构通过业务经办、统计、调查获取社会保险工作所需的数据，有关单位和个人应当及时、如实提供。

社会保险经办机构应当及时为用人单位建立档案，完整、准确地记录参加社会保险的人员、缴费等社会保险数据，妥善保管登记、申报的原始凭证和支付结算的会计凭证。

社会保险经办机构应当及时、完整、准确地记录参加社会保险的个人缴费和用人单位为其缴费，以及享受社会保险待遇等个人权益记录，定期将个人权益记录单免费寄送本人。

用人单位和个人可以免费向社会保险经办机构查询、核对其缴费和享受社会保险待遇记录，要求社会保险经办机构提供社会保险咨询等相关服务。

第七十五条　全国社会保险信息系统按照国家统一规划，由县级以上人民政府按照分级负责的原则共同建设。

第十章　社会保险监督

第七十六条　各级人民代表大会常务委员会听取和审议本级人民政府对社会保险基金的收支、管理、投资运营以及监督检查情况的专项工作报告，组织对本法实施情况的执法检查等，依法行使监督职权。

第七十七条　县级以上人民政府社会保险行政部门应当加强对用人单位和个人遵守社会保险法律、法规情况的监督检查。

社会保险行政部门实施监督检查时，被检查的用人单位和个人应当如实提供与社会保险有关的资料，不得拒绝检查或者谎报、瞒报。

第七十八条　财政部门、审计机关按照各自职责，对社会保险基金的收支、管理和投资运营情况实施监督。

第七十九条　社会保险行政部门对社会保险基金的收支、管理和投资运营情况进行监督检查，发现存在问题的，应当提出整改建议，依法作出处理决定或者向有关行政部门提出处理建议。社会保险基金检查结果应当定期向社会公布。

社会保险行政部门对社会保险基金实施监督检查，有权采取下列措施：

（一）查阅、记录、复制与社会保险基金收支、管理和投资运营相关的资料，对可能被转移、隐匿或者灭失的资料予以封存；

（二）询问与调查事项有关的单位和个人，要求其对与调查事项有关的问题作出说明、提供有关证明材料；

（三）对隐匿、转移、侵占、挪用社会保险基金的行为予以制止并责令改正。

第八十条　统筹地区人民政府成立由用人单位代表、参保人员代表，以及工会代表、专家等组成的社会保险监督委员会，掌握、分析社会保险基金的收支、管理和投资运营情况，对社会保险工作提出咨询意见和建议，实施社会监督。

社会保险经办机构应当定期向社会保险监督委员会汇报社会保险基金的收支、管理和投资运营情况。社会保险监督委员会可以聘请会计师事务所对社会保险基金的收支、管理和投资运营情况进行年度审计和专项审计。审计结果应当向社会公开。

社会保险监督委员会发现社会保险基金收支、管理和投资运营中存在问题的，有权提出改正建议；对社会保险经办机构及其工作人员的违法行为，有权向有关部门提出依法处理建议。

第八十一条　社会保险行政部门和其他有关行政部门、社会保险经办机构、社会保险费征收机构及其工作人员，应当依法为用人单位和个人的信息保密，不得以任何形式泄露。

第八十二条　任何组织或者个人有权对违反社会保险法律、法规的行为进行举报、投诉。

社会保险行政部门、卫生行政部门、社会保险经办机构、社会保险费征收机构和财政部门、审计机关对属于本部门、本机构职责范围的举报、投诉，应当依法处理；对不属于本部门、本机构职责范围的，应当书面通知并移交有权处理的部门、机构处理。有权处理的部门、机构应当及时处理，不得推诿。

第八十三条　用人单位或者个人认为社会保险费征收机构的行为侵害自己合法权益的，可以依法申请行政复议或者提起行政诉讼。

用人单位或者个人对社会保险经办机构不依法办理社会保险登记、核定社会保险费、支付社会保险待遇、办理社会保险转移接续手续或者侵害其他社会保险权益的行为，可以依法申请行政复议或者提起行政诉讼。

个人与所在用人单位发生社会保险争议的，可以依法申请调解、仲裁，提起诉讼。用人单位侵害个人社会保险权益的，个人也可以要求社会保险行政部门或者社会保险费征收机构依法处理。

第十一章　法律责任

第八十四条　用人单位不办理社会保险登记的，由社会保险行政部门责令限期改正；逾期不改正的，对用人单位处应缴社会保险费数额一倍以上三倍以下的罚款，对其直接负责的主管人员和其他直接责任人员处五百元以上三千元以下的罚款。

第八十五条　用人单位拒不出具终止或者解除劳动关系证明的，依照《中华人民共和国劳动合同法》的规定处理。

第八十六条　用人单位未按时足额缴纳社会保险费的，由社会保险费征收机构责令限期缴纳或者补足，并自欠缴之日起，按日加收万分之五的滞纳金；逾期仍不缴纳的，由有关行政部门处欠缴数额一倍以上三倍以下的罚款。

第八十七条　社会保险经办机构以及医疗机构、药品经营单位等社会保险服务机构以欺诈、伪造证明材料或者其他手段骗取社会保险基金支出的，由社会保险行政部门责令退回骗取的社会保险金，处骗取金额二倍以上五倍以下的罚款；属于社会保险服务机构的，解除服务协议；直接负责的主管人员和其他直接责任人员有执业资格的，依法吊销其执业资格。

第八十八条　以欺诈、伪造证明材料或者其他手段骗取社会保险待遇的，由社会保险行政部门责令退回骗取的社会保险金，处骗取金额二倍以上五倍以下的罚款。

第八十九条　社会保险经办机构及其工作人员有下列行为之一的，由社会保险行政部门责令改正；给社会保险基金、用人单位或者个人造成损失的，依法承担赔偿责任；对直接负责的主管人员和其他直接责任人员依法给予处分：

（一）未履行社会保险法定职责的；

（二）未将社会保险基金存入财政专户的；

（三）克扣或者拒不按时支付社会保险待遇的；

（四）丢失或者篡改缴费记录、享受社会保险待遇记录等社会保险数据、个人权益记录的；

（五）有违反社会保险法律、法规的其他行为的。

第九十条　社会保险费征收机构擅自更改社会保险费缴费基数、费率，导致少收或者多收社会保险费的，由有关行政部门责令其追缴应当缴纳的社会保险费或者退还不应当缴纳的社会保险费；对直接负责的主管人员和其他直接责任人员依法给予处分。

第九十一条　违反本法规定，隐匿、转移、侵占、挪用社会保险基金或者违规投资运营的，由社会保险行政部门、财政部门、审计机关责令追回；有违法所得的，没收违法所得；对直接负责的主管人员和其他直接责任人员依法给予处分。

第九十二条　社会保险行政部门和其他有关行政部门、社会保险经办机构、社会保险费征收机构及其工作人员泄露用人单位和个人信息的，对直接负责的主管人员和其他直接责任人员依法给予处分；给用人单位或者个人造成损失的，应当承担赔偿责任。

第九十三条　国家工作人员在社会保险管理、监督工作中滥用职权、玩忽职守、徇私舞弊的，依法给予处分。

第九十四条　违反本法规定，构成犯罪的，依法追究刑事责任。

第十二章　附　则

第九十五条　进城务工的农村居民依照本法规定参加社会保险。

第九十六条　征收农村集体所有的土地，应当足额安排被征地农民的社会保险费，按照国务院规定将被征地农民纳入相应的社会保险制度。

第九十七条　外国人在中国境内就业的，参照本法规定参加社会保险。

第九十八条　本法自2011年7月1日起施行。

失业保险条例

（1999 年 01 月 22 日）

第一章　总　则

第一条　为了保障失业人员失业期间的基本生活，促进其再就业，制定本条例。

第二条　城镇企业事业单位、城镇企业事业单位职工依照本条例的规定，缴纳失业保险费。

城镇企业事业单位失业人员依照本条例的规定，享受失业保险待遇。

本条所称城镇企业，是指国有企业、城镇集体企业、外商投资企业、城镇私营企业以及其他城镇企业。

第三条　国务院劳动保障行政部门主管全国的失业保险工作。县级以上地方各级人民政府劳动保障行政部门主管本行政区域内的失业保险工作。劳动保障行政部门按照国务院规定设立的经办失业保险业务的社会保险经办机构依照本条例的规定，具体承办失业保险工作。

第四条　失业保险费按照国家有关规定征缴。

第二章　失业保险基金

第五条　失业保险基金由下列各项构成：

（一）城镇企业事业单位、城镇企业事业单位职工缴纳的失业保险费；

（二）失业保险基金的利息；

（三）财政补贴；

（四）依法纳入失业保险基金的其他资金。

第六条　城镇企业事业单位按照本单位工资总额的百分之二缴纳失业保险费。城镇企业事业单位职工按照本人工资的百分之一缴纳失业保险费。城镇企业事业单位招用的农民合同制工人本人不缴纳失业保险费。

第七条　失业保险基金在直辖市和设区的市实行全市统筹；其他地区的统筹层次由省、自治区人民政府规定。

第八条　省、自治区可以建立失业保险调剂金。

失业保险调剂金以统筹地区依法应当征收的失业保险费为基数，按照省、自治区人民政府规定的比例筹集。统筹地区的失业保险基金不敷使用时，由失业保险调剂金调剂、地方财政补贴。

失业保险调剂金的筹集、调剂使用以及地方财政补贴的具体办法，由省、自治区人民政府规定。

第九条　省、自治区、直辖市人民政府根据本行政区域失业人员数量和失业保险基金数额，报经国务院批准，可以适当调整本行政区域失业保险费的费率。

第十条　失业保险基金用于下列支出：

（一）失业保险金；

（二）领取失业保险金期间的医疗补助金；

（三）领取失业保险金期间死亡的失业人员的丧葬补助金和其供养的配偶、直系亲属的抚恤金；

（四）领取失业保险金期间接受职业培训、职业介绍的补贴，补贴的办法和标准由省、自治区、直辖市人民政府规定。

（五）国务院规定或者批准的与失业保险有关的其他费用。

第十一条　失业保险基金必须存入财政部门在国有商业银行开设的社会保障基金财政专户，实行收支两条线管理，由财政部门依法进行监督。

存入银行和按照国家规定购买国债的失业保险基金，分别按照城乡居民同期存款利率和国债利息计息。失业保险基金的利息并入失业保险基金。

失业保险基金专款专用，不得挪作他用，不得用于平衡财政收支。

第十二条　失业保险基金收支的预算、决算，由统筹地区社会保险经办机构编制，经同级劳动保障行政部门复核、同级财政部门审核，报同级人民政府审批。

第十三条　失业保险基金的财务制度和会计制度按照国家有关规定执行。

第三章　失业保险待遇

第十四条　具备下列条件的失业人员，可以领取失业保险金：

（一）按照规定参加失业保险，所在单位和本人已按照规定履行缴费义务满1年的；

（二）非因本人意愿中断就业的；

（三）已办理失业登记，并有求职要求的。

失业人员在领取失业保险金期间，按照规定同时享受其他失业保险待遇。

第十五条　失业人员在领取失业保险金期间有下列情形之一的，停止领取失业保险金，并同时停止享受其他失业保险待遇：

（一）重新就业的；

（二）应征服兵役的；

（三）移居境外的；

（四）享受基本养老保险待遇的；

（五）被判刑收监执行或者被劳动教养的；

（六）无正当理由，拒不接受当地人民政府指定的部门或者机构介绍的工作的；

（七）有法律、行政法规规定的其他情形的。

第十六条　城镇企业事业单位应当及时为失业人员出具终止或者解除劳动关系的证明，告知其按照规定享受失业保险待遇的权利，并将失业人员的名单自终止或者解除劳动关系之日起7日内报社会保险经办机构备案。

城镇企业事业单位职工失业后，应当持本单位为其出具的终止或者解除劳动关系的证明，及时到指定的社会保险经办机构办理失业登记。失业保险金自办理失业登记之日起计算。

失业保险金由社会保险经办机构按月发放。社会保险经办机构为失业人员开具领取失业保险金的单证，失业人员凭单证到指定银行领取失业保险金。

第十七条　失业人员失业前所在单位和本人按照规定累计缴费时间满1年不足5年的，领取失业保险金的期限最长为12个月；累计缴费时间满5年不足10年的，领取失业保险金的期限最长为18个月；累计缴费时间10年以上的，领取失业保险金的期限最长为24个月。重新就业后，再次失业的，缴费时间重新计算。再次失业领取失业保险金的期限可以与前次失业应领取而尚未领取的失业保险金的期限合并计算，但是最长不得超过24个月。

第十八条　失业保险金的标准，按照低于当地最低工资标准、高于城市居民最低生活保障标准的水平，由省、自治区、直辖市人民政府确定。

第十九条　失业人员在领取失业保险金期间患病就医的，可以按照规定向社会保险经办机构申请领取医疗补助金。医疗补助金的标准由省、自治区、直辖市人民政府规定。

第二十条　失业人员在领取失业保险金期间死亡的，参照当地对在职职工的规定，对其家属一次性发给丧葬补助金和抚恤金。

第二十一条　单位招用的农民合同制工人连续工作满1年，本单位并已缴纳失业保险费，劳动合同期满未续订或者提前解除劳动合同的，由社会保险经办机构根据其工作时间长短，对其支付一次性生活补助金。补助的办法和标准由省、自治区、直辖市人民政府规定。

第二十二条　城镇企业事业单位成建制跨统筹地区转移，失业人员跨统筹地区流动的，失业保险关系随之转迁。

第二十三条　失业人员符合城市居民最低生活保障条件的，按照规定享受城市居民最低生活保障待遇。

第四章　管理和监督

第二十四条　劳动保障行政部门管理失业保险工作，履行下列职责：

（一）贯彻实施失业保险法律、法规；

（二）指导社会保险经办机构的工作；

（三）对失业保险费的征收和失业保险待遇的支付进行监督检查。

第二十五条　社会保险经办机构具体承办失业保险工作，履行下列职责：

（一）负责失业人员的登记、调查、统计；

（二）按照规定负责失业保险基金的管理；

（三）按照规定核定失业保险待遇，开具失业人员在指定银行领取失业保险金和其他补助金的单证；

（四）拨付失业人员职业培训、职业介绍补贴费用；

（五）为失业人员提供免费咨询服务；

（六）国家规定由其履行的其他职责。

第二十六条　财政部门和审计部门依法对失业保险基金的收支、管理情况进行监督。

第二十七条　社会保险经办机构所需经费列入预算，由财政拨付。

第五章　罚　则

第二十八条　不符合享受失业保险待遇条件，骗取失业保险金和其他失业保险待遇的，由社会保险经办机构责令退还；情节严重的，由劳动保障行政部门处骗取金额1倍以上3倍以下的罚款。

第二十九条　社会保险经办机构工作人员违反规定向失业人员开具领取失业保险金或者享受其他失业保险待遇单证，致使失业保险基金损失的，由劳动保障行政部门责令追回；情节严重的，依法给予行政处分。

第三十条　劳动保障行政部门和社会保险经办机构的工作人员滥用职权、徇私舞弊、玩忽职守，造成失业保险基金损失的，由劳动保障行政部门追回损失的失业保险基金；构成犯罪的，依法追究刑事责任；尚不构成犯罪的，依法给予行政处分。

第三十一条　任何单位、个人挪用失业保险基金的，追回挪用的失业保险基金；有违法所得的，没收违法所得，并入失 业保险基金；构成犯罪的，依法追究刑事责任；尚不构成犯罪的，对直接负责的主管人员和其他直接责任人员依法给予行政处分。

第六章　附　则

第三十二条　省、自治区、直辖市人民政府根据当地实际情况，可以决定本条例适用于本行政区域内的社会团体及其专职人员、民办非企业单位及其职工、有雇工的城镇个体工商户及其雇工。

第三十三条　本条例自发布之日起施行。1993年4月12日国务院发布的《国有企业职工待业保险规定》同时废止。

工伤保险条例（2010 修订）

（2010 年 12 月 20 日）

第一章 总 则

第一条 为了保障因工作遭受事故伤害或者患职业病的职工获得医疗救治和经济补偿，促进工伤预防和职业康复，分散用人单位的工伤风险，制定本条例。

第二条 中华人民共和国境内的企业、事业单位、社会团体、民办非企业单位、基金会、律师事务所、会计师事务所等组织和有雇工的个体工商户（以下称用人单位）应当依照本条例规定参加工伤保险，为本单位全部职工或者雇工（以下称职工）缴纳工伤保险费。

中华人民共和国境内的企业、事业单位、社会团体、民办非企业单位、基金会、律师事务所、会计师事务所等组织的职工和个体工商户的雇工，均有依照本条例的规定享受工伤保险待遇的权利。

第三条 工伤保险费的征缴按照《社会保险费征缴暂行条例》关于基本养老保险费、基本医疗保险费、失业保险费的征缴规定执行。

第四条 用人单位应当将参加工伤保险的有关情况在本单位内公示。

用人单位和职工应当遵守有关安全生产和职业病防治的法律法规，执行安全卫生规程和标准，预防工伤事故发生，避免和减少职业病危害。

职工发生工伤时，用人单位应当采取措施使工伤职工得到及时救治。

第五条 国务院社会保险行政部门负责全国的工伤保险工作。

县级以上地方各级人民政府社会保险行政部门负责本行政区域内的工伤保险工作。

社会保险行政部门按照国务院有关规定设立的社会保险经办机构（以下称经办机构）具体承办工伤保险事务。

第六条　社会保险行政部门等部门制定工伤保险的政策、标准，应当征求工会组织、用人单位代表的意见。

第二章　工伤保险基金

第七条　工伤保险基金由用人单位缴纳的工伤保险费、工伤保险基金的利息和依法纳入工伤保险基金的其他资金构成。

第八条　工伤保险费根据以支定收、收支平衡的原则，确定费率。

国家根据不同行业的工伤风险程度确定行业的差别费率，并根据工伤保险费使用、工伤发生率等情况在每个行业内确定若干费率档次。行业差别费率及行业内费率档次由国务院社会保险行政部门制定，报国务院批准后公布施行。

统筹地区经办机构根据用人单位工伤保险费使用、工伤发生率等情况，适用所属行业内相应的费率档次确定单位缴费费率。

第九条　国务院社会保险行政部门应当定期了解全国各统筹地区工伤保险基金收支情况，及时提出调整行业差别费率及行业内费率档次的方案，报国务院批准后公布施行。

第十条　用人单位应当按时缴纳工伤保险费。职工个人不缴纳工伤保险费。

用人单位缴纳工伤保险费的数额为本单位职工工资总额乘以单位缴费费率之积。

对难以按照工资总额缴纳工伤保险费的行业，其缴纳工伤保险费的具体方式，由国务院社会保险行政部门规定。

第十一条　工伤保险基金逐步实行省级统筹。

跨地区、生产流动性较大的行业，可以采取相对集中的方式异地参加统筹地区的工伤保险。具体办法由国务院社会保险行政部门会同有关行业的主管部门制定。

第十二条　工伤保险基金存入社会保障基金财政专户，用于本条例规定的工伤保险待遇，劳动能力鉴定，工伤预防的宣传、培训等费用，以及法律、法规规定的用于工伤保险的其他费用的支付。

工伤预防费用的提取比例、使用和管理的具体办法，由国务院社会保险行政部门会同国务院财政、卫生行政、安全生产监督管理等部门规定。

任何单位或者个人不得将工伤保险基金用于投资运营、兴建或者改建办公场所、发放奖金，或者挪作其他用途。

第十三条　工伤保险基金应当留有一定比例的储备金，用于统筹地区重大事故的工伤保险待遇支付；储备金不足支付的，由统筹地区的人民政府垫付。储备金占基金总额的具体比例和储备金的使用办法，由省、自治区、直辖市人民政府规定。

第三章　工伤认定

第十四条　职工有下列情形之一的，应当认定为工伤：

（一）在工作时间和工作场所内，因工作原因受到事故伤害的；

（二）工作时间前后在工作场所内，从事与工作有关的预备性或者收尾性工作受到事故伤害的；

（三）在工作时间和工作场所内，因履行工作职责受到暴力等意外伤害的；

（四）患职业病的；

（五）因工外出期间，由于工作原因受到伤害或者发生事故下落不明的；

（六）在上下班途中，受到非本人主要责任的交通事故或者城市轨道交通、客运轮渡、火车事故伤害的；

（七）法律、行政法规规定应当认定为工伤的其他情形。

第十五条　职工有下列情形之一的，视同工伤：

（一）在工作时间和工作岗位，突发疾病死亡或者在48小时之内经抢救无效死亡的；

（二）在抢险救灾等维护国家利益、公共利益活动中受到伤害的；

（三）职工原在军队服役，因战、因公负伤致残，已取得革命伤残军人证，到用人单位后旧伤复发的。

职工有前款第（一）项、第（二）项情形的，按照本条例的有关规定享受工伤保险待遇；职工有前款第（三）项情形的，按照本条例的有关规定享受除一次性伤残补助金以外的工伤保险待遇。

第十六条　职工符合本条例第十四条、第十五条的规定，但是有下列情形之一的，不得认定为工伤或者视同工伤：

（一）故意犯罪的；

（二）醉酒或者吸毒的；

（三）自残或者自杀的。

第十七条　职工发生事故伤害或者按照职业病防治法规定被诊断、鉴定为职业病，所在单位应当自事故伤害发生之日或者被诊断、鉴定为职业病之日起30日内，向统筹地区社会保险行政部门提出工伤认定申请。遇有特殊情况，经报社会保险行政部门同意，申请时限可以适当延长。

用人单位未按前款规定提出工伤认定申请的，工伤职工或者其近亲属、工会组织在事故伤害发生之日或者被诊断、鉴定为职业病之日起1年内，可以直接向用人单位所在地统筹地区社会保险行政部门提出工伤认定申请。

按照本条第一款规定应当由省级社会保险行政部门进行工伤认定的事项，根据属地原则由用人单位所在地的设区的市级社会保险行政部门办理。

用人单位未在本条第一款规定的时限内提交工伤认定申请，在此期间发生符合本条例规定的工伤待遇等有关费用由该用人单位负担。

第十八条　提出工伤认定申请应当提交下列材料：

（一）工伤认定申请表；

（二）与用人单位存在劳动关系（包括事实劳动关系）的证明材料；

（三）医疗诊断证明或者职业病诊断证明书（或者职业病诊断鉴定书）。

工伤认定申请表应当包括事故发生的时间、地点、原因以及职工伤害程度等基本情况。

工伤认定申请人提供材料不完整的，社会保险行政部门应当一次性书面告知工伤认定申请人需要补正的全部材料。申请人按照书面告知要求补正材料后，社会保险行政部门应当受理。

第十九条　社会保险行政部门受理工伤认定申请后，根据审核需要可以对事故伤害进行调查核实，用人单位、职工、工会组织、医疗机构以及有关部门应当予以协助。职业病诊断和诊断争议的鉴定，依照职业病防治法的有关规定执行。对依法取得职业病诊断证明书或者职业病诊断鉴定书的，社会保险行政部门不再进行调查核实。

职工或者其近亲属认为是工伤，用人单位不认为是工伤的，由用人单位承担举证责任。

第二十条　社会保险行政部门应当自受理工伤认定申请之日起60日内作出工伤认定的决定，并书面通知申请工伤认定的职工或者其近亲属和该职工所在单位。

社会保险行政部门对受理的事实清楚、权利义务明确的工伤认定申请，应当在15日内作出工伤认定的决定。

作出工伤认定决定需要以司法机关或者有关行政主管部门的结论为依据的，在司法机关或者有关行政主管部门尚未作出结论期间，作出工伤认定决定的时限中止。

社会保险行政部门工作人员与工伤认定申请人有利害关系的，应当回避。

第四章　劳动能力鉴定

第二十一条　职工发生工伤，经治疗伤情相对稳定后存在残疾、影响劳动能力的，应当进行劳动能力鉴定。

第二十二条　劳动能力鉴定是指劳动功能障碍程度和生活自理障碍程度的等级鉴定。

劳动功能障碍分为十个伤残等级，最重的为一级，最轻的为十级。

生活自理障碍分为三个等级：生活完全不能自理、生活大部分不能自理和生活部分不能自理。

劳动能力鉴定标准由国务院社会保险行政部门会同国务院卫生行政部门等部门制定。

第二十三条　劳动能力鉴定由用人单位、工伤职工或者其近亲属向设区的市级劳动能力鉴定委员会提出申请，并提供工伤认定决定和职工工伤医疗的有关资料。

第二十四条　省、自治区、直辖市劳动能力鉴定委员会和设区的市级劳动能力鉴定委员会分别由省、自治区、直辖市和设区的市级社会保险行政部门、卫生行政部门、工会组织、经办机构代表以及用人单位代表组成。

劳动能力鉴定委员会建立医疗卫生专家库。列入专家库的医疗卫生专业技术人员应当具备下列条件：

（一）具有医疗卫生高级专业技术职务任职资格；

（二）掌握劳动能力鉴定的相关知识；

（三）具有良好的职业品德。

第二十五条　设区的市级劳动能力鉴定委员会收到劳动能力鉴定申请后，应当从其建立的医疗卫生专家库中随机抽取3名或者5名相关专家组成专家组，由专家组提出鉴定意见。设区的市级劳动能力鉴定委员会根据专家组的鉴定意见作出工伤职工劳动能力鉴定结论；必要时，可以委托具备资格的医疗机构协助进行有关的诊断。

设区的市级劳动能力鉴定委员会应当自收到劳动能力鉴定申请之日起60日内作出劳动能力鉴定结论，必要时，作出劳动能力鉴定结论的期限可以延长30日。劳动能力鉴定结论应当及时送达申请鉴定的单位和个人。

第二十六条　申请鉴定的单位或者个人对设区的市级劳动能力鉴定委员会作出的鉴定结论不服的，可以在收到该鉴定结论之日起15日内向省、自治区、直辖市劳动能力鉴定委员会提出再次鉴定申请。省、自治区、直辖市劳动能力鉴定委员会作出的劳动能力鉴定结论为最终结论。

第二十七条　劳动能力鉴定工作应当客观、公正。劳动能力鉴定委员会组成人员或者参加鉴定的专家与当事人有利害关系的，应当回避。

第二十八条　自劳动能力鉴定结论作出之日起1年后，工伤职工或者其近亲属、所在单位或者经办机构认为伤残情况发生变化的，可以申请劳动能力复查鉴定。

第二十九条　劳动能力鉴定委员会依照本条例第二十六条和第二十八条的规定进行再次鉴定和复查鉴定的期限，依照本条例第二十五条第二款的规定执行。

第五章　工伤保险待遇

第三十条　职工因工作遭受事故伤害或者患职业病进行治疗，享受工伤医疗待遇。

职工治疗工伤应当在签订服务协议的医疗机构就医，情况紧急时可以先到就近的医疗机构急救。

治疗工伤所需费用符合工伤保险诊疗项目目录、工伤保险药品目录、工伤保险住院服务标准的，从工伤保险基金支付。工伤保险诊疗项目目录、工伤保险药品目录、工伤保险住院服务标准，由国务院社会保险行政部门会同国务院卫生行政部门、食品药品监督管理部门等部门规定。

职工住院治疗工伤的伙食补助费，以及经医疗机构出具证明，报经办机构同意，工伤职工到统筹地区以外就医所需的交通、食宿费用从工伤保险基金支付，基金支付的具体标准由统筹地区人民政府规定。

工伤职工治疗非工伤引发的疾病，不享受工伤医疗待遇，按照基本医疗保险办法处理。

工伤职工到签订服务协议的医疗机构进行工伤康复的费用，符合规定的，从工伤保险基金支付。

第三十一条　社会保险行政部门作出认定为工伤的决定后发生行政复议、行政诉讼的，行政复议和行政诉讼期间不停止支付工伤职工治疗工伤的医疗费用。

第三十二条　工伤职工因日常生活或者就业需要，经劳动能力鉴定委员会确认，可以安装假肢、矫形器、假眼、假牙和配置轮椅等辅助器具，所需费用按照国家规定的标准从工伤保险基金支付。

第三十三条　职工因工作遭受事故伤害或者患职业病需要暂停工作接受工伤医疗的，在停工留薪期内，原工资福利待遇不变，由所在单位按月支付。

停工留薪期一般不超过12个月。伤情严重或者情况特殊，经设区的市级劳动能力鉴定委员会确认，可以适当延长，但延长不得超过12个月。工伤职工评定伤残等级后，停发原待遇，按照本章的有关规定享受伤残待遇。工伤职工在停工留薪期满后仍需治疗的，继续享受工伤医疗待遇。

生活不能自理的工伤职工在停工留薪期需要护理的，由所在单位负责。

第三十四条　工伤职工已经评定伤残等级并经劳动能力鉴定委员会确认需要生活护理的，从工伤保险基金按月支付生活护理费。

生活护理费按照生活完全不能自理、生活大部分不能自理或者生活部分不能自理3个不同等级支付，其标准分别为统筹地区上年度职工月平均工资的50%、40%或者30%。

第三十五条　职工因工致残被鉴定为一级至四级伤残的，保留劳动关系，退出工作岗位，享受以下待遇：

（一）从工伤保险基金按伤残等级支付一次性伤残补助金，标准为：一级伤残为27个月的本人工资，二级伤残为25个月的本人工资，三级伤残为23个月的本人工资，四级伤残为21个月的本人工资；

（二）从工伤保险基金按月支付伤残津贴，标准为：一级伤残为本人工资的90%，二级伤残为本人工资的85%，三级伤残为本人工资的80%，四级伤残为本人工资的75%。伤残津贴实际金额低于当地最低工资标准的，由工伤保险基金补足差额；

（三）工伤职工达到退休年龄并办理退休手续后，停发伤残津贴，按照国家有关规定享受基本养老保险待遇。基本养老保险待遇低于伤残津贴的，由工伤保险基金补足差额。

职工因工致残被鉴定为一级至四级伤残的，由用人单位和职工个人以伤残津贴为基数，缴纳基本医疗保险费。

第三十六条　职工因工致残被鉴定为五级、六级伤残的，享受以下待遇：

（一）从工伤保险基金按伤残等级支付一次性伤残补助金，标准为：五级伤残为18个月的本人工资，六级伤残为16个月的本人工资；

（二）保留与用人单位的劳动关系，由用人单位安排适当工作。难以安排工作的，由用人单位按月发给伤残津贴，标准为：五级伤残为本人工资的70%，六级伤残为本人工资的60%，并由用人单位按照规定为其缴纳应缴纳的各项社会保险费。伤残津贴实际金额低于当地最低工资标准的，由用人单位补足差额。

经工伤职工本人提出，该职工可以与用人单位解除或者终止劳动关系，由工伤保险基金支付一次性工伤医疗补助金，由用人单位支付一次性伤残就业补助金。一次性工伤医疗补助金和一次性伤残就业补助金的具体标准由省、自治区、直辖市人民政府规定。

第三十七条　职工因工致残被鉴定为七级至十级伤残的，享受以下待遇：

（一）从工伤保险基金按伤残等级支付一次性伤残补助金，标准为：七级伤残为13个月的本人工资，八级伤残为11个月的本人工资，九级伤残为9个月的本人工资，十级伤残为7个月的本人工资；

（二）劳动、聘用合同期满终止，或者职工本人提出解除劳动、聘用合同的，由工伤保险基金支付一次性工伤医疗补助金，由用人单位支付一次性伤残就业补助金。一次性工伤医疗补助金和一次性伤残就业补助金的具体标准由省、自治区、直辖市人民政府规定。

第三十八条　工伤职工工伤复发，确认需要治疗的，享受本条例第三十条、第三十二条和第三十三条规定的工伤待遇。

第三十九条　职工因工死亡，其近亲属按照下列规定从工伤保险基金领取丧葬补助金、供养亲属抚恤金和一次性工亡补助金：

（一）丧葬补助金为6个月的统筹地区上年度职工月平均工资；

（二）供养亲属抚恤金按照职工本人工资的一定比例发给由因工死亡职工生前提供主要生活来源、无劳动能力的亲属。标准为：配偶每月40%，其他亲属每人每月30%，孤寡老人或者孤儿每人每月在上述标准的基础上增加10%。核定的各供养亲属的抚恤金之和不应高于因工死亡职工生前的工资。供养亲属的具体范围由国务院社会保险行政部门规定；

（三）一次性工亡补助金标准为上一年度全国城镇居民人均可支配收入的20倍。

伤残职工在停工留薪期内因工伤导致死亡的，其近亲属享受本条第一款规定的待遇。

一级至四级伤残职工在停工留薪期满后死亡的，其近亲属可以享受本条第一款第（一）项、第（二）项规定的待遇。

第四十条　伤残津贴、供养亲属抚恤金、生活护理费由统筹地区社会保险行政部门根据职工平均工资和生活费用变化等情况适时调整。调整办法由省、自治区、直辖市人民政府规定。

第四十一条　职工因工外出期间发生事故或者在抢险救灾中下落不明的，从事故发生当月起3个月内照发工资，从第4个月起停发工资，由工伤保险基金向其供养亲属按月支付供养亲属抚恤金。生活有困难的，可以预支一次性工亡补助金的50%。职工被人民法院宣告死亡的，按照本条例第三十九条职工因工死亡的规定处理。

第四十二条　工伤职工有下列情形之一的，停止享受工伤保险待遇：

（一）丧失享受待遇条件的；

（二）拒不接受劳动能力鉴定的；

（三）拒绝治疗的。

第四十三条　用人单位分立、合并、转让的，承继单位应当承担原用人单位的工伤保险责任；原用人单位已经参加工伤保险的，承继单位应当到当地经办机构办理工伤保险变更登记。

用人单位实行承包经营的，工伤保险责任由职工劳动关系所在单位承担。

职工被借调期间受到工伤事故伤害的，由原用人单位承担工伤保险责任，但原用人单位与借调单位可以约定补偿办法。

企业破产的，在破产清算时依法拨付应当由单位支付的工伤保险待遇费用。

第四十四条　职工被派遣出境工作，依据前往国家或者地区的法律应当参加当地工伤保险的，参加当地工伤保险，其国内工伤保险关系中止；不能参加当地工伤保险的，其国内工伤保险关系不中止。

第四十五条　职工再次发生工伤，根据规定应当享受伤残津贴的，按照新认定的伤残等级享受伤残津贴待遇。

第六章　监督管理

第四十六条　经办机构具体承办工伤保险事务，履行下列职责：

（一）根据省、自治区、直辖市人民政府规定，征收工伤保险费；

（二）核查用人单位的工资总额和职工人数，办理工伤保险登记，并负责保存用人单位缴费和职工享受工伤保险待遇情况的记录；

（三）进行工伤保险的调查、统计；

（四）按照规定管理工伤保险基金的支出；

（五）按照规定核定工伤保险待遇；

（六）为工伤职工或者其近亲属免费提供咨询服务。

第四十七条　经办机构与医疗机构、辅助器具配置机构在平等协商的基础上签订服务协议，并公布签订服务协议的医疗机构、辅助器具配置机构的名单。具体办法由国务院社会保险行政部门分别会同国务院卫生行政部门、民政部门等部门制定。

第四十八条　经办机构按照协议和国家有关目录、标准对工伤职工医疗费用、康复费用、辅助器具费用的使用情况进行核查，并按时足额结算费用。

第四十九条　经办机构应当定期公布工伤保险基金的收支情况，及时向社会保险行政部门提出调整费率的建议。

第五十条　社会保险行政部门、经办机构应当定期听取工伤职工、医疗机构、辅助器具配置机构以及社会各界对改进工伤保险工作的意见。

第五十一条　社会保险行政部门依法对工伤保险费的征缴和工伤保险基金的支付情况进行监督检查。

财政部门和审计机关依法对工伤保险基金的收支、管理情况进行监督。

第五十二条　任何组织和个人对有关工伤保险的违法行为，有权举报。社会保险行政部门对举报应当及时调查，按照规定处理，并为举报人保密。

第五十三条　工会组织依法维护工伤职工的合法权益，对用人单位的工伤保险工作实行监督。

第五十四条　职工与用人单位发生工伤待遇方面的争议，按照处理劳动争议的有关规定处理。

第五十五条　有下列情形之一的，有关单位或者个人可以依法申请行政复议，也可以依法向人民法院提起行政诉讼：

（一）申请工伤认定的职工或者其近亲属、该职工所在单位对工伤认定申请不予受理的决定不服的；

（二）申请工伤认定的职工或者其近亲属、该职工所在单位对工伤认定结论不服的；

（三）用人单位对经办机构确定的单位缴费费率不服的；

（四）签订服务协议的医疗机构、辅助器具配置机构认为经办机构未履行有关协议或者规定的；

（五）工伤职工或者其近亲属对经办机构核定的工伤保险待遇有异议的。

第七章　法律责任

第五十六条　单位或者个人违反本条例第十二条规定挪用工伤保险基金，构成犯罪的，依法追究刑事责任；尚不构成犯罪的，依法给予处分或者纪律处分。被挪用的基金由社会保险行政部门追回，并入工伤保险基金；没收的违法所得依法上缴国库。

第五十七条　社会保险行政部门工作人员有下列情形之一的，依法给予处分；情节严重，构成犯罪的，依法追究刑事责任：

（一）无正当理由不受理工伤认定申请，或者弄虚作假将不符合工伤条件的人员认定为工伤职工的；

（二）未妥善保管申请工伤认定的证据材料，致使有关证据灭失的；

（三）收受当事人财物的。

第五十八条　经办机构有下列行为之一的，由社会保险行政部门责令改正，对直接负责的主管人员和其他责任人员依法给予纪律处分；情节严重，构成犯罪的，依法追究刑事责任；造成当事人经济损失的，由经办机构依法承担赔偿责任：

（一）未按规定保存用人单位缴费和职工享受工伤保险待遇情况记录的；

（二）不按规定核定工伤保险待遇的；

（三）收受当事人财物的。

第五十九条　医疗机构、辅助器具配置机构不按服务协议提供服务的，经办机构可以解除服务协议。

经办机构不按时足额结算费用的，由社会保险行政部门责令改正；医疗机构、辅助器具配置机构可以解除服务协议。

第六十条　用人单位、工伤职工或者其近亲属骗取工伤保险待遇，医疗机构、辅助器具配置机构骗取工伤保险基金支出的，由社会保险行政部门责令退还，处骗取金额2倍以上5倍以下的罚款；情节严重，构成犯罪的，依法追究刑事责任。

第六十一条　从事劳动能力鉴定的组织或者个人有下列情形之一的，由社会保险行政部门责令改正，处2000元以上1万元以下的罚款；情节严重，构成犯罪的，依法追究刑事责任：

（一）提供虚假鉴定意见的；

（二）提供虚假诊断证明的；

（三）收受当事人财物的。

第六十二条　用人单位依照本条例规定应当参加工伤保险而未参加的，由社会保险行政部门责令限期参加，补缴应当缴纳的工伤保险费，并自欠缴之日起，按日加收万分之五的滞纳金；逾期仍不缴纳的，处欠缴数额1倍以上3倍以下的罚款。

依照本条例规定应当参加工伤保险而未参加工伤保险的用人单位职工发生工伤的，由该用人单位按照本条例规定的工伤保险待遇项目和标准支付费用。

用人单位参加工伤保险并补缴应当缴纳的工伤保险费、滞纳金后，由工伤保险基金和用人单位依照本条例的规定支付新发生的费用。

第六十三条　用人单位违反本条例第十九条的规定，拒不协助社会保险行政部门对事故进行调查核实的，由社会保险行政部门责令改正，处2000元以上2万元以下的罚款。

第八章　附　则

第六十四条　本条例所称工资总额，是指用人单位直接支付给本单位全部职工的劳动报酬总额。

本条例所称本人工资，是指工伤职工因工作遭受事故伤害或者患职业病前12个月平均月缴费工资。本人工资高于统筹地区职工平均工资300%的，按照统筹地区职工平均工资的300%计算；本人工资低于统筹地区职工平均工资60%的，按照统筹地区职工平均工资的60%计算。

第六十五条　公务员和参照公务员法管理的事业单位、社会团体的工作人员因工作遭受事故伤害或者患职业病的，由所在单位支付费用。具体办法由国务院社会保险行政部门会同国务院财政部门规定。

第六十六条　无营业执照或者未经依法登记、备案的单位以及被依法吊销营业执照或者撤销登记、备案的单位的职工受到事故伤害或者患职业病的，由该单位向伤残职工或者死亡职工的近亲属给予一次性赔偿，赔偿标准不得低于本条例规定的工伤保险待遇；用人单位不得使用童工，用人单位使用童工造成童工伤残、死亡的，由该单位向童工或者童工的近亲属给予一次性赔偿，赔偿标准不得低于本条例规定的工伤保险待遇。具体办法由国务院社会保险行政部门规定。

前款规定的伤残职工或者死亡职工的近亲属就赔偿数额与单位发生争议

的，以及前款规定的童工或者童工的近亲属就赔偿数额与单位发生争议的，按照处理劳动争议的有关规定处理。

第六十七条　本条例自2004年1月1日起施行。本条例施行前已受到事故伤害或者患职业病的职工尚未完成工伤认定的，按照本条例的规定执行。

国务院关于整合城乡居民基本医疗保险制度的意见

（2016 年 1 月 3 日）

各省、自治区、直辖市人民政府，国务院各部委、各直属机构：

整合城镇居民基本医疗保险（以下简称城镇居民医保）和新型农村合作医疗（以下简称新农合）两项制度，建立统一的城乡居民基本医疗保险（以下简称城乡居民医保）制度，是推进医药卫生体制改革、实现城乡居民公平享有基本医疗保险权益、促进社会公平正义、增进人民福祉的重大举措，对促进城乡经济社会协调发展、全面建成小康社会具有重要意义。在总结城镇居民医保和新农合运行情况以及地方探索实践经验的基础上，现就整合建立城乡居民医保制度提出如下意见。

一、总体要求与基本原则

（一）总体要求。

以邓小平理论、“三个代表”重要思想、科学发展观为指导，认真贯彻党的十八大、十八届二中、三中、四中、五中全会和习近平总书记系列重要讲话精神，落实党中央、国务院关于深化医药卫生体制改革的要求，按照全覆盖、保基本、多层次、可持续的方针，加强统筹协调与顶层设计，遵循先易后难、循序渐进的原则，从完善政策入手，推进城镇居民医保和新农合制度整合，逐步在全国范围内建立起统一的城乡居民医保制度，推动保障更加公平、管理服务更加规范、医疗资源利用更加有效，促进全民医保体系持续健康发展。

（二）基本原则。

1.统筹规划、协调发展。要把城乡居民医保制度整合纳入全民医保体系发展和深化医改全局，统筹安排，合理规划，突出医保、医疗、医药三医联动，加强基本医保、大病保险、医疗救助、疾病应急救助、商业健康保险等衔接，强化制度的系统性、整体性、协同性。

2.立足基本、保障公平。要准确定位，科学设计，立足经济社会发展水平、城乡居民负担和基金承受能力，充分考虑并逐步缩小城乡差距、地区差异，保障城乡居民公平享有基本医保待遇，实现城乡居民医保制度可持续发展。

3.因地制宜、有序推进。要结合实际，全面分析研判，周密制订实施方案，加强整合前后的衔接，确保工作顺畅接续、有序过渡，确保群众基本医保待遇不受影响，确保医保基金安全和制度运行平稳。

4.创新机制、提升效能。要坚持管办分开，落实政府责任，完善管理运行机制，深入推进支付方式改革，提升医保资金使用效率和经办管理服务效能。充分发挥市场机制作用，调动社会力量参与基本医保经办服务。

二、整合基本制度政策

（一）统一覆盖范围。

城乡居民医保制度覆盖范围包括现有城镇居民医保和新农合所有应参保（合）人员，即覆盖除职工基本医疗保险应参保人员以外的其他所有城乡居民。农民工和灵活就业人员依法参加职工基本医疗保险，有困难的可按照当地规定参加城乡居民医保。各地要完善参保方式，促进应保尽保，避免重复参保。

（二）统一筹资政策。

坚持多渠道筹资，继续实行个人缴费与政府补助相结合为主的筹资方式，鼓励集体、单位或其他社会经济组织给予扶持或资助。各地要统筹考虑城乡居民医保与大病保险保障需求，按照基金收支平衡的原则，合理确定城乡统一的筹资标准。现有城镇居民医保和新农合个人缴费标准差距较大的地区，可采取差别缴费的办法，利用2–3年时间逐步过渡。整合后的实际人均筹资和个人缴费不得低于现有水平。

完善筹资动态调整机制。在精算平衡的基础上，逐步建立与经济社会发展水平、各方承受能力相适应的稳定筹资机制。逐步建立个人缴费标准与城乡居民人均可支配收入相衔接的机制。合理划分政府与个人的筹资责任，在提高政府补助标准的同时，适当提高个人缴费比重。

（三）统一保障待遇。

遵循保障适度、收支平衡的原则，均衡城乡保障待遇，逐步统一保障范围和支付标准，为参保人员提供公平的基本医疗保障。妥善处理整合前的特殊保障政策，做好过渡与衔接。

城乡居民医保基金主要用于支付参保人员发生的住院和门诊医药费用。稳定住院保障水平，政策范围内住院费用支付比例保持在75%左右。进一步完善门诊统筹，逐步提高门诊保障水平。逐步缩小政策范围内支付比例与实际支付比例间的差距。

（四）统一医保目录。

统一城乡居民医保药品目录和医疗服务项目目录，明确药品和医疗服务支付范围。各省（区、市）要按照国家基本医保用药管理和基本药物制度有关规定，遵循临床必需、安全有效、价格合理、技术适宜、基金可承受的原则，在现有城镇居民医保和新农合目录的基础上，适当考虑参保人员需求变化进行调整，有增有减、有控有扩，做到种类基本齐全、结构总体合理。完善医保目录管理办法，实行分级管理、动态调整。

（五）统一定点管理。

统一城乡居民医保定点机构管理办法，强化定点服务协议管理，建立健全考核评价机制和动态的准入退出机制。对非公立医疗机构与公立医疗机构实行同等的定点管理政策。原则上由统筹地区管理机构负责定点机构的准入、退出和监管，省级管理机构负责制订定点机构的准入原则和管理办法，并重点加强对统筹区域外的省、市级定点医疗机构的指导与监督。

（六）统一基金管理。

城乡居民医保执行国家统一的基金财务制度、会计制度和基金预决算管理制度。城乡居民医保基金纳入财政专户，实行“收支两条线”管理。基金独立核算、专户管理，任何单位和个人不得挤占挪用。

结合基金预算管理全面推进付费总额控制。基金使用遵循以收定支、收支平衡、略有结余的原则，确保应支付费用及时足额拨付，合理控制基金当年结余率和累计结余率。建立健全基金运行风险预警机制，防范基金风险，提高使用效率。

强化基金内部审计和外部监督，坚持基金收支运行情况信息公开和参保人员就医结算信息公示制度，加强社会监督、民主监督和舆论监督。

三、理顺管理体制

（一）整合经办机构。

鼓励有条件的地区理顺医保管理体制，统一基本医保行政管理职能。充分利用现有城镇居民医保、新农合经办资源，整合城乡居民医保经办机构、人员和信息系统，规范经办流程，提供一体化的经办服务。完善经办机构内外部监督制约机制，加强培训和绩效考核。

（二）创新经办管理。

完善管理运行机制，改进服务手段和管理办法，优化经办流程，提高管理效率和服务水平。鼓励有条件的地区创新经办服务模式，推进管办分开，引入竞争机制，在确保基金安全和有效监管的前提下，以政府购买服务的方式委托具有资质的商业保险机构等社会力量参与基本医保的经办服务，激发经办活力。

四、提升服务效能

（一）提高统筹层次。

城乡居民医保制度原则上实行市（地）级统筹，各地要围绕统一待遇政策、基金管理、信息系统和就医结算等重点，稳步推进市（地）级统筹。做好医保关系转移接续和异地就医结算服务。根据统筹地区内各县（市、区）的经济发展和医疗服务水平，加强基金的分级管理，充分调动县级政府、经办管理机构基金管理的积极性和主动性。鼓励有条件的地区实行省级统筹。

（二）完善信息系统。

整合现有信息系统，支撑城乡居民医保制度运行和功能拓展。推动城乡居民医保信息系统与定点机构信息系统、医疗救助信息系统的业务协同和信息共享，做好城乡居民医保信息系统与参与经办服务的商业保险机构信息系统必要的信息交换和数据共享。强化信息安全和患者信息隐私保护。

（三）完善支付方式。

系统推进按人头付费、按病种付费、按床日付费、总额预付等多种付费方式相结合的复合支付方式改革，建立健全医保经办机构与医疗机构及药品供应商的谈判协商机制和风险分担机制，推动形成合理的医保支付标准，引导定点医疗机构规范服务行为，控制医疗费用不合理增长。

通过支持参保居民与基层医疗机构及全科医师开展签约服务、制定差别化的支付政策等措施，推进分级诊疗制度建设，逐步形成基层首诊、双向转诊、急慢分治、上下联动的就医新秩序。

（四）加强医疗服务监管。

完善城乡居民医保服务监管办法，充分运用协议管理，强化对医疗服务的监控作用。各级医保经办机构要利用信息化手段，推进医保智能审核和实时监控，促进合理诊疗、合理用药。卫生计生行政部门要加强医疗服务监管，规范医疗服务行为。

五、精心组织实施，确保整合工作平稳推进

（一）加强组织领导。

整合城乡居民医保制度是深化医改的一项重点任务，关系城乡居民切身利益，涉及面广、政策性强。各地各有关部门要按照全面深化改革的战略布局要求，充分认识这项工作的重要意义，加强领导，精心组织，确保整合工作平稳有序推进。各省级医改领导小组要加强统筹协调，及时研究解决整合过程中的问题。

（二）明确工作进度和责任分工。

各省（区、市）要于2016年6月底前对整合城乡居民医保工作作出规划和部署，明确时间表、路线图，健全工作推进和考核评价机制，严格落实责任制，确保各项政策措施落实到位。各统筹地区要于2016年12月底前出台具体实施方案。综合医改试点省要将整合城乡居民医保作为重点改革内容，加强与医改其他工作的统筹协调，加快推进。

各地人力资源社会保障、卫生计生部门要完善相关政策措施，加强城乡居民医保制度整合前后的衔接；财政部门要完善基金财务会计制度，会同相关部门做好基金监管工作；保险监管部门要加强对参与经办服务的商业保险机构的从业资格审查、服务质量和市场行为监管；发展改革部门要将城乡居民医保制度整合纳入国民经济和社会发展规划；编制管理部门要在经办资源和管理体制整合工作中发挥职能作用；医改办要协调相关部门做好跟踪评价、经验总结和推广工作。

（三）做好宣传工作。

要加强正面宣传和舆论引导，及时准确解读政策，宣传各地经验亮点，妥善回应公众关切，合理引导社会预期，努力营造城乡居民医保制度整合的良好氛围。

国务院

2016年1月3日

国务院关于机关事业单位工作人员养老保险制度改革的决定

（2014年10月1日）

各省、自治区、直辖市人民政府，国务院各部委、各直属机构：

按照党的十八大和十八届三中、四中全会精神，根据《中华人民共和国社会保险法》等相关规定，为统筹城乡社会保障体系建设，建立更加公平、可持续的养老保险制度，国务院决定改革机关事业单位工作人员养老保险制度。

一、改革的目标和基本原则。以邓小平理论、“三个代表”重要思想、科学发展观为指导，深入贯彻党的十八大、十八届三中、四中全会精神和党中央、国务院决策部署，坚持全覆盖、保基本、多层次、可持续方针，以增强公平性、适应流动性、保证可持续性为重点，改革现行机关事业单位工作人员退休保障制度，逐步建立独立于机关事业单位之外、资金来源多渠道、保障方式多层次、管理服务社会化的养老保险体系。改革应遵循以下基本原则：

（一）公平与效率相结合。既体现国民收入再分配更加注重公平的要求，又体现工作人员之间贡献大小差别，建立待遇与缴费挂钩机制，多缴多得、长缴多得，提高单位和职工参保缴费的积极性。

（二）权利与义务相对应。机关事业单位工作人员要按照国家规定切实履行缴费义务，享受相应的养老保险待遇，形成责任共担、统筹互济的养老保险筹资和分配机制。

（三）保障水平与经济发展水平相适应。立足社会主义初级阶段基本国情，合理确定基本养老保险筹资和待遇水平，切实保障退休人员基本生活，促进基本养老保险制度可持续发展。

（四）改革前与改革后待遇水平相衔接。立足增量改革，实现平稳过渡。对改革前已退休人员，保持现有待遇并参加今后的待遇调整；对改革后参加工作的人员，通过建立新机制，实现待遇的合理衔接；对改革前参加工作、改革后退休的人员，通过实行过渡性措施，保持待遇水平不降低。

（五）解决突出矛盾与保证可持续发展相促进。统筹规划、合理安排、量力而行，准确把握改革的节奏和力度，先行解决目前城镇职工基本养老保险制度不统一的突出矛盾，再结合养老保险顶层设计，坚持精算平衡，逐步完善相关制度和政策。

二、改革的范围。本决定适用于按照公务员法管理的单位、参照公务员法管理的机关（单位）、事业单位及其编制内的工作人员。

三、实行社会统筹与个人账户相结合的基本养老保险制度。基本养老保险费由单位和个人共同负担。单位缴纳基本养老保险费（以下简称单位缴费）的比例为本单位工资总额的20%，个人缴纳基本养老保险费（以下简称个人缴费）的比例为本人缴费工资的8%，由单位代扣。按本人缴费工资8%的数额建立基本养老保险个人账户，全部由个人缴费形成。个人工资超过当地上年度在岗职工平均工资300%以上的部分，不计入个人缴费工资基数；低于当地上年度在岗职工平均工资60%的，按当地在岗职工平均工资的60%计算个人缴费工资基数。

个人账户储存额只用于工作人员养老，不得提前支取，每年按照国家统一公布的记账利率计算利息，免征利息税。参保人员死亡的，个人账户余额可以依法继承。

四、改革基本养老金计发办法。本决定实施后参加工作、个人缴费年限累计满15年的人员，退休后按月发给基本养老金。基本养老金由基础养老金和个人账户养老金组成。退休时的基础养老金月标准以当地上年度在岗职工月平均工资和本人指数化月平均缴费工资的平均值为基数，缴费每满1年发给1%。个人账户养老金月标准为个人账户储存额除以计发月数，计发月数根据本人退休时城镇人口平均预期寿命、本人退休年龄、利息等因素确定（详见附件）。

本决定实施前参加工作、实施后退休且缴费年限（含视同缴费年限，下同）累计满15年的人员，按照合理衔接、平稳过渡的原则，在发给基础养老金和个人账户养老金的基础上，再依据视同缴费年限长短发给过渡性养老金。具体办法由人力资源社会保障部会同有关部门制定并指导实施。

本决定实施后达到退休年龄但个人缴费年限累计不满15年的人员，其基本养老保险关系处理和基本养老金计发比照《实施〈中华人民共和国社会保险法〉若干规定》（人力资源社会保障部令第13号）执行。

本决定实施前已经退休的人员，继续按照国家规定的原待遇标准发放基本养老金，同时执行基本养老金调整办法。

机关事业单位离休人员仍按照国家统一规定发给离休费，并调整相关待遇。

五、建立基本养老金正常调整机制。根据职工工资增长和物价变动等情况，统筹安排机关事业单位和企业退休人员的基本养老金调整，逐步建立兼顾各类人员的养老保险待遇正常调整机制，分享经济社会发展成果，保障退休人员基本生活。

六、加强基金管理和监督。建立健全基本养老保险基金省级统筹；暂不具备条件的，可先实行省级基金调剂制度，明确各级人民政府征收、管理和支付的责任。机关事业单位基本养老保险基金单独建账，与企业职工基本养老保险基金分别管理使用。基金实行严格的预算管理，纳入社会保障基金财政专户，实行收支两条线管理，专款专用。依法加强基金监管，确保基金安全。

七、做好养老保险关系转移接续工作。参保人员在同一统筹范围内的机关事业单位之间流动，只转移养老保险关系，不转移基金。参保人员跨统筹范围流动或在机关事业单位与企业之间流动，在转移养老保险关系的同时，基本养老保险个人账户储存额随同转移，并以本人改革后各年度实际缴费工资为基数，按12%的总和转移基金，参保缴费不足1年的，按实际缴费月数计算转移基金。转移后基本养老保险缴费年限（含视同缴费年限）、个人账户储存额累计计算。

八、建立职业年金制度。机关事业单位在参加基本养老保险的基础上，应当为其工作人员建立职业年金。单位按本单位工资总额的8%缴费，个人按本人缴费工资的4%缴费。工作人员退休后，按月领取职业年金待遇。职业年金的具体办法由人力资源社会保障部、财政部制定。

九、建立健全确保养老金发放的筹资机制。机关事业单位及其工作人员应按规定及时足额缴纳养老保险费。各级社会保险征缴机构应切实加强基金征缴，做到应收尽收。各级政府应积极调整和优化财政支出结构，加大社会保障资金投入，确保基本养老金按时足额发放，同时为建立职业年金制度提供相应的经费保障，确保机关事业单位养老保险制度改革平稳推进。

十、逐步实行社会化管理服务。提高机关事业单位社会保险社会化管理服务水平，普遍发放全国统一的社会保障卡，实行基本养老金社会化发放。加强街道、社区人力资源社会保障工作平台建设，加快老年服务设施和服务网络建设，为退休人员提供方便快捷的服务。

十一、提高社会保险经办管理水平。各地要根据机关事业单位工作人员养老保险制度改革的实际需要，加强社会保险经办机构能力建设，适当充实工作人员，提供必要的经费和服务设施。人力资源社会保障部负责在京中央国家机关及所属事业单位基本养老保险的管理工作，同时集中受托管理其职业年金基金。中央国家机关所属京外单位的基本养老保险实行属地化管理。社会保险经办机构应做好机关事业单位养老保险参保登记、缴费申报、关系转移、待遇核定和支付等工作。要按照国家统一制定的业务经办流程和信息管理系统建设要求，建立健全管理制度，由省级统一集中管理数据资源，实现规范化、信息化和专业化管理，不断提高工作效率和服务质量。

十二、加强组织领导。改革机关事业单位工作人员养老保险制度，直接关系广大机关事业单位工作人员的切身利益，是一项涉及面广、政策性强的工作。各地区、各部门要充分认识改革工作的重大意义，切实加强领导，精心组织实施，向机关事业单位工作人员和社会各界准确解读改革的目标和政策，正确引导舆论，确保此项改革顺利进行。各地区、各部门要按照本决定制定具体的实施意见和办法，报人力资源社会保障部、财政部备案后实施。人力资源社会保障部要会同有关部门制定贯彻本决定的实施意见，加强对改革工作的协调和指导，及时研究解决改革中遇到的问题，确保本决定的贯彻实施。

本决定自2014年10月1日起实施，已有规定与本决定不一致的，按照本决定执行。

附件：

个人账户养老金计发月数表

退休年龄	计发月数	退休年龄	计发月数
40	233	56	164
41	230	57	158
42	226	58	152
43	223	59	145
44	220	60	139
45	216	61	132
46	212	62	125
47	207	63	117
48	204	64	109
49	199	65	101
50	195	66	93
51	190	67	84
52	185	68	75
53	180	69	65
54	175	70	56
55	170		

国务院

2014年10月1日

国务院关于建立统一的城乡居民基本养老保险制度的意见

（2014 年 2 月 21 日）

各省、自治区、直辖市人民政府，国务院各部委、各直属机构：

按照党的十八大精神和十八届三中全会关于整合城乡居民基本养老保险制度的要求，依据《中华人民共和国社会保险法》有关规定，在总结新型农村社会养老保险（以下简称新农保）和城镇居民社会养老保险（以下简称城居保）试点经验的基础上，国务院决定，将新农保和城居保两项制度合并实施，在全国范围内建立统一的城乡居民基本养老保险（以下简称城乡居民养老保险）制度。现提出以下意见：

一、指导思想

高举中国特色社会主义伟大旗帜，以邓小平理论、“三个代表”重要思想、科学发展观为指导，贯彻落实党中央和国务院的各项决策部署，按照全覆盖、保基本、有弹性、可持续的方针，以增强公平性、适应流动性、保证可持续性为重点，全面推进和不断完善覆盖全体城乡居民的基本养老保险制度，充分发挥社会保险对保障人民基本生活、调节社会收入分配、促进城乡经济社会协调发展的重要作用。

二、任务目标

坚持和完善社会统筹与个人账户相结合的制度模式，巩固和拓宽个人缴费、集体补助、政府补贴相结合的资金筹集渠道，完善基础养老金和个人账户养老金相结合的待遇支付政策，强化长缴多得、多缴多得等制度的激励机制，建立基础养老金正常调整机制，健全服务网络，提高管理水平，为参保居民提供方便快捷的服务。“十二五”末，在全国基本实现新农保和城居保制度合并实施，并与职工基本养老保险制度相衔接。2020年前，全面建成公平、统一、规范的城乡居民养老保险制度，与社会救助、社会福利等其他社会保障政策相配套，充分发挥家庭养老等传统保障方式的积极作用，更好保障参保城乡居民的老年基本生活。

三、参保范围

年满16周岁（不含在校学生），非国家机关和事业单位工作人员及不属于职工基本养老保险制度覆盖范围的城乡居民，可以在户籍地参加城乡居民养老保险。

四、基金筹集

城乡居民养老保险基金由个人缴费、集体补助、政府补贴构成。

（一）个人缴费。

参加城乡居民养老保险的人员应当按规定缴纳养老保险费。缴费标准目前设为每年100元、200元、300元、400元、500元、600元、700元、800元、900元、1000元、1500元、2000元12个档次，省（区、市）人民政府可以根据实际情况增设缴费档次，最高缴费档次标准原则上不超过当地灵活就业人员参加职工基本养老保险的年缴费额，并报人力资源社会保障部备案。人力资源社会保障部会同财政部依据城乡居民收入增长等情况适时调整缴费档次标准。参保人自主选择档次缴费，多缴多得。

（二）集体补助。

有条件的村集体经济组织应当对参保人缴费给予补助，补助标准由村民委员会召开村民会议民主确定，鼓励有条件的社区将集体补助纳入社区公益事业资金筹集范围。鼓励其他社会经济组织、公益慈善组织、个人为参保人缴费提供资助。补助、资助金额不超过当地设定的最高缴费档次标准。

（三）政府补贴。

政府对符合领取城乡居民养老保险待遇条件的参保人全额支付基础养老金，其中，中央财政对中西部地区按中央确定的基础养老金标准给予全额补助，对东部地区给予50%的补助。

地方人民政府应当对参保人缴费给予补贴，对选择最低档次标准缴费的，补贴标准不低于每人每年30元；对选择较高档次标准缴费的，适当增加补贴金额；对选择500元及以上档次标准缴费的，补贴标准不低于每人每年60元，具体标准和办法由省（区、市）人民政府确定。对重度残疾人等缴费困难群体，地方人民政府为其代缴部分或全部最低标准的养老保险费。

五、建立个人账户

国家为每个参保人员建立终身记录的养老保险个人账户，个人缴费、地方人民政府对参保人的缴费补贴、集体补助及其他社会经济组织、公益慈善组织、个人对参保人的缴费资助，全部记入个人账户。个人账户储存额按国家规定计息。

六、养老保险待遇及调整

城乡居民养老保险待遇由基础养老金和个人账户养老金构成，支付终身。

（一）基础养老金。中央确定基础养老金最低标准，建立基础养老金最低标准正常调整机制，根据经济发展和物价变动等情况，适时调整全国基础养老金最低标准。地方人民政府可以根据实际情况适当提高基础养老金标准；对长期缴费的，可适当加发基础养老金，提高和加发部分的资金由地方人民政府支出，具体办法由省（区、市）人民政府规定，并报人力资源社会保障部备案。

（二）个人账户养老金。个人账户养老金的月计发标准，目前为个人账户全部储存额除以139（与现行职工基本养老保险个人账户养老金计发系数相同）。参保人死亡，个人账户资金余额可以依法继承。

七、养老保险待遇领取条件

参加城乡居民养老保险的个人，年满60周岁、累计缴费满15年，且未领取国家规定的基本养老保障待遇的，可以按月领取城乡居民养老保险待遇。

新农保或城居保制度实施时已年满60周岁，在本意见印发之日前未领取国家规定的基本养老保障待遇的，不用缴费，自本意见实施之月起，可以按月领取城乡居民养老保险基础养老金；距规定领取年龄不足15年的，应逐年缴费，也允许补缴，累计缴费不超过15年；距规定领取年龄超过15年的，应按年缴费，累计缴费不少于15年。

城乡居民养老保险待遇领取人员死亡的，从次月起停止支付其养老金。有条件的地方人民政府可以结合本地实际探索建立丧葬补助金制度。社会保险经办机构应每年对城乡居民养老保险待遇领取人员进行核对；村（居）民委员会要协助社会保险经办机构开展工作，在行政村（社区）范围内对参保人待遇领取资格进行公示，并与职工基本养老保险待遇等领取记录进行比对，确保不重、不漏、不错。

八、转移接续与制度衔接

参加城乡居民养老保险的人员，在缴费期间户籍迁移、需要跨地区转移城乡居民养老保险关系的，可在迁入地申请转移养老保险关系，一次性转移个人账户全部储存额，并按迁入地规定继续参保缴费，缴费年限累计计算；已经按规定领取城乡居民养老保险待遇的，无论户籍是否迁移，其养老保险关系不转移。

城乡居民养老保险制度与职工基本养老保险、优抚安置、城乡居民最低生活保障、农村五保供养等社会保障制度以及农村部分计划生育家庭奖励扶助制度的衔接，按有关规定执行。

九、基金管理和运营

将新农保基金和城居保基金合并为城乡居民养老保险基金，完善城乡居民养老保险基金财务会计制度和各项业务管理规章制度。城乡居民养老保险基金纳入社会保障基金财政专户，实行收支两条线管理，单独记账、独立核算，任何地区、部门、单位和个人均不得挤占挪用、虚报冒领。各地要在整合城乡居民养老保险制度的基础上，逐步推进城乡居民养老保险基金省级管理。

城乡居民养老保险基金按照国家统一规定投资运营，实现保值增值。

十、基金监督

各级人力资源社会保障部门要会同有关部门认真履行监管职责，建立健全内控制度和基金稽核监督制度，对基金的筹集、上解、划拨、发放、存储、管理等进行监控和检查，并按规定披露信息，接受社会监督。财政部门、审计部门按各自职责，对基金的收支、管理和投资运营情况实施监督。对虚报冒领、挤占挪用、贪污浪费等违纪违法行为，有关部门按国家有关法律法规严肃处理。要积极探索有村（居）民代表参加的社会监督的有效方式，做到基金公开透明，制度在阳光下运行。

十一、经办管理服务与信息化建设

省（区、市）人民政府要切实加强城乡居民养老保险经办能力建设，结合本地实际，科学整合现有公共服务资源和社会保险经办管理资源，充实加强基层经办力量，做到精确管理、便捷服务。要注重运用现代管理方式和政府购买服务方式，降低行政成本，提高工作效率。要加强城乡居民养老保险工作人员专业培训，不断提高公共服务水平。社会保险经办机构要认真记录参保人缴费和领取待遇情况，建立参保档案，按规定妥善保存。地方人民政府要为经办机构提供必要的工作场地、设施设备、经费保障。城乡居民养老保险工作经费纳入同级财政预算，不得从城乡居民养老保险基金中开支。基层财政确有困难的地区，省市级财政可给予适当补助。

各地要在现有新农保和城居保业务管理系统基础上，整合形成省级集中的城乡居民养老保险信息管理系统，纳入“金保工程”建设，并与其他公民信息管理系统实现信息资源共享；要将信息网络向基层延伸，实现省、市、县、乡镇（街道）、社区实时联网，有条件的地区可延伸到行政村；要大力推行全国统一的社会保障卡，方便参保人持卡缴费、领取待遇和查询本人参保信息。

十二、加强组织领导和政策宣传

地方各级人民政府要充分认识建立城乡居民养老保险制度的重要性，将其列入当地经济社会发展规划和年度目标管理考核体系，切实加强组织领导；要优化财政支出结构，加大财政投入，为城乡居民养老保险制度建设提供必要的财力保障。各级人力资源社会保障部门要切实履行主管部门职责，会同有关部门做好城乡居民养老保险工作的统筹规划和政策制定、统一管理、综合协调、监督检查等工作。

各地区和有关部门要认真做好城乡居民养老保险政策宣传工作，全面准确地宣传解读政策，正确把握舆论导向，注重运用通俗易懂的语言和群众易于接受的方式，深入基层开展宣传活动，引导城乡居民踊跃参保、持续缴费、增加积累，保障参保人的合法权益。

各省（区、市）人民政府要根据本意见，结合本地区实际情况，制定具体实施办法，并报人力资源社会保障部备案。

本意见自印发之日起实施，已有规定与本意见不一致的，按本意见执行。

国务院

2014 年 2 月 21 日

国务院关于开展城镇居民基本医疗保险试点的指导意见

（2007 年 7 月 10 日）

各省、自治区、直辖市人民政府，国务院各部委、各直属机构：

党中央、国务院高度重视解决广大人民群众的医疗保障问题，不断完善医疗保障制度。1998年我国开始建立城镇职工基本医疗保险制度，之后又启动了新型农村合作医疗制度试点，建立了城乡医疗救助制度。目前没有医疗保障制度安排的主要是城镇非从业居民。为实现基本建立覆盖城乡全体居民的医疗保障体系的目标，国务院决定，从今年起开展城镇居民基本医疗保险试点（以下简称试点）。各地区各部门要充分认识这项工作的重要性，将其作为落实科学发展观、构建社会主义和谐社会的一项重要任务，高度重视，统筹规划，规范引导，稳步推进。

一、目标和原则

（一）试点目标。2007年在有条件的省份选择2至3个城市启动试点，2008年扩大试点，争取2009年试点城市达到80%以上，2010年在全国全面推开，逐步覆盖全体城镇非从业居民。要通过试点，探索和完善城镇居民基本医疗保险的政策体系，形成合理的筹资机制、健全的管理体制和规范的运行机制，逐步建立以大病统筹为主的城镇居民基本医疗保险制度。

（二）试点原则。试点工作要坚持低水平起步，根据经济发展水平和各方面承受能力，合理确定筹资水平和保障标准，重点保障城镇非从业居民的大病医疗需求，逐步提高保障水平；坚持自愿原则，充分尊重群众意愿；明确中央和地方政府的责任，中央确定基本原则和主要政策，地方制订具体办法，对参保居民实行属地管理；坚持统筹协调，做好各类医疗保障制度之间基本政策、标准和管理措施等的衔接。

二、参保范围和筹资水平

（三）参保范围。不属于城镇职工基本医疗保险制度覆盖范围的中小学阶段的学生（包括职业高中、中专、技校学生）、少年儿童和其他非从业城镇居民都可自愿参加城镇居民基本医疗保险。

（四）筹资水平。试点城市应根据当地的经济发展水平以及成年人和未成年人等不同人群的基本医疗消费需求，并考虑当地居民家庭和财政的负担能力，恰当确定筹资水平；探索建立筹资水平、缴费年限和待遇水平相挂钩的机制。

（五）缴费和补助。城镇居民基本医疗保险以家庭缴费为主，政府给予适当补助。参保居民按规定缴纳基本医疗保险费，享受相应的医疗保险待遇，有条件的用人单位可以对职工家属参保缴费给予补助。国家对个人缴费和单位补助资金制定税收鼓励政策。

对试点城市的参保居民，政府每年按不低于人均40元给予补助，其中，中央财政从2007年起每年通过专项转移支付，对中西部地区按人均20元给予补助。在此基础上，对属于低保对象的或重度残疾的学生和儿童参保所需的家庭缴费部分，政府原则上每年再按不低于人均10元给予补助，其中，中央财政对中西部地区按人均5元给予补助；对其他低保对象、丧失劳动能力的重度残疾人、低收入家庭60周岁以上的老年人等困难居民参保所需家庭缴费部分，政府每年再按不低于人均60元给予补助，其中，中央财政对中西部地区按人均30元给予补助。中央财政对东部地区参照新型农村合作医疗的补助办法给予适当补助。财政补助的具体方案由财政部门商劳动保障、民政等部门研究确定，补助经费要纳入各级政府的财政预算。

（六）费用支付。城镇居民基本医疗保险基金重点用于参保居民的住院和门诊大病医疗支出，有条件的地区可以逐步试行门诊医疗费用统筹。

城镇居民基本医疗保险基金的使用要坚持以收定支、收支平衡、略有结余的原则。要合理制定城镇居民基本医疗保险基金起付标准、支付比例和最高支付限额，完善支付办法，合理控制医疗费用。探索适合困难城镇非从业居民经济承受能力的医疗服务和费用支付办法，减轻他们的医疗费用负担。城镇居民基本医疗保险基金用于支付规定范围内的医疗费用，其他费用可以通过补充医疗保险、商业健康保险、医疗救助和社会慈善捐助等方式解决。

三、加强管理和服务

（七）组织管理。对城镇居民基本医疗保险的管理，原则上参照城镇职工基本医疗保险的有关规定执行。各地要充分利用现有管理服务体系，改进管理方式，提高管理效率。鼓励有条件的地区结合城镇职工基本医疗保险和新型农村合作医疗管理的实际，进一步整合基本医疗保障管理资源。要探索建立健全由政府机构、参保居民、社会团体、医药服务机构等方面代表参加的医疗保险社会监督组织，加强对城镇居民基本医疗保险管理、服务、运行的监督。建立医疗保险专业技术标准组织和专家咨询组织，完善医疗保险服务管理专业技术标准和业务规范。根据医疗保险事业发展的需要，切实加强医疗保险管理服务机构和队伍建设。建立健全管理制度，完善运行机制，加强医疗保险信息系统建设。

（八）基金管理。要将城镇居民基本医疗保险基金纳入社会保障基金财政专户统一管理，单独列账。试点城市要按照社会保险基金管理等有关规定，严格执行财务制度，加强对基本医疗保险基金的管理和监督，探索建立健全基金的风险防范和调剂机制，确保基金安全。

（九）服务管理。对城镇居民基本医疗保险的医疗服务管理，原则上参照城镇职工基本医疗保险的有关规定执行，具体办法由试点城市劳动保障部门会同发展改革、财政、卫生等部门制定。要综合考虑参保居民的基本医疗需求和基本医疗保险基金的承受能力等因素，合理确定医疗服务的范围。通过订立和履行定点服务协议，规范对定点医疗机构和定点零售药店的管理，明确医疗保险经办机构和定点的医疗机构、零售药店的权利和义务。医疗保险经办机构要简化审批手续，方便居民参保和报销医疗费用；明确医疗费用结算办法，按规定与医疗机构及时结算。加强对医疗费用支出的管理，探索建立医疗保险管理服务的奖惩机制。积极推行医疗费用按病种付费、按总额预付等结算方式，探索协议确定医疗费用标准的办法。

（十）充分发挥城市社区服务组织等的作用。整合、提升、拓宽城市社区服务组织的功能，加强社区服务平台建设，做好基本医疗保险管理服务工作。大力发展社区卫生服务，将符合条件的社区卫生服务机构纳入医疗保险定点范围；对参保居民到社区卫生服务机构就医发生的医疗费用，要适当提高医疗保险基金的支付比例。

四、深化相关改革

（十一）继续完善各项医疗保障制度。进一步完善城镇职工基本医疗保险制度，采取有效措施将混合所有制、非公有制经济组织从业人员以及灵活就业人员纳入城镇职工基本医疗保险；大力推进进城务工的农民工参加城镇职工基本医疗保险，重点解决大病统筹问题；继续着力解决国有困难企业、关闭破产企业等职工和退休人员的医疗保障问题；鼓励劳动年龄内有劳动能力的城镇居民，以多种方式就业并参加城镇职工基本医疗保险；进一步规范现行城镇职工基本医疗保险的支付政策，强化医疗服务管理。加快实施新型农村合作医疗制度。进一步完善城市和农村医疗救助制度。完善多层次医疗保障体系，搞好各项医疗保障制度的衔接。

（十二）协同推进医疗卫生体制和药品生产流通体制改革。根据深化医药卫生体制改革的总体要求，统筹协调医疗卫生、药品生产流通和医疗保障体系的改革和制度衔接，充分发挥医疗保障体系在筹集医疗资金、提高医疗质量和控制医疗费用等方面的作用。进一步转变政府职能，加强区域卫生规划，健全医疗服务体系。建立健全卫生行业标准体系，加强对医疗服务和药品市场的监管。规范医疗服务行为，逐步建立和完善临床操作规范、临床诊疗指南、临床用药规范和出入院标准等技术标准。加快城市社区卫生服务体系建设，充分发挥社区卫生服务和中医药服务在医疗服务中的作用，有条件的地区可探索实行参保居民分级医疗的办法。

五、加强组织领导

（十三）建立国务院城镇居民基本医疗保险部际联席会议制度。在国务院领导下，国务院城镇居民基本医疗保险部际联席会议（以下简称部际联席会议）负责组织协调和宏观指导试点工作，研究制定相关政策并督促检查政策的落实情况，总结评估试点工作，协调解决试点工作中出现的问题，并就重大问题向国务院提出报告和建议。

（十四）选择确定试点城市。省级人民政府可根据本地条件选择2至3个试点城市，报部际联席会议审定。试点城市的试点实施方案报部际联席会议办公室备案，由省（区、市）人民政府批准实施。

（十五）制定配套政策和措施。劳动保障部门要会同发展改革、财政、卫生、民政、教育、药品监督和中医药管理等有关部门制定相关配套政策和措施。各部门要根据各自的职责，协同配合，加快推进各项配套改革。动员社会各方面力量，为推进医疗保险制度改革创造良好的环境、提供有力的支持，确保试点工作的顺利进行。

（十六）精心组织实施。地方各级人民政府要充分认识试点工作的重大意义，切实加强组织领导。省级人民政府要根据本指导意见规定的试点目标和任务、基本政策和工作步骤，统筹规划，积极稳妥地推进本行政区域的试点工作。试点城市要在充分调研、周密测算、多方论证的基础上，制订试点实施方案并精心组织实施。已经先行开展基本医疗保险工作的城市，要及时总结经验，完善制度，进一步探索更加符合实际的基本医疗保险的体制和机制。

（十七）做好舆论宣传工作。建立城镇居民基本医疗保险制度直接关系广大群众的切身利益，是一项重大的民生工程，政策性很强。各地要坚持正确的舆论导向，加强对试点工作重要意义、基本原则和方针政策的宣传，加强对试点中好的做法和经验的总结推广，使这项惠民政策深入人心，真正得到广大群众和社会各界的理解和支持，使试点工作成为广大群众积极参与的实践。

各地要注意研究试点过程中出现的新情况、新问题，积极探索解决的办法，妥善处理改革、发展与稳定的关系。遇有重要情况及时向部际联席会议报告。

国务院

2007 年 7 月 10 日

劳动和社会保障部、国务院侨务办公室关于获准出境定居的归侨侨眷职工医疗保险有关政策问题的通知

（2001 年 9 月 27 日）

各省、自治区、直辖市劳动和社会保障厅（局）、侨务办公室:

为了切实保障归侨侨眷的合法权益，按照党中央、国务院“一视同仁，不得歧视，根据特点，适当照顾”的国内侨务工作原则，现就获准出境定居（包括港澳地区，下同）的归侨侨眷职工医疗保险有关政策问题通知如下：

一、各地在进行医疗保险制度改革时，要将获准出境定居的归侨侨眷职工及退休人员纳入基本医疗保险范围，为他们办理相关手续。

二、已参加了当地基本医疗保险、获准出境定居的归侨侨眷退休人员入境就医，按当地有关医疗保险规定，享受基本医疗保险待遇。

三、已参加了基本医疗保险但尚未达到退休年龄的归侨侨眷职工，在获准出境定居后，其个人账户可一次结清，退还本人，今后不再享受基本医疗保险待遇。

四、获准出境定居的归侨侨眷离休人员，回国内就医，按规定享受医疗保险待遇。

劳动和社会保障部
国务院侨务办公室
2001 年 9 月 27 日

国务院办公厅关于印发生育保险和职工基本医疗保险合并实施试点方案的通知

（2017年1月19日）

各省、自治区、直辖市人民政府，国务院各部委、各直属机构：

《生育保险和职工基本医疗保险合并实施试点方案》已经国务院同意，现印发给你们，请试点地区和各有关部门加强组织领导，认真贯彻执行。

生育保险和职工基本医疗保险合并实施试点方案

为贯彻落实党的十八届五中全会精神和《中华人民共和国国民经济和社会发展第十三个五年规划纲要》，根据《全国人民代表大会常务委员会关于授权国务院在河北省邯郸市等12个试点城市行政区域暂时调整适用〈中华人民共和国社会保险法〉有关规定的决定》，现就做好生育保险和职工基本医疗保险（以下统称两项保险）合并实施试点工作制定以下方案。

一、总体要求

（一）指导思想。全面贯彻党的十八大和十八届三中、四中、五中、六中全会精神，深入贯彻习近平总书记系列重要讲话精神和治国理政新理念新思想新战略，认真落实党中央、国务院决策部署，统筹推进“五位一体”总体布局和协调推进“四个全面”战略布局，牢固树立和贯彻落实创新、协调、绿色、开放、共享的发展理念，遵循保留险种、保障待遇、统一管理、降低成本的总体思路，推进两项保险合并实施，通过整合两项保险基金及管理资源，强化基金共济能力，提升管理综合效能，降低管理运行成本。

（二）主要目标。2017年6月底前启动试点，试点期限为一年左右。通过先行试点探索适应我国经济发展水平、优化保险管理资源、促进两项保险合并实施的制度体系和运行机制。

二、试点地区

根据实际情况和有关工作基础，在河北省邯郸市、山西省晋中市、辽宁省沈阳市、江苏省泰州市、安徽省合肥市、山东省威海市、河南省郑州市、湖南省岳阳市、广东省珠海市、重庆市、四川省内江市、云南省昆明市开展两项保险合并实施试点。未纳入试点地区不得自行开展试点工作。

三、试点内容

（一）统一参保登记。参加职工基本医疗保险的在职职工同步参加生育保险。实施过程中要完善参保范围，结合全民参保登记计划摸清底数，促进实现应保尽保。

（二）统一基金征缴和管理。生育保险基金并入职工基本医疗保险基金，统一征缴。试点期间，可按照用人单位参加生育保险和职工基本医疗保险的缴费比例之和确定新的用人单位职工基本医疗保险费率，个人不缴纳生育保险费。同时，根据职工基本医疗保险基金支出情况和生育待遇的需求，按照收支平衡的原则，建立职工基本医疗保险费率确定和调整机制。

职工基本医疗保险基金严格执行社会保险基金财务制度，两项保险合并实施的统筹地区，不再单列生育保险基金收入，在职工基本医疗保险统筹基金待遇支出中设置生育待遇支出项目。探索建立健全基金风险预警机制，坚持基金收支运行情况公开，加强内部控制，强化基金行政监督和社会监督，确保基金安全运行。

（三）统一医疗服务管理。两项保险合并实施后实行统一定点医疗服务管理。医疗保险经办机构与定点医疗机构签订相关医疗服务协议时，要将生育医疗服务有关要求和指标增加到协议内容中，并充分利用协议管理，强化对生育医疗服务的监控。执行职工基本医疗保险、工伤保险、生育保险药品目录以及基本医疗保险诊疗项目和医疗服务设施范围。生育医疗费用原则上实行医疗保险经办机构与定点医疗机构直接结算。

（四）统一经办和信息服务。两项保险合并实施后，要统一经办管理，规范经办流程。生育保险经办管理统一由职工基本医疗保险经办机构负责，工作经费列入同级财政预算。充分利用医疗保险信息系统平台，实行信息系统一体化运行。原有生育保险医疗费结算平台可暂时保留，待条件成熟后并入医疗保险结算平台。完善统计信息系统，确保及时准确反映生育待遇享受人员、基金运行、待遇支付等方面情况。

（五）职工生育期间的生育保险待遇不变。生育保险待遇包括《中华人民共和国社会保险法》规定的生育医疗费用和生育津贴，所需资金从职工基本医疗保险基金中支付。生育津贴支付期限按照《女职工劳动保护特别规定》等法律法规规定的产假期限执行。

四、保障措施

（一）加强组织领导。两项保险合并实施是党中央、国务院作出的一项重要部署，也是推动建立更加公平更可持续社会保障制度的重要内容。试点城市所在省份要高度重视，加强领导，密切配合，推动试点工作有序进行。人力资源社会保障部、财政部、国家卫生计生委要会同有关方面加强对试点地区的工作指导，及时研究解决试点中的困难和问题。试点省份和有关部门要加强沟通协调，共同推进相关工作。

（二）精心组织实施。试点城市要高度重视两项保险合并实施工作，按照本试点方案确定的主要目标、试点措施等要求，根据当地生育保险和职工基本医疗保险参保人群差异、基金支付能力、待遇保障水平等因素进行综合分析和研究，周密设计试点实施方案，确保参保人员相关待遇不降低、基金收支平衡，保证平稳过渡。2017年6月底前各试点城市要制定试点实施方案并组织实施。

（三）加强政策宣传。试点城市要坚持正确的舆论导向，准确解读相关政策，大力宣传两项保险合并实施的重要意义，让社会公众充分了解合并实施不会影响参保人员享受相关待遇，且有利于提高基金共济能力、减轻用人单位事务性负担、提高管理效率，为推动两项保险合并实施创造良好的社会氛围。

（四）做好总结评估。各试点城市要及时总结经验，试点过程中发现的重要问题和有效做法请及时报送人力资源社会保障部、财政部、国家卫生计生委，为全面推开两项保险合并实施工作奠定基础。人力资源社会保障部、财政部、国家卫生计生委要对试点期间各项改革措施执行情况、实施效果、群众满意程度等内容进行全面总结评估，并向国务院报告。

国务院办公厅

2017 年 1 月 19 日

国务院办公厅关于进一步深化基本医疗保险支付方式改革的指导意见

（2017 年 6 月 20 日）

各省、自治区、直辖市人民政府，国务院各部委、各直属机构：

医保支付是基本医保管理和深化医改的重要环节，是调节医疗服务行为、引导医疗资源配置的重要杠杆。新一轮医改以来，各地积极探索医保支付方式改革，在保障参保人员权益、控制医保基金不合理支出等方面取得积极成效，但医保对医疗服务供需双方特别是对供方的引导制约作用尚未得到有效发挥。为更好地保障参保人员权益、规范医疗服务行为、控制医疗费用不合理增长，充分发挥医保在医改中的基础性作用，经国务院同意，现就进一步深化基本医疗保险支付方式改革提出如下意见。

一、总体要求

（一）指导思想。

全面贯彻党的十八大和十八届三中、四中、五中、六中全会精神，深入贯彻习近平总书记系列重要讲话精神和治国理政新理念新思想新战略，按照党中央、国务院决策部署，落实全国卫生与健康大会精神，紧紧围绕深化医药卫生体制改革目标，正确处理政府和市场关系，全面建立并不断完善符合我国国情和医疗服务特点的医保支付体系。健全医保支付机制和利益调控机制，实行精细化管理，激发医疗机构规范行为、控制成本、合理收治和转诊患者的内生动力，引导医疗资源合理配置和患者有序就医，支持建立分级诊疗模式和基层医疗卫生机构健康发展，切实保障广大参保人员基本医疗权益和医保制度长期可持续发展。

（二）基本原则。

一是保障基本。坚持以收定支、收支平衡、略有结余，不断提高医保基金使用效率，着力保障参保人员基本医疗需求，促进医疗卫生资源合理利用，筑牢保障底线。

二是建立机制。发挥医保第三方优势，健全医保对医疗行为的激励约束机制以及对医疗费用的控制机制。建立健全医保经办机构与医疗机构间公开平等的谈判协商机制、“结余留用、合理超支分担”的激励和风险分担机制，提高医疗机构自我管理的积极性，促进医疗机构从规模扩张向内涵式发展转变。

三是因地制宜。各地要从实际出发，充分考虑医保基金支付能力、医保管理服务能力、医疗服务特点、疾病谱分布等因素，积极探索创新，实行符合本地实际的医保支付方式。

四是统筹推进。统筹推进医疗、医保、医药各项改革，注重改革的系统性、整体性、协调性，发挥部门合力，多措并举，实现政策叠加效应。

（三）主要目标。

2017年起，进一步加强医保基金预算管理，全面推行以按病种付费为主的多元复合式医保支付方式。各地要选择一定数量的病种实施按病种付费，国家选择部分地区开展按疾病诊断相关分组（DRGs）付费试点，鼓励各地完善按人头、按床日等多种付费方式。到2020年，医保支付方式改革覆盖所有医疗机构及医疗服务，全国范围内普遍实施适应不同疾病、不同服务特点的多元复合式医保支付方式，按项目付费占比明显下降。

二、改革的主要内容

（一）实行多元复合式医保支付方式。针对不同医疗服务特点，推进医保支付方式分类改革。对住院医疗服务，主要按病种、按疾病诊断相关分组付费，长期、慢性病住院医疗服务可按床日付费；对基层医疗服务，可按人头付费，积极探索将按人头付费与慢性病管理相结合；对不宜打包付费的复杂病例和门诊费用，可按项目付费。探索符合中医药服务特点的支付方式，鼓励提供和使用适宜的中医药服务。

（二）重点推行按病种付费。原则上对诊疗方案和出入院标准比较明确、诊疗技术比较成熟的疾病实行按病种付费。逐步将日间手术以及符合条件的中西医病种门诊治疗纳入医保基金病种付费范围。建立健全谈判协商机制，以既往费用数据和医保基金支付能力为基础，在保证疗效的基础上科学合理确定中西医病种付费标准，引导适宜技术使用，节约医疗费用。做好按病种收费、付费政策衔接，合理确定收费、付费标准，由医保基金和个人共同分担。加快制定医疗服务项目技术规范，实现全国范围内医疗服务项目名称和内涵的统一。逐步统一疾病分类编码（ICD-10）、手术与操作编码系统，明确病历及病案首页书写规范，制定完善符合基本医疗需求的临床路径等行业技术标准，为推行按病种付费打下良好基础。

（三）开展按疾病诊断相关分组付费试点。探索建立按疾病诊断相关分组付费体系。按疾病病情严重程度、治疗方法复杂程度和实际资源消耗水平等进行病种分组，坚持分组公开、分组逻辑公开、基础费率公开，结合实际确定和调整完善各组之间的相对比价关系。可以疾病诊断相关分组技术为支撑进行医疗机构诊疗成本与疗效测量评价，加强不同医疗机构同一病种组间的横向比较，利用评价结果完善医保付费机制，促进医疗机构提升绩效、控制费用。加快提升医保精细化管理水平，逐步将疾病诊断相关分组用于实际付费并扩大应用范围。疾病诊断相关分组收费、付费标准包括医保基金和个人付费在内的全部医疗费用。

（四）完善按人头付费、按床日付费等支付方式。支持分级诊疗模式和家庭医生签约服务制度建设，依托基层医疗卫生机构推行门诊统筹按人头付费，促进基层医疗卫生机构提供优质医疗服务。各统筹地区要明确按人头付费的基本医疗服务包范围，保障医保目录内药品、基本医疗服务费用和一般诊疗费的支付。逐步从糖尿病、高血压、慢性肾功能衰竭等治疗方案标准、评估指标明确的慢性病入手，开展特殊慢性病按人头付费，鼓励医疗机构做好健康管理。有条件的地区可探索将签约居民的门诊基金按人头支付给基层医疗卫生机构或家庭医生团队，患者向医院转诊的，由基层医疗卫生机构或家庭医生团队支付一定的转诊费用。对于精神病、安宁疗护、医疗康复等需要长期住院治疗且日均费用较稳定的疾病，可采取按床日付费的方式，同时加强对平均住院天数、日均费用以及治疗效果的考核评估。

（五）强化医保对医疗行为的监管。完善医保服务协议管理，将监管重点从医疗费用控制转向医疗费用和医疗质量双控制。根据各级各类医疗机构的功能定位和服务特点，分类完善科学合理的考核评价体系，将考核结果与医保基金支付挂钩。中医医疗机构考核指标应包括中医药服务提供比例。有条件的地方医保经办机构可以按协议约定向医疗机构预付一部分医保资金，缓解其资金运行压力。医保经办机构要全面推开医保智能监控工作，实现医保费用结算从部分审核向全面审核转变，从事后纠正向事前提示、事中监督转变，从单纯管制向监督、管理、服务相结合转变。不断完善医保信息系统，确保信息安全。积极探索将医保监管延伸到医务人员医疗服务行为的有效方式，探索将监管考核结果向社会公布，促进医疗机构强化医务人员管理。

三、配套改革措施

（一）加强医保基金预算管理。按照以收定支、收支平衡、略有结余的原则，科学编制并严格执行医保基金收支预算。加快推进医保基金收支决算公开，接受社会监督。

各统筹地区要结合医保基金预算管理完善总额控制办法，提高总额控制指标的科学性、合理性。完善与总额控制相适应的考核评价体系和动态调整机制，对超总额控制指标的医疗机构合理增加的工作量，可根据考核情况按协议约定给予补偿，保证医疗机构正常运行。健全医保经办机构与医疗机构之间的协商机制，促进医疗机构集体协商。总额控制指标应向基层医疗卫生机构、儿童医疗机构等适当倾斜，制定过程按规定向医疗机构、相关部门和社会公开。

有条件的地区可积极探索将点数法与预算总额管理、按病种付费等相结合，逐步使用区域（或一定范围内）医保基金总额控制代替具体医疗机构总额控制。采取点数法的地区确定本区域（或一定范围内）医保基金总额控制指标后，不再细化明确各医疗机构的总额控制指标，而是将项目、病种、床日等各种医疗服务的价值以一定点数体现，年底根据各医疗机构所提供服务的总点数以及地区医保基金支出预算指标，得出每个点的实际价值，按照各医疗机构实际点数付费，促进医疗机构之间分工协作、有序竞争和资源合理配置。

（二）完善医保支付政策措施。严格规范基本医保责任边界，基本医保重点保障符合“临床必需、安全有效、价格合理”原则的药品、医疗服务和基本服务设施相关费用。公共卫生费用、与疾病治疗无直接关系的体育健身或养生保健消费等，不得纳入医保支付范围。各地要充分考虑医保基金支付能力、社会总体承受能力和参保人个人负担，坚持基本保障和责任分担的原则，按照规定程序调整待遇政策。科学合理确定药品和医疗服务项目的医保支付标准。

结合分级诊疗模式和家庭医生签约服务制度建设，引导参保人员优先到基层首诊，对符合规定的转诊住院患者可以连续计算起付线，将符合规定的家庭医生签约服务费纳入医保支付范围。探索对纵向合作的医疗联合体等分工协作模式实行医保总额付费，合理引导双向转诊，发挥家庭医生在医保控费方面的“守门人”作用。鼓励定点零售药店做好慢性病用药供应保障，患者可凭处方自由选择在医疗机构或到医疗机构外购药。

（三）协同推进医药卫生体制相关改革。建立区域内医疗卫生资源总量、医疗费用总量与经济发展水平、医保基金支付能力相适应的宏观调控机制，控制医疗费用过快增长。推行临床路径管理，提高诊疗行为透明度。推进同级医疗机构医学检查检验结果互认，减少重复检查。建立医疗机构效率和费用信息公开机制，将费用、患者负担水平等指标定期公开，接受社会监督，并为参保人就医选择提供参考。完善公立医疗机构内部绩效考核和收入分配机制，引导医疗机构建立以合理诊疗为核心的绩效考核评价体系，体现多劳多得、优劳优酬。规范和推动医务人员多点执业。

四、组织实施

（一）加强组织领导。各省（区、市）要高度认识深化医保支付方式改革的重要性，在医改领导小组领导下，协调推进医保支付方式及相关领域改革，妥善做好政策衔接，发挥政策合力。各级人力资源社会保障、卫生计生、财政、发展改革、中医药等部门要根据各自职能，协同推进医保支付方式改革，明确时间表、路线图，做好规划和组织落实工作。

（二）切实抓好落实。各统筹地区要按照本意见精神，在总结经验的基础上，结合本地实际，于2017年9月底前制定具体改革实施方案。人力资源社会保障部、国家卫生计生委会同财政部、国家中医药局成立按疾病诊断相关分组付费试点工作组，2017年选择部分地区开展按疾病诊断相关分组付费试点，并加强技术指导。

（三）做好交流评估。加强不同地区间医保支付方式改革成果交流，及时总结推广好的经验做法。各统筹地区要开展改革效果评估，既对改革前后医疗费用、医疗服务数量和质量、医保待遇水平、参保人员健康水平等进行纵向评估，又与周边地区、经济和医疗水平相似地区进行横向比较，通过评估为完善政策提供支持。

国务院办公厅

2017 年 6 月 20 日

国务院办公厅关于加快发展商业养老保险的若干意见

（2017年6月29日）

各省、自治区、直辖市人民政府，国务院各部委、各直属机构：

商业养老保险是商业保险机构提供的，以养老风险保障、养老资金管理等为主要内容的保险产品和服务，是养老保障体系的重要组成部分。发展商业养老保险，对于健全多层次养老保障体系，促进养老服务业多层次多样化发展，应对人口老龄化趋势和就业形态新变化，进一步保障和改善民生，促进社会和谐稳定等具有重要意义。为深入贯彻落实《中共中央关于全面深化改革若干重大问题的决定》、《国务院关于加快发展养老服务业的若干意见》（国发〔2013〕35号）、《国务院关于加快发展现代保险服务业的若干意见》（国发〔2014〕29号）等文件要求，经国务院同意，现就加快发展商业养老保险提出以下意见：

一、总体要求

（一）指导思想。

全面贯彻党的十八大和十八届三中、四中、五中、六中全会精神，深入贯彻习近平总书记系列重要讲话精神和治国理政新理念新思想新战略，认真落实党中央、国务院决策部署，牢固树立新发展理念，以提高发展质量和效益为中心，以推进供给侧结构性改革为主线，以应对人口老龄化、满足人民群众日益增长的养老保障需求、促进社会和谐稳定为出发点，以完善养老风险保障机制、提升养老资金运用效率、优化养老金融服务体系为方向，依托商业保险机构专业优势和市场机制作用，扩大商业养老保险产品供给，拓宽服务领域，提升保障能力，充分发挥商业养老保险在健全养老保障体系、推动养老服务业发展、促进经济提质增效升级等方面的生力军作用。

（二）基本原则。

坚持改革创新，提升保障水平。以应对人口老龄化、保障和改善民生为导向，坚持专注主业，深化商业养老保险体制机制改革，激发创新活力，增加养老保障产品和服务供给，提高服务质量和效率，更好满足人民群众多样化、多层次养老保障需求。

坚持政策引导，强化市场机制。更好发挥政府引导和推动作用，给予商业养老保险发展必要政策支持，创造良好政策环境。充分发挥市场在资源配置中的决定性作用，鼓励市场主体及相关业务特色化、差异化发展。

坚持完善监管，规范市场秩序。始终把维护保险消费者合法权益作为商业养老保险监管的出发点和立足点，坚持底线思维，完善制度体系，加强监管协同，强化制度执行，杜绝行政摊派、强买强卖，营造平等参与、公平竞争、诚信规范的市场环境。

（三）主要目标。

到2020年，基本建立运营安全稳健、产品形态多样、服务领域较广、专业能力较强、持续适度盈利、经营诚信规范的商业养老保险体系，商业养老保险成为个人和家庭商业养老保障计划的主要承担者、企业发起的商业养老保障计划的重要提供者、社会养老保障市场化运作的积极参与者、养老服务业健康发展的有力促进者、金融安全和经济增长的稳定支持者。

二、创新商业养老保险产品和服务

（四）丰富商业养老保险产品供给，为个人和家庭提供个性化、差异化养老保障。支持商业保险机构开发多样化商业养老保险产品，满足个人和家庭在风险保障、财富管理等方面的需求。积极发展安全性高、保障性强、满足长期或终身领取要求的商业养老年金保险。支持符合条件的商业保险机构积极参与个人税收递延型商业养老保险试点。针对独生子女家庭、无子女家庭、“空巢”家庭等特殊群体养老保障需求，探索发展涵盖多种保险产品和服务的综合养老保障计划。允许商业养老保险机构依法合规发展具备长期养老功能、符合生命周期管理特点的个人养老保障管理业务。

（五）推动商业保险机构提供企业（职业）年金计划等产品和服务。鼓励商业保险机构发展与企业（职业）年金领取相衔接的商业保险业务，强化基金养老功能。支持符合条件的商业保险机构申请相关资质，积极参与企业年金基金和职业年金基金管理，在基金受托、账户管理、投资管理等方面提供优质高效服务。鼓励商业保险机构面向创新创业企业就业群体的市场需求，丰富商业养老保险产品供给，优化相关服务，提供多样化养老保障选择。

（六）鼓励商业保险机构充分发挥行业优势，提供商业服务和支持。充分发挥商业保险机构在精算管理和服务资源等方面的优势，为养老保险制度改革提供技术支持和相关服务。支持符合条件的商业保险机构利用资产管理优势，依法依规有序参与基本养老保险基金和全国社会保障基金投资运营，促进养老保险基金和社会保障基金保值增值。

三、促进养老服务业健康发展

（七）鼓励商业保险机构投资养老服务产业。发挥商业养老保险资金长期性、稳定性优势，遵循依法合规、稳健安全原则，以投资新建、参股、并购、租赁、托管等方式，积极兴办养老社区以及养老养生、健康体检、康复管理、医疗护理、休闲康养等养老健康服务设施和机构，为相关机构研发生产老年用品提供支持，增加养老服务供给。鼓励商业保险机构积极参与养老服务业综合改革试点，加快推进试点地区养老服务体系建设。

（八）支持商业保险机构为养老机构提供风险保障服务。探索商业保险机构与各类养老机构合作模式，发展适应养老机构经营管理风险要求的综合责任保险，提升养老机构运营效率和稳健性。支持商业保险机构发展针对社区日间照料中心、老年活动中心、托老所、互助型社区养老服务中心等老年人短期托养和文体休闲活动机构的责任保险。

（九）建立完善老年人综合养老保障计划。针对老年人养老保障需求，坚持保障适度、保费合理、保单通俗原则，大力发展老年人意外伤害保险、老年人长期护理保险、老年人住房反向抵押养老保险等适老性强的商业保险，完善保单贷款、多样化养老金支付形式等配套金融服务。逐步建立老年人长期照护、康养结合、医养结合等综合养老保障计划，健全养老、康复、护理、医疗等服务保障体系。

四、推进商业养老保险资金安全稳健运营

（十）发挥商业养老保险资金长期投资优势。坚持风险可控、商业可持续原则，推进商业养老保险资金稳步有序参与国家重大战略实施。支持商业养老保险资金通过债权投资计划、股权投资计划、不动产投资计划、资产支持计划、保险资产管理产品等形式，参与重大基础设施、棚户区改造、新型城镇化建设等重大项目和民生工程建设，服务科技型企业、小微企业、战略性新兴产业、生活性服务新业态等发展，助力国有企业混合所有制改革。

（十一）促进商业养老保险资金与资本市场协调发展。发挥商业保险机构作为资本市场长期机构投资者的积极作用，依法有序参与股票、债券、证券投资基金等领域投资，为资本市场平稳健康发展提供长期稳定资金支持，规范有序参与资本市场建设。

（十二）审慎开展商业养老保险资金境外投资。在风险可控前提下，稳步发展商业养老保险资金境外投资业务，合理配置境外资产，优化配置结构。支持商业养老保险资金通过相关自贸试验区开展境外市场投资；按照商业可持续原则，有序参与丝路基金、亚洲基础设施投资银行和金砖国家新开发银行等主导的投资项目，更好服务国家“走出去”战略。

五、提升管理服务水平

（十三）加强制度建设。坚持制度先行，健全商业养老保险管理运行制度体系，优化业务流程，提升运营效率，增强商业养老保险业务运作规范性。细化完善商业养老保险资金重点投资领域业务规则，强化限额管理，探索建立境外投资分级管理机制。完善商业养老保险服务国家战略的引导政策和支持实体经济发展的配套政策。

（十四）提升服务质量。制定完善商业养老保险服务标准，构建以保险消费者满意度为核心的服务评价体系。深入推进以客户为中心的运营管理体系建设，运用现代技术手段，促进销售渠道和服务模式创新，为保险消费者提供高效便捷的服务。突出销售、承保、赔付等关键服务环节，着力改进服务质量，提升保险消费者消费体验，巩固培育商业品牌和信誉。

（十五）发展专业机构。提升商业养老保险从业人员职业道德和专业素质，加大专业人才培养和引进力度，完善职业教育。支持符合条件的商业保险

机构发起设立商业养老保险机构，拓宽民间资本参与商业养老保险机构投资运营渠道，允许专业能力强、市场信誉度高的境外专业机构投资商业养老保险机构。

（十六）强化监督管理。完善商业养老保险监管政策，加强监督检查，规范商业养老保险市场秩序，强化保险消费者权益保护。落实偿付能力监管制度要求，加强商业养老保险资金运用监管，健全风险监测预警和信息披露机制。督促商业保险机构加强投资能力和风险管控能力建设，强化资产负债匹配管理和风险控制，防范投资运用风险，实现商业养老保险资金保值及合理回报，提升保险保障水平。

六、完善支持政策

（十七）加强组织领导与部门协同。各地区、各有关部门要将加快发展商业养老保险纳入完善养老保障体系和加快发展养老服务业的总体部署，加强沟通配合，创新体制机制，积极研究解决商业养老保险发展中的重大问题。有关部门可根据本意见精神，细化完善配套政策措施。各省（区、市）人民政府可结合实际制定具体实施意见，促进本地区商业养老保险持续健康发展。

（十八）加强投资和财税等政策支持。研究制定商业养老保险服务实体经济的投资支持政策，完善风险保障机制，为商业养老保险资金服务国家战略、投资重大项目、支持民生工程建设提供绿色通道和优先支持。落实好国家支持现代保险服务业和养老服务业发展的税收优惠政策，对商业保险机构一年期以上人身保险保费收入免征增值税。2017年年底前启动个人税收递延型商业养老保险试点。研究制定商业保险机构参与全国社会保障基金投资运营的相关政策。

（十九）完善地方保障支持政策。各省（区、市）人民政府要统筹规划养老服务业发展，鼓励符合条件的商业保险机构投资养老服务业，落实好养老服务设施的用地保障政策。支持商业保险机构依法依规在投资开办的养老机构内设置医院、门诊、康复中心等医疗机构，符合条件的可按规定纳入城乡基本医疗保险定点范围。支持商业保险机构开展住房反向抵押养老保险业务，在房地产交易、登记、公证等机构设立绿色通道，降低收费标准，简化办事程序，提升服务效率。

（二十）营造良好环境。大力普及商业养老保险知识，增强人民群众商业养老保险意识。以商业养老保险满足人民群众多样化养老保障需求为重点，加大宣传力度，积极推广成熟经验。加强保险业诚信体系建设，推动落实守信联合激励和失信联合惩戒机制。强化行业自律，倡导公平竞争合作，为商业养老保险健康发展营造良好环境。

国务院办公厅

2017 年 6 月 29 日

国务院关于印发基本养老保险基金投资管理办法的通知

（2015 年 8 月 17 日）

各省、自治区、直辖市人民政府，国务院各部委、各直属机构：

现将《基本养老保险基金投资管理办法》印发给你们，请认真贯彻执行。

基本养老保险基金投资管理办法

第一章　总　则

第一条　为了规范基本养老保险基金投资管理行为，保护基金委托人及相关当事人的合法权益，根据社会保险法、劳动法、证券投资基金法、信托法、合同法等法律法规和国务院有关规定，制定本办法。

第二条　本办法所称基本养老保险基金（以下简称养老基金），包括企业职工、机关事业单位工作人员和城乡居民养老基金。

第三条　各省、自治区、直辖市养老基金结余额，可按照本办法规定，预留一定支付费用后，确定具体投资额度，委托给国务院授权的机构进行投资运营。委托投资的资金额度、划出和划回等事项，要向人力资源社会保障部、财政部报告。

第四条　养老基金投资应当坚持市场化、多元化、专业化的原则，确保资产安全，实现保值增值。

第五条　养老基金投资委托人（以下简称委托人）与养老基金投资受托

机构（以下简称受托机构）签订委托投资合同，受托机构与养老基金托管机构（以下简称托管机构）签订托管合同、与养老基金投资管理机构（以下简称投资管理机构）签订投资管理合同。

委托人、受托机构、托管机构、投资管理机构的权利义务，依照本办法在养老基金委托投资合同、托管合同和投资管理合同中约定。

第六条　养老基金资产独立于委托人、受托机构、托管机构、投资管理机构的固有财产及其管理的其他财产。委托人、受托机构、托管机构、投资管理机构不得将养老基金资产归入其固有财产。

第七条　委托人、受托机构、托管机构、投资管理机构因养老基金资产的管理、运营或者其他情形取得的财产和收益归入养老基金资产，权益归养老基金所有。

第八条　受托机构、托管机构、投资管理机构和其他为养老基金投资管理提供服务的法人或者其他组织因依法解散、被依法撤销或者被依法宣告破产等原因进行清算的，基金资产不属于其清算财产。

第九条　养老基金资产的债权，不得与委托人、受托机构、托管机构、投资管理机构和其他为养老基金投资管理提供服务的自然人、法人或者其他组织固有财产的债务相互抵销；养老基金不同投资组合基金资产的债权债务，不得相互抵销。

第十条　养老基金资产的债务由基金资产本身承担。非因养老基金资产本身承担的债务，不得对基金资产强制执行。

第十一条　养老基金投资按照国家规定享受税收优惠。具体办法由财政部会同有关部门另行制定。

第十二条　国家对养老基金投资实行严格监管。养老基金投资应当严格遵守相关法律法规，严禁从事内幕交易、利用未公开信息交易、操纵市场等违法行为，严禁通过关联交易等损害养老基金及他人利益、获取不正当利益。任何组织和个人不得贪污、侵占、挪用投资运营的养老基金。

第二章　委　托　人

第十三条　省、自治区、直辖市人民政府作为养老基金委托投资的委托人，可指定省级社会保险行政部门、财政部门承办具体事务。

第十四条　委托人应当履行下列职责：

（一）制定养老基金归集办法，将投资运营的养老基金归集到省级社会保障基金财政专户。

（二）与受托机构签订养老基金委托投资合同。

（三）向受托机构划拨委托投资资金；向受托机构下达划回委托投资资金的指令，接收划回的投资资金。

（四）根据受托机构提交的养老基金收益率，进行养老基金的记账、结算和收益分配。

（五）定期汇总养老基金投资管理情况，并以适当方式向社会公布。

（六）国家规定和合同约定的其他职责。

第三章　受托机构

第十五条　本办法所称受托机构，是指国家设立、国务院授权的养老基金管理机构。

第十六条　受托机构应当履行下列职责：

（一）建立健全养老基金受托投资内部管理制度、风险管理制度和绩效评估办法。

（二）选择、监督、更换托管机构、投资管理机构。

（三）制定养老基金投资运营策略并组织实施。

（四）根据委托投资合同接收委托人划拨的委托投资资金；根据委托人通知划出委托投资资金。

（五）接受委托人查询，定期向委托人提交养老基金管理和财务会计报告；发生重大事件时，及时向委托人和有关监管部门报告；定期向国务院有关主管部门提交开展养老基金受托管理业务情况的报告；定期向社会公布养老基金投资情况。

（六）根据托管合同、投资管理合同对养老基金托管、投资情况进行监督。

（七）按照国家规定保存养老基金受托业务活动记录、账册、报表和其他相关资料。

（八）国家规定和合同约定的其他职责。

第十七条　受托机构应当将养老基金单独管理、集中运营、独立核算，可对部分养老基金资产进行直接投资，其他养老基金资产委托其他专业机构投资。

同一个养老基金投资组合，托管机构与投资管理机构不得为同一机构。

第十八条　申请养老基金托管业务、投资管理业务的机构，需向受托机构提交申请。受托机构成立专家评审委员会，参照公开招标的原则对具备条件的养老基金托管业务、投资管理业务申请人进行评审。评审办法及评审结果报国务院有关主管部门备案。

建立健全受托机构、托管机构和投资管理机构竞争机制，不断优化治理结构，提升养老基金投资运营水平。

第十九条　受托机构及其董事（理事）、监事、管理人员和其他从业人员不得有下列行为：

（一）违反与委托人合同约定。

（二）利用养老基金资产或者职务之便谋取不正当利益。

（三）侵占、挪用受托管理的养老基金资产。

（四）泄露因职务便利获取的未公开信息，或者利用该信息从事或明示、暗示他人进行相关的交易活动。

（五）法律、行政法规和国务院有关主管部门规定禁止的其他行为。

第四章　托管机构

第二十条　本办法所称托管机构，是指接受养老基金受托机构委托，具有全国社会保障基金、企业年金基金托管经验，或者具有良好的基金托管业绩和社会信誉，负责安全保管养老基金资产的商业银行。

第二十一条　托管机构应当履行下列职责：

（一）安全保管养老基金资产。

（二）以养老基金名义开设基金资产的资金账户、证券账户和期货账户等。

（三）及时办理清算、交割事宜。

（四）负责养老基金会计核算和估值，复核、审查和确认投资管理机构计算的基金资产净值。

（五）按照规定监督投资管理机构的投资活动，并定期向受托机构报告监督情况。

（六）定期向受托机构提交养老基金托管和财务会计报告；定期向国务院有关主管部门提交开展养老基金托管业务情况的报告。

（七）按照国家规定保存养老基金托管业务活动记录、账册、报表和其他相关资料。

（八）国家规定和合同约定的其他职责。

第二十二条　托管机构发现投资管理机构依据交易程序尚未成立的投资指令违反法律、行政法规、其他有关规定或者合同约定的，应当拒绝执行，立即通知投资管理机构，并及时向受托机构和国务院有关主管部门报告。

托管机构发现投资管理机构依据交易程序已经成立的投资指令违反法律、行政法规、其他有关规定或者合同约定的，应当立即通知投资管理机构，并及时向受托机构和国务院有关主管部门报告。

第二十三条　有下列情形之一的，托管机构职责终止：

（一）违反与受托机构合同约定，情节严重的。

（二）利用养老基金资产为其谋取不正当利益，或者为他人谋取不正当利益的。

（三）依法解散、被依法撤销、被依法宣告破产或者被依法接管的。

（四）受托机构有充分理由认为托管机构应当被终止职责的。

（五）国务院有关主管部门有充分理由和依据认为托管机构应当被终止职责的。

（六）国务院有关主管部门规定和合同约定的其他情形。

第二十四条　托管机构职责终止的，应当妥善保管养老基金托管业务资料，在45日内办理基金托管业务移交手续，新的托管机构应当接收并行使相应职责。

第二十五条　托管机构及其董事、监事、管理人员和其他从业人员不得有下列行为：

（一）将托管的养老基金资产与其固有财产混合管理。

（二）将托管的养老基金资产与托管的其他财产混合管理。

（三）将托管的不同养老基金资产混合管理。

（四）侵占、挪用托管的养老基金资产。

（五）利用养老基金资产或者职务之便为他人谋取不正当利益。

（六）泄露因职务便利获取的未公开信息，或者利用该信息从事或明示、暗示他人进行相关的交易活动。

（七）法律、行政法规和国务院有关主管部门规定禁止的其他行为。

第五章　投资管理机构

第二十六条　本办法所称投资管理机构，是指接受受托机构委托，具有全国社会保障基金、企业年金基金投资管理经验，或者具有良好的资产管理业绩、财务状况和社会信誉，负责养老基金资产投资运营的专业机构。

第二十七条　投资管理机构应当建立良好的内部治理结构，明确股东会、董事会、监事会和高级管理人员的职责权限，确保独立投资运营；应当健全资产配置、风险管理和绩效评估等制度。

投资管理机构及其股东、董事、监事、管理人员和其他从业人员不得从事损害养老基金资产和受托机构利益的证券交易及其他活动；在行使权利或者履行职责时，应当遵循回避原则。

第二十八条　投资管理机构应当履行下列职责：

（一）按照投资管理合同，管理养老基金投资组合和项目。

（二）对所管理的不同养老基金资产分别管理、分别记账。

（三）及时与托管机构核对养老基金会计核算和估值结果。

（四）进行养老基金会计核算，编制养老基金财务会计报告。

（五）按照国家规定保存养老基金投资业务活动记录、账册、报表和其他相关资料。

（六）国家规定和合同约定的其他职责。

第二十九条　投资管理机构从当期收取的管理费中，提取20%作为风险准备金，专项用于弥补委托投资资产出现的投资损失。

第三十条　有下列情形之一的，投资管理机构应当及时向受托机构和国务院有关主管部门报告：

（一）养老基金资产市场价值大幅度波动。

（二）有可能使养老基金资产的价值受到重大影响的其他事项。

（三）国务院有关主管部门规定或者合同约定的其他报告事项。

第三十一条　有下列情形之一的，投资管理机构职责终止：

（一）违反与受托机构合同约定，情节严重的。

（二）利用养老基金资产为其谋取不正当利益，或者为他人谋取不正当利益的。

（三）依法解散、被依法撤销、被依法宣告破产或者被依法接管的。

（四）受托机构有充分理由认为投资管理机构应当被终止职责的。

（五）国务院有关主管部门有充分理由和依据认为投资管理机构应当被终止职责的。

（六）国务院有关主管部门规定和合同约定的其他情形。

第三十二条　投资管理机构职责终止的，应当妥善保管养老基金投资运营业务资料，在45日内办理基金投资运营业务移交手续，新的投资管理机构应当接收并行使相应职责。

第三十三条　投资管理机构及其董事、监事、管理人员和其他从业人员不得有下列行为：

（一）将其固有财产或者他人财产混同于养老基金资产从事证券投资。

（二）不公平对待养老基金资产与其管理的其他财产。

（三）不公平对待其管理的不同养老基金资产。

（四）利用养老基金资产或者职务之便为他人谋取不正当利益。

（五）向受托机构违规承诺收益或者承担损失。

（六）侵占、挪用养老基金资产。

（七）泄露因职务便利获取的未公开信息，或者利用该信息从事或明示、暗示他人进行相关的交易活动。

（八）从事可能使养老基金资产承担无限责任的投资。

（九）法律、行政法规和国务院有关主管部门规定禁止的其他行为。

第六章　养老基金投资

第三十四条　养老基金限于境内投资。投资范围包括：银行存款，中央银行票据，同业存单；国债，政策性、开发性银行债券，信用等级在投资级以上的金融债、企业（公司）债、地方政府债券、可转换债（含分离交易可转换债）、短期融资券、中期票据、资产支持证券，债券回购；养老金产品，上市流通的证券投资基金，股票，股权，股指期货，国债期货。

第三十五条　国家重大工程和重大项目建设，养老基金可以通过适当方式参与投资。

第三十六条　国有重点企业改制、上市，养老基金可以进行股权投资。范围限定为中央企业及其一级子公司，以及地方具有核心竞争力的行业龙头企业，包括省级财政部门、国有资产管理部门出资的国有或国有控股企业。

第三十七条　养老基金投资比例，按照公允价值计算应当符合下列规定：

（一）投资银行活期存款，一年期以内（含一年）的定期存款，中央银行票据，剩余期限在一年期以内（含一年）的国债，债券回购，货币型养老金产品，货币市场基金的比例，合计不得低于养老基金资产净值的5%。清算备付金、证券清算款以及一级市场证券申购资金视为流动性资产。

（二）投资一年期以上的银行定期存款、协议存款、同业存单，剩余期限在一年期以上的国债，政策性、开发性银行债券，金融债，企业（公司）债，地方政府债券，可转换债（含分离交易可转换债），短期融资券，中期票据，资产支持证券，固定收益型养老金产品，混合型养老金产品，债券基金的比例，合计不得高于养老基金资产净值的135%。其中，债券正回购的资金余额在每个交易日均不得高于养老基金资产净值的40%。

（三）投资股票、股票基金、混合基金、股票型养老金产品的比例，合计不得高于养老基金资产净值的30%。

养老基金不得用于向他人贷款和提供担保，不得直接投资于权证，但因投资股票、分离交易可转换债等投资品种而衍生获得的权证，应当在权证上市交易之日起10个交易日内卖出。

（四）投资国家重大项目和重点企业股权的比例，合计不得高于养老基金资产净值的20%。

由于市场涨跌、资金划拨等原因出现被动投资比例超标的，养老基金投资比例调整应当在合同规定的交易日内完成。

第三十八条　养老基金资产参与股指期货、国债期货交易，只能以套期保值为目的，并按照中国金融期货交易所套期保值管理的有关规定执行；在任何交易日日终，所持有的卖出股指期货、国债期货合约价值，不得超过其对冲标的的账面价值。

第三十九条　根据金融市场变化和投资运营情况，国务院有关主管部门适时报请国务院对养老基金投资范围和比例进行调整。

第七章　估值和费用

第四十条　受托机构根据《企业会计准则第22号——金融工具确认和计量》《证券投资基金会计核算业务指引》等规定，对养老基金进行会计核算和估值。

当月发生的委托投资资金划入、划出和投资收益分配，以上月末的估值结果作为核算依据。

第四十一条　托管机构提取的托管费年费率不高于托管养老基金资产净值的0.05%。

第四十二条　投资管理机构提取的投资管理费年费率不高于投资管理养老基金资产净值的0.5%。

受托机构应当在投资管理合同中规定投资管理机构的业绩基准，制定绩效考核办法。

第四十三条　根据养老基金管理情况，国务院有关主管部门适时对托管费、投资管理费率进行调整。

第四十四条　受托机构按照养老基金年度净收益的1%提取风险准备金，专项用于弥补养老基金投资发生的亏损。余额达到养老基金资产净值5%时可不再提取。

风险准备金与本金一起投资运营，单独记账，归委托人所有。

第八章　报告制度

第四十五条　受托机构、托管机构、投资管理机构应当按照本办法的规定报告养老基金投资运营的情况，保证报告内容没有虚假记载、误导性陈述或者重大遗漏，并对报告内容的真实性、完整性负责。

第四十六条　受托机构要按下列要求进行信息披露和报告有关事项：

（一）每年一次向社会公布养老基金资产、收益等财务状况。

（二）向委托人和国务院有关主管部门每季度提交养老基金财务会计报告、投资资产、收益等情况报告。

（三）向委托人和国务院有关主管部门、经济综合部门报送养老基金资产年度审计报告。

（四）养老基金发生重大事件的，应立即报告委托人和国务院有关主管部门，并编制临时报告书，经核准后予以公告。

第四十七条　托管机构应当按照托管合同和受托机构的要求，向受托机构提交养老基金托管月度报告、季度报告和年度报告；如发生特殊情况，还应当提供临时报告或者进行重大信息披露。托管机构应当对投资管理机构编制报告的有关内容进行复核，并根据需要出具复核意见。

第四十八条　投资管理机构应当按照投资管理合同及受托机构的要求，向受托机构提交养老基金投资运营月度报告、季度报告和年度报告；如发生特殊情况，还应当提供临时报告或者进行重大信息披露。

第四十九条　托管机构、投资管理机构应当向国务院有关主管部门提交养老基金季度报告和年度报告。

第五十条　有下列情形之一的，托管机构、投资管理机构应当及时向受托机构和国务院有关主管部门报告：

（一）减资、合并、分立、依法解散、被依法撤销、决定申请破产或者被申请破产的。

（二）涉及重大诉讼或者仲裁的。

（三）董事长、总经理及其他高级管理人员发生变动的。

（四）托管合同、投资管理合同规定的其他报告事项。

第五十一条　受托机构应当将委托管理合同、托管合同、投资管理合同报国务院有关主管部门备案。

第九章　监督检查

第五十二条　人力资源社会保障部、财政部依法对受托机构、托管机构、投资管理机构及相关主体开展养老基金投资管理业务情况实施监管，加强投资风险防范。

人民银行、银监会、证监会、保监会按照各自职责，对托管机构、投资管理机构的经营活动进行监督。

相关部门在监督过程中应加强沟通与信息共享。

第五十三条　人力资源社会保障部、财政部开展调查或者检查应当由两人以上进行，并出示有效证件，承担下列义务：

（一）依法履行职责，秉公执法，不得利用职务之便谋取私利。

（二）保守在调查或者检查时知悉的商业秘密。

（三）为举报人保密。

第五十四条　受托机构、托管机构、投资管理机构和其他为养老基金投资管理提供服务的自然人、法人或者其他组织应当积极配合监督检查，如实提供有关文件和资料，不得拒绝、阻挠或者逃避检查，不得谎报、隐匿或者销毁相关证据材料。

第五十五条　受托机构、托管机构、投资管理机构管理运营养老基金资产，其他自然人、法人或者组织为养老基金投资运营提供服务，应当严格遵守相关职业准则和行业规范，履行诚实信用、谨慎勤勉的义务。

第五十六条　养老基金投资管理从业人员应当遵守法律、行政法规和相关规章制度，恪守职业道德和行为规范。

第五十七条　养老基金投资运营情况应当通过报刊、网站等媒体定期向社会公布，保障公众知情权，接受社会监督。

任何组织和个人有权对违法违规行为进行举报、投诉，有关主管部门应当认真调查处理。

第十章　法律责任

第五十八条　受托机构及其董事（理事）、监事、管理人员和其他从业人员有本办法第十九条所列行为之一的，责令改正，给予警告，有违法所得的，没收违法所得。对直接负责的主管人员和其他直接责任人员给予相应处分，由所在机构暂停或者撤销其养老基金投资管理职务。

第五十九条　托管机构、投资管理机构及其董事、监事、管理人员和其他从业人员有本办法第二十五条和第三十三条所列行为之一的，责令改正，给予警告，并可暂停其接收新的养老基金托管或者投资管理业务。有违法所得的，没收违法所得，处以托管机构、投资管理机构违法所得1倍以上5倍以下管理费扣减；没有违法所得的，处以托管机构、投资管理机构50万元以下管理费扣减，情节严重的，可处以50万元以上、100万元以下管理费扣减。对直接负责的主管人员和其他直接责任人员给予警告，由所在机构暂停或者撤销其养老基金投资管理职务。

第六十条　投资管理机构违反本办法第三十七条和第三十八条规定，超出投资范围或者违反投资比例规定进行投资的，责令改正，给予警告，并可暂停其接收新的养老基金投资管理业务，同时处以50万元以下管理费扣减。对直接负责的主管人员和其他直接责任人员给予警告，由所在机构暂停或者撤销其养老基金投资管理职务。

第六十一条　托管机构、投资管理机构未能按照规定提供报告或者提供报告有虚假记载、误导性陈述、重大遗漏的，责令限期改正；逾期不改正的，给予警告，并处以10万元以下管理费扣减。

第六十二条　托管机构、投资管理机构违反本办法其他有关规定的，责令限期改正。逾期不改正的，给予警告，并可暂停其接收新的养老基金托管或者投资管理业务。

第六十三条　托管机构、投资管理机构受到3次以上警告的，由受托机构终止其养老基金托管或者投资管理职责，3年内不得再次申请。

第六十四条　受托机构、托管机构、投资管理机构及其董事（理事）、监事、管理和从业人员侵占、挪用养老基金资产取得的财产和收益，归入基金资产。

第六十五条　托管机构、投资管理机构违反本办法规定，给养老基金资产或者委托人造成损失的，应当分别对各自的行为依法承担赔偿责任；因共同行为给养老基金资产或者委托人造成损失的，应当承担连带赔偿责任；除依法给予处罚外，由受托机构终止其养老基金托管或者投资管理职责，5年内不得再次申请。

第六十六条　会计师事务所等服务机构出具的文件有虚假记载、误导性陈述或者重大遗漏的，责令限期改正，没收业务收入，并依法处以业务收入1倍以上5倍以下的罚款；对直接负责的主管人员和其他直接责任人员给予警告。

第六十七条　国家工作人员在养老基金投资管理、监督工作中滥用职权、玩忽职守、徇私舞弊的，依法追究责任。

第六十八条　本办法规定的处罚，由人力资源社会保障部、财政部或者人民银行、银监会、证监会、保监会按照各自职责作出决定。对违反本办法规定的同一行为，不得给予两次以上的处罚。

第六十九条　对违反本办法规定进行养老基金投资运营的相关单位和责任人，记入信用记录并纳入全国统一信用信息共享交换平台。

第七十条　违反本办法规定，情节严重，构成犯罪的，依法追究刑事责任。

第十一章　附　则

第七十一条　本办法由人力资源社会保障部、财政部会同有关部门负责组织实施。

第七十二条　本办法自印发之日起施行。

国务院办公厅关于将大学生纳入城镇居民基本医疗保险试点范围的指导意见

（2008 年 10 月 25 日）

各省、自治区、直辖市人民政府，国务院各部委、各直属机构：

根据《国务院关于开展城镇居民基本医疗保险试点的指导意见》（国发〔2007〕20号）有关精神，为进一步做好大学生医疗保障工作，国务院决定将大学生纳入城镇居民基本医疗保险试点范围。经国务院同意，现就有关工作提出以下指导意见：

一、基本原则

按照党中央、国务院关于加快建立覆盖城乡居民的社会保障体系和开展城镇居民基本医疗保险试点工作的总体要求，坚持自愿原则，将大学生纳入城镇居民基本医疗保险试点范围，并继续做好日常医疗工作；中央确定基本原则和主要政策，试点地区制订具体办法，对参保大学生实行属地管理；完善医疗保障资金筹集机制和费用分担机制，重点保障基本医疗需求，逐步提高保障水平。

二、主要政策

（一）参保范围。各类全日制普通高等学校（包括民办高校）、科研院所（以下统称高校）中接受普通高等学历教育的全日制本专科生、全日制研究生。

（二）保障方式。大学生住院和门诊大病医疗，按照属地原则通过参加学校所在地城镇居民基本医疗保险解决，大学生按照当地规定缴费并享受相应待遇，待遇水平不低于当地城镇居民。同时按照现有规定继续做好大学生日常医疗工作，方便其及时就医。

鼓励大学生在参加基本医疗保险的基础上，按自愿原则，通过参加商业医疗保险等多种途径，提高医疗保障水平。

（三）资金筹措。大学生参加城镇居民基本医疗保险的个人缴费标准和政府补助标准，按照当地中小学生参加城镇居民基本医疗保险相应标准执行。个人缴费原则上由大学生本人和家庭负担，有条件的高校可对其缴费给予补助。大学生参保所需政府补助资金，按照高校隶属关系，由同级财政负责安排。中央财政对地方所属高校学生按照城镇居民基本医疗保险补助办法给予补助。大学生日常医疗所需资金，继续按照高校隶属关系，由同级财政予以补助。

各地要采取措施，对家庭经济困难大学生个人应缴纳的基本医疗保险费及按规定应由其个人承担的医疗费用，通过医疗救助制度、家庭经济困难学生资助体系和社会慈善捐助等多种途径给予资助，切实减轻家庭经济困难学生的医疗费用负担。

三、精心组织实施

已开展城镇居民基本医疗保险试点的地区，按本指导意见将大学生纳入城镇居民基本医疗保险体系后，要切实保障参保大学生住院和门诊大病需求，同时继续做好大学生日常医疗工作；未开展试点的地区，要完善现有办法，加强和改进大学生医疗保障工作，随着试点扩大，逐步将大学生纳入城镇居民基本医疗保险范围。各地人力资源社会保障部门要把符合条件的大学医疗机构纳入城镇居民基本医疗保险定点医疗机构范围。

各地区、各有关部门要充分认识做好大学生医疗保障工作对建立健全本覆盖城乡居民社会保障体系，保障大学生就医权益、提高大学生健康水平，促进社会和谐稳定的重大意义，切实加强组织领导和宣传解释工作。省级人民政府要根据本指导意见，统筹规划，积极稳妥地推进这项工作。试点城市要因地制宜制订具体实施办法和推进步骤，确定合理的保障水平，精心组织实施，确保新旧制度平稳过渡，维护社会稳定。教育、财政、人力资源社会保障、卫生和民政部门要通力协作，制订周密工作计划，确保缴费和财政资金及时足额到位，不断完善大学生医疗经费和就医管理措施。高校要切实抓好大学生就医工作，深化改革，加强管理，提高工作效率和水平。

民政部、财政部、劳动和社会保障部关于做好城镇困难居民参加城镇居民基本医疗保险有关工作的通知

（2007年10月24日）

各省、自治区、直辖市民政厅（局）、财政厅（局）、劳动保障厅（局），新疆生产建设兵团民政局、财务局、劳动保障局：

为贯彻落实国务院《关于开展城镇居民基本医疗保险试点的指导意见》（国发〔2007〕20号，以下简称《指导意见》），切实做好城镇困难居民参加城镇居民基本医疗保险有关工作，现将有关事项通知如下：

一、合理确定困难居民范围，及时报送困难居民参加城镇居民基本医疗保险基本情况

开展城镇居民基本医疗保险的试点城市，要按照《指导意见》“坚持自愿原则，充分尊重群众意愿”的要求，积极鼓励和引导城市困难居民参加城镇居民基本医疗保险。对于符合条件的城市低保对象，要按要求帮助其参加城镇居民基本医疗保险。对于“低收入家庭60周岁以上老年人”和“丧失劳动能力的重度残疾人”的界定，要根据《指导意见》的原则规定，在充分调研和论证的基础上，结合当地实际，由地方民政部门会同财政、劳动保障等相关部门制定具体界定标准，并报同级人民政府批准。

地方各级民政部门要在现有工作基础上，认真开展调查摸底，全面准确地掌握困难居民的人数、构成等情况，为帮助困难居民参加城镇居民基本医疗保险做好准备工作。2007年，请各省（自治区、直辖市）民政厅（局）会同劳动保障和财政厅（局），于10月30日前将汇总审定的本省（自治区、直辖市）

试点城市困难居民参加城镇居民基本医疗保险人数（分未成年人数和成年人数）、困难人群补助标准和地方财政补助资金到位情况，报送民政部、劳动保障部和财政部，所报数据应与经各地财政监察专员办事处审核的劳动保障部门会同有关部门统计的有关数据一致。从2008年起，各地应于每年3月底以前报送有关情况。

二、科学制定补助标准，规范困难居民参加城镇居民基本医疗保险缴费补助资金拨付程序

按照《指导意见》要求，2007年，在对试点城市参保居民普遍给予补助的基础上，对属于低保对象的或重度残疾的学生和儿童参保所需的家庭缴费部分，政府原则上再按不低于人均10元给予补助，其中，中央财政对中西部地区按人均5元给予补助；对其他低保对象、丧失劳动能力的重度残疾人、低收入家庭60周岁以上的老年人等困难居民参保所需家庭缴费部分，政府原则上再按不低于人均60元给予补助，其中，中央财政对中西部地区按人均30元给予补助。中央财政对东部地区参照新型农村合作医疗的补助办法给予适当补助。各地要根据本地经济发展水平、困难居民的经济承受能力以及基本医疗需求、财政承受能力等因素，认真分析测算，科学合理地制定对困难居民的具体补助标准。

各级财政部门要根据困难居民参加城镇居民基本医疗保险人数和补助标准，足额安排城市困难居民参加城镇居民基本医疗保险所需补助资金。补助困难居民参保所需家庭缴费部分的资金，列政府收支分类科目“城市医疗救助”项下，并通过财政部门在社会保障基金财政专户中设立的“城市医疗救助基金”专账及时划拨至“城镇居民基本医疗保险基金”专账。中央财政对各省（自治区、直辖市）的具体补助金额，根据审定后的各省（自治区、直辖市）试点城市参加城镇居民基本医疗保险的困难居民人数和中央补助标准核定，通过城市医疗救助专项转移支付下达。

三、采取切实措施，搞好城市医疗救助和城镇居民基本医疗保险的衔接

各地要抓住建立城镇居民基本医疗保险制度的契机，进一步加快工作进度，建立和完善城市医疗救助制度。已开展城镇居民基本医疗保险但尚未建立城市医疗救助制度的地方，要同步建立城市医疗救助制度，做好城市医疗救助和城镇居民基本医疗保险的衔接工作。开展城镇居民基本医疗保险试点的地区，要结合城镇居民基本医疗保险制度的建立，完善医疗救助实施方案，对困难居民在城镇居民基本医疗保险支付之外个人难以负担的医疗费用，按照有关规定给予适当补助。未参加城镇居民基本医疗保险的困难居民，符合条件的要按照规定及时给予救助。此外，要广泛动员社会力量，通过社会帮困互助等多种渠道，进一步帮助困难居民缓解医疗难问题。

各地要结合当地实际，加强城镇居民基本医疗保险和医疗救助的管理服务衔接，探索建立适合困难居民特点的申请审批程序，协同做好困难参保人员身份认定、组织参保和信息采集等服务工作，改进医疗保险和医疗救助资金支付方式和费用结算办法，提高工作效率，增强困难居民医疗卫生服务的可及性。

四、充分发挥城市社区服务组织作用，配合做好城镇居民基本医疗保险服务工作

各地在推进城镇居民基本医疗保险的过程中，要充分发挥社区组织的作用，进一步加强社区公共服务体系和队伍建设，提高服务居民、管理社区的能力。社区居委会等社区组织受基层政府及有关部门委托，积极协助做好宣传发动、家庭调查、信息登记、组织参保等方面的工作。要结合建立健全医疗保险社会监督组织工作，建立居民参与医疗保险监督的机制，定期把本社区居民享受基本医疗保险、医疗救助的情况纳入居务公开范围，接受居民监督。要定期组织居民对城镇居民基本医疗保险服务情况开展民主评议，并把评议结果及时反馈给上级政府。要进一步整合信息资源，优化信息管理，逐步建立信息共享、高效便捷、安全可靠的街道社区公共服务信息工作平台。

五、加强组织领导，保障城镇困难居民参加城镇居民基本医疗保险工作顺利开展

帮助城镇困难居民参加城镇居民基本医疗保险直接关系城镇困难居民切身利益，是一项重大的民心工程，各地民政、财政、劳动保障部门要在当地政府领导下，高度重视，各负其责，密切配合，加强信息沟通和数据资源共享，共同抓好落实。民政部门要商有关部门研究制定帮助城镇困难居民参加城镇基本医疗保险的有关政策，并做好城镇困难居民核定工作；劳动保障部门要及时办理参保手续，做好困难居民参加城镇居民基本医疗保险的服务管理工作；财政部门要落实城镇困难居民参保补助资金，加强对资金管理和使用情况的监督检查，并统筹考虑开展社会救助工作需要，合理安排必要的工作经费。

各地、各部门要结合本地实际，采取切实可行的措施，抓好督促落实。试点工作进展中的情况和问题，请及时上报上级有关部门。

民政部

财政部

劳动和社会保障部

2007 年 10 月 24 日

3 社会福利

（一）未成年人福利

中华人民共和国未成年人保护法（2012 修正）

（2013 年 1 月 1 日）

第一章　总　则

第一条　为了保护未成年人的身心健康，保障未成年人的合法权益，促进未成年人在品德、智力、体质等方面全面发展，培养有理想、有道德、有文化、有纪律的社会主义建设者和接班人，根据 宪法，制定本法。

第二条　本法所称未成年人是指未满十八周岁的公民。

第三条　未成年人享有生存权、发展权、受保护权、参与权等权利，国家根据未成年人身心发展特点给予特殊、优先保护，保障未成年人的合法权益不受侵犯。

未成年人享有受教育权，国家、社会、学校和家庭尊重和保障未成年人的受教育权。

未成年人不分性别、民族、种族、家庭财产状况、宗教信仰等，依法平等地享有权利。

第四条　国家、社会、学校和家庭对未成年人进行理想教育、道德教育、文化教育、纪律和法制教育，进行爱国主义、集体主义和社会主义的教育，提倡爱祖国、爱人民、爱劳动、爱科学、爱社会主义的公德，反对资本主义的、封建主义的和其他的腐朽思想的侵蚀。

第五条　保护未成年人的工作，应当遵循下列原则：

（一）尊重未成年人的人格尊严；

（二）适应未成年人身心发展的规律和特点；

（三）教育与保护相结合。

第六条　保护未成年人，是国家机关、武装力量、政党、社会团体、企业事业组织、城乡基层群众性自治组织、未成年人的监护人和其他成年公民的共同责任。

对侵犯未成年人合法权益的行为，任何组织和个人都有权予以劝阻、制止或者向有关部门提出检举或者控告。

国家、社会、学校和家庭应当教育和帮助未成年人维护自己的合法权益，增强自我保护的意识和能力，增强社会责任感。

第七条　中央和地方各级国家机关应当在各自的职责范围内做好未成年人保护工作。

国务院和地方各级人民政府领导有关部门做好未成年人保护工作；将未成年人保护工作纳入国民经济和社会发展规划以及年度计划，相关经费纳入本级政府预算。

国务院和省、自治区、直辖市人民政府采取组织措施，协调有关部门做好未成年人保护工作。具体机构由国务院和省、自治区、直辖市人民政府规定。

第八条　共产主义青年团、妇女联合会、工会、青年联合会、学生联合会、少年先锋队以及其他有关社会团体，协助各级人民政府做好未成年人保护工作，维护未成年人的合法权益。

第九条　各级人民政府和有关部门对保护未成年人有显著成绩的组织和个人，给予表彰和奖励。

第二章　家庭保护

第十条　父母或者其他监护人应当创造良好、和睦的家庭环境，依法履行对未成年人的监护职责和抚养义务。

禁止对未成年人实施家庭暴力，禁止虐待、遗弃未成年人，禁止溺婴和其他残害婴儿的行为，不得歧视女性未成年人或者有残疾的未成年人。

第十一条　父母或者其他监护人应当关注未成年人的生理、心理状况和行为习惯，以健康的思想、良好的品行和适当的方法教育和影响未成年人，引导未成年人进行有益身心健康的活动，预防和制止未成年人吸烟、酗酒、流浪、沉迷网络以及赌博、吸毒、卖淫等行为。

第十二条　父母或者其他监护人应当学习家庭教育知识，正确履行监护职责，抚养教育未成年人。

有关国家机关和社会组织应当为未成年人的父母或者其他监护人提供家庭教育指导。

第十三条　父母或者其他监护人应当尊重未成年人受教育的权利，必须使适龄未成年人依法入学接受并完成义务教育，不得使接受义务教育的未成年人辍学。

第十四条　父母或者其他监护人应当根据未成年人的年龄和智力发展状况，在作出与未成年人权益有关的决定时告知其本人，并听取他们的意见。

第十五条　父母或者其他监护人不得允许或者迫使未成年人结婚，不得为未成年人订立婚约。

第十六条　父母因外出务工或者其他原因不能履行对未成年人监护职责的，应当委托有监护能力的其他成年人代为监护。

第三章　学校保护

第十七条　学校应当全面贯彻国家的教育方针，实施素质教育，提高教育质量，注重培养未成年学生独立思考能力、创新能力和实践能力，促进未成年学生全面发展。

第十八条　学校应当尊重未成年学生受教育的权利，关心、爱护学生，对品行有缺点、学习有困难的学生，应当耐心教育、帮助，不得歧视，不得违反法律和国家规定开除未成年学生。

第十九条　学校应当根据未成年学生身心发展的特点，对他们进行社会生活指导、心理健康辅导和青春期教育。

第二十条　学校应当与未成年学生的父母或者其他监护人互相配合，保证未成年学生的睡眠、娱乐和体育锻炼时间，不得加重其学习负担。

第二十一条　学校、幼儿园、托儿所的教职员工应当尊重未成年人的人格尊严，不得对未成年人实施体罚、变相体罚或者其他侮辱人格尊严的行为。

第二十二条　学校、幼儿园、托儿所应当建立安全制度，加强对未成年人的安全教育，采取措施保障未成年人的人身安全。

学校、幼儿园、托儿所不得在危及未成年人人身安全、健康的校舍和其他设施、场所中进行教育教学活动。

学校、幼儿园安排未成年人参加集会、文化娱乐、社会实践等集体活动，应当有利于未成年人的健康成长，防止发生人身安全事故。

第二十三条　教育行政等部门和学校、幼儿园、托儿所应当根据需要，制定应对各种灾害、传染性疾病、食物中毒、意外伤害等突发事件的预案，配备相应设施并进行必要的演练，增强未成年人的自我保护意识和能力。

第二十四条　学校对未成年学生在校内或者本校组织的校外活动中发生人身伤害事故的，应当及时救护，妥善处理，并及时向有关主管部门报告。

第二十五条　对于在学校接受教育的有严重不良行为的未成年学生，学校和父母或者其他监护人应当互相配合加以管教；无力管教或者管教无效的，可以按照有关规定将其送专门学校继续接受教育。

依法设置专门学校的地方人民政府应当保障专门学校的办学条件，教育行政部门应当加强对专门学校的管理和指导，有关部门应当给予协助和配合。

专门学校应当对在校就读的未成年学生进行思想教育、文化教育、纪律和法制教育、劳动技术教育和职业教育。

专门学校的教职员工应当关心、爱护、尊重学生，不得歧视、厌弃。

第二十六条　幼儿园应当做好保育、教育工作，促进幼儿在体质、智力、品德等方面和谐发展。

第四章　社会保护

第二十七条　全社会应当树立尊重、保护、教育未成年人的良好风尚，关心、爱护未成年人。

国家鼓励社会团体、企业事业组织以及其他组织和个人，开展多种形式的有利于未成年人健康成长的社会活动。

第二十八条　各级人民政府应当保障未成年人受教育的权利，并采取措施保障家庭经济困难的、残疾的和流动人口中的未成年人等接受义务教育。

第二十九条　各级人民政府应当建立和改善适合未成年人文化生活需要的

活动场所和设施，鼓励社会力量兴办适合未成年人的活动场所，并加强管理。

第三十条　爱国主义教育基地、图书馆、青少年宫、儿童活动中心应当对未成年人免费开放；博物馆、纪念馆、科技馆、展览馆、美术馆、文化馆以及影剧院、体育场馆、动物园、公园等场所，应当按照有关规定对未成年人免费或者优惠开放。

第三十一条　县级以上人民政府及其教育行政部门应当采取措施，鼓励和支持中小学校在节假日期间将文化体育设施对未成年人免费或者优惠开放。

社区中的公益性互联网上网服务设施，应当对未成年人免费或者优惠开放，为未成年人提供安全、健康的上网服务。

第三十二条　国家鼓励新闻、出版、信息产业、广播、电影、电视、文艺等单位和作家、艺术家、科学家以及其他公民，创作或者提供有利于未成年人健康成长的作品。出版、制作和传播专门以未成年人为对象的内容健康的图书、报刊、音像制品、电子出版物以及网络信息等，国家给予扶持。

国家鼓励科研机构和科技团体对未成年人开展科学知识普及活动。

第三十三条　国家采取措施，预防未成年人沉迷网络。

国家鼓励研究开发有利于未成年人健康成长的网络产品，推广用于阻止未成年人沉迷网络的新技术。

第三十四条　禁止任何组织、个人制作或者向未成年人出售、出租或者以其他方式传播淫秽、暴力、凶杀、恐怖、赌博等毒害未成年人的图书、报刊、音像制品、电子出版物以及网络信息等。

第三十五条　生产、销售用于未成年人的食品、药品、玩具、用具和游乐设施等，应当符合国家标准或者行业标准，不得有害于未成年人的安全和健康；需要标明注意事项的，应当在显著位置标明。

第三十六条　中小学校园周边不得设置营业性歌舞娱乐场所、互联网上网服务营业场所等不适宜未成年人活动的场所。

营业性歌舞娱乐场所、互联网上网服务营业场所等不适宜未成年人活动的场所，不得允许未成年人进入，经营者应当在显著位置设置未成年人禁入标志；对难以判明是否已成年的，应当要求其出示身份证件。

第三十七条　禁止向未成年人出售烟酒，经营者应当在显著位置设置不向未成年人出售烟酒的标志；对难以判明是否已成年的，应当要求其出示身份证件。

任何人不得在中小学校、幼儿园、托儿所的教室、寝室、活动室和其他未成年人集中活动的场所吸烟、饮酒。

第三十八条　任何组织或者个人不得招用未满十六周岁的未成年人，国家另有规定的除外。

任何组织或者个人按照国家有关规定招用已满十六周岁未满十八周岁的未成年人的，应当执行国家在工种、劳动时间、劳动强度和保护措施等方面的规定，不得安排其从事过重、有毒、有害等危害未成年人身心健康的劳动或者危险作业。

第三十九条　任何组织或者个人不得披露未成年人的个人隐私。

对未成年人的信件、日记、电子邮件，任何组织或者个人不得隐匿、毁弃；除因追查犯罪的需要，由公安机关或者人民检察院依法进行检查，或者对无行为能力的未成年人的信件、日记、电子邮件由其父母或者其他监护人代为开拆、查阅外，任何组织或者个人不得开拆、查阅。

第四十条　学校、幼儿园、托儿所和公共场所发生突发事件时，应当优先救护未成年人。

第四十一条　禁止拐卖、绑架、虐待未成年人，禁止对未成年人实施性侵害。

禁止胁迫、诱骗、利用未成年人乞讨或者组织未成年人进行有害其身心健康的表演等活动。

第四十二条　公安机关应当采取有力措施，依法维护校园周边的治安和交通秩序，预防和制止侵害未成年人合法权益的违法犯罪行为。

任何组织或者个人不得扰乱教学秩序，不得侵占、破坏学校、幼儿园、托儿所的场地、房屋和设施。

第四十三条　县级以上人民政府及其民政部门应当根据需要设立救助场所，对流浪乞讨等生活无着未成年人实施救助，承担临时监护责任；公安部门或者其他有关部门应当护送流浪乞讨或者离家出走的未成年人到救助场所，由救助场所予以救助和妥善照顾，并及时通知其父母或者其他监护人领回。

对孤儿、无法查明其父母或者其他监护人的以及其他生活无着的未成年人，由民政部门设立的儿童福利机构收留抚养。

未成年人救助机构、儿童福利机构及其工作人员应当依法履行职责，不得虐待、歧视未成年人；不得在办理收留抚养工作中牟取利益。

第四十四条　卫生部门和学校应当对未成年人进行卫生保健和营养指导，提供必要的卫生保健条件，做好疾病预防工作。

卫生部门应当做好对儿童的预防接种工作，国家免疫规划项目的预防接种实行免费；积极防治儿童常见病、多发病，加强对传染病防治工作的监督管理，加强对幼儿园、托儿所卫生保健的业务指导和监督检查。

第四十五条　地方各级人民政府应当积极发展托幼事业，办好托儿所、幼儿园，支持社会组织和个人依法兴办哺乳室、托儿所、幼儿园。

各级人民政府和有关部门应当采取多种形式，培养和训练幼儿园、托儿所的保教人员，提高其职业道德素质和业务能力。

第四十六条　国家依法保护未成年人的智力成果和荣誉权不受侵犯。

第四十七条　未成年人已经完成规定年限的义务教育不再升学的，政府有关部门和社会团体、企业事业组织应当根据实际情况，对他们进行职业教育，为他们创造劳动就业条件。

第四十八条　居民委员会、村民委员会应当协助有关部门教育和挽救违法犯罪的未成年人，预防和制止侵害未成年人合法权益的违法犯罪行为。

第四十九条　未成年人的合法权益受到侵害的，被侵害人及其监护人或者其他组织和个人有权向有关部门投诉，有关部门应当依法及时处理。

第五章　司法保护

第五十条　公安机关、人民检察院、人民法院以及司法行政部门，应当依法履行职责，在司法活动中保护未成年人的合法权益。

第五十一条　未成年人的合法权益受到侵害，依法向人民法院提起诉讼的，人民法院应当依法及时审理，并适应未成年人生理、心理特点和健康成长的需要，保障未成年人的合法权益。

在司法活动中对需要法律援助或者司法救助的未成年人，法律援助机构或者人民法院应当给予帮助，依法为其提供法律援助或者司法救助。

第五十二条　人民法院审理继承案件，应当依法保护未成年人的继承权和受遗赠权。

人民法院审理离婚案件，涉及未成年子女抚养问题的，应当听取有表达意愿能力的未成年子女的意见，根据保障子女权益的原则和双方具体情况依法处理。

第五十三条　父母或者其他监护人不履行监护职责或者侵害被监护的未成年人的合法权益，经教育不改的，人民法院可以根据有关人员或者有关单位的申请，撤销其监护人的资格，依法另行指定监护人。被撤销监护资格的父母应当依法继续负担抚养费用。

第五十四条　对违法犯罪的未成年人，实行教育、感化、挽救的方针，坚持教育为主、惩罚为辅的原则。

对违法犯罪的未成年人，应当依法从轻、减轻或者免除处罚。

第五十五条　公安机关、人民检察院、人民法院办理未成年人犯罪案件和涉及未成年人权益保护案件，应当照顾未成年人身心发展特点，尊重他们的人格尊严，保障他们的合法权益，并根据需要设立专门机构或者指定专人办理。

第五十六条　讯问、审判未成年犯罪嫌疑人、被告人，询问未成年证人、被害人，应当依照 刑事诉讼法的规定通知其法定代理人或者其他人员到场。

公安机关、人民检察院、人民法院办理未成年人遭受性侵害的刑事案件，应当保护被害人的名誉。

第五十七条　对羁押、服刑的未成年人，应当与成年人分别关押。

羁押、服刑的未成年人没有完成义务教育的，应当对其进行义务教育。

解除羁押、服刑期满的未成年人的复学、升学、就业不受歧视。

第五十八条　对未成年人犯罪案件，新闻报道、影视节目、公开出版物、网络等不得披露该未成年人的姓名、住所、照片、图像以及可能推断出该未成年人的资料。

第五十九条　对未成年人严重不良行为的矫治与犯罪行为的预防，依照 预防未成年人犯罪法的规定执行。

第六章　法律责任

第六十条　违反本法规定，侵害未成年人的合法权益，其他法律、法规已规定行政处罚的，从其规定；造成人身财产损失或者其他损害的，依法承担民事责任；构成犯罪的，依法追究刑事责任。

第六十一条　国家机关及其工作人员不依法履行保护未成年人合法权益的责任，或者侵害未成年人合法权益，或者对提出申诉、控告、检举的人进行打击报复的，由其所在单位或者上级机关责令改正，对直接负责的主管人员和其他直接责任人员依法给予行政处分。

第六十二条　父母或者其他监护人不依法履行监护职责，或者侵害未成年人合法权益的，由其所在单位或者居民委员会、村民委员会予以劝诫、制止；构成违反治安管理行为的，由公安机关依法给予行政处罚。

第六十三条　学校、幼儿园、托儿所侵害未成年人合法权益的，由教育行政部门或者其他有关部门责令改正；情节严重的，对直接负责的主管人员和其他直接责任人员依法给予处分。

学校、幼儿园、托儿所教职员工对未成年人实施体罚、变相体罚或者其他侮辱人格行为的，由其所在单位或者上级机关责令改正；情节严重的，依法给予处分。

第六十四条　制作或者向未成年人出售、出租或者以其他方式传播淫秽、暴力、凶杀、恐怖、赌博等图书、报刊、音像制品、电子出版物以及网络信息等的，由主管部门责令改正，依法给予行政处罚。

第六十五条　生产、销售用于未成年人的食品、药品、玩具、用具和游乐设施不符合国家标准或者行业标准，或者没有在显著位置标明注意事项的，由主管部门责令改正，依法给予行政处罚。

第六十六条　在中小学校园周边设置营业性歌舞娱乐场所、互联网上网服务营业场所等不适宜未成年人活动的场所的，由主管部门予以关闭，依法给予行政处罚。

营业性歌舞娱乐场所、互联网上网服务营业场所等不适宜未成年人活动的场所允许未成年人进入，或者没有在显著位置设置未成年人禁入标志的，由主管部门责令改正，依法给予行政处罚。

第六十七条　向未成年人出售烟酒，或者没有在显著位置设置不向未成年人出售烟酒标志的，由主管部门责令改正，依法给予行政处罚。

第六十八条　非法招用未满十六周岁的未成年人，或者招用已满十六周岁的未成年人从事过重、有毒、有害等危害未成年人身心健康的劳动或者危险作业的，由劳动保障部门责令改正，处以罚款；情节严重的，由工商行政管理部门吊销营业执照。

第六十九条　侵犯未成年人隐私，构成违反治安管理行为的，由公安机关依法给予行政处罚。

第七十条　未成年人救助机构、儿童福利机构及其工作人员不依法履行对未成年人的救助保护职责，或者虐待、歧视未成年人，或者在办理收留抚养工作中牟取利益的，由主管部门责令改正，依法给予行政处分。

第七十一条　胁迫、诱骗、利用未成年人乞讨或者组织未成年人进行有害其身心健康的表演等活动的，由公安机关依法给予行政处罚。

第七章　附　则

第七十二条　本法自2007年6月1日起施行。

中华人民共和国
预防未成年人犯罪法（2012修正）

（2013年1月1日）

第一章　总　则

第一条　为了保障未成年人身心健康，培养未成年人良好品行，有效地预防未成年人犯罪，制定本法。

第二条　预防未成年人犯罪，立足于教育和保护，从小抓起，对未成年人的不良行为及时进行预防和矫治。

第三条　预防未成年人犯罪，在各级人民政府组织领导下，实行综合治理。

政府有关部门、司法机关、人民团体、有关社会团体、学校、家庭、城市居民委员会、农村村民委员会等各方面共同参与，各负其责，做好预防未成年人犯罪工作，为未成年人身心健康发展创造良好的社会环境。

第四条　各级人民政府在预防未成年人犯罪方面的职责是：

（一）制定预防未成年人犯罪工作的规划；

（二）组织、协调公安、教育、文化、新闻出版、广播电影电视、工商、民政、司法行政等政府有关部门和其他社会组织进行预防未成年人犯罪工作；

（三）对本法实施的情况和工作规划的执行情况进行检查；

（四）总结、推广预防未成年人犯罪工作的经验，树立、表彰先进典型。

第五条　预防未成年人犯罪，应当结合未成年人不同年龄的生理、心理特点，加强青春期教育、心理矫治和预防犯罪对策的研究。

第二章　预防未成年人犯罪的教育

第六条　对未成年人应当加强思想、道德、法制和爱国主义、集体主义、社会主义教育。对于达到义务教育年龄的未成年人，在进行上述教育的同时，应当进行预防犯罪的教育。

预防未成年人犯罪的教育的目的，是增强未成年人的法制观念，使未成年人懂得违法和犯罪行为对个人、家庭、社会造成的危害，违法和犯罪行为应当承担的法律责任，树立遵纪守法和防范违法犯罪的意识。

第七条　教育行政部门、学校应当将预防犯罪的教育作为法制教育的内容纳入学校教育教学计划，结合常见多发的未成年人犯罪，对不同年龄的未成年人进行有针对性的预防犯罪教育。

第八条　司法行政部门、教育行政部门、共产主义青年团、少年先锋队应当结合实际，组织、举办展览会、报告会、演讲会等多种形式的预防未成年人犯罪的法制宣传活动。

学校应当结合实际举办以预防未成年人犯罪的教育为主要内容的活动。教育行政部门应当将预防未成年人犯罪教育的工作效果作为考核学校工作的一项重要内容。

第九条　学校应当聘任从事法制教育的专职或者兼职教师。学校根据条件可以聘请校外法律辅导员。

第十条　未成年人的父母或者其他监护人对未成年人的法制教育负有直接责任。学校在对学生进行预防犯罪教育时，应当将教育计划告知未成年人的父母或者其他监护人，未成年人的父母或者其他监护人应当结合学校的计划，针对具体情况进行教育。

第十一条　少年宫、青少年活动中心等校外活动场所应当把预防未成年人犯罪的教育作为一项重要的工作内容，开展多种形式的宣传教育活动。

第十二条　对于已满十六周岁不满十八周岁准备就业的未成年人，职业教育培训机构、用人单位应当将法律知识和预防犯罪教育纳入职业培训的内容。

第十三条　城市居民委员会、农村村民委员会应当积极开展有针对性的预防未成年人犯罪的法制宣传活动。

第三章　对未成年人不良行为的预防

第十四条　未成年人的父母或者其他监护人和学校应当教育未成年人不得有下列不良行为：

（一）旷课、夜不归宿；

（二）携带管制刀具；

（三）打架斗殴、辱骂他人；

（四）强行向他人索要财物；

（五）偷窃、故意毁坏财物；

（六）参与赌博或者变相赌博；

（七）观看、收听色情、淫秽的音像制品、读物等；

（八）进入法律、法规规定未成年人不适宜进入的营业性歌舞厅等场所；

（九）其他严重违背社会公德的不良行为。

第十五条　未成年人的父母或者其他监护人和学校应当教育未成年人不得吸烟、酗酒。任何经营场所不得向未成年人出售烟酒。

第十六条　中小学生旷课的，学校应当及时与其父母或者其他监护人取得联系。

未成年人擅自外出夜不归宿的，其父母或者其他监护人、其所在的寄宿制学校应当及时查找，或者向公安机关请求帮助。收留夜不归宿的未成年人的，应当征得其父母或者其他监护人的同意，或者在二十四小时内及时通知其父母或者其他监护人、所在学校或者及时向公安机关报告。

第十七条　未成年人的父母或者其他监护人和学校发现未成年人组织或者参加实施不良行为的团伙的，应当及时予以制止。发现该团伙有违法犯罪行为的，应当向公安机关报告。

第十八条　未成年人的父母或者其他监护人和学校发现有人教唆、胁迫、引诱未成年人违法犯罪的，应当向公安机关报告。公安机关接到报告后，应当及时依法查处，对未成年人人身安全受到威胁的，应当及时采取有效措施，保护其人身安全。

第十九条　未成年人的父母或者其他监护人，不得让不满十六周岁的未成年人脱离监护单独居住。

第二十条　未成年人的父母或者其他监护人对未成年人不得放任不管，不得迫使其离家出走，放弃监护职责。

未成年人离家出走的，其父母或者其他监护人应当及时查找，或者向公安机关请求帮助。

第二十一条　未成年人的父母离异的，离异双方对子女都有教育的义务，任何一方都不得因离异而不履行教育子女的义务。

第二十二条　继父母、养父母对受其抚养教育的未成年继子女、养子女、应当履行本法规定的父母对未成年子女在预防犯罪方面的职责。

第二十三条　学校对有不良行为的未成年人应当加强教育、管理，不得歧视。

第二十四条　教育行政部门、学校应当举办各种形式的讲座、座谈、培训等活动，针对未成年人不同时期的生理、心理特点，介绍良好有效的教育方法，指导教师、未成年人的父母和其他监护人有效地防止、矫治未成年人的不良行为。

第二十五条　对于教唆、胁迫、引诱未成年人实施不良行为或者品行不良，影响恶劣，不适宜在学校工作的教职员工，教育行政部门、学校应当予以解聘或者辞退；构成犯罪的，依法追究刑事责任。

第二十六条　禁止在中小学校附近开办营业性歌舞厅、营业性电子游戏场所以及其他未成年人不适宜进入的场所。禁止开办上述场所的具体范围由省、自治区、直辖市人民政府规定。

对本法施行前已在中小学校附近开办上述场所的，应当限期迁移或者停业。

第二十七条　公安机关应当加强中小学校周围环境的治安管理，及时制止、处理中小学校周围发生的违法犯罪行为。城市居民委员会、农村村民委员会应当协助公安机关做好维护中小学校周围治安的工作。

第二十八条　公安派出所、城市居民委员会、农村村民委员会应当掌握本辖区内暂住人口中未成年人的就学、就业情况。对于暂住人口中未成年人实施不良行为的，应当督促其父母或者其他监护人进行有效的教育、制止。

第二十九条　任何人不得教唆、胁迫、引诱未成年人实施本法规定的不良行为，或者为未成年人实施不良行为提供条件。

第三十条　以未成年人为对象的出版物，不得含有诱发未成年人违法犯罪的内容，不得含有渲染暴力、色情、赌博、恐怖活动等危害未成年人身心健康的内容。

第三十一条　任何单位和个人不得向未成年人出售、出租含有诱发未成年人违法犯罪以及渲染暴力、色情、赌博、恐怖活动等危害未成年人身心健康内容的读物、音像制品或者电子出版物。

任何单位和个人不得利用通讯、计算机网络等方式提供前款规定的危害未成年人身心健康的内容及其信息。

第三十二条　广播、电影、电视、戏剧节目，不得有渲染暴力、色情、赌博、恐怖活动等危害未成年人身心健康的内容。

广播电影电视行政部门、文化行政部门必须加强对广播、电影、电视、戏剧节目以及各类演播场所的管理。

第三十三条　营业性歌舞厅以及其他未成年人不适宜进入的场所，应当设置明显的未成年人禁止进入标志，不得允许未成年人进入。

营业性电子游戏场所在国家法定节假日外，不得允许未成年人进入，并应当设置明显的未成年人禁止进入标志。

对于难以判明是否已成年的，上述场所的工作人员可以要求其出示身份证件。

第四章　对未成年人严重不良行为的矫治

第三十四条　本法所称“严重不良行为”，是指下列严重危害社会，尚不够刑事处罚的违法行为：

（一）纠集他人结伙滋事，扰乱治安；

（二）携带管制刀具，屡教不改；

（三）多次拦截殴打他人或者强行索要他人财物；

（四）传播淫秽的读物或者音像制品等；

（五）进行淫乱或者色情、卖淫活动；

（六）多次偷窃；

（七）参与赌博，屡教不改；

（八）吸食、注射毒品；

（九）其他严重危害社会的行为。

第三十五条　对未成年人实施本法规定的严重不良行为的，应当及时予以制止。

对有本法规定严重不良行为的未成年人，其父母或者其他监护人和学校应当相互配合，采取措施严加管教，也可以送工读学校进行矫治和接受教育。

对未成年人送工读学校进行矫治和接受教育，应当由其父母或者其他监护人，或者原所在学校提出申请，经教育行政部门批准。

第三十六条　工读学校对就读的未成年人应当严格管理和教育。工读学校除按照义务教育法的要求，在课程设置上与普通学校相同外，应当加强法制教育的内容，针对未成年人严重不良行为产生的原因以及有严重不良行为的未成年人的心理特点，开展矫治工作。

家庭、学校应当关心、爱护在工读学校就读的未成年人，尊重他们的人格尊严，不得体罚、虐待和歧视。工读学校毕业的未成年人在升学、就业等方面，同普通学校毕业的学生享有同等的权利，任何单位和个人不得歧视。

第三十七条　未成年人有本法规定严重不良行为，构成违反治安管理行为的，由公安机关依法予以治安处罚。因不满十四周岁或者情节特别轻微免予处罚的，可以予以训诫。

第三十八条　未成年人因不满十六周岁不予刑事处罚的，责令他的父母或者其他监护人严加管教；在必要的时候，也可以由政府依法收容教养。

第三十九条　未成年人在被收容教养期间，执行机关应当保证其继续接受文化知识、法律知识或者职业技术教育；对没有完成义务教育的未成年人，执行机关应当保证其继续接受义务教育。

解除收容教养、劳动教养的未成年人，在复学、升学、就业等方面与其他未成年人享有同等权利，任何单位和个人不得歧视。

第五章　未成年人对犯罪的自我防范

第四十条　未成年人应当遵守法律、法规及社会公共道德规范，树立自尊、自律、自强意识，增强辨别是非和自我保护的能力，自觉抵制各种不良行为及违法犯罪行为的引诱和侵害。

第四十一条　被父母或者其他监护人遗弃、虐待的未成年人，有权向公安机关、民政部门、共产主义青年团、妇女联合会、未成年人保护组织或者学校、城市居民委员会、农村村民委员会请求保护。被请求的上述部门和组织都应当接受，根据情况需要采取救助措施的，应当先采取救助措施。

第四十二条　未成年人发现任何人对自己或者对其他未成年人实施本法第三章规定不得实施的行为或者犯罪行为，可以通过所在学校、其父母或者其他监护人向公安机关或者政府有关主管部门报告，也可以自己向上述机关报告。受理报告的机关应当及时依法查处。

第四十三条　对同犯罪行为作斗争以及举报犯罪行为的未成年人，司法机关、学校、社会应当加强保护，保障其不受打击报复。

第六章　对未成年人重新犯罪的预防

第四十四条　对犯罪的未成年人追究刑事责任，实行教育、感化、挽救方针，坚持教育为主、惩罚为辅的原则。

司法机关办理未成年人犯罪案件，应当保障未成年人行使其诉讼权利，保障未成年人得到法律帮助，并根据未成年人的生理、心理特点和犯罪的情况，有针对性地进行法制教育。

对于被采取刑事强制措施的未成年学生，在人民法院的判决生效以前，不得取消其学籍。

第四十五条　人民法院审判未成年人犯罪的刑事案件，应当由熟悉未成年人身心特点的审判员或者审判员和人民陪审员依法组成少年法庭进行。

对于审判的时候被告人不满十八周岁的刑事案件，不公开审理。

对未成年人犯罪案件，新闻报道、影视节目、公开出版物不得披露该未成年人的姓名、住所、照片及可能推断出该未成年人的资料。

第四十六条　对被拘留、逮捕和执行刑罚的未成年人与成年人应当分别关押、分别管理、分别教育。未成年犯在被执行刑罚期间，执行机关应当加强对未成年犯的法制教育，对未成年犯进行职业技术教育。对没有完成义务教育的未成年犯，执行机关应当保证其继续接受义务教育。

第四十七条　未成年人的父母或者其他监护人和学校、城市居民委员会、农村村民委员会、对因不满十六周岁而不予刑事处罚、免予刑事处罚的未成年人，或者被判处非监禁刑罚、被判处刑罚宣告缓刑、被假释的未成年人，应当采取有效的帮教措施，协助司法机关做好对未成年人的教育、挽救工作。

城市居民委员会、农村村民委员会可以聘请思想品德优秀，作风正派，热心未成年人教育工作的离退休人员或其他人员协助做好对前款规定的未成年人的教育、挽救工作。

第四十八条　依法免予刑事处罚、判处非监禁刑罚、判处刑罚宣告缓刑、假释或者刑罚执行完毕的未成年人，在复学、升学、就业等方面与其他未成年人享有同等权利，任何单位和个人不得歧视。

第七章　法律责任

第四十九条　未成年人的父母或者其他监护人不履行监护职责，放任未成年人有本法规定的不良行为或者严重不良行为的，由公安机关对未成年人的父母或者其他监护人予以训诫，责令其严加管教。

第五十条　未成年人的父母或者其他监护人违反本法第十九条的规定，让不满十六周岁的未成年人脱离监护单独居住的，由公安机关对未成年人的父母或者其他监护人予以训诫，责令其立即改正。

第五十一条　公安机关的工作人员违反本法第十八条的规定，接到报告后，不及时查处或者采取有效措施，严重不负责任的，予以行政处分；造成严重后果，构成犯罪的，依法追究刑事责任。

第五十二条　违反本法第三十条的规定，出版含有诱发未成年人违法犯罪以及渲染暴力、色情、赌博、恐怖活动等危害未成年人身心健康内容的出版物的，由出版行政部门没收出版物和违法所得，并处违法所得三倍以上十倍以下罚款；情节严重的，没收出版物和违法所得，并责令停业整顿或者吊销许可证。对直接负责的主管人员和其他直接责任人员处以罚款。

制作、复制宣扬淫秽内容的未成年人出版物，或者向未成年人出售、出租、传播宣扬淫秽内容的出版物的，依法予以治安处罚；构成犯罪的，依法追究刑事责任。

第五十三条　违反本法第三十一条的规定，向未成年人出售、出租含有诱发未成年人违法犯罪以及渲染暴力、色情、赌博、恐怖活动等危害未成年人身心健康内容的读物、音像制品、电子出版物的，或者利用通讯、计算机网络等方式提供上述危害未成年人身心健康内容及其信息的，没收读物、音像制品、电子出版物和违法所得，由政府有关主管部门处以罚款。

单位有前款行为的，没收读物、音像制品、电子出版物和违法所得，处以罚款，并对直接负责的主管人员和其他直接责任人员处以罚款。

第五十四条　影剧院、录像厅等各类演播场所，放映或者演出渲染暴力、色情、赌博。恐怖活动等危害未成年人身心健康的节目的，由政府有关主管部门没收违法播放的音像制品和违法所得，处以罚款，并对直接负责的主管人员和其他直接责任人员处以罚款；情节严重的，责令停业整顿或者由工商行政部门吊销营业执照。

第五十五条　营业性歌舞厅以及其他未成年人不适宜进入的场所、营业性电子游戏场所，违反本法第三十三条的规定，不设置明显的未成年人禁止进入标志，或者允许未成年人进入的，由文化行政部门责令改正、给予警告、责令停业整顿、没收违法所得，处以罚款，并对直接负责的主管人员和其他直接责任人员处以罚款；情节严重的，由工商行政部门吊销营业执照。

第五十六条　教唆、胁迫、引诱未成年人实施本法规定的不良行为、严重不良行为，或者为未成年人实施不良行为、严重不良行为提供条件，构成违反治安管理行为的，由公安机关依法予以治安处罚；构成犯罪的，依法追究刑事责任。

第八章　附　则

第五十七条　本法自1999年11月1日起施行。

国务院办公厅关于加强和改进流浪未成年人救助保护工作的意见

（2011年8月15日）

各省、自治区、直辖市人民政府，国务院各部委、各直属机构：

党中央、国务院高度重视未成年人权益保护工作，近年来国家出台了一系列法律法规和政策，未成年人权益保护工作取得了积极成效。但受人口流动加速、一些家庭监护缺失和社会不良因素影响，未成年人流浪现象仍然存在，甚至出现胁迫、诱骗、利用未成年人乞讨和实施违法犯罪活动等问题，严重侵害了未成年人合法权益，妨害了未成年人健康成长。为进一步完善流浪未成年人救助保护体系，切实加强和改进流浪未成年人救助保护工作，经国务院同意，现提出如下意见：

一、充分认识流浪未成年人救助保护工作的重要意义

做好流浪未成年人救助保护工作，关系到未成年人的健康成长，关系到社会和谐安定，关系到以人为本执政理念的落实。及时有效救助保护流浪未成年人，是各级政府的重要职责，是维护未成年人合法权益的重要内容，是预防未成年人违法犯罪的重要举措，是加强和创新社会管理的重要方面，是社会文明进步的重要体现。各地区、各有关部门要充分认识加强和改进流浪未成年人救助保护工作的重要性和紧迫性，进一步统一思想，提高认识，认真落实《中华人民共和国未成年人保护法》、《中华人民共和国预防未成年人犯罪法》和《中华人民共和国义务教育法》等法律法规，不断完善政策措施，提升救助保护水平，维护好流浪未成年人的合法权益。

二、流浪未成年人救助保护工作的总体要求和基本原则

（一）总体要求。牢固树立以人为本、执政为民的理念，贯彻预防为主、标本兼治的方针，健全机制，完善政策，落实责任，加快推进流浪未成年人救助保护体系建设，确保流浪未成年人得到及时救助保护、教育矫治、回归家庭和妥善安置，最大限度减少未成年人流浪现象，坚决杜绝胁迫、诱骗、利用未成年人乞讨等违法犯罪行为。

（二）基本原则。

坚持未成年人权益保护优先。把未成年人权益保护和健康成长作为首要任务，加强对家庭监护的指导和监督，及时救助流浪未成年人，严厉打击胁迫、诱骗、利用未成年人乞讨等违法犯罪行为，切实保障未成年人的生存权、发展权、参与权、受保护权。

坚持救助保护和教育矫治并重。积极主动救助流浪未成年人，保障其生活、维护其权益；同时加强流浪未成年人思想、道德、文化和法制教育，强化心理疏导和行为矫治，帮助其顺利回归家庭。

坚持源头预防和综合治理。综合运用经济、行政、司法等手段，落实义务教育、社会保障和扶贫开发等政策，强化家庭、学校、社会共同责任，不断净化社会环境，防止未成年人外出流浪。

坚持政府主导和社会参与。落实政府责任，加大政府投入，加强各方协作，充分发挥基层组织作用，调动社会各方面参与流浪未成年人救助保护的积极性，形成救助保护工作的合力。

三、加强和改进流浪未成年人救助保护工作的政策措施

（一）实行更加积极主动的救助保护。公安机关发现流浪乞讨的未成年人，应当护送到救助保护机构接受救助。其中由成年人携带流浪乞讨的，应当进行调查、甄别，对有胁迫、诱骗、利用未成年人乞讨等违法犯罪嫌疑的，要依法查处；对由父母或其他监护人携带流浪乞讨的，应当批评、教育并引导护送到救助保护机构接受救助，无力自行返乡的由救助保护机构接送返乡，公安机关予以协助配合。民政部门要积极开展主动救助，引导护送流浪未成年人到救助保护机构接受救助。城管部门发现流浪未成年人，应当告知并协助公安或民政部门将其护送到救助保护机构接受救助。对突发急病的流浪未成年人，公

安机关和民政、城管部门应当直接护送到定点医院进行救治。

充分发挥村（居）民委员会等基层组织作用，组织和动员居民提供线索，劝告、引导流浪未成年人向公安机关、救助保护机构求助，或及时向公安机关报警。

（二）加大打击拐卖未成年人犯罪力度。公安机关要严厉打击拐卖未成年人犯罪，对来历不明的流浪乞讨和被强迫从事违法犯罪活动的未成年人，要一律采集生物检材，检验后录入全国打拐DNA（脱氧核糖核酸）信息库比对，及时发现、解救失踪被拐未成年人。加强接处警工作，凡接到涉及未成年人失踪被拐报警的，公安机关要立即出警处置，认真核查甄别，打击违法犯罪活动。强化立案工作，实行未成年人失踪快速查找机制，充分调动警务资源，第一时间组织查找。建立跨部门、跨警种、跨地区打击拐卖犯罪工作机制。民政等有关部门要协助公安机关做好被拐未成年人的调查、取证和解救工作。

（三）帮助流浪未成年人及时回归家庭。救助保护机构和公安机关要综合运用救助保护信息系统、公安人口管理信息系统、全国打拐DNA（脱氧核糖核酸）信息库和向社会发布寻亲公告等方式，及时查找流浪未成年人父母或其他监护人。

对查找到父母或其他监护人的流浪未成年人，救助保护机构要及时安排接送返乡，交通运输、铁道等部门要在购票、进出站、乘车等方面积极协助。流出地救助保护机构应当通知返乡流浪未成年人或其监护人常住户口所在地的乡镇人民政府（街道办事处）做好救助保护和帮扶工作。流出地救助保护机构要对流浪未成年人的家庭监护情况进行调查评估：对确无监护能力的，由救助保护机构协助监护人及时委托其他人员代为监护；对拒不履行监护责任、经反复教育不改的，由救助保护机构向人民法院提出申请撤销其监护人资格，依法另行指定监护人。

对暂时查找不到父母或其他监护人的流浪未成年人，在继续查找的同时，要通过救助保护机构照料、社会福利机构代养、家庭寄养等多种方式予以妥善照顾。对经过2年以上仍查找不到父母或其他监护人的，公安机关要按户籍管理有关法规政策规定为其办理户口登记手续，以便于其就学、就业等正常生活。对在打拐过程中被解救且查找不到父母或其他监护人的婴幼儿，民政部门要将其安置到社会福利机构抚育，公安机关要按规定为其办理户口登记手续。

（四）做好流浪未成年人的教育矫治。救助保护机构要依法承担流浪未成年人的临时监护责任，为其提供文化和法制教育、心理辅导、行为矫治、技能培训等救助保护服务，对合法权益受到侵害的，要协助司法部门依法为其提供法律援助或司法救助。救助保护机构要在教育行政部门指导下帮助流浪未成年人接受义务教育或替代教育，对沾染不良习气的，要通过思想、道德和法制教育，矫治不良习惯，纠正行为偏差；对有严重不良行为的，按照有关规定送专门学校进行矫治和接受教育。对流浪残疾未成年人，卫生、残联等部门要指导救助保护机构对其进行心理疏导、康复训练等。

（五）强化流浪未成年人源头预防和治理。预防未成年人流浪是家庭、学校、政府和社会的共同责任，做好源头预防是解决未成年人流浪问题的治本之策。家庭是预防和制止未成年人流浪的第一责任主体，应当依法履行对未成年人的监护责任和抚养义务。有关部门和基层组织要加强对家庭履行监护责任的指导和监督，对困难家庭予以帮扶，提升家庭抚育和教育能力，帮助其解决实际困难。村（居）民委员会要建立随访制度，对父母或其他监护人不依法履行监护责任或者侵害未成年人权益的，要予以劝诫、制止；情节严重的，要报告公安机关予以训诫，责令其改正；构成违反治安管理行为的，由公安机关依法给予行政处罚。

学校是促进未成年人健康成长的重要阵地，要坚持育人为本、德育为先，加强学生思想道德教育和心理健康辅导，根据学生特点和需要，开展职业教育和技能培训，使学生掌握就业技能，实现稳定就业；对品行有缺点、学习有困难的学生，要进行重点教育帮扶；对家庭经济困难的学生，要按照有关规定给予教育资助和特别关怀。教育行政部门要建立适龄儿童辍学、失学信息通报制度，指导学校做好劝学、返学工作，乡镇人民政府（街道办事处）、村（居）民委员会要积极做好协助工作。

地方各级政府和有关部门要进一步落实义务教育、社会保障和扶贫开发等政策，充分调动社会各方面的力量，把流浪未成年人救助保护纳入重点青少年群体教育帮助工作、“春蕾计划”、“安康计划”和家庭教育工作的总体计划；将流浪残疾未成年人纳入残疾未成年人康复、教育总体安排；充分发挥志愿者、社工队伍和社会组织作用，鼓励和支持其参与流浪未成年人救助、教育、矫治等服务。

四、健全工作机制，形成救助保护工作合力

（一）加强组织领导。进一步完善政府主导、民政牵头、部门负责、社会参与的流浪未成年人救助保护工作机制。建立民政部牵头的部际联席会议制度，研究解决突出问题和困难，制定和完善相关政策措施，指导和督促地方做好工作。民政部要发挥牵头部门作用，加强组织协调，定期通报各省（区、市）流浪未成年人救助保护工作情况，建立挂牌督办和警示制度。地方各级政府要高度重视，建立由政府分管领导牵头的流浪未成年人救助保护工作机制；要建立和完善工作责任追究机制，对工作不力、未成年人流浪现象严重的地区，追究该地区相关领导的责任。

（二）完善法律法规。抓紧做好流浪乞讨人员救助管理法律法规规章修订相关工作，完善流浪未成年人救助保护制度，健全流浪未成年人救助保护、教育矫治、回归安置和源头预防等相关规定，规范救助保护工作行为，强化流浪未成年人司法救助和保护，为流浪未成年人救助保护工作提供有力的法律保障。

（三）加强能力建设。各级政府要加强流浪未成年人救助保护能力建设，进一步提高管理和服务水平。要充分发挥现有救助保护机构、各类社会福利机构的作用，不断完善救助保护设施。要加强救助保护机构工作队伍建设，合理配备人员编制，按照国家有关规定落实救助保护机构工作人员的工资倾斜政策，对救助保护机构教师按照国家有关规定开展职称评定和岗位聘用。公安机关要根据需要在救助保护机构内设立警务室或派驻民警，协助救助保护机构做好管理工作。财政部门要做好流浪乞讨人员救助资金保障工作，地方财政要建立稳定的经费保障机制，中央财政给予专项补助。

（四）加强宣传引导。进一步加大未成年人权益保护法律法规宣传力度，开展多种形式的法制宣传活动，在全社会牢固树立未成年人权益保护意识。加强舆论引导，弘扬中华民族恤孤慈幼的传统美德，鼓励社会力量通过开展慈善捐助、实施公益项目、提供志愿服务等多种方式，积极参与流浪未成年人救助保护工作，营造关心关爱流浪未成年人的良好氛围。

国务院办公厅

2011 年 8 月 15 日

国务院关于加强农村留守儿童关爱保护工作的意见

（2016 年 2 月 4 日）

各省、自治区、直辖市人民政府，国务院各部委、各直属机构：

近年来，随着我国经济社会发展和工业化、城镇化进程推进，一些地方农村劳动力为改善家庭经济状况、寻求更好发展，走出家乡务工、创业，但受工作不稳定和居住、教育、照料等客观条件限制，有的选择将未成年子女留在家乡交由他人监护照料，导致大量农村留守儿童出现。农村劳动力外出务工为我国经济建设作出了积极贡献，对改善自身家庭经济状况起到了重要作用，客观上为子女的教育和成长创造了一定的物质基础和条件，但也导致部分儿童与父母长期分离，缺乏亲情关爱和有效监护，出现心理健康问题甚至极端行为，遭受意外伤害甚至不法侵害。这些问题严重影响儿童健康成长，影响社会和谐稳定，各方高度关注，社会反响强烈。进一步加强农村留守儿童关爱保护工作，为广大农村留守儿童健康成长创造更好的环境，是一项重要而紧迫的任务。现提出以下意见：

一、充分认识做好农村留守儿童关爱保护工作的重要意义

留守儿童是指父母双方外出务工或一方外出务工另一方无监护能力、不满十六周岁的未成年人。农村留守儿童问题是我国经济社会发展中的阶段性问题，是我国城乡发展不均衡、公共服务不均等、社会保障不完善等问题的深刻反映。近年来，各地区、各有关部门积极开展农村留守儿童关爱保护工作，对促进广大农村留守儿童健康成长起到了积极作用，但工作中还存在一些薄弱环节，突出表现在家庭监护缺乏监督指导、关爱服务体系不完善、救助保护机制不健全等方

面，农村留守儿童关爱保护工作制度化、规范化、机制化建设亟待加强。

农村留守儿童和其他儿童一样是祖国的未来和希望，需要全社会的共同关心。做好农村留守儿童关爱保护工作，关系到未成年人健康成长，关系到家庭幸福与社会和谐，关系到全面建成小康社会大局。党中央、国务院对做好农村留守儿童关爱保护工作高度重视。加强农村留守儿童关爱保护工作、维护未成年人合法权益，是各级政府的重要职责，也是家庭和全社会的共同责任。各地区、各有关部门要充分认识加强农村留守儿童关爱保护工作的重要性和紧迫性，增强责任感和使命感，加大工作力度，采取有效措施，确保农村留守儿童得到妥善监护照料和更好关爱保护。

二、总体要求

（一）指导思想。全面落实党的十八大和十八届二中、三中、四中、五中全会精神，深入贯彻习近平总书记系列重要讲话精神，按照国务院决策部署，以促进未成年人健康成长为出发点和落脚点，坚持依法保护，不断健全法律法规和制度机制，坚持问题导向，强化家庭监护主体责任，加大关爱保护力度，逐步减少儿童留守现象，确保农村留守儿童安全、健康、受教育等权益得到有效保障。

（二）基本原则。

坚持家庭尽责。落实家庭监护主体责任，监护人要依法尽责，在家庭发展中首先考虑儿童利益；加强对家庭监护和委托监护的督促指导，确保农村留守儿童得到妥善监护照料、亲情关爱和家庭温暖。

坚持政府主导。把农村留守儿童关爱保护工作作为各级政府重要工作内容，落实县、乡镇人民政府属地责任，强化民政等有关部门的监督指导责任，健全农村留守儿童关爱服务体系和救助保护机制，切实保障农村留守儿童合法权益。

坚持全民关爱。充分发挥村（居）民委员会、群团组织、社会组织、专业社会工作者、志愿者等各方面积极作用，着力解决农村留守儿童在生活、监护、成长过程中遇到的困难和问题，形成全社会关爱农村留守儿童的良好氛围。

坚持标本兼治。既立足当前，完善政策措施，健全工作机制，着力解决农村留守儿童监护缺失等突出问题；又着眼长远，统筹城乡发展，从根本上解决儿童留守问题。

（三）总体目标。

家庭、政府、学校尽职尽责，社会力量积极参与的农村留守儿童关爱保护工作体系全面建立，强制报告、应急处置、评估帮扶、监护干预等农村留守儿童救助保护机制有效运行，侵害农村留守儿童权益的事件得到有效遏制。到2020年，未成年人保护法律法规和制度体系更加健全，全社会关爱保护儿童的意识普遍增强，儿童成长环境更为改善、安全更有保障，儿童留守现象明显减少。

三、完善农村留守儿童关爱服务体系

（一）强化家庭监护主体责任。父母要依法履行对未成年子女的监护职责和抚养义务。外出务工人员要尽量携带未成年子女共同生活或父母一方留家照料，暂不具备条件的应当委托有监护能力的亲属或其他成年人代为监护，不得让不满十六周岁的儿童脱离监护单独居住生活。外出务工人员要与留守未成年子女常联系、多见面，及时了解掌握他们的生活、学习和心理状况，给予更多亲情关爱。父母或受委托监护人不履行监护职责的，村（居）民委员会、公安机关和有关部门要及时予以劝诫、制止；情节严重或造成严重后果的，公安等有关机关要依法追究其责任。

（二）落实县、乡镇人民政府和村（居）民委员会职责。县级人民政府要切实加强统筹协调和督促检查，结合本地实际制定切实可行的农村留守儿童关爱保护政策措施，认真组织开展关爱保护行动，确保关爱保护工作覆盖本行政区域内所有农村留守儿童。乡镇人民政府（街道办事处）和村（居）民委员会要加强对监护人的法治宣传、监护监督和指导，督促其履行监护责任，提高监护能力。村（居）民委员会要定期走访、全面排查，及时掌握农村留守儿童的家庭情况、监护情况、就学情况等基本信息，并向乡镇人民政府（街道办事处）报告；要为农村留守儿童通过电话、视频等方式与父母联系提供便利。乡镇人民政府（街道办事处）要建立翔实完备的农村留守儿童信息台账，一人一档案，实行动态管理、精准施策，为有关部门和社会力量参与农村留守儿童关爱保护工作提供支持；通过党员干部上门家访、驻村干部探访、专业社会工作者随访等方式，对重点对象进行核查，确保农村留守儿童得到妥善照料。县级民政部门及救助管理机构要对乡镇人民政府（街道办事处）、村（居）民委员

会开展的监护监督等工作提供政策指导和技术支持。

（三）加大教育部门和学校关爱保护力度。县级人民政府要完善控辍保学部门协调机制，督促监护人送适龄儿童、少年入学并完成义务教育。教育行政部门要落实免费义务教育和教育资助政策，确保农村留守儿童不因贫困而失学；支持和指导中小学校加强心理健康教育，促进学生心理、人格积极健康发展，及早发现并纠正心理问题和不良行为；加强对农村留守儿童相对集中学校教职工的专题培训，着重提高班主任和宿舍管理人员关爱照料农村留守儿童的能力；会同公安机关指导和协助中小学校完善人防、物防、技防措施，加强校园安全管理，做好法治宣传和安全教育，帮助儿童增强防范不法侵害的意识、掌握预防意外伤害的安全常识。中小学校要对农村留守儿童受教育情况实施全程管理，利用电话、家访、家长会等方式加强与家长、受委托监护人的沟通交流，了解农村留守儿童生活情况和思想动态，帮助监护人掌握农村留守儿童学习情况，提升监护人责任意识和教育管理能力；及时了解无故旷课农村留守儿童情况，落实辍学学生登记、劝返复学和书面报告制度，劝返无效的，应书面报告县级教育行政部门和乡镇人民政府，依法采取措施劝返复学；帮助农村留守儿童通过电话、视频等方式加强与父母的情感联系和亲情交流。寄宿制学校要完善教职工值班制度，落实学生宿舍安全管理责任，丰富校园文化生活，引导寄宿学生积极参与体育、艺术、社会实践等活动，增强学校教育吸引力。

（四）发挥群团组织关爱服务优势。各级工会、共青团、妇联、残联、关工委等群团组织要发挥自身优势，积极为农村留守儿童提供假期日间照料、课后辅导、心理疏导等关爱服务。工会、共青团要广泛动员广大职工、团员青年、少先队员等开展多种形式的农村留守儿童关爱服务和互助活动。妇联要依托妇女之家、儿童之家等活动场所，为农村留守儿童和其他儿童提供关爱服务，加强对农村留守儿童父母、受委托监护人的家庭教育指导，引导他们及时关注农村留守儿童身心健康状况，加强亲情关爱。残联要组织开展农村留守残疾儿童康复等工作。关工委要组织动员广大老干部、老战士、老专家、老教师、老模范等离退休老同志，协同做好农村留守儿童的关爱与服务工作。

（五）推动社会力量积极参与。加快孵化培育社会工作专业服务机构、公益慈善类社会组织、志愿服务组织，民政等部门要通过政府购买服务等方式支持其深入城乡社区、学校和家庭，开展农村留守儿童监护指导、心理疏导、行为矫治、社会融入和家庭关系调适等专业服务。充分发挥市场机制作用，支持社会组织、爱心企业依托学校、社区综合服务设施举办农村留守儿童托管服务机构，财税部门要依法落实税费减免优惠政策。

四、建立健全农村留守儿童救助保护机制

（一）建立强制报告机制。学校、幼儿园、医疗机构、村（居）民委员会、社会工作服务机构、救助管理机构、福利机构及其工作人员，在工作中发现农村留守儿童脱离监护单独居住生活或失踪、监护人丧失监护能力或不履行监护责任、疑似遭受家庭暴力、疑似遭受意外伤害或不法侵害等情况的，应当在第一时间向公安机关报告。负有强制报告责任的单位和人员未履行报告义务的，其上级机关和有关部门要严肃追责。其他公民、社会组织积极向公安机关报告的，应及时给予表扬和奖励。

（二）完善应急处置机制。公安机关要及时受理有关报告，第一时间出警调查，有针对性地采取应急处置措施，强制报告责任人要协助公安机关做好调查和应急处置工作。属于农村留守儿童单独居住生活的，要责令其父母立即返回或确定受委托监护人，并对父母进行训诫；属于监护人丧失监护能力或不履行监护责任的，要联系农村留守儿童父母立即返回或委托其他亲属监护照料；上述两种情形联系不上农村留守儿童父母的，要就近护送至其他近亲属、村（居）民委员会或救助管理机构、福利机构临时监护照料，并协助通知农村留守儿童父母立即返回或重新确定受委托监护人。属于失踪的，要按照儿童失踪快速查找机制及时开展调查。属于遭受家庭暴力的，要依法制止，必要时通知并协助民政部门将其安置到临时庇护场所、救助管理机构或者福利机构实施保护；属于遭受其他不法侵害、意外伤害的，要依法制止侵害行为、实施保护；对于上述两种情形，要按照有关规定调查取证，协助其就医、鉴定伤情，为进一步采取干预措施、依法追究相关法律责任打下基础。公安机关要将相关情况及时通报乡镇人民政府（街道办事处）。

（三）健全评估帮扶机制。乡镇人民政府（街道办事处）接到公安机关通报后，要会同民政部门、公安机关在村（居）民委员会、中小学校、医疗机构以及亲属、社会工作专业服务机构的协助下，对农村留守儿童的安全处境、监护情况、身心健康状况等进行调查评估，有针对性地安排监护指导、医疗救治、心理疏导、行为矫治、法律服务、法律援助等专业服务。对于监护人家庭经济困难且符合有关社会救助、社会福利政策的，民政及其他社会救助部门要及时纳入保障范围。

（四）强化监护干预机制。对实施家庭暴力、虐待或遗弃农村留守儿童的父母或受委托监护人，公安机关应当给予批评教育，必要时予以治安管理处罚，情节恶劣构成犯罪的，依法立案侦查。对于监护人将农村留守儿童置于无人监管和照看状态导致其面临危险且经教育不改的，或者拒不履行监护职责六个月以上导致农村留守儿童生活无着的，或者实施家庭暴力、虐待或遗弃农村留守儿童导致其身心健康严重受损的，其近亲属、村（居）民委员会、县级民政部门等有关人员或者单位要依法向人民法院申请撤销监护人资格，另行指定监护人。

五、从源头上逐步减少儿童留守现象

（一）为农民工家庭提供更多帮扶支持。各地要大力推进农民工市民化，为其监护照料未成年子女创造更好条件。符合落户条件的要有序推进其本人及家属落户。符合住房保障条件的要纳入保障范围，通过实物配租公共租赁住房或发放租赁补贴等方式，满足其家庭的基本居住需求。不符合上述条件的，要在生活居住、日间照料、义务教育、医疗卫生等方面提供帮助。倡导用工单位、社会组织和专业社会工作者、志愿者队伍等社会力量，为其照料未成年子女提供便利条件和更多帮助。公办义务教育学校要普遍对农民工未成年子女开放，要通过政府购买服务等方式支持农民工未成年子女接受义务教育；完善和落实符合条件的农民工子女在输入地参加中考、高考政策。

（二）引导扶持农民工返乡创业就业。各地要大力发展县域经济，落实国务院关于支持农民工返乡创业就业的一系列政策措施。中西部地区要充分发挥比较优势，积极承接东部地区产业转移，加快发展地方优势特色产业，加强基本公共服务，制定和落实财政、金融等优惠扶持政策，落实定向减税和普遍性降费政策，为农民工返乡创业就业提供便利条件。人力资源社会保障等有关部门要广泛宣传农民工返乡创业就业政策，加强农村劳动力的就业创业技能培训，对有意愿就业创业的，要有针对性地推荐用工岗位信息或创业项目信息。

六、强化农村留守儿童关爱保护工作保障措施

（一）加强组织领导。各地要将农村留守儿童关爱保护工作纳入重要议事日程，建立健全政府领导，民政部门牵头，教育、公安、司法行政、卫生计生等部门和妇联、共青团等群团组织参加的农村留守儿童关爱保护工作领导机制，及时研究解决工作中的重大问题。民政部要牵头建立农村留守儿童关爱保护工作部际联席会议制度，会同有关部门在2016年上半年开展一次全面的农村留守儿童摸底排查，依托现有信息系统完善农村留守儿童信息管理功能，健全信息报送机制。各级妇儿工委和农民工工作领导小组要将农村留守儿童关爱保护作为重要工作内容，统筹推进相关工作。各地民政、公安、教育等部门要强化责任意识，督促有关方面落实相关责任。要加快推动完善未成年人保护相关法律法规，进一步明确权利义务和各方职责，特别要强化家庭监护主体责任，为农村留守儿童关爱保护工作提供有力法律保障。

（二）加强能力建设。统筹各方资源，充分发挥政府、市场、社会的作用，逐步完善救助管理机构、福利机构场所设施，满足临时监护照料农村留守儿童的需要。加强农村寄宿制学校建设，促进寄宿制学校合理分布，满足农村留守儿童入学需求。利用现有公共服务设施开辟儿童活动场所，提供必要托管服务。各级财政部门要优化和调整支出结构，多渠道筹措资金，支持做好农村留守儿童关爱保护工作。各地要积极引导社会资金投入，为农村留守儿童关爱保护工作提供更加有力的支撑。各地区、各有关部门要加强农村留守儿童关爱保护工作队伍建设，配齐配强工作人员，确保事有人干、责有人负。

（三）强化激励问责。各地要建立和完善工作考核和责任追究机制，对认真履责、工作落实到位、成效明显的，要按照国家有关规定予以表扬和奖励；对工作不力、措施不实、造成严重后果的，要追究有关领导和人员责任。对贡献突出的社会组织和个人，要适当给予奖励。

（四）做好宣传引导。加强未成年人保护法律法规和政策措施宣传工作，开展形式多样的宣传教育活动，强化政府主导、全民关爱的责任意识和家庭自觉履行监护责任的法律意识。建立健全舆情监测预警和应对机制，理性引导社会舆论，及时回应社会关切，宣传报道先进典型，营造良好社会氛围。

各省（区、市）要结合本地实际，制定具体实施方案。对本意见的执行情况，国务院将适时组织专项督查。

民政部关于贯彻落实《国务院关于加强农村留守儿童关爱保护工作的意见》的通知

（2016 年 4 月 27 日）

各省、自治区、直辖市民政厅（局），各计划单列市民政局，新疆生产建设兵团民政局：

2016年2月4日，国务院印发了《关于加强农村留守儿童关爱保护工作的意见》（国发〔2016〕13号，以下简称《意见》）。为抓好《意见》贯彻落实工作，现就有关要求通知如下：

一、充分认识《意见》出台的重大意义

党中央、国务院高度重视农村留守儿童关爱保护工作。党的十八届三中、五中全会分别对建立健全农村留守儿童关爱服务体系做出决策部署。国务院连续三年在《政府工作报告》中对农村留守儿童工作提出明确要求。《中共中央国务院关于打赢脱贫攻坚战的决定》（中发〔2015〕34号）将农村留守儿童关爱保护工作列为重点工作任务。进一步加强农村留守儿童关爱保护工作，为广大农村留守儿童健康成长创造更好的环境，是一项重要而紧迫的任务。

《意见》的印发实施，是党中央、国务院高度重视农村留守儿童关爱保护工作的重要体现。《意见》是以农村留守儿童关爱保护为切入点的第一份系统性地明确未成年人保护政策措施和工作机制的国务院文件，是未成年人保护工作的重大制度创新，为健全未成年人保护制度，落实《中华人民共和国未成年人保护法》提供了有力的政策遵循。贯彻实施好《意见》，对于做好农村留守儿童关爱保护工作，保护未成年人合法权益，促进未成年人健康成长，维护家庭幸福与社会和谐，服务全面建成小康社会大局具有十分重要的意义。

各级民政部门要从全局和战略的高度，深刻认识《意见》出台的重大意义，迅速把思想和行动统一到党中央、国务院决策部署和工作要求上来，切实增强政治责任感和历史使命感，按照全国加强农村留守儿童关爱保护工作电视电话会议精神，把做好农村留守儿童关爱保护工作摆上重要议事日程，发挥牵头作用，履行部门职能，加强组织领导，采取有效措施，加大工作力度，切实抓好《意见》贯彻落实，推动农村留守儿童关爱保护政策措施落地生根，见到实实在在的成效。

二、准确把握民政部门的职责要求

《意见》紧紧抓住农村留守儿童关爱保护工作中的突出问题和薄弱环节，针对完善关爱服务体系和健全救助保护机制等重点环节，提出了系统性的顶层设计和有针对性的政策安排，明确了家庭、政府及有关部门、群团组织、学校、村（居）民委员会和社会力量的职责任务。各地要认真学习领会《意见》精神，深入理解《意见》规定的政策措施和工作要求，准确把握民政部门在农村留守儿童关爱保护工作中的职责要求。

一是承担牵头组织职责。提请地方党委政府把农村留守儿童关爱保护工作纳入脱贫攻坚和全面小康社会建设大局，协助地方党委政府结合实际制定具体实施方案，推动建立健全政府领导、民政牵头、有关部门和群团组织参加的农村留守儿童关爱保护工作领导机制。主动加强与编制、发展改革、财政、人力资源社会保障等有关部门的沟通协调，争取必要的关爱保护工作经费保障，加强关爱保护工作机构和队伍建设。

二是做好统筹协调工作。配合公安机关、乡镇人民政府（街道办事处）建立强制报告信息和应急处置情况共享机制，及时掌握处于困境中的农村留守儿童信息，共同做好家庭监护情况调查评估、救助帮扶、监护干预等工作。加强与各级工会、妇联、共青团等群团组织和中小学校的沟通协作和资源整合，实现家庭、学校、社区、社会关爱的统筹、协调、可持续的联动。通过孵化培育、政府购买服务、引导志愿服务等方式，支持和引导社会工作专业服务机构、公益慈善类社会组织、志愿服务组织，深入村庄、学校和家庭开展农村留守儿童关爱服务。会同相关部门深入解读宣传《意见》精神，及时总结推广成熟工作经验。

三是发挥督促指导作用。通过政策指导、技术支持等方式，指导乡镇人民政府（街道办事处）、村（居）民委员会做好摸底排查、定期走访、重点核查、家庭监护监督等工作。加大未成年人保护法律和政策培训力度，指导村（居）民委员会、社会工作服务机构、救助管理机构、福利机构切实履行强制报告义务，并协助公安机关做好调查和应急处置工作。主动会同相关部门，对各地区、各部门、基层政府、基层组织的责任落实、协作配合、实际成效等情况定期或不定期进行督促检查和评估考核，及时掌握和通报工作进展情况。

四是落实兜底保障职责。指导乡镇人民政府（街道办事处）、村（居）民委员会主动发现报告处于生活困境的农村留守儿童，及时将符合条件的农村留守儿童及其家庭纳入有关社会救助、社会福利政策保障范围或协调公益慈善力量提供关爱帮扶，帮助农村留守儿童及其家庭解决实际生活困难。指导救助管理机构、福利机构及时接收公安机关护送来的无人监护或遭受监护侵害的农村留守儿童，做好临时监护照料工作。依法开展家庭监护干预工作，运用法律手段保护遭受监护侵害的农村留守儿童合法权益，确保其得到妥善照料监护。

三、扎实做好贯彻落实《意见》的重点工作

（一）协助地方党委政府制定具体实施意见或方案。发挥参谋作用，认真总结前期工作经验和未成年人社会保护工作有效做法，协助地方党委政府抓紧制定具体实施意见或方案，进一步完善政策规定和保障措施，明确部门职责和任务分工，细化业务流程和工作要求，确保关爱保护措施因地制宜、切实可行。实施意见或方案要强化关爱服务和救助保护政策措施的有效衔接，区分情况和类型，因人施策、按需帮扶，确保农村留守儿童得到妥善照料和有效关爱。要着眼长远，在加快统筹城乡发展、推进基本公共服务均等化进程中，从根本上逐步解决农村留守儿童问题。

（二）推动建立健全组织领导和统筹协调机制。协助地方党委政府在今年6月底前建立健全政府领导、民政牵头、有关部门和群团组织参加的农村留守儿童关爱保护工作组织领导和统筹协调机制，加强力量资源统筹、信息沟通、工作协调和优势互补，形成各司其职、分工协作、齐抓共管、整体推进的良好工作格局。

（三）认真组织开展农村留守儿童摸底排查工作。按照《民政部教育部公安部关于开展农村留守儿童摸底排查工作的通知》（民发〔2016〕42号）要求，督促指导乡镇人民政府（街道办事处）和村（居）民委员会全面开展摸底排查工作，将摸排数据、教育事业统计和学籍系统中农村留守儿童数据、公安机关户籍数据进行比对核实，把底数摸清，情况搞准，并健全信息报送机制，形成详实完备、动态更新的农村留守儿童信息库，为细化完善关爱保护政策措施，引导基层自治组织和社会力量实行精准关爱保护提供基础数据支持。

（四）加强基层关爱保护工作能力建设。加强县（市、区、旗）未成年人保护机构、儿童福利机构建设并完善相关设施设备，创造条件推动流浪未成年人救助保护中心转型升级为未成年人保护中心。探索通过设置公益岗位、聘用专业社工、吸纳志愿者、灵活用工等途径，充实救助管理机构、福利机构、乡镇（街道）和村（居）的关爱保护工作力量。积极争取财政部门支持，按照使用宗旨安排彩票公益金支持开展农村留守儿童关爱保护工作。

四、统筹推进农村留守儿童关爱保护和未成年人社会保护工作

未成年人社会保护试点工作已经开展近三年，实践探索了监测预防、发现报告、评估帮扶、监护干预等工作机制，积累了一定的成熟经验和有效做法。《意见》总结、应用未成年人社会保护试点工作经验，全面把握新形势下农村留守儿童关爱保护工作特点，依法设计了包括强制报告、应急处置、评估帮扶、监护干预等环节在内的救助保护机制，要把这套机制逐步覆盖到所有未成年人。今年全国“两会”审议通过的“十三五”规划纲要将农村留守儿童关爱保护和未成年人社会保护列为基本公共服务内容，各地要以贯彻落实《意见》为契机，统筹推进农村留守儿童关爱保护和未成年人社会保护工作，在政策措施、保护机制、服务体系、工作力量和资源配置等方面统筹衔接。

各地要将贯彻落实《意见》和全国加强农村留守儿童关爱保护工作电视电话会议精神的进展情况于6月底前上报民政部。

民政部

2016年4月27日

国务院关于加强困境儿童保障工作的意见

（2016 年 6 月 13 日）

各省、自治区、直辖市人民政府，国务院各部委、各直属机构：

儿童是家庭的希望，是国家和民族的未来。在党和政府的高度重视下，我国保障儿童权益的法律体系逐步健全，广大儿童合法权益得到有效保障，生存发展环境进一步优化，在家庭、政府和社会的关爱下健康成长。同时，也有一些儿童因家庭经济贫困、自身残疾、缺乏有效监护等原因，面临生存、发展和安全困境，一些冲击社会道德底线的极端事件时有发生，不仅侵害儿童权益，也影响社会和谐稳定，是全面建成小康社会亟需妥善解决的突出问题。

困境儿童包括因家庭贫困导致生活、就医、就学等困难的儿童，因自身残疾导致康复、照料、护理和社会融入等困难的儿童，以及因家庭监护缺失或监护不当遭受虐待、遗弃、意外伤害、不法侵害等导致人身安全受到威胁或侵害的儿童。为困境儿童营造安全无虞、生活无忧、充满关爱、健康发展的成长环境，是家庭、政府和社会的共同责任。做好困境儿童保障工作，关系儿童切身利益和健康成长，关系千家万户安居乐业、和谐幸福，关系社会稳定和文明进步，关系全面建成小康社会大局。为加强困境儿童保障工作，确保困境儿童生存、发展、安全权益得到有效保障，现提出以下意见。

一、总体要求

（一）指导思想。

全面落实党的十八大和十八届三中、四中、五中全会精神，深入贯彻习近平总书记系列重要讲话精神，按照党中央、国务院决策部署，以促进儿童全面发展为出发点和落脚点，坚持问题导向，优化顶层设计，强化家庭履行抚养义务和监护职责的意识和能力，综合运用社会救助、社会福利和安全保障等政策措施，分类施策，精准帮扶，为困境儿童健康成长营造良好环境。

（二）基本原则。

坚持家庭尽责。强化家庭是抚养、教育、保护儿童，促进儿童发展第一责任主体的意识，大力支持家庭提高抚养监护能力，形成有利于困境儿童健康成长的家庭环境。

坚持政府主导。落实政府责任，积极推动完善保障儿童权益、促进儿童发展的相关立法，制定配套政策措施，健全工作机制，统筹各方资源，加快形成困境儿童保障工作合力。

坚持社会参与。积极孵化培育相关社会组织，动员引导广大企业和志愿服务力量参与困境儿童保障工作，营造全社会关心关爱困境儿童的良好氛围。

坚持分类保障。针对困境儿童监护、生活、教育、医疗、康复、服务和安全保护等方面的突出问题，根据困境儿童自身、家庭情况分类施策，促进困境儿童健康成长。

（三）总体目标。

加快形成家庭尽责、政府主导、社会参与的困境儿童保障工作格局，建立健全与我国经济社会发展水平相适应的困境儿童分类保障制度，困境儿童服务体系更加完善，全社会关爱保护儿童的意识明显增强，困境儿童成长环境更为改善、安全更有保障。

二、加强困境儿童分类保障

针对困境儿童生存发展面临的突出问题和困难，完善落实社会救助、社会福利等保障政策，合理拓展保障范围和内容，实现制度有效衔接，形成困境儿童保障政策合力。

（一）保障基本生活。对于无法定抚养人的儿童，纳入孤儿保障范围。对于无劳动能力、无生活来源、法定抚养人无抚养能力的未满16周岁儿童，纳入特困人员救助供养范围。对于法定抚养人有抚养能力但家庭经济困难的儿童，符合最低生活保障条件的纳入保障范围并适当提高救助水平。对于遭遇突发性、紧迫性、临时性基本生活困难家庭的儿童，按规定实施临时救助时要适当提高对儿童的救助水平。对于其他困境儿童，各地区也要做好基本生活保障工作。

（二）保障基本医疗。对于困难的重病、重残儿童，城乡居民基本医疗保险和大病保险给予适当倾斜，医疗救助对符合条件的适当提高报销比例和封顶线。落实小儿行为听力测试、儿童听力障碍语言训练等医疗康复项目纳入基本医疗保障范围政策。对于最低生活保障家庭儿童、重度残疾儿童参加城乡居民基本医疗保险的个人缴费部分给予补贴。对于纳入特困人员救助供养范围的儿童参加城乡居民基本医疗保险给予全额资助。加强城乡居民基本医疗保险、大病保险、医疗救助、疾病应急救助和慈善救助的有效衔接，实施好基本公共卫生服务项目，形成困境儿童医疗保障合力。

（三）强化教育保障。对于家庭经济困难儿童，要落实教育资助政策和义务教育阶段“两免一补”政策。对于残疾儿童，要建立随班就读支持保障体系，为其中家庭经济困难的提供包括义务教育、高中阶段教育在内的12年免费教育。对于农业转移人口及其他常住人口随迁子女，要将其义务教育纳入各级政府教育发展规划和财政保障范畴，全面落实在流入地参加升学考试政策和接受中等职业教育免学费政策。支持特殊教育学校、取得办园许可的残疾儿童康复机构和有条件的儿童福利机构开展学前教育。支持儿童福利机构特教班在做好机构内残疾儿童特殊教育的同时，为社会残疾儿童提供特殊教育。完善义务教育控辍保学工作机制，确保困境儿童入学和不失学，依法完成义务教育。

（四）落实监护责任。对于失去父母、查找不到生父母的儿童，纳入孤儿安置渠道，采取亲属抚养、机构养育、家庭寄养和依法收养方式妥善安置。对于父母没有监护能力且无其他监护人的儿童，以及人民法院指定由民政部门担任监护人的儿童，由民政部门设立的儿童福利机构收留抚养。对于儿童生父母或收养关系已成立的养父母不履行监护职责且经公安机关教育不改的，由民政部门设立的儿童福利机构、救助保护机构临时监护，并依法追究生父母、养父母法律责任。对于决定执行行政拘留的被处罚人或采取刑事拘留等限制人身自由刑事强制措施的犯罪嫌疑人，公安机关应当询问其是否有未成年子女需要委托亲属、其他成年人或民政部门设立的儿童福利机构、救助保护机构监护，并协助其联系有关人员或民政部门予以安排。对于服刑人员、强制隔离戒毒人员的缺少监护人的未成年子女，执行机关应当为其委托亲属、其他成年人或民政部门设立的儿童福利机构、救助保护机构监护提供帮助。对于依法收养儿童，民政部门要完善和强化监护人抚养监护能力评估制度，落实妥善抚养监护要求。

（五）加强残疾儿童福利服务。对于0–6岁视力、听力、言语、智力、肢体残疾儿童和孤独症儿童，加快建立康复救助制度，逐步实现免费得到手术、康复辅助器具配置和康复训练等服务。对于社会散居残疾孤儿，纳入“残疾孤儿手术康复明天计划”对象范围。支持儿童福利机构在做好机构内孤残儿童服务的同时，为社会残疾儿童提供替代照料、养育辅导、康复训练等服务。纳入基本公共服务项目的残疾人康复等服务要优先保障残疾儿童需求。

三、建立健全困境儿童保障工作体系

强化和落实基层政府、部门职责，充实和提升基层工作能力，充分发挥群团组织优势，广泛动员社会力量参与，建立健全覆盖城乡、上下联动、协同配合的困境儿童保障工作体系。

（一）构建县（市、区、旗）、乡镇（街道）、村（居）三级工作网络。

县级人民政府要建立政府领导，民政部门、妇儿工委办公室牵头，教育、卫生计生、人力资源社会保障等部门和公安机关、残联组织信息共享、协调联动的工作机制，统筹做好困境儿童保障政策落实和指导、协调、督查等工作。要参照农村留守儿童救助保护机制，建立面向城乡困境儿童包括强制报告、应急处置、评估帮扶、监护干预等在内的困境儿童安全保护机制。要依托县级儿童福利机构、救助保护机构、特困人员救助供养机构、残疾人服务机构、城乡社区公共服务设施等，健全困境儿童服务网络，辐射城乡社区，发挥临时庇护、收留抚养、福利服务等功能。

乡镇人民政府（街道办事处）负责民政工作的机构要建立翔实完备的困境儿童信息台账，一人一档案，实行动态管理，为困境儿童保障工作提供信息支持。乡镇人民政府（街道办事处）要畅通与县级人民政府及其民政部门、妇儿工委办公室和教育、卫生计生、人力资源社会保障等部门以及公安机关、残联组织的联系，并依托上述部门（组织）在乡镇（街道）的办事（派出）机构，及时办理困境儿童及其家庭社会救助、社会福利、安全保护等事务。

村（居）民委员会要设立由村（居）民委员会委员、大学生村官或者专业社会工作者等担（兼）任的儿童福利督导员或儿童权利监察员，负责困境儿童保障政策宣传和日常工作，通过全面排查、定期走访及时掌握困境儿童家庭、监护、就学等基本情况，指导监督家庭依法履行抚养义务和监护职责，并通过村（居）民委员会向乡镇人民政府（街道办事处）报告情况。村（居）民委员会对于发现的困境儿童及其家庭，属于家庭经济贫困、儿童自身残疾等困难情形的，要告知或协助其申请相关社会救助、社会福利等保障；属于家庭监护缺失或监护不当导致儿童人身安全受到威胁或侵害的，要落实强制报告责任；并积极协助乡镇人民政府（街道办事处）、民政部门、妇儿工委办公室和教育、卫生计生、人力资源社会保障等部门及公安机关、残联组织开展困境儿童保障工作。

（二）建立部门协作联动机制。

民政部门、妇儿工委办公室要发挥牵头作用，做好综合协调、指导督促等工作，会同教育、卫生计生、人力资源社会保障等有关部门和公安机关、残联组织，推动各有关方面共同做好困境儿童保障工作。民政、教育、卫生计生、人力资源社会保障、住房城乡建设等社会救助管理部门要进一步完善政策措施，健全“一门受理、协同办理”等工作机制，确保符合条件的困境儿童及其家庭及时得到有效帮扶。民政、教育、卫生计生部门和公安机关要督促和指导中小学校、幼儿园、托儿所、医疗卫生机构、社会福利机构、救助保护机构切实履行困境儿童安全保护机制赋予的强制报告、应急处置、评估帮扶、监护干预等职责，保障困境儿童人身安全。

（三）充分发挥群团组织作用。

各级群团组织要发挥自身优势，广泛开展适合困境儿童特点和需求的关爱、帮扶、维权等服务，发挥示范带动作用。工会、共青团、妇联要广泛动员广大职工、团员青年、妇女等开展多种形式的困境儿童关爱服务，依托职工之家、妇女之家、儿童之家、家长学校、家庭教育指导中心、青少年综合服务平台等，加强对困境儿童及其家庭的教育指导和培训帮扶。残联组织要依托残疾人服务设施加强残疾儿童康复训练、特殊教育等工作，加快建立残疾儿童康复救助制度，加强残疾儿童康复机构建设和康复服务专业技术人员培训培养，组织实施残疾儿童康复救助项目，提高康复保障水平和服务能力。关工委要组织动员广大老干部、老战士、老专家、老教师、老模范等离退休老同志，协同做好困境儿童关爱服务工作。

（四）鼓励支持社会力量参与。

建立政府主导与社会参与良性互动机制。加快孵化培育专业社会工作服务机构、慈善组织、志愿服务组织，引导其围绕困境儿童基本生活、教育、医疗、照料、康复等需求，捐赠资金物资、实施慈善项目、提供专业服务。落实国家有关税费优惠政策，通过政府和社会资本合作（PPP）等方式，支持社会力量举办困境儿童托养照料、康复训练等服务机构，并鼓励其参与承接政府购买服务。支持社会工作者、法律工作者等专业人员和志愿者针对困境儿童不同特点提供心理疏导、精神关爱、家庭教育指导、权益维护等服务。鼓励爱心家庭依据相关规定，为有需要的困境儿童提供家庭寄养、委托代养、爱心助养等服务，帮助困境儿童得到妥善照料和家庭亲情。积极倡导企业履行社会责任，通过一对一帮扶、慈善捐赠、实施公益项目等多种方式，为困境儿童及其家庭提供更多帮助。

四、加强工作保障

（一）强化组织领导。各地区要将困境儿童保障工作纳入重要议事日程和经济社会发展等规划，完善政策措施，健全工作机制，及时研究解决工作中的重大问题。要完善工作考核，强化激励问责，制定督查考核办法，明确督查指标，建立常态化、经常化的督查考核机制，定期通报工作情况，及时总结推广先进经验。民政部、国务院妇儿工委办公室、教育部、公安部、国家卫生计生委等有关部门和全国妇联、中国残联要积极推动制定完善儿童福利、儿童保护和家庭教育、儿童收养等法律法规，为困境儿童保障工作提供有力法律保障。加强各级各部门困境儿童工作信息共享和动态监测。

（二）强化能力建设。统筹各方资源，充分发挥政府、市场、社会作用，逐步完善儿童福利机构或社会福利机构儿童部、救助保护机构场所设施，健全服务功能，增强服务能力，满足监护照料困境儿童需要。利用现有公共服务设施开辟儿童之家等儿童活动和服务场所，将面向儿童服务功能纳入社区公共服务体系。各级财政部门要优化和调整支出结构，多渠道筹措资金，支持做好困境儿童保障工作。各地区要积极引导社会资金投入，为困境儿童保障工作提供更加有力支撑；要加强困境儿童保障工作队伍建设，制定儿童福利督导员或儿童权利监察员工作规范，明确工作职责，强化责任意识，提高服务困境儿童能力。

（三）强化宣传引导。加强儿童权益保障法律法规和困境儿童保障政策宣传，开展形式多样的宣传教育活动，强化全社会保护儿童权利意识，强化家庭履责的法律意识和政府主导、全民关爱的责任意识。大力弘扬社会主义核心价值观和中华民族恤孤慈幼的传统美德，鼓励、倡导、表彰邻里守望和社区互助行为，宣传报道先进典型，发挥示范带动作用。建立健全舆情监测预警和应对机制，及时妥善回应社会关切。

各地区、各部门要根据实际情况和职责分工制定具体实施办法。民政部、国务院妇儿工委办公室要加强对本意见执行情况的监督检查，重大情况及时向国务院报告。国务院将适时组织专项督查。

国务院

2016 年 6 月 13 日

民政部关于开展未成年人社会保护试点工作的通知

（2013 年 5 月 6 日）

各省、自治区、直辖市民政厅（局），各计划单列市民政局，新疆生产建设兵团民政局：

近年来，国家出台了一系列保护未成年人的法律法规和政策措施，未成年人权益保护工作取得了积极成效，形成了全社会关爱未成年人的良好氛围。但受经济贫困、监护缺失、家庭暴力、教育失当等影响，一些未成年人遇到了生存困难、监护困境和成长障碍，迫切需要建立新型社会保护制度。为探索建立未成年人社会保护制度，切实保障未成年人合法权益，民政部决定开展未成年人社会保护试点工作。现将有关事项通知如下：

一、总体思路

坚持未成年人权益保护优先，加强理论创新、政策创新、制度创新、实践创新，强化源头预防和综合治理，积极拓展流浪未成年人救助保护内容，帮助困境未成年人及其家庭解决生活、监护、教育和发展等问题，探索未成年人社会保护体系建设，最大限度减少未成年人流浪乞讨和其他受侵害现象，促进未成年人健康成长。

二、基本原则

（一）以人为本，创新发展。把实现好维护好发展好未成年人合法权益作为试点工作的出发点和落脚点，坚持以人为本、为民解困，创新工作理念和方法，完善政策措施，探索面向所有未成年人的新型社会保护体系，构建具有中国特色的未成年人社会保护制度。

（二）预防为主，标本兼治。坚持从源头抓起，筑牢基础防线，完善未成年人社会保护服务网络，加强对家庭监护的指导监督和困难家庭的救助帮扶，增强未成年人思想道德教育和心理健康辅导，及时救助保护困境未成年人，严厉打击涉及未成年人的违法犯罪行为，不断净化社会环境。

（三）政府主导，社会参与。切实转变政府职能，落实政府社会管理和公共服务职责，发挥政府在政策制定、设施建设、资金投入等方面的主导作用，发挥相关政府职能部门、政府举办的社会服务平台作用，建立分工明确、协同推进的工作机制。充分调动社会各方面的积极性，形成未成年人社会保护工作合力。

（四）因地制宜，注重实效。坚持因地制宜，分类指导，多措并举，注重实效。合理确定未成年人社会保护的基本内涵、主要目标、重点任务、推进措施和分析评价。创新工作载体，解决困扰未成年人社会保护的难点问题，为未成年人健康成长提供有效保障。

三、试点地区

民政部在北京市、河北省石家庄市、辽宁省大连市、吉林省长春市、黑龙江省佳木斯市、江苏省苏州市、安徽省蚌埠市、福建省厦门市、江西省万载县、山东省泰安市、河南省郑州市、湖北省荆州市、湖南省常德市、广西壮族自治区桂林市、重庆市万州区、四川省成都市、贵州省凯里市、陕西省宝鸡市、兴平市、新疆维吾尔自治区阿克苏地区等20个地区开展未成年人社会保护试点工作。

各省（自治区、直辖市）可以根据本地实际情况另行确定省级试点地区。

四、主要内容

（一）建立未成年人社区保护网络。在城乡基层建立社区儿童服务中心，开展流浪乞讨、失学辍学、留守流动、监护缺失等困境儿童的排查摸底和定期走访工作，为有需求的未成年人及其家庭提供临时照料、教育辅导、心理疏导、监护指导、政策咨询、亲职能力培训、帮扶转介等服务。

（二）加强家庭监护服务和监督。建立未成年人社会保护机构，协调有关部门制定和完善相关政策措施，指导社区儿童服务中心开展活动，督促村（居）委会建立随访制度，对问题家庭进行监护干预，提升家庭抚养和教育能力。

（三）保护受伤害未成年人。建立受伤害未成年人发现、报告和响应机制，配合相关部门打击操纵、教唆、利用未成年人违法犯罪行为，协调相关部门对漠视、虐待、遗弃未成年人等事件进行调查核实，收集保存相关证据，评估未成年人受伤害程度，为未成年人提供及时保护、心理疏导、法律援助等服务，落实国家监护责任。

（四）开展困境未成年人救助帮扶。充分发挥现有救助保护机构的职责作用，积极开展延伸服务，帮助困境未成年人及其家庭落实义务教育、职业教育、就业服务、社会保障和扶贫开发等政策，将救助保护机构拓展为社会保护转介平台，面向社会开展未成年人权益保护服务。

（五）健全未成年人社会保护工作机制。明确相关部门、基层组织、社会组织、专业机构、各类志愿者的工作职责和协作程序，建立完善监测、预防、报告、转介、处置等保护体系，形成政府负责、民政牵头、部门协作、社会参与的未成年人社会保护工作机制。

（六）完善未成年人社会保护制度。分析梳理未成年人权益保护现状，提出完善法规政策、强化部门职责、推进社会协同的相关措施，构建法律法规和政策措施有效衔接的未成年人社会保护制度。

五、工作要求

（一）加强组织领导。各地要高度重视未成年人社会保护试点工作，纳入重要议事日程，建立试点工作领导机制，调整充实人员机构，落实目标责任、加强监督考核，切实履行社会管理和公共服务职能，以改革创新精神推动试点工作。要切实加强与有关部门、基层组织和社会组织的沟通协调，争取多方面的政策支持和工作配合。

（二）加大保障力度。各地和试点地区要通过政策倾斜、资金扶持、项目合作、智力支持等多种方式，切实保障试点工作顺利开展。要积极动员高等院校、科研单位、专业组织等方面的资源，鼓励企事业单位、公益慈善组织、热心人士提供捐助和社会保护服务，并通过购买服务等方式支持社会力量参与。

（三）提升工作水平。要认真研究未成年人社会保护对象、范围、定位和思路，充分运用现行法律法规和政策措施，制订未成年人社会保护工作整体架构和基本模型，探索未成年人社会保护工作方式方法，构建直接面向未成年人的社会保护网络和体系。要建立科学评估机制，及时研究新情况，解决新问题，不断总结和探索未成年人社会保护工作实践和规律，推广先进经验，加大宣传力度，为试点工作创造良好氛围。

请各地按照本通知精神，结合实际，制定贯彻落实的具体措施。民政部确定试点地区要尽快研究制定试点工作方案，报送省级民政部门和民政部社会事务司备案后实施，并及时报告试点工作进展情况。

民政部

2013年5月6日

教育部等九部门关于防治中小学生欺凌和暴力的指导意见

（2016 年 11 月 1 日）

各省、自治区、直辖市教育厅（教委）、综治办、高级人民法院、人民检察院、公安厅（局）、民政厅（局）、司法厅（局）、团委、妇联，新疆生产建设兵团教育局、综治办、人民法院、人民检察院、公安局、民政局、司法局、团委、妇联：

在党中央、国务院的正确领导下，在各级党委政府及教育、综治、公安、司法等有关部门和共青团、妇联等群团组织的共同努力下，发生在中小学生之间的欺凌和暴力事件得到遏制，预防青少年违法犯罪工作取得明显成效。但是，由于在落实主体责任、健全制度措施、实施教育惩戒、形成工作合力等方面还存在薄弱环节，少数地方学生之间欺凌和暴力问题仍时有发生，损害了学生身心健康，造成了不良社会影响。为全面贯彻党的教育方针，落实立德树人根本任务，切实防治学生欺凌和暴力事件的发生，现提出如下指导意见。

一、积极有效预防学生欺凌和暴力

1.切实加强中小学生思想道德教育、法治教育和心理健康教育。各地要紧密联系中小学生的思想实际，积极培育和践行社会主义核心价值观。落实《中小学生守则（2015年修订）》，引导全体中小学生从小知礼仪、明是非、守规矩，做到珍爱生命、尊重他人、团结友善、不恃强凌弱，弘扬公序良俗、传承中华美德。落实《中小学法制教育指导纲要》《青少年法治教育大纲》，开展“法治进校园”全国巡讲活动，让学生知晓基本的法律边界和行为底线，消除未成年人违法犯罪不需要承担任何责任的错误认识，养成遵规守法的良好行为习惯。落实《中小学心理健康教育指导纲要（2012年修订）》，培养学生健全人格和积极心理品质，对有心理困扰或心理问题的学生开展科学有效的心理辅导，提高其心理健康水平。切实加强家庭教育，家长要注重家风建设，加强对孩子的管教，注重孩子思想品德教育和良好行为习惯培养，从源头上预防学生欺凌和暴力行为发生。

2.认真开展预防欺凌和暴力专题教育。各地要在专项整治的基础上，结合典型案例，集中开展预防学生欺凌和暴力专题教育。要强化学生校规校纪教育，通过课堂教学、专题讲座、班团队会、主题活动、编发手册、参观实践等多种形式，提高学生对欺凌和暴力行为严重危害性的认识，增强自我保护意识和能力，自觉遵守校规校纪，做到不实施欺凌和暴力行为。研制学校防治学生欺凌和暴力的指导手册，全面加强教职工特别是班主任专题培训，提高教职工有效防治学生欺凌和暴力的责任意识和能力水平。要通过家访、家长会、家长学校等途径，帮助家长了解防治学生欺凌和暴力知识，增强监护责任意识，提高防治能力。要加强中小学生违法犯罪预防综合基地和人才建设，为开展防治学生欺凌和暴力专题教育提供支持和帮助。

3.严格学校日常安全管理。中小学校要制定防治学生欺凌和暴力工作制度，将其纳入学校安全工作统筹考虑，健全应急处置预案，建立早期预警、事中处理及事后干预等机制。要加强师生联系，密切家校沟通，及时掌握学生思想情绪和同学关系状况，特别要关注学生有无学习成绩突然下滑、精神恍惚、情绪反常、无故旷课等异常表现及产生的原因，对可能的欺凌和暴力行为做到早发现、早预防、早控制。严格落实值班、巡查制度，禁止学生携带管制刀具等危险物品进入学校，针对重点学生、重点区域、重点时段开展防治工作。对发现的欺凌和暴力事件线索和苗头要认真核实、准确研判，对早期发现的轻微欺凌事件，实施必要的教育、惩戒。

4.强化学校周边综合治理。各级综治组织要加大新形势下群防群治工作力度，实现人防物防技防在基层综治中心的深度融合，动员社会各方面力量做好校园周边地区安全防范工作。要依托全国社会治安综合治理信息系统，整合各有关部门信息资源，发挥青少年犯罪信息数据库作用，加强对重点青少年群体的动态研判。进一步加强校园及周边地区社会治安防控体系建设，作为公共安全视频监控建设联网应用示范工作的重要内容，推进校园及周边地区公共安全视频监控系统全覆盖，加大视频图像集成应用力度，实现对青少年违法犯罪活动的预测预警、实时监控、轨迹追踪及动态管控。把学校周边作为社会治安重点地区排查整治工作的重点，加强组织部署和检查考核。要对中小学生欺凌和暴力问题突出的地区和单位，根据《中共中央办公厅国务院办公厅关于印发〈健全落实社会治安综合治理领导责任制规定〉的通知》要求，通过通报、约谈、挂牌督办、实施一票否决权制等方式进行综治领导责任督导和追究。公安机关要在治安情况复杂、问题较多的学校周边设置警务室或治安岗亭，密切与学校的沟通协作，积极配合学校排查发现学生欺凌和暴力隐患苗头，并及时预防处置。要加强学生上下学重要时段、学生途经重点路段的巡逻防控和治安盘查，对发现的苗头性、倾向性欺凌和暴力问题，要采取相应防范措施并通知学校和家长，及时干预，震慑犯罪。

二、依法依规处置学生欺凌和暴力事件

5.保护遭受欺凌和暴力学生身心安全。各地要建立中小学生欺凌和暴力事件及时报告制度，一旦发现学生遭受欺凌和暴力，学校和家长要及时相互通知，对严重的欺凌和暴力事件，要向上级教育主管部门报告，并迅速联络公安机关介入处置。报告时相关人员有义务保护未成年人合法权益，学校、家长、公安机关及媒体应保护遭受欺凌和暴力学生以及知情学生的身心安全，严格保护学生隐私，防止泄露有关学生个人及其家庭的信息。特别要防止网络传播等因素导致事态蔓延，造成恶劣社会影响，使受害学生再次受到伤害。

6.强化教育惩戒威慑作用。对实施欺凌和暴力的中小学生必须依法依规采取适当的矫治措施予以教育惩戒，既做到真情关爱、真诚帮助，力促学生内心感化、行为转化，又充分发挥教育惩戒措施的威慑作用。对实施欺凌和暴力的学生，学校和家长要进行严肃的批评教育和警示谈话，情节较重的，公安机关应参与警示教育。对屡教不改、多次实施欺凌和暴力的学生，应登记在案并将其表现记入学生综合素质评价，必要时转入专门学校就读。对构成违法犯罪的学生，根据《刑法》《治安管理处罚法》《预防未成年人犯罪法》等法律法规予以处置，区别不同情况，责令家长或者监护人严加管教，必要时可由政府收容教养，或者给予相应的行政、刑事处罚，特别是对犯罪性质和情节恶劣、手段残忍、后果严重的，必须坚决依法惩处。对校外成年人教唆、胁迫、诱骗、

利用在校中小学生违法犯罪行为，必须依法从重惩处，有效遏制学生欺凌和暴力等案事件发生。各级公安、检察、审判机关要依法办理学生欺凌和暴力犯罪案件，做好相关侦查、审查逮捕、审查起诉、诉讼监督、审判和犯罪预防工作。

7.实施科学有效的追踪辅导。欺凌和暴力事件妥善处置后，学校要持续对当事学生追踪观察和辅导教育。对实施欺凌和暴力的学生，要充分了解其行为动机和深层原因，有针对性地进行教育引导和帮扶，给予其改过机会，避免歧视性对待。对遭受欺凌和暴力的学生及其家人提供帮助，及时开展相应的心理辅导和家庭支持，帮助他们尽快走出心理阴影，树立自信，恢复正常学习生活。对确实难以回归本校本班学习的当事学生，教育部门和学校要妥善做好班级调整和转学工作。要认真做好学生欺凌和暴力典型事件通报工作，既要充分发挥警示教育作用，又要注意不过分渲染事件细节。

三、切实形成防治学生欺凌和暴力的工作合力

8.加强部门统筹协调。各地要把防治学生欺凌和暴力工作作为全面依法治国，建设社会主义和谐社会的重要任务。教育、综治、人民法院、人民检察院、公安、民政、司法、共青团、妇联等部门组织，应成立防治学生欺凌和暴力工作领导小组，明确任务分工，强化工作职责，完善防治办法，加强考核检查，健全工作机制，形成政府统一领导、相关部门齐抓共管、学校家庭社会三位一体的工作合力。

9.依法落实家长监护责任。管教孩子是家长的法定监护职责。引导广大家长要增强法治意识，掌握科学的家庭教育理念，尽量多安排时间与孩子相处交流，及时了解孩子的日常表现和思想状况，积极与学校沟通情况，自觉发挥榜样作用，切实加强对孩子的管教，特别要做好孩子离校后的监管看护教育工作，避免放任不管、缺教少护、教而不当。要落实监护人责任追究制度，根据《民法》等相关法律法规，未成年学生对他人的人身和财产造成损害的，依法追究其监护人的法律责任。

10.加强平安文明校园建设。中小学校要把防治学生欺凌和暴力作为加强平安文明校园建设的重要内容。学校党组织要充分发挥政治核心作用，加强组织协调和教育引导。校长是学校防治学生欺凌和暴力的第一责任人，分管法治教

育副校长和班主任是直接责任人，要充分调动全体教职工的积极性，明确相关岗位职责，将学校防治学生欺凌和暴力的各项工作落实到每个管理环节、每位教职工。要努力创造温馨和谐、积极向上的校园环境，重视校园绿化、美化和人文环境建设。加强优良校风、教风、学风建设，开展内容健康、格调高雅、丰富多彩的校园活动，形成团结向上、互助友爱、文明和谐的校园氛围，激励学生爱学校、爱老师、爱同学，提高校园整体文明程度。要健全各项管理制度、校规校纪，落实《义务教育学校管理标准》，提高学校治理水平，推进依法依规治校，建设无欺凌和暴力的平安文明校园。

11.全社会共同保护未成年学生健康成长。要建立学校、家庭、社区（村）、公安、司法、媒体等各方面沟通协作机制，畅通信息共享渠道，进一步加强对学生保护工作的正面宣传引导，防止媒体过度渲染报道事件细节，避免学生欺凌和暴力通过网络新媒体扩散演变为网络欺凌，消除暴力文化通过不良出版物、影视节目、网络游戏侵蚀、影响学生的心理和行为，引发连锁性事件。要依托各地12355青少年服务台，开设自护教育热线，组织专业社会工作者、公益律师、志愿者开展有针对性的自护教育、心理辅导和法律咨询。坚持标本兼治、常态长效，净化社会环境，强化学校周边综合治理，切实为保护未成年人平安健康成长提供良好社会环境。

教育部 中央综治办 最高人民法院
最高人民检察院 公安部 民政部
司法部 共青团中央 全国妇联
2016年11月1日

民政部关于进一步加强受艾滋病影响儿童福利保障工作的意见

（2009年3月6日）

各省、自治区、直辖市民政厅（局）、新疆生产建设兵团民政局：

艾滋病是全世界面临的重大公共卫生问题和社会问题。为深入学习实践科学发展观，贯彻落实国务院《艾滋病防治条例》《中国遏制与防治艾滋病行动计划（2006—2010）》以及民政部等15部门《关于加强孤儿救助工作的意见》，进一步加强受艾滋病影响儿童福利保障工作，提出以下意见：

一、进一步提高认识，加强领导，健全受艾滋病影响儿童福利保障工作机制

受艾滋病影响儿童包括艾滋病致孤儿童、父母一方感染艾滋病或因艾滋病死亡的儿童、携带艾滋病病毒或感染艾滋病的儿童。

民政部门是受艾滋病影响儿童福利保障工作的主要职能部门，各级民政部门要坚持以人为本，从维护儿童生存权和发展权的需要出发，充分认识到做好受艾滋病影响儿童福利保障工作的重要性和紧迫性。要在当地政府领导下，推动建立政府领导、民政牵头、部门配合、社会参与的受艾滋病影响儿童福利保障工作机制。要加强调研，摸清底数和情况，积极推动制定和落实政府的各项保障政策。要加大资金投入和补贴力度，提高保障标准，提升服务水平，逐步为受艾滋病影响儿童建立稳定的、福利性的制度安排。要主动协调有关部门，形成合力，营造有利于受艾滋病影响儿童健康成长的社会环境。

二、立足民政职能，做好受艾滋病影响儿童福利保障工作

各级民政部门要采取资金保障与服务保障相结合的方式，满足受艾滋病影响儿童的基本生活以及教育、医疗、技能培训等多方面的需求，切实保障受艾

滋病影响儿童和其他儿童一样健康成长。

（一）要制定艾滋病致孤儿童的基本生活不低于当地平均生活水平的养育标准。要坚持儿童利益优先的原则，根据受艾滋病影响儿童发育成长的需要，科学核定养育标准，制定不低于当地居民平均生活水平的基本生活保障金发放标准，分类给予保障。其中，艾滋病致孤儿童全额发放基本生活保障金，最低养育标准为每人每月600元，并创造条件对孤儿监护抚养人给予一定的补贴和支持。父母一方感染了艾滋病或因艾滋病死亡的儿童可参照艾滋病致孤儿童标准执行福利补贴。携带艾滋病病毒或感染艾滋病的儿童在发放基本生活保障金最低每人每月600元的基础上，给予适当的营养医疗补贴。各级民政部门要积极争取党政领导重视和各级财政支持，建立受艾滋病影响儿童基本生活保障的长效机制。要借鉴河南、湖北等地的成熟做法和经验，对艾滋病致孤儿童、父母中一方感染了艾滋病或因艾滋病去世的儿童、携带艾滋病病毒或感染艾滋病的儿童实行分类保障，推动建立起省、市分级负担、有稳定资金渠道的福利保障制度。

（二）要为受艾滋病影响儿童提供与其他儿童均等的受教育机会。根据有关规定，对处于义务教育阶段的受艾滋病影响儿童免收杂费，免费提供教科书并补助寄宿生生活费；对被公办普通高中、中等职业学校和高等学校录取的受艾滋病影响儿童，纳入现有资助政策体系，给予教育救助，联系孤儿所在学校优先为其提供勤工俭学机会；对集中安置受艾滋病影响儿童的福利机构，在安排教学工作时给予指导和支持。

（三）要为受艾滋病影响儿童提供便利的基本医疗条件。对受艾滋病影响儿童中的艾滋病毒感染者要采取适应儿童的医疗手段，进行免费的抗病毒治疗和抗机会性感染治疗；对未感染艾滋病毒的其他受艾滋病影响儿童，要在政府举办的乡镇医疗机构提供基本的卫生医疗服务。鼓励、支持医疗机构采用多种形式自愿减免受艾滋病影响儿童的医疗费用。积极争取卫生部门对儿童福利机构内设的门诊部、诊所、卫生所（室）给予指导和支持。各级民政部门要将受艾滋病影响的贫困家庭儿童纳入城乡医疗救助体系。要通过医疗救助制度，资助受艾滋病影响的贫困家庭儿童参加新型农村合作医疗或城镇居民基本医疗保险，其救治费用按照当地新型农村合作医疗或城镇居民基本医疗保险制度规定报销后仍有困难的，由民政部门在医疗救助基金中给予适当解决。

（四）要建立大龄受艾滋病影响儿童就业和生活服务制度。受艾滋病影响儿童中升入高等院校读书的，不管是否超过18岁，都要资助他们完成学业。不能继续升学的，要有计划、有步骤地开展职业技能培训、心理关怀、就业服务等形式的帮扶活动，提高其自谋职业的能力和社会适应能力，促进其身心健康地成长，更好地融入社会生活。积极协调有关部门对城镇登记失业的适龄孤儿按规定提供职业培训补贴和免费职业介绍，并落实小额担保贷款政策，鼓励和帮助其自谋职业和自主创业。

（五）要采取多种形式妥善安置艾滋病致孤儿童。要因地制宜，按照“分散抚养为主，集中养育为辅”的原则，尊重儿童意愿，采取家庭收养、家庭寄养、机构集中养育和模拟小家庭养育等途径安置艾滋病致孤儿童。家庭是儿童最好的成长环境，鼓励依法收养艾滋病致孤儿童，尽可能将艾滋病致孤儿童安置在有抚养意愿和能力的亲属家庭。在认真落实中央各部门关怀生活困难的艾滋病患者、患者家属和患者遗孤各项政策的基础上，对以上家庭给予适当的抚养费补贴和物质援助，鼓励支持亲属家庭承担责任。保障模拟小家庭家长工资和艾滋病致孤儿童安置指导中心的事业经费，确保艾滋病致孤儿童得到妥善安置。安置艾滋病致孤儿童，孤儿监护人或抚养人要与孤儿户口所在地的村（居）委会签订相关合同或协议，保障孤儿土地、房屋等财产所有权，并在其具备独立生活能力时归还。

三、健全工作网络，动员社会力量，保障受艾滋病影响儿童健康成长

要建立健全工作网络，以各级艾滋病致孤儿童安置指导中心、儿童福利机构为依托，建立儿童养育的指导、巡查和监督制度，开展对孤儿收养、寄养家庭和受艾滋病影响家庭的走访支持、服务指导、技术培训和监督检查工作。

要通过引入专业社会工作者制度，积极探索适合儿童身心发育要求的抚养模式，为受艾滋病影响儿童提供人性化、专业化的福利服务。建立联系人制度，运用专业方法和科学知识为受艾滋病影响儿童提供心理辅导、性格培养等各方面帮助，确保受艾滋病影响儿童遇到问题，有诉求渠道和机制，通过联系人得到妥善解决。要维护受艾滋病影响儿童的隐私权，防止将他们的姓名、肖像在各类媒体上公开曝光。

要动员社会力量，促进社会各界关心受艾滋病影响儿童，鼓励民间组织、企业事业单位等社会力量支持参与，为受艾滋病影响儿童生存、发展创造良好的舆论氛围和社会环境，让他们和其他儿童一样在祖国同一片蓝天下健康成长。

民政部

2009年3月6日

民政部、财政部关于发放艾滋病病毒感染儿童基本生活费的通知

（2012 年 10 月 23 日）

各省、自治区、直辖市民政厅（局）、财政厅（局），新疆生产建设兵团民政局、财务局：

为贯彻落实《中国儿童发展纲要（2011—2020）》有关要求，进一步推进适度普惠型儿童福利制度建设，拓展儿童福利范围，提升儿童福利水平，民政部、财政部决定，自2012年1月起为全国携带艾滋病病毒及患有艾滋病的儿童（统称艾滋病病毒感染儿童，以下简称“感染儿童”）发放基本生活费，现就有关问题通知如下：

一、充分认识发放基本生活费的重要意义

党和政府历来高度重视儿童福利工作，给予包括感染儿童在内的各类困难儿童群体特别的关怀。艾滋病是全世界面临的重大公共卫生问题和社会问题。目前我国艾滋病疫情属于总体低流行，但在特定人群和局部地区呈现出高流行态势。为感染儿童发放基本生活费，是构建和谐社会、维护社会稳定、促进社会公平正义的实际行动，是加强我国艾滋病防治工作的重要举措，是维护感染儿童合法权益、帮助感染儿童健康成长的客观要求，是促进儿童发展、推进普惠型儿童福利制度建设的重要途径。各地要充分认识这项工作的重要性和紧迫性，将其作为政府保障民生、改善民生的重点工作内容，增强责任感和使命感，高度重视，扎实推进。

二、明确基本生活费发放范围

本项基本生活费发放对象为感染艾滋病病毒的儿童。儿童系指未满18周岁

的未成年人。

三、科学制定基本生活费标准

各省（自治区、直辖市）要根据城乡生活水平、儿童成长需要和财力状况，按照不低于当地平均生活水平的原则，合理确定感染儿童基本生活费标准，具体标准参照当地孤儿基本生活费额度，全额执行。

四、全面落实基本生活费保障资金

地方各级财政部门要将感染儿童基本生活费纳入孤儿基本生活费范围，列入财政预算。省级财政部门要进一步加大投入，保障感染儿童基本生活费所需资金。地方各级民政部门要根据保障对象的范围认真核定感染儿童身份，在每年申报孤儿基本生活费资金时，将感染儿童纳入，一并提出资金需求，经同级财政部门审核后列入财政预算。中央财政按照孤儿基本生活费补助标准，对各地发放感染儿童基本生活费进行补助。

五、严格规范基本生活费发放程序

感染儿童基本生活费的管理既要严格规范，又要考虑到感染儿童的特点和城乡实际，因地制宜采取合理可行的办法和程序。

（一）申请、审核和审批。感染儿童申请基本生活费，由其监护人向感染儿童户籍所在地的县级人民政府民政部门提出申请，申请时应出具国家医疗卫生机构开具的医学证明（HIV抗体确诊检测报告单，HIV抗体检测呈阳性）。县级人民政府民政部门要认真审核申请材料，提出核定、审批意见。为保护感染儿童的隐私，不得以公示的方式核实了解情况。

（二）资金发放。县级人民政府财政部门根据同级民政部门提出的支付申请，将感染儿童基本生活费直接拨付到其监护人个人账户。财政直接支付确有困难的，可通过县级人民政府民政部门按规定程序以现金形式发放。

（三）动态管理。县级人民政府民政部门要采取多种形式，深入调查了解感染儿童基本生活保障情况，及时按照程序和规定办理增发或停发感染儿童基本生活费的手续。要将审批、发放工作与儿童福利信息系统建设结合起来，借助信息化手段实现对发放工作的动态管理，规范程序，提高效率。

（四）监督指导。县级人民政府民政部门要与感染儿童的监护人签订协议。协议应对监护人领取、使用基本生活费以及感染儿童养育状况提出相应要求，明确监护人应依法履行的监护职责和抚养义务。

发放感染儿童基本生活费是一项政策性强、比较敏感的工作，各地民政、财政部门要切实加强管理，确保发放工作顺利进行。对于感染儿童基本生活费发放工作中遇到的困难和问题，及时报告民政部、财政部。

民政部

财政部

2012年10月23日

民政部关于印发《流浪未成年人需求和家庭监护情况评估规范》的通知

（2012 年 9 月 13 日）

各省、自治区、直辖市民政厅（局），新疆生产建设兵团民政局：

为贯彻落实《国务院办公厅关于加强和改进流浪未成年人救助保护工作的意见》（国办发〔2011〕39号）精神，推动各地开展流浪未成年人需求和家庭监护情况评估，提高救助保护工作实效，民政部制定了《流浪未成年人需求和家庭监护情况评估规范》。现印发给你们，请结合实际认真贯彻执行。

民政部

2012年9月13日

流浪未成年人需求和家庭监护情况评估规范

第一章　总　则

第一条　为了解流浪未成年人需求和家庭监护情况，通过评估对流浪未成年人生活照料、心理疏导、行为矫治、回归安置等救助保护提供多元化服务建议，预防未成年人再次流浪，保障其生存权、受保护权、发展权、参与权等权益，制定本规范。

第二条　本规范适用于依法举办的为流浪未成年人提供救助、保护、教育的救助保护机构。

第三条　流浪未成年人需求和家庭监护情况评估的对象，是进入救助保护机构的有评估必要的流浪未成年人及其家庭。

第四条　流浪未成年人需求评估是指对流浪未成年人情况进行了解，确定其需求满足情况、存在问题及其成因，形成阶段性评估结论的过程。

第五条　流浪未成年人家庭监护评估是指对流浪未成年人的家庭监护状况、监护能力进行了解，确定家庭监护存在的问题及其成因，形成阶段性评估结论的过程。

第六条　坚持以未成年人权益保护为中心，通过评估促进流浪未成年人救助保护工作的科学化、专业化、个性化。

第七条　流浪未成年人需求和家庭监护情况评估，应当由救助保护机构工作人员、专业技术人员或者委托具有相应从业资质的社会组织、相关机构开展。

第八条　阶段性评估资料应当妥善存放。评估人员应当保护评估对象的隐私信息，不得擅自将评估相关资料、评估经过与结论对外披露。因研究、统计确需对外提供评估资料的，应当隐去可能会据以辨认出评估对象的信息。

第二章　评估方法

第九条　评估方式包括：

（一）与评估对象进行直接交流；

（二）查阅流浪未成年人救助记录或者受助档案；

（三）电话访问、问卷调查；

（四）赴乡镇（街道）、社区实地调查或者咨询相关专业机构。

第十条　评估应当选择合适的评估方法和工具，科学应用评估量表。

第十一条　应当保证评估环境的私密性，重视流浪未成年人的主观感受。

第三章　流浪未成年人需求评估

第十二条　了解流浪未成年人的基本信息，包括：

（一）姓名、性别、年龄、民族、文化程度及宗教信仰；

（二）身份信息、户籍所在地或者经常住所地。

第十三条　了解并检视流浪未成年人健康状况，包括：

（一）既往病史，是否有危重病、精神病、传染病、内外伤等；

（二）对身体状况、治疗情况的自我描述，并查看相关资料；

（三）必要时可以由医生对其身体状况进行检查、诊断。

第十四条　了解流浪未成年人的流浪经历，包括：

（一）流浪原因、流浪时间和流浪的次数；

（二）流浪期间的生存方式；

（三）是否有被剥削、诱骗、胁迫、拐卖、虐待、遗弃等经历；

（四）是否有不良行为、严重不良行为或者违法犯罪行为。

第十五条　了解流浪未成年人的受教育情况，包括：

（一）受教育背景和受教育意愿；

（二）道德、法律、卫生、生活技能以及其他常识方面的认知。

第十六条　了解流浪未成年人对家庭基本信息、家庭关系、家庭监护情况和家庭经济能力的自我描述。

第十七条　评估流浪未成年人的社会认知、自我认知与流浪经历之间的相互影响，包括：

（一）对同伴、同学、亲人、朋友、老师以及其他相关人员，学校、家庭、救助机构或者其他机构的认知；

（二）对自己行为、心理的评价和认识；

（三）有无重大心理创伤或者异常行为表现；

（四）必要时由专业心理工作者进行心理评估。

第十八条　了解流浪未成年人对就学、就业的规划以及回归安置的意愿。

第四章　流浪未成年人家庭监护评估

第十九条　了解流浪未成年人家庭基本信息，包括：

（一）家庭成员组成，家庭成员文化程度、宗教信仰以及生活习俗；

（二）家庭成员的健康状况、既往病史；

（三）家庭重大变故，家庭成员有无犯罪记录。

第二十条　了解流浪未成年人的家庭关系，包括：

（一）家庭成员之间是否和睦；

（二）流浪未成年人与监护人亲疏关系和互动情况；

（三）流浪未成年人法定监护人与临时监护人的关系。

第二十一条　了解流浪未成年人家庭经济能力，包括：

（一）家庭成员的生活现状；

（二）家庭成员的就业以及收入情况；

（三）社会保障情况和其他社会支持情况。

第二十二条　了解流浪未成年人家庭监护状况，包括：

（一）家庭监护意愿和能力，存在的主要问题；

（二）有无虐待、剥削、遗弃或者严重疏于照管等现象；

（三）监护责任知晓程度、监护计划和方式方法。

第二十三条　了解流浪未成年人家庭所处社会环境，包括：

（一）地理位置以及周边安全情况；

（二）学校、社区对家庭监护的支持程度；

（三）当地政府、有关部门和基层组织对家庭监护的支持程度；

（四）地区经济社会发展情况。

第二十四条　评估流浪未成年人的回归安置条件，包括：

（一）监护人对流浪未成年人就学、就业的规划以及回归安置的意愿；

（二）监护人是否有监护意愿和监护抚养能力；

（三）是否能落实与流浪未成年人相关的义务教育、社会保障政策和帮扶措施。

第五章　评估报告

第二十五条　应及时记录流浪未成年人需求和家庭监护情况评估进展，形成比较完整的评估报告。

第二十六条　评估报告应当包括以下内容：

（一）流浪未成年人及其家庭的基本信息；

（二）流浪未成年人需求情况；

（三）流浪未成年人家庭监护情况；

（四）有利因素、主要问题及其原因分析；

（五）阶段性评估结论；

（六）服务建议。

第二十七条　服务建议应对流浪未成年人及其家庭监护提出有针对性的干预帮扶措施。

第二十八条　应当将流浪未成年人需求和家庭监护评估报告纳入受助档案，为机构转介、跟踪回访提供参考依据。

第六章　附　则

第二十九条　流浪未成年人需求评估和家庭监护情况评估，既可以综合评估，也可以分别评估。流入地救助保护机构重点开展流浪未成年人需求评估，流出地救助保护机构重点开展流浪未成年人家庭监护情况评估。

民政部、中央综治办、最高人民法院等关于加强孤儿救助工作的意见

（2006 年 3 月 29 日）

各省、自治区、直辖市民政厅（局）、综治委、高级人民法院、发展改革委、教育厅（教委）、公安厅（局）、司法厅（局）、财政厅（局）、劳动和社会保障厅（局）、建设厅（委）、农业厅（局）、卫生厅（局）、人口计生委、团委、妇联；新疆生产建设兵团民政局、综治委、法院、发展改革委、教育局、公安局、司法局、财务局、劳动和社会保障局、建设局、农业局、卫生局、人口计生委、团委、妇联：

孤儿是社会上最弱小、最困难的群体，党和政府历来关心和重视孤残儿童福利事业。最近，胡锦涛总书记要求应区别情况，完善救助制度，使孤儿都能健康成长。为贯彻落实胡锦涛总书记的指示精神和《中共中央关于制定国民经济和社会发展第十一个五年规划的建议》《中共中央国务院关于进一步加强和改进未成年人思想道德建设的若干意见》，发展具有中国特色的儿童福利事业，现就加强孤儿救助工作提出以下意见：

一、高度重视孤儿救助工作。据不完全统计，全国现有失去父母和事实上无人抚养的未成年人（以下简称孤儿）57.3万名，他们失去父母，无人抚养，处于生存、发展的困境，是社会福利事业和社会救助工作的重点对象。在全面建设小康社会、构建社会主义和谐社会的新阶段，党和政府坚持“立党为公、执政为民”，树立以人为本的科学发展观，提出了加强社会福利事业建设、完善社会救助体系的目标，为加强孤儿救助工作提出了新的要求，指明了方向。各级政府，特别是地方各级政府要切实加强领导，采取有效措施，完善社会救助制度，提高社会福利水平，为保障孤儿的基本生活和健康成长创造条件。要

建立政府领导、民政牵头、部门配合、社会参与的孤儿救助保护工作机制，明确部门责任，制定优惠政策，加大资金投入，广泛动员社会力量，满足孤儿生活、教育、康复、医疗和就业等方面的基本需求，营造保障孤儿合法权益、有利孤儿健康成长的良好社会环境。

二、采取多种形式妥善安置孤儿。各级政府应当按照有利于孤儿成长的原则，区别不同情况，依据有关法律、法规，妥善做好孤儿安置工作。

（一）孤儿的监护人应当依法履行监护职责，维护孤儿的合法权益。监护人不履行监护职责或侵害被监护人的合法权益的，应当承担相应的法律责任。人民法院可以根据有关人员或有关单位的申请，依法撤销监护人的资格。

（二）由孤儿父母生前所在单位或孤儿住所地的村（居）民委员会担任监护人的，可以由监护人委托有抚养意愿和抚养能力的家庭养育孤儿。

（三）由民政部门监护的孤儿，可以在社会（儿童）福利院、敬老院、孤儿学校、SOS儿童村和流浪未成年人救助保护中心等机构集中安置，并可以根据《家庭寄养管理暂行办法》的规定，开展家庭寄养。

（四）要根据《中华人民共和国收养法》的规定，积极开展孤儿收养工作。对“事实收养”问题，要根据不同情况予以解决，符合收养条件的，依法办理登记和相关手续，切实保护被收养儿童的合法权益。

（五）对于暂时查找不到家庭的流浪未成年人，可以根据具体情况延长其在流浪未成年人救助保护机构的救助和教育时间。对于确实无法查明身份的流浪未成年人，可由流浪未成年人救助保护机构和儿童福利机构安置。

（六）对因父母服刑或其他原因暂时失去生活依靠的未成年人，可以依据相关法律规定妥善安置。

三、保障孤儿基本生活和合法权益。各有关部门要认真履行职责，制定和落实优惠政策，密切配合，共同做好孤儿救助工作。

（一）财政部门应当将孤儿救助所需资金纳入城乡社会救助和社会福利事业发展资金需求，统筹考虑，合理安排。通过财政预算安排、民政部门使用福利彩票公益金资助和社会捐赠等多渠道筹集资金，保障孤儿的基本生活不低于当地平均生活水平。中央财政将加大对财政困难地区一般性转移支付力度，增强这些地区的财政保障能力。

（二）发展改革部门应当统筹考虑儿童福利机构和流浪未成年人救助保护

机构建设。到2010年，基本达到每个地级市都拥有一所具有养护、医疗康复、教育能力的儿童福利机构。在财力允许的情况下，国家发展改革委在固定资产投资项目安排中，对中西部地区和东北地区的儿童福利机构建设予以适当支持。

（三）政府举办的非营利性医疗机构应当为孤儿提供基本的卫生医疗服务。鼓励、支持医疗机构采用多种形式自愿减免散居孤儿医疗费用。卫生部门对儿童福利机构设置的为所收养的孤儿服务的门诊部、诊所、卫生所（室）要给予指导和支持。

（四）教育部门应当对处于义务教育阶段的孤儿免收杂费，免费提供教科书并补助寄宿生生活费；对被公办普通高中、中等职业学校和高等学校录取的孤儿，应当纳入现有资助政策体系，给予教育救助。孤儿所在学校要优先为其提供勤工俭学机会。教育部门对儿童福利机构和流浪未成年人救助保护机构开办的特教班应当给予指导和支持。

（五）劳动和社会保障部门及有关部门应当对城镇登记失业的适龄孤儿按规定提供职业培训补贴和免费职业介绍，并落实小额担保贷款政策，鼓励和帮助其自谋职业和自主创业；县、乡（镇）政府和村民委员会要积极扶持法定劳动年龄内有劳动能力但未就业的农村孤儿从事农业生产活动，或引导和帮助其进城务工，劳动保障部门要按规定落实相关就业服务政策。

（六）人口和计划生育部门等为收养当事人出具证明材料的部门或机构，应当及时、如实出具证明材料。

（七）公安部门对孤儿安置需办理常住户口登记或者迁移手续的，要依法及时予以办理；对遗弃儿童和利用孤儿从事非法活动的违法犯罪行为要严肃查处，坚决打击。

（八）司法部门应当依法保护孤儿的人身、财产权利。司法行政部门和人民法院应当依法对有需要的孤儿提供法律援助或者司法救助。

（九）因地制宜解决孤儿住房问题。监护人应当帮助有房产的孤儿做好房屋的维修、保护工作。居住在农村无住房的孤儿成年后，乡（镇）政府和村民委员会要组织动员社会力量和居住地村民帮助其建房。儿童福利机构中的孤儿成年结婚后，符合廉租住房、经济适用住房申请条件的，当地政府和建设（房地产）部门应当给予优先安排。

四、民政部门要积极发挥职能作用。

（一）要加强协调指导。作为孤儿救助职能部门，民政部门要在地方党委政府的领导下，与有关部门密切协作，充分发挥牵头作用。要针对孤儿成长过程中遇到的困难，认真研究对策措施，不断完善法规政策，要加强协调，共同落实孤儿救助的各项政策，切实保障孤儿的合法权益。

（二）要全面提高儿童福利机构的管理服务水平。要完善儿童福利机构孤儿、弃婴接收、救治和以岗位责任制为核心的管理制度，健全儿童养育、康复标准，并通过引入社会工作专业制度、聘用专业社会工作者等方式，积极探索适应儿童身心发育要求的养育模式，为孤儿提供规范优质的服务。要及时安排儿童福利机构收养的残疾孤儿进行治疗和康复，并将非定向的社会捐赠资金优先用于残疾孤儿的治疗和康复。

（三）要建立健全孤儿福利服务工作网络。民政部门可以根据需要委托福利院和敬老院，负责孤儿生活费的日常办理工作，加强对孤儿收养、寄养家庭的走访、服务指导、技术培训和监督检查工作。

（四）民政部门要将符合条件的社会散居孤儿纳入城乡医疗救助制度；已经开展新型农村合作医疗试点的地区，要用医疗救助基金资助农村孤儿参加新型农村合作医疗，其救治费用按照当地新型农村合作医疗制度规定报销后仍有困难的，由民政部门在医疗救助基金中解决。

五、广泛动员社会力量关心和帮助孤儿。要利用“六一”儿童节、“助残日”和专项慈善活动等时机，通过各种媒体广泛开展宣传，号召社会各界奉献爱心、帮助孤儿，为孤儿生存、发展创造良好的舆论氛围和社会环境。共青团、妇联等群团组织要协助各级政府开展孤儿权益的保护工作，倡导和组织广大青少年、妇女通过开展志愿者活动等多种形式为孤儿提供及时有效的服务，并对女童和艾滋病致孤儿童给予特殊的关爱。要大力推进社会福利社会化，发展慈善事业，鼓励民间组织、企业事业单位、公民和外资等社会力量支持参与儿童福利事业，进一步推动孤儿救助工作的开展。

发展儿童福利事业，完善孤儿救助制度是贯彻“三个代表”重要思想，树立科学发展观，落实“十一五”规划的一项重要任务；是体现社会公平、维护社会稳定，构建社会主义和谐社会的一项具体措施；是弘扬中华民族扶危济困传统美德，加强社会主义精神文明建设的一个实际行动。各级政府及有关部门要高度重视，狠抓落实，社会各界要大力支持，积极参与，让孤儿分享改革发展的成果，在充满亲情的社会主义大家庭中健康成长。

民政部
中央综治办
最高人民法院
发展改革委
教育部
公安部
司法部
财政部
劳动和社会保障部
建设部
农业部
卫生部
人口计生委
共青团中央
全国妇联
2006年3月29日

民政部、财政部关于发放孤儿基本生活费的通知

（2010 年 11 月 26 日）

各省、自治区、直辖市民政厅（局）、财政厅（局），新疆生产建设兵团民政局、财务局：

为贯彻落实《国务院办公厅关于加强孤儿保障工作的意见》（国办发〔2010〕54号，以下简称《意见》）精神，建立健全孤儿保障制度，切实保障孤儿合法权益，促进孤儿健康成长，民政部、财政部决定，自2010年1月起为全国孤儿发放基本生活费，现就有关问题通知如下：

一、充分认识发放孤儿基本生活费的重要意义

党和政府历来高度重视儿童福利工作，给予孤儿等特殊困难儿童特别的关怀。特别是改革开放以来，我国经济社会快速健康发展，社会保障体系逐步完善，孤儿各项权益得到了相应保障。但是从全国范围来看，面向孤儿群体的保障制度尚不健全，孤儿保障水平偏低，难以满足其成长需求，儿童福利机构护理人员短缺且专业化程度低，孤儿在医疗康复、教育、住房及成年后的就业等方面还有很多困难。发放孤儿基本生活费，是落实科学发展观、构建社会主义和谐社会的实际行动，是使孤儿共享改革开放成果的重要举措，是维护孤儿合法权益、保障孤儿健康成长的客观要求，是完善社会福利体系的重要内容。各地要充分认识到这项工作的重要意义，将其作为政府改善民生、建立健全社会福利体系的重点工作内容，增强责任感和使命感，高度重视，扎实推进。

二、合理确定发放对象范围

根据《意见》，孤儿保障的对象是失去父母、查找不到生父母的未成年人。其中，“未成年人”定义依据《中华人民共和国未成年人保护法》，指未

满18周岁的公民。

三、科学制定标准，全面落实保障资金

各省（自治区、直辖市）要根据城乡生活水平、儿童成长需要和财力状况，按照保障孤儿的基本生活不低于当地平均生活水平的原则，合理确定孤儿基本生活最低养育标准，具体标准参照民政部关于孤儿最低养育标准的指导意见确定。机构供养孤儿养育标准应高于散居孤儿养育标准。地方各级财政要将孤儿基本生活费列入预算，省级财政要进一步加大投入，保障孤儿基本生活费所需资金。地方各级民政部门要根据保障对象的范围认真核定孤儿身份，提出资金需求，经同级财政部门审核后列入预算。中央财政2010年安排25亿元专项补助资金，对东、中、西部地区孤儿分别按照月人均180元、270元、360元的标准予以补助。以后年度按民政部审核的上年孤儿人数及孤儿基本养育需求，逐年测算安排中央财政补助金额。各地财政部门要统筹安排中央补助和地方资金，建立孤儿基本生活最低养育标准自然增长机制。孤儿基本生活费保障资金实行专项管理，专账核算，专款专用，严禁挤占挪用。

四、严格规范发放程序

孤儿基本生活费的管理既要严格规范，又要考虑到孤儿养育的特点和城乡实际，因地制宜，采取合理可行的办法和程序。

（一）申请、审核和审批。社会散居孤儿申请孤儿基本生活费，由孤儿监护人向孤儿户籍所在地的街道办事处或乡（镇）人民政府提出申请，申请时应出具孤儿父母死亡证明或人民法院宣告孤儿父母死亡或失踪的证明。街道办事处或乡（镇）人民政府对申请人和孤儿情况进行核实并提出初步意见，上报县级人民政府民政部门审批。县级人民政府民政部门要认真审核申请材料，提出核定、审批意见。为保护孤儿的隐私，应避免以公示的方式核实了解情况。

福利机构孤儿的基本生活费，由福利机构负责汇总孤儿信息并向所属民政部门提出申请，由所属民政部门审批。省级民政部门会同财政部门，于每年3月底之前，将本地区截止上一年底的孤儿人数、保障标准、资金安排情况联合上报民政部、财政部。

（二）资金发放。县级财政部门根据同级民政部门提出的支付申请，将孤

儿基本生活费直接拨付到孤儿或其监护人个人账户或福利机构集体账户。财政直接支付确有困难的，可通过县级民政部门按规定程序以现金形式发放。

（三）动态管理。街道办事处、乡（镇）人民政府和县级人民政府民政部门要采取多种形式，深入调查了解孤儿保障情况，及时按照程序和规定办理增发或停发孤儿基本生活费的手续。要将审批、发放工作与儿童福利信息系统建设结合起来，借助信息化手段实现对发放工作的动态管理，规范程序，提高效率。

（四）监督指导。县级人民政府民政部门要与社会散居孤儿的监护人签订协议。协议应对监护人领取、使用孤儿基本生活费以及孤儿养育状况提出相应要求，明确监护人应依法履行的监护职责和抚养义务。县（市）民政部门要依托福利机构设立儿童福利指导中心。有条件的地区，应独立设立儿童福利指导中心，儿童福利指导中心可受所属民政部门委托，负责为孤儿建档造册，对孤儿养育状况进行定期巡查和监督评估，对监护人进行指导和培训；负责代理孤儿权益的相关事务，协助所属民政部门与财政、卫生、教育、人力资源社会保障、住房城乡建设等部门协调，落实孤儿医疗康复、教育、住房及成年后就业等相关的优惠政策，为孤儿成长提供必要的服务和支持。

发放孤儿基本生活费是一项全新的工作，各地民政、财政部门要切实加强管理，确保发放工作顺利进行。对于孤儿基本生活费发放工作中遇到的困难和问题，及时报告民政部、财政部。

民政部

财政部

2010年11月26日

民政部、国家计委、财政部、国家教委、卫生部、交通部关于进一步发展孤残儿童福利事业的通知

（1997 年 1 月 21 日）

各省、自治区、直辖市、计划单列市民政厅（局）、计委（计经委）、财政厅（局）、教委（教育厅）、卫生厅（局）、交通厅（局）：

孤残儿童福利事业是我国社会保障工作的重要组成部分。新中国成立40多年来，特别是党的十一届三中全会以来，随着我国社会经济的蓬勃发展，孤残儿童福利事业也得到了长足发展，取得了显著成绩。但是，孤残儿童福利事业目前仍存在着不少困难和问题，这些困难和问题亟待解决。主要是：福利院数量少、规模小，床位不足，收养能力低；生活标准低，医疗、康复、教育比较困难；基础设施差；工作人员队伍不稳定。为此，今年3月国务院召开专门会议，听取了民政部等有关部门关于当前我国孤残儿童福利事业发展状况和问题的汇报，研究了孤儿、弃婴和加强儿童福利院建设等问题。

为了落实国务院关于研究孤儿问题的会议纪要（国阅〔1996〕54号）文件精神，认真贯彻《中华人民共和国国民经济和社会发展“九五”计划和2010年远景目标纲要》中提出的“切实保护妇女、未成年人、老年人、残疾人等社会群体和优抚救济对象的合法权益”和“积极发展社会福利事业和社区服务，加强福利设施建设”的指导方针，进一步发展我国孤残儿童福利事业，特作如下通知：

一、各级政府要将孤残儿童福利事业列入国民经济和社会发展计划，促进孤残儿童福利事业的发展水平与当地国民经济和社会发展水平相适应。“九五”期间，各级计划部门要把儿童（社会）福利院的床位数纳入社会发展的计划指标，同时对有关儿童（社会）福利院基本建设的立项予以统一安排。

到“九五”末期，争取在各直辖市、省会城市、计划单列市及重点地区至少兴办1所儿童福利院，在70%左右的县（或县级市）建立起综合性的社会福利院（含儿童部），全国儿童收养的床位数力争达到30000张。到2010年，基本达到每个地级市都拥有一所具有养护、医疗康复、教育能力的儿童福利院。

二、加强基础设施建设，增加对儿童（社会）福利院的资金投入。“九五”期间，各地要加强对儿童（社会）福利院基础设施的建设，加快对现有儿童（社会）福利院基础设施更新改造工作的步伐。危房改造、生活护理设施更新所需的经费原则上由地方政府统筹解决，中央将通过转移支付制度对老、少、边、穷地区的财政予以支持。民政部计划利用中国社会福利有奖募捐资金，对全国800所新建社会福利院儿童部和100所儿童福利院基础设施的重点改造给予资助。

三、提高社会福利机构中收养儿童的生活费标准。各地要根据当地居民平均生活水平编制社会福利机构的经费预算。经费预算应按上年预算指标加当年合理增长部分安排。调整后的儿童生活费标准应不低于当地居民平均生活水平，具体标准和提高的幅度由县以上人民政府根据实际情况制定。提高标准所需经费由地方政府解决。

四、逐步建立和完善对孤儿和弃婴的救治制度。凡需要急救的孤儿和弃婴，要先送至当地医疗机构进行救治。经诊断治疗后，由医院签发诊断证明并连同健康证、残疾证，交由福利院按照有关规定办理入院手续。救治所需的经费，经民政部门申请、卫生部门证明，地方政府安排统筹解决，地方有奖募捐委员会也要视资金募集情况予以资助。各地卫生部门要在1997年4月底以前，将县级以上地区为孤残儿童救治的指定医院报卫生部核准。

五、进一步扶持孤残儿童福利事业的发展。各地教育部门对福利院收养的就读于小学、初中的学龄儿童、少年免收杂费和书本费；对被高中（含职业高中）、技校、中专、高等学校录取的福利院孤儿，学校可免收学杂费，并给予必要的经济资助，书本费可由学校和福利院协商解决。福利机构的救护车及生活用车可由各地根据有关规定和实际工作需要，经福利机构按程序报请地方交通主管部门审批后，减免征收养路费。儿童（社会）福利院专业技术人员及其他各类工作人员的配备和队伍稳定问题，各地要予以充分重视，并注意解决他们的工作、生活等方面的实际困难；要进一步提高儿童（社会）福利院医护人员的医护水平，并由当地民政、卫生部门共同负责对其进行必要的专业技术培训。同时，卫生部门要根据福利院工作的特点制定适合民政系统专业技术特点的职称考核办法，在条件成熟的地区，卫生部门可授权民政部门对儿童（社会）福利院的医护人员进行中级及中级职称以下的考核评定，对经考试合格的专业技术人员给予资格认定。

六、切实加强孤残儿童的保护。各级政府要高度重视儿童福利事业发展，将儿童福利院的建设作为政府为人民群众办好事、办实事的一项政治任务来抓，协调有关部门落实优惠政策，保证项目实施。各地民政、计委、财政、教委、卫生、交通等部门，要在当地政府领导下，结合本地区实际情况，制定具体措施，落实保护政策，及时帮助儿童（社会）福利院解决实际困难。各地民政部门要加强对儿童（社会）福利院的领导，维护孤残儿童的切身利益。要帮助儿童（社会）福利院改善内部管理、建立健全各项管理制度和岗位责任制，规范工作规程，提高服务水平，确保孤残儿童幸福、健康地成长。

民政部
国家计委
财政部
国家教委
卫生部
交通部
1997 年 1 月 21 日

民政部办公厅关于认真贯彻民政部等六部委《关于进一步发展孤残儿童福利事业的通知》的通知

（1997 年 4 月 2 日）

各省、自治区、直辖市民政厅（局）、各计划单列市民政局：

最近，我部与国家计委、财政部、国家教委、卫生部和交通部共同下发了《关于进一步发展孤残儿童福利事业的通知》（民福发〔1997〕3号，以下简称《通知》。该《通知》充分体现了中央有关部门对孤残儿童福利事业的关心和重视，初步解决了一些长期以来困扰福利事业发展的困难和问题，对推动全国儿童福利事业的发展必将起到积极的促进作用。为抓住机遇，更好地贯彻落实《通知》精神，现提出如下要求：

一、加强对本地区儿童福利事业的调查研究，及时向当地政府和有关部门反映儿童福利工作面临的困难和问题。近年来，儿童福利事业取得了长足进步，但是从整体水平看，儿童福利事业的发展依然滞后于国民经济的发展水平，各地福利事业的发展也不平衡。各地民政部门要认真学习《通知》精神，及时组织有关部门、有关专家对本地区儿童福利事业的基本现状进行实地调查，主动向政府领导及各有关部门实事求是地反映这方面工作中存在的困难和问题，抓住落实《通知》这一良好机遇，尽快出台本地区的有关优惠政策，以促进本地区儿童福利事业的发展。

二、加强协调，解决儿童福利事业中的问题。各地民政部门要及时将《通知》送至计委、财政、教委、卫生、交通等部门，尽早向当地政府和这些部门提出本地区发展儿童福利事业的设想及解决存在问题的计划方案，逐条落实《通知》中提出的任务，以充分利用这一契机，进一步明确和解决儿童福利工作中需要明确和解决的有关问题，推动儿童福利事业的发展。

三、加强管理，不断提高儿童福利院的办院水平和服务水平。各地民政部门一方面要努力为儿童福利事业的发展创造宽松的外部环境，另一方面也要加强对儿童福利事业的内部管理。要制定本地区儿童福利事业的发展规划；要选配好儿童福利院的领导班子，特别是要选好一个懂业务、会管理、热心儿童福利事业的院长；要深化儿童福利院的管理体制改革，继续改革内部人事、劳动、分配等制度；要逐步完善并认真实施儿童福利院的岗位责任制、工作规程、业务培训等；要加强对儿童福利院工作的指导和检查；对存在问题较多、领导不力、管理较差的儿童福利院，要采取得力措施，限期整顿，使儿童福利院的管理水平和服务水平不断得到提高。

儿童福利事业是我国社会主义精神文明建设的窗口和阵地，是我国社会经济发展的重要标志，它与我国的国际政治形象息息相关。希望各地民政部门在当地党委和政府的领导下，认真贯彻落实《通知》精神，开创儿童福利事业发展的新局面，使儿童福利事业在“九五”期间再上一个新的台阶。

民政部办公厅

1997年4月2日

民政部关于制定福利机构儿童最低养育标准的指导意见

（2009年6月9日）

各省、自治区、直辖市民政厅（局），计划单列市民政局，新疆生产建设兵团民政局：

党中央、国务院高度重视儿童福利事业，尤其是孤儿、弃婴的权益保障。2005年10月15日，胡锦涛总书记批示：“孤儿是社会上最弱小、最困难的群体，应区别情况，完善救助制度，使他们都能健康成长。”2006年“六一”国际儿童节前夕，胡锦涛总书记视察北京市儿童福利院时特别指出：“各级党委和政府都要把孤残儿童放在心上，健全救助制度，完善福利设施，推进特殊教育，动员社会力量为孤残儿童奉献爱心，使他们和其他小朋友一样，在祖国的同一片蓝天下健康幸福成长。”为贯彻落实胡锦涛总书记重要指示精神，加强孤儿福利保障工作，民政部启动实施了“儿童福利机构建设蓝天计划”，建立了“残疾孤儿手术康复明天计划”长效机制，进一步加强了儿童福利机构建设，改善了残疾孤儿健康状况，提高了福利机构儿童的生活质量。但是，相当多的福利机构仍然存在着儿童养育标准低的突出现象。

针对福利机构儿童残疾比例高、残疾种类多、营养康复和医疗需求大的特点，为保障在院儿童身心全面发展需要，避免出现养育标准过低、康复条件较差、各地养育标准差距较大的问题，经测算论证，民政部建议福利机构儿童最低养育标准为每人每月1000元。这一标准包含伙食费、服装被褥费、日常用品费、教育费、医疗费和康复费，不包含儿童大病医疗救助费、寄养家庭劳务费等（详见附表）。为推动各地尽快制定出科学、合理的福利机构儿童养育标准，现提出以下意见：

一、制定福利机构儿童养育标准的重要意义

儿童福利机构是集中养育孤儿、弃婴的场所，是地方各级政府对孤儿、弃婴履行监护义务、承担养育责任的载体，在儿童福利服务体系中发挥着骨干作用，是保障孤儿、弃婴生存权益的最后一道“安全网”。孤儿、弃婴的现实生存和未来发展状况，完全取决于各级政府是否能够为他们提供满足其健康成长需要的养育条件。制定福利机构儿童养育标准，有利于维护孤儿、弃婴的合法权益，促进社会公平正义，实现全体人民共享改革发展成果；有利于促进我国人权事业全面发展，体现社会主义制度的优越性，树立我国良好的国际形象。各地要从坚持立党为公、执政为民的高度，从全面建设小康社会、构建社会主义和谐社会的高度，充分认识制定福利机构儿童养育标准的重要意义，增强责任感和使命感，切实采取有力措施，做好本地福利机构儿童养育标准的制定和落实工作。

二、制定福利机构儿童养育标准的总体要求

各地要以邓小平理论和“三个代表”重要思想为指导，深入贯彻落实科学发展观，紧紧围绕改善孤儿和弃婴养育条件、提高孤儿和弃婴生活质量的目标，着眼于解决孤儿、弃婴最迫切、最直接、最现实的利益问题，树立“一切为了孩子，为了孩子的一切”的理念，以全国福利机构儿童最低养育标准为基准，科学制定和落实本地福利机构儿童养育标准，并建立自然增长机制，实现儿童福利事业与经济社会的协调发展。

三、加强对儿童福利机构养育工作的指导

各地要及时向当地政府汇报，把制定和落实福利机构儿童养育标准工作纳入政府关注民生、建立健全社会保障体系的重点工作中来。地方各级民政部门作为儿童福利机构的上级主管部门，要进一步加强对儿童福利机构的指导和支持，主动帮助解决福利机构的现实困难和实际问题，为在院儿童创造积极健康的成长条件。社会各界捐赠给儿童福利机构的款物要直接用于儿童成长支出，不得冲抵福利机构行政事业经费和儿童养育费。儿童福利机构要切实负起责任，完善岗位责任制，规范内部管理，加强人员培训，不断提高养育质量和康复训练、特殊教育水平。要进一步加强专业化、标准化建设，不断改善残疾孤

儿健康状况，为他们成年后融入社会打下良好基础。要密切关注孤儿、弃婴的身心发育和性格培养，促进他们全面健康成长。儿童福利工作者和福利机构工作人员要进一步增强使命感和责任感，满怀爱心和热忱，把抚养、教育孤儿、弃婴的工作做实、做细、做好。

各地要对制定和落实福利机构儿童养育标准工作做出具体部署和安排，并将工作情况于今年10月底前报社会福利和慈善事业促进司。

附件：

福利机构儿童养育费用支出参照表（均值）（略）

民政部

2009 年 6 月 9 日

家庭寄养管理办法

（2014 年 9 月 24 日）

第一章　总　则

第一条　为了规范家庭寄养工作，促进寄养儿童身心健康成长，根据《中华人民共和国未成年人保护法》和国家有关规定，制定本办法。

第二条　本办法所称家庭寄养，是指经过规定的程序，将民政部门监护的儿童委托在符合条件的家庭中养育的照料模式。

第三条　家庭寄养应当有利于寄养儿童的抚育、成长，保障寄养儿童的合法权益不受侵犯。

第四条　国务院民政部门负责全国家庭寄养监督管理工作。

县级以上地方人民政府民政部门负责本行政区域内家庭寄养监督管理工作。

第五条　县级以上地方人民政府民政部门设立的儿童福利机构负责家庭寄养工作的组织实施。

第六条　县级以上人民政府民政部门应当会同有关部门采取措施，鼓励、支持符合条件的家庭参与家庭寄养工作。

第二章　寄养条件

第七条　未满十八周岁、监护权在县级以上地方人民政府民政部门的孤儿、查找不到生父母的弃婴和儿童，可以被寄养。

需要长期依靠医疗康复、特殊教育等专业技术照料的重度残疾儿童，不宜安排家庭寄养。

第八条　寄养家庭应当同时具备下列条件：

（一）有儿童福利机构所在地的常住户口和固定住所。寄养儿童入住后，人均居住面积不低于当地人均居住水平；

（二）有稳定的经济收入，家庭成员人均收入在当地处于中等水平以上；

（三）家庭成员未患有传染病或者精神疾病，以及其他不利于寄养儿童抚育、成长的疾病；

（四）家庭成员无犯罪记录，无不良生活嗜好，关系和睦，与邻里关系融洽；

（五）主要照料人的年龄在三十周岁以上六十五周岁以下，身体健康，具有照料儿童的能力、经验，初中以上文化程度。

具有社会工作、医疗康复、心理健康、文化教育等专业知识的家庭和自愿无偿奉献爱心的家庭，同等条件下优先考虑。

第九条　每个寄养家庭寄养儿童的人数不得超过二人，且该家庭无未满六周岁的儿童。

第十条　寄养残疾儿童，应当优先在具备医疗、特殊教育、康复训练条件的社区中为其选择寄养家庭。

第十一条　寄养年满十周岁以上儿童的，应当征得寄养儿童的同意。

第三章　寄养关系的确立

第十二条　确立家庭寄养关系，应当经过以下程序：

（一）申请。拟开展寄养的家庭应当向儿童福利机构提出书面申请，并提供户口簿、身份证复印件，家庭经济收入和住房情况、家庭成员健康状况以及一致同意申请等证明材料；

（二）评估。儿童福利机构应当组织专业人员或者委托社会工作服务机构等第三方专业机构对提出申请的家庭进行实地调查，核实申请家庭是否具备寄养条件和抚育能力，了解其邻里关系、社会交往、有无犯罪记录、社区环境等情况，并根据调查结果提出评估意见；

（三）审核。儿童福利机构应当根据评估意见对申请家庭进行审核，确定后报主管民政部门备案；

（四）培训。儿童福利机构应当对寄养家庭主要照料人进行培训；

（五）签约。儿童福利机构应当与寄养家庭主要照料人签订寄养协议，明确寄养期限、寄养双方的权利义务、寄养家庭的主要照料人、寄养融合期限、违约责任及处理等事项。家庭寄养协议自双方签字（盖章）之日起生效。

第十三条　寄养家庭应当履行下列义务：

（一）保障寄养儿童人身安全，尊重寄养儿童人格尊严；

（二）为寄养儿童提供生活照料，满足日常营养需要，帮助其提高生活自理能力；

（三）培养寄养儿童健康的心理素质，树立良好的思想道德观念；

（四）按照国家规定安排寄养儿童接受学龄前教育和义务教育。负责与学校沟通，配合学校做好寄养儿童的学校教育；

（五）对患病的寄养儿童及时安排医治。寄养儿童发生急症、重症等情况时，应当及时进行医治，并向儿童福利机构报告；

（六）配合儿童福利机构为寄养的残疾儿童提供辅助矫治、肢体功能康复训练、聋儿语言康复训练等方面的服务；

（七）配合儿童福利机构做好寄养儿童的送养工作；

（八）定期向儿童福利机构反映寄养儿童的成长状况，并接受其探访、培训、监督和指导；

（九）及时向儿童福利机构报告家庭住所变更情况；

（十）保障寄养儿童应予保障的其他权益。

第十四条　儿童福利机构主要承担以下职责：

（一）制定家庭寄养工作计划并组织实施；

（二）负责寄养家庭的招募、调查、审核和签约；

（三）培训寄养家庭中的主要照料人，组织寄养工作经验交流活动；

（四）定期探访寄养儿童，及时处理存在的问题；

（五）监督、评估寄养家庭的养育工作；

（六）建立家庭寄养服务档案并妥善保管；

（七）根据协议规定发放寄养儿童所需款物；

（八）向主管民政部门及时反映家庭寄养工作情况并提出建议。

第十五条　寄养协议约定的主要照料人不得随意变更。确需变更的，应当经儿童福利机构同意，经培训后在家庭寄养协议主要照料人一栏中变更。

第十六条　寄养融合期的时间不得少于六十日。

第十七条　寄养家庭有协议约定的事由在短期内不能照料寄养儿童的，儿童福利机构应当为寄养儿童提供短期养育服务。短期养育服务时间一般不超过三十日。

第十八条　寄养儿童在寄养期间不办理户口迁移手续，不改变与民政部门的监护关系。

第四章　寄养关系的解除

第十九条　寄养家庭提出解除寄养关系的，应当提前一个月向儿童福利机构书面提出解除寄养关系的申请，儿童福利机构应当予以解除。但在融合期内提出解除寄养关系的除外。

第二十条　寄养家庭有下列情形之一的，儿童福利机构应当解除寄养关系：

（一）寄养家庭及其成员有歧视、虐待寄养儿童行为的；

（二）寄养家庭成员的健康、品行不符合本办法第八条第（三）和（四）项规定的；

（三）寄养家庭发生重大变故，导致无法履行寄养义务的；

（四）寄养家庭变更住所后不符合本办法第八条规定的；

（五）寄养家庭借机对外募款敛财的；

（六）寄养家庭不履行协议约定的其他情形。

第二十一条　寄养儿童有下列情形之一的，儿童福利机构应当解除寄养关系：

（一）寄养儿童与寄养家庭关系恶化，确实无法共同生活的；

（二）寄养儿童依法被收养、被亲生父母或者其他监护人认领的；

（三）寄养儿童因就医、就学等特殊原因需要解除寄养关系的。

第二十二条　解除家庭寄养关系，儿童福利机构应当以书面形式通知寄养家庭，并报其主管民政部门备案。家庭寄养关系的解除以儿童福利机构批准时间为准。

第二十三条　儿童福利机构拟送养寄养儿童时，应当在报送被送养人材料的同时通知寄养家庭。

第二十四条　家庭寄养关系解除后，儿童福利机构应当妥善安置寄养儿童，并安排社会工作、医疗康复、心理健康教育等专业技术人员对其进行辅导、照料。

第二十五条　符合收养条件、有收养意愿的寄养家庭，可以依法优先收养被寄养儿童。

第五章　监督管理

第二十六条　县级以上地方人民政府民政部门对家庭寄养工作负有以下监督管理职责：

（一）制定本地区家庭寄养工作政策；

（二）指导、检查本地区家庭寄养工作；

（三）负责寄养协议的备案，监督寄养协议的履行；

（四）协调解决儿童福利机构与寄养家庭之间的争议；

（五）与有关部门协商，及时处理家庭寄养工作中存在的问题。

第二十七条　开展跨县级或者设区的市级行政区域的家庭寄养，应当经过共同上一级人民政府民政部门同意。

不得跨省、自治区、直辖市开展家庭寄养。

第二十八条　儿童福利机构应当聘用具有社会工作、医疗康复、心理健康教育等专业知识的专职工作人员。

第二十九条　家庭寄养经费，包括寄养儿童的养育费用补贴、寄养家庭的劳务补贴和寄养工作经费等。

寄养儿童养育费用补贴按照国家有关规定列支。寄养家庭劳务补贴、寄养工作经费等由当地人民政府予以保障。

第三十条　家庭寄养经费必须专款专用，儿童福利机构不得截留或者挪用。

第三十一条　儿童福利机构可以依法通过与社会组织合作、通过接受社会捐赠获得资助。

与境外社会组织或者个人开展同家庭寄养有关的合作项目，应当按照有关规定办理手续。

第六章　法律责任

第三十二条　寄养家庭不履行本办法规定的义务，或者未经同意变更主要照料人的，儿童福利机构可以督促其改正，情节严重的，可以解除寄养协议。

寄养家庭成员侵害寄养儿童的合法权益，造成人身财产损害的，依法承担民事责任；构成犯罪的，依法追究刑事责任。

第三十三条　儿童福利机构有下列情形之一的，由设立该机构的民政部门进行批评教育，并责令改正；情节严重的，对直接负责的主管人员和其他直接责任人员依法给予处分：

（一）不按照本办法的规定承担职责的；

（二）在办理家庭寄养工作中牟取利益，损害寄养儿童权益的；

（三）玩忽职守导致寄养协议不能正常履行的；

（四）跨省、自治区、直辖市开展家庭寄养，或者未经上级部门同意擅自开展跨县级或者设区的市级行政区域家庭寄养的；

（五）未按照有关规定办理手续，擅自与境外社会组织或者个人开展家庭寄养合作项目的。

第三十四条　县级以上地方人民政府民政部门不履行家庭寄养工作职责，由上一级人民政府民政部门责令其改正。情节严重的，对直接负责的主管人员和其他直接责任人员依法给予处分。

第七章　附　则

第三十五条　对流浪乞讨等生活无着未成年人承担临时监护责任的未成年人救助保护机构开展家庭寄养，参照本办法执行。

第三十六条　尚未设立儿童福利机构的，由县级以上地方人民政府民政部门负责本行政区域内家庭寄养的组织实施，具体工作参照本办法执行。

第三十七条　本办法自2014年12月1日起施行，2003年颁布的《家庭寄养管理暂行办法》（民发〔2003〕144号）同时废止。

（二）老年人福利

中华人民共和国老年人权益保障法（2018 修正）

（2018 年 12 月 29 日）

第一章　总　则

第一条　为了保障老年人合法权益，发展老龄事业，弘扬中华民族敬老、养老、助老的美德，根据宪法，制定本法。

第二条　本法所称老年人是指六十周岁以上的公民。

第三条　国家保障老年人依法享有的权益。

老年人有从国家和社会获得物质帮助的权利，有享受社会服务和社会优待的权利，有参与社会发展和共享发展成果的权利。

禁止歧视、侮辱、虐待或者遗弃老年人。

第四条　积极应对人口老龄化是国家的一项长期战略任务。

国家和社会应当采取措施，健全保障老年人权益的各项制度，逐步改善保障老年人生活、健康、安全以及参与社会发展的条件，实现老有所养、老有所医、老有所为、老有所学、老有所乐。

第五条　国家建立多层次的社会保障体系，逐步提高对老年人的保障水平。

国家建立和完善以居家为基础、社区为依托、机构为支撑的社会养老服务体系。

倡导全社会优待老年人。

第六条　各级人民政府应当将老龄事业纳入国民经济和社会发展规划，将老龄事业经费列入财政预算，建立稳定的经费保障机制，并鼓励社会各方面投入，使老龄事业与经济、社会协调发展。

国务院制定国家老龄事业发展规划。县级以上地方人民政府根据国家老龄事业发展规划，制定本行政区域的老龄事业发展规划和年度计划。

县级以上人民政府负责老龄工作的机构，负责组织、协调、指导、督促有关部门做好老年人权益保障工作。

第七条　保障老年人合法权益是全社会的共同责任。

国家机关、社会团体、企业事业单位和其他组织应当按照各自职责，做好老年人权益保障工作。

基层群众性自治组织和依法设立的老年人组织应当反映老年人的要求，维护老年人合法权益，为老年人服务。

提倡、鼓励义务为老年人服务。

第八条　国家进行人口老龄化国情教育，增强全社会积极应对人口老龄化意识。

全社会应当广泛开展敬老、养老、助老宣传教育活动，树立尊重、关心、帮助老年人的社会风尚。

青少年组织、学校和幼儿园应当对青少年和儿童进行敬老、养老、助老的道德教育和维护老年人合法权益的法制教育。

广播、电影、电视、报刊、网络等应当反映老年人的生活，开展维护老年人合法权益的宣传，为老年人服务。

第九条　国家支持老龄科学研究，建立老年人状况统计调查和发布制度。

第十条　各级人民政府和有关部门对维护老年人合法权益和敬老、养老、助老成绩显著的组织、家庭或者个人，对参与社会发展做出突出贡献的老年人，按照国家有关规定给予表彰或者奖励。

第十一条　老年人应当遵纪守法，履行法律规定的义务。

第十二条　每年农历九月初九为老年节。

第二章　家庭赡养与扶养

第十三条　老年人养老以居家为基础，家庭成员应当尊重、关心和照料老年人。

第十四条　赡养人应当履行对老年人经济上供养、生活上照料和精神上慰藉的义务，照顾老年人的特殊需要。

赡养人是指老年人的子女以及其他依法负有赡养义务的人。

赡养人的配偶应当协助赡养人履行赡养义务。

第十五条　赡养人应当使患病的老年人及时得到治疗和护理；对经济困难的老年人，应当提供医疗费用。

对生活不能自理的老年人，赡养人应当承担照料责任；不能亲自照料的，可以按照老年人的意愿委托他人或者养老机构等照料。

第十六条　赡养人应当妥善安排老年人的住房，不得强迫老年人居住或者迁居条件低劣的房屋。

老年人自有的或者承租的住房，子女或者其他亲属不得侵占，不得擅自改变产权关系或者租赁关系。

老年人自有的住房，赡养人有维修的义务。

第十七条　赡养人有义务耕种或者委托他人耕种老年人承包的田地，照管或者委托他人照管老年人的林木和牲畜等，收益归老年人所有。

第十八条　家庭成员应当关心老年人的精神需求，不得忽视、冷落老年人。

与老年人分开居住的家庭成员，应当经常看望或者问候老年人。

用人单位应当按照国家有关规定保障赡养人探亲休假的权利。

第十九条　赡养人不得以放弃继承权或者其他理由，拒绝履行赡养义务。

赡养人不履行赡养义务，老年人有要求赡养人付给赡养费等权利。

赡养人不得要求老年人承担力不能及的劳动。

第二十条　经老年人同意，赡养人之间可以就履行赡养义务签订协议。赡养协议的内容不得违反法律的规定和老年人的意愿。

基层群众性自治组织、老年人组织或者赡养人所在单位监督协议的履行。

第二十一条　老年人的婚姻自由受法律保护。子女或者其他亲属不得干涉老年人离婚、再婚及婚后的生活。

赡养人的赡养义务不因老年人的婚姻关系变化而消除。

第二十二条　老年人对个人的财产，依法享有占有、使用、收益和处分的权利，子女或者其他亲属不得干涉，不得以窃取、骗取、强行索取等方式侵犯老年人的财产权益。

老年人有依法继承父母、配偶、子女或者其他亲属遗产的权利，有接受赠与的权利。子女或者其他亲属不得侵占、抢夺、转移、隐匿或者损毁应当由老年人继承或者接受赠与的财产。

老年人以遗嘱处分财产，应当依法为老年配偶保留必要的份额。

第二十三条　老年人与配偶有相互扶养的义务。

由兄、姐扶养的弟、妹成年后，有负担能力的，对年老无赡养人的兄、姐有扶养的义务。

第二十四条　赡养人、扶养人不履行赡养、扶养义务的，基层群众性自治组织、老年人组织或者赡养人、扶养人所在单位应当督促其履行。

第二十五条　禁止对老年人实施家庭暴力。

第二十六条　具备完全民事行为能力的老年人，可以在近亲属或者其他与自己关系密切、愿意承担监护责任的个人、组织中协商确定自己的监护人。监护人在老年人丧失或者部分丧失民事行为能力时，依法承担监护责任。

老年人未事先确定监护人的，其丧失或者部分丧失民事行为能力时，依照有关法律的规定确定监护人。

第二十七条　国家建立健全家庭养老支持政策，鼓励家庭成员与老年人共同生活或者就近居住，为老年人随配偶或者赡养人迁徙提供条件，为家庭成员照料老年人提供帮助。

第三章　社会保障

第二十八条　国家通过基本养老保险制度，保障老年人的基本生活。

第二十九条　国家通过基本医疗保险制度，保障老年人的基本医疗需要。享受最低生活保障的老年人和符合条件的低收入家庭中的老年人参加新型农村合作医疗和城镇居民基本医疗保险所需个人缴费部分，由政府给予补贴。

有关部门制定医疗保险办法，应当对老年人给予照顾。

第三十条　国家逐步开展长期护理保障工作，保障老年人的护理需求。

对生活长期不能自理、经济困难的老年人，地方各级人民政府应当根据其失能程度等情况给予护理补贴。

第三十一条　国家对经济困难的老年人给予基本生活、医疗、居住或者其他救助。

老年人无劳动能力、无生活来源、无赡养人和扶养人，或者其赡养人和扶养人确无赡养能力或者扶养能力的，由地方各级人民政府依照有关规定给予供养或者救助。

对流浪乞讨、遭受遗弃等生活无着的老年人，由地方各级人民政府依照有关规定给予救助。

第三十二条　地方各级人民政府在实施廉租住房、公共租赁住房等住房保障制度或者进行危旧房屋改造时，应当优先照顾符合条件的老年人。

第三十三条　国家建立和完善老年人福利制度，根据经济社会发展水平和老年人的实际需要，增加老年人的社会福利。

国家鼓励地方建立八十周岁以上低收入老年人高龄津贴制度。

国家建立和完善计划生育家庭老年人扶助制度。

农村可以将未承包的集体所有的部分土地、山林、水面、滩涂等作为养老基地，收益供老年人养老。

第三十四条　老年人依法享有的养老金、医疗待遇和其他待遇应当得到保障，有关机构必须按时足额支付，不得克扣、拖欠或者挪用。

国家根据经济发展以及职工平均工资增长、物价上涨等情况，适时提高养老保障水平。

第三十五条　国家鼓励慈善组织以及其他组织和个人为老年人提供物质帮助。

第三十六条　老年人可以与集体经济组织、基层群众性自治组织、养老机构等组织或者个人签订遗赠扶养协议或者其他扶助协议。

负有扶养义务的组织或者个人按照遗赠扶养协议，承担该老年人生养死葬的义务，享有受遗赠的权利。

第四章　社会服务

第三十七条　地方各级人民政府和有关部门应当采取措施，发展城乡社区养老服务，鼓励、扶持专业服务机构及其他组织和个人，为居家的老年人提供生活照料、紧急救援、医疗护理、精神慰藉、心理咨询等多种形式的服务。

对经济困难的老年人，地方各级人民政府应当逐步给予养老服务补贴。

第三十八条　地方各级人民政府和有关部门、基层群众性自治组织，应当将养老服务设施纳入城乡社区配套设施建设规划，建立适应老年人需要的生活服务、文化体育活动、日间照料、疾病护理与康复等服务设施和网点，就近为老年人提供服务。

发扬邻里互助的传统，提倡邻里间关心、帮助有困难的老年人。

鼓励慈善组织、志愿者为老年人服务。倡导老年人互助服务。

第三十九条　各级人民政府应当根据经济发展水平和老年人服务需求，逐步增加对养老服务的投入。

各级人民政府和有关部门在财政、税费、土地、融资等方面采取措施，鼓励、扶持企业事业单位、社会组织或者个人兴办、运营养老、老年人日间照料、老年文化体育活动等设施。

第四十条　地方各级人民政府和有关部门应当按照老年人口比例及分布情况，将养老服务设施建设纳入城乡规划和土地利用总体规划，统筹安排养老服务设施建设用地及所需物资。

公益性养老服务设施用地，可以依法使用国有划拨土地或者农民集体所有的土地。

养老服务设施用地，非经法定程序不得改变用途。

第四十一条　政府投资兴办的养老机构，应当优先保障经济困难的孤寡、失能、高龄等老年人的服务需求。

第四十二条　国务院有关部门制定养老服务设施建设、养老服务质量和养老服务职业等标准，建立健全养老机构分类管理和养老服务评估制度。

各级人民政府应当规范养老服务收费项目和标准，加强监督和管理。

第四十三条　设立公益性养老机构，应当依法办理相应的登记。

设立经营性养老机构，应当在市场监督管理部门办理登记。

养老机构登记后即可开展服务活动，并向县级以上人民政府民政部门备案。

第四十四条　地方各级人民政府加强对本行政区域养老机构管理工作的领

导，建立养老机构综合监管制度。

县级以上人民政府民政部门负责养老机构的指导、监督和管理，其他有关部门依照职责分工对养老机构实施监督。

第四十五条　县级以上人民政府民政部门依法履行监督检查职责，可以采取以下措施：

（一）向养老机构和个人了解情况；

（二）进入涉嫌违法的养老机构进行现场检查；

（三）查阅或者复制有关合同、票据、账簿及其他有关资料；

（四）发现养老机构存在可能危及人身健康和生命财产安全风险的，责令限期改正，逾期不改正的，责令停业整顿。

县级以上人民政府民政部门调查养老机构涉嫌违法的行为，应当遵守《中华人民共和国行政强制法》和其他有关法律、行政法规的规定。

第四十六条　养老机构变更或者终止的，应当妥善安置收住的老年人，并依照规定到有关部门办理手续。有关部门应当为养老机构妥善安置老年人提供帮助。

第四十七条　国家建立健全养老服务人才培养、使用、评价和激励制度，依法规范用工，促进从业人员劳动报酬合理增长，发展专职、兼职和志愿者相结合的养老服务队伍。

国家鼓励高等学校、中等职业学校和职业培训机构设置相关专业或者培训项目，培养养老服务专业人才。

第四十八条　养老机构应当与接受服务的老年人或者其代理人签订服务协议，明确双方的权利、义务。

养老机构及其工作人员不得以任何方式侵害老年人的权益。

第四十九条　国家鼓励养老机构投保责任保险，鼓励保险公司承保责任保险。

第五十条　各级人民政府和有关部门应当将老年医疗卫生服务纳入城乡医疗卫生服务规划，将老年人健康管理和常见病预防等纳入国家基本公共卫生服务项目。鼓励为老年人提供保健、护理、临终关怀等服务。

国家鼓励医疗机构开设针对老年病的专科或者门诊。

医疗卫生机构应当开展老年人的健康服务和疾病防治工作。

第五十一条　国家采取措施，加强老年医学的研究和人才培养，提高老年病的预防、治疗、科研水平，促进老年病的早期发现、诊断和治疗。

国家和社会采取措施，开展各种形式的健康教育，普及老年保健知识，增强老年人自我保健意识。

第五十二条　国家采取措施，发展老龄产业，将老龄产业列入国家扶持行业目录。扶持和引导企业开发、生产、经营适应老年人需要的用品和提供相关的服务。

第五章　社会优待

第五十三条　县级以上人民政府及其有关部门根据经济社会发展情况和老年人的特殊需要，制定优待老年人的办法，逐步提高优待水平。

对常住在本行政区域内的外埠老年人给予同等优待。

第五十四条　各级人民政府和有关部门应当为老年人及时、便利地领取养老金、结算医疗费和享受其他物质帮助提供条件。

第五十五条　各级人民政府和有关部门办理房屋权属关系变更、户口迁移等涉及老年人权益的重大事项时，应当就办理事项是否为老年人的真实意思表示进行询问，并依法优先办理。

第五十六条　老年人因其合法权益受侵害提起诉讼交纳诉讼费确有困难的，可以缓交、减交或者免交；需要获得律师帮助，但无力支付律师费用的，可以获得法律援助。

鼓励律师事务所、公证处、基层法律服务所和其他法律服务机构为经济困难的老年人提供免费或者优惠服务。

第五十七条　医疗机构应当为老年人就医提供方便，对老年人就医予以优先。有条件的地方，可以为老年人设立家庭病床，开展巡回医疗、护理、康复、免费体检等服务。

提倡为老年人义诊。

第五十八条　提倡与老年人日常生活密切相关的服务行业为老年人提供优先、优惠服务。

城市公共交通、公路、铁路、水路和航空客运，应当为老年人提供优待和照顾。

第五十九条　博物馆、美术馆、科技馆、纪念馆、公共图书馆、文化馆、影剧院、体育场馆、公园、旅游景点等场所，应当对老年人免费或者优惠开放。

第六十条　农村老年人不承担兴办公益事业的筹劳义务。

第六章　宜居环境

第六十一条　国家采取措施，推进宜居环境建设，为老年人提供安全、便利和舒适的环境。

第六十二条　各级人民政府在制定城乡规划时，应当根据人口老龄化发展趋势、老年人口分布和老年人的特点，统筹考虑适合老年人的公共基础设施、生活服务设施、医疗卫生设施和文化体育设施建设。

第六十三条　国家制定和完善涉及老年人的工程建设标准体系，在规划、设计、施工、监理、验收、运行、维护、管理等环节加强相关标准的实施与监督。

第六十四条　国家制定无障碍设施工程建设标准。新建、改建和扩建道路、公共交通设施、建筑物、居住区等，应当符合国家无障碍设施工程建设标准。

各级人民政府和有关部门应当按照国家无障碍设施工程建设标准，优先推进与老年人日常生活密切相关的公共服务设施的改造。

无障碍设施的所有人和管理人应当保障无障碍设施正常使用。

第六十五条　国家推动老年宜居社区建设，引导、支持老年宜居住宅的开发，推动和扶持老年人家庭无障碍设施的改造，为老年人创造无障碍居住环境。

第七章　参与社会发展

第六十六条　国家和社会应当重视、珍惜老年人的知识、技能、经验和优良品德，发挥老年人的专长和作用，保障老年人参与经济、政治、文化和社会生活。

第六十七条　老年人可以通过老年人组织，开展有益身心健康的活动。

第六十八条　制定法律、法规、规章和公共政策，涉及老年人权益重大问题的，应当听取老年人和老年人组织的意见。

老年人和老年人组织有权向国家机关提出老年人权益保障、老龄事业发展等方面的意见和建议。

第六十九条　国家为老年人参与社会发展创造条件。根据社会需要和可能，鼓励老年人在自愿和量力的情况下，从事下列活动：

（一）对青少年和儿童进行社会主义、爱国主义、集体主义和艰苦奋斗等优良传统教育；

（二）传授文化和科技知识；

（三）提供咨询服务；

（四）依法参与科技开发和应用；

（五）依法从事经营和生产活动；

（六）参加志愿服务、兴办社会公益事业；

（七）参与维护社会治安、协助调解民间纠纷；

（八）参加其他社会活动。

第七十条　老年人参加劳动的合法收入受法律保护。

任何单位和个人不得安排老年人从事危害其身心健康的劳动或者危险作业。

第七十一条　老年人有继续受教育的权利。

国家发展老年教育，把老年教育纳入终身教育体系，鼓励社会办好各类老年学校。

各级人民政府对老年教育应当加强领导，统一规划，加大投入。

第七十二条　国家和社会采取措施，开展适合老年人的群众性文化、体育、娱乐活动，丰富老年人的精神文化生活。

第八章　法律责任

第七十三条　老年人合法权益受到侵害的，被侵害人或者其代理人有权要求有关部门处理，或者依法向人民法院提起诉讼。

人民法院和有关部门，对侵犯老年人合法权益的申诉、控告和检举，应当依法及时受理，不得推诿、拖延。

第七十四条　不履行保护老年人合法权益职责的部门或者组织，其上级主管部门应当给予批评教育，责令改正。

国家工作人员违法失职，致使老年人合法权益受到损害的，由其所在单位或者上级机关责令改正，或者依法给予处分；构成犯罪的，依法追究刑事责任。

第七十五条　老年人与家庭成员因赡养、扶养或者住房、财产等发生纠纷，可以申请人民调解委员会或者其他有关组织进行调解，也可以直接向人民法院提起诉讼。

人民调解委员会或者其他有关组织调解前款纠纷时，应当通过说服、疏导等方式化解矛盾和纠纷；对有过错的家庭成员，应当给予批评教育。

人民法院对老年人追索赡养费或者扶养费的申请，可以依法裁定先予执行。

第七十六条　干涉老年人婚姻自由，对老年人负有赡养义务、扶养义务而拒绝赡养、扶养，虐待老年人或者对老年人实施家庭暴力的，由有关单位给予批评教育；构成违反治安管理行为的，依法给予治安管理处罚；构成犯罪的，依法追究刑事责任。

第七十七条　家庭成员盗窃、诈骗、抢夺、侵占、勒索、故意损毁老年人财物，构成违反治安管理行为的，依法给予治安管理处罚；构成犯罪的，依法追究刑事责任。

第七十八条　侮辱、诽谤老年人，构成违反治安管理行为的，依法给予治安管理处罚；构成犯罪的，依法追究刑事责任。

第七十九条　养老机构及其工作人员侵害老年人人身和财产权益，或者未按照约定提供服务的，依法承担民事责任；有关主管部门依法给予行政处罚；构成犯罪的，依法追究刑事责任。

第八十条　对养老机构负有管理和监督职责的部门及其工作人员滥用职权、玩忽职守、徇私舞弊的，对直接负责的主管人员和其他直接责任人员依法给予处分；构成犯罪的，依法追究刑事责任。

第八十一条　不按规定履行优待老年人义务的，由有关主管部门责令改正。

第八十二条　涉及老年人的工程不符合国家规定的标准或者无障碍设施所有人、管理人未尽到维护和管理职责的，由有关主管部门责令改正；造成损害的，依法承担民事责任；对有关单位、个人依法给予行政处罚；构成犯罪的，依法追究刑事责任。

第九章　附　则

第八十三条　民族自治地方的人民代表大会，可以根据本法的原则，结合当地民族风俗习惯的具体情况，依照法定程序制定变通的或者补充的规定。

第八十四条　本法施行前设立的养老机构不符合本法规定条件的，应当限期整改。具体办法由国务院民政部门制定。

第八十五条　本法自2013年7月1日起施行。

国务院关于加快发展养老服务业的若干意见

（2013年9月6日）

各省、自治区、直辖市人民政府，国务院各部委、各直属机构：

近年来，我国养老服务业快速发展，以居家为基础、社区为依托、机构为支撑的养老服务体系初步建立，老年消费市场初步形成，老龄事业发展取得显著成就。但总体上看，养老服务和产品供给不足、市场发育不健全、城乡区域发展不平衡等问题还十分突出。当前，我国已经进入人口老龄化快速发展阶段，2012年底我国60周岁以上老年人口已达1.94亿，2020年将达到2.43亿，2025年将突破3亿。积极应对人口老龄化，加快发展养老服务业，不断满足老年人持续增长的养老服务需求，是全面建成小康社会的一项紧迫任务，有利于保障老年人权益，共享改革发展成果，有利于拉动消费、扩大就业，有利于保障和改善民生，促进社会和谐，推进经济社会持续健康发展。为加快发展养老服务业，现提出以下意见：

一、总体要求

（一）指导思想。

以邓小平理论、“三个代表”重要思想、科学发展观为指导，从国情出发，把不断满足老年人日益增长的养老服务需求作为出发点和落脚点，充分发挥政府作用，通过简政放权，创新体制机制，激发社会活力，充分发挥社会力量的主体作用，健全养老服务体系，满足多样化养老服务需求，努力使养老服务业成为积极应对人口老龄化、保障和改善民生的重要举措，成为扩大内需、增加就业、促进服务业发展、推动经济转型升级的重要力量。

（二）基本原则。

深化体制改革。加快转变政府职能，减少行政干预，加大政策支持和引导力度，激发各类服务主体活力，创新服务供给方式，加强监督管理，提高服务质量和效率。

坚持保障基本。以政府为主导，发挥社会力量作用，着力保障特殊困难老年人的养老服务需求，确保人人享有基本养老服务。加大对基层和农村养老服务的投入，充分发挥社区基层组织和服务机构在居家养老服务中的重要作用。支持家庭、个人承担应尽责任。

注重统筹发展。统筹发展居家养老、机构养老和其他多种形式的养老，实行普遍性服务和个性化服务相结合。统筹城市和农村养老资源，促进基本养老服务均衡发展。统筹利用各种资源，促进养老服务与医疗、家政、保险、教育、健身、旅游等相关领域的互动发展。

完善市场机制。充分发挥市场在资源配置中的基础性作用，逐步使社会力量成为发展养老服务业的主体，营造平等参与、公平竞争的市场环境，大力发展养老服务业，提供方便可及、价格合理的各类养老服务和产品，满足养老服务多样化、多层次需求。

（三）发展目标。

到2020年，全面建成以居家为基础、社区为依托、机构为支撑的，功能完善、规模适度、覆盖城乡的养老服务体系。养老服务产品更加丰富，市场机制不断完善，养老服务业持续健康发展。

——服务体系更加健全。生活照料、医疗护理、精神慰藉、紧急救援等养老服务覆盖所有居家老年人。符合标准的日间照料中心、老年人活动中心等服务设施覆盖所有城市社区，90%以上的乡镇和60%以上的农村社区建立包括养老服务在内的社区综合服务设施和站点。全国社会养老床位数达到每千名老年人35-40张，服务能力大幅增强。

——产业规模显著扩大。以老年生活照料、老年产品用品、老年健康服务、老年体育健身、老年文化娱乐、老年金融服务、老年旅游等为主的养老服务业全面发展，养老服务业增加值在服务业中的比重显著提升，全国机构养老、居家社区生活照料和护理等服务提供1000万个以上就业岗位。涌现一批带动力强的龙头企业和大批富有创新活力的中小企业，形成一批养老服务产业集群，培育一批知名品牌。

——发展环境更加优化。养老服务业政策法规体系建立健全，行业标准科学规范，监管机制更加完善，服务质量明显提高。全社会积极应对人口老龄化意识显著增强，支持和参与养老服务的氛围更加浓厚，养老志愿服务广泛开展，敬老、养老、助老的优良传统得到进一步弘扬。

二、主要任务

（一）统筹规划发展城市养老服务设施。

加强社区服务设施建设。各地在制定城市总体规划、控制性详细规划时，必须按照人均用地不少于0.1平方米的标准，分区分级规划设置养老服务设施。凡新建城区和新建居住（小）区，要按标准要求配套建设养老服务设施，并与住宅同步规划、同步建设、同步验收、同步交付使用；凡老城区和已建成居住（小）区无养老服务设施或现有设施没有达到规划和建设指标要求的，要限期通过购置、置换、租赁等方式开辟养老服务设施，不得挪作他用。

综合发挥多种设施作用。各地要发挥社区公共服务设施的养老服务功能，加强社区养老服务设施与社区服务中心（服务站）及社区卫生、文化、体育等设施的功能衔接，提高使用率，发挥综合效益。要支持和引导各类社会主体参与社区综合服务设施建设、运营和管理，提供养老服务。各类具有为老年人服务功能的设施都要向老年人开放。

实施社区无障碍环境改造。各地区要按照无障碍设施工程建设相关标准和规范，推动和扶持老年人家庭无障碍设施的改造，加快推进坡道、电梯等与老年人日常生活密切相关的公共设施改造。

（二）大力发展居家养老服务网络。

发展居家养老便捷服务。地方政府要支持建立以企业和机构为主体、社区为纽带、满足老年人各种服务需求的居家养老服务网络。要通过制定扶持政策措施，积极培育居家养老服务企业和机构，上门为居家老年人提供助餐、助浴、助洁、助急、助医等定制服务；大力发展家政服务，为居家老年人提供规范化、个性化服务。要支持社区建立健全居家养老服务网点，引入社会组织和家政、物业等企业，兴办或运营老年供餐、社区日间照料、老年活动中心等形式多样的养老服务项目。

发展老年人文体娱乐服务。地方政府要支持社区利用社区公共服务设施和社会场所组织开展适合老年人的群众性文化体育娱乐活动，并发挥群众组织和个人积极性。鼓励专业养老机构利用自身资源优势，培训和指导社区养老服务组织和人员。

发展居家网络信息服务。地方政府要支持企业和机构运用互联网、物联网等技术手段创新居家养老服务模式，发展老年电子商务，建设居家服务网络平台，提供紧急呼叫、家政预约、健康咨询、物品代购、服务缴费等适合老年人的服务项目。

（三）大力加强养老机构建设。

支持社会力量举办养老机构。各地要根据城乡规划布局要求，统筹考虑建设各类养老机构。在资本金、场地、人员等方面，进一步降低社会力量举办养老机构的门槛，简化手续、规范程序、公开信息，行政许可和登记机关要核定其经营和活动范围，为社会力量举办养老机构提供便捷服务。鼓励境外资本投资养老服务业。鼓励个人举办家庭化、小型化的养老机构，社会力量举办规模化、连锁化的养老机构。鼓励民间资本对企业厂房、商业设施及其他可利用的社会资源进行整合和改造，用于养老服务。

办好公办保障性养老机构。各地公办养老机构要充分发挥托底作用，重点为“三无”（无劳动能力，无生活来源，无赡养人和扶养人，或者其赡养人和扶养人确无赡养和扶养能力）老人、低收入老人、经济困难的失能半失能老人提供无偿或低收费的供养、护理服务。政府举办的养老机构要实用适用，避免铺张豪华。

开展公办养老机构改制试点。有条件的地方可以积极稳妥地把专门面向社会提供经营性服务的公办养老机构转制成为企业，完善法人治理结构。政府投资兴办的养老床位应逐步通过公建民营等方式管理运营，积极鼓励民间资本通过委托管理等方式，运营公有产权的养老服务设施。要开展服务项目和设施安全标准化建设，不断提高服务水平。

（四）切实加强农村养老服务。

健全服务网络。要完善农村养老服务托底的措施，将所有农村“三无”老人全部纳入五保供养范围，适时提高五保供养标准，健全农村五保供养机构功能，使农村五保老人老有所养。在满足农村五保对象集中供养需求的前提下，支持乡镇五保供养机构改善设施条件并向社会开放，提高运营效益，增强护理功能，使之成为区域性养老服务中心。依托行政村、较大自然村，充分利用农家大院等，建设日间照料中心、托老所、老年活动站等互助性养老服务设施。农村党建活动室、卫生室、农家书屋、学校等要支持农村养老服务工作，组织与老年人相关的活动。充分发挥村民自治功能和老年协会作用，督促家庭成员承担赡养责任，组织开展邻里互助、志愿服务，解决周围老年人实际生活困难。

拓宽资金渠道。各地要进一步落实《中华人民共和国老年人权益保障法》有关农村可以将未承包的集体所有的部分土地、山林、水面、滩涂等作为养老基地，收益供老年人养老的要求。鼓励城市资金、资产和资源投向农村养老服务。各级政府用于养老服务的财政性资金应重点向农村倾斜。

建立协作机制。城市公办养老机构要与农村五保供养机构等建立长期稳定的对口支援和合作机制，采取人员培训、技术指导、设备支援等方式，帮助其提高服务能力。建立跨地区养老服务协作机制，鼓励发达地区支援欠发达地区。

（五）繁荣养老服务消费市场。

拓展养老服务内容。各地要积极发展养老服务业，引导养老服务企业和机构优先满足老年人基本服务需求，鼓励和引导相关行业积极拓展适合老年人特点的文化娱乐、体育健身、休闲旅游、健康服务、精神慰藉、法律服务等服务，加强残障老年人专业化服务。

开发老年产品用品。相关部门要围绕适合老年人的衣、食、住、行、医、文化娱乐等需要，支持企业积极开发安全有效的康复辅具、食品药品、服装服饰等老年用品用具和服务产品，引导商场、超市、批发市场设立老年用品专区专柜；开发老年住宅、老年公寓等老年生活设施，提高老年人生活质量。引导和规范商业银行、保险公司、证券公司等金融机构开发适合老年人的理财、信贷、保险等产品。

培育养老产业集群。各地和相关行业部门要加强规划引导，在制定相关产业发展规划中，要鼓励发展养老服务中小企业，扶持发展龙头企业，实施品牌战略，提高创新能力，形成一批产业链长、覆盖领域广、经济社会效益显著的产业集群。健全市场规范和行业标准，确保养老服务和产品质量，营造安全、便利、诚信的消费环境。

（六）积极推进医疗卫生与养老服务相结合。

推动医养融合发展。各地要促进医疗卫生资源进入养老机构、社区和居民家庭。卫生管理部门要支持有条件的养老机构设置医疗机构。医疗机构要积极支持和发展养老服务，有条件的二级以上综合医院应当开设老年病科，增加老年病床数量，做好老年慢病防治和康复护理。要探索医疗机构与养老机构合作新模式，医疗机构、社区卫生服务机构应当为老年人建立健康档案，建立社区医院与老年人家庭医疗契约服务关系，开展上门诊视、健康查体、保健咨询等服务，加快推进面向养老机构的远程医疗服务试点。医疗机构应当为老年人就医提供优先优惠服务。

健全医疗保险机制。对于养老机构内设的医疗机构，符合城镇职工（居民）基本医疗保险和新型农村合作医疗定点条件的，可申请纳入定点范围，入住的参保老年人按规定享受相应待遇。完善医保报销制度，切实解决老年人异地就医结算问题。鼓励老年人投保健康保险、长期护理保险、意外伤害保险等人身保险产品，鼓励和引导商业保险公司开展相关业务。

三、政策措施

（一）完善投融资政策。要通过完善扶持政策，吸引更多民间资本，培育和扶持养老服务机构和企业发展。各级政府要加大投入，安排财政性资金支持养老服务体系建设。金融机构要加快金融产品和服务方式创新，拓宽信贷抵押担保物范围，积极支持养老服务业的信贷需求。积极利用财政贴息、小额贷款等方式，加大对养老服务业的有效信贷投入。加强养老服务机构信用体系建设，增强对信贷资金和民间资本的吸引力。逐步放宽限制，鼓励和支持保险资金投资养老服务领域。开展老年人住房反向抵押养老保险试点。鼓励养老机构投保责任保险，保险公司承保责任保险。地方政府发行债券应统筹考虑养老服务需求，积极支持养老服务设施建设及无障碍改造。

（二）完善土地供应政策。各地要将各类养老服务设施建设用地纳入城镇土地利用总体规划和年度用地计划，合理安排用地需求，可将闲置的公益性用地调整为养老服务用地。民间资本举办的非营利性养老机构与政府举办的养老机构享有相同的土地使用政策，可以依法使用国有划拨土地或者农民集体所有的土地。对营利性养老机构建设用地，按照国家对经营性用地依法办理有偿用地手续的规定，优先保障供应，并制定支持发展养老服务业的土地政策。严禁养老设施建设用地改变用途、容积率等土地使用条件搞房地产开发。

（三）完善税费优惠政策。落实好国家现行支持养老服务业的税收优惠政策，对养老机构提供的养护服务免征营业税，对非营利性养老机构自用房产、土地免征房产税、城镇土地使用税，对符合条件的非营利性养老机构按规定免征企业所得税。对企事业单位、社会团体和个人向非营利性养老机构的捐赠，符合相关规定的，准予在计算其应纳税所得额时按税法规定比例扣除。各地对非营利性养老机构建设要免征有关行政事业性收费，对营利性养老机构建设要减半征收有关行政事业性收费，对养老机构提供养老服务也要适当减免行政事业性收费，养老机构用电、用水、用气、用热按居民生活类价格执行。境内外资本举办养老机构享有同等的税收等优惠政策。制定和完善支持民间资本投资养老服务业的税收优惠政策。

（四）完善补贴支持政策。各地要加快建立养老服务评估机制，建立健全经济困难的高龄、失能等老年人补贴制度。可根据养老服务的实际需要，推进民办公助，选择通过补助投资、贷款贴息、运营补贴、购买服务等方式，支持社会力量举办养老服务机构，开展养老服务。民政部本级彩票公益金和地方各级政府用于社会福利事业的彩票公益金，要将50%以上的资金用于支持发展养老服务业，并随老年人口的增加逐步提高投入比例。国家根据经济社会发展水平和职工平均工资增长、物价上涨等情况，进一步完善落实基本养老、基本医疗、最低生活保障等政策，适时提高养老保障水平。要制定政府向社会力量购买养老服务的政策措施。

（五）完善人才培养和就业政策。教育、人力资源社会保障、民政部门要支持高等院校和中等职业学校增设养老服务相关专业和课程，扩大人才培养规模，加快培养老年医学、康复、护理、营养、心理和社会工作等方面的专门人才，制定优惠政策，鼓励大专院校对口专业毕业生从事养老服务工作。充分发挥开放大学作用，开展继续教育和远程学历教育。依托院校和养老机构建立养老服务实训基地。加强老年护理人员专业培训，对符合条件的参加养老护理职业培训和职业技能鉴定的从业人员按规定给予相关补贴，在养老机构和社区开发公益性岗位，吸纳农村转移劳动力、城镇就业困难人员等从事养老服务。养老机构应当积极改善养老护理员工作条件，加强劳动保护和职业防护，依法缴纳养老保险费等社会保险费，提高职工工资福利待遇。养老机构应当科学设置专业技术岗位，重点培养和引进医生、护士、康复医师、康复治疗师、社会工作者等具有执业或职业资格的专业技术人员。对在养老机构就业的专业技术人员，执行与医疗机构、福利机构相同的执业资格、注册考核政策。

（六）鼓励公益慈善组织支持养老服务。引导公益慈善组织重点参与养老机构建设、养老产品开发、养老服务提供，使公益慈善组织成为发展养老服务业的重要力量。积极培育发展为老服务公益慈善组织。积极扶持发展各类为老服务志愿组织，开展志愿服务活动。倡导机关干部和企事业单位职工、大中小学学生参加养老服务志愿活动。支持老年群众组织开展自我管理、自我服务和服务社会活动。探索建立健康老人参与志愿互助服务的工作机制，建立为老志愿服务登记制度。弘扬敬老、养老、助老的优良传统，支持社会服务窗口行业开展“敬老文明号”创建活动。

四、组织领导

（一）健全工作机制。各地要将发展养老服务业纳入国民经济和社会发展规划，纳入政府重要议事日程，进一步强化工作协调机制，定期分析养老服务业发展情况和存在问题，研究推进养老服务业加快发展的各项政策措施，认真落实养老服务业发展的相关任务要求。民政部门要切实履行监督管理、行业规范、业务指导职责，推动公办养老机构改革发展。发展改革部门要将养老服务业发展纳入经济社会发展规划、专项规划和区域规划，支持养老服务设施建设。财政部门要在现有资金渠道内对养老服务业发展给予财力保障。老龄工作机构要发挥综合协调作用，加强督促指导工作。教育、公安消防、卫生计生、国土、住房城乡建设、人力资源社会保障、商务、税务、金融、质检、工商、食品药品监管等部门要各司其职，及时解决工作中遇到的问题，形成齐抓共管、整体推进的工作格局。

（二）开展综合改革试点。国家选择有特点和代表性的区域进行养老服务业综合改革试点，在财政、金融、用地、税费、人才、技术及服务模式等方面进行探索创新，先行先试，完善体制机制和政策措施，为全国养老服务业发展提供经验。

（三）强化行业监管。民政部门要健全养老服务的准入、退出、监管制度，指导养老机构完善管理规范、改善服务质量，及时查处侵害老年人人身财产权益的违法行为和安全生产责任事故。价格主管部门要探索建立科学合理的养老服务定价机制，依法确定适用政府定价和政府指导价的范围。有关部门要建立完善养老服务业统计制度。其他各有关部门要依照职责分工对养老服务业实施监督管理。要积极培育和发展养老服务行业协会，发挥行业自律作用。

（四）加强督促检查。各地要加强工作绩效考核，确保责任到位、任务落实。省级人民政府要根据本意见要求，结合实际抓紧制定实施意见。国务院相关部门要根据本部门职责，制定具体政策措施。民政部、发展改革委、财政部等部门要抓紧研究提出促进民间资本参与养老服务业的具体措施和意见。发展改革委、民政部和老龄工作机构要加强对本意见执行情况的监督检查，及时向国务院报告。国务院将适时组织专项督查。

国务院

2013 年 9 月 6 日

国务院办公厅转发卫生计生委等部门关于推进医疗卫生与养老服务相结合指导意见的通知

（2015 年 11 月 18 日）

各省、自治区、直辖市人民政府，国务院各部委、各直属机构：

卫生计生委、民政部、发展改革委、财政部、人力资源社会保障部、国土资源部、住房城乡建设部、全国老龄办、中医药局《关于推进医疗卫生与养老服务相结合的指导意见》已经国务院同意，现转发给你们，请认真贯彻执行。

国务院办公厅

2015 年 11 月 18 日

关于推进医疗卫生与养老服务相结合的指导意见

为贯彻落实《国务院关于加快发展养老服务业的若干意见》（国发〔2013〕35号）和《国务院关于促进健康服务业发展的若干意见》（国发〔2013〕40号）等文件要求，进一步推进医疗卫生与养老服务相结合，现提出以下意见。

一、充分认识推进医疗卫生与养老服务相结合的重要性

我国是世界上老年人口最多的国家，老龄化速度较快。失能、部分失能老年人口大幅增加，老年人的医疗卫生服务需求和生活照料需求叠加的趋势越来越显著，健康养老服务需求日益强劲，目前有限的医疗卫生和养老服务资源以及彼此相对独立的服务体系远远不能满足老年人的需要，迫切需要为老年人提

供医疗卫生与养老相结合的服务。医疗卫生与养老服务相结合，是社会各界普遍关注的重大民生问题，是积极应对人口老龄化的长久之计，是我国经济发展新常态下重要的经济增长点。加快推进医疗卫生与养老服务相结合，有利于满足人民群众日益增长的多层次、多样化健康养老服务需求，有利于扩大内需、拉动消费、增加就业，有利于推动经济持续健康发展和社会和谐稳定，对稳增长、促改革、调结构、惠民生和全面建成小康社会具有重要意义。

二、基本原则和发展目标

（一）基本原则。

保障基本，统筹发展。把保障老年人基本健康养老需求放在首位，对有需求的失能、部分失能老年人，以机构为依托，做好康复护理服务，着力保障特殊困难老年人的健康养老服务需求；对多数老年人，以社区和居家养老为主，通过医养有机融合，确保人人享有基本健康养老服务。推动普遍性服务和个性化服务协同发展，满足多层次、多样化的健康养老需求。

政府引导，市场驱动。发挥政府在制定规划、出台政策、引导投入、规范市场、营造环境等方面的引导作用，统筹各方资源，推动形成互利共赢的发展格局。充分发挥市场在资源配置中的决定性作用，营造平等参与、公平竞争的市场环境，充分调动社会力量的积极性和创造性。

深化改革，创新机制。加快政府职能转变，创新服务供给和资金保障方式，积极推进政府购买服务，激发各类服务主体潜力和活力，提高医养结合服务水平和效率。加强部门协作，提升政策引导、服务监管等工作的系统性和协同性，促进行业融合发展。

（二）发展目标。

到2017年，医养结合政策体系、标准规范和管理制度初步建立，符合需求的专业化医养结合人才培养制度基本形成，建成一批兼具医疗卫生和养老服务资质和能力的医疗卫生机构或养老机构（以下统称医养结合机构），逐步提升基层医疗卫生机构为居家老年人提供上门服务的能力，80%以上的医疗机构开设为老年人提供挂号、就医等便利服务的绿色通道，50%以上的养老机构能够以不同形式为入住老年人提供医疗卫生服务，老年人健康养老服务可及性明显提升。

到2020年，符合国情的医养结合体制机制和政策法规体系基本建立，医疗卫生和养老服务资源实现有序共享，覆盖城乡、规模适宜、功能合理、综合连续的医养结合服务网络基本形成，基层医疗卫生机构为居家老年人提供上门服务的能力明显提升。所有医疗机构开设为老年人提供挂号、就医等便利服务的绿色通道，所有养老机构能够以不同形式为入住老年人提供医疗卫生服务，基本适应老年人健康养老服务需求。

三、重点任务

（三）建立健全医疗卫生机构与养老机构合作机制。鼓励养老机构与周边的医疗卫生机构开展多种形式的协议合作，建立健全协作机制，本着互利互惠原则，明确双方责任。医疗卫生机构为养老机构开通预约就诊绿色通道，为入住老年人提供医疗巡诊、健康管理、保健咨询、预约就诊、急诊急救、中医养生保健等服务，确保入住老年人能够得到及时有效的医疗救治。养老机构内设的具备条件的医疗机构可作为医院（含中医医院）收治老年人的后期康复护理场所。鼓励二级以上综合医院（含中医医院，下同）与养老机构开展对口支援、合作共建。通过建设医疗养老联合体等多种方式，整合医疗、康复、养老和护理资源，为老年人提供治疗期住院、康复期护理、稳定期生活照料以及临终关怀一体化的健康和养老服务。

（四）支持养老机构开展医疗服务。养老机构可根据服务需求和自身能力，按相关规定申请开办老年病医院、康复医院、护理院、中医医院、临终关怀机构等，也可内设医务室或护理站，提高养老机构提供基本医疗服务的能力。养老机构设置的医疗机构要符合国家法律法规和卫生计生行政部门、中医药管理部门的有关规定，符合医疗机构基本标准，并按规定由相关部门实施准入和管理，依法依规开展医疗卫生服务。卫生计生行政部门和中医药管理部门要加大政策规划支持和技术指导力度。养老机构设置的医疗机构，符合条件的可按规定纳入城乡基本医疗保险定点范围。鼓励执业医师到养老机构设置的医疗机构多点执业，支持有相关专业特长的医师及专业人员在养老机构规范开展疾病预防、营养、中医调理养生等非诊疗行为的健康服务。

（五）推动医疗卫生服务延伸至社区、家庭。充分依托社区各类服务和信息网络平台，实现基层医疗卫生机构与社区养老服务机构的无缝对接。发挥卫生计生系统服务网络优势，结合基本公共卫生服务的开展为老年人建立健康档案，并为65岁以上老年人提供健康管理服务，到2020年65岁以上老年人健康管理率达到70%以上。鼓励为社区高龄、重病、失能、部分失能以及计划生育特殊家庭等行动不便或确有困难的老年人，提供定期体检、上门巡诊、家庭病床、社区护理、健康管理等基本服务。推进基层医疗卫生机构和医务人员与社区、居家养老结合，与老年人家庭建立签约服务关系，为老年人提供连续性的健康管理服务和医疗服务。提高基层医疗卫生机构为居家老年人提供上门服务的能力，规范为居家老年人提供的医疗和护理服务项目，将符合规定的医疗费用纳入医保支付范围。

（六）鼓励社会力量兴办医养结合机构。鼓励社会力量针对老年人健康养老需求，通过市场化运作方式，举办医养结合机构以及老年康复、老年护理等专业医疗机构。在制定医疗卫生和养老相关规划时，要给社会力量举办医养结合机构留出空间。按照“非禁即入”原则，凡符合规划条件和准入资质的，不得以任何理由加以限制。整合审批环节，明确并缩短审批时限，鼓励有条件的地方提供一站式便捷服务。通过特许经营、公建民营、民办公助等模式，支持社会力量举办非营利性医养结合机构。支持企业围绕老年人的预防保健、医疗卫生、康复护理、生活照料、精神慰藉等方面需求，积极开发安全有效的食品药品、康复辅具、日常照护、文化娱乐等老年人用品用具和服务产品。

（七）鼓励医疗卫生机构与养老服务融合发展。鼓励地方因地制宜，采取多种形式实现医疗卫生和养老服务融合发展。统筹医疗卫生与养老服务资源布局，重点加强老年病医院、康复医院、护理院、临终关怀机构建设，公立医院资源丰富的地区可积极稳妥地将部分公立医院转为康复、老年护理等接续性医疗机构。提高综合医院为老年患者服务的能力，有条件的二级以上综合医院要开设老年病科，做好老年慢性病防治和康复护理相关工作。提高基层医疗卫生机构康复、护理床位占比，鼓励其根据服务需求增设老年养护、临终关怀病床。全面落实老年医疗服务优待政策，医疗卫生机构要为老年人特别是高龄、重病、失能及部分失能老年人提供挂号、就诊、转诊、取药、收费、综合诊疗等就医便利服务。有条件的医疗卫生机构可以通过多种形式、依法依规开展养老服务。鼓励各级医疗卫生机构和医务工作志愿者定期为老年人开展义诊。充分发挥中医药（含民族医药，下同）的预防保健特色优势，大力开发中医药与养老服务相结合的系列服务产品。

四、保障措施

（八）完善投融资和财税价格政策。对符合条件的医养结合机构，按规定落实好相关支持政策。拓宽市场化融资渠道，探索政府和社会资本合作（PPP）的投融资模式。鼓励和引导各类金融机构创新金融产品和服务方式，加大金融对医养结合领域的支持力度。有条件的地方可通过由金融和产业资本共同筹资的健康产业投资基金支持医养结合发展。用于社会福利事业的彩票公益金要适当支持开展医养结合服务。积极推进政府购买基本健康养老服务，逐步扩大购买服务范围，完善购买服务内容，各类经营主体平等参与。

（九）加强规划布局和用地保障。各级政府要在土地利用总体规划和城乡规划中统筹考虑医养结合机构发展需要，做好用地规划布局。对非营利性医养结合机构，可采取划拨方式，优先保障用地；对营利性医养结合机构，应当以租赁、出让等有偿方式保障用地，养老机构设置医疗机构，可将在项目中配套建设医疗服务设施相关要求作为土地出让条件，并明确不得分割转让。依法需招标拍卖挂牌出让土地的，应当采取招标拍卖挂牌出让方式。

（十）探索建立多层次长期照护保障体系。继续做好老年人照护服务工作。进一步开发包括长期商业护理保险在内的多种老年护理保险产品，鼓励有条件的地方探索建立长期护理保险制度，积极探索多元化的保险筹资模式，保障老年人长期护理服务需求。鼓励老年人投保长期护理保险产品。建立健全长期照护项目内涵、服务标准以及质量评价等行业规范和体制机制，探索建立从居家、社区到专业机构等比较健全的专业照护服务提供体系。

落实好将偏瘫肢体综合训练、认知知觉功能康复训练、日常生活能力评定等医疗康复项目纳入基本医疗保障范围的政策，为失能、部分失能老年人治疗性康复提供相应保障。

（十一）加强人才队伍建设。做好职称评定、专业技术培训和继续医学教育等方面的制度衔接，对养老机构和医疗卫生机构中的医务人员同等对待。完善薪酬、职称评定等激励机制，鼓励医护人员到医养结合机构执业。建立医疗卫生机构与医养结合机构人员进修轮训机制，促进人才有序流动。将老年医学、康复、护理人才作为急需紧缺人才纳入卫生计生人员培训规划。加强专业技能培训，大力推进养老护理员等职业技能鉴定工作。支持高等院校和中等职业学校增设相关专业课程，加快培养老年医学、康复、护理、营养、心理和社会工作等方面专业人才。

（十二）强化信息支撑。积极开展养老服务和社区服务信息惠民试点，利用老年人基本信息档案、电子健康档案、电子病历等，推动社区养老服务信息平台与区域人口健康信息平台对接，整合信息资源，实现信息共享，为开展医养结合服务提供信息和技术支撑。组织医疗机构开展面向养老机构的远程医疗服务。鼓励各地探索基于互联网的医养结合服务新模式，提高服务的便捷性和针对性。

五、组织实施

（十三）加强组织领导和部门协同。各地区、各有关部门要高度重视，把推进医养结合工作摆在重要位置，纳入深化医药卫生体制改革和促进养老、健康服务业发展的总体部署，各地要及时制定出台推进医养结合的政策措施、规划制度和具体方案。各相关部门要加强协同配合，落实和完善相关优惠扶持政策，共同支持医养结合发展。发展改革部门要将推动医疗卫生与养老服务相结合纳入国民经济和社会发展规划。卫生计生、民政和发展改革部门要做好养老机构和医疗卫生机构建设的规划衔接，加强在规划和审批等环节的合作，制定完善医养结合机构及为居家老年人提供医疗卫生和养老服务的标准规范并加强监管。财政部门要落实相关投入政策，积极支持医养结合发展。人力资源社会保障、卫生计生部门要将符合条件的医养结合机构纳入城乡基本医疗保险定点范围。国土资源部门要切实保障医养结合机构的土地供应。城乡规划主管部门要统筹规划医养结合机构的用地布局。老龄工作部门要做好入住医养结合机构和接受居家医养服务老年人的合法权益保障工作。中医药管理部门要研究制定中医药相关服务标准规范并加强监管，加强中医药适宜技术和服务产品推广，加强中医药健康养老人才培养，做好中医药健康养老工作。

（十四）抓好试点示范。国家选择有条件、有代表性的地区组织开展医养结合试点，规划建设一批特色鲜明、示范性强的医养结合试点项目。各地要结合实际积极探索促进医养结合的有效形式，每个省（区、市）至少设1个省级试点地区，积累经验、逐步推开。卫生计生、民政部门要会同相关部门密切跟踪各地进展，帮助解决试点中的重大问题，及时总结推广好的经验和做法，完善相关政策措施。

（十五）加强考核督查。各地区、各有关部门要建立以落实医养结合政策情况、医养结合服务覆盖率、医疗卫生机构和养老机构无缝对接程度、老年人护理服务质量、老年人满意度等为主要指标的考核评估体系，加强绩效考核。卫生计生、民政部门要会同相关部门加强对医养结合工作的督查，定期通报地方工作进展情况，确保各项政策措施落到实处。

卫生计生委　民政部　发展改革委
财政部　人力资源社会保障部
国土资源部　住房城乡建设部
全国老龄办　中医药局
2015 年 11 月 18 日

养老机构管理办法

（2013 年 6 月 28 日）

第一章　总　则

第一条　为了规范对养老机构的管理，促进养老事业健康发展，根据《中华人民共和国老年人权益保障法》和有关法律、行政法规，制定本办法。

第二条　本办法所称养老机构是指依照《养老机构设立许可办法》设立并依法办理登记的为老年人提供集中居住和照料服务的机构。

第三条　国务院民政部门负责全国养老机构的指导、监督和管理，县级以上地方人民政府民政部门负责本行政区域内养老机构的指导、监督和管理。其他有关部门依照职责分工对养老机构实施监督。

第四条　养老机构应当依法保障收住老年人的合法权益。

入住养老机构的老年人应当遵守养老机构的规章制度。

第五条　县级以上地方人民政府民政部门应当根据本级人民政府经济社会发展规划和相关规划，会同有关部门编制养老机构建设规划，并组织实施。

第六条　政府投资兴办的养老机构，应当优先保障孤老优抚对象和经济困难的孤寡、失能、高龄等老年人的服务需求。

第七条　民政部门应当会同有关部门采取措施，鼓励、支持企业事业单位、社会组织或者个人兴办、运营养老机构。

鼓励公民、法人或者其他组织为养老机构提供捐赠和志愿服务。

第八条　民政部门对在养老机构服务和管理工作中做出显著成绩的单位和个人，依照国家有关规定给予表彰和奖励。

第二章　服务内容

第九条　养老机构按照服务协议为收住的老年人提供生活照料、康复护理、精神慰藉、文化娱乐等服务。

第十条　养老机构提供的服务应当符合养老机构基本规范等有关国家标准或者行业标准和规范。

第十一条　养老机构为老年人提供服务，应当与接受服务的老年人或者其代理人签订服务协议。

服务协议应当载明下列事项：

（一）养老机构的名称、住所、法定代表人或者主要负责人、联系方式；

（二）老年人及其代理人和老年人指定的经常联系人的姓名、住址、身份证明、联系方式；

（三）服务内容和服务方式；

（四）收费标准以及费用支付方式；

（五）服务期限和地点；

（六）当事人的权利和义务；

（七）协议变更、解除与终止的条件；

（八）违约责任；

（九）意外伤害责任认定和争议解决方式；

（十）当事人协商一致的其他内容。

服务协议示范文本由国务院民政部门另行制定。

第十二条　养老机构应当提供满足老年人日常生活需求的吃饭、穿衣、如厕、洗澡、室内外活动等服务。

养老机构应当提供符合老年人居住条件的住房，并配备适合老年人安全保护要求的设施、设备及用具，定期对老年人活动场所和物品进行消毒和清洗。

养老机构提供的饮食应当符合卫生要求、有利于老年人营养平衡、符合民族风俗习惯。

第十三条　养老机构应当建立入院评估制度，做好老年人健康状况评估，并根据服务协议和老年人的生活自理能力，实施分级分类服务。

养老机构应当为老年人建立健康档案，组织定期体检，做好疾病预防工作。

养老机构可以通过设立医疗机构或者采取与周边医疗机构合作的方式，为老年人提供医疗服务。养老机构设立医疗机构的，应当依法取得医疗机构执业许可证，按照医疗机构管理相关法律法规进行管理。

第十四条　养老机构在老年人突发危重疾病时，应当及时通知代理人或者经常联系人并转送医疗机构救治；发现老年人为疑似传染病病人或者精神障碍患者时，应当依照传染病防治、精神卫生等相关法律法规的规定处理。

第十五条　养老机构应当根据需要为老年人提供情绪疏导、心理咨询、危机干预等精神慰藉服务。

第十六条　养老机构应当开展适合老年人的文化、体育、娱乐活动，丰富老年人的精神文化生活。

养老机构开展文化、体育、娱乐活动时，应当为老年人提供必要的安全防护措施。

第三章　内部管理

第十七条　养老机构应当按照国家有关规定建立健全安全、消防、卫生、财务、档案管理等规章制度，制定服务标准和工作流程，并予以公开。

第十八条　养老机构应当配备与服务和运营相适应的工作人员，并依法与其签订聘用合同或者劳动合同。

养老机构中从事医疗、康复、社会工作等服务的专业技术人员，应当持有关部门颁发的专业技术等级证书上岗；养老护理人员应当接受专业技能培训，经考核合格后持证上岗。

养老机构应当定期组织工作人员进行职业道德教育和业务培训。

第十九条　养老机构应当依照其登记类型、经营性质、设施设备条件、管理水平、服务质量、护理等级等因素确定服务项目的收费标准。

养老机构应当在醒目位置公示各类服务项目收费标准和收费依据，并遵守国家和地方政府价格管理有关规定。

第二十条　养老机构应当按照国家有关规定接受、使用捐赠物资，接受志愿服务。

第二十一条　养老机构应当实行24小时值班，做好老年人安全保障工作。

第二十二条　养老机构应当依法履行消防安全职责，健全消防安全管理制度，实行消防工作责任制，配置、维护消防设施、器材，开展日常防火检查，定期组织灭火和应急疏散消防安全培训。

第二十三条　养老机构应当制定突发事件应急预案。

突发事件发生后，养老机构应当立即启动应急处理程序，根据突发事件应对管理职责分工向有关部门报告，并将应急处理结果报实施许可的民政部门和住所地民政部门。

第二十四条　鼓励养老机构投保责任保险，降低机构运营风险。

第二十五条　养老机构应当建立老年人信息档案，妥善保存相关原始资料。

养老机构应当保护老年人的个人信息。

第二十六条　养老机构应当经常听取老年人的意见和建议，发挥老年人对养老机构服务和管理的监督促进作用。

第二十七条　养老机构因变更或者终止等原因暂停、终止服务的，应当于暂停或者终止服务60日前，向实施许可的民政部门提交老年人安置方案，方案中应当明确收住老年人的数量、安置计划及实施日期等事项，经批准后方可实施。

民政部门应当自接到安置方案之日起20日内完成审核工作。

民政部门应当督促养老机构实施安置方案，并及时为其妥善安置老年人提供帮助。

第四章　监督检查

第二十八条　民政部门应当按照实施许可权限，通过书面检查或者实地查验等方式对养老机构进行监督检查，并向社会公布检查结果。上级民政部门可以委托下级民政部门进行监督检查。

养老机构应当于每年3月31日之前向实施许可的民政部门提交上一年度的工作报告。年度工作报告内容包括服务范围、服务质量、运营管理等情况。

第二十九条　民政部门应当建立养老机构评估制度，定期对养老机构的人员、设施、服务、管理、信誉等情况进行综合评价。

养老机构评估工作可以委托第三方实施，评估结果应当向社会公布。

第三十条　民政部门应当定期开展养老服务行业统计工作，养老机构应当及时准确报送相关信息。

第三十一条　民政部门应当建立对养老机构管理的举报和投诉制度。

民政部门接到举报、投诉后，应当及时核实、处理。

第三十二条　上级民政部门应当加强对下级民政部门的指导和监督，及时纠正养老机构管理中的违规违法行为。

第五章　法律责任

第三十三条　养老机构有下列行为之一的，由实施许可的民政部门责令改正；情节严重的，处以3万元以下的罚款；构成犯罪的，依法追究刑事责任：

（一）未与老年人或者其代理人签订服务协议，或者协议不符合规定的；

（二）未按照国家有关标准和规定开展服务的；

（三）配备人员的资格不符合规定的；

（四）向负责监督检查的民政部门隐瞒有关情况、提供虚假材料或者拒绝提供反映其活动情况真实材料的；

（五）利用养老机构的房屋、场地、设施开展与养老服务宗旨无关的活动的；

（六）歧视、侮辱、虐待或遗弃老年人以及其他侵犯老年人合法权益行为的；

（七）擅自暂停或者终止服务的；

（八）法律、法规、规章规定的其他违法行为。

第三十四条　民政部门及其工作人员违反本办法有关规定，由上级行政机关责令改正；情节严重的，对直接负责的主管人员和其他责任人员依法给予行政处分；构成犯罪的，依法追究刑事责任。

第六章　附　则

第三十五条　国家对光荣院、农村五保供养服务机构等养老机构的管理有特别规定的，依照其规定办理。

第三十六条　本办法自2013年7月1日起施行。

国家卫生计生委办公厅关于印发《养老机构医务室基本标准（试行）》和《养老机构护理站基本标准（试行）》的通知

（2014 年 10 月 31 日）

各省、自治区、直辖市卫生计生委，新疆生产建设兵团卫生局：

为指导养老机构作好医务室、护理站的建设和管理，促进医养结合，我委根据《执业医师法》《医疗机构管理条例》《护士条例》等法律、法规及有关规定，组织制定了《养老机构医务室基本标准（试行）》和《养老机构护理站基本标准（试行）》。现印发给你们，请遵照执行。

国家卫生计生委办公厅

2014年10月31日

养老机构医务室基本标准（试行）

养老机构医务室是设置在养老机构内，为养老机构患者提供老年保健，一般常见病、多发病诊疗、护理，诊断明确的慢性病治疗，急诊救护等服务的医疗机构。

一、人员

（一）至少有1名取得执业医师资格，经注册后在医疗、保健机构中执业满5年，身体健康的临床类别执业医师或中医类别执业医师。执业医师人数≥2人的，至少应含有1名中医类别执业医师。

（二）至少有1名注册护士。养老机构床位达到100张以上时，每增加100张床位，至少增加1名注册护士。护理员按需配备。

（三）其他药学、医技人员按需配备。

二、房屋

（一）整体设计应满足无障碍设计要求。

（二）建筑面积不少于40平方米。

（三）至少设有诊室、治疗室、处置室。

（四）每室独立且符合卫生学布局及流程。其中，治疗室、处置室的 使用面积均不少于10平方米；如设观察室，其使用面积不少于15平方米；如设康复室，应增加相应建筑面积（增加的建筑面积不少于50平方米）。

（五）应当设医疗废物存放点，与治疗区域隔开。

三、设备

（一）基本设备。

诊桌、诊椅、诊床、诊察凳、方盘、纱布罐、听诊器、血压计、体温表、注射器、身高体重计、视力卡、视力灯箱、压舌板、药品柜、紫外线消毒灯、高压灭菌设备、处置台、器械柜、便携式心电图机、血糖测定仪、雾化吸入器、出诊箱、轮椅、输液椅、候诊椅、医用冰箱、污物桶。

设置康复室的，至少配备与康复需求相适应的运动治疗、物理治疗和作业治疗设备。

开展中医药服务的，还应当配备脉枕、针灸器具、火罐、电针仪、艾灸仪等等。

（二）急救设备。

心电监护仪、心脏氧源（氧气瓶/制氧机）、供氧设备、吸痰器、开口器、牙垫、口腔通气道、简易呼吸器。

（三）健康教育及其他设备。

健康教育宣传栏、健康教育影像设备、能连接互联网的计算机及打印设备、电话等通信设备，健康档案管理等有关设备。

（四）有与工作需要相应的其他设备。

四、具有与功能任务相适应的转诊制度、药品登记分发制度、健康教育制度等各项规章制度，以及急救流程、技术操作规范，制定人员岗位职责。

养老机构护理站基本标准（试行）

养老机构护理站是设置在养老机构内，为养老机构患者提供常见病多发病护理、慢性病护理、康复指导、心理护理、根据医嘱进行处置、消毒隔离指导、健康教育等服务的医疗机构。

一、人员

（一）至少有2名具有护士以上职称的注册护士，其中有1名具有主管护师以上职称。养老机构床位达到100张以上时，每增加100张床位，至少增加1名注册护士。

（二）至少有1名康复治疗人员。

（三）按工作需求配备护理员，注册护士与护理员之比为1:2.5。

二、房屋

（一）整体设计应当满足无障碍设计要求。

（二）建筑面积不少于30平方米。

（三）至少设有治疗室、处置室。每室独立且符合卫生学布局及流程。

（四）应当设医疗废物存放点，与治疗区域隔开。

三、设备

（一）诊桌、诊椅、诊察凳、方盘、纱布罐、听诊器、火罐、刮痧板、血压计、体温表、身高体重计、血糖测定仪、体外除颤设备、治疗车、药品柜、紫外线消毒灯、高压灭菌设备、处置台、轮椅、输液椅、医用冰箱、污物桶。

（二）有必要的健康教育、办公和通讯联络设备，有诊疗护理记录及文件保存条件。

（三）有与工作需要相应的其他设备。

四、具有与功能任务相适应的转诊制度、药品登记分发制度、健康教育制度等各项规章制度，以及急救流程、技术操作规范，制定人员岗位职责。

民政部关于推进养老服务评估工作的指导意见

（2013 年 7 月 30 日）

各省、自治区、直辖市民政厅（局），新疆生产建设兵团民政局：

为深入贯彻《中华人民共和国老年人权益保障法》（以下简称《老年人权益保障法》）关于建立健全养老服务评估制度的要求，全面落实《国务院办公厅关于印发社会养老服务体系建设规划（2011—2015年）的通知》（国办发〔2011〕60号）和《民政部关于开展“社会养老服务体系建设推进年”活动暨启动“敬老爱老助老工程”的意见》（民发〔2012〕35号）等文件精神，推动建立统一规范的养老服务评估制度，提出如下意见：

一、充分认识养老服务评估工作的重要意义

养老服务评估，是为科学确定老年人服务需求类型、照料护理等级以及明确护理、养老服务等补贴领取资格等，由专业人员依据相关标准，对老年人生理、心理、精神、经济条件和生活状况等进行的综合分析评价工作。从评估时间上可以分为首次评估（准入评估）和持续评估（跟踪式评估）。建立健全养老服务评估制度，是积极应对人口老龄化、深入贯彻落实《老年人权益保障法》，保障老年人合法权益的重要举措；是推进社会养老服务体系建设，提升养老服务水平，充分保障经济困难的孤寡、失能、高龄、失独等老年人服务需求的迫切需要；是合理配置养老服务资源，充分调动和发挥社会力量参与，全面提升养老机构服务质量和运行效率的客观要求。各地要站在坚持以人为本、加强社会建设的高度，从大力发展养老服务事业的全局出发，提高思想认识，加强组织领导，完善配套措施，稳步推进养老服务评估工作深入开展。

二、推进养老服务评估工作的总体要求

（一）指导思想。以科学发展观为指导，以保障老年人养老服务需求为核心，科学确定评估标准，认真制定评估方案，合理设计评估流程，积极培育评估队伍，广泛吸收社会力量参与，高效利用评估结果，为建立和完善以居家为基础、社区为依托、机构为支撑的社会养老服务体系，实现老有所养目标发挥积极作用，逐步实现基本养老服务均等化。

（二）基本原则。

1.权益优先，平等自愿。坚持老年人权益优先，把推进养老服务评估工作与保障老年人合法权益、更好地享受社会服务和社会优待结合起来。坚持平等自愿，尊重受评估老年人意愿，切实加强隐私保护。

2.政府指导，社会参与。充分发挥政府在推动养老服务评估工作中的主导作用，进一步明确部门职责、理顺关系，建立完善资金人才保障机制。充分发挥和依托专业机构、养老机构、第三方社会组织的技术优势，强化社会监督，提升评估工作的社会参与度和公信力。

3.客观公正，科学规范。以评估标准为工具，逐步统一工作规程和操作要求，保证结果真实准确。逐步扩大持续评估项目范围，努力提升评估质量。坚持中立公正立场，客观真实地反映老年人能力水平和服务需求。

4.试点推进，统筹兼顾。试点先行，不断完善工作步骤和推进方案，建立符合本地区养老服务发展特点和水平的评估制度，并逐步扩大试点范围。要把推进养老服务评估工作与做好居家社区养老服务、机构养老等工作紧密结合，建立衔接紧密、信息互联共享的合作机制。

（三）主要目标。2013年底前，各地要根据本意见制定实施方案，确定开展评估地区范围，做好组织准备工作，落实评估机构和人员队伍。2014年初要启动评估工作试点，根据进展情况逐步扩大覆盖范围。到“十二五”末，力争建立起科学合理、运转高效的长效评估机制，基本实现养老服务评估科学化、常态化和专业化。

三、推进养老服务评估工作的主要任务

（一）探索建立评估组织模式。养老服务评估可以由基层民政部门、乡镇人民政府（街道办事处）、社会组织以及养老机构单独或者联合组织开展，

养老服务评估可以分为居家养老服务需求评估、机构养老服务需求评估和补贴领取资格评估等。各地要依据本地社会养老服务体系建设情况和老年人需求实际，积极探索在社区公共服务平台建立评估站点；要采取政府购买服务、社工介入等方式，积极鼓励社会力量参与，合理确定本地区养老服务评估形式。要加大宣传引导力度，充分调动老年人参与的积极性和主动性。

（二）探索完善评估指标体系。民政部将于近期发布的《老年人能力评估》行业标准，是养老服务评估工作的主要依据。该标准为老年人能力评估提供了统一、规范和可操作的评估工具，规定老年人能力评估的对象、指标、实施及结果。标准下发后，各地应当积极采用该标准，或者根据该标准结合实际情况制订或者修改地方标准。老年人能力评估应当以确定老年人服务需求为重点，突出老年人自我照料能力评估。评估指标应当涵盖日常行为能力、精神卫生情况、感知觉情况、社会参与状况等方面，所需健康体检应当在经卫生行政部门许可的开展健康体检服务的医疗机构内进行。对老年人经济状况、居住状况、生活环境等方面的评估标准，各地可根据当地平均生活水平、养老服务资源状况、护理或者养老服务补贴相关政策等综合制定。要将定性分析和定量分析相结合，积极探索将评估指标与可通过面谈、走访等方法观察反映的指标相结合，逐步建立科学、全面、开放的评估指标体系。

（三）探索完善评估流程。养老服务评估应当包括申请、初评、评定、社会公示、结果告知、部门备案等环节。评估申请要坚持自愿原则，由老年人本人或者代理人提出；无民事行为能力或者限制民事行为能力的老年人可以由其监护人提出申请。评估应当按照先易后难原则，首先评估老年人经济状况、身份特征等借助相关材料即可核实的项目，然后再评估生活环境、能力状况等需要实地核实、检查的项目。要根据评估项目，合理确定评估时间，在优先保障评估质量的前提下，兼顾评估效率。对受年龄增长等原因影响较大的评估项目，应当进行持续评估。对首次评估确定为完全失能等级、且康复难度大的老年人，可不再进行持续评估。评估结果应当及时告知评估对象，评估对象或者利害关系人对评估结果有异议的，可申请原评估机构重新评估。评估过程中应当加强对受评估老年人个人信息的保护，除养老服务等补贴领取资格的评估需要在本村（居）民委员会范围内公示外，评估机构不得泄露评估结果。

（四）探索评估结果综合利用机制。评估结果是制定国家宏观养老政策，推进养老社会化服务的重要基础资料，是争取财政经费保障，保证各项针对老年人的服务和优待措施落实的主要依据。各地要充分运用好评估结果，使评估工作综合效益最大化。一是用于推进居家养老服务社会化。居家养老服务机构可以根据评估结果分析老年人服务需求，在征得老年人同意的前提下，加强与相关服务单位的对接，制定个性化的服务方案，提高居家养老服务的针对性和效率。二是用于确定机构养老需求和照料护理等级。对于经评估属于经济困难的孤寡、失能、高龄、失独等老年人，政府投资兴办的养老机构，应当优先安排入住。养老机构应当将评估结果作为老年人入院、制定护理计划和风险防范的主要依据。三是用于老年人健康管理。各地要把评估工作纳入养老服务信息系统建设，并结合国家社会养老综合信息服务平台建设及应用示范工程项目，推进建立老年人健康档案，提高康复护理等服务水平。四是作为养老机构的立项依据。要根据服务辐射区域内老年人能力和需求评估状况，合理规划建设符合实际需要的养老机构，提高设施设备使用效率。同时，各地要逐步建立护理补贴和养老服务补贴制度，有效利用评估结果，完善并落实老年人社会福利政策。对于经评估属于生活长期不能自理、经济困难的老年人，可以根据其失能程度等情况作为给予护理补贴依据；对于经评估属于经济困难的老年人，可以给予养老服务补贴。

（五）探索建立养老评估监督机制。各地民政部门要加强对养老服务评估工作的指导，探索建立有效的监督约束机制，畅通评估对象利益表达渠道。各地民政部门和评估机构应当通过网络、服务须知、宣传手册等载体，主动公开评估指标、流程，自觉接受社会监督。各地民政部门要以定期检查和随机抽查等方式对评估指标、评估结果等进行检查。对评估行为不规范的机构和人员，予以纠正并向社会公开。要建立养老服务评估档案，妥善保管申请书、评估报告及建议等文档，逐步提高评估工作信息化水平。

四、推进养老服务评估工作的保障措施

（一）加强组织领导。各地民政部门要按照养老服务工作关口前移和重心下沉的要求，切实加强领导，把评估纳入养老服务工作重要议事日程，制定切实可行的实施方案，建立分工明确、责任到人的推进机制，为评估工作顺利开展提供坚强组织保障。各地可选择基础条件好、工作积极性高的地区作为先

行试点，给予指导和支持，定期研究分析进展情况，不断总结完善评估方式方法。各地民政部门要加强对评估工作重点难点问题的研究，积极协调相关部门，增进共识、凝聚合力、攻坚克难，努力形成结果共享、协同推进的工作格局。要充分整合现有资金渠道，积极争取当地财政支持，引导社会力量投入，福利彩票公益金可用于支持养老服务评估试点，建立经费保障机制，为评估工作提供保障。

（二）加强人才队伍建设。养老服务评估工作专业性强，标准比较细致，各地要依托专业机构、相关机构和社会组织加强评估机构建设，有条件的地方可以建立专门的评估机构。要依托大中专院校、示范养老机构，加快培养评估专业人才。要选择责任心强、业务素质过硬的人员参与评估，加强岗前培训，使其具备医学、心理学、社会学、法律、社会保障、社会工作等基础知识。要建立养老服务评估专家队伍，积极开展技术指导，提供有力人才支持。

（三）营造良好社会环境。要抓紧制定完善与《老年人权益保障法》等法律法规要求相适应的具体措施，建立健全有利于养老服务评估示范推广、创新创制的政策体系，建立社会力量参与的激励评价机制，加快推进与养老服务评估配套的行业标准、信息化管理等软环境建设。要把推动养老服务评估工作与落实老年人合法权益，改善老年人生活、健康、安全以及参与社会发展的保障条件结合起来，积极营造敬老、爱老、助老的浓厚社会氛围。

民政部

2013年7月30日

民政部关于鼓励和引导民间资本进入养老服务领域的实施意见

（2012 年 7 月 24 日）

各省、自治区、直辖市民政厅（局）、新疆生产建设兵团民政局：

养老服务是党和政府高度关切、社会各界广泛关注、人民群众迫切需求的重大民生问题，在我国应对人口老龄化挑战、保障和改善民生、加强和创新社会管理中发挥着重要作用。鼓励和引导民间资本进入养老服务领域，对于实现养老服务投资主体多元化，缓解养老服务供需矛盾，加快推进以居家为基础、社区为依托、机构为支撑的社会养老服务体系建设，具有重要意义。为贯彻落实《国务院关于鼓励和引导民间投资健康发展的若干意见》（国发〔2010〕13 号）精神，民政部结合当前养老服务发展实际，制定本实施意见。

一、鼓励民间资本参与居家和社区养老服务

（一）采取政府补助、购买服务、协调指导、评估认证等方式，鼓励各类民间资本进入居家养老服务领域。

（二）支持民间资本拓展居家养老服务内容，为老年人提供生活照料、家政服务、精神慰藉、康复护理、居家无障碍设施改造、紧急呼叫、安全援助和社会参与等多方面服务。

（三）鼓励民间资本在城镇社区举办老年人日间照料中心、托老所、老年之家、老年活动中心等养老服务设施，支持社区养老服务网点连锁发展、扩大布点，提高社区养老服务的可及性。

（四）鼓励民间资本参与农村居家和社区养老服务发展，重点为向留守老年人及其他有需要的老年人提供日间照料、短期托养、配餐等服务。支持村民自治组织发展农村互助养老模式。

二、鼓励民间资本举办养老机构或服务设施

（五）鼓励和支持民间资本举办适宜老年人特别是失能、半失能、高龄老年人集中照料、护理、康复、娱乐的养老院、养护院、老年公寓、敬老院等多种形式的养老机构。

（六）民间资本举办的养老机构或服务设施，可以按照举办目的，区分营利和非营利性质，自主选择民办非企业单位和企业两种法人登记类型。

（七）对于民间资本举办的非营利、营利性养老机构或服务设施，支持其根据市场需求，丰富服务形式和服务内容，为老年人提供多样化的选择性服务。

（八）鼓励民间资本举办的养老机构规模化、品牌化、连锁化和网络化发展，支持其跨区联合、资源共享，发展异地互动养老，推动形成一批具有知名品牌和较强竞争力的养老机构。

（九）鼓励民间资本对闲置的医院、企业厂房、商业设施、农村集体房屋及各类公办培训中心、活动中心、疗养院、旅馆、招待所等可利用的社会资源进行整合和改造，使之用于养老服务。

（十）按照《外商投资产业指导目录》的要求，鼓励境外资本在境内投资设立养老机构。对境内养老机构现有的税收等优惠政策，同样适用于符合条件的境外投资者。港澳地区服务提供者在内地举办非营利性养老机构，按有关规定执行。

三、鼓励民间资本参与提供基本养老服务

（十一）对于政府举办的尤其是新建的养老机构或服务设施，在明晰产权的基础上，提倡通过公开招投标，以承包、联营、合资、合作等方式，交由社会组织、企业或有能力的个人等民间资本运营或管理。

（十二）鼓励民间资本举办的养老机构接收安置政府供养对象，政府按照规定标准拨付相关生活、医疗、照料等费用。

（十三）各级民政部门要采取政府购买服务的方式，支持民间资本在为孤老优抚对象、“三无”、五保及低收入的高龄、独居、失能等困难老年人提供的基本养老服务中，发挥积极作用。

四、鼓励民间资本参与养老产业发展

（十四）积极支持民间资本参与发展老年生活服务、医疗康复、饮食服

装、营养保健、休闲旅游、文化传媒、金融和房地产等养老产业。

（十五）鼓励和引导民间资本开发老年保健、老年照护、老年康复辅具、老年住宅、老年宜居社区等产品和服务市场。

（十六）鼓励民间资本投资建设各类专业化养老服务机构或组织，承接政府或社会委托，提供养老服务评估、咨询和第三方认证等服务。

五、落实民间资本参与养老服务优惠政策

（十七）将民间资本举办养老机构或服务设施纳入经济社会发展规划、城乡建设规划、土地利用规划和年度土地利用计划，合理安排用地需求，符合条件的，按照土地划拨目录依法划拨。

（十八）对民间资本举办的非营利性养老机构或服务设施提供养老服务，根据其投资额、建设规模、床位数、入住率和覆盖社区数、入户服务老人数等因素，给予一定的建设补贴或运营补贴。

（十九）对民间资本举办的养老机构或服务设施提供的养护服务免征营业税。对符合条件的非营利性养老机构或服务设施自用房产、土地免征房产税、城镇土地使用税，其免税收入不计入所得税应纳税收入。

（二十）民间资本举办的各类养老机构或服务设施按有关规定，要与居民家庭用电、用水、用气、用热同价。

（二十一）对民间资本举办的养老机构或服务设施所办医疗机构已取得执业许可证并申请城镇职工（居民）基本医疗保险或新型农村合作医疗保险定点机构的，经审查合格后纳入定点范围。

（二十二）民间资本举办的非营利性养老机构或服务设施提供的养老服务，其价格实行政府指导价。营利性养老机构提供的服务，根据其提供的服务质量，实行企业自主定价。

（二十三）鼓励社会向民间资本举办的非营利性养老机构进行捐赠，按规定享受相关税收优惠政策。

六、加大对民间资本进入养老服务领域资金支持

（二十四）争取建立养老服务长效投入机制和动态保障机制，不断增加对民间资本进入养老服务领域的财政支持。

（二十五）争取设立多种形式的专项投资，鼓励和引导民间资本进入养老服务领域。在安排中央专项补助资金支持社会养老服务体系建设工作中，要将民间资本参与运营或管理的养老机构纳入资助范围。

（二十六）各级民政部门福利彩票公益金每年留存部分要按不低于50%的比例用于社会养老服务体系建设，并不断加大对民间资本提供养老服务的扶持力度。

（二十七）鼓励金融机构加快金融产品和服务方式创新，通过创新信贷品种、增加信贷投入、放宽贷款条件、扩大抵押担保范围等方式，加大对民间资本进入养老服务领域的金融支持。

七、加强对民间资本进入养老服务领域指导规范

（二十八）完善养老服务法律、法规和政策，加强养老服务监督和管理，为鼓励和引导民间资本进入养老服务领域创造公平竞争的市场环境。

（二十九）制订养老服务资格认证、建筑设施、人员配备、分类管理、安全卫生、等级评定等标准，建立养老服务需求与质量评估制度，推动各级各类养老服务标准的贯彻落实，规范民间资本养老服务提供行为。

（三十）开展养老服务从业人员职业道德建设、专业技能培训和职业资格鉴定，提升法律意识、责任意识和业务水平，推行院长岗前培训和养老护理员持证上岗制度，提升民间资本提供养老服务的质量和水平。

（三十一）指导民间资本举办的养老机构或服务设施加强管理服务，健全规章制度，落实安全责任，实现安全、健康、有序发展。

（三十二）培育和发展养老服务行业协会，发挥其在行业自律、监督评估和沟通协调等方面的作用，促进民间资本投资主体行业自律和维护自身合法权益。

（三十三）地方各级民政部门要发挥好宏观管理、行业规范和业务指导职能，进一步采取切实有效措施，鼓励和引导民间资本进入养老服务领域。工作推进过程中遇到的困难和问题，请及时报部。

民政部

2012年7月24日

民政部办公厅关于转发宁夏建立高龄老人津贴制度有关政策的通知

（2009年6月4日）

各省、自治区、直辖市民政厅（局），新疆生产建设兵团民政局：

目前，全国80岁以上的高龄老人已达到1805万，并正在以每年100万以上的速度增长。为了解决这部分老年人养老服务的资金保障问题，李学举部长在2009年全国民政工作会议上明确提出，“有条件的地区可建立困难老人、高龄老人津贴制度”。

近日，宁夏下发《自治区人民政府办公厅关于建立80岁以上低收入老年人基本生活津贴制度的通知》，决定在全区建立高龄老人津贴制度，成为全国第一个建立高龄老人津贴制度的省区。高龄老人津贴制度的建立，是对传统补缺型社会福利制度的重大变革和创新，实现了由临时性、不确定救济向常态化、制度性保障的重大突破。现予转发，供参考学习。

请你们学习借鉴宁夏的经验做法，按照李学举部长的讲话精神，结合当地实际，加快制定有关政策措施，尽快探索建立高龄老人津贴制度。

附件：《自治区人民政府办公厅关于建立80岁以上低收入老年人基本生活津贴制度的通知》（宁政办发〔2009〕135号）

民政部办公厅

2009年6月4日

附件：

自治区人民政府办公厅关于建立80岁以上低收入老年人基本生活津贴制度的通知

各市、县（市、区）人民政府、自治区政府各部门、直属机构：

为进一步贯彻落实自治区党委、政府《关于保障和改善民生若干问题的决定》，加快推进覆盖城乡老年人社会保障体系建设，积极探索建立低收入高龄老年人基本生活保障的长效机制，努力实现“老有所养”的目标。自治区人民政府决定，在全区建立80岁以上农村老年人和城市低收入家庭中无固定收入老年人基本生活津贴制度（以下简称“高龄老人津贴制度”）。现就有关事项通知如下：

一、充分认识建立高龄老人津贴制度的重要意义

人口老龄化是人类社会发展的必然趋势，也是各级人民政府必须面对的重大社会问题。今年，我区已进入人口老龄化社会，老年人口增长快，高龄老人比例高，家庭养老功能弱，老年人社会保障体系不健全，是当前我区老龄工作面临的形势。党的十七大提出了“老有所养”的战略目标，为进一步推动我区老年人社会保障体系建设指明了方向。高龄老人津贴制度的建立，对于解决高龄老人基本生活问题，提高高龄老人的生活质量，将会起到重要作用。各地、各有关部门要从构建和谐宁夏的高度，把对老年人的社会保障体系建设纳入当地经济社会发展规划，研究制定鼓励和扶持社会力量参与养老事业的优惠政策，加大资金投入，完善配套措施，强化工作力度，把这件惠及我区高龄低收入老年人的实事办好，使党的老有所养惠民政策落到实处。

二、建立高龄老人津贴制度的指导思想和基本原则

建立高龄老人津贴制度必须以党的十七大和十七届三中全会精神为指导，按照“低标准、广覆盖、保基本、多层次、可持续”的总体要求，创新高龄老人福利制度模式，健全养老保障服务体系，建立保障高龄老人基本生活需求的

长效机制，推进补缺型老年福利向适度普惠型社会福利发展，使广大高龄老人的基本生活得到保障，不断提高高龄老人的生活质量，切实推进和谐宁夏建设。

建立高龄老人津贴制度，是一种兼有社会救助和社会福利性质的社会保障措施，必须遵循以下原则：（一）坚持因地制宜的原则，充分考虑我区区情和高龄老人的基本生活需求，建立与我区经济社会发展水平相适应的高龄老人津贴制度；（二）坚持“保障对象属地管理、保障经费分级负担”的原则，明确各级政府的责任和义务，形成“党政主导、民政牵头、部门配合、社会参与”的工作格局；（三）坚持公开、公平、公正的原则，严格按照条件界定对象、确定标准，实行“三级审批、三榜公示”，增强工作透明度；（4）坚持尽力而为与量力而行的原则，既要实事求是地将符合条件的高龄低收入老年人纳入保障范围，又不搞盲目攀比、加重各级财政负担。

三、高龄老人津贴的发放范围和发放标准

凡具有本自治区户口、且年龄在80周岁以上（含80周岁，即1929年12月31日以前出生的）的农村老年人和城市低收入家庭中无固定收入的老年人，从今年5月份起，可享受“高龄老人津贴”待遇。本通知所说的城市低收入家庭是指家庭共同生活成员人均月收入低于当地最低生活保障线150%的家庭。对于五保供养对象、已享受城乡低保待遇、领取离退休金的老年人，不再享受“高龄老人津贴”。家庭收入计算范围和方法，参照低保家庭收入计算办法执行。

高龄老人津贴发放标准，原则上按照各地低保标准、补助水平和发放对象的年龄实行分类分档发放，并随当地经济社会发展、群众生活水平的提高和低保标准变动情况适时进行调整。具体的发放标准由民政厅、财政厅按上述原则协商确定。各地要严格按照本通知的有关规定，科学、合理、准确地核定保障对象，既不能因财政困难将符合条件的低收入老年人排斥在外，也不能降低条件随意扩大范围，加重财政负担。

四、高龄老人津贴的发放程序

高龄老人津贴发放实行属地化管理，参照《宁夏回族自治区城市居民最低生活保障实施办法》和《宁夏回族自治区农村村民最低生活保障办法》的有

关规定，严格按照个人申请、居（村）委会调查核实、街道办事处（乡镇）审核、县（市、区）民政局审批的程序，实行三级审批、三榜公示，接受群众监督，做到公开、公正、透明。

高龄老人津贴一律采用银行卡形式发放。各地要根据老年人口和收入变动情况，实行动态管理，按照程序及时办理审批、增发、停发手续，确保按时足额发放。

五、高龄老人津贴的资金筹集和管理

高龄老人津贴所需资金由自治区、市、县（市、区）政府财政预算资金及其他资金解决，专户管理，专款专用。自治区财政按照低保资金的分配比例对市、县（市、区）予以补助，差额部分由市、县（市、区）财政自筹。要切实加强资金的监管，各级民政部门要认真做好发放对象的审定和发放工作；财政部门要确保所需资金按时拨付；监察、审计等部门要定期检查、审计，确保资金发放安全到位。对套取、截留、挤占、挪用和不按规定发放的，要按有关规定依法查处。

六、加强对建立高龄老人津贴制度的领导

（一）加强领导，精心组织。各地、各有关部门要切实加强领导，结合本地实际及时制定建立高龄老人津贴制度的具体工作方案和实施细则，精心谋划，周密部署，认真抓好落实。各级民政部门要切实负起责任，发挥好综合协调职能，积极争取各相关部门的配合与支持，确保此项工作顺利实施。

（二）健全档案，规范管理。各地要在对80岁以上的农村老年人和城市低收入家庭中无固定收入的老年人调查摸底的基础上，对拟发放对象进行核实，登记造册，建立台账，健全档案。要坚持动态管理、定期核查，切实做到有进有出、分类发放。要建立定期抽查、核查制度和统计报告制度，广泛接受社会监督和有关部门的检查。

（三）广泛宣传，搞好衔接。充分发挥新闻媒体的作用，加大相关政策的宣传力度，向社会公布高龄老人津贴的发放范围、发放标准和发放程序，增强工作的透明度。要通过设立举报电话和信访接待平台，接受群众监督和舆论监督。严格执行高龄老人津贴制度的适用范围，准确把握高龄老人津贴制度与最低生活保障制度以及其他专项救助制度、福利制度的关系，加强各项救助制度、福利制度的衔接配套，形成高龄老人津贴与社会救助、社会福利和慈善事业各有侧重、相互衔接、良性互动的运行机制，确保高龄老人津贴发放工作健康有序进行。

自治区人民政府办公厅

2009年5月7日

财政部、国家税务总局关于对老年服务机构有关税收政策问题的通知

（2000 年 10 月 1 日）

各省、自治区、直辖市、计划单列市财政厅（局）、国家税务局、地方税务局：

为贯彻中共中央、国务院《关于加强老龄工作的决定》（中发〔2000〕13号）精神，现对政府部门和社会力量兴办的老年服务机构有关税收政策问题通知如下：

一、对政府部门和企事业单位、社会团体以及个人等社会力量投资兴办的福利性、非营利性的老年服务机构，暂免征收企业所得税，以及老年服务机构自用房产、土地、车船的房产税、城镇土地使用税、车船使用税。

二、对企事业单位、社会团体和个人等社会力量，通过非营利性的社会团体和政府部门向福利性、非营利性的老年服务机构的捐赠，在缴纳企业所得税和个人所得税前准予全额扣除。

三、本通知所称老年服务机构，是指专门为老年人提供生活照料、文化、护理、健身等多方面服务的福利性、非营利性的机构，主要包括：老年社会福利院、敬老院（养老院）、老年服务中心、老年公寓（含老年护理院、康复中心、托老所）等。

本通知自2000年10月1日起执行。

财政部

国家税务总局

2000 年 10 月 1 日

中国保监会关于印发《养老保障管理业务管理办法》的通知

（2015 年 7 月 30 日）

各养老保险公司：

为促进保险业积极参与多层次养老保障体系建设，推动养老保障管理业务持续健康发展，保护养老保障管理业务活动当事人的合法权益，我会制定了《养老保障管理业务管理办法》，现予印发，请遵照执行。

中国保监会

2015年7月30日

养老保障管理业务管理办法

第一章　总　则

第一条　为规范养老保险公司养老保障管理业务经营行为，保护养老保障管理业务活动当事人的合法权益，促进保险业积极参与多层次养老保障体系建设，根据《中华人民共和国保险法》等法律法规，制定本办法。

第二条　本办法所称养老保险公司，是指经中国保险监督管理委员会（以下简称中国保监会）批准设立并依法登记注册的商业养老保险公司。

第三条　本办法所称养老保障管理业务，是指养老保险公司作为管理人，接受政府机关、企事业单位及其他社会组织等团体委托人和个人委托人的委托，为其提供养老保障以及与养老保障相关的资金管理服务，包括方案设计、受托管理、账户管理、投资管理、待遇支付、薪酬递延、福利计划、留才激励等服务事项。

第四条　养老保险公司开展养老保障管理业务，应当遵守法律、行政法规和中国保监会等监管机构的规定，遵循自愿、公平、诚实信用原则，不得损害客户的合法权益和社会公共利益。

第五条　养老保险公司开展养老保障管理业务，应当充分了解委托人的需求，遵循风险匹配原则，充分发挥养老保险公司在受托管理、账户管理、投资管理、风险管理和年金给付等方面的综合优势，向委托人提供合适的产品和服务。

第六条　中国保监会依据法律、行政法规和本办法的规定，对养老保险公司开展养老保障管理业务进行监督管理。中国保监会派出机构在中国保监会授权范围内履行监管职责。

第二章　业务规范

第七条　养老保险公司开展养老保障管理业务，应当具备完善的公司治理结构、健全的内部控制制度、科学的投资决策体系以及规范的业务操作流程。

第八条　养老保险公司开展养老保障管理业务，可以在全国范围内展业，但应当具备与展业活动相适应的客户服务能力。

第九条　养老保险公司开展个人养老保障管理业务，应当具备企业年金业务或者保险业务两年以上经营经验。

第十条　养老保险公司开展养老保障管理业务，应当要求委托人以真实身份参与养老保障管理业务并承诺委托资金的来源、用途符合法律法规规定。承诺方式包括书面承诺或网络实名确认等。委托人未做承诺，或者养老保险公司明知委托人身份不真实、委托资金来源或者用途不合法，养老保险公司不得为其办理养老保障管理业务。

第十一条　养老保险公司开展养老保障管理业务，可以采取下列形式：

（一）为单一团体委托人办理单一型养老保障管理业务；

（二）为多个团体委托人办理集合型养老保障管理业务；

（三）为多个个人委托人办理集合型养老保障管理业务。

养老保险公司采取形式（一）开展养老保障管理业务的，受托管理的委托人资金初始金额不得低于5000万元人民币；采取形式（三）开展养老保障管理业务的，封闭式投资组合受托管理的个人委托人资金初始金额不得低于1万元人民币。

第十二条　养老保险公司开展团体养老保障管理业务，应当要求团体委托人提供下列材料：

（一）经董事会决议、职工代表大会或其他决策程序通过的养老保障管理方案，或有关政府部门对养老保障方案的批复、核准文件；

（二）所有受益人名单和身份信息。

如团体养老保障管理业务只有个人缴费，无团体缴费的，上述材料（一）可免于提供。

养老保险公司开展个人养老保障管理业务，应当要求个人委托人提供下列材料：

（一）个人身份信息；

（二）个人资金账户信息。

第十三条　养老保险公司开展养老保障管理业务，应当依照法律、行政法规和本办法的规定，与委托人签订受托管理合同，就双方的权利、义务和相关事宜做出明确约定。受托管理合同应当包括下列基本事项：

（一）委托人资金的缴费规则；

（二）投资范围、投资限制和投资比例；

（三）投资策略和管理期限；

（四）委托人资金的管理方式和管理权限；

（五）各类风险揭示；

（六）委托人账户信息的提供及查询方式；

（七）当事人的权利与义务；

（八）管理费用的计算方法和支付方式；

（九）其他服务内容及其费用的提取、支付方式；

（十）合同解除和终止的条件、程序及客户资产的清算返还事宜；

（十一）违约责任和纠纷的解决方式；

（十二）中国保监会规定的其他事项。

第十四条　养老保险公司开展养老保障管理业务，应当履行下列职责：

（一）建立、维护委托人和受益人账户信息，并向委托人和受益人提供账户查询服务；

（二）制定基金投资策略并进行投资管理；

（三）定期估值并与资产托管人核对；

（四）监督基金管理情况；

（五）计算并办理待遇支付；

（六）定期编制并向委托人提供养老保障管理报告；

（七）妥善保存养老保障管理业务有关记录；

（八）国家规定和合同约定的其他职责。

第十五条　养老保险公司可以自行开展养老保障管理业务的各项工作，也可以委托其他合格金融机构承担部分管理人职责，但应当对其承接的养老保障管理业务承担最终责任。

养老保险公司委托其他合格金融机构承担部分管理人职责的，应当与选聘的金融机构签订委托管理合同，明确约定各方的权利、义务和相关事宜。

第十六条　养老保险公司开展的养老保障管理业务，不需计提保险责任准备金。

第十七条　养老保险公司开发的养老保障管理产品，应当在销售前向中国保监会备案。

产品备案材料包括以下文件：

（一）《养老保障管理产品备案报送材料清单表》，加盖公司公章；

（二）养老保障管理产品合同文本；

（三）投资组合说明书；

（四）总精算师声明书；

（五）法律责任人声明书；

（六）产品可行性报告；

（七）财务管理办法；

（八）业务管理办法；

（九）投资风险提示函；

（十）中国保监会规定的其他材料。

第十八条　养老保障管理产品主要内容发生变更的，养老保险公司应当在销售前向中国保监会备案。

发生下列情形之一的，属于产品主要内容变更：

（一）产品名称变更；

（二）管理人变更；

（三）管理费费率上调；

（四）主要投资政策变更；

（五）中国保监会规定的其他情形。

产品变更备案材料包括以下文件：

（一）变更备案报送材料清单表，加盖公司公章；

（二）变更原因、主要变更内容的对比说明；

（三）产品变更涉及的文本（包括合同文本、投资组合说明书等）；

（四）总精算师声明书；

（五）法律责任人声明书；

（六）中国保监会规定的其他材料。

第十九条　团体养老保障管理产品名称应符合以下格式：养老保险公司名称＋说明性文字＋单一型或集合型＋团体养老保障管理产品，个人养老保障管理产品名称应符合以下格式：养老保险公司名称＋说明性文字＋个人养老保障管理产品。其中，养老保险公司名称可以用全称或简称；说明性文字由各养老保险公司自定，字数不得超过10个。

第二十条　养老保险公司开展养老保障管理业务，应当以养老保障管理产品名义开设产品层银行资金账户和组合层银行资金账户、资产类账户。其中，为单一委托人办理养老保障管理业务，开设的产品层银行资金账户名称应包含养老保障管理产品名称，组合层银行资金账户、资产类账户名称应包含养老保障管理产品名称、投资组合名称；为多个委托人办理集合养老保障管理业务，开设的产品层银行资金账户名称应包含养老保障管理产品名称，组合层银行资金账户、资产类账户名称应包含养老保障管理产品名称和投资组合名称。

第二十一条　养老保险公司开展养老保障管理业务，应当对每个养老保障管理产品建立独立的养老保障管理基金。对养老保障管理基金的管理应当遵循专户管理、账户隔离和独立核算的原则，确保养老保障管理基金独立于任何为基金管理提供服务的自然人、法人或其他组织的固有财产及其管理的其他财产。

专户管理是指对每个养老保障管理基金开设专门的银行资金账户和资产类账户进行管理。

账户隔离是指养老保障管理基金的银行资金账户和资产类账户应当与养老保险公司自身的及其管理的任何银行资金账户和资产类账户实现完全的独立分离，不得存在债权债务关系，也不得承担连带责任；不得发生买卖、交易、财产转移和利益输送行为，仅在投资账户建立初期，为建立该账户而发生的现金转移，可不受此限制。

独立核算是指对每个养老保障管理基金单独进行会计账务处理，并提供资产负债表和利润表等财务报表。

第二十二条　养老保障管理基金应当实行第三方托管制度。养老保险公司应当委托独立的资产托管人并签订资产托管合同，明确约定各方的权利、义务和相关事宜。

资产托管人的资格、职责、选择等有关事项比照中国保监会资产托管的有关规定执行。

第二十三条　养老保障管理基金托管人应当根据本办法和资产托管合同向相关机构申请开立资产类账户，依据基金管理人的委托授权书以及资产托管合同开立资金账户，并通知基金管理人。

第二十四条　养老保障管理基金采用完全积累账户制管理。养老保障管理基金投资运营所得收益，全额计入养老保障管理基金的各类账户。

第二十五条　养老保险公司可以为团体委托人设置公共账户，用以记录委托人缴费及其投资收益等账户信息。如存在个人受益人的，可以分别为受益人设立个人账户；个人账户下可以分设团体缴费账户和个人缴费账户，分别记录团体缴费和个人缴费的缴费明细及其投资收益等账务信息。

第二十六条　养老保险公司为个人受益人设立个人账户的，应当与委托人明确约定权益归属原则和领取支付条件，其中对于个人受益人本人缴费部分的权益，应当全额计入个人缴费账户。

委托人为团体客户的，个人受益人离职后，其个人账户可以在原养老保障管理基金管理人设置的保留账户继续管理。

第二十七条　养老保险公司开展养老保障管理业务，应当根据管理合同约定收取管理费用。管理费用可以包括以下项目：

（一）初始费。初始费是养老保险公司受托管理资金进入基金管理专户时一次性扣除的管理成本。初始费按照当期缴费总额的一定比例收取。

（二）管理费。管理费是养老保险公司为养老保障管理基金提供受托管理、账户管理、投资管理、待遇支付等服务的运营成本。管理费每年按照当年养老保障管理基金净值的一定比例收取，或根据管理形式及服务类型采取定额收费的形式收取。

（三）托管费。托管费是资产托管人为养老保障管理基金提供基金托管服务的运营成本。托管费每年按照当年养老保障管理基金净值的一定比例收取，或根据管理形式及服务类型采取定额收费的形式收取。

（四）解约费。委托人提前解除养老保障委托管理合同的，养老保险公司可以按照解除合同时养老保障管理基金净值的一定比例一次性收取解约费。养老保险公司应根据合同存续期限设置递减的解约费比例。

养老保险公司为个人受益人设立个人账户的，个人受益人提前退出的，应当通过委托人提出退出申请，养老保险公司可以按照受益人个人账户净值的比例一次性收取解约费。养老保险公司应根据个人账户的存续期设置递减的解约费比例。

（五）投资转换费。投资转换费是养老保险公司为养老保障管理基金提供投资转换服务的运营成本。投资转换费按照投资转换基金净值的一定比例收取，或采取定额收费的形式收取。

第二十八条　养老保障管理业务团体委托人提前解除合同时，养老保险公司应当要求其提供已通知受益人解约事宜的有效证明，并按照委托人要求与权益归属原则处理养老保障管理基金。

养老保障管理业务个人委托人提前解除合同时，养老保险公司应当在扣除解约费后，以银行转账方式将个人委托人资金余额划拨至个人委托人本人的银行资金账户。

第二十九条　养老保险公司和资产托管人应当按照有关法律、行政法规的规定保存资产管理业务的会计账册，并妥善保存有关的合同、协议、交易记录等文件、资料。

第三十条　养老保险公司应当通过公司网站或指定网站向个人委托人披露个人养老保障管理产品信息，并保证所披露信息的真实性、准确性和完整性。应向个人委托人披露的个人养老保障管理产品信息包括：

（一）募集公告、养老保障管理合同；

（二）组合募集情况；

（三）组合资产净值、份额净值；

（四）投资方向；

（五）应予披露的其他信息。

封闭式投资组合上述披露事项（三）可免于提供。

第三十一条　养老保险公司应当于每年度结束后60日内，向团体委托人提供上一年度的养老保障管理报告，并向受益人提供年度对账单以及个人权益信息查询等服务。

第三十二条　养老保险公司应当于每年度结束后60日内，在公司网站上披露养老保障管理业务的基本信息，包括基金规模、基金数目、基金收益率等，但需要保密的客户信息除外。

第三十三条　养老保险公司应当加强养老保障管理业务销售人员管理，销售人员应满足以下要求：

（一）充分了解并自觉遵守养老保障管理业务相关法律法规；

（二）熟悉养老保障管理产品特性以及向委托人提供咨询意见所涉及的其他金融产品的特性，并对有关产品市场有所认识和理解；

（三）具备相关监管部门要求的行业资格。

第三十四条　养老保险公司通过互联网渠道销售养老保障管理产品，应当参照中国保监会互联网保险监管规定中关于网络平台建设、信息披露、第三方合作协议签署、交易信息管理、客户服务管理、业务数据安全管理、客户信息安全管理、应急处置等方面的相关规定执行。

第三章　投资管理

第三十五条　养老保障管理基金投资范围比照中国保监会保险资金运用相

关监管规定执行。

第三十六条　养老保障管理基金投资账户的资产配置范围包括流动性资产、固定收益类资产、上市权益类资产、基础设施投资计划、不动产相关金融产品、其他金融资产。流动性资产、固定收益类资产、上市权益类资产、基础设施投资计划、不动产相关金融产品、其他金融资产的分类和定义遵照中国保监会资金运用相关监管规定。

第三十七条　养老保障管理基金可由养老保险公司自行投资管理，也可委托给符合条件的投资管理人进行投资管理。

投资管理人是指在中国境内依法设立的，符合中国保监会规定的保险资产管理公司、证券公司、证券资产管理公司、证券投资基金管理公司及其子公司等专业投资管理机构。

第三十八条　养老保障管理产品设立的投资组合类型，包括开放式投资组合和封闭式投资组合。

开放式投资组合是指基金份额总额不固定，基金份额可以在养老保障管理合同约定的时间和场所缴费或者领取；封闭式投资组合是指基金份额总额在养老保障管理合同约定的封闭期限内固定不变，基金份额不得提前申请领取。

第三十九条　养老保险公司应当加强养老保障管理产品投资账户的流动性管理，确保投资账户能够满足流动性需要。其中，对于开放式投资组合的流动性管理应当符合以下要求：

（一）流动性资产的投资余额不得低于投资组合价值的5%；

（二）基础设施投资计划、不动产相关金融产品、其他金融资产的投资余额不得超过投资组合价值的75%，其中单一项目的投资余额不得超过投资组合价值的50%；

（三）针对投资组合特点建立相应的流动性管理方案。

投资组合建立初期、10个工作日内赎回比例超过投资组合价值10%时、投资组合清算期间，投资组合可以突破上述有关流动性管理的比例限制，但应在30个工作日内调整至规定范围内。

第四十条　养老保险公司设立封闭式投资组合，应当在投资组合说明书中明示“封闭式”，并在产品或募集公告中明示封闭期限及投资方向。

第四十一条　养老保险公司设立的封闭式投资组合应当满足产品与投资资

产配置独立性、期限结构匹配性要求。

第四十二条　封闭式投资组合投资另类金融产品的，养老保险公司在销售时，应当向购买客户主动披露拟投资的另类金融产品的投资品种、基础资产、投资比例、估值方法、流动性管理策略、主要投资风险等。

另类金融产品是指传统的存款、股票、债券、证券投资基金等之外的金融产品。

第四章　风险控制

第四十三条　养老保险公司开展养老保障管理业务，应当建立相应的风险管理体系，并将养老保障管理业务的风险管理纳入养老保险公司全面风险管理体系之中。养老保障管理业务风险管理体系应覆盖市场风险、信用风险、流动性风险、操作风险、战略风险、声誉风险等各类风险，并就相关风险制定有效的管控措施。

第四十四条　在向委托人推介养老保障管理产品时，养老保险公司应当充分了解委托人的风险偏好、风险认知能力和风险承受能力，合理评估委托人的财务状况，并根据所了解的委托人的情况推荐合适的产品供委托人自主选择。

第四十五条　在与委托人签订受托管理合同时，养老保险公司应当向委托人提供投资风险提示函，充分揭示投资风险，包括市场风险、信用风险、流动性风险、操作风险及其他风险，以及上述风险的含义、特征、可能引起的后果，并要求委托人对投资风险提示函内容进行确认。确认方式包括书面确认或网络实名验证确认等。

第四十六条　养老保险公司应当向客户如实披露其投资管理能力和历史业绩等情况。养老保险公司向客户做出投资收益预测，必须恪守诚信原则，提供充分合理的依据；并以书面方式或在销售网站该产品销售界面显著位置特别声明，所述预测结果仅供客户参考，不构成养老保险公司对客户的承诺。

第四十七条　养老保险公司应当合理控制短期个人养老保障管理产品业务规模，年度新增业务规模应与公司的资本实力相匹配。

短期个人养老保障管理产品是指产品期限在三年以内（含三年），销售给个人客户的养老保障管理产品。

经营商业保险业务的养老保险公司，受托管理的封闭式短期个人养老保障管理业务的年度新增规模不得超过公司上一年度末偿付能力溢额的10倍；不经营商业保险业务的养老保险公司，受托管理的封闭式短期个人养老保障管理业务的年度新增规模不得超过公司上一年度末公司净资产的10倍。

第四十八条　养老保险公司开展个人养老保障管理业务，应对发行的每一期产品按管理费收入10%的比例计提风险准备金，计提总额达到养老保险公司上年度管理个人养老保障管理业务总规模的1%时，不再计提。计提的风险准备金专门用于赔偿因投资管理机构违法违规、违反受托管理合同、未尽责履职等原因给养老保障基金财产或受益人造成的损失。

风险准备金应当存放在养老保险公司或其委托的投资管理人在资产托管人处开立的专用存款账户。

养老保险公司可以对已提取的风险准备金进行自主投资管理或委托投资管理人投资，风险准备金可投资于银行存款、国债、中央银行票据、中央企业债券、中央级金融机构发行的金融债券等高流动性、低风险的金融产品。投资管理产生的投资收益，应当纳入风险准备金管理。

第四十九条　养老保险公司及其从业人员开展养老保障管理业务，不得有以下行为：

（一）以虚假、片面、误导、夸大的方式宣传推介养老保障管理产品；

（二）向客户做出保证其资金本金不受损失或者承担损失的承诺；

（三）以欺骗、隐瞒或诱导等方式销售养老保障管理产品；

（四）挪用、侵占客户资金；

（五）将养老保障管理业务与其他业务混合操作；

（六）以转移养老保障管理基金投资收益或者亏损为目的，在不同的投资组合之间进行买卖，损害客户的利益；

（七）利用所管理的养老保障管理基金谋取不正当利益；

（八）不公平地对待养老保障管理基金，损害客户的利益；

（九）从事内幕交易及其他不正当交易行为；

（十）法律、行政法规和中国保监会等监管机构规定禁止的其他行为。

第五十条　养老保险公司自身不得对养老保障管理基金的投资收益承担任何形式的保证责任，不得在管理合同和产品设计中列入投资收益保证条款。

第五十一条　养老保险公司可以为养老保障管理基金的保值增值向第三方合格机构购买风险买断合同，相应的费用可以列入基金的运营成本。养老保险公司不得对担保机构提供任何形式的反担保。

第三方合格机构应当满足以下条件：

（一）注册资本不低于5亿元人民币；

（二）上一年度经审计的净资产不低于20亿元人民币；

（三）为养老保障管理基金承担风险买断合同的总金额不超过上一年度经审计的净资产的10倍；

（四）最近三年未受过重大处罚；

（五）中国保监会规定的其他条件。

养老保险公司为养老保障管理基金购买风险买断合同的，应当在受托管理合同或投资风险提示函中向委托人充分揭示购买风险买断合同后养老保障管理基金仍然存在投资损失的风险。

第五十二条　养老保险公司应当依法采取预防、监控措施，建立健全客户身份识别制度、大额交易和可疑交易报告制度，全面履行反洗钱义务。

第五十三条　发生以下情形之一的，养老保险公司应当选择 会计师事务所对养老保障管理业务进行外部审计，相应的审计费用可以列入基金的运营成本。

（一）养老保障管理基金投资运作满三个会计年度时；

（二）养老保障管理基金管理人职责终止时；

（三）国家规定的其他情形。

养老保险公司应当自收到外部审计机构出具的审计报告之日起的30日内向委托人提交审计报告。

同一家 会计师事务所连续审计三次的，应当予以更换。

第五章　监督管理

第五十四条　开展养老保障管理业务的养老保险公司，应当在每年3月31日之前向中国保监会提交养老保障管理业务专题报告。专题报告包括以下内容：

（一）管理合同签订及履行情况；

（二）基金运作及投资收益情况；

（三）资产托管及投资监督情况；

（四）管理费用收取情况；

（五）风险准备金的提取、投资管理、使用、年末结余等情况；

（六）中国保监会要求的其他事项。

第五十五条　养老保险公司按照本办法有关规定和合同约定发生外部审计的，应当自收到外部审计机构出具的审计报告之日起的30日内向中国保监会报送审计报告。

第五十六条　中国保监会及其派出机构对养老保险公司、资产托管人、投资管理人开展养老保障管理业务的情况，进行定期或者不定期的检查，养老保险公司、资产托管人、投资管理人应当予以配合。

第五十七条　养老保险公司及其从业人员违反本办法的，由中国保监会依照法律、行政法规进行处罚；法律、行政法规没有规定的，由中国保监会责令改正；涉嫌犯罪的，依法移交司法机关追究刑事责任。

第六章　附　则

第五十八条　本办法由中国保监会负责解释。

第五十九条　养老金管理公司开展养老保障管理业务，应遵守本办法规定。

第六十条　本办法自下发之日起施行。《养老保障管理业务管理暂行办法》（保监发〔2013〕43号）同时废止。

民政部、卫生计生委关于做好医养结合服务机构许可工作的通知

（2016年4月8日）

各省、自治区、直辖市民政厅（局）、卫生计生委：

为落实国务院简政放权要求，改进行政审批工作，根据《国务院办公厅转发卫生计生委等部门关于推进医疗卫生与养老服务相结合指导意见的通知》（国办发〔2015〕84号）精神，现就做好医养结合服务机构许可工作通知如下：

一、做好医养结合服务机构许可政策宣讲工作

各地民政、卫生计生部门应当将法律、法规、规章规定的设立养老机构、医疗机构有关行政许可的事项、依据、条件、数量、程序、期限以及需要提交的全部材料的目录和申请书示范文本等，在办事服务窗口及政务网站公开。申办人要求对材料内容予以说明、解释的，各地民政、卫生计生部门应当说明、解释，提供准确、可及的服务。

二、做好医养结合服务机构筹建指导工作

申办人拟举办医养结合服务机构的，民政、卫生计生部门应当在接到申请后，按照首接责任制原则，及时根据各自职责办理审批，不得将彼此审批事项互为审批前置条件，不得互相推诿。各地民政、卫生计生部门应当根据申办人的需要和条件，在设立条件、提交材料、建设标准、服务规范等方面，为医养结合机构申办人提供咨询和指导，减少繁文缛节，提高办事效率。省级民政部门、卫生计生部门可以制定统一的筹建指导书，方便申请人到相关部门办理相

关行政许可手续。

三、支持医疗机构设立养老机构

医疗机构面向老年人开展集中居住和照料服务的，应当按照《养老机构设立许可办法》规定，申请养老机构设立许可，民政部门予以优先受理。符合设立条件的，自受理设立申请后10个工作日内颁发养老机构设立许可证。对于无内设养老机构，但具有养老服务需求的医疗机构，民政部门应当指导其与养老机构建立协作机制，开展一体化的健康和养老服务。基层医疗机构和二级医院内设养老机构符合条件的，享受养老机构相关建设补贴、运营补贴和其他政策扶持。

四、支持养老机构设立医疗机构

卫生计生部门应当将养老机构设立老年病医院、康复医院、护理院、中医医院、临终关怀等医疗机构纳入区域卫生规划，优先予以审核审批，并加大政策支持和技术指导力度。养老机构内设医疗机构为门诊部、诊所、医务室、护理站的，养老机构应当向当地县级卫生计生部门申请设置和执业登记。卫生计生部门应当在受理设置申请后10个工作日内给予是否同意设置的批复。对于不具备条件设置医疗机构的养老机构，卫生计生部门应当指导其与周边医疗机构签订合作协议，建立绿色通道，优先提供巡诊义诊、接诊转诊、康复指导、远程医疗等服务，或者托管其内设医务室，选派医护人员开展医疗服务。养老机构内设医疗机构，属于社会办医范畴的，按照《关于促进社会办医加快发展的若干政策措施》（国办发〔2015〕45号）等相关规定，享受政策扶持。

各地民政、卫生计生部门要高度重视做好医养结合服务机构许可工作，加强沟通、密切配合，打造“无障碍”审批环境。对于违反相关规定，任意提高许可标准、人为设置准入条件、互相推诿扯皮或不作为的，要按照有关规定予以问责。

民政部　卫生计生委

2016年4月8日

人力资源社会保障部、财政部关于机关事业单位基本养老保险关系和职业年金转移接续有关问题的通知

（2014年10月1日）

各省、自治区、直辖市及新疆生产建设兵团人力资源社会保障厅（局）、财政（务）厅（局）：

按照《国务院关于机关事业单位工作人员养老保险制度改革的决定》（国发〔2015〕2号）和《国务院办公厅关于印发机关事业单位职业年金办法的通知》（国办发〔2015〕18号）的规定，为做好机关事业单位养老保险参保人员基本养老保险关系和职业年金转移接续工作，切实维护流动就业人员的养老保险权益，现就有关问题通知如下：

一、关于机关事业单位基本养老保险关系转移接续

（一）参保人员在同一统筹范围内的机关事业单位之间流动的，只转移基本养老保险关系，不转移基金。

（二）参保人员在机关事业单位养老保险制度内跨统筹范围流动的，在转移基本养老保险关系的同时，转移基金。

（三）参保人员从机关事业单位流动到企业的，在转移基本养老保险关系的同时，转移基金。其中，参保人员经组织批准从机关事业单位调动到企业的，基本养老保险关系转移至调入企业参保地的企业职工基本养老保险社保经办机构；参保人员因辞职、辞退等原因离开机关事业单位的，基本养老保险关系转移至户籍所在地的企业职工基本养老保险社保经办机构。以后在户籍所在地以外就业参保的，基本养老保险关系转移接续按照《国务院办公厅关于转发

人力资源社会保障部、财政部城镇企业职工基本养老保险关系转移接续暂行办法的通知》（国办发〔2009〕66号）相关规定执行；高校、科研院所等事业单位专业技术人员离岗创业保留人事关系期间，可暂不转移基本养老保险关系。待其正式办理离职后，根据其重新就业情况，按照上述办法相应转移接续基本养老保险关系。

（四）参保人员跨统筹范围流动或从机关事业单位流动到企业的，个人缴费部分按计入本人基本养老保险个人账户的全部储存额计算转移；单位缴费部分以本人改革后各年度实际缴费工资为基数，按12%的总和转移，参保缴费不足1年的，按实际缴费月数计算转移。

（五）参保人员从企业流动到机关事业单位的，在转移基本养老保险关系的同时，个人缴费部分和单位缴费部分转移比照国办发〔2009〕66号文件相关规定执行。其中，改革前曾参加企业职工基本养老保险、改革后参加机关事业单位基本养老保险的参保人员，按照上述办法转移接续在企业参保期间的基本养老保险关系。

（六）改革前参加地方原有机关事业单位养老保险试点、改革后纳入机关事业单位基本养老保险的人员，在转移接续基本养老保险关系时，不转移参加试点期间的单位缴费和个人缴费，改革前的个人缴费本息按照《人力资源社会保障部、财政部关于贯彻落实〈国务院关于机关事业单位工作人员养老保险制度改革的决定〉的通知》（人社部发〔2015〕28号）有关规定执行。

二、关于机关事业单位参保人员养老保险关系转移接续后的职业年金补记

（一）参保人员办理了正式调动或辞职、辞退手续离开机关事业单位的，根据改革前本人在机关事业单位工作的年限长短补记职业年金，以实账方式划转至本人职业年金个人账户，所需资金由其原所在单位按现行经费保障渠道解决。

（二）参保人员从企业再次流动到机关事业单位的，本人退休时，按照机关事业单位养老保险办法计发待遇，同时补记职业年金的本金及投资收益划转到待遇领取地机关事业单位基本养老保险统筹基金。若参保人员在退休前从机关事业单位又流动到企业的，不再重复补记职业年金，原补记的职业年金转移和管理运营按照国办发〔2015〕18号文件规定执行。

三、关于养老保险关系转移接续后的相关待遇计发参数

（一）参保人员在机关事业单位之间跨统筹范围流动的，待达到退休年龄时，视同缴费指数根据本人退休时的职务职级（技术职称）所对应的待遇领取地的视同缴费指数标准确定；过渡期内老办法待遇标准中的退休补贴标准，根据2014年9月本人的职务职级（技术职称）对应的待遇领取地退休补贴标准确定；在其他统筹地区参保缴费时段的实际缴费指数，可以按照本人相应年度缴费工资基数和待遇领取地对应的上年度在岗职工平均工资计算，也可以按照本人相应年度缴费工资基数和其他统筹地区对应的上年度在岗职工平均工资计算，就高不就低。

（二）参保人员从机关事业单位流动到企业参保的，其视同缴费指数按企业职工基本养老保险有关政策确定。

（三）改革后，参保人员从企业流动到机关事业单位，过渡期内达到退休年龄的，可参照待遇领取地同等条件（如职务、技术职称等）人员的标准，确定其老办法待遇标准，实行新老办法对比计发养老待遇，具体办法由各地根据实际制定。过渡期之后达到退休年龄的，直接按照新办法计发养老待遇。其他类似人员，按照上述办法处理。

（四）参保人员在机关事业单位与企业之间流动的，养老保险关系转移接续后的基本养老保险缴费年限（含视同缴费年限）、个人账户储存额累计计算。

四、关于养老保险关系转移接续后的待遇领取地确定

（一）参加机关事业单位养老保险制度的人员达到退休年龄时，其退休时的基本养老保险关系所在地为待遇领取地。

（二）参保人员从机关事业单位流动到企业的，待达到退休年龄时，按照国办发〔2009〕66号文件等规定确定待遇领取地。

五、关于处理多重养老保险关系

参保人员同时存续多重基本养老保险关系或重复缴纳基本养老保险费的，应按照“先转后清”的原则，由转入地社保经办机构负责按规定清理。

六、关于职业年金转移接续

职业年金个人账户实账部分按照国办发〔2015〕18号文件的规定转移接续，职业年金单位缴费采取记账方式管理的部分，按以下办法转移接续：

（一）参保人员在由相应的同级财政全额供款的单位之间流动时，可转移本人的职业年金单位缴费部分的累计记账额，继续由转入单位采取记账方式管理。

（二）参保人员由机关事业单位流动到企业、在非同级财政全额供款的单位之间流动，或者由财政全额供款单位流动到非财政全额供款单位的，应当由转出单位相应的同级财政保障拨付资金记实后转移接续。

（三）参保人员由非财政全额供款单位流动到财政全额供款单位后，原实账积累的个人账户资金按规定转移接续，同时其到新就业单位后的职业年金单位缴费部分可采取记账方式管理。

七、关于职业年金、企业年金个人账户管理和待遇计发

（一）参保人员在机关事业单位与企业之间流动时，本人职业年金或者企业年金个人账户包含的按照规定正常缴费形成的职业年金（以下简称正常缴费）、参加本地机关事业单位养老保险试点的个人缴费本息划转的资金（以下简称划转缴费）、补记的职业年金（以下简称补记缴费）和企业年金分别管理并计算收益。

（二）参保人员从机关事业单位流动到企业并在企业职工养老保险制度内达到退休年龄，参加所在企业建立企业年金计划的，将正常缴费、补记缴费和企业年金累计储存额合并计算，按照企业年金制度相关规定领取企业年金待遇，同时将划转缴费累计储存额一次性支付给本人。

（三）参保人员从机关事业单位流动到企业并在企业职工养老保险制度内达到退休年龄，所在企业没有建立企业年金计划并由原管理机构管理运营正常缴费、划转缴费和补记缴费的，将正常缴费和补记缴费累计储存额合并计算，按照国办发〔2015〕18号文件规定领取职业年金待遇，同时将划转缴费累计储存额一次性支付给本人。

（四）参保人员从企业流动到机关事业单位的，原在企业建立的企业年金按规定转移并投资运营。在机关事业单位养老保险制度内达到退休年龄的，过

渡期内，企业年金累计储存额不计入新老办法标准对比范围，按照企业年金制度相关规定领取企业年金待遇，同时按照国办发〔2015〕18号文件规定领取职业年金待遇；过渡期之后，将职业年金、企业年金累计储存额合并计算，按照国办发〔2015〕18号文件规定领取职业年金待遇。

（五）参保人员在职期间或退休后死亡的，其正常缴费、划转缴费、补记缴费和企业年金累计储存余额可以继承。

机关事业单位基本养老保险关系和职业年金转移接续经办规程另行制定。

本通知自2014年10月1日开始执行，已有规定与本通知不一致的，按本通知执行。

人力资源社会保障部

财政部

2017年1月12日

人力资源社会保障部、财政部关于2017年调整退休人员基本养老金的通知

（2017年4月13日）

各省、自治区、直辖市人民政府，国务院各部委、各直属机构，新疆生产建设兵团：

经国务院批准，从2017年1月1日起调整企业和机关事业单位退休人员（以下简称退休人员）基本养老金水平。现就有关事项通知如下：

一、调整范围。2016年12月31日前已按规定办理退休手续并按月领取基本养老金的退休人员。

二、调整水平。总体调整水平按照2016年退休人员月人均基本养老金的5.5%左右确定。

三、调整办法。此次调整退休人员基本养老金，要兼顾企业和机关事业单位退休人员，按照调整办法大体统一的原则，采取定额调整、挂钩调整与适当倾斜相结合的办法。定额调整要体现公平原则；挂钩调整要体现“多工作、多缴费、多得养老金”的激励机制，可与退休人员本人缴费年限（或工作年限）、基本养老金水平等因素挂钩；对高龄退休人员、艰苦边远地区企业退休人员，可适当提高调整水平。继续确保企业退休军转干部基本养老金不低于当地企业退休人员平均水平。要合理确定定额调整、挂钩调整与适当倾斜三部分比重，增强调整办法的激励性导向。

四、资金来源。调整基本养老金所需资金，参加企业职工基本养老保险的从企业基本养老保险基金中列支，参加机关事业单位工作人员基本养老保险的从机关事业单位基本养老保险基金中列支。对中西部地区、老工业基地、新疆生产建设兵团和在京中央国家机关及所属事业单位，中央财政予以适当补助。

未参加职工基本养老保险的，调整所需资金由原渠道解决。

各地区要通过扩大养老保险覆盖面、加强基金征缴、完善省级统筹、调整财政支出结构加大对养老保险基金补助力度等措施，提高养老保险基金的支付能力，不得发生新的拖欠。

五、组织实施。调整退休人员基本养老金，体现了党中央、国务院对广大退休人员的亲切关怀，直接关系各类退休人员的切身利益，涉及面广，政策性强，敏感度高。各地区要高度重视，切实加强领导，精心组织实施，准确解读政策，正确引导舆论，确保各项工作平稳进行。各地区要按照国务院统一部署，结合本地区实际，制定具体实施方案，合理确定调整水平和调整办法，对调整养老金工作的组织领导、工作进度、资金保障等作出周密安排，于2017年5月31日前报送人力资源社会保障部、财政部审批后组织实施。各地区要严格按照两部批准的实施方案执行，把各项调整政策落实到位，不得自行提高调整水平、突破调整政策。对自行提高调整水平的地区，将予以批评问责，并相应扣减中央财政补助资金。在京中央国家机关及所属事业单位的调整方案由人力资源社会保障部、财政部制定并组织实施。

人力资源社会保障部

财政部

2017年4月13日

民政部、公安部、司法部等关于加强农村留守老年人关爱服务工作的意见

（2017年12月28日）

各省、自治区、直辖市民政厅（局）、公安厅（局）、司法厅（局）、财政厅（局）、人力资源社会保障厅（局）、文化厅（局）、卫生计生委、扶贫办、老龄办、新疆生产建设兵团民政局、公安局、司法局、财务局、人力资源社会保障局、文化局、卫生计生委、扶贫办、老龄办：

农村留守老年人问题是我国工业化、城镇化、市场化和经济社会发展的阶段性问题，是城乡发展不均衡、公共服务不均等、社会保障不完善等问题的深刻反映。农村留守老年人关爱服务是农村养老服务体系的重要组成部分。关爱服务体系的完善关乎广大农村留守老年人的晚年幸福生活，关系到脱贫攻坚的目标实现，关系到社会和谐稳定和全面建成小康社会大局。党中央、国务院高度重视农村留守老年人关爱服务工作，党的十九大报告明确要求加快建立健全农村留守老年人关爱服务体系。为贯彻落实党中央、国务院决策部署，进一步加强农村留守老年人关爱服务工作，现提出以下意见：

一、把握农村留守老年人关爱服务工作的总体要求

加强农村留守老年人关爱服务工作，要深入贯彻党的十九大精神和习近平新时代中国特色社会主义思想，以促进农村留守老年人安享幸福晚年生活为落脚点，着力完善关爱服务网络，提升关爱服务能力，健全关爱服务体制机制，切实把握好四方面原则与要求：

一是明确职责、完善机制。强化家庭和子女在赡养、扶养留守老年人中

的主体责任和法定义务，落实县乡两级政府在维护留守老年人权益中的基本职责，充分发挥老年人组织、村民互助服务组织、社会工作服务机构作用，建立健全家庭尽责、基层主导、社会协同、全民行动、政府支持保障的农村留守老年人关爱服务工作机制。

二是突出重点、强化服务。各地要加强资源统筹，以防范留守生活安全风险为重点内容，以经济困难家庭的高龄、失能留守老年人为重点对象，督促各方履行关爱职责，增强生活照料、精神慰藉、安全监护、权益维护等基本服务，防止冲击社会道德底线的问题发生。

三是因地制宜、改革创新。各地区要结合当地经济社会发展水平，结合当地人文风俗文化习惯，结合当地人口老龄化形势趋势，深入研究、开拓创新，积极探索有效管用的农村留守老年人关爱服务政策措施与实践模式。

四是加强统筹、综合施策。将农村留守老年人关爱服务体系纳入养老服务体系统筹设计，做好政策衔接；与城乡一体化、基本公共服务均等化和农业现代化发展相适应，与信息化、智能化等现代技术推广应用相同步，从城市和农村两端发力逐步解决农村老年人留守问题。

力争到2020年，农村留守老年人关爱服务工作机制和基本制度全面建立，关爱服务体系初步形成，关爱服务普遍开展，养老、孝老、敬老的乡村社会氛围更加浓厚，农村贫困留守老年人全部脱贫。

二、强化家庭在农村留守老年人赡养与关爱服务中的主体责任

家庭是农村留守老年人赡养和关爱服务的责任主体。子女或其他赡养人要依法履行对老年人经济上供养、生活上照料和精神上慰藉的义务，扶养人要依法履行扶养义务。子女或其他赡养人、扶养人应当经常看望或者问候留守老年人，不得忽视、冷落老年人。支持家族成员和亲友对留守老年人给予生活照料和精神关爱，鼓励邻里乡亲为留守老年人提供关爱服务，避免让生活不能自理的老年人单独居住生活。在尊重老年人意愿的前提下，赡养义务人可与亲属或其他人签订委托照顾协议，相关情况应向村民委员会报备。提高子女或其他赡养人的守法意识，增强村规民约对家庭赡养义务人的道德约束，发挥孝亲敬老典型的示范引导作用。对赡养人、扶养人不履行赡养、扶养义务的，村民委员会、老年人组织或者赡养人、扶养人所在单位应当监督其履行；情节严重的，

相关执法部门要依法追究其法律责任。

三、发挥村民委员会在农村留守老年人关爱服务中的权益保障作用

村民委员会要在县乡两级政府的统筹协调和组织引导下，加强留守老年人关爱服务工作。协助做好辖区内留守老年人基本信息摸查；以电话问候、上门访问等方式，定期探访留守老年人，及时了解留守老年人生活情况，将存在安全风险和生活困难的留守老年人作为重点帮扶对象，村民委员会要及时通知并督促其子女和其他家庭成员予以照顾，同时报告乡镇人民政府。将关爱服务纳入村规民约，推动形成孝敬父母、尊重老人、互帮互助、邻里相亲的良好乡村社会风尚。鼓励乡贤人士、社会爱心企业和个人资助开展留守老年人关爱服务。

四、发挥为老组织和设施在农村留守老年人关爱服务中的独特作用

增强农村老年协会对留守老年人的关爱服务能力。支持乡镇、村建立老年协会或其他老年人组织，鼓励留守老年人入会互助养老。鼓励和引导农村老年协会积极参与和组织留守老年人关爱服务，开展老年人喜闻乐见的文体娱乐、教育培训、知识讲座等活动，提供权益维护、互助养老等服务。鼓励各地将农村互助幸福院等养老服务设施委托交由老年协会等社会力量运营管理，面向留守老年人提供服务，把具备资质的老年协会纳入政府购买服务承接主体。

发挥农村特困人员供养服务机构和养老服务设施在留守老年人关爱服务中的重要作用。鼓励有条件的农村特困人员供养服务机构在满足特困人员集中供养需求的基础上，发挥辐射功能，为经济困难家庭的高龄、失能留守老年人提供服务。持续推进农村互助幸福院建设，有条件的地方，可将日常运行维护费用纳入财政预算支持范围。

发挥农村各类公共服务设施在留守老年人关爱服务中的支持作用。支持农村卫生服务中心提升服务能力，拓展服务范围，为农村留守老年人提供健康管理、基本医疗和长期护理服务。支持农村综合性文化服务中心、农村社区综合服务设施、老年学校、党员活动室等公共服务设施建设，鼓励各有关部门和组织下沉基层的公共服务项目面向留守老年人开展服务。

五、促进社会力量广泛参与留守老年人关爱服务

广泛开展关爱农村留守老年人志愿服务。鼓励农村基层组织组建志愿者队伍，为志愿服务活动开展提供场所和其他便利条件，完善志愿服务信息网络，建立健全农村志愿服务体系。引导城市和农村志愿者和志愿服务组织为留守老年人提供内容丰富、形式多样、符合需要的志愿服务。鼓励低龄健康老年人为高龄、失能留守老年人提供力所能及的志愿服务，探索建立志愿服务互助循环机制。

探索推动社会工作专业力量参与留守老年人关爱服务。加大农村社会工作专业人才培养力度，支持农村基层组织、为老服务组织根据需要配备使用社会工作专业人才。发挥社会工作人文关怀、助人自助的专业优势，通过设立社会工作站点、政府购买服务等方式，及时为留守老年人提供心理疏导、情绪疏解、精神慰藉、代际沟通、家庭关系调适、社会融入等服务。

支持社会组织为留守老年人提供关爱服务。落实税费减免等优惠政策，加快孵化培育专业化为老社会服务机构，提升其开展农村留守老年人安全防护、生活照料、紧急援助、康复护理等专业服务的能力。鼓励农村经济合作社、农村电商组织等其他社会力量参与关爱留守老年人。

六、加强政府对农村留守老年人关爱服务的支持保障

加强组织领导。各地要建立健全党委领导下的政府支持保障、部门协同配合、群团组织积极参与、村民委员会和老年协会发挥骨干作用、社会力量广泛参与的农村留守老年人关爱服务工作机制。各级老龄工作委员会、养老服务业发展领导小组要将农村留守老年人关爱服务纳入统筹指导范围，推进留守老年人关爱服务与老龄工作、养老服务协调发展。鼓励各地建立健全工作考核、责任追究和奖惩机制。

明确职责分工。公安部门要依法严厉打击侵害留守老年人合法权益的违法犯罪行为，督促、指导乡镇政府落实农村为老设施的消防设施器材建设、日常消防安全管理和老年人消防安全宣传教育工作。民政部门牵头做好工作协调，培养壮大农村养老服务和社会工作专业人才队伍，加强农村养老服务设施建设，将农村留守老年人关爱服务体系纳入农村养老服务体系统筹考虑。司法行政部门要做好法治宣传教育工作，依法为留守老年人提供法律援助服务。财政

部门要积极支持农村留守老年人关爱服务工作，完善政府购买服务制度。人力资源社会保障部门要建立健全覆盖城乡居民基本养老保险、基本医疗保险等社会保障公共服务体系，逐步提升社会保障水平。文化部门要依托基层综合性文化服务中心，为农村留守老年人提供丰富多彩的文化服务，丰富老年人精神文化生活。卫生计生部门要落实基本公共卫生服务项目，为65岁以上农村留守老年人提供健康管理服务，会同民政等部门推进医养结合工作。扶贫部门要落实脱贫攻坚政策，支持做好贫困留守老年人脱贫工作。老龄工作机构要统筹协调留守老年人关爱工作，培育和发展老年协会，做好留守老年人权益维护，加强孝亲敬老社会宣传与人口老龄化国情教育。

加强资源支持。地方各级财政要优化和调整支出结构，支持做好留守老年人关爱服务工作。鼓励有条件的地区通过购买服务形式开展留守老年人关爱服务。不断完善基本医疗、基本养老、社会救助、社会福利等社会保障制度，落实相关社会保障政策，切实维护农村留守老年人基本权益。坚持应扶尽扶，精准识别农村贫困人口，将符合条件的农村留守老年人全部纳入建档立卡范围，给予政策扶持，帮助其脱贫增收。鼓励有条件的地区统筹辖区为老服务资源，探索建立留守老年人关爱服务清单制度，定期梳理并发布留守老年人关爱服务项目内容和资源获取渠道。鼓励有条件的地区将村集体收入按一定比例用于农村留守老年人关爱服务。支持利用移动互联网、物联网等现代科学技术，依托城乡社区为老服务设施，为留守老年人获取有关服务以及与其外出工作子女亲情交流等，搭建高效、便捷、适用的智能服务网络平台。

建立信息台账与定期探访制度。建立信息共享和动态管理的农村留守老年人信息台账。乡镇政府要定期组织排查，对农村留守老年人进行摸底，掌握辖区农村留守老年人的家庭结构、经济来源、健康状况、照料情况、存在困难问题等动态信息；重点排查经济困难家庭的高龄、失能留守老年人，做到精准到村、到户、到人。省市县级层面要掌握辖区留守老年人的数量规模、基本分布、主要特征等总体信息。以县为单位，由乡镇人民政府统筹指导，由村民委员会协助实施，建立农村留守老年人定期探访制度，及时了解或评估农村留守老年人生活情况、家庭赡养责任落实情况，将相关信息及时更新到留守老年人信息台账，并为留守老年人提供相应援助服务。有条件的地区可探索建立留守老年人风险评估制度，制定风险等级标准，对风险等级高的留守老年人及时进行干预，实施关爱救助。

做好宣传引导。及时研究总结与宣传推广各地农村留守老年人关爱服务实践先进经验。大力宣扬积极老龄化理念，倡导健康生活理念，开展健康生活知识教育，引导留守老年人保持身心健康。加强《中华人民共和国老年人权益保障法》等法律法规宣传，提高子女或其他赡养人守法意识，督促落实赡养义务；加强孝亲敬老传统美德宣传，形成互帮互助、助老爱老的良好风尚，营造全社会正确对待、积极接纳、关心关爱留守老年人的友好环境。

各省（自治区、直辖市）民政部门要主动会同有关部门根据此意见，结合当地实际，抓紧制定和出台具体实施意见或实施细则，加快建立和完善农村留守老年人关爱服务制度。

民政部

公安部

司法部

财政部

人力资源社会保障部

文化部

卫生计生委

国务院扶贫办

全国老龄办

2017年12月28日

（三）妇女福利

中华人民共和国妇女权益保障法（2018 修订）

（2018 年 10 月 26 日）

第一章 总 则

第一条 为了保障妇女的合法权益，促进男女平等，充分发挥妇女在社会主义现代化建设中的作用，根据宪法和我国的实际情况，制定本法。

第二条 妇女在政治的、经济的、文化的、社会的和家庭的生活等各方面享有同男子平等的权利。

实行男女平等是国家的基本国策。国家采取必要措施，逐步完善保障妇女权益的各项制度，消除对妇女一切形式的歧视。

国家保护妇女依法享有的特殊权益。

禁止歧视、虐待、遗弃、残害妇女。

第三条 国务院制定中国妇女发展纲要，并将其纳入国民经济和社会发展规划。

县级以上地方各级人民政府根据中国妇女发展纲要，制定本行政区域的妇女发展规划，并将其纳入国民经济和社会发展计划。

第四条 保障妇女的合法权益是全社会的共同责任。国家机关、社会团体、企业事业单位、城乡基层群众性自治组织，应当依照本法和有关法律的规定，保障妇女的权益。

国家采取有效措施，为妇女依法行使权利提供必要的条件。

第五条 国家鼓励妇女自尊、自信、自立、自强，运用法律维护自身合法权益。

妇女应当遵守国家法律，尊重社会公德，履行法律所规定的义务。

第六条　各级人民政府应当重视和加强妇女权益的保障工作。

县级以上人民政府负责妇女儿童工作的机构，负责组织、协调、指导、督促有关部门做好妇女权益的保障工作。

县级以上人民政府有关部门在各自的职责范围内做好妇女权益的保障工作。

第七条　中华全国妇女联合会和地方各级妇女联合会依照法律和中华全国妇女联合会章程，代表和维护各族各界妇女的利益，做好维护妇女权益的工作。

工会、共产主义青年团，应当在各自的工作范围内，做好维护妇女权益的工作。

第八条　对保障妇女合法权益成绩显著的组织和个人，各级人民政府和有关部门给予表彰和奖励。

第二章　政治权利

第九条　国家保障妇女享有与男子平等的政治权利。

第十条　妇女有权通过各种途径和形式，管理国家事务，管理经济和文化事业，管理社会事务。

制定法律、法规、规章和公共政策，对涉及妇女权益的重大问题，应当听取妇女联合会的意见。

妇女和妇女组织有权向各级国家机关提出妇女权益保障方面的意见和建议。

第十一条　妇女享有与男子平等的选举权和被选举权。

全国人民代表大会和地方各级人民代表大会的代表中，应当有适当数量的妇女代表。国家采取措施，逐步提高全国人民代表大会和地方各级人民代表大会的妇女代表的比例。

居民委员会、村民委员会成员中，妇女应当有适当的名额。

第十二条　国家积极培养和选拔女干部。

国家机关、社会团体、企业事业单位培养、选拔和任用干部，必须坚持男女平等的原则，并有适当数量的妇女担任领导成员。

国家重视培养和选拔少数民族女干部。

第十三条　中华全国妇女联合会和地方各级妇女联合会代表妇女积极参与国家和社会事务的民主决策、民主管理和民主监督。

各级妇女联合会及其团体会员，可以向国家机关、社会团体、企业事业单位推荐女干部。

第十四条　对于有关保障妇女权益的批评或者合理建议，有关部门应当听取和采纳；对于有关侵害妇女权益的申诉、控告和检举，有关部门必须查清事实，负责处理，任何组织或者个人不得压制或者打击报复。

第三章　文化教育权益

第十五条　国家保障妇女享有与男子平等的文化教育权利。

第十六条　学校和有关部门应当执行国家有关规定，保障妇女在入学、升学、毕业分配、授予学位、派出留学等方面享有与男子平等的权利。

学校在录取学生时，除特殊专业外，不得以性别为由拒绝录取女性或者提高对女性的录取标准。

第十七条　学校应当根据女性青少年的特点，在教育、管理、设施等方面采取措施，保障女性青少年身心健康发展。

第十八条　父母或者其他监护人必须履行保障适龄女性儿童少年接受义务教育的义务。

除因疾病或者其他特殊情况经当地人民政府批准的以外，对不送适龄女性儿童少年入学的父母或者其他监护人，由当地人民政府予以批评教育，并采取有效措施，责令送适龄女性儿童少年入学。

政府、社会、学校应当采取有效措施，解决适龄女性儿童少年就学存在的实际困难，并创造条件，保证贫困、残疾和流动人口中的适龄女性儿童少年完成义务教育。

第十九条　各级人民政府应当依照规定把扫除妇女中的文盲、半文盲工作，纳入扫盲和扫盲后继续教育规划，采取符合妇女特点的组织形式和工作方法，组织、监督有关部门具体实施。

第二十条　各级人民政府和有关部门应当采取措施，根据城镇和农村妇女的需要，组织妇女接受职业教育和实用技术培训。

第二十一条　国家机关、社会团体和企业事业单位应当执行国家有关规定，保障妇女从事科学、技术、文学、艺术和其他文化活动，享有与男子平等的权利。

第四章　劳动和社会保障权益

第二十二条　国家保障妇女享有与男子平等的劳动权利和社会保障权利。

第二十三条　各单位在录用职工时，除不适合妇女的工种或者岗位外，不得以性别为由拒绝录用妇女或者提高对妇女的录用标准。

各单位在录用女职工时，应当依法与其签订劳动（聘用）合同或者服务协议，劳动（聘用）合同或者服务协议中不得规定限制女职工结婚、生育的内容。

禁止录用未满十六周岁的女性未成年人，国家另有规定的除外。

第二十四条　实行男女同工同酬。妇女在享受福利待遇方面享有与男子平等的权利。

第二十五条　在晋职、晋级、评定专业技术职务等方面，应当坚持男女平等的原则，不得歧视妇女。

第二十六条　任何单位均应根据妇女的特点，依法保护妇女在工作和劳动时的安全和健康，不得安排不适合妇女从事的工作和劳动。

妇女在经期、孕期、产期、哺乳期受特殊保护。

第二十七条　任何单位不得因结婚、怀孕、产假、哺乳等情形，降低女职工的工资，辞退女职工，单方解除劳动（聘用）合同或者服务协议。但是，女职工要求终止劳动（聘用）合同或者服务协议的除外。

各单位在执行国家退休制度时，不得以性别为由歧视妇女。

第二十八条　国家发展社会保险、社会救助、社会福利和医疗卫生事业，保障妇女享有社会保险、社会救助、社会福利和卫生保健等权益。

国家提倡和鼓励为帮助妇女开展的社会公益活动。

第二十九条　国家推行生育保险制度，建立健全与生育相关的其他保障制度。

地方各级人民政府和有关部门应当按照有关规定为贫困妇女提供必要的生育救助。

第五章　财产权益

第三十条　国家保障妇女享有与男子平等的财产权利。

第三十一条　在婚姻、家庭共有财产关系中，不得侵害妇女依法享有的权益。

第三十二条　妇女在农村土地承包经营、集体经济组织收益分配、土地征收或者征用补偿费使用以及宅基地使用等方面，享有与男子平等的权利。

第三十三条　任何组织和个人不得以妇女未婚、结婚、离婚、丧偶等为由，侵害妇女在农村集体经济组织中的各项权益。

因结婚男方到女方住所落户的，男方和子女享有与所在地农村集体经济组织成员平等的权益。

第三十四条　妇女享有的与男子平等的财产继承权受法律保护。在同一顺序法定继承人中，不得歧视妇女。

丧偶妇女有权处分继承的财产，任何人不得干涉。

第三十五条　丧偶妇女对公、婆尽了主要赡养义务的，作为公、婆的第一顺序法定继承人，其继承权不受子女代位继承的影响。

第六章　人身权利

第三十六条　国家保障妇女享有与男子平等的人身权利。

第三十七条　妇女的人身自由不受侵犯。禁止非法拘禁和以其他非法手段剥夺或者限制妇女的人身自由；禁止非法搜查妇女的身体。

第三十八条　妇女的生命健康权不受侵犯。禁止溺、弃、残害女婴；禁止歧视、虐待生育女婴的妇女和不育的妇女；禁止用迷信、暴力等手段残害妇女；禁止虐待、遗弃病、残妇女和老年妇女。

第三十九条　禁止拐卖、绑架妇女；禁止收买被拐卖、绑架的妇女；禁止阻碍解救被拐卖、绑架的妇女。

各级人民政府和公安、民政、劳动和社会保障、卫生等部门按照其职责及时采取措施解救被拐卖、绑架的妇女，做好善后工作，妇女联合会协助和配合做好有关工作。任何人不得歧视被拐卖、绑架的妇女。

第四十条　禁止对妇女实施性骚扰。受害妇女有权向单位和有关机关投诉。

第四十一条　禁止卖淫、嫖娼。

禁止组织、强迫、引诱、容留、介绍妇女卖淫或者对妇女进行猥亵活动。

禁止组织、强迫、引诱妇女进行淫秽表演活动。

第四十二条　妇女的名誉权、荣誉权、隐私权、肖像权等人格权受法律保护。

禁止用侮辱、诽谤等方式损害妇女的人格尊严。禁止通过大众传播媒介或者其他方式贬低损害妇女人格。未经本人同意，不得以营利为目的，通过广告、商标、展览橱窗、报纸、期刊、图书、音像制品、电子出版物、网络等形式使用妇女肖像。

第七章　婚姻家庭权益

第四十三条　国家保障妇女享有与男子平等的婚姻家庭权利。

第四十四条　国家保护妇女的婚姻自主权。禁止干涉妇女的结婚、离婚自由。

第四十五条　女方在怀孕期间、分娩后一年内或者终止妊娠后六个月内，男方不得提出离婚。女方提出离婚的，或者人民法院认为确有必要受理男方离婚请求的，不在此限。

第四十六条　禁止对妇女实施家庭暴力。

国家采取措施，预防和制止家庭暴力。

公安、民政、司法行政等部门以及城乡基层群众性自治组织、社会团体，应当在各自的职责范围内预防和制止家庭暴力，依法为受害妇女提供救助。

第四十七条　妇女对依照法律规定的夫妻共同财产享有与其配偶平等的占

有、使用、收益和处分的权利，不受双方收入状况的影响。

夫妻书面约定婚姻关系存续期间所得的财产归各自所有，女方因抚育子女、照料老人、协助男方工作等承担较多义务的，有权在离婚时要求男方予以补偿。

第四十八条　夫妻共有的房屋，离婚时，分割住房由双方协议解决；协议不成的，由人民法院根据双方的具体情况，按照照顾子女和女方权益的原则判决。夫妻双方另有约定的除外。

夫妻共同租用的房屋，离婚时，女方的住房应当按照照顾子女和女方权益的原则解决。

第四十九条　父母双方对未成年子女享有平等的监护权。

父亲死亡、丧失行为能力或者有其他情形不能担任未成年子女的监护人的，母亲的监护权任何人不得干涉。

第五十条　离婚时，女方因实施绝育手术或者其他原因丧失生育能力的，处理子女抚养问题，应在有利子女权益的条件下，照顾女方的合理要求。

第五十一条　妇女有按照国家有关规定生育子女的权利，也有不生育的自由。

育龄夫妻双方按照国家有关规定计划生育，有关部门应当提供安全、有效的避孕药具和技术，保障实施节育手术的妇女的健康和安全。

国家实行婚前保健、孕产期保健制度，发展母婴保健事业。各级人民政府应当采取措施，保障妇女享有计划生育技术服务，提高妇女的生殖健康水平。

第八章　法律责任

第五十二条　妇女的合法权益受到侵害的，有权要求有关部门依法处理，或者依法向仲裁机构申请仲裁，或者向人民法院起诉。

对有经济困难需要法律援助或者司法救助的妇女，当地法律援助机构或者人民法院应当给予帮助，依法为其提供法律援助或者司法救助。

第五十三条　妇女的合法权益受到侵害的，可以向妇女组织投诉，妇女组织应当维护被侵害妇女的合法权益，有权要求并协助有关部门或者单位查处。有关部门或者单位应当依法查处，并予以答复。

第五十四条　妇女组织对于受害妇女进行诉讼需要帮助的，应当给予支持。

妇女联合会或者相关妇女组织对侵害特定妇女群体利益的行为，可以通过大众传播媒介揭露、批评，并有权要求有关部门依法查处。

第五十五条　违反本法规定，以妇女未婚、结婚、离婚、丧偶等为由，侵害妇女在农村集体经济组织中的各项权益的，或者因结婚男方到女方住所落户，侵害男方和子女享有与所在地农村集体经济组织成员平等权益的，由乡镇人民政府依法调解；受害人也可以依法向农村土地承包仲裁机构申请仲裁，或者向人民法院起诉，人民法院应当依法受理。

第五十六条　违反本法规定，侵害妇女的合法权益，其他法律、法规规定行政处罚的，从其规定；造成财产损失或者其他损害的，依法承担民事责任；构成犯罪的，依法追究刑事责任。

第五十七条　违反本法规定，对侵害妇女权益的申诉、控告、检举，推诿、拖延、压制不予查处，或者对提出申诉、控告、检举的人进行打击报复的，由其所在单位、主管部门或者上级机关责令改正，并依法对直接负责的主管人员和其他直接责任人员给予行政处分。

国家机关及其工作人员未依法履行职责，对侵害妇女权益的行为未及时制止或者未给予受害妇女必要帮助，造成严重后果的，由其所在单位或者上级机关依法对直接负责的主管人员和其他直接责任人员给予行政处分。

违反本法规定，侵害妇女文化教育权益、劳动和社会保障权益、人身和财产权益以及婚姻家庭权益的，由其所在单位、主管部门或者上级机关责令改正，直接负责的主管人员和其他直接责任人员属于国家工作人员的，由其所在单位或者上级机关依法给予行政处分。

第五十八条　违反本法规定，对妇女实施性骚扰或者家庭暴力，构成违反治安管理行为的，受害人可以提请公安机关对违法行为人依法给予行政处罚，也可以依法向人民法院提起民事诉讼。

第五十九条　违反本法规定，通过大众传播媒介或者其他方式贬低损害妇女人格的，由文化、广播电视、电影、新闻出版或者其他有关部门依据各自的职权责令改正，并依法给予行政处罚。

第九章　附　则

第六十条　省、自治区、直辖市人民代表大会常务委员会可以根据本法制定实施办法。

民族自治地方的人民代表大会，可以依据本法规定的原则，结合当地民族妇女的具体情况，制定变通的或者补充的规定。自治区的规定，报全国人民代表大会常务委员会批准后生效；自治州、自治县的规定，报省、自治区、直辖市人民代表大会常务委员会批准后生效，并报全国人民代表大会常务委员会备案。

第六十一条　本法自1992年10月1日起施行。

最高人民法院关于充分发挥民事审判职能依法维护妇女、儿童和老年人合法权益的通知

（2012 年 2 月 28 日）

各省、自治区、直辖市高级人民法院，解放军军事法院，新疆维吾尔自治区高级人民法院生产建设兵团分院：

今年是实施“十二五”规划承上启下的重要一年，也是党的十八大召开之年，人民法院的民事审判工作在保障民生和维护社会和谐稳定发展方面的责任更加重大。为应对当前新形势对民事审判工作的要求，现就如何充分发挥民事审判职能，依法保护妇女、儿童和老年人的合法权益问题，通知如下：

一、要妥善审理婚姻家庭案件，维护家庭关系的和睦与稳定。要充分认识审理好婚姻家庭案件对于维护社会和谐稳定的重要意义，全面、准确地理解和把握婚姻法及其相关司法解释的内容和精神实质，不能机械地理解、孤立地适用。在涉及财产权属的认定、共同财产的分割等问题上，要按照婚姻法及其司法解释的规定，依法保护当事人特别是妇女、儿童和老年人的合法权益。

二、要通过对婚姻家庭案件的审理，倡导男女平等、夫妻互相忠诚、尊老爱幼、和睦文明的社会主义婚姻家庭观。通过裁判文书，旗帜鲜明地对婚姻家庭领域中实施家庭暴力、有配偶者与其他人同居、虐待遗弃儿童、不赡养老人等损害妇女、儿童和老年人合法权益的违反法律和社会主义道德的行为，给予否定性评价，促进社会主义社会精神文明建设，弘扬良好的道德风尚。

三、积极推动民事审判工作机制创新，有条件的基层人民法院，在民事审判第一庭内可以设立妇女维权合议庭，及时审理涉及妇女儿童权益的婚姻家庭案件。认真研究探索妇女维权合议庭的职责和工作方式，不断总结经验。要以《关于建立健全诉讼与非诉讼相衔接的矛盾纠纷解决机制的若干意见》为指

导，采取灵活多样的形式，加强与妇联、人民调解委员会等相关组织的联系、配合，动员多层次、多部门的力量参与婚姻家庭案件的调解工作，形成社会矛盾化解合力，在维护妇女、儿童和老年人合法权益，化解矛盾上下功夫。

四、上级人民法院要加强对下级人民法院审理婚姻家庭案件的指导。结合婚姻法及其相关司法解释的学习、宣传和贯彻，一手抓审判，一手抓调研，及时总结审判工作中出现的新情况、新问题，有针对性地提出新对策。要高度重视防范婚姻家庭纠纷案件引发的矛盾激化问题，主动加强与有关部门、媒体的沟通、协调，力争将矛盾化解在萌芽状态。

特此通知。

最高人民法院

2012 年 2 月 28 日

最高人民法院关于认真学习宣传贯彻执行妇女权益保护法的通知

（1992年8月1日）

各省、自治区、直辖市高级人民法院，解放军军事法院：

《中华人民共和国妇女权益保障法》（以下简称妇女权益保障法）已经第七届全国人民代表大会第五次会议通过，将于1992年10月1日起施行。妇女权益保障法的颁布实施，对于促进男女平等，保障妇女的合法权益，充分发挥妇女在社会主义现代化建设中的作用，具有重要意义。各级人民法院应把认真学习、宣传、贯彻执行妇女权益保障法作为一项重要的工作切实抓紧抓好。为此，特作如下通知：

一、认真学习妇女权益保障法。妇女权益保障法是我国第一部全面、系统保障妇女权益的重要法律。它通过立法形式将 宪法、法律中有关男女平等，保护妇女权益的规定系统化、具体化、制度化。各级人民法院要组织审判人员认真学习、深刻理解立法精神，提高对维护妇女合法权益的重要性的认识，以增强维护妇女合法权益的自觉性。

二、积极宣传妇女权益保障法。各级人民法院要配合有关部门广泛深入地开展对妇女权益保障法的宣传活动。宣传活动要与各项审判工作相结合，扎扎实实，讲求实效。在审判实践中可选择一些典型案件依法公开审判，以案讲法；并利用广播、电视、报刊等各种新闻媒介扩大宣传效果，使广大人民群众了解妇女权益保障法，使广大妇女学会运用法律武器保障自己的合法权益。

三、严格执行妇女权益保障法。各级人民法院在各项审判工作中要严格执行妇女权益保障法，做到有法必依，执法必严，违法必究，依法保护妇女的合法权益。在民事、经济、行政审判中，通过对婚姻、继承、劳动争议、财产权益等案件以及有关行政案件的审理，切实维护妇女的人身权、财产权，保障妇女与男子平等的劳动权、受教育权以及其他合法权益；在刑事审判中要根据 刑法以及《关于严惩拐卖、绑架妇女、儿童的犯罪分子的决定》和关于《严惩卖淫、嫖娼的决定》等有关规定，对强奸、拐卖、侮辱、虐待、迫害以至残害妇女等各种犯罪行为要坚决予以打击，依法严惩。

各级人民法院在实施妇女权益保障法的过程中，要注意及时总结经验，并将实施中遇到的新情况、新问题，及时报告我院。

最高人民法院

1992 年 8 月 1 日

中共中央办公厅、国务院办公厅关于切实维护农村妇女土地承包权益的通知

（2001 年 5 月 8 日）

各省、自治区、直辖市党委和人民政府，中央和国家机关各部委，军委总政治部，各人民团体：

目前，各地农村开展的延长土地承包期工作已基本结束，总体上看，党的农村土地承包政策落实情况是好的，绝大多数农民是满意的。但是，长期以来也有一些地方农村对侵害妇女土地承包权益的问题重视和解决不够，有的导致矛盾激化，引发群众上访甚至大规模的群体性事件，影响了农村社会发展和稳定。为更好地贯彻落实党的农村政策，切实维护广大农村妇女的合法权益，经党中央、国务院领导同志同意，现就有关问题通知如下：

一、切实提高对维护农村妇女土地承包权益重要性的认识

男女平等是我国宪法规定的一项基本原则。法律赋予妇女，包括广大农村妇女的权利，任何组织和个人都不得非法剥夺。土地是我国农民最基本的生产资料和生活保障，土地承包是农民最为关切的经济权利。农村土地属农民集体所有，集体经济组织成员无论男女都享有平等的承包权利《中华人民共和国妇女权益保障法》第三十条规定："农村划分责任田、口粮田等，以及批准宅基地，妇女与男子享有平等权利，不得侵害妇女的合法权益"。"妇女结婚、离婚后，其责任田、口粮田、宅基地等，应当受到保障"。

较长时间以来，一些地方在土地承包中不同程度地存在歧视妇女、侵害妇女权益的问题。有的以村民代表会议或村民大会决议、村委会决定或乡规民约的形式，剥夺妇女的土地承包权和集体经济组织收益分配权；有的以"测婚

测嫁”等理由，对未婚女性不分土地或少分土地；有的地方出嫁妇女特别是离婚丧偶妇女户口被强行迁出，承包的土地被强行收回，其他与土地承包相关的经济利益也受到损害。产生这些问题，原因是多方面的，主要是一些地方受封建思想的影响，歧视妇女、漠视妇女权利；政策规定不尽完善，执法不力；对维护妇女合法权益重视不够、措施不力等。这些问题不解决，不仅挫伤广大农村妇女参与社会主义现代化建设的积极性，也损害党和政府以及农村基层组织的形象。各级党委和政府必须从思想上高度重视采取有效措施，切实维护农村妇女的土地承包权益和其他合法权益。要按照江泽民同志关于“三个代表”的重要思想，结合农村思想政治工作和精神文明建设，教育各级干部和广大农民自觉抵制和肃清歧视妇女的封建残余思想，调动广大农村妇女生产劳动的积极性，发挥她们在农村“两个文明”建设中的重要作用。

二、在农村土地承包中，必须坚持男女平等原则，不允许对妇女有任何歧视

农村妇女无论是否婚嫁，都应与相同条件的男性村民享有同等权利，任何组织和个人不得以任何形式剥夺其合法的土地承包权、宅基地使用权、集体经济组织收益分配权和其他有关经济权益。各地县委、县政府要组织一次检查，对侵害妇女土地承包权益的现象要立即予以纠正；对涉及土地承包的规定、村民代表会议或村民大会的决议、乡规民约等进行一次清理，对其中违反男女平等原则、侵害妇女合法权益的内容要坚决废止。

三、要解决好出嫁妇女的土地承包问题

根据传统习俗，妇女出嫁后一般都在婆家生产和生活。因此，为了方便生产生活，妇女嫁入方所在村要优先解决其土地承包问题。在没有解决之前，出嫁妇女娘家所在村不得强行收回其原籍承包地。对于在开展延包工作之前嫁入的妇女，当地在开展延包时应分给嫁入妇女承包地。对于妇女嫁入时已经完成延包工作的，如当地实行“大稳定、小调整”的办法，应在“小调整”时统筹解决；如当地实行“增人不增地、减人不减地”的办法，则出嫁妇女原籍的承包土地应予以保留。不管采取什么办法，都要确保农村出嫁妇女有一份承包土地。有女无儿、儿子没有赡养能力或女儿尽主要赡养义务的家庭，男到女家生产和生活的，应享受同等村民待遇。

四、要处理好离婚或丧偶妇女土地承包问题

妇女离婚或丧偶后仍在原居住地生活的，原居住地应保证其有一份承包地。离婚或丧偶后不在原居住地生活、其新居住地还没有为其解决承包土地的，原居住地所在村应保留其土地承包权。妇女不在原居住地生活但仍保留承包地的，应承担相应的税费义务。

五、有关人民政府和人民法院对侵害妇女土地承包权益的案件，应当依法及时受理要依照《中华人民共和国妇女权益保障法》、《中华人民共和国土地管理法》以及党的农村政策，切实保护妇女合法权益

有关人民政府对农村妇女因土地承包而产生的争议，应依照有关法律和政策及时进行处理；对不服基层政府和有关部门处理决定而提起诉讼的，人民法院应当依法及时受理。

六、要认真落实党的农村政策，自觉维护农村妇女的合法权益

各级党委、政府及其农业、农村工作部门要把维护农村妇女土地承包权益，作为落实党的农村政策的重要方面，加强经常性的检查指导。各级政法、宣传部门要加强维护妇女合法权益的宣传，对典型案例可以适当公开报道，以帮助广大基层干部提高维护妇女合法权益的自觉性。妇联组织要认真履行代表和维护妇女合法权益的职责，及时了解和反映情况，配合有关部门做好工作，并帮助广大农村妇女依法维护自身权益。对因为侵害妇女合法权益引发的各种矛盾和群体性事件，各级党委、政府和有关方面要认真负责地做好工作，解决问题，化解矛盾。已经有一定工作基础的地方，要及时总结和推广好的经验和办法。对现有的保障妇女土地承包权益的有关政策规定，要在实践中逐步完善并抓好贯彻落实。

中共中央办公厅

国务院办公厅

2001 年 5 月 8 日

农业部办公厅关于调查了解维护农村妇女土地承包权益情况的函

（2012 年 6 月 8 日）

河北、辽宁、黑龙江、浙江、山东、湖北、广东、广西省（自治区）农业厅（局、委、办）经管处（站）：

经研究，今年7月份，我部将与全国妇联联合召开维护农村妇女土地承包权益座谈会。为开好这次会议，现请你们就在土地承包管理、土地流转、股份制改革、登记试点、仲裁调解、集体成员资格认定等方面维护农村妇女权益的有关情况，在维护农村妇女土地承包权益方面开展的主要工作、出台的政策文件、取得的明显成效及存在问题和下一步工作建议形成书面报告，并于6月22日前整理汇总上报我部经管司。

联 系 人：王彩明　杨凯波
联系电话：（010）59193122　59193116
传　　真：（010）59193196
电子邮箱：59191859@163.com

农业部办公厅
2012 年 6 月 8 日

全国妇女联合会、全国人大常委会法制工作委员会、中共中央宣传部等关于做好《中华人民共和国妇女权益保障法》宣传贯彻工作的通知

（2005 年 12 月 1 日）

各省、自治区、直辖市妇联，人大常委会办公厅，宣传部，人民法院，人民检察院，法制办，妇女儿童工作委员会办公室，公安厅（局），司法厅（局），民政厅（局），劳动和社会保障厅（局），农业厅（局），卫生厅（局），总工会：

2005年8月28日，十届全国人大常委会第十七次会议表决通过了《关于修改〈中华人民共和国妇女权益保障法〉的决定》，该决定将于2005年12月1日起施行。这对于进一步促进男女平等，充分发挥妇女在全面建设小康社会、构建社会主义和谐社会中的积极性、创造性，必将起到积极的推动作用，具有十分重要的意义。为了做好《中华人民共和国妇女权益保障法》（以下简称妇女权益保障法）的宣传贯彻工作，现将有关要求通知如下：

一、提高认识，深刻理解做好妇女权益保障法宣传贯彻工作的重大意义

妇女权益保障法修改决定的施行，是我国妇女事业发展进程中的一件大事，是妇女人权法制建设进程中的一个重要里程碑。修改后的妇女权益保障法，是广大妇女维护自身权益的重要法律保障，是国家机关履行保障妇女权益职责的重要法律依据。1992年颁布实施的妇女权益保障法是我国第一部专门以妇女为主体，全面保障妇女合法权益，促进男女平等的基本法律。该法实施10多年来，在保障妇女合法权益，促进男女平等方面发挥了积极的作用。随着我国经济社会的发展，立法当时所依赖的社会条件已经发生了深刻变化，妇女权

益领域出现了许多新情况、新问题，妇女权益保障法的原有内容已不能完全适应社会主义市场经济新形势下妇女权益保护的需要。因此，在认真总结法律实施经验的基础上，针对妇女权益保障中的突出问题，借鉴国内外人权保护立法的有益经验，对妇女权益保障法进行修改完善，既是全面践行“三个代表”重要思想、落实科学发展观的重要体现，也是贯彻依法治国基本方略、构建社会主义和谐社会的迫切需要。

宣传贯彻妇女权益保障法，在政治、经济、文化、社会及家庭生活各方面倡扬尊重妇女、男女平等的精神，使广大人民群众和社会各界全面、正确地理解法律，并自觉贯彻执行，是进一步保障妇女的基本权利和特殊利益，进一步保障妇女人权，推动解决妇女权益保障方面存在的突出问题，实现社会公正，促进经济、社会和男女两性全面协调发展的必然要求。

各地各部门一定要高度重视，切实加强对妇女权益保障法宣传贯彻工作的领导，把学习、宣传、贯彻妇女权益保障法作为一件大事来抓，作为提高依法行政、依法维权能力的具体行动来抓，精心组织、周密安排，有组织、有步骤地做好各项有关工作。

二、认真学习，全面把握妇女权益保障法的精神实质和主要内容

修改后的妇女权益保障法对总则、妇女六大权益领域和法律责任部分进行了补充完善。在总则部分将男女平等基本国策写入法律，强化了政府及相关部门、单位的责任；在妇女权益领域，突出了妇女权益保护的重点，对社会上普遍关心的妇女参政、就业中的性别歧视、生育保险、家庭暴力、性骚扰、农村妇女土地承包及相关财产权益等问题均做出新的规定；在法律责任部分，加大司法保障力度，强化救济措施，明确法律责任，加大追究力度等。这为各级立法机关、人民政府及有关部门、司法机关、社会团体等开展保护妇女权益工作提供了重要的法律依据，也提出了新的更高的要求。

各地各部门一定要认真组织学习，层层开展培训，确保准确把握法律条文，熟知法律赋予的各项职责，为更好地贯彻执行妇女权益保障法打下扎实的基础。通过学习培训，一是要深刻领会妇女权益保障法以 宪法为依据，立足我国国情，在与其他相关法律协调、衔接，保持原有基本框架不变的前提下进行修改的重大意义，全面掌握妇女权益保障法的男女平等基本原则、妇女六大基

本权益的主要内容、侵害妇女合法权益所应承担的法律责任等。二是要进一步明确各自在保护妇女合法权益中的职责，增强依法行政、依法维护妇女群众合法权益的能力。政府各有关部门要明确自己作为妇女权益保障法执法主体的权利和义务；公安、司法、民政、劳动和社会保障、卫生等有关部门要明确各自在预防和制止家庭暴力、反对拐卖等方面的职能和作用；工会、妇联等人民团体和其他社会团体要明确在各自工作范围内维护妇女权益以及积极配合政府开展保障妇女权益工作的法律地位。

三、大力开展宣传教育，努力优化妇女权益保障法实施的社会环境

2005年12月1日，妇女权益保障法的修改决定将正式实施，2006年是“五五”普法的启动之年，各地各部门要抓住这一有利时机，上下联动，相互配合，大力开展妇女权益保障法的宣传教育活动，在全社会掀起学习妇女权益保障法的高潮，为实施妇女权益保障法、保障妇女合法权益工作的开展营造良好的社会环境。

为使宣传教育活动取得实效，一要拓展宣传内容，在大力宣传妇女权益保障法的同时，注重宣传我国宪法“尊重和保障人权”以及男女平等原则的内容，配套宣传其他相关法律、法规、规章和国际公约的规定，使全社会对妇女权益保障法律体系的了解更加全面。二要扩大宣传覆盖面，着眼全社会开展宣传活动。一方面要进一步帮助广大妇女群众提高法律素质，增强依法维权的意识和能力；另一方面要开展面向政府及有关部门、司法机关、社会团体、企事业单位等责任主体的宣传活动，推动形成全社会自觉遵守妇女权益保障法，国家机关依法决策、依法行政的良好氛围。三要创新宣传形式，充分发挥广播、电视、报刊、互联网等宣传媒体的优势，结合实际，采取群众喜闻乐见的形式，开展丰富多彩的宣传活动。各新闻宣传单位要树立大局意识，积极配合并主动开展宣传教育工作，使妇女权益保障法家喻户晓，人人皆知。

四、采取有效措施，切实促进妇女权益保障法的贯彻落实

各地各部门要采取有效措施，通过各项扎实的工作，进一步完善立法、严格执法、公正司法，把贯彻妇女权益保障法的具体行动抓紧、抓好、抓出成效，促进妇女权益保障法的贯彻落实。

各级司法部门要结合各自工作实际，推动妇女权益保障法在司法实践中的贯彻落实，对与修改后的妇女权益保障法不一致的相关规定，及时清理，并依据妇女权益保障法重新做出规定；对各类侵害妇女合法权益的案件，要依法及时立案，严格追究侵害人的法律责任。

政府各有关部门要根据妇女权益保障法规定的权利义务，将保障妇女合法权益工作纳入日常工作范围，建立健全工作机制，加大执法力度，提高依法保障妇女合法权益的能力和水平，在妇女权益问题突出的方面加强跨部门跨区域的合作，共同促进妇女权益保障法的落实。妇女儿童工作委员会办公室作为人民政府负责妇女儿童工作的机构，要切实组织、协调、指导、督促有关部门做好保障妇女权益的各项工作。

工会、妇联等人民团体要依据法律和各自的章程，在各自的职责范围内，做好维护妇女权益的工作，并积极配合政府部门开展保障妇女权益的工作，形成全社会共同维护妇女合法权益的大格局。

全国妇女联合会　全国人大常委会法制工作委员会

中共中央宣传部　最高人民法院

最高人民检察院　国务院法制办公室

国务院妇女儿童工作委员会办公室

公安部　司法部　民政部　劳动和社会保障部

农业部　卫生部　中华全国总工会

2005年12月1日

中华全国总工会办公厅关于认真学习宣传贯彻修改后的《中华人民共和国妇女权益保障法》的通知

（2005年9月9日）

各省、自治区、直辖市总工会，各全国产业工会，中共中央直属机关工会联合会，中央国家机关工会联合会，全总各部门、各直属单位：

《全国人大常委会关于修改〈中华人民共和国妇女权益保障法〉的决定》已经十届全国人大常委会第十七次会议审议通过。修改后的《中华人民共和国妇女权益保障法》（以下简称《妇女权益保障法》）将于2005年12月1日起实施。学习宣传贯彻好《妇女权益保障法》，是各级工会组织和广大工会干部的一项重要任务。现就有关事项通知如下。

一、充分认识学习宣传贯彻《妇女权益保障法》的重要意义

《妇女权益保障法》是我国第一部以妇女为主体，全面保护女职工合法权益的基本法。修改后的《妇女权益保障法》，适应社会主义市场经济条件下妇女权益保障的需要，进一步明确了执法主体；突出了社会主义市场经济条件下妇女权益保障的重点；加大了依法维权的力度；对妇女的政治权利、文化教育权益、劳动和社会保障权益、财产权益、人身权利和婚姻家庭权益等方面做出更全面的规定。《妇女权益保障法》的颁布与实施，对于实现社会公正，调动广大女职工投身全面建设小康社会的积极性和创造性，促进经济社会和妇女事业的发展，更好地维护女职工的合法权益和特殊利益具有重要意义。各级工会要以“三个代表”重要思想和党的十六届三中、四中全会精神为指导，充分认识学习、宣传和贯彻《妇女权益保障法》的重要性，并与《劳动法》《工会法》的学习贯彻结合起来，紧密联系各地区、各行业实际，制定切实可行的学

习、宣传计划，抓实抓好，抓出成效。

二、采取多种形式，积极开展学习宣传《妇女权益保障法》活动

《妇女权益保障法》的学习、宣传和贯彻是一项长期的工作。当前要集中一段时间，采取各种有效形式，提高《妇女权益保障法》的普及程度。要充分发挥工会报刊、文化宫、俱乐部等宣传教育阵地的作用，营造维护女职工合法权益和特殊利益的良好氛围。要提高《妇女权益保障法》学习宣传的针对性和实效性，联系新世纪新阶段工会女职工工作的实际，帮助广大工会干部和职工群众加深对《妇女权益保障法》的理解和运用。要把《妇女权益保障法》列入工会干部学习培训的重要内容。

三、紧密联系工会工作实际，努力推动《妇女权益保障法》的贯彻实施

各级工会要抓住修改后的《妇女权益保障法》颁布实施的有利时机，努力推动保护女职工合法权益和特殊利益法律法规的贯彻和实施。要积极参与保障女职工合法权益和特殊利益相关法律和政策的制定与完善，地方总工会要紧密配合地方人大和政府修订本地的妇女权益保障法实施办法及相关规定。要加强调查研究，及时了解法律执行情况，主动配合并参与地方人大及政府有关部门的执法检查工作，进一步推动法律的贯彻落实。要切实为女职工办实事，围绕维护女职工合法权益和特殊利益的工作重点，积极协助和配合司法、行政等部门为女职工提供法律服务、法律援助和司法救助，推动侵害女职工合法权益典型案件的查处，通过源头参与、个案监督等多种途径，推动《妇女权益保障法》落到实处。

请各地工会及时将学习宣传贯彻《妇女权益保障法》的情况报全国总工会女职工部。

中华全国总工会办公厅

2005年9月9日

（四）残疾人福利

中华人民共和国残疾人保障法（2018 修订）

（2018 年 10 月 26 日）

第一章　总　则

第一条　为了维护残疾人的合法权益，发展残疾人事业，保障残疾人平等地充分参与社会生活，共享社会物质文化成果，根据宪法，制定本法。

第二条　残疾人是指在心理、生理、人体结构上，某种组织、功能丧失或者不正常，全部或者部分丧失以正常方式从事某种活动能力的人。

残疾人包括视力残疾、听力残疾、言语残疾、肢体残疾、智力残疾、精神残疾、多重残疾和其他残疾的人。

残疾标准由国务院规定。

第三条　残疾人在政治、经济、文化、社会和家庭生活等方面享有同其他公民平等的权利。

残疾人的公民权利和人格尊严受法律保护。

禁止基于残疾的歧视。禁止侮辱、侵害残疾人。禁止通过大众传播媒介或者其他方式贬低损害残疾人人格。

第四条　国家采取辅助方法和扶持措施，对残疾人给予特别扶助，减轻或者消除残疾影响和外界障碍，保障残疾人权利的实现。

第五条　县级以上人民政府应当将残疾人事业纳入国民经济和社会发展规划，加强领导，综合协调，并将残疾人事业经费列入财政预算，建立稳定的经费保障机制。

国务院制定中国残疾人事业发展纲要，县级以上地方人民政府根据中国残疾人事业发展纲要，制定本行政区域的残疾人事业发展规划和年度计划，使残疾人事业与经济、社会协调发展。

县级以上人民政府负责残疾人工作的机构，负责组织、协调、指导、督促有关部门做好残疾人事业的工作。

各级人民政府和有关部门，应当密切联系残疾人，听取残疾人的意见，按照各自的职责，做好残疾人工作。

第六条　国家采取措施，保障残疾人依照法律规定，通过各种途径和形式，管理国家事务，管理经济和文化事业，管理社会事务。

制定法律、法规、规章和公共政策，对涉及残疾人权益和残疾人事业的重大问题，应当听取残疾人和残疾人组织的意见。

残疾人和残疾人组织有权向各级国家机关提出残疾人权益保障、残疾人事业发展等方面的意见和建议。

第七条　全社会应当发扬人道主义精神，理解、尊重、关心、帮助残疾人，支持残疾人事业。

国家鼓励社会组织和个人为残疾人提供捐助和服务。

国家机关、社会团体、企业事业单位和城乡基层群众性自治组织，应当做好所属范围内的残疾人工作。

从事残疾人工作的国家工作人员和其他人员，应当依法履行职责，努力为残疾人服务。

第八条　中国残疾人联合会及其地方组织，代表残疾人的共同利益，维护残疾人的合法权益，团结教育残疾人，为残疾人服务。

中国残疾人联合会及其地方组织依照法律、法规、章程或者接受政府委托，开展残疾人工作，动员社会力量，发展残疾人事业。

第九条　残疾人的扶养人必须对残疾人履行扶养义务。

残疾人的监护人必须履行监护职责，尊重被监护人的意愿，维护被监护人的合法权益。

残疾人的亲属、监护人应当鼓励和帮助残疾人增强自立能力。

禁止对残疾人实施家庭暴力，禁止虐待、遗弃残疾人。

第十条　国家鼓励残疾人自尊、自信、自强、自立，为社会主义建设贡献力量。

残疾人应当遵守法律、法规，履行应尽的义务，遵守公共秩序，尊重社会公德。

第十一条　国家有计划地开展残疾预防工作，加强对残疾预防工作的领导，宣传、普及母婴保健和预防残疾的知识，建立健全出生缺陷预防和早期发现、早期治疗机制，针对遗传、疾病、药物、事故、灾害、环境污染和其他致残因素，组织和动员社会力量，采取措施，预防残疾的发生，减轻残疾程度。

国家建立健全残疾人统计调查制度，开展残疾人状况的统计调查和分析。

第十二条　国家和社会对残疾军人、因公致残人员以及其他为维护国家和人民利益致残的人员实行特别保障，给予抚恤和优待。

第十三条　对在社会主义建设中做出显著成绩的残疾人，对维护残疾人合法权益、发展残疾人事业、为残疾人服务做出显著成绩的单位和个人，各级人民政府和有关部门给予表彰和奖励。

第十四条　每年5月的第三个星期日为全国助残日。

第二章　康　复

第十五条　国家保障残疾人享有康复服务的权利。

各级人民政府和有关部门应当采取措施，为残疾人康复创造条件，建立和完善残疾人康复服务体系，并分阶段实施重点康复项目，帮助残疾人恢复或者补偿功能，增强其参与社会生活的能力。

第十六条　康复工作应当从实际出发，将现代康复技术与我国传统康复技术相结合；以社区康复为基础，康复机构为骨干，残疾人家庭为依托；以实用、易行、受益广的康复内容为重点，优先开展残疾儿童抢救性治疗和康复；发展符合康复要求的科学技术，鼓励自主创新，加强康复新技术的研究、开发和应用，为残疾人提供有效的康复服务。

第十七条　各级人民政府鼓励和扶持社会力量兴办残疾人康复机构。

地方各级人民政府和有关部门，应当组织和指导城乡社区服务组织、医疗预防保健机构、残疾人组织、残疾人家庭和其他社会力量，开展社区康复工作。

残疾人教育机构、福利性单位和其他为残疾人服务的机构，应当创造条件，开展康复训练活动。

残疾人在专业人员的指导和有关工作人员、志愿工作者及亲属的帮助下，应当努力进行功能、自理能力和劳动技能的训练。

第十八条　地方各级人民政府和有关部门应当根据需要有计划地在医疗机构设立康复医学科室，举办残疾人康复机构，开展康复医疗与训练、人员培训、技术指导、科学研究等工作。

第十九条　医学院校和其他有关院校应当有计划地开设康复课程，设置相关专业，培养各类康复专业人才。

政府和社会采取多种形式对从事康复工作的人员进行技术培训；向残疾人、残疾人亲属、有关工作人员和志愿工作者普及康复知识，传授康复方法。

第二十条　政府有关部门应当组织和扶持残疾人康复器械、辅助器具的研制、生产、供应、维修服务。

第三章　教　育

第二十一条　国家保障残疾人享有平等接受教育的权利。

各级人民政府应当将残疾人教育作为国家教育事业的组成部分，统一规划，加强领导，为残疾人接受教育创造条件。

政府、社会、学校应当采取有效措施，解决残疾儿童、少年就学存在的实际困难，帮助其完成义务教育。

各级人民政府对接受义务教育的残疾学生、贫困残疾人家庭的学生提供免费教科书，并给予寄宿生活费等费用补助；对接受义务教育以外其他教育的残疾学生、贫困残疾人家庭的学生按照国家有关规定给予资助。

第二十二条　残疾人教育，实行普及与提高相结合、以普及为重点的方针，保障义务教育，着重发展职业教育，积极开展学前教育，逐步发展高级中等以上教育。

第二十三条　残疾人教育应当根据残疾人的身心特性和需要，按照下列要求实施：

（一）在进行思想教育、文化教育的同时，加强身心补偿和职业教育；

（二）依据残疾类别和接受能力，采取普通教育方式或者特殊教育方式；

（三）特殊教育的课程设置、教材、教学方法、入学和在校年龄，可以有适度弹性。

第二十四条　县级以上人民政府应当根据残疾人的数量、分布状况和残疾类别等因素，合理设置残疾人教育机构，并鼓励社会力量办学、捐资助学。

第二十五条　普通教育机构对具有接受普通教育能力的残疾人实施教育，并为其学习提供便利和帮助。

普通小学、初级中等学校，必须招收能适应其学习生活的残疾儿童、少年入学；普通高级中等学校、中等职业学校和高等学校，必须招收符合国家规定的录取要求的残疾考生入学，不得因其残疾而拒绝招收；拒绝招收的，当事人或者其亲属、监护人可以要求有关部门处理，有关部门应当责令该学校招收。

普通幼儿教育机构应当接收能适应其生活的残疾幼儿。

第二十六条　残疾幼儿教育机构、普通幼儿教育机构附设的残疾儿童班、特殊教育机构的学前班、残疾儿童福利机构、残疾儿童家庭，对残疾儿童实施学前教育。

初级中等以下特殊教育机构和普通教育机构附设的特殊教育班，对不具有接受普通教育能力的残疾儿童、少年实施义务教育。

高级中等以上特殊教育机构、普通教育机构附设的特殊教育班和残疾人职业教育机构，对符合条件的残疾人实施高级中等以上文化教育、职业教育。

提供特殊教育的机构应当具备适合残疾人学习、康复、生活特点的场所和设施。

第二十七条　政府有关部门、残疾人所在单位和有关社会组织应当对残疾人开展扫除文盲、职业培训、创业培训和其他成人教育，鼓励残疾人自学成才。

第二十八条　国家有计划地举办各级各类特殊教育师范院校、专业，在普通师范院校附设特殊教育班，培养、培训特殊教育师资。普通师范院校开设特殊教育课程或者讲授有关内容，使普通教师掌握必要的特殊教育知识。

特殊教育教师和手语翻译，享受特殊教育津贴。

第二十九条　政府有关部门应当组织和扶持盲文、手语的研究和应用，特殊教育教材的编写和出版，特殊教育教学用具及其他辅助用品的研制、生产和供应。

第四章　劳动就业

第三十条　国家保障残疾人劳动的权利。

各级人民政府应当对残疾人劳动就业统筹规划，为残疾人创造劳动就业条件。

第三十一条　残疾人劳动就业，实行集中与分散相结合的方针，采取优惠政策和扶持保护措施，通过多渠道、多层次、多种形式，使残疾人劳动就业逐步普及、稳定、合理。

第三十二条　政府和社会举办残疾人福利企业、盲人按摩机构和其他福利性单位，集中安排残疾人就业。

第三十三条　国家实行按比例安排残疾人就业制度。

国家机关、社会团体、企业事业单位、民办非企业单位应当按照规定的比例安排残疾人就业，并为其选择适当的工种和岗位。达不到规定比例的，按照国家有关规定履行保障残疾人就业义务。国家鼓励用人单位超过规定比例安排残疾人就业。

残疾人就业的具体办法由国务院规定。

第三十四条　国家鼓励和扶持残疾人自主择业、自主创业。

第三十五条　地方各级人民政府和农村基层组织，应当组织和扶持农村残疾人从事种植业、养殖业、手工业和其他形式的生产劳动。

第三十六条　国家对安排残疾人就业达到、超过规定比例或者集中安排残疾人就业的用人单位和从事个体经营的残疾人，依法给予税收优惠，并在生产、经营、技术、资金、物资、场地等方面给予扶持。国家对从事个体经营的残疾人，免除行政事业性收费。

县级以上地方人民政府及其有关部门应当确定适合残疾人生产、经营的产品、项目，优先安排残疾人福利性单位生产或者经营，并根据残疾人福利性单位的生产特点确定某些产品由其专产。

政府采购，在同等条件下应当优先购买残疾人福利性单位的产品或者服务。

地方各级人民政府应当开发适合残疾人就业的公益性岗位。

对申请从事个体经营的残疾人，有关部门应当优先核发营业执照。

对从事各类生产劳动的农村残疾人，有关部门应当在生产服务、技术指导、农用物资供应、农副产品购销和信贷等方面，给予帮助。

第三十七条　政府有关部门设立的公共就业服务机构，应当为残疾人免费提供就业服务。

残疾人联合会举办的残疾人就业服务机构，应当组织开展免费的职业指导、职业介绍和职业培训，为残疾人就业和用人单位招用残疾人提供服务和帮助。

第三十八条　国家保护残疾人福利性单位的财产所有权和经营自主权，其合法权益不受侵犯。

在职工的招用、转正、晋级、职称评定、劳动报酬、生活福利、休息休假、社会保险等方面，不得歧视残疾人。

残疾职工所在单位应当根据残疾职工的特点，提供适当的劳动条件和劳动保护，并根据实际需要对劳动场所、劳动设备和生活设施进行改造。

国家采取措施，保障盲人保健和医疗按摩人员从业的合法权益。

第三十九条　残疾职工所在单位应当对残疾职工进行岗位技术培训，提高其劳动技能和技术水平。

第四十条　任何单位和个人不得以暴力、威胁或者非法限制人身自由的手段强迫残疾人劳动。

第五章　文化生活

第四十一条　国家保障残疾人享有平等参与文化生活的权利。

各级人民政府和有关部门鼓励、帮助残疾人参加各种文化、体育、娱乐活动，积极创造条件，丰富残疾人精神文化生活。

第四十二条　残疾人文化、体育、娱乐活动应当面向基层，融于社会公共文化生活，适应各类残疾人的不同特点和需要，使残疾人广泛参与。

第四十三条　政府和社会采取下列措施，丰富残疾人的精神文化生活：

（一）通过广播、电影、电视、报刊、图书、网络等形式，及时宣传报道残疾人的工作、生活等情况，为残疾人服务；

（二）组织和扶持盲文读物、盲人有声读物及其他残疾人读物的编写和出版，根据盲人的实际需要，在公共图书馆设立盲文读物、盲人有声读物图书室；

（三）开办电视手语节目，开办残疾人专题广播栏目，推进电视栏目、影视作品加配字幕、解说；

（四）组织和扶持残疾人开展群众性文化、体育、娱乐活动，举办特殊艺术演出和残疾人体育运动会，参加国际性比赛和交流；

（五）文化、体育、娱乐和其他公共活动场所，为残疾人提供方便和照顾。有计划地兴办残疾人活动场所。

第四十四条　政府和社会鼓励、帮助残疾人从事文学、艺术、教育、科学、技术和其他有益于人民的创造性劳动。

第四十五条　政府和社会促进残疾人与其他公民之间的相互理解和交流，宣传残疾人事业和扶助残疾人的事迹，弘扬残疾人自强不息的精神，倡导团结、友爱、互助的社会风尚。

第六章　社会保障

第四十六条　国家保障残疾人享有各项社会保障的权利。

政府和社会采取措施，完善对残疾人的社会保障，保障和改善残疾人的生活。

第四十七条　残疾人及其所在单位应当按照国家有关规定参加社会保险。

残疾人所在城乡基层群众性自治组织、残疾人家庭，应当鼓励、帮助残疾人参加社会保险。

对生活确有困难的残疾人，按照国家有关规定给予社会保险补贴。

第四十八条　各级人民政府对生活确有困难的残疾人，通过多种渠道给予生活、教育、住房和其他社会救助。

县级以上地方人民政府对享受最低生活保障待遇后生活仍有特别困难的残疾人家庭，应当采取其他措施保障其基本生活。

各级人民政府对贫困残疾人的基本医疗、康复服务、必要的辅助器具的配置和更换，应当按照规定给予救助。

对生活不能自理的残疾人，地方各级人民政府应当根据情况给予护理补贴。

第四十九条　地方各级人民政府对无劳动能力、无扶养人或者扶养人不具有扶养能力、无生活来源的残疾人，按照规定予以供养。

国家鼓励和扶持社会力量举办残疾人供养、托养机构。

残疾人供养、托养机构及其工作人员不得侮辱、虐待、遗弃残疾人。

第五十条　县级以上人民政府对残疾人搭乘公共交通工具，应当根据实际情况给予便利和优惠。残疾人可以免费携带随身必备的辅助器具。

盲人持有效证件免费乘坐市内公共汽车、电车、地铁、渡船等公共交通工具。盲人读物邮件免费寄递。

国家鼓励和支持提供电信、广播电视服务的单位对盲人、听力残疾人、言语残疾人给予优惠。

各级人民政府应当逐步增加对残疾人的其他照顾和扶助。

第五十一条　政府有关部门和残疾人组织应当建立和完善社会各界为残疾人捐助和服务的渠道，鼓励和支持发展残疾人慈善事业，开展志愿者助残等公益活动。

第七章　无障碍环境

第五十二条　国家和社会应当采取措施，逐步完善无障碍设施，推进信息交流无障碍，为残疾人平等参与社会生活创造无障碍环境。

各级人民政府应当对无障碍环境建设进行统筹规划，综合协调，加强监督管理。

第五十三条　无障碍设施的建设和改造，应当符合残疾人的实际需要。

新建、改建和扩建建筑物、道路、交通设施等，应当符合国家有关无障碍设施工程建设标准。

各级人民政府和有关部门应当按照国家无障碍设施工程建设规定，逐步推进已建成设施的改造，优先推进与残疾人日常工作、生活密切相关的公共服务设施的改造。

对无障碍设施应当及时维修和保护。

第五十四条　国家采取措施，为残疾人信息交流无障碍创造条件。

各级人民政府和有关部门应当采取措施，为残疾人获取公共信息提供便利。

国家和社会研制、开发适合残疾人使用的信息交流技术和产品。

国家举办的各类升学考试、职业资格考试和任职考试，有盲人参加的，应当为盲人提供盲文试卷、电子试卷或者由专门的工作人员予以协助。

第五十五条　公共服务机构和公共场所应当创造条件，为残疾人提供语音和文字提示、手语、盲文等信息交流服务，并提供优先服务和辅助性服务。

公共交通工具应当逐步达到无障碍设施的要求。有条件的公共停车场应当为残疾人设置专用停车位。

第五十六条　组织选举的部门应当为残疾人参加选举提供便利；有条件的，应当为盲人提供盲文选票。

第五十七条　国家鼓励和扶持无障碍辅助设备、无障碍交通工具的研制和开发。

第五十八条　盲人携带导盲犬出入公共场所，应当遵守国家有关规定。

第八章　法律责任

第五十九条　残疾人的合法权益受到侵害的，可以向残疾人组织投诉，残疾人组织应当维护残疾人的合法权益，有权要求有关部门或者单位查处。有关部门或者单位应当依法查处，并予以答复。

残疾人组织对残疾人通过诉讼维护其合法权益需要帮助的，应当给予支持。

残疾人组织对侵害特定残疾人群体利益的行为，有权要求有关部门依法查处。

第六十条　残疾人的合法权益受到侵害的，有权要求有关部门依法处理，或者依法向仲裁机构申请仲裁，或者依法向人民法院提起诉讼。

对有经济困难或者其他原因确需法律援助或者司法救助的残疾人，当地法律援助机构或者人民法院应当给予帮助，依法为其提供法律援助或者司法救助。

第六十一条　违反本法规定，对侵害残疾人权益行为的申诉、控告、检举，推诿、拖延、压制不予查处，或者对提出申诉、控告、检举的人进行打击报复的，由其所在单位、主管部门或者上级机关责令改正，并依法对直接负责的主管人员和其他直接责任人员给予处分。

国家工作人员未依法履行职责，对侵害残疾人权益的行为未及时制止或者未给予受害残疾人必要帮助，造成严重后果的，由其所在单位或者上级机关依法对直接负责的主管人员和其他直接责任人员给予处分。

第六十二条　违反本法规定，通过大众传播媒介或者其他方式贬低损害残疾人人格的，由文化、广播电视、电影、新闻出版或者其他有关主管部门依据各自的职权责令改正，并依法给予行政处罚。

第六十三条　违反本法规定，有关教育机构拒不接收残疾学生入学，或者在国家规定的录取要求以外附加条件限制残疾学生就学的，由有关主管部门责令改正，并依法对直接负责的主管人员和其他直接责任人员给予处分。

第六十四条　违反本法规定，在职工的招用等方面歧视残疾人的，由有关主管部门责令改正；残疾人劳动者可以依法向人民法院提起诉讼。

第六十五条　违反本法规定，供养、托养机构及其工作人员侮辱、虐待、遗弃残疾人的，对直接负责的主管人员和其他直接责任人员依法给予处分；构成违反治安管理行为的，依法给予行政处罚。

第六十六条　违反本法规定，新建、改建和扩建建筑物、道路、交通设施，不符合国家有关无障碍设施工程建设标准，或者对无障碍设施未进行及时维修和保护造成后果的，由有关主管部门依法处理。

第六十七条　违反本法规定，侵害残疾人的合法权益，其他法律、法规规定行政处罚的，从其规定；造成财产损失或者其他损害的，依法承担民事责任；构成犯罪的，依法追究刑事责任。

第九章　附　则

第六十八条　本法自2008年7月1日起施行。

国务院关于全面建立困难残疾人生活补贴和重度残疾人护理补贴制度的意见

（2015年9月22日）

各省、自治区、直辖市人民政府，国务院各部委、各直属机构：

残疾人是需要格外关心、格外关注的特殊困难群体。党和政府高度重视残疾人福利保障工作。为解决残疾人特殊生活困难和长期照护困难，国务院决定全面建立困难残疾人生活补贴和重度残疾人护理补贴（以下统称残疾人两项补贴）制度。这是保障残疾人生存发展权益的重要举措，对全面建成小康社会具有重要意义。为此，现提出以下意见：

一、总体要求

（一）指导思想。深入贯彻党的十八大和十八届二中、三中、四中全会精神，按照党中央、国务院决策部署，以协调推进“四个全面”战略布局为统领，以加快推进残疾人小康进程为目标，以残疾人需求为导向，加强顶层制度设计，制定残疾人专项福利政策，逐步完善残疾人社会保障体系。

（二）基本原则。

坚持需求导向，待遇适度。从残疾人最直接最现实最迫切的需求入手，着力解决残疾人因残疾产生的额外生活支出和长期照护支出困难。立足经济社会发展状况，科学合理确定保障标准，逐步提高保障水平。

坚持制度衔接，全面覆盖。注重与社会救助、社会保险、公益慈善有效衔接，努力形成残疾人社会保障合力。做到应补尽补，确保残疾人两项补贴制度覆盖所有符合条件的残疾人。

坚持公开公正，规范有序。建立和完善标准统一、便民利民的申请、审核、补贴发放机制，做到阳光透明、客观公正。加强政策评估和绩效考核，不断提高制度运行效率。

坚持资源统筹，责任共担。积极发挥家庭、社会、政府作用，形成家庭善尽义务、社会积极扶助、政府兜底保障的责任共担格局。

二、主要内容

（一）补贴对象。困难残疾人生活补贴主要补助残疾人因残疾产生的额外生活支出，对象为低保家庭中的残疾人，有条件的地方可逐步扩大到低收入残疾人及其他困难残疾人。低收入残疾人及其他困难残疾人的认定标准由县级以上地方人民政府参照相关规定、结合实际情况制定。重度残疾人护理补贴主要补助残疾人因残疾产生的额外长期照护支出，对象为残疾等级被评定为一级、二级且需要长期照护的重度残疾人，有条件的地方可扩大到非重度智力、精神残疾人或其他残疾人，逐步推动形成面向所有需要长期照护残疾人的护理补贴制度。长期照护是指因残疾产生的特殊护理消费品和照护服务支出持续6个月以上时间。

（二）补贴标准。残疾人两项补贴标准由省级人民政府根据经济社会发展水平和残疾人生活保障需求、长期照护需求统筹确定，并适时调整。有条件的地方可以按照残疾人的不同困难程度制定分档补贴标准，提高制度精准性，加大补贴力度。

（三）补贴形式。残疾人两项补贴采取现金形式按月发放。有条件的地方可根据实际情况详细划分补贴类别和标准，采取凭据报销或政府购买服务形式发放重度残疾人护理补贴。

（四）政策衔接。符合条件的残疾人，可同时申领困难残疾人生活补贴和重度残疾人护理补贴。既符合残疾人两项补贴条件，又符合老年、因公致残、离休等福利性生活补贴（津贴）、护理补贴（津贴）条件的残疾人，可择高申领其中一类生活补贴（津贴）、护理补贴（津贴）。享受孤儿基本生活保障政策的残疾儿童不享受困难残疾人生活补贴，可享受重度残疾人护理补贴。残疾人两项补贴不计入城乡最低生活保障家庭的收入。领取工伤保险生活护理费、纳入特困人员供养保障的残疾人不享受残疾人两项补贴。

三、申领程序和管理办法

（一）自愿申请。残疾人两项补贴由残疾人向户籍所在地街道办事处或乡镇政府受理窗口提交书面申请。残疾人的法定监护人，法定赡养、抚养、扶养义务人，所在村民（居民）委员会或其他委托人可以代为办理申请事宜。申请残疾人两项补贴应持有第二代中华人民共和国残疾人证，并提交相关证明材料。

（二）逐级审核。街道办事处或乡镇政府依托社会救助、社会服务“一门受理、协同办理”机制，受理残疾人两项补贴申请并进行初审。初审合格材料报送县级残联进行相关审核。审核合格材料转送县级人民政府民政部门审定，残疾人家庭经济状况依托居民家庭经济状况核对机制审核。审定合格材料由县级人民政府民政部门会同县级残联报同级财政部门申请拨付资金。

（三）补贴发放。补贴资格审定合格的残疾人自递交申请当月计发补贴。残疾人两项补贴采取社会化形式发放，通过金融机构转账存入残疾人账户。特殊情况下需要直接发放现金的，要制定专门的监管办法，防止和杜绝冒领、重复领取、克扣现象。

（四）定期复核。采取残疾人主动申报和发放部门定期抽查相结合的方式，建立残疾人两项补贴定期复核制度，实行残疾人两项补贴应补尽补、应退则退的动态管理。定期复核内容包括申请人资格条件是否发生变化、补贴是否及时足额发放到位等。

四、保障措施

（一）加强组织领导。各地区、各部门要充分认识全面建立残疾人两项补贴制度的重要性，将其作为保障和改善民生的重要任务，完善政府领导、民政牵头、残联配合、部门协作、社会参与的工作机制。民政部门要履行主管部门职责，做好补贴资格审定、补贴发放、监督管理等工作，推进残疾人两项补贴制度与相关社会福利、社会救助、社会保险制度有机衔接。财政部门要加强资金保障，及时足额安排补贴资金及工作经费，确保残疾人两项补贴制度顺利实施。中央财政通过增加一般性转移支付予以支持。残联组织要发挥“代表、服务、管理”职能作用，及时掌握残疾人需求，严格残疾人证发放管理，做好残疾人两项补贴相关审核工作。

（二）加强制度落实。地方已经实施的残疾人两项补贴制度补贴对象范围小于本意见要求的，要严格按本意见执行，有条件的地方可适当扩大补贴范围。要通过政府购买服务、引导市场服务、鼓励慈善志愿服务等方式，健全补贴与服务相结合的残疾人社会福利体系，促进残疾人服务业发展。

（三）加强监督管理。地方各级人民政府要将残疾人两项补贴工作纳入年度考核内容，重点督查落实情况。残疾人两项补贴资金发放使用情况要定期向社会公示，接受社会监督，财政、审计、监察部门要加强监督检查，防止出现挤占、挪用、套取等违法违规现象。民政部门要会同残联组织定期开展残疾人两项补贴工作绩效评估，及时处理残疾人及其他群众的投诉建议，不断完善相关政策措施，切实维护残疾人合法权益。要统筹建立统一的残疾人两项补贴工作网络信息平台，加强对基本信息的实时监测、比对、归纳分析和动态管理，不断提高工作效率。

（四）加强政策宣传。各地要及时组织学习培训，全面掌握残疾人两项补贴制度精神和内容，正确组织实施残疾人两项补贴工作。要充分利用多种媒介宣传残疾人两项补贴制度，营造良好舆论氛围，引导全社会更加关心、关爱残疾人。要充分考虑残疾人获取信息的特殊要求和实际困难，采用灵活多样形式进行宣传解读，确保残疾人及其家属知晓残疾人两项补贴制度内容，了解基本申领程序和要求。要及时做好残疾人两项补贴政策解释工作，协助残疾人便捷办理相关手续。

残疾人两项补贴制度自2016年1月1日起全面实施。各地要结合实际制定贯彻实施办法，推进落实相关工作。民政部、财政部、中国残联要根据职责，抓紧制定具体政策措施。国务院将适时组织专项督查。

国务院

2015 年 9 月 22 日

残疾人就业条例

（2007年2月25日）

第一章 总 则

第一条 为了促进残疾人就业，保障残疾人的劳动权利，根据《中华人民共和国残疾人保障法》和其他有关法律，制定本条例。

第二条 国家对残疾人就业实行集中就业与分散就业相结合的方针，促进残疾人就业。

县级以上人民政府应当将残疾人就业纳入国民经济和社会发展规划，并制定优惠政策和具体扶持保护措施，为残疾人就业创造条件。

第三条 机关、团体、企业、事业单位和民办非企业单位（以下统称用人单位）应当依照有关法律、本条例和其他有关行政法规的规定，履行扶持残疾人就业的责任和义务。

第四条 国家鼓励社会组织和个人通过多种渠道、多种形式，帮助、支持残疾人就业，鼓励残疾人通过应聘等多种形式就业。禁止在就业中歧视残疾人。

残疾人应当提高自身素质，增强就业能力。

第五条 各级人民政府应当加强对残疾人就业工作的统筹规划，综合协调。县级以上人民政府负责残疾人工作的机构，负责组织、协调、指导、督促有关部门做好残疾人就业工作。

县级以上人民政府劳动保障、民政等有关部门在各自的职责范围内，做好残疾人就业工作。

第六条 中国残疾人联合会及其地方组织依照法律、法规或者接受政府委托，负责残疾人就业工作的具体组织实施与监督。

工会、共产主义青年团、妇女联合会，应当在各自的工作范围内，做好残疾人就业工作。

第七条　各级人民政府对在残疾人就业工作中做出显著成绩的单位和个人，给予表彰和奖励。

第二章　用人单位的责任

第八条　用人单位应当按照一定比例安排残疾人就业，并为其提供适当的工种、岗位。

用人单位安排残疾人就业的比例不得低于本单位在职职工总数的1.5%。具体比例由省、自治区、直辖市人民政府根据本地区的实际情况规定。

用人单位跨地区招用残疾人的，应当计入所安排的残疾人职工人数之内。

第九条　用人单位安排残疾人就业达不到其所在地省、自治区、直辖市人民政府规定比例的，应当缴纳残疾人就业保障金。

第十条　政府和社会依法兴办的残疾人福利企业、盲人按摩机构和其他福利性单位（以下统称集中使用残疾人的用人单位），应当集中安排残疾人就业。

集中使用残疾人的用人单位的资格认定，按照国家有关规定执行。

第十一条　集中使用残疾人的用人单位中从事全日制工作的残疾人职工，应当占本单位在职职工总数的25%以上。

第十二条　用人单位招用残疾人职工，应当依法与其签订劳动合同或者服务协议。

第十三条　用人单位应当为残疾人职工提供适合其身体状况的劳动条件和劳动保护，不得在晋职、晋级、评定职称、报酬、社会保险、生活福利等方面歧视残疾人职工。

第十四条　用人单位应当根据本单位残疾人职工的实际情况，对残疾人职工进行上岗、在岗、转岗等培训。

第三章　保障措施

第十五条　县级以上人民政府应当采取措施，拓宽残疾人就业渠道，开发适合残疾人就业的公益性岗位，保障残疾人就业。

县级以上地方人民政府发展社区服务事业，应当优先考虑残疾人就业。

第十六条　依法征收的残疾人就业保障金应当纳入财政预算，专项用于残疾人职业培训以及为残疾人提供就业服务和就业援助，任何组织或者个人不得贪污、挪用、截留或者私分。残疾人就业保障金征收、使用、管理的具体办法，由国务院财政部门会同国务院有关部门规定。

财政部门和审计机关应当依法加强对残疾人就业保障金使用情况的监督检查。

第十七条　国家对集中使用残疾人的用人单位依法给予税收优惠，并在生产、经营、技术、资金、物资、场地使用等方面给予扶持。

第十八条　县级以上地方人民政府及其有关部门应当确定适合残疾人生产、经营的产品、项目，优先安排集中使用残疾人的用人单位生产或者经营，并根据集中使用残疾人的用人单位的生产特点确定某些产品由其专产。

政府采购，在同等条件下，应当优先购买集中使用残疾人的用人单位的产品或者服务。

第十九条　国家鼓励扶持残疾人自主择业、自主创业。对残疾人从事个体经营的，应当依法给予税收优惠，有关部门应当在经营场地等方面给予照顾，并按照规定免收管理类、登记类和证照类的行政事业性收费。

国家对自主择业、自主创业的残疾人在一定期限内给予小额信贷等扶持。

第二十条　地方各级人民政府应当多方面筹集资金，组织和扶持农村残疾人从事种植业、养殖业、手工业和其他形式的生产劳动。

有关部门对从事农业生产劳动的农村残疾人，应当在生产服务、技术指导、农用物资供应、农副产品收购和信贷等方面给予帮助。

第四章　就业服务

第二十一条　各级人民政府和有关部门应当为就业困难的残疾人提供有针

对性的就业援助服务，鼓励和扶持职业培训机构为残疾人提供职业培训，并组织残疾人定期开展职业技能竞赛。

第二十二条　中国残疾人联合会及其地方组织所属的残疾人就业服务机构应当免费为残疾人就业提供下列服务：

（一）发布残疾人就业信息；

（二）组织开展残疾人职业培训；

（三）为残疾人提供职业心理咨询、职业适应评估、职业康复训练、求职定向指导、职业介绍等服务；

（四）为残疾人自主择业提供必要的帮助；

（五）为用人单位安排残疾人就业提供必要的支持。

国家鼓励其他就业服务机构为残疾人就业提供免费服务。

第二十三条　受劳动保障部门的委托，残疾人就业服务机构可以进行残疾人失业登记、残疾人就业与失业统计；经所在地劳动保障部门批准，残疾人就业服务机构还可以进行残疾人职业技能鉴定。

第二十四条　残疾人职工与用人单位发生争议的，当地法律援助机构应当依法为其提供法律援助，各级残疾人联合会应当给予支持和帮助。

第五章　法律责任

第二十五条　违反本条例规定，有关行政主管部门及其工作人员滥用职权、玩忽职守、徇私舞弊，构成犯罪的，依法追究刑事责任；尚不构成犯罪的，依法给予处分。

第二十六条　违反本条例规定，贪污、挪用、截留、私分残疾人就业保障金，构成犯罪的，依法追究刑事责任；尚不构成犯罪的，对有关责任单位、直接负责的主管人员和其他直接责任人员依法给予处分或者处罚。

第二十七条　违反本条例规定，用人单位未按照规定缴纳残疾人就业保障金的，由财政部门给予警告，责令限期缴纳；逾期仍不缴纳的，除补缴欠缴数额外，还应当自欠缴之日起，按日加收5‰的滞纳金。

第二十八条　违反本条例规定，用人单位弄虚作假，虚报安排残疾人就业人数，骗取集中使用残疾人的用人单位享受的税收优惠待遇的，由税务机关依法处理。

第六章　附　则

第二十九条　本条例所称残疾人就业，是指符合法定就业年龄有就业要求的残疾人从事有报酬的劳动。

第三十条　本条例自2007年5月1日起施行。

残疾人教育条例（2017修订）

（2017年2月1日）

第一章　总　则

第一条　为了保障残疾人受教育的权利，发展残疾人教育事业，根据《中华人民共和国教育法》和《中华人民共和国残疾人保障法》，制定本条例。

第二条　国家保障残疾人享有平等接受教育的权利，禁止任何基于残疾的教育歧视。

残疾人教育应当贯彻国家的教育方针，并根据残疾人的身心特性和需要，全面提高其素质，为残疾人平等地参与社会生活创造条件。

第三条　残疾人教育是国家教育事业的组成部分。

发展残疾人教育事业，实行普及与提高相结合、以普及为重点的方针，保障义务教育，着重发展职业教育，积极开展学前教育，逐步发展高级中等以上教育。

残疾人教育应当提高教育质量，积极推进融合教育，根据残疾人的残疾类别和接受能力，采取普通教育方式或者特殊教育方式，优先采取普通教育方式。

第四条　县级以上人民政府应当加强对残疾人教育事业的领导，将残疾人教育纳入教育事业发展规划，统筹安排实施，合理配置资源，保障残疾人教育经费投入，改善办学条件。

第五条　国务院教育行政部门主管全国的残疾人教育工作，统筹规划、协调管理全国的残疾人教育事业；国务院其他有关部门在国务院规定的职责范围内负责有关的残疾人教育工作。

县级以上地方人民政府教育行政部门主管本行政区域内的残疾人教育工

作；县级以上地方人民政府其他有关部门在各自的职责范围内负责有关的残疾人教育工作。

第六条　中国残疾人联合会及其地方组织应当积极促进和开展残疾人教育工作，协助相关部门实施残疾人教育，为残疾人接受教育提供支持和帮助。

第七条　学前教育机构、各级各类学校及其他教育机构应当依照本条例以及国家有关法律、法规的规定，实施残疾人教育；对符合法律、法规规定条件的残疾人申请入学，不得拒绝招收。

第八条　残疾人家庭应当帮助残疾人接受教育。

残疾儿童、少年的父母或者其他监护人应当尊重和保障残疾儿童、少年接受教育的权利，积极开展家庭教育，使残疾儿童、少年及时接受康复训练和教育，并协助、参与有关教育机构的教育教学活动，为残疾儿童、少年接受教育提供支持。

第九条　社会各界应当关心和支持残疾人教育事业。残疾人所在社区、相关社会组织和企事业单位，应当支持和帮助残疾人平等接受教育、融入社会。

第十条　国家对为残疾人教育事业作出突出贡献的组织和个人，按照有关规定给予表彰、奖励。

第十一条　县级以上人民政府负责教育督导的机构应当将残疾人教育实施情况纳入督导范围，并可以就执行残疾人教育法律法规情况、残疾人教育教学质量以及经费管理和使用情况等实施专项督导。

第二章　义务教育

第十二条　各级人民政府应当依法履行职责，保障适龄残疾儿童、少年接受义务教育的权利。

县级以上人民政府对实施义务教育的工作进行监督、指导、检查，应当包括对残疾儿童、少年实施义务教育工作的监督、指导、检查。

第十三条　适龄残疾儿童、少年的父母或者其他监护人，应当依法保证其残疾子女或者被监护人入学接受并完成义务教育。

第十四条　残疾儿童、少年接受义务教育的入学年龄和年限，应当与当地儿童、少年接受义务教育的入学年龄和年限相同；必要时，其入学年龄和在校年龄可以适当提高。

第十五条　县级人民政府教育行政部门应当会同卫生行政部门、民政部门、残疾人联合会，根据新生儿疾病筛查和学龄前儿童残疾筛查、残疾人统计等信息，对义务教育适龄残疾儿童、少年进行入学前登记，全面掌握本行政区域内义务教育适龄残疾儿童、少年的数量和残疾情况。

第十六条　县级人民政府应当根据本行政区域内残疾儿童、少年的数量、类别和分布情况，统筹规划，优先在部分普通学校中建立特殊教育资源教室，配备必要的设备和专门从事残疾人教育的教师及专业人员，指定其招收残疾儿童、少年接受义务教育；并支持其他普通学校根据需要建立特殊教育资源教室，或者安排具备相应资源、条件的学校为招收残疾学生的其他普通学校提供必要的支持。

县级人民政府应当为实施义务教育的特殊教育学校配备必要的残疾人教育教学、康复评估和康复训练等仪器设备，并加强九年一贯制义务教育特殊教育学校建设。

第十七条　适龄残疾儿童、少年能够适应普通学校学习生活、接受普通教育的，依照《中华人民共和国义务教育法》的规定就近到普通学校入学接受义务教育。

适龄残疾儿童、少年能够接受普通教育，但是学习生活需要特别支持的，根据身体状况就近到县级人民政府教育行政部门在一定区域内指定的具备相应资源、条件的普通学校入学接受义务教育。

适龄残疾儿童、少年不能接受普通教育的，由县级人民政府教育行政部门统筹安排进入特殊教育学校接受义务教育。

适龄残疾儿童、少年需要专人护理，不能到学校就读的，由县级人民政府教育行政部门统筹安排，通过提供送教上门或者远程教育等方式实施义务教育，并纳入学籍管理。

第十八条　在特殊教育学校学习的残疾儿童、少年，经教育、康复训练，能够接受普通教育的，学校可以建议残疾儿童、少年的父母或者其他监护人将其转入或者升入普通学校接受义务教育。

在普通学校学习的残疾儿童、少年，难以适应普通学校学习生活的，学校可以建议残疾儿童、少年的父母或者其他监护人将其转入指定的普通学校或者特殊教育学校接受义务教育。

第十九条　适龄残疾儿童、少年接受教育的能力和适应学校学习生活的能力应当根据其残疾类别、残疾程度、补偿程度以及学校办学条件等因素判断。

第二十条　县级人民政府教育行政部门应当会同卫生行政部门、民政部门、残疾人联合会，建立由教育、心理、康复、社会工作等方面专家组成的残疾人教育专家委员会。

残疾人教育专家委员会可以接受教育行政部门的委托，对适龄残疾儿童、少年的身体状况、接受教育的能力和适应学校学习生活的能力进行评估，提出入学、转学建议；对残疾人义务教育问题提供咨询，提出建议。

依照前款规定作出的评估结果属于残疾儿童、少年的隐私，仅可被用于对残疾儿童、少年实施教育、康复。教育行政部门、残疾人教育专家委员会、学校及其工作人员对在工作中了解的残疾儿童、少年评估结果及其他个人信息负有保密义务。

第二十一条　残疾儿童、少年的父母或者其他监护人与学校就入学、转学安排发生争议的，可以申请县级人民政府教育行政部门处理。

接到申请的县级人民政府教育行政部门应当委托残疾人教育专家委员会对残疾儿童、少年的身体状况、接受教育的能力和适应学校学习生活的能力进行评估并提出入学、转学建议，并根据残疾人教育专家委员会的评估结果和提出的入学、转学建议，综合考虑学校的办学条件和残疾儿童、少年及其父母或者其他监护人的意愿，对残疾儿童、少年的入学、转学安排作出决定。

第二十二条　招收残疾学生的普通学校应当将残疾学生合理编入班级；残疾学生较多的，可以设置专门的特殊教育班级。

招收残疾学生的普通学校应当安排专门从事残疾人教育的教师或者经验丰富的教师承担随班就读或者特殊教育班级的教育教学工作，并适当缩减班级学生数额，为残疾学生入学后的学习、生活提供便利和条件，保障残疾学生平等参与教育教学和学校组织的各项活动。

第二十三条　在普通学校随班就读残疾学生的义务教育，可以适用普通义务教育的课程设置方案、课程标准和教材，但是对其学习要求可以有适度弹性。

第二十四条　残疾儿童、少年特殊教育学校（班）应当坚持思想教育、文化教育、劳动技能教育与身心补偿相结合，并根据学生残疾状况和补偿程度，实施分类教学；必要时，应当听取残疾学生父母或者其他监护人的意见，制定符合残疾学生身心特性和需要的个别化教育计划，实施个别教学。

第二十五条　残疾儿童、少年特殊教育学校（班）的课程设置方案、课程标准和教材，应当适合残疾儿童、少年的身心特性和需要。

残疾儿童、少年特殊教育学校（班）的课程设置方案、课程标准由国务院教育行政部门制订；教材由省级以上人民政府教育行政部门按照国家有关规定审定。

第二十六条　县级人民政府教育行政部门应当加强对本行政区域内的残疾儿童、少年实施义务教育工作的指导。

县级以上地方人民政府教育行政部门应当统筹安排支持特殊教育学校建立特殊教育资源中心，在一定区域内提供特殊教育指导和支持服务。特殊教育资源中心可以受教育行政部门的委托承担以下工作：

（一）指导、评价区域内的随班就读工作；

（二）为区域内承担随班就读教育教学任务的教师提供培训；

（三）派出教师和相关专业服务人员支持随班就读，为接受送教上门和远程教育的残疾儿童、少年提供辅导和支持；

（四）为残疾学生父母或者其他监护人提供咨询；

（五）其他特殊教育相关工作。

第三章　职业教育

第二十七条　残疾人职业教育应当大力发展中等职业教育，加快发展高等职业教育，积极开展以实用技术为主的中期、短期培训，以提高就业能力为主，培养技术技能人才，并加强对残疾学生的就业指导。

第二十八条　残疾人职业教育由普通职业教育机构和特殊职业教育机构实施，以普通职业教育机构为主。

县级以上地方人民政府应当根据需要，合理设置特殊职业教育机构，改善办学条件，扩大残疾人中等职业学校招生规模。

第二十九条　普通职业学校不得拒绝招收符合国家规定的录取标准的残疾人入学，普通职业培训机构应当积极招收残疾人入学。

县级以上地方人民政府应当采取措施，鼓励和支持普通职业教育机构积极招收残疾学生。

第三十条　实施残疾人职业教育的学校和培训机构，应当根据社会需要和残疾人的身心特性合理设置专业，并与企业合作设立实习实训基地，或者根据教学需要和条件办好实习基地。

第四章　学前教育

第三十一条　各级人民政府应当积极采取措施，逐步提高残疾幼儿接受学前教育的比例。

县级人民政府及其教育行政部门、民政部门等有关部门应当支持普通幼儿园创造条件招收残疾幼儿；支持特殊教育学校和具备办学条件的残疾儿童福利机构、残疾儿童康复机构等实施学前教育。

第三十二条　残疾幼儿的教育应当与保育、康复结合实施。

招收残疾幼儿的学前教育机构应当根据自身条件配备必要的康复设施、设备和专业康复人员，或者与其他具有康复设施、设备和专业康复人员的特殊教育机构、康复机构合作对残疾幼儿实施康复训练。

第三十三条　卫生保健机构、残疾幼儿的学前教育机构、儿童福利机构和家庭，应当注重对残疾幼儿的早期发现、早期康复和早期教育。

卫生保健机构、残疾幼儿的学前教育机构、残疾儿童康复机构应当就残疾幼儿的早期发现、早期康复和早期教育为残疾幼儿家庭提供咨询、指导。

第五章　普通高级中等以上教育及继续教育

第三十四条　普通高级中等学校、高等学校、继续教育机构应当招收符合国家规定的录取标准的残疾考生入学，不得因其残疾而拒绝招收。

第三十五条　设区的市级以上地方人民政府可以根据实际情况举办实施高级中等以上教育的特殊教育学校，支持高等学校设置特殊教育学院或者相关专业，提高残疾人的受教育水平。

第三十六条　县级以上人民政府教育行政部门以及其他有关部门、学校应当充分利用现代信息技术，以远程教育等方式为残疾人接受成人高等教育、高等教育自学考试等提供便利和帮助，根据实际情况开设适合残疾人学习的专业、课程，采取灵活开放的教学和管理模式，支持残疾人顺利完成学业。

第三十七条　残疾人所在单位应当对本单位的残疾人开展文化知识教育和技术培训。

第三十八条　扫除文盲教育应当包括对年满15周岁以上的未丧失学习能力的文盲、半文盲残疾人实施的扫盲教育。

第三十九条　国家、社会鼓励和帮助残疾人自学成才。

第六章　教　师

第四十条　县级以上人民政府应当重视从事残疾人教育的教师培养、培训工作，并采取措施逐步提高他们的地位和待遇，改善他们的工作环境和条件，鼓励教师终身从事残疾人教育事业。

县级以上人民政府可以采取免费教育、学费减免、助学贷款代偿等措施，鼓励具备条件的高等学校毕业生到特殊教育学校或者其他特殊教育机构任教。

第四十一条　从事残疾人教育的教师，应当热爱残疾人教育事业，具有社会主义的人道主义精神，尊重和关爱残疾学生，并掌握残疾人教育的专业知识和技能。

第四十二条　专门从事残疾人教育工作的教师（以下称特殊教育教师）应当符合下列条件：

（一）依照《中华人民共和国教师法》的规定取得教师资格；

（二）特殊教育专业毕业或者经省、自治区、直辖市人民政府教育行政部门组织的特殊教育专业培训并考核合格。

从事听力残疾人教育的特殊教育教师应当达到国家规定的手语等级标准，从事视力残疾人教育的特殊教育教师应当达到国家规定的盲文等级标准。

第四十三条　省、自治区、直辖市人民政府可以根据残疾人教育发展的需求，结合当地实际为特殊教育学校和指定招收残疾学生的普通学校制定教职工编制标准。

县级以上地方人民政府教育行政部门应当会同其他有关部门，在核定的编制总额内，为特殊教育学校配备承担教学、康复等工作的特殊教育教师和相关专业人员；在指定招收残疾学生的普通学校设置特殊教育教师等专职岗位。

第四十四条　国务院教育行政部门和省、自治区、直辖市人民政府应当根据残疾人教育发展的需要有计划地举办特殊教育师范院校，支持普通师范院校和综合性院校设置相关院系或者专业，培养特殊教育教师。

普通师范院校和综合性院校的师范专业应当设置特殊教育课程，使学生掌握必要的特殊教育的基本知识和技能，以适应对随班就读的残疾学生的教育教学需要。

第四十五条　县级以上地方人民政府教育行政部门应当将特殊教育教师的培训纳入教师培训计划，以多种形式组织在职特殊教育教师进修提高专业水平；在普通教师培训中增加一定比例的特殊教育内容和相关知识，提高普通教师的特殊教育能力。

第四十六条　特殊教育教师和其他从事特殊教育的相关专业人员根据国家有关规定享受特殊岗位补助津贴及其他待遇；普通学校的教师承担残疾学生随班就读教学、管理工作的，应当将其承担的残疾学生教学、管理工作纳入其绩效考核内容，并作为核定工资待遇和职务评聘的重要依据。

县级以上人民政府教育行政部门、人力资源社会保障部门在职务评聘、培训进修、表彰奖励等方面，应当为特殊教育教师制定优惠政策、提供专门机会。

第七章　条件保障

第四十七条　省、自治区、直辖市人民政府应当根据残疾人教育的特殊情况，依据国务院有关行政主管部门的指导性标准，制定本行政区域内特殊教育学校的建设标准、经费开支标准、教学仪器设备配备标准等。

义务教育阶段普通学校招收残疾学生，县级人民政府财政部门及教育行政部门应当按照特殊教育学校生均预算内公用经费标准足额拨付费用。

第四十八条　各级人民政府应当按照有关规定安排残疾人教育经费，并将所需经费纳入本级政府预算。

县级以上人民政府根据需要可以设立专项补助款，用于发展残疾人教育。

地方各级人民政府用于义务教育的财政拨款和征收的教育费附加，应当有一定比例用于发展残疾儿童、少年义务教育。

地方各级人民政府可以按照有关规定将依法征收的残疾人就业保障金用于特殊教育学校开展各种残疾人职业教育。

第四十九条　县级以上地方人民政府应当根据残疾人教育发展的需要统筹规划、合理布局，设置特殊教育学校，并按照国家有关规定配备必要的残疾人教育教学、康复评估和康复训练等仪器设备。

特殊教育学校的设置，由教育行政部门按照国家有关规定审批。

第五十条　新建、改建、扩建各级各类学校应当符合《无障碍环境建设条例》的要求。

县级以上地方人民政府及其教育行政部门应当逐步推进各级各类学校无障碍校园环境建设。

第五十一条　招收残疾学生的学校对经济困难的残疾学生，应当按照国家有关规定减免学费和其他费用，并按照国家资助政策优先给予补助。

国家鼓励有条件的地方优先为经济困难的残疾学生提供免费的学前教育和高中教育，逐步实施残疾学生高中阶段免费教育。

第五十二条　残疾人参加国家教育考试，需要提供必要支持条件和合理便利的，可以提出申请。教育考试机构、学校应当按照国家有关规定予以提供。

第五十三条　国家鼓励社会力量举办特殊教育机构或者捐资助学；鼓励和支持民办学校或者其他教育机构招收残疾学生。

县级以上地方人民政府及其有关部门对民办特殊教育机构、招收残疾学生的民办学校，应当按照国家有关规定予以支持。

第五十四条　国家鼓励开展残疾人教育的科学研究，组织和扶持盲文、手语的研究和应用，支持特殊教育教材的编写和出版。

第五十五条　县级以上人民政府及其有关部门应当采取优惠政策和措施，支持研究、生产残疾人教育教学专用仪器设备、教具、学具、软件及其他辅助用品，扶持特殊教育机构兴办和发展福利企业和辅助性就业机构。

第八章　法律责任

第五十六条　地方各级人民政府及其有关部门违反本条例规定，未履行残疾人教育相关职责的，由上一级人民政府或者其有关部门责令限期改正；情节严重的，予以通报批评，并对直接负责的主管人员和其他直接责任人员依法给予处分。

第五十七条　学前教育机构、学校、其他教育机构及其工作人员违反本条例规定，有下列情形之一的，由其主管行政部门责令改正，对直接负责的主管人员和其他直接责任人员依法给予处分；构成违反治安管理行为的，由公安机关依法给予治安管理处罚；构成犯罪的，依法追究刑事责任：

（一）拒绝招收符合法律、法规规定条件的残疾学生入学的；

（二）歧视、侮辱、体罚残疾学生，或者放任对残疾学生的歧视言行，对残疾学生造成身心伤害的；

（三）未按照国家有关规定对经济困难的残疾学生减免学费或者其他费用的。

第九章　附　则

第五十八条　本条例下列用语的含义：

融合教育是指将对残疾学生的教育最大限度地融入普通教育。

特殊教育资源教室是指在普通学校设置的装备有特殊教育和康复训练设施设备的专用教室。

第五十九条　本条例自2017年5月1日起施行。

无障碍环境建设条例

（2012年6月28日）

第一章　总　则

第一条　为了创造无障碍环境，保障残疾人等社会成员平等参与社会生活，制定本条例。

第二条　本条例所称无障碍环境建设，是指为便于残疾人等社会成员自主安全地通行道路、出入相关建筑物、搭乘公共交通工具、交流信息、获得社区服务所进行的建设活动。

第三条　无障碍环境建设应当与经济和社会发展水平相适应，遵循实用、易行、广泛受益的原则。

第四条　县级以上人民政府负责组织编制无障碍环境建设发展规划并组织实施。

编制无障碍环境建设发展规划，应当征求残疾人组织等社会组织的意见。

无障碍环境建设发展规划应当纳入国民经济和社会发展规划以及城乡规划。

第五条　国务院住房和城乡建设主管部门负责全国无障碍设施工程建设活动的监督管理工作，会同国务院有关部门制定无障碍设施工程建设标准，并对无障碍设施工程建设的情况进行监督检查。

国务院工业和信息化主管部门等有关部门在各自职责范围内，做好无障碍环境建设工作。

第六条　国家鼓励、支持采用无障碍通用设计的技术和产品，推进残疾人专用的无障碍技术和产品的开发、应用和推广。

第七条　国家倡导无障碍环境建设理念，鼓励公民、法人和其他组织为无障碍环境建设提供捐助和志愿服务。

第八条　对在无障碍环境建设工作中作出显著成绩的单位和个人，按照国家有关规定给予表彰和奖励。

第二章　无障碍设施建设

第九条　城镇新建、改建、扩建道路、公共建筑、公共交通设施、居住建筑、居住区，应当符合无障碍设施工程建设标准。

乡、村庄的建设和发展，应当逐步达到无障碍设施工程建设标准。

第十条　无障碍设施工程应当与主体工程同步设计、同步施工、同步验收投入使用。新建的无障碍设施应当与周边的无障碍设施相衔接。

第十一条　对城镇已建成的不符合无障碍设施工程建设标准的道路、公共建筑、公共交通设施、居住建筑、居住区，县级以上人民政府应当制定无障碍设施改造计划并组织实施。

无障碍设施改造由所有权人或者管理人负责。

第十二条　县级以上人民政府应当优先推进下列机构、场所的无障碍设施改造：

（一）特殊教育、康复、社会福利等机构；

（二）国家机关的公共服务场所；

（三）文化、体育、医疗卫生等单位的公共服务场所；

（四）交通运输、金融、邮政、商业、旅游等公共服务场所。

第十三条　城市的主要道路、主要商业区和大型居住区的人行天桥和人行地下通道，应当按照无障碍设施工程建设标准配备无障碍设施，人行道交通信号设施应当逐步完善无障碍服务功能，适应残疾人等社会成员通行的需要。

第十四条　城市的大中型公共场所的公共停车场和大型居住区的停车场，应当按照无障碍设施工程建设标准设置并标明无障碍停车位。

无障碍停车位为肢体残疾人驾驶或者乘坐的机动车专用。

第十五条　民用航空器、客运列车、客运船舶、公共汽车、城市轨道交通车辆等公共交通工具应当逐步达到无障碍设施的要求。有关主管部门应当制定公共交通工具的无障碍技术标准并确定达标期限。

第十六条　视力残疾人携带导盲犬出入公共场所，应当遵守国家有关规定，公共场所的工作人员应当按照国家有关规定提供无障碍服务。

第十七条　无障碍设施的所有权人和管理人，应当对无障碍设施进行保护，有损毁或者故障及时进行维修，确保无障碍设施正常使用。

第三章　无障碍信息交流

第十八条　县级以上人民政府应当将无障碍信息交流建设纳入信息化建设规划，并采取措施推进信息交流无障碍建设。

第十九条　县级以上人民政府及其有关部门发布重要政府信息和与残疾人相关的信息，应当创造条件为残疾人提供语音和文字提示等信息交流服务。

第二十条　国家举办的升学考试、职业资格考试和任职考试，有视力残疾人参加的，应当为视力残疾人提供盲文试卷、电子试卷，或者由工作人员予以协助。

第二十一条　设区的市级以上人民政府设立的电视台应当创造条件，在播出电视节目时配备字幕，每周播放至少一次配播手语的新闻节目。

公开出版发行的影视类录像制品应当配备字幕。

第二十二条　设区的市级以上人民政府设立的公共图书馆应当开设视力残疾人阅览室，提供盲文读物、有声读物，其他图书馆应当逐步开设视力残疾人阅览室。

第二十三条　残疾人组织的网站应当达到无障碍网站设计标准，设区的市级以上人民政府网站、政府公益活动网站，应当逐步达到无障碍网站设计标准。

第二十四条　公共服务机构和公共场所应当创造条件为残疾人提供语音和文字提示、手语、盲文等信息交流服务，并对工作人员进行无障碍服务技能培训。

第二十五条　举办听力残疾人集中参加的公共活动，举办单位应当提供字幕或者手语服务。

第二十六条　电信业务经营者提供电信服务，应当创造条件为有需求的听力、言语残疾人提供文字信息服务，为有需求的视力残疾人提供语音信息服务。

电信终端设备制造者应当提供能够与无障碍信息交流服务相衔接的技术、产品。

第四章　无障碍社区服务

第二十七条　社区公共服务设施应当逐步完善无障碍服务功能，为残疾人等社会成员参与社区生活提供便利。

第二十八条　地方各级人民政府应当逐步完善报警、医疗急救等紧急呼叫系统，方便残疾人等社会成员报警、呼救。

第二十九条　对需要进行无障碍设施改造的贫困家庭，县级以上地方人民政府可以给予适当补助。

第三十条　组织选举的部门应当为残疾人参加选举提供便利，为视力残疾人提供盲文选票。

第五章　法律责任

第三十一条　城镇新建、改建、扩建道路、公共建筑、公共交通设施、居住建筑、居住区，不符合无障碍设施工程建设标准的，由住房和城乡建设主管部门责令改正，依法给予处罚。

第三十二条　肢体残疾人驾驶或者乘坐的机动车以外的机动车占用无障碍停车位，影响肢体残疾人使用的，由公安机关交通管理部门责令改正，依法给予处罚。

第三十三条　无障碍设施的所有权人或者管理人对无障碍设施未进行保护或者及时维修，导致无法正常使用的，由有关主管部门责令限期维修；造成使用人人身、财产损害的，无障碍设施的所有权人或者管理人应当承担赔偿责任。

第三十四条　无障碍环境建设主管部门工作人员滥用职权、玩忽职守、徇私舞弊的，依法给予处分；构成犯罪的，依法追究刑事责任。

第六章　附　则

第三十五条　本条例自2012年8月1日起施行。

残疾人专用品免征进口税收暂行规定

（1997 年 4 月 10 日）

第一条　为了支持残疾人康复工作，有利于残疾人专用品进口，制定本规定。

第二条　进口下列残疾人专用品，免征进口关税和进口环节增值税、消费税：

（一）肢残者用的支辅具，假肢及其零部件，假眼，假鼻，内脏托带，矫形器，矫形鞋，非机动助行器，代步工具（不包括汽车、摩托车），生活自助具，特殊卫生用品；

（二）视力残疾者用的盲杖，导盲镜，助视器，盲人阅读器；

（三）语言、听力残疾者用的语言训练器；

（四）智力残疾者用的行为训练器，生活能力训练用品。

进口前款所列残疾人专用品，由纳税人直接在海关办理免税手续。

第三条　有关单位进口的国内不能生产的下列残疾人专用品，按隶属关系经民政部或者中国残疾人联合会批准，并报海关总署审核后，免征进口关税和进口环节增值税、消费税：

（一）残疾人康复及专用设备，包括床旁监护设备、中心监护设备、生化分析仪和超声诊断仪；

（二）残疾人特殊教育设备和职业教育设备；

（三）残疾人职业能力评估测试设备；

（四）残疾人专用劳动设备和劳动保护设备；

（五）残疾人文体活动专用设备；

（六）假肢专用生产、装配、检测设备，包括假肢专用铣磨机、假肢专用真空成型机、假肢专用平板加热器和假肢综合检测仪；

（七）听力残疾者用的助听器。

第四条　本规定第三条规定的有关单位，是指：

（一）民政部直属企事业单位和省、自治区、直辖市民政部门所属福利机构、假肢厂和荣誉军人康复医院（包括各类革命伤残军人休养院、荣军医院和荣军康复医院）；

（二）中国残疾人联合会（中国残疾人福利基金会）直属事业单位和省、自治区、直辖市残疾人联合会（残疾人福利基金会）所属福利机构和康复机构。

第五条　依据本规定免税进口的残疾人专用品，不得擅自移作他用。

违反前款规定，将免税进口的物品擅自移作他用，构成走私罪的，依法追究刑事责任；尚不构成犯罪的，按走私行为或者违反海关监管规定的行为论处。

第六条　海关总署根据本规定制定实施办法。

第七条　本规定自发布之日起施行。

工伤保险辅助器具配置管理办法（2018修订）

（2018年12月14日）

第一章　总　则

第一条　为了规范工伤保险辅助器具配置管理，维护工伤职工的合法权益，根据《工伤保险条例》，制定本办法。

第二条　工伤职工因日常生活或者就业需要，经劳动能力鉴定委员会确认，配置假肢、矫形器、假眼、假牙和轮椅等辅助器具的，适用本办法。

第三条　人力资源社会保障行政部门负责工伤保险辅助器具配置的监督管理工作。民政、卫生计生等行政部门在各自职责范围内负责工伤保险辅助器具配置的有关监督管理工作。

社会保险经办机构（以下称经办机构）负责对申请承担工伤保险辅助器具配置服务的辅助器具装配机构和医疗机构（以下称工伤保险辅助器具配置机构）进行协议管理，并按照规定核付配置费用。

第四条　设区的市级（含直辖市的市辖区、县）劳动能力鉴定委员会（以下称劳动能力鉴定委员会）负责工伤保险辅助器具配置的确认工作。

第五条　省、自治区、直辖市人力资源社会保障行政部门负责制定工伤保险辅助器具配置机构评估确定办法。

经办机构按照评估确定办法，与工伤保险辅助器具配置机构签订服务协议，并向社会公布签订服务协议的工伤保险辅助器具配置机构（以下称协议机构）名单。

第六条　人力资源社会保障部根据社会经济发展水平、工伤职工日常生活和就业需要等，组织制定国家工伤保险辅助器具配置目录，确定配置项目、适用范围、最低使用年限等内容，并适时调整。

省、自治区、直辖市人力资源社会保障行政部门可以结合本地区实际，在国家目录确定的配置项目基础上，制定省级工伤保险辅助器具配置目录，适当增加辅助器具配置项目，并确定本地区辅助器具配置最高支付限额等具体标准。

第二章　确认与配置程序

第七条　工伤职工认为需要配置辅助器具的，可以向劳动能力鉴定委员会提出辅助器具配置确认申请，并提交下列材料：

（一）居民身份证或者社会保障卡等有效身份证明原件；

（二）有效的诊断证明、按照医疗机构病历管理有关规定复印或者复制的检查、检验报告等完整病历材料。

工伤职工本人因身体等原因无法提出申请的，可由其近亲属或者用人单位代为申请。

第八条　劳动能力鉴定委员会收到辅助器具配置确认申请后，应当及时审核；材料不完整的，应当自收到申请之日起5个工作日内一次性书面告知申请人需要补正的全部材料；材料完整的，应当在收到申请之日起60日内作出确认结论。伤情复杂、涉及医疗卫生专业较多的，作出确认结论的期限可以延长30日。

第九条　劳动能力鉴定委员会专家库应当配备辅助器具配置专家，从事辅助器具配置确认工作。

劳动能力鉴定委员会应当根据配置确认申请材料，从专家库中随机抽取3名或者5名专家组成专家组，对工伤职工本人进行现场配置确认。专家组中至少包括1名辅助器具配置专家、2名与工伤职工伤情相关的专家。

第十条　专家组根据工伤职工伤情，依据工伤保险辅助器具配置目录有关规定，提出是否予以配置的确认意见。专家意见不一致时，按照少数服从多数的原则确定专家组的意见。

劳动能力鉴定委员会根据专家组确认意见作出配置辅助器具确认结论。其中，确认予以配置的，应当载明确认配置的理由、依据和辅助器具名称等信息；确认不予配置的，应当说明不予配置的理由。

第十一条　劳动能力鉴定委员会应当自作出确认结论之日起20日内将确认结论送达工伤职工及其用人单位，并抄送经办机构。

第十二条　工伤职工收到予以配置的确认结论后，及时向经办机构进行登记，经办机构向工伤职工出具配置费用核付通知单，并告知下列事项：

（一）工伤职工应当到协议机构进行配置；

（二）确认配置的辅助器具最高支付限额和最低使用年限；

（三）工伤职工配置辅助器具超目录或者超出限额部分的费用，工伤保险基金不予支付。

第十三条　工伤职工可以持配置费用核付通知单，选择协议机构配置辅助器具。

协议机构应当根据与经办机构签订的服务协议，为工伤职工提供配置服务，并如实记录工伤职工信息、配置器具产品信息、最高支付限额、最低使用年限以及实际配置费用等配置服务事项。

前款规定的配置服务记录经工伤职工签字后，分别由工伤职工和协议机构留存。

第十四条　协议机构或者工伤职工与经办机构结算配置费用时，应当出具配置服务记录。经办机构核查后，应当按照工伤保险辅助器具配置目录有关规定及时支付费用。

第十五条　工伤职工配置辅助器具的费用包括安装、维修、训练等费用，按照规定由工伤保险基金支付。

经经办机构同意，工伤职工到统筹地区以外的协议机构配置辅助器具发生的交通、食宿费用，可以按照统筹地区人力资源社会保障行政部门的规定，由工伤保险基金支付。

第十六条　辅助器具达到规定的最低使用年限的，工伤职工可以按照统筹地区人力资源社会保障行政部门的规定申请更换。

工伤职工因伤情发生变化，需要更换主要部件或者配置新的辅助器具的，经向劳动能力鉴定委员会重新提出确认申请并经确认后，由工伤保险基金支付配置费用。

第三章　管理与监督

第十七条　辅助器具配置专家应当具备下列条件之一：

（一）具有医疗卫生中高级专业技术职务任职资格；

（二）具有假肢师或者矫形器师职业资格；

（三）从事辅助器具配置专业技术工作5年以上。

辅助器具配置专家应当具有良好的职业品德。

第十八条　工伤保险辅助器具配置机构的具体条件，由省、自治区、直辖市人力资源社会保障行政部门会同民政、卫生计生行政部门规定。

第十九条　经办机构与工伤保险辅助器具配置机构签订的服务协议，应当包括下列内容：

（一）经办机构与协议机构名称、法定代表人或者主要负责人等基本信息；

（二）服务协议期限；

（三）配置服务内容；

（四）配置费用结算；

（五）配置管理要求；

（六）违约责任及争议处理；

（七）法律、法规规定应当纳入服务协议的其他事项。

第二十条　配置的辅助器具应当符合相关国家标准或者行业标准。统一规格的产品或者材料等辅助器具在装配前应当由国家授权的产品质量检测机构出具质量检测报告，标注生产厂家、产品品牌、型号、材料、功能、出品日期、使用期和保修期等事项。

第二十一条　协议机构应当建立工伤职工配置服务档案，并至少保存至服务期限结束之日起两年。经办机构可以对配置服务档案进行抽查，并作为结算配置费用的依据之一。

第二十二条　经办机构应当建立辅助器具配置工作回访制度，对辅助器具装配的质量和服务进行跟踪检查，并将检查结果作为对协议机构的评价依据。

第二十三条　工伤保险辅助器具配置机构违反国家规定的辅助器具配置管理服务标准，侵害工伤职工合法权益的，由民政、卫生计生行政部门在各自监管职责范围内依法处理。

第二十四条　有下列情形之一的，经办机构不予支付配置费用：

（一）未经劳动能力鉴定委员会确认，自行配置辅助器具的；

（二）在非协议机构配置辅助器具的；

（三）配置辅助器具超目录或者超出限额部分的；

（四）违反规定更换辅助器具的。

第二十五条　工伤职工或者其近亲属认为经办机构未依法支付辅助器具配置费用，或者协议机构认为经办机构未履行有关协议的，可以依法申请行政复议或者提起行政诉讼。

第四章　法律责任

第二十六条　经办机构在协议机构管理和核付配置费用过程中收受当事人财物的，由人力资源社会保障行政部门责令改正，对直接负责的主管人员和其他直接责任人员依法给予处分；情节严重，构成犯罪的，依法追究刑事责任。

第二十七条　从事工伤保险辅助器具配置确认工作的组织或者个人有下列情形之一的，由人力资源社会保障行政部门责令改正，处2000元以上1万元以下的罚款；情节严重，构成犯罪的，依法追究刑事责任：

（一）提供虚假确认意见的；

（二）提供虚假诊断证明或者病历的；

（三）收受当事人财物的。

第二十八条　协议机构不按照服务协议提供服务的，经办机构可以解除服务协议，并按照服务协议追究相应责任。

经办机构不按时足额结算配置费用的，由人力资源社会保障行政部门责令改正；协议机构可以解除服务协议。

第二十九条　用人单位、工伤职工或者其近亲属骗取工伤保险待遇，辅助器具装配机构、医疗机构骗取工伤保险基金支出的，按照《工伤保险条例》第六十条的规定，由人力资源社会保障行政部门责令退还，处骗取金额2倍以上5倍以下的罚款；情节严重，构成犯罪的，依法追究刑事责任。

第五章　附　则

第三十条　用人单位未依法参加工伤保险，工伤职工需要配置辅助器具的，按照本办法的相关规定执行，并由用人单位支付配置费用。

第三十一条　本办法自2016年4月1日起施行。

财政部、国家税务总局、民政部关于生产和装配伤残人员专门用品企业免征企业所得税的通知

（2016 年 10 月 24 日）

各省、自治区、直辖市、计划单列市财政厅（局）、国家税务局、地方税务局、民政厅（局），新疆生产建设兵团财务局、民政局：

经国务院批准，现对生产和装配伤残人员专门用品的企业征免企业所得税政策明确如下：

一、自2016年1月1日至2020年12月31日期间，对符合下列条件的居民企业，免征企业所得税：

1.生产和装配伤残人员专门用品，且在民政部发布的《中国伤残人员专门用品目录》范围之内。

2.以销售本企业生产或者装配的伤残人员专门用品为主，其所取得的年度伤残人员专门用品销售收入（不含出口取得的收入）占企业收入总额60%以上。

3.企业账证健全，能够准确、完整地向主管税务机关提供纳税资料，且本企业生产或者装配的伤残人员专门用品所取得的收入能够单独、准确核算；

4.企业拥有假肢制作师、矫形器制作师资格证书的专业技术人员不得少于1人；其企业生产人员如超过20人，则其拥有假肢制作师、矫形器制作师资格证书的专业技术人员不得少于全部生产人员的1/6。

5.具有与业务相适应的测量取型、模型加工、接受腔成型、打磨、对线组装、功能训练等生产装配专用设备和工具。

6.具有独立的接待室、假肢或者矫形器（辅助器具）制作室和假肢功能训练室，使用面积不少于115平方米。

二、享受本通知税收优惠的企业，应当按照《国家税务总局关于发布〈企业所得税优惠政策事项办理办法〉的公告》（ 国家税务总局公告2015年第76号）规定向税务机关履行备案手续，妥善保管留存备查资料。

附件：中国伤残人员专门用品目录

财政部
国家税务总局
民政部
2016年10月24日

附件信息1.附件：中国伤残人员专门用品目录.pdf（略）

民政部、人事部、财政部关于提高特、一等革命伤残人员护理费标准的通知

（1993年7月20日）

各省、自治区、直辖市民政、财政、人事厅（局），各计划单列市民政、财政、人事局：

随着我国人民生活水平的提高和物价的调整，经研究，决定从一九九三年一月一日起提高特、一等革命伤残人员的护理费标准。现将有关事项通知如下：

一、按照国家规定享受护理费的特、一等革命伤残人员（包括革命伤残军人、伤残人民警察、伤残工作人员、伤残民兵民工），其护理费标准，可参照一九九三年人事部、财政部《关于调整国家机关、事业单位因公致残人员护理费标准的通知》（人退发〔1993〕1号）的规定进行调整，即：因战、因公特等革命伤残人员为本地区当年社会平均工资的50%；因战、因公一等革命伤残人员为本地区当年社会平均工资的40%；因病一等革命伤残人员为本地区当年社会平均工资的30%。各省、自治区、直辖市要按上述规定标准，制定出当地的具体实施办法。离休、退休的和在乡的特、一等革命伤残人员护理费标准调整所需经费，仍由原经费开支渠道解决。

二、今后各地民政、财政部门每年七月根据统计部门提供的本年度当地社会平均工资标准（此标准按照人事部、财政部、国家统计局《关于国家机关、事业单位因公致残人员护理费问题的补充通知》（人退发〔1993〕3号）的规定制定），调整护理费标准，从当月按新的调整标准发给护理费。社会平均工

资出现负增长时，护理费标准不作调整。

三、各地原规定的护理费标准高于上述标准的予以保留。

民政部

人事部

财政部

1993 年 7 月 20 日

民政部、中国残疾人联合会关于残疾军人享受社会残疾人待遇有关问题的通知

（2013 年 3 月 21 日）

各省、自治区、直辖市民政厅（局）、残联，各计划单列市民政局、残联，新疆生产建设兵团民政局、残联：

残疾军人是为国家作出特殊贡献的优抚对象，是社会残疾人的重要组成部分。现就残疾军人享受社会残疾人待遇有关问题通知如下：

一、本通知中“残疾军人”是指在服役期间因战因公因病致残，并按规定评定了残疾等级、持有合法有效的《中华人民共和国残疾军人证》的退役军人。

二、残疾军人除享受国家给予的特殊待遇外，同时也应享受当地社会残疾人的相应待遇。

三、惠及所有残疾人政策待遇，残疾军人凭《中华人民共和国残疾军人证》应予享受；惠及特定残疾人的政策待遇（如安装假肢、配发轮椅车等），按照有关身体残疾的特殊要求，符合条件的残疾军人应予享受。具体办法由地方民政部门和残联制定。

四、各地民政、残联部门要密切协作，加强有关政策宣传，加大工作力度，建立信息共享机制，确保残疾军人享受社会残疾人的相应待遇。

民政部

中国残疾人联合会

2013年3月21日

财政部、国家税务总局关于促进残疾人就业增值税优惠政策的通知

（2016 年 5 月 1 日）

各省、自治区、直辖市、计划单列市财政厅（局）、国家税务局，新疆生产建设兵团财务局：

为继续发挥税收政策促进残疾人就业的作用，进一步保障残疾人权益，经国务院批准，决定对促进残疾人就业的增值税政策进行调整完善。现将有关政策通知如下：

一、对安置残疾人的单位和个体工商户（以下称纳税人），实行由税务机关按纳税人安置残疾人的人数，限额即征即退增值税的办法。

安置的每位残疾人每月可退还的增值税具体限额，由县级以上税务机关根据纳税人所在区县（含县级市、旗，下同）适用的经省（含自治区、直辖市、计划单列市，下同）人民政府批准的月最低工资标准的4倍确定。

二、享受税收优惠政策的条件

（一）纳税人（除盲人按摩机构外）月安置的残疾人占在职职工人数的比例不低于25%（含25%），并且安置的残疾人人数不少于10人（含10人）；

盲人按摩机构月安置的残疾人占在职职工人数的比例不低于25%（含25%），并且安置的残疾人人数不少于5人（含5人）。

（二）依法与安置的每位残疾人签订了一年以上（含一年）的劳动合同或服务协议。

（三）为安置的每位残疾人按月足额缴纳了基本养老保险、基本医疗保险、失业保险、工伤保险和生育保险等社会保险。

（四）通过银行等金融机构向安置的每位残疾人，按月支付了不低于纳税

人所在区县适用的经省人民政府批准的月最低工资标准的工资。

三、《财政部国家税务总局关于教育税收政策的通知》（财税〔2004〕39号）第一条第7项规定的特殊教育学校举办的企业，只要符合本通知第二条第（一）项第一款规定的条件，即可享受本通知第一条规定的增值税优惠政策。这类企业在计算残疾人人数时可将在企业上岗工作的特殊教育学校的全日制在校学生计算在内，在计算企业在职职工人数时也要将上述学生计算在内。

四、纳税人中纳税信用等级为税务机关评定的C级或D级的，不得享受本通知第一条、第三条规定的政策。

五、纳税人按照纳税期限向主管国税机关申请退还增值税。本纳税期已交增值税额不足退还的，可在本纳税年度内以前纳税期已交增值税扣除已退增值税的余额中退还，仍不足退还的可结转本纳税年度内以后纳税期退还，但不得结转以后年度退还。纳税期限不为按月的，只能对其符合条件的月份退还增值税。

六、本通知第一条规定的增值税优惠政策仅适用于生产销售货物，提供加工、修理修配劳务，以及提供营改增现代服务和生活服务税目（不含文化体育服务和娱乐服务）范围的服务取得的收入之和，占其增值税收入的比例达到50%的纳税人，但不适用于上述纳税人直接销售外购货物（包括商品批发和零售）以及销售委托加工的货物取得的收入。

纳税人应当分别核算上述享受税收优惠政策和不得享受税收优惠政策业务的销售额，不能分别核算的，不得享受本通知规定的优惠政策。

七、如果既适用促进残疾人就业增值税优惠政策，又适用重点群体、退役士兵、随军家属、军转干部等支持就业的增值税优惠政策的，纳税人可自行选择适用的优惠政策，但不能累加执行。一经选定，36个月内不得变更。

八、残疾人个人提供的加工、修理修配劳务，免征增值税。

九、税务机关发现已享受本通知增值税优惠政策的纳税人，存在不符合本通知第二条、第三条规定条件，或者采用伪造或重复使用残疾人证、残疾军人证等手段骗取本通知规定的增值税优惠的，应将纳税人发生上述违法违规行为的纳税期内按本通知已享受到的退税全额追缴入库，并自发现当月起36个月内停止其享受本通知规定的各项税收优惠。

十、本通知有关定义

（一）残疾人，是指法定劳动年龄内，持有《中华人民共和国残疾人证》或者《中华人民共和国残疾军人证（1至8级）》的自然人，包括具有劳动条件和劳动意愿的精神残疾人。

（二）残疾人个人，是指自然人。

（三）在职职工人数，是指与纳税人建立劳动关系并依法签订劳动合同或者服务协议的雇员人数。

（四）特殊教育学校举办的企业，是指特殊教育学校主要为在校学生提供实习场所、并由学校出资自办、由学校负责经营管理、经营收入全部归学校所有的企业。

十一、本通知规定的增值税优惠政策的具体征收管理办法，由国家税务总局制定。

十二、本通知自2016年5月1日起执行，《财政部国家税务总局关于促进残疾人就业税收优惠政策的通知》（财税〔2007〕92号）、《财政部国家税务总局关于将铁路运输和邮政业纳入营业税改征增值税试点的通知》（财税〔2013〕106号）附件3第二条第（二）项同时废止。纳税人2016年5月1日前执行财税〔2007〕92号和财税〔2013〕106号文件发生的应退未退的增值税余额，可按照本通知第五条规定执行。

财政部　国家税务总局

2016年5月5日

公安部、民政部、劳动和社会保障部等关于印发《关于规范残疾人机动轮椅车运营问题维护社会稳定的意见》的通知

（2007 年 5 月 11 日）

各省、自治区、直辖市公安厅（局）、民政厅（局）、劳动和社会保障厅（局）、建设厅（委）、交通厅（局）、工商行政管理局、残疾人联合会，新疆建设兵团公安局：

现将《关于规范残疾人机动轮椅车运营问题维护社会稳定的意见》印发给你们，请结合实际，认真贯彻执行。

公安部　民政部
劳动和社会保障部
建设部　交通部
国家工商行政管理总局
中国残疾人联合会
2007年5月11日

关于规范残疾人机动轮椅车运营问题维护社会稳定的意见

近年来，随着我国经济社会的不断发展，城市化进程的不断加快，许多城市在创建卫生城市、文明城市、旅游城市等活动中，加快了城市建设和改造，调整交通运输结构，整顿运营秩序，强化交通秩序管理。为规范城市道路交通秩序，维护社会稳定，现就规范残疾人机动轮椅车运营问题提出如下意见：

一、加强领导，建立规范残疾人机动轮椅车运营问题的工作机制

关心残疾人生活现状，改善残疾人生存环境，是实践“三个代表”重要思想，落实科学发展观，构建社会主义和谐社会的具体体现。各级公安、民政、劳动保障、建设、交通、工商、保险、残联等部门，要加强对残疾人机动轮椅车运营工作的领导和协调，制定切实可行的管理办法，建立长效管理机制，规范残疾人机动轮椅车运营；要加强宣传工作，共同营造全社会关心、帮助残疾人的良好社会氛围，确保社会的和谐与稳定。

二、全面清理，严厉打击非残疾人利用残疾人机动轮椅车从事运营活动

在允许运营的城市，各有关部门要在当地政府的统一领导下，组织对残疾人机动轮椅车运营进行全面清理。要严厉打击非残疾人利用残疾人机动轮椅车从事运营活动，取缔未办理运营手续的残疾人驾驶残疾人轮椅车从事运营活动，取消转让运营车辆残疾人的运营资格；要制定工作方案，明确各部门职责，建立残疾人机动轮椅车运营清理整顿协作机制。

三、研究政策，稳妥处理好残疾人机动轮椅车运营问题

残疾人机动轮椅车是下肢残疾人的代步工具，原则上不应用于运营。鉴于目前我国许多残疾人就业困难和社会保障制度尚不健全的实际，各地应本着“从实际出发，区别对待，规范管理，逐步淘汰”的原则，妥善解决现有残疾人机动轮椅车运营问题。在没有解决好保障残疾人就业和生活的城市，应当根据当地经济社会发展水平、出租汽车总量和运营市场的供求关系，以及残疾人社会保障情况，由政府严格核定进入运营市场的残疾人机动轮椅车总量。在当地残联提出申请，有关部门审查，经社会听证后把残疾人机动轮椅车运营作为过渡措施，确定运营期限，报当地人民政府批准后执行，同时通过安置或扶持就业、发放生活补助等保障措施，在切实保障残疾人生活的基础上逐步淘汰从事运营的残疾人机动轮椅车。

四、加强管理，规范残疾人机动轮椅车运营活动

在允许运营的城市，各有关部门要在当地政府的统一领导下，切实履行职责，对残疾人机动轮椅车运营进行严格管理。公安机关交通管理部门要根据《道路交通安全法》，对残疾人机动轮椅车按非机动车进行管理，核发残疾人机动轮椅车驾驶证、行驶证和号牌，配合有关部门取缔残疾人机动轮椅车非法运营，维护道路交通秩序。对残疾人驾驶机动轮椅车违反《道路交通安全法》的交通违法行为，要给予相应处罚。城市客运和市容管理部门或道路运输管理机构要根据公安机关交通管理部门出具的车辆检验合格证明和核发的残疾人机动轮椅车驾驶证、行驶证和号牌，残联出具的适合驾驶残疾人机动轮椅车的身体状况、无业或生活无其他经济来源证明，以及机动车第三者责任险投保证明、承运人责任保险投保证明等，在政府核定的数量范围内办理运营手续。工商行政管理部门对申办运营手续的残疾人，符合登记条件的准予登记，发给营业执照。残联要及时掌握残疾人机动轮椅车运营有关情况，教育、引导残疾人遵纪守法，做好对残疾车主的文明驾驶教育和学习交通法规等工作，提高驾驶人员技术和职业道德素质，积极配合政府和有关部门做好有关管理工作。各地要统一残疾人运营机动轮椅车的车容和标识。

五、完善措施，妥善解决残疾人的生活保障问题

各有关部门要采取切实有效的措施，制定相关的配套政策，从社会保障、就业等方面解决残疾人的生活保障问题。要加大残疾人就业工作力度，广开就业渠道，积极稳妥地发展福利企业，提高残疾人集中就业比例；推动按比例安排残疾人就业工作，努力开辟适合残疾人就业的门路，做到工作性质适宜残疾人，工作相对稳定，收入达到当地最低工资标准。对取消运营后不适宜就业的残疾人，符合条件的要将其家庭及时纳入低保范围，并根据残疾人的不同情况适当提高对本人的补助水平，以保障残疾人及其家庭的基本生活。

海关总署关于残疾人专用品免税审批有关事宜的补充通知

（2004 年 10 月 15 日）

广东分署，天津、上海特派办，各直属海关：

为保证国家对残疾人专用品进口税收优惠政策的有效实施，经商民政部、中国残疾人联合会，现就有关问题进一步明确如下：

一、《海关总署关于执行〈残疾人专用品免征进口税收暂行规定实施办法〉的通知》（署税〔1997〕544号）附件第五条规定批量进口残疾人专用品的“进口单位”，由民政部和中国残疾人联合会分别进行管理。

（一）民政部门核准的有：

1.直接从事残疾人康复治疗工作的机构；

2.专门制作残疾人用品的生产企业；

3.专门经营和销售残疾人用品的贸易公司。

（二）中国残疾人联合会系统有：

1.各级残联；

2.各级残联所属的单位；

二、上述单位批量进口《残疾人个人用专用品清单》所列商品，海关凭民政部（包括省、自治区、直辖市的民政部门）或中国残疾人联合会（包括省、自治区、直辖市的残疾人联合会）出具的证明函，办理免税审批手续。

三、进口单位可以委托进出口公司代理进口，或者自营进口。自营进口的应在向商务部门领取对外贸易经营者备案登记表后，按规定到海关办理注册登记手续。

特此通知。

海关总署

2004 年 10 月 15 日

国家税务总局关于明确残疾人所得征免个人所得税范围的批复

（1999 年 5 月 21 日）

河南省地方税务局：

你局《关于如何确定残疾人所得征免个人所得税的范围的请示》（豫地税函〔1999〕067号）收悉。经研究，现批复如下：

根据《中华人民共和国个人所得税法》（以下简称税法）第五条第一款及其实施条例第十六条的规定，经省级人民政府批准可减征个人所得税的残疾、孤老人员和烈属的所得仅限于劳动所得，具体所得项目为：工资、薪金所得；个体工商户的生产经营所得；对企事业单位的承包经营、承租经营所得；劳务报酬所得；稿酬所得；特许权使用费所得。

税法第二条所列的其他各项所得，不属减征照顾的范围。

（五）福利机构

民政部、人力资源社会保障部、卫生计生委、中国残联关于印发《残疾人服务机构管理办法》的通知

（2018 年 3 月 5 日）

各省、自治区、直辖市民政厅（局）、人力资源社会保障厅（局）、卫生计生委、残联，新疆生产建设兵团民政局、人力资源社会保障局、卫生计生委、残联：

为贯彻落实《中共中央办公厅关于印发〈党的十八届三中全会重要改革举措实施规划（2014—2020年）〉的通知》（中办发〔2014〕46号）精神，加强对残疾人服务机构的规范管理，民政部、人力资源社会保障部、国家卫生计生委、中国残联联合制定了《残疾人服务机构管理办法》，现印发给你们，请遵照执行。

民政部

人力资源社会保障部

国家卫生计生委

中国残联

2018年3月5日

残疾人服务机构管理办法

第一章　总　则

第一条　为维护和保障残疾人的合法权益，加强和规范残疾人服务机构管理，根据《中华人民共和国残疾人保障法》《残疾预防和残疾人康复条例》等有关法律法规，制定本办法。

第二条　本办法所称残疾人服务机构是指国家、社会和个人举办的，依法登记的专门为残疾人提供供养、托养、照料、康复、辅助性就业等相关服务的机构。属于综合性社会福利机构中内设的残疾人服务机构的管理，参照此办法执行。

《残疾人教育条例》《特殊教育学校暂行规程》等规定的残疾人职业教育机构不适用于本办法。

第三条　残疾人服务机构应当遵守国家法律、法规和政策，坚持以人为本，保障服务对象的人格尊严和合法权益。

入住残疾人服务机构的残疾人应当遵守机构的规章制度。

第四条　国务院民政、卫生计生、人力资源社会保障等有关部门是残疾人服务机构的行业管理部门，负责对全国残疾人服务机构进行指导、监督和管理。行业管理部门应当按照职能和残疾人服务机构提供服务的主要内容，对残疾人服务机构进行政策和业务指导，履行相关监管责任。

县级以上地方人民政府民政、卫生计生、人力资源社会保障等相关部门，负责对本行政区域内残疾人服务机构进行指导、监督和管理。

中国残疾人联合会及其地方组织依照相关法律法规或者接受政府委托，对残疾人服务机构进行监督。

第五条　残疾人服务机构应当依法登记。国家机关、事业单位举办或其他组织利用国有资产举办的非营利性残疾人服务机构，应当按照《事业单位登记管理暂行条例》等事业单位登记管理规定到事业单位登记（管理）机关办理登记。非营利性残疾人服务机构符合《民办非企业单位登记管理暂行条例》等民办非企业单位（社会服务机构）登记管理有关规定的，应当到民政部门办理登记。营利性残疾人服务机构，应当依据法律法规规定的管辖权限到工商行政管理部门办理登记。

第六条　县级以上地方人民政府民政、卫生计生、人力资源社会保障等相关部门，应当提请本级人民政府根据经济社会发展规划和残疾人数量、分布状况及服务需求，制定并实施残疾人服务机构设置规划，将残疾人服务机构设置纳入基本公共服务体系规划。

第七条　鼓励公民、法人或者其他组织通过捐赠、设置公益慈善项目、提供志愿服务等方式，为残疾人服务机构提供帮助。

第二章　服务提供

第八条　残疾人服务机构接收残疾人，为残疾人提供服务前，应当对残疾人服务需求、身心状况等与服务相关的基本情况进行评估，并根据残疾类型、残疾等级和评估结果制定适合的服务方案，实施分级分类服务。

残疾人服务机构应当对接受服务的残疾人进行定期评估，并根据评估结果适时调整服务方案。

第九条　残疾人服务机构应当与接受服务的残疾人或其代理人签订具有法律效力、权责明晰的服务协议。服务协议一般载明下列事项：

（一）残疾人服务机构的名称、住所、法定代表人或者主要负责人、联系方式；

（二）残疾人或者其代理人指定的经常联系人的姓名、住址、身份证明、联系方式；

（三）服务内容和服务方式；

（四）收费标准以及费用支付方式；

（五）服务期限和地点；

（六）当事人的权利和义务；

（七）协议变更、解除与终止的条件；

（八）违约责任；

（九）争议解决方式；

（十）当事人协商一致的其他内容。

第十条　残疾人服务机构应当依照其登记类型、业务性质、设施设备条件、管理水平、服务质量、护理等级等因素确定服务项目的收费标准。

残疾人服务机构应当在醒目位置公示各类服务项目收费标准和收费依据，并遵守国家和地方政府价格管理有关规定。

残疾人服务机构应当依法接受政府有关部门对财务收支状况、收费项目和调价频次等的监督。

第十一条　残疾人服务机构按照服务协议为接收的残疾人提供的服务，应当符合相关国家标准或者行业标准和规范。

第十二条　对于具有劳动能力的残疾人，残疾人服务机构可以根据其特点，配备专业人员帮助其进行适当的社会康复和职业康复。

对于有就业意愿的残疾人，提供辅助性就业等服务的残疾人服务机构可以组织开展适宜的辅助性生产劳动项目，并与参与劳动的残疾人或残疾人亲属签订相关协议，符合劳动合同法律法规规定的，依法签订劳动合同。

第十三条　残疾人服务机构可以通过设立医疗机构或者采取与医疗机构合作的方式，为残疾人提供医疗服务。残疾人服务机构开展诊疗服务的，应当依法取得《医疗机构执业许可证》。

第十四条　残疾人服务机构可以通过设置康复辅助器具配置室等方式，为残疾人获得和使用康复辅助器具服务提供便利条件。

第十五条　残疾人服务机构应当根据需要为残疾人提供情绪疏导、心理咨询、危机干预等精神慰藉服务。其中，对于智力障碍、精神障碍残疾人应当配备专业人员进行专业服务。

第十六条　残疾人服务机构应当定期开展适合残疾人的文化、体育、娱乐活动，丰富残疾人的精神文化生活。

残疾人服务机构开展文化、体育、娱乐活动时，应当为残疾人提供必要的安全防护措施。

第十七条　残疾人服务机构提供服务时，应当注意保护残疾人隐私、尊重残疾人民族风俗习惯、保障服务对象的人身权益。

第十八条　残疾人服务机构因歇业、解散、被撤销或者其他原因暂停或终止服务的，行业管理部门应当指导和督促残疾人服务机构妥善处理后续事宜，最大限度保障残疾人合法权益。

第三章　内部管理

第十九条　残疾人服务机构应当按照国家有关规定建立完善安全、消防、卫生、财务、档案、无障碍环境等管理制度，制定服务标准和工作流程，并予以公开。

第二十条　残疾人服务机构应当配备与服务和运营相适应的工作人员，并依法与其签订聘用合同或者劳动合同，明确工作人员的岗位职责和工作流程，实行岗位责任制。

残疾人服务机构中从事医疗、康复、心理咨询、社会工作等服务的专业技术人员，应当依据相关法律法规持证上岗，或上岗前接受专业技能培训。

残疾人服务机构应当定期组织工作人员进行职业道德教育和业务培训。

第二十一条　残疾人服务机构应当遵循国家统一的财务、会计制度，按规定实施财务管理，依法建立会计账簿并进行会计核算。

第二十二条　残疾人服务机构应当按照《无障碍环境建设条例》等要求，为残疾人提供符合相关技术标准的无障碍设施。

第二十三条　残疾人服务机构应当为残疾人建立基本信息档案，一人一档，并妥善保存相关原始资料。

残疾人服务机构应当保护残疾人的个人信息。

第二十四条　残疾人服务机构申请登记认定为慈善组织、接受和使用捐赠物资等，应当遵守慈善事业有关法律法规。

残疾人服务机构接受社会捐赠、政府补助的，应当专款专用，有详尽的使用记录，并公开接受捐赠的情况和受赠资产使用、管理情况。

第二十五条　残疾人服务机构应当建立健全照料、护理、膳食、特殊设施设备等方面的安全管理制度和工作责任机制，并在公共区域安装实时监控装置。

残疾人服务机构应当制定突发事件应急预案，并按照应急处理程序处置突发事件。突发事件应当及时向行业管理部门和有关部门报告，并有完整的过程和应急处理记录。

第四章　监督检查

第二十六条　行业管理部门应当通过信息化手段等多种方式，加强与登记机关、残疾人联合会对残疾人服务机构的信息共享。

第二十七条　行业管理部门、残疾人联合会可以通过书面检查、随机抽查等方式，对残疾人服务机构进行监督检查，并向社会公布检查结果。上级主管部门可以委托下级部门进行监督检查。

第二十八条　行业管理部门、残疾人联合会可以委托第三方机构对残疾人服务机构的管理水平、服务质量、运行情况等进行专业评估。评估结果可以作为政府购买服务、资助扶持、分级管理的依据。

第二十九条　残疾人服务机构应当经常听取残疾人及家属的意见和建议，发挥残疾人及家属对于服务和管理的监督促进作用。

第三十条　残疾人服务机构应当以适当方式向社会公开服务对象的重大事项。

行业管理部门应当建立对残疾人服务机构的举报和投诉制度，接到举报、投诉后，应当及时核实、处理。

第三十一条　行业管理部门、残疾人联合会应当定期开展残疾人服务机构行业统计分析工作，残疾人服务机构应当及时准确报送相关信息。

第三十二条　上级行业管理部门应当加强对下级行业管理部门的指导和监督，及时纠正残疾人服务机构管理中的违法违规行为。

第五章　法律责任

第三十三条　残疾人服务机构有下列行为的，行业管理部门可以根据情况给予纠正，直至建议登记（管理）机关撤销登记或吊销营业执照。有关责任人构成犯罪的，依法追究刑事责任。

（一）未与残疾人或者其代理人签订服务协议，或者协议不符合规定的；

（二）未按照国家有关标准和规定开展服务的；

（三）配备的医疗、康复、心理咨询、社会工作等专业技术人员未依据相关法律法规持证上岗或者未经过岗前培训的；

（四）向负责监督检查的管理部门隐瞒有关情况、提供虚假材料或者拒绝提供反映其活动情况真实材料的；

（五）利用残疾人服务机构的房屋、场地、设施开展与服务宗旨无关的活动的；

（六）歧视、侮辱、虐待或者遗弃残疾人以及其他侵犯残疾人合法权益行为的；

（七）擅自暂停或者终止服务的；

（八）法律、法规、规章规定的其他违法行为。

第三十四条　行业管理部门及其工作人员违反本办法有关规定，由上级行政机关责令改正；情节严重的，对直接负责的主管人员和其他责任人员依法给予行政处分；构成犯罪的，依法追究刑事责任。

第六章　附　则

第三十五条　行业管理部门可以根据本办法，结合本领域管理的残疾人服务机构的特点，制定具体实施细则。

第三十六条　本办法自下发之日起施行。

国务院办公厅转发民政部等部门关于加快实现社会福利社会化意见的通知

（2000年2月27日）

各省、自治区、直辖市人民政府，国务院各部委、各直属机构：

民政部、国家计委、国家经贸委、教育部、财政部、劳动保障部、国土资源部、建设部、外经贸部、卫生部、税务总局《关于加快实现社会福利社会化的意见》已经国务院批准，现转发给你们，请认真贯彻执行。

国务院办公厅

2000年2月27日

附件：

关于加快实现社会福利社会化的意见

为了推进我国社会福利事业的改革与发展，建立适应社会主义市场经济体制的社会福利服务体系，现就加快实现社会福利社会化问题提出如下意见：

一、推进社会福利社会化的必要性和紧迫性

新中国成立50年来特别是改革开放以来，在党和政府的重视、关怀下，我国以老年人、残疾人、孤儿等社会特殊困难群体为主要对象的社会福利事业取得了长足进展，在社会主义物质文明和精神文明建设中发挥了积极作用。

我国已经进入老龄社会，老年人口基数大，增长快，特别是随着家庭小型化的发展，社会化养老的需求迅速增长。同时，残疾人和孤儿的养护、康复条件也亟待改善。但是长期以来，我国社会福利由国家和集体包办，存在资金不足、福利机构少、服务水平较低等问题，难以满足人民群众对福利服务需求日益增长的需要。社会福利事业的改革与发展，已经引起党和政府及全社会的广泛关注。为此，必须从长远和全局出发，广泛动员和依靠社会力量，大力推进社会福利社会化，加快社会福利事业的发展，这对于进一步建立健全社会保障制度，促进社会稳定和社会文明进步具有重要意义。同时，推进社会福利社会化，对于扩大内需，拉动经济增长，增加就业，也有积极的现实意义。

推进社会福利社会化不仅是必要的，也是切实可行的。全社会对社会福利需求的急剧增长，使社会福利社会化具有广阔的发展前景；我国综合国力的增强，人民群众生活水平和道德水准的提高，为推进社会福利社会化奠定了良好的基础；企业"办社会"职能分离后的资源与社会上闲置资源的综合开发利用和置换，国内外一些社会团体、慈善组织和个人的积极参与（捐助或投资），社区服务中养老、托幼和助残等系列化服务的蓬勃发展，为实现社会福利社会化创造了有利条件。

二、推进社会福利社会化的指导思想、目标和总体要求

（一）推进社会福利社会化的指导思想：立足我国社会主义初级阶段的基本国情，以邓小平理论和党的十五大精神为指导，在供养方式上坚持以居家为基础、以社区为依托、以社会福利机构为补充的发展方向，探索出一条国家倡导资助、社会各方面力量积极兴办社会福利事业的新路子，建立与社会主义市场经济体制和社会发展相适应的社会福利事业管理体制和运行机制，促进社会福利事业健康有序地发展。

（二）推进社会福利社会化的目标：到2005年，在我国基本建成以国家兴办的社会福利机构为示范、其他多种所有制形式的社会福利机构为骨干、社区福利服务为依托、居家供养为基础的社会福利服务网络。各类社会福利机构的数量和集中收养人员的数量每年以10%左右的速度增长，尤其是老年人社会福利服务机构的数量有较大增长；城市中各种所有制形式的养老服务机构床位数达到每千名老人10张左右，普遍建立起社区福利服务设施并开展家庭护理等系

列服务项目；农村90%以上的乡镇建立起以"五保"老人为主要对象，同时面向所有老年人、残疾人和孤儿的社会福利机构。

（三）推进社会福利社会化的总体要求：

一是投资主体多元化。从我国的基本国情出发，推进社会福利社会化采取国家、集体和个人等多渠道投资方式，形成社会福利机构多种所有制形式共同发展的格局。各级政府应根据经济和社会发展的需要，逐年增加对社会福利事业的投入，重点用在一些基础性、示范性社会福利机构的建设上，同时采取民办公助的办法，将一部分资金用于鼓励、支持和资助各种社会力量兴办社会福利机构；适当增加中国福利彩票发行额度，为社会福利事业的发展筹措更多的资金；采取优惠政策，鼓励集体、村（居）民自治组织、社会团体、个人和外资以多种形式捐助或兴办社会福利事业；企事业单位可以根据自身条件自愿捐助社会福利事业，或利用闲置资源投资"面向社区、自主经营、自负盈亏"的社会福利事业；儿童福利机构在今后一段时期仍以政府管理为主，也可吸纳社会资金合办，同时通过收养、寄养、助养和接受捐赠等多种形式，走社会化发展的路子。

二是服务对象公众化。社会福利机构除确保国家供养的"三无"对象（无劳动能力、无生活来源、无法定抚养人或赡养人）、孤儿等特困群体的需求外，还要面向全社会老年人、残疾人，拓展服务领域，扩大服务范围和覆盖面，并根据服务对象的不同情况，实行有偿、减免或无偿等多种服务。

三是服务方式多样化。社会福利机构和社区除集中养老、助残外，应发挥多种服务功能，为家庭服务提供支持。要大力发展社区福利服务设施和网点，建立社区福利服务体系，因地制宜地为老年人、残疾人、孤儿等特殊困难群体提供各种福利服务。要积极推进单位福利设施社会化。

四是服务队伍专业化。要逐步提高社会福利服务队伍的专业化水平，制定岗位专业标准和操作规范，实行职业资格和技术等级管理认证制度；加强社会福利工作系统的专业教育、在职教育及岗位技能培训，建立并完善学科建设和教材体系；大力倡导志愿者服务，加强志愿者服务队伍建设，使志愿者服务制度化、规范化。

三、制定优惠政策，引导社会力已积极参与社会福利事业

对社会力量投资创办社会福利机构，各级政府及有关部门应给予政策上的扶持和优惠。

（一）各地要将社会福利机构及床位数作为社会发展的指导性指标纳入国民经济和社会发展计划，要在基本建设计划中统筹安排社会福利设施建设。

（二）社会福利机构的建设用地，按照法律、法规规定应当采用划拨方式供地的，要划拨供地；按照法律、法规规定应当采用有偿方式供地的，在地价上要适当给予优惠；属出让土地的，土地出让金收取标准应适当降低。

（三）各地在制定城市居住区规划时，无论是新区建设还是旧区改造，都应按原国家技术监督局、建设部发布的《城市居住区规划设计规范》（GB50180–93）的有关规定，将社会福利设施特别是老年人服务设施纳入公共设施进行统一规划。城镇人口不足6万人的街道办事处要设立一处老年人综合福利服务设施，同时附设一处可容纳30名左右老人的养老院；城镇人口超过6万人的街道办事处则要按上述要求增设新的老年人综合福利服务设施。要充分考虑社会福利服务对象的要求和社会福利事业发展的需要，尽可能在靠近社区、交通便利、环境良好的区位安排社会福利设施建设，施工中要严格按照规划和福利机构建设、建筑标准及规范实施，建成后任何部门和单位不得挤占。各市人民政府对此项市政基础设施配套建设费应酌情给予减免。

（四）对社会福利机构及其提供的福利性服务和兴办的第三产业，安置残疾人的福利企业，以及单位和个人捐赠支持社会福利事业的，国家给予税收优惠政策，按照现行国家税法规定执行。

（五）对获得民政部门批准设置的社会福利机构按规定到有关部门办理法人注册登记时，有关部门应优先办理；对未获得民政部门批准而设置的社会福利机构，有关部门不应办理法人注册登记手续。

（六）对社会福利机构的用电按当地最优惠价格收费，用水按居民生活用水价格收费；对社会福利机构使用电话等电信业务要给予优惠和优先照顾。

（七）各地在制定本区域卫生事业发展规划时，要充分考虑老年人、残疾人、孤残儿童的医疗、预防、保健、康复等卫生需要，积极支持社区卫生服务机构开展老年医疗、预防、保健、康复、健康教育等工作，鼓励并扶持社会力量兴办以老年人、残疾人、孤儿为服务对象的非营利性医疗机构。对社会福利机构所办医疗机构已取得执业许可证并申请城镇职工基本医疗保险定点医疗机构的，可根据劳动保障部下发的《关于印发城镇职工基本医疗保险定点医疗机构管理暂行办法的通知》（劳社部发〔1999〕14号）的规定，经审查合格后纳入城镇职工基本医疗保险定点范围，社会福利机构收养人员中的基本医疗保险参保人员，在定点的社会福利机构所办医疗机构就医所发生的医疗费用，按基本医疗保险的规定支付。

（八）对社会福利机构中收养的（包括社会福利机构在社区和居民家庭中分散寄养的）就读于小学、初中的孤儿，要按有关规定免收杂费、书本费；对被高中（职业高中）、技校、中专、高等学校录取的孤儿，要免收学费、住宿费。

（九）对各类社会福利机构中具有劳动能力的成年孤残人员，应积极采取措施，优先推荐就业，免费给予上岗前的培训。社会福利企业、事业单位及其职工，要依据国家有关规定，参加社会保险，缴纳社会保险费，依法保障职工享受各项社会保险待遇的权益。对进入社会福利机构养老并享受社会保险的人员，社会保险机构可委托社会福利机构代办其养老金发放等服务性工作。

四、统筹规划，规范管理，有序发展

（一）统筹规划、依法规范社会福利事业的发展。各级政府及有关部门要加强调查研究，合理确定社会福利事业发展目标，对社会福利机构的数量、布局、规模档次以及资金、用地等统筹安排，防止盲目发展、一哄而起和重复建设，避免资源浪费。

要抓紧制定社会福利事业的有关法规，使社会福利事业的建设与管理有章可循、有法可依。今后，申办社会福利机构，要严格执行民政部颁布的《社会福利机构管理暂行办法》的有关规定，老年人福利设施建设要按照建设部、民政部联合颁布的《老年人建筑设计规范》（JGJ122-99）进行设计和施工，接受行政主管部门的检查和监督。

（二）建立充满生机和活力的管理体制和运行机制。要按照社会主义市场经济体制的要求，处理好社会福利工作中政府职能和社会化的关系，研究制定社会福利机构分类管理的政策措施，逐步建立起政府宏观管理、社会力量兴办、社会福利机构自主经营的管理体制。要按照产业化的发展方向逐步建立起适应市场经济要求的运行机制。要深化现有国家、集体兴办的社会福利机构改革，探索社会化管理的新路子，盘活存量。对新办的社会福利机构，要打破旧框框，按照市场经济的要求运作，真正体现市场配置资源、价值规律调节、公平竞争、优胜劣汰的市场经济法则，使各类社会福利机构都能够自主经营、自负盈亏、自我发展。

（三）加强领导，促进社会福利社会化有序发展。社会化是我国社会福利事业发展的方向，也是我国社会福利事业管理体制的重大改革，必须积极稳妥地推进。各级政府要切实加强领导，把社会福利社会化列入重要议事日程，作为一件大事抓紧抓好；要从实际出发，因地制宜，积极推进；要注意抓好试点，总结经验，逐步推广。各级民政部门要当好政府的参谋，提出切实可行的实施方案，做好服务协调和督促检查工作。各有关部门要密切配合，大力协助，为社会福利社会化健康有序地发展做出积极贡献。

民政部　国家计委　国家经贸委

教育部财政部　劳动保障部

国土资源部　建设部外经贸部

卫生部　税务总局

2000年2月13日

儿童福利机构管理办法

（2019 年 1 月 1 日）

第一章　总　则

第一条　为了加强儿童福利机构管理，维护儿童的合法权益，根据《中华人民共和国民法总则》《中华人民共和国未成年人保护法》等有关法律法规，制定本办法。

第二条　本办法所称儿童福利机构是指民政部门设立的，主要收留抚养由民政部门担任监护人的未满18周岁儿童的机构。

儿童福利机构包括按照事业单位法人登记的儿童福利院、设有儿童部的社会福利院等。

第三条　国务院民政部门负责指导、监督全国儿童福利机构管理工作。

县级以上地方人民政府民政部门负责本行政区域内儿童福利机构管理工作，依照有关法律法规和本办法的规定，对儿童福利机构进行监督和检查。

第四条　儿童福利机构应当坚持儿童利益最大化，依法保障儿童的生存权、发展权、受保护权、参与权等权利，不断提高儿童生活、医疗、康复和教育水平。

儿童福利机构及其工作人员不得歧视、侮辱、虐待儿童。

第五条　儿童福利机构的建设应当纳入县级以上地方人民政府国民经济和社会发展规划，建设水平应当与当地经济和社会发展相适应。

第六条　儿童福利机构所需经费由县级以上地方人民政府财政部门按照规定予以保障。

第七条　鼓励自然人、法人或者其他组织通过捐赠、设立公益慈善项目、提供志愿服务等方式，参与儿童福利机构相关服务。

第八条　对在儿童福利机构服务和管理工作中做出突出成绩的单位和个

人，依照国家有关规定给予表彰和奖励。

第二章　服务对象

第九条　儿童福利机构应当收留抚养下列儿童：

（一）无法查明父母或者其他监护人的儿童；

（二）父母死亡或者宣告失踪且没有其他依法具有监护资格的人的儿童；

（三）父母没有监护能力且没有其他依法具有监护资格的人的儿童；

（四）人民法院指定由民政部门担任监护人的儿童；

（五）法律规定应当由民政部门担任监护人的其他儿童。

第十条　儿童福利机构收留抚养本办法第九条第（一）项规定的儿童的，应当区分情况登记保存以下材料：

（一）属于无法查明父母或者其他监护人的被遗弃儿童的，登记保存公安机关出具的经相关程序确认查找不到父母或者其他监护人的捡拾报案证明、儿童福利机构发布的寻亲公告、民政部门接收意见等材料。

（二）属于无法查明父母或者其他监护人的打拐解救儿童的，登记保存公安机关出具的打拐解救儿童临时照料通知书、DNA信息比对结果、暂时未查找到生父母或者其他监护人的证明，儿童福利机构发布的寻亲公告，民政部门接收意见以及其他与儿童有关的材料。

（三）属于超过3个月仍无法查明父母或者其他监护人的流浪乞讨儿童的，登记保存公安机关出具的DNA信息比对结果、未成年人救助保护机构发布的寻亲公告、民政部门接收意见以及其他与儿童有关的材料。

第十一条　儿童福利机构收留抚养本办法第九条第（二）项规定的儿童的，应当登记保存儿童户籍所在地乡镇人民政府（街道办事处）提交的儿童父母死亡证明或者宣告死亡、宣告失踪的判决书以及没有其他依法具有监护资格的人的情况报告，民政部门接收意见等材料。

第十二条　儿童福利机构收留抚养本办法第九条第（三）项规定的儿童的，应当登记保存儿童户籍所在地乡镇人民政府（街道办事处）提交的父母没有监护能力的情况报告、没有其他依法具有监护资格的人的情况报告，民政部门接收意见等材料。

父母一方死亡或者失踪的，还应当登记保存死亡或者失踪一方的死亡证明或者宣告死亡、宣告失踪的判决书。

第十三条　儿童福利机构收留抚养本办法第九条第（四）项规定的儿童的，应当登记保存人民法院生效判决书、民政部门接收意见等材料。

第十四条　儿童福利机构可以接受未成年人救助保护机构委托，收留抚养民政部门承担临时监护责任的儿童。儿童福利机构应当与未成年人救助保护机构签订委托协议。

儿童福利机构应当接收需要集中供养的未满16周岁的特困人员。

第三章　服务内容

第十五条　儿童福利机构接收儿童后，应当及时送医疗机构进行体检和传染病检查。确实无法送医疗机构的，应当先行隔离照料。

第十六条　儿童福利机构收留抚养本办法第九条第（一）项规定的儿童的，应当保存儿童随身携带的能够标识其身份或者具有纪念价值的物品。

第十七条　儿童福利机构收留抚养本办法第九条规定的儿童，应当及时到当地公安机关申请办理户口登记。

第十八条　儿童福利机构应当根据《儿童福利机构基本规范》等国家标准、行业标准，提供日常生活照料、基本医疗、基本康复等服务，依法保障儿童受教育的权利。

第十九条　儿童福利机构应当设置起居室、活动室、医疗室、隔离室、康复室、厨房、餐厅、值班室、卫生间、储藏室等功能区域，配备符合儿童安全保护要求的设施设备。

第二十条　儿童福利机构应当考虑儿童个体差异，组织专业人员进行评估，并制定个性化抚养方案。

第二十一条　儿童福利机构应当提供吃饭、穿衣、如厕、洗澡等生活照料服务。

除重度残疾儿童外，对于6周岁以上儿童，儿童福利机构应当按照性别区分生活区域。女童应当由女性工作人员提供前款规定的生活照料服务。

儿童福利机构提供的饮食应当符合卫生要求，有利于儿童营养平衡。

第二十二条　儿童福利机构应当保障儿童参加基本医疗保险，安排儿童定期体检、免疫接种，做好日常医疗护理、疾病预防控制等工作。

儿童福利机构可以通过设立医疗机构或者采取与定点医疗机构合作的方式，为儿童提供基本医疗服务。

发现儿童为疑似传染病病人或者精神障碍患者时，儿童福利机构应当依照传染病防治、精神卫生等相关法律法规的规定处理。

第二十三条　儿童福利机构应当根据儿童的残疾状况提供有针对性的康复服务。暂不具备条件的，可以与有资质的康复服务机构合作开展康复服务。

第二十四条　对符合入学条件的儿童，儿童福利机构应当依法保障其接受普通教育；对符合特殊教育学校入学条件的儿童，应当依法保障其接受特殊教育。

鼓励具备条件的儿童福利机构开展特殊教育服务。

第二十五条　儿童确需跨省级行政区域接受手术医治、康复训练、特殊教育的，儿童福利机构应当选择具备相应资质的机构，并经所属民政部门批准同意。

儿童福利机构应当动态掌握儿童情况，并定期实地探望。

第二十六条　对于符合条件、适合送养的儿童，儿童福利机构依法安排送养。送养儿童前，儿童福利机构应当将儿童的智力、精神健康、患病及残疾状况等重要事项如实告知收养申请人。

对于符合家庭寄养条件的儿童，儿童福利机构按照《家庭寄养管理办法》的规定办理。

第二十七条　出现下列情形，儿童福利机构应当为儿童办理离院手续：

（一）儿童父母或者其他监护人出现的；

（二）儿童父母恢复监护能力或者有其他依法具有监护资格的人的；

（三）儿童父母或者其他监护人恢复监护人资格的；

（四）儿童被依法收养的；

（五）儿童福利机构和未成年人救助保护机构签订的委托协议期满或者被解除的；

（六）其他情形应当离院的。

第二十八条　出现本办法第二十七条第（一）项情形的，儿童福利机构应当根据情况登记保存公安机关出具的打拐解救儿童送还通知书，儿童确属于走失、被盗抢或者被拐骗的结案证明，人民法院撤销宣告失踪或者宣告死亡的判决书，以及能够反映原监护关系的材料等。

出现本办法第二十七条第（二）项情形的，儿童福利机构应当登记保存儿童原户籍所在地乡镇人民政府（街道办事处）提交的父母恢复监护能力或者有其他依法具有监护资格的人的情况报告。

出现本办法第二十七条第（三）项情形的，儿童福利机构应当登记保存人民法院恢复监护人资格的判决书。

出现本办法第二十七条第（一）项至第（三）项情形的，儿童福利机构还应当登记保存父母、其他监护人或者其他依法具有监护资格的人提交的户口簿、居民身份证复印件等证明身份的材料以及民政部门离院意见等材料。

出现本办法第二十七条第（四）项情形的，儿童福利机构应当登记保存收养登记证复印件、民政部门离院意见等材料。

出现本办法第二十七条第（五）项情形的，儿童福利机构应当登记保存儿童福利机构和未成年人救助保护机构签订的委托协议或者解除委托协议的相关材料。

第二十九条　儿童离院的，儿童福利机构应当出具儿童离院确认书。

第三十条　由民政部门担任监护人的儿童年满18周岁后，儿童福利机构应当报请所属民政部门提请本级人民政府解决其户籍、就学、就业、住房、社会保障等安置问题，并及时办理离院手续。

第三十一条　儿童福利机构收留抚养的儿童正常死亡或者经医疗卫生机构救治非正常死亡的，儿童福利机构应当取得负责救治或者正常死亡调查的医疗卫生机构签发的《居民死亡医学证明（推断）书》；儿童未经医疗卫生机构救治非正常死亡的，儿童福利机构应当取得由公安司法部门按照规定及程序出具的死亡证明。

儿童福利机构应当及时将儿童死亡情况报告所属民政部门，并依法做好遗体处理、户口注销等工作。

第四章　内部管理

第三十二条　儿童福利机构应当按照国家有关规定建立健全安全、食品、应急、财务、档案管理、信息化等制度。

第三十三条　儿童福利机构应当落实岗位安全责任，在各出入口、接待大厅、楼道、食堂、观察室以及儿童康复、教育等区域安装具有存储功能的视频监控系统。监控录像资料保存期不少于3个月，载有特殊、重要资料的存储介质应当归档保存。

第三十四条　儿童福利机构应当实行24小时值班巡查制度。值班人员应当熟知机构内抚养儿童情况，做好巡查记录，在交接班时重点交接患病等特殊状况儿童。

第三十五条　儿童福利机构应当依法建立并落实逐级消防安全责任制，健全消防安全管理制度，按照国家标准、行业标准配置消防设施、器材，对消防设施、器材进行维护保养和检测，保障疏散通道、安全出口、消防车通道畅通，开展日常防火巡查、检查，定期组织消防安全教育培训和灭火、应急疏散演练。

第三十六条　儿童福利机构应当加强食品安全管理，保障儿童用餐安全卫生、营养健康。

儿童福利机构内设食堂的，应当取得市场监管部门的食品经营许可；儿童福利机构从供餐单位订餐以及外购预包装食品的，应当从取得食品生产经营许可的企业订购，并按照要求对订购的食品进行查验。

儿童福利机构应当按照有关规定对食品留样备查。

第三十七条　儿童福利机构应当制定疫情、火灾、食物中毒等突发事件应急预案。

突发事件发生后，儿童福利机构应当立即启动应急处理程序，根据突发事件应对管理职责分工向有关部门报告。

第三十八条　儿童福利机构应当执行国家统一的会计制度，依法使用资金，专款专用，不得挪用、截留孤儿基本生活费等专项经费。

第三十九条　儿童福利机构应当建立儿童个人档案，做到一人一档。

第四十条　儿童福利机构应当依托全国儿童福利信息管理系统，及时采集并录入儿童的基本情况及重要医疗、康复、教育等信息，并定期更新数据。

第四十一条　儿童福利机构应当根据工作需要设置岗位。从事医疗卫生等准入类职业的专业技术人员，应当持相关的国家职业资格证书上岗。鼓励其他专业人员接受职业技能培训。

第四十二条　儿童福利机构应当鼓励、支持工作人员参加职业资格考试或者职称评定，按照国家有关政策妥善解决医疗、康复、教育、社会工作等专业技术人员的职称、工资及福利待遇。

儿童福利机构工作人员着装应当整洁、统一。

第四十三条　儿童福利机构与境外组织开展活动和合作项目的，应当按照国家有关规定办理相关手续。

第五章　保障与监督

第四十四条　县级以上地方人民政府民政部门应当支持儿童福利机构发展，协调落实相关政策和保障措施。

第四十五条　鼓励县级以上地方人民政府民政部门通过引入专业社会工作机构、公益慈善项目等多种方式提高儿童福利机构专业服务水平。

第四十六条　县级以上地方人民政府民政部门应当加强儿童福利机构人员队伍建设，定期培训儿童福利机构相关人员。

第四十七条　县级以上地方人民政府民政部门应当建立健全日常监管制度，对其设立的儿童福利机构及工作人员履行下列监督管理职责：

（一）负责对儿童福利机构建立健全内部管理制度、规范服务流程、加强风险防控等情况进行监督检查；

（二）负责对执行儿童福利机构管理相关法律法规及本办法情况进行监督检查；

（三）负责对违反儿童福利机构管理相关法律法规及本办法行为，依法给予处分；

（四）负责儿童福利机构监督管理的其他事项。

上级民政部门应当加强对下级民政部门的指导和监督检查，及时处理儿童福利机构管理中的违法违规行为。

第四十八条　对私自收留抚养无法查明父母或者其他监护人的儿童的社会服务机构、宗教活动场所等组织，县级以上地方人民政府民政部门应当会同公安、宗教事务等有关部门责令其停止收留抚养活动，并将收留抚养的儿童送交儿童福利机构。

对现存的与民政部门签订委托代养协议的组织，民政部门应当加强监督管理。

第四十九条　儿童福利机构及其工作人员不依法履行收留抚养职责，或者歧视、侮辱、虐待儿童的，由所属民政部门责令改正，依法给予处分；构成犯罪的，依法追究刑事责任。

第五十条　民政部门及其工作人员在儿童福利机构管理工作中滥用职权、玩忽职守、徇私舞弊的，由有权机关责令改正，依法给予处分；构成犯罪的，依法追究刑事责任。

第六章　附　则

第五十一条　本办法所称未成年人救助保护机构是指未成年人（救助）保护中心和设有未成年人救助保护科（室）的救助管理站。

第五十二条　本办法自2019年1月1日起施行。

民政部关于在广东省试点开展港澳服务提供者以独资民办非企业单位形式举办残疾人福利机构工作的通知

（2009 年 2 月 13 日）

广东省民政厅：

2008年7月经国务院批准的《〈内地与香港关于建立更紧密经贸关系的安排〉补充协议五》及《〈内地与澳门关于建立更紧密经贸关系的安排〉补充协议五》，作出了“在广东省试点，允许香港服务提供者以独资民办非企业单位形式举办残疾人福利机构”和“在广东省试点，允许澳门服务提供者以独资民办非企业单位形式举办残疾人福利机构”的安排。为了落实国务院的部署，现就有关事项通知如下：

一、试点范围

自2009年起，香港、澳门特别行政区的社会组织和个人（以下简称申办人），以独资民办非企业单位形式在中国内地举办残疾人福利机构的，应当在广东省内举办。

二、管理机关

你厅作为广东省试点工作的管理机关，参照《民办非企业单位登记管理暂行条例》（以下简称《条例》）、《社会福利机构管理暂行办法》（以下简称《办法》）和《残疾人社会福利机构基本规范》（中华人民共和国行业标准MZ—2001）的规定，履行业务主管单位和登记管理机关的监督、管理职能。

三、申办条件

申办残疾人福利机构的，除应当符合《内地与香港关于建立更紧密经贸关系的安排》附件5《关于“服务提供者”定义及相关规定》、《条例》第8条规定的条件及《办法》第11条规定的基本标准以外，还应当符合以下条件：

（一）申办人为个人的，应当是香港、澳门特别行政区具有完全民事行为能力且无犯罪记录的永久性居民；申办人为社会组织的，应当是依据香港、澳门特别行政区法律组建或设立的具有独立法人资格的组织，且其负责人无犯罪记录；申办人应当从事残疾人服务领域工作3年以上；

（二）举办资金应当全部来自申办人，其中开办经费应当符合每张床位不低于10000元人民币的标准；

（三）管理人员、专业技术人员、护理人员应当符合国家对该行业从业人员的资格要求；

（四）直接服务于服务对象的工作人员与服务对象的比例不得小于1：3；

（五）拟申办的残疾人福利机构应当具备法人条件。

四、申请审批程序

（一）申办人在提出申请时，应当向你厅提交下列材料：

1.申请《社会福利机构设置批准证书》的书面报告；

2.服务场所的所有权证明或者使用权证明；

3.建设、消防、卫生防疫等有关部门的验收报告或者审查意见书；

4.验资证明及资产评估报告；

5.机构的规章制度；

6.管理人员、专业技术人员和护理人员的名单及有效证件的复印件以及工作人员的健康状况证明；

7.申办人个人或者社会组织的负责人、残疾人福利机构拟任负责人的基本情况、身份证明以及无犯罪记录证明；其中，香港居民的身份证明，应当经内地认可的公证人公证；澳门居民的身份证明，应当经澳门特别行政区政府公证部门或者内地认可的公证人公证；申办人为社会组织的，应当提交该组织依法登记的证明，并进行公证；

8.护理人员、工作人员的职业技能资格证明；

9.民办非企业单位登记申请书；

10.符合《条例》第10条规定的章程草案；

11.其他需要提供的材料。

（二）你厅应当自受理申请之日起60日内，对试点申办人提交的材料进行审查和实地验收。

符合规定条件的，发给《社会福利机构设置批准证书》，根据有关材料继续作登记审查。准予登记的，发给《民办非企业单位（法人）登记证书》；不准予登记的，应当以书面形式向申办人说明理由。

不符合规定条件的，将审查结果以书面形式通知申办人。

（三）你厅应当根据以上规定及《民政部门实施行政许可办法》的有关规定，制定工作流程，简化登记手续，做好审批工作。

五、其他相关问题

（一）为方便香港澳门服务提供者在广东以独资民办非企业单位形式举办残疾人福利机构，你厅可制定“港澳服务提供者在广东以独资民办非企业单位形式举办残疾人福利机构申请指引”，“申请指引”可明确管理机关、申办对象、申办条件、申请登记程序、审批期限、咨询服务等有关事项。

（二）按照本通知规定举办的残疾人福利机构，享受广东省现行的予以其他社会福利机构的同等优惠政策。

（三）管理机关的工作人员、试点残疾人福利机构有违法行为的，按照《条例》和《办法》的有关规定予以处分、处罚。

民政部

2009年2月13日

民政部关于批准发布《老年人社会福利机构基本规范》、《残疾人社会福利机构基本规范》、《儿童社会福利机构基本规范》行业标准的通知

（2001 年 2 月 6 日）

各省、自治区、直辖市民政厅（局）：

兹批准《老年人社会福利机构基本规范》、《残疾人社会福利机构基本规范》、《儿童社会福利机构基本规范》为强制性行业标准，并予以发布。各项标准编号和名称如下：

MZ008—2001《老年人社会福利机构基本规范》；

MZ009—2001《残疾人社会福利机构基本规范》；

MZ010—2001《儿童社会福利机构基本规范》。

以上三项标准从2001年3月1日起实施。

民政部

2001年2月6日

老年人社会福利机构基本规范

（Standards of Social Welfare Institution for the Elderly）

MZ008—2001

前言

为了加强老年人社会福利机构的规范化管理，维护老年人权益，促进老年人社会福利事业健康发展，根据民政部人教科字〔2000〕第24号文的要求，特制定本规范。

本规范的主要技术内容是：总则、术语、服务、管理、设施设备。

本规范由民政部人事教育司归口管理，授权主要起草单位负责解释。

本规范主要起草单位：民政部社会福利和社会事务司。

本规范参加起草单位：北京市民政局。

本规范主要起草人：常宗虎、李建平、贾晓九、蔡安财、孟志强、郭幼生、彭嘉琳。

1 总则

1.1为加强老年人社会福利机构规范化管理，维护老年人权益，促进老年人社会福利事业健康发展，制定本规范。

1.2本规范适用于各类、各种所有制形式的为老年人提供养护、康复、托管等服务的社会福利服务机构。

1.3老年人社会福利机构的宗旨是：以科学的知识和技能维护老年人基本权益，帮助老年人适应社会，促进老年人自身发展。

1.4本规范所列各种条款均为最低要求。

1.5老年人社会福利机构除应符合本规范外，尚应符合国家现行相关强制性标准的规定。

2 术语

2.1老年人 The Elderly

60周岁及以上的人口。

2.2自理老人 The Self-care Elderly

日常生活行为完全自理，不依赖他人护理的老年人。

2.3介助老人 The Device-aided Elderly

日常生活行为依赖扶手、拐杖、轮椅和升降等设施帮助的老年人。

2.4介护老人 The Nursing-cared Elderly

日常生活行为依赖他人护理的老年人。

2.5老年社会福利院 Social Welfare Institution for the Aged

由国家出资举办、管理的综合接待“三无”老人、自理老人、介助老人、介护老人安度晚年而设置的社会养老服务机构，设有生活起居、文化娱乐、康复训练、医疗保健等多项服务设施。

2.6养老院或老人院 Homes for the Aged

专为接待自理老人或综合接待自理老人、介助老人、介护老人安度晚年而设置的社会养老服务机构，设有生活起居、文化娱乐、康复训练、医疗保健等多项服务设施。

2.7老年公寓 Hostels for the Elderly

专供老年人集中居住，符合老年体能心态特征的公寓式老年住宅，具备餐饮、清洁卫生、文化娱乐、医疗保健等多项服务设施。

2.8护老院 Homes for the Device-aided Elderly

专为接待介助老人安度晚年而设置的社会养老服务机构，设有生活起居、文化娱乐、康复训练、医疗保健等多项服务设施。

2.9护养院 Nursing Homes

专为接待介护老人安度晚年而设置的社会养老服务机构，设有起居生活、文化娱乐、康复训练、医疗保健等多项服务设施。

2.10敬老院 Homes for the Elderly in the Rural Areas

在农村乡（镇）、村设置的供养“三无”（无法定扶养义务人，或者虽有法定抚养义务人，但是抚养义务人无扶养能力的；无劳动能力的；无生活来源的）“五保”（吃、穿、住、医、葬）老人和接待社会上的老年人安度晚年的社会养老服务机构，设有生活起居、文化娱乐、康复训练、医疗保健等多项服务设施。

2.11托老所 Nursery for the Elderly

为短期接待老年人托管服务的社区养老服务场所，设有生活起居、文化娱乐、康复训练、医疗保健等多项服务设施，分为日托、全托、临时托等。

2.12老年人服务中心 Center of Service for the Elderly

为老年人提供各种综合性服务的社区服务场所，设有文化娱乐、康复训练、医疗保健等多项或单项服务设施和上门服务项目。

3 服务

3.1膳食

3.1.1 有主管部门颁发了卫生许可证的专门为老人服务的食堂，配备厨师和炊事员。

3.1.2 厨师和炊事员持证上岗，严格执行食品卫生法规，严防食物中毒。

3.1.3 注意营养、合理配餐，每周有食谱，根据老人的需要或医嘱制作普食、软食、流食及其他特殊饮食。

3.1.4 为有需要的自理老人、介助老人和所有介护老人送饭到居室，根据需要喂水喂饭。清洗消毒餐具。

3.1.5 每月召开1次膳食管理委员会，征求智力正常老人及其他老人家属的意见，满意率达到80%以上。

3.1.6 照顾不同老年人的饮食习惯，尊重少数民族的饮食习俗。

3.2护理

3.2.1 自理老人

3.2.1.1 每天清扫房间1次，室内应无蝇、无蚊、无鼠、无蟑螂、无臭虫。

3.2.1.2 提供干净、得体的服装并定期换洗，冬、春、秋季每周1次，夏季经常换洗。保持室内空气新鲜，无异味。

3.2.1.3 协助老人整理床铺。

3.2.1.4 每周换洗一次被罩、床单、枕巾（必要时随时换洗）。

3.2.1.5 夏季每周洗澡2次，其他季节每周1次。

3.2.1.6 督促老人洗头、理发、修剪指甲。

3.2.1.7 服务人员24小时值班，实行程序化个案护理。视情况调整护理方案。

3.2.2 介助老人

3.2.2.1 每天清扫房间1次，室内应无蝇、无蚊、无鼠、无蟑螂、无臭虫。保持室内空气新鲜，无异味。

3.2.2.2 提供干净、得体的服装并定期换洗，冬、春、秋季每周1次，夏季经常换洗。

3.2.2.3 协助老人整理床铺。

3.2.2.4 每周换洗1次被罩、床单、枕巾（必要时随时换洗）。

3.2.2.5 夏季每周洗澡2次，其他季节每周1次。

3.2.2.6 协助老人洗头、修剪指甲。

3.2.2.7 定期上门理发，保持老人仪表端正。

3.2.2.8 毛巾、洗脸盆应经常清洗，便器每周消毒1次。

3.2.2.9 搀扶老人上厕所排便。

3.2.2.10 Ⅰ° 褥疮发生率低于5%，Ⅱ° 褥疮发生率为零，入院前发生严重低蛋白血症，全身高度浮肿、癌症晚期、恶病质等患者除外。对因病情不能翻身而患褥疮的情况应有详细记录，并尽可能提供防护措施。

3.2.2.11 服务人员24小时值班，实行程序化个案护理。视情况调整护理方案。

3.2.3 介护老人

3.2.3.1 每天清扫房间1次，室内应无蝇、无蚊、无老鼠、无蟑螂、无臭虫。保持室内空气新鲜，无异味。

3.2.3.2 提供干净、得体的服装并定期换洗，冬、春、秋季每周1次，夏季经常换洗。

3.2.3.3 整理床铺。

3.2.3.4 每周换洗1次被罩、床单、枕巾（必要时随时换洗）。

3.2.3.5 帮助老人起床穿衣、睡前脱衣。

3.2.3.6 全身洗澡，每周2次。

3.2.3.7 定期修剪指甲、洗头。

3.2.3.8 口腔护理清洁无异味。

3.2.3.9 定期上门理发，保持老人仪表端正。

3.2.3.10 毛巾、洗脸盆应经常清洗，便器每周消毒1次。

3.2.3.11 送饭到居室，喂水喂饭。

3.2.3.12 帮助老人排便。

3.2.3.13 为行走不便的老人配备临时使用的拐杖、轮椅车和其他辅助器具。

3.2.3.14 Ⅰ° 褥疮发生率低于5%，Ⅱ° 褥疮发生率为零，入院前发生严重低蛋白血症，全身高度浮肿、癌症晚期、恶病质等患者除外。对因病情不能翻身而患褥疮的情况应有详细记录，并尽可能提供防护措施。

3.2.3.15 早晨起床后帮助老人洗漱，晚上帮助老人洗脚。

3.2.3.16 视天气情况，每天带老人到户外活动1小时。

3.2.3.17 服务人员24小时值班，实行程序化个案护理。视情况调整护理方案。

3.2.4 帮助老人办理到异地的车船票。

3.2.5 特别保护女性智残和患有精神病的老人的人身权益不受侵犯。

3.2.6 对患有传染病的老人要及时采取特殊保护措施，并对其隔离、治疗，以既不影响他人又尊重病患老人为原则。

3.3康复

3.3.1 卫生保健人员定期查房巡诊，每天1次。

3.3.2 为老人定期检查身体，每年1次。

3.3.3 医护人员定期、定时护理。

3.3.4 组织智力健全和部分健全的老人每月进行1次健康教育和自我保健、自我护理知识的学习，常见病、多发病的自我防治以及老年营养学的学习。

3.3.5 医护人员确保各项治疗措施的落实，确保每周开展两种以上康复活动。

3.3.6 定期或不定期地做好休养区和院内公共场所的消毒灭菌工作。

3.3.7 制定年度康复计划，每周组织老年人开展3次康复活动。

3.4心理

3.4.1 为有劳动能力的老人自愿参加公益活动提供中介服务或给予劳动的机会。组织健康老人每季度参加1次公益活动。

3.4.2 每周根据老人身体健康情况、兴趣爱好、文化程度，开展1次有益于身心健康的各种文娱、体育活动，丰富老年人的文化生活。

3.4.3 与老人每天交谈15分钟以上，并作好谈话周记。及时掌握每个老人的情绪变化，对普遍性问题和极端的个人问题集体研究解决，保持老人的自信状态。

3.4.4 经常组织老人进行必要的情感交流和社会交往。不定期开展为老人送温暖、送欢乐活动，消除老人的心理障碍。帮助老人建立新的社会联系，努力营造和睦的大家庭色彩，基本满足老人情感交流和社会交往的需要。根据老年人的特长、身体健康状况、社会参与意愿，不定时的组织老年人参与社会活动，为社会发展贡献余热。

3.4.5 制定有针对性的“入住适应计划”，帮助新入住老人顺利渡过入住初期。

4　管理

4.1机构证书和名称

4.1.1 提供《社会福利机构设置批准证书》和法人资格证书，并悬挂在醒目的地方。

4.1.2 老年人社会福利机构的名称，必须根据收养对象的健康状况和机构的业务性质，标明养老院、老年公寓、护老院、护养院、敬老院、托老所或老年人服务中心等。由国家和集体举办的，应冠以所在地省（自治区、直辖市）、市（地、州）、县（县级市、市辖区）、乡（镇）行政区划名称，但不再另起字号；由社会组织和个人兴办的应执行《民办非企业单位名称管理暂行规定》。

4.2人力资源配置

4.2.1 城镇地区和有条件的农村地区，老年人社会福利机构主要领导应具备相关专业大专以上学历，模范遵守国家的法律法规，熟练掌握所从事工作的基本知识和专业技能。

4.2.2 城镇地区和有条件的农村地区，老年人社会福利机构应有1名大专学历以上、社会工作类专业毕业的专职的社会工作人员和专职康复人员。为介护老人服务的机构有1名医生和相应数量的护士。护理人员及其他人员的数量以能满足服务对象需要并能提供本规范所规定的服务项目为原则。

4.2.3 主要领导应接受社会工作类专业知识的培训。各专业工作人员应具有相关部门颁发的职业资格证书或国家承认的相关专业大专以上学历。无专业技术职务的护理人员应接受岗前培训，经省级以上主管机关培训考核后持证上岗。

4.3制度建设

4.3.1 有按照有关规定和要求制定的适合实际工作需要的规章制度。

4.3.2 有与入院老年人或其亲属、单位签订的具有法律效力的入院协议书。

4.3.3 有简单介绍本机构最新情况的书面图文资料。其中须说明服务宗旨、目标、对象、项目、收费及服务使用者申请加入和退出服务的办法与发表意见的途径、本机构处理所提意见和投诉的承诺等。这类资料应满足服务对象使用。

4.3.4 有可供相关人员查阅和向有关部门汇报的长中短期工作计划、定期统计资料、年度总结和评估报告。

4.3.5 建立入院老人档案，包括入院协议书、申请书、健康检查资料、身份证、户口簿复印件、老人照片及记录后事处理联系人等与老人有关的资料并长期保存。

4.3.6 有全部工作人员、管理机构和决策机构的职责说明、工作流程及组织结构图。

4.3.7 有工作人员工作细则和选聘、培训、考核、任免、奖惩等的相关管理制度。

4.3.8 严格执行有关外事、财务、人事、捐赠等方面规定。

4.3.9 各部门、各层级应签订预防事故的责任书，确保安全，做到全年无重大责任事故。

4.3.10 护理人员确保各项治疗、护理、康复措施的落实，严禁发生事故。

4.3.11 服务项目的收费按照当地物价部门和民政部门的规定执行，收费项目既要逐项分计，又要适当合计。收费标准应当公开和便于查阅。

4.3.12 有工作人员和入院老人花名册。入院老人的个人资料除供有需要知情的人员查阅外应予以保密。

4.3.13 严防智残和患有精神病的老人走失。为智残和患有精神病的老人佩戴写有姓名和联系方式的卡片，或采取其他有效措施，以便老人走失后的查找工作。

4.3.14 对患有精神病且病情不稳定的老人有约束保护措施和处理突发事件的措施。

4.3.15 有老人参与机构管理的管理委员会。

4.3.16　长期住院的“三无”老人的个人财产应予以登记，并办理有关代保管服务的手续。

4.3.17 工作人员在工作时间内须佩证上岗。

5　设施设备

5.1老人居室

5.1.1 老人居室的单人间使用面积不小于10平方米；双人间使用面积不小于14平方米；三人间使用面积不小于18平方米；合居型居室每张床位的使用面积不小于5平方米。

5.1.2 根据老人实际需要，居室应配设单人床、床头柜、桌椅、衣柜、衣架、毛巾架、毯子、褥子、被子、床单、被罩、枕芯、枕套、枕巾、时钟、梳妆镜、洗脸盆、暖水瓶、痰盂、废纸桶、床头牌等，介助、介护老人的床头应安装呼叫铃。

5.1.3 室内家具、各种设备应无尖角凸出部分。

5.2饭厅应配设餐桌、座椅、时钟、公告栏、废纸桶、窗帘、消毒柜、洗漱池、防蝇设备等。

5.3洗手间及浴室应配备安装在墙上的尿池、坐便器、卫生纸、卫生纸专用夹、废纸桶、淋浴器、坐浴盆或浴池、防滑的浴池垫和淋浴垫、浴室温度计、抽气扇等。

5.4有必备的洗衣设备，应有洗衣机、熨斗等。

5.5建有老人活动室。有供其阅读、写字、绘画、娱乐的场所。该场所应提供图书、报刊、电视机和棋牌。

5.6有配置了适合老人使用的健身、康复器械和设备的康复室和健身场所。

5.7有接待来访的场所。接待室配备桌椅、纸笔及相关介绍材料。

5.8室外活动场所不得少于150平方米，绿化面积达到60%。

5.9公共区域应设有明显标志，方便识别。

5.10 有一部可供老人使用的电话。

5.11 根据老人健康情况，必须准备足够的医疗设备和物资，应有急救药箱和轮椅车等。不设医务室的老年人社会福利机构应与专业医院签订合同。合同医院必须具备处理老年人社会福利机构内各种突发性疾病和其他紧急情况的能力，并能够承担老年人常见病、多发病的日常诊疗任务。

5.12 及时解决消防、照明、报警、取暖、通讯、降温、排污等设施和生活设备出现的问题，严格执行相关规定，保证其随时处于正常状态。

5.13 保证水、电供应，冬季室温不低于16℃，夏季不超过28℃。

5.14 生活环境安静、清洁、优美，居室物品放置有序，顶棚、墙面、地面、桌面、镜面、窗户、窗台洁净。

残疾人社会福利机构基本规范

（Standards of Social Welfare Institution for Disabled Persons）

MZ009—2001

前言

为了加强残疾人社会福利机构的规范化管理，维护残疾人权益，促进残疾人社会福利事业健康发展，根据民政部人教科字（2000）第24号文的要求，特制定本规范。

本规范的主要技术内容是：1.总则；2.术语；3.服务；4.管理；5.设施设备；6.其他。

本规范由民政部人事教育司归口管理，授权主要起草单位负责具体解释。

本规范主要起草单位：民政部社会福利和社会事务司。

本规范参加起草单位：民政部假肢科学研究所、北京市第三社会福利院。

本规范主要起草人：常宗虎、王喜太、蔡卫义、刘志泉、余制波、李浩、陈友富。

1 总则

1.1为加强残疾人社会福利机构规范化管理，维护残疾人权益，促进残疾人社会福利事业健康发展，制定本规范。

1.2本规范适用于各类、各种所有制形式的为残疾人提供养护、康复、托管等服务的社会福利服务机构。

1.3残疾人社会福利机构的宗旨是：以科学的知识和技能维护残疾人基本权益，帮助残疾人适应社会，促进残疾人自身发展。

1.4本规范所列各种条款均为最低要求。

1.5残疾人社会福利机构除应符合本规范外，尚应符合国家现行相关强制性标准的规定。

2 术语

2.1残疾人社会福利机构（Social Welfare Institution for Disabled Persons）为肢体、智力、视力、听力、语言、精神方面有残疾的人员提供康复和功能补偿的辅助器具，进行康复治疗、康复训练，承担教育、养护和托管服务的社会福利机构。

3 服务

3.1膳食

3.1.1 有主管部门颁发了卫生许可证的专门为残疾人服务的食堂，配备厨师和炊事员。

3.1.2 厨师和炊事员持证上岗，严格执行食品卫生法规，严防食物中毒。

3.1.3 注意营养、合理配餐，每周有食谱。根据残疾人的需要或医嘱要求，制作普食、软食、半流食、流食及其他饮食。

3.1.4 为生活不能自理的残疾人送饭到居室，根据需要喂水喂饭。清洗消毒餐具。

3.1.5 每月召开1次膳食管理会，征求智力正常的残疾人及其他残疾人家属的意见，满意率达到80%以上。

3.1.6 照顾不同残疾人的饮食习惯，尊重少数民族的饮食习俗。

3.2护理

3.2.1 每天清扫房间1次，室内应做到无蝇、无蚊、无鼠、无蟑螂、无臭虫。保持室内空气新鲜，无异味。

3.2.2 为供养人员提供干净、得体的服装，并定期换洗。夏季经常换洗，其他季节每周1次。

3.2.3 整理床铺。

3.2.4 每周换洗1次被罩、床单、枕巾（必要时随时换洗）。

3.2.5 帮助生活不能自理的残疾人穿衣、脱衣。

3.2.6 协助残疾人洗澡，夏季每周2次，其他季节每周1次；协助残疾人理发，每月1次；协助残疾人洗头，修剪指甲。口腔护理清洁无异味。

3.2.7 毛巾、洗脸盆应经常清洗，便器每周消毒1次。

3.2.8 协助残疾人上厕所排便。

3.2.9 为行走不便的残疾人配备临时使用的拐杖、轮椅车和其它辅助器具。

3.2.10 Ⅰ° 褥疮发生率低于5%，Ⅱ° 褥疮发生率为零，入院前发生严重低蛋白血症，全身高度浮肿、癌症晚期、恶病质等患者除外。对因病情不能翻身而患褥疮的情况应有详细记录，并尽可能提供防护措施。

3.2.11 视天气情况，每天带残疾人到户外活动1小时。

3.2.12 帮助住院残疾人办理到异地的车船票。

3.2.13 特别保护女性智残人和精神病人的人身权益不受侵犯。

3.2.14 对患有传染病的残疾人要及时采取特殊保护措施，并对其隔离、治疗，以既不影响他人又尊重病患残疾人为原则。

3.2.15 服务人员24小时值班，实行程序化个案护理。视情况调整护理方案。

3.3康复

3.3.1 肢体残疾人

3.3.1.1 根据残疾人要求和实际情况，为其提供、装配符合国家或行业标准并经国家相关产品监督检测部门检验合格的各种假肢与矫形器、轮椅车、助行架、拐杖、内脏托带及其他康复和功能补偿的辅助器具，进行康复治疗和康复训练。

3.3.1.2 为肢残人提供熟练的护理服务，对残肢肿胀、皮肤感染、溃疡等常见残肢病提供规范化的医疗服务，对残肢状况不良的残疾人及时进行康复治疗、康复训练和康复评定。

3.3.1.3 对个别残肢需要修整或患有难治残肢病的残疾人经其本人和家属同意后，及时送医院治疗。

3.1.1.4 对装肢前需要进行残肢训练的截肢者，应有康复训练人员一对一、有计划地进行增大残肢肌力和活动范围的功能训练。

3.1.1.5 装肢后，应有专职人员对残疾人进行矫正行走姿势的步态训练，并做好评估记录。

3.3.2 智力残疾人

3.3.2.1 利用传统疗法（如针灸）、物理疗法（各种理疗设备）对智残人进行康复治疗。

3.3.2.2 通过日常生活能力训练、手工作业训练，对智残人进行智力训练。

3.3.2.3 利用运动疗法、作业疗法，对智残者进行肢体训练。

3.3.3 盲聋哑人

3.3.3.1 利用传统疗法（如针灸）、物理疗法（各种理疗设备）对盲聋哑人进行康复治疗。

3.3.3.2 利用语言治疗和矫正训练设备进行听力训练、语言训练。

3.3.4 精神病人

3.3.4.1 按照康复计划和个人康复方案实施康复治疗和康复训练，并及时进行康复评估。康复参训率达到90%以上，康复有效率达到85%以上。

3.3.4.2 有针对性地举办各种形式的技能训练，为安置康复期精神病人就业及参加生产劳动创造条件。

3.3.4.3 定岗康复项目不得少于8个，每个项目必须有专职人员指导精神病人康复。

3.4辅助器具装配

3.4.1 提供服务前应详细了解残疾人的身体状况和致残原因，并对所了解的情况进行认真记录，应具有个人资料卡和处方单。

3.4.2 为残疾人提供有关假肢与矫形器及其他康复和功能补偿辅助器具的样品、适应范围、使用说明、残肢护理、产品维护等知识的咨询服务，询问、回答残疾人问题热情、耐心、准确、周到。

3.4.3 明码标价，公开产品质量和服务质量标准，主动向残疾人介绍产品的品种、结构、档次和性能，并与残疾人签订包含按时交货、产品合格和保修、包换、包退内容的服务协议书。

3.4.4 按照处方要求选配假肢、矫形器及其他康复和功能补偿辅助器具的零部件，对备件、半成品加工、组装等工序有严格的质量检验。

3.4.5 残疾人试样时，注意听取其意见，悉心告知和指导使用方法，并做好试样结果纪录；对装配不适当的地方及时修改后再行试样，直至符合残疾人的生理、病理要求。

3.4.6 正式交付残疾人的假肢、矫形器及其他康复和功能补偿辅助器具产品，应经注册执业假肢与矫形器制作师检验和签字，盖有合格证章，并经残疾人或其家属签字认可。

3.5心理

3.5.1 为有劳动能力的残疾人自愿参加公益活动提供服务或给予劳动的机会。组织有活动能力的残疾人每季度参加1次公益活动。

3.5.2 每周组织残疾人开展1次有益于身心健康的集体性文娱或体育活动，丰富残疾人的精神文化生活。

3.5.3 与智力健全和部分健全的残疾人每天交谈10分钟以上，并作好谈话周记。精神病人酌情处理。及时掌握每个残疾人的情绪变化，对普遍性问题和极端的个人问题集体研究解决，保持残疾人的自信状态。

3.5.4 经常组织残疾人进行必要的情感交流和社会交往。不定期开展为残疾人送温暖、送欢乐活动，消除残疾人的心理障碍。帮助残疾人建立新的社会联系，努力营造和睦的大家庭色彩，基本满足残疾人情感交流和社会交往的需要。

3.6其他

3.6.1 卫生保健人员定期查房巡诊，每天1次。

3.6.2 为残疾人定期检查身体，每年1次。

3.6.3 医务人员护理定期定时。

3.6.4 组织智力健全和部分健全的残疾人每月进行1次健康教育和自我保健、自我护理知识的学习。

3.6.5 定期或不定期地做好休养区和院内公共场所的消毒灭菌工作。

3.6.6 对采用药物维持治疗三年以上、病情稳定的“三无”未婚精神病人，当其申请结婚时，如符合法律规定，视情况为他们提供登记结婚和有效避孕的方便条件。

3.6.7 对基本康复并已办理出院手续的精神病人和具有一定劳动能力的智残人，负责向所送单位或街道推荐其就业，并按有关政策提出享受国家财政扶持、减免税收等生产自救优惠政策的建议。

4 管理

4.1机构证书和名称

4.1.1 提供《社会福利机构设置批准证书》和法人资格证书，并悬挂在醒目的地方。

4.1.2 残疾人社会福利机构的名称，必须根据收养对象的健康状况和机构的业务性质，标明肢残人社会福利机构、智残人社会福利机构、聋哑人社会福利机构、精神病人社会福利机构或综合性残疾人社会福利机构等。由国家和集体举办的，应冠以所在地省（自治区、直辖市）、市（地、州）、县（县级市、市辖区）、乡（镇）行政区划名称，但不再另起字号；由社会组织和个人举办的，应执行《民办非企业单位名称管理暂行规定》。

4.2人力资源配置

4.2.1 城镇地区和有条件的农村地区，残疾人社会福利机构主要领导应具备大专以上学历，具有高尚的职业道德，遵守国家的法律法规，熟练掌握所从事工作的基本知识和专业技能。

4.2.2 城镇地区和有条件的农村地区，残疾人社会福利机构应有1名大专以上学历、社会工作类专业毕业的专、兼职社会工作人员，1名专职康复人员。肢残人和盲聋哑人社会福利机构，应按床位数配备国家认定的相应数量的医疗及康复护理人员。精神病人社会福利机构医护人员的配备，按卫生部门有关要求执行。其他人员的数量以能满足服务对象需要并能提供本规范所规定的服务项目为原则。

4.2.3 肢残人社会福利机构，10人以下的单位，具有符合规定并注册登记的执业假肢、矫形器制作师应达到生产装配人员的30%；10人以上的单位，具有符合规定并注册登记的执业假肢、矫形器制作师不得少于3名；生产、加工部门配有工程系列中等专业技术职务以上的专业技术人员；生产、装配部门的职工应符合上岗条件和国家假肢制作装配工、矫形器制作装配工的各级工种要求。

4.2.4 主要领导应接受社会工作类专业的培训。各专业工作人员应具有相关部门颁发的职业资格证书或国家承认的相关专业大专以上学历。无专业技术职务的护理人员应接受岗前培训，经省级以上主管机关培训考核后持证上岗。

4.3制度建设

4.3.1 有按照有关规定和要求制定的适合实际工作需要的规章制度。

4.3.2 有与入院残疾人或其亲属、单位签订的具有法律效力的入院协议书。

4.3.3 有简单介绍本机构最新情况的书面图文资料。其中须说明服务宗旨、目标、对象、项目、收费及服务使用者申请加入和退出服务的办法与发表意见的途径、本机构处理所提意见和投诉的承诺等。这类资料应满足服务对象使用。

4.3.4 有可供相关人员查阅和向有关部门汇报的长中短期工作计划、定期统计资料、年度总结和评估报告，以及针对存在问题采取的相应对策。

4.3.5 认真检查、详细了解残疾人的身体状况和致残原因，规范建立个人健康档案、诊疗计划和康复评估记录，并长期保存。

4.3.6 有全部工作人员、管理机构和决策机构的职责说明、工作流程及组织机构图。

4.3.7 有工作人员工作细则和选聘、培训、考核、任免、奖惩等相关管理制度。

4.3.8 严格执行有关外事、财务、人事、捐赠等方面的规定。

4.3.9 各部门、各层级应签订预防事故的责任书，确保安全，做到全年无重大责任事故。

4.3.10 护理人员确保各项治疗、护理、康复措施的落实，严禁发生事故。

4.3.11 服务项目的收费按照当地物价部门和民政部门的规定执行，收费项目既要逐项分计，又要适当合计。收费标准应当公开和便于查阅。

4.3.12 有工作人员和入院残疾人花名册。入院残疾人的个人资料除供有需要知情的人员查阅外应予以保密。

4.3.13 严防智残人和精神病人走失。为智残人和精神病人佩戴写有姓名和联系方式的卡片，或采取其他有效措施，以便病人走失后的查找工作。

4.3.14 对病情不稳定的精神病人有约束保护措施和处理突发事件的措施。

4.3.15 有智力健全的残疾人和残疾人家属参与机构管理的管理委员会。

4.3.16 对长期住院的“三无”精神病人的个人财产应予以登记，并办理有关代保管服务的手续。

4.3.17 工作人员在工作时间内须佩证上岗。

5 设施设备

5.1日常设施设备

5.1.1 残疾人居室的单人间使用面积不小于10平方米；双人间使用面积不小于14平方米；三人间使用面积不小于18平方米；合居型居室每张床位的使用面积不小于5平方米。

5.1.2 根据残疾人的实际需要配备居室设施，应配设单人床、床头柜、床头铃、衣柜、衣架、毛巾架、褥子、被子、毯子、床单、被罩、枕芯、枕套、枕巾、时钟、洗脸盆、暖水瓶、痰盂、病床便盆、尿壶、废纸桶、床头牌、鞋拔等。

5.1.3 室内家具、各种设备应无尖角凸出部分。

5.1.4 饭厅应配设餐桌、座椅、时钟、公告栏、废纸桶、窗帘、消毒柜、洗漱池、防蝇设备等。

5.1.5 洗手间及浴室至少应配备安装在墙上的尿池、坐便器、卫生纸、卫生纸专用夹、废纸桶、淋浴器、坐浴盆或浴池、防滑的浴池垫和淋浴垫、浴室温度计、抽气扇等。

5.1.6 有必备的洗衣设备。应有洗衣机、熨斗等。

5.1.7 有供残疾人阅读、写字、绘画、娱乐的场所。该场所应提供图书、报刊、电视机和棋牌。

5.1.8 有适合残疾人使用的健身、康复器械和设备的康复室和健身场所。

5.1.9 院内有固定的职业技能培训基地，做到预防、医疗、康复、培训四位一体。

5.1.10 有接待来访的场所。接待室配备桌椅、纸笔及相关介绍材料。

5.1.11 室外活动场所达到150平方米，绿化面积达到60%。

5.1.12 公共区域应设有明显标志，方便识别。

5.1.13 必须根据残疾人健康情况准备足够的医疗设备和物资，应有急救药箱和轮椅车等。不设医务室或相关医疗力量不足的残疾人社会福利机构应与专业医院签订合同。合同医院必须具备处理残疾人社会福利机构内各种突发性疾病和其他紧急情况的能力，并能够承担残疾人常见病、多发病的日常诊疗任务。

5.1.14 有1部可供入院残疾人使用的公用电话。

5.1.15 及时解决消防、照明、报警、通讯、取暖、降温、排污等设施和生活设备出现的问题，严格执行相关规定，保证其随时处于正常状态。

5.1.16 保证水、电供应，冬季室内温度不低于16℃，夏季不超过28℃。

5.1.17 生活环境安静、清洁、优美，居室物品放置有序，顶棚、玻璃、墙面、地面、桌面、窗台洁净。

5.2肢体残疾人

5.2.1 基本建筑面积在1000平方米以上。其中，残疾人接待室面积达50平方米以上；体疗室、理疗室和康复训练室的总面积达80平方米以上；残疾人使用假肢的步态训练室，面积达40平方米以上。残疾人出入的场所应符合无障碍设计的标准。

5.2.2 居室应配设单人床（床上根据需要配设防褥疮的特殊装置）、床栏杆或固定在床上的用于肢残人自我起立的栏杆、床头铃、床头牌、枕芯、枕套、枕巾、被子、褥子、毯子、床单、被罩、残肢支撑架、手杖架、肘拐和腋拐架、床头柜、凳子和站立椅、衣柜、衣架、毛巾架、窗帘及其开关器、高度为坐姿可及的电源开关等照明控制辅助器具、洗脸盆、暖水瓶、痰盂、废纸桶、时钟、梳妆镜、鞋拔等，并根据需要为下肢瘫痪的残疾人配置尿吸收器具及其固定用具和尿收集用具。

5.2.3 有工作人员与肢残人一对一的测量、取型室，室内备有更衣、冲洗及保暖、通风设备。

5.2.4 步态训练室配有平行杠、照姿镜、体操垫、肋木、训练用扶梯、步行训练器、助行器、自行车训练器等器械。

5.2.5 理疗室应备有蜡疗、红外线、音频电疗、磁疗、超短波、超声波、微波治疗机等设备和弹力服、抗水肿袜套等器具，体疗室应备有肋木、蹦床、体操垫、平衡板、牵引器等器具。

5.2.6 生产装配假肢和矫形器所需的测量、取型、预制件加工、组装、试样修理等各工序设备、车间配备齐全。

5.2.7 配有机械加工车间（生产装配电动手或肌电手的还需有电器加工车间），可进行假肢和矫形器及其他装饰假体、轮椅车等产品零部件的生产或修配。

5.2.8 接待残疾人的客房至少有16张床位。

5.2.9 卫生间内安装在墙上的尿池和坐便器上应装配扶手。

5.2.10 浴室内应配备防滑的浴池垫、淋浴垫和带子等。

5.2.11 在公共区域放置可用于如厕和淋浴的坐便椅，数量应满足在院残疾人的使用。

5.3智力残疾人

5.3.1 基本建筑面积不少于500平方米以上。其中残疾人接待室面积在50平方米以上；病房床位在20张以上，病房每床占用面积不少于4平方米；全院残疾人活动空间不少于100平方米。

5.3.2 居室应配设单人床（床上根据需要配设防褥疮的特殊装置）、床栏杆、床头铃、枕芯、枕套、枕巾、被子、褥子、毯子、床单、被罩、床头牌、床头柜、衣柜、衣架、毛巾架、窗帘及其开关器、时钟、洗脸盆、痰盂、废纸桶、鞋拔等，并根据需要为尿失禁的智残人配置尿吸收器具及其固定用具和尿收集用具。

5.3.3 院内环境和所有设施必须符合残疾人行动和休闲的特点，绿化面积达到60%以上。

5.3.4 设有康复治疗室和智能训练室。

5.3.5 备有日常生活训练用具、训练用垫和床、沙袋、哑铃等运动治疗设备。

5.4盲聋哑人

5.4.1 基本建筑面积不少于500平方米。其中残疾人接待室面积在50平方米以上；病房床位在20张以上，每床净使用面积不少于4平方米。

5.4.2 设有康复治疗室和语言训练室。

5.4.3 备有声音记录器、非语言交流写字画板、助听器、电视机、VCD等基本训练设备。

5.5精神病人

5.5.1 基本建筑面积不少于500平方米以上。其中残疾人接待室、门诊室合计面积在50平方米以上；病房床位在20张以上，每床净使用面积不少于4平方米；病员活动空间不少于100平方米。

5.5.2 院内环境和各项设施应根据病情特点而设定，防止病人的走失和相互伤害。道路全部采用硬路面，道旁植树栽花，场地绿化面积达60%以上。

5.5.3 设有医疗、护理和康复训练室。

5.5.4 医疗设备的配备按卫生部门有关要求执行。

6 其他

6.1残疾人康复福利机构应设在靠近社区、交通便利、环境良好的区域。

6.2用于康复服务的各种药品、器械及原材料有正常的供应渠道。

儿童社会福利机构基本规范

（Standards of Social Welfare Institution for Special Children）

MZ010—2001

前言

为了加强儿童社会福利机构的规范化管理，维护儿童权益，促进儿童社会福利事业健康发展，根据民政部人教科字（2000）第24号文的要求，特制定本规范。

本规范的主要技术内容是：1.总则；2.术语；3.服务；4.管理；5.设施设备；6.其他。

本规范由民政部人事教育司归口管理，授权主要起草单位负责具体解释。

本规范主要起草单位：民政部社会福利和社会事务司。

本规范参加起草单位：浙江省残疾儿童康复中心、浙江省民政厅、安徽省民政厅、江苏省民政厅、新疆维吾尔自治区民政厅。

本规范主要起草人：常宗虎、卢亦鲁、王素英、周炳泉、周大群、范桦林、张子得、李浩。

1　总则

1.1为加强儿童社会福利机构的规范化管理，维护儿童权益，促进儿童社会福利事业的健康发展，制定本规范。

1.2本规范适用于各类、各种所有制形式为孤、弃、残儿童提供养护、康复、医疗、教育、托管等服务的儿童社会福利服务机构，如儿童福利院、社会福利院、S.O.S儿童村、孤儿学校、残疾儿童康复中心、社区特教班等。

1.3儿童社会福利机构的宗旨是：以科学的知识和技能维护儿童基本权益，帮助儿童适应社会，促进儿童自身发展。

1.4本规范所列举各种条款均为最低要求。

1.5儿童社会福利机构除应符合本规范外，尚应符合国家现行相关强制性标准的规定。

2　术语

2.1儿童 Children

14周岁及以下的人口。

2.2新生儿 Neonate

自出生后到4周的儿童。

2.3婴儿 Infant

4周到满1周岁的儿童。

2.4幼儿 Toddler

1周岁到满3周岁的儿童。

2.5学龄前儿童 Preschoolers

3周岁到入小学前（6—7周岁）的儿童。

2.6学龄期儿童 Children of School Age

入小学起（6—7周岁）到青春期（女12周岁，男13周岁）的儿童。

2.7青少年 Adolescent

女孩从12周岁开始到17—18周岁，男孩从13周岁开始到20周岁。

2.8孤儿 Orphan

丧失父母的儿童。

2.9弃婴 Abandoned Baby

查找不到生父母的1周岁以内的儿童。

2.10弃儿 Foundling

查找不到生父母的1周岁以上的儿童。

2.11残疾儿童 Disabled Children

14周岁以下符合国家规定的残疾标准的儿童。

2.12S.O.S儿童村 S. O. S Children's Village

国际性民间慈善组织，经费来自募捐。以模拟家庭为单位，由一位“妈妈”和若干名健全孤儿组成一个家庭。一般由10—20个家庭组成。

2.13孤儿学校 School for Orphans

为孤儿提供九年制义务教育的场所。

2.14残疾儿童康复中心 Rehabilitation Center for Disabled Children

为残疾儿童提供各种综合性康复服务的机构，设有医疗保健、手术矫治、康复训练、业务培训等多项服务设施。

2.15社区特教班 Community-based Educational Services for Special Children

指在社区内为残疾（主要是智力残疾）儿童进行特殊教育和相关康复服务的班级。

2.16家庭寄养 Foster Care

把失去家庭的孤残儿童托养在一个家庭的儿童养育方式。

3 服务

3.1膳食

3.1.1 有由主管部门颁发了卫生许可证的专门为儿童服务的食堂配备厨师和炊事员。

3.1.2 厨师和炊事员应持证上岗，严格执行食品卫生法规，严防食物中毒。

3.1.3 注意营养，合理配餐，每周有食谱。按照不同年龄阶段或医嘱要求，制作普食、软食、半流食、流食及其他特殊饮食。

3.1.4 为有需要的儿童送饭到居室，根据需要喂水喂饭。清洗消毒餐具。

3.1.5 为婴幼儿配奶必须按规范操作。

3.1.6 尊重少数民族饮食习俗。

3.2护理

3.2.1 新生儿及婴儿

3.2.1.1 婴儿室应阳光充足，室温和湿度适宜，无噪音，无污染。

3.2.1.2 室内保持清洁，应做到无蝇、无蚊、无鼠、无蟑螂、无臭虫。保持室内空气新鲜，无异味。

3.2.1.3 建立严格的消毒隔离制度，做到一人一床、一瓶、一碗、一杯、一盆、一巾、一勺，室内地面定期消毒。

3.2.1.4 定时喂奶、喂水、喂食，保证新生儿及婴儿生长发育需要。

3.2.1.5 婴儿每天活动时间应不少于2小时。

3.2.1.6 加强新生儿脐部护理，夏季每天洗澡1次，其他季节每周2次。

3.2.1.7 勤换尿布、内衣，防止尿布湿疹和褥疮发生。

3.2.1.8 翻晒被褥，根据天气变化，及时添减衣被。

3.2.1.9 为婴儿勤剪指甲。

3.2.1.10 离开婴儿前，应采取防止其坠床的措施。

3.2.1.11 加强口腔护理。

3.2.1.12 对患有传染病的新生儿及婴儿要及时采取特殊保护措施，并对其隔离治疗，以既不影响他人又尊重病患儿童为原则。

3.2.1.13 服务人员24小时值班，实行程序化个案护理。

3.2.2 幼儿

3.2.2.1 居室阳光充足，整洁卫生，做到无蝇、无蚊、无鼠、无蟑螂、无臭虫。保持室内空气新鲜，无异味。

3.2.2.2 执行消毒制度，做到一人一床、一帕、一杯、一巾、一碗、一盆，定期消毒。

3.2.2.3 整理床铺。

3.2.2.4 每周换洗1次被罩、床单、枕巾（必要时随时换洗）。

3.2.2.5 天气许可时，每天带幼儿户外活动1小时。

3.2.2.6 培养幼儿生活自理能力，如洗脸、漱口、穿衣、自行大小便等。

3.2.2.7 为幼儿剪指甲、梳头、洗头。

3.2.2.8 培养幼儿良好的卫生习惯，勤洗澡、勤理发、勤换衣服。每天洗脸2次，洗脚1次。夏季每天洗澡1次，其他季节每周2次。

3.2.2.9 对患有传染病的幼儿要及时采取特殊保护措施，并对其隔离治疗，以既不影响他人又尊重病患儿童为原则。

3.2.2.10 服务人员24小时值班，实行程序化个案护理。

3.2.3 学龄前儿童

3.2.3.1 居室阳光充足，整洁卫生，做到无蝇、无蚊、无鼠、无蟑螂、无臭虫。保持室内空气新鲜，无异味。

3.2.3.2 执行消毒制度，做到一人一床、一帕、一杯、一巾、一碗、一盆，定期消毒。

3.2.3.3 整理床铺。

3.2.3.4 每周换洗1次被罩、床单、枕巾（必要时随时换洗）。

3.2.3.5 视天气情况，每天带儿童到户外活动1小时。

3.2.3.6 进行生活技能培训。着重培养儿童生活自理能力，如洗脸、刷牙、穿衣、梳头、自行大小便等；着重培养儿童简单家务劳动能力，如洗碗、扫地、铺床、洗手帕等。

3.2.3.7 指导儿童定时去食堂吃饭。

3.2.3.8 协助儿童洗澡，夏季每周2次，其他季节每周1次。

3.2.3.9 对患有传染病的学龄前儿童要及时采取特殊保护措施，并对其隔离治疗，以既不影响他人又尊重病患儿童为原则。

3.2.3.10 服务人员24小时值班，实行程序化个案护理。

3.2.4 学龄期儿童

3.2.4.1 居室阳光充足，整洁卫生，做到无蝇、无蚊、无鼠、无蟑螂、无臭虫；保持室内空气新鲜，无异味。

3.2.4.2 执行消毒制度，做到一人一床、一帕、一杯、一巾、一碗、一盆，定期消毒。

3.2.4.3 协助儿童整理床铺。

3.2.3.4 每周换洗1次被罩、床单、枕巾（必要时随时换洗）。

3.2.4.5 进行卫生宣传和教育，帮助儿童养成良好的卫生习惯，勤洗澡、勤理发、勤换衣服。

3.2.4.6 了解儿童每天的生活和学习情况，检查其作业，进行教育和生活技能培训。

3.2.4.7 对患有传染病的学龄期儿童要及时采取特殊保护措施，并对其隔离治疗，以既不影响他人又尊重病患儿童为原则。

3.2.4.8 服务人员24小时值班，实行程序化个案护理。

3.2.5 青少年

3.2.5.1 居室阳光充足，整洁卫生，做到无蝇、无蚊、无鼠、无蟑螂、无臭虫。保持室内空气新鲜，无异味。

3.2.5.2 执行消毒制度，做到一人一床、一帕、一杯、一巾、一碗、一盆，定期消毒。

3.2.5.3 每周换洗1次被罩、床单、枕巾。

3.2.5.4 鼓励和帮助青少年学会处理衣、食、住、行问题，为其独立生活打下基础。

3.2.5.5 了解青少年每天的生活和学习情况，定期检查其作业。

3.2.5.6 进行劳动技能和就业前培训等训练。

3.2.5.7 对患有传染病的青少年要及时采取特殊保护措施，并对其隔离治疗，以既不影响他人又尊重病患青少年为原则。

3.2.5.8 服务人员24小时值班，实行程序化个案护理。

3.2.6 残疾儿童

3.2.6.1 居室阳光充足，整洁卫生，做到无蝇、无蚊、无鼠、无蟑螂、无臭虫。保持室内空气新鲜，无异味。

3.2.6.2 执行消毒制度，做到一人一床、一帕、一杯、一巾、一碗、一盆，定期消毒。

3.2.6.3 协助儿童洗澡，夏季每周2次，其他季节每周1次。

3.2.6.4 每周换洗1次被罩、床单、枕巾（必要时随时换洗）。

3.2.6.5 根据残疾情况，提供各种基本的护理服务。如对无吸吮能力的婴儿，应慢速滴喂，防止咳呛等。

3.2.6.6 定期翻身、擦浴及室外活动，防止出现褥疮。

3.2.6.7 从运动、认知、生活自理能力和语言交往能力等方面进行训练，以减轻残疾程度。

3.2.6.8 对患有传染病的残疾儿童要及时采取特殊保护措施，并对其隔离治疗，以既不影响他人又尊重病患儿童为原则。

3.2.6.9 服务人员24小时值班，实行程序化个案护理，视情况调整护理方案。

3.3康复

3.3.1 为儿童建立健康档案，定期体检。6个月内的婴儿，每月体检1次；6个月至12个月内的婴儿，每3个月体检1次；1—3岁幼儿，每6个月体检1次；3岁以上儿童，每年体检1次。

3.3.2 定期查房。每日巡诊1次，发现问题及时处理。

3.3.3 按照儿童生长发育规律，及早发现儿童异常现象，并给予早期干预。对常见病、多发病制定预防与治疗预案。

3.3.4 做好儿童计划免疫工作，预防传染病发生。

3.3.5 把儿童社会福利机构内所有儿童、青少年的医疗保健康复纳入当地初级卫生保健体系之中。

3.3.6 凡新入院婴幼儿，均应隔离观察，经体检确定无传染性疾病，再转入普通居室。

3.3.7 为残疾儿童提供各种综合性康复服务的机构应提供康复服务，并能够开展肢体功能训练、聋儿语训、智障者教育等学龄前早期综合康复训练，指导社区康复工作，接受残疾儿童的自费寄养，承担社会福利机构工作人员业务培训，以及病残儿童家长康复知识培训工作，参与当地的初级卫生保健工作。

3.4心理

3.4.1 婴幼儿：开展情感交流和爱抚，进行感官、动作、语言训练、促进心理发育，营造和谐温暖的生活环境。

3.4.2 学龄前儿童：开展儿童心理健康教育，及时化解心理困惑，纠正不良行为。辅导儿童做游戏，培养独立能力。

3.4.3 7—14周岁儿童及青少年：做好入学前、后的适应性衔接，开展素质教育，培养身心健康发展的学生。分析心理活动，进行心理健康教育和咨询、辅导。进行青春期教育，对有不良行为者，耐心说服教育，防止发展为品行障碍和人格障碍，帮助其融入主流社会。

3.4.4 残疾儿童：针对不同残疾和过去经历所造成的心理问题，进行心理健康教育和咨询、辅导，促进身心健康发展。

3.4.5 运用社会活动培养儿童及青少年的社会适应性，对个别问题突出的儿童和青少年，制定专门方案。

3.5教育

3.5.1 根据儿童特点，利用多种形式开展寓教于乐的教育。

3.5.2 学龄前儿童按《幼儿教育大纲》制定教学计划。

3.5.3 适龄健全儿童入学率达到100%，实行九年制义务教育。

3.5.4 对各类残疾儿童，因人施教，制订相应的集体和个案特殊教育方案，对盲、聋儿童送专门学校或在福利机构设置特殊教育班学习。对残疾青少年开展职业培训。注重社会实践教育，提高儿童的综合素质，促进儿童全面发展。

3.5.5 专门为孤残儿童提供教育和特殊教育的社会福利机构，需全面贯彻国家教育方针，执行国家教育法律法规和有关部门颁布的课程计划和教学大纲，对学生实施素质教育，使其成为德、智、体、美、劳全面发展的社会主义的建设者和接班人。

4 管理

4.1机构证书和名称

4.1.1 提供《社会福利机构设置批准证书》和法人资格证书，并悬挂在醒目的地方。

4.1.2 儿童社会福利机构的名称，必须根据收养对象的健康状况和机构的业务性质标明儿童社会福利院、S.O.S儿童村、孤儿学校、残疾儿童康复中心、社区特教班等。由国家和集体举办的，应冠以所在地省（自治区、直辖市）、市（地、州）、县（县级市、市辖区）、乡（镇）行政区划名称，但不再另起字号；由社会组织和个人与民政部门共同举办的，应执行《民办非企业单位名称管理暂行规定》。

4.2 人力资源配置

4.2.1城镇地区和有条件的农村地区，儿童社会福利机构主要领导应具备大专以上学历，具有高尚的职业道德，遵守国家的法律法规，熟练掌握所从事工作的基本知识和专业技能。

4.2.2 城镇地区和有条件的农村地区，儿童社会福利机构至少应具备1名大专学历以上、社会工作类专业毕业的专、兼职社会工作人员，1名专职康复人员；根据工作需要配备教师、医生、护士、护理员及其他人员，其数量以能满足服务对象需要并能提供本规范所规定的服务项目为原则。

4.2.3 主要领导应接受社会工作类专业知识培训。各专业工作人员应具有相关部门颁发的职业资格证书或国家承认的相关专业大专以上学历。无专业技术职务的护理人员应接受岗前培训，经省级以上主管机关培训考核后持证上岗。

4.2.4 配备营养师（士）1名。

4.3 制度建设

4.3.1有按照有关规定和要求制定的适合实际工作需要的规章制度。

4.3.2 收容社会弃婴，必须履行相应的手续。

4.3.3 积极开展儿童送养、家庭寄养工作，为孤儿、弃婴回归社会创造条件。

4.3.4 有与自费寄养儿童的家长或监护人签订的具有法律效力的入院协议书，并长期保存。

4.3.5 有简单介绍本机构最新情况的书面图文资料，其中须说明服务的宗旨、目标、对象、项目、收费及服务使用者申请加入和退出服务的办法与发表意见的途径，本机构处理所提意见和投诉的承诺等。这类资料应满足服务对象使用。

4.3.6 有可供相关人员查阅和向有关部门汇报的长、中、短期工作计划，定期统计资料，年度总结和评估报告，以及针对存在问题采取的相应对策。

4.3.7 有全部工作人员、管理机构、决策机构的职责说明、工作流程及组织结构图。

4.3.8 有工作人员工作细则和选聘、培训、考核、任免、奖惩等相关管理制度。

4.3.9 严格执行有关外事、财务、人事、捐赠等方面的规定。

4.3.10 各部门、各层级应签订预防事故的责任书，确保安全，做到全年无重大责任事故。

4.3.11 护理人员确保各项治疗、护理、康复措施的落实，严禁发生事故。

4.3.12 服务项目的收费按照当地物价部门和民政部门的规定执行，收费项目既要逐项分计，又要适当合计。收费标准应公开和便于查阅。

4.3.13 有工作人员、在院儿童，寄养儿童及寄养家长、监护人和被收养儿童及收养人的花名册。入院儿童、寄养家长、监护人和被收养儿童及收养人的个人资料除供需要知情的人员查阅外应予以保密。

4.3.14 严防入院儿童走失。采取有效措施，以便儿童走失后的查找工作。

4.3.15 有处理突发事件的措施。

4.3.16 有自费寄养儿童的家长或监护人参与机构管理的管理委员会。

4.3.17 工作人员在工作时间内须佩证上岗。

5 设施设备

5.1儿童居室

5.1.1 分婴儿室和儿童室。人均居住面积不小于3平方米。

5.1.2 根据儿童的实际需要，配备居室设施，应配设：儿童单人床、床头柜、衣柜、衣架、毛巾架、褥子、薄被、厚被、毛巾被、床单、被罩、枕芯、枕套、枕巾、便盆、尿壶、废纸桶、床头牌等。

5.1.3 室内家具、各种设备应无尖角凸出部分。

5.2饭厅应配设儿童餐桌、座椅、时钟、公告栏、废纸桶、窗帘、消毒柜、洗漱池、防蝇设备等。

5.3洗手间及浴室应配备安装在墙上的尿池、坐便器、卫生纸、卫生纸专用夹、废纸桶、淋浴器、坐浴盆或浴池、防滑的浴池垫和淋浴垫、浴室温度计、抽气扇等。

5.4婴幼儿配奶室应配备消毒柜、电冰箱、热源、配奶用具等。

5.5设有儿童专用的卫生间。儿童卫生间应配备淋浴器、取暖设备、大小便器、废纸桶、洗手池、窗帘等。

5.6有必备的洗衣设备。应有洗衣机、熨斗等。

5.7有供儿童游戏、学习用的活动场所、教室、图书室及相应设备。

5.8有配置了适合残疾儿童运动、康复、作业治疗和语言训练的器械和设备的康复室和健身场所。

5.9有接待来访人员的场所，接待室配备桌椅、纸笔及相关介绍资料。

5.10室外活动场所达到150平方米，绿化面积达到60%。

5.11公共区域应设有明显标志，方便识别。

5.12有1部可供自费寄养儿童使用的公用电话。

5.13必须根据儿童健康情况，准备足够的医疗设备和物资，应有吸氧装置、灭菌设备、婴儿保温箱、急救箱、输液设备、吸痰器、药品柜、电冰箱等。能处理儿童常见病、多发病，能开展应急处理以及转院过程中的医护工作。不设医务室或相关医疗力量不足的儿童社会福利机构应与有一定资质的医院签订医疗合同，合同医院必须具备处理儿童社会福利机构内各种突发性疾病和其他紧急情况的能力并能够承担儿童常见病、多发病的日常诊疗任务。

5.14及时解决消防、照明、报警、通讯、取暖、降温、排污等设施和生活设备出现的问题，严格执行相关规定，保证其随时处于正常运转状态。

5.15保证水、电供应，冬季室温不低于16℃，夏季不超过28℃。

5.16生活环境安静、清洁、优美、居室物品放置有序，顶棚、玻璃、墙面、地面、桌面、窗台洁净。

5.17建筑设施分区合理，方便管理。

6　附则

6.1儿童寄养家庭可参照本规范的相应条款执行。

民政部关于社会福利基金筹集、管理与使用规定

（1999年3月16日）

根据民政部“三定”方案和财政部、民政部发布的《社会福利基金使用管理暂行办法》（以下简称《暂行办法》），本着社会福利基金筹集、管理和使用分开的原则，现就民政部社会福利基金的筹集、管理与使用作如下规定。

一、社会福利基金的筹集和收缴中国福利彩票发行中心负责中国福利彩票的发行和社会福利基金的筹集工作。包括：

（一）定期编制和报送中国福利彩票年度发行计划，并根据国务院批准的年度发行计划组织实施。

（二）根据《暂行办法》规定的中央级社会福利基金留成比例（彩票销售总额的5%），负责同各省、自治区、直辖市彩票发行机构具体办理中央级留成社会福利基金的收缴。收缴社会福利基金时，应向缴款单位出具财政部门统一印制或监制的票据。

（三）向民政部集中上缴所筹集的社会福利基金。根据财政部的有关规定，每季度末20日以前，通过银行直接汇入民政部预算外资金收入过渡账户或将转账支票送缴民政部财务和机关事务司。民政部财务和机关事务司收到汇缴款项后，出具财政部门统一印制或监制的票据。

二、社会福利基金的财政专户缴款和财务管理民政部财务和机关事务司负责中央级社会福利基金的财政专户缴款和财务管理工作。包括：

（一）按照《暂行办法》的有关规定，负责向财政部报送《民政部本级社会福利基金收支计划》。

（二）向财政部预算外资金专户办理民政部本级社会福利基金收入的集中上缴。根据财政部的有关规定，每季度末25日以前，填制银行《进账单》（注明预算外资金收入项目、具体金额等）；通过银行转账支票将社会福利基金从

民政部过渡账户中一次全额上缴财政部中央预算外资金财政专户。

（三）按照民政部制定的《民政部本级社会福利基金收支计划》和资助项目的进度办理财务拨款手续。

（四）负责社会福利基金的日常财务工作，年终编制社会福利基金收支决算报财政部审批。

三、社会福利基金安排使用

民政部社会福利和社会事务司负责本级福利基金资助项目评审的日常工作。包括：

（一）根据《暂行办法》中社会福利基金使用范围的有关规定，按照中国福利彩票发行额度编制《民政部本级社会福利基金收支计划》。经财务和机关事务司审核，报送部评审委员会。

（二）负责接受和整理民政部本级社会福利基金资助项

目的申请报告及有关资料，组织必要的考查评估，并提出评估意见。

（三）按照《暂行办法》中社会福利基金使用的有关规定和年度支出计划，按时编制民政部本级社会福利基金年度资助项目方案。经评审委员会审议后报部长办公会议审定。

（四）定期向社会公布民政部本级社会福利基金的使用情况。

（五）负责保管民政部本级社会福利基金资助项目的档案。

（六）负责筹备民政部评审委员会会议并承办其日常工作。

四、社会福利基金项目的评定审查

民政部社会福利基金项目评审委员会负责民政部本级福利基金资助项目的评定、审查。

民政部社会福利基金项目评审委员会由部领导、各有关司（局）和单位的负责人组成。

五、社会福利基金使用的监督检查审计、纪检和监察部门负责对民政部本级社会福利基金的使用进行监督检查。

民政部

1999 年 3 月 16 日

民政部办公厅关于对民办社会福利机构登记有关事宜的函

（1998 年 6 月 18 日）

广东省民政厅：

你厅给社会团体和民办非企业单位管理司传真的《广东省民办社会福利机构管理办法》（省政府令第37号）收悉。

经研究并报部领导同意现答复如下：

一、依据1989年国务院颁布施行的《社会团体登记管理条例》和新修订上报国务院的《社会团体登记管理条例》的有关规定，民办社会福利机构均不属于社会团体。

二、根据中办发（1996）22号文件我部起草上报国务院的《民办非企业单位登记管理条例》中已明确了民办社会福利机构属于该《条例》的调整范围，确定为民办非企业单位法人。鉴于此，建议你厅应尽快商省法制办，明确民办社会福利机构应纳入民办非企业单位的法律调整范畴，待国务院颁布《条例》后，再行办理登记为宜。

三、你省若需急于办理民办社会福利机构的登记事宜，也应按民办非企业单位对待。

民政部办公厅

1998 年 6 月 18 日

国家级福利院评定标准

（1993 年 4 月 22 日）

总　则

第一条　为了加强对全国福利院的宏观管理，促进福利院的正规化建设，特制定国家级福利院评定标准。

第二条　本标准适用于由国家投资兴建、县以上民政部门负责管理的社会福利院、儿童福利院和精神病人福利院。集体、个人投资兴办的福利院的评定标准另行制定。

第三条　国家级福利院的总体要求是：

（一）贯彻、执行党和国家的路线、方针和政策，全心全意为收养、休养人员服务，与收养、休养人员建立平等、团结、友爱、互助的社会主义人际关系。

（二）坚持办院宗旨，完成当地人民政府安排的“三无”（无家可归、无依无靠、无生活来源）对象的收养任务。

（三）深化改革。实现由福利型向福利经营型、封闭型向开放型、供养型向供养康复型的转变。

（四）管理、服务规范化，效益显著，在城市社会福利事业单位中起骨干、示范作用。

第四条　国家级福利院分为国家一级福利院和国家二级福利院。申报国家级福利院须经省级民政厅（局）审核，由民政部批准、命名。

规　模

第五条　国家级福利院必须具有一定规模。国家一级福利院床位总数在150张以上，国家二级福利院床位总数在100张以上。

第六条　有一支适应工作需要的专业化队伍，其中医疗康复专业队伍中必须有高级职称的专业技术人员。国家一级福利院医护人员应占全院职工总数的70%以上，国家二级福利院应占65%以上。

第七条　有较为完善的生活服务保障设施。

第八条　有基本的现代医疗康复设备。

功　能

第九条　具有开展老年人、伤残儿童、精神病人的医疗、护理和康复工作的能力。

第十条　扩大服务面，具有向社区康复辐射的能力。

第十一条　具有专业培训和科研能力。

第十二条　具有自我发展能力。能利用现有设施和医疗条件，向社会开放，增加收入，不断改善收养、休养人员生活和完善福利院服务设施。

管　理

第十三条　有健全的领导班子。领导成员事业心强，廉洁奉公，团结协作，求实创新，政绩突出。

第十四条　有高效、精干的管理机构。

第十五条　有经主管部门认可的切实可行的中长期发展规划和年度实施计划。

第十六条　有完善的以岗位责任制为主要内容的各项规章制度。

第十七条　院容院貌好，生活环境优美舒适。国家一级福利院应是本地区的花园式单位，国家二级福利院应是本地区的绿化先进单位。

第十八条　精神文明建设成果显著。

质　量

第十九条　为收养、休养人员提供优质服务。精心安排收养、休养人员的吃、穿、住、治疗和康复。收养、休养人员生活水平不低于当地群众的一般生活水平。国家一级福利院和二级福利院的收养、休养人员及其家属满意率分别达到95%和90%以上。

第二十条　认真做好医疗保健工作。定期为收养、休养人员进行健康检查，建立健全病历档案，有病及时治疗。连续三年内无责任医疗事故。国家一级福利院单病种的治愈好转率高于95%，国家二级福利院高于90%。

第二十一条　精心护理患病的收养、休养人员。所有上岗的护理人员都必须进行培训。基础护理合格率、护理技术操作合格率、护理规程合格率达到规定的比例。

第二十二条　开展收养、休养人员康复活动有显著成效。国家一级福利院收养、休养人员的康复参与率达到98%、康复有效率达到90%，国家二级福利院康复参与率达到90%、康复有效率达到85%。

效　益

第二十三条　床位利用率高。国家一级福利院的床位利用率达到98%以上，国家二级福利院达到95%以上。

第二十四条　工作人员与收养、休养人员的比例合理。国家级福利院应达到以下标准：工作人员与正常老人的比例为1：4；与生活不能自理老人的比例为1：1.5；与健全儿童的比例为1：6；与婴儿、残疾儿童的比例为1：1.5；与精神病人的比例为1：2.5。

第二十五条　事业费开支合理。国家拨给的事业费重点用在收养、休养人员身上。国家一级福利院收养、休养人员年生活费开支占年事业费的比例达到80%，国家二级福利院达到70%。

第二十六条　创收能力强。按职工总数计算，国家一级福利院每人每年平均创收为4000元，国家二级福利每人每年平均创收为3000元。

附　则

第二十七条　各省、自治区、直辖市民政厅（局）可依照本标准，制定本地区福利院等级评定标准和实施细则。

第二十八条　本标准自颁布之日起实施。

第二十九条　本标准由民政部负责解释。

民政部关于发布《精神卫生社会福利机构基本规范》行业标准的公告

（2014 年 9 月 9 日）

《精神卫生社会福利机构基本规范》推荐性行业标准已经民政部批准，现予以发布。

标准编号：MZ/T 056—2014

标准名称：精神卫生社会福利机构基本规范

标准自颁布之日起实施。

民政部

2014年9月9日

附：

精神卫生社会福利机构基本规范

1　范围

本规范规定了精神卫生社会福利机构的服务、设施设备、运行管理、评价与改进。

本规范适用于精神卫生社会福利机构的设置与管理。

其他社会福利机构设置的精神障碍患者服务区可参照执行本规范。

2　规范性引用文件

下列文件对本标准的应用是必不可少的。凡是注日期的引用文件，仅注日期的版本适用于本文件。

凡是不注日期的引用文件，其最新版本（包括所有的修改单）适用于本文件。

GB/T 24421.2 服务业组织标准化工作指南第2部分：标准体系

GB50763—2012《无障碍设计规范》

GB5749—2006《生活饮用水卫生标准》

3 术语和定义

3.1 精神卫生社会福利机构

Social Welfare Institutions for People with Mental Disorders

为精神障碍患者中的特困人员、流浪乞讨人员、低收入人群、复员退伍军人等特殊困难群体提供集中救治、救助、护理、康复和照料等服务的社会福利机构。

3.2 特困人员 Low-incomepeople

指无劳动能力、无生活来源且无法定赡养、抚养、扶养义务人，或者其法定赡养、抚养、扶养义务人无赡养、抚养、扶养能力的老年人、残疾人以及未满16周岁的未成年人。

3.3 精神障碍 Mental Disorder

是指由各种原因引起的感知、情感和思维等精神活动的紊乱或者异常，导致患者明显的心理痛苦或者社会适应等功能损害。

4 设立条件

4.1 机构有承担特困人员及其他精神障碍患者医疗、护理、康复和长期照料的能力。

4.1.1 有与从事精神卫生福利服务相适应的医疗、护理、康复、社会工作和生活照料人员。

4.1.2 有满足开展精神卫生福利服务需要的设施和设备。

4.1.3 有完善的精神卫生福利服务管理制度和质量监控制度。

4.2 应具有以下资质证书：

（1）法人资格证书

（2）《社会福利机构设置批准证书》

4.3 开展精神障碍诊疗服务的机构应具有《医疗机构执业许可证》。

5　建筑设施

5.1 机构建筑应符合GB50763—2012的规定。

5.2 建筑设施应遵照精神障碍患者的心理特点，尊重患者隐私，满足精神卫生福利服务的工作流程。

5.3 院区选址应符合下列要求：

（1）交通便利；

（2）地形规整平坦，地质构造稳定，水文地质条件良好；

（3）供水、供电、供气、通信等公用基础设施完善；

（4）远离具有易燃、易爆产品生产、储存区域。

5.4 院区应设置围墙或栏杆，围墙及栏杆应设置防攀爬措施。

5.5 建筑宜采用单层或多层建筑，不宜设计阳台。三层及以上主要业务功能建筑物应设置电梯，并应设置封闭式电梯厅。

5.6 住院病区至少应有两个不同方向的出入口，以满足安全疏散和洁污分流的要求。

5.7 住院病区的环境应符合下列要求：

（1）环境宜安静，噪音应控制在35～40db（A）；

（2）温湿度适宜，室温：冬季以18～22℃，夏季以26～28℃为宜，湿度以30～65%为宜；

（3）有良好的朝向和自然采光、通风条件，50%以上的病房应具有良好日照；

（4）应设置一般照明和夜间照明，照明灯具应在进门处或值班室受控；

（5）墙壁应采用柔和的淡色。

5.8 住院病区室内净高宜不低于2.8米，走廊净宽宜不低于3米。

5.9 住院病区基本用房组成应包括带卫生间病房、不带卫生间病房、公共卫生间、浴室、活动室、隔离室、急救室、治疗室、患者餐厅、护士办公、医生办公、护士站、值班室、库房、配餐室、开水间、污洗室、污物暂存间。

5.10 住院病区应分设男女病区，护士站设置宜靠近病区出入口。

5.11 每个房间的床位数不宜超过8张，每床位使用面积不少于5平方米。

5.12 装修设计与材料选择，应符合功能部位的特点和使用要求，选用经济、实用、美观的材料与构造。

（1）地面应选用耐用、防滑、便于清扫、消毒的构造与材料，踢脚板应选用坚固耐用构造和材料；

（2）内墙面应符合清洁、消毒的一般要求，转角宜做成圆弧形；

（3）住院病区、隔离室以及患者集中活动场所，不应采用装配式吊顶构造，不应出现可以被吊挂的构造或构件；

（4）病房门、患者使用的卫生间门、浴室门应朝外开。病房门上宜设观察窗，选用安全玻璃（如双层钢化夹胶玻璃），病房、隔离室和患者集中活动的用房不应采用闭门器，所有紧固件应选用不易被松动的品种和型号，患者使用的门执手应选用不宜被吊挂的规格；

（5）患者使用的卫生间、盥洗室、浴室的玻璃应采用镜面金属板或其他不易破碎的材料。

（6）病房、隔离室和患者集中活动的用房所有窗玻璃应选用安全玻璃（如双层钢化夹胶玻璃），窗的开启形式为平移，并应做好水平、上下限位构造，开启部位应配置防护栏杆，所有紧固件均应选用不易被松动的规格，窗插销选用按钮暗装构造。

5.13 供水、供电、供暖设施应遵循专业规范、安全可靠。

（1）供水水质应符合GB5749—2006规定；

（2）宜采用双回路供电或设置应急自备电源；

（3）患者可接触到的环境内的电气装置应考虑安全措施，防止患者受到伤害；

（4）患者可接触到的环境内的照明装置应为封闭式，高度不低于 2.4m，且为非吊杆吊链式；

（5）患者可接触到的环境内插座应采用安全插座；

5.14 对涉及污染环境的污物（含医疗废弃物、污废水等）有符合规定的处理设施。

5.15 信息系统应有办公自动化系统、住院业务管理系统、财务管理系统、人事管理系统。

5.16 应有相应的通信系统和安全防范系统。

5.17 应有规范、简洁、清晰、醒目的标识系统。

（1）建筑物外部环境标识应包括民政系统统一标识、院徽、院名、单体建筑物名称标识、院区总平面图、出入口标识、停车指示和交通标识、多项指示牌、急救专用通道警示、宣传栏；

（2）室内标识系统应包括机构简介标牌、各楼层平面图、各楼层科室分布总索引、楼层号牌、通道分流指引、科室名称牌、公共安全标识牌、无障碍设施标识、消防疏散图标识牌。

5.18 应有供患者使用的阅览室、影视厅、棋牌室等文化娱乐设施。

6 设备

6.1 室内设施设备应无尖角、凸出部分。

6.2 卧室应有安全坚固的床、床头柜、衣物柜、座椅。

6.3 餐厅应有餐桌、座椅、时钟、公告栏、垃圾桶、消毒柜、洗涤池、饮水设施、防蝇设备。

6.4 卫生间应有便池、坐便器、洗手池、安全扶手。

6.5 浴室应有安全的淋浴设备、安全扶手、防滑垫、衣物柜、通风设施。

6.6 洗衣房应有水池、洗衣机、烘干机、消毒设备。

6.7 活动室应有电视、音响、空调和桌椅。

6.8 应按照规范配置锹、钩、桶、沙箱、灭火器等消防器材。

6.9 可配备救护车、生活用车。

7 人员

7.1 有人事管理机构，有相应的岗位职责。

7.2 有岗位聘用、工资薪酬、绩效考核、考勤休假、教育培训、员工奖惩制度。

7.3 有完善的职业安全防护制度和措施。

7.4 应有针对员工健康的保健计划，并为有需要的员工提供心理健康服务。

7.5 应有符合机构功能任务的行政人员、后勤人员、医生、护士、社会工作人员、康复工作人员、生活照料人员。

7.6 工作人员与实际开放床位比例不低于0.8：1.0。

8 管理

8.1 运行管理

8.1.1 有行政办公、后勤管理机构，有相应的岗位职责。

8.1.2 有发展目标、中长期发展规划、年度工作计划及总结。

8.1.3 行政管理应有文件管理制度、会议制度、印章管理制度、档案管理制度、值班制度、应急管理制度。

8.1.4 后勤服务应有水电管理制度、安全保卫制度、消防安全制度、设备管理制度、环境卫生制度。

8.1.5 财务管理应有财务报销制度、采购制度、固定资产管理制度。

8.1.6 运行机制和决策程序清晰，实行管理问责制。

8.2 医疗管理

8.2.1 有医疗管理组织机构，有相应的岗位职责。

8.2.2 应有患者定期健康检查制度、传染性疾病筛查制度、查房制度、疑难病例讨论制度、急诊会诊制度、危重患者抢救制度、查对制度、医生交接班制度、病历管理制度、转诊制度、医疗质量控制制度。

8.2.3 应有医疗建设规范和工作计划，并组织实施。

8.2.4 应遵循病历书写基本规范。

8.2.5 应加强医疗缺陷管理，制定措施，加以防范，及时发现和纠正差错事故。

8.3 护理管理

8.3.1 有护理管理组织机构，有相应的岗位职责。

8.3.2有查对制度、交接班制度、分级护理制度、护理查房制度、护理会诊制度、护理质量管理制度、护理缺陷报告制度、危重患者抢救制度、护理投诉处理制度。

8.3.3 有护理建设规范和工作计划，并组织实施。

8.3.4护理人员应持证上岗，佩戴工作牌和穿护理工作服。

8.3.5有护理质量标准、质量控制办法并定期检查、考核与评价。

8.3.6护理人员应掌握常用护理急救技术，熟悉抢救程序，抢救药品及抢救仪器的使用。

8.3.7 应依法采用约束保护措施和正确使用安全保护器具。

8.4 感染控制

8.4.1 有感染管理组织机构，有相应的岗位职责。

8.4.2 有院内感染管理责任制度、院内感染监测制度、院内感染病例诊断和实时报告制度、消毒隔离制度、消毒灭菌效果监测制度。

8.4.3 医院感染专业人员应当具备医院感染预防与控制工作的专业知识，并能够承担医院感染管理和业务技术工作。

8.4.4按照规定向疾病预防控制部门报告感染事件时应同时报告主管民政部门。

8.4.5应及时隔离治疗患有传染性疾病的精神障碍患者。

8.5 应急管理和安全

8.5.1 有应急管理和安全组织机构，有相应的岗位职责。

8.5.2 有预防安全事故的管理制度和安全工作守则。

8.5.3 有应对自然灾害、消防、饮食、医疗、公共卫生及其他突发安全事件的应急预案。

8.5.4 应有工作人员24小时值班制度。

8.5.5 有防范和减少患者跌倒、坠床、噎食、自杀、暴力攻击、擅自离院等意外事件发生的管理细则。

9 服务

9.1 入出院服务

9.1.1有入出院服务组织机构，有相应的岗位职责。

9.1.2有入院登记制度、入院体检制度、疾病筛查制度、短期隔离制度、风险评估制度、出院制度、转院制度。

9.1.3入院登记信息应包括身份信息、家庭信息、健康信息、社会保障信息、背景调查。

9.1.4 办理入院登记时，应检查随身携带物品，查缴违禁物品，审核相关证明材料。

9.1.5 应对病情稳定的新入院患者制定适应性服务计划，使其尽快融入院内生活，减少因不适应而产生的负面影响。

9.1.6 办理出院手续时，应有出院通知单、疾病诊断书、物品移交清单。

9.2 生活照料

9.2.1 有生活照料服务组织机构，有相应的岗位职责。

9.2.2 有生活护理制度、个人清洁卫生制度、被服换洗制度、活动制度、探访制度。

9.2.3 应制订精神障碍患者每日生活安排及活动计划。

9.2.4 应保持房间整洁、空气清新、无异味。

9.2.5 每月换洗床单、被罩、枕巾、晾晒被褥不得少于2次，必要时随时换洗。

9.2.6 应为特困精神障碍患者提供干净、得体的服装，每周至少换洗1次，必要时随时换洗。

9.2.7 应做好精神障碍患者的个人清洁卫生。定期为患者修剪指（趾）甲、洗澡、理发，做好口腔护理。

9.2.8 除非天气、病情等特殊原因，每天户外活动时间宜不少于2小时。

9.2.9 应满足精神障碍患者正常的通讯和会见探访者的需要。

9.3 营养和膳食服务

9.3.1 有营养和膳食服务组织机构，有相应的岗位职责。

9.3.2有膳食管理制度、卫生制度、清洁消毒制度、食品留样制度、烹饪加工制度、食品原料采购索证制度、库房分类管理制度。

9.3.3食堂应取得《食品卫生许可证》。

9.3.4 营养师和厨师应持证上岗，按规定体检。

9.3.5 每周有食谱，保持合理配餐、营养均衡，能提供患者健康需要的特殊饮食。

9.3.6 每年召开膳食管理会议不应少于2次，征求患者家属及相关方意见。

9.3.7 食品应24小时留样，防止食物中毒事件的发生。

9.3.8 患者进餐时应有工作人员看护，防止噎食等意外发生。

9.3.9 尊重少数民族和宗教信仰人士的饮食习俗。

9.4 康复

9.4.1 有康复服务组织机构，有相应的岗位职责。

9.4.2 有康复训练制度、康复安全管理制度、康复效果评估制度、康复档案管理制度。

9.4.3 应针对患者需求，开展生理康复、心理康复、职业康复和社交康复服务。

9.4.4 应针对出院准备期的患者开展增进服药依从性、社会适应能力训练。

9.4.5 应采取随班就读或院内办班，保证患有精神障碍的适龄儿童、少年接受义务教育。

9.4.6 应开展工娱治疗，帮助有劳动能力的精神障碍患者从事力所能及的劳动。

9.5 社会工作

9.5.1 有社会工作服务组织机构，有相应的岗位职责。

9.5.2 有个案工作制度、小组工作制度、团体工作制度、社会工作档案管理制度、社会工作督导制度、社会工作服务效果评估制度、志愿者招募和管理制度。

9.5.3 社会工作人员应取得相应的职业资格证书。

9.5.4 应针对患者开展社会适应能力训练、出院前评估、社会救助、政策咨询、社会支持、健康教育、疾病管理服务。

9.5.5 应针对患者家属开展社会支持、政策咨询、健康教育服务。

10 评价与改进

10.1有根据相关规章制度、岗位职责编制的检查评分及检查记录表，并组织定期检查、监督和评价。

10.2接受上级主管部门的监督管理。

4 社会慈善

中华人民共和国慈善法

（2016 年 3 月 16 日）

第一章　总　则

第一条　为了发展慈善事业，弘扬慈善文化，规范慈善活动，保护慈善组织、捐赠人、志愿者、受益人等慈善活动参与者的合法权益，促进社会进步，共享发展成果，制定本法。

第二条　自然人、法人和其他组织开展慈善活动以及与慈善有关的活动，适用本法。其他法律有特别规定的，依照其规定。

第三条　本法所称慈善活动，是指自然人、法人和其他组织以捐赠财产或者提供服务等方式，自愿开展的下列公益活动：

（一）扶贫、济困；

（二）扶老、救孤、恤病、助残、优抚；

（三）救助自然灾害、事故灾难和公共卫生事件等突发事件造成的损害；

（四）促进教育、科学、文化、卫生、体育等事业的发展；

（五）防治污染和其他公害，保护和改善生态环境；

（六）符合本法规定的其他公益活动。

第四条　开展慈善活动，应当遵循合法、自愿、诚信、非营利的原则，不得违背社会公德，不得危害国家安全、损害社会公共利益和他人合法权益。

第五条　国家鼓励和支持自然人、法人和其他组织践行社会主义核心价值观，弘扬中华民族传统美德，依法开展慈善活动。

第六条　国务院民政部门主管全国慈善工作，县级以上地方各级人民政府民政部门主管本行政区域内的慈善工作；县级以上人民政府有关部门依照本法和其他有关法律法规，在各自的职责范围内做好相关工作。

第七条　每年9月5日为“中华慈善日”。

第二章　慈善组织

第八条　本法所称慈善组织，是指依法成立、符合本法规定，以面向社会开展慈善活动为宗旨的非营利性组织。

慈善组织可以采取基金会、社会团体、社会服务机构等组织形式。

第九条　慈善组织应当符合下列条件：

（一）以开展慈善活动为宗旨；

（二）不以营利为目的；

（三）有自己的名称和住所；

（四）有组织章程；

（五）有必要的财产；

（六）有符合条件的组织机构和负责人；

（七）法律、行政法规规定的其他条件。

第十条　设立慈善组织，应当向县级以上人民政府民政部门申请登记，民政部门应当自受理申请之日起三十日内作出决定。符合本法规定条件的，准予登记并向社会公告；不符合本法规定条件的，不予登记并书面说明理由。

本法公布前已经设立的基金会、社会团体、社会服务机构等非营利性组织，可以向其登记的民政部门申请认定为慈善组织，民政部门应当自受理申请之日起二十日内作出决定。符合慈善组织条件的，予以认定并向社会公告；不符合慈善组织条件的，不予认定并书面说明理由。

有特殊情况需要延长登记或者认定期限的，报经国务院民政部门批准，可以适当延长，但延长的期限不得超过六十日。

第十一条　慈善组织的章程，应当符合法律法规的规定，并载明下列事项：

（一）名称和住所；

（二）组织形式；

（三）宗旨和活动范围；

（四）财产来源及构成；

（五）决策、执行机构的组成及职责；

（六）内部监督机制；

（七）财产管理使用制度；

（八）项目管理制度；

（九）终止情形及终止后的清算办法；

（十）其他重要事项。

第十二条　慈善组织应当根据法律法规以及章程的规定，建立健全内部治理结构，明确决策、执行、监督等方面的职责权限，开展慈善活动。

慈善组织应当执行国家统一的 会计制度，依法进行会计核算，建立健全会计监督制度，并接受政府有关部门的监督管理。

第十三条　慈善组织应当每年向其登记的民政部门报送年度工作报告和财务会计报告。报告应当包括年度开展募捐和接受捐赠情况、慈善财产的管理使用情况、慈善项目实施情况以及慈善组织工作人员的工资福利情况。

第十四条　慈善组织的发起人、主要捐赠人以及管理人员，不得利用其关联关系损害慈善组织、受益人的利益和社会公共利益。

慈善组织的发起人、主要捐赠人以及管理人员与慈善组织发生交易行为的，不得参与慈善组织有关该交易行为的决策，有关交易情况应当向社会公开。

第十五条　慈善组织不得从事、资助危害国家安全和社会公共利益的活动，不得接受附加违反法律法规和违背社会公德条件的捐赠，不得对受益人附加违反法律法规和违背社会公德的条件。

第十六条　有下列情形之一的，不得担任慈善组织的负责人：

（一）无民事行为能力或者限制民事行为能力的；

（二）因故意犯罪被判处刑罚，自刑罚执行完毕之日起未逾五年的；

（三）在被吊销登记证书或者被取缔的组织担任负责人，自该组织被吊销登记证书或者被取缔之日起未逾五年的；

（四）法律、行政法规规定的其他情形。

第十七条　慈善组织有下列情形之一的，应当终止：

（一）出现章程规定的终止情形的；

（二）因分立、合并需要终止的；

（三）连续二年未从事慈善活动的；

（四）依法被撤销登记或者吊销登记证书的；

（五）法律、行政法规规定应当终止的其他情形。

第十八条　慈善组织终止，应当进行清算。

慈善组织的决策机构应当在本法第十七条规定的终止情形出现之日起三十日内成立清算组进行清算，并向社会公告。不成立清算组或者清算组不履行职责的，民政部门可以申请人民法院指定有关人员组成清算组进行清算。

慈善组织清算后的剩余财产，应当按照慈善组织章程的规定转给宗旨相同或者相近的慈善组织；章程未规定的，由民政部门主持转给宗旨相同或者相近的慈善组织，并向社会公告。

慈善组织清算结束后，应当向其登记的民政部门办理注销登记，并由民政部门向社会公告。

第十九条　慈善组织依法成立行业组织。

慈善行业组织应当反映行业诉求，推动行业交流，提高慈善行业公信力，促进慈善事业发展。

第二十条　慈善组织的组织形式、登记管理的具体办法由国务院制定。

第三章　慈善募捐

第二十一条　本法所称慈善募捐，是指慈善组织基于慈善宗旨募集财产的活动。

慈善募捐，包括面向社会公众的公开募捐和面向特定对象的定向募捐。

第二十二条　慈善组织开展公开募捐，应当取得公开募捐资格。依法登记满二年的慈善组织，可以向其登记的民政部门申请公开募捐资格。民政部门应当自受理申请之日起二十日内作出决定。慈善组织符合内部治理结构健全、运作规范的条件的，发给公开募捐资格证书；不符合条件的，不发给公开募捐资格证书并书面说明理由。

法律、行政法规规定自登记之日起可以公开募捐的基金会和社会团体，由民政部门直接发给公开募捐资格证书。

第二十三条　开展公开募捐，可以采取下列方式：

（一）在公共场所设置募捐箱；

（二）举办面向社会公众的义演、义赛、义卖、义展、义拍、慈善晚会等；

（三）通过广播、电视、报刊、互联网等媒体发布募捐信息；

（四）其他公开募捐方式。

慈善组织采取前款第一项、第二项规定的方式开展公开募捐的，应当在其登记的民政部门管辖区域内进行，确有必要在其登记的民政部门管辖区域外进行的，应当报其开展募捐活动所在地的县级以上人民政府民政部门备案。捐赠人的捐赠行为不受地域限制。

慈善组织通过互联网开展公开募捐的，应当在国务院民政部门统一或者指定的慈善信息平台发布募捐信息，并可以同时在其网站发布募捐信息。

第二十四条　开展公开募捐，应当制定募捐方案。募捐方案包括募捐目的、起止时间和地域、活动负责人姓名和办公地址、接受捐赠方式、银行账户、受益人、募得款物用途、募捐成本、剩余财产的处理等。

募捐方案应当在开展募捐活动前报慈善组织登记的民政部门备案。

第二十五条　开展公开募捐，应当在募捐活动现场或者募捐活动载体的显著位置，公布募捐组织名称、公开募捐资格证书、募捐方案、联系方式、募捐信息查询方法等。

第二十六条　不具有公开募捐资格的组织或者个人基于慈善目的，可以与具有公开募捐资格的慈善组织合作，由该慈善组织开展公开募捐并管理募得款物。

第二十七条　广播、电视、报刊以及网络服务提供者、电信运营商，应当对利用其平台开展公开募捐的慈善组织的登记证书、公开募捐资格证书进行验证。

第二十八条　慈善组织自登记之日起可以开展定向募捐。

慈善组织开展定向募捐，应当在发起人、理事会成员和会员等特定对象的范围内进行，并向募捐对象说明募捐目的、募得款物用途等事项。

第二十九条　开展定向募捐，不得采取或者变相采取本法第二十三条规定的方式。

第三十条　发生重大自然灾害、事故灾难和公共卫生事件等突发事件，需要迅速开展救助时，有关人民政府应当建立协调机制，提供需求信息，及时有序引导开展募捐和救助活动。

第三十一条　开展募捐活动，应当尊重和维护募捐对象的合法权益，保障募捐对象的知情权，不得通过虚构事实等方式欺骗、诱导募捐对象实施捐赠。

第三十二条　开展募捐活动，不得摊派或者变相摊派，不得妨碍公共秩序、企业生产经营和居民生活。

第三十三条　禁止任何组织或者个人假借慈善名义或者假冒慈善组织开展募捐活动，骗取财产。

第四章　慈善捐赠

第三十四条　本法所称慈善捐赠，是指自然人、法人和其他组织基于慈善目的，自愿、无偿赠与财产的活动。

第三十五条　捐赠人可以通过慈善组织捐赠，也可以直接向受益人捐赠。

第三十六条　捐赠人捐赠的财产应当是其有权处分的合法财产。捐赠财产包括货币、实物、房屋、有价证券、股权、知识产权等有形和无形财产。

捐赠人捐赠的实物应当具有使用价值，符合安全、卫生、环保等标准。

捐赠人捐赠本企业产品的，应当依法承担产品质量责任和义务。

第三十七条　自然人、法人和其他组织开展演出、比赛、销售、拍卖等经营性活动，承诺将全部或者部分所得用于慈善目的的，应当在举办活动前与慈善组织或者其他接受捐赠的人签订捐赠协议，活动结束后按照捐赠协议履行捐赠义务，并将捐赠情况向社会公开。

第三十八条　慈善组织接受捐赠，应当向捐赠人开具由财政部门统一监（印）制的捐赠票据。捐赠票据应当载明捐赠人、捐赠财产的种类及数量、慈善组织名称和经办人姓名、票据日期等。捐赠人匿名或者放弃接受捐赠票据的，慈善组织应当做好相关记录。

第三十九条　慈善组织接受捐赠，捐赠人要求签订书面捐赠协议的，慈善组织应当与捐赠人签订书面捐赠协议。

书面捐赠协议包括捐赠人和慈善组织名称，捐赠财产的种类、数量、质量、用途、交付时间等内容。

第四十条　捐赠人与慈善组织约定捐赠财产的用途和受益人时，不得指定捐赠人的利害关系人作为受益人。

任何组织和个人不得利用慈善捐赠违反法律规定宣传烟草制品，不得利用慈善捐赠以任何方式宣传法律禁止宣传的产品和事项。

第四十一条　捐赠人应当按照捐赠协议履行捐赠义务。捐赠人违反捐赠协议逾期未交付捐赠财产，有下列情形之一的，慈善组织或者其他接受捐赠的人可以要求交付；捐赠人拒不交付的，慈善组织和其他接受捐赠的人可以依法向人民法院申请支付令或者提起诉讼：

（一）捐赠人通过广播、电视、报刊、互联网等媒体公开承诺捐赠的；

（二）捐赠财产用于本法第三条第一项至第三项规定的慈善活动，并签订书面捐赠协议的。

捐赠人公开承诺捐赠或者签订书面捐赠协议后经济状况显著恶化，严重影响其生产经营或者家庭生活的，经向公开承诺捐赠地或者书面捐赠协议签订地的民政部门报告并向社会公开说明情况后，可以不再履行捐赠义务。

第四十二条　捐赠人有权查询、复制其捐赠财产管理使用的有关资料，慈善组织应当及时主动向捐赠人反馈有关情况。

慈善组织违反捐赠协议约定的用途，滥用捐赠财产的，捐赠人有权要求其改正；拒不改正的，捐赠人可以向民政部门投诉、举报或者向人民法院提起诉讼。

第四十三条　国有企业实施慈善捐赠应当遵守有关国有资产管理的规定，履行批准和备案程序。

第五章　慈善信托

第四十四条　本法所称慈善信托属于公益信托，是指委托人基于慈善目的，依法将其财产委托给受托人，由受托人按照委托人意愿以受托人名义进行管理和处分，开展慈善活动的行为。

第四十五条　设立慈善信托、确定受托人和监察人，应当采取书面形式。受托人应当在慈善信托文件签订之日起七日内，将相关文件向受托人所在地县级以上人民政府民政部门备案。

未按照前款规定将相关文件报民政部门备案的，不享受税收优惠。

第四十六条　慈善信托的受托人，可以由委托人确定其信赖的慈善组织或者信托公司担任。

第四十七条　慈善信托的受托人违反信托义务或者难以履行职责的，委托人可以变更受托人。变更后的受托人应当自变更之日起七日内，将变更情况报原备案的民政部门重新备案。

第四十八条　慈善信托的受托人管理和处分信托财产，应当按照信托目的，恪尽职守，履行诚信、谨慎管理的义务。

慈善信托的受托人应当根据信托文件和委托人的要求，及时向委托人报告信托事务处理情况、信托财产管理使用情况。慈善信托的受托人应当每年至少一次将信托事务处理情况及财务状况向其备案的民政部门报告，并向社会公开。

第四十九条　慈善信托的委托人根据需要，可以确定信托监察人。

信托监察人对受托人的行为进行监督，依法维护委托人和受益人的权益。信托监察人发现受托人违反信托义务或者难以履行职责的，应当向委托人报告，并有权以自己的名义向人民法院提起诉讼。

第五十条　慈善信托的设立、信托财产的管理、信托当事人、信托的终止和清算等事项，本章未规定的，适用本法其他有关规定；本法未规定的，适用《中华人民共和国信托法》的有关规定。

第六章　慈善财产

第五十一条　慈善组织的财产包括：

（一）发起人捐赠、资助的创始财产；

（二）募集的财产；

（三）其他合法财产。

第五十二条　慈善组织的财产应当根据章程和捐赠协议的规定全部用于慈善目的，不得在发起人、捐赠人以及慈善组织成员中分配。

任何组织和个人不得私分、挪用、截留或者侵占慈善财产。

第五十三条　慈善组织对募集的财产，应当登记造册，严格管理，专款专用。

捐赠人捐赠的实物不易储存、运输或者难以直接用于慈善目的的，慈善组织可以依法拍卖或者变卖，所得收入扣除必要费用后，应当全部用于慈善目的。

第五十四条　慈善组织为实现财产保值、增值进行投资的，应当遵循合法、安全、有效的原则，投资取得的收益应当全部用于慈善目的。慈善组织的重大投资方案应当经决策机构组成人员三分之二以上同意。政府资助的财产和捐赠协议约定不得投资的财产，不得用于投资。慈善组织的负责人和工作人员不得在慈善组织投资的企业兼职或者领取报酬。

前款规定事项的具体办法，由国务院民政部门制定。

第五十五条　慈善组织开展慈善活动，应当依照法律法规和章程的规定，按照募捐方案或者捐赠协议使用捐赠财产。慈善组织确需变更募捐方案规定的捐赠财产用途的，应当报民政部门备案；确需变更捐赠协议约定的捐赠财产用途的，应当征得捐赠人同意。

第五十六条　慈善组织应当合理设计慈善项目，优化实施流程，降低运行成本，提高慈善财产使用效益。

慈善组织应当建立项目管理制度，对项目实施情况进行跟踪监督。

第五十七条　慈善项目终止后捐赠财产有剩余的，按照募捐方案或者捐赠协议处理；募捐方案未规定或者捐赠协议未约定的，慈善组织应当将剩余财产用于目的相同或者相近的其他慈善项目，并向社会公开。

第五十八条　慈善组织确定慈善受益人，应当坚持公开、公平、公正的原则，不得指定慈善组织管理人员的利害关系人作为受益人。

第五十九条　慈善组织根据需要可以与受益人签订协议，明确双方权利义务，约定慈善财产的用途、数额和使用方式等内容。

受益人应当珍惜慈善资助，按照协议使用慈善财产。受益人未按照协议使用慈善财产或者有其他严重违反协议情形的，慈善组织有权要求其改正；受益人拒不改正的，慈善组织有权解除协议并要求受益人返还财产。

第六十条　慈善组织应当积极开展慈善活动，充分、高效运用慈善财产，并遵循管理费用最必要原则，厉行节约，减少不必要的开支。慈善组织中具有公开募捐资格的基金会开展慈善活动的年度支出，不得低于上一年总收入的百分之七十或者前三年收入平均数额的百分之七十；年度管理费用不得超过当年总支出的百分之十，特殊情况下，年度管理费用难以符合前述规定的，应当报告其登记的民政部门并向社会公开说明情况。

具有公开募捐资格的基金会以外的慈善组织开展慈善活动的年度支出和管理费用的标准，由国务院民政部门会同国务院财政、税务等部门依照前款规定的原则制定。

捐赠协议对单项捐赠财产的慈善活动支出和管理费用有约定的，按照其约定。

第七章　慈善服务

第六十一条　本法所称慈善服务，是指慈善组织和其他组织以及个人基于慈善目的，向社会或者他人提供的志愿无偿服务以及其他非营利服务。

慈善组织开展慈善服务，可以自己提供或者招募志愿者提供，也可以委托有服务专长的其他组织提供。

第六十二条　开展慈善服务，应当尊重受益人、志愿者的人格尊严，不得侵害受益人、志愿者的隐私。

第六十三条　开展医疗康复、教育培训等慈善服务，需要专门技能的，应当执行国家或者行业组织制定的标准和规程。

慈善组织招募志愿者参与慈善服务，需要专门技能的，应当对志愿者开展相关培训。

第六十四条　慈善组织招募志愿者参与慈善服务，应当公示与慈善服务有关的全部信息，告知服务过程中可能发生的风险。

慈善组织根据需要可以与志愿者签订协议，明确双方权利义务，约定服务的内容、方式和时间等。

第六十五条　慈善组织应当对志愿者实名登记，记录志愿者的服务时间、内容、评价等信息。根据志愿者的要求，慈善组织应当无偿、如实出具志愿服务记录证明。

第六十六条　慈善组织安排志愿者参与慈善服务，应当与志愿者的年龄、文化程度、技能和身体状况相适应。

第六十七条　志愿者接受慈善组织安排参与慈善服务的，应当服从管理，接受必要的培训。

第六十八条　慈善组织应当为志愿者参与慈善服务提供必要条件，保障志愿者的合法权益。

慈善组织安排志愿者参与可能发生人身危险的慈善服务前，应当为志愿者购买相应的人身意外伤害保险。

第八章　信息公开

第六十九条　县级以上人民政府建立健全慈善信息统计和发布制度。

县级以上人民政府民政部门应当在统一的信息平台，及时向社会公开慈善信息，并免费提供慈善信息发布服务。

慈善组织和慈善信托的受托人应当在前款规定的平台发布慈善信息，并对信息的真实性负责。

第七十条　县级以上人民政府民政部门和其他有关部门应当及时向社会公开下列慈善信息：

（一）慈善组织登记事项；

（二）慈善信托备案事项；

（三）具有公开募捐资格的慈善组织名单；

（四）具有出具公益性捐赠税前扣除票据资格的慈善组织名单；

（五）对慈善活动的税收优惠、资助补贴等促进措施；

（六）向慈善组织购买服务的信息；

（七）对慈善组织、慈善信托开展检查、评估的结果；

（八）对慈善组织和其他组织以及个人的表彰、处罚结果；

（九）法律法规规定应当公开的其他信息。

第七十一条　慈善组织、慈善信托的受托人应当依法履行信息公开义务。信息公开应当真实、完整、及时。

第七十二条　慈善组织应当向社会公开组织章程和决策、执行、监督机构成员信息以及国务院民政部门要求公开的其他信息。上述信息有重大变更的，慈善组织应当及时向社会公开。

慈善组织应当每年向社会公开其年度工作报告和财务会计报告。具有公开募捐资格的慈善组织的财务会计报告须经审计。

第七十三条　具有公开募捐资格的慈善组织应当定期向社会公开其募捐情况和慈善项目实施情况。

公开募捐周期超过六个月的，至少每三个月公开一次募捐情况，公开募捐活动结束后三个月内应当全面公开募捐情况。

慈善项目实施周期超过六个月的，至少每三个月公开一次项目实施情况，项目结束后三个月内应当全面公开项目实施情况和募得款物使用情况。

第七十四条　慈善组织开展定向募捐的，应当及时向捐赠人告知募捐情况、募得款物的管理使用情况。

第七十五条　慈善组织、慈善信托的受托人应当向受益人告知其资助标准、工作流程和工作规范等信息。

第七十六条　涉及国家秘密、商业秘密、个人隐私的信息以及捐赠人、慈善信托的委托人不同意公开的姓名、名称、住所、通讯方式等信息，不得公开。

第九章　促进措施

第七十七条　县级以上人民政府应当根据经济社会发展情况，制定促进慈善事业发展的政策和措施。

县级以上人民政府有关部门应当在各自职责范围内，向慈善组织、慈善信托受托人等提供慈善需求信息，为慈善活动提供指导和帮助。

第七十八条　县级以上人民政府民政部门应当建立与其他部门之间的慈善信息共享机制。

第七十九条　慈善组织及其取得的收入依法享受税收优惠。

第八十条　自然人、法人和其他组织捐赠财产用于慈善活动的，依法享受税收优惠。企业慈善捐赠支出超过法律规定的准予在计算企业所得税应纳税所得额时当年扣除的部分，允许结转以后三年内在计算应纳税所得额时扣除。

境外捐赠用于慈善活动的物资，依法减征或者免征进口关税和进口环节增值税。

第八十一条　受益人接受慈善捐赠，依法享受税收优惠。

第八十二条　慈善组织、捐赠人、受益人依法享受税收优惠的，有关部门应当及时办理相关手续。

第八十三条　捐赠人向慈善组织捐赠实物、有价证券、股权和知识产权的，依法免征权利转让的相关行政事业性费用。

第八十四条　国家对开展扶贫济困的慈善活动，实行特殊的优惠政策。

第八十五条　慈善组织开展本法第三条第一项、第二项规定的慈善活动需要慈善服务设施用地的，可以依法申请使用国有划拨土地或者农村集体建设用地。慈善服务设施用地非经法定程序不得改变用途。

第八十六条　国家为慈善事业提供金融政策支持，鼓励金融机构为慈善组织、慈善信托提供融资和结算等金融服务。

第八十七条　各级人民政府及其有关部门可以依法通过购买服务等方式，支持符合条件的慈善组织向社会提供服务，并依照有关政府采购的法律法规向社会公开相关情况。

第八十八条　国家采取措施弘扬慈善文化，培育公民慈善意识。

学校等教育机构应当将慈善文化纳入教育教学内容。国家鼓励高等学校培养慈善专业人才，支持高等学校和科研机构开展慈善理论研究。

广播、电视、报刊、互联网等媒体应当积极开展慈善公益宣传活动，普及慈善知识，传播慈善文化。

第八十九条　国家鼓励企业事业单位和其他组织为开展慈善活动提供场所和其他便利条件。

第九十条　经受益人同意，捐赠人对其捐赠的慈善项目可以冠名纪念，法律法规规定需要批准的，从其规定。

第九十一条　国家建立慈善表彰制度，对在慈善事业发展中做出突出贡献的自然人、法人和其他组织，由县级以上人民政府或者有关部门予以表彰。

第十章　监督管理

第九十二条　县级以上人民政府民政部门应当依法履行职责，对慈善活动进行监督检查，对慈善行业组织进行指导。

第九十三条　县级以上人民政府民政部门对涉嫌违反本法规定的慈善组

织，有权采取下列措施：

（一）对慈善组织的住所和慈善活动发生地进行现场检查；

（二）要求慈善组织作出说明，查阅、复制有关资料；

（三）向与慈善活动有关的单位和个人调查与监督管理有关的情况；

（四）经本级人民政府批准，可以查询慈善组织的金融账户；

（五）法律、行政法规规定的其他措施。

第九十四条　县级以上人民政府民政部门对慈善组织、有关单位和个人进行检查或者调查时，检查人员或者调查人员不得少于二人，并应当出示合法证件和检查、调查通知书。

第九十五条　县级以上人民政府民政部门应当建立慈善组织及其负责人信用记录制度，并向社会公布。

民政部门应当建立慈善组织评估制度，鼓励和支持第三方机构对慈善组织进行评估，并向社会公布评估结果。

第九十六条　慈善行业组织应当建立健全行业规范，加强行业自律。

第九十七条　任何单位和个人发现慈善组织、慈善信托有违法行为的，可以向民政部门、其他有关部门或者慈善行业组织投诉、举报。民政部门、其他有关部门或者慈善行业组织接到投诉、举报后，应当及时调查处理。

国家鼓励公众、媒体对慈善活动进行监督，对假借慈善名义或者假冒慈善组织骗取财产以及慈善组织、慈善信托的违法违规行为予以曝光，发挥舆论和社会监督作用。

第十一章　法律责任

第九十八条　慈善组织有下列情形之一的，由民政部门责令限期改正；逾期不改正的，吊销登记证书并予以公告：

（一）未按照慈善宗旨开展活动的；

（二）私分、挪用、截留或者侵占慈善财产的；

（三）接受附加违反法律法规或者违背社会公德条件的捐赠，或者对受益人附加违反法律法规或者违背社会公德的条件的。

第九十九条　慈善组织有下列情形之一的，由民政部门予以警告、责令限期改正；逾期不改正的，责令限期停止活动并进行整改：

（一）违反本法第十四条规定造成慈善财产损失的；

（二）将不得用于投资的财产用于投资的；

（三）擅自改变捐赠财产用途的；

（四）开展慈善活动的年度支出或者管理费用的标准违反本法第六十条规定的；

（五）未依法履行信息公开义务的；

（六）未依法报送年度工作报告、财务会计报告或者报备募捐方案的；

（七）泄露捐赠人、志愿者、受益人个人隐私以及捐赠人、慈善信托的委托人不同意公开的姓名、名称、住所、通讯方式等信息的。

慈善组织违反本法规定泄露国家秘密、商业秘密的，依照有关法律的规定予以处罚。

慈善组织有前两款规定的情形，经依法处理后一年内再出现前款规定的情形，或者有其他情节严重情形的，由民政部门吊销登记证书并予以公告。

第一百条　慈善组织有本法第九十八条、第九十九条规定的情形，有违法所得的，由民政部门予以没收；对直接负责的主管人员和其他直接责任人员处二万元以上二十万元以下罚款。

第一百零一条　开展募捐活动有下列情形之一的，由民政部门予以警告、责令停止募捐活动；对违法募集的财产，责令退还捐赠人；难以退还的，由民政部门予以收缴，转给其他慈善组织用于慈善目的；对有关组织或者个人处二万元以上二十万元以下罚款：

（一）不具有公开募捐资格的组织或者个人开展公开募捐的；

（二）通过虚构事实等方式欺骗、诱导募捐对象实施捐赠的；

（三）向单位或者个人摊派或者变相摊派的；

（四）妨碍公共秩序、企业生产经营或者居民生活的。

广播、电视、报刊以及网络服务提供者、电信运营商未履行本法第二十七条规定的验证义务的，由其主管部门予以警告，责令限期改正；逾期不改正的，予以通报批评。

第一百零二条　慈善组织不依法向捐赠人开具捐赠票据、不依法向志愿者出具志愿服务记录证明或者不及时主动向捐赠人反馈有关情况的，由民政部门予以警告，责令限期改正；逾期不改正的，责令限期停止活动。

第一百零三条　慈善组织弄虚作假骗取税收优惠的，由税务机关依法查处；情节严重的，由民政部门吊销登记证书并予以公告。

第一百零四条　慈善组织从事、资助危害国家安全或者社会公共利益活动的，由有关机关依法查处，由民政部门吊销登记证书并予以公告。

第一百零五条　慈善信托的受托人有下列情形之一的，由民政部门予以警告，责令限期改正；有违法所得的，由民政部门予以没收；对直接负责的主管人员和其他直接责任人员处二万元以上二十万元以下罚款：

（一）将信托财产及其收益用于非慈善目的的；

（二）未按照规定将信托事务处理情况及财务状况向民政部门报告或者向社会公开的。

第一百零六条　慈善服务过程中，因慈善组织或者志愿者过错造成受益人、第三人损害的，慈善组织依法承担赔偿责任；损害是由志愿者故意或者重大过失造成的，慈善组织可以向其追偿。

志愿者在参与慈善服务过程中，因慈善组织过错受到损害的，慈善组织依法承担赔偿责任；损害是由不可抗力造成的，慈善组织应当给予适当补偿。

第一百零七条　自然人、法人或者其他组织假借慈善名义或者假冒慈善组织骗取财产的，由公安机关依法查处。

第一百零八条　县级以上人民政府民政部门和其他有关部门及其工作人员有下列情形之一的，由上级机关或者监察机关责令改正；依法应当给予处分的，由任免机关或者监察机关对直接负责的主管人员和其他直接责任人员给予处分：

（一）未依法履行信息公开义务的；

（二）摊派或者变相摊派捐赠任务，强行指定志愿者、慈善组织提供服务的；

（三）未依法履行监督管理职责的；

（四）违法实施行政强制措施和行政处罚的；

（五）私分、挪用、截留或者侵占慈善财产的；

（六）其他滥用职权、玩忽职守、徇私舞弊的行为。

第一百零九条　违反本法规定，构成违反治安管理行为的，由公安机关依法给予治安管理处罚；构成犯罪的，依法追究刑事责任。

第十二章　附　则

第一百一十条　城乡社区组织、单位可以在本社区、单位内部开展群众性互助互济活动。

第一百一十一条　慈善组织以外的其他组织可以开展力所能及的慈善活动。

第一百一十二条　本法自2016年9月1日起施行。

中华人民共和国公益事业捐赠法

（1999 年 6 月 28 日）

第一章　总　则

第一条　为了鼓励捐赠，规范捐赠和受赠行为，保护捐赠人、受赠人和受益人的合法权益，促进公益事业的发展，制定本法。

第二条　自然人、法人或者其他组织自愿无偿向依法成立的公益性社会团体和公益性非营利的事业单位捐赠财产，用于公益事业的，适用本法。

第三条　本法所称公益事业是指非营利的下列事项：

（一）救助灾害、救济贫困、扶助残疾人等困难的社会群体和个人的活动；

（二）教育、科学、文化、卫生、体育事业；

（三）环境保护、社会公共设施建设；

（四）促进社会发展和进步的其他社会公共和福利事业。

第四条　捐赠应当是自愿和无偿的，禁止强行摊派或者变相摊派，不得以捐赠为名从事营利活动。

第五条　捐赠财产的使用应当尊重捐赠人的意愿，符合公益目的，不得将捐赠财产挪作他用。

第六条　捐赠应当遵守法律、法规，不得违背社会公德，不得损害公共利益和其他公民的合法权益。

第七条　公益性社会团体受赠的财产及其增值为社会公共财产，受国家法律保护，任何单位和个人不得侵占、挪用和损毁。

第八条　国家鼓励公益事业的发展，对公益性社会团体和公益性非营利的事业单位给予扶持和优待。

国家鼓励自然人、法人或者其他组织对公益事业进行捐赠。

对公益事业捐赠有突出贡献的自然人、法人或者其他组织，由人民政府或者有关部门予以表彰。对捐赠人进行公开表彰，应当事先征求捐赠人的意见。

第二章　捐赠和受赠

第九条　自然人、法人或者其他组织可以选择符合其捐赠意愿的公益性社会团体和公益性非营利的事业单位进行捐赠。捐赠的财产应当是其有权处分的合法财产。

第十条　公益性社会团体和公益性非营利的事业单位可以依照本法接受捐赠。

本法所称公益性社会团体是指依法成立的，以发展公益事业为宗旨的基金会、慈善组织等社会团体。

本法所称公益性非营利的事业单位是指依法成立的，从事公益事业的不以营利为目的的教育机构、科学研究机构、医疗卫生机构、社会公共文化机构、社会公共体育机构和社会福利机构等。

第十一条　在发生自然灾害时或者境外捐赠人要求县级以上人民政府及其部门作为受赠人时，县级以上人民政府及其部门可以接受捐赠，并依照本法的有关规定对捐赠财产进行管理。

县级以上人民政府及其部门可以将受赠财产转交公益性社会团体或者公益性非营利的事业单位；也可以按照捐赠人的意愿分发或者兴办公益事业，但是不得以本机关为受益对象。

第十二条　捐赠人可以与受赠人就捐赠财产的种类、质量、数量和用途等内容订立捐赠协议。捐赠人有权决定捐赠的数量、用途和方式。

捐赠人应当依法履行捐赠协议，按照捐赠协议约定的期限和方式将捐赠财产转移给受赠人。

第十三条　捐赠人捐赠财产兴建公益事业工程项目，应当与受赠人订立捐赠协议，对工程项目的资金、建设、管理和使用作出约定。

捐赠的公益事业工程项目由受赠单位按照国家有关规定办理项目审批手续，并组织施工或者由受赠人和捐赠人共同组织施工。工程质量应当符合国家质量标准。

捐赠的公益事业工程项目竣工后，受赠单位应当将工程建设、建设资金的使用和工程质量验收情况向捐赠人通报。

第十四条　捐赠人对于捐赠的公益事业工程项目可以留名纪念；捐赠人单独捐赠的工程项目或者主要由捐赠人出资兴建的工程项目，可以由捐赠人提出工程项目的名称，报县级以上人民政府批准。

第十五条　境外捐赠人捐赠的财产，由受赠人按照国家有关规定办理入境手续；捐赠实行许可证管理的物品，由受赠人按照国家有关规定办理许可证申领手续，海关凭许可证验放、监管。

华侨向境内捐赠的，县级以上人民政府侨务部门可以协助办理有关入境手续，为捐赠人实施捐赠项目提供帮助。

第三章　捐赠财产的使用和管理

第十六条　受赠人接受捐赠后，应当向捐赠人出具合法、有效的收据，将受赠财产登记造册，妥善保管。

第十七条　公益性社会团体应当将受赠财产用于资助符合其宗旨的活动和事业。对于接受的救助灾害的捐赠财产，应当及时用于救助活动。基金会每年用于资助公益事业的资金数额，不得低于国家规定的比例。

公益性社会团体应当严格遵守国家的有关规定，按照合法、安全、有效的原则，积极实现捐赠财产的保值增值。

公益性非营利的事业单位应当将受赠财产用于发展本单位的公益事业，不得挪作他用。

对于不易储存、运输和超过实际需要的受赠财产，受赠人可以变卖，所取得的全部收入，应当用于捐赠目的。

第十八条　受赠人与捐赠人订立了捐赠协议的，应当按照协议约定的用途使用捐赠财产，不得擅自改变捐赠财产的用途。如果确需改变用途的，应当征得捐赠人的同意。

第十九条　受赠人应当依照国家有关规定，建立健全财务会计制度和受赠财产的使用制度，加强对受赠财产的管理。

第二十条　受赠人每年度应当向政府有关部门报告受赠财产的使用、管理情况，接受监督。必要时，政府有关部门可以对其财务进行审计。

海关对减免关税的捐赠物品依法实施监督和管理。

县级以上人民政府侨务部门可以参与对华侨向境内捐赠财产使用与管理的监督。

第二十一条　捐赠人有权向受赠人查询捐赠财产的使用、管理情况，并提出意见和建议。对于捐赠人的查询，受赠人应当如实答复。

第二十二条　受赠人应当公开接受捐赠的情况和受赠财产的使用、管理情况，接受社会监督。

第二十三条　公益性社会团体应当厉行节约，降低管理成本，工作人员的工资和办公费用从利息等收入中按照国家规定的标准开支。

第四章　优惠措施

第二十四条　公司和其他企业依照本法的规定捐赠财产用于公益事业，依照法律、行政法规的规定享受企业所得税方面的优惠。

第二十五条　自然人和个体工商户依照本法的规定捐赠财产用于公益事业，依照法律、行政法规的规定享受个人所得税方面的优惠。

第二十六条　境外向公益性社会团体和公益性非营利的事业单位捐赠的用于公益事业的物资，依照法律、行政法规的规定减征或者免征进口关税和进口环节的增值税。

第二十七条　对于捐赠的工程项目，当地人民政府应当给予支持和优惠。

第五章　法律责任

第二十八条　受赠人未征得捐赠人的许可，擅自改变捐赠财产的性质、用途的，由县级以上人民政府有关部门责令改正，给予警告。拒不改正的，经征求捐赠人的意见，由县级以上人民政府将捐赠财产交由与其宗旨相同或者相似的公益性社会团体或者公益性非营利的事业单位管理。

第二十九条　挪用、侵占或者贪污捐赠款物的，由县级以上人民政府有关部门责令退还所用、所得款物，并处以罚款；对直接责任人员，由所在单位依照有关规定予以处理；构成犯罪的，依法追究刑事责任。

依照前款追回、追缴的捐赠款物，应当用于原捐赠目的和用途。

第三十条　在捐赠活动中，有下列行为之一的，依照法律、法规的有关规定予以处罚；构成犯罪的，依法追究刑事责任：

（一）逃汇、骗购外汇的；

（二）偷税、逃税的；

（三）进行走私活动的；

（四）未经海关许可并且未补缴应缴税额，擅自将减税、免税进口的捐赠物资在境内销售、转让或者移作他用的。

第三十一条　受赠单位的工作人员，滥用职权，玩忽职守，徇私舞弊，致使捐赠财产造成重大损失的，由所在单位依照有关规定予以处理；构成犯罪的，依法追究刑事责任。

第六章　附　则

第三十二条　本法自1999年9月1日起施行。

慈善组织公开募捐管理办法

（2016 年 8 月 31 日）

第一条　为了规范慈善组织开展公开募捐，根据《中华人民共和国慈善法》（以下简称《慈善法》），制定本办法。

第二条　慈善组织公开募捐资格和公开募捐活动管理，适用本办法。

第三条　依法取得公开募捐资格的慈善组织可以面向公众开展募捐。不具有公开募捐资格的组织和个人不得开展公开募捐。

第四条　县级以上人民政府民政部门依法对其登记的慈善组织公开募捐资格和公开募捐活动进行监督管理，并对本行政区域内涉及公开募捐的有关活动进行监督管理。

第五条　依法登记或者认定为慈善组织满二年的社会组织，申请公开募捐资格，应当符合下列条件：

（一）根据法律法规和本组织章程建立规范的内部治理结构，理事会能够有效决策，负责人任职符合有关规定，理事会成员和负责人勤勉尽职，诚实守信；

（二）理事会成员来自同一组织以及相互间存在关联关系组织的不超过三分之一，相互间具有近亲属关系的没有同时在理事会任职；

（三）理事会成员中非内地居民不超过三分之一，法定代表人由内地居民担任；

（四）秘书长为专职，理事长（会长）、秘书长不得由同一人兼任，有与本慈善组织开展活动相适应的专职工作人员；

（五）在省级以上人民政府民政部门登记的慈善组织有三名以上监事组成的监事会；

（六）依法办理税务登记，履行纳税义务；

（七）按照规定参加社会组织评估，评估结果为3A及以上；

（八）申请时未纳入异常名录；

（九）申请公开募捐资格前二年，未因违反社会组织相关法律法规受到行政处罚，没有其他违反法律、法规、国家政策行为的。

《慈善法》公布前设立的非公募基金会、具有公益性捐赠税前扣除资格的社会团体，登记满二年，经认定为慈善组织的，可以申请公开募捐资格。

第六条　慈善组织申请公开募捐资格，应当向其登记的民政部门提交下列材料：

（一）申请书，包括本组织符合第五条各项条件的具体说明和书面承诺；

（二）注册 会计师出具的申请前二年的财务审计报告，包括年度慈善活动支出和年度管理费用的专项审计；

（三）理事会关于申请公开募捐资格的会议纪要。

有业务主管单位的慈善组织，还应当提交经业务主管单位同意的证明材料。

评估等级在4A及以上的慈善组织免于提交第一款第二项、第三项规定的材料。

第七条　民政部门收到全部有效材料后，应当依法进行审核。

情况复杂的，民政部门可以征求有关部门意见或者通过论证会、听证会等形式听取意见，也可以根据需要对该组织进行实地考察。

第八条　民政部门应当自受理之日起二十日内作出决定。对符合条件的慈善组织，发给公开募捐资格证书；对不符合条件的，不发给公开募捐资格证书并书面说明理由。

第九条　《慈善法》公布前登记设立的公募基金会，凭其标明慈善组织属性的登记证书向登记的民政部门申领公开募捐资格证书。

第十条　开展公开募捐活动，应当依法制定募捐方案。募捐方案包括募捐目的、起止时间和地域、活动负责人姓名和办公地址、接受捐赠方式、银行账户、受益人、募得款物用途、募捐成本、剩余财产的处理等。

第十一条　慈善组织应当在开展公开募捐活动的十日前将募捐方案报送登记的民政部门备案。材料齐备的，民政部门应当即时受理，对予以备案的向社会公开；对募捐方案内容不齐备的，应当即时告知慈善组织，慈善组织应当在十日内向其登记的民政部门予以补正。

为同一募捐目的开展的公开募捐活动可以合并备案。公开募捐活动进行中，募捐方案的有关事项发生变化的，慈善组织应当在事项发生变化之日起十日内向其登记的民政部门补正并说明理由。

有业务主管单位的慈善组织，还应当同时将募捐方案报送业务主管单位。

开展公开募捐活动，涉及公共安全、公共秩序、消防等事项的，还应当按照其他有关规定履行批准程序。

第十二条　慈善组织为应对重大自然灾害、事故灾难和公共卫生事件等突发事件，无法在开展公开募捐活动前办理募捐方案备案的，应当在公开募捐活动开始后十日内补办备案手续。

第十三条　慈善组织在其登记的民政部门管辖区域外，以《慈善法》第二十三条第一款第一项、第二项方式开展公开募捐活动的，除向其登记的民政部门备案外，还应当在开展公开募捐活动十日前，向其开展募捐活动所在地的县级人民政府民政部门备案，提交募捐方案、公开募捐资格证书复印件、确有必要在当地开展公开募捐活动的情况说明。

第十四条　慈善组织开展公开募捐活动应当按照本组织章程载明的宗旨和业务范围，确定明确的募捐目的和捐赠财产使用计划；应当履行必要的内部决策程序；应当使用本组织账户，不得使用个人和其他组织的账户；应当建立公开募捐信息档案，妥善保管、方便查阅。

第十五条　慈善组织开展公开募捐活动，应当在募捐活动现场或者募捐活动载体的显著位置，公布本组织名称、公开募捐资格证书、募捐方案、联系方式、募捐信息查询方法等。

第十六条　慈善组织通过互联网开展公开募捐活动的，应当在民政部统一或者指定的慈善信息平台发布公开募捐信息，并可以同时在以本慈善组织名义开通的门户网站、官方微博、官方微信、移动客户端等网络平台发布公开募捐信息。

第十七条　具有公开募捐资格的慈善组织与不具有公开募捐资格的组织或者个人合作开展公开募捐活动，应当依法签订书面协议，使用具有公开募捐资格的慈善组织名义开展公开募捐活动；募捐活动的全部收支应当纳入该慈善组织的账户，由该慈善组织统一进行财务核算和管理，并承担法律责任。

第十八条　慈善组织为急难救助设立慈善项目，开展公开募捐活动时，应当坚持公开、公平、公正的原则，合理确定救助标准，监督受益人珍惜慈善资助，按照募捐方案的规定合理使用捐赠财产。

第十九条　慈善组织应当加强对募得捐赠财产的管理，依据法律法规、章程规定和募捐方案使用捐赠财产。确需变更募捐方案规定的捐赠财产用途的，应当召开理事会进行审议，报其登记的民政部门备案，并向社会公开。

第二十条　慈善组织应当依照有关规定定期将公开募捐情况和慈善项目实施情况向社会公开。

第二十一条　具有公开募捐资格的慈善组织有下列情形之一的，由登记的民政部门纳入活动异常名录并向社会公告：

（一）不符合本办法第五条规定条件的；

（二）连续六个月不开展公开募捐活动的。

第二十二条　慈善组织被依法撤销公开募捐资格的，应当立即停止公开募捐活动并将相关情况向社会公开。

出现前款规定情形的，民政部门应当及时向社会公告。

第二十三条　慈善组织有下列情形之一的，民政部门可以给予警告、责令限期改正：

（一）伪造、变造、出租、出借公开募捐资格证书的；

（二）未依照本办法进行备案的；

（三）未按照募捐方案确定的时间、期限、地域范围、方式进行募捐的；

（四）开展公开募捐未在募捐活动现场或者募捐活动载体的显著位置公布募捐活动信息的；

（五）开展公开募捐取得的捐赠财产未纳入慈善组织统一核算和账户管理的；

（六）其他违反本办法情形的。

第二十四条　公开募捐资格证书、公开募捐方案范本等格式文本，由民政部统一制定。

第二十五条　本办法由民政部负责解释。

第二十六条　本办法自2016年9月1日起施行。

慈善组织认定办法

（2016年8月31日）

第一条　为了规范慈善组织认定工作，根据《中华人民共和国慈善法》（以下简称《慈善法》）的规定，制定本办法。

第二条　《慈善法》公布前已经设立的基金会、社会团体、社会服务机构等非营利性组织，申请认定为慈善组织，适用本办法。

第三条　县级以上人民政府民政部门对其登记的基金会、社会团体、社会服务机构进行慈善组织认定。

第四条　基金会、社会团体、社会服务机构申请认定为慈善组织，应当符合下列条件：

（一）申请时具备相应的社会组织法人登记条件；

（二）以开展慈善活动为宗旨，业务范围符合《慈善法》第三条的规定；申请时的上一年度慈善活动的年度支出和管理费用符合国务院民政部门关于慈善组织的规定；

（三）不以营利为目的，收益和营运结余全部用于章程规定的慈善目的；财产及其孳息没有在发起人、捐赠人或者本组织成员中分配；章程中有关于剩余财产转给目的相同或者相近的其他慈善组织的规定；

（四）有健全的财务制度和合理的薪酬制度；

（五）法律、行政法规规定的其他条件。

第五条　有下列情形之一的，不予认定为慈善组织：

（一）有法律法规和国家政策规定的不得担任慈善组织负责人的情形的；

（二）申请前二年内受过行政处罚的；

（三）申请时被民政部门列入异常名录的；

（四）有其他违反法律、法规、国家政策行为的。

第六条　申请认定为慈善组织，社会团体应当经会员（代表）大会表决通过，基金会、社会服务机构应当经理事会表决通过；有业务主管单位的，还应当经业务主管单位同意。

第七条　申请认定慈善组织的基金会，应当向民政部门提交下列材料：

（一）申请书；

（二）符合本办法第四条规定以及不存在第五条所列情形的书面承诺；

（三）按照本办法第六条规定召开会议形成的会议纪要。

申请认定为慈善组织的社会团体、社会服务机构，除前款规定的材料外，还应当向民政部门提交下列材料：

（一）关于申请理由、慈善宗旨、开展慈善活动等情况的说明；

（二）注册 会计师出具的上一年度财务审计报告，含慈善活动年度支出和管理费用的专项审计。

有业务主管单位的，还应当提交业务主管单位同意的证明材料。

第八条　民政部门自收到全部有效材料后，应当依法进行审核。

情况复杂的，民政部门可以征求有关部门意见或者通过论证会、听证会等形式听取意见，也可以根据需要对该组织进行实地考察。

第九条　民政部门应当自受理申请之日起二十日内作出决定。符合慈善组织条件的，予以认定并向社会公告；不符合慈善组织条件的，不予认定并书面说明理由。

第十条　认定为慈善组织的基金会、社会团体、社会服务机构，由民政部门换发登记证书，标明慈善组织属性。

慈善组织符合税收法律法规规定条件的，依照税法规定享受税收优惠。

第十一条　基金会、社会团体、社会服务机构在申请时弄虚作假的，由民政部门撤销慈善组织的认定，将该组织及直接责任人纳入信用记录，并向社会公布。

对出具虚假审计报告的注册 会计师及其所属的 会计师事务所，由民政部门通报有关部门。

第十二条　本办法由民政部负责解释。

第十三条　本办法自2016年9月1日起施行。

慈善信托管理办法

（2017 年 7 月 26 日）

第一章　总　则

第一条　为规范慈善信托，保护慈善信托当事人的合法权益，促进慈善事业发展，根据《中华人民共和国慈善法》（简称《慈善法》）、《中华人民共和国信托法》（简称《信托法》）、《中华人民共和国银行业监督管理法》（简称《银行业监督管理法》）等法律法规，制定本办法。

第二条　本办法所称慈善信托属于公益信托，是指委托人基于慈善目的，依法将其财产委托给受托人，由受托人按照委托人意愿以受托人名义进行管理和处分，开展慈善活动的行为。

第三条　开展慈善信托，应当遵循合法、自愿、诚信的原则，不得违背社会公德、危害国家安全、损害社会公共利益和他人合法权益。

第四条　国家鼓励发展慈善信托，支持自然人、法人和其他组织践行社会主义核心价值观，弘扬中华民族传统美德，依法开展慈善活动。

第五条　慈善信托的委托人、受托人、受益人以及监察人在中华人民共和国境内开展慈善信托，适用本办法。

第六条　国务院银行业监督管理机构及其派出机构、国务院民政部门及县级以上地方各级人民政府民政部门根据各自法定职责对慈善信托实施监督管理。

第二章　慈善信托的设立

第七条　设立慈善信托，必须有合法的慈善信托目的。

以开展下列慈善活动为目的而设立的信托，属于慈善信托：

（一）扶贫、济困；

（二）扶老、救孤、恤病、助残、优抚；

（三）救助自然灾害、事故灾难和公共卫生事件等突发事件造成的损害；

（四）促进教育、科学、文化、卫生、体育等事业的发展；

（五）防治污染和其他公害，保护和改善生态环境；

（六）符合《慈善法》规定的其他公益活动。

第八条　慈善信托的委托人应当是具有完全民事行为能力的自然人、法人或者依法成立的其他组织。

第九条　慈善信托的受托人可以由委托人确定其信赖的慈善组织或者信托公司担任。

第十条　慈善信托的委托人不得指定或者变相指定与委托人或受托人具有利害关系的人作为受益人。

第十一条　慈善信托的委托人根据需要，可以确定监察人。

监察人对受托人的行为进行监督，依法维护委托人和受益人的权益。监察人发现受托人违反信托义务或者难以履行职责的，应当向委托人报告，并有权以自己的名义向人民法院提起诉讼。

第十二条　设立慈善信托，必须有确定的信托财产，并且该信托财产必须是委托人合法所有的财产。

前款所称财产包括合法的财产权利。

第十三条　设立慈善信托、确定受托人和监察人，应当采取书面形式。

书面形式包括信托合同、遗嘱或者法律、行政法规规定的其他书面文件等。

第十四条　慈善信托文件应当载明下列事项：

（一）慈善信托名称；

（二）慈善信托目的；

（三）委托人、受托人的姓名或者名称、住所，如设置监察人，监察人的姓名或者名称、住所；

（四）受益人范围及选定的程序和方法；

（五）信托财产的范围、种类、状况和管理方法；

（六）年度慈善支出的比例或数额；

（七）信息披露的内容和方式；

（八）受益人取得信托利益的形式和方法；

（九）信托报酬收取标准和方法。

除前款所列事项外，可以载明信托期限、新受托人的选任方式、信托终止事由、争议解决方式等事项。

第三章　慈善信托的备案

第十五条　受托人应当在慈善信托文件签订之日起7日内，将相关文件向受托人所在地县级以上人民政府民政部门备案。

未按照前款规定将相关文件报民政部门备案的，不享受税收优惠。

第十六条　信托公司担任受托人的，由其登记注册地设区市的民政部门履行备案职责；慈善组织担任受托人的，由准予其登记或予以认定的民政部门履行备案职责。

第十七条　同一慈善信托有两个或两个以上的受托人时，委托人应当确定其中一个承担主要受托管理责任的受托人按照本章规定进行备案。备案的民政部门应当将备案信息与其他受托人所在地的县级以上人民政府民政部门共享。

第十八条　慈善信托的受托人向民政部门申请备案时，应当提交以下书面材料：

（一）备案申请书；

（二）委托人身份证明（复印件）和关于信托财产合法性的声明；

（三）担任受托人的信托公司的金融许可证或慈善组织准予登记或予以认定的证明材料（复印件）；

（四）信托文件；

（五）开立慈善信托专用资金账户证明、商业银行资金保管协议，非资金信托除外；

（六）信托财产交付的证明材料（复印件）；

（七）其他材料。

以上材料一式四份，由受托人提交履行备案职责的民政部门指定的受理窗口。

第十九条　备案后，发生第三十八条规定的部分变更事项时，慈善信托的受托人应当在变更之日起7日内按照第十八条的规定向原备案的民政部门申请备案，并提交发生变更的相关书面材料。

如当月发生两起或两起以上变更事项的，可以在下月10日前一并申请备案。

第二十条　慈善信托的受托人违反信托义务或者难以履行职责的，委托人可以变更受托人。变更后的受托人应当在变更之日起7日内，将变更情况报原备案的民政部门重新备案。

申请重新备案时，应当提交以下书面材料：

（一）原备案的信托文件和备案回执；

（二）重新备案申请书；

（三）原受托人出具的慈善信托财产管理处分情况报告；

（四）作为变更后受托人的信托公司的金融许可证或慈善组织准予登记或予以认定的证明材料（复印件）；

（五）重新签订的信托合同等信托文件；

（六）开立慈善信托专用资金账户证明、商业银行资金保管协议，非资金信托除外；

（七）其他材料。

以上书面材料一式四份，由变更后的受托人提交原备案的民政部门受理窗口。

第二十一条　慈善信托备案申请符合《慈善法》、《信托法》和本办法规定的，民政部门应当在收到备案申请材料之日起7日内出具备案回执；不符合规定的，应当在收到备案申请材料之日起7日内一次性书面告知理由和需要补正的相关材料。

第二十二条　信托公司新设立的慈善信托项目应当按照监管要求及时履行报告或产品登记义务。

第四章　慈善信托财产的管理和处分

第二十三条　慈善信托财产及其收益，应当全部用于慈善目的。

第二十四条　受托人管理和处分慈善信托财产，应当按照慈善信托目的，恪尽职守，履行诚信、谨慎管理的义务。

第二十五条　受托人除依法取得信托报酬外，不得利用慈善信托财产为自己谋取利益。

第二十六条　慈善信托财产与受托人固有财产相区别，受托人不得将慈善信托财产转为其固有财产。

任何组织和个人不得私分、挪用、截留或者侵占慈善信托财产。

第二十七条　受托人必须将慈善信托财产与其固有财产分别管理、分别记账，并将不同慈善信托的财产分别管理、分别记账。

第二十八条　对于资金信托，应当委托商业银行担任保管人，并且依法开立慈善信托资金专户；对于非资金信托，当事人可以委托第三方进行保管。

第二十九条　受托人应当自己处理慈善信托事务，但信托文件另有规定或者有不得已事由的，可以委托他人代为处理。

受托人依法将慈善信托事务委托他人代理的，应当对他人处理慈善信托事务的行为承担责任。

受托人因依法将慈善信托事务委托他人代理而向他人支付的报酬，在其信托报酬中列支。

第三十条　慈善信托财产运用应当遵循合法、安全、有效的原则，可以运用于银行存款、政府债券、中央银行票据、金融债券和货币市场基金等低风险资产，但委托人和信托公司另有约定的除外。

第三十一条　受托人不得将其固有财产与慈善信托财产进行交易或者将不同委托人的信托财产进行相互交易，但信托文件另有规定或者经委托人同意，并以公平的市场价格进行交易的除外。

第三十二条　委托人、受托人及其管理人员不得利用其关联关系，损害慈善信托利益和社会公共利益，有关交易情况应当向社会公开。

第三十三条　受托人应当根据信托文件和委托人的要求，及时向委托人报告慈善信托事务处理情况、信托财产管理使用情况。

第三十四条　慈善信托的受托人应严格按照有关规定管理和处分慈善信托财产，不得借慈善信托名义从事非法集资、洗钱等活动。

第三十五条　受托人应当妥善保存管理慈善信托事务的全部资料，保存期自信托终止之日起不少于十五年。

第三十六条　受托人违反法律、行政法规和信托文件的规定，造成慈善信托财产损失的，应当以其固有财产承担相应的赔偿责任。

第五章　慈善信托的变更和终止

第三十七条　慈善信托的受托人违反信托文件义务或者出现依法解散、法定资格丧失、被依法撤销、被宣告破产或者其他难以履行职责的情形时，委托人可以变更受托人。

第三十八条　根据信托文件约定或者经原委托人同意，可以变更以下事项：

（一）增加新的委托人；

（二）增加信托财产；

（三）变更信托受益人范围及选定的程序和方法；

（四）国务院民政部门和国务院银行业监督管理机构规定的其他情形。

第三十九条　慈善信托的受托人不得自行辞任，信托文件另有规定的除外。

第四十条　有下列情形之一的，慈善信托终止：

（一）信托文件规定的终止事由出现；

（二）信托的存续违反信托目的；

（三）信托目的已经实现或者不能实现；

（四）信托当事人协商同意；

（五）信托被撤销；

（六）信托被解除。

第四十一条　自慈善信托终止事由发生之日起15日内，受托人应当将终止事由、日期、剩余信托财产处分方案和有关情况报告备案的民政部门。

第四十二条　慈善信托终止的，受托人应当在30日内作出处理慈善信托事务的清算报告，向备案的民政部门报告后，由受托人予以公告。

慈善信托若设置信托监察人，清算报告应事先经监察人认可。

第四十三条　慈善信托终止，没有信托财产权利归属人或者信托财产权利归属人是不特定的社会公众，经备案的民政部门批准，受托人应当将信托财产用于与原慈善目的相近似的目的，或者将信托财产转移给具有近似目的的其他慈善信托或者慈善组织。

第六章　促进措施

第四十四条　慈善信托的委托人、受托人和受益人按照国家有关规定享受税收优惠。

第四十五条　信托公司开展慈善信托业务免计风险资本，免予认购信托业保障基金。

第四十六条　鼓励地方各级人民政府根据经济社会发展情况，制定和出台促进慈善信托事业发展的政策和措施。

第七章　监督管理和信息公开

第四十七条　银行业监督管理机构负责信托公司慈善信托业务和商业银行慈善信托账户资金保管业务的监督管理工作。县级以上人民政府民政部门负责慈善信托备案和相关监督管理工作。

第四十八条　民政部门和银行业监督管理机构应当建立经常性的监管协作机制，加强事中、事后监管，切实提高监管有效性。

第四十九条　民政部门和银行业监督管理机构根据各自法定管理职责，对慈善信托的受托人应当履行的受托职责、管理慈善信托财产及其收益的情况、履行信息公开和告知义务以及其他与慈善信托相关的活动进行监督检查。

第五十条　民政部门和银行业监督管理机构根据各自法定管理职责，联合或委托第三方机构对慈善信托的规范管理、慈善目的的实现和慈善信托财产的运用效益等进行评估。

第五十一条　民政部门和银行业监督管理机构根据履行职责的需要，可以与受托人的主要负责人和相关人员进行监督管理谈话，要求就受托人的慈善信托活动和风险管理的重大事项作出说明。

第五十二条　除依法设立的信托公司或依法予以登记或认定的慈善组织

外，任何单位和个人不得以“慈善信托”等名义开展活动。

第五十三条　行业组织应当加强行业自律，反映行业诉求，推动行业交流，提高慈善信托公信力，促进慈善信托事业发展。

第五十四条　任何单位和个人发现慈善信托违法违规行为的，可以向民政部门、银行业监督管理机构和其他有关部门进行投诉、举报。民政部门、银行业监督管理机构和其他有关部门接到投诉、举报后，应当及时调查处理。

国家鼓励公众、媒体对慈善信托活动进行监督，对慈善信托违法违规行为予以曝光，发挥舆论和社会监督作用。

第五十五条　民政部门和银行业监督管理机构应当及时向社会公开下列慈善信托信息：

（一）慈善信托备案事项；

（二）慈善信托终止事项；

（三）对慈善信托检查、评估的结果；

（四）对慈善信托受托人的行政处罚和监管措施的结果；

（五）法律法规规定应当公开的其他信息。

第五十六条　受托人应当在民政部门提供的信息平台上，发布以下慈善信息，并对信息的真实性负责。

（一）慈善信托设立情况说明；

（二）信托事务处理情况报告、财产状况报告；

（三）慈善信托变更、终止事由；

（四）备案的民政部门要求公开的其他信息。

第五十七条　涉及国家秘密、商业秘密、个人隐私的信息以及慈善信托的委托人不同意公开的姓名、名称、住所、通讯方式等信息，不得公开。

第五十八条　慈善信托的受托人应当于每年3月31日前向备案的民政部门报送慈善信托事务处理情况和慈善信托财产状况的年度报告。

第八章　法律责任

第五十九条　慈善信托的受托人有下列情形之一的，由民政部门予以警告，责令限期改正；有违法所得的，由民政部门予以没收；对直接负责的主管人员和其他直接责任人员处二万元以上二十万元以下罚款：

（一）将信托财产及其收益用于非慈善目的的；

（二）未按照规定将信托事务处理情况及财务状况向民政部门报告或者向社会公开的。

第六十条　信托公司违反本办法规定的，银行业监督管理机构可以根据《银行业监督管理法》等法律法规，采取相应的行政处罚和监管措施。

第六十一条　慈善信托的当事人违反《慈善法》有关规定，构成违反治安管理行为的，依法移送公安机关给予治安管理处罚；构成犯罪的，依法移送公安、司法机关追究刑事责任。

第九章　附　则

第六十二条　本办法由国务院银行业监督管理机构与国务院民政部门共同负责解释。

第六十三条　此前有关慈善信托的相关规定与本办法不一致的，以本办法为准。

第六十四条　省、自治区、直辖市、计划单列市人民政府民政部门和国务院银行业监督管理机构的省一级派出机构可以按照本办法规定结合当地实际联合制定实施细则，但不得设置或变相设置限制性条件。

第六十五条　本办法自印发之日起施行。

慈善组织信息公开办法

（2018 年 8 月 6 日）

第一条　为规范慈善组织的信息公开行为，保护捐赠人、志愿者、受益人等慈善活动参与者的合法权益，维护社会公众的知情权，促进慈善事业发展，根据《中华人民共和国慈善法》（以下简称《慈善法》）制定本办法。

第二条　慈善组织应当依法履行信息公开义务，信息公开应当真实、完整、及时。

慈善组织应当建立信息公开制度，明确信息公开的范围、方式和责任。

慈善组织应当对信息的真实性负责，不得有虚假记载、误导性陈述或者重大遗漏，不得以新闻发布、广告推广等形式代替应当履行的信息公开义务。

第三条　慈善组织应当依照有关法律法规和本办法规定，在民政部门提供的统一的信息平台（以下简称统一信息平台），向社会公开下列信息：

（一）本办法规定的基本信息；

（二）年度工作报告和财务会计报告；

（三）公开募捐情况；

（四）慈善项目有关情况；

（五）慈善信托有关情况；

（六）重大资产变动及投资、重大交换交易及资金往来、关联交易行为等情况；

（七）法律法规要求公开的其他信息。

第四条　慈善组织应当自下列基本信息形成之日起30日内，在统一信息平台向社会公开：

（一）经民政部门核准的章程；

（二）决策、执行、监督机构成员信息；

（三）下设的办事机构、分支机构、代表机构、专项基金和其他机构的名称、设立时间、存续情况、业务范围或者主要职能；

（四）发起人、主要捐赠人、管理人员、被投资方以及与慈善组织存在控制、共同控制或者重大影响关系的个人或者组织（以下简称重要关联方）；

（五）本组织的联系人、联系方式，以本组织名义开通的门户网站、官方微博、官方微信或者移动客户端等网络平台；

（六）本组织的信息公开制度、项目管理制度、财务和资产管理制度。

基本信息中属于慈善组织登记事项的，由民政部门予以公开，慈善组织可以免予公开。

慈善组织可以将基本信息制作纸质文本置于本组织的住所，方便社会公众查阅、复制。

第五条　具有公开募捐资格的慈善组织应当公开的基本信息还包括：

（一）按年度公开在本组织领取报酬从高到低排序前五位人员的报酬金额；

（二）本组织出国（境）经费、车辆购置及运行费用、招待费用、差旅费用的标准。

第六条　慈善组织应当按照有关法律法规规定的时限，将年度工作报告和财务会计报告在统一信息平台向社会公开。具有公开募捐资格的慈善组织的年度财务会计报告需经审计。

年度工作报告的具体内容和基本格式由国务院民政部门统一制定。

第七条　慈善组织开展公开募捐活动，应当在募捐活动现场或者募捐活动载体的显著位置，公布组织名称、公开募捐资格证书、备案的募捐方案、联系方式、募捐信息查询方法等，并在统一信息平台向社会公开。慈善组织与其他组织或者个人合作开展公开募捐的，还应当公开合作方的有关信息。

慈善组织通过互联网开展公开募捐的，应当按照有关规定发布募捐信息。

第八条　具有公开募捐资格的慈善组织开展公开募捐活动，应当在公开募捐活动结束后三个月内在统一信息平台公开下列信息：

（一）募得款物情况；

（二）已经使用的募得款物的用途，包括用于慈善项目和其他用途的支出情况；

（三）尚未使用的募得款物的使用计划。

公开募捐周期超过六个月的，至少每三个月公开一次前款第（一）、第（二）项所规定的信息。

第九条　慈善组织在设立慈善项目时，应当在统一信息平台公开该慈善项目的名称和内容，慈善项目结束的，应当公开有关情况。

具有公开募捐资格的慈善组织为慈善项目开展公开募捐活动的，还应当公开相关募捐活动的名称。

慈善项目由慈善信托支持的，还应当公开相关慈善信托的名称。

第十条　具有公开募捐资格的慈善组织，应当在慈善项目终止后三个月内，在统一信息平台向社会公开慈善项目实施情况，包括：项目名称、项目内容、实施地域、受益人群、来自公开募捐和其他来源的收入、项目的支出情况，项目终止后有剩余财产的还应当公开剩余财产的处理情况。

项目实施周期超过六个月的，至少每三个月公开一次项目实施情况。

第十一条　慈善组织担任慈善信托受托人的，应当每年至少一次将信托事务处理情况及财务状况在统一信息平台向社会公开。

第十二条　慈善组织发生下列情形后30日内，应当在统一信息平台向社会公开具体内容和金额：

（一）重大资产变动；

（二）重大投资；

（三）重大交易及资金往来。

前款中规定的重大资产变动、重大投资、重大交易及资金往来的具体标准，由慈善组织依据有关法律法规规章在本组织章程或者财务资产管理制度中规定。

第十三条　慈善组织在下列关联交易等行为发生后30日内，应当在统一信息平台向社会公开具体内容和金额：

（一）接受重要关联方捐赠；

（二）对重要关联方进行资助；

（三）与重要关联方共同投资；

（四）委托重要关联方开展投资活动；

（五）与重要关联方发生交易；

（六）与重要关联方发生资金往来。

第十四条　慈善组织应当在统一信息平台为每年的年度工作报告和财务会计报告、每个公开募捐活动和慈善项目建立相对独立的信息条目。

慈善组织需要对统一信息平台的信息进行更正的，应当在统一信息平台填写并公布更正说明，有独立信息条目的在相应信息条目下予以公布。基本信息发生变更的，慈善组织应当在变更后30日内在统一信息平台向社会公布。

第十五条　慈善组织开展定向募捐的，应当及时向捐赠人告知募捐情况、捐赠款物管理使用情况。捐赠人要求将捐赠款物管理使用情况向社会公开的，慈善组织应当向社会公开。

第十六条　慈善组织应当向受益人告知其资助标准、工作流程和工作规范等信息。

鼓励慈善组织向社会公开前款规定的信息。

第十七条　慈善组织招募志愿者参与慈善服务，应当公示与慈善服务有关的全部信息，以及在服务过程中可能发生的风险。

第十八条　慈善组织对外公开有关机关登记、核准、备案的事项时，应当与有关机关的信息一致。

慈善组织公布的信息相互之间应当一致。

慈善组织在其他渠道公布的信息，应当与其在统一信息平台上公布的信息一致。

第十九条　涉及国家秘密、商业秘密、个人隐私的信息以及捐赠人、志愿者、受益人、慈善信托的委托人不同意公开的姓名、名称、住所、通讯方式等信息，不得公开。

第二十条　慈善组织不及时公开应当公开的事项或者公开的事项不真实的，任何单位或者个人可以向民政部门投诉、举报。

第二十一条　民政部门可以要求慈善组织就信息公开的相关事项作出说明，必要时可以进行约谈，并向社会公开。

第二十二条　慈善组织违反本办法规定的，民政部门可以责令限期改正。

第二十三条　慈善组织有下列情形的，民政部门依据《慈善法》第九十九条的有关规定进行处罚：

（一）未依法履行信息公开义务的；

（二）泄露捐赠人、志愿者、受益人个人隐私以及捐赠人、志愿者、受益人、慈善信托的委托人不同意公开的姓名、名称、住所、通讯方式等信息的。

第二十四条　慈善组织在信息公开中违反有关法律法规规章和本办法规定的，民政部门应当进行记录，并将相关情况通报有关部门，根据有关规定实施联合惩戒。

第二十五条　民政部门工作人员在工作中滥用职权、徇私舞弊、玩忽职守的，由上级机关或者监察机关依法责令改正；依法应当给予处分的，由任免机关或者监察机关对直接负责的主管人员和其他直接责任人员给予处分。

第二十六条　本办法自2018年9月1日起施行。

慈善组织保值增值投资活动管理暂行办法

（2018年10月30日）

第一条　为规范慈善组织的投资活动，防范慈善财产运用风险，促进慈善组织持续健康发展，根据《中华人民共和国慈善法》（以下简称《慈善法》）等法律法规，制定本办法。

第二条　县级以上人民政府民政部门（以下简称民政部门）依法登记、认定的慈善组织进行投资活动，适用本办法。

第三条　慈善组织应当以面向社会开展慈善活动为宗旨，充分、高效运用慈善财产，在确保年度慈善活动支出符合法定要求和捐赠财产及时足额拨付的前提下，可以开展投资活动。

慈善组织开展投资活动应当遵循合法、安全、有效的原则，投资取得的收益应当全部用于慈善目的。

第四条　本办法所称投资活动，主要包括下列情形：

（一）直接购买银行、信托、证券、基金、期货、保险资产管理机构、金融资产投资公司等金融机构发行的资产管理产品；

（二）通过发起设立、并购、参股等方式直接进行股权投资；

（三）将财产委托给受金融监督管理部门监管的机构进行投资。

第五条　慈善组织可以用于投资的财产限于非限定性资产和在投资期间暂不需要拨付的限定性资产。

慈善组织接受的政府资助的财产和捐赠协议约定不得投资的财产，不得用于投资。

第六条　慈善组织在投资资产管理产品时，应当审慎选择，购买与本组织风险识别能力和风险承担能力相匹配的产品。

慈善组织直接进行股权投资的，被投资方的经营范围应当与慈善组织的宗旨和业务范围相关。

慈善组织开展委托投资的，应当选择中国境内有资质从事投资管理业务，且管理审慎、信誉较高的机构。

第七条　慈善组织不得进行下列投资活动：

（一）直接买卖股票；

（二）直接购买商品及金融衍生品类产品；

（三）投资人身保险产品；

（四）以投资名义向个人、企业提供借款；

（五）不符合国家产业政策的投资；

（六）可能使本组织承担无限责任的投资；

（七）违背本组织宗旨、可能损害信誉的投资；

（八）非法集资等国家法律法规禁止的其他活动。

第八条　慈善组织应当在财务和资产管理制度中规定以下内容：

（一）投资遵循的基本原则；

（二）投资决策程序和管理流程；

（三）决策机构、执行机构、监督机构在投资活动中的相关职责；

（四）投资负面清单；

（五）重大投资的标准；

（六）投资风险管控制度；

（七）投资活动中止、终止或者退出机制；

（八）违规投资责任追究制度。

第九条　慈善组织的财务和资产管理制度以及重大投资方案应当经决策机构组成人员三分之二以上同意。

第十条　慈善组织的发起人、主要捐赠人、负责人、理事、理事来源单位以及其他与慈善组织之间存在控制、共同控制或者重大影响关系的个人或者组织，当其利益与慈善组织投资行为关联时，不得利用关联关系损害慈善组织利益。

第十一条　慈善组织应当及时回收到期的本金和收益，依法依规及时进行会计核算。

第十二条　慈善组织应当为投资活动建立专项档案，完整保存投资的决策、执行、管理等资料。专项档案的保存时间不少于20年。

第十三条　慈善组织应当根据投资活动的风险水平以及所能承受的损失程度，合理建立止损机制。

慈善组织可以建立风险准备金制度。

第十四条　慈善组织在开展投资活动时，其负责人、理事和工作人员应当遵守法律法规和本组织章程的规定，严格履行忠实、谨慎、勤勉义务。

慈善组织在开展投资活动时有违法违规行为，致使慈善组织财产损失的，相关人员应当承担相应责任。

第十五条　慈善组织的负责人和工作人员不得在慈善组织投资的企业兼职或者领取报酬，但受慈善组织委托可以作为股东代表、董事或者监事参与被投资企业的股东会、董事会。

第十六条　民政部门可以要求慈善组织就投资活动、风险控制、内部管理等事项作出说明，必要时可以进行约谈。

第十七条　慈善组织将不得用于投资的财产用于投资，民政部门依据《慈善法》第九十九条的有关规定进行处罚。慈善组织违反本办法规定，民政部门可以给予警告，并责令限期改正。

第十八条　慈善组织的财务和资产管理制度、重大投资情况应当依法依规向社会公开，接受社会监督。

第十九条　未认定为慈善组织的基金会、具有公益性捐赠税前扣除资格的社会团体和社会服务机构开展投资活动应当遵守本办法规定。

第二十条　本办法自2019年1月1日起施行。

民政部关于印发《公开募捐违法案件管辖规定（试行）》的通知

（2018年11月30日）

各省、自治区、直辖市民政厅（局），各计划单列市民政局，新疆生产建设兵团民政局：

《公开募捐违法案件管辖规定（试行）》已经民政部部长办公会议审议通过，现印发你们，请结合实际贯彻执行。实施中的问题和建议，请及时报告。

民政部

2018年11月30日

公开募捐违法案件管辖规定（试行）

第一条　为明确公开募捐违法案件的管辖，及时查处相关违法行为，维护慈善募捐管理秩序，根据《中华人民共和国慈善法》、《中华人民共和国行政处罚法》、《社会团体登记管理条例》、《基金会管理条例》以及《民办非企业单位登记管理暂行条例》等法律法规，制定本规定。

第二条　本规定所称公开募捐违法案件，包括具有公开募捐资格的慈善组织在公开募捐活动中发生的违法案件，不具有公开募捐资格的慈善组织或者其他社会组织违法开展公开募捐活动的案件，以及社会组织以外的组织或者个人违法开展公开募捐活动的案件。

第三条　具有公开募捐资格的慈善组织在公开募捐活动中发生的违法案件，不具有公开募捐资格的慈善组织或者其他社会组织违法开展公开募捐活动的案件，由其登记的民政部门管辖。

第四条　社会组织以外的组织或者个人违法开展公开募捐活动的案件，由违法行为发生地的县级人民政府民政部门按照下列情形管辖：

（一）通过在公共场所设置募捐箱的方式开展公开募捐的，由募捐箱设置地的民政部门管辖；

（二）通过举办面向社会公众的义演、义赛、义卖、义展、义拍、慈善晚会等方式开展公开募捐的，由义演、义赛、义卖、义展、义拍、慈善晚会等活动举办地的民政部门管辖；

（三）通过广播、电视、报刊等媒体开展公开募捐的，由提供信息服务的广播电台、电视台、报刊出版单位所在地的民政部门管辖；

（四）通过互联网开展公开募捐的，由组织住所地、个人居住地等所在地民政部门管辖。无法确定所在地的，由互联网信息服务提供者许可或者备案机关所在地的民政部门管辖。

违法活动发生地涉及两个以上民政部门的，由共同上一级民政部门或者其指定的民政部门管辖。

第五条　民政部门发现或者收到有关公开募捐违法案件线索后，应当进行甄别。本机关有管辖权的，依法调查处理；不属于本机关管辖的，应当及时将案件材料移送有管辖权的民政部门，受移送的民政部门应当受理。

第六条　民政部门对管辖权发生争议的，由争议各方按照本规定确定的原则协商解决。协商不成的，由共同上一级民政部门指定的民政部门管辖。

第七条　上级民政部门指定管辖的，应当书面通知被指定的民政部门和其他相关民政部门。

相关民政部门收到上级民政部门书面通知后，应当及时将案件材料移送被指定管辖的民政部门。

第八条　民政部门在案件调查过程中，发现已有其他民政部门正在办理的，应当中止调查。管辖确定后，有管辖权的民政部门应当继续调查，其他民政部门应当及时移交案件材料。

第九条　对案件有管辖权的民政部门可以书面请其他民政部门协助调查。跨行政区域调查的，应当提前告知当地民政部门，当地民政部门应当予以配合。

第十条　本规定自发布之日起施行。

国家发展改革委、人民银行、民政部等印发《关于对慈善捐赠领域相关主体实施守信联合激励和失信联合惩戒的合作备忘录》的通知

（2018 年 2 月 11 日）

各省、自治区、直辖市、新疆生产建设兵团有关部门、机构：

为深入学习贯彻习近平新时代中国特色社会主义思想和党的十九大精神，落实《国务院关于促进市场公平竞争维护市场正常秩序的若干意见》（国发〔2014〕20号）、《国务院关于印发社会信用体系建设规划纲要（2014—2020年）的通知》（国发〔2014〕21号）、《国务院关于建立完善守信联合激励和失信联合惩戒制度加快推进社会诚信建设的指导意见》（国发〔2016〕33号）、《国家发展改革委人民银行关于加强和规范守信联合激励和失信联合惩戒对象名单管理工作的指导意见》（发改财金规〔2017〕1798号）等文件关于“褒扬诚信、惩戒失信”的总体要求，着眼于弘扬和践行社会主义核心价值观，国家发展改革委、人民银行、民政部、中央文明办、中央网信办、最高人民法院、教育部、科技部、工业和信息化部、公安部、司法部、财政部、人力资源社会保障部、国土资源部、环境保护部、住房城乡建设部、交通运输部、文化部、卫生计生委、海关总署、税务总局、工商总局、质检总局、新闻出版广电总局、体育总局、食品药品监管总局、知识产权局、旅游局、银监会、证监会、保监会、民航局、文物局、国务院扶贫办、全国总工会、共青团中央、全国妇联、中国科协、贸促会、铁路总公司等部门联合签署了《关于对慈善捐

赠领域相关主体实施守信联合激励和失信联合惩戒的合作备忘录》。现印发给你们，请认真贯彻执行。

附件：关于对慈善捐赠领域相关主体实施守信联合激励和失信联合惩戒的合作备忘录

国家发展改革委　人民银行　民政部
中央文明办　中央网信办　最高人民法院
教育部　科技部　工业和信息化部
公安部　司法部　财政部
人力资源社会保障部　国土资源部
环境保护部　住房城乡建设部
交通运输部　文化部
卫生计生委　海关总署　税务总局
工商总局　质检总局　新闻出版广电总局
体育总局　食品药品监管总局
知识产权局　旅游局
银监会　证监会　保监会
民航局　文物局　国务院扶贫办
全国总工会　共青团中央　全国妇联
中国科协　贸促会　铁路总公司
2018年2月11日

附件

关于对慈善捐赠领域相关主体实施守信联合激励和失信联合惩戒的合作备忘录

为深入学习贯彻习近平新时代中国特色社会主义思想和党的十九大精神，落实《国务院关于促进市场公平竞争维护市场正常秩序的若干意见》（国发〔2014〕20号）、《国务院关于印发社会信用体系建设规划纲要（2014—2020年）的通知》（国发〔2014〕21号）、《国务院关于建立完善守信联合激励和失信联合惩戒制度加快推进社会诚信建设的指导意见》（国发〔2016〕33号）、《国家发展改革委人民银行关于加强和规范守信联合激励和失信联合惩戒对象名单管理工作的指导意见》（发改财金规〔2017〕1798号）等文件关于“褒扬诚信、惩戒失信”的总体要求，着眼于弘扬和践行社会主义核心价值观，国家发展改革委、人民银行、民政部、中央文明办、中央网信办、最高人民法院、教育部、科技部、工业和信息化部、公安部、司法部、财政部、人力资源社会保障部、国土资源部、环境保护部、住房城乡建设部、交通运输部、文化部、卫生计生委、海关总署、税务总局、工商总局、质检总局、新闻出版广电总局、体育总局、食品药品监管总局、知识产权局、旅游局、银监会、证监会、保监会、民航局、文物局、国务院扶贫办、全国总工会、共青团中央、全国妇联、中国科协、贸促会、铁路总公司等部门对慈善捐赠领域相关主体实施守信联合激励和失信惩戒措施达成如下一致意见。

一、信息共享与联合激励、联合惩戒的实施方式

民政部和其他有关部门通过全国信用信息共享平台向签署本备忘录的相关部门提供守信联合激励与失信联合惩戒的名单及相关信息，并按照有关规定动态更新。同时，在“信用中国”网站、“慈善中国”网站、国家企业信用信息公示系统、民政部门户网站等向社会公布。各部门从全国信用信息共享平台中获取守信联合激励与失信联合惩戒信息，执行或协助执行本备忘录规定的激励

和惩戒措施，定期将联合激励与惩戒实施情况通过该系统反馈给国家发展改革委和民政部。

二、守信联合激励的对象和措施

（一）联合激励对象

守信联合激励的对象有两类，一是在民政部门依法登记或认定、评估等级在4A以上的慈善组织（以下简称“守信慈善组织”）；二是有良好的捐赠记录，以及在扶贫济困领域有突出贡献的捐赠人，包括自然人、法人和非法人组织（以下简称“守信捐赠人”）。同时，联合激励的对象必须是全国信用信息共享平台核查信用优良的自然人、法人或非法人组织，即无不良信用记录，不属于黑名单、重点关注名单对象。

（二）激励措施

1.为守信慈善组织登记事项变更、相关业务办理建立绿色通道，提供便利服务。（实施单位：民政部）

2.“中央财政支持社会组织示范项目”在同等条件下，优先向守信慈善组织倾斜。（实施单位：民政部）

3.在同等条件下，优先向守信慈善组织购买服务，并为守信慈善组织承接政府购买服务项目提供指导。（实施单位：民政部、各有关部门和单位）

4.在同等条件下，优先推荐参加“中华慈善奖”“先进社会组织”评选。（实施单位：民政部）

5.为守信捐赠人申请入住公办养老机构提供便利服务。（实施单位：民政部）

6.在孤儿收养中，作为判断收养人家庭收养能力的一个因素。（实施单位：民政部）

7.在婚姻、殡葬、社会救助、优抚安置等服务中为守信捐赠人提供便利服务。（实施单位：民政部）

8.依法享受税收优惠。企业发生的公益性捐赠支出，在年度利润总额12%以内的部分，准予在计算应纳税所得额时扣除；超过年度利润总额12%的部分，准予结转以后三年内在计算应纳税所得额时扣除。（实施单位：税务总局、财政部）

9.作为纳税信用评价的重要外部参考。（实施单位：税务总局）

10.在实施政府性资金项目安排时，同等条件下优先考虑。（实施单位：财政部、国家发展改革委）

11.将守信记录纳入金融信用信息基础数据库，作为银行业金融机构融资授信的重要参考。（实施单位：人民银行、银监会）

12.守信捐赠人的纳税信用级别为A级的，可一次领取不超过3个月的增值税发票用量；纳税信用级别为B级的，可一次领取不超过2个月的增值税发票用量。以上两类纳税人生产经营情况发生变化，需要调整增值税发票用量，手续齐全的，按照规定即时办理。普通发票用量，税务机关可根据领购单位和个人的经营范围、规模、守信情况，合理确定领购发票数量。（实施单位：税务总局）

13.以下便利优化措施，适用于海关企业信用等级为认证企业的守信慈善组织或者捐赠人：

（1）适用较低进出口货物查验率；

（2）简化进出口货物单证审核；

（3）优先办理进出口货物通关手续；

（4）海关优先设立协调员，解决进出口通关问题；

（5）享受AEO互认国家或地区海关提供的通关便利措施。

海关企业信用等级为一般信用企业的守信慈善组织或者捐赠人，海关优先对其开展信用培育或提供相关培训。（实施单位：海关总署）。

14.用于慈善活动的捐赠物资适用较低的检验检疫口岸查验率。（实施单位：质检总局）

15.在办理中小城市落户或者大城市居住证等方面，为守信捐赠人提供便利服务。（实施单位：公安部）

16.在专利申请、版权登记、诉讼维权等方面提供法律允许范围内的优先、加快服务。（实施单位：知识产权局、新闻出版广电总局、贸促会）

17.办理社保等业务时给予提前预约、优先办理、简化流程等必要便利。（实施单位：人力资源社会保障部）

18.参加政府招标供应土地时，同等条件下优先给予考虑。（实施单位：国土资源部）

19.办理环境影响评价文件审批等环境保护许可事项中提供便捷服务。（实施单位：环境保护部）

20.作为全国性奖励评估、评优表彰重要参考。（实施单位：中央文明办、国务院扶贫办、全国总工会、共青团中央、全国妇联、中国科协及其他有关部门）

21.在学习培训、公派出国等方面，同等条件下优先选择守信捐赠人。（实施单位：教育部、人力资源社会保障部）

22.在举办和组织企业参加经贸展览会、论坛、洽谈会及有关国际会议时给予优先考虑。（实施单位：贸促会）

23.在法律顾问、商事调解、经贸和海事仲裁等方面优先提供咨询和支持。（实施单位：司法部、贸促会）

24.鼓励博物馆、科学技术馆、公共图书馆、文化馆、美术馆、体育场馆等公共文化体育设施和公园、旅游景点等场所，给予免票游览、使用或票价优惠等服务。（实施单位：文化部、旅游局、体育总局、文物局、中国科协）

25.鼓励城市交通系统给予购票优惠政策。（实施单位：交通运输部）

26.鼓励航空公司推行“诚信机票”计划，提供优先服务、“信用购票”等便利措施和优惠政策。（实施单位：民航局）

（三）联合激励的动态管理

各部门和单位通过全国信用信息共享平台获取联合激励对象名单，执行或者协助执行本备忘录规定的激励措施，并根据实际情况将执行情况通过全国信用信息共享平台反馈至国家发展改革委和民政部。

各单位在日常监管中，发现联合激励对象存在慈善捐赠领域违法失信行为的，及时通过全国信用信息共享平台，反馈至国家发展改革委和民政部。一经核实，立即取消其参与守信联合激励资格并及时通报各单位，停止适用守信联合激励措施。

三、失信联合惩戒的对象和措施

（一）联合惩戒对象

联合惩戒对象为在慈善捐赠活动中有失信行为的相关自然人、法人和非法人组织。其中包括：1.被民政部门按照有关规定列入社会组织严重违法失信名单的慈善组织（以下简称“失信慈善组织”）。2.上述组织的法定代表人和直接负责的主管人员。3.在通过慈善组织捐赠中失信，被人民法院依法判定承担责任的捐赠人（以下简称“失信捐赠人”）。4.在接受慈善组织资助中失信，被人民法院依法判定承担责任的受益人（以下简称“失信受益人”）。5.被公安机关依法查处的假借慈善名义或假冒慈善组织骗取财产的自然人、法人和非法人组织。

（二）惩戒措施

1.对失信慈善组织，按照有关规定降低评估等级，情节严重的，取消评估等级。（实施单位：民政部）

2.取消或限制取得公益性捐赠税前扣除资格和优先获得政府购买服务、政府奖励资格。（实施单位：民政部、财政部）

3.失信慈善组织负责人，在其今后申请新的慈善组织、参与慈善活动事中事后监管中给予重点关注。（实施单位：民政部、教育部、文化部、环境保护部等有关部门）

4.捐赠人捐赠本企业产品不符合安全、卫生、环保等标准的，依法追究其产品安全责任。（实施单位：工商总局、卫生计生委、质检总局、食品药品监管总局等有关监管部门）

5.依法限制作为供应商参加政府采购活动。（实施单位：财政部）

6.在申请政府性资金支持时，采取从严审核、降低支持力度或不予支持等限制措施。（实施单位：财政部、国家发展改革委）

7.限制取得政府供应土地。（实施单位：国土资源部）

8.依法对申请发行企业债券不予受理；依法限制发行公司债券；限制注册非金融企业债务融资工具，并按照注册发行有关工作要求，强化信息披露，加强投资人保护机制管理，防范有关风险；在股票发行审核及在全国中小企业股份转让系统挂牌公开转让审核中，将其严重失信信息作为重要参考。（实施单位：国家发展改革委、证监会、人民银行）

9.引导金融机构按照风险定价原则，将失信主体相关信息作为银行授信决策和信贷管理的重要参考，对失信主体提高财产保险费率。（实施单位：人民银行、银监会、保监会）

10.在上市公司或者非上市公众公司收购的事中事后监管中予以重点关注。

将其失信行为作为境内上市公司实行股权激励计划或相关人员成为股权激励对象事中事后监管的参考。将其失信行为作为非上市公众公司重大资产重组审核的参考。（实施单位：证监会）

11.限制申请科技扶持项目，将其严重失信行为记入科研诚信记录，并依据有关规定暂停审批其新的科技项目扶持资金申报等。（实施单位：科技部）

12.相关单位可在市场监管、现场检查等工作中予以参考。（实施单位：民政部、工商总局、税务总局、质检总局、食品药品监管总局）

13.失信主体申请适用海关认证企业管理的，不予通过认证；已经成为认证企业的，按规定下调企业信用等级。（实施单位：海关总署）

14.失信主体办理海关业务时，对其进出口货物实施严密监管，加强单证审核、布控查验、加工贸易担保征收、后续稽查或统计监督核查。（实施单位：海关总署）

15.在高新技术企业认定、检验机构认可等工作中作为重要参考。（实施单位：科技部、质检总局等有关单位）

16.失信受益人信息作为在同一时段内认定低保、医疗救助、临时救助等社会救助对象、保障性住房等保障对象，以及复核其救助保障资格的重要参考。（实施单位：民政部、人力资源社会保障部、住房城乡建设部）

17.失信情况记入金融信用信息基础数据库，作为限制融资或授信的重要参考。（实施单位：人民银行等有关机构）

18.对申请人民法院强制执行的案件当事人，被人民法院按照有关规定依法采取限制消费措施或依法纳入失信被执行人名单的，限制乘坐飞机、列车软卧、G字头动车组列车、其他动车组列车一等以上座位等高消费及其他非生活和工作必需的消费行为。（实施单位：最高人民法院、民航局、铁路总公司等有关单位）

19.限制购买非经营必需车辆等非生活和工作必需的消费行为。（实施单位：住房城乡建设部等有关部门）

20.限制失信慈善组织从事互联网信息服务。（实施单位：工业和信息化部、民政部）

21.将其失信行为作为证券公司、基金管理公司、期货公司的设立及股权或实际控制人变更审批或备案，私募投资基金管理人登记、重大事项变更以及基金备案的参考。将其失信行为作为独立基金销售机构审批的参考。将其失信行为作为证券公司、基金管理公司、期货公司、保险公司的董事、监事和高级管理人员及分支机构负责人任职审批或备案的参考，对其证券、基金、期货从业资格申请予以从严审核，对已成为证券、基金、期货从业人员的相关主体予以重点关注。（实施单位：证监会、保监会）

22.限制取得荣誉称号和奖励，已取得的荣誉称号和奖励予以撤销。（实施单位：中央文明办、国务院扶贫办、全国总工会、共青团中央、全国妇联、中国科协及其他有关部门）

23.将失信主体的失信信息协调互联网新闻信息服务单位，向社会公布。（实施单位：中央网信办）

24.限制其取得认证机构资质；限制其获得认证证书。（实施单位：质检总局）

（三）联合惩戒的动态管理

民政部、国家发展改革委通过全国信用信息共享平台向签署本备忘录的其他部门和单位提供慈善捐赠领域失信责任主体信息并按照有关规定动态更新。有关单位根据各自的法定职责，按照法律法规和相关规定实施惩戒或解除惩戒。超过效力期限的，不再实施联合惩戒。同时，逐步建立惩戒效果定期通报机制，相关部门根据实际情况定期将联合惩戒的实施情况通过全国信用信息共享平台反馈至国家发展改革委和民政部。

四、其他事宜

各部门应密切协作，积极落实本备忘录，制定实施细则和操作流程。

本备忘录签署后，各部门、各领域内相关法律、法规、规章及规范性文件修改或调整，与本备忘录不一致的，以修改后的法律、法规、规章及规范性文件为准。实施过程中具体操作问题，由各部门协商解决。

社区工作法律法规一本通

（下册）

侯佳儒　主　编
柴云乐　副主编

红旗出版社

目录 CONTENTS

八、社区卫生健康……………………………………………… 1043

十一、人民调解与信访 ………………………… 1333

5 社会救助

（一）综合

中华人民共和国反家庭暴力法

（2015 年 12 月 27 日）

第一章　总　则

第一条　为了预防和制止家庭暴力，保护家庭成员的合法权益，维护平等、和睦、文明的家庭关系，促进家庭和谐、社会稳定，制定本法。

第二条　本法所称家庭暴力，是指家庭成员之间以殴打、捆绑、残害、限制人身自由以及经常性谩骂、恐吓等方式实施的身体、精神等侵害行为。

第三条　家庭成员之间应当互相帮助，互相关爱，和睦相处，履行家庭义务。

反家庭暴力是国家、社会和每个家庭的共同责任。

国家禁止任何形式的家庭暴力。

第四条　县级以上人民政府负责妇女儿童工作的机构，负责组织、协调、指导、督促有关部门做好反家庭暴力工作。

县级以上人民政府有关部门、司法机关、人民团体、社会组织、居民委员会、村民委员会、企业事业单位，应当依照本法和有关法律规定，做好反家庭暴力工作。

各级人民政府应当对反家庭暴力工作给予必要的经费保障。

第五条　反家庭暴力工作遵循预防为主，教育、矫治与惩处相结合原则。

反家庭暴力工作应当尊重受害人真实意愿，保护当事人隐私。

未成年人、老年人、残疾人、孕期和哺乳期的妇女、重病患者遭受家庭暴力的，应当给予特殊保护。

第二章　家庭暴力的预防

第六条　国家开展家庭美德宣传教育，普及反家庭暴力知识，增强公民反家庭暴力意识。

工会、共产主义青年团、妇女联合会、残疾人联合会应当在各自工作范围内，组织开展家庭美德和反家庭暴力宣传教育。

广播、电视、报刊、网络等应当开展家庭美德和反家庭暴力宣传。

学校、幼儿园应当开展家庭美德和反家庭暴力教育。

第七条　县级以上人民政府有关部门、司法机关、妇女联合会应当将预防和制止家庭暴力纳入业务培训和统计工作。

医疗机构应当做好家庭暴力受害人的诊疗记录。

第八条　乡镇人民政府、街道办事处应当组织开展家庭暴力预防工作，居民委员会、村民委员会、社会工作服务机构应当予以配合协助。

第九条　各级人民政府应当支持社会工作服务机构等社会组织开展心理健康咨询、家庭关系指导、家庭暴力预防知识教育等服务。

第十条　人民调解组织应当依法调解家庭纠纷，预防和减少家庭暴力的发生。

第十一条　用人单位发现本单位人员有家庭暴力情况的，应当给予批评教育，并做好家庭矛盾的调解、化解工作。

第十二条　未成年人的监护人应当以文明的方式进行家庭教育，依法履行监护和教育职责，不得实施家庭暴力。

第三章　家庭暴力的处置

第十三条　家庭暴力受害人及其法定代理人、近亲属可以向加害人或者受害人所在单位、居民委员会、村民委员会、妇女联合会等单位投诉、反映或者求助。有关单位接到家庭暴力投诉、反映或者求助后，应当给予帮助、处理。

家庭暴力受害人及其法定代理人、近亲属也可以向公安机关报案或者依法向人民法院起诉。

单位、个人发现正在发生的家庭暴力行为，有权及时劝阻。

第十四条　学校、幼儿园、医疗机构、居民委员会、村民委员会、社会工作服务机构、救助管理机构、福利机构及其工作人员在工作中发现无民事行为能力人、限制民事行为能力人遭受或者疑似遭受家庭暴力的，应当及时向公安机关报案。公安机关应当对报案人的信息予以保密。

第十五条　公安机关接到家庭暴力报案后应当及时出警，制止家庭暴力，按照有关规定调查取证，协助受害人就医、鉴定伤情。

无民事行为能力人、限制民事行为能力人因家庭暴力身体受到严重伤害、面临人身安全威胁或者处于无人照料等危险状态的，公安机关应当通知并协助民政部门将其安置到临时庇护场所、救助管理机构或者福利机构。

第十六条　家庭暴力情节较轻，依法不给予治安管理处罚的，由公安机关对加害人给予批评教育或者出具告诫书。

告诫书应当包括加害人的身份信息、家庭暴力的事实陈述、禁止加害人实施家庭暴力等内容。

第十七条　公安机关应当将告诫书送交加害人、受害人，并通知居民委员会、村民委员会。

居民委员会、村民委员会、公安派出所应当对收到告诫书的加害人、受害人进行查访，监督加害人不再实施家庭暴力。

第十八条　县级或者设区的市级人民政府可以单独或者依托救助管理机构设立临时庇护场所，为家庭暴力受害人提供临时生活帮助。

第十九条　法律援助机构应当依法为家庭暴力受害人提供法律援助。

人民法院应当依法对家庭暴力受害人缓收、减收或者免收诉讼费用。

第二十条　人民法院审理涉及家庭暴力的案件，可以根据公安机关出警记录、告诫书、伤情鉴定意见等证据，认定家庭暴力事实。

第二十一条　监护人实施家庭暴力严重侵害被监护人合法权益的，人民法院可以根据被监护人的近亲属、居民委员会、村民委员会、县级人民政府民政部门等有关人员或者单位的申请，依法撤销其监护人资格，另行指定监护人。

被撤销监护人资格的加害人，应当继续负担相应的赡养、扶养、抚养费用。

第二十二条　工会、共产主义青年团、妇女联合会、残疾人联合会、居民委员会、村民委员会等应当对实施家庭暴力的加害人进行法治教育，必要时可以对加害人、受害人进行心理辅导。

第四章　人身安全保护令

第二十三条　当事人因遭受家庭暴力或者面临家庭暴力的现实危险，向人民法院申请人身安全保护令的，人民法院应当受理。

当事人是无民事行为能力人、限制民事行为能力人，或者因受到强制、威吓等原因无法申请人身安全保护令的，其近亲属、公安机关、妇女联合会、居民委员会、村民委员会、救助管理机构可以代为申请。

第二十四条　申请人身安全保护令应当以书面方式提出；书面申请确有困难的，可以口头申请，由人民法院记入笔录。

第二十五条　人身安全保护令案件由申请人或者被申请人居住地、家庭暴力发生地的基层人民法院管辖。

第二十六条　人身安全保护令由人民法院以裁定形式作出。

第二十七条　作出人身安全保护令，应当具备下列条件：

（一）有明确的被申请人；

（二）有具体的请求；

（三）有遭受家庭暴力或者面临家庭暴力现实危险的情形。

第二十八条　人民法院受理申请后，应当在七十二小时内作出人身安全保护令或者驳回申请；情况紧急的，应当在二十四小时内作出。

第二十九条　人身安全保护令可以包括下列措施：

（一）禁止被申请人实施家庭暴力；

（二）禁止被申请人骚扰、跟踪、接触申请人及其相关近亲属；

（三）责令被申请人迁出申请人住所；

（四）保护申请人人身安全的其他措施。

第三十条　人身安全保护令的有效期不超过六个月，自作出之日起生效。人身安全保护令失效前，人民法院可以根据申请人的申请撤销、变更或者延长。

第三十一条　申请人对驳回申请不服或者被申请人对人身安全保护令不服的，可以自裁定生效之日起五日内向作出裁定的人民法院申请复议一次。人民法院依法作出人身安全保护令的，复议期间不停止人身安全保护令的执行。

第三十二条　人民法院作出人身安全保护令后，应当送达申请人、被申请人、公安机关以及居民委员会、村民委员会等有关组织。人身安全保护令由人民法院执行，公安机关以及居民委员会、村民委员会等应当协助执行。

第五章　法律责任

第三十三条　加害人实施家庭暴力，构成违反治安管理行为的，依法给予治安管理处罚；构成犯罪的，依法追究刑事责任。

第三十四条　被申请人违反人身安全保护令，构成犯罪的，依法追究刑事责任；尚不构成犯罪的，人民法院应当给予训诫，可以根据情节轻重处以一千元以下罚款、十五日以下拘留。

第三十五条　学校、幼儿园、医疗机构、居民委员会、村民委员会、社会工作服务机构、救助管理机构、福利机构及其工作人员未依照本法第十四条规定向公安机关报案，造成严重后果的，由上级主管部门或者本单位对直接负责的主管人员和其他直接责任人员依法给予处分。

第三十六条　负有反家庭暴力职责的国家工作人员玩忽职守、滥用职权、徇私舞弊的，依法给予处分；构成犯罪的，依法追究刑事责任。

第六章　附　则

第三十七条　家庭成员以外共同生活的人之间实施的暴力行为，参照本法规定执行。

第三十八条　本法自2016年3月1日起施行。

社会救助暂行办法（2019修正）

（2019年3月2日）

第一章　总　则

第一条　为了加强社会救助，保障公民的基本生活，促进社会公平，维护社会和谐稳定，根据宪法，制定本办法。

第二条　社会救助制度坚持托底线、救急难、可持续，与其他社会保障制度相衔接，社会救助水平与经济社会发展水平相适应。

社会救助工作应当遵循公开、公平、公正、及时的原则。

第三条　国务院民政部门统筹全国社会救助体系建设。国务院民政、应急管理、卫生健康、教育、住房城乡建设、人力资源社会保障、医疗保障等部门，按照各自职责负责相应的社会救助管理工作。

县级以上地方人民政府民政、应急管理、卫生健康、教育、住房城乡建设、人力资源社会保障、医疗保障等部门，按照各自职责负责本行政区域内相应的社会救助管理工作。

前两款所列行政部门统称社会救助管理部门。

第四条　乡镇人民政府、街道办事处负责有关社会救助的申请受理、调查审核，具体工作由社会救助经办机构或者经办人员承担。

村民委员会、居民委员会协助做好有关社会救助工作。

第五条　县级以上人民政府应当将社会救助纳入国民经济和社会发展规划，建立健全政府领导、民政部门牵头、有关部门配合、社会力量参与的社会救助工作协调机制，完善社会救助资金、物资保障机制，将政府安排的社会救助资金和社会救助工作经费纳入财政预算。

社会救助资金实行专项管理，分账核算，专款专用，任何单位或者个人不得挤占挪用。社会救助资金的支付，按照财政国库管理的有关规定执行。

第六条　县级以上人民政府应当按照国家统一规划建立社会救助管理信息系统，实现社会救助信息互联互通、资源共享。

第七条　国家鼓励、支持社会力量参与社会救助。

第八条　对在社会救助工作中作出显著成绩的单位、个人，按照国家有关规定给予表彰、奖励。

第二章　最低生活保障

第九条　国家对共同生活的家庭成员人均收入低于当地最低生活保障标准，且符合当地最低生活保障家庭财产状况规定的家庭，给予最低生活保障。

第十条　最低生活保障标准，由省、自治区、直辖市或者设区的市级人民政府按照当地居民生活必需的费用确定、公布，并根据当地经济社会发展水平和物价变动情况适时调整。

最低生活保障家庭收入状况、财产状况的认定办法，由省、自治区、直辖市或者设区的市级人民政府按照国家有关规定制定。

第十一条　申请最低生活保障，按照下列程序办理：

（一）由共同生活的家庭成员向户籍所在地的乡镇人民政府、街道办事处提出书面申请；家庭成员申请有困难的，可以委托村民委员会、居民委员会代为提出申请。

（二）乡镇人民政府、街道办事处应当通过入户调查、邻里访问、信函索证、群众评议、信息核查等方式，对申请人的家庭收入状况、财产状况进行调查核实，提出初审意见，在申请人所在村、社区公示后报县级人民政府民政部门审批。

（三）县级人民政府民政部门经审查，对符合条件的申请予以批准，并在申请人所在村、社区公布；对不符合条件的申请不予批准，并书面向申请人说明理由。

第十二条　对批准获得最低生活保障的家庭，县级人民政府民政部门按照共同生活的家庭成员人均收入低于当地最低生活保障标准的差额，按月发给最低生活保障金。

对获得最低生活保障后生活仍有困难的老年人、未成年人、重度残疾人和重病患者，县级以上地方人民政府应当采取必要措施给予生活保障。

第十三条　最低生活保障家庭的人口状况、收入状况、财产状况发生变化的，应当及时告知乡镇人民政府、街道办事处。

县级人民政府民政部门以及乡镇人民政府、街道办事处应当对获得最低生活保障家庭的人口状况、收入状况、财产状况定期核查。

最低生活保障家庭的人口状况、收入状况、财产状况发生变化的，县级人民政府民政部门应当及时决定增发、减发或者停发最低生活保障金；决定停发最低生活保障金的，应当书面说明理由。

第三章　特困人员供养

第十四条　国家对无劳动能力、无生活来源且无法定赡养、抚养、扶养义务人，或者其法定赡养、抚养、扶养义务人无赡养、抚养、扶养能力的老年人、残疾人以及未满16周岁的未成年人，给予特困人员供养。

第十五条　特困人员供养的内容包括：

（一）提供基本生活条件；

（二）对生活不能自理的给予照料；

（三）提供疾病治疗；

（四）办理丧葬事宜。

特困人员供养标准，由省、自治区、直辖市或者设区的市级人民政府确定、公布。

特困人员供养应当与城乡居民基本养老保险、基本医疗保障、最低生活保障、孤儿基本生活保障等制度相衔接。

第十六条　申请特困人员供养，由本人向户籍所在地的乡镇人民政府、街道办事处提出书面申请；本人申请有困难的，可以委托村民委员会、居民委员会代为提出申请。

特困人员供养的审批程序适用本办法第十一条规定。

第十七条　乡镇人民政府、街道办事处应当及时了解掌握居民的生活情况，发现符合特困供养条件的人员，应当主动为其依法办理供养。

第十八条　特困供养人员不再符合供养条件的，村民委员会、居民委员会或者供养服务机构应当告知乡镇人民政府、街道办事处，由乡镇人民政府、街道办事处审核并报县级人民政府民政部门核准后，终止供养并予以公示。

第十九条　特困供养人员可以在当地的供养服务机构集中供养，也可以在家分散供养。特困供养人员可以自行选择供养形式。

第四章　受灾人员救助

第二十条　国家建立健全自然灾害救助制度，对基本生活受到自然灾害严重影响的人员，提供生活救助。

自然灾害救助实行属地管理，分级负责。

第二十一条　设区的市级以上人民政府和自然灾害多发、易发地区的县级人民政府应当根据自然灾害特点、居民人口数量和分布等情况，设立自然灾害救助物资储备库，保障自然灾害发生后救助物资的紧急供应。

第二十二条　自然灾害发生后，县级以上人民政府或者人民政府的自然灾害救助应急综合协调机构应当根据情况紧急疏散、转移、安置受灾人员，及时为受灾人员提供必要的食品、饮用水、衣被、取暖、临时住所、医疗防疫等应急救助。

第二十三条　灾情稳定后，受灾地区县级以上人民政府应当评估、核定并发布自然灾害损失情况。

第二十四条　受灾地区人民政府应当在确保安全的前提下，对住房损毁严重的受灾人员进行过渡性安置。

第二十五条　自然灾害危险消除后，受灾地区人民政府应急管理等部门应当及时核实本行政区域内居民住房恢复重建补助对象，并给予资金、物资等救助。

第二十六条　自然灾害发生后，受灾地区人民政府应当为因当年冬寒或者次年春荒遇到生活困难的受灾人员提供基本生活救助。

第五章　医疗救助

第二十七条　国家建立健全医疗救助制度，保障医疗救助对象获得基本医疗卫生服务。

第二十八条　下列人员可以申请相关医疗救助：

（一）最低生活保障家庭成员；

（二）特困供养人员；

（三）县级以上人民政府规定的其他特殊困难人员。

第二十九条　医疗救助采取下列方式：

（一）对救助对象参加城镇居民基本医疗保险或者新型农村合作医疗的个人缴费部分，给予补贴；

（二）对救助对象经基本医疗保险、大病保险和其他补充医疗保险支付后，个人及其家庭难以承担的符合规定的基本医疗自负费用，给予补助。

医疗救助标准，由县级以上人民政府按照经济社会发展水平和医疗救助资金情况确定、公布。

第三十条　申请医疗救助的，应当向乡镇人民政府、街道办事处提出，经审核、公示后，由县级人民政府医疗保障部门审批。最低生活保障家庭成员和特困供养人员的医疗救助，由县级人民政府医疗保障部门直接办理。

第三十一条　县级以上人民政府应当建立健全医疗救助与基本医疗保险、大病保险相衔接的医疗费用结算机制，为医疗救助对象提供便捷服务。

第三十二条　国家建立疾病应急救助制度，对需要急救但身份不明或者无力支付急救费用的急重危伤病患者给予救助。符合规定的急救费用由疾病应急救助基金支付。

疾病应急救助制度应当与其他医疗保障制度相衔接。

第六章　教育救助

第三十三条　国家对在义务教育阶段就学的最低生活保障家庭成员、特困供养人员，给予教育救助。

对在高中教育（含中等职业教育）、普通高等教育阶段就学的最低生活保障家庭成员、特困供养人员，以及不能入学接受义务教育的残疾儿童，根据实际情况给予适当教育救助。

第三十四条　教育救助根据不同教育阶段需求，采取减免相关费用、发放助学金、给予生活补助、安排勤工助学等方式实施，保障教育救助对象基本学习、生活需求。

第三十五条　教育救助标准，由省、自治区、直辖市人民政府根据经济社会发展水平和教育救助对象的基本学习、生活需求确定、公布。

第三十六条　申请教育救助，应当按照国家有关规定向就读学校提出，按规定程序审核、确认后，由学校按照国家有关规定实施。

第七章　住房救助

第三十七条　国家对符合规定标准的住房困难的最低生活保障家庭、分散供养的特困人员，给予住房救助。

第三十八条　住房救助通过配租公共租赁住房、发放住房租赁补贴、农村危房改造等方式实施。

第三十九条　住房困难标准和救助标准，由县级以上地方人民政府根据本行政区域经济社会发展水平、住房价格水平等因素确定、公布。

第四十条　城镇家庭申请住房救助的，应当经由乡镇人民政府、街道办事处或者直接向县级人民政府住房保障部门提出，经县级人民政府民政部门审核家庭收入、财产状况和县级人民政府住房保障部门审核家庭住房状况并公示后，对符合申请条件的申请人，由县级人民政府住房保障部门优先给予保障。

农村家庭申请住房救助的，按照县级以上人民政府有关规定执行。

第四十一条　各级人民政府按照国家规定通过财政投入、用地供应等措施为实施住房救助提供保障。

第八章　就业救助

第四十二条　国家对最低生活保障家庭中有劳动能力并处于失业状态的成员，通过贷款贴息、社会保险补贴、岗位补贴、培训补贴、费用减免、公益性岗位安置等办法，给予就业救助。

第四十三条　最低生活保障家庭有劳动能力的成员均处于失业状态的，县级以上地方人民政府应当采取有针对性的措施，确保该家庭至少有一人就业。

第四十四条　申请就业救助的，应当向住所地街道、社区公共就业服务机构提出，公共就业服务机构核实后予以登记，并免费提供就业岗位信息、职业介绍、职业指导等就业服务。

第四十五条　最低生活保障家庭中有劳动能力但未就业的成员，应当接受人力资源社会保障等有关部门介绍的工作；无正当理由，连续3次拒绝接受介绍的与其健康状况、劳动能力等相适应的工作的，县级人民政府民政部门应当决定减发或者停发其本人的最低生活保障金。

第四十六条　吸纳就业救助对象的用人单位，按照国家有关规定享受社会保险补贴、税收优惠、小额担保贷款等就业扶持政策。

第九章　临时救助

第四十七条　国家对因火灾、交通事故等意外事件，家庭成员突发重大疾病等原因，导致基本生活暂时出现严重困难的家庭，或者因生活必需支出突然增加超出家庭承受能力，导致基本生活暂时出现严重困难的最低生活保障家庭，以及遭遇其他特殊困难的家庭，给予临时救助。

第四十八条　申请临时救助的，应当向乡镇人民政府、街道办事处提出，经审核、公示后，由县级人民政府民政部门审批；救助金额较小的，县级人民政府民政部门可以委托乡镇人民政府、街道办事处审批。情况紧急的，可以按照规定简化审批手续。

第四十九条　临时救助的具体事项、标准，由县级以上地方人民政府确定、公布。

第五十条　国家对生活无着的流浪、乞讨人员提供临时食宿、急病救治、协助返回等救助。

第五十一条　公安机关和其他有关行政机关的工作人员在执行公务时发现流浪、乞讨人员的，应当告知其向救助管理机构求助。对其中的残疾人、未成年人、老年人和行动不便的其他人员，应当引导、护送到救助管理机构；对突发急病人员，应当立即通知急救机构进行救治。

第十章　社会力量参与

第五十二条　国家鼓励单位和个人等社会力量通过捐赠、设立帮扶项目、创办服务机构、提供志愿服务等方式，参与社会救助。

第五十三条　社会力量参与社会救助，按照国家有关规定享受财政补贴、税收优惠、费用减免等政策。

第五十四条　县级以上地方人民政府可以将社会救助中的具体服务事项通过委托、承包、采购等方式，向社会力量购买服务。

第五十五条　县级以上地方人民政府应当发挥社会工作服务机构和社会工作者作用，为社会救助对象提供社会融入、能力提升、心理疏导等专业服务。

第五十六条　社会救助管理部门及相关机构应当建立社会力量参与社会救助的机制和渠道，提供社会救助项目、需求信息，为社会力量参与社会救助创造条件、提供便利。

第十一章　监督管理

第五十七条　县级以上人民政府及其社会救助管理部门应当加强对社会救助工作的监督检查，完善相关监督管理制度。

第五十八条　申请或者已获得社会救助的家庭，应当按照规定如实申报家庭收入状况、财产状况。

县级以上人民政府民政部门根据申请或者已获得社会救助家庭的请求、委托，可以通过户籍管理、税务、社会保险、不动产登记、工商登记、住房公积金管理、车船管理等单位和银行、保险、证券等金融机构，代为查询、核对其家庭收入状况、财产状况；有关单位和金融机构应当予以配合。

县级以上人民政府民政部门应当建立申请和已获得社会救助家庭经济状况信息核对平台，为审核认定社会救助对象提供依据。

第五十九条　县级以上人民政府社会救助管理部门和乡镇人民政府、街道办事处在履行社会救助职责过程中，可以查阅、记录、复制与社会救助事项有关的资料，询问与社会救助事项有关的单位、个人，要求其对相关情况作出说明，提供相关证明材料。有关单位、个人应当如实提供。

第六十条　申请社会救助，应当按照本办法的规定提出；申请人难以确定社会救助管理部门的，可以先向社会救助经办机构或者县级人民政府民政部门求助。社会救助经办机构或者县级人民政府民政部门接到求助后，应当及时办理或者转交其他社会救助管理部门办理。

乡镇人民政府、街道办事处应当建立统一受理社会救助申请的窗口，及时受理、转办申请事项。

第六十一条　履行社会救助职责的工作人员对在社会救助工作中知悉的公民个人信息，除按照规定应当公示的信息外，应当予以保密。

第六十二条　县级以上人民政府及其社会救助管理部门应当通过报刊、广播、电视、互联网等媒体，宣传社会救助法律、法规和政策。

县级人民政府及其社会救助管理部门应当通过公共查阅室、资料索取点、信息公告栏等便于公众知晓的途径，及时公开社会救助资金、物资的管理和使用等情况，接受社会监督。

第六十三条　履行社会救助职责的工作人员行使职权，应当接受社会监督。

任何单位、个人有权对履行社会救助职责的工作人员在社会救助工作中的违法行为进行举报、投诉。受理举报、投诉的机关应当及时核实、处理。

第六十四条　县级以上人民政府财政部门、审计机关依法对社会救助资金、物资的筹集、分配、管理和使用实施监督。

第六十五条　申请或者已获得社会救助的家庭或者人员，对社会救助管理部门作出的具体行政行为不服的，可以依法申请行政复议或者提起行政诉讼。

第十二章　法律责任

第六十六条　违反本办法规定，有下列情形之一的，由上级行政机关或者监察机关责令改正；对直接负责的主管人员和其他直接责任人员依法给予处分：

（一）对符合申请条件的救助申请不予受理的；

（二）对符合救助条件的救助申请不予批准的；

（三）对不符合救助条件的救助申请予以批准的；

（四）泄露在工作中知悉的公民个人信息，造成后果的；

（五）丢失、篡改接受社会救助款物、服务记录等数据的；

（六）不按照规定发放社会救助资金、物资或者提供相关服务的；

（七）在履行社会救助职责过程中有其他滥用职权、玩忽职守、徇私舞弊行为的。

第六十七条　违反本办法规定，截留、挤占、挪用、私分社会救助资金、物资的，由有关部门责令追回；有违法所得的，没收违法所得；对直接负责的主管人员和其他直接责任人员依法给予处分。

第六十八条　采取虚报、隐瞒、伪造等手段，骗取社会救助资金、物资或者服务的，由有关部门决定停止社会救助，责令退回非法获取的救助资金、物资，可以处非法获取的救助款额或者物资价值1倍以上3倍以下的罚款；构成违反治安管理行为的，依法给予治安管理处罚。

第六十九条　违反本办法规定，构成犯罪的，依法追究刑事责任。

第十三章　附　则

第七十条　本办法自2014年5月1日起施行。

国务院关于全面建立临时救助制度的通知

（2014 年 10 月 3 日）

各省、自治区、直辖市人民政府，国务院各部委、各直属机构：

为贯彻落实党的十八大和十八届二中、三中全会精神，进一步发挥社会救助托底线、救急难作用，解决城乡困难群众突发性、紧迫性、临时性生活困难，根据《社会救助暂行办法》有关规定，国务院决定全面建立临时救助制度。现就有关问题通知如下：

一、充分认识全面建立临时救助制度的重要意义

党和政府高度重视社会救助工作。多年来，以最低生活保障、特困人员供养、受灾人员救助等基本生活救助和医疗、教育、住房、就业等专项救助制度为支撑的社会救助体系基本建立，绝大多数困难群众得到了及时、有效的救助。同时，社会救助体系仍存在"短板"，解决一些遭遇突发性、紧迫性、临时性生活困难的群众救助问题仍缺乏相应的制度安排，迫切需要全面建立临时救助制度，发挥救急难功能，使城乡困难群众基本生活都能得到有效保障，兜住底线。

建立临时救助制度是填补社会救助体系空白，提升社会救助综合效益，确保社会救助安全网网底不破的必然要求，对于全面深化改革、促进社会公平正义、全面建成小康社会具有重要意义。各地区、各部门要充分认识建立临时救助制度的重要性和紧迫性，增强使命感和责任感，将其作为加强和改善民生的一项重要任务，全面落实，扎实推进。

二、明确建立临时救助制度的目标任务和总体要求

临时救助制度要以解决城乡群众突发性、紧迫性、临时性基本生活困难

问题为目标，通过完善政策措施，健全工作机制，强化责任落实，鼓励社会参与，增强救助时效，补“短板”、扫“盲区”，编实织密困难群众基本生活安全网，切实保障困难群众基本生活权益。

临时救助制度实行地方各级人民政府负责制。县级以上地方人民政府民政部门要统筹做好本行政区域内的临时救助工作，卫生计生、教育、住房城乡建设、人力资源社会保障、财政等部门要主动配合，密切协作。

国务院民政部门统筹全国临时救助制度建设。国务院民政、卫生计生、教育、住房城乡建设、人力资源社会保障、财政等部门，按照各自职责做好相关工作。

临时救助工作要坚持应救尽救，确保有困难的群众都能求助有门，并按规定得到及时救助；坚持适度救助，着眼于解决基本生活困难、摆脱临时困境，既要尽力而为，又要量力而行；坚持公开公正，做到政策公开、过程透明、结果公正；坚持制度衔接，加强各项救助、保障制度的衔接配合，形成整体合力；坚持资源统筹，政府救助、社会帮扶、家庭自救有机结合。

三、临时救助制度的主要内容

临时救助是国家对遭遇突发事件、意外伤害、重大疾病或其他特殊原因导致基本生活陷入困境，其他社会救助制度暂时无法覆盖或救助之后基本生活暂时仍有严重困难的家庭或个人给予的应急性、过渡性的救助。

（一）对象范围。

家庭对象。因火灾、交通事故等意外事件，家庭成员突发重大疾病等原因，导致基本生活暂时出现严重困难的家庭；因生活必需支出突然增加超出家庭承受能力，导致基本生活暂时出现严重困难的最低生活保障家庭；遭遇其他特殊困难的家庭。

个人对象。因遭遇火灾、交通事故、突发重大疾病或其他特殊困难，暂时无法得到家庭支持，导致基本生活陷入困境的个人。其中，符合生活无着的流浪、乞讨人员救助条件的，由县级人民政府按有关规定提供临时食宿、急病救治、协助返回等救助。

因自然灾害、事故灾难、公共卫生、社会安全等突发公共事件，需要开展紧急转移安置和基本生活救助，以及属于疾病应急救助范围的，按照有关规定执行。

县级以上地方人民政府应当根据当地实际，制定具体的临时救助对象认定办法，规定意外事件、突发重大疾病、生活必需支出突然增加以及其他特殊困难的类型和范围。

（二）申请受理。

依申请受理。凡认为符合救助条件的城乡居民家庭或个人均可以向所在地乡镇人民政府（街道办事处）提出临时救助申请；受申请人委托，村（居）民委员会或其他单位、个人可以代为提出临时救助申请。对于具有本地户籍、持有当地居住证的，由当地乡镇人民政府（街道办事处）受理；对于上述情形以外的，当地乡镇人民政府（街道办事处）应当协助其向县级人民政府设立的救助管理机构（即救助管理站、未成年人救助保护中心等）申请救助；当地县级人民政府没有设立救助管理机构的，乡镇人民政府（街道办事处）应当协助其向县级人民政府民政部门申请救助。申请临时救助，应按规定提交相关证明材料，无正当理由，乡镇人民政府（街道办事处）不得拒绝受理；因情况紧急无法在申请时提供相关证明材料的，乡镇人民政府（街道办事处）可先行受理。

主动发现受理。乡镇人民政府（街道办事处）、村（居）民委员会要及时核实辖区居民遭遇突发事件、意外事故、罹患重病等特殊情况，帮助有困难的家庭或个人提出救助申请。公安、城管等部门在执法中发现身处困境的未成年人、精神病人等无民事行为能力人或限制民事行为能力人，以及失去主动求助能力的危重病人等，应主动采取必要措施，帮助其脱离困境。乡镇人民政府（街道办事处）或县级人民政府民政部门、救助管理机构在发现或接到有关部门、社会组织、公民个人报告救助线索后，应主动核查情况，对于其中符合临时救助条件的，应协助其申请救助并受理。

（三）审核审批。

一般程序。乡镇人民政府（街道办事处）应当在村（居）民委员会协助下，对临时救助申请人的家庭经济状况、人口状况、遭遇困难类型等逐一调查，视情组织民主评议，提出审核意见，并在申请人所居住的村（居）民委员会张榜公示后，报县级人民政府民政部门审批。对申请临时救助的非本地户籍居民，户籍所在地县级人民政府民政部门应配合做好有关审核工作。县级人民政府民政部门根据乡镇人民政府（街道办事处）提交的审核意见作出审批决定。救助金额较小的，县级人民政府民政部门可以委托乡镇人民政府（街道办事处）审批，但应报县级人民政府民政部门备案。对符合条件的，应及时予以批准；不符合条件不予批准，并书面向申请人说明理由。申请人以同一事由重复申请临时救助，无正当理由的，不予救助。对于不持有当地居住证的非本地户籍人员，县级人民政府民政部门、救助管理机构可以按生活无着人员救助管理有关规定审核审批，提供救助。

紧急程序。对于情况紧急、需立即采取措施以防止造成无法挽回的损失或无法改变的严重后果的，乡镇人民政府（街道办事处）、县级人民政府民政部门应先行救助。紧急情况解除之后，应按规定补齐审核审批手续。

（四）救助方式。

对符合条件的救助对象，可采取以下救助方式：

发放临时救助金。各地要全面推行临时救助金社会化发放，按照财政国库管理制度将临时救助金直接支付到救助对象个人账户，确保救助金足额、及时发放到位。必要时，可直接发放现金。

发放实物。根据临时救助标准和救助对象基本生活需要，可采取发放衣物、食品、饮用水，提供临时住所等方式予以救助。对于采取实物发放形式的，除紧急情况外，要严格按照政府采购制度的有关规定执行。

提供转介服务。对给予临时救助金、实物救助后，仍不能解决临时救助对象困难的，可分情况提供转介服务。对符合最低生活保障或医疗、教育、住房、就业等专项救助条件的，要协助其申请；对需要公益慈善组织、社会工作服务机构等通过慈善项目、发动社会募捐、提供专业服务、志愿服务等形式给予帮扶的，要及时转介。

（五）救助标准。

临时救助标准要与当地经济社会发展水平相适应。县级以上地方人民政府要根据救助对象困难类型、困难程度，统筹考虑其他社会救助制度保障水平，合理确定临时救助标准，并适时调整。临时救助标准应向社会公布。省级人民政府要加强对本行政区域内临时救助标准制定的统筹，推动形成相对统一的区域临时救助标准。

四、建立健全临时救助工作机制

（一）建立“一门受理、协同办理”机制。

各地要建立“一门受理、协同办理”机制，依托乡镇人民政府（街道办事处）政务大厅、办事大厅等，设立统一的社会救助申请受理窗口，方便群众求助。要根据部门职责建立受理、分办、转办、结果反馈流程，明确办理时限和要求，跟踪办理结果，将有关情况及时告知求助对象。要建立社会救助热线，畅通求助、报告渠道。

（二）加快建立社会救助信息共享机制。

各级政府要建立社会救助管理部门之间的信息共享机制，充分利用已有资源，加快建设社会救助管理信息系统，实现民政与卫生计生、教育、住房城乡建设、人力资源社会保障等部门的信息共享。要依法完善跨部门、多层次、信息共享的救助申请家庭经济状况核对机制，提高审核甄别能力。要建立救助对象需求与公益慈善组织、社会工作服务机构的救助资源对接机制，实现政府救助与社会帮扶的有机结合，做到因情施救、各有侧重、相互补充。

（三）建立健全社会力量参与机制。

要充分发挥群众团体、社会组织尤其是公益慈善组织、社会工作服务机构和企事业单位、志愿者队伍等社会力量资源丰富、方法灵活、形式多样的特点，通过委托、承包、采购等方式向社会力量购买服务，鼓励、支持其参与临时救助。要动员、引导具有影响力的公益慈善组织、大中型企业等设立专项公益基金，在民政部门的统筹协调下有序开展临时救助。

公益慈善组织、社会工作服务机构、企事业单位、志愿者队伍等社会力量可以利用自身优势，在对象发现、专业服务、发动社会募捐等方面发挥积极作用。社会力量参与社会救助的，按照国家有关规定享受财政补贴、税收优惠、费用减免等政策。

（四）不断完善临时救助资金筹集机制。

地方各级人民政府要将临时救助资金列入财政预算；省级人民政府要优化财政支出结构，切实加大临时救助资金投入；城乡居民最低生活保障资金有结余的地方，可安排部分资金用于最低生活保障对象的临时救助支出。中央财政对地方实施临时救助制度给予适当补助，重点向救助任务重、财政困难、工作成效突出的地区倾斜。

五、强化临时救助制度实施的保障措施

（一）加强组织领导。地方各级人民政府要按照属地原则，将建立完善临时救助制度列入重要议事日程，抓紧完善配套政策措施，确保2014年底前全面实施临时救助制度。要进一步建立健全政府领导、民政部门牵头、有关部门配合、社会力量参与的社会救助工作协调机制，及时研究解决工作中遇到的问题。要将临时救助等社会救助工作列入地方领导班子和领导干部政绩考核评价指标体系，并合理确定权重；考核结果纳入政府领导班子和相关领导干部综合考核评价的重要内容，作为干部选拔任用、管理监督的重要依据。民政部门要切实履行主管部门职责，发挥好统筹协调作用；财政部门要加强资金保障，提高资金使用效益；其他有关部门要各司其职，积极配合，形成齐抓共管、整体推进的工作格局。

（二）加强能力建设。省级人民政府要切实加强临时救助能力建设，统筹考虑常住人口、最低生活保障对象和特困供养人员数量等因素，制定落实基层社会救助职责的具体办法和措施。地方各级人民政府要结合本地实际全面落实临时救助制度要求，科学整合县（市、区）、乡镇人民政府（街道办事处）管理机构及人力资源，充实加强基层临时救助工作力量，确保事有人管、责有人负。要积极研究制定政府购买服务的具体办法，充分利用市场机制，加强基层临时救助能力建设。要充分发挥社区居民委员会和村民委员会的作用，协助做好困难排查、信息报送、宣传引导、公示监督等工作。要加强人员培训，不断提高临时救助管理服务水平。要加强经费保障，将临时救助所需工作经费纳入社会救助工作经费统筹考虑，列入地方各级财政预算。

（三）加强监督管理。县级以上地方人民政府要切实担负起临时救助政策制定、资金投入、工作保障和监督管理责任，乡镇人民政府（街道办事处）要切实履行临时救助受理、审核等职责，民政部门要会同卫生计生、教育、住房城乡建设、人力资源社会保障等部门，按照“一门受理、协同办理”的工作要求，明确各业务环节的经办主体责任，强化责任落实，确保困难群众求助有门、受助及时。民政、财政部门要会同有关部门将临时救助制度落实情况作为督查督办的重点内容，定期组织开展专项检查。财政、审计、监察部门要加强对临时救助资金管理使用情况的监督检查，防止挤占、挪用、套取等违纪违法现象发生。对于出具虚假证明材料骗取救助的单位和个人，要在社会信用体系

中予以记录。临时救助实施情况要定期向社会公开，充分发挥社会监督作用，对于公众和媒体发现揭露的问题，应及时查处并公布处理结果。要完善临时救助责任追究制度，明确细化责任追究对象、方式和程序，加大行政问责力度，对因责任不落实、相互推诿、处置不及时等造成严重后果的单位和个人，要依纪依法追究责任。

（四）加强政策宣传。各地要组织好临时救助政策宣传，充分利用报刊、广播、电视等媒体和互联网，以及公共查阅室、资料索取点、信息宣传栏、宣传册、明白纸等群众喜闻乐见的途径和形式，不断加大政策宣传普及力度，使临时救助政策家喻户晓、人人皆知。要加强舆论引导，从政府作用、个人权利、家庭责任、社会参与等方面，多角度宣传临时救助的功能定位和制度特点，引导社会公众理解、支持临时救助工作，营造良好社会舆论氛围，弘扬中华民族团结友爱、互助共济的传统美德。

国家选择有特点、有代表性的区域进行“救急难”工作综合试点，在体制机制、服务方式、信息共享、财政税费等方面进行探索创新，先行先试，为不断完善临时救助制度，全面开展“救急难”工作提供经验。省级人民政府要根据本通知要求，结合实际，抓紧制定配套落实政策，国务院相关部门要根据本部门职责，抓紧制定具体政策措施。民政部、财政部要加强对本通知执行情况的监督检查，及时向国务院报告。国务院将适时组织专项督查。

国务院

2014年10月3日

民政部关于指导村（居）民委员会协助做好社会救助工作的意见

（2015 年 6 月 1 日）

各省、自治区、直辖市民政厅（局），各计划单列市民政局，新疆生产建设兵团民政局：

为进一步健全完善社会救助经办服务体系，充分发挥城乡基层群众性自治组织在社会救助工作中的重要作用，根据《社会救助暂行办法》、《国务院关于进一步加强和改进最低生活保障工作的意见》（国发〔2012〕45号）要求，现就指导村（居）民委员会协助做好社会救助工作提出如下意见：

一、充分认识村（居）民委员会协助做好社会救助工作的重要性

村（居）民委员会是居民自我管理、自我教育、自我服务的基层群众性自治组织，是党和政府联系广大人民群众的桥梁和纽带，在服务居民群众、深化基层治理、密切党群干群关系、维护社会稳定等方面发挥着不可替代的重要作用。社会救助事关困难群众衣食冷暖和基本生活保障，是党和政府维护困难群众生存权益、促进社会稳定和公平正义的托底性、基础性制度安排。困难群众居住在社区、生活在社区、服务依托社区，与村（居）民委员会的联系最为紧密，村（居）民委员会最了解困难群众的生活状况和救助需求。健全完善社会救助经办服务体系，落实好各项社会救助政策，不断提升基层社会救助服务水平，真正为困难群众排忧解难，离不开村（居）民委员会的参与、协助和配合。

二、进一步明确村（居）民委员会协助做好社会救助工作的主要内容

依据《中华人民共和国村民委员会组织法》《中华人民共和国城市居民委员会组织法》的有关规定，村（居）民委员会应当协助基层政府或其派出机关

开展与居民利益有关的公共事务、社区服务等工作。社会救助与社区居民利益息息相关，是社区公共服务不可或缺的重要方面。各地民政部门要厘清责任、突出重点，进一步明确村（居）民委员会协助做好社会救助工作的主要内容。

（一）协助做好救助对象发现报告工作。

各地民政部门要指导、督促村（居）民委员会将发现排查困难群众列为日常重点工作，安排社区工作者、专业社会工作者、志愿者等经常性走访居民家庭，了解、收集困难群众的现状信息，掌握、核实辖区内居民生活困难及遭遇突发事件、意外事故、罹患重病等急难情况，并及时告知乡镇人民政府（街道办事处）。指导、督促村（居）民委员会在日常工作中，将辖区内的留守儿童、独居老人、残疾人、重病患者等易陷入生活困境的人群作为重点，开展经常性走访、问候；关注居住在本辖区的外来人员，帮助有困难的家庭和个人提出救助申请。指导有条件的村（居）民委员会在社区公共服务场所开设救助咨询服务窗口，开通救助服务热线，方便困难群众求助。

（二）协助做好社会救助申请审核审批工作。

一是协助提出救助申请。指导、督促村（居）民委员会接受申请最低生活保障、特困人员供养、医疗救助、教育救助、住房救助、临时救助等社会救助有困难的家庭或个人的委托，代其向乡镇人民政府（街道办事处）或相关救助机构提交书面申请及材料。指导、督促村（居）民委员会将申请人所有申请材料全部上交，不得自行作出不予受理或不符合救助条件的决定。要指导、督促村（居）民委员会成员及其他社区工作者主动申报备案其近亲属申请救助的情况。

二是协助开展调查审核。指导、督促村（居）民委员会协助乡镇人民政府（街道办事处），组织驻村（社区）干部、社区救助专干、专业社会工作者等工作人员，通过入户调查、邻里访问等形式，对社会救助申请人声明的家庭经济状况、人口状况、遭遇困难类型等逐一调查核实，并由调查人员和申请人签字确认。调查审核的责任主体是乡镇人民政府（街道办事处），村（居）民委员会不能自行作出调查审核结论。

三是协助组织群众评议。指导、督促村（居）民委员会在入户调查结束后，协助乡镇人民政府（街道办事处）组织村（居）民代表或者群众评议小组对救助申请人声明的家庭收入、财产状况以及入户调查结果的客观性、真实性和完整性进行评议。

四是协助进行抽查复核。县级民政部门要在村（居）民委员会的参与下开展抽查复核工作，全面、准确地听取村（居）民委员会关于入户调查、邻里访问、群众评议以及村（居）民委员会成员等社区工作人员近亲属申请救助备案等情况介绍。有条件的地方，县级民政部门可邀请乡镇人民政府（街道办事处）、村（居）民委员会参与审批。

五是协助公示审核审批结果。乡镇人民政府（街道办事处）根据家庭经济状况调查审核、群众评议等情况对救助申请提出审核意见后，要在村（居）民委员会协助下在村（居）务公开栏公示审核结果。县级民政部门作出救助批准决定后，要在村（居）民委员会协助下在村（居）务公开栏公示拟救助的申请人姓名、家庭成员、救助金额等信息。两次公示的责任主体分别是乡镇人民政府（街道办事处）和县级民政部门，村（居）民委员会不能自行公示相关信息。要指导村（居）民委员会及时维护公示栏，确保相关公示信息完整、可视。

（三）协助做好社会救助动态管理工作。

各地民政部门要指导、督促村（居）民委员会配合乡镇人民政府（街道办事处）以及县级社会救助管理部门，按照有关规定分类、定期核查辖区内已获得救助对象的家庭人口状况、经济状况等变化情况；要督促辖区内已获得救助对象在家庭人口、经济状况等发生变化时，主动报告乡镇人民政府（街道办事处）。对于村（居）民委员会在日常工作中发现救助对象家庭情况发生变化的，要督促其及时报告。

（四）协助做好社会力量参与社会救助有关工作。

各地民政部门要指导村（居）民委员会充分发挥自身独特优势，以社区为平台，结合城乡社区建设，积极促进驻社区单位、社区社会组织、业主委员会、社区志愿者等主体参与社会救助，鼓励、引导社区居民开展社会救助志愿服务和互助服务。要为社会工作服务机构和专业社会工作者进入社区创造条件，支持他们针对救助对象的不同需求，开展心理疏导、精神抚慰、能力提升、社会融入等专业服务。要大力发展社区慈善，规范社区募捐，探索设立社区爱心救助基金，鼓励、支持社会组织、企事业单位和爱心人士等针对困境家庭和救助对象开展慈善救助。要创新发展社区慈善超市，依托居委会建立社会捐助站点，引导居民积极捐赠家庭闲置物品，培育发展社区社会救助社会组织。要加强社区救助资源的信息共享，实现困难群众的救助需求信息、政府相关部门的救助资源、社会组织的救助项目、社会各界的爱心捐赠和志愿服务的有效对接。

（五）协助做好社会救助政策宣传工作。

各地民政部门要指导村（居）民委员会利用城乡社区公共服务信息平台、公示栏、信息宣传栏、宣传册、现场解答等群众喜闻乐见的途径和形式，不断加大社会救助政策宣传普及力度，使社会救助政策法规深入人心、家喻户晓。要重点向居民群众宣传最低生活保障、特困人员供养、医疗救助、教育救助、住房救助、就业救助和临时救助等政策的资格条件和申请审批程序，不断提高社会救助政策的透明度和知晓度。要在城乡社区大力弘扬中华民族团结友爱、互助共济的传统美德，引导社会公众理解、支持社会救助工作，营造良好社会舆论氛围。

三、切实加强对村（居）民委员会协助做好社会救助工作的领导和指导

（一）加强组织领导。各级民政部门要努力争取党委、政府的重视和支持，把村（居）民委员会协助做好社会救助工作纳入基层社会治理的重要内容，及时解决工作中存在的问题。要把村（居）民委员会协助做好社会救助工作列为提升基层社会救助经办服务能力的重要举措，抓紧协调研究具体办法和支持措施，切实发挥好村（居）民委员会的功能作用。

（二）加强能力建设。各级民政部门要指导村（居）民委员会根据辖区幅度、人口规模等因素，安排必要的人员协助做好社会救助工作。切实加强经费保障，将村（居）民委员会协助做好社会救助工作所需经费纳入社会救助工作经费统筹考虑，并按照“费随事转”原则，适当给予经费补助。要加强社会救助管理信息系统与社区综合信息管理服务平台的对接，实现社会救助对象数据和社区居民数据统一采集、多方共享。各级民政部门要有针对性地加强培训工作，确保村（居）民委员会相关工作人员熟悉、掌握社会救助政策与社会工作专业理念、方法和技巧。

（三）加强工作指导。各级民政部门要切实加强村（居）民委员会协助做好社会救助工作的指导，对于一些带有规律性、方向性的经验做法，要及时完善、总结并推广。要抓紧研究政府购买社会救助服务的机制、路径和办法，不断创新村（居）民委员会协助做好社会救助工作的模式、方法。探索将社会组织引入社会救助，逐步拓展社会救助服务内涵，积极指导村（居）民委员会以社区为平台，统筹整合政府救助、慈善救助和社会服务等资源，实施形式多样的救助服务，最大限度满足困难群众的救助需求。要加强对村（居）民委员会协助开展社会救助工作的监督检查，对徇私舞弊、虚构瞒报、优亲厚友、敷衍塞责造成严重后果的，要依法依规追究责任。

民政部

2015年6月1日

住建部、民政部、财政部关于做好住房救助有关工作的通知

（2014年11月13日）

各省、自治区住房城乡建设厅、民政厅、财政厅，直辖市建委（国土资源房屋管理局、住房保障房屋管理局）、民政局、财政局，新疆生产建设兵团建设局、民政局、财政局：

住房救助是社会救助的重要组成部分，是针对住房困难的社会救助对象实施的住房保障。住房救助是切实保障特殊困难群众获得能够满足其家庭生活需要的基本住房，在住房方面保民生、促公平的托底性制度安排。为依法做好住房救助工作，根据《社会救助暂行办法》和《国务院关于全面建立临时救助制度的通知》（国发〔2014〕47号）有关规定，现就有关事项通知如下：

一、明确住房救助对象。住房救助对象是指符合县级以上地方人民政府规定标准的、住房困难的最低生活保障家庭和分散供养的特困人员。城镇住房救助对象，属于公共租赁住房制度保障范围。农村住房救助对象，属于优先实施农村危房改造的对象范围。

二、规范住房救助方式。要充分考虑住房救助对象经济条件差、住房支付能力不足的客观条件，通过配租公共租赁住房、发放低收入住房困难家庭租赁补贴、农村危房改造等方式实施住房救助。对城镇住房救助对象，要优先配租公共租赁住房或发放低收入住房困难家庭租赁补贴，其中对配租公共租赁住房的，应给予租金减免，确保其租房支出可负担。对农村住房救助对象，应优先纳入当地农村危房改造计划，优先实施改造。

三、健全住房救助标准。县级以上地方人民政府要统筹考虑本行政区域经济发展水平和住房价格水平等因素，合理确定、及时公布住房救助对象的住房困难条件，以及城镇家庭实施住房救助后住房应当达到的标准和对住房救助对象实施

农村危房改造的补助标准。住房困难标准及住房救助标准应当按年度实行动态管理，以确保救助对象住房条件能随着经济和社会发展水平的进步而相应地提高。

四、完善住房救助实施程序。市、县人民政府应当本着方便、快捷、随到随办的原则，建立“一门受理、协同办理”机制，完善申请审核、资格复核、具体实施等住房救助程序规定，方便城乡家庭申请住房救助。

城镇家庭可通过乡镇人民政府、街道办事处或者直接向住房保障部门提出申请，经县级民政部门确认申请家庭的最低生活保障及特困供养人员资格，由住房保障部门负责审核家庭住房状况并公示。经审核符合规定条件的，应当纳入城镇住房保障轮候对象范围，优先给予保障。各地要完善城镇住房救助对象家庭资格复核制度，不再符合住房救助条件但符合公共租赁住房保障对象条件的，可继续承租公共租赁住房，同时相应调整租金。

农村居民（家庭）应向户籍所在地的乡镇人民政府提出申请。乡镇人民政府对申请人的最低生活保障或特困供养人员资格、住房状况进行确认、调查核实并公示后，报县级人民政府住房城乡建设部门会同民政部门审批。对经审批决定纳入住房救助范围的，应将其作为农村危房改造对象优先纳入当地农村危房改造计划。

五、落实优惠政策。各地要按规定，落实公共租赁住房筹集、发放低收入住房困难家庭租赁补贴、农村危房改造的财税、金融和用地等优惠政策，为实施住房救助提供有力支持。

六、加强实施管理。各地要全面公开住房救助政策、救助程序、救助结果等信息，畅通投诉监督渠道，接受社会监督。各地在制定公共租赁住房筹集、发放低收入住房困难家庭租赁补贴、农村危房改造年度计划时，应优先满足当年实施住房救助的需要。各级住房城乡建设部门（住房保障部门）应会同民政等部门，组织对本辖区内累计实施、当年实施住房救助的情况，以及尚待实施住房救助的对象规模等，进行调查摸底，并将有关情况于当年11月底前报住房城乡建设部。

住房和城乡建设部

民政部

财政部

2014年11月13日

民政部、全国妇联关于做好家庭暴力受害人庇护救助工作的指导意见

（2015年9月24日）

各省、自治区、直辖市民政厅（局）、妇联，新疆生产建设兵团民政局、妇联：

为加大反对家庭暴力工作力度，依法保护家庭暴力受害人，特别是遭受家庭暴力侵害的妇女、未成年人、老年人等弱势群体的人身安全和其他合法权益，根据《中华人民共和国妇女权益保障法》《中华人民共和国未成年人保护法》《中华人民共和国老年人权益保障法》《社会救助暂行办法》等有关规定，现就民政部门和妇联组织做好家庭暴力受害人（以下简称受害人）庇护救助工作提出以下指导意见：

一、工作对象

家庭暴力受害人庇护救助工作对象是指常住人口及流动人口中，因遭受家庭暴力导致人身安全受到威胁，处于无处居住等暂时生活困境，需要进行庇护救助的未成年人和寻求庇护救助的成年受害人。寻求庇护救助的妇女可携带需要其照料的未成年子女同时申请庇护。

二、工作原则

（一）未成年人特殊、优先保护原则。为遭受家庭暴力侵害的未成年人提供特殊、优先保护，积极主动庇护救助未成年受害人。依法干预处置监护人侵害未成年人合法权益的行为，切实保护未成年人合法权益。

（二）依法庇护原则。依法为受害人提供临时庇护救助服务，充分尊重受害人合理意愿，严格保护其个人隐私。积极运用家庭暴力告诫书、人身安全保

护裁定、调解诉讼等法治手段，保障受害人人身安全，维护其合法权益。

（三）专业化帮扶原则。积极购买社会工作、心理咨询等专业服务，鼓励受害人自主接受救助方案和帮扶方式，协助家庭暴力受害人克服心理阴影和行为障碍，协调解决婚姻、生活、学习、工作等方面的实际困难，帮助其顺利返回家庭、融入社会。

（四）社会共同参与原则。在充分发挥民政部门和妇联组织职能职责和工作优势的基础上，动员引导多方面社会力量参与受害人庇护救助服务和反对家庭暴力宣传等工作，形成多方参与、优势互补、共同协作的工作合力。

三、工作内容

（一）及时受理求助。妇联组织要及时接待受害人求助请求或相关人员的举报投诉，根据调查了解的情况向公安机关报告，请公安机关对家庭暴力行为进行调查处置。妇联组织、民政部门发现未成年人遭受虐待、暴力伤害等家庭暴力情形的，应当及时报请公安机关进行调查处置和干预保护。民政部门及救助管理机构应当及时接收公安机关、妇联等有关部门护送或主动寻求庇护救助的受害人，办理入站登记手续，根据性别、年龄实行分类分区救助，妥善安排食宿等临时救助服务并做好隐私保护工作。救助管理机构庇护救助成年受害人期限一般不超过10天，因特殊情况需要延长的，报主管民政部门备案。城乡社区服务机构可以为社区内遭受家庭暴力的居民提供应急庇护救助服务。

（二）按需提供转介服务。民政部门及救助管理机构和妇联组织可以通过与社会工作服务机构、心理咨询机构等专业力量合作方式对受害人进行安全评估和需求评估，根据受害人的身心状况和客观需求制定个案服务方案。要积极协调人民法院、司法行政、人力资源社会保障、卫生等部门、社会救助经办机构、医院和社会组织，为符合条件的受害人提供司法救助、法律援助、婚姻家庭纠纷调解、就业援助、医疗救助、心理康复等转介服务。对于实施家庭暴力的未成年人监护人，应通过家庭教育指导、监护监督等多种方式，督促监护人改善监护方式，提升监护能力；对于目睹家庭暴力的未成年人，要提供心理辅导和关爱服务。

（三）加强受害人人身安全保护。民政部门及救助管理机构或妇联组织可以根据需要协助受害人或代表未成年受害人向人民法院申请人身安全保护裁定，依法保护受害人的人身安全，避免其再次受到家庭暴力的侵害。成年受害人在庇护期间自愿离开救助管理机构的，应提出书面申请，说明离开原因，可自行离开、由受害人亲友接回或由当地村（居）民委员会、基层妇联组织护送回家。其他监护人、近亲属前来接领未成年受害人的，经公安机关或村（居）民委员会确认其身份后，救助管理机构可以将未成年受害人交由其照料，并与其办理书面交接手续。

（四）强化未成年受害人救助保护。民政部门和救助管理机构要按照《最高人民法院最高人民检察院公安部民政部关于依法处理监护人侵害未成年人权益行为若干问题的意见》（法发〔2014〕24号）要求，做好未成年受害人临时监护、调查评估、多方会商等工作。救助管理机构要将遭受家庭暴力侵害的未成年受害人安排在专门区域进行救助保护。对于年幼的未成年受害人，要安排专业社会工作者或专人予以陪护和精心照料，待其情绪稳定后可根据需要安排到爱心家庭寄养。未成年受害人接受司法机关调查时，民政部门或救助管理机构要安排专职社会工作者或专人予以陪伴，必要时请妇联组织派员参加，避免其受到“二次伤害”。对于遭受严重家庭暴力侵害的未成年人，民政部门或救助管理机构、妇联组织可以向人民法院提出申请，要求撤销施暴人监护资格，依法另行指定监护人。

四、工作要求

（一）健全工作机制。民政部门和妇联组织要建立有效的信息沟通渠道，建立健全定期会商、联合作业、协同帮扶等联动协作机制，细化具体任务职责和合作流程，共同做好受害人的庇护救助和权益维护工作。民政部门及救助管理机构要为妇联组织、司法机关开展受害人维权服务、司法调查等工作提供设施场所、业务协作等便利。妇联组织要依法为受害人提供维权服务。

（二）加强能力建设。民政部门及救助管理机构和妇联组织要选派政治素质高、业务能力强的工作人员参与受害人庇护救助工作，加强对工作人员的业务指导和能力培训。救助管理机构应开辟专门服务区域设立家庭暴力庇护场所，实现与流浪乞讨人员救助服务区域的相对隔离，有条件的地方可充分利用现有设施设置生活居室、社会工作室、心理访谈室、探访会客室等，设施陈列和环境布置要温馨舒适。救助管理机构要加强家庭暴力庇护工作的管理服务制度建设，建立健全来访会谈、出入登记、隐私保护、信息查阅等制度。妇联组织要加强“12338”法律维权热线和维权队伍建设，为受害人主动求助、法律咨询和依法维权提供便利渠道和服务。

（三）动员社会参与。民政部门和救助管理机构可以通过购买服务、项目合作、志愿服务等多种方式，鼓励支持社会组织、社会工作服务机构、法律服务机构参与家庭暴力受害人庇护救助服务，提供法律政策咨询、心理疏导、婚姻家庭纠纷调解、家庭关系辅导、法律援助等服务，并加强对社会力量的统筹协调。妇联组织可以发挥政治优势、组织优势和群众工作优势，动员引导爱心企业、爱心家庭和志愿者等社会力量通过慈善捐赠、志愿服务等方式参与家庭暴力受害人庇护救助服务。

（四）强化宣传引导。各级妇联组织和民政部门要积极调动舆论资源，主动借助新兴媒体，切实运用各类传播阵地，公布家庭暴力救助维权热线电话，开设反对家庭暴力专题栏目，传播介绍反对家庭暴力的法律法规；加强依法处理家庭暴力典型事例（案例）的法律解读、政策释义和宣传报道，引导受害人及时保存证据，依法维护自身合法权益；城乡社区服务机构要积极开展反对家庭暴力宣传，提高社区居民参与反对家庭暴力工作的意识，鼓励社区居民主动发现和报告监护人虐待未成年人等家庭暴力线索。

民政部　全国妇联

2015年9月24日

民政部、财政部关于加快推进社会救助领域社会工作发展的意见

（2015 年 5 月 4 日）

各省、自治区、直辖市民政厅（局）、财政厅（局），各计划单列市民政局、财政局，新疆生产建设兵团民政局、财务局：

为贯彻落实《社会救助暂行办法》和《国务院办公厅关于政府向社会力量购买服务的指导意见》（国办发〔2013〕96号），促进构建现代社会救助体系，发展专业社会工作，现就加快推进社会救助领域社会工作发展提出如下意见：

一、加快推进社会救助领域社会工作发展的重要性与紧迫性

社会工作是一种遵循助人自助价值理念，运用专业知识与方法协助服务对象舒缓心理压力、提升发展能力、增强社会功能、建立支持网络、改善生活境况的专业性社会服务活动。社会救助领域是社会工作的重要服务领域，推进社会救助领域社会工作发展是构建现代社会救助体系的必然要求。随着改革发展的不断深入和经济社会结构的深刻调整，我国基本民生保障的形势与任务发生了新变化，单纯依靠政府提供物质资金的救助方式，已难以有效满足社会救助对象日益增长的社会需求，无法有效化解因社会救助对象心理行为偏差引发的个体和社会问题，迫切需要创新社会救助及其服务提供的内涵、理念与方式，支持社会工作服务机构和社会工作者广泛参与社会救助，建立健全物质资金帮扶与心理社会支持相结合、基本救助服务与专业化个性化服务相补充、政府主导与社会参与相衔接的新型社会救助服务模式。近些年来，很多地方在发展社会救助领域社会工作方面进行了有益探索，取得了一定成效。但总体看，社会

救助领域社会工作发展基础还比较薄弱，存在思想认识不够、人才队伍与服务机构数量与能力不足、可及范围和受益人群有限、支持保障不到位等问题，与构建现代社会救助体系的客观需要和社会救助对象的实际需求相比还有很大差距。各地要进一步增强责任感与紧迫感，解放思想、改革创新、深入探索，采取更加有力措施加快推进社会救助领域社会工作发展。

二、加快推进社会救助领域社会工作发展的总体要求

（一）指导思想。以邓小平理论、“三个代表”重要思想、科学发展观为指导，全面贯彻党的十八大和十八届三中、四中全会精神，贯彻落实习近平总书记系列重要讲话精神，按照“四个全面”战略布局，适应创新社会治理、转变政府职能、建立更加公平可持续社会保障制度的需要，以回应社会救助对象服务需求为根本，以深化社会救助领域社会工作服务为核心，以建立健全政策制度、完善体制机制、加强人才队伍与服务机构建设为基础，加快推进社会救助领域社会工作发展，为促进构建现代社会救助体系、保障和改善基本民生、维护社会和谐稳定提供有力支持。

（二）基本原则。坚持立足需求、务求实效，从社会救助对象服务需求出发构建社会救助领域社会工作制度，设计、组织和开展社会工作服务，确保社会救助对象服务需求得到及时回应与有效满足；坚持政府主导、社会参与，相关政府部门依法履行宏观规划、政策引导、资金投入、监督管理等职责，支持社会工作服务机构和社会工作者依法介入社会救助领域；坚持专业引领、创新发展，深入推动社会工作专业理念、知识与方法的普及应用，积极创造推进社会救助领域社会工作发展的有利条件，不断提升社会救助的专业化水平。

（三）主要目标。建立健全推进社会救助领域社会工作的政策制度，逐步形成协调有力的管理体制和规范高效的工作机制；根据社会救助领域的实际需要，培养一支结构合理、素质优良的社会工作者队伍，发展一批数量充足、服务专业、群众认可的社会工作服务机构，建立健全社会救助领域社会工作可持续发展的支持保障体系。争取到2020年，社会工作服务机构和社会工作者广泛参与社会救助，社会救助工作人员普遍运用社会工作专业理念、知识与方法的局面初步形成，社会救助领域社会工作的可及范围和受益人群显著扩大，专业

作用和服务效果不断增强。

三、加快推进社会救助领域社会工作发展的任务与路径

（一）明确社会救助领域社会工作服务内容。根据社会救助领域特点和社会救助对象需求，有针对性地开展社会工作服务：1.开展社会融入服务，帮助救助对象调节家庭和社会关系，消除社会歧视，重构社会支持网络，更好地适应社区和社会环境；2.开展能力提升服务，帮助救助对象及其家庭转变思想观念，发掘自身潜能，学习谋生技能，发展生计项目，消除救助依赖；3.开展心理疏导服务，帮助救助对象抚慰消极和敌视情绪、缓解心理压力、矫正不良行为，改变负面看法，建立积极乐观上进的心态；4.开展资源链接服务，帮助救助对象链接生活、就学、就业、医疗等方面的政府资源与社会资源，组织其他专业力量和志愿者为救助对象提供服务，最大限度地弥补政府资源的不足；5.开展宣传倡导服务，帮助救助对象更加详细、全面地了解政府的社会救助政策，及时、有效地向政府反馈社会救助政策执行的成效与不足，建立健全上情下达、下情上达的信息沟通网络，推动完善社会救助政策。

（二）完善社会救助领域社会工作服务机制。建立健全社会工作服务需求发现报告机制。支持社会工作服务机构和社会工作者参与社会救助对象家庭状况调查评估、建档访视、服务需求分析等具体社会救助管理与服务事务，使社会救助对象的实际需求得到客观评估和及时响应，为有针对性地实施社会救助提供科学依据。建立健全社会工作服务承接机制。在乡镇（街道）社会事务办、民政所、社区服务中心和社区服务站等基层公共服务平台配备使用社会工作者，在社会救助管理与服务机构加强社会工作岗位开发设置，通过政府购买服务等方式扶持发展一批治理规范、服务专业、群众认可的社会工作服务机构，建立健全社会工作者与志愿者协作联动机制，不断夯实社会工作服务的承接平台，扩大社会工作服务的覆盖范围。建立健全社会工作服务转介机制。明确基层公共服务平台、社会救助管理与服务机构中有关经办人员参与社会工作服务的职责，对有社会工作服务需求的社会救助对象，依程序转介给社会工作服务机构和社会工作者，由社会工作服务机构和社会工作者根据社会救助对象实际情况分类提供综合性或专门化服务，使社会救助对象的需求得到全面有效回应。

（三）强化社会救助领域社会工作服务评估。构建政府部门、服务对象、专业机构等协同配合的服务评估模式，从行政监管、服务成效、项目管理、社会影响等多个方面对社会救助领域社会工作服务进行综合评估，保证社会救助领域社会工作服务的职业化、专业性、规范化发展方向。加强政府购买社会救助领域社会工作服务项目评估，规范立项评估和绩效评估程序，对申请承接政府购买社会救助领域社会工作服务的机构，从专业资质、内部治理、人才资源等维度进行第三方立项评估；建立社会救助领域社会工作服务绩效评估指标体系，对社会救助领域社会工作服务项目的综合成效进行客观评估，加强绩效评估结果的反馈应用。引导社会工作服务机构和社会工作者自觉做好自我评估，树立质量管理意识，建立专业督导机制，不断提升参与和承接社会救助领域社会工作服务的能力水平。

四、切实加强社会救助领域社会工作的支持保障

（一）加大社会救助领域社会工作投入力度。各地要贯彻落实《国务院办公厅关于政府向社会力量购买服务的指导意见》（国办发〔2013〕96号）和《民政部、财政部关于政府购买社会工作服务的指导意见》（民发〔2014〕196号），将社会救助领域社会工作纳入政府购买服务范围，逐步加大政府投入力度，鼓励和引导社会资金投向社会救助领域社会工作，构建多元化的经费保障机制。

（二）推进社会救助领域工作人员教育培训。依托各项社会工作专业人才培养和有关干部培训计划，发挥高校院所和社会工作专业人才培训基地的资源优势，对基层社区有关工作人员和社会救助管理与服务机构干部职工开展大规模、分层次、分类别的社会工作培训；鼓励基层社区有关工作人员和社会救助领域干部职工参加全国社会工作者职业水平考试和社会工作学历学位教育，提升运用社会工作专业理念、知识与方法开展社会救助管理与服务工作的实际能力；通过购买服务、公开招聘、挂职锻炼等方式，逐步扩大基层社区和社会救助管理与服务机构社会工作者的数量；加大社会救助政策、知识与方法在社会工作学历学位教育、在职在岗培训和职业水平评价中的内容比重。

（三）加强社会救助领域社会工作研究宣传。总结提炼社会救助领域社会工作的经验模式，学习借鉴其他国家和地区的先进做法，研究解决社会救助领域社会工作发展中的困难问题，逐步构建社会救助领域社会工作理论与实务体系。依托各类新闻媒体和社会救助宣传载体，对社会救助领域社会工作的政策制度、经验做法、优秀事迹开展持续深入的宣传，加大社会工作专业理念、知识与方法的宣传普及力度，积极营造关心、理解、支持社会救助领域社会工作发展的社会氛围。

（四）开展社会救助领域社会工作试点。按照试点先行、统筹推进的原则，选择一批社会工作发展基础条件好、社会救助对象多、服务需求急迫的地区和单位开展社会救助领域社会工作试点，积极总结经验、探索模式、创新方法，在试点基础上创建一批社会救助领域社会工作示范地区和单位，发挥其典型示范和引领带动作用，逐步推动社会救助领域社会工作由点及面深入发展。

民政部　财政部

2015年5月4日

（二）扶贫

民政部关于推进深度贫困地区民政领域脱贫攻坚工作的意见

（2018年4月7日）

各省、自治区、直辖市民政厅（局），新疆生产建设兵团民政局：

为深入贯彻落实中办、国办《关于支持深度贫困地区脱贫攻坚的实施意见》（厅字〔2017〕41号），充分发挥民政部门在脱贫攻坚中的重要作用，助推深度贫困地区脱贫攻坚工作，提出以下意见。

一、充分认识在深度贫困地区开展民政领域脱贫攻坚工作的重要意义

党的十八大以来，以习近平同志为核心的党中央坚持精准扶贫精准脱贫基本方略，推动脱贫攻坚取得决定性进展，伟大成就举世瞩目。同时也要看到，随着脱贫攻坚不断深入，西藏、四省藏区、南疆四地州和四川凉山州、云南怒江州、甘肃临夏州（以下简称“三区三州”）以及其他自然条件差、经济基础弱、贫困程度深的深度贫困地区脱贫攻坚任务仍然艰巨，残疾人、孤寡老人、长期患病者等“无业可扶、无力脱贫”的贫困人口以及部分教育文化水平低、缺乏技能的贫困群众脱贫任务仍然较重。民政工作事关基本民生保障，在深度贫困地区脱贫攻坚中承担着重要职责，发挥着重要作用。各地民政部门要深入学习贯彻习近平新时代中国特色社会主义思想，全面贯彻落实党的十九大和十九届一中、二中、三中全会精神，按照习近平总书记关于深度贫困地区脱贫攻坚工作重要部署，把做好深度贫困地区民政领域脱贫攻坚工作，助推深度贫困地区脱贫攻坚作为民政系统的一项重要政治任务，摆上重要位置，增强责任担当，加大工作力度，确保取得实实在在的成效。

二、多措并举合力推进民政领域脱贫攻坚工作

（一）加强农村低保制度与扶贫开发政策有效衔接。科学制定农村低保标准，确保脱贫攻坚期内深度贫困地区的农村低保标准不低于国家扶贫标准。完善农村低保制度，将建档立卡贫困人口中完全或部分丧失劳动能力、无法依靠产业扶持和就业帮助脱贫的家庭纳入农村低保范围；对于生活困难、靠家庭供养且无法单独立户的成年无业重度残疾人，经个人申请，可按照单人户纳入低保范围。对于低保家庭中的老年人、未成年人、重度残疾人和重病患者等特殊困难人群，采取增发低保金等多种措施提高救助水平。对于参与扶贫项目的农村低保对象，在核算其家庭收入时可以扣减必要的工作成本，并给予一定期限的“渐退”期，实现稳定脱贫后再退出低保范围。对于建档立卡范围内的有劳动能力但未就业的低保对象，无正当理由连续3次拒不参加扶贫项目的，可减发或停发其本人的低保金。推动社会救助家庭经济状况核对机制建设，做好建档立卡贫困人口与农村低保对象的数据比对工作。

（二）加大临时救助、特困人员救助供养力度。加快推进深度贫困地区农村特困人员供养服务机构建设和设施改造，用三年时间确保每个深度贫困县新建或改建1–2所农村特困人员供养服务机构（农村敬老院），提升机构托底保障能力和服务质量，逐步提高生活不能自理特困人员集中供养率。参考农村特困人员分散供养模式，对于建档立卡贫困人口、低保对象中事实无人供养照料的贫困人员，采取政府购买服务的方式，委托近邻、旁系亲属等给予照料。加大深度贫困地区临时救助政策落实力度，对于脱贫再返贫的建档立卡贫困人口，及时给予临时救助，保障其基本生活。

（三）落实残疾人福利保障政策。研究建立动态调整和可持续发展机制，逐步形成与经济社会发展水平相一致的困难残疾人生活补贴制度和重度残疾人护理补贴制度。根据深度贫困地区脱贫攻坚任务要求，有效识别、区分和衔接残疾人补贴对象和建档立卡贫困人口，逐步扩大困难残疾人生活补贴和重度残疾人护理补贴覆盖面。将深度贫困地区符合条件的人员纳入“福康工程”实施范围，为其配置假肢、矫形器等康复辅助器具或开展肢体畸形矫正手术及康

复。鼓励深度贫困地区通过政府购买服务，采用托养等方式，为贫困重度残疾人提供集中或社会化照料护理服务。

（四）做好农村留守儿童、妇女和老年人关爱保护工作。进一步健全完善农村留守儿童、妇女和老年人关爱服务体系，充实基层工作力量，创新工作方式，切实把各项工作落到实处。推进深度贫困地区农村留守儿童关爱保护工作，建立发现报告、应急处置、评估帮扶和监护干预工作机制，保障农村留守儿童健康成长。切实发挥社会工作专业人才在满足农村留守儿童心理社会服务需求、促进农村留守儿童全面健康成长中的积极作用。推动落实农村留守老人关爱服务政策，建立健全农村留守老人信息台账和定期探访制度，加快农村养老服务体系建设。

（五）鼓励和引导社会力量参与深度贫困地区脱贫攻坚。引导全国性社会组织重点支持“三区三州”，推动社会组织与深度贫困地区加强信息对接和工作联系。在公益慈善项目交流展示、公益日、对口帮扶等项目活动中，增加社会组织参与“三区三州”等深度贫困地区脱贫攻坚工作内容，推动社会组织参与深度贫困地区扶贫项目。引导社会工作专业人才资源、社会组织资源、项目服务资源和社会资金资源向深度贫困地区倾斜，实施“社会工作专业人才服务边远贫困地区、边疆民族地区和革命老区计划”“社会工作服务机构牵手计划”“社会工作教育对口扶贫计划”。积极发展慈善信托，扩大社会捐赠、用好慈善资源，发挥慈善事业在扶贫济困中的积极作用。在第十届“中华慈善奖”评选表彰工作中，重点表彰在扶贫济困领域作出突出贡献的个人、单位、慈善项目和慈善信托项目。改进民政部补助地方彩票公益金管理，突出向深度贫困地区倾斜。

（六）加强深度贫困地区基层政权和社区建设。健全自治、法治、德治相结合的贫困地区乡村治理体系，促进乡村治理与脱贫攻坚政策协同。加强贫困地区乡镇政府服务能力建设，加强贫困村村民委员会班子成员和村民小组干部队伍建设，有效履行脱贫攻坚和乡村治理职责。加强村务监督和村务公开，及时公开脱贫攻坚过程中涉及扶贫政策、扶贫项目、扶贫资金等信息。广泛开展村级协商，引导群众在脱贫攻坚政策落实中依法有序表达意愿，凝聚发展共识。健全贫困村农村社区服务体系，推进农村社区综合服务设施建设，深入实施 网络扶贫行动计划，支持将“三区三州”纳入相关省份城乡社区服务体系建设专项资金保障范围。引导群众破陋习、讲文明，推进婚姻、殡葬移风易俗改革，树立勤俭节约新风尚。

（七）推动深度贫困地区优化行政区划设置。支持贫困地区优化行政区划设置。支持优化中心城市市辖区规模结构，增强区域中心城市对贫困地区的辐射带动能力。有序推动符合条件的县改市，稳妥推进省直管县和扩权强县改革。通过适时开展行政区划调整，为转移就业脱贫拓展空间，为易地扶贫搬迁脱贫提供载体。

三、切实加强民政领域脱贫攻坚工作组织保障

各地民政部门要将深度贫困地区脱贫攻坚工作列入重要议事日程，紧紧围绕深度贫困地区民政领域脱贫攻坚任务分工，明确责任，精心组织，统筹安排。要加强与相关部门的沟通协调和信息共享，多方争取支持帮助，共同研究解决深度贫困地区民政领域脱贫攻坚中的问题。

（一）明确责任分工。各地要针对深度贫困地区民政领域脱贫攻坚工作，研究提出符合实际、具有可行性的政策措施，必要时可采取超常规的政策措施。民政部重点支持“三区三州”，有关省份民政厅（局）重点支持辖区内的深度贫困县（市、区）。

（二）加大资金支持。各地在汇总分配中央财政、省级财政安排的民政领域补助资金时，要切实加大对深度贫困地区的支持力度，降低深度贫困地区资金配套要求。民政部将争取相关部门支持，在分配中央财政安排的民政领域补助资金时，对“三区三州”予以倾斜支持。

（三）加大项目扶持。各地在推动实施“十三五”民政相关规划、安排民政领域项目时，要优先考虑深度贫困地区的重点发展任务、重大工程项目、重要改革试点。要争取有关部门支持，优先考虑、优先安排深度贫困地区的养老服务设施、特困人员供养服务设施、城乡社区建设、殡葬设施等民政基础设施建设项目。

（四）加强人才培训。各地要扎实开展好面向深度贫困地区基层民政干部和民政技能人才的培训工作，不断提高基层民政人才业务素质。民政部组织开展的面向基层民政干部的各类培训重点向“三区三州”倾斜，优先培训来自“三区三州”的人员。

民政部

2018年4月7日

司法部、民政部、财政部等关于贯彻落实《法律援助条例》切实解决困难群众打官司难问题的意见

（2004 年 9 月 6 日）

各省、自治区、直辖市司法厅（局）、民政厅（局）、财政厅（局）、劳动和社会保障厅（局）、国土资源厅（局）、建设厅（局）、卫生厅（局）、工商行政管理局、档案局，新疆生产建设兵团司法局、民政局、财务局、劳动和社会保障局、国土资源局、建设局、卫生局、档案局：

《法律援助条例》（以下简称《条例》）自2003年9月1日颁布实施以来，我国法律援助工作取得了明显的成效，在一定程度上缓解了困难群众请律师难、打官司难的问题。但是，目前法律援助工作还存在经费短缺、相关制度不配套、经济欠发达地区困难群众申请法律援助难等问题，制约了法律援助工作的发展。为进一步贯彻落实《条例》，切实保障困难群众的合法权益，现提出如下意见：

一、认真贯彻落实《条例》，全面开展法律援助工作

《条例》的颁布实施，是我国民主法治建设中的一件大事，是党和政府落实“三个代表”重要思想的重要举措，是坚持立党为公、执政为民的具体体现，有助于落实“国家尊重和保障人权”“公民在法律面前一律平等”的宪法原则，对于进一步规范和加强法律援助工作，促进司法公正，完善社会保障体系，推动社会文明进步，具有十分重要的意义。

保证《条例》的顺利实施，是各级人民政府的责任，各级司法行政部门、法律援助机构要充分发挥主观能动性，有效组织法律援助工作，各级人民政府有关部门应当积极支持和配合法律援助工作。

通过政府各职能部门的共同努力，保障经济困难的公民获得必要的无偿的法律服务，促进“社会主义司法制度必须保障在全社会实现公平和正义”目标的实现。

二、增加财政投入，保障法律援助事业与经济、社会协调发展

为保证条例的顺利实施，各级人民政府要按照条例的规定，根据本行政区域的经济发展水平及财力状况，将每年法律援助所需要的经费数额，逐步纳入年度财政预算。要随着当地经济发展及财政收入的增加，并根据法律援助的实际需要安排经费，保障法律援助事业与经济、社会协调发展。

为保证法律援助工作在不同地区、不同区域的协调发展，省级财政部门应设立法律援助专项经费，对本行政区域内的贫困地区予以补助；中央财政根据财力可能积极支持贫困地区开展法律援助工作。

各级司法行政部门要积极探索建立资金筹措的社会化、经常化机制，广泛开辟政府财政拨款以外的法律援助经费筹措渠道，充分利用社会财力支持法律援助事业。

要对法律援助经费的使用加强管理和监督，建立完善的财务制度，做到专款专用。

三、完善法律援助机构与民政部门的工作配合机制

各地法律援助机构应当定期向当地民政部门了解有关困难群众的法律援助需求状况，各地民政部门应当将所掌握的本地区经济困难群众的情况，及时与当地法律援助机构进行沟通，并采取相应的便民措施，使困难群众得到及时的法律援助。

法律援助机构依条例规定审查法律援助申请人的经济状况时，应根据县级以上（含县级）民政部门颁发的有关救济凭证或者出具的经济困难书面证明，及时为申请人办理有关法律援助手续，尽量简化程序，提高工作效率，对证明材料需要查证的，可向出具证明的部门查证。

四、建立法律援助与劳动仲裁的衔接机制

对法律援助机构决定提供法律援助的案件，劳动仲裁部门要先行缓收仲裁费。受援方胜诉的案件，由非受援的败诉一方承担；受援方败诉的案件，依法裁定受援方当事人承担部分或全部仲裁费，该方当事人确有困难的，由法律援助机构承担。

五、加强法律援助机构与相关部门之间的协调与配合，为法律援助办案人员利用档案资料提供方便

国土资源、建设、卫生、工商、档案管理等部门对法律援助案件办理中利用档案进行的调查取证工作应予支持，对于法院尚未立案的法律援助案件，法律援助人员可凭法律援助机构的证明查询，以免因缺乏有关证明资料，案件难以进入诉讼程序，但涉及国家机密等不公开资料的除外。

相关部门对法律援助案件办理中查阅档案资料所涉及的相关费用应当予以减免，共同降低法律援助成本，减轻经费短缺给法律援助工作造成的压力。对档案资料查询费、咨询服务费、调阅档案（资料）保护费、证明费（包括学历、工龄证明、机构设置证明、房产地产证明、财产证明）予以免收；对相关材料复制费，包括原件复印、缩微胶片复印、翻拍、扫描费给予减、免，减收的标准按复制档案资料所需的原材料成本费计算。

六、加强法律援助机构与有关鉴定机构的沟通与协调，减免收取或缓收法律援助案件的相关鉴定费用

为了解决法律援助案件的受援人因交不起鉴定费用而无法进入诉讼程序，从而无力维护自己合法权益的问题，各鉴定机构应当对法律援助案件所涉及事项的鉴定给予减免的优惠。

司法行政部门管理的面向社会服务的司法鉴定机构，对法律援助案件受援人申请司法鉴定的，应缓收或免收鉴定费。受援人胜诉后，应向鉴定部门补交实际需交纳的费用，受援人败诉，交纳鉴定费用确有困难，鉴定部门给予减免。

其他非财政拨款的鉴定机构对法律援助案件受援人申请人身伤残鉴定、亲子鉴定、笔迹鉴定以及财产评估等，实行缓收相关费用。受援人胜诉后，应向鉴定部门补交实际需交纳的费用。受援人败诉，交纳鉴定费用确有困难，由法律援助机构承担相关费用。

七、各级司法行政部门要加强对法律援助工作的管理监督，确保法律援助工作规范运行

各级司法行政部门要加强对法律援助实施主体包括法律援助机构工作人员、律师和社会组织人员的管理监督。对侵占、私分、挪用法律援助经费的，对法律援助机构及其工作人员从事有偿服务的，对律师事务所、基层法律服务所拒绝指派的和律师、基层法律服务工作者不履行义务的，对律师和社会组织人员在法律援助活动中收取当事人财物的，要依据条例予以处罚，保证法律援助工作规范健康地发展。

严格法律援助案件办理中的程序规则。承办法律援助案件的人员在查阅、复制档案材料或者现行文件时，应出示法律援助机构出具的指派通知书（适用于社会律师、基层法律服务工作者和社会组织人员）或者介绍信（适用于法律援助机构人员）。在查阅、复制档案材料或者现行文件时，应遵守相关法律法规规定。

各地法律援助机构应对法律援助案件进行严格审查，严禁法律援助人员假借法律援助名义从事有偿法律服务而免费查阅和复制相关材料。如发现有上述情形，经司法行政部门查证属实，承办案件的人员应按规定全额支付相关的查阅和复制档案材料费用，并按有关法律法规规定接受相应处罚。

八、加强领导，密切配合，共同推进法律援助事业的发展

各级人民政府有关部门要高度重视法律援助工作，加强领导，采取有效措施，切实履行政府责任，将条例各项规定落到实处。各部门要加强协调和配合，建立协调沟通机制和反馈机制，经常沟通信息，及时帮助解决法律援助工作中存在的困难和问题，认真贯彻落实条例，切实保障贫困群众的合法权益，努力使符合法律援助条件的困难群众都能获得法律援助，维护社会公平和正义。

司法部　民政部　财政部

劳动社会保障部

国土资源部

建设部　卫生部

2004年9月6日

国务院关于进一步加强就业再就业工作的通知

（2005 年 11 月 4 日）

各省、自治区、直辖市人民政府，国务院各部委、各直属机构：

就业是民生之本，也是构建社会主义和谐社会的重要内容。党中央、国务院高度重视就业再就业工作，2002年下发了《关于进一步做好下岗失业人员再就业工作的通知》（中发〔2002〕12号），重点围绕解决国有企业下岗失业人员再就业问题，制定了积极的就业政策，连续3年召开全国性会议，对就业再就业工作进行部署。各地区和有关部门认真贯彻，各社会团体积极发挥作用，使各项就业再就业扶持政策得到较好落实，市场导向就业机制进一步完善，就业总量有较大增加，一大批下岗失业人员实现了再就业，对促进经济发展、深化国有企业改革、维护社会稳定产生了积极影响。但是必须看到，我国劳动力供大于求的基本格局在相当长时期内不会改变。今后几年，就业再就业工作的重点仍是解决体制转轨遗留的下岗失业人员再就业问题和重组改制关闭破产企业职工安置问题。同时，也要继续做好高校毕业生、进城务工农村劳动者和被征地农民等的就业再就业工作。为进一步做好就业再就业工作，现就有关问题通知如下：

一、进一步明确目标任务，多渠道开发就业岗位

（一）就业再就业工作的指导思想是：按照科学发展观和构建社会主义和谐社会的要求，落实“十一五”时期国民经济和社会发展规划，将扩大就业摆在经济社会发展更加突出的位置，进一步贯彻落实“劳动者自主择业、市场调节就业和政府促进就业”的方针，在重点解决好体制转轨遗留的再就业问题的同时，努力做好城镇新增劳动力就业和农村富余劳动力转移就业工作，有步骤地统筹城乡就业和提高劳动者素质，探索建立市场经济条件下促进就业的长效

机制。

（二）就业再就业工作的主要任务是：基本解决体制转轨遗留的下岗失业问题，重点做好国有企业下岗失业人员、集体企业下岗职工、国有企业关闭破产需要安置人员的再就业工作，巩固再就业工作成果，增强就业稳定性；努力做好城镇新增劳动力的就业工作，积极推动高校毕业生就业工作，在开发就业岗位的同时，大力提升劳动者职业技能和创业能力；改善农村劳动者进城就业环境，积极推进城乡统筹就业；加强失业调控，将城镇登记失业人数控制在合理范围内，减少长期失业人员数量；加快就业法制建设，逐步建立就业与社会保障工作的联动机制。

（三）围绕经济发展多渠道开发就业岗位，千方百计扩大就业。

1.坚持在发展中解决就业问题，努力实现促进经济增长与扩大就业的良性互动。把深化改革、促进发展、调整结构与扩大就业有机结合起来，在制定涉及全局的经济社会政策和确定重大建设项目时，要把扩大就业作为重要因素考虑，在注重提高竞争力的同时，确立有利于扩大就业的经济结构和增长模式，及时分析国内外经济形势变化对就业的影响，积极采取相应对策。

2.全面落实鼓励、支持和引导个体、私营等非公有制经济发展的方针政策，认真贯彻执行国家关于发展第三产业和服务业的政策措施，在推动第三产业和多种所有制经济发展中广开就业门路。

3.注重发展具有比较优势的劳动密集型行业和中小企业，增加就业容量。对就业容量大且有市场需求的行业，制定相应的鼓励增加就业的扶持政策。

4.推进跨地区的劳务协作和对外劳务输出。鼓励资源开采型城市和独立工矿区按市场需求发展接续产业，引导劳动力转移就业。

5.鼓励劳动者通过多种形式实现就业，加快完善和实施与灵活就业相适应的劳动关系、工资支付和社会保险等政策，为灵活就业人员提供帮助和服务。

6.坚持城乡经济协调发展，调整农村经济结构，加快小城镇建设，引导和组织农村劳动力向非农产业转移和向城市有序流动。

二、进一步完善和落实再就业政策，促进下岗失业人员再就业

（四）对有劳动能力和就业愿望的国有企业下岗失业人员，国有企业关闭破产需要安置的人员，国有企业所办集体企业（以下简称厂办大集体企业）

下岗职工，享受城市居民最低生活保障且失业1年以上的城镇其他登记失业人员，发放《再就业优惠证》，提供相应的政策扶持：

1. 鼓励自谋职业和自主创业。

对持《再就业优惠证》人员从事个体经营的（国家限制的行业除外），在规定限额内依次减免营业税、城市维护建设税、教育费附加和个人所得税；并免收属于管理类、登记类和证照类的各项行政事业性收费，期限最长不超过3年。对2005年底前核准减免税费但未到期的人员，在剩余期限内按此政策执行。

地方各级人民政府和有关部门要进一步统筹解决好自谋职业和自主创业人员的经营场地问题。

对持《再就业优惠证》人员和城镇复员转业退役军人从事个体经营自筹资金不足的，可提供小额担保贷款，贷款额度一般掌握在2万元左右，贷款期限最长不超过2年，到期确需延长的，可展期1次。对合伙经营和组织起来就业的，可根据人数和经营项目扩大贷款规模。对利用上述两类贷款从事微利项目的，由中央财政据实全额贴息（展期不贴息），具体项目由各省、自治区、直辖市人民政府结合实际确定，并报财政部、劳动保障部、人民银行备案。对其他城镇登记失业人员申请小额担保贷款并从事微利项目的，由财政给予50%的贴息（中央财政和地方财政各承担25%）。

2. 鼓励企业吸纳就业。

对商贸企业、服务型企业（国家限制的行业除外）、劳动就业服务企业中的加工型企业和街道社区具有加工性质的小型企业实体，在新增加的岗位中，当年新招用持《再就业优惠证》人员，与其签订1年以上期限劳动合同并缴纳社会保险费的，按实际招用人数，在相应期限内定额依次减免营业税、城市维护建设税、教育费附加和企业所得税，期限最长不超过3年。对2005年底前核准减免税但未到期的企业，在剩余期限内仍按原方式继续享受减免税政策。

同时，对上述企业中的商贸企业、服务型企业，在相应期限内给予社会保险补贴，期限最长不超过3年。社会保险补贴标准按企业应为所招人员缴纳的养老、医疗和失业保险费计算，个人应缴纳的养老、医疗和失业保险费仍由本人负担。对2005年底前核准社会保险补贴但未到期的企业，在剩余期限内按此政策执行。

对符合贷款条件的劳动密集型小企业，在新增加的岗位中，新招用持《再就业优惠证》人员达到企业现有在职职工总数30%以上，并与其签订1年以上期限劳动合同的，根据实际招用人数，合理确定贷款额度，最高不超过人民币100万元。财政贴息、经办银行的手续费补助、呆坏账损失补助等按照已经明确的有关规定执行。

3．提高灵活就业人员的稳定性。

对持《再就业优惠证》的“4050”人员（即女40周岁以上，男50周岁以上。计算年龄的截止时间由各地确定，最晚至2007年底）灵活就业后，申报就业并参加社会保险的，给予一定数额的社会保险补贴，期限最长不超过3年。

（五）对持《再就业优惠证》的就业困难对象（包括：国有企业下岗失业人员、厂办大集体企业下岗职工和国有企业关闭破产需要安置人员中的“4050”人员；享受城市居民最低生活保障、就业确有困难的长期失业人员），可作为就业援助的重点，提供相应的政策扶持：

1．政府投资开发的公益性岗位要优先安排就业困难对象。在公益性岗位安排就业困难对象，并与其签订1年以上期限劳动合同的，按实际招用的人数，在相应期限内给予社会保险补贴。社会保险补贴标准按单位应为所招人员缴纳的养老、医疗和失业保险费计算。上述“4050”人员在公益性岗位工作超过3年的，社会保险补贴期限可相应延长（超过3年的社会保险补贴所需资金由地方财政解决）。对2005年底前核准社会保险补贴但未到期的，按此政策执行。

2．各地可根据实际对就业困难对象在公益性岗位工作的提供适当的岗位补贴，补贴标准由当地政府确定，所需资金由地方财政解决。

（六）各地应按照属地管理原则，进一步做好辖区内中央管理企业下岗失业人员的再就业工作。将这些企业的下岗失业人员纳入当地的再就业工作规划，统筹安排落实。对中央管理企业的下岗失业人员，要及时核发《再就业优惠证》，落实再就业政策，所需资金由地方财政统筹解决。

（七）切实加强《再就业优惠证》发放和使用的管理。严格《再就业优惠证》审核发放程序，防止发生弄虚作假，欺骗冒领等行为。对出租、转让和伪造《再就业优惠证》的，要依法严肃处理。各有关部门要加强沟通协调，建立下岗失业人员再就业信息交换和协查制度，在提供政策扶持后，要及时在《再就业优惠证》上进行标注，对已办理退休手续的应及时收回《再就业优惠证》。《再就业优惠证》在核发证件的本省（区、市）范围内适用，具体办法由省级人民政府制定。

（八）各地可根据本地实际，将上述政策（不含税收政策）的适用范围扩大到城镇其他集体企业下岗职工，所需资金由地方财政解决。

三、促进城乡统筹就业，改进就业服务，强化职业培训

（九）建立覆盖城乡的就业管理服务组织体系，统筹管理城乡劳动力资源和就业工作。统筹做好下岗失业人员再就业与城镇新成长劳动者的就业工作，认真落实高校毕业生和复员转业退役军人就业的有关政策，加强相关的就业服务和职业培训。改善农民进城就业环境，取消农村劳动力进城和跨地区就业的限制，完善农村劳动者进城务工和跨地区就业合法权益保障的政策措施。在有条件的地区开展城乡一体化劳动力市场的试点工作。

（十）完善公共就业服务制度。按照制度化、专业化、社会化的要求，全面推进"以人为本"的就业服务，提高公共就业服务的质量和效率。对持《再就业优惠证》人员、城镇其他登记失业人员，以及进城登记求职的农村劳动者，公共就业服务机构要提供免费的职业介绍服务。发展和规范各种专业性职业中介机构和劳务派遣、职业咨询指导、就业信息服务等社会化服务组织，鼓励社会各类职业中介机构为城乡劳动者提供诚信、有效的就业服务。要完善职业介绍补贴政策，建立与服务成效挂钩的机制，对提供免费职业介绍服务的各类职业中介机构给予补贴。

（十一）加强劳动力市场信息系统建设。按照"金保工程"建设总体要求，对劳动力市场信息系统建设进行统一规划，整体推进。围绕就业工作的主要任务和服务对象的需求，优化业务流程，逐步实现就业服务和失业保险业务的全程信息化。实现各级公共就业服务机构的信息联网，定期分析和发布职业供求和工资水平信息，完善网上职业介绍功能，为求职者和用人单位提供方便快捷的信息服务，提高劳动力市场供求匹配效率。

（十二）加强街道（乡镇）社区劳动保障工作平台建设，充分发挥其在促进就业再就业和退休人员社会化管理服务方面的基础作用。依托街道（乡镇）社区劳动保障工作平台建立再就业援助制度，对就业困难对象实施重点帮助，提供有针对性的就业服务和公益性岗位援助。街道和乡镇负责劳动保障事务的

机构，要进一步完善服务功能，健全工作手段，加强基础管理。继续加强社区劳动保障工作队伍建设，强化业务培训，提高工作质量，落实工作经费。

总结部分地区创建信用社区的经验，结合个人信用制度的建立，探索建立信用社区、创业培训与小额担保贷款联动机制，为下岗失业人员自谋职业和自主创业创造条件。

（十三）广泛发动全社会教育培训资源，为城乡劳动者开展多层次、多形式的职业培训，并积极推行创业培训，提高劳动者就业能力和创业能力。对持《再就业优惠证》人员、城镇其他登记失业人员，以及进城务工的农村劳动者，提供一次性职业培训补贴。要通过资质认定，确定一批培训质量高、就业效果好的教育培训机构作为定点机构。完善培训补贴与培训质量、促进就业效果挂钩机制，引导各类教育培训机构针对市场需求，积极开展定向培训。动员全社会力量，加快培养适应企业需要的高技能人才。

充分发挥创业带动就业的倍增效应。对有创业愿望和具备创业条件的城乡劳动者开展创业培训，并提供开业指导、项目开发、小额担保贷款、跟踪扶持等“一条龙”服务，为创业培训结业者提供小额担保贷款资金扶持，努力做好后续服务。

大力开展职业培训，提升进城务工农村劳动者的就业能力。根据他们的特点和就业需求，开展有较强针对性、实用性的培训并提供职业技能鉴定服务。充分利用电视远程培训等手段，将技能知识和就业信息送到农户。在吸纳进城务工农村劳动者较多的重点行业和组织劳务输出的贫困地区，组织实施国家培训项目。

有关被征地农民的培训和就业服务，由各地统筹考虑，所需资金与征地费用统筹安排。

（十四）加强职业技能实训和技能鉴定服务工作。在有条件的地区建设公共实训基地，面向社会开展职业技能操作训练和职业技能鉴定服务。逐步开展专项职业能力考核，为开发就业岗位，提高劳动者就业能力提供公共服务。为参加职业培训的下岗失业人员提供职业技能鉴定服务，对持《再就业优惠证》人员通过初次技能鉴定（限国家规定实行就业准入制度的指定工种）、生活确有困难的，可申领一次性职业技能鉴定补贴，所需资金由地方财政解决。

四、开展失业调控，加强就业管理

（十五）建立失业预警机制，制定预案和相应措施，综合运用法律的、经济的和必要的行政手段，对失业进行调控，缓解失业引发的各种矛盾。对因国内国际经济形势发生重大变化直接影响就业的行业和企业，以及失业问题突出的困难地区、困难行业，要及时采取专项政策措施，努力减少失业，保持就业局势稳定。

（十六）继续鼓励国有大中型企业进行主辅分离、辅业改制，充分利用原企业的非主业资产、闲置资产和关闭破产企业的有效资产，改制创办面向市场、独立核算、自负盈亏的法人经济实体（国家限制的行业除外），分流安置企业富余人员。对于产权明晰并逐步实现产权多元化、吸纳原企业富余人员达到30%以上，并与其变更或签订新的劳动合同的，经有关部门认定、税务部门审核，3年内免征企业所得税。

（十七）稳步推进国有企业重组改制和关闭破产工作，严格审核并监督落实职工安置方案，规范企业操作行为，维护职工合法权益。国有企业实施重组改制和关闭破产，职工安置方案须经企业职工代表大会或职工大会讨论通过，凡职工安置方案和社会保障办法不明确、资金不落实的企业，不得进入重组改制和破产程序。要指导企业在关闭破产准备阶段通过多种有效形式，深入宣传政策，使职工了解政策内容和操作程序。要切实加强对企业关闭破产过程中职工安置工作的监督指导。关闭破产终结后，要及时做好职工分流安置和社会保障工作，妥善处理遗留问题。

（十八）规范企业裁员行为。切实加强对企业裁员的指导。对于企业成规模裁减人员的，裁员方案要经企业职工代表大会讨论。企业一次性裁员超过一定数量和比例的，要事前向当地政府报告。凡不能依法支付解除劳动合同的经济补偿金并妥善解决拖欠职工债务的，不得裁减人员。

（十九）深化劳动力市场制度改革，打破劳动力市场城乡、地区的分割。规范劳动力市场秩序，切实维护城乡劳动者合法权益。定期开展劳动力市场清理整顿活动，加强对各类职业中介行为的监管，严厉打击劳动力市场中的违法乱纪行为，规范劳动者求职、用人单位招用和职业中介行为。建立劳务派遣行政许可制度，规范劳务派遣行为。充实劳动保障执法监察队伍，加大执法监察力度，严格禁止和坚决纠正超时工作、不签订劳动合同、故意压低和拖欠工资、不按规定缴纳社会保险费和随意裁员等行为。

（二十）完善就业和失业统计制度。加强失业登记统计工作，建立劳动力调查制度，定期开展全国城镇劳动力调查，准确掌握全国劳动力市场供求变化。

（二十一）加快推进就业工作法制建设。认真总结就业再就业的工作经验，抓紧研究制定促进就业的法律法规，明确和强化行之有效的政策措施，为形成市场经济条件下解决就业问题的长效机制奠定基础。

五、进一步完善社会保障制度，建立与促进就业的联动机制

（二十二）建立就业与失业保险、城市居民最低生活保障工作的联动机制。切实保障享受失业保险和城市居民最低生活保障人员的基本生活，进一步完善失业保险金和城市居民最低生活保障金的申领办法，结合其求职和参加职业培训的情况完善申领条件，健全促进就业的激励约束机制，促进和帮助享受失业保险和城市居民最低生活保障的人员尽快实现就业，并妥善处理好其就业后的生活保障和社会保险问题。要合理确定失业保险和城市居民最低生活保障水平，拉开最低工资标准、失业保险金标准、城市居民最低生活保障标准之间的距离，分清层次，相互衔接，形成合理配套的标准体系，既要切实保障困难群体的基本生活，更要有利于调动有劳动能力人员就业的积极性。

（二十三）进一步加强对失业人员和城市居民最低生活保障对象的基础管理。充分发挥街道（乡镇）社区劳动保障工作平台的职能作用，加强劳动保障、民政等部门的沟通合作，及时掌握失业人员和城市居民最低生活保障对象的就业及收入状况，实施有针对性的帮助和服务。

（二十四）妥善处理并轨遗留问题。从2006年起，企业新裁减人员通过劳动力市场实现再就业，没有实现再就业的，按规定享受失业保险及城市居民最低生活保障待遇。各地要继续采取有效措施，妥善解决并轨人员在再就业、社会保险关系接续、劳动关系处理等方面的遗留问题。

（二十五）进一步发挥失业保险制度促进再就业的功能。东部地区在认真分析失业保险基金收支、结余状况，统筹考虑地方财政就业再就业资金安排的前提下，可以结合本地实际进行适当扩大失业保险基金支出范围试点，具体办法由劳动保障部、财政部制定。

（二十六）进一步完善社会保险制度。继续加强社会保险扩面征缴工作，切实做好下岗失业人员再就业后的社会保险关系接续工作，将更多的劳动者纳入社会保险制度的覆盖范围。要逐步统一城镇个体工商户、灵活就业人员参加养老保险的政策，改进基本养老金计发办法，强化缴费与待遇挂钩的激励约束机制，形成促进就业与完善社会保险制度的良性互动。积极创造条件为进城务工农村劳动者提供必要的社会保障。

六、继续加强组织领导，动员全社会力量广泛参与就业再就业工作

（二十七）各级人民政府和各有关部门要继续巩固和强化就业再就业工作目标责任制。继续把新增就业人员和控制失业率纳入国民经济和社会发展宏观调控指标。把解决体制转轨遗留的下岗失业问题、促进城镇新增劳动力就业、推进城乡统筹就业、加强失业调控和实现就业与社会保障制度的联动机制作为主要目标任务，层层分解，并纳入政绩考核的重要内容，定期进行督促检查。

（二十八）各级人民政府和各有关部门要进一步加强对就业再就业工作的领导和统筹协调。适应新的形势任务要求，国务院决定将再就业工作部际联席会议制度调整为就业工作部际联席会议制度，地方各级人民政府也要对联席会议制度作相应调整，形成统一领导、分工协作的工作机制。在各级人民政府的直接领导下，联席会议各成员单位要认真履行职责，加强协调配合，共同做好就业再就业工作。

（二十九）各级人民政府要根据就业形势变化和就业工作需要，积极调整财政支出结构，加大资金投入，将促进就业再就业资金列入财政预算。对中西部地区和老工业基地，中央财政继续通过专项转移支付的方式给予适当补助，主要用于职业介绍补贴、职业培训补贴、社会保险补贴、小额担保贷款贴息。此外，各级财政还要合理安排用于劳动力市场、街道（乡镇）社区劳动保障工作平台建设等经费。要切实加强对就业再就业资金拨付使用的监督检查，专款专用，提高资金使用效率。

（三十）充分发挥各民主党派、工商联，以及工会、共青团、妇联等人民团体在协助政府制定政策，团结各方积极参与，以及宣传动员、社会监督，帮助群众创业就业等方面的积极作用。对他们组织各类培训、开展多种形式服务和提高创业就业服务能力给予支持，形成全社会共同参与，齐心协力做好就业再就业工作的局面。

（三十一）各新闻单位要继续通过广播、电视、报刊、互联网等多种形式把就业再就业政策宣传到群众、企业和基层单位。继续树立和宣传劳动者自谋职业、自主创业和企业积极吸纳就业、基层单位切实落实政策的先进典型，引导广大劳动者转变就业观念，营造全社会支持和帮助就业再就业工作的良好气氛。要进一步加强基层组织建设，加大思想政治工作力度，依托企业、街道（乡镇）社区等基层组织和单位，通过耐心细致的思想政治工作和舆论宣传，引导广大下岗失业人员在国家政策扶持和社会帮助下，依靠自身努力实现再就业。

（三十二）上述有关扶持政策自2006年起开始执行，政策审批的截止时间暂定到2008年底。在政策执行过程中，如果国家对税收制度进行改革，有关税收政策按新的税收政策执行。

各地区、各有关部门要结合本地实际，抓紧研究制定贯彻本《通知》的具体办法和实施细则，确保本《通知》精神落到实处。在不涉及税收政策、不影响中央非税收入、不增加中央财政补助的前提下，还可制定有利于本地扩大城乡就业的其他政策。

国务院

2007年5月13日

国务院关于建立健全普通本科高校高等职业学校和中等职业学校家庭经济困难学生资助政策体系的意见

（2007 年 5 月 13 日）

各省、自治区、直辖市人民政府，国务院各部委、各直属机构：

为贯彻党的十六大和十六届三中、六中全会精神，切实解决家庭经济困难学生的就学问题，国务院决定，建立健全普通本科高校、高等职业学校和中等职业学校家庭经济困难学生资助政策体系（以下简称家庭经济困难学生资助政策体系）。现提出如下意见：

一、充分认识建立健全家庭经济困难学生资助政策体系的重大意义

党中央、国务院高度重视家庭经济困难学生的就学问题。近年来国家采取一系列措施，对农村义务教育阶段学生全部免除学杂费，并为家庭经济困难学生免费提供教科书、寄宿生补助生活费；对普通高等学校家庭经济困难学生设立国家助学奖学金，实施国家助学贷款政策；对中等职业学校家庭经济困难学生设立国家助学金等，取得了良好成效。

但是，我国家庭经济困难学生资助政策体系还不够完善，尤其是对普通本科高校、高等职业学校和中等职业学校家庭经济困难学生资助面偏窄、资助标准偏低的问题比较突出。建立健全家庭经济困难学生资助政策体系，使家庭经济困难学生能够上得起大学、接受职业教育，是实践“三个代表”重要思想、落实科学发展观、构建社会主义和谐社会的重要举措；是实施科教兴国和人才强国战略，优化教育结构，促进教育公平和社会公正的有效手段；是切实履行公共财政职能，推进基本公共服务均等化的必然要求。这是继全部免除农村义

务教育阶段学生学杂费之后，促进教育公平的又一件大事，具有重大意义。

二、建立健全家庭经济困难学生资助政策体系的主要目标与基本原则

（一）建立健全家庭经济困难学生资助政策体系的主要目标是：按照《中共中央关于构建社会主义和谐社会若干重大问题的决定》的有关要求，加大财政投入，落实各项助学政策，扩大受助学生比例，提高资助水平，从制度上基本解决家庭经济困难学生的就学问题。同时，进一步优化教育结构，维护教育公平，促进教育持续健康发展。

（二）建立健全家庭经济困难学生资助政策体系实行"加大财政投入、经费合理分担、政策导向明确、多元混合资助、各方责任清晰"的基本原则。

1.加大财政投入。按照建立公共财政体制的要求，大幅度增加财政投入，建立以政府为主导的家庭经济困难学生资助政策体系。

2.经费合理分担。国家励志奖学金和国家助学金由中央与地方按比例分担。中央对中西部地区给予倾斜。

3.政策导向明确。在努力使家庭经济困难学生公平享有受教育机会的同时，鼓励学生刻苦学习，接受职业教育，学习国家最需要的专业，到艰苦地区基层单位就业；鼓励学校面向经济欠发达地区扩大招生规模。

4.多元混合资助。统筹政府、社会等不同资助渠道，对家庭经济困难学生采取奖、贷、助、补、减等多种方式进行资助。

5.各方责任清晰。中央与地方、各相关部门及学校明确分工、各司其职、落实责任、完善制度，操作办法简便易行，并接受社会各界群众监督，确保各项政策措施顺利实施。

三、建立健全家庭经济困难学生资助政策体系的主要内容

（一）完善国家奖学金制度。中央继续设立国家奖学金，用于奖励普通本科高校和高等职业学校全日制本专科在校生中特别优秀的学生，每年奖励5万名，奖励标准为每生每年8000元，所需资金由中央负担。

中央与地方共同设立国家励志奖学金，用于奖励资助普通本科高校和高等职业学校全日制本专科在校生中品学兼优的家庭经济困难学生，资助面平均约占全国高校在校生的3%，资助标准为每生每年5000元。国家励志奖学金适当

向国家最需要的农林水地矿油核等专业的学生倾斜。

中央部门所属高校国家励志奖学金所需资金由中央负担。地方所属高校国家励志奖学金所需资金根据各地财力及生源状况由中央与地方按比例分担。其中，西部地区，不分生源，中央与地方分担比例为8∶2；中部地区，生源为西部地区的，中央与地方分担比例为8∶2，生源为其他地区的，中央与地方分担比例为6∶4；东部地区，生源为西部地区和中部地区的，中央与地方分担比例分别为8∶2和6∶4，生源为东部地区的，中央与地方分担比例根据财力及生源状况等因素分省确定。人口较少民族家庭经济困难学生资助资金全部由中央负担。鼓励各地加大资助力度，超出中央核定总额部分的国家励志奖学金所需资金由中央给予适当补助。省（区、市）以下分担比例由各地根据中央确定的原则自行确定。

（二）完善国家助学金制度。中央与地方共同设立国家助学金，用于资助普通本科高校、高等职业学校全日制本专科在校生中家庭经济困难学生和中等职业学校所有全日制在校农村学生及城市家庭经济困难学生。

普通本科高校和高等职业学校。国家助学金资助面平均约占全国普通本科高校和高等职业学校在校生总数的20%。财政部、教育部根据生源情况、平均生活费用、院校类别等因素综合确定各省资助面。平均资助标准为每生每年2000元，具体标准由各地根据实际情况在每生每年1000–3000元范围内确定，可以分为2–3档。

中等职业学校。国家助学金资助所有全日制在校农村学生和城市家庭经济困难学生。资助标准为每生每年1500元，国家资助两年，第三年实行学生工学结合、顶岗实习。

国家助学金所需资金由中央与地方按照国家励志奖学金的资金分担办法共同承担。

有条件的地区可以试行运用教育券发放国家助学金的办法。

（三）进一步完善和落实国家助学贷款政策。大力开展生源地信用助学贷款。生源地信用助学贷款是国家助学贷款的重要组成部分，与国家助学贷款享有同等优惠政策。地方政府要高度重视，积极推动和鼓励金融机构开展相关工作。要进一步完善和落实现行国家助学贷款政策，制订与贷款风险和管理成本挂钩的国家助学贷款风险补偿金使用管理办法。相关金融机构要完善内部考核体系，采取更加积极有效措施，调动各级经办机构的积极性，确保应贷尽贷。

对普通本科高校和高等职业学校全日制本专科生，在校期间获得国家助学贷款、毕业后自愿到艰苦地区基层单位从事第一线工作且服务达到一定年限的，国家实行国家助学贷款代偿政策。

（四）从2007年起，对教育部直属师范大学新招收的师范生，实行免费教育。

（五）学校要按照国家有关规定从事业收入中足额提取一定比例的经费，用于学费减免、国家助学贷款风险补偿、勤工助学、校内无息借款、校内奖助学金和特殊困难补助等。

要进一步落实、完善鼓励捐资助学的相关优惠政策措施，充分发挥中国教育发展基金会等非营利组织的作用，积极引导和鼓励地方政府、企业和社会团体等面向各级各类学校设立奖学金、助学金。

普通高中以及普通高等学校全日制研究生的资助政策另行制定。

四、建立健全家庭经济困难学生资助政策体系的工作要求

普通本科高校、高等职业学校和中等职业学校家庭经济困难学生资助政策自2007年秋季开学起在全国实施。各地区、各有关部门和各学校要按照国务院的统一部署，周密安排，精心组织，扎扎实实地把这件惠及广大人民群众的大事抓好。

（一）加强组织领导。财政部、教育部等要密切配合，制订相关管理办法，指导、检查和督促地方开展工作。地方政府要建立相应的工作机制，在整合现有资源的基础上，建立健全学生资助管理机构，制订具体的管理办法，切实抓好落实。教育部门要将学校家庭经济困难学生资助工作情况纳入办学水平评估指标体系。各学校要把资助家庭经济困难学生作为工作重点，实行校长负责制，设立专门的助学管理机构，具体负责此项工作。

（二）确保资金落实。中央财政要足额安排、及时拨付应当负担的资金。省级人民政府要制订行政区域内具体的分担办法，完善省对下转移支付制度，确保行政区域内政府应当负担的资金落实到位。要切实加强助学资金管理，确保及时发放、专款专用。要加强监督检查，对于挤占挪用资金、弄虚作假套取资金等违法违规行为，要追究责任、严肃处理。

（三）规范收费管理。除国家另有规定外，今后五年各级各类学校的学费、住宿费标准不得高于2006年秋季相关标准。进一步严格收费立项、标准审批管理工作，规范学校收费行为，坚决制止乱收费。加大对服务性收费和代收费的监督力度，切实减轻学生及家长负担。绝不允许一边加大助学力度，一边擅自提高收费标准、擅自设立收费项目。要对教育收费实行严格的"收支两条线"管理，规范支出管理。

（四）加大宣传力度。各地区、各有关部门和各学校要通过多种形式开展宣传，使这项惠民政策家喻户晓、深入人心，使广大学生知晓受助的权利。

国务院

2007 年 5 月 13 日

民政部关于贯彻落实《中共中央国务院关于打赢脱贫攻坚战的决定》的通知

（2016 年 4 月 16 日）

各省、自治区、直辖市民政厅（局），各计划单列市民政局，新疆生产建设兵团民政局，各（司）局，各直属单位：

《中共中央国务院关于打赢脱贫攻坚战的决定》（中发〔2015〕34号，以下简称《决定》）要求举全党全社会之力，坚决打赢脱贫攻坚战，确保到2020年我国现行标准下农村贫困人口实现脱贫，贫困县全部摘帽，解决区域性整体贫困。为认真做好民政系统贯彻落实《决定》的各项工作，现就有关事项通知如下：

一、进一步提高民政系统承担脱贫攻坚任务的认识

脱贫攻坚是党中央、国务院的一项重大战略部署，事关人民福祉，事关全面建成小康社会，事关巩固党的执政基础，事关国家长治久安。打赢脱贫攻坚战，是促进全体人民共享改革发展成果、实现共同富裕的重大举措，对于保障贫困地区、民族地区、边疆地区、革命老区人民群众同步进入全面小康社会具有重要意义。各级民政部门要把思想和行动统一到党中央、国务院的决策部署上来，进一步提高对脱贫攻坚工作重要性和紧迫性的认识，讲政治、顾大局，切实增强政治责任感和工作主动性，把脱贫攻坚作为民政系统重要工作任务，尽职尽责、凝心聚力、统筹协调、精准施策，扎实推进《决定》涉及民政职能的各项工作任务落实，为打赢脱贫攻坚战做出积极贡献。

二、明确贯彻落实《决定》的重点任务

（一）实行农村最低生活保障制度兜底脱贫。完善农村低保制度，将符合

农村低保条件的贫困家庭，特别是主要成员完全或部分丧失劳动能力的家庭，全部纳入农村低保范围，做到应保尽保。省级民政部门要加强统筹安排，督促指导各地及时调整农村低保标准，确保到2020年各地农村低保标准都能达到国家扶贫标准。对于农村低保标准已经达到国家扶贫标准的地区，要按照量化调整机制科学调整，确保农村低保标准不低于按年度动态调整后的国家扶贫标准。加强农村低保制度与扶贫开发政策的有效衔接，积极协调有关部门将符合条件的农村低保家庭统筹纳入产业扶持、易地搬迁、生态保护、教育扶持、医疗保障、资产收益以及社会扶贫等政策覆盖范围。对生活困难、靠家庭供养且无法单独立户的成年无业重度残疾人，经个人申请，可按照单人户纳入低保范围。对低保家庭中的老年人、未成年人、重度残疾人等重点救助对象，要采取多种措施提高救助水平，确保其基本生活。

（二）开展医疗救助脱贫。做好资助农村低保对象、特困人员参加基本医疗保险工作。积极协调有关部门落实《决定》要求，对建档立卡贫困人口参加基本医疗保险的个人缴费部分由财政给予补贴。将符合条件的建档立卡贫困人口纳入重特大疾病医疗救助范围，对其经基本医疗保险、城乡居民大病保险等报销后个人负担的合规医疗费用予以救助。各地可根据患病家庭负担能力、个人自负费用、当地筹资情况等，分类分段设置重特大疾病医疗救助比例和最高救助限额。加强医疗救助与相关医疗保障、社会救助制度的有效衔接，形成与慈善救助的高效联动和良性互动。

（三）落实特困人员救助供养政策。各地要抓紧制定《国务院关于进一步健全特困人员救助供养制度的意见》（国发〔2016〕14号）配套政策文件，加大特困人员救助供养制度在贫困地区的落实力度。研究制定特困人员认定的具体办法，全面开展特困人员摸底排查，尽快将原农村五保供养对象、城市“三无”人员统一纳入救助供养制度范围，做到应救尽救、应养尽养。积极探索救助供养标准制定、调整办法，根据当地经济社会发展水平，研究制定基本生活标准和差异化的照料护理标准。努力为失去生活自理能力的特困人员提供日常生活照料和患病陪护服务。将政府举办特困供养服务机构的失能半失能特困人员入住率列入考核内容。结合发展养老服务体系，进一步加强农村特困人员供养服务设施建设，加快推进特困人员供养服务机构依法办理法人登记工作，提升供养服务机构托底保障能力。

（四）加大临时救助制度落实力度。充分发挥临时救助制度托底功能，根据资金使用情况及时调整救助标准，优化申请审批程序，提高兜底保障能力和救助时效。加强对“救急难”综合试点的工作指导和督促检查，及时总结、推广试点经验，普及开展“救急难”工作。组织实施“同舟工程”，为中央企业在63个贫困县参与“救急难”工作提供支持，着力解决困难群众的个案性急难问题，形成政府托底和社会参与相结合的强大合力。

（五）做好农村“三留守”人员关爱保护工作。省级民政部门要会同相关部门组织开展全面的农村“三留守”人员摸底排查，健全信息报送机制，建立详实完备、动态更新的农村留守儿童信息库；指导县级民政部门建立留守妇女、留守老人信息库。以贯彻落实《国务院关于加强农村留守儿童关爱保护工作的意见》（国发〔2016〕13号）为契机，推动建立家庭、政府、学校履职尽责、社会力量积极参与的农村留守儿童关爱保护体系。制定推进农村“三留守”人员专业社会工作服务意见，引导人口流出地农村社区加强对“三留守”人员的生产扶持、生活救助、安全保护和心理疏导，切实提高对“三留守”人员的服务能力和服务水平。推动建立健全农村留守儿童救助保护机制，深化未成年人社会保护工作，促进农村留守儿童关爱保护工作和未成年人社会保护工作在政策措施、保护机制、服务体系、工作力量和资源配置等方面的统筹运行。积极发挥民政部门职能作用，协调相关部门扎实开展受监护侵害未成年人权益保护工作，针对监护侵害个案做好应急处置、临时监护照料、调查评估、多方会商、家庭监护指导、提起监护权转移诉讼等监护干预工作。加强农村留守老年人关爱服务工作，促进城乡基本养老服务均等化。指导地方建立健全80周岁以上低收入老年人高龄津贴制度、经济困难老年人养老服务补贴制度和经济困难的失能老年人护理补贴制度。大力推进农村互助养老服务发展。鼓励农村集体经济组织依法使用自有土地，为集体经济组织内部成员兴办非营利性养老服务设施。

（六）推进贫困地区农村社区建设。各地要抓紧出台深入推进农村社区建设试点工作的具体实施意见，加强对偏远、经济欠发达地区农村社区建设的分类指导，切实增强自治功能和发展能力。脱贫攻坚任务较重的省份要着力完善贫困地区农村社区服务体系，依托综合服务设施和综合信息平台，推动政府基本公共服务向贫困村、贫困户和贫困人口延伸覆盖，率先发展生产服务、就业服务等有利于贫困人口脱贫的服务项目。促进农村社区建设规划与易地扶贫搬迁规划有效衔接，优先支持易地搬迁安置区配建农村社区综合服务设施。探索培育贫困地区农村社区社会组织、引入社区社会工作服务，动员社会各方面力量扩大贫困地区农村社区服务供给，不断提高服务贫困人口的专业化、精细化水平。

（七）完善社会工作与志愿服务力量参与脱贫攻坚机制。实施扶贫志愿者行动计划和社会工作专业人才服务贫困地区计划。联合有关部门出台专项政策，根据脱贫攻坚任务需求，推动建立专业社会工作介入农村社会救助、留守人员关爱服务长效机制，有针对性地开展社会工作服务。继续实施社会工作专业人才服务边远贫困地区、边疆民族地区和革命老区计划，到2020年底前，以国家级贫困县为重点，每年为边远贫困地区、边疆民族地区和革命老区选派1000名、培养500名社会工作专业人才，推动各地大力支持社会工作服务机构、社会工作者为贫困群众提供心理疏导、生活帮扶、资源链接、能力提升、社会融入等专业服务。大力扶持发展扶贫济困等领域志愿服务组织，鼓励支持志愿服务组织为困难群众提供各类帮扶，积极参与志愿扶贫行动。

（八）积极引导社会力量参与脱贫攻坚。大力倡导企业承担社会责任，发挥社会组织积极作用，为打赢脱贫攻坚战贡献力量。贯彻落实慈善法，积极培育发展慈善组织，对以开展扶贫济困为重点的慈善组织，实施特殊的优惠政策。建立慈善扶贫信息协调联系机制，整合扶贫对象信息和社会慈善信息资源，推进慈善资源和扶贫需求有效对接，为社会组织和慈善力量扶贫提供信息服务，引导、协调各种社会资源向贫困地区、边疆地区、民族地区和革命老区配置，帮助贫困群众脱贫增收。进一步完善政府向社会组织购买服务的相关制度，推进政府向社会组织购买服务工作。

（九）做好片区扶贫和定点扶贫工作。各地民政部门要进一步加强和改进定点扶贫工作，确保扶贫责任落实、定点扶贫任务完成。江西、湖南两省民政部门要组织罗霄山片区编制好“十三五”实施规划，做好政策衔接，推动目标任务落实。部机关各司局、直属单位要按照突出重点、同等优先、精准帮扶、务求实效的原则，协同做好片区扶贫和定点扶贫工作。加强民政技能人才培训，积极开展面向罗霄山片区贫困人员的“千名养老护理员培训就业计划”，努力实现以就业促脱贫。选派好挂职干部，指导、协助罗霄山贫困片区和定点扶贫县加快民政公共服务设施建设，完善防灾减灾救灾体系、社会福利和社会事务服务设施、优抚安置服务体系，推进城乡社区服务体系建设，科学论证、优化行政区划设置，促进易地搬迁和新型城镇化融合发展。

三、强化落实《决定》的保障措施

（一）加强组织领导。各级民政部门要高度重视脱贫攻坚工作，抓紧出台民政系统贯彻落实中央脱贫攻坚决策部署的实施方案，制定重点任务责任清单，明确路线图、时间表和责任人。要针对贫困地区群众需求，推动民政各类资源要素向贫困地区和贫困人口聚集，形成民政精准扶贫工作的强大合力。

（二）加强服务能力建设。加强乡镇（街道）社会救助经办机构建设，通过政府购买服务等方式，增强基层经办能力。健全社会救助“一门受理、协同办理”机制，完善办理、分办、转办、转介程序，确保贫困人口“求助有门、受助及时”。加强特困人员供养服务机构和队伍建设，推进养老护理员培训工作，提升服务水平。指导村（居）民委员会协助做好农村“三留守”人员全面排查、定期走访等工作。

（三）加强资金保障。积极争取各级财政特别是省级财政调整支出结构，进一步加大对低保、特困人员救助供养、医疗救助、临时救助等资金的统筹安排力度，并纳入财政年度预算，增强社会救助兜底保障能力。管好、用好社会救助资金，防止挤占挪用。努力拓宽资金筹集渠道，通过增加彩票公益金投入、鼓励社会捐助资金投入等，建立多元筹资机制，助力民政脱贫攻坚工作落实。

（四）加强舆论宣传。坚持正确舆论导向，深入宣传各级民政部门在脱贫攻坚战中的重要托底作用，深入宣传民政系统扶贫的创新做法和成功经验，深入宣传基层民政干部的典型事迹，充分调动全社会关注、支持民政工作的积极性，为民政系统脱贫攻坚工作营造良好舆论氛围。坚持弘扬正能量，着力增强贫困群众脱贫信心，鼓励、引导贫困群众自立自强，在政府扶持下依靠自我奋斗实现脱贫致富。

民政部

2016年4月16日

民政部关于印发贯彻落实《中共中央国务院关于打赢脱贫攻坚战三年行动的指导意见》行动方案的通知

（2018 年 7 月 26 日）

各省、自治区、直辖市民政厅（局），新疆生产建设兵团民政局；各司（局），各直属单位：

为深入贯彻落实《中共中央国务院关于打赢脱贫攻坚战三年行动的指导意见》，全面履行民政部门在脱贫攻坚中的职责使命，坚决完成打赢脱贫攻坚战相关任务，民政部制定了贯彻落实《中共中央国务院关于打赢脱贫攻坚战三年行动的指导意见》行动方案，现印发你们，请认真贯彻落实。

民政部

2018年7月26日

民政部贯彻落实《中共中央国务院关于打赢脱贫攻坚战三年行动的指导意见》行动方案

为深入贯彻落实《中共中央国务院关于打赢脱贫攻坚战三年行动的指导意见》（以下简称《指导意见》），全面履行民政部门在脱贫攻坚中的职责使命，坚决完成打赢脱贫攻坚战相关任务，结合民政工作实际，制定本方案。

一、深刻认识中央制定《指导意见》的重大意义

党的十八大以来，以习近平同志为核心的党中央把脱贫攻坚工作纳入“五位一体”总体布局和“四个全面”战略布局，作出了一系列重大部署，采取了一系列超常规举措，形成了全党全社会扶贫的强大合力。党的十九大把精准脱贫作为决胜全面建成小康社会必须打好的三大攻坚战之一，作出新的部署。几年来，我国脱贫攻坚工作取得了决定性进展，农村贫困人口显著减少，贫困发生率持续降低，解决区域性整体贫困迈出坚实步伐，贫困地区农民生产生活条件显著改善，贫困群众获得感显著增强，创造了我国减贫史上的最好成绩，谱写了人类反贫困史上的辉煌篇章。当前脱贫攻坚形势依然严峻，未来3年还有3000万左右农村贫困人口需要脱贫，“三区三州”等深度贫困地区脱贫难度大，还存在一系列影响脱贫攻坚有效推进的制约因素。党中央、国务院针对我国脱贫攻坚进展和实践中存在的突出问题，出台了《指导意见》，对完善顶层设计、强化政策措施、加强统筹协调，推动脱贫攻坚工作更加有效开展作出全面部署，为各地各部门深入推进脱贫攻坚工作提供了基本遵循，其中民政部门需要承担的任务非常繁重。民政部和地方各级民政部门要深刻认识《指导意见》出台的重大意义，进一步增强“四个意识”，坚决把思想和行动统一到党中央决策部署上来，统一到《指导意见》精神上来，把贯彻落实《指导意见》作为重大政治任务，扎扎实实做好民政领域各项脱贫攻坚工作。

二、准确把握民政领域脱贫攻坚面临形势

党中央作出打赢脱贫攻坚战的重大战略部署以来，各级民政部门认真贯彻落实党中央、国务院各项决策部署，将兜底脱贫攻坚作为民政工作重中之重，加强研究部署，制定实施了一系列有针对性的政策措施，开展了一系列有影响的重要活动，推动民政领域脱贫攻坚工作取得重大成效。全国所有县（市、区）农村低保标准全部达到或超过国家扶贫标准，1800多万农村建档立卡贫困人口纳入农村低保或特困人员救助供养范围。推动建立农村留守儿童和农村老年人关爱保护制度、困难残疾人生活补贴和重度残疾人护理补贴制度。加快贫困地区农村社区综合服务设施建设，推动易地搬迁安置区综合服务设施建设全覆盖。支持贫困地区农村基层干部队伍建设，指导贫困地区完善村级议事协商

公开机制，开展“村霸”相关问题专项整治，保证贫困村村民对扶贫工作的参与权、表达权、监督权。先后派出15批次80多名干部到江西遂川县和莲花县开展定点扶贫工作，两县贫困发生率分别降至3.1%、2.69%。牵头推进罗霄山片区脱贫攻坚，显著改善了片区贫困群众生产生活状况。组织多个全国性社会组织对口支持贫困地区和贫困群众，向240多个贫困县（市、区）选派了5000名社会工作专业人才、100家社会工作服务机构开展结对帮扶，推树了一大批脱贫攻坚志愿服务项目典型。

同时也要看到，民政领域脱贫攻坚任务依然繁重艰巨。社会救助方面，未来3年3000万左右的未脱贫农村建档立卡贫困人口中，有相当一部分属于低保对象或特困人员，还有不少重度残疾人、重病患者需新纳入低保或特困人员救助供养范围，兜底保障压力较大。养老服务方面，贫困地区老年人口比重大、收入水平低、居住分散，高龄、失能、独居、留守的老人增多，常住人口老龄化程度加深，对发展养老服务提出挑战。设施建设方面，贫困地区民政公共服务设施薄弱、财力不足，需要加大支持倾斜力度，科学规划建设。社会力量参与方面，社会组织、慈善力量等参与脱贫攻坚的潜力和空间还很大，需要进一步加强动员组织工作。定点扶贫方面，两个定点扶贫县脱贫摘帽还面临一系列难题，需要加强统筹协调，采取综合措施研究解决。民政部和地方各级民政部门要认清形势，认真学习领会和贯彻落实《指导意见》精神，突出问题导向，采取更有针对性的措施，集中力量攻克难中之难、坚中之坚，坚决助力打赢脱贫攻坚战。

三、贯彻落实《指导意见》的总体要求

（一）指导思想。

全面贯彻党的十九大和十九届二中、三中全会精神，以习近平新时代中国特色社会主义思想为指导，坚决落实党中央关于打赢脱贫攻坚战三年行动的重大决策部署，坚持精准扶贫精准脱贫基本方略，从民政部门职责出发，聚焦农村贫困人口中的特殊困难群体，进一步完善制度、健全机制、强化措施、加强衔接，进一步创新民政领域脱贫攻坚思路方法，坚持政府兜底保障与社会参与有机结合，精准施策、精准发力、精准见效，扎实做好民政领域各项脱贫攻坚工作，为打赢脱贫攻坚战发挥应有作用。

（二）基本原则。

坚持保障基本、兜住底线。着眼于解决贫困人口的基本生活困难，按照兜底线、织密网、建机制的要求，既不降低标准，也不拉高预期，形成稳定可持续的兜底保障机制。

坚持聚焦重点、精准发力。聚焦建档立卡贫困人口中的低保对象、特困人员、“三留守”人员、重度残疾人等群体精准施策，把各项民政政策措施用准、用好、用足。

坚持政府引导、多方参与。在更好履行民政部门职责的同时，落实好各项扶持政策，积极调动社会组织、慈善力量、专业社工、志愿服务人员参与脱贫攻坚，充分发挥贫困地区村民自治的作用，有效扩大各方面参与。

坚持改革创新、统筹推进。改革创新贯穿于脱贫攻坚全过程，以改革创新破解民政领域扶贫政策瓶颈。紧紧围绕贯彻实施乡村振兴、区域协调发展等重大战略，从全局视野统筹谋划部署推动各项扶贫工作，提升扶贫工作站位和水平。

（三）任务要求。

《指导意见》对民政领域脱贫攻坚工作作出部署、提出要求，各级民政部门必须认真贯彻落实。要进一步完善农村低保制度，健全低保对象认定方法，将完全丧失劳动能力和部分丧失劳动能力且无法依靠产业就业帮扶脱贫的贫困人口纳入低保范围，加大特困人员救助供养和临时救助工作力度，努力实现到2020年所有符合低保、特困人员救助供养条件的农村建档立卡贫困人口“应保尽保、应救尽救”，“不愁吃、不愁穿”。健全贫困地区残疾人福利政策，落实困难残疾人生活补贴和重度残疾人护理补贴制度，强化对贫困重度残疾人的照料服务。创新家庭养老方式，落实农村留守儿童、老年人关爱服务制度；实施社会服务兜底工程，加快建立为老年人等特殊群体提供服务的设施。全面落实贫困村“两委”联席会议、“四议两公开”和村务监督等工作制度，加强易地搬迁安置社区管理和服务，增强居民幸福感、获得感。支持社会组织有序参与脱贫攻坚，鼓励引导专业社会工作和志愿服务力量积极参与精准扶贫。落实定点扶贫工作责任，推动罗霄山片区和民政部定点扶贫县全部脱贫，帮扶工作取得突破性进展。

四、贯彻落实《指导意见》的重点任务

（一）集中力量支持深度贫困地区。

民政部各有关司局、单位和地方各级民政部门要深入“三区三州”等深度贫困地区开展调查研究，根据困难群众真实需求有针对性地研究制定支持政策。加大对深度贫困地区的资金、项目支持，争取相关部门支持，在分配中央财政安排的民政领域补助资金时，对“三区三州”予以倾斜支持。指导深度贫困地区科学制定农村低保标准，确保脱贫攻坚期内不低于国家扶贫标准。加快深度贫困地区农村特困人员供养服务机构建设和设施改造，用三年时间确保每个深度贫困县新建或改建1—2所农村特困人员供养服务机构。落实残疾人福利保障政策，做好农村留守儿童、老年人关爱保护等工作。鼓励引导社会力量参与深度贫困地区脱贫攻坚。加强深度贫困地区基层政权和社区建设，支持深度贫困地区优化行政区划设置。（各有关司局）

（二）强化社会救助兜底保障。

1.制定实施《关于在脱贫攻坚三年行动中切实做好社会救助兜底保障工作的实施意见》，指导各地完善农村低保制度，健全低保对象认定方法，继续加强农村低保制度与扶贫开发政策的衔接，将重度残疾人、重病患者等完全丧失劳动能力和部分丧失劳动能力且无法依靠产业就业帮扶脱贫的农村建档立卡贫困人口纳入低保范围。（社会救助司）

2.加快推进贫困地区农村特困人员供养服务设施建设改造，在满足特困人员集中供养需求的基础上，逐步为低保、低收入家庭和农村建档立卡贫困家庭老年人、残疾人提供低偿或无偿的集中托养服务。（社会救助司）

3.指导各地细化明确临时救助对象范围和类别，优化简化审核审批程序，科学制定救助标准，全面落实“分级审批”“先行救助”等政策规定，有效解决农村建档立卡贫困人口的突发性、紧迫性、临时性基本生活困难。对于重大生活困难，可采取“一事一议”方式，根据具体情形分类分档设定救助标准，适当提高救助额度。（社会救助司）

（三）完善贫困地区社会福利政策。

1.完善困难残疾人生活补贴和重度残疾人护理补贴制度，建立全国统一的残疾人两项补贴制度信息平台，定期掌握各地残疾人两项补贴工作情况。指导督促各地落实和完善相关制度，动态掌握农村建档立卡贫困人口享受“两项补

贴”人员情况。（社会福利和慈善事业促进司）

2.会同有关部门探索研究专门政策，指导地方通过政府购买服务、托养等多种方式，为16周岁以上不符合特困人员救助供养条件的贫困重度残疾人提供集中或社会化照料护理服务。（社会福利和慈善事业促进司）

3.使用部本级福利彩票公益金，支持国家康复辅具研究中心实施“福康工程”项目，为深度贫困地区福利机构中集中供养的残障者及低保家庭、特困人员、建档立卡贫困家庭、低收入家庭中的残障者免费配置假肢和矫形器；对其中符合条件的免费进行手术矫治、康复训练和配置术后矫形器等辅具；在深度贫困地区示范性福利机构，免费配置残障人专用生活起居床、多功能轮椅等辅具产品。（社会福利和慈善事业促进司、国家康复辅具研究中心）

（四）支持贫困地区发展养老服务，做好贫困地区农村留守儿童、老年人关爱保护工作。

1.配合实施“十三五”社会服务兜底工程，加强农村养老服务设施建设。支持农村幸福院建设，推进农村互助养老服务发展。开展社区居家养老服务改革试点，提升农村社区居家养老服务的能力和水平，满足农村老年人社区居家养老服务需求。（社会福利和慈善事业促进司）

2.全面加强农村留守老年人关爱服务，建立农村留守老年人定期探访制度，完善信息台账。（社会福利和慈善事业促进司）

3.指导督促贫困地区加强贫困家庭农村留守儿童动态管理，定期走访了解其家庭和生活情况，协调做好应急处置、临时照料等关爱帮扶工作；强化家庭监护主体责任意识，切实落实贫困家庭农村留守儿童监护责任。（社会事务司）

4.实施“福彩圆梦·三区三州助学项目”。拟利用部本级福利彩票公益金对当年考入设有福彩助学金高校的“三区三州”贫困家庭子女进行资助。（中国福利彩票发行管理中心）

（五）推进贫困地区基层政权和农村社区建设。

1.制定加强贫困地区农村社区建设的政策。推进贫困地区农村社区治理创新。支持贫困地区开展“全国农村社区治理实验区”建设工作。继续研究贫困地区农村社区治理的政策思路。继续争取发展改革委等部门重点支持中西部地区特别是贫困地区农村社区服务体系示范建设。（基层政权和社区建设司）

2.健全贫困地区村级民主协商和民主监督机制，全面落实好“四议两公开”、村务联席会等制度，进一步健全村民会议、村民代表会议议事规程，组织村民围绕涉及扶贫开发的有关部署，开展灵活多样的协商活动。（基层政权和社区建设司）

3.指导贫困地区加强乡镇政府服务能力建设。组织贫困地区农村干部培训，提高队伍素质和依法办事、执行政策、服务居民能力。（基层政权和社区建设司）

（六）统筹做好民政部牵头罗霄山片区扶贫和定点扶贫工作。

1.深入定点扶贫县调查研究。部主要负责同志和分管部领导每年至少赴定点扶贫县实地调研一次。加大对定点扶贫县的政策、资金、项目和人才支持力度。继续引导和动员部管社会组织深度参与定点扶贫县脱贫攻坚工作。指导定点扶贫县加强政策宣传，激发内生动力。定期对定点县的10个乡100个村的1000户困难户进行帮扶。继续开展扶贫日活动。（规划财务司）

2.发挥罗霄山片区部际联席会议作用，完善片区与各部门的沟通平台，广泛调动各种资源支持片区脱贫攻坚。（规划财务司）

3.选优配强挂职干部，改进挂职干部考核督查机制，完善挂职干部关心关爱制度，加大挂职干部激励使用，树立重实干重实绩的用人导向。（人事司）

（七）鼓励和引导社会力量参与脱贫攻坚。

1.加大对扶贫供需调研力度，动员社会组织报送扶贫供给信息，要求“三区三州”等深度贫困地区省级民政部门协调本地相关单位汇总并报送扶贫需求信息，加快建立社会组织帮扶项目与贫困地区信息对接机制。对全国性社会组织开展培训，积极倡导全国性社会组织参与“三区三州”深度贫困地区脱贫攻坚行动。加强对社会组织扶贫的引导和管理，发挥登记管理机关职能，做好社会组织依法登记、年检年报、评估、慈善组织认定、公募资格审定、慈善信托备案和监督等工作，提升社会组织扶贫效能。配合财政部、税务总局落实社会组织扶贫资金所得税税前扣除相关政策。（社会组织管理局）

2.继续组织实施社会工作专业人才服务“三区”计划、社会工作服务机构“牵手计划”、社会工作教育对口扶贫计划，拓展面向贫困地区的社会工作服务示范项目。（社会组织管理局）

3.大力开展扶贫志愿服务活动。贯彻落实《志愿服务条例》，研究制定

《志愿服务记录与证明出具办法》，研究编制志愿服务相关标准，为提升扶贫志愿服务规范化水平提供制度保障。完善推广全国志愿服务信息系统，在志愿者和志愿服务项目的服务类别选项中单设扶贫类，为广大志愿者参与扶贫志愿服务、实现扶贫志愿服务供需精准对接提供便捷渠道和技术支撑。鼓励国家机关、企事业单位、人民团体、社会组织依托志愿服务信息系统组建扶贫志愿者队伍，形成并不断壮大扶贫志愿服务人员库。深入开展志愿服务组织身份标识工作，指导各地贯彻落实好《关于支持和发展志愿服务组织的意见》，持续推进扶贫、济困等重点领域的志愿服务。做好脱贫攻坚志愿服务宣传展示活动，会同有关部门开展志愿服务典型宣传和赛会交流等活动，引导扶贫志愿服务深入开展。（社会组织管理局）

4.充分发挥慈善事业帮扶作用。以“聚焦精准扶贫、共创美好生活”为主题，联合相关部门、单位共同举办中国公益慈善项目交流展示会，引领和带动社会慈善资源向深度贫困地区倾斜。（社会福利和慈善事业促进司）

5.大力推进婚丧礼俗改革。以推进乡村振兴战略为契机，积极推进农村婚丧礼俗改革，充分发挥党员干部的带头作用，村规民约的约束作用和农村红白理事会、老年协会等组织的引领作用，倡导丧事简办、婚事新办，减轻群众负担。（社会事务司）

五、保障措施

（一）加强组织领导。

部扶贫工作领导小组要在部党组统一领导下，加强统筹协调。各相关司局、单位主要负责同志为第一责任人，负责本司局、单位职责范围内的脱贫攻坚政策制定、进度安排、督促检查等工作。各相关司局、单位要按照本方案明确的任务分工，抓紧梳理、制定重点任务清单，细化明确贯彻落实的具体措施，明确路线图、时间表和责任人；要坚持问题意识和问题导向，及时研究解决本领域脱贫攻坚存在的突出困难和问题；要安排精干力量负责本领域相关工作，保证各项任务高质量完成。

（二）强化政策支持。

各相关司局、单位在研究制定相关政策措施时，要研究是否符合贫困地区实际；在分配中央财政安排的民政领域补助资金时，要协调相关部门加大对贫困地区的倾斜力度；在安排民政领域重大发展任务、重大工程项目、重要改革试点时，要优先安排、支持贫困地区；在开展面向基层民政干部和民政技能人才培训时，要优先安排来自贫困地区的人员。多方争取支持帮助，推动各类资源要素向贫困地区和贫困人口聚集。

（三）深入调研督导。

部党组成员结合各自分管业务，切实加大对本领域脱贫攻坚工作的调查研究和督促检查。各相关司局、单位要按照部党组要求，广泛深入贫困地区、贫困群众开展调查研究，听取意见建议，研究政策措施。各相关司局、单位要加强工作指导，及时发现并研究解决本领域脱贫攻坚工作中出现的困难和问题。完善督促检查机制，对于工作推进不力、政策落实不到位的地方、单位，通过通报批评、专案督办、工作约谈等方式，抓好督促整改。

（四）严格管理监督。

各相关司局、单位要把作风建设贯穿脱贫攻坚三年行动全过程，确保责任落实、工作到位、措施精准、作风扎实、管理规范。要紧盯容易发生贪污挪用、截留私分、虚报冒领、强占掠夺等重点部位和薄弱环节，严格管理和监督，强化纪律要求。要坚决同脱贫攻坚工作中的形式主义、官僚主义问题作斗争，提升工作实效。2018年，民政部在全国组织开展农村低保专项治理；2019—2020年，根据任务进展情况和存在问题，有针对性地开展治理活动。

（五）制定配套方案。

各级民政部门要按照本行动方案的要求，抓紧出台符合本地特点的民政领域打赢脱贫攻坚战三年行动的实施方案，制定重点任务责任清单。要对照《指导意见》要求，研究具体落实措施，加强组织保障，确保民政部门在打赢脱贫攻坚战三年行动中切实发挥兜底保障作用。

国务院办公厅关于加强困难群众基本生活保障有关工作的通知

（2017年1月26日）

各省、自治区、直辖市人民政府，国务院各部委、各直属机构：

在党中央、国务院的坚强领导下，近年来困难群众基本生活保障制度不断健全、水平稳步提升。同时，也存在部分保障政策衔接不够、保障水平与群众需求相比存在一定差距等问题。为进一步加强困难群众基本生活保障工作，经国务院同意，现通知如下：

一、进一步提高对困难群众基本生活保障工作重要性的认识

党中央、国务院历来高度重视困难群众基本生活保障工作，近年来先后出台了《社会救助暂行办法》以及临时救助、农村留守儿童关爱保护、困境儿童保障、特困人员救助供养等政策措施，全面实施了困难残疾人生活补贴和重度残疾人护理补贴制度，高效有序应对了各类重特大自然灾害，有效保障了各类困难群众的基本生活。进一步做好困难群众基本生活保障工作，是维护社会公平、防止冲破道德底线的基本要求，也是补上民生短板、促进社会和谐的内在需要。尽管近年来我国财政收入增速放缓，但是对困难群众的保障水平不能降低、力度不能减弱、工作不能放松。各地各有关部门要认真落实党中央、国务院关于社会政策要托底的部署要求和守住底线、突出重点、完善制度、引导舆论的民生工作思路，进一步加大困难群众基本生活保障工作力度，织密织牢民生兜底保障安全网。

二、进一步加强对重点群体的基本生活保障

各地要加大受灾群众困难排查力度，调整完善自然灾害生活救助政策，做

好自然灾害应急救助。加快灾区倒损民房恢复重建，对2016年因遭受特大洪涝灾害仍住在临时安置住所的受灾群众，2017年要全部帮助解决住房问题。进一步落实临时救助制度，建立完善部门联动和快速响应机制，做好救急难工作，及时解决好群众遭遇的突发性、紧迫性、临时性基本生活困难。开展农村贫困人口大病专项救治活动。提高失能半失能特困人员的集中供养比例，将符合特困人员救助供养有关规定的残疾人纳入救助供养范围。统筹推进农村留守儿童和困境儿童保障工作，改善孤儿和贫困残疾儿童等群体的保障条件。鼓励有条件的地方合理提高困难残疾人生活补贴和重度残疾人护理补贴标准。

三、进一步加大困难群众基本生活保障资金投入

各级财政在一般性转移支付中，要把保障困难群众基本生活放在优先位置，确保政府投入只增不减。中央财政已拨付的救助补助资金要抓紧到位。优化财政支出结构、科学合理编制困难群众生活保障资金预算，增加资金有效供给，提升资金使用效益。落实社会救助和保障标准与物价上涨挂钩联动机制，防止物价波动影响困难群众基本生活。加强资金使用管理绩效评价，推进资金使用管理公示公开，建立健全资金监管机制。完善社会救助家庭经济状况核对机制，做好救助对象准确识别，提高资金使用的精准性和有效性。

四、进一步加强对困难群众基本生活保障工作的组织领导

各有关部门要密切协作，进一步完善政策措施，加强制度衔接和工作衔接，共同做好困难群众基本生活保障工作。发挥好全国社会救助部际联席会议等机制的作用，强化资源统筹、部门联动。各级政府要把困难群众基本生活保障工作作为优先安排，进一步加强领导。全国各县（市、区）都要建立健全由政府负责人牵头，民政部门负责，发展改革、教育、财政、人力资源社会保障、住房城乡建设、卫生计生、扶贫、残联等部门和单位参加的困难群众基本生活保障工作协调机制，定期研究解决本地区各类困难群众基本生活保障问题，确保党中央、国务院相关决策部署更好地落实到基层。各地区要完善“一门受理、协同办理”机制，确保困难群众求助有门、受助及时。推行政府购买社会救助服务，加强基层社会救助经办服务能力。

近期，各地要进一步扎实做好困难群众帮扶救助工作，真正做到解民忧、

暖民心。精心组织、广泛开展春节期间对困难群众的走访慰问活动，切实解决低保家庭、建档立卡贫困户、特困人员、贫困残疾人、困难优抚安置对象等困难群众生活的实际问题。全力保障灾区群众生产生活，抓紧发放救灾救助款物。加强各级福利院、特困人员供养机构、救助管理机构等安全管理，切实消除火灾等安全隐患，提升服务保障水平。抓住春节期间外出务工人员集中返乡时机，引导外出务工父母切实履行对农村留守儿童和困境儿童的监护责任和抚养义务。加强生活无着流浪乞讨人员救助，在露宿人员集中地区设立开放式救助点和临时庇护避寒场所，确保生活无着流浪乞讨人员有饭吃、有衣穿、有场所避寒，给困难群众更多关爱和温暖。

国务院办公厅

2017 年 1 月 26 日

财政部、国务院扶贫办、国家发展改革委、国家民委、农业部、国家林业局关于印发《中央财政专项扶贫资金管理办法》的通知

（2017 年 3 月 31 日）

有关省、自治区、直辖市财政厅（局）、扶贫办、发展改革委、民（宗）委（厅、局）、农业厅（农垦管理部门）、林业厅（局），新疆生产建设兵团财务局、发展改革委、民宗局：

为贯彻落实《中共中央国务院关于打赢脱贫攻坚战的决定》精神，进一步加强和规范中央财政专项扶贫资金使用与管理，促进提升资金使用效益，我们对《财政专项扶贫资金管理办法》（财农〔2011〕412号）进行了修订，制定了《中央财政专项扶贫资金管理办法》，现印发给你们，请遵照执行。

附件：中央财政专项扶贫资金管理办法

财政部　扶贫办　国家发展改革委

国家民委　农业部　林业局

2017年3月13日

附件

中央财政专项扶贫资金管理办法

第一章　总　则

第一条　为贯彻落实《中共中央国务院关于打赢脱贫攻坚战的决定》（以下简称《决定》）和精准扶贫、精准脱贫基本方略，加强中央财政专项扶贫资金管理，提高资金使用效益，依据《中华人民共和国预算法》和国家有关扶贫开发方针政策等，制定本办法。

第二条　中央财政专项扶贫资金是中央财政通过一般公共预算安排的支持各省（自治区、直辖市，以下简称“各省”）以及新疆生产建设兵团（以下简称“新疆兵团”）主要用于精准扶贫、精准脱贫的资金。

第三条　中央财政专项扶贫资金应当围绕脱贫攻坚的总体目标和要求，统筹整合使用，形成合力，发挥整体效益。中央财政专项扶贫资金的支出方向包括：扶贫发展、以工代赈、少数民族发展、“三西”农业建设、国有贫困农场扶贫、国有贫困林场扶贫。

第四条　坚持资金使用精准，在精准识别贫困人口的基础上，把资金使用与建档立卡结果相衔接，与脱贫成效相挂钩，切实使资金惠及贫困人口。

第二章　预算安排与资金分配

第五条　中央财政依据脱贫攻坚任务需要和财力情况，在年度预算中安排财政专项扶贫资金。

地方各级财政根据本地脱贫攻坚需要和财力情况，每年预算安排一定规模的财政专项扶贫资金，并切实加大投入规模，省级资金投入情况纳入中央财政专项扶贫资金绩效评价内容。

第六条　中央财政专项扶贫资金分配向西部地区（包括比照适用西部大开

发政策的贫困地区）、贫困革命老区、贫困民族地区、贫困边疆地区和连片特困地区倾斜，使资金向脱贫攻坚主战场聚焦。

第七条　中央财政专项扶贫资金主要按照因素法进行分配。资金分配的因素主要包括贫困状况、政策任务和脱贫成效等。贫困状况主要考虑各省贫困人口规模及比例、贫困深度、农民人均纯收入、地方人均财力等反映贫困的客观指标，政策任务主要考虑国家扶贫开发政策、年度脱贫攻坚任务及贫困少数民族发展等工作任务。脱贫成效主要考虑扶贫开发工作成效考核结果、财政专项扶贫资金绩效评价结果、贫困县开展统筹整合使用财政涉农资金试点工作成效等。每年分配资金选择的因素和权重，可根据当年扶贫开发工作重点适当调整。

第三章　资金支出范围与下达

第八条　各省应按照国家扶贫开发政策要求，结合当地扶贫开发工作实际情况，围绕培育和壮大贫困地区特色产业、改善小型公益性生产生活设施条件、增强贫困人口自我发展能力和抵御风险能力等方面，因户施策、因地制宜确定中央财政专项扶贫资金使用范围。教育、科学、文化、卫生、医疗、社保等社会事业支出原则上从现有资金渠道安排。各地原通过中央财政专项扶贫资金用于上述社会事业事项（“雨露计划”中农村贫困家庭子女初中、高中毕业后接受中高等职业教育，对家庭给予扶贫助学补助的事项除外）的不再继续支出。

开展统筹整合使用财政涉农资金试点的贫困县，由县级按照贫困县开展统筹整合使用财政涉农资金试点工作有关文件要求，根据脱贫攻坚需求统筹安排中央财政专项扶贫资金。

第九条　各省可根据扶贫资金项目管理工作需要，从中央财政专项扶贫资金中，按最高不超过1%的比例据实列支项目管理费，并由县级安排使用，不足部分由地方财政解决。

项目管理费专门用于项目前期准备和实施、资金管理相关的经费开支。

第十条　中央财政专项扶贫资金（含项目管理费）不得用于下列各项支出：

（一）行政事业单位基本支出；

（二）交通工具及通信设备；

（三）各种奖金、津贴和福利补助；

（四）弥补企业亏损；

（五）修建楼堂馆所及贫困农场、林场棚户改造以外的职工住宅；

（六）弥补预算支出缺口和偿还债务；

（七）大中型基本建设项目；

（八）城市基础设施建设和城市扶贫；

（九）其他与脱贫攻坚无关的支出。

第十一条　中央财政专项扶贫资金项目审批权限下放到县级。强化地方对中央财政专项扶贫资金的管理责任。各省要充分发挥中央财政专项扶贫资金的引导作用，以脱贫成效为导向，以脱贫攻坚规划为引领，统筹整合使用相关财政涉农资金，提高资金使用精准度和效益。

第十二条　各省要创新资金使用机制。探索推广政府和社会资本合作、政府购买服务、资产收益扶贫等机制，撬动更多金融资本、社会帮扶资金参与脱贫攻坚。

第十三条　财政部在国务院扶贫开发领导小组批准年度资金分配方案后，及时将中央财政专项扶贫资金预算下达各省财政厅（局），并抄送财政部驻当地财政监察专员办事处（以下简称“专员办”）。

根据预算管理有关要求，财政部按当年预计执行数的一定比例，将下一年度中央财政专项扶贫资金预计数提前下达各省财政厅（局），并抄送当地专员办。

安排新疆兵团的财政专项扶贫资金，按照新疆兵团预算管理有关规定管理。

第十四条　各地应当加快预算执行，提高资金使用效益。结转结余的中央财政专项扶贫资金，按照财政部关于结转结余资金管理的相关规定管理。

第十五条　中央财政专项扶贫资金的支付管理，按照财政国库管理有关规定执行。属于政府采购、招投标管理范围的，执行相关法律、法规及制度规定。

第四章　资金管理与监督

第十六条　与中央财政专项扶贫资金使用管理相关的各部门根据以下职责

分工履行中央财政专项扶贫资金使用管理职责。

（一）扶贫办、发展改革委、国家民委、农业部、林业局等部门分别商财政部拟定中央财政专项扶贫资金各支出方向资金的分配方案。扶贫办商财政部汇总平衡提出统一分配方案，上报国务院扶贫开发领导小组审定。由国务院扶贫开发领导小组通知各省人民政府。财政部根据审定的分配方案下达资金。

（二）各级财政部门负责预算安排和资金下达，加强资金监管。

（三）各级扶贫、发展改革、民族、农业（农垦管理）、林业等部门负责资金和项目具体使用管理、绩效评价、监督检查等工作，按照权责对等原则落实监管责任。

（四）安排新疆兵团的中央财政专项扶贫资金规模由财政部确定，新疆兵团财务、扶贫部门负责使用管理与监督检查。

第十七条　各地应当加强资金和项目管理，做到资金到项目、管理到项目、核算到项目、责任到项目，并落实绩效管理各项要求。

第十八条　全面推行公开公示制度。推进政务公开，资金政策文件、管理制度、资金分配结果等信息及时向社会公开，接受社会监督。

第十九条　中央财政专项扶贫资金使用管理实行绩效评价制度。绩效评价结果以适当形式公布，并作为中央财政专项扶贫资金分配的重要因素。绩效评价年度具体实施方案由财政部、扶贫办制定。

第二十条　各级财政、扶贫、发展改革、民族、农业（农垦管理）、林业等部门要配合审计、纪检监察、检察机关做好资金和项目的审计、检查等工作。各地专员办按照工作职责和财政部要求对中央财政专项扶贫资金进行全面监管，定期或不定期形成监管报告报送财政部，根据财政部计划安排开展监督检查。各级扶贫、发展改革、民族、农业（农垦管理）、林业等部门要配合专员办做好有关工作。

创新监管方式，探索建立协同监管机制，逐步实现监管口径和政策尺度的一致，建立信息共享和成果互认机制，提高监管效率。

第二十一条　各级财政、扶贫、发展改革、民族、农业（农垦管理）和林业等部门及其工作人员在中央财政专项扶贫资金分配、使用管理等工作中，存在违反本办法规定，以及滥用职权、玩忽职守、徇私舞弊等违法违纪行为的，按照《中华人民共和国预算法》《公务员法》《行政监察法》《财政违法行为处罚处分条例》等国家有关规定追究相应责任；涉嫌犯罪的，移送司法机关处理。

第五章　附　则

第二十二条　各省根据本办法，结合本省的实际情况制定具体实施办法，报送财政部、扶贫办备案，并抄送财政部驻本省专员办。

第二十三条　本办法自2017年3月31日起施行。《财政部发展改革委国务院扶贫办关于印发〈财政专项扶贫资金管理办法〉的通知》（财农〔2011〕412号）同时废止。《财政部国家民委关于印发〈少数民族发展资金管理办法〉的通知》（财农〔2006〕18号）、《财政部农业部关于印发〈国有贫困农场财政扶贫资金管理暂行办法〉的通知》（财农〔2007〕347号）、《财政部国家林业局关于印发〈国有贫困林场扶贫资金管理办法〉的通知》（财农〔2005〕104号）、《财政部国务院扶贫办关于印发〈“三西”农业建设专项补助资金使用管理办法（修订稿）〉的通知》（财农〔2006〕356号）中有关规定与本办法不符的，执行本办法。

第二十四条　本办法由财政部会同扶贫办负责解释。

教育部、财政部、民政部等六部门关于做好家庭经济困难学生认定工作的指导意见

（2018 年 10 月 30 日）

各省、自治区、直辖市教育厅（教委）、财政厅（局）、民政厅（局）、人力资源社会保障厅（局）、扶贫办（局）、残联，各计划单列市教育局、财政局、民政局、人力资源社会保障局、扶贫办（局）、残联，新疆生产建设兵团教育局、财政局、民政局、人力资源社会保障局、扶贫办、残联，中央部门所属各高等学校：

为深入贯彻党的十九大精神，不断健全学生资助制度，进一步提高学生资助精准度，现就家庭经济困难学生认定工作提出以下意见：

一、重要意义

做好家庭经济困难学生认定工作，是贯彻落实党中央、国务院决策部署，全面推进精准资助，确保资助政策有效落实的迫切需要。近年来，我国学生资助政策体系逐步完善，经费投入大幅增加，学生资助规模不断扩大，学生资助工作成效显著，极大地促进了教育公平，为教育事业健康发展、脱贫攻坚目标如期实现提供了有力保障。认定家庭经济困难学生是实现精准资助的前提，是做好学生资助工作的基础。各地、各校要把家庭经济困难学生认定作为加强学生资助工作的重要任务，切实把好事做好、实事办实。

二、认定对象

家庭经济困难学生认定工作的对象是指本人及其家庭的经济能力难以满足在校期间的学习、生活基本支出的学生。本意见中的学生包括根据有关规定

批准设立的普惠性幼儿园幼儿；根据国家有关规定批准设立、实施学历教育的全日制中等职业学校、普通高中、初中和小学学生；根据国家有关规定批准设立、实施学历教育的全日制普通本科高等学校、高等职业学校和高等专科学校招收的本专科学生（含第二学士学位和预科生），纳入全国研究生招生计划的全日制研究生。

三、基本原则

（一）坚持实事求是、客观公平。认定家庭经济困难学生要从客观实际出发，以学生家庭经济状况为主要认定依据，认定标准和尺度要统一，确保公平公正。

（二）坚持定量评价与定性评价相结合。既要建立科学的量化指标体系，进行定量评价，也要通过定性分析修正量化结果，更加准确、全面地了解学生的实际情况。

（三）坚持公开透明与保护隐私相结合。既要做到认定内容、程序、方法等透明，确保认定公正，也要尊重和保护学生隐私，严禁让学生当众诉苦、互相比困。

（四）坚持积极引导与自愿申请相结合。既要引导学生如实反映家庭经济困难情况，主动利用国家资助完成学业，也要充分尊重学生个人意愿，遵循自愿申请的原则。

四、组织机构及职责

教育部、财政部、民政部、人力资源社会保障部、国务院扶贫办、中国残联根据工作职责指导全国各级各类学校家庭经济困难学生认定工作。

各地要建立联动机制，加强相关部门间的工作协同，进一步整合家庭经济困难学生数据资源，将全国学生资助管理信息系统、技工院校学生管理信息系统与民政、扶贫、残联等部门有关信息系统对接，确保建档立卡贫困家庭学生、最低生活保障家庭学生、特困供养学生、孤残学生、烈士子女、家庭经济困难残疾学生及残疾人子女等学生信息全部纳入家庭经济困难学生数据库。

各高校要健全认定工作机制，成立学校学生资助工作领导小组，领导、监督家庭经济困难学生认定工作；学生资助管理机构具体负责组织、管理全校家庭经济困难学生认定工作；院（系）成立以分管学生资助工作的领导为组长，班主任、辅导员代表等相关人员参加的认定工作组，负责认定的具体组织和审核工作；年级（专业或班级）成立认定评议小组，成员应包括班主任、辅导员、学生代表等，开展民主评议工作。

各中等职业学校、普通高中、初中、小学、幼儿园要成立家庭经济困难学生认定工作组，负责组织实施本校家庭经济困难学生认定工作。成员一般应包括学校领导、资助工作人员、教师代表、学生代表、家长代表等。

五、认定依据

（一）家庭经济因素。主要包括家庭收入、财产、债务等情况。

（二）特殊群体因素。主要指是否属于建档立卡贫困家庭学生、最低生活保障家庭学生、特困供养学生、孤残学生、烈士子女、家庭经济困难残疾学生及残疾人子女等情况。

（三）地区经济社会发展水平因素。主要指校园地、生源地经济发展水平、城乡居民最低生活保障标准，学校收费标准等情况。

（四）突发状况因素。主要指遭受重大自然灾害、重大突发意外事件等情况。

（五）学生消费因素。主要指学生消费的金额、结构等是否合理。

（六）其他影响家庭经济状况的有关因素。主要包括家庭负担、劳动力及职业状况等。

六、工作程序

家庭经济困难学生认定工作原则上每学年进行一次，每学期要按照家庭经济困难学生实际情况进行动态调整。工作程序一般应包括提前告知、个人申请、学校认定、结果公示、建档备案等环节。各地、各校可根据实际情况制定具体的实施程序。

（一）提前告知。学校要通过多种途径和方式，提前向学生或监护人告知家庭经济困难学生认定工作事项，并做好资助政策宣传工作。

（二）个人申请。学生本人或监护人自愿提出申请，如实填报综合反映学生家庭经济情况的认定申请表。认定申请表应根据《家庭经济困难学生认定申请表（样表）》，由省级相关部门、中央部属高校结合实际，自行制定。

（三）学校认定。学校根据学生或监护人提交的申请材料，综合考虑学生日常消费情况以及影响家庭经济状况的有关因素开展认定工作，按规定对家庭经济困难学生划分资助档次。学校可采取家访、个别访谈、大数据分析、信函索证、量化评估、民主评议等方式提高家庭经济困难学生认定精准度。

（四）结果公示。学校要将家庭经济困难学生认定的名单及档次，在适当范围内、以适当方式予以公示。公示时，严禁涉及学生个人敏感信息及隐私。学校应建立家庭经济困难学生认定结果复核和动态调整机制，及时回应有关认定结果的异议。

（五）建档备案。经公示无异议后，学校汇总家庭经济困难学生名单，连同学生的申请材料统一建档，并按要求录入全国学生资助管理信息系统（技工院校按要求录入技工院校学生管理信息系统）。

七、相关要求

各级教育、财政、民政、人力资源社会保障、扶贫、残联等部门要加强对家庭经济困难学生认定工作的监督与指导，发现问题，及时纠正。

各级民政、人力资源社会保障、扶贫、残联等部门要为学生家庭经济状况的核实认定工作提供必要依据和支持，确保建档立卡贫困家庭学生、最低生活保障家庭学生、特困供养学生、孤残学生、烈士子女、家庭经济困难残疾学生及残疾人子女等信息真实有效。

各级教育、人力资源社会保障等部门和学校要加强学生资助信息安全管理，不得泄露学生资助信息。

各学校要加强学生的诚信教育，要求学生或监护人如实提供家庭经济情况，并及时告知家庭经济变化情况。如发现有恶意提供虚假信息的情况，一经核实，学校要及时取消学生的认定资格和已获得的相关资助，并追回资助资金。

八、附则

各地、各中央部属高校要根据本意见，结合实际，制（修）定具体的认定办法，并报全国学生资助管理中心备案。

科研院所、党校、行政学院、会计学院等研究生培养单位的家庭经济困难学生认定工作，参照本意见执行。

本意见自发布之日起施行。《关于认真做好高等学校家庭经济困难学生认定工作的指导意见》（教财〔2007〕8号）同时废止。

本意见由教育部、财政部、民政部、人力资源社会保障部、国务院扶贫办、中国残联负责解释。

附件：家庭经济困难学生认定申请表（样表）

教育部
财政部
民政部
人力资源社会保障部
国务院扶贫办
中国残联
2018年10月30日

附件：

家庭经济困难学生认定申请表（样表）

学校：　　　　　　　　　　　　院系：

专业：　　　　　　　　　　　　年级：　　　　　　班级：

<table>
<tr><td rowspan="2">基本情况</td><td>姓　名</td><td colspan="2"></td><td>性　别</td><td></td><td colspan="2">出生年月</td><td colspan="2"></td><td colspan="2">籍　贯</td><td></td></tr>
<tr><td>身份证号码</td><td colspan="3"></td><td>家庭人口</td><td colspan="2"></td><td colspan="2">手机号码</td><td colspan="3"></td></tr>
<tr><td rowspan="2">家庭通信信息</td><td colspan="2">详细通信地址</td><td colspan="10"></td></tr>
<tr><td colspan="2">邮政编码</td><td colspan="2"></td><td colspan="2">家长手机号码</td><td colspan="6"></td></tr>
<tr><td rowspan="7">家庭成员情况</td><td>姓名</td><td>年龄</td><td>与学生关系</td><td colspan="4">工作（学习）单位</td><td>职业</td><td colspan="2">年收入（元）</td><td colspan="2">健康状况</td></tr>
<tr><td></td><td></td><td></td><td colspan="4"></td><td></td><td colspan="2"></td><td colspan="2"></td></tr>
<tr><td></td><td></td><td></td><td colspan="4"></td><td></td><td colspan="2"></td><td colspan="2"></td></tr>
<tr><td></td><td></td><td></td><td colspan="4"></td><td></td><td colspan="2"></td><td colspan="2"></td></tr>
<tr><td></td><td></td><td></td><td colspan="4"></td><td></td><td colspan="2"></td><td colspan="2"></td></tr>
<tr><td></td><td></td><td></td><td colspan="4"></td><td></td><td colspan="2"></td><td colspan="2"></td></tr>
<tr><td></td><td></td><td></td><td colspan="4"></td><td></td><td colspan="2"></td><td colspan="2"></td></tr>
<tr><td>特殊群体类型</td><td colspan="12">建档立卡贫困家庭学生：□是　□否；最低生活保障家庭学生：□是　□否；
特困供养学生：□是　□否；孤残学生：□是　□否；烈士子女：□是　□否；
家庭经济困难残疾学生及残疾人子女：□是　□否。</td></tr>
<tr><td>影响家庭经济状况有关信息</td><td colspan="12">家庭人均年收入　　元。
家庭遭受自然灾害情况：　　。
家庭遭受突发意外事件：　　。
家庭成员因残疾、年迈而劳动能力弱情况：　　。
家庭成员失业情况：　　。
家庭欠债情况：　　。
其他情况：　　。</td></tr>
<tr><td>个人承诺</td><td colspan="7">承诺内容：</td><td colspan="3">学生本人（或监护人）签　字</td><td colspan="2"></td></tr>
</table>

注：1. 本表用于家庭经济困难学生认定，可复印。

2. 学校、院系、专业、年级、班级可根据实际情况选择性填写。

3. 承诺内容需本人手工填写“本人承诺以上所填写资料真实，如有虚假，愿承担相应责任。”

（三）城市低保

城市居民最低生活保障条例

（1999 年 4 月 15 日）

第一条　为了规范城市居民最低生活保障制度，保障城市居民基本生活，制定本条例。

第二条　持有非农业户口的城市居民，凡共同生活的家庭成员人均收入低于当地城市居民最低生活保障标准的，均有从当地人民政府获得基本生活物质帮助的权利。

前款所称收入，是指共同生活的家庭成员的全部货币收入和实物收入，包括法定赡养人、扶养人或者抚养人应当给付的赡养费、扶养费或者抚养费，不包括优抚对象按照国家规定享受的抚恤金、补助金。

第三条　城市居民最低生活保障制度遵循保障城市居民基本生活的原则，坚持国家保障与社会帮扶相结合、鼓励劳动自救的方针。

第四条　城市居民最低生活保障制度实行地方各级人民政府负责制。县级以上地方各级人民政府民政部门具体负责本行政区域内城市居民最低生活保障的管理工作；财政部门按照规定落实城市居民最低生活保障资金；统计、物价、审计、劳动保障和人事等部门分工负责，在各自的职责范围内负责城市居民最低生活保障的有关工作。

县级人民政府民政部门以及街道办事处和镇人民政府（以下统称管理审批机关）负责城市居民最低生活保障的具体管理审批工作。

居民委员会根据管理审批机关的委托，可以承担城市居民最低生活保障的日常管理、服务工作。

国务院民政部门负责全国城市居民最低生活保障的管理工作。

第五条　城市居民最低生活保障所需资金，由地方人民政府列入财政预算，纳入社会救济专项资金支出项目，专项管理，专款专用。

国家鼓励社会组织和个人为城市居民最低生活保障提供捐赠、资助；所提供的捐赠资助，全部纳入当地城市居民最低生活保障资金。

第六条　城市居民最低生活保障标准，按照当地维持城市居民基本生活所必需的衣、食、住费用，并适当考虑水电燃煤（燃气）费用以及未成年人的义务教育费用确定。

直辖市、设区的市的城市居民最低生活保障标准，由市人民政府民政部门会同财政、统计、物价等部门制定，报本级人民政府批准并公布执行；县（县级市）的城市居民最低生活保障标准，由县（县级市）人民政府民政部门会同财政、统计、物价等部门制定，报本级人民政府批准并报上一级人民政府备案后公布执行。

城市居民最低生活保障标准需要提高时，依照前两款的规定重新核定。

第七条　申请享受城市居民最低生活保障待遇，由户主向户籍所在地的街道办事处或者镇人民政府提出书面申请，并出具有关证明材料，填写《城市居民最低生活保障待遇审批表》。城市居民最低生活保障待遇，由其所在地的街道办事处或者镇人民政府初审，并将有关材料和初审意见报送县级人民政府民政部门审批。

管理审批机关为审批城市居民最低生活保障待遇的需要，可以通过入户调查、邻里访问以及信函索证等方式对申请人的家庭经济状况和实际生活水平进行调查核实。申请人及有关单位、组织或者个人应当接受调查，如实提供有关情况。

第八条　县级人民政府民政部门经审查，对符合享受城市居民最低生活保障待遇条件的家庭，应当区分下列不同情况批准其享受城市居民最低生活保障待遇：

（一）对无生活来源、无劳动能力又无法定赡养人、扶养人或者抚养人的城市居民，批准其按照当地城市居民最低生活保障标准全额享受；

（二）对尚有一定收入的城市居民，批准其按照家庭人均收入低于当地城市居民最低生活保障标准的差额享受。

县级人民政府民政部门经审查，对不符合享受城市居民最低生活保障待遇条件的，应当书面通知申请人，并说明理由。

管理审批机关应当自接到申请人提出申请之日起的30日内办结审批手续。

城市居民最低生活保障待遇由管理审批机关以货币形式按月发放；必要时，也可以给付实物。

第九条　对经批准享受城市居民最低生活保障待遇的城市居民，由管理审批机关采取适当形式以户为单位予以公布，接受群众监督。任何人对不符合法定条件而享受城市居民最低生活保障待遇的，都有权向管理审批机关提出意见；管理审批机关经核查，对情况属实的，应当予以纠正。

第十条　享受城市居民最低生活保障待遇的城市居民家庭人均收入情况发生变化的，应当及时通过居民委员会告知管理审批机关，办理停发、减发或者增发城市居民最低生活保障待遇的手续。

管理审批机关应当对享受城市居民最低生活保障待遇的城市居民的家庭收入情况定期进行核查。

在就业年龄内有劳动能力但尚未就业的城市居民，在享受城市居民最低生活保障待遇期间，应当参加其所在的居民委员会组织的公益性社区服务劳动。

第十一条　地方各级人民政府及其有关部门，应当对享受城市居民最低生活保障待遇的城市居民在就业、从事个体经营等方面给予必要的扶持和照顾。

第十二条　财政部门、审计部门依法监督城市居民最低生活保障资金的使用情况。

第十三条　从事城市居民最低生活保障管理审批工作的人员有下列行为之一的，给予批评教育，依法给予行政处分；构成犯罪的，依法追究刑事责任：

（一）对符合享受城市居民最低生活保障待遇条件的家庭拒不签署同意享受城市居民最低生活保障待遇意见的，或者对不符合享受城市居民最低生活保障待遇条件的家庭故意签署同意享受城市居民最低生活保障待遇意见的；

（二）玩忽职守、徇私舞弊，或者贪污、挪用、扣压、拖欠城市居民最低生活保障款物的。

第十四条　享受城市居民最低生活保障待遇的城市居民有下列行为之一的，由县级人民政府民政部门给予批评教育或者警告，追回其冒领的城市居民最低生活保障款物；情节恶劣的，处冒领金额1倍以上3倍以下的罚款：

（一）采取虚报、隐瞒、伪造等手段，骗取享受城市居民最低生活保障待遇的；

（二）在享受城市居民最低生活保障待遇期间家庭收入情况好转，不按规定告知管理审批机关，继续享受城市居民最低生活保障待遇的。

第十五条　城市居民对县级人民政府民政部门作出的不批准享受城市居民最低生活保障待遇或者减发、停发城市居民最低生活保障款物的决定或者给予的行政处罚不服的，可以依法申请行政复议；对复议决定仍不服的，可以依法提起行政诉讼。

第十六条　省、自治区、直辖市人民政府可以根据本条例，结合本行政区域城市居民最低生活保障工作的实际情况，规定实施的办法和步骤。

第十七条　本条例自1999年10月1日起施行。

国务院关于解决城市低收入家庭住房困难的若干意见

（2007 年 8 月 7 日）

各省、自治区、直辖市人民政府，国务院各部委、各直属机构：

住房问题是重要的民生问题。党中央、国务院高度重视解决城市居民住房问题，始终把改善群众居住条件作为城市住房制度改革和房地产业发展的根本目的。20多年来，我国住房制度改革不断深化，城市住宅建设持续快速发展，城市居民住房条件总体上有了较大改善。但也要看到，城市廉租住房制度建设相对滞后，经济适用住房制度不够完善，政策措施还不配套，部分城市低收入家庭住房还比较困难。为切实加大解决城市低收入家庭住房困难工作力度，现提出以下意见：

一、明确指导思想、总体要求和基本原则

（一）指导思想。以邓小平理论和“三个代表”重要思想为指导，深入贯彻落实科学发展观，按照全面建设小康社会和构建社会主义和谐社会的目标要求，把解决城市（包括县城，下同）低收入家庭住房困难作为维护群众利益的重要工作和住房制度改革的重要内容，作为政府公共服务的一项重要职责，加快建立健全以廉租住房制度为重点、多渠道解决城市低收入家庭住房困难的政策体系。

（二）总体要求。以城市低收入家庭为对象，进一步建立健全城市廉租住房制度，改进和规范经济适用住房制度，加大棚户区、旧住宅区改造力度，力争到“十一五”期末，使低收入家庭住房条件得到明显改善，农民工等其他城市住房困难群体的居住条件得到逐步改善。

（三）基本原则。解决低收入家庭住房困难，要坚持立足国情，满足基本住房需要；统筹规划，分步解决；政府主导，社会参与；统一政策，因地制宜；省级负总责，市县抓落实。

二、进一步建立健全城市廉租住房制度

（四）逐步扩大廉租住房制度的保障范围。城市廉租住房制度是解决低收入家庭住房困难的主要途径。2007年底前，所有设区的城市要对符合规定住房困难条件、申请廉租住房租赁补贴的城市低保家庭基本做到应保尽保；2008年底前，所有县城要基本做到应保尽保。“十一五”期末，全国廉租住房制度保障范围要由城市最低收入住房困难家庭扩大到低收入住房困难家庭；2008年底前，东部地区和其他有条件的地区要将保障范围扩大到低收入住房困难家庭。

（五）合理确定廉租住房保障对象和保障标准。廉租住房保障对象的家庭收入标准和住房困难标准，由城市人民政府按照当地统计部门公布的家庭人均可支配收入和人均住房水平的一定比例，结合城市经济发展水平和住房价格水平确定。廉租住房保障面积标准，由城市人民政府根据当地家庭平均住房水平及财政承受能力等因素统筹研究确定。廉租住房保障对象的家庭收入标准、住房困难标准和保障面积标准实行动态管理，由城市人民政府每年向社会公布一次。

（六）健全廉租住房保障方式。城市廉租住房保障实行货币补贴和实物配租等方式相结合，主要通过发放租赁补贴，增强低收入家庭在市场上承租住房的能力。每平方米租赁补贴标准由城市人民政府根据当地经济发展水平、市场平均租金、保障对象的经济承受能力等因素确定。其中，对符合条件的城市低保家庭，可按当地的廉租住房保障面积标准和市场平均租金给予补贴。

（七）多渠道增加廉租住房房源。要采取政府新建、收购、改建以及鼓励社会捐赠等方式增加廉租住房供应。小户型租赁住房短缺和住房租金较高的地方，城市人民政府要加大廉租住房建设力度。新建廉租住房套型建筑面积控制在50平方米以内，主要在经济适用住房以及普通商品住房小区中配建，并在用地规划和土地出让条件中明确规定建成后由政府收回或回购；也可以考虑相对集中建设。积极发展住房租赁市场，鼓励房地产开发企业开发建设中小户型住房面向社会出租。

（八）确保廉租住房保障资金来源。地方各级人民政府要根据廉租住房工作的年度计划，切实落实廉租住房保障资金：一是地方财政要将廉租住房保障资金纳入年度预算安排。二是住房公积金增值收益在提取贷款风险准备金和管理费用之后全部用于廉租住房建设。三是土地出让净收益用于廉租住房保障资金的比例不得低于10%，各地还可根据实际情况进一步适当提高比例。四是廉租住房租金收入实行收支两条线管理，专项用于廉租住房的维护和管理。对中西部财政困难地区，通过中央预算内投资补助和中央财政廉租住房保障专项补助资金等方式给予支持。

三、改进和规范经济适用住房制度

（九）规范经济适用住房供应对象。经济适用住房供应对象为城市低收入住房困难家庭，并与廉租住房保障对象衔接。经济适用住房供应对象的家庭收入标准和住房困难标准，由城市人民政府确定，实行动态管理，每年向社会公布一次。低收入住房困难家庭要求购买经济适用住房的，由该家庭提出申请，有关单位按规定的程序进行审查，对符合标准的，纳入经济适用住房供应对象范围。过去享受过福利分房或购买过经济适用住房的家庭不得再购买经济适用住房。已经购买了经济适用住房的家庭又购买其他住房的，原经济适用住房由政府按规定回购。

（十）合理确定经济适用住房标准。经济适用住房套型标准根据经济发展水平和群众生活水平，建筑面积控制在60平方米左右。各地要根据实际情况，每年安排建设一定规模的经济适用住房。房价较高、住房结构性矛盾突出的城市，要增加经济适用住房供应。

（十一）严格经济适用住房上市交易管理。经济适用住房属于政策性住房，购房人拥有有限产权。购买经济适用住房不满5年，不得直接上市交易，购房人因各种原因确需转让经济适用住房的，由政府按照原价格并考虑折旧和物价水平等因素进行回购。购买经济适用住房满5年，购房人可转让经济适用住房，但应按照届时同地段普通商品住房与经济适用住房差价的一定比例向政府交纳土地收益等价款，具体交纳比例由城市人民政府确定，政府可优先回购；购房人向政府交纳土地收益等价款后，也可以取得完全产权。上述规定应在经济适用住房购房合同中予以明确。政府回购的经济适用住房，继续向符合条件的低收入住房困难家庭出售。

（十二）加强单位集资合作建房管理。单位集资合作建房只能由距离城区较远的独立工矿企业和住房困难户较多的企业，在符合城市规划前提下，经城市人民政府批准，并利用自用土地组织实施。单位集资合作建房纳入当地经济适用住房供应计划，其建设标准、供应对象、产权关系等均按照经济适用住房的有关规定执行。在优先满足本单位住房困难职工购买基础上房源仍有多余的，由城市人民政府统一向符合经济适用住房购买条件的家庭出售，或以成本价收购后用作廉租住房。各级国家机关一律不得搞单位集资合作建房；任何单位不得新征用或新购买土地搞集资合作建房；单位集资合作建房不得向非经济适用住房供应对象出售。

四、逐步改善其他住房困难群体的居住条件

（十三）加快集中成片棚户区的改造。对集中成片的棚户区，城市人民政府要制定改造计划，因地制宜进行改造。棚户区改造要符合以下要求：困难住户的住房得到妥善解决；住房质量、小区环境、配套设施明显改善；困难家庭的负担控制在合理水平。

（十四）积极推进旧住宅区综合整治。对可整治的旧住宅区要力戒大拆大建。要以改善低收入家庭居住环境和保护历史文化街区为宗旨，遵循政府组织、居民参与的原则，积极进行房屋维修养护、配套设施完善、环境整治和建筑节能改造。

（十五）多渠道改善农民工居住条件。用工单位要向农民工提供符合基本卫生和安全条件的居住场所。农民工集中的开发区和工业园区，应按照集约用地的原则，集中建设向农民工出租的集体宿舍，但不得按商品住房出售。城中村改造时，要考虑农民工的居住需要，在符合城市规划和土地利用总体规划的前提下，集中建设向农民工出租的集体宿舍。有条件的地方，可比照经济适用住房建设的相关优惠政策，政府引导，市场运作，建设符合农民工特点的住房，以农民工可承受的合理租金向农民工出租。

五、完善配套政策和工作机制

（十六）落实解决城市低收入家庭住房困难的经济政策和建房用地。一是廉租住房和经济适用住房建设、棚户区改造、旧住宅区整治一律免收城市基础设施配套费等各种行政事业性收费和政府性基金。二是廉租住房和经济适用住房建设用地实行行政划拨方式供应。三是对廉租住房和经济适用住房建设用地，各地要切实保证供应。要根据住房建设规划，在土地供应计划中予以优先安排，并在申报年度用地指标时单独列出。四是社会各界向政府捐赠廉租住房房源的，执行公益性捐赠税收扣除的有关政策。五是社会机构投资廉租住房或经济适用住房建设、棚户区改造、旧住宅区整治的，可同时给予相关的政策支持。

（十七）确保住房质量和使用功能。廉租住房和经济适用住房建设、棚户区改造以及旧住宅区整治，要坚持经济、适用的原则。要提高规划设计水平，在较小的户型内实现基本的使用功能。要按照发展节能省地环保型住宅的要求，推广新材料、新技术、新工艺。要切实加强施工管理，确保施工质量。有关住房质量和使用功能等方面的要求，应在建设合同中予以明确。

（十八）健全工作机制。城市人民政府要抓紧开展低收入家庭住房状况调查，于2007年底之前建立低收入住房困难家庭住房档案，制订解决城市低收入家庭住房困难的工作目标、发展规划和年度计划，纳入当地经济社会发展规划和住房建设规划，并向社会公布。要按照解决城市低收入家庭住房困难的年度计划，确保廉租住房保障的各项资金落实到位；确保廉租住房、经济适用住房建设用地落实到位，并合理确定区位布局。要规范廉租住房保障和经济适用住房供应的管理，建立健全申请、审核和公示办法，并于2007年9月底之前向社会公布；要严格做好申请人家庭收入、住房状况的调查审核，完善轮候制度，特别是强化廉租住房的年度复核工作，健全退出机制。要严肃纪律，坚决查处弄虚作假等违纪违规行为和有关责任人员，确保各项政策得以公开、公平、公正实施。

（十九）落实工作责任。省级人民政府对本地区解决城市低收入家庭住房困难工作负总责，要对所属城市人民政府实行目标责任制管理，加强监督指导。有关工作情况，纳入对城市人民政府的政绩考核之中。解决城市低收入家庭住房困难是城市人民政府的重要责任。城市人民政府要把解决城市低收入家庭住房困难摆上重要议事日程，加强领导，落实相应的管理工作机构和具体实施机构，切实抓好各项工作；要接受人民群众的监督，每年在向人民代表大会所作的《政府工作报告》中报告解决城市低收入家庭住房困难年度计划的完成情况。

房地产市场宏观调控部际联席会议负责研究提出解决城市低收入家庭住房困难的有关政策，协调解决工作实施中的重大问题。国务院有关部门要按照各自职责，加强对各地工作的指导，抓好督促落实。建设部会同发展改革委、财政部、国土资源部等有关部门抓紧完善廉租住房管理办法和经济适用住房管理办法。民政部会同有关部门抓紧制定城市低收入家庭资格认定办法。财政部会同建设部、民政部等有关部门抓紧制定廉租住房保障专项补助资金的实施办法。发展改革委会同建设部抓紧制定中央预算内投资对中西部财政困难地区新建廉租住房项目的支持办法。财政部、税务总局抓紧研究制定廉租住房建设、经济适用住房建设和住房租赁的税收支持政策。人民银行会同建设部、财政部等有关部门抓紧研究提出对廉租住房和经济适用住房建设的金融支持意见。

（二十）加强监督检查。2007年底前，直辖市、计划单列市和省会（首府）城市要把解决城市低收入家庭住房困难的发展规划和年度计划报建设部备案，其他城市报省（区、市）建设主管部门备案。建设部会同监察部等有关部门负责本意见执行情况的监督检查，对工作不落实、措施不到位的地区，要通报批评，限期整改，并追究有关领导责任。对在解决城市低收入家庭住房困难工作中以权谋私、玩忽职守的，要依法依规追究有关责任人的行政和法律责任。

（二十一）继续抓好国务院关于房地产市场各项调控政策措施的落实。各地区、各有关部门要在认真解决城市低收入家庭住房困难的同时，进一步贯彻落实国务院关于房地产市场各项宏观调控政策措施。要加大住房供应结构调整力度，认真落实《国务院办公厅转发建设部等部门关于调整住房供应结构稳定住房价格意见的通知》（国办发〔2006〕37号），重点发展中低价位、中小套型普通商品住房，增加住房有效供应。城市新审批、新开工的住房建设，套型建筑面积90平方米以下住房面积所占比重，必须达到开发建设总面积的70%以上。廉租住房、经济适用住房和中低价位、中小套型普通商品住房建设用地的年度供应量不得低于居住用地供应总量的70%。要加大住房需求调节力度，引导合理的住房消费，建立符合国情的住房建设和消费模式。要加强市场监管，坚决整治房地产开发、交易、中介服务、物业管理及房屋拆迁中的违法违规行为，维护群众合法权益。要加强房地产价格的监管，抑制房地产价格过快上涨，保持合理的价格水平，引导房地产市场健康发展。

（二十二）凡过去文件规定与本意见不一致的，以本意见为准。

国务院

2007年8月7日

国务院关于进一步加强和改进最低生活保障工作的意见

（2012年9月1日）

各省、自治区、直辖市人民政府，国务院各部委、各直属机构：

最低生活保障事关困难群众衣食冷暖，事关社会和谐稳定和公平正义，是贯彻落实科学发展观的重要举措，是维护困难群众基本生活权益的基础性制度安排。近年来，随着各项相关配套政策的陆续出台，最低生活保障制度在惠民生、解民忧、保稳定、促和谐等方面作出了突出贡献，有效保障了困难群众的基本生活。但一些地区还不同程度存在对最低生活保障工作重视不够、责任不落实、管理不规范、监管不到位、工作保障不力、工作机制不健全等问题。为切实加强和改进最低生活保障工作，现提出如下意见：

一、总体要求和基本原则

（一）总体要求。

最低生活保障工作要以科学发展观为指导，以保障和改善民生为主题，以强化责任为主线，坚持保基本、可持续、重公正、求实效的方针，进一步完善法规政策，健全工作机制，严格规范管理，加强能力建设，努力构建标准科学、对象准确、待遇公正、进出有序的最低生活保障工作格局，不断提高最低生活保障制度的科学性和执行力，切实维护困难群众基本生活权益。

（二）基本原则。

坚持应保尽保。把保障困难群众基本生活放到更加突出的位置，落实政府责任，加大政府投入，加强部门协作，强化监督问责，确保把所有符合条件的困难群众全部纳入最低生活保障范围。

坚持公平公正。健全最低生活保障法规制度，完善程序规定，畅通城乡居民的参与渠道，加大政策信息公开力度，做到审批过程公开透明，审批结果公平公正。

坚持动态管理。采取最低生活保障对象定期报告和管理审批机关分类复核相结合等方法，加强对最低生活保障对象的日常管理和服务，切实做到保障对象有进有出、补助水平有升有降。

坚持统筹兼顾。统筹城乡、区域和经济社会发展，做到最低生活保障标准与经济社会发展水平相适应，最低生活保障制度与其他社会保障制度相衔接，有效保障困难群众基本生活。

二、加强和改进最低生活保障工作的政策措施

（一）完善最低生活保障对象认定条件。

户籍状况、家庭收入和家庭财产是认定最低生活保障对象的三个基本条件。各地要根据当地情况，制定并向社会公布享受最低生活保障待遇的具体条件，形成完善的最低生活保障对象认定标准体系。同时，要明确核算和评估最低生活保障申请人家庭收入和家庭财产的具体办法，并对赡养、抚养、扶养义务人履行相关法定义务提出具体要求。科学制定最低生活保障标准，健全救助标准与物价上涨挂钩的联动机制，综合运用基本生活费用支出法、恩格尔系数法、消费支出比例法等测算方法，动态、适时调整最低生活保障标准，最低生活保障标准应低于最低工资标准；省级人民政府可根据区域经济社会发展情况，研究制定本行政区域内相对统一的区域标准，逐步缩小城乡差距、区域差距。

（二）规范最低生活保障审核审批程序。

规范申请程序。凡认为符合条件的城乡居民都有权直接向其户籍所在地的乡镇人民政府（街道办事处）提出最低生活保障申请；乡镇人民政府（街道办事处）无正当理由，不得拒绝受理。受最低生活保障申请人委托，村（居）民委员会可以代为提交申请。申请最低生活保障要以家庭为单位，按规定提交相关材料，书面声明家庭收入和财产状况，并由申请人签字确认。

规范审核程序。乡镇人民政府（街道办事处）是审核最低生活保障申请的责任主体，在村（居）民委员会协助下，应当对最低生活保障申请家庭逐一入

户调查，详细核查申请材料以及各项声明事项的真实性和完整性，并由调查人员和申请人签字确认。

规范民主评议。入户调查结束后，乡镇人民政府（街道办事处）应当组织村（居）民代表或者社区评议小组对申请人声明的家庭收入、财产状况以及入户调查结果的真实性进行评议。各地要健全完善最低生活保障民主评议办法，规范评议程序、评议方式、评议内容和参加人员。

规范审批程序。县级人民政府民政部门是最低生活保障审批的责任主体，在作出审批决定前，应当全面审查乡镇人民政府（街道办事处）上报的调查材料和审核意见（含民主评议结果），并按照不低于30%的比例入户抽查。有条件的地方，县级人民政府民政部门可邀请乡镇人民政府（街道办事处）、村（居）民委员会参与审批，促进审批过程的公开透明。严禁不经调查直接将任何群体或个人纳入最低生活保障范围。

规范公示程序。各地要严格执行最低生活保障审核审批公示制度，规范公示内容、公示形式和公示时限等。社区要设置统一的固定公示栏；乡镇人民政府（街道办事处）要及时公示入户调查、民主评议和审核结果，并确保公示的真实性和准确性；县级人民政府民政部门应当就最低生活保障对象的家庭成员、收入情况、保障金额等在其居住地长期公示，逐步完善面向公众的最低生活保障对象信息查询机制，并完善异议复核制度。公示中要注意保护最低生活保障对象的个人隐私，严禁公开与享受最低生活保障待遇无关的信息。

规范发放程序。各地要全面推行最低生活保障金社会化发放，按照财政国库管理制度将最低生活保障金直接支付到保障家庭账户，确保最低生活保障金足额、及时发放到位。

（三）建立救助申请家庭经济状况核对机制。

在强化入户调查、邻里访问、信函索证等调查手段基础上，加快建立跨部门、多层次、信息共享的救助申请家庭经济状况核对机制，健全完善工作机构和信息核对平台，确保最低生活保障等社会救助对象准确、高效、公正认定。经救助申请人及其家庭成员授权，公安、人力资源社会保障、住房城乡建设、金融、保险、工商、税务、住房公积金等部门和机构应当根据有关规定和最低生活保障等社会救助对象认定工作需要，及时向民政部门提供户籍、机动车、就业、保险、住房、存款、证券、个体工商户、纳税、公积金等方面的信息。

民政部要会同有关部门研究制定具体的信息查询办法，并负责跨省（区、市）的信息查询工作。到“十二五”末，全国要基本建立救助申请家庭经济状况核对机制。

（四）加强最低生活保障对象动态管理。

对已经纳入最低生活保障范围的救助对象，要采取多种方式加强管理服务，定期跟踪保障对象家庭变化情况，形成最低生活保障对象有进有出、补助水平有升有降的动态管理机制。各地要建立最低生活保障家庭人口、收入和财产状况定期报告制度，并根据报告情况分类、定期开展核查，将不再符合条件的及时退出保障范围。对于无生活来源、无劳动能力又无法定赡养、抚养、扶养义务人的“三无”人员，可每年核查一次；对于短期内收入变化不大的家庭，可每半年核查一次；对于收入来源不固定、成员有劳动能力和劳动条件的最低生活保障家庭，原则上实行城市按月、农村按季核查。

（五）健全最低生活保障工作监管机制。

地方各级人民政府要将最低生活保障政策落实情况作为督查督办的重点内容，定期组织开展专项检查；民政部、财政部要会同有关部门对全国最低生活保障工作进行重点抽查。财政、审计、监察部门要加强对最低生活保障资金管理使用情况的监督检查，防止挤占、挪用、套取等违纪违法现象发生。建立最低生活保障经办人员和村（居）民委员会干部近亲属享受最低生活保障备案制度，县级人民政府民政部门要对备案的最低生活保障对象严格核查管理。充分发挥舆论监督的重要作用，对于媒体发现揭露的问题，应及时查处并公布处理结果。要通过政府购买服务等方式，鼓励社会组织参与、评估、监督最低生活保障工作，财政部门要通过完善相关政策给予支持。

（六）建立健全投诉举报核查制度。

各地要公开最低生活保障监督咨询电话，畅通投诉举报渠道，健全投诉举报核查制度。有条件的地方要以省为单位设置统一的举报投诉电话。要切实加强最低生活保障来信来访工作，推行专人负责、首问负责等制度。各级人民政府、县级以上人民政府民政部门应当自受理最低生活保障信访事项之日起60日内办结；信访人对信访事项处理意见不服的，可以自收到书面答复之日起30日内请求原办理行政机关的上一级行政机关复查，收到复查请求的行政机关应当自收到复查请求之日起30日内提出复查意见，并予以书面答复；信访人对复查意见不服的，可以自收到书面答复之日起30日内向复查机关的上一级行政机关请求复核，收到复核请求的行政机关应当自收到复核请求之日起30日内提出复核意见；信访人对复核意见不服，仍以同一事实和理由提出信访请求的，不再受理，民政等部门要积极向信访人做好政策解释工作。民政部或者省级人民政府民政部门对最低生活保障重大信访事项或社会影响恶劣的违规违纪事件，可会同信访等相关部门直接督办。

（七）加强最低生活保障与其他社会救助制度的有效衔接。

加快推进低收入家庭认定工作，为医疗救助、教育救助、住房保障等社会救助政策向低收入家庭拓展提供支撑；全面建立临时救助制度，有效解决低收入群众的突发性、临时性基本生活困难；做好最低生活保障与养老、医疗等社会保险制度的衔接工作。对最低生活保障家庭中的老年人、未成年人、重度残疾人、重病患者等重点救助对象，要采取多种措施提高其救助水平。鼓励机关、企事业单位、社会组织和个人积极开展扶贫帮困活动，形成慈善事业与社会救助的有效衔接。

完善城市最低生活保障与就业联动、农村最低生活保障与扶贫开发衔接机制，鼓励积极就业，加大对有劳动能力最低生活保障对象的就业扶持力度。劳动年龄内、有劳动能力、失业的城市困难群众，在申请最低生活保障时，应当先到当地公共就业服务机构办理失业登记；公共就业服务机构应当向登记失业的最低生活保障对象提供及时的就业服务和重点帮助；对实现就业的最低生活保障对象，在核算其家庭收入时，可以扣减必要的就业成本。

三、强化工作保障，确保各项政策措施落到实处

（一）加强能力建设。省级人民政府要切实加强最低生活保障工作能力建设，统筹研究制定按照保障对象数量等因素配备相应工作人员的具体办法和措施。地方各级人民政府要结合本地实际和全面落实最低生活保障制度的要求，科学整合县（市、区）、乡镇人民政府（街道办事处）管理机构及人力资源，充实加强基层最低生活保障工作力量，确保事有人管、责有人负。加强最低生活保障工作人员业务培训，保障工作场所、条件和待遇，不断提高最低生活保障管理服务水平。加快推进信息化建设，全面部署全国最低生活保障信息管理系统。

（二）加强经费保障。省级财政要优化和调整支出结构，切实加大最低生活保障资金投入。中央财政最低生活保障补助资金重点向保障任务重、财政困难地区倾斜，在分配最低生活保障补助资金时，财政部要会同民政部研究“以奖代补”的办法和措施，对工作绩效突出地区给予奖励，引导各地进一步完善制度，加强管理。要切实保障基层工作经费，最低生活保障工作所需经费要纳入地方各级财政预算。基层最低生活保障工作经费不足的地区，省市级财政给予适当补助。

（三）加强政策宣传。以党和政府对最低生活保障工作的有关要求以及认定条件、审核审批、补差发放、动态管理等政策规定为重点，深入开展最低生活保障政策宣传。利用广播、电视、网络等媒体和宣传栏、宣传册、明白纸等群众喜闻乐见的方式，不断提高最低生活保障信息公开的针对性、时效性和完整性。充分发挥新闻媒体的舆论引导作用，大力宣传最低生活保障在保障民生、维护稳定、促进和谐等方面的重要作用，引导公众关注、参与、支持最低生活保障工作，在全社会营造良好的舆论氛围。

四、加强组织领导，进一步落实管理责任

（一）加强组织领导。进一步完善政府领导、民政牵头、部门配合、社会参与的社会救助工作机制。建立由民政部牵头的社会救助部际联席会议制度，统筹做好最低生活保障与医疗、教育、住房等其他社会救助政策以及促进就业政策的协调发展和有效衔接，研究解决救助申请家庭经济状况核对等信息共享问题，督导推进社会救助体系建设。地方各级人民政府要将最低生活保障工作纳入重要议事日程，纳入经济社会发展总体规划，纳入科学发展考评体系，建立健全相应的社会救助协调工作机制，组织相关部门协力做好社会救助制度完善、政策落实和监督管理等各项工作。

（二）落实管理责任。最低生活保障工作实行地方各级人民政府负责制，政府主要负责人对本行政区域最低生活保障工作负总责。县级以上地方各级人民政府要切实担负起最低生活保障政策制定、资金投入、工作保障和监督管理责任，乡镇人民政府（街道办事处）要切实履行最低生活保障申请受理、调查、评议和公示等审核职责，充分发挥包村干部的作用。各地要将最低生活保障政策落实情况纳入地方各级人民政府绩效考核，考核结果作为政府领导班子和相关领导干部综合考核评价的重要内容，作为干部选拔任用、管理监督的重要依据。民政部要会同财政部等部门研究建立最低生活保障工作绩效评价指标体系和评价办法，并组织开展对各省（区、市）最低生活保障工作的年度绩效评价。

（三）强化责任追究。对因工作重视不够、管理不力、发生重大问题、造成严重社会影响的地方政府和部门负责人，以及在最低生活保障审核审批过程中滥用职权、玩忽职守、徇私舞弊、失职渎职的工作人员，要依纪依法追究责任。同时，各地要加大对骗取最低生活保障待遇人员查处力度，除追回骗取的最低生活保障金外，还要依法给予行政处罚；涉嫌犯罪的，移送司法机关处理。对无理取闹、采用威胁手段强行索要最低生活保障待遇的，公安机关要给予批评教育直至相关处罚。对于出具虚假证明材料的单位和个人，各地除按有关法律法规规定处理外，还应将有关信息记入征信系统。

国务院

2012年9月1日

廉租住房保障办法

（2007 年 11 月 27 日）

第一章　总　则

第一条　为促进廉租住房制度建设，逐步解决城市低收入家庭的住房困难，制定本办法。

第二条　城市低收入住房困难家庭的廉租住房保障及其监督管理，适用本办法。

本办法所称城市低收入住房困难家庭，是指城市和县人民政府所在地的镇范围内，家庭收入、住房状况等符合市、县人民政府规定条件的家庭。

第三条　市、县人民政府应当在解决城市低收入家庭住房困难的发展规划及年度计划中，明确廉租住房保障工作目标、措施，并纳入本级国民经济与社会发展规划和住房建设规划。

第四条　国务院建设主管部门指导和监督全国廉租住房保障工作。县级以上地方人民政府建设（住房保障）主管部门负责本行政区域内廉租住房保障管理工作。廉租住房保障的具体工作可以由市、县人民政府确定的实施机构承担。

县级以上人民政府发展改革（价格）、监察、民政、财政、国土资源、金融管理、税务、统计等部门按照职责分工，负责廉租住房保障的相关工作。

第二章　保障方式

第五条　廉租住房保障方式实行货币补贴和实物配租等相结合。货币补贴是指县级以上地方人民政府向申请廉租住房保障的城市低收入住房困难家庭发放租赁住房补贴，由其自行承租住房。实物配租是指县级以上地方人民政府向申请廉租住房保障的城市低收入住房困难家庭提供住房，并按照规定标准收取租金。

实施廉租住房保障，主要通过发放租赁补贴，增强城市低收入住房困难家庭承租住房的能力。廉租住房紧缺的城市，应当通过新建和收购等方式，增加廉租住房实物配租的房源。

第六条　市、县人民政府应当根据当地家庭平均住房水平、财政承受能力以及城市低收入住房困难家庭的人口数量、结构等因素，以户为单位确定廉租住房保障面积标准。

第七条　采取货币补贴方式的，补贴额度按照城市低收入住房困难家庭现住房面积与保障面积标准的差额、每平方米租赁住房补贴标准确定。

每平方米租赁住房补贴标准由市、县人民政府根据当地经济发展水平、市场平均租金、城市低收入住房困难家庭的经济承受能力等因素确定。其中对城市居民最低生活保障家庭，可以按照当地市场平均租金确定租赁住房补贴标准；对其他城市低收入住房困难家庭，可以根据收入情况等分类确定租赁住房补贴标准。

第八条　采取实物配租方式的，配租面积为城市低收入住房困难家庭现住房面积与保障面积标准的差额。

实物配租的住房租金标准实行政府定价。实物配租住房的租金，按照配租面积和市、县人民政府规定的租金标准确定。有条件的地区，对城市居民最低生活保障家庭，可以免收实物配租住房中住房保障面积标准内的租金。

第三章　保障资金及房屋来源

第九条　廉租住房保障资金采取多种渠道筹措。

廉租住房保障资金来源包括：

（一）年度财政预算安排的廉租住房保障资金；

（二）提取贷款风险准备金和管理费用后的住房公积金增值收益余额；

（三）土地出让净收益中安排的廉租住房保障资金；

（四）政府的廉租住房租金收入；

（五）社会捐赠及其他方式筹集的资金。

第十条　提取贷款风险准备金和管理费用后的住房公积金增值收益余额，应当全部用于廉租住房建设。

土地出让净收益用于廉租住房保障资金的比例，不得低于10%。

政府的廉租住房租金收入应当按照国家财政预算支出和财务制度的有关规定，实行收支两条线管理，专项用于廉租住房的维护和管理。

第十一条　对中西部财政困难地区，按照中央预算内投资补助和中央财政廉租住房保障专项补助资金的有关规定给予支持。

第十二条　实物配租的廉租住房来源主要包括：

（一）政府新建、收购的住房；

（二）腾退的公有住房；

（三）社会捐赠的住房；

（四）其他渠道筹集的住房。

第十三条　廉租住房建设用地，应当在土地供应计划中优先安排，并在申报年度用地指标时单独列出，采取划拨方式，保证供应。

廉租住房建设用地的规划布局，应当考虑城市低收入住房困难家庭居住和就业的便利。

廉租住房建设应当坚持经济、适用原则，提高规划设计水平，满足基本使用功能，应当按照发展节能省地环保型住宅的要求，推广新材料、新技术、新工艺。廉租住房应当符合国家质量安全标准。

第十四条　新建廉租住房，应当采取配套建设与相对集中建设相结合的方式，主要在经济适用住房、普通商品住房项目中配套建设。

新建廉租住房，应当将单套的建筑面积控制在50平方米以内，并根据城市低收入住房困难家庭的居住需要，合理确定套型结构。

配套建设廉租住房的经济适用住房或者普通商品住房项目，应当在用地规划、国有土地划拨决定书或者国有土地使用权出让合同中，明确配套建设的廉租住房总建筑面积、套数、布局、套型以及建成后的移交或回购等事项。

第十五条　廉租住房建设免征行政事业性收费和政府性基金。

鼓励社会捐赠住房作为廉租住房房源或捐赠用于廉租住房的资金。

政府或经政府认定的单位新建、购买、改建住房作为廉租住房，社会捐赠廉租住房房源、资金，按照国家规定的有关税收政策执行。

第四章　申请与核准

第十六条　申请廉租住房保障，应当提供下列材料：

（一）家庭收入情况的证明材料；

（二）家庭住房状况的证明材料；

（三）家庭成员身份证和户口簿；

（四）市、县人民政府规定的其他证明材料。

第十七条　申请廉租住房保障，按照下列程序办理：

（一）申请廉租住房保障的家庭，应当由户主向户口所在地街道办事处或者镇人民政府提出书面申请；

（二）街道办事处或者镇人民政府应当自受理申请之日起30日内，就申请人的家庭收入、家庭住房状况是否符合规定条件进行审核，提出初审意见并张榜公布，将初审意见和申请材料一并报送市（区）、县人民政府建设（住房保障）主管部门；

（三）建设（住房保障）主管部门应当自收到申请材料之日起15日内，就申请人的家庭住房状况是否符合规定条件提出审核意见，并将符合条件的申请人的申请材料转同级民政部门；

（四）民政部门应当自收到申请材料之日起15日内，就申请人的家庭收入是否符合规定条件提出审核意见，并反馈同级建设（住房保障）主管部门；

（五）经审核，家庭收入、家庭住房状况符合规定条件的，由建设（住房保障）主管部门予以公示，公示期限为15日；对经公示无异议或者异议不成立的，作为廉租住房保障对象予以登记，书面通知申请人，并向社会公开登记结果。

经审核，不符合规定条件的，建设（住房保障）主管部门应当书面通知申请人，说明理由。申请人对审核结果有异议的，可以向建设（住房保障）主管部门申诉。

第十八条　建设（住房保障）主管部门、民政等有关部门以及街道办事处、镇人民政府，可以通过入户调查、邻里访问以及信函索证等方式对申请人的家庭收入和住房状况等进行核实。申请人及有关单位和个人应当予以配合，如实提供有关情况。

第十九条　建设（住房保障）主管部门应当综合考虑登记的城市低收入住房困难家庭的收入水平、住房困难程度和申请顺序以及个人申请的保障方式等，确定相应的保障方式及轮候顺序，并向社会公开。

对已经登记为廉租住房保障对象的城市居民最低生活保障家庭，凡申请租赁住房货币补贴的，要优先安排发放补贴，基本做到应保尽保。

实物配租应当优先面向已经登记为廉租住房保障对象的孤、老、病、残等特殊困难家庭，城市居民最低生活保障家庭以及其他急需救助的家庭。

第二十条　对轮候到位的城市低收入住房困难家庭，建设（住房保障）主管部门或者具体实施机构应当按照已确定的保障方式，与其签订租赁住房补贴协议或者廉租住房租赁合同，予以发放租赁住房补贴或者配租廉租住房。

发放租赁住房补贴和配租廉租住房的结果，应当予以公布。

第二十一条　租赁住房补贴协议应当明确租赁住房补贴额度、停止发放租赁住房补贴的情形等内容。

廉租住房租赁合同应当明确下列内容：

（一）房屋的位置、朝向、面积、结构、附属设施和设备状况；

（二）租金及其支付方式；

（三）房屋用途和使用要求；

（四）租赁期限；

（五）房屋维修责任；

（六）停止实物配租的情形，包括承租人已不符合规定条件的，将所承租的廉租住房转借、转租或者改变用途，无正当理由连续6个月以上未在所承租的廉租住房居住或者未交纳廉租住房租金等；

（七）违约责任及争议解决办法，包括退回廉租住房、调整租金、依照有关法律法规规定处理等；

（八）其他约定。

第五章　监督管理

第二十二条　国务院建设主管部门、省级建设（住房保障）主管部门应当会同有关部门，加强对廉租住房保障工作的监督检查，并公布监督检查结果。

市、县人民政府应当定期向社会公布城市低收入住房困难家庭廉租住房保障情况。

第二十三条　市（区）、县人民政府建设（住房保障）主管部门应当按户建立廉租住房档案，并采取定期走访、抽查等方式，及时掌握城市低收入住房困难家庭的人口、收入及住房变动等有关情况。

第二十四条　已领取租赁住房补贴或者配租廉租住房的城市低收入住房困难家庭，应当按年度向所在地街道办事处或者镇人民政府如实申报家庭人口、收入及住房等变动情况。

街道办事处或者镇人民政府可以对申报情况进行核实、张榜公布，并将申报情况及核实结果报建设（住房保障）主管部门。

建设（住房保障）主管部门应当根据城市低收入住房困难家庭人口、收入、住房等变化情况，调整租赁住房补贴额度或实物配租面积、租金等；对不再符合规定条件的，应当停止发放租赁住房补贴，或者由承租人按照合同约定退回廉租住房。

第二十五条　城市低收入住房困难家庭不得将所承租的廉租住房转借、转租或者改变用途。

城市低收入住房困难家庭违反前款规定或者有下列行为之一的，应当按照合同约定退回廉租住房：

（一）无正当理由连续6个月以上未在所承租的廉租住房居住的；

（二）无正当理由累计6个月以上未交纳廉租住房租金的。

第二十六条　城市低收入住房困难家庭未按照合同约定退回廉租住房的，建设（住房保障）主管部门应当责令其限期退回；逾期未退回的，可以按照合同约定，采取调整租金等方式处理。

城市低收入住房困难家庭拒绝接受前款规定的处理方式的，由建设（住房保障）主管部门或者具体实施机构依照有关法律法规规定处理。

第二十七条　城市低收入住房困难家庭的收入标准、住房困难标准等以及住房保障面积标准，实行动态管理，由市、县人民政府每年向社会公布一次。

第二十八条　任何单位和个人有权对违反本办法规定的行为进行检举和控告。

第六章　法律责任

第二十九条　城市低收入住房困难家庭隐瞒有关情况或者提供虚假材料申请廉租住房保障的，建设（住房保障）主管部门不予受理，并给予警告。

第三十条　对以欺骗等不正当手段，取得审核同意或者获得廉租住房保障的，由建设（住房保障）主管部门给予警告；对已经登记但尚未获得廉租住房保障的，取消其登记；对已经获得廉租住房保障的，责令其退还已领取的租赁住房补贴，或者退出实物配租的住房并按市场价格补交以前房租。

第三十一条　廉租住房保障实施机构违反本办法规定，不执行政府规定的廉租住房租金标准的，由价格主管部门依法查处。

第三十二条　违反本办法规定，建设（住房保障）主管部门及有关部门的工作人员或者市、县人民政府确定的实施机构的工作人员，在廉租住房保障工作中滥用职权、玩忽职守、徇私舞弊的，依法给予处分；构成犯罪的，依法追究刑事责任。

第七章　附　则

第三十三条　对承租直管公房的城市低收入家庭，可以参照本办法有关规定，对住房保障面积标准范围内的租金予以适当减免。

第三十四条　本办法自2007年12月1日起施行。2003年12月31日发布的《城镇最低收入家庭廉租住房管理办法》（建设部、财政部、民政部、国土资源部、国家税务总局令第120号）同时废止

民政部关于印发《最低生活保障审核审批办法（试行）》的通知

（2012 年 12 月 12 日）

各省、自治区、直辖市民政厅（局），各计划单列市民政局，新疆生产建设兵团民政局：

为规范最低生活保障审核审批流程，确保低保制度公开、公平、公正实施，根据《城市居民最低生活保障条例》（ 国务院令第271号）、《国务院关于在全国建立农村最低生活保障制度的通知》（国发〔2007〕19号）、《国务院关于进一步加强和改进最低生活保障工作的意见》（国发〔2012〕45号）和其他有关规定，民政部制定了《最低生活保障审核审批办法（试行）》，现印发给你们，请遵照执行。

民政部

2012年12月12日

最低生活保障审核审批办法（试行）

第一章　总　则

第一条　为规范最低生活保障（以下简称低保）审核审批工作，根据《城市居民最低生活保障条例》（ 国务院令第271号）、《国务院关于在全国建立农村最低生活保障制度的通知》（国发〔2007〕19号）、《国务院关于进一步加强和改进最低生活保障工作的意见》（国发〔2012〕45号）及国家相关规定，制定本办法。

第二条　县级人民政府民政部门以及乡镇人民政府（街道办事处），依据本办法开展低保审核审批工作，村（居）民委员会协助做好相关工作。

第三条　县级以上地方人民政府民政部门应当加强本辖区内低保审核审批工作的规范管理和相关服务，促进低保工作公开、公平、公正。

第二章　资格条件

第四条　户籍状况、家庭收入和家庭财产是认定低保对象的三个基本要件。

持有当地常住户口的居民，凡共同生活的家庭成员人均收入低于当地低保标准，且家庭财产状况符合当地人民政府规定条件的，可以申请低保。

第五条　共同生活的家庭成员包括：

（一）配偶；

（二）父母和未成年子女；

（三）已成年但不能独立生活的子女，包括在校接受本科及其以下学历教育的成年子女；

（四）其他具有法定赡养、扶养、抚养义务关系并长期共同居住的人员。

下列人员不计入共同生活的家庭成员：

（一）连续三年以上（含三年）脱离家庭独立生活的宗教教职人员；

（二）在监狱、劳动教养场所内服刑、劳动教养的人员；

（三）省级人民政府民政部门根据本条原则和有关程序认定的其他人员。

第六条　持有非农业户口的居民，可以申请城市低保。持有农业户口的居民，可以申请农村低保。

取消农业和非农业户口划分的地区，原则上可以将申请人户籍所在地为城镇且居住超过一定期限、无承包土地、不参加农村集体经济收益分配等作为申请城市低保的户籍条件。

第七条　家庭收入是指共同生活的家庭成员在规定期限内的全部可支配收入。

第八条　家庭财产是指家庭成员拥有的全部动产和不动产。

第三章　申请及受理

第九条　申请低保应当以家庭为单位，由户主或者其代理人以户主的名义向户籍所在地乡镇人民政府（街道办事处）提出书面申请。

受申请人委托，村（居）民委员会可以代其向户籍所在地乡镇人民政府（街道办事处）提交低保书面申请及其相关材料。

第十条　申请人有下列情况之一的，可以单独提出申请：

（一）困难家庭中丧失劳动能力且单独立户的成年重度残疾人。

（二）脱离家庭、在宗教场所居住三年以上（含三年）的生活困难的宗教教职人员。

第十一条　申请人或者其家庭成员的户籍有下列情况之一的，可以按以下方式办理：

（一）在同一市县辖区内，申请人经常居住地与户籍所在地不一致的，根据市县人民政府的规定，申请人凭户籍所在地县级人民政府民政部门出具的未享受最低生活保障的证明，可以向经常居住地乡镇人民政府（街道办事处）提出申请。

（二）户籍类别相同但家庭成员户口不在一起的家庭，应将户口迁移到一起后再提出申请。因特殊原因无法将户口迁移到一起的，可选择在户主或者其主要家庭成员的户籍所在地提出申请，户籍不在申请地的其他家庭成员分别提供各自户籍所在地县级人民政府民政部门出具的未享受低保的证明。

（三）共同生活的家庭成员分别持有非农业户口和农业户口的，一般按户籍类别分别申请城市低保和农村低保。

第十二条　申请人应当履行以下义务：

（一）按规定提交相关材料，书面声明家庭收入和财产状况，并签字确认；

（二）履行授权核查家庭经济状况的相关手续；

（三）承诺所提供的信息真实、完整。

第十三条　乡镇人民政府（街道办事处）应当对申请人或者其代理人提交

的材料进行审查，材料齐备的，予以受理；材料不齐备的，应当一次性告知申请人或者其代理人补齐所有规定材料。

乡镇人民政府（街道办事处）应当及时受理低保申请，农村地区可以实行定期集中受理。

第十四条　申请低保时，申请人与低保经办人员和村（居）民委员会成员有近亲属关系的，应当如实申明。

对已受理的低保经办人员和村（居）民委员会成员近亲属的低保申请，乡镇人民政府（街道办事处）应当进行单独登记。

“低保经办人员”是指涉及具体办理和分管低保受理、审核（包括家庭经济状况调查）、审批等事项的县级人民政府民政部门及乡镇人民政府（街道办事处）工作人员。

“近亲属”包括配偶、父母、子女、兄弟姐妹、祖父母、外祖父母、孙子女、外孙子女。

第四章　家庭经济状况调查

第十五条　家庭经济状况是指申请人及其家庭成员拥有的全部可支配收入和家庭财产。

第十六条　家庭可支配收入是指扣除缴纳的个人所得税及个人按规定缴纳的社会保障性支出后的收入。主要包括：

（一）工资性收入。指因任职或者受雇而取得的工资、薪金、奖金、劳动分红、津贴、补贴以及与任职或者受雇有关的其他所得等。

（二）家庭经营净（纯）收入。指从事生产、经营及有偿服务活动所得。包括从事种植、养殖、采集及加工等农林牧渔业的生产收入，从事工业、建筑业、手工业、交通运输业、批发和零售贸易业、餐饮业、文教卫生业和社会服务业等经营及有偿服务活动的收入等。

（三）财产性收入。包括动产收入和不动产收入。动产收入是指出让无形资产、特许权等收入，储蓄存款利息、有价证券红利、储蓄性保险投资以及其他股息和红利等收入，集体财产收入分红和其他动产收入等。不动产收入是指转租承包土地经营权、出租或者出让房产以及其他不动产收入等。

（四）转移性收入。指国家、单位、社会团体对居民家庭的各种转移支付和居民家庭间的收入转移。包括赡养费、扶养费、抚养费，离退休金、失业保险金，社会救济金、遗属补助金、赔偿收入，接受遗产收入、接受捐赠（赠送）收入等。

（五）其他应当计入家庭收入的项目。

第十七条　家庭财产主要包括：

（一）银行存款和有价证券；

（二）机动车辆（残疾人功能性补偿代步机动车辆除外）、船舶；

（三）房屋；

（四）债权；

（五）其他财产。

第十八条　乡镇人民政府（街道办事处）应当自受理低保申请之日起10个工作日内，在村（居）民委员会协助下，组织驻村干部、社区低保专干等工作人员对申请人家庭经济状况和实际生活情况逐一进行调查核实。每组调查人员不得少于2人。

第十九条　调查申请人家庭经济状况和实际生活情况，可以采取以下方式：

（一）信息核对。乡镇人民政府（街道办事处）通过县级以上人民政府民政部门与公安、人力资源社会保障、住房城乡建设、税务、金融、工商等部门和机构，对低保申请家庭的户籍、车辆、住房、社会保险、养老金、存款、证券、个体经营、住房公积金等收入和财产信息进行核对，并根据信息核对情况，对申请人家庭经济状况声明的真实性和完整性提出意见。

（二）入户调查。调查人员到申请人家中了解其家庭收入、财产情况和吃、穿、住、用等实际生活状况；根据申请人声明的家庭收入和财产状况，了解其真实性和完整性。入户调查结束后，调查人员应当填写家庭经济状况核查表，并由调查人员和申请人（被调查人）分别签字。

（三）邻里访问。调查人员到申请人所在村（居）委员会和社区，走访了解其家庭收入、财产和实际生活状况。

（四）信函索证。调查人员以信函方式向相关单位和部门索取有关证明材料。

（五）其他调查方式。

第二十条　经家庭经济状况信息核对，对符合条件的低保申请，乡镇人民政府（街道办事处）应当依程序开展入户调查。不符合条件的，乡镇人民政府（街道办事处）应当书面通知申请人并说明理由。

申请人对家庭经济状况信息核对结果有异议的，应当提供相关证明材料；乡镇人民政府（街道办事处）应当对申请人提供的家庭经济状况证明材料进行审核，并组织开展复查。

第五章　民主评议

第二十一条　家庭经济状况调查结束后，乡镇人民政府（街道办事处）应当在5个工作日内，在村（居）民委员会的协助下，以村（居）为单位对申请人家庭经济状况调查结果的客观性、真实性进行民主评议。

第二十二条　民主评议由乡镇人民政府（街道办事处）工作人员、村（居）党组织和村（居）委会成员、熟悉村（居）民情况的党员代表、村（居）民代表等参加。村（居）民代表人数不得少于参加评议总人数的三分之二。

有条件的地方，县级人民政府民政部门可以派人参加民主评议。

第二十三条　民主评议应当遵循以下程序：

（一）宣讲政策。乡镇人民政府（街道办事处）工作人员宣讲低保资格条件、补差发放、动态管理等政策规定，宣布评议规则和会议纪律。

（二）介绍情况。申请人或者代理人陈述家庭基本情况，入户调查人员介绍申请家庭经济状况调查情况。

（三）现场评议。民主评议人员对申请人家庭经济状况调查情况进行评议，对调查结果的真实性和完整性进行评价。

（四）形成结论。乡镇人民政府（街道办事处）工作人员根据现场评议情况，对申请人家庭经济状况调查结果的真实有效性作出结论。

（五）签字确认。民主评议应当有详细的评议记录。所有参加评议人员应当签字确认评议结果。

第二十四条　对民主评议争议较大的低保申请，乡镇人民政府（街道办事处）应当重新组织家庭经济状况调查核实。

第六章　审核审批

第二十五条　乡镇人民政府（街道办事处）应当根据家庭经济状况信息核对、入户调查、民主评议等情况，对申请家庭是否给予低保提出建议意见，并及时在村（居）民委员会设置的村（居）务公开栏公示入户调查、民主评议和审核结果。公示期为7天。公示结束后，乡镇人民政府（街道办事处）应当将申请材料、家庭经济状况调查结果、民主评议情况等相关材料报送县级人民政府民政部门审批。

第二十六条　县级人民政府民政部门应当自收到乡镇人民政府（街道办事处）审核意见和相关材料5个工作日内提出审批意见。拟批准给予低保的，应当同时确定拟保障金额。不符合条件、不予批准的，应当在作出审批决定3日内，通过乡镇人民政府（街道办事处）书面告知申请人或者其代理人并说明理由。

县级人民政府民政部门在提出审批意见前，应当全面审查乡镇人民政府（街道办事处）上报的申请材料、调查材料和审核意见，并按照不低于30%的比例入户抽查。对单独登记的低保经办人员和村（居）民委员会成员近亲属的低保申请，以及有疑问、有举报或者其他需要重点调查的低保申请，县级人民政府民政部门应当全部入户调查。不得将不经过调查核实的任何群体或者个人直接审批为低保对象。

有条件的地方，县级人民政府民政部门可以邀请申请人户籍所在地乡镇人民政府（街道办事处）、村（居）民委员会派人参与低保审批，对申请家庭是否符合低保条件提出审批意见。

第二十七条　保障金额应当按照核定的申请人家庭人均收入与当地低保标准的差额乘以共同生活的家庭成员人数计算。

第二十八条　对低保家庭中的下列人员，可以采取多种措施提高救助水平。

（一）老年人；

（二）未成年人；

（三）重度残疾人；

（四）重病患者；

（五）县级以上地方人民政府确定的其他生活困难人员。

第二十九条　县级人民政府民政部门应当对拟批准的低保家庭通过乡镇人民政府（街道办事处）、村（居）民委员会固定的政务公开栏、村（居）务公开栏以及政务大厅设置的电子屏等场所和地点进行公示。公示内容包括申请人姓名、家庭成员、拟保障金额等。公示期为7天。

公示期满无异议的，县级人民政府民政部门应当在3个工作日内作出审批决定，对批准给予低保的，发给低保证，并从批准之日下月起发放低保金。对公示有异议的，县级人民政府民政部门应当重新组织调查核实，在20个工作日内作出审批决定，并对拟批准的申请重新公示。

第七章　资金发放

第三十条　低保金原则上实行社会化发放，通过银行、信用社等代理金融机构，直接支付到低保家庭的账户。

第三十一条　低保金应当按月发放，每月10日前发放到户。金融服务不发达的农村地区，低保金可以按季发放，每季度初10日前发放到户。

第八章　动态管理

第三十二条　县级人民政府民政部门应当根据低保对象的年龄、健康状况、劳动能力以及家庭收入来源等情况对低保家庭实行分类管理。乡镇人民政府（街道办事处）应当根据低保家庭成员和其家庭经济状况的变化情况进行分类复核，并根据复核情况及时报请县级人民政府民政部门办理低保金停发、减发或者增发手续。

低保家庭应当向乡镇人民政府（街道办事处）定期报告家庭人口、收入和财产状况的变化情况。

第三十三条　对城市“三无”人员和家庭成员中有重病、重残人员且收入基本无变化的低保家庭，可每年复核一次。对短期内家庭经济状况和家庭成员基本情况相对稳定的低保家庭，可每半年复核一次。对收入来源不固定、有劳动能力和劳动条件的低保家庭，原则上城市按月、农村按季复核。

第三十四条　县级人民政府民政部门应当对低保家庭实行长期公示，并完善面向公众的低保对象信息查询机制。公示中应当保护低保对象个人隐私，不得公开与低保无关的信息。

第三十五条　县级以上地方人民政府民政部门和乡镇人民政府（街道办事处）应当公开低保监督咨询电话，主动接受社会和群众对低保审核审批工作的监督、投诉和举报。有条件的地方可以省为单位设置统一的举报投诉电话。

第三十六条　县级以上地方人民政府民政部门和乡镇人民政府（街道办事处）应当健全完善举报核查制度，对接到的实名举报，应当逐一核查，并及时向举报人反馈核查处理结果。

第九章　附　则

第三十七条　各省（自治区、直辖市）人民政府民政部门可以根据本办法，结合本地实际，制定实施细则，并报民政部备案。

第三十八条　本办法由民政部负责解释。

第三十九条　本办法自公布之日起施行。

民政部、国家发展改革委、财政部、国家统计局关于进一步规范城乡居民最低生活保障标准制定和调整工作的指导意见

（2011 年 5 月 11 日）

各省、自治区、直辖市民政厅（局）、发展改革委（物价局）、财政厅（局）、统计局，新疆生产建设兵团民政局、发展改革委、财务局、统计局，国家统计局各调查总队：

为进一步规范城乡居民最低生活保障（以下简称城乡低保）标准的制定和调整工作，根据《城市居民最低生活保障条例》（国务院令第271号，以下简称《条例》）和《国务院关于在全国建立农村最低生活保障制度的通知》（国发〔2007〕19号，以下简称《通知》）有关规定，结合各地的实践经验和做法，提出以下指导意见：

一、深刻认识规范城乡低保标准制定和调整工作的重要意义

低保标准是城乡低保制度的关键环节，是界定低保范围、核定低保对象、确定补助水平以及安排补助资金的重要依据。近年来，各地按照《条例》和《通知》要求，在科学制定和调整低保标准方面不断探索完善，取得了一定成效。但是，从全国情况看，城乡低保标准的制定和调整工作还存在一些需要规范的问题。如，一些地方缺乏必要论证和科学测算，简单参照扶贫标准或全国平均低保标准来制定和调整低保标准，难以真实反映当地居民的基本生活需求，甚至导致保障面过宽而影响了低保对象劳动就业的积极性；还有一些地方没有及时根据经济社会发展水平和财政承受能力，随着生活必需品的价格变化和人民生活水平的提高而适时调整低保标准，影响了低保制度实施效果和困难

群众基本生活保障力度。为确保城乡低保制度平稳运行，真正发挥好最后一道社会安全网的保障作用，各地要统一思想，提高认识，将规范城乡低保标准制定和调整工作作为当前健全完善城乡低保制度的一项重要任务，加强领导，精心组织，切实抓紧、抓实、抓好。

二、准确把握城乡低保标准制定和调整的指导思想和基本原则

（一）指导思想。进一步规范城乡低保标准制定和调整工作，要深入贯彻落实科学发展观，按照党的十七届五中全会关于“努力实现居民收入增长和经济发展同步，低收入者收入明显增加”和“实现城乡社会救助全覆盖”的总体要求，以《条例》和《通知》为根本依据，以确保困难群众基本生活为核心目标，不断提高城乡低保标准制定和调整的科学化、精细化和规范化水平。

（二）基本原则。进一步规范城乡低保标准制定和调整工作，必须结合当地社会救助事业发展实际，不断完善和创新机制。要坚持科学性原则，以维持当地居民基本生活所必需的消费品支出数据为基础，科学测算，充分论证；坚持合理性原则，统筹考虑困难群众基本生活保障需要、当地经济社会发展水平和财力状况，使城乡低保标准与失业保险、最低工资、扶贫开发等政策标准合理衔接；坚持动态性原则，建立和完善城乡低保标准与物价上涨挂钩的联动机制，并随着当地居民生活必需品价格变化和人民生活水平的提高定期调整城乡低保标准；坚持规范性原则，制定和调整城乡低保标准要严格遵循有关政策规定和程序规范，确保公开、公正和透明。

三、科学确定城乡低保标准制定和调整的方法

各地在制定和调整城乡低保标准时，可以采用基本生活费用支出法、恩格尔系数法或消费支出比例法。

（一）基本生活费用支出法。

城乡低保标准根据当地居民基本生活费用支出确定，包括必需食品消费支出和非食品类生活必需品支出两部分。用公式表示为：

城乡低保标准＝必需食品消费支出＋非食品类生活必需品支出

其中，必需食品消费支出通过市场调查确定当地食品必需品消费清单（即标准食物清单）、根据中国营养学会推荐的能量摄入量（见附件1）、相应食

物摄入量（见附件2）以及食物的市场价格计算得出；非食品类生活必需品支出根据调查数据确定维持基本生活所必需的衣物、水电、燃煤（燃气）、公共交通、日用品等消费清单测算支出数额。

为确保城乡低保标准的制定和调整符合当地实际，各地可以参考当地上年度城乡居民人均消费支出、城镇居民人均可支配收入、农民人均纯收入、城乡低收入居民基本生活费用，以及经济发展水平、财政状况等因素对测算得出的低保标准予以适当调整。

（二）恩格尔系数法。

城乡低保标准根据当地居民必需食品消费支出和上年度最低收入家庭恩格尔系数确定。用公式表示为：

城乡低保标准=必需食品消费支出/上年度最低收入家庭恩格尔系数

其中，必需食品消费支出的确定方法同基本生活费用支出法，即通过市场调查确定当地食品必需品消费清单（即标准食物清单）、根据中国营养学会推荐的能量摄入量（见附件1）、相应食物摄入量（见附件2）以及食物的市场价格计算得出。

为确保城乡低保标准的制定和调整符合当地实际，各地可以参考当地上年度城乡居民人均消费支出、城镇居民人均可支配收入、农民人均纯收入、城乡低收入居民基本生活费用，以及经济发展水平、财政状况等因素对测算得出的低保标准予以适当调整。

（三）消费支出比例法。

已按基本生活费用支出法或恩格尔系数法测算出城乡低保标准的地区，可将此数据与当地上年度城乡居民人均消费支出进行比较，得出低保标准占上年度城乡居民人均消费支出的比例。在今后一定时期内再次计算城乡低保标准时，可直接用当地上年度城乡居民人均消费支出乘以此比例。用公式表示为：

城乡低保标准=当地上年度城乡居民人均消费支出×低保标准占上年度城乡居民人均消费支出的比例

四、认真做好城乡低保标准的制定和调整工作

（一）精心组织。各地要按照《条例》和《通知》规定的城乡低保标准制定权限，成立由民政、财政、发展改革（价格）、统计（调查队）等部门组成的城乡低保标准制定和调整工作小组（以下简称工作小组），制定工作方案，明确工作方法、步骤和时间表。工作小组各成员单位要明确职责，相互配合，共同做好城乡低保标准制定和调整工作。

（二）科学测算。工作小组要综合使用统计数据、监测数据和调查数据，运用“基本生活费用支出法”、“恩格尔系数法”或“消费支出比例法”，科学测算当地城乡低保标准。其中，统计数据是指当地统计部门通过调查所得，并已向社会公布的数据，主要包括上年度城乡居民人均消费支出、上年度城镇居民人均可支配收入、农民人均纯收入、城乡最低收入家庭恩格尔系数等；监测数据是指价格主管部门监测的基本生活必需品消费清单所涉及的商品市场价格；调查数据是指未纳入当地统计和监测，需要工作小组通过抽样调查获得的数据。

（三）规范程序。城乡低保标准测算完成后，要由工作小组或其成员单位联合报请本级人民政府审批。按照《条例》和《通知》规定，需要备案的，要同时报上一级地方人民政府备案。根据本级人民政府的批复，工作小组或民政部门要通过网站、报纸等媒体以适当方式，将新的城乡低保标准向社会公告，并按批复要求的时间执行。

（四）加强指导。省级人民政府民政部门、财政部门要发挥好指导和调控作用，注意引导经济社会发展水平相近地区逐步缩小地区间城乡低保标准差距。条件成熟的地方，也可试行由省级人民政府民政部门会同财政、发展改革（价格）、统计（调查总队）等部门，根据区域经济社会发展状况，制定本辖区内相对统一的区域城乡低保标准。

附件：

1.中国居民膳食能量推荐摄入量

2.中国居民不同能量水平建议食物摄入量

民政部

国家发展改革委

财政部

国家统计局

2011年5月11日

附件1：

中国居民膳食能量推荐摄入量（千卡/日）

分类＼性别	男	女
轻体力活动	2400	2100
中体力活动	2700	2300
重体力活动	3200	2700

资料来源：中国营养学会编著的《中国居民膳食营养素参考摄入量》，中国轻工业出版社2001年版，第18页。有关说明：

（1）表中所列为18—49岁成年人膳食能量推荐摄入量；

（2）综合考虑轻体力活动男、女膳食能量推荐摄入量，建议以2200千卡作为测算城乡低保标准时的参考数据。

附件2：

中国居民不同能量水平建议食物摄入量（克/日）

类别＼能量	1600千卡	1800千卡	2000千卡	2200千卡	2400千卡	2600千卡	2800千卡
谷类	225	250	300	300	350	400	450
大豆类	30	30	40	40	40	50	50
蔬菜	300	300	350	400	450	500	500
水果	200	200	300	300	400	400	500
肉类	50	50	50	75	75	75	75
乳类	300	300	300	300	300	300	300
蛋类	25	25	25	50	50	50	50
水产品	50	50	75	75	75	100	100
烹调油	20	25	25	25	30	30	30
食盐	6	6	6	6	6	6	6

资料来源：中国营养学会编著的《中国居民膳食指南》，西藏人民出版社2007年版，第176页。

民政部关于进一步加强城市低保对象认定工作的通知

（2010 年 6 月 13 日）

各省、自治区、直辖市民政厅（局），各计划单列市民政局，新疆生产建设兵团民政局：

近年来，我国政府在城市低保方面的财政投入越来越大，低保标准和低保对象的救助水平都有了较大幅度的提高，这对于保障困难群众的基本生活，维护社会稳定发挥了重要作用。但是，从最近的检查以及审计署对部分地区低保工作审计反馈的情况看，还存在低保对象认定不够准确问题，个别地方还相当突出。为进一步规范城市低保管理工作，落实好“全国社会救助规范管理工作会议”精神，现就进一步做好城市低保对象认定工作通知如下：

一、进一步完善低保对象认定制度

低保对象认定是城市低保工作的核心环节。只有准确认定低保对象，才能确保这项民生实事真正落到实处，才能确保困难群众的基本生活真正得到保障，也才能确保“应保尽保”的制度目标顺利实现。针对近期一些地方暴露出的低保对象认定不准问题，各地要严肃查处，并举一反三，认真总结经验教训，切实加强制度建设，从根本上杜绝低保对象认定工作中的各种漏洞。

各地要按照党中央、国务院的新要求，根据我国经济社会形势的新变化，及时修订完善《城市居民最低生活保障条例》实施办法或实施细则，制定并实施城市低保操作规程，从资格条件、申请审批、收入核定、分类施保、动态管理、退出机制等各方面作出规定，努力做到制度完善、规定明确、有章可依、便于操作。

二、进一步规范低保对象认定条件

（一）规范户籍认定条件。根据《城市居民最低生活保障条例》的有关规定，享受城市低保待遇的必须是持有非农业户口的城市居民。在取消农业户口和非农业户口划分的地区，原则上可将户籍所在地为城镇行政区域且居住超过一定期限、不拥有承包土地、不参加农村集体经济收益分配等作为申请城市低保的户籍条件。对于户口不在一起的城市家庭，应首先将户口迁移到一起，然后再申请低保。因特殊原因无法将户口迁移到一起的，应由户主在其户籍所在地提出低保申请，其他家庭成员分别提供收入证明。原则上，户籍不在本地的家庭成员应申请享受其户籍所在地的低保待遇；特殊情况也可随户主一起申请享受居住地的低保待遇。申请享受居住地低保待遇的，应由其户籍所在地乡镇（街道）政府或村（居）民委员会出具未享受低保待遇的证明。家庭生活确有困难，且已丧失劳动能力的成年重度残疾人，应在单独立户后申请低保。

（二）规范家庭财产的类别和条件。家庭财产是指共同生活的家庭成员所拥有的有价证券、存款、房产、车辆等资产。各地应将家庭财产作为认定城市低保对象的重要依据。对于拥有大额存款、有价证券、多套房产、机动车、经营性资产等财产的家庭，各地应根据财产类型规定不同的条件，并依据这些条件来认定低保对象。

（三）规范家庭收入的类别和计算方法。家庭收入是指共同生活的家庭成员在规定期限内的全部可支配收入，包括扣除缴纳的个人所得税及个人按规定缴纳的社会保障性支出后的工资性收入、经营性净收入、财产性收入和转移性收入等。家庭人均月收入是否低于当地低保标准，是能否享受低保待遇的基本条件。

（四）规范家庭收入的减免类型和金额。根据《城市居民最低生活保障条例》规定，优抚对象按照国家规定享受的抚恤金、补助金不计入家庭收入。其他可以减免的类型如独生子女费、孤残儿童基本生活费等，应由当地人民政府作出明确规定。

各地在认定城市低保对象时，要按照户籍条件、家庭财产条件、家庭收入条件，认真操作，严格把关。对破产改制企业下岗职工、城镇集体企业未参保退休人员以及失地农民等家庭申请低保的，应及时受理申请，符合条件的及时纳入城市低保救助范围；不符合低保救助条件，但生活确有困难的，应通过临时救助等方式保障其基本生活。

三、进一步改进低保对象认定方法

（一）由街道、乡镇低保经办机构直接受理低保申请。受街道或乡镇低保经办机构委托受理低保申请的社区居民委员会，要将申请人提交的所有材料以及家庭经济状况调查结果全部上交到街道或者乡镇低保经办机构，不得自行作出不予受理或不符合低保条件的决定。

（二）入户调查应存录原始资料。入户调查和邻里走访应由两人以上同行，并详细、真实记录低保申请人家庭生活情况，以备街道和区（县）级民政部门审核、审批时查验。

（三）民主评议应规范、简便，讲求实效。民主评议的参加人员应为社区居民委员会成员、街道及社区低保工作人员、居民代表以及驻社区人大代表、政协委员等，总人数不得少于7人，并定期轮换。评议时，应充分了解低保申请家庭的情况，必要时，可向低保申请人或者其代理人询问。民主评议应采取无记名的方式使与会人员充分表达意见，并当场公布评议结果。评议结果无论同意与否，都应上报街道、乡镇低保经办机构。

（四）张榜公示应限定范围和时间。一般情况下，公示的范围应限于低保申请人所居住的社区居委会，不提倡在互联网站上公示；公示的内容应仅限于拟批准享受低保的户主姓名、家庭人口数及享受金额，应注意保护其家庭特别是儿童的隐私；对于老年人家庭、残疾人家庭等家庭收入无变化或变化不大的，不宜实行常年公示。

（五）县级民政部门应建立随机抽查制度。要对低保家庭实行分类管理，对于家庭收入无变化或者变化不大的家庭，可每年复核一次；对于家庭收入处于经常变动状态的，至少每半年复核一次。县级民政部门要加强随机抽查力度，每年抽查数量应分别不少于新申请低保家庭总数和已有低保家庭总数的20%。

（六）加快推进居民家庭收入核对机制建设。要按照《城市低收入家庭认定办法》（民发〔2008〕156号）的有关要求，认真分析居民家庭收入核对涉及的部门和机构，精心研究各类居民家庭收入信息共享的办法和措施，根据居民家庭收入的不同类型，尽快与税务、房地产、社会保险、公积金、车辆、工商、金融等部门协商收入核对的具体程序和办法，建立分层次、多类别、高效率、运转灵活的居民家庭收入核对运行机制。

四、做好低保对象认定排查工作

从现在起到今年年底，各地要组织开展一次针对城市低保对象认定工作的排查。一是查制度规定。确保与低保对象认定有关的各项制度健全、翔实，符合国家有关法规政策和当地实际情况。二是查制度落实。通过排查，准确掌握低保对象的基本信息，进一步摸清他们的实际生活状况，对符合低保条件的要实现“应保尽保”，对不符合低保条件的要“应退尽退”。三是查问题纠正。对有关部门反映的低保工作中存在的问题，以及群众举报、信访等个案，要认真核查，及时纠正。排查的具体形式由当地民政部门决定，并将有关情况及时报民政部。

民政部

2010年6月13日

民政部、国家发展改革委关于印发《城市低收入家庭认定办法》的通知

各省、自治区、直辖市人民政府，新疆生产建设兵团：

为推进城市低收入家庭住房困难问题的解决，根据《国务院关于解决城市低收入家庭住房困难的若干意见》（国发〔2007〕24号）的有关规定以及国家有关法规政策，我们制定了《城市低收入家庭认定办法》，经国务院同意，现印发给你们，请遵照执行。

民政部　国家发展改革委
公安部　财政部
人力资源社会保障部
住房城乡建设部
人民银行　税务总局
工商总局　统计局　证监会
2008年10月22日

城市低收入家庭认定办法

为规范廉租住房、经济适用住房保障以及其他社会救助工作中的城市低收入家庭收入核定行为，根据《国务院关于解决城市低收入家庭住房困难的若干意见》（国发〔2007〕24号），制定以下办法。

一、本办法所称城市低收入家庭，是指家庭成员人均收入和家庭财产状况符合当地人民政府规定的低收入标准的城市居民家庭。家庭成员是指具有法定

赡养、抚养或扶养关系并共同生活的人员。

二、民政部负责全国城市低收入家庭收入核定的管理工作。

县（市、区）以上地方人民政府民政部门负责本行政区域内城市低收入家庭收入核定的管理工作。

县（市、区）人民政府民政部门以及街道办事处或者乡镇人民政府负责城市低收入家庭收入核定的具体工作。

三、社区居民委员会根据街道办事处或者乡镇人民政府的委托，可以承担城市低收入家庭收入核定的日常服务工作。

四、县（市、区）以上人民政府发展改革、价格、公安、财政、人力资源社会保障、住房城乡建设（房地产）、金融、税务、工商、统计等部门在各自职责范围内做好城市低收入家庭收入核定的有关工作。

五、地方各级人民政府要加强城市低收入家庭收入核定工作机构能力建设，落实必要的工作人员和经费。街道办事处、乡镇人民政府要采取调配、招用等形式，配备必要工作人员。

六、城市低收入家庭收入标准实行动态管理，每年公布一次。直辖市、设区的市低收入家庭收入标准，由市人民政府制定；县（市）城市低收入家庭收入标准，由县（市）人民政府制定，并报上级人民政府备案。

七、城市低收入家庭收入标准主要包括家庭收入和家庭财产两项指标，应当根据当地经济和社会发展水平，统筹考虑居民人均可支配收入、最低生活保障标准、最低工资标准以及住房保障和其他社会救助的关系，以满足城市居民基本生活需求为原则，按照不同救助项目需求和家庭支付能力确定。

八、家庭收入是指家庭成员在一定期限内拥有的全部可支配收入，包括扣除缴纳的个人所得税以及个人缴纳的社会保障支出后的工薪收入、经营性净收入、财产性收入和转移性收入等。家庭财产是指家庭成员拥有的全部存款、房产、车辆、有价证券等财产。

九、家庭成员按照国家规定获得的优待抚恤金、计划生育奖励与扶助金、教育奖（助）学金、寄宿生生活费补助以及见义勇为等奖励性补助，不计入家庭收入。

十、城市居民家庭在申请廉租住房、经济适用住房保障或者其他社会救助时，应当提供家庭收入、家庭财产等状况的证明材料，并以书面形式一并向户籍所在地的街道办事处或者乡镇人民政府提出核定其家庭收入状况的申请。具体申请程序按照有关规定办理。

十一、县（市、区）人民政府民政部门以及街道办事处或者乡镇人民政府应当通过书面审查、入户调查、信息查证、邻里访问以及信函索证等方式，对申请低收入核定的家庭至少最近6个月的收入和财产状况进行调查核实。有关个人、单位、组织应当积极配合，并如实提供有关情况。

十二、经申请低收入核定的家庭授权，县（市、区）人民政府民政部门以及街道办事处或者乡镇人民政府，可以对家庭成员的收入和财产状况进行查询。公安（户籍和车辆管理）、人力资源社会保障（社会保险）、住房城乡建设（房地产）、金融、工商、税务、住房公积金等部门和机构应当予以配合。具体查询办法由民政部会同有关部门另行规定。

十三、县（市、区）人民政府民政部门应当为符合当地人民政府规定的低收入家庭收入标准的城市居民家庭出具家庭收入核定证明。

十四、县（市、区）人民政府民政部门以及街道办事处或者乡镇人民政府应当设立举报箱或举报电话，接受群众和社会监督。

十五、城市居民最低生活保障家庭可直接认定为城市低收入家庭，不再重复进行家庭收入核定。

十六、城市低收入家庭应当按年度向所在地街道办事处或者乡镇人民政府如实申报家庭人口、收入以及财产的变动情况。街道办事处或者乡镇人民政府应当对申报情况进行核实，并将申报及核实情况报送县（市、区）人民政府民政部门。

县（市、区）人民政府民政部门应当根据城市低收入家庭人口、收入以及财产的变动情况，重新出具家庭收入核定证明。

十七、县（市、区）人民政府民政部门应当按户建立收入审核档案，并将城市低收入家庭的人口、收入、财产等变动情况，以及享受廉租住房、经济适用住房保障或者其他社会救助的情况，及时登记归档。

十八、各地应当逐步建立城市家庭收入审核信息系统，有效利用公安（户籍和车辆管理）、人力资源社会保障（社会保险）、住房城乡建设、金融、工商、税务、住房公积金等政府部门及有关机构的数据，实现信息共享，方便信息比对和核查，建立科学、高效的收入审核信息平台。

十九、申请低收入核定的家庭不如实提供相关情况，隐瞒收入和财产，骗取城市低收入家庭待遇的，由县（市、区）人民政府民政部门取消已出具的家庭收入核定证明，并记入人民银行企业和个人信用信息基础数据库及有关部门建立的诚信体系。

国家机关、企事业单位、社会团体、村（居）民委员会以及其他社会组织，不如实提供申请低收入核定的家庭及家庭成员的有关情况，或者出具虚假证明的，由县（市、区）人民政府民政部门提请其上级主管机关或者有关部门依照法律法规和有关规定处理，并记入人民银行企业和个人信用信息基础数据库及有关部门建立的诚信体系。

二十、城市家庭收入审核工作人员玩忽职守、滥用职权、徇私舞弊的，依法给予行政处分;涉嫌犯罪的，依法移送司法机关处理。

二十一、各省、自治区、直辖市人民政府可以根据本办法制定具体的实施办法。

民政部关于积极开展城市低收入家庭认定工作的若干意见

（2009 年 6 月 19 日）

各省、自治区、直辖市民政厅（局），计划单列市民政局，新疆生产建设兵团民政局：

2008年10月，经国务院同意，我部会同有关部委（局）联合下发《城市低收入家庭认定办法》（民发〔2008〕156号，以下简称《办法》）。《办法》就城市低收入家庭的认定标准、认定程序、认定方法以及民政部门的职责任务等作出明确规定。《办法》下发后，各地民政部门积极行动，加强沟通协调，深入调查研究，相继启动城市低收入家庭认定的相关工作。为使城市低收入家庭认定工作落到实处，进一步健全完善城市社会救助体系，现就做好城市低收入家庭认定工作提出如下意见：

一、充分认识开展城市低收入家庭认定工作的重要意义

（一）城市低收入家庭是指家庭成员人均收入和家庭财产状况符合当地人民政府规定的低收入标准的城市居民家庭。认定城市低收入家庭是住房救助、医疗救助、教育救助等专项社会救助制度以及临时救助制度向低保对象以外的低收入家庭延伸的前提和基础，是进一步健全完善城市社会救助体系的重要举措。为应对金融危机，去年以来我国政府相继出台了一系列保民生、保发展、保稳定的政策。廉租住房等保障性住房建设是其中最为重要、最为突出，也是城市困难群众最为关注、最为期待的一项内容。党中央、国务院对廉租住房建设高度重视，李克强副总理明确要求“尽快对既买不起房、也租不起房的城市低收入住房困难家庭实施廉租住房保障”。城市低收入家庭认定是廉租住房救

助的重要环节，是确保廉租住房公平分配的基础，各级民政部门一定要高度重视，切实承担责任，抓紧抓好这项工作。

二、开展城市低收入家庭认定的基本要求和总体目标

（二）基本要求。开展城市低收入家庭认定工作的基本要求是：明确政策，细化操作；突出重点，示范引路；部门配合，信息联动；强化基础，规范管理。

（三）总体目标。通过对社会救助申请人家庭收入和家庭财产状况的核对，逐步建立起相对完整的城市居民家庭经济状况审核信息系统，不断规范城市低收入家庭认定工作，推动廉租住房等专项社会救助制度覆盖所有城市低收入家庭。

三、进一步规范城市低收入家庭认定工作

（四）健全法规政策。各地要以《办法》为基础，抓紧制定具体的实施办法或实施细则，为城市低收入家庭认定工作的开展提供法规政策依据。制定实施办法或实施细则时，各地要注意强化办法的权威性和可操作性，尽量细化工作程序。条件成熟的，可通过制定配套政策的形式统一规范申请表格、收入类别、个人申报声明、证明文件等有关材料的样式或模板。

（五）合理确定低收入家庭的收入标准和财产状况标准。低收入家庭的收入标准可采取精确的货币单位进行量化，以一条收入水平线的形式对外发布，并应与当地城市低保标准保持内在关联性。低收入家庭财产状况标准可采取设定财产类型最高额度的方式发布；条件成熟的地方，也可以量化为货币单位，设定为财产标准线。低收入家庭的收入标准和财产状况标准也可以根据社会救助项目类型分别制定。

（六）规范工作流程。一是申请受理。只有当申请廉租住房、经济适用住房保障或者其他社会救助时，城市居民家庭才能提出低收入家庭认定申请。与社会救助无直接关系的低收入家庭认定申请，民政部门可不予受理。二是收入申报。街道办事处或乡镇人民政府应根据民政部门统一制定的格式，要求城市低收入家庭申请人逐项填写家庭收入、家庭人口和家庭财产情况，并签字确认提供虚假信息的，将承担相应法律责任。三是核定收入。对于廉租住房救助

的申请，应先由住房保障部门核定其住房状况是否符合规定条件。民政部门接到住房保障部门转交的符合住房状况规定条件的廉租住房申请材料后，可相应开展收入核定工作。申请其他社会救助需要认定家庭收入的，按有关规定办理。四是出具证明。经核定符合低收入家庭收入标准和财产状况标准的，民政部门可出具家庭收入核定证明材料。该证明材料应注明核定的主要项目及核定结果，并及时反馈住房保障部门或其他社会救助管理部门。收入核定证明材料一般不宜直接交社会救助申请人本人。五是异议申诉。廉租住房申请人对收入认定结果有异议的，应根据《廉租住房保障办法》的规定，向住房保障部门提出申诉。民政部门应向住房保障部门作出说明，由住房保障部门统一答复申请人。其他社会救助方面的异议或申诉，按有关规定办理。

（七）探索建立居民家庭收入信息共享系统。核定社会救助申请人家庭收入和家庭财产的方法主要是书面审查、入户调查、信息查询、邻里访问以及信函索证。工作中，要注意建立完善的社区评议和社区公示制度，充分发挥广大群众的监督积极性。同时，要探索建立居民家庭收入信息共享系统，通过与税务、户籍、社会保险、公积金、金融等部门和机构共享居民收入信息，准确认定城市低收入家庭。

四、夯实城市低收入家庭认定工作基础

（八）认真研究政策。要认真研究城市低收入家庭认定工作的重点、难点和薄弱环节，找准工作的着力点；要把开展这项工作的重要性分析深、分析透，形成共识；要及时向主要领导汇报工作进展及存在问题，并提出有针对性的解决建议。

（九）注意抓好试点。城市低收入家庭认定是一项新工作，这些家庭的收入普遍高于低保家庭，其收入来源更为多样化，隐性就业和隐性收入较为普遍，家庭财产更不易掌握。依靠认定低保对象的传统方法难以准确认定低收入家庭。因此，各地要注意抓好试点，探索创新行之有效的家庭经济状况核查办法，在认真总结经验的基础上逐步推广。

（十）加强能力建设。城市低收入家庭认定是一项政策性、技术性都很强的工作，各地要按照《办法》要求，协调有关部门，加强城市低收入家庭收入核定工作机构能力建设，在落实必要的工作人员和经费基础上开展工作。街道

办事处、乡镇人民政府要采取调配、招用等形式，配备必要工作人员。

（十一）做好部门间配合。城市低收入家庭认定虽然是一项配合性工作，具体救助行为由相关部门实施，但其基础性地位不容忽视。各地要注意加强与有关部门的沟通协调，积极主动做好配合服务工作，以获得有关部门的理解与支持，为城市低收入家庭认定工作的开展创造必要的条件。

民政部

2009年6月19日

（四）农村低保

中共中央、国务院关于积极发展现代农业扎实推进社会主义新农村建设的若干意见

（2006年12月31日）

农业丰则基础强，农民富则国家盛，农村稳则社会安。加强“三农”工作，积极发展现代农业，扎实推进社会主义新农村建设，是全面落实科学发展观、构建社会主义和谐社会的必然要求，是加快社会主义现代化建设的重大任务。

2006年以来，各地区各部门认真贯彻中央部署，社会主义新农村建设开局良好。在自然灾害较重的情况下，粮食继续增产，农民持续增收，农村综合改革稳步推进，农村公共事业明显加强，农村社会更加稳定。但当前农村发展仍存在许多突出矛盾和问题，农业基础设施依然薄弱，农民稳定增收依然困难，农村社会事业发展依然滞后，改变农村落后面貌、缩小城乡差距仍需付出艰苦努力。要增强危机感，坚持解决好"三农"问题是全党工作重中之重的战略思想丝毫不能动摇，促进农业稳定发展、农民持续增收的重要任务丝毫不能放松，支农惠农的政策力度丝毫不能减弱，扎实推进新农村建设的各项工作丝毫不能松懈。

发展现代农业是社会主义新农村建设的首要任务，是以科学发展观统领农村工作的必然要求。推进现代农业建设，顺应我国经济发展的客观趋势，符合当今世界农业发展的一般规律，是促进农民增加收入的基本途径，是提高农业综合生产能力的重要举措，是建设社会主义新农村的产业基础。要用现代物质条件装备农业，用现代科学技术改造农业，用现代产业体系提升农业，用现代

经营形式推进农业，用现代发展理念引领农业，用培养新型农民发展农业，提高农业水利化、机械化和信息化水平，提高土地产出率、资源利用率和农业劳动生产率，提高农业素质、效益和竞争力。建设现代农业的过程，就是改造传统农业、不断发展农村生产力的过程，就是转变农业增长方式、促进农业又好又快发展的过程。必须把建设现代农业作为贯穿新农村建设和现代化全过程的一项长期艰巨任务，切实抓紧抓好。

2007年农业和农村工作的总体要求是：以邓小平理论和“三个代表”重要思想为指导，全面落实科学发展观，坚持把解决好“三农”问题作为全党工作的重中之重，统筹城乡经济社会发展，实行工业反哺农业、城市支持农村和多予少取放活的方针，巩固、完善、加强支农惠农政策，切实加大农业投入，积极推进现代农业建设，强化农村公共服务，深化农村综合改革，促进粮食稳定发展、农民持续增收、农村更加和谐，确保新农村建设取得新的进展，巩固和发展农业农村的好形势。

一、加大对"三农"的投入力度，建立促进现代农业建设的投入保障机制

增加农业投入，是建设现代农业、强化农业基础的迫切需要。必须不断开辟新的农业投入渠道，逐步形成农民积极筹资投劳、政府持续加大投入、社会力量广泛参与的多元化投入机制。特别要抓住当前经济发展较快和财政增收较多的时机，继续巩固、完善、加强支农惠农政策，切实加大对“三农”的投入，实实在在为农民办一些实事。

（一）大幅度增加对“三农”的投入。各级政府要切实把基础设施建设和社会事业发展的重点转向农村，国家财政新增教育、卫生、文化等事业经费和固定资产投资增量主要用于农村，逐步加大政府土地出让收入用于农村的比重。要建立“三农”投入稳定增长机制，积极调整财政支出结构、固定资产投资结构和信贷投放结构，中央和县级以上地方财政每年对农业总投入的增长幅度应当高于其财政经常性收入的增长幅度，尽快形成新农村建设稳定的资金来源。2007年，财政支农投入的增量要继续高于上年，国家固定资产投资用于农村的增量要继续高于上年，土地出让收入用于农村建设的增量要继续高于上年。建设用地税费提高后新增收入主要用于“三农”。加快制定农村金融整体改革方案，努力形成商业金融、合作金融、政策性金融和小额贷款组织互为补充、功能齐备的农村金融体系，探索建立多种形式的担保机制，引导金融机构增加对“三农”的信贷投放。加大支农资金整合力度，抓紧建立支农投资规划、计划衔接和部门信息沟通工作机制，完善投入管理办法，集中用于重点地区、重点项目，提高支农资金使用效益。要注重发挥政府资金的带动作用，引导农民和社会各方面资金投入农村建设。加快农业投入立法进程，加强执法检查。

（二）健全农业支持补贴制度。近几年实行的各项补贴政策，深受基层和农民欢迎，要不断巩固、完善和加强，逐步形成目标清晰、受益直接、类型多样、操作简便的农业补贴制度。各地用于种粮农民直接补贴的资金要达到粮食风险基金的50%以上。加大良种补贴力度，扩大补贴范围和品种。扩大农机具购置补贴规模、补贴机型和范围。加大农业生产资料综合补贴力度。中央财政要加大对产粮大县的奖励力度，增加对财政困难县乡增收节支的补助。同时，继续对重点地区、重点粮食品种实行最低收购价政策，并逐步完善办法、健全制度。

（三）建立农业风险防范机制。要加强自然灾害和重大动植物病虫害预测预报和预警应急体系建设，提高农业防灾减灾能力。积极发展农业保险，按照政府引导、政策支持、市场运作、农民自愿的原则，建立完善农业保险体系。扩大农业政策性保险试点范围，各级财政对农户参加农业保险给予保费补贴，完善农业巨灾风险转移分摊机制，探索建立中央、地方财政支持的农业再保险体系。鼓励龙头企业、中介组织帮助农户参加农业保险。

（四）鼓励农民和社会力量投资现代农业。充分发挥农民在建设新农村和发展现代农业中的主体作用，引导农民发扬自力更生精神，增加生产投入和智力投入，提高科学种田和集约经营水平。完善农村“一事一议”筹资筹劳办法，支持各地对“一事一议”建设公益设施实行奖励补助制度。对农户投资投劳兴建直接受益的生产生活设施，可给予适当补助。综合运用税收、补助、参股、贴息、担保等手段，为社会力量投资建设现代农业创造良好环境。企业捐款和投资建设农村公益设施，可以按规定享受相应的税收优惠政策。

二、加快农业基础建设，提高现代农业的设施装备水平

改善农业设施装备，是建设现代农业的重要内容。必须下决心增加投入，

加强基础设施建设，加快改变农村生产生活条件落后的局面。

（一）大力抓好农田水利建设。要把加强农田水利设施建设作为现代农业建设的一件大事来抓。加快大型灌区续建配套和节水改造，搞好末级渠系建设，推行灌溉用水总量控制和定额管理。扩大大型泵站技术改造实施范围和规模。农业综合开发要增加对中型灌区节水改造投入。加强丘陵山区抗旱水源建设，加快西南地区中小型水源工程建设。增加小型农田水利工程建设补助专项资金规模。加大病险水库除险加固力度，加强中小河流治理，改善农村水环境。引导农民开展直接受益的农田水利工程建设，推广农民用水户参与灌溉管理的有效做法。

（二）切实提高耕地质量。强化和落实耕地保护责任制，切实控制农用地转为建设用地的规模。合理引导农村节约集约用地，切实防止破坏耕作层的农业生产行为。加大土地复垦、整理力度。按照田地平整、土壤肥沃、路渠配套的要求，加快建设旱涝保收、高产稳产的高标准农田。加快实施沃土工程，重点支持有机肥积造和水肥一体化设施建设，鼓励农民发展绿肥、秸秆还田和施用农家肥。扩大土壤有机质提升补贴项目试点规模和范围。增加农业综合开发投入，积极支持高标准农田建设。

（三）加快发展农村清洁能源。继续增加农村沼气建设投入，支持有条件的地方开展养殖场大中型沼气建设。在适宜地区积极发展秸秆气化和太阳能、风能等清洁能源，加快绿色能源示范县建设，实施西北地区百万户太阳灶建设工程。加快实施乡村清洁工程，推进人畜粪便、农作物秸秆、生活垃圾和污水的综合治理和转化利用。加强农村水能资源开发规划和管理，扩大小水电代燃料工程实施范围和规模，加大对贫困地区农村水电开发的投入和信贷支持。

（四）加大乡村基础设施建设力度。“十一五”时期，要解决1.6亿农村人口的饮水安全问题，优先解决人口较少民族、水库移民、血吸虫病区和农村学校的安全饮水，争取到2015年基本实现农村人口安全饮水目标，有条件的地方可加快步伐。加大农村公路建设力度，加强农村公路养护和管理，完善农村公路筹资建设和养护机制。继续推进农村电网改造和建设，落实城乡同网同价政策，加快户户通电工程建设，实施新农村电气化建设“百千万”工程。鼓励农民在政府支持下，自愿筹资筹劳开展农村小型基础设施建设。治理农村人居环境，搞好村庄治理规划和试点，节约农村建设用地。继续发展小城镇和县域经济，充分发挥辐射周边农村的功能，带动现代农业发展，促进基础设施和公共服务向农村延伸。

（五）发展新型农用工业。农用工业是增强农业物质装备的重要依托。积极发展新型肥料、低毒高效农药、多功能农业机械及可降解农膜等新型农业投入品。优化肥料结构，加快发展适合不同土壤、不同作物特点的专用肥、缓释肥。加大对新农药创制工程支持力度，推进农药产品更新换代。加快农机行业技术创新和结构调整，重点发展大中型拖拉机、多功能通用型高效联合收割机及各种专用农机产品。尽快制定有利于农用工业发展的支持政策。

（六）提高农业可持续发展能力。鼓励发展循环农业、生态农业，有条件的地方可加快发展有机农业。继续推进天然林保护、退耕还林等重大生态工程建设，进一步完善政策、巩固成果。启动石漠化综合治理工程，继续实施沿海防护林工程。完善森林生态效益补偿基金制度，探索建立草原生态补偿机制。加快实施退牧还草工程。加强森林草原防火工作。加快长江、黄河上中游和西南石灰岩等地区水土流失治理，启动坡耕地水土流失综合整治工程。加强农村环境保护，减少农业面源污染，搞好江河湖海的水污染治理。

三、推进农业科技创新，强化建设现代农业的科技支撑

科技进步是突破资源和市场对我国农业双重制约的根本出路。必须着眼增强农业科技自主创新能力，加快农业科技成果转化应用，提高科技对农业增长的贡献率，促进农业集约生产、清洁生产、安全生产和可持续发展。

（一）加强农业科技创新体系建设。大幅度增加农业科研投入，加强国家基地、区域性农业科研中心创新能力建设。启动农业行业科研专项，支持农业科技项目。着力扶持对现代农业建设有重要支撑作用的技术研发。继续安排农业科技成果转化资金和国外先进农业技术引进资金。加快推进农业技术成果的集成创新和中试熟化。深化农业科研院所改革，开展稳定支持农业科研院所的试点工作，逐步提高农业科研院所的人均事业费水平。建立鼓励科研人员科技创新的激励机制。充分发挥大专院校在农业科技研究中的作用。引导涉农企业开展技术创新活动，企业与科研单位进行农业技术合作、向基地农户推广农业新品种新技术所发生的有关费用，享受企业所得税的相关优惠政策。对于涉农企业符合国家产业政策和有关规定引进的加工生产设备，允许免征进口关税和进口环节增值税。

（二）推进农业科技进村入户。积极探索农业科技成果进村入户的有效机制和办法，形成以技术指导员为纽带，以示范户为核心，连接周边农户的技术传播网络。继续加强基层农业技术推广体系建设，健全公益性职能经费保障机制，改善推广条件，提高人员素质。推进农科教结合，发挥农业院校在农业技术推广中的积极作用。增大国家富民强县科技专项资金规模，提高基层农业科技成果转化能力。继续支持重大农业技术推广，加快实施科技入户工程。着力培育科技大户，发挥对农民的示范带动作用。

（三）大力推广资源节约型农业技术。要积极开发运用各种节约型农业技术，提高农业资源和投入品使用效率。大力普及节水灌溉技术，启动旱作节水农业示范工程。扩大测土配方施肥的实施范围和补贴规模，进一步推广诊断施肥、精准施肥等先进施肥技术。改革农业耕作制度和种植方式，开展免耕栽培技术推广补贴试点，加快普及农作物精量半精量播种技术。积极推广集约、高效、生态畜禽水产养殖技术，降低饲料和能源消耗。

（四）积极发展农业机械化。要改善农机装备结构，提升农机装备水平，走符合国情、符合各地实际的农业机械化发展道路。加快粮食生产机械化进程，因地制宜地拓展农业机械化的作业和服务领域，在重点农时季节组织开展跨区域的机耕、机播、机收作业服务。建设农机化试验示范基地，大力推广水稻插秧、土地深松、化肥深施、秸秆粉碎还田等农机化技术。鼓励农业生产经营者共同使用、合作经营农业机械，积极培育和发展农机大户和农机专业服务组织，推进农机服务市场化、产业化。加强农机安全监理工作。

（五）加快农业信息化建设。用信息技术装备农业，对于加速改造传统农业具有重要意义。健全农业信息收集和发布制度，整合涉农信息资源，推动农业信息数据收集整理规范化、标准化。加强信息服务平台建设，深入实施“金农”工程，建立国家、省、市、县四级农业信息网络互联中心。加快建设一批标准统一、实用性强的公用农业数据库。加强农村一体化的信息基础设施建设，创新服务模式，启动农村信息化示范工程。积极发挥气象为农业生产和农民生活服务的作用。鼓励有条件的地方在农业生产中积极采用全球卫星定位系统、地理信息系统、遥感和管理信息系统等技术。

四、开发农业多种功能，健全发展现代农业的产业体系

农业不仅具有食品保障功能，而且具有原料供给、就业增收、生态保护、观光休闲、文化传承等功能。建设现代农业，必须注重开发农业的多种功能，向农业的广度和深度进军，促进农业结构不断优化升级。

（一）促进粮食稳定发展。继续坚持立足国内保障粮食基本自给的方针，逐步构建供给稳定、调控有力、运转高效的粮食安全保障体系。2007年，要努力稳定粮食播种面积，提高单产、优化品种、改善品质。继续实施优质粮食产业、种子、植保和粮食丰产科技等工程。推进粮食优势产业带建设，鼓励有条件的地方适度发展连片种植，加大对粮食加工转化的扶持力度。支持粮食主产区发展粮食生产和促进经济增长，水利建设、中低产田改造和农产品加工转化等资金和项目安排，要向粮食主产区倾斜。加强对粮食生产、消费、库存及进出口的监测和调控，建立和完善粮食安全预警系统，维护国内粮食市场稳定。

（二）发展健康养殖业。健康养殖直接关系人民群众的生命安全。转变养殖观念，调整养殖模式，做大做强畜牧产业。按照预防为主、关口前移的要求，积极推行健康养殖方式，加强饲料安全管理，从源头上把好养殖产品质量安全关。牧区要积极推广舍饲半舍饲饲养，农区有条件的要发展规模养殖和畜禽养殖小区。扩大对养殖小区的补贴规模，继续安排奶牛良种补贴资金。加大动物疫病防控投入力度，加强基层兽医队伍建设，健全重大动物疫情监测和应急处置机制，建立和完善动物标识及疫病可追溯体系。水产养殖业要推广优良品种，加强水产养殖品种病害防治，提高健康养殖水平。

（三）大力发展特色农业。要立足当地自然和人文优势，培育主导产品，优化区域布局。适应人们日益多样化的物质文化需求，因地制宜地发展特而专、新而奇、精而美的各种物质、非物质产品和产业，特别要重视发展园艺业、特种养殖业和乡村旅游业。通过规划引导、政策支持、示范带动等办法，支持"一村一品"发展。加快培育一批特色明显、类型多样、竞争力强的专业村、专业乡镇。

（四）扶持农业产业化龙头企业发展。龙头企业是引导农民发展现代农业的重要带动力量。通过贴息补助、投资参股和税收优惠等政策，支持农产品加工业发展。中央和省级财政要专门安排扶持农产品加工的补助资金，支持龙头企业开展技术引进和技术改造。完善农产品加工业增值税政策，减轻农产品加工企业税负。落实扶持农业产业化经营的各项政策，各级财政要逐步增加对农业产业化的资金投入。农业综合开发资金要积极支持农业产业化发展。金融机构要加大对龙头企业的信贷支持，重点解决农产品收购资金困难问题。有关部门要加强对龙头企业的指导和服务。

（五）推进生物质产业发展。以生物能源、生物基产品和生物质原料为主要内容的生物质产业，是拓展农业功能、促进资源高效利用的朝阳产业。加快开发以农作物秸秆等为主要原料的生物质燃料、肥料、饲料，启动农作物秸秆生物气化和固化成型燃料试点项目，支持秸秆饲料化利用。加强生物质产业技术研发、示范、储备和推广，组织实施农林生物质科技工程。鼓励有条件的地方利用荒山、荒地等资源，发展生物质原料作物种植。加快制定有利于生物质产业发展的扶持政策。

五、健全农村市场体系，发展适应现代农业要求的物流产业

发达的物流产业和完善的市场体系，是现代农业的重要保障。必须强化农村流通基础设施建设，发展现代流通方式和新型流通业态，培育多元化、多层次的市场流通主体，构建开放统一、竞争有序的市场体系。

（一）建设农产品流通设施和发展新型流通业态。采取优惠财税措施，支持农村流通基础设施建设和物流企业发展。要合理布局，加快建设一批设施先进、功能完善、交易规范的鲜活农产品批发市场。大力发展农村连锁经营、电子商务等现代流通方式。加快建设“万村千乡市场”“双百市场”“新农村现代流通网络”和“农村商务信息服务”等工程。支持龙头企业、农民专业合作组织等直接向城市超市、社区菜市场和便利店配送农产品。积极支持农资超市和农家店建设，对农资和农村日用消费品连锁经营，实行企业总部统一办理工商注册登记和经营审批手续。切实落实鲜活农产品运输绿色通道政策。改善农民进城销售农产品的市场环境。进一步规范和完善农产品期货市场，充分发挥引导生产、稳定市场、规避风险的作用。

（二）加强农产品质量安全监管和市场服务。认真贯彻 农产品质量安全法，提高农产品质量安全监管能力。加快完善农产品质量安全标准体系，建立农产品质量可追溯制度。在重点地区、品种、环节和企业，加快推行标准化生产和管理。实行农药、兽药专营和添加剂规范使用制度，实施良好农业操作规范试点。继续加强农产品生产环境和产品质量检验检测，搞好无公害农产品、绿色食品、有机食品认证，依法保护农产品注册商标、地理标志和知名品牌。严格执行转基因食品、液态奶等农产品标识制度。加强农业领域知识产权保护。启动实施农产品质量安全检验检测体系建设规划。加强对农资生产经营和农村食品药品质量安全监管，探索建立农资流通企业信用档案制度和质量保障赔偿机制。

（三）加强农产品进出口调控。加快实施农业“走出去”战略。加强农产品出口基地建设，实行企业出口产品卫生注册制度和国际认证，推进农产品检测结果国际互认。支持农产品出口企业在国外市场注册品牌，开展海外市场研究、营销策划、产品推介活动。有关部门和行业协会要积极开展农产品技术标准、国际市场促销等培训服务。搞好对农产品出口的信贷和保险服务。减免出口农产品检验检疫费用，简化检验检疫程序，加快农产品特别是鲜活产品出口的通关速度。加强对大宗农产品进口的调控和管理，保护农民利益，维护国内生产和市场稳定。

（四）积极发展多元化市场流通主体。加快培育农村经纪人、农产品运销专业户和农村各类流通中介组织。采取财税、金融等措施，鼓励各类工商企业通过收购、兼并、参股和特许经营等方式，参与农村市场建设和农产品、农资经营，培育一批大型涉农商贸企业集团。供销合作社要推进开放办社，发展联合与合作，提高经营活力和市场竞争力。邮政系统要发挥邮递物流网络的优势，拓展为农服务领域。国有粮食企业要加快改革步伐，发挥衔接产销、稳定市场的作用。商贸、医药、通信、文化等企业要积极开拓农村市场。

六、培养新型农民，造就建设现代农业的人才队伍

建设现代农业，最终要靠有文化、懂技术、会经营的新型农民。必须发挥农村的人力资源优势，大幅度增加人力资源开发投入，全面提高农村劳动者素质，为推进新农村建设提供强大的人才智力支持。

（一）培育现代农业经营主体。普遍开展农业生产技能培训，扩大新型农民科技培训工程和科普惠农兴村计划规模，组织实施新农村实用人才培训工程，努力把广大农户培养成有较强市场意识、有较高生产技能、有一定管理能力的现代农业经营者。积极发展种养专业大户、农民专业合作组织、龙头企业和集体经济组织等各类适应现代农业发展要求的经营主体。采取各类支持政策，鼓励外出务工农民带技术、带资金回乡创业，成为建设现代农业的带头人。支持工商企业、大专院校和中等职业学校毕业生、乡土人才创办现代农业企业。

（二）加强农民转移就业培训和权益保护。加大“阳光工程”等农村劳动力转移就业培训支持力度，进一步提高补贴标准，充实培训内容，创新培训方式，完善培训机制。适应制造业发展需要，从农民工中培育一批中高级技工。鼓励用工企业和培训机构开展定向、订单培训。组织动员社会力量广泛参与农民转移就业培训。按照城乡统一、公平就业的要求，进一步完善农民外出就业的制度保障。做好农民工就业的公共服务工作，加快解决农民工的子女上学、工伤、医疗和养老保障等问题，切实提高农民工的生活质量和社会地位。

（三）加快发展农村社会事业。这是增强农民综合素质的必然要求，也是构建社会主义和谐社会的重要内容。继续改善农村办学条件，促进城乡义务教育均衡发展。2007年全国农村义务教育阶段学生全部免除学杂费，对家庭经济困难学生免费提供教科书并补助寄宿生生活费，有条件的地方可扩大免、补实施范围。加快发展农村职业技术教育和农村成人教育，扩大职业教育面向农村的招生规模。加大对大专院校和中等职业学校农林类专业学生的助学力度，有条件的地方可减免种植、养殖专业学生的学费。努力扫除农村青壮年文盲。继续扩大新型农村合作医疗制度试点范围，加强规范管理，扩大农民受益面，并不断完善农村医疗救助制度。加强农村计划生育工作，全面推行农村计划生育家庭奖励扶助政策，加大少生快富工程实施力度。增加农村文化事业投入，加强农村公共文化服务体系建设，加快广播电视“村村通”和农村文化信息资源共享工程建设步伐。

（四）提高农村公共服务人员能力。建立农村基层干部、农村教师、乡村医生、计划生育工作者、基层农技推广人员及其他与农民生产生活相关服务人员的培训制度，加强在岗培训，提高服务能力。进一步转换乡镇事业单位用人机制，积极探索由受益农民参与基层服务人员业绩考核评定的相关办法。加大城市教师、医务人员、文化工作者支援农村的力度，完善鼓励大专院校和中等职业学校毕业生到农村服务的有关办法，引导他们到农村创业。有条件的地方，可选拔大专院校和中等职业学校毕业生到乡村任职，改善农村基层干部队伍结构。

七、深化农村综合改革，创新推动现代农业发展的体制机制

深化农村综合改革，是巩固农村税费改革成果、推进现代农业建设的客观要求。必须加快改革步伐，为建设现代农业提供体制机制保障。

（一）深化农村综合改革。有条件的地方要在全省范围内开展乡镇机构改革试点，暂不具备条件的省份要进一步扩大市、县试点范围，从乡村实际出发转变乡镇政府职能，完善农村基层行政管理体制和工作机制，提高农村公共服务水平。认真落实农村义务教育经费保障机制改革措施，搞好教育人事制度改革，加强农村教师队伍建设。建立健全财力与事权相匹配的省以下财政管理体制，进一步完善财政转移支付制度，增强基层政府公共产品和公共服务的供给能力。中央和省级财政要安排一定资金，对地方推进农村综合改革给予奖励补助。

（二）统筹推进农村其他改革。进一步发挥中国农业银行、中国农业发展银行在农村金融中的骨干和支柱作用，继续深化农村信用社改革，尽快明确县域内各金融机构新增存款投放当地的比例，引导邮政储蓄等资金返还农村，大力发展农村小额贷款，在贫困地区先行开展发育农村多种所有制金融组织的试点。坚持农村基本经营制度，稳定土地承包关系，规范土地承包经营权流转，加快征地制度改革。稳定渔民的水域滩涂养殖使用权。加快推进农村集体林权制度改革，明晰林地使用权和林木所有权，放活经营权，落实处置权，继续搞好国有林区林权制度改革试点。积极搞好水权制度改革，探索建立水权分配、登记、转让等各项管理制度。继续推进农垦体制改革，转换企业经营机制，发挥农垦企业在现代农业建设中的示范带动作用。

（三）清理化解乡村债务。全面清理核实乡村债务，摸清底数，锁定旧债，制止发生新债，积极探索化解债务的措施和办法，优先化解农村义务教育、基础设施建设和社会公益事业发展等方面的债务。各地要妥善处理好历年农业税尾欠，在严格把握政策和加强审核的前提下，该减免的要坚决减免，能豁免的应予以豁免。中央和省级财政要安排一定奖励资金，鼓励地方主动化解乡村债务。

（四）大力发展农民专业合作组织。认真贯彻 农民专业合作社法，支持农民专业合作组织加快发展。各地要加快制定推动农民专业合作社发展的实施细则，有关部门要抓紧出台具体登记办法、财务会计制度和配套支持措施。要采取有利于农民专业合作组织发展的税收和金融政策，增大农民专业合作社建设示范项目资金规模，着力支持农民专业合作组织开展市场营销、信息服务、技术培训、农产品加工储藏和农资采购经营。

八、加强党对农村工作的领导，确保现代农业建设取得实效

党管农村工作是我们党的一个传统和重大原则，也是建设现代农业、推进社会主义新农村建设的根本保证。全党要高度重视“三农”工作，把建设现代农业作为一件大事列入重要议事日程，切实抓紧抓好。要适应农村经济社会深刻变化的新形势，调整工作思路，转变工作作风，改进工作方法。

（一）各级党委和政府要坚持不懈抓好“三农”工作。各级党政主要领导要亲自抓“三农”工作，省、市、县党委要有负责同志分管“三农”工作。充实和加强“三农”工作综合机构，贯彻落实好党的支农惠农政策。各部门要树立全局观念，强化服务意识，更加积极主动地支持现代农业建设。各级领导干部要转变作风，深入乡村、深入群众，帮助基层解决实际问题。要进一步细分地域类型，细化工作措施，更有针对性地搞好分类指导。加强农村基层组织建设，巩固和发展农村保持共产党员先进性教育活动成果。继续开展农村党的建设“三级联创”活动，选好配强乡村党组织领导班子，加强以村党组织为核心的村级组织配套建设。加快推进农村党员干部现代远程教育工程，大力推进村级组织活动场所建设。积极探索从优秀村干部中考录乡镇公务员、选任乡镇领导干部的有效途径，关心村干部的工作和生活，合理提高村干部的待遇和保障水平。加强农村基层党风廉政建设，增强农村基层党组织的创造力、凝聚力、战斗力。

（二）加强和改进农村社会管理。针对农村经济社会发展的新变化，要创新农村社会管理体制机制，切实加强维护农村社会稳定工作。拓宽农村社情民意表达渠道，建立健全矛盾纠纷的排查调处机制，综合运用多种手段和办法，妥善解决农村社会的苗头性、倾向性问题。深入开展平安农村建设，加强农村警务建设，搞好农村社会治安综合治理，保持农村安定有序。在农村广泛开展法制宣传教育，增强群众的法律意识，引导农民以理性合法的方式表达利益诉求，依法行使权利、履行义务。建立农村应急管理体制，提高危机处置能力。

（三）促进农村和谐发展。健全村党组织领导的充满活力的村民自治机制，完善村务公开制度，促进农村基层民主健康发展。加强农村精神文明建设，开展以“八荣八耻”为主要内容的社会主义荣辱观教育，推进群众性精神文明创建活动，引导农民崇尚科学、抵制迷信、移风易俗。加大对中西部地区特别是老少边穷地区发展社会事业、改善生产生活条件的支持力度。继续搞好开发式扶贫，实行整村推进扶贫方式，分户制定更有针对性的扶贫措施，提高扶贫开发成效。在全国范围建立农村最低生活保障制度，各地应根据当地经济发展水平和财力状况，确定低保对象范围、标准，鼓励已建立制度的地区完善制度，支持未建立制度的地区建立制度，中央财政对财政困难地区给予适当补助。有条件的地方，可探索建立多种形式的农村养老保险制度。高度重视农村残疾人事业，妥善解决外出务工农民家庭的实际困难。做好农村消防及其他安全工作，坚决制止污染企业向农村扩散，强化对各类地质灾害的监控，做好救灾救济工作，切实增强群众安全感。

加快建设现代农业，推进社会主义新农村建设，意义重大，任务艰巨。我们要紧密团结在以胡锦涛同志为总书记的党中央周围，高举邓小平理论和“三个代表”重要思想伟大旗帜，全面落实科学发展观，坚定信心，扎实苦干，奋力开拓，为构建社会主义和谐社会作出新的贡献。

国务院关于在全国建立农村最低生活保障制度的通知

（2007 年 7 月 11 日）

各省、自治区、直辖市人民政府，国务院各部委、各直属机构：

为贯彻落实党的十六届六中全会精神，切实解决农村贫困人口的生活困难，国务院决定，2007年在全国建立农村最低生活保障制度。现就有关问题通知如下：

一、充分认识建立农村最低生活保障制度的重要意义

改革开放以来，我国经济持续快速健康发展，党和政府高度重视“三农”工作，不断加大扶贫开发和社会救助工作力度，农村贫困人口数量大幅减少。但是，仍有部分贫困人口尚未解决温饱问题，需要政府给予必要的救助，以保障其基本生活，并帮助其中有劳动能力的人积极劳动脱贫致富。党的十六大以来，部分地区根据中央部署，积极探索建立农村最低生活保障制度，为全面解决农村贫困人口的基本生活问题打下了良好基础。在全国建立农村最低生活保障制度，是践行“三个代表”重要思想、落实科学发展观和构建社会主义和谐社会的必然要求，是解决农村贫困人口温饱问题的重要举措，也是建立覆盖城乡的社会保障体系的重要内容。做好这一工作，对于促进农村经济社会发展，逐步缩小城乡差距，维护社会公平具有重要意义。各地区、各部门要充分认识建立农村最低生活保障制度的重要性，将其作为社会主义新农村建设的一项重要任务，高度重视，扎实推进。

二、明确建立农村最低生活保障制度的目标和总体要求

建立农村最低生活保障制度的目标是：通过在全国范围建立农村最低生活

保障制度，将符合条件的农村贫困人口全部纳入保障范围，稳定、持久、有效地解决全国农村贫困人口的温饱问题。

建立农村最低生活保障制度，实行地方人民政府负责制，按属地进行管理。各地要从当地农村经济社会发展水平和财力状况的实际出发，合理确定保障标准和对象范围。同时，要做到制度完善、程序明确、操作规范、方法简便，保证公开、公平、公正。要实行动态管理，做到保障对象有进有出，补助水平有升有降。要与扶贫开发、促进就业以及其他农村社会保障政策、生活性补助措施相衔接，坚持政府救济与家庭赡养扶养、社会互助、个人自立相结合，鼓励和支持有劳动能力的贫困人口生产自救，脱贫致富。

三、合理确定农村最低生活保障标准和对象范围

农村最低生活保障标准由县级以上地方人民政府按照能够维持当地农村居民全年基本生活所必需的吃饭、穿衣、用水、用电等费用确定，并报上一级地方人民政府备案后公布执行。农村最低生活保障标准要随着当地生活必需品价格变化和人民生活水平提高适时进行调整。

农村最低生活保障对象是家庭年人均纯收入低于当地最低生活保障标准的农村居民，主要是因病残、年老体弱、丧失劳动能力以及生存条件恶劣等原因造成生活常年困难的农村居民。

四、规范农村最低生活保障管理

农村最低生活保障的管理既要严格规范，又要从农村实际出发，采取简便易行的方法。

（一）申请、审核和审批。申请农村最低生活保障，一般由户主本人向户籍所在地的乡（镇）人民政府提出申请；村民委员会受乡（镇）人民政府委托，也可受理申请。受乡（镇）人民政府委托，在村党组织的领导下，村民委员会对申请人开展家庭经济状况调查、组织村民会议或村民代表会议民主评议后提出初步意见，报乡（镇）人民政府；乡（镇）人民政府审核后，报县级人民政府民政部门审批。乡（镇）人民政府和县级人民政府民政部门要核查申请人的家庭收入，了解其家庭财产、劳动力状况和实际生活水平，并结合村民民主评议，提出审核、审批意见。在核算申请人家庭收入时，申请人家庭按国家

规定所获得的优待抚恤金、计划生育奖励与扶助金以及教育、见义勇为等方面的奖励性补助，一般不计入家庭收入，具体核算办法由地方人民政府确定。

（二）民主公示。村民委员会、乡（镇）人民政府以及县级人民政府民政部门要及时向社会公布有关信息，接受群众监督。公示的内容重点为：最低生活保障对象的申请情况和对最低生活保障对象的民主评议意见，审核、审批意见，实际补助水平等情况。对公示没有异议的，要按程序及时落实申请人的最低生活保障待遇；对公示有异议的，要进行调查核实，认真处理。

（三）资金发放。最低生活保障金原则上按照申请人家庭年人均纯收入与保障标准的差额发放，也可以在核查申请人家庭收入的基础上，按照其家庭的困难程度和类别，分档发放。要加快推行国库集中支付方式，通过代理金融机构直接、及时地将最低生活保障金支付到最低生活保障对象账户。

（四）动态管理。乡（镇）人民政府和县级人民政府民政部门要采取多种形式，定期或不定期调查了解农村困难群众的生活状况，及时将符合条件的困难群众纳入保障范围；并根据其家庭经济状况的变化，及时按程序办理停发、减发或增发最低生活保障金的手续。保障对象和补助水平变动情况都要及时向社会公示。

五、落实农村最低生活保障资金

农村最低生活保障资金的筹集以地方为主，地方各级人民政府要将农村最低生活保障资金列入财政预算，省级人民政府要加大投入。地方各级人民政府民政部门要根据保障对象人数等提出资金需求，经同级财政部门审核后列入预算。中央财政对财政困难地区给予适当补助。

地方各级人民政府及其相关部门要统筹考虑农村各项社会救助制度，合理安排农村最低生活保障资金，提高资金使用效益。同时，鼓励和引导社会力量为农村最低生活保障提供捐赠和资助。农村最低生活保障资金实行专项管理，专账核算，专款专用，严禁挤占挪用。

六、加强领导，确保农村最低生活保障制度的顺利实施

在全国建立农村最低生活保障制度，是一项重大而又复杂的系统性工作。地方各级人民政府要高度重视，将其纳入政府工作的重要议事日程，加强领

导，明确责任，统筹协调，抓好落实。

要精心设计制度方案，周密组织实施。各省、自治区、直辖市人民政府制订和修订的方案，要报民政部、财政部备案。已建立农村最低生活保障制度的，要进一步完善制度，规范操作，努力提高管理水平；尚未建立农村最低生活保障制度的，要抓紧建章立制，在今年内把最低生活保障制度建立起来并组织实施。要加大政策宣传力度，利用广播、电视、报刊、互联网等媒体，做好宣传普及工作，使农村最低生活保障政策进村入户、家喻户晓。要加强协调与配合，各级民政部门要发挥职能部门作用，建立健全各项规章制度，推进信息化建设，不断提高规范化、制度化、科学化管理水平；财政部门要落实资金，加强对资金使用和管理的监督；扶贫部门要密切配合、搞好衔接，在最低生活保障制度实施后，仍要坚持开发式扶贫的方针，扶持有劳动能力的贫困人口脱贫致富。要做好新型农村合作医疗和农村医疗救助工作，防止因病致贫或返贫。要加强监督检查，县级以上地方人民政府及其相关部门要定期组织检查或抽查，对违法违纪行为及时纠正处理，对工作成绩突出的予以表彰，并定期向上一级人民政府及其相关部门报告工作进展情况。各省、自治区、直辖市人民政府要于每年年底前，将农村最低生活保障制度实施情况报告国务院。

农村最低生活保障工作涉及面广、政策性强、工作量大，地方各级人民政府在推进农村综合改革，加强农村公共服务能力建设的过程中，要统筹考虑建立农村最低生活保障制度的需要，科学整合县乡管理机构及人力资源，合理安排工作人员和工作经费，切实加强工作力量，提供必要的工作条件，逐步实现低保信息化管理，努力提高管理和服务质量，确保农村最低生活保障制度顺利实施和不断完善。

国务院

2007 年 7 月 11 日

国务院办公厅转发民政部等部门关于做好农村最低生活保障制度与扶贫开发政策有效衔接指导意见的通知

（2016 年 9 月 17 日）

各省、自治区、直辖市人民政府，国务院各部委、各直属机构：

民政部、国务院扶贫办、中央农办、财政部、国家统计局、中国残联《关于做好农村最低生活保障制度与扶贫开发政策有效衔接的指导意见》已经国务院同意，现转发给你们，请认真贯彻执行。

国务院办公厅

2016 年 9 月 17 日

关于做好农村最低生活保障制度与扶贫开发政策有效衔接的指导意见

为贯彻落实党中央、国务院关于打赢脱贫攻坚战的决策部署，切实做好农村最低生活保障（以下简称低保）制度与扶贫开发政策有效衔接工作，确保到2020年现行扶贫标准下农村贫困人口实现脱贫，制定本意见。

一、总体要求

（一）指导思想。全面贯彻党的十八大和十八届三中、四中、五中全会精神，深入贯彻习近平总书记系列重要讲话精神特别是关于扶贫开发重要指示精神，认真落实党中央、国务院决策部署，紧紧围绕“五位一体”总体布局和“四个全面”战略布局，牢固树立创新、协调、绿色、开放、共享的发展理念，坚持精准扶贫精准脱贫基本方略，以制度有效衔接为重点，加强部门协作，完善政策措施，健全工作机制，形成制度合力，充分发挥农村低保制度在打赢脱贫攻坚战中的兜底保障作用。

（二）基本原则。

坚持应扶尽扶。精准识别农村贫困人口，将符合条件的农村低保对象全部纳入建档立卡范围，给予政策扶持，帮助其脱贫增收。

坚持应保尽保。健全农村低保制度，完善农村低保对象认定办法，加强农村低保家庭经济状况核查，及时将符合条件的建档立卡贫困户全部纳入农村低保范围，保障其基本生活。

坚持动态管理。做好农村低保对象和建档立卡贫困人口定期核查，建立精准台账，实现应进则进、应退则退。建立健全严格、规范、透明的贫困户脱贫和低保退出标准、程序、核查办法。

坚持资源统筹。统筹各类救助、扶贫资源，将政府兜底保障与扶贫开发政策相结合，形成脱贫攻坚合力，实现对农村贫困人口的全面扶持。

（三）主要目标。通过农村低保制度与扶贫开发政策的有效衔接，形成政策合力，对符合低保标准的农村贫困人口实行政策性保障兜底，确保到2020年现行扶贫标准下农村贫困人口全部脱贫。

二、重点任务

（一）加强政策衔接。在坚持依法行政、保持政策连续性的基础上，着力加强农村低保制度与扶贫开发政策衔接。对符合农村低保条件的建档立卡贫困户，按规定程序纳入低保范围，并按照家庭人均收入低于当地低保标准的差额发给低保金。对符合扶贫条件的农村低保家庭，按规定程序纳入建档立卡范围，并针对不同致贫原因予以精准帮扶。对返贫的家庭，按规定程序审核后，相应纳入临时救助、医疗救助、农村低保等社会救助制度和建档立卡贫困户扶贫开发政策覆盖范围。对不在建档立卡范围内的农村低保家庭、特困人员，各地统筹使用相关扶贫开发政策。贫困人口参加农村基本医疗保险的个人缴费部分由财政给予补贴，对基本医疗保险和大病保险支付后个人自负费用仍有困难的，加大医疗救助、临时救助、慈善救助等帮扶力度，符合条件的纳入重特大疾病医疗救助范围。对农村低保家庭中的老年人、未成年人、重度残疾人、重病患者等重点救助对象，要采取多种措施提高救助水平，保障其基本生活，严格落实困难残疾人生活补贴制度和重度残疾人护理补贴制度。

（二）加强对象衔接。县级民政、扶贫等部门和残联要密切配合，加强农村低保和扶贫开发在对象认定上的衔接。完善农村低保家庭贫困状况评估指标体系，以家庭收入、财产作为主要指标，根据地方实际情况适当考虑家庭成员因残疾、患重病等增加的刚性支出因素，综合评估家庭贫困程度。进一步完善农村低保和建档立卡贫困家庭经济状况核查机制，明确核算范围和计算方法。对参与扶贫开发项目实现就业的农村低保家庭，在核算其家庭收入时，可以扣减必要的就业成本，具体扣减办法由各地根据实际情况研究制定。“十三五”期间，在农村低保和扶贫对象认定时，中央确定的农村居民基本养老保险基础养老金暂不计入家庭收入。

（三）加强标准衔接。各地要加大省级统筹工作力度，制定农村低保标准动态调整方案，确保所有地方农村低保标准逐步达到国家扶贫标准。农村低保标准低于国家扶贫标准的地方，要按照国家扶贫标准综合确定农村低保的最低指导标准。农村低保标准已经达到国家扶贫标准的地方，要按照动态调整机制科学调整。进一步完善农村低保标准与物价上涨挂钩的联动机制，确保困难群众不因物价上涨影响基本生活。各地农村低保标准调整后应及时向社会公布，接受社会监督。

（四）加强管理衔接。对农村低保对象和建档立卡贫困人口实施动态管理。乡镇人民政府（街道办事处）要会同村（居）民委员会定期、不定期开展走访调查，及时掌握农村低保家庭、特困人员和建档立卡贫困家庭人口、收入、财产变化情况，并及时上报县级民政、扶贫部门。县级民政部门要将农村低保对象、特困人员名单提供给同级扶贫部门；县级扶贫部门要将建档立卡贫困人口名单和脱贫农村低保对象名单、脱贫家庭人均收入等情况及时提供给同级民政部门。健全信息公开机制，乡镇人民政府（街道办事处）要将农村低保和扶贫开发情况纳入政府信息公开范围，将建档立卡贫困人口和农村低保对象、特困人员名单在其居住地公示，接受社会和群众监督。

三、工作要求

（一）制定实施方案。按照中央统筹、省负总责、市县抓落实的工作机制，各省（区、市）民政、扶贫部门要会同有关部门抓紧制定本地区实施方案，各市县要进一步明确衔接工作目标、重点任务、实施步骤和行动措施，确保落到实处。2016年11月底前，各省（区、市）民政、扶贫部门要将实施方案报民政部、国务院扶贫办备案。

（二）开展摸底调查。2016年12月底前，县级民政、扶贫部门和残联要指导乡镇人民政府（街道办事处）抓紧开展一次农村低保对象和建档立卡贫困人口台账比对，逐户核对农村低保对象和建档立卡贫困人口，掌握纳入建档立卡范围的农村低保对象、特困人员、残疾人数据，摸清建档立卡贫困人口中完全或部分丧失劳动能力的贫困家庭情况，为做好农村低保制度与扶贫开发政策有效衔接奠定基础。

（三）建立沟通机制。各地要加快健全低保信息系统和扶贫开发信息系统，逐步实现低保和扶贫开发信息系统互联互通、信息共享，不断提高低保、扶贫工作信息化水平。县级残联要与民政、扶贫等部门加强贫困残疾人和重度残疾人相关信息的沟通。县级民政、扶贫部门要定期会商交流农村低保对象和建档立卡贫困人口变化情况，指导乡镇人民政府（街道办事处）及时更新农村低保对象和建档立卡贫困人口数据，加强信息核对，确保信息准确完整、更新及时，每年至少比对一次台账数据。

（四）强化考核监督。各地要将农村低保制度与扶贫开发政策衔接工作分别纳入低保工作绩效评价和脱贫攻坚工作成效考核体系。加大对农村低保制度与扶贫开发政策衔接工作的督促检查力度，加强社会监督，建立第三方评估机制，增强约束力和工作透明度。健全责任追究机制，对衔接工作中出现的违法违纪问题，要依法依纪严肃追究有关人员责任。

四、保障措施

（一）明确职责分工。各地民政、扶贫、农村工作、财政、统计等部门和残联要各负其责，加强沟通协调，定期会商交流情况，研究解决存在的问题。民政部门牵头做好农村低保制度与扶贫开发政策衔接工作；扶贫部门落实扶贫开发政策，配合做好衔接工作；农村工作部门综合指导衔接政策设计工作；财政部门做好相关资金保障工作；统计部门会同有关部门组织实施农村贫困监测，及时提供调整低保标准、扶贫标准所需的相关数据；残联会同有关部门及时核查残疾人情况，配合做好对农村低保对象和建档立卡贫困人口中残疾人的重点帮扶工作。

（二）加强资金统筹。各地财政部门要按照国务院有关要求，结合地方实际情况，推进社会救助资金统筹使用，盘活财政存量资金，增加资金有效供给；优化财政支出结构，科学合理编制预算，提升资金使用效益。中央财政安排的社会救助补助资金，重点向保障任务重、地方财政困难、工作绩效突出的地区倾斜。各地财政、民政部门要加强资金使用管理情况检查，确保资金使用安全、管理规范。

（三）提高工作能力。加强乡镇人民政府（街道办事处）社会救助能力建设，探索建立村级社会救助协理员制度，在乡镇人民政府（街道办事处）现有编制内，根据社会救助对象数量等因素配备相应工作人员，加大业务培训力度，进一步提高基层工作人员服务和管理能力。通过政府购买服务等方式，引入社会力量参与提供农村低保服务。充分发挥第一书记和驻村工作队在落实农村低保制度和扶贫开发政策中的骨干作用。进一步健全社会救助“一门受理、协同办理”工作机制，为农村低保对象和建档立卡贫困人口提供“一站式”便民服务。

（四）强化舆论引导。充分利用新闻媒体和基层政府便民服务窗口、公园广场、医疗机构、村（社区）公示栏等，组织开展有针对性的农村低保制度和扶贫开发政策宣传活动，在全社会努力营造积极参与和支持的浓厚氛围。坚持正确舆论导向，积极弘扬正能量，着力增强贫困群众脱贫信心，鼓励贫困群众在政府扶持下依靠自我奋斗实现脱贫致富。

民政部　国务院扶贫办　中央农办

财政部　国家统计局　中国残联

2016 年 9 月 17 日

民政部办公厅关于印发《全国基层低保规范化建设暂行评估标准》的通知

（2008 年 6 月 30 日）

各省、自治区、直辖市民政厅（局），新疆生产建设兵团民政局：

为配合全国基层低保规范化建设活动的开展，进一步规范城乡居民最低生活保障工作，不断提高管理服务水平，实现“健全制度、规范操作、提高素质、改善条件、促进公开”的活动目标，民政部制定了《全国基层低保规范化建设暂行评估标准》，现印发给你们，请在评估各地基层低保规范化建设开展情况时遵照执行。

附件：

1.《全国基层低保规范化建设暂行评估标准（县、市、区）》（略）

2.《全国基层低保规范化建设暂行评估标准（街道、乡镇）》（略）

3.《全国基层低保规范化建设暂行评估标准（社区、村委会）》（略）

民政部办公厅

2008年6月30日

民政部、财政部关于严禁用救灾款建立农村最低生活救助制度的紧急通知

（1999年4月15日）

宁夏回族自治区民政厅、财政厅：

今年1月27日，你区人民政府下发了《关于建立全区农村最低生活救助制度的通知》（宁政发〔1999〕21号，以下简称《通知》），决定从1999年1月1日起在全区建立农村最低生活救助制度。我们认为，这对于促进你区经济发展和社会稳定会起到积极的作用。但是，《通知》中规定：实施最低生活救助制度所需资金，自治区从中央下拨的救灾资金中划拨核定资金总额的70%，其余部分从地方自然灾害救济事业费中支出。这一做法违反了救灾款专款专用的使用原则。经研究，特作如下通知：

一、农村最低生活救助制度属于农村社会救济的范畴，着眼点在于解决农村贫困人口的温饱问题。虽然灾害与贫困有一定联系，因灾致贫也是客观存在的，但救灾款是救急款，不是扶贫款，既不能用于临时社会救济，更不能用于长期社会救济。社会救济资金和扶贫资金都有其既定的渠道和开支范围，实施农村最低生活救助制度所需资金，应由地方各级政府负担，列入“农村社会救济费”科目。因此，如果把社会救济与救灾和扶贫相混淆，就会影响资金的使用管理工作，加剧救灾款供需矛盾，影响救灾工作的开展。

二、民政部、财政部《关于进一步加强救灾款使用管理工作的通知》（民救发〔1999〕7号）规定，救灾款必须严格遵循专款专用、重点使用的原则，不得擅自扩大使用范围。《通知》中关于将中央下拨的救灾资金和地方财政安排的自然灾害救济事业费用于最低生活救助方面的规定，与上述规定不符，应坚决予以纠正。

三、宁夏是少数民族聚居区和贫困地区，也是多灾地区，救灾任务比较繁重。长期以来，你区按照“分级管理，分级负担”的救灾工作管理体制，积极筹措资金，救灾工作取得了较大的成绩。你区应认真总结救灾资金预算安排和使用管理方面的经验教训，严格执行救灾款使用管理方面的有关规定，切实采取措施规范救灾资金的使用和管理，加大监督检查力度，提高资金的使用效益。

接此通知后，你区应立即纠正目前的做法，并将有关情况尽快报民政部、财政部。

民政部

财政部

1999 年 4 月 15 日

（五）农村五保供养

农村五保供养工作条例

（2006 年 1 月 21 日）

第一章　总　则

第一条　为了做好农村五保供养工作，保障农村五保供养对象的正常生活，促进农村社会保障制度的发展，制定本条例。

第二条　本条例所称农村五保供养，是指依照本条例规定，在吃、穿、住、医、葬方面给予村民的生活照顾和物质帮助。

第三条　国务院民政部门主管全国的农村五保供养工作；县级以上地方各级人民政府民政部门主管本行政区域内的农村五保供养工作。

乡、民族乡、镇人民政府管理本行政区域内的农村五保供养工作。

村民委员会协助乡、民族乡、镇人民政府开展农村五保供养工作。

第四条　国家鼓励社会组织和个人为农村五保供养对象和农村五保供养工作提供捐助和服务。

第五条　国家对在农村五保供养工作中做出显著成绩的单位和个人，给予表彰和奖励。

第二章　供养对象

第六条　老年、残疾或者未满16周岁的村民，无劳动能力、无生活来源又无法定赡养、抚养、扶养义务人，或者其法定赡养、抚养、扶养义务人无赡养、抚养、扶养能力的，享受农村五保供养待遇。

第七条　享受农村五保供养待遇，应当由村民本人向村民委员会提出申请；因年幼或者智力残疾无法表达意愿的，由村民小组或者其他村民代为提出申请。经村民委员会民主评议，对符合本条例第六条规定条件的，在本村范围内公告；无重大异议的，由村民委员会将评议意见和有关材料报送乡、民族乡、镇人民政府审核。

乡、民族乡、镇人民政府应当自收到评议意见之日起20日内提出审核意见，并将审核意见和有关材料报送县级人民政府民政部门审批。县级人民政府民政部门应当自收到审核意见和有关材料之日起20日内作出审批决定。对批准给予农村五保供养待遇的，发给《农村五保供养证书》；对不符合条件不予批准的，应当书面说明理由。

乡、民族乡、镇人民政府应当对申请人的家庭状况和经济条件进行调查核实；必要时，县级人民政府民政部门可以进行复核。申请人、有关组织或者个人应当配合、接受调查，如实提供有关情况。

第八条　农村五保供养对象不再符合本条例第六条规定条件的，村民委员会或者敬老院等农村五保供养服务机构（以下简称农村五保供养服务机构）应当向乡、民族乡、镇人民政府报告，由乡、民族乡、镇人民政府审核并报县级人民政府民政部门核准后，核销其《农村五保供养证书》。

农村五保供养对象死亡，丧葬事宜办理完毕后，村民委员会或者农村五保供养服务机构应当向乡、民族乡、镇人民政府报告，由乡、民族乡、镇人民政府报县级人民政府民政部门核准后，核销其《农村五保供养证书》。

第三章　供养内容

第九条　农村五保供养包括下列供养内容：

（一）供给粮油、副食品和生活用燃料；

（二）供给服装、被褥等生活用品和零用钱；

（三）提供符合基本居住条件的住房；

（四）提供疾病治疗，对生活不能自理的给予照料；

（五）办理丧葬事宜。

农村五保供养对象未满16周岁或者已满16周岁仍在接受义务教育的，应当保障他们依法接受义务教育所需费用。

农村五保供养对象的疾病治疗，应当与当地农村合作医疗和农村医疗救助制度相衔接。

第十条　农村五保供养标准不得低于当地村民的平均生活水平，并根据当地村民平均生活水平的提高适时调整。

农村五保供养标准，可以由省、自治区、直辖市人民政府制定，在本行政区域内公布执行，也可以由设区的市级或者县级人民政府制定，报所在的省、自治区、直辖市人民政府备案后公布执行。

国务院民政部门、国务院财政部门应当加强对农村五保供养标准制定工作的指导。

第十一条　农村五保供养资金，在地方人民政府财政预算中安排。有农村集体经营等收入的地方，可以从农村集体经营等收入中安排资金，用于补助和改善农村五保供养对象的生活。农村五保供养对象将承包土地交由他人代耕的，其收益归该农村五保供养对象所有。具体办法由省、自治区、直辖市人民政府规定。

中央财政对财政困难地区的农村五保供养，在资金上给予适当补助。

农村五保供养资金，应当专门用于农村五保供养对象的生活，任何组织或者个人不得贪污、挪用、截留或者私分。

第四章　供养形式

第十二条　农村五保供养对象可以在当地的农村五保供养服务机构集中供养，也可以在家分散供养。农村五保供养对象可以自行选择供养形式。

第十三条　集中供养的农村五保供养对象，由农村五保供养服务机构提供供养服务；分散供养的农村五保供养对象，可以由村民委员会提供照料，也可以由农村五保供养服务机构提供有关供养服务。

第十四条　各级人民政府应当把农村五保供养服务机构建设纳入经济社会发展规划。

县级人民政府和乡、民族乡、镇人民政府应当为农村五保供养服务机构提供必要的设备、管理资金，并配备必要的工作人员。

第十五条　农村五保供养服务机构应当建立健全内部民主管理和服务管理制度。

农村五保供养服务机构工作人员应当经过必要的培训。

第十六条　农村五保供养服务机构可以开展以改善农村五保供养对象生活条件为目的的农副业生产。地方各级人民政府及其有关部门应当对农村五保供养服务机构开展农副业生产给予必要的扶持。

第十七条　乡、民族乡、镇人民政府应当与村民委员会或者农村五保供养服务机构签订供养服务协议，保证农村五保供养对象享受符合要求的供养。

村民委员会可以委托村民对分散供养的农村五保供养对象提供照料。

第五章　监督管理

第十八条　县级以上人民政府应当依法加强对农村五保供养工作的监督管理。县级以上地方各级人民政府民政部门和乡、民族乡、镇人民政府应当制定农村五保供养工作的管理制度，并负责督促实施。

第十九条　财政部门应当按时足额拨付农村五保供养资金，确保资金到位，并加强对资金使用情况的监督管理。

审计机关应当依法加强对农村五保供养资金使用情况的审计。

第二十条　农村五保供养待遇的申请条件、程序、民主评议情况以及农村五保供养的标准和资金使用情况等，应当向社会公告，接受社会监督。

第二十一条　农村五保供养服务机构应当遵守治安、消防、卫生、财务会计等方面的法律、法规和国家有关规定，向农村五保供养对象提供符合要求的供养服务，并接受地方人民政府及其有关部门的监督管理。

第六章　法律责任

第二十二条　违反本条例规定，有关行政机关及其工作人员有下列行为之一的，对直接负责的主管人员以及其他直接责任人员依法给予行政处分；构成犯罪的，依法追究刑事责任：

（一）对符合农村五保供养条件的村民不予批准享受农村五保供养待遇

的，或者对不符合农村五保供养条件的村民批准其享受农村五保供养待遇的；

（二）贪污、挪用、截留、私分农村五保供养款物的；

（三）有其他滥用职权、玩忽职守、徇私舞弊行为的。

第二十三条　违反本条例规定，村民委员会组成人员贪污、挪用、截留农村五保供养款物的，依法予以罢免；构成犯罪的，依法追究刑事责任。

违反本条例规定，农村五保供养服务机构工作人员私分、挪用、截留农村五保供养款物的，予以辞退；构成犯罪的，依法追究刑事责任。

第二十四条　违反本条例规定，村民委员会或者农村五保供养服务机构对农村五保供养对象提供的供养服务不符合要求的，由乡、民族乡、镇人民政府责令限期改正；逾期不改正的，乡、民族乡、镇人民政府有权终止供养服务协议；造成损失的，依法承担赔偿责任。

第七章　附　则

第二十五条　《农村五保供养证书》由国务院民政部门规定式样，由省、自治区、直辖市人民政府民政部门监制。

第二十六条　本条例自2006年3月1日起施行。1994年1月23日国务院发布的《农村五保供养工作条例》同时废止。

民政部关于公布农村五保供养标准的公告

（2006 年 12 月 25 日）

新修订的《农村五保供养工作条例》（以下简称《条例》）已经国务院颁布，自2006年3月1日起施行。《条例》规定，“农村五保供养标准不得低于当地村民的平均生活水平，并根据当地村民平均生活水平的提高适时调整”，“农村五保供养待遇的申请条件、程序、民主评议情况以及农村五保供养的标准和资金使用情况等，应当向社会公告，接受社会监督。”《条例》施行以来，有28个省（自治区、直辖市）结合实际，制定公布了新的农村五保供养标准，其余3个省正在制定方案。为了进一步贯彻落实《条例》，督促各地按照公布的标准为农村五保供养对象提供符合要求的供养服务，切实保障农村五保供养对象的合法权益，现将各省（自治区、直辖市）调整前后的农村五保供养标准向社会公布。各县（市、区）农村五保供养标准的详情可登录民政部网站查询（网址为：www.mca.gov.cn）。

特此公告。

附件：全国各省（自治区、直辖市）农村五保供养标准（略）

民政部

2006年12月25日

民政部关于农村五保供养服务机构建设的指导意见

（2006 年 7 月 24 日）

为贯彻落实《农村五保供养工作条例》和《中华人民共和国国民经济和社会发展第十一个五年规划纲要》，指导和规范全国农村五保供养服务机构建设工作，提出以下意见。

一、总体思路

以邓小平理论和“三个代表”重要思想为指导，全面落实科学发展观，抓住建设社会主义新农村的历史性机遇，以加强五保供养服务机构基础建设和提高供养服务水平为重点，到“十一五”期末，在我国农村基本建成以县、乡人民政府兴办的五保供养服务机构为骨干，社会力量举办的五保供养服务机构为补充，布局合理、设施配套、功能完善、管理规范的五保供养服务机构网络，初步满足农村五保供养对象的供养需要，并逐步开展对农村其他老年人、残疾人和未成年人的供养服务。

二、基本原则

（一）依法管理，规范建设。严格按照《农村五保供养工作条例》《老年人建筑设计规范》《老年人社会福利机构基本规范》等法规文件的规定，在选址布局、建筑设计、设施设备等方面，规范规划设计、统一技术标准，认真组织实施，加强工程管理，保证机构建设的科学化、标准化、规范化。

（二）因地制宜，讲求实效。立足当地农村五保供养对象数量和年龄结构及其变动情况，根据当地农村经济社会发展水平，兼顾需求和可行性，科学确定机构建设的区域布局、筹资机制、床位规模和配套设施，合理整合、充分利用乡村闲置基础设施资源，坚持改建、扩建、新建并举，充分发挥建设资金的最大效益。

（三）整体规划，分步实施。将农村五保供养服务机构建设作为一项长期的系统工程，着眼长远，统筹规划，有重点、有选择、分步骤组织实施，不仅要建设机构的基础设施，还要建立保障机构运转的长效机制，不仅要服务农村五保供养对象，还要逐步服务当地农村特殊困难群体以及老年人、残疾人、未成年人等弱势群体。

（四）政府主导，社会参与。各级政府逐年增加对五保服务机构建设的投入，增加福利彩票公益金投入，重点用在支持县乡政府兴建五保供养服务机构，建立政府扶持农村五保供养服务机构建设和发展的长效机制；鼓励农村集体经济组织、社会团体等社会力量捐助或兴办五保供养服务机构，逐步形成与社会主义市场经济体制相协调，多种所有制形式和经营模式共同发展的格局。

三、建设标准

（一）布局。原则上一个乡（镇）应建立一所规模适中，基本满足当地实际需要的五保供养服务机构；也可以根据当地实际，由县级人民政府兴办服务全县或部分乡（镇）的服务机构。具体地点原则上应临近乡（镇）人民政府驻地或集中居住区，交通便利，环境安全、卫生，并尽量靠近医疗卫生、体育健身、文化娱乐、商业服务等公共服务设施。

（二）建筑。五保供养服务机构的各类建筑应当根据老年人、残疾人和未成年人生活需要进行设计，宜为砖混结构的平房院落或三层以下楼房，室内地面应选用平整、防滑材料，台阶、楼梯、扶手等设计要考虑供养对象生活安全的需要，并且不得采用易燃、易碎、化纤及散发有害有毒气味的建筑、装饰材料。

（三）规模。每所五保供养服务机构床位数原则上不低于40张，具有开展日常工作所必需的居住用房和辅助用房。居住用房使用面积每间不宜小于10平方米，每床位使用面积不应小于5平方米。辅助用房要设置办公室、厨房、餐厅、储藏室、活动室、医疗室、浴室和公厕等，有条件的地区还可以建设用于康体保健、文体娱乐等方面的功能室，配备必要的农副业生产基地。

（四）设备。五保供养服务机构要做到“四通”，即通电、通水、通路、通电话，配备必要的膳食制作、文体娱乐、医疗卫生、洗浴、消防及办公管理等设备，严寒和寒冷地区应当配供暖设备，炎热地区应当配降温设备。居住用房要配备床、桌、椅、柜、被褥等生活必备用品。

四、建设要求

（一）规划计划。五保供养服务机构建设应采取统一规划、逐步推进、分工负责、县乡实施的管理体制，各级政府应将五保供养机构建设纳入当地经济社会发展规划，结合当地实际编制专项建设规划或方案，明确“十一五”时期机构建设的目标任务与总体思路。县级以上各级民政部门要会同发展改革、财政、建设等部门，制订年度建设计划和实施方案，明确工作任务，强化工作措施，加强对县、乡人民政府项目建设单位的指导督促，稳步推进机构建设工作。

（二）项目实施。原则上实行项目管理，县、乡人民政府项目建设单位的法定代表人对项目申报、实施、质量、资金管理负责。投资在100万元以上或建筑面积在1000平方米以上的大型建设项目应当遵循国家基本建设程序实施，小型项目可以根据实际需要适当简化。基本建设程序包括提出项目建议书、编制可行性研究报告、进行初步设计、施工准备、建设实施、竣工验收、后评价等阶段。

（三）资金管理。各级政府安排、筹集的农村五保供养服务机构建设资金，包括中央预算内基本建设资金、中央预算外专项资金、福利彩票公益金，以及地方人民政府和建设单位投入或筹集的项目建设资金，必须专款专用，任何单位、组织和个人不得挤占、挪用、截留。

（四）质量监督。五保供养服务机构建筑质量严格按照国家有关规定执行，建设单位对建设项目的勘察、设计、施工、监理、材料采购都要依法订立合同，明确质量要求、履约担保和违约责任，加强对施工各环节的质量监控，确保工程建设质量。投资在100万元以上或建筑面积在1000平方米以上的大型建设项目，要按照规定通过招标确定施工单位，委托监理单位进行施工监理，建立健全设备材料质量检查制度，督促施工单位和监理机构履行职责。

五、机构管理

（一）单位性质。五保供养服务机构作为主要服务农村五保供养对象的公益性非营利组织，适应社会主义市场经济体制的要求，应当具有法人资格，依法承担独立的法律责任。县、乡人民政府利用国有资产举办的五保供养服务机构，应当根据我国事业单位登记管理的有关规定，办理事业单位法人登记；其他社会组织和个人利用非国有资产举办的五保供养服务机构，应当根据我国民办非企业单位登记管理的有关规定，办理民办非企业单位法人登记。

（二）基本功能。五保供养服务机构应在优先供养生活不能自理的五保供养对象的基础上，吸纳其他有需求的五保供养对象，向他们提供吃、穿、住、医、葬方面的生活照顾和物质帮助。同时，对分散供养的五保供养对象提供必要的供养服务，并逐步开展面向农村老年人、残疾人和未成年人的各项生活服务。

（三）命名原则。根据《农村五保供养工作条例》有关要求和五保供养服务机构服务功能拓展的需要，五保供养服务机构名称原则上由县（市）名＋乡（镇）名＋农村五保供养服务中心组成，也可以保留“敬老院”等传统名称。

（四）人员配备。五保供养服务机构工作岗位设置应当因事设岗、按需设岗，岗位主要由院长、护理服务、炊事、医疗、会计、出纳、保管等组成，工作人员与机构供养对象比例原则上不低于1：10。主要管理人员由县、乡人民政府配备；其他服务人员可以面向社会公开招考、招聘，实行合同聘任制管理。县、乡人民政府及农村五保供养服务机构应当严格执行最低工资政策，落实并不断提高工作人员待遇，维护其劳动权益。

民政部、国家档案局关于印发《农村五保供养档案管理办法》的通知

（2013 年 2 月 22 日）

各省、自治区、直辖市民政厅（局）、档案局，新疆生产建设兵团民政局、档案局：

为了加强农村五保供养档案规范化管理，根据《中华人民共和国档案法》、《中华人民共和国档案法实施办法》和《农村五保供养工作条例》等有关规定，民政部会同国家档案局制定了《农村五保供养档案管理办法》。现印发给你们，请遵照执行。

附件：

1.卷内文件目录式样

2.卷内备考表式样

3.五保档案袋正面式样

4.五保档案盒正面和盒脊式样

5.五保档案案卷目录式样

6.五保档案案卷目录封面式样

民政部

国家档案局

2013年2月22日

农村五保供养档案管理办法

第一条　为了加强农村五保供养档案管理，维护档案真实、完整、安全，根据《中华人民共和国档案法》、《中华人民共和国档案法实施办法》和《农村五保供养工作条例》等有关规定，制定本办法。

第二条　本办法所称农村五保供养档案（以下简称五保档案）是指在农村五保供养待遇审核审批和供养服务工作中形成的具有保存价值的文字、图表、声像、电子等不同形式和载体的文件材料，分为审核审批类和供养服务类。

五保档案是农村五保供养工作的真实记录，是国家民生档案的重要组成部分。

第三条　县级人民政府民政部门、乡（民族乡、镇）人民政府、农村五保供养服务机构（以下统称五保档案保管单位）应当依照本办法，分工负责五保档案保管工作。

五保档案保管单位应当明确档案保管人员，保证管理必需的设施、场所和经费，确保档案安全，并适应档案管理现代化的要求，配备相应的技术设备。

县级以上各级人民政府民政部门、档案行政管理部门应当在各自职责权限范围内依法指导、监督五保档案管理工作。

第四条　县级人民政府民政部门负责保管审核审批类五保档案，归档范围包括：

（一）农村五保供养待遇审批文件材料；

（二）农村五保供养待遇申请材料；

（三）农村五保供养待遇申请人的居民身份证、户口簿等身份证明材料复印件；

（四）农村五保供养待遇申请人的家庭状况和经济条件证明材料；

（五）村民委员会对农村五保供养待遇申请的民主评议材料；

（六）乡（民族乡、镇）人民政府调查审核文件材料；

（七）农村五保供养对象集中供养审批文件材料；

（八）农村五保供养待遇复审、调整和停止的文件材料；

（九）农村五保供养对象去世后的火化证明或者死亡证明材料；

（十）核销的《农村五保供养证书》；

（十一）其他需要归档的文件材料。

第五条　乡（民族乡、镇）人民政府应当保管五保供养对象供养服务协议、分散供养对象照料记录等供养服务类五保档案。

农村五保供养服务机构应当保管在院集中供养五保对象的供养服务协议以及供养待遇审批、调整和停止等文件材料的复本，并建立相关管理和服务工作档案。

第六条　属于归档范围的文件材料应当在办理完毕后30日内归档。

归档的文件材料应当真实完整、图文清晰。

电子数据、录音带、录像带、磁盘、照片等特殊载体材料，应当与纸质文件材料同时归档，确保可读可用。

第七条　整理归档文件材料应当遵守下列规定：

（一）以县级人民政府民政部门、乡（民族乡、镇）人民政府或者农村五保供养服务机构为立档单位；

（二）按照每名农村五保供养对象立卷；

（三）农村五保供养动态管理过程中形成的待遇复审、调整和停止等文件材料，随时整理归入相应案卷；

（四）按照乡（民族乡、镇）和行政村进行分类整理，并设置类别代码，类别代码以行政区划代码表示或者按照行政区划排列顺序编制；

（五）按照农村五保供养证书字号顺序排列案卷。

第八条　归档文件材料按照下列程序和方法进行立卷：

（一）每名五保供养对象的文件材料组成一卷；

（二）去掉文件材料上的金属物，过大或者过小的文件材料应当通过折叠或者粘贴使其整齐规范；

（三）卷内文件材料按照本办法第四条所列顺序排列，在有文字页面的正面右上角或者背面左上角用阿拉伯数字连续编写页号；

（四）填写卷内文件目录（见附件1：卷内文件目录式样），置于卷内首页之前；填写卷内备考表（见附件2：卷内备考表式样），置于卷末；

（五）不同类别的案卷按照农村五保供养证书字号的顺序排列，分别从“1”开始编制室编卷号；

（六）一份案卷装入一个五保档案袋，填写档案袋正面项目（见附件3：五保档案袋正面式样）；

（七）按照室编卷号顺序将五保档案装入五保档案盒，填写档案盒正面和盒脊项目（见附件4：五保档案盒正面和盒脊式样）；

（八）按照类别编制五保档案案卷目录（见附件5：五保档案案卷目录式样），加装封面和封底并装订，填写封面项目（见附件6：五保档案案卷目录封面式样）。

第九条　五保档案的保管期限从五保档案的形成年度起，到农村五保供养待遇停止后满5年为止。

保管期限截止时间确定后，应当在五保档案袋封面和五保档案案卷目录中填写相应的时间。

第十条　五保档案保管期满后，县级国家综合档案馆可以将五保档案抽样接收进馆。

第十一条　五保档案应当使用符合保管要求的档案装具进行保管，具备防盗、防光、防火、防虫、防鼠、防潮、防尘、防高温等条件，保证档案的安全。

有条件的单位应当设置专用的档案库房。

第十二条　积极推进使用计算机管理五保档案，有条件的单位应当按照相关要求建立五保电子档案。

第十三条　五保档案保管单位应当依法提供档案信息查询服务，依据档案出具相关证明材料。

五保档案的利用应当遵守下列规定，并办理登记手续：

（一）五保档案的形成、移交单位以及上级业务主管单位可以利用五保档案；

（二）各级人民法院、人民检察院、公安机关、国家安全机关、纪检监察机关、审计机关因公务需要可以凭单位介绍信利用五保档案；

（三）农村五保供养对象可以凭身份证件利用本人的五保档案；

（四）律师凭律师执业证书和律师事务所证明，可以利用与承办法律事务有关的五保档案；

（五）其他需要利用五保档案的，应当经五保档案保管单位同意。

第十四条　五保档案仅限于当场查阅、摘抄和复印，严禁对五保档案进行涂改、抽换、圈划、批注或者造成污染、损毁。

五保档案保管单位应当对归还的五保档案进行清点核对，对档案摘抄件或复印件加盖标有“五保档案摘抄件”或者“五保档案复印件”的印章。

第十五条　县级人民政府民政部门应当会同同级档案行政管理部门对保管期满的五保档案进行价值鉴定。有继续保存价值的，可以延长其保管期限。无保存价值的，编制销毁清册，履行审批手续予以销毁。销毁清册永久保存。

第十六条　各省（自治区、直辖市）、新疆生产建设兵团民政厅（局）和档案局可以结合本地区实际情况，共同制定实施办法。

第十七条　本办法自2013年4月1日起施行。

附件 1：卷内文件目录式样

顺序号	题名	日期	页号	备注

填写说明：

1.顺序号：填写卷内文件材料排列的顺序编号。

2.题名：填写文件材料的标题，一般照实抄录。文件材料没有标题或者标题不规范的，可以自拟标题，外加“〔 〕”号。

3.日期：填写文件材料的形成时间，以8位阿拉伯数字标注年、月、日，如2007年6月19日标注为“20070619”。

4.页号：填写文件材料在本卷内的起始页号，最后一份文件填写该件的起止页号。

5.备注：对需要说明情况的文件材料在备注栏内标注“*”号，并将需要说明的情况填写在备考表中。

附件2：卷内备考表式样

卷内备考表

本卷情况说明：		立卷人：		立卷时间：		检查人：		检查时间：	

填写说明：

1.本卷情况说明：填写卷内文件缺损、修改、补充、移出、销毁等情况。立卷后发生上述情况的，相关人员应当填写说明并签名、标注时间。

2.立卷人：由本案卷的整理者签名。

3.立卷时间：填写本案卷的立卷完成日期。

4.检查人：由本案卷质量审核者签名。

5.检查时间：填写案卷质量审核的时间。

附件3：五保档案袋正面式样

<table>
<tr><td colspan="4">（全宗名称）</td></tr>
<tr><td colspan="4" align="center">农村五保供养档案</td></tr>
<tr><td colspan="4"></td></tr>
<tr><td colspan="4">农村五保供养证书字号：</td></tr>
<tr><td colspan="2">姓　名：</td><td colspan="2">本卷共：　件　页</td></tr>
<tr><td colspan="2">类　别：</td><td colspan="2">类别代码：</td></tr>
<tr><td colspan="4">保管期限：自　　年　月至　　年　月</td></tr>
<tr><td colspan="4"></td></tr>
<tr><td>全宗号</td><td>目录号</td><td>室编卷号</td><td>馆编卷号</td></tr>
<tr><td></td><td></td><td></td><td></td></tr>
</table>

填写说明：

1.全宗名称：填写立档单位的全称或者通用简称。全宗名称可以直接印在封面上。

2.五保供养证书字号：填写该案卷农村五保供养证书的字号。

3.姓名：填写该案卷农村五保供养对象的姓名。

4.件数、页数：填写该案卷立卷完成时卷内文件的总件数和总页数。立卷后发生变化的，在“卷内备考表”中说明。

5.类别：填写该案卷所属的类别名称。一般是两种情况：乡镇名称＋行政村名称；行政村名称。

6.类别代码：填写相应的类别代码。

7.保管期限：填写该卷档案保管期限的起止时间。

8.全宗号：填写国家综合档案馆给立档单位编制的代码。

9.目录号：填写该案卷所属目录的编号。目录号一般可用类别代码代替。一个全宗内的目录号不得重复。

10.室编卷号：填写立档单位编制的案卷排列顺序号。一个目录号内的室编卷号不得重复。

11.馆编卷号：填写档案移交国家综合档案馆时按照进馆要求编制的案卷顺序号。

附件4：五保档案盒正面和盒脊式样

（全宗名称）
农村五保供养档案

填写说明：

按照五保档案袋的填写要求填写。

全宗号		
目录号		
起止卷号	室	
	馆	
类别		
类别代码		
盒号		

五保档案盒盒脊式样

填写说明：

1.按照五保档案袋的填写要求填写。

2.起止卷号分别填写本盒内案卷的室编卷号和馆编卷号的起止卷号，中间用“–”连接。

3.盒号：填写档案盒的排列顺序号，在档案移交国家综合档案馆时按照进馆要求编制。

附件5：五保档案案卷目录式样

案卷目录

室编卷号	馆编卷号	农村五保供养证书字号	姓　名	保管期限	备　注

填写说明：

五保档案案卷目录按照整理完毕的案卷的相应项目填写。

附件6：五保档案案卷目录封面式样

农村五保供养档案案卷目录
全宗名称：
全宗号：
目录号：
类　别：
类别代码：
编制单位：
编制日期：

填写说明：

1.按照整理完毕的案卷的相应项目填写。

2.编制单位：填写该目录的编制单位名称。

3.编制日期：填写该目录的编制时间。

注：目录号用类别代码代替时，为避免一个目录号下的案卷过多，可以在目录号后面添加英文字母或数字，中间用“-”连接，以形成多个目录号。

民政部关于印发《农村五保供养服务机构等级评定暂行办法》的通知

（2012 年 12 月 3 日）

各省、自治区、直辖市民政厅（局），新疆生产建设兵团民政局：

为了推进农村五保供养服务机构管理规范化，不断提高供养服务水平，我部制定了《农村五保供养服务机构等级评定暂行办法》。现印发你们，请结合各地实际情况贯彻执行，并于2013年6月底前完成首批农村五保供养服务机构等级评定工作。

附件：农村五保供养服务机构等级评定参考指标（略）

民政部

2012年12月3日

农村五保供养服务机构等级评定暂行办法

第一条　为推进农村五保供养服务机构管理规范化，不断提高供养服务水平，切实保障农村五保供养对象基本生活权益，根据《农村五保供养工作条例》和《农村五保供养服务机构管理办法》，制定本办法。

第二条　本办法所称农村五保供养服务机构，是指县级以上地方人民政府民政部门或者乡镇人民政府举办的，为农村五保供养对象提供集中供养服务的敬老院等公益性机构。

第三条　农村五保供养服务机构等级评定工作坚持建管并重、以评促管，统一标准、量化考核，动态管理、客观公正的原则。

第四条　民政部负责管理监督全国农村五保供养服务机构等级评定工作。

省级人民政府民政部门负责组织评定本行政区域内农村五保供养服务机构等级；省级以下人民政府民政部门负责本行政区域内农村五保供养服务机构等级评定相关审核工作。

有条件的地方，省级人民政府民政部门应当直接委托具备资质的事业单位或者社会组织承办农村五保供养服务机构等级评定审核工作。

第五条　根据供养服务质量、内部管理水平、基础设施条件和组织保障力度，农村五保供养服务机构等级评定由低到高分为一星级、二星级、三星级三个等级。

第六条　农村五保供养服务机构等级评定工作依照下列基本程序进行：

（一）省级人民政府民政部门发布等级评定通知；

（二）农村五保供养服务机构自愿申报；

（三）县级人民政府民政部门审核并提出初步评审意见；

（四）地市级人民政府民政部门复核；

（五）省级人民政府民政部门审定等级，经公示无异议后颁发牌匾。

省级人民政府民政部门可以委托地市级人民政府民政部门审定一星级农村五保供养服务机构，其牌匾由省级人民政府民政部门颁发。

第七条　农村五保供养服务机构等级审核、复核、审定工作应当综合采用实地检查、资料查验、问卷调查、重点抽查等多种方式开展。

第八条　农村五保供养服务机构等级评定工作每2年开展一次。

省级人民政府民政部门应当于每次农村五保供养服务机构等级评定工作完成后30日内，将评定为三星级的农村五保供养服务机构名单报民政部备案。

第九条　农村五保供养服务机构等级评定有效期为4年。

有效期内，条件改善的农村五保供养服务机构可以申报更高等级评定。

有效期满，农村五保供养服务机构应当重新申报等级评定。

第十条　县级以上人民政府民政部门应当对获得等级评定的农村五保供养服务机构给予奖励扶持。

第十一条　民政部每4年组织开展一次全国模范农村五保供养服务机构表彰活动。

全国模范农村五保供养服务机构原则上从三星级农村五保供养服务机构中择优确定，由民政部颁发牌匾，并给予一定物质奖励。

第十二条　获得等级评定的农村五保供养服务机构应当将等级牌匾悬挂在服务场所的明显位置，自觉接受五保供养对象和社会监督。

第十三条　省级人民政府民政部门应当通过重点抽查、定期检查、不定期暗访、受理投诉等方式，加强对获得等级评定农村五保供养服务机构的监督检查。监督检查中发现不符合等级评定标准的，应当要求其限期整改；限期未能整改的，应当降低或者撤销其评定等级。

第十四条　获得等级评定农村五保供养服务机构发生重大责任事故或者弄虚作假骗取等级评定的，应当撤销其评定等级，并且3年内不得申报等级评定。

第十五条　农村五保供养服务机构等级牌匾式样由民政部统一制定。

第十六条　本办法自发布之日起施行。省级人民政府民政部门可以依据本办法和本办法所附《农村五保供养服务机构等级评定参考指标》，制定本行政区域内的具体评定办法和评定标准。

民政部办公厅关于印发《农村五保供养证书》式样的通知

（1994 年 7 月 26 日）

各省、自治区、直辖市民政厅（局），各计划单列市民政局：

根据《农村五保供养工作条例》第二章第七条《农村五保供养证书》由国务院民政部门制定式样，省、自治区、直辖市人民政府民政部门统一印制的规定，现将民政部制定的《农村五保供养证书》式样发给你们，希望各地严格按照《证书》式样的规格、内容和封面颜色进行印制。

印发《农村五保供养证书》是一项政策性较强的工作，一定要与第二次五保普查工作结合起来进行。为此，现提出以下要求：

一、制定好普查方案。各省、自治区、直辖市要根据本地的实际情况，制定出操作性较强的五保普查实施方案。

二、加强组织领导。五保普查是关系到所有鳏寡孤独残疾人（未成年人）切身利益的大事，各级民政部门一定要加强组织领导，组织广大干部群众认真学习《农村五保供养工作条例》和五保普查实施方案，使他们了解五保供养工作的各项政策规定，准确掌握五保对象的条件、供养标准和开展普查的方式、方法、程序，做到心中有数。

三、坚持标准，严格审批。在五保普查工作中，确定五保对象一定要按照《农村五保供养工作条例》规定的条件和程序，由乡、民族乡、镇人民政府审批，发给《农村五保供养证书》，并报县民政局备案，不得遗漏。对于原已实行五保供养的对象，在这次普查中也要重新办理手续，一般不宜停止供养。普查工作要与检查五保供养的落实情况结合起来，不得走过场，不能流于形式。

四、五保普查和发证工作于1995年6月底以前结束，各地于1995年12月31

日以前将五保普查情况报民政部救灾救济司。

另外，民政部准备在下半年召开五保、城乡救济工作座谈会，请各省、自治区、直辖市按照《关于做好召开五保、城乡社会救济工作座谈会准备工作的通知》（民救字〔1994〕第5号）精神，务必按时将有关材料报送我部救灾救济司。

附件：

一、《农村五保供养证书》式样（略）

二、关于《农村五保供养证书》几个问题的说明

民政部办公厅

1994年7月26日

附件二：

关于《农村五保供养证书》几个问题的说明

一、《农村五保供养证书》由民政部制定式样，各省、自治区、直辖市民政厅（局）统一印制。

1. 封面：人造革制作，底色为棕色，字烫金；

2. 规格：宽9厘米，高13厘米；

3. 证书首页和底页为硬板纸，插在封面内，使用规则印在底页；

4. 证书以乡（镇）为单位发放，由乡（镇）人民政府盖章；

二、内容填写：

1. 现居住地：填写所在县（市、区）、乡（镇）、村、组；

2. 供养形式：指敬老院集中供养和分散供养，分散供养填清是集体供养、亲属供养、代耕代养或其他供养；

3. 证书编号：由乡（镇）人民政府统一编写；

4. 合计栏：将粮食、食油、燃料和衣被折合成金额后与其他资金统一计算。

最高人民法院关于如何处理农村五保对象遗产问题的批复

（2000 年 8 月 3 日）

中华人民共和国最高人民法院公告

《最高人民法院关于如何处理农村五保对象遗产问题的批复》已于2000年6月30日由最高人民法院审判委员会第1121次会议通过。现予公布，自2000年8月3日起施行。

2000年7月25日

各省、自治区、直辖市高级人民法院，解放军军事法院，新疆维吾尔自治区高级人民法院生产建设兵团分院：

国务院1994年1月23日《农村五保供养工作条例》发布后，一些高级人民法院反映，我院1985年9月11日发布的法（民）发〔1985〕22号《关于贯彻执行〈中华人民共和国继承法〉若干问题的意见》第55条的规定与该条例的有关规定不一致。经研究，答复如下：

农村五保对象死亡后，其遗产按照国务院《农村五保供养工作条例》第十八条、第十九条的有关规定处理。

此复

附：

第十八条　五保对象的个人财产，其本人可以继续使用，但是不得自行处分；其需要代管的财产，可以由农村集体经济组织代管。

第十九条　五保对象死亡后，其遗产归所在的农村集体经济组织所有；有五保供养协议的，按照协议处理。

民政部关于落实孤老优抚对象农村五保供养和城市最低生活保障待遇的通知

（2011 年 4 月 7 日）

各省、自治区、直辖市民政厅（局）：

孤老优抚对象是一个特殊群体，曾经为国家独立、民族解放和社会主义建设做出过特殊贡献。目前，他们大多已享受到国家的优抚待遇。同时，孤老优抚对象作为社会普通成员，也是一个需各方关注的困难群体，理应享受到各项社会保障政策的普惠待遇。为充分体现党和政府对他们的关心和照顾，进一步提高其生活保障水平，现将有关事项通知如下：

一、对符合农村五保供养和城市最低生活保障政策条件的孤老优抚对象全部优先纳入保障范围并落实相应待遇，切实做到应保尽保，及时入保。

二、各地要严格执行抚恤补助金不计入优抚对象家庭收入的规定。在孤老优抚对象申请享受农村五保供养和城市最低生活保障待遇，核算其家庭收入时，扣除其享受的抚恤补助金。

三、各地要加强组织领导，安排专门力量，对孤老优抚对象享受五保供养和最低生活保障政策情况进行一次调查摸底，对已享受五保供养和最低生活保障待遇的孤老优抚对象要登记造册，做到心中有数；对符合条件但未享受五保供养和最低生活保障待遇的孤老优抚对象要统计汇总，尽快办理相关手续，纳入保障范围。

四、各地要按照通知要求，尽快部署开展相关工作，于今年6月30日前将孤老优抚对象农村五保供养和城市最低生活保障待遇全部落实到位，并把工作进展情况按照附表要求以省（自治区、直辖市）民政厅（局）名义及时报民政部。

五、执行本通知所需五保供养和最低生活保障资金由原渠道解决。

附表：《落实孤老优抚对象农村五保供养和城市最低生活保障待遇工作进展情况表》（略）

民政部

2011年4月7日

（六）流浪救助

城市生活无着的流浪乞讨人员救助管理办法

（2003年6月20日）

第一条　为了对在城市生活无着的流浪、乞讨人员（以下简称流浪乞讨人员）实行救助，保障其基本生活权益，完善社会救助制度，制定本办法。

第二条　县级以上城市人民政府应当根据需要设立流浪乞讨人员救助站。救助站对流浪乞讨人员的救助是一项临时性社会救助措施。

第三条　县级以上城市人民政府应当采取积极措施及时救助流浪乞讨人员，并应当将救助工作所需经费列入财政预算，予以保障。

国家鼓励、支持社会组织和个人救助流浪乞讨人员。

第四条　县级以上人民政府民政部门负责流浪乞讨人员的救助工作，并对救助站进行指导、监督。

公安、卫生、交通、铁道、城管等部门应当在各自的职责范围内做好相关工作。

第五条　公安机关和其他有关行政机关的工作人员在执行职务时发现流浪乞讨人员的，应当告知其向救助站求助；对其中的残疾人、未成年人、老年人和行动不便的其他人员，还应当引导、护送到救助站。

第六条　向救助站求助的流浪乞讨人员，应当如实提供本人的姓名等基本情况并将随身携带物品在救助站登记，向救助站提出求助需求。

救助站对属于救助对象的求助人员，应当及时提供救助，不得拒绝；对不属于救助对象的求助人员，应当说明不予救助的理由。

第七条　救助站应当根据受助人员的需要提供下列救助：

（一）提供符合食品卫生要求的食物；

（二）提供符合基本条件的住处；

（三）对在站内突发急病的，及时送医院救治；

（四）帮助与其亲属或者所在单位联系；

（五）对没有交通费返回其住所地或者所在单位的，提供乘车凭证。

第八条　救助站为受助人员提供的住处，应当按性别分室住宿，女性受助人员应当由女性工作人员管理。

第九条　救助站应当保障受助人员在站内的人身安全和随身携带物品的安全，维护站内秩序。

第十条　救助站不得向受助人员、其亲属或者所在单位收取费用，不得以任何借口组织受助人员从事生产劳动。

第十一条　救助站应当劝导受助人员返回其住所地或者所在单位，不得限制受助人员离开救助站。救助站对受助的残疾人、未成年人、老年人应当给予照顾；对查明住址的，及时通知其亲属或者所在单位领回；对无家可归的，由其户籍所在地人民政府妥善安置。

第十二条　受助人员住所地的县级人民政府应当采取措施，帮助受助人员解决生产、生活困难，教育遗弃残疾人、未成年人、老年人的近亲属或者其他监护人履行抚养、赡养义务。

第十三条　救助站应当建立、健全站内管理的各项制度，实行规范化管理。

第十四条　县级以上人民政府民政部门应当加强对救助站工作人员的教育、培训和监督。

救助站工作人员应当自觉遵守国家的法律法规、政策和有关规章制度，不准拘禁或者变相拘禁受助人员；不准打骂、体罚、虐待受助人员或者唆使他人打骂、体罚、虐待受助人员；不准敲诈、勒索、侵吞受助人员的财物；不准克扣受助人员的生活供应品；不准扣压受助人员的证件、申诉控告材料；不准任用受助人员担任管理工作；不准使用受助人员为工作人员干私活；不准调戏妇女。

违反前款规定，构成犯罪的，依法追究刑事责任；尚不构成犯罪的，依法给予纪律处分。

第十五条　救助站不履行救助职责的，求助人员可以向当地民政部门举报；民政部门经查证属实的，应当责令救助站及时提供救助，并对直接责任人员依法给予纪律处分。

第十六条　受助人员应当遵守法律法规。受助人员违反法律法规的，应当依法处理。

受助人员应当遵守救助站的各项规章制度。

第十七条　本办法的实施细则由国务院民政部门制定。

第十八条　本办法自2003年8月1日起施行。1982年5月12日国务院发布的《城市流浪乞讨人员收容遣送办法》同时废止。

城市生活无着的流浪乞讨人员救助管理办法实施细则

（2003 年 7 月 21 日）

第一条　根据《城市生活无着的流浪乞讨人员救助管理办法》（以下简称《救助管理办法》）的规定，制定本实施细则。

第二条　《救助管理办法》规定的“城市生活无着的流浪乞讨人员”是指因自身无力解决食宿，无亲友投靠，又不享受城市最低生活保障或者农村五保供养，正在城市流浪乞讨度日的人员。

虽有流浪乞讨行为，但不具备前款规定情形的，不属于救助对象。

第三条　流浪乞讨人员向救助站求助时，应当如实提供本人的下列情况：

（一）姓名、年龄、性别、居民身份证或者能够证明身份的其他证件、本人户口所在地、住所地；

（二）是否享受城市最低生活保障或者农村五保供养；

（三）流浪乞讨的原因、时间、经过；

（四）近亲属和其他关系密切亲戚的姓名、住址、联系方式；

（五）随身物品的情况。

第四条　救助站应当向求助的流浪乞讨人员告知救助对象的范围和实施救助的内容，询问与求助需求有关的情况，并对其个人情况予以登记。

第五条　救助站对属于救助对象的，应当及时安排救助；不属于救助对象的，不予救助并告知其理由。

对因年老、年幼、残疾等原因无法提供个人情况的，救助站应当先提供救助，再查明情况。

对拒不如实提供个人情况的，不予救助。

第六条　受助人员不得携带危险物品进入救助站，随身携带的物品，除生活必需品外，由救助站保管，待该受助人员离站时归还。

第七条　省、自治区、直辖市人民政府民政部门应当制定救助站受助人员的作息、卫生、学习等制度。受助人员应当遵守救助站的规章制度。

第八条　救助站为受助人员提供的食物和住处，应当能够满足受助人员的基本健康和安全需要。受助人员食宿定额定量的标准，由省级人民政府民政部门商财政部门具体规定。

第九条　受助人员在站内突发急病的，救助站应当及时送医疗机构治疗。救助站发现受助人员在站内患传染病或者为疑似传染病病人的，救助站应当送当地具有传染病收治条件的医疗机构治疗，并向当地疾病预防控制机构报告，采取必要的消毒隔离措施。

第十条　救助站应当根据受助人员提供的有关情况，及时与受助人员的家属以及受助人员常住户口所在地或者住所地的乡（镇）人民政府、城市街道办事处、该地的公安、民政部门取得联系，核实情况。

救助站发现受助人员故意提供虚假个人情况的，应当终止救助。

第十一条　受助人员返回常住户口所在地、住所地或者所在单位时没有交通费的，由救助站发给乘车（船）凭证，铁道、公路、水运等运输单位验证后准予搭乘相应的公共交通工具。救助站应当将有关情况通知受助人员的亲属及前往地的有关组织、所在单位。

第十二条　救助站应当根据受助人员的情况确定救助期限，一般不超过10天；因特殊情况需要延长的，报上级民政主管部门备案。

第十三条　对受助人员中的残疾人、未成年人或者其他行动不便的人，救助站应当通知其亲属或者所在单位接回；亲属或者所在单位拒不接回的，省内的由流入地人民政府民政部门通知流出地人民政府民政部门接回，送其亲属或者所在单位；跨省的由流入地省级人民政府民政部门通知流出地省级人民政府民政部门接回，送其亲属或者所在单位。

第十四条　对无法查明其亲属或者所在单位，但可以查明其户口所在地、住所地的受助残疾人、未成年人及其他行动不便的人，省内的由流入地人民政府民政部门通知流出地人民政府民政部门接回，送户口所在地、住所地安置；跨省的由流入地省级人民政府民政部门通知流出地省级人民政府民政部门接回，送户口所在地、住所地安置。

第十五条　对因年老、年幼或者残疾无法认知自己行为、无表达能力，因而无法查明其亲属或者所在单位，也无法查明其户口所在地或者住所地的，由救助站上级民政主管部门提出安置方案，报同级人民政府给予安置。

第十六条　受助人员自愿放弃救助离开救助站的，应当事先告知，救助站不得限制。未成年人及其他无民事行为能力人和限制民事行为能力人离开救助站，须经救助站同意。

受助人员擅自离开救助站的，视同放弃救助，救助站应当终止救助。

第十七条　救助站已经实施救助或者救助期满，受助人员应当离开救助站。对无正当理由不愿离站的受助人员，救助站应当终止救助。

第十八条　受助人员户口所在地、住所地的乡级、县级人民政府应当帮助返回的受助人员解决生产、生活困难，避免其再次外出流浪乞讨；对遗弃残疾人、未成年人、老年人的近亲属或者其他监护人，责令其履行抚养、赡养义务；对确实无家可归的残疾人、未成年人、老年人应当给予安置。

第十九条　受助人员在救助站期间应当遵纪守法，不得辱骂、殴打救助站工作人员或者其他受助人员，不得破坏救助设施，不得毁坏、盗窃公私财物，不得无理取闹、扰乱救助工作秩序。

对受助人员的违法行为，救助站工作人员应当及时制止；受助人员违规违纪情节严重的，或者发现受助人员有犯罪嫌疑的，应当及时报请公安机关依法处理。

第二十条　救助站应当建立健全岗位责任制、安全责任制、工作人员行为规范等规章制度，实行规范化管理。

救助站应当将受助人员入站、离站、获得救助等情况如实记载，制作档案妥善保管。

第二十一条　救助站及其工作人员应当严格遵守《救助管理办法》第十条、第十四条第二款规定。对违反规定的，由该救助站的上级民政主管部门责令改正；情节较重的，对直接负责的主管人员和其他直接责任人给予纪律处分；构成犯罪的，依法追究刑事责任。

第二十二条　县级以上地方人民政府民政部门应当加强对救助站的领导和监督管理，履行以下职责：

（一）监督救助站落实救助措施和规章制度；

（二）指导检查救助工作情况；

（三）对救助站工作人员进行教育、培训；

（四）调查、处理救助站及其工作人员违法违纪问题；

（五）帮助救助站解决困难，提供工作条件。

第二十三条　救助站的上级民政主管部门不及时受理救助对象举报，不及时责令救助站履行职责，或者对应当安置的受助人员不报请当地人民政府予以安置的，对直接负责的主管人员和其他直接责任人员依法给予行政处分。

第二十四条　本实施细则自2003年8月1日起施行。

民政部关于印发《生活无着的流浪乞讨人员救助管理机构工作规程》的通知

（2014 年 8 月 1 日）

各省、自治区、直辖市民政厅（局），各计划单列市民政局，新疆生产建设兵团民政局：

为进一步规范生活无着的流浪、乞讨人员救助管理工作，维护受助人员合法权益，根据有关政策法规，我部制定了《生活无着的流浪乞讨人员救助管理机构工作规程》。现印发给你们，请加强学习培训，认真贯彻执行。

附件：

1.求助登记表

2.不予救助通知书

3.自行离站声明书

4.在站服务及离站登记表

5.终止救助通知书

6.有关法律法规、政策文件规定

民政部

2014年6月22日

生活无着的流浪乞讨人员救助管理机构工作规程

第一章　总　则

第一条　为规范生活无着的流浪、乞讨人员救助管理工作，维护受助人员合法权益，保障生活无着的流浪、乞讨人员救助管理机构（以下简称救助管理机构）工作秩序，根据《城市生活无着的流浪乞讨人员救助管理办法》《社会救助暂行办法》等规定，制定本规程。

第二条　本规程所称的生活无着的流浪、乞讨人员是指离家在外、自身无力解决食宿、正在或即将处于流浪或乞讨状态的人员，包括生活无着的流浪人员和生活无着的乞讨人员（以下简称流浪乞讨人员）。

第三条　本规程所称的救助管理机构包括县级以上人民政府设立的救助管理站、未成年人救助保护中心等专门机构。救助管理机构应当为流浪乞讨人员提供临时性救助服务。

第二章　接待服务

第一节　求助接待

第四条　救助管理机构实行24小时接待服务，工作人员应当言语文明，态度友善，并告知救助政策及入站须知。

第五条　救助管理机构应当开通救助热线，救助热线实行24小时服务，热线号码应当向社会公开并在当地114查询台登记。救助热线电话录音保存时间不少于3个月。

第六条　救助管理机构的引导标志应当醒目、容易识别，设置在人流量较大的交通要道、繁华地段。救助管理机构应当将机构名称牌匾等标志悬挂在楼院门外醒目位置。

第七条　救助管理机构应当对来站求助人员身体状况和精神状况进行初步检视。

第八条　求助人员为疑似精神障碍患者、疑似传染病人、危重病人或有明显外伤人员的，救助管理机构应当联系医疗急救机构或安排工作人员将其送医救治、诊断。

第九条　求助人员在醉酒状态中，对本人有危险或者对他人的人身、财产或者公共安全有威胁的，救助管理机构应当报警，由公安机关依法处置。

第十条　求助人员为疑似吸毒人员或疑似在逃人员的，救助管理机构应当报请公安机关处置。

第十一条　救助管理机构应当对公安机关护送来站的被拐卖受害人实施救助。

第二节　安检登记

第十二条　求助人员应当按照救助管理机构要求，接受安全检查。女性求助人员应当由女性工作人员检查。安全检查发现有异常的，求助人员应当出示随身物品或开包接受检查。

第十三条　动物或可能造成人员伤害或财产安全的物品不得被携带进入站内。对在安全检查中发现的易爆、腐蚀、管制刀具等危险物品，救助管理机构应当及时报请公安机关处置；对在安全检查中发现的锐（利）器、打火器具等物品，求助人员应当自行丢弃或交由救助管理机构代为保管。

第十四条　求助人员应当配合救助管理机构开展安全检查，并遵守物品管理规定。

第十五条　求助人员应当向救助管理机构说明求助原因和需求，出示本人身份证件；无法出示身份证件的，应当如实提供本人姓名、身份证件号、户籍地等基本信息。有条件的救助管理机构可以通过公安机关核实求助人员身份信息。

第十六条　求助人员因年老、年幼、残疾等原因不能提供个人信息的，救助管理机构应当先行救助。

第十七条　救助管理机构应当留存求助人员指纹和电子照片，将安全检查、证件材料、检视询问等情况录入全国救助管理信息系统，生成《求助登记表》（附件1）。

第十八条　求助人员有携带未成年人流浪乞讨行为，或疑似胁迫、诱骗、利用未成年人乞讨或者组织未成年人进行有害身心健康的表演等活动的，救助管理机构应当及时报请公安机关调查、甄别。

第十九条　求助人员为疑似境外人员的，救助管理机构应当及时报请公安机关确认求助人员身份。属于非法入境、居留的，应当将其交由公安机关处置。属于合法入境、居留的，应当及时向当地外办、港澳办或台办通报，并可受当地外办、港澳办或台办的委托提供临时服务。

第二十条　在安全检查登记中发现求助人员有以下情形之一的，救助管理机构应当向求助人员解释不予救助的原因，并出具《不予救助通知书》（附件2，一式两份）：

（一）拒不配合安全检查；

（二）拒不遵守物品管理规定；

（三）自身有能力解决食宿；

（四）索要现金，拒不接受其他救助方式；

（五）拒不提供或拒不如实提供个人信息；

（六）其他不符合救助条件的情形。

第三章　在站服务

第一节　生活服务

第二十一条　求助人员应当将随身携带的物品进行寄存，救助管理机构应当妥善保管。

第二十二条　救助管理机构应当按照受助人员性别、年龄、身心状况安排分区居住、单人单床，并为受助人员发放必要的生活用品。

女性受助人员应当安排女性工作人员管理。

第二十三条　成年女性携带6周岁以下未成年人的，救助管理机构应当为其共同在成人区生活提供便利。

第二十四条　救助管理机构应当对受助人员进行安全教育，告知其生活起居、注意事项及站内管理要求。

第二十五条　救助管理机构应当及时清洗、消毒餐具、炊具，提供符合卫生要求的饮食并实行分餐制。对于未成年人、老年人、少数民族人员和患病人员，应当照顾其特殊饮食需求。

第二十六条　救助管理机构应当对受助人员居室及活动区域经常清理、消毒，对受助人员床上用品每周至少清洗、消毒一次。受助人员离站后，应当对其床上用品及时更换、清洗、消毒。

第二十七条　救助管理机构应当为生活不能自理的受助人员用餐、住宿、穿衣、如厕、洗浴等提供相应的生活照顾和便利条件。

第二十八条　受助人员应当遵守救助管理机构各项内部管理规定，配合救助管理机构保持环境卫生和个人卫生，参加有益于身心健康的文体活动和教育辅导等活动。救助管理机构可以视情为受助人员提供心理辅导、行为矫治等服务。

第二十九条　受助人员因年老、残疾等原因暂时无法查明家庭情况或暂时无法离站的，救助管理机构可以委托相关机构托养。办理机构托养服务手续，应当符合相关规定。

第二节　寻亲服务

第三十条　受助人员有疑似走失、被遗弃或被拐卖情形的，救助管理机构应当及时向公安机关报案。

第三十一条　受助人员因年老、年幼、残疾等原因不能提供个人信息的，救助管理机构应当及时报请公安机关协助核查求助人员身份，并在其入站后24小时内以适当形式发布寻亲公告。

第三十二条　救助管理机构应当充分利用现有工作信息和工作渠道，为前来寻亲人员提供便利和帮助。

第三节　医疗服务

第三十三条　救助管理机构应当做好卫生保健、防疫工作，配备体温计、血压计等基本设备。有条件的救助管理机构可以依法内设医务室或与专业医疗机构合作开展医疗服务。

第三十四条　救助管理机构应当严格按照医嘱，对患病受助人员按时按量发放药品，做好服药情况记录。

第三十五条　救助管理机构发现受助人员突发急病、精神异常或有疑似传染病的，应当及时送往医疗机构或联系医疗急救机构救治、诊断；对有疑似传染病的，还应当及时向疾病预防控制机构报告，建议采取必要的卫生处理措施；发现有疑似吸毒情形的，应当报请公安机关处置。

第三十六条　由公安、城管等单位公务人员直接护送疑似精神障碍患者、危重病人或有明显外伤人员到医疗机构救治的，救助管理机构应当在接到通知后及时到医疗机构甄别和确认病人身份。经甄别符合生活无着的流浪、乞讨人员救助条件的，救助管理机构应当及时为其办理救助登记手续。

第三十七条　因抢救生命垂危的受助人员等紧急情况，不能取得受助人员或者与其一同受助的近亲属意见，医疗机构征求救助管理机构意见的，救助管理机构应当建议医疗机构按照《中华人民共和国侵权责任法》规定处置。

需要对受助人员施行手术、特殊检查或者特殊治疗时，受助人员可以表达意见的，应当由受助人员自行决定；受助人员不同意的，救助管理机构可以做好记录并妥善保存。

在对受助未成年人实施医疗措施过程中，救助管理机构应当尊重医疗机构意见。

第三十八条　受助人员属于诊断结论表明需要住院治疗的精神障碍患者的，由送诊的有关部门办理住院治疗手续。

第三十九条　救助管理机构应当根据医疗机构出具的可以出院的证明材料为受助人员办理出院手续。受助人员无故拒不出院的，救助管理机构应当终止对其救助。

第四十条　救助管理机构应当按照当地物价和卫生计生部门制定的医疗服务收费标准、国家基本药物目录与医疗机构核定受助人员医疗收费和用药范围。受助人员需要超范围用药或进行大型器械检查的，须经救助管理机构审查同意后方可实施。

第四节　未成年人教育服务

第四十一条　救助管理机构应当为受助未成年人提供关爱型服务和保护性措施，及时与受助未成年人沟通，了解其思想状况和遇困原因，经常组织受助未成年人参加有益于身心健康的文体活动、公益活动和社会实践活动，帮助受助未成年人树立正确的价值观、人生观。

第四十二条　救助管理机构应当对受助未成年人开展心理咨询和需求评估。受助未成年人存在心理和行为偏差的，救助管理机构应当进行有针对性的心理辅导和行为矫治。对于重复流浪或经评估发现不宜返回家庭的受助未成年人，救助管理机构可以延长救助期限。

第四十三条　流出地救助管理机构应当对受助未成年人的家庭监护情况进行调查评估：对确无监护能力的，由救助管理机构协助监护人及时委托其他人员代为监护；对拒不履行监护责任、经反复教育不改的，由救助管理机构向人民法院提出申请撤销其监护人资格，依法另行指定监护人。

第四十四条　救助管理机构应当区分受助未成年人年龄、文化程度、身体、精神状况和智力发展水平、滞留时间等不同情况，协助提供义务教育、替代教育等服务。

第四十五条　救助管理机构应当主动联系当地人力资源和社会保障等部门，协助年满14周岁、不宜接受义务教育且有职业技能培训意愿的受助未成年人接受免费职业技能培训。

第四十六条　受助未成年人在机构内接受教育培训的，救助管理机构应当制定适宜的教学计划，并对日常教学培训做好监督、检查工作。

第四十七条　受助未成年人有严重不良行为的，救助管理机构可以依法送其到专门学校进行矫治和接受教育。

第四十八条　受助未成年人暂时无法查明家庭情况或暂时无法离站的，救助管理机构可以为其办理家庭寄养、类家庭养育、机构托养等服务。安排具有意思表达能力的受助未成年人寄养托养的，应当征得其本人同意。办理寄养托养手续，应当符合相关标准要求。

第四章　离站服务

第一节　离站准备

第四十九条　救助管理机构应当根据受助人员需求，帮助其联系亲友，并为受助人员提取亲友汇款提供帮助。

第五十条　对年满16周岁、无精神障碍或智力残疾迹象的受助人员，救助管理机构救助期限一般不超过10天。受助人员临时生活困难已经解决的，救助管理机构应当协助其做好离站前准备并适时安排离站。

第五十一条　受助人员在医疗机构接受救治的，救助管理机构应当根据医疗机构出具的出院证明适时安排离站。

第二节　自行离站

第五十二条　年满16周岁、无精神障碍或智力残疾迹象的受助人员主动要求自行离站的，应当填写《自行离站声明书》（附件3）。救助管理机构应当为其办理离站手续，清点交接寄存物品，完成《在站服务及离站登记表》（附件4）。

第五十三条　自行离站人员没有交通费的，救助管理机构应当根据其实际需求提供乘车凭证和必要的饮食。

第五十四条　救助管理机构应当与当地（火）车站、港口协商购买、印制、查验及退返乘车凭证的具体方式，加强对受助人员乘车凭证的管理。

乘车凭证应当方便受助人员到达目的地，流入地到流出地有直达车、船交通工具的，应当提供直达乘车凭证。确需中转的，应当告知受助人员中转地站名、中转地救助管理机构地址及联系方式。

第五十五条　救助管理机构原则上不得为受助人员提供现金。因特殊情况需要提供短途公共交通费的，一般不超过20元，救助管理机构应当留存受助人员签收字据。

第五十六条　受助人员未办理离站手续、擅自离开救助管理机构或医疗机构的，视为主动放弃救助，救助管理机构应当做好文字记录并保存相关资料。

第三节 接送返回

第五十七条 不满16周岁的未成年人、行动不便的残疾人和其他特殊困难受助人员（以下简称“特殊困难受助人员”），应当由其亲属接领返回。

第五十八条 救助管理机构应当查验接领人身份证件，保留其身份证件复印件及有关证明材料，同时清点交接寄存物品，完成《在站服务及离站登记表》，办理交接手续。接领人拒不提供身份证件、证明材料或拒不签字确认的，不得移交受助人员。受助人员患病的，救助管理机构应当将受助人员病情信息告知接领人。

第五十九条 亲属不能接领特殊困难受助人员返回的，救助管理机构应当在核实情况后安排接送返回。

第六十条 流入地救助管理机构应当向流出地救助管理机构通报特殊困难受助人员人数、健康状况、家庭信息等基本情况，就接送方式、交接时间和地点等具体事项进行协商，并在交接时办理交接手续。

第六十一条 由流入地救助管理机构乘坐公共交通工具护送特殊困难受助人员返回的，流出地救助管理机构应当安排车辆到（火）车站、码头等到达地点接应。

第六十二条 流入地、流出地救助管理机构就接送事项不能达成一致意见的，应当报上级民政部门协调解决。

第六十三条 救助管理机构应当根据接送特殊困难受助人员人数、健康状况、风险隐患等情况合理安排工作人员人数及交通方式，必要时应当安排医护人员随行。接送途中发生意外情况的，工作人员应当及时妥善处置并向救助管理机构报告。

第六十四条 护送特殊困难受助人员返家前，流出地救助管理机构应当告知受助人员亲属做好接收准备，并在交接时办理交接手续。

第六十五条 联系受助人员返家时，其家人明确表示不接收的，流出地救助管理机构应当提前联系当地乡镇政府（街道办事处）、公安机关和居（村）民委员会到场，请其依法维护返家人员权益。

第六十六条　受助人员确已无家可归的，其户籍所在地的救助管理机构应当接收受助人员，并协调当地人民政府予以妥善安置。受助人员因长期流浪被注销户籍的，其户籍注销地的救助管理机构应当接收受助人员，并协调公安机关办理恢复户籍手续。

第六十七条　省级民政部门应当加强对跨省接送返回工作的指导，根据各救助管理机构自身条件、地理位置等情况，确定跨省接送单位，及时更新、发布并上报本省具备跨省接送条件的救助管理机构名单。

第四节　终止救助

第六十八条　受助人员有以下情形之一的，救助管理机构可以终止救助：

（一）无正当理由拒不离站或出院；

（二）拒不提供或拒不如实提供家庭信息；

（三）违法违纪、扰乱救助管理秩序；

（四）其他不符合继续救助的情形。

第六十九条　救助管理机构应当向受助人员解释终止救助的原因，清点交接寄存物品，完成《在站服务及离站登记表》，并向受助人员出具《终止救助通知书》（附件5，一式两份）。

第五节　其他情形

第七十条　经当地人民政府或民政部门批准，受助人员移送至有关机构长期安置的，救助管理机构应当清点交接寄存物品，完成《在站服务及离站登记表》，与相关机构办理交接手续。

第七十一条　受助人员被司法机关带离的，救助管理机构应当查验司法机关工作人员身份证件或执法证件，保留司法机关出具的有关证明材料及工作人员身份证件或执法证件复印件，清点交接寄存物品，完成《在站服务及离站登记表》，办理交接手续。

第七十二条　受助人员在医疗机构内死亡的，救助管理机构应当取得医疗机构出具的死亡证明书。受助人员在救助管理机构内因突发急病等原因经急救机构确认死亡的，救助管理机构应当及时报请公安机关到场处置并出具死亡原因鉴定书。

第七十三条　救助管理机构应当协助死亡受助人员亲属处理好后事，清点交接寄存物品，完成《在站服务及离站登记表》。亲属不能前来的，应当取得其同意火化的书面证明材料或电话录音、视频录像等资料。亲属明确拒绝前来的，应当留存其电话录音、视频录像等资料，由救助管理机构妥善处理后事，办理火化手续，骨灰及相关物品留存三年。

第七十四条　无法查明死亡受助人员身份或无法联系到其亲属的，救助管理机构应当在市级以上报刊上刊登公告，公告期30天（当地对无主尸体处置有规定的，依照当地规定处置）。公告期满后仍无人认领的，由救助管理机构妥善处理后事，办理火化手续，骨灰及相关物品留存三年。

第五章　机构管理

第七十五条　救助管理机构应当严格遵守相关法律法规，建立健全内部管理制度，明确岗位职责，规范工作流程，完善绩效评价，实行规范化管理。

第七十六条　救助管理机构应当建立岗位培训制度，工作人员应当经培训合格后上岗。工作人员上岗应当统一着装并佩戴工作标识。

第七十七条　救助管理机构应当建立安全保卫制度，在接待大厅配备安全检查门或金属探测器等安全检查设备，在楼院门外、接待大厅、楼道、食堂等公共区域及观察室等特殊区域安装具有存储功能的视频监控系统。监控录像资料保存期不少于3个月，特殊、重要资料以实物方式交存档案室。

第七十八条　救助管理机构应当建立值班巡查制度，值班人员应当熟知机构内受助人员情况，加强夜班巡查并做好巡查记录。值班人员应当在交接班时对患病、情绪异常等特殊受助人员重点交接。

第七十九条　救助管理机构应当建立信息管理制度，配备必要的工作电脑及相关设备，通过全国救助管理信息系统及时办理入站、离站等手续，信息录入应当真实、完整。

第八十条　救助管理机构应当建立财务管理制度，规范流浪乞讨人员救助资金支出标准、报销凭证及审批程序，健全内部控制流程。

第八十一条　救助管理机构应当建立宣传、引导社会组织、社会公众、志愿者等社会力量参与救助服务的工作制度，委托具有相应从业资质的机构开展心理辅导、教育培训、监护评估、寄养托养等救助服务。

第八十二条　救助管理机构应当建立消防安全制度，配备必要的消防设施，定期开展消防演练。

第八十三条　救助管理机构应当建立突发事件处置制度，制订针对极端天气、自然灾害、群体性事件等突发事件的应急预案，发生突发事件时应当迅速启动预案，采取有效措施予以处置，并及时向上级民政部门报告。

第八十四条　救助管理机构应当建立救助管理工作档案管理制度，做好纸质材料、电子文件的收集、整理和存档保管工作。

第八十五条　救助管理机构应当依法落实工作人员休假制度，每年至少开展一次全面的身体检查，保障工作人员身心健康。

第六章　附　则

第八十六条　在极端天气或遭受自然灾害情况下，救助管理机构可以开设临时避寒、避暑或庇护场所，简化救助流程，为求助人员提供饭菜和住宿等基本服务。

第八十七条　求助人员或受助人员扰乱救助管理机构正常工作秩序的，救助管理机构应当报请公安机关到场处置。

第八十八条　没有设立救助管理机构的民政部门，可以参照本规程开展救助管理工作。

第八十九条　本规程由民政部负责解释，自2014年8月1日起实施。《民政部关于印发〈救助管理机构基本规范〉和〈流浪未成年人救助保护机构基本规范〉的通知》（民发〔2006〕118号）自本规程实施之日起废止。

附件1

档案编号：

求助登记表

姓名		性别		出生日期	年　月　日	年龄		民族		照片
证件类型		证件号码								
来站时间	年　月　日　时　分	救助编号								
身高		体重		户籍地	省市（地区）区 / 县乡 / 镇街道					
来站方式	□自行来站　□公安护送　□城管护送　□本站主动救助　□其他人员护送 □其他站护送　□本站接回　□其他									
求助内容	□饮食　□住宿　□通讯　□乘车凭证　□其他									
求助原因	□乞讨　□务工不着　□寻亲不遇　□遗失钱财　□被盗被抢　□被骗 □被拐　□因灾　□拾荒　□其他									
身体状况	□基本健康　□肢体残疾　□智力残疾　□疑似精神障碍　□疑似传染病 □行动困难　□明显外伤　□严重抑郁　□躁动不安　□其他									
安全检查情况	□需交公安处置的物品：　□炸药雷管　□腐蚀物品　□管制刀具　□其他 □需代为保管的物品：　□锐器利器　□打火器具　□其他 □需丢弃的物品：　□没有上述物品									
寄存物品内容		求助人签字： 保管人签字：								
流浪经历		曾经救助情况								
亲属信息	姓名		亲属关系		联系电话					
护送人	姓名		证件号		联系电话					
	工作单位		护送人员签字							
是否给予救助	□是□否	不予救助原因		不予救助通知书编号						
入站	入站时间	年　月　日　时　分	接待人员签字							
备注										

附件2

档案编号：

不予救助通知书

×××救助管理站〔 〕第 号

：

您于年月日来站求助，因以下原因不符合救助条件，现决定不予救助。

□拒不配合安全检查

□拒不遵守物品管理规定

□自身有能力解决食宿

□索要现金，拒不接受其他救助方式

□拒不提供或拒不如实提供个人信息

□其他不符合救助条件的情形：

如对本通知不服，可于15日内向所属民政部门提出申诉。

经办人签字：

负责人签字：

×××救助管理站

年 月 日

（救助管理机构印章）

附件3

自行离站声明书

本人于年月日到救助管理站求助，现因临时生活困难已经解决，要求自行离站。我声明：

救助管理站已经为本人提供了符合法律规定的临时救助服务；

本人身体健康，具备自行出行、返回的能力；

本人离站后的行为自行负责。

本人上述声明完全真实、自愿。

声明人签字：

年　月　日

附件4

在站服务及离站登记表

<table>
<tr><td rowspan="8">在站情况</td><td>姓名</td><td colspan="2"></td><td colspan="2">救助编号</td><td colspan="2"></td><td>床位号</td><td></td></tr>
<tr><td>救助内容</td><td colspan="8">□食物 □衣物 □通讯联络 □住宿 □医疗救治
□乘车凭证（另附复印件）</td></tr>
<tr><td>发放物品情况</td><td colspan="8">（可另附页）经办人：</td></tr>
<tr><td>寻亲、联系亲友情况</td><td colspan="8">（可另附页）经办人：</td></tr>
<tr><td>医疗服务情况</td><td colspan="8">（可另附页）经办人：</td></tr>
<tr><td>未成年人教育服务情况</td><td colspan="8">（可另附页）经办人：</td></tr>
<tr><td>寄养托养情况</td><td colspan="8">（附寄养托养协议）经办人：</td></tr>
<tr><td>备注</td><td colspan="8">（可另附页）经办人：</td></tr>
<tr><td rowspan="13">离站手续</td><td>离站形式</td><td colspan="8">□自行离站 □擅自离站 □单位/亲属/村（居）委会接领
□救助管理机构接领 □救助管理机构护送 □终止救助 □司法带离
□长期安置 □死亡（另附证明材料） □其他</td></tr>
<tr><td>自行离站</td><td>目的地</td><td></td><td>车次</td><td></td><td>车票面值</td><td>元</td><td>受助人签字</td><td></td></tr>
<tr><td rowspan="2">亲属接领</td><td>接领人姓名</td><td></td><td>亲属关系</td><td></td><td>证件号（另附接领人身份证件复印件、证明材料）</td><td></td><td>联系电话</td><td></td></tr>
<tr><td>详细住址</td><td colspan="5"></td><td>接领人签字</td><td></td></tr>
<tr><td>护送情况</td><td>护送人</td><td colspan="5"></td><td>目的地</td><td></td></tr>
<tr><td rowspan="2">终止救助情况</td><td>原因</td><td colspan="7">□无正当理由拒不离站或出院 □拒不提供或拒不如实提供家庭信息
□违法违纪、扰乱救助管理秩序 □其他不符合继续救助的情形</td></tr>
<tr><td>受助人签字</td><td></td><td>经办人签字</td><td></td><td>通知书编号</td><td colspan="2"></td></tr>
<tr><td>离站时间</td><td colspan="3">年 月 日 时 分</td><td>寄存物品领取情况</td><td></td><td>接领人签字</td><td></td></tr>
<tr><td>接收情况</td><td>接收单位</td><td>（盖章）</td><td>经办人签字</td><td></td><td>接收时间</td><td colspan="2"></td></tr>
<tr><td>安置情况</td><td>安置单位</td><td></td><td>安置时间</td><td></td><td>安置单位签印</td><td colspan="2"></td></tr>
<tr><td>备注</td><td colspan="7"></td></tr>
</table>

附件5

终止救助通知书

×××救助管理站〔　〕第　号

：

您于年月日来站接受救助，因以下原因不符合继续救助条件，现决定终止救助。

☐无正当理由拒不离站或出院

☐拒不提供或拒不如实提供家庭信息

☐违法违纪、扰乱救助管理秩序

☐其他不符合继续救助的情形：

如对本通知不服，可于15日内向所属民政部门提出申诉。

经办人签字：

负责人签字：

×××救助管理站

年　月　日

（救助管理机构印章）

附件6

有关法律法规、政策文件规定

一、《社会救助暂行办法》（2014年5月1日起施行）

第五十一条公安机关和其他有关行政机关的工作人员在执行公务时发现流浪、乞讨人员的，应当告知其向救助管理机构求助。对其中的残疾人、未成年人、老年人和行动不便的其他人员，应当引导、护送到救助管理机构；对突发急病人员，应当立即通知急救机构进行救治。

二、中华人民共和国治安管理处罚法（2006年3月1日起施行）

第十五条醉酒的人违反治安管理的，应当给予处罚。

醉酒的人在醉酒状态中，对本人有危险或者对他人的人身、财产或者公共安全有威胁的，应当对其采取保护性措施约束至酒醒。

三、中华人民共和国禁毒法（2008年6月1日起施行）

第三条禁毒是全社会的共同责任。国家机关、社会团体、企业事业单位以及其他组织和公民，应当依照本法和有关法律的规定，履行禁毒职责或者义务。

四、中华人民共和国传染病防治法（2004年12月1日起施行）

第三十一条任何单位和个人发现传染病病人或者疑似传染病病人时，应当及时向附近的疾病预防控制机构或者医疗机构报告。

第四十条疾病预防控制机构发现传染病疫情或者接到传染病疫情报告时，应当及时采取下列措施：

（一）对传染病疫情进行流行病学调查，根据调查情况提出划定疫点、疫区的建议，对被污染的场所进行卫生处理，对密切接触者，在指定场所进行医学观察和采取其他必要的预防措施，并向卫生行政部门提出疫情控制方案；

（二）传染病暴发、流行时，对疫点、疫区进行卫生处理，向卫生行政部门提出疫情控制方案，并按照卫生行政部门的要求采取措施；

（三）指导下级疾病预防控制机构实施传染病预防、控制措施，组织、指导有关单位对传染病疫情的处理。

五、中华人民共和国侵权责任法（2010年7月1日起施行）

第五十六条因抢救生命垂危的患者等紧急情况，不能取得患者或者其近亲属意见的，经医疗机构负责人或者授权的负责人批准，可以立即实施相应的医疗措施。

六、中华人民共和国精神卫生法（2013年5月1日起施行）

第三十六条诊断结论表明需要住院治疗的精神障碍患者，本人没有能力办理住院手续的，由其监护人办理住院手续；患者属于查找不到监护人的流浪乞讨人员的，由送诊的有关部门办理住院手续。

七、中华人民共和国未成年人保护法（2007年6月1日起施行）

第四十三条县级以上人民政府及其民政部门应当根据需要设立救助场所，对流浪乞讨等生活无着未成年人实施救助，承担临时监护责任；公安部门或者其他有关部门应当护送流浪乞讨或者离家出走的未成年人到救助场所，由救助场所予以救助和妥善照顾，并及时通知其父母或者其他监护人领回。

八、中华人民共和国预防未成年人犯罪法（1999年11月1日起施行）

第三十五条对未成年人实施本法规定的严重不良行为的，应当及时予以制止。

对有本法规定严重不良行为的未成年人，其父母或者其他监护人和学校应当相互配合，采取措施严加管教，也可以送工读学校进行矫治和接受教育。

对未成年人送工读学校进行矫治和接受教育，应当由其父母或者其他监护人，或者原所在学校提出申请，经教育行政部门批准。

九、民法通则（1987年1月1日起施行）

第十八条监护人应当履行监护职责，保护被监护人的人身、财产及其他合法权益，除为被监护人的利益外，不得处理被监护人的财产。

监护人依法履行监护的权利，受法律保护。

监护人不履行监护职责或者侵害被监护人的合法权益的，应当承担责任；给被监护人造成财产损失的，应当赔偿损失。人民法院可以根据有关人员或者有关单位的申请，撤销监护人的资格。

十、中华人民共和国婚姻法（1981年1月1日起施行）

第四十四条对遗弃家庭成员，受害人有权提出请求，居民委员会、村民委员会以及所在单位应当予以劝阻、调解。

对遗弃家庭成员，受害人提出请求的，人民法院应当依法作出支付扶养费、抚养费、赡养费的判决。

第四十五条对重婚的，对实施家庭暴力或虐待、遗弃家庭成员构成犯罪的，依法追究刑事责任。受害人可以依照 刑事诉讼法的有关规定，向人民法院自诉；公安机关应当依法侦查，人民检察院应当依法提起公诉。

十一、国务院办公厅关于加强和改进流浪未成年人救助保护工作的意见（国办发〔2011〕39号）

流出地救助保护机构要对流浪未成年人的家庭监护情况进行调查评估：对确无监护能力的，由救助保护机构协助监护人及时委托其他人员代为监护；对拒不履行监护责任、经反复教育不改的，由救助保护机构向人民法院提出申请撤销其监护人资格，依法另行指定监护人。

十二、国务院办公厅关于印发中国反对拐卖人口行动计划（2013—2020年）的通知（2011年）（国办发〔2013〕19号）

健全流浪未成年人救助保护机制，积极利用现有救助管理机构和福利机构做好流浪未成年人和弃婴的救助安置，依托社会工作等专业人才提供心理辅导、行为矫治、文化教育、技能培训、就业帮扶等服务。

对组织强迫儿童、残疾人乞讨，强迫未成年人、残疾人从事违法犯罪活动的依法予以惩处，及时查找受害人亲属并护送受害人前往救助保护机构。

民政部、公安部关于加强生活无着流浪乞讨人员身份查询和照料安置工作的意见

（2015 年 8 月 20 日）

各省、自治区、直辖市民政厅（局）、公安厅（局），新疆生产建设兵团民政局、公安局：

自2003年实施救助管理制度以来，各地认真贯彻落实相关法律法规，有效维护了生活无着流浪、乞讨人员（以下简称“流浪乞讨人员”）基本权益。为进一步加强流浪乞讨人员身份查询和照料安置工作，切实维护其合法权益，制定本意见。

一、加强流浪乞讨人员身份查询工作

各地民政部门和公安机关应当按照职责分工，建立流浪乞讨人员身份快速查询机制、寻亲服务机制和滞留人员身份查询长效机制，帮助其及时回归家庭。

（一）建立身份快速查询机制。公安机关发现流浪乞讨人员的，应当告知其向救助管理机构求助。对其中的残疾人、未成年人、老年人和行动不便的其他人员，应当引导、护送到救助管理机构；对突发疾病人员，应当立即通知急救机构进行救治；对疑似走失、被遗弃、被拐卖的流浪乞讨人员，应当及时通过调取监控录像、走访当地群众、比对公安机关走失人口库和人口信息管理系统、发布协查通报等方式，及时核查其身份信息。公安机关护送流浪乞讨人员来站求助的，应当配合救助管理机构办理交接手续，形成《公安机关护送流浪乞讨人员交接表》（见附件1）。

对无法提供个人信息的受助人员，救助管理机构应当通过受助人员指纹、体貌特征等线索，及时查询比对全国救助管理信息系统中的救助信息和寻亲信

息。受助人员在站期间被发现有疑似走失、被遗弃、被拐卖情形的，救助管理机构应当及时向公安机关报案，将受助人员体貌特征、发现经过等情况告知公安机关。救助管理机构报请当地公安机关协助核查受助人员身份信息的，公安机关应当及时受理、答复。

（二）建立寻亲服务机制。对经快速查询未能确认身份的受助人员，救助管理机构应当在其入站后24小时内通过广播、电视、报纸、全国救助管理信息系统、全国救助寻亲网站等适当形式发布寻亲公告，公布受助人员照片等基本信息，并在其入站后7个工作日内报请公安机关采集DNA数据。公安机关应当在收到报告后一个月内免费采集、录入全国打拐DNA信息库，并将比对结果反馈救助管理机构。对当前已经滞留在站的受助人员，救助管理机构应当尽快报请公安机关采集DNA数据，公安机关应当及时组织免费采集，录入全国打拐DNA信息库比对，并将比对结果反馈救助管理机构。

公安机关应当依法受理家人走失报案信息，及时发布内部协查通报，并通报救助管理机构，同时提示报案人可前往救助管理机构查找。救助管理机构应当将公安机关通报信息与站内受助人员信息进行查询比对，及时将查询结果反馈公安机关，同时为来站寻亲人员提供查询便利和帮助。

（三）建立身份查询长效机制。对经快速查询和寻亲服务后仍无法查明身份信息的滞留人员，救助管理机构应当经常与其接触、交流，采集其叙述内容，分析地名、人名、口音等关键信息并及时甄别核实。对交由托养机构照料或已纳入当地特困人员供养的滞留人员，救助管理机构应当继续开展或委托托养、供养机构协助开展身份查询工作。对有待核实的身份线索，救助管理机构可报请公安机关协助核查，公安机关应当及时核实确认。民政部门要建立滞留人员身份查询激励机制，对查询效果明显的人员或单位给予奖励。各地救助管理机构、公安机关应当加强沟通协作，共同做好滞留人员身份查询工作。

二、建立滞留人员多元化照料安置渠道

对于无法查明身份信息、在站救助时间超过10天的滞留人员，各地可根据当地救助管理工作实际情况，采取以下一种或多种方式予以妥善照料安置。

（一）开展站内照料服务。救助管理机构应当充分利用现有救助场所和设施设备，在站内开展照料服务。救助管理机构缺乏护理、康复等专业工作人员

的，可以通过提供服务场所、开展项目合作、政府购买服务等方式引入专业护理机构，由其承担站内照料工作，形成救助管理机构负责提供工作场地、制定照料标准、规范服务程序、考核服务质量等监督、管理工作，专业护理机构负责提供生活照料、日常护理、康复训练等具体照料服务的运行机制。对精神障碍患者、传染病人、危重病人等受助人员，救助管理机构应当按规定将其送当地定点医院救治、康复。

（二）开展站外托养服务。因现有设施设备不足、无法提供站内照料服务的，各地可根据滞留人员的年龄、智力、心理、生理状况，实施站外分类托养。各地可通过政府购买服务方式，委托符合条件的公办、民办福利机构或其他社会组织，为滞留人员提供生活照料等具体服务。各地要按照公开、公平、公正的原则，向社会公布购买服务的内容、程序、方式和参与条件，明确生活照料、医疗救治、日常护理、寻亲服务、档案保管等基本托养服务要求，通过公开招标等方式，审慎选择在资格资质、人员配置和设施设备等方面能满足滞留人员服务需求的托养机构并签订托养协议。

（三）纳入特困人员供养。对超过三个月仍无法查明身份信息的滞留人员，救助管理机构应当及时向所属民政部门提出安置申请，由民政部门提出安置方案，报同级人民政府予以安置。对安置后公安机关已办理户口登记手续、符合特困人员供养条件的流浪乞讨人员，民政部门要及时将其纳入特困人员供养范围，落实社会救助政策，协助其办理社会保险，并转移至当地政府设立的福利院、养老院、敬老院、精神病院等公办福利机构供养。当地无公办福利机构或公办福利机构床位资源不足的，可以委托其他民办福利机构供养。纳入特困人员供养的滞留人员身份查询确认后，由原救助管理机构联系其亲属或者流出地救助管理机构，协调接送返乡工作。

（四）做好滞留未成年人救助保护工作。对于暂时无法查明家庭情况的流浪乞讨等生活无着的未成年人，未成年人救助保护机构应当从有利于未成年人健康成长的角度，认真履行临时监护职责，通过提供站内照料、委托儿童福利机构抚养等方式，为其提供符合身心、年龄等特点的生活照料、康复训练等服务，不得将其托养至养老院、敬老院等成年人社会福利机构。民政部门要加强区域联动，在更大范围内实现资源共享，县级民政部门未设立未成年人救助保护机构或儿童福利机构的，要及时报请上级民政部门指定具备条件的未成年人救助保护机构、儿童福利机构照料。各地要依托社会工作服务机构、公益慈善组织、法律服务机构和志愿者等社会力量，为受助未成年人提供心理辅导、行为矫治、文化教育、技能培训、就业帮扶等服务。

三、保障措施

各地要充分认识做好流浪乞讨人员身份查询和照料安置工作的重要意义，充分发挥流浪乞讨人员救助管理制度在保障和改善民生中的积极作用，强化部门协作与资源整合，本着因地制宜、多措并举的原则，切实保障流浪乞讨人员合法权益。

（一）加强组织协调。各地要依托救助管理工作领导小组或联席会议机制，加强民政、公安、新闻宣传等有关单位的工作联动和信息共享，做好流浪乞讨人员身份查询、寻亲公告、户籍登记、就业就学、医疗救治等工作，要指导、督促乡镇人民政府（街道办事处）做好返乡流浪乞讨人员回归稳固工作。民政部门、公安机关要建立与媒体的常态化寻亲合作机制，在更大范围内为受助人员寻找家人。

（二）加强经费保障。各级民政部门要协调同级财政部门，建立稳定的滞留人员救助工作经费保障机制，并根据《中央财政流浪乞讨人员救助补助资金管理办法》（财社〔2014〕71号），将滞留人员情况纳入中央财政流浪乞讨人员救助补助资金分配参考因素。

（三）整合各方资源。各级民政部门要统筹规划，充分利用现有福利院、养老院、敬老院、精神病院等社会福利资源，对符合条件的滞留人员予以供养或托养。有条件的地方，可推动建立或改扩建救助安置场所，集中照料滞留人员。各地可就甄别查询、回归稳固、委托代养、落户安置等工作开展跨区域合作。

（四）加强评估监督。各地民政部门和救助管理机构要强化责任意识，认真履行身份查询、寻亲服务等救助程序。采取站外托养方式照料滞留人员的，民政部门和救助管理机构要建立定期检查制度，明确检查周期和检查内容，通过明察暗访、听取各方评价等多种方式，对托养机构服务质量、安全管理等情况进行经常性检查。发现问题的，要及时警示；对不适宜继续开展托养服务的托养机构，要及时终止托养协议。

（五）推进通报制度。各级民政部门、公安机关要逐步建立流浪乞讨人员身份查询和照料安置工作通报制度。对寻亲服务不及时、回归稳固工作不力、流浪乞讨问题严重，特别是未按《国务院办公厅关于加强和改进流浪未成年人救助保护工作的意见》（国办发〔2011〕39号）要求落实各项工作的地区予以通报批评；对积极开展寻亲救助服务、源头预防工作成效明显的地区予以通报表扬。

民政部　公安部

2015年8月20日

附件：公安机关护送流浪乞讨人员交接表（略）

附件信息 1.公安机关护送流浪乞讨人员交接表.doc（略）

民政部、国家档案局关于印发《生活无着的流浪乞讨人员救助档案管理办法》的通知

（2014 年 11 月 13 日）

各省、自治区、直辖市民政厅（局）、档案局，新疆生产建设兵团民政局、档案局：

为规范生活无着的流浪、乞讨人员救助档案管理，根据《中华人民共和国档案法》、《城市生活无着的流浪乞讨人员救助管理办法》和《社会救助暂行办法》等规定，民政部会同国家档案局制定了《生活无着的流浪乞讨人员救助档案管理办法》。现印发给你们，请认真贯彻执行。

附件（略）：

1.归档章式样

2.档案盒封面式样

3.档案盒盒脊式样

4.备考表式样

5.救助档案目录式样

6.救助档案目录封面式样

民政部　国家档案局

2014年11月13日

生活无着的流浪乞讨人员救助档案管理办法

第一章　总　则

第一条　为规范生活无着的流浪、乞讨人员（以下简称流浪乞讨人员）救助档案管理，保障受助人员和救助管理机构的合法权益，根据《中华人民共和国档案法》、《城市生活无着的流浪乞讨人员救助管理办法》和《社会救助暂行办法》等规定，制定本办法。

第二条　本办法所称救助档案是指救助管理机构在对流浪乞讨求助人员进行甄别和实施救助服务过程中形成的具有保存价值的各种文字、图表、声像、电子文件等不同形式和载体的历史记录。

第三条　民政部门对救助档案工作实行统一领导，分级管理。档案行政管理部门对救助档案工作进行业务指导和监督。

第四条　救助管理机构应当建立并完善救助档案管理制度，对救助档案实行集中统一管理，指定专人负责救助档案工作，确保救助档案完整、准确、系统、安全和有效利用，并逐步实现救助档案工作信息化和规范化。

第二章　归档范围

第五条　救助管理工作中形成的下列材料应当归档：

（一）《求助登记表》；

（二）《不予救助通知书》；

（三）《自行离站声明书》；

（四）《在站服务及离站登记表》；

（五）《终止救助通知书》；

（六）其他应当归档的文件材料。

第六条　受助人员在站期间和离站过程中形成的下列材料，应当作为《在站服务及离站登记表》附件一并予以归档：

（一）寻亲服务相关材料；

（二）未成年人教育、评估、矫治等材料；

（三）住院救治或者门诊治疗中形成的交接手续和入院登记表、离院登记表、出院证明等医疗服务材料以及表达受助人员治疗意愿的材料；

（四）乘车凭证复印件和小额交通费现金签收字据；

（五）亲属接领人身份证件复印件，单位、村（居）民委员会接领人证明材料及单位、村（居）民委员会接领工作人员身份证件复印件；

（六）家庭寄养、类家庭养育、机构托养协议书及相关材料；

（七）司法机关出具的证明材料以及工作人员身份证件或者执法证件复印件；

（八）长期安置证明材料；

（九）医疗机构出具的死亡证明书、公安机关出具的死亡原因鉴定书、死亡公告材料以及亲属意见、火化证明等材料；

（十）其他应当归档的文件材料。

第七条　救助管理机构街头救助形成的照片、录音、录像材料，救助热线电话录音、监控录像材料和救助管理信息系统形成的电子文件应当按照国家有关规定整理归档。

第三章　归档要求、整理方法

第八条　属于归档范围的救助文件材料应当在救助工作完毕后30个工作日内归档。

归档的文件材料应当真实完整、图文清晰。

电子数据、录音带、录像带、磁盘、照片等特殊载体材料，应当与纸质文件材料一并归档，确保可读可用。

归档章、档案盒封面、盒脊、备考表等项目，使用蓝黑墨水或者碳素墨水钢笔填写；救助档案目录应当打印；备考表和档案目录一律使用A4规格纸张。

第九条　救助档案按照救助类别——年度——保管期限分类整理。

救助类别分为成年人救助、未成年人救助保护两类。

年度是指救助完毕的时间所属年度。

保管期限是指根据救助档案的使用价值所确定的保管年限。

第十条　救助文件材料的整理归档应当遵循下列原则与方法：

（一）救助文件材料按照年度归档。

（二）一个求（受）助人员的材料组成一件。成年人携带未成年人求助的，分别组件归类，并在各自《救助档案目录》“备注栏”中注明相关情况和档案号。

（三）根据求（受）助人员的个体差异，确定每件归档文件材料的具体范围，并按照文件材料形成的时间顺序排列。

（四）以有利于档案保管和利用的方法对件进行固定。

（五）按照本办法第九条的规定对救助档案进行分类，在最低一级类目内依据救助完毕的时间顺序排列，并从“1”开始编制室编件号。

（六）在件内文件首页上端的空白处加盖归档章（式样见附件1），并填写有关内容。归档章设置全宗号、类别、年度、保管期限、室编件号和馆编件号等项目。

（七）按照室编件号的顺序将救助档案装入档案盒，并填写档案盒封面、盒脊和备考表（式样见附件2、3、4）的项目。

（八）按照类别分别编制救助档案目录（式样见附件5）。

（九）救助档案目录区分年度和保管期限，加封面后装订成册，一式三份，并编制目录号（式样见附件6）。

第十一条　照片、音像材料分别按照《照片档案管理规范》（GB/T11821—2002）和《磁性载体档案管理与保护规范》（DA/T15-1995）的要求整理；救助管理工作中形成的电子文件按照《电子文件归档与管理规范》（GB/T18894—2002）和《电子文件归档光盘技术要求和应用规范》（DA/T38—2008）的要求整理。

第四章　保管、统计和利用

第十二条　救助档案由救助管理机构设专门库房保管。档案库房应当坚固，并有防盗、防光、防高温、防火、防潮、防鼠、防虫等设施。

第十三条　档案管理人员应当按照年度及时对救助档案的接收、保管、利用和鉴定、销毁等情况进行统计。

第十四条　救助档案保管单位应当建立档案利用制度，明确办理程序，确保救助档案安全有效地利用。

救助档案的利用应当遵守下列规定，并办理登记手续：

（一）救助管理机构及其上级业务主管部门可以利用救助档案；

（二）各级人民法院、人民检察院、公安机关、国家安全机关、纪检监察机关、审计机关因公务需要，凭单位介绍信可以利用救助档案；

（三）救助对象及其亲属经救助档案保管单位主管领导批准，办理相关手续后，凭身份证件可以利用与救助对象相关的救助档案；

（四）律师凭律师执业证书和律师事务所证明，持受理案件法院出具的证明材料，可以利用与承办法律事务有关的救助档案；

（五）其他单位、组织和个人要求查阅救助档案的，救助档案保管单位在确认其利用目的合理的情况下可以同意。

第十五条　利用救助档案的单位、组织和个人，不得损害救助对象的合法权益，未经救助对象及其亲属的同意，不得公开救助档案的内容。

救助档案仅限于当场查阅、摘抄和复印，利用过程中注意保密，严禁对救助档案进行涂改、抽换、圈划、批注或者造成污染、损毁。

救助档案保管单位应当对归还的救助档案进行清点核对，对档案摘抄件或者复印件加盖标有“救助档案摘抄件”或者“救助档案复印件”的印章。

第十六条　救助档案保管单位应当编制救助档案目录、人名索引等检索工具，提高利用工作效率。

第五章　保管期限、鉴定、销毁和移交

第十七条　救助档案的保管期限一般为10年。受助人员为未成年人、精神智力残疾人员、长期安置人员的，救助档案保管期限为30年；受助人员在救助期间死亡的，救助档案保管期限为永久。保管期限从救助完毕或者决定不予救助后的次年1月1日起开始计算。

照片、音像档案的保管期限与相应的纸质救助档案的保管期限相同。救助

管理信息系统形成的电子档案保管期限为30年。

第十八条　救助管理机构救助热线录音电话、监控录像等工作资料保管期限不少于3个月，街头救助形成的照片、录音、录像等工作资料保管期限不少于6个月。以上资料存在争议的，应该保管2年以上，特殊、重要资料以实物方式交存档案室。

第十九条　救助档案保管单位应当成立鉴定小组，对保管期满的救助档案进行价值鉴定。对有继续保存价值的，可以延长其保管期限直至永久。无保存价值的，提出销毁意见，并建立销毁清册。

第二十条　销毁救助档案应当经主管领导批准，并派两个以上人员监销。监销人员应当对照销毁清册清点核对所要销毁的救助档案，并在销毁清册上签字。销毁清册永久保存。

第二十一条　救助档案在救助管理机构保存一定时间后，应当按照国家有关规定向相关国家综合档案馆移交。

第六章　附　则

第二十二条　救助管理机构按规定对不具有本地户籍且不持有当地居住证的流动人口实施临时救助的，档案工作参照本办法执行。

第二十三条　没有设立救助管理机构的民政部门应当参照本办法做好流浪乞讨人员救助档案管理工作。

第二十四条　各省（自治区、直辖市）、新疆生产建设兵团民政厅（局）和档案局可以结合本地区实际情况，共同制定本办法实施细则。

第二十五条　本办法自2015年1月1日起施行。

民政部关于促进社会力量参与流浪乞讨人员救助服务的指导意见

（2012 年 12 月 22 日）

各省、自治区、直辖市民政厅（局），新疆生产建设兵团民政局：

近年来，党中央、国务院高度重视流浪乞讨人员救助工作，形成了政府主导、民政牵头、部门负责、社会参与的良好局面。社会力量参与救助服务为维护流浪乞讨人员合法权益，促进社会和谐稳定作出了积极贡献。为了充分发挥社会力量在流浪乞讨人员救助服务中的积极作用，引导和支持社会力量参与救助服务，制定本意见。

一、充分认识社会力量参与流浪乞讨人员救助服务的重要意义

流浪乞讨人员居无定所、生活无着、身处困境，回归家庭融入社会存在不同程度的困难，需要全社会的关爱与帮扶。社会力量参与流浪乞讨人员救助服务是创新社会管理与公共服务体制的重要举措，是加强流浪乞讨人员救助管理工作的重要措施，是帮助流浪乞讨人员摆脱困境的重要力量。促进社会力量参与救助服务，有利于及时发现救助流浪乞讨人员，保障其基本生存权益；有利于为流浪乞讨人员提供个性化、多元化、专业化的救助服务，提高救助服务成效；有利于弘扬社会互助和志愿服务精神，促进社会成员团结友爱；有利于拓宽救助服务途径和方式，形成群防群助的工作局面。各地要进一步统一思想，充分认识社会力量参与救助服务的重要意义，引导和支持社会力量通过开展慈善捐助、实施公益项目、志愿服务、政府购买服务等多种方式，积极参与流浪乞讨人员救助服务。

二、总体要求和基本原则

（一）总体要求。

牢固树立以人为本、为民解困的理念，以邓小平理论、“三个代表”重要思想、科学发展观为指导，按照构建政府管理与社会自治相结合、政府主导与社会参与相结合的社会管理和公共服务体制要求，健全机制，完善政策，落实责任，充分调动社会各方面的积极性，大力推动流浪乞讨人员救助服务社会化，确保流浪乞讨人员得到及时、有效、专业的救助服务，帮助其回归家庭，融入社会。

（二）基本原则。

坚持以人为本、服务社会。把保障和改善民生，维护流浪乞讨人员合法权益作为促进社会力量参与流浪乞讨人员救助服务的出发点和落脚点。在提供救助服务的过程中，秉持公益慈善理念，扶危济困，服务社会，共创和谐。

坚持引导培育、优势互补。通过政策指导、购买服务和能力建设等方式营造支持性环境，充分发挥社会力量的灵活性、专业性等优势，与政府机构形成优势互补、良性互动。

坚持依法救助、规范管理。开展救助服务应当严格遵守《中华人民共和国未成年人保护法》《城市生活无着的流浪乞讨人员救助管理办法》等法律法规和救助管理政策，建立健全各项管理制度，规范服务流程，实行信息公开，接受政府监管和社会监督。

坚持统筹协调、分类指导。将促进社会力量参与救助服务纳入流浪乞讨人员救助管理工作规划和年度工作计划。坚持属地管理和分类指导，支持依法登记的社会组织在其业务和活动范围内开展流浪乞讨人员救助服务。

三、充分发挥社会力量在救助服务中的积极作用

（一）开展主动救助服务。各地民政部门要将流浪乞讨人员救助服务纳入和谐社区建设和新农村建设的重要内容，积极引导支持村（居）委会等基层组织，社区社会组织和其他专业性社会组织开展主动救助服务，为其劝导流浪乞讨人员到救助管理机构求助提供便利。要充分调动社会力量参与主动救助服务的积极性，动员引导支持社会工作者、志愿者和社会热心人士及时报告流浪乞讨人员线索，为流浪乞讨人员提供必要的应急救助服务，引导企事业单位、工

商业者为流浪乞讨人员救助提供资金、物品、设施设备和智力支持。

（二）提供专业救助服务。各地民政部门和救助管理机构可以通过购买服务、项目委托等方式，由爱心家庭和依法登记的福利机构、护理机构为特殊受助人员提供生活照料服务。可以通过与社会工作机构、心理咨询机构、康复治疗机构、教育培训机构和社会组织开展项目合作的方式为流浪乞讨人员提供心理疏导、教育矫治、行为干预、康复训练和技能培训等专业救助服务。通过在救助管理机构设置志愿者活动基地、实习基地等形式，积极引导支持医生、教师、法律工作者、社会工作者、心理咨询师等专业人士为流浪乞讨人员提供专业志愿服务。

（三）做好预防帮扶服务。各地民政部门和救助管理机构要积极引导支持村（居）委会、社会组织、志愿服务团队等社会力量参与流浪乞讨人员源头预防工作，开展形式多样、内容丰富的政策法制宣传，弘扬社会公德，对流浪乞讨人员及其家庭进行疏导、帮扶，促使其家庭依法履行赡养、抚养责任和义务，使流浪乞讨人员融入正常社会生活。积极动员引导职业培训机构和爱心企业为劳动年龄内具备劳动能力的流浪乞讨人员提供技能培训和就业帮扶，使其自立、自强，摆脱流浪乞讨的困境。

四、加大对社会力量参与救助服务的支持力度

（一）加大政策支持。各地要积极构建有利于社会力量参与救助服务的政策体系，采取切实可行的措施，着力解决社会力量参与救助服务中出现的新情况、新问题。要引导慈善捐赠面向流浪乞讨人员救助服务，并畅通慈善捐赠渠道，激发社会慈善捐赠热情。鼓励成立为流浪乞讨人员服务的社会组织，通过采取设立孵化基地、简化登记程序、探索直接登记等方式为成立以服务流浪乞讨人员为宗旨的社会组织提供便利。救助管理机构要因地制宜、整合资源，逐步引入社会力量承担事务性、专业性救助服务。有条件的救助管理机构可向开展救助服务的社会力量提供服务场所。

（二）加大资金支持。各地可根据实际情况，通过购买服务、项目合作、经费补贴、“以奖代补”等方式，解决流浪乞讨人员生活照料、医疗救治、教育矫治等服务需求。要按照《中央财政流浪乞讨人员救助补助资金管理办法》（财社〔2011〕190号）要求，明确社会力量参与救助服务项目的资金用途、受益对象、实施地域、进度安排、目标任务和考核指标，坚持权责明确、公开透明、节俭增效，严格资金管理，强化绩效评价。

（三）加大技术支持。各地民政部门和救助管理机构要加强对社会力量参与救助服务的技术支持，定期开展政策法规、行业标准、服务规范、操作技能等方面的培训，帮助其依法依规开展救助服务。要在管理规范、服务水平较高的救助管理机构建立教育培训、实习示范基地，为从事救助服务的社会机构培养骨干人才，提高从业人员的职业道德、专业技能和服务水平。要进一步加强理论研究，制定服务标准，编写专业教材，开发实用技术，为推动救助服务社会化打下坚实基础。

五、促进社会力量参与救助服务的健康发展

（一）加强组织领导。各地要将社会力量参与救助服务工作纳入重要议事日程，切实履行部门职责，认真落实相关政策措施，不断完善流浪乞讨人员救助管理体制和运行机制。要加强工作指导，科学制定发展规划和实施办法，稳步推进社会力量参与救助服务工作。要按照公开招标、公平竞争的原则，向社会公开购买社会力量参与救助服务项目的内容、程序、方式和参与条件，通过竞争性方式购买社会服务，实现"多中选好、好中选优"。

（二）加强能力建设。各地要支持和帮助参与救助服务的社会组织、服务机构加强能力建设，明确服务要求和工作准则，使其不断提高服务质量和水平，实现社会力量参与救助服务的专业化、规范化、精细化。参与救助服务的社会组织、服务机构应当根据服务对象需求加强护理、营养、心理和社会工作等专业技术人才的配置力度，完善服务设施和条件，在设施设备、工作团队、专业技能、管理制度、风险控制等方面，满足维护流浪乞讨人员合法权益的需要。

（三）加强评估监督。各地民政部门和救助管理机构要建立评估制度，直接或委托专业社会工作机构、评估机构对社会力量开展救助服务的方式、能力、水平和效果进行定期评估，对救助效果和社会影响好的社会组织、服务机构和项目要优先、重点扶持，对存在的困难和问题要予以协调解决。对不适宜继续开展救助服务的社会组织、服务机构和项目，要及时进行警示、终止和公布，做好项目终止等后续工作，妥善安置受助人员。发现有虐待、伤害流浪乞讨人员或非法用工嫌疑的，应当及时报告公安机关或劳动监察部门依法处理。

（四）加强引导推广。各地要密切关注本地区社会力量参与救助服务的现状和趋势，引导社会组织、服务机构加强自身建设，健全规章制度，规范工作程序，公开财务收支。要注重培育先进典型，对管理规范、服务优质、贡献突出的予以表彰、奖励，充分发挥社会声誉良好、管理服务规范、专业能力突出、工作效果显著的社会组织、服务机构和公益项目的引领作用。要通过交流、示范、激励等方式推广先进经验，引导和带动更多的社会组织和爱心人士参与流浪乞讨人员救助服务，促进社会力量参与救助服务工作的健康发展。

民政部

2012年12月22日

民政部、公安部、财政部等关于进一步加强城市街头流浪乞讨人员救助管理和流浪未成年人解救保护工作的通知

（2009 年 7 月 16 日）

各省、自治区、直辖市民政厅（局）、公安厅（局）、财政厅（局）、住房和城乡建设厅（市政管委、市容委、建委）、卫生（厅）局，新疆生产建设兵团民政局、公安局、财务局、建设局、卫生局：

自2003年8月《城市生活无着的流浪乞讨人员救助管理办法》颁布实施以来，在各级政府高度重视、有关部门支持配合下，救助管理工作总体上进展顺利。但是，一些城市街头流浪乞讨人员增多，组织、胁迫、诱骗、利用未成年人流浪乞讨和组织未成年人违法犯罪等侵害未成年人权益的现象严重，严重侵害公民权利、扰乱公共秩序、危害社会稳定。为进一步做好城市街头流浪乞讨人员救助和管理工作，维护流浪乞讨未成年人的合法权益，现通知如下：

一、充分认识做好街头流浪乞讨人员救助管理和流浪未成年人解救保护工作的重要意义

当前，我国经济社会快速发展，人民生活不断改善，社会保障制度逐步完善，但由于人口流动、家庭困难、意外事件、个体选择等原因，流浪乞讨现象仍有发生，特别是流浪未成年人存在被拐卖、拐骗，胁迫、诱骗、利用乞讨或从事违法犯罪活动，遭受摧残和虐待的现象。流浪未成年人是特殊社会弱势群体，需要全社会的关心和帮助。各级民政、公安、城管、卫生、财政部门一定要从广大人民群众根本利益出发，切实增强责任感和紧迫感，积极主动，各尽其职，多管齐下，打击震慑违法犯罪、教育警醒群众、弘扬正气。要始终坚持

以人为本，狠抓落实，将这项工作作为深入学习贯彻落实科学发展观的重要举措，进一步做好流浪未成年人解救保护工作。

二、认真履行部门职责，协调配合做好落实工作

街头流浪乞讨人员救助、管理和解救、保护流浪未成年人工作，事关权利保护和社会稳定，涉及多个部门，具有很强的政策性。各级政府、各个部门要依照有关法律法规，认真履行各自职责，协调配合，齐心协力做好这一工作。

（一）民政部门要加强街头救助，协助配合公安、城管、卫生等部门做好街头管理和打击解救工作。

一是组织、指导、监督救助管理机构做好街头救助。劝导、引导街头流浪乞讨人员进入救助管理站接受救助，不愿入站的，根据其实际情况提供必要的饮食、衣被等服务；坚持“先救治，后救助”的原则，配合医疗机构做好街头流浪乞讨人员中的危重病人、精神病人、危险传染病人的救治工作。

二是坚持“先解救，后救助”的原则，配合公安机关做好被拐卖、拐骗、胁迫、诱骗、利用乞讨的残疾人、未成年人的调查、取证和解救工作。对于公安机关解救、护送来站的未成年人，救助管理站（流浪未成年人救助保护中心）要做好接收工作，福利机构做好婴幼儿临时代养工作。铁路公安机关解救的被拐卖未成年人，由乘车地救助管理站（流浪未成年人救助保护中心）接收，福利机构做好婴幼儿临时代养工作。对于受助未成年人，要利用指纹识别技术建立数字档案，配合公安机关做好救助管理机构、社会福利机构中未成年人的采血工作。

三是协助有关部门开展街头治理工作。民政部门在街头救助时，发现流浪乞讨人员滋扰他人，扰乱社会秩序，污损、占据公共设施妨害他人正常使用和破坏城市市容环境的，要向公安机关、城市管理部门提出执法建议。

四是强化站内服务和管理。要从维护受助人员权益出发，改善设施环境，实行人性化、亲情化服务，保障受助人员的基本生活。要把未成年人与其他救助对象分开，根据未成年人的特点，合理安排生活起居和文体娱乐、教育培训等活动。对残疾、智障、受到伤害或有心理问题的，积极进行医护和康复。加大站内人员和接领人的甄别、核查力度，防止未成年人被冒领冒认和犯罪分子藏匿其中。要做好站内安全防范工作，确保站内人员安全。

五是做好返乡、安置和流出地预防工作。要畅通受助人员返乡渠道，对父母或其他监护人无力接回的，经协商后可由救助管理机构接回或送回。对符合条件的安置对象，安置到社会福利机构，并积极探索社会代养、家庭寄养等社会安置模式。督促流出地人民政府将符合条件的返乡困难群众纳入社会保障范围，充分发挥村（居）委会等基层组织的作用，监督监护人履行监护义务，防范虐待、遗弃老年人、残疾人、未成年人，防范强迫其外出流浪。

六是鼓励和支持社会组织或个人为流浪乞讨人员提供庇护、饮食、衣被等帮助，探索开展社工干预、心理辅导、行为矫治、教育培训，帮助流浪乞讨人员回归家庭和社会。

（二）公安机关要强化街头管理和打击解救工作力度，协助民政、卫生部门做好街头救助和站内管理工作。

一是做好接、报警工作。接到群众举报线索，要快速出警，及时处理，做到件件有记录，件件有人管。坚持解救与打击并重的原则，及时开展调查工作，确保打击有力，解救到位。

二是强化立案工作。各级公安机关要本着对人民群众高度负责的态度，强化立案工作。凡是接到举报发现拐卖、拐骗、胁迫、诱骗、利用未成年人乞讨或组织未成年人违法犯罪的，接待民警要认真询问案情，及时出警，对涉嫌犯罪的分别按照拐卖儿童罪、拐骗儿童罪、组织儿童乞讨罪、组织未成年人进行违反治安管理活动罪立案侦查；构成违反治安管理行为的，依法给予治安管理处罚。

三是加强对街面等流浪乞讨人员主要活动场所的巡查。要加强对繁华街区、桥梁涵洞、地下通道、热力管线、废弃房屋、火车站、风景游览区等流浪乞讨人员集中活动和露宿区域的巡查。发现街头流浪乞讨人员中危重病人、精神病人的，要按照民政部、公安部、财政部《关于进一步做好城市流浪乞讨人员中危重病人、精神病人救治工作的指导意见》（民发〔2006〕6号）的要求，会同民政、卫生等部门救治。发现流浪未成年人的，护送到救助管理机构接受救助。发现利用婴幼儿或未成年人乞讨的，要现场取证，调查盘问。对无血缘关系、来历不明和疑似被拐卖、拐骗、组织、胁迫、诱骗、利用乞讨的，要控制犯罪嫌疑人，解救未成年人。对利用婴幼儿、未成年人乞讨的监护人，教育、警告后护送到救助管理站接受救助；构成犯罪的，依法追究刑事责任。

四是加强流浪乞讨儿童的采血和检验比对工作。对街头流浪乞讨和被组织从事违法犯罪活动的未成年人一律采血，经DNA检验后将数据录入全国打拐DNA数据库。各地在采血和检验比对工作中，不得以任何理由收取费用。

五是加大打击力度。要依法从重从快打击虐待和故意伤害流浪未成年人，以及拐卖、拐骗、组织、胁迫、诱骗、利用未成年人乞讨牟利或组织其进行违法犯罪活动的犯罪分子和团伙。认定是被拐卖、拐骗的未成年人，要立即解救，尽快送返其监护人身边。对暂时找不到其监护人的，护送到救助管理站接受救助，并继续查找其监护人。对亲生父母或其他监护人利用未成年人乞讨的，要予以批评教育，情节严重的，依照《治安管理处罚法》第四十一条，予以治安管理处罚；构成犯罪的，依法追究刑事责任。

六是做好有害乞讨行为的管理工作。协助民政部门开展街头救助，对流浪乞讨人员强讨恶要、滋扰他人、扰乱公共秩序、危害交通安全的行为依法处置。属于救助对象的，送救助管理机构救助。

七是协助救助管理站做好安全防范工作。有条件的地方可以结合社区警务布点，在救助管理站设立警务室或警务联络员。要依法严厉打击聚众闹事、结伙冲击、围攻救助管理站的违法犯罪活动，确保站内人员安全和工作秩序。

（三）城市管理部门要依法做好防范街头流浪乞讨人员影响市容环境卫生行为的管理工作，协助民政、卫生部门做好街头救助工作。

一是依法处置街头流浪乞讨人员占据、损毁公共设施妨碍他人正常使用的行为和随处涂画、制造噪音等破坏环境卫生等违反城市管理规定的行为。

二是协助民政部门做好街头救助工作。在街头执法发现流浪乞讨人员的，告知、引导、护送其到救助管理站接受救助。发现危重病人、精神病人的，联系医疗卫生部门救治。

（四）卫生部门负责流浪乞讨人员医疗救治工作。要按照《关于实施城市生活无着的流浪乞讨人员救助管理办法有关机构编制和经费问题的通知》（财社〔2003〕83号）和《关于进一步做好城市流浪乞讨人员中危重病人、精神病人救治工作的指导意见》（民发〔2006〕6号）规定，指定定点医疗机构，按照“先救治、后救助”的原则收治有关流浪乞讨人员。

（五）财政部门要做好对城市街头流浪乞讨人员救助、管理，以及对流浪未成年人解救保护的经费保障工作。要按照上述各部门职责任务和国家预算管理有关规定，将应由政府承担的救助、管理城市街头流浪乞讨人员，以及解救、保护流浪未成年人工作经费，分别列入有关部门预算给予保障。

三、健全机制，狠抓落实

（一）健全机制。各地要加强领导，统一认识，明确责任，协作配合，建立健全工作机制。要坚持“分级管理，条块结合”的原则，建立政府统一领导、部门分工负责、社会广泛参与的管理体制和运行机制，共同营造帮助街头流浪乞讨人员回归家庭、社会的良好氛围。

（二）狠抓落实。公安部决定将此项工作列入全国打击拐卖儿童妇女工作综治考核并列入刑侦工作绩效考核。民政部决定将此项工作列入全国民政系统社会治安综合治理工作考核内容，认真督查。对行动迟缓、工作不力，造成严重后果的单位和个人，将报请综治部门实行“一票否决制”并追究有关责任。

民政部
公安部
财政部
住房和城乡建设部
卫生部
2009年7月16日

6 优抚安置

烈士褒扬条例（2019 修订）

（2019 年 8 月 1 日）

第一章　总　则

第一条　为了弘扬烈士精神，抚恤优待烈士遗属，制定本条例。

第二条　公民在保卫祖国和社会主义建设事业中牺牲被评定为烈士的，依照本条例的规定予以褒扬。烈士的遗属，依照本条例的规定享受抚恤优待。

第三条　国家对烈士遗属给予的抚恤优待应当随经济社会的发展逐步提高，保障烈士遗属的生活不低于当地居民的平均生活水平。

全社会应当支持烈士褒扬工作，优待帮扶烈士遗属。

国家鼓励公民、法人和其他组织为烈士褒扬和烈士遗属抚恤优待提供捐助。

第四条　烈士褒扬和烈士遗属抚恤优待经费列入财政预算。

烈士褒扬和烈士遗属抚恤优待经费应当专款专用，接受财政部门、审计机关的监督。

第五条　县级以上人民政府应当加强对烈士纪念设施的保护和管理，为纪念烈士提供良好的场所。

各级人民政府应当把宣传烈士事迹作为社会主义精神文明建设的重要内容，培养公民的爱国主义、集体主义精神和社会主义道德风尚。机关、团体、企业事业单位应当采取多种形式纪念烈士，学习、宣传烈士事迹。

第六条　国务院退役军人事务部门负责全国的烈士褒扬工作。县级以上地方人民政府退役军人事务部门负责本行政区域的烈士褒扬工作。

第七条　对在烈士褒扬工作中做出显著成绩的单位和个人，按照国家有关规定给予表彰、奖励。

第二章　烈士的评定

第八条　公民牺牲符合下列情形之一的，评定为烈士：

（一）在依法查处违法犯罪行为、执行国家安全工作任务、执行反恐怖任务和处置突发事件中牺牲的；

（二）抢险救灾或者其他为了抢救、保护国家财产、集体财产、公民生命财产牺牲的；

（三）在执行外交任务或者国家派遣的对外援助、维持国际和平任务中牺牲的；

（四）在执行武器装备科研试验任务中牺牲的；

（五）其他牺牲情节特别突出，堪为楷模的。

现役军人牺牲，预备役人员、民兵、民工以及其他人员因参战、参加军事演习和军事训练、执行军事勤务牺牲应当评定烈士的，依照《军人抚恤优待条例》的有关规定评定。

第九条　申报烈士的，由死者生前所在工作单位、死者遗属或者事件发生地的组织、公民向死者生前工作单位所在地、死者遗属户口所在地或者事件发生地的县级人民政府退役军人事务部门提供有关死者牺牲情节的材料，由收到材料的县级人民政府退役军人事务部门调查核实后提出评定烈士的报告，报本级人民政府审核。

属于本条例第八条第一款第一项、第二项规定情形的，由县级人民政府提出评定烈士的报告并逐级上报至省、自治区、直辖市人民政府审查评定。评定为烈士的，由省、自治区、直辖市人民政府送国务院退役军人事务部门备案。

属于本条例第八条第一款第三项、第四项规定情形的，由国务院有关部门提出评定烈士的报告，送国务院退役军人事务部门审查评定。

属于本条例第八条第一款第五项规定情形的，由县级人民政府提出评定烈士的报告并逐级上报至省、自治区、直辖市人民政府，由省、自治区、直辖市人民政府审查后送国务院退役军人事务部门审查评定。

第十条　军队评定的烈士，由中央军事委员会政治工作部送国务院退役军人事务部门备案。

第十一条　按照本条例规定评定为烈士的，由国务院退役军人事务部门负责将烈士名单呈报党和国家功勋荣誉表彰工作委员会。

第十二条　烈士证书以党和国家功勋荣誉表彰工作委员会办公室名义制发。

第十三条　县级以上人民政府每年在烈士纪念日举行颁授仪式，向烈士遗属颁授烈士证书。

第三章　烈士褒扬金和烈士遗属的抚恤优待

第十四条　国家建立烈士褒扬金制度。烈士褒扬金标准为烈士牺牲时上一年度全国城镇居民人均可支配收入的30倍。战时，参战牺牲的烈士褒扬金标准可以适当提高。

烈士褒扬金由领取烈士证书的烈士遗属户口所在地县级人民政府退役军人事务部门发给烈士的父母或者抚养人、配偶、子女；没有父母或者抚养人、配偶、子女的，发给烈士未满18周岁的兄弟姐妹和已满18周岁但无生活来源且由烈士生前供养的兄弟姐妹。

第十五条　烈士遗属除享受本条例第十四条规定的烈士褒扬金外，属于《军人抚恤优待条例》以及相关规定适用范围的，还享受因公牺牲一次性抚恤金；属于《工伤保险条例》以及相关规定适用范围的，还享受一次性工亡补助金以及相当于烈士本人40个月工资的烈士遗属特别补助金。

不属于前款规定范围的烈士遗属，由县级人民政府退役军人事务部门发给一次性抚恤金，标准为烈士牺牲时上一年度全国城镇居民人均可支配收入的20倍加40个月的中国人民解放军排职少尉军官工资。

第十六条　符合下列条件之一的烈士遗属，享受定期抚恤金：

（一）烈士的父母或者抚养人、配偶无劳动能力、无生活来源，或者收入水平低于当地居民的平均生活水平的；

（二）烈士的子女未满18周岁，或者已满18周岁但因残疾或者正在上学而无生活来源的；

（三）由烈士生前供养的兄弟姐妹未满18周岁，或者已满18周岁但因正在上学而无生活来源的。

符合前款规定条件享受定期抚恤金的烈士遗属，由其户口所在地的县级人民政府退役军人事务部门发给定期抚恤金领取证，凭证领取定期抚恤金。

第十七条　烈士生前的配偶再婚后继续赡养烈士父母，继续抚养烈士未满18周岁或者已满18周岁但无劳动能力、无生活来源且由烈士生前供养的兄弟姐妹的，由其户口所在地的县级人民政府退役军人事务部门参照烈士遗属定期抚恤金的标准给予补助。

第十八条　定期抚恤金标准参照全国城乡居民家庭人均收入水平确定。定期抚恤金的标准及其调整办法，由国务院退役军人事务部门会同国务院财政部门规定。

烈士遗属享受定期抚恤金后仍达不到当地居民的平均生活水平的，由县级人民政府予以补助。

第十九条　享受定期抚恤金的烈士遗属户口迁移的，应当同时办理定期抚恤金转移手续。户口迁出地的县级人民政府退役军人事务部门发放当年的定期抚恤金；户口迁入地的县级人民政府退役军人事务部门凭定期抚恤金转移证明，从第二年1月起发放定期抚恤金。

第二十条　烈士遗属不再符合本条例规定的享受定期抚恤金条件的，应当注销其定期抚恤金领取证，停发定期抚恤金。

享受定期抚恤金的烈士遗属死亡的，增发6个月其原享受的定期抚恤金作为丧葬补助费，同时注销其定期抚恤金领取证，停发定期抚恤金。

第二十一条　烈士遗属享受相应的医疗优惠待遇，具体办法由省、自治区、直辖市人民政府规定。

第二十二条　烈士的子女、兄弟姐妹本人自愿，且符合征兵条件的，在同等条件下优先批准其服现役。烈士的子女符合公务员考录条件的，在同等条件下优先录用为公务员。

烈士子女接受学前教育和义务教育的，应当按照国家有关规定予以优待；在公办幼儿园接受学前教育的，免交保教费。烈士子女报考普通高中、中等职业学校、高等学校研究生的，在同等条件下优先录取；报考高等学校本、专科的，可以按照国家有关规定降低分数要求投档；在公办学校就读的，免交学费、杂费，并享受国家规定的各项助学政策。

烈士遗属符合就业条件的，由当地人民政府人力资源社会保障部门优先提供就业服务。烈士遗属已经就业，用人单位经济性裁员时，应当优先留用。烈士遗属从事个体经营的，市场监督管理、税务等部门应当优先办理证照，烈士遗属在经营期间享受国家和当地人民政府规定的优惠政策。

第二十三条　符合住房保障条件的烈士遗属承租廉租住房、购买经济适用住房的，县级以上地方人民政府有关部门应当给予优先、优惠照顾。家住农村的烈士遗属住房有困难的，由当地人民政府帮助解决。

第二十四条　男年满60周岁、女年满55周岁的孤老烈士遗属本人自愿的，可以在光荣院、敬老院集中供养。

各类社会福利机构应当优先接收烈士遗属。

第二十五条　烈士遗属因犯罪被判处有期徒刑、剥夺政治权利或者被司法机关通缉期间，中止其享受的抚恤和优待；被判处死刑、无期徒刑的，取消其烈士遗属抚恤和优待资格。

第四章　烈士纪念设施的保护和管理

第二十六条　按照国家有关规定修建的烈士陵园、纪念堂馆、纪念碑亭、纪念塔祠、纪念塑像、烈士骨灰堂、烈士墓等烈士纪念设施，受法律保护。

第二十七条　国家对烈士纪念设施实行分级保护。分级的具体标准由国务院退役军人事务部门规定。

国家级烈士纪念设施，由国务院退役军人事务部门报国务院批准后公布。地方各级烈士纪念设施，由县级以上地方人民政府退役军人事务部门报本级人民政府批准后公布，并报上一级人民政府退役军人事务部门备案。

各级人民政府应当确定烈士纪念设施保护单位，并划定烈士纪念设施保护范围。

第二十八条　烈士纪念设施应当免费向社会开放。

烈士纪念设施保护单位应当健全管理工作规范，维护纪念烈士活动的秩序，提高管理和服务水平。

第二十九条　各级人民政府应当组织收集、整理烈士史料，编纂烈士英名录。

烈士纪念设施保护单位应当搜集、整理、保管、陈列烈士遗物和事迹史料。属于文物的，依照有关法律、法规的规定予以保护。

第三十条　县级以上人民政府有关部门应当做好烈士纪念设施的保护和管理工作。未经批准，不得新建、改建、扩建或者迁移烈士纪念设施。

第三十一条　任何单位或者个人不得侵占烈士纪念设施保护范围内的土地和设施。禁止在烈士纪念设施保护范围内进行其他工程建设。

任何单位或者个人不得在烈士纪念设施保护范围内为烈士以外的其他人修建纪念设施或者安放骨灰、埋葬遗体。

第三十二条　在烈士纪念设施保护范围内不得从事与纪念烈士无关的活动。禁止以任何方式破坏、污损烈士纪念设施。

第三十三条　烈士在烈士陵园安葬。未在烈士陵园安葬的，县级以上人民政府征得烈士遗属同意，可以迁移到烈士陵园安葬，或者予以集中安葬。

第三十四条　烈士陵园所在地人民政府退役军人事务部门对前来烈士陵园祭扫的烈士遗属，应当做好接待服务工作；对自行前来祭扫经济上确有困难的，给予适当补助。

烈士遗属户口所在地人民政府退役军人事务部门组织烈士遗属前往烈士陵园祭扫的，应当妥善安排，确保安全。

第五章　法律责任

第三十五条　行政机关公务员在烈士褒扬和抚恤优待工作中有下列情形之一的，依法给予处分；构成犯罪的，依法追究刑事责任：

（一）违反本条例规定评定烈士或者审批抚恤优待的；

（二）未按照规定的标准、数额、对象审批或者发放烈士褒扬金或者抚恤金的；

（三）利用职务便利谋取私利的。

第三十六条　行政机关公务员、烈士纪念设施保护单位工作人员贪污、挪用烈士褒扬经费的，由上级人民政府退役军人事务部门责令退回、追回，依法给予处分；构成犯罪的，依法追究刑事责任。

第三十七条　未经批准迁移烈士纪念设施，非法侵占烈士纪念设施保护范围内的土地、设施，破坏、污损烈士纪念设施，或者在烈士纪念设施保护范围内为烈士以外的其他人修建纪念设施、安放骨灰、埋葬遗体的，由烈士纪念设施保护单位的上级主管部门责令改正，恢复原状、原貌；造成损失的，依法承担赔偿责任；构成犯罪的，依法追究刑事责任。

第三十八条　负有烈士遗属优待义务的单位不履行优待义务的，由县级人民政府退役军人事务部门责令限期改正；逾期不改正的，处2000元以上1万元以下的罚款；属于国有或者国有控股企业、财政拨款的事业单位的，对直接负责的主管人员和其他直接责任人员依法给予处分。

第三十九条　冒领烈士褒扬金、抚恤金，出具假证明或者伪造证件、印章骗取烈士褒扬金或者抚恤金的，由退役军人事务部门责令退回非法所得；构成犯罪的，依法追究刑事责任。

第六章　附　则

第四十条　本条例所称战时，是指国家宣布进入战争状态、部队受领作战任务或者遭敌突然袭击时。

第四十一条　烈士证书、烈士通知书由国务院退役军人事务部门印制。

第四十二条　位于境外的中国烈士纪念设施的保护，由国务院退役军人事务部门会同外交部等有关部门办理。

第四十三条　本条例自2011年8月1日起施行。1980年6月4日国务院发布的《革命烈士褒扬条例》同时废止。

优抚医院管理办法

（2011 年 6 月 9 日）

第一条　为了加强优抚医院管理，服务国防和军队建设，根据《军人抚恤优待条例》和国家有关规定，制定本办法。

第二条　优抚医院是国家为残疾军人和在服役期间患严重慢性病、精神疾病的复员退伍军人等优抚对象提供医疗和供养服务的优抚事业单位。

优抚医院包括荣誉军人康复医院、复员退伍军人慢性病医院、复员退伍军人精神病医院和综合性优抚医院。

优抚医院坚持全心全意为优抚对象服务的办院宗旨。

第三条　国务院民政部门主管全国优抚医院工作。县级以上地方人民政府民政部门主管本行政区域内优抚医院工作。

优抚医院接受卫生行政部门的监督管理。

第四条　国家兴办优抚医院，所需经费列入各级政府财政预算。优抚医院建设与发展应当纳入当地经济和社会发展总体规划和卫生事业发展规划，建设水平应当与当地经济和社会发展相适应。

第五条　省级人民政府民政部门应当根据优抚对象数量和医疗供养需求情况，制定本行政区域内优抚医院布局规划，并报民政部备案。

县级以上地方人民政府设置优抚医院，应当符合国家有关规定和优抚医院布局规划。

第六条　民政部门应当支持有条件的优抚医院在医疗、科研、教学等方面全面发展，积极争创等级医院。

省级人民政府民政部门管理的优抚医院应当达到三级医院标准，设区的市级人民政府民政部门管理的优抚医院应当达到二级医院标准。

第七条　优抚医院在建设、用地、水电、燃气、供暖、电信等方面享受国家有关优惠政策。

鼓励自然人、法人和其他组织对优抚医院提供捐助和服务。

优抚医院各项经费应当专款专用，接受财政、审计部门和社会的监督。

第八条　对在优抚医院工作中成绩显著的单位和个人，按照有关规定给予表彰和奖励。

第九条　优抚医院根据主管部门下达的任务，收治下列优抚对象：

（一）需要常年医疗或者独身一人不便分散安置的一级至四级残疾军人；

（二）在服役期间患严重慢性病的残疾军人和带病回乡复员退伍军人；

（三）在服役期间患精神疾病，需要住院治疗的复员退伍军人；

（四）短期疗养的优抚对象；

（五）主管部门安排收治的其他人员。

第十条　优抚医院应当为在院优抚对象提供良好的医疗服务和生活保障，主要包括：

（一）健康检查；

（二）疾病诊断、治疗和护理；

（三）康复训练；

（四）健康指导；

（五）精神慰藉；

（六）生活必需品供给；

（七）生活照料；

（八）文体活动。

第十一条　优抚医院应当加强对在院优抚对象的思想政治工作，发挥优抚对象在光荣传统教育中的重要作用。

第十二条　优抚医院针对在院残疾军人的残情特点，实施科学有效的医学治疗，探索常见后遗症、并发症的防治方法，促进生理机能恢复，提高残疾军人生活质量。

第十三条　优抚医院应当采取积极措施，控制在院慢性病患者病情，减轻其痛苦，降低慢性疾病对患者造成的生理和心理影响。

第十四条　优抚医院对在院精神疾病患者进行综合治疗，促进患者精神康复。

对精神病患者实行分级管理，预防发生自杀、自伤、伤人、出走等行为。

第十五条　优抚医院应当规范入院、出院程序。

属于第九条规定收治范围的优抚对象，可以由本人（精神病患者由其利害关系人）提出申请，经县级人民政府民政部门审核，由优抚医院根据主管部门下达的任务和计划安排入院。省级人民政府民政部门可以指定优抚医院收治符合条件的优抚对象。

在院优抚对象基本治愈或者病情稳定，符合出院条件的，由优抚医院办理出院手续。按照有关政策应当分散安置的，由其常住户口所在地民政部门给予妥善安置。

在院优抚对象病故的，优抚医院应当及时报告主管部门，并协助优抚对象常住户口所在地民政部门妥善办理丧葬事宜。

第十六条　民政部门应当定期组织优抚医院开展巡回医疗活动，积极为院外优抚对象提供医疗服务。

第十七条　优抚医院应当在做好优抚对象服务工作的基础上，积极履行医疗机构职责，发挥自身医疗专业特长，为社会提供优质医疗服务。

优抚医院应当通过社会服务提升业务能力，改善医疗条件，不断提高优抚对象医疗和供养水平。

第十八条　优抚医院适用国家有关医疗机构管理的法律法规和相关规定，执行卫生行政部门有关医疗机构的相关标准。

第十九条　优抚医院实行院长负责制，科室实行主任（科长）负责制。

第二十条　优抚医院建立职工代表大会制度，保障职工参与医院的民主决策、民主管理和民主监督。

第二十一条　优抚医院建立完整的医护管理、感染控制、药品使用、医疗事故预防等规章制度，提高医院质量管理水平。

第二十二条　优抚医院实行岗位责任制，设立专业技术、行政管理、工勤和社工等岗位并明确相关职责。

第二十三条　优抚医院应当加强医院文化建设，积极宣传优抚对象的光荣事迹，形成有拥军特色的医院文化。

第二十四条　优抚医院应当完善人才培养和引进机制，积极培养和引进学科带头人，建立一支适应现代化医院发展要求的技术和管理人才队伍。

第二十五条　优抚医院应当加强与军队医院、其他社会医院的合作与交流，开展共建活动，在人才、技术等领域实现资源共享和互补。

第二十六条　优抚医院的土地、房屋、设施、设备和其他财产归优抚医院管理和使用，任何单位和个人不得侵占。

第二十七条　优抚对象应当遵守优抚医院各项规章制度，尊重医护人员工作，自觉配合医护人员的管理。对违反相关规定的，由优抚医院或者主管部门进行批评教育。

第二十八条　本办法自2011年8月1日起施行。

伤残抚恤管理办法（2013修订）

（2013年7月5日）

第一章　总　则

第一条　为了规范和加强民政部门管理的伤残抚恤工作，根据《军人抚恤优待条例》等法规，制定本办法。

第二条　本办法适用对象为下列中国公民：

（一）在服役期间因战因公致残退出现役的军人，在服役期间因病评定了残疾等级退出现役的残疾军人；

（二）因战因公负伤时为行政编制的人民警察；

（三）因战因公负伤时为公务员以及参照《中华人民共和国公务员法》管理的国家机关工作人员；

（四）因参战、参加军事演习、军事训练和执行军事勤务致残的预备役人员、民兵、民工以及其他人员；

（五）为维护社会治安同违法犯罪分子进行斗争致残的人员；

（六）为抢救和保护国家财产、人民生命财产致残的人员；

（七）法律、行政法规规定应当由民政部门负责伤残抚恤的其他人员。

前款所列第（四）、第（五）、第（六）项人员，根据《工伤保险条例》应当认定视同工伤的，不再办理因战、因公伤残抚恤。

第三条　伤残抚恤工作应当遵循公开、公平、公正的原则。县级人民政府民政部门应当公布有关评残程序和抚恤金标准。

第二章　残疾等级评定

第四条　残疾等级评定包括新办评定残疾等级、补办评定残疾等级、调整残疾等级。

新办评定残疾等级是指对第二条第一款第（一）项以外的人员认定因战因公残疾性质，评定残疾等级。补办评定残疾等级是指对现役军人因战因公致残未能及时评定残疾等级，在退出现役后依据《军人抚恤优待条例》的规定，认定因战因公性质、评定残疾等级。调整残疾等级是指对已经评定残疾等级，因残疾情况变化与所评定的残疾等级明显不符的人员调整残疾等级级别。

属于新办评定残疾等级的，申请人应当在因战因公负伤或者被诊断、鉴定为职业病3年内提出申请。

第五条　申请人（精神病患者由其利害关系人）申请评定残疾等级，应当向所在单位提出书面申请；没有单位的，向户籍所在地的街道办事处或者乡镇人民政府提出书面申请。

以原致残部位申请调整残疾等级的，可以直接向户籍所在地县级人民政府民政部门提出申请。

第六条　申请人所在单位或者街道办事处或者乡镇人民政府审查评定残疾等级申请后出具书面意见，连同本人档案材料、书面申请和本人近期二寸免冠彩色照片等一并报送户籍所在地的县级人民政府民政部门审查。

申请新办评定残疾等级，应当提交致残经过证明和医疗终结后的诊断证明。

申请补办评定残疾等级，应当提交因战因公致残档案记载或者原始医疗证明。

申请调整残疾等级，应当提交原评定残疾等级的证明和本人认为残疾情况与原残疾等级明显不符的医疗诊断证明。民政部门认为需要调整等级的，应当提出调整的理由，并通知本人到指定的医疗卫生机构进行残疾情况鉴定。

第七条　县级人民政府民政部门对报送的有关材料进行核对，符合受理条件的签发受理通知书；材料不全或者材料不符合法定形式的应当告知当事人补充材料。

县级人民政府民政部门经审查认为申请人符合因战因公负伤条件的，应当填写《评定、调整伤残等级审批表》，并在受理之日起20个工作日内，通知本人到设区的市人民政府或者行政公署以上民政部门指定的医疗卫生机构，对属于因战因公导致的残疾情况进行鉴定，由医疗卫生专家小组根据《军人残疾等级评定标准》，出具残疾等级医学鉴定意见。职业病的残疾情况鉴定由省级人民政府民政部门指定的有职业病诊断资质的医疗机构作出；精神病的残疾情况鉴定由省级人民政府民政部门指定的二级以上精神病专科医院作出。

县级人民政府民政部门依据医疗卫生专家小组出具的残疾等级医学鉴定意见对申请人拟定残疾等级，在《评定、调整伤残等级审批表》上签署意见，加盖印章，连同其他申请材料，于收到医疗卫生专家小组签署意见之日起20个工作日内，一并报送设区的市人民政府民政部门或者行政公署民政部门。

对第二条第一款第（一）项人员，经审查认为不符合因战因公负伤条件的，或者经医疗卫生专家小组鉴定达不到评定或者调整残疾等级的，县级人民政府民政部门应当根据《军人抚恤优待条例》第二十四条第一款第（三）项的规定逐级上报省级人民政府民政部门。对第二条第一款第（一）项以外的人员，经审查认为不符合因战因公负伤条件的，或者经医疗卫生专家小组鉴定达不到评定或者调整残疾等级标准的，县级人民政府民政部门应当填写《不予评定、调整伤残等级决定书》，连同医疗卫生专家小组出具的残疾等级医学鉴定意见（复印件）和申请人提供的材料，退还申请人。

第八条　设区的市人民政府民政部门或者行政公署民政部门对报送的材料审查后，在《评定、调整伤残等级审批表》上签署意见，并加盖印章。

对符合条件的，于收到材料之日起20个工作日内，将上述材料报送省级人民政府民政部门。对不符合条件的，属于第二条第一款第（一）项人员，根据《军人抚恤优待条例》第二十四条第一款第（三）项的规定上报省级人民政府民政部门；属于第二条第一款第（一）项以外的人员，填写《不予评定、调整伤残等级决定书》，连同医疗卫生专家小组出具的残疾等级医学鉴定意见（复印件）和申请人提供的材料，逐级退还申请人。

第九条　省级人民政府民政部门对报送的材料初审后，认为符合条件的，逐级通知县级人民政府民政部门对申请人的评残情况进行公示。公示内容应当包括致残的时间、地点、原因、残疾情况（涉及隐私或者不宜公开的不公示）、拟定的残疾等级以及民政部门联系方式。公示应当在申请人工作单位所在地或者居住地进行，时间不少于7个工作日。县级人民政府民政部门应当对公示中反馈的意见进行核实并签署意见，逐级上报省级人民政府民政部门，对调整等级的应当将本人持有的伤残人员证一并上报。

省级人民政府民政部门应当对公示的意见进行审核，在《评定、调整伤残等级审批表》上签署审批意见，加盖印章。对符合条件的，由民政部门办理伤残人员证（调整等级的，在证件变更栏处填写新等级），连同医疗卫生专家小组出具的伤残等级医学鉴定意见（复印件），于收到材料之日起60个工作日内逐级发给申请人。对不符合条件的，由民政部门填写《不予评定、调整伤残等级决定书》，连同医疗卫生专家小组出具的残疾等级医学鉴定意见（复印件）和申请人提供的材料，于收到材料之日起60个工作日内逐级退还申请人。

第十条　申请人或者民政部门对医疗卫生专家小组作出的残疾等级医学鉴定意见有异议的，可以到省级人民政府民政部门指定的医疗卫生机构重新进行鉴定。

省级人民政府民政部门可以成立医疗卫生专家小组，对残疾情况与应当评定的残疾等级提出评定意见。

第十一条　伤残人员以军人、人民警察、公务员以及参照《中华人民共和国公务员法》管理的国家机关工作人员和其他人员不同身份多次致残的，民政部门按上述顺序只发给一种证件，并在伤残证件变更栏上注明第二次致残的时间和性质，以及合并评残后的等级和性质。

致残部位不能合并评残的，可以先对各部位分别评残。等级不同的，以重者定级；两项以上等级相同的，只能晋升一级。

多次致残的伤残性质不同的，以等级重者定性。等级相同的，按因战、因公、因病的顺序定性。

第三章　伤残证件和档案管理

第十二条　伤残证件的发放种类：

（一）退役军人在服役期间因战因公因病致残的，发给《中华人民共和国残疾军人证》；

（二）人民警察因战因公致残的，发给《中华人民共和国伤残人民警察证》；

（三）公务员以及参照《中华人民共和国公务员法》管理的国家机关工作人员因战因公致残的，发给《中华人民共和国伤残公务员证》；

（四）其他人员因战因公致残的，发给《中华人民共和国因战因公伤残人员证》。

第十三条　伤残证件由国务院民政部门统一制作。证件的有效期：15周岁以下为5年，16—25周岁为10年，26—45周岁为20年，46周岁以上为长期。

第十四条　伤残证件有效期满或者损毁、遗失的，当事人应当到县级人民政府民政部门申请换发证件或者补发证件。伤残证件遗失的须本人登报声明作废。

县级人民政府民政部门经审查认为符合条件的，填写《伤残人员换证补证报批表》，连同照片逐级上报省级人民政府民政部门。省级人民政府民政部门将新办理的伤残证件逐级通过县级人民政府民政部门发给申请人。各级民政部门应当在20个工作日内完成本级民政部门需要办理的事项。

第十五条　伤残人员办理前往香港、澳门、台湾定居或者出国定居前，由户籍所在地县级人民政府民政部门在变更栏内注明变更内容。对需要换发新证的，“身份证号”处填写所在国（或者香港、澳门、台湾）核发的居住证件号码。“户籍地”为国内抚恤关系所在地。

第十六条　伤残人员死亡的，县级人民政府民政部门应当注销其伤残证件，并逐级上报省级人民政府民政部门备案。

第十七条　民政部门对申报和审批的各种材料、伤残证件应当有登记手续。送达的材料或者证件，均须挂号邮寄或者由当事人签收。

第十八条　县级人民政府民政部门应当建立伤残人员资料档案，一人一档，长期保存。

第四章　伤残抚恤关系转移

第十九条　残疾军人退役或者向政府移交，必须自军队办理了退役手续或者移交手续后60日内，向户籍迁入地的县级人民政府民政部门申请转入抚恤关系。民政部门必须进行审查、登记、备案。审查的材料有：《户口簿》、《残疾军人证》、解放军总后勤部卫生部（或者武警后勤部卫生部、武警边防部队后勤部、武警部队消防局、武警部队警卫局）监制的《军人残疾等级评定表》或者《换领〈中华人民共和国残疾军人证〉申报审批表》、退役证件或者移交政府安置的相关证明。

县级人民政府民政部门应当对残疾军人残疾情况及有关材料进行审查，必要时可以复查鉴定残疾情况。认为符合条件的，将《残疾军人证》及有关材料逐级报送省级人民政府民政部门。省级人民政府民政部门审查无误的，在《残疾军人证》变更栏内填写新的户籍地、重新编号，并加盖印章，将《残疾军人证》逐级通过县级人民政府民政部门发还申请人。各级民政部门应当在20个工作日内完成本级民政部门需要办理的事项，如复查鉴定残疾情况的可以延长到30个工作日。

《军人残疾等级评定表》或者《换领〈中华人民共和国残疾军人证〉申报审批表》记载的残疾情况与残疾等级明显不符的，民政部门应当暂缓登记，逐级上报省级人民政府民政部门通知原审批机关更正。复查鉴定的残疾情况与《军人残疾等级评定表》或者《换领〈中华人民共和国残疾军人证〉申报审批表》记载的残疾情况明显不符的，按复查鉴定的残疾情况重新评定残疾等级。伪造、变造《残疾军人证》的，民政部门收回《残疾军人证》不予登记，并移交当地公安机关处理。

第二十条　伤残人员跨省迁移的，迁出地的县级人民政府民政部门根据伤残人员申请及其伤残证件和迁入地户口簿，将伤残档案、迁入地户口簿复印件以及《伤残人员关系转移证明》，发送迁入地县级人民政府民政部门，并同时将此信息上报本省级人民政府民政部门。

迁入地县级人民政府民政部门在收到上述材料和伤残人员提供的伤残证件后，逐级上报省级人民政府民政部门。省级人民政府民政部门在向迁出地省级人民政府民政部门核实无误后，在伤残证件变更栏内填写新的户籍地、重新编号，并加盖印章，逐级通过县级人民政府民政部门发还申请人。各级民政部门应当在20个工作日内完成本级民政部门需要办理的事项。

迁出地民政部门邮寄伤残档案时，应当将伤残证及其军队或者地方相关的评残审批表或者换证表复印备查。

第二十一条　伤残人员本省、自治区、直辖市范围内迁移的有关手续，由省、自治区、直辖市人民政府民政部门规定。

第五章　抚恤金发放

第二十二条　伤残人员从被批准残疾等级评定后的第二个月起，由发给其伤残证件的县级人民政府民政部门按照规定予以抚恤。伤残人员抚恤关系转移的，其当年的抚恤金由部队或者迁出地的民政部门负责发给，从第二年起由迁入地民政部门按当地标准发给。

第二十三条　在国内异地（指非发放抚恤金所在地）居住的伤残人员或者前往香港、澳门、台湾定居或者出国定居的中国国籍伤残人员，经向县级人民政府民政部门申请并办理相关手续后，其伤残抚恤金可以委托他人代领，也可以委托民政部门邮寄给本人，或者存入其指定的金融机构账户，所需费用由本人负担。

第二十四条　在国内异地居住的伤残人员，每年应当向负责支付其伤残抚恤金的民政部门提供一次居住地公安机关出具的居住证明。当年未提交证明的，县级人民政府民政部门应当经过公告或者通知其家属提交证明；经过公告或者通知其家属后60日内，伤残人员仍未提供上述居住证明的，从第二年起停发伤残抚恤金。

前往香港、澳门、台湾定居或者出国定居的伤残人员，县级人民政府民政部门应当告知当事人每年向负责支付其伤残抚恤金的民政部门提供一次由我国驻外使领馆或者当地公证机关出具的居住证明，由当地公证机关出具的证明书，须经我驻外使领馆认证。香港地区由内地认可的公证人出具居住证明，澳门地区由内地认可的公证人或者澳门地区政府公证部门出具居住证明，台湾地区由当地公证机构出具居住证明。当年未提供上述居住证明的，从第二年起停发伤残抚恤金。

第二十五条　伤残人员死亡的，从死亡后的第二个月起停发抚恤金。

第二十六条　县级人民政府民政部门依据人民法院的判决书，或者公安机关发布的通缉令，对具有中止抚恤情形的伤残人员决定中止抚恤，并通知本人或者其家属。

第二十七条　中止抚恤的伤残人员在刑满释放并恢复政治权利或者取消通缉后，经本人申请，并经民政部门审查符合条件的，从第二个月起恢复抚恤，原停发的抚恤金不予补发。办理恢复抚恤手续应当提供下列材料：本人申请、户口簿、司法部门的相关证明。需要重新办证的，按照证件丢失规定办理。

第六章　附　则

第二十八条　未列入行政编制的人民警察，参照本办法评定伤残等级，其伤残抚恤金由所在单位按规定发放。

第二十九条　本办法施行以前发生的有关第二条第一款第（三）项中“因战因公负伤时为参照《中华人民共和国公务员法》管理的国家机关工作人员”和第二条第一款第（六）项事项不予办理。

本办法施行以前已经发放的《伤残国家机关工作人员证》《伤残民兵民工证》不再换发。

第三十条　省级人民政府民政部门可以根据本地实际情况，制定具体工作细则。

第三十一条　本办法自2007年8月1日起施行。1997年民政部颁布的《伤残抚恤管理暂行办法》同时废止。

附件（略）：

1.《评定、调整伤残等级审批表》（式样）

2.《不予评定伤残等级决定书》（主要内容）

3.《不予调整伤残等级决定书》（主要内容）

光荣院管理办法

（2010年12月25日）

第一章　总　则

第一条　为了加强光荣院管理，做好抚恤优待对象集中供养工作，服务军队和国防建设，根据《军人抚恤优待条例》和国家有关规定，制定本办法。

第二条　光荣院是国家集中供养孤老和生活不能自理的抚恤优待对象（以下简称集中供养对象），并对其实行特殊保障的优抚事业单位。

第三条　国务院民政部门负责指导全国光荣院的管理工作。县级以上地方人民政府民政部门是光荣院管理的主管部门（以下简称光荣院主管部门），对光荣院集中供养工作进行管理、监督和检查。

第四条　国家兴办光荣院，所需经费列入同级政府财政预算。光荣院的建设水平应当与当地经济和社会发展相适应，满足供养需求。集中供养对象的生活水平应当略高于当地的平均生活水平。

国家鼓励公民、法人和其他组织对光荣院提供社会捐助和服务。

光荣院各项经费应当专款专用，接受财政、审计部门和社会的监督。

第五条　光荣院在建设、用地、水电、燃气、供暖、电信、农副业生产等方面享受国家有关优惠政策。

第六条　对在光荣院建设和管理工作中成绩显著的单位和个人，按照有关规定给予表彰和奖励。

第二章　供养对象

第七条　老年、残疾或者未满16周岁的烈士遗属、因公牺牲军人遗属、病故军人遗属和进入老年的残疾军人、复员军人、退伍军人，无法定赡养人、扶养人、抚养人或者法定赡养人、扶养人、抚养人无赡养、扶养、抚养能力且享受国家定期抚恤补助待遇的，可以申请享受光荣院集中供养待遇。

第八条　申请进入光荣院集中供养，应当由本人向乡镇人民政府或者街道办事处提出申请，因年幼或者无法表达意愿的，由居民委员会（村民委员会）或者其他公民代为提出申请，报光荣院主管部门审核批准。

第九条　光荣院主管部门应当与光荣院签订集中供养协议，保障集中供养对象享受符合要求的供养待遇。

在院集中供养对象个人随身携带的款物和贵重物品委托光荣院保管的，应当签订财物保管协议。

第十条　光荣院应当坚持入院自愿、出院自由的原则，规范入院、出院手续，建立集中供养对象的个人档案。

集中供养对象不再符合本办法第七条规定条件的，光荣院应当向光荣院主管部门报告，由光荣院主管部门核准后出院。

集中供养对象死亡的，光荣院应当为其办理丧葬事宜，并向光荣院主管部门报告，其遗产按照《中华人民共和国继承法》的有关规定处理。

光荣院主管部门应当定期核准集中供养对象人数，通报同级人民政府财政部门，并报上一级人民政府民政部门，由省级人民政府民政部门汇总后报国务院民政部门。

第三章　供养服务

第十一条　光荣院应当为集中供养对象提供下列供养服务：

（一）提供饮食；

（二）提供生活必需品；

（三）提供住房；

（四）提供医疗、康复、护理、保健服务；

（五）提供学习娱乐、精神关怀服务；

（六）提供清洁卫生、安全保卫服务；

（七）其他供养服务。

集中供养对象未满16周岁或者已满16周岁仍在接受义务教育的，光荣院应当保障其接受义务教育所需费用。

第十二条　光荣院提供的饮食应当符合食品安全要求，并根据集中供养对象的需要适当调整。

光荣院应当为集中供养对象提供必备的服装、被褥、生活用具和适合老年人、残疾人居住需求的生活设施，并为其提供适当的出行条件。

光荣院应当保持集中供养对象住房整洁，帮助其搞好个人卫生，并提供必要的照料，保证其人身安全。

第十三条　集中供养对象按照《优抚对象医疗保障办法》的规定享受医疗待遇。

集中供养对象患病的，光荣院应当及时联系和协助当地医疗机构予以治疗。

光荣院应当建立集中供养对象个人医疗和健康档案，为集中供养对象提供定期体检服务和健康教育服务，帮助集中供养对象制定医疗康复计划。

第十四条　光荣院实行24小时值班制度，对生活不能自理的集中供养对象实行全日制护理，并配置配备拐杖、轮椅或者其他辅助器具。

第十五条　光荣院应当为集中供养对象创造良好的生活环境，安排好物质文化生活，组织学习教育，开展有益于身心健康的文体休闲活动。

对有能力并自愿参加劳动和公益活动的集中供养对象，光荣院可以安排其从事力所能及的劳动和公益活动，丰富日常生活。

第十六条　光荣院应当关爱集中供养对象，为其组织必要的心理咨询和社会交往活动，使集中供养对象得到精神慰藉。

第十七条　集中供养对象的定期抚恤金、补助金由光荣院统一管理使用，用于集中供养对象的生活、医疗等费用支出。

光荣院应当给集中供养对象发放零用钱，具体标准由光荣院主管部门确定。

第十八条　光荣院供养标准由省级人民政府民政部门制定，经省级人民政府批准后公布执行，并根据当地经济社会发展水平适时调整。

第四章　院务管理

第十九条　光荣院实行院长负责制，院长由光荣院主管部门任命，也可以向社会公开招聘。

光荣院工作人员应当经过光荣院主管部门培训考核，专业岗位工作人员应当取得相应职业资格后持证上岗。

光荣院应当按集中供养对象人数的25%配备工作人员，满足集中供养对象的需求。其中管理人员占工作人员总数的比例不超过20%。

第二十条　光荣院应当设立院务管理委员会。院务管理委员会的成员由光荣院全体人员推选产生，集中供养对象所占比例应当不低于三分之一。院务管理委员会可以下设专门委员会。

院务管理委员会应当定期召开会议，参与光荣院工作的管理和监督。

第二十一条　光荣院应当定期公布国家对抚恤优待对象的抚恤补助政策和标准，公开院内工作流程、经费开支等情况，明示服务宗旨和项目，并接受集中供养对象的监督。

第二十二条　光荣院应当按照国家有关规定，建立健全安全、消防、卫生、财务、档案管理等制度。

第二十三条　有条件的光荣院可以开展以改善集中供养对象生活条件为目的的农副业生产。集中供养对象自愿参加光荣院组织开展的农副业生产活动，光荣院应当给予报酬。

第二十四条　光荣院应当建立荣誉室或者陈列室，收集、编撰、陈列、展示有关烈士、因战因公牺牲军人和集中供养对象的光荣事迹，与驻地国家机关、社会团体、企业事业单位、学校、部队、社区等开展精神文明共建活动，充分发挥其爱国主义教育和革命传统教育作用。

第五章　建设规范

第二十五条　县级以上行政区域应当根据集中供养对象的实际需要兴建、改扩建光荣院，每所光荣院床位数应当不低于50张，床位利用率应当达到80%以上。

第二十六条　光荣院的各类建筑应当根据老年人、残疾人和未成年人生活、安全需要进行设计，符合无障碍标准建筑设计规范的要求。

第二十七条　集中供养对象居住用房每间应当不小于15平方米，配置卫生间和洗澡间。光荣院应当具备开展日常工作和服务所必需的办公室、值班室、厨房、餐厅、储藏室、活动室等辅助用房。

有条件的地区还可以建设用于康复保健、文体娱乐等方面的功能室和室外活动场所。

第二十八条　光荣院应当配置应急呼叫设备，并根据当地气候条件和集中供养对象的实际需要配置取暖、降温设备。

光荣院应当维护好照明、通讯、消防、报警、取暖、降温、排污和水电供应等设施和生活设备，保证其正常运转。

第二十九条　光荣院应当设立医疗室，并视条件配备常用和急救所需的医疗器械、设备及药品。

第三十条　光荣院应做好室外绿化、环境美化工作，为在院集中供养对象提供安静、整洁、优美的生活环境。

第六章　责任追究

第三十一条　光荣院的土地、房屋、设施、设备和其他财产依法归光荣院管理和使用，任何单位和个人不得侵占。

侵占、破坏光荣院财物的，由当地人民政府民政部门责令限期改正，并恢复原状；造成损失的，依法承担赔偿责任。

第三十二条　集中供养对象应当珍惜荣誉，遵守光荣院的各项规定，自觉配合工作人员的管理。对违反相关规定的，由光荣院和光荣院主管部门进行批评教育。

集中供养对象因违法犯罪被判处有期徒刑、剥夺政治权利或者被通缉期间，中止其集中供养资格；被判处死刑、无期徒刑的，取消其集中供养资格。

第三十三条　光荣院违反本办法的规定，对集中供养对象提供的供养服务不符合要求，由光荣院主管部门责令改正；逾期不改正的，对直接负责的责任人和其他主管人员依法给予行政处分，造成损失的，依法承担赔偿责任。

光荣院造成集中供养对象人身伤害事故的，应当依法承担赔偿责任。

第三十四条　光荣院主管部门及其工作人员有下列行为之一的，由上级人民政府民政部门对其直接负责的责任人和其他主管人员进行批评教育，限期改正；情节严重的，依法给予行政处分；构成犯罪的，依法追究刑事责任：

（一）违反规定审批光荣院集中供养待遇的；

（二）贪污、挪用、截留、私分光荣院款物的；

（三）光荣院建设和管理中有滥用职权、玩忽职守、徇私舞弊行为的；

（四）其他违反相关法律法规行为的。

第七章　附　则

第三十五条　各级民政部门主管的各类福利机构中设立的光荣间、光荣楼可以参照本办法的规定执行。

第三十六条　本办法自2011年3月1日起施行。

烈士纪念设施保护管理办法

（2013年6月28日）

第一条　为褒扬烈士，加强烈士纪念设施保护管理，弘扬爱国主义、集体主义精神和社会主义道德风尚，促进社会主义精神文明建设，根据《烈士褒扬条例》，制定本办法。

第二条　本办法所称烈士纪念设施，是指在中华人民共和国境内为纪念烈士专门修建的烈士陵园、纪念堂馆、纪念碑亭、纪念塔祠、纪念塑像、烈士骨灰堂、烈士墓等设施。

第三条　根据烈士纪念设施的纪念意义和建设规模，对烈士纪念设施实行分级保护管理。

烈士纪念设施分为：

（一）国家级烈士纪念设施；

（二）省级烈士纪念设施；

（三）设区的市级烈士纪念设施；

（四）县级烈士纪念设施。

未列入等级的零散烈士纪念设施，由所在地县级人民政府民政部门保护管理或者委托有关单位、组织或者个人进行保护管理。

第四条　县级以上烈士纪念设施由所在地人民政府负责保护管理，纳入当地国民经济和社会发展规划或者有关专项规划，所需经费列入当地财政预算。

民政部会同财政部安排国家级烈士纪念设施维修改造补助经费，地方各级人民政府民政部门会同财政部门安排当地烈士纪念设施维修改造经费。维修改造经费的使用和管理接受审计等部门的监督。

第五条　县级以上烈士纪念设施应当确定保护单位，加强工作力量，明确管理责任。烈士纪念设施保护单位由所在地人民政府的民政部门负责管理。

第六条　符合下列基本条件之一的，可以申报国家级烈士纪念设施：

（一）为纪念在革命斗争、保卫祖国和建设祖国等各个历史时期的重大事件、重要战役和主要革命根据地斗争中牺牲的烈士而修建的烈士纪念设施；

（二）为纪念在全国有重要影响的著名烈士而修建的烈士纪念设施；

（三）为纪念为中国革命斗争中牺牲的知名国际友人而修建的纪念设施；

（四）位于革命老区、少数民族地区的规模较大的烈士纪念设施。

省级以下各级烈士纪念设施，根据其纪念意义和建设规模，分别确定为省级、设区的市级、县级烈士纪念设施。

第七条　确定国家级烈士纪念设施，由民政部报国务院批准后公布。确定地方各级烈士纪念设施，由民政部门报本级人民政府批准后公布，并报上一级人民政府民政部门备案。

第八条　烈士纪念设施保护单位的上级主管部门应当提出划定保护范围的方案，报同级人民政府批准和公布。

对属于文物的烈士纪念设施，应当按照文物保护法律法规划定保护范围和建设控制地带。

县级以上烈士纪念设施应当设立保护标志。烈士纪念设施保护标志式样由民政部统一制定。

第九条　烈士纪念设施保护单位应当办理烈士纪念设施土地使用权属文件。

第十条　改建、扩建烈士纪念设施，应当经原批准等级的人民政府民政部门同意，并纳入建设项目管理。

第十一条　未经批准，不得迁移烈士纪念设施。

因重大建设工程确需迁移地方各级烈士纪念设施的，须经原批准等级的人民政府同意，并报上一级人民政府的民政部门备案。

迁移国家级烈士纪念设施的，应当由所在地省级人民政府报国务院批准。

第十二条　烈士纪念设施应当纳入城乡建设规划，绿化美化环境，实现园林化，使烈士纪念设施形成庄严、肃穆、优美的环境和气氛，为社会提供良好的瞻仰和教育场所。

第十三条　各级烈士纪念设施保护单位应当根据人民政府安排，开展烈士史料征集研究、事迹编纂和陈列展示工作，组织烈士纪念活动，宣传烈士的英雄事迹、献身精神和高尚品质。

烈士纪念设施保护单位应当充分发挥红色资源优势，具备条件的列入红色旅游发展规划，发挥爱国主义教育基地作用。

烈士纪念设施保护单位应当配备具备资质的讲解员。

第十四条　烈士纪念设施保护单位应当健全瞻仰凭吊服务、岗位责任、安全管理等内部制度和工作规范，对本单位工作人员定期进行职业教育和业务培训。

第十五条　任何单位或者个人不得侵占烈士纪念设施保护范围内的土地和设施。禁止在烈士纪念设施保护范围内进行其他工程建设。

任何单位或者个人不得在烈士纪念设施保护范围内为烈士以外的其他人修建纪念设施或者安放骨灰、埋葬遗体。

在烈士纪念设施保护范围内不得从事与纪念烈士无关的活动。

第十六条　未经批准迁移烈士纪念设施，非法侵占烈士纪念设施保护范围内的土地、设施，破坏、污损烈士纪念设施，或者在烈士纪念设施保护范围内为烈士以外其他人修建纪念设施、安放骨灰、遗体的，由烈士纪念设施保护单位的上级主管部门责令改正，恢复原状、原貌；造成损失的，依法承担赔偿责任；构成犯罪的，依法追究刑事责任。

第十七条　烈士纪念设施保护单位的工作人员玩忽职守、徇私舞弊，造成烈士纪念设施、烈士史料或者遗物遭受损失的，依法给予处分；构成犯罪的，依法追究刑事责任。

第十八条　本办法自2013年6月28日起施行。1995年7月20日民政部发布的《革命烈士纪念建筑物管理保护办法》同时废止。

民政部、国家档案局关于印发《伤残抚恤人员档案管理办法》的通知

（2010 年 3 月 17 日）

各省、自治区、直辖市民政厅（局）、档案局，计划单列市民政局、档案局，新疆生产建设兵团民政局、档案局：

为了加强伤残抚恤人员档案的规范化管理，根据《中华人民共和国档案法》及《军人抚恤优待条例》、《伤残抚恤管理办法》等有关法律、法规，民政部、国家档案局制定了《伤残抚恤人员档案管理办法》。现印发你们，请遵照执行。

民政部

国家档案局

2010年3月17日

伤残抚恤人员档案管理办法

第一条　为了规范因战、因公、因病伤残抚恤人员档案的管理，服务伤残抚恤业务工作，保障伤残抚恤人员的合法权益，根据《中华人民共和国档案法》以及《军人抚恤优待条例》、《伤残抚恤管理办法》等有关规定，制定本办法。

第二条　本办法所称伤残抚恤人员档案是指街道办事处（乡镇人民政府）、县级人民政府民政部门、设区的市级人民政府民政部门（行政公署民政部门）、省级人民政府民政部门在审查、审核、审批新办、补办评定残疾等级和调整残疾

等级工作中，以及办理伤残抚恤关系的转移、发放抚恤金工作中形成的，以伤残抚恤人员个人为单位整理的，具有保存价值的各种载体和形式的历史记录。

伤残抚恤人员档案是民政专业档案的重要组成部分，属于国家民生档案范畴。

第三条　本办法所称伤残抚恤人员是指《伤残抚恤管理办法》第二条规定的因战致残、因公致残或者因病致残的伤残人员。

第四条　伤残抚恤人员档案工作由民政部统一领导，由街道办事处（乡镇人民政府）、县级人民政府民政部门、设区的市级人民政府民政部门（行政公署民政部门）、省级人民政府民政部门分级负责，在业务上接受上级人民政府民政部门和县级以上同级档案行政管理部门的监督和指导。

第五条　伤残抚恤人员档案本着方便管理和利用的原则，在县级以上人民政府民政部门实行集中统一管理，任何组织和个人不得据为己有或者拒绝归档。伤残抚恤人员档案的具体集中存放地点由省级人民政府民政部门规定。

第六条　伤残抚恤人员材料的归档要求：

（一）归档的材料必须齐全完整、图文清晰。（归档范围见本办法附件一）；

（二）归档材料应当在相关手续办理完毕后20个工作日内归档。

第七条　在新办、补办评定和调整残疾等级工作以及办理伤残抚恤关系转移、发放抚恤金工作过程中形成的电子文件，应当按照《电子文件归档和管理规范》（GB/T18894—2002）要求进行整理归档，重要的电子文件应当同时打印出纸质文件一并归档。

第八条　伤残抚恤人员归档材料按照一人一档的原则进行整理。具体整理方法可以参考本办法附件二，也可以由省级人民政府民政部门自行规定。

第九条　伤残抚恤人员档案保管期限为100年。保管期限从当事人初次认定或者申请材料形成之日起的次年1月1日开始计算。

伤残抚恤人员档案保管部门应当对保管期限届满的伤残抚恤人员档案进行价值鉴定，对有继续保存价值的可以延长直至永久。

第十条　伤残抚恤人员档案应当放入坚固的、防火、防潮的档案库房进行管理，库房内应设置空调、去湿、灭火等设备。

库房的防火、防潮、防蛀、防盗、防光、防尘、防高温等设施和安全措施应当经常检查；要保持库房的清洁和库内适宜的温度和湿度。

第十一条　伤残抚恤人员档案的利用应当符合以下要求：

（一）各级民政部门因自身工作需要可以利用伤残抚恤人员档案；

（二）各级政府监察、公安、检察院、法院等单位因公务需要可以利用伤残抚恤人员档案；

（三）经伤残抚恤人员档案保管机构主管领导批准，办理相关手续后，伤残抚恤人员可以利用与自身相关的伤残抚恤档案；

（四）经伤残抚恤人员档案保管机构主管领导批准，有关单位、组织或个人因工作需要，办理相关手续后可以利用伤残抚恤人员档案；

（五）查阅档案严禁损毁、涂改、抽换、圈划、批注、污染等。

第十二条　伤残抚恤人员档案应当使用计算机等现代化管理手段进行管理。

第十三条　伤残抚恤人员档案集中存放地人民政府民政部门应当在伤残抚恤人员档案保存至该伤残抚恤人员死亡5年后，向同级国家综合档案馆移交。

伤残等级为一至四级的伤残抚恤人员死亡后，其遗属仍享受相关待遇的，伤残抚恤人员档案集中存放地人民政府民政部门应当将该伤残抚恤人员档案保存至其遗属停止享受相关待遇，然后向同级国家综合档案馆移交。

第十四条　伤残抚恤人员档案的鉴定销毁应当符合下列要求：

（一）伤残抚恤人员档案保管部门对保管期限届满的档案要进行价值鉴定，对无保存价值的予以销毁，但伤残抚恤人员档案目录应当永久保存。

（二）对销毁的伤残抚恤人员档案应当建立销毁清册，写明销毁档案的时间、种类和数量并永久保存。

（三）伤残抚恤人员档案保管部门应当派人监督伤残抚恤人员档案的销毁过程，确保销毁档案没有漏销或者流失，并在销毁清册上签字。

第十五条　各省（自治区、直辖市）人民政府民政部门可以根据当地实际情况商同级档案行政管理部门制定本办法实施细则。

附件：

1.伤残抚恤人员材料归档范围

2.伤残抚恤人员材料的整理方法

附件1：

伤残抚恤人员材料归档范围

一、在新办评定残疾等级工作中形成的下列材料归入伤残抚恤人员档案：

（一）申请人书面申请书；

（二）申请人有效身份证件复印件或者户口簿复印件；

（三）申请人单位（或者街道办事处、乡镇人民政府）书面意见；

（四）致残经过证明；

（五）医疗终结后的诊断证明；

（六）县级人民政府民政部门出具的《受理通知书》；

（七）《评定伤残等级审批表》；

（八）残疾等级医学鉴定意见；

（九）公示材料；

（十）评定残疾等级决定书副本；

（十一）伤残人员证件（含《中华人民共和国残疾军人证》《中华人民共和国伤残人民警察证》《中华人民共和国伤残公务员证》《中华人民共和国因战因公伤残人员证》）复印件；

（十二）县级或者设区的市级人民政府民政部门出具的《不予评定残疾等级决定书》副本。

二、在补办评定残疾等级工作中形成的下列材料归入伤残抚恤人员档案：

（一）申请人书面申请书；

（二）申请人有效身份证件复印件或者户口簿复印件；

（三）申请人单位（或者街道办事处、乡镇人民政府）书面意见；

（四）申请人因战因公致残档案记载或者原始医疗证明；

（五）县级人民政府民政部门出具的《受理通知书》；

（六）《评定伤残等级审批表》；

（七）残疾等级医学鉴定意见；

（八）公示材料；

（九）补办残疾等级决定书副本；

（十）伤残人员证件（含《中华人民共和国残疾军人证》《中华人民共和国伤残人民警察证》《中华人民共和国伤残公务员证》《中华人民共和国因战因公伤残人员证》）复印件；

（十一）县级或者设区的市级人民政府民政部门出具的《不予评定残疾等级决定书》副本。

三、在调整残疾等级工作中形成的下列材料归入伤残抚恤人员档案：

（一）申请人书面申请书；

（二）申请人有效身份证件复印件或者户口簿复印件；

（三）申请人单位（或者街道办事处、乡镇人民政府）书面意见；

（四）原评定残疾等级的证明；

（五）申请人认为残疾情况与原残疾等级明显不符的医疗诊断证明；

（六）县级人民政府民政部门出具的《受理通知书》；

（七）《评定伤残等级审批表》；

（八）残疾等级医学鉴定意见；

（九）公示材料；

（十）调整残疾等级决定书副本；

（十一）调整后的伤残人员证件（含《中华人民共和国残疾军人证》《中华人民共和国伤残人民警察证》《中华人民共和国伤残公务员证》《中华人民共和国因战因公伤残人员证》）复印件；

（十二）县级或者设区的市级人民政府民政部门出具的《不予调整残疾等级决定书》副本。

四、伤残抚恤工作中形成的下列材料也归入伤残抚恤人员档案：

（一）《伤残人员换证、补证申报审批表》；

（二）伤残人员死亡证明；

（三）注销伤残人员证件的决定书副本及备案材料复印件；

（四）撤销伤残抚恤待遇材料：

1.撤销伤残抚恤待遇决定书（复印件）；

2.因伪造、变造《残疾军人证》而由民政部门收回的《残疾军人证》原件。

（五）其他应归档材料。

五、残疾军人退役或者向地方政府移交以及伤残人员跨省转移伤残抚恤关系过程中形成的下列材料归入伤残抚恤人员档案：

（一）转入伤残抚恤关系申请书；

（二）有关伤残证件的变更栏一页的复印件；

（三）有关残疾情况复查材料；

（四）转出伤残抚恤关系申请书；

（五）《伤残人员关系转移证明》；

（六）其他应归档材料。

六、各省（自治区、直辖市）范围内伤残抚恤关系转移材料归入伤残抚恤人员档案的范围由各省级人民政府民政部门规定。

七、发放抚恤金过程中形成的下列材料归入伤残抚恤人员档案：

（一）在国内异地居住的，每年由居住地公安机关出具的居住证明；

（二）在港、澳、台定居或出国定居的，每年由我国驻外使领馆（或我国驻外使领馆认证的当地公证机关）出具的居住证明；

（三）其他应归档材料。

附件2：

伤残抚恤人员材料的整理方法

此方法以伤残抚恤人员个人为单位，一人一卷。

按本办法《附件一：伤残抚恤人员材料的归档范围》的顺序排列每卷内材料：

卷与卷之间按照形成时间顺序排列。形成时间顺序以当事人初次认定或申请材料形成之日为准。

在每卷档案内首页上端的空白处（或者档案封套和档案袋的封面）加盖归档章，并填写有关内容。归档章设置全宗号、年度、室编卷号、馆编卷号等项目（式样见附图1）。

按室编卷号的顺序，为每一卷伤残抚恤人员档案编制归档文件目录，置于卷内首页之前。归档文件目录设置序号、责任者、文号、题名、日期、页数、备注等项目（式样见附图2）。

每卷档案及其归档文件目录应当以无酸纸套或者档案袋等有利于保管和利用的方式加以固定。

按照室编卷号的顺序将每卷档案依次装入档案盒并填写档案盒封面、盒脊和备考表的项目。档案盒封面应当标明伤残抚恤人员档案集中存放地人民政府民政部门名称和伤残抚恤人员档案名称（式样见附图3）。档案盒盒脊设置全宗号、年度、起止卷号和盒号等项目（式样见附图4）。备考表置于盒内，说明本盒文件的情况，并填写整理人、检查人和归档日期（式样见附图5）

编制伤残抚恤人员档案目录应符合以下要求：

每年形成的伤残抚恤人员档案必须编制目录。目录设置馆编卷号、室编卷号、姓名、伤残人员证号、备注等项目（式样见附图6）。

每年的档案目录加封面后装订成册，一式三份，并编制目录号。档案目录封面设置全宗号、机构名称、目录号、年度、编制机关、编制日期等项目（式样见附图7）。

注：归档章、档案盒封面、档案盒盒脊式样的规格参考《归档文件整理规

则》（DA/T22-—2000）规定的相关式样的规格，归档文件目录、备考表、伤残抚恤人员档案目录、伤残抚恤人员档案目录封面用纸幅面尺寸采用国际标准A4型（长×宽为297mm×210mm）。

附图：

1.归档章式样（略）

2.归档文件目录式样（略）

3.档案盒封面式样（略）

4.档案盒盒脊式样（略）

5.备考表式样（略）

6.伤残抚恤人员档案目录式样（略）

7.伤残抚恤人员档案目录封面式样（略）

退役军人事务部、财政部关于调整部分优抚对象等人员抚恤和生活补助标准的通知

（2019 年 7 月 22 日）

各省（自治区、直辖市）退役军人事务厅（局）、财政厅（局），新疆生产建设兵团退役军人事务局、财政局：

经研究，决定从2019年8月1日起调整部分优抚对象等人员抚恤和生活补助标准，现就有关问题通知如下：

一、提高残疾军人（含伤残人民警察、伤残国家机关工作人员、伤残民兵民工）的残疾抚恤金、烈属（含因公牺牲军人遗属、病故军人遗属）的定期抚恤金、在乡退伍红军老战士（含在乡西路军红军老战士、红军失散人员）的生活补助标准，调整后的标准见附件。

二、各地要按照《军人抚恤优待条例》规定，加大资金投入，大力提高在乡老复员军人的生活补助标准，切实保障其生活水平。中央财政在现行补助标准的基础上，每人每月增加200元。

三、各地要按照每人每月不低于600元、不高于十级残疾军人抚恤金标准的原则，调整带病回乡退伍军人生活补助标准，每人每月提高标准不低于50元。中央财政对北京、天津、上海、江苏、浙江、福建、广东、山东、辽宁等9个省市，补助标准调整为每人每月240元；对河北、山西、吉林、黑龙江、安徽、江西、河南、湖北、湖南、海南等10个省，补助标准调整为每人每月360元；对内蒙古、广西、重庆、四川、贵州、云南、西藏、陕西、甘肃、青海、宁夏、新疆等12个省区市，补助标准调整为每人每月480元；对新疆生产建设兵团补助标准调整为每人每月600元。

四、对在农村的和城镇无工作单位且家庭生活困难的参战退役人员提高

生活补助标准，每人每月提高50元，提至每人每月650元。中央财政对北京、天津、上海、江苏、浙江、福建、广东、山东、辽宁等9个省市，补助标准调整为每人每月260元；对河北、山西、吉林、黑龙江、安徽、江西、河南、湖北、湖南、海南等10个省，补助标准调整为每人每月390元；对内蒙古、广西、重庆、四川、贵州、云南、西藏、陕西、甘肃、青海、宁夏、新疆等12个省区市，补助标准调整为每人每月520元；对新疆生产建设兵团补助标准调整为每人每月650元。

五、对不符合评残和享受带病回乡退伍军人生活补助条件，但患病或生活困难的农村和城镇无工作单位的原8023部队退役人员，以及其他参加核试验军队退役人员（含参与铀矿开采军队退役人员）提高生活补助标准，每人每月提高50元，提至每人每月650元。中央财政对北京、天津、上海、江苏、浙江、福建、广东、山东、辽宁等9个省市，补助标准调整为每人每月260元；对河北、山西、吉林、黑龙江、安徽、江西、河南、湖北、湖南、海南等10个省，补助标准调整为每人每月390元；对内蒙古、广西、重庆、四川、贵州、云南、西藏、陕西、甘肃、青海、宁夏、新疆等12个省区市，补助标准调整为每人每月520元；对新疆生产建设兵团补助标准调整为每人每月650元。

六、对居住在农村和城镇无工作单位、18周岁之前没有享受过定期抚恤金待遇且年满60周岁的烈士子女（含建国前错杀后被平反人员的子女）提高生活补助标准。中央财政在现行补助标准的基础上，每人每月提高50元，提至每人每月490元。

七、对从1954年11月1日试行义务兵役制后至《退役士兵安置条例》实施前入伍、年龄在60周岁以上（含60周岁）、未享受到国家定期抚恤补助的农村籍退役士兵提高老年生活补助标准，每服一年义务兵役每人每月提高5元，提至每服一年义务兵役每人每月补助40元。中央财政对北京、天津、上海、江苏、浙江、福建、广东、山东、辽宁等9个省市按上述补助标准的50%安排补助资金，对其他省区市、新疆生产建设兵团实行全额补助。

八、对建国前加入中国共产党的农村老党员和未享受离退休待遇的城镇老党员调整生活补贴标准，每人每月提高50元，补助标准调整为：1937年7月6日前入党，提至每人每月770元；1937年7月7日至1945年9月2日入党的，提至每人每月710元；1945年9月3日至1949年9月30日入党的，提至每人每月630元。

已享受优抚对象抚恤补助的老党员，不执行上述补贴标准，仍按每人每月50元标准发给生活补贴。已对老党员实行定额补贴的地方，补贴标准低于上述标准的，按照补差原则发给补贴；补贴标准高于上述标准的，仍按原补贴标准发给补贴。中央财政对北京、天津、上海、江苏、浙江、福建、广东等7省市，按上述补助标准的25%安排补助资金；对其他省区市、新疆生产建设兵团按上述补助标准的50%安排补助资金。

九、此次调整标准所需中央补助资金，由中央财政安排，另行下达。地方各级有关部门要认真落实地方应安排的资金，切实加强资金管理，保证及时、准确、足额地把抚恤金和生活补助费发放到优抚对象等人员手中。

退役军人事务部

财政部

2019年7月22日

附件1（略）

残疾军人、伤残人民警察、伤残国家机关工作人员、伤残民兵民工残疾抚恤金标准表

附件2（略）

烈属、因公牺牲军人遗属、病故军人遗属定期抚恤金标准表

附件3（略）

在乡退伍红军老战士、在乡西路军红军老战士、红军失散人员生活补助标准表

民政部、人力资源社会保障部、财政部、总政治部关于贯彻实施《烈士褒扬条例》若干具体问题的意见

（2012年5月21日）

各省、自治区、直辖市民政厅（局）、人力资源社会保障厅（局）、财政厅（局），新疆生产建设兵团民政局、人力资源社会保障局、财务局，各军区、各军兵种、各总部、军事科学院、国防大学、国防科学技术大学、武警部队政治部：

《烈士褒扬条例》（以下简称《条例》）已于2011年7月26日公布，自2011年8月1日起施行。为了进一步做好烈士褒扬工作，现就贯彻实施《条例》若干具体问题提出如下意见：

一、《条例》施行后牺牲人员的烈士评定工作，适用《条例》。符合规定条件的评定为烈士，烈士遗属依照《条例》规定享受抚恤优待。

《条例》施行前牺牲人员的烈士评定工作，适用其牺牲时施行的有关法规。符合规定条件的可以批准为烈士，烈士遗属的一次性抚恤待遇按照《革命烈士褒扬条例》及其解释和相关法规规定享受。

二、《条例》第二条中的“牺牲”，是指在保卫祖国和社会主义建设事业中，为国家和人民的利益，勇于献出自己的生命。被评定为烈士的，应当死难情节突出，堪为楷模。

不符合烈士评定条件、属于《军人抚恤优待条例》及有关法规规定的因公牺牲或者病故情形的，应当认定为因公牺牲或者病故，并按相应的规定予以抚恤。

三、属于《条例》第八条第一款第一项、第二项规定情形的，省级人民政府民政部门在向省级人民政府呈报评定烈士材料时，应同时抄送国务院民政部

门，抄送材料包括：

（一）省级人民政府民政部门向省级人民政府呈报的评定烈士的报告；

（二）烈士牺牲情节原始材料或证明材料的复印件；

（三）其他相关材料。

四、省、自治区、直辖市人民政府按照《条例》第九条第二款规定评定烈士后，省级人民政府民政部门应在二十个工作日内报送国务院民政部门备案，备案材料包括：

（一）省级人民政府民政部门提出的备案报告；

（二）省级人民政府评定烈士的有关文件或批复。

国务院民政部门对材料进行审查并按程序予以备案，并定期公布烈士备案结果。

对逾期不报送备案或备案工作中出现审查不合格的，国务院民政部门将予以 通告，并责令改正。

五、军队有关部门依照《条例》第八条第二款评定烈士后，由解放军总政治部汇总并按季度将该季度评定烈士有关材料送国务院民政部门备案。

六、烈士褒扬金由颁发烈士证书的县级人民政府民政部门负责发放，所需经费由当地财政部门垫支。

中央财政每年根据上年度烈士评定备案工作的情况，及时审核下达烈士褒扬金。

七、《条例》第十二条规定的“月工资”是指烈士牺牲当月的本人月基本工资。属于《工伤保险条例》适用范围的，月工资是指烈士牺牲前12个月平均月缴费工资。本人工资高于统筹地区职工平均工资300%的，按照统筹地区职工平均工资的300%计算；本人工资低于统筹地区职工平均工资60%的，按照统筹地区职工平均工资的60%计算。

一次性抚恤金由颁发烈士证书的县级人民政府民政部门负责发放，所需经费按原渠道解决。

属于《工伤保险条例》适用范围的，一次性工亡补助金以及相当于烈士本人40个月工资的烈士遗属特别补助金按照《烈士褒扬条例》和《工伤保险条例》的有关规定发放。

八、烈士褒扬金、一次性抚恤金、一次性工亡补助金、烈士遗属特别补助金应该及时足额发放。发给对象和数额分配根据烈士遗属协商结果确定，协商不成的平均分配。

九、改建、扩建国家级烈士纪念设施的，应当报国务院民政部门批准。

民政部
人力资源和社会保障部
财政部
总政治部
2012年5月21日

民政部办公厅、财政部办公厅关于落实给部分烈士子女发放定期生活补助政策的实施意见

（2012 年 1 月 20 日）

各省、自治区、直辖市民政厅（局）、财政厅（局），新疆生产建设兵团民政局、财务局：

根据民政部、财政部《关于给部分烈士子女发放定期生活补助的通知》（民发〔2012〕27号，以下简称《通知》）规定，自2011年7月1日起，给部分烈士子女（含建国前错杀后被平反人员的子女，下同）每人每月发放130元的定期生活补助。为确保政策顺利贯彻落实，现提出如下实施意见。

一、适用对象的界定

政策实施对象的人员范围为，居住在农村和城镇无工作单位、18周岁以前没有享受过定期抚恤金待遇且年满60周岁的烈士子女和建国前错杀后被平反人员（以下简称错杀被平反人员）子女。

二、人员身份的核查认定

核查认定工作按照属地管理原则组织实施，由本人户籍所在地村（居）委会、乡（镇、街道）和县（市、区）民政部门统一调查、审定和申报。

（一）个人申报。符合条件人员需携带本人身份证、户口簿、烈士证明书、错杀被平反人员平反证明材料、本人与烈士或错杀被平反人员关系证明等相关材料，向户籍所在地村（居）委会提出申请并办理登记手续，填写有关登记审核表。

（二）初审把关。对相关人员的申报材料，由村（居）委会初审、乡

（镇、街道）复核，并做好登记工作。对符合条件的签署意见后，将有关登记审核表、人员花名册和个人相关资料复印件等材料上报县级民政部门；对经复核不符合条件的，应书面说明理由并告知本人。

（三）会审认定。县级民政部门对乡（镇、街道）上报的材料，组织专门人员认真核实其身份。对符合条件的，由申请人所在村（居）委会进行张榜公示。对公示期间及以后有异议的，县级民政部门要组织专人调查核实。经查实不符合条件的，应书面通知本人并说明理由。调查核实过程中有疑义的，应逐级请示，确保认定工作稳妥顺利进行。

（四）建立档案。县级民政部门对申报登记人员的资料，要建立健全档案和数据资料，并认真做好适时更新、动态管理工作。

核查认定工作过程中需要相关人员填写的表格，由县级民政部门根据本地情况自行制作，但表格内容应包括民政部制发的《部分烈士（含错杀被平反人员）子女信息采集表》（附件）中的项目。审定工作结束后，县级民政部门应将符合条件的人员信息填入《部分烈士（含错杀被平反人员）子女信息采集表》，统一录入优抚对象信息管理系统，与其他享受国家定期抚恤补助的优抚对象一样，形成定期更新机制。

三、信息数据的统计

符合享受待遇条件对象审批工作结束后，县级民政部门要及时统计核实数据，并经同级财政部门复审后逐级联合上报。省级民政部门应于2012年2月29日前将本地区部分烈士子女的统计结果送同级财政部门复审后，联合上报民政部、财政部。

各地在报送符合享受待遇条件对象的信息数据时，连同第二年将要符合享受待遇条件的对象数量等情况一并报送。

四、工作要求

（一）加强组织领导，明确职责分工。各级民政部门要把这项工作作为当前的重点来抓，加强组织领导，建立工作责任制。要抽调精干人员成立专门工作机构，明确职责分工，切实做好人员身份核查认定、数据统计上报等各项工作。要主动加强与有关部门和单位的沟通，密切协作。各级财政部门要积极配合民政部门工作，确保各项工作顺利开展、扎实推进。

（二）严格掌握政策，执行落实好政策。要深入细致地做好调查摸底工作，认真准确地界定相关人员的身份，做到不错、不漏、不留死角，实事求是地把这部分人员的身份核实、核准。要严格掌握政策、执行政策，统一政策口径，注意研究工作中出现的新情况、新问题。对政策落实过程中遇到的重大问题要及时报告。

（三）加强宣传教育，开展督促检查。要通过各种形式认真做好政策的宣传工作，增加工作的透明度。在组织实施工作中，要建立工作责任制，采取定期与不定期检查相结合的方法，加强工作督促检查，及时发现问题、解决问题，并对各地的工作进展、工作落实、工作成效等情况进行通报。

附件：部分烈士（含错杀被平反人员）子女信息采集表（略）

民政部办公厅

财政部办公厅

2012年1月20日

民政部、财政部关于给部分烈士子女发放定期生活补助的通知

（2012 年 1 月 20 日）

各省、自治区、直辖市民政厅（局）、财政厅（局），新疆生产建设兵团民政局、财务局：

根据中央领导同志有关批示精神，经研究决定，从2011年7月1日起，给部分烈士子女（含建国前错杀后被平反人员的子女，下同）发放定期生活补助。现将有关问题通知如下：

一、部分烈士子女是指居住在农村和城镇无工作单位、18周岁之前没有享受过定期抚恤金待遇且年满60周岁的烈士子女。

二、中央财政补助标准为每人每月130元。地方政府还可通过增发补助金或采取其他方式予以补助。国家将根据经济社会发展情况，适时适当提高补助标准。

三、各级民政、财政部门要按照统一部署和要求，结合本地实际，周密制定实施方案，切实加大工作力度，保障工作经费，确保政策及时落实到位。

民政部

财政部

2012年1月20日

人力资源和社会保障部、民政部、财政部关于事业单位工作人员和离退休人员死亡一次性抚恤金发放办法的通知

（2008 年 6 月 18 日）

各省、自治区、直辖市人事厅（局）、劳动保障厅（局）、民政厅（局）、财政厅（局），新疆生产建设兵团人事局、劳动保障局、民政局、财务局，中央和国家机关各部门、各直属机构人事（干部）部门：

经研究，现就事业单位工作人员和离退休人员死亡一次性抚恤金发放有关问题通知如下。

一、关于一次性抚恤金（工亡补助金）标准

（一）参照公务员法管理事业单位的工作人员和离退休人员死亡一次性抚恤金标准和计发办法，按照民政部、人事部、财政部《关于国家机关工作人员及离退休人员死亡一次性抚恤发放办法的通知》（民发〔2007〕64号）的规定执行。

（二）按照劳动和社会保障部、人事部、民政部、财政部《关于事业单位民间非营利组织工作人员工伤有关问题的通知》（劳社部发〔2005〕36号）规定，参加统筹地区工伤保险的事业单位工作人员属于因工死亡的，一次性工亡补助金标准按当地工伤保险规定执行。

（三）已参加企业职工基本养老保险事业单位的工作人员和离退休人员，属于病故的，一次性抚恤待遇仍按当地规定执行。

（四）除上述情形外，事业单位工作人员和离退休人员死亡一次性抚恤金标准，从2004年10月1日起调整为：因公牺牲为本人生前40个月基本工资或基

本离退休费，病故为本人生前20个月基本工资或基本离退休费。烈士的抚恤待遇，按国家有关规定执行。

发放事业单位工作人员和离退休人员死亡一次性抚恤金所需经费，按原渠道解决。

二、关于一次性抚恤金计发办法

从2006年7月1日起，执行事业单位工作人员和离退休人员死亡一次性抚恤金的，一次性抚恤金的计发基数调整为：

（一）工作人员。计发基数为本人生前最后一个月基本工资，即岗位工资和薪级工资之和。

（二）离退休人员。计发基数为本人生前最后一个月享受的基本离退休费，即离退休时计发的基本离退休费和离退休后历次按国家规定增加的基本离退休费之和。

（三）退职人员。按照《国务院关于颁发〈国务院关于安置老弱病残干部的暂行办法〉和〈国务院关于工人退休、退职的暂行办法〉的通知》（国发〔1978〕104号）规定办理退职的人员，计发基数为本人基本退职生活费，即退职时计发的基本退职生活费和退职后历次按国家规定增加的基本退职生活费之和。

（四）驻外使领馆工作人员、驻外非外交人员和港澳地区内派人员中原属事业单位工作人员的，计发基数为本人国内（内地）基本工资。

本《通知》下发后，《人事部、财政部关于工资制度改革后事业单位工作人员死亡一次性抚恤金计发问题的通知》（人薪发〔1994〕48号）即行废止。

本《通知》由人力资源和社会保障部负责解释。

人力资源和社会保障部

民政部

财政部

2008年6月18日

民政部、人力资源和社会保障部、财政部关于国家机关工作人员及离退休人员死亡一次性抚恤金发放有关问题的通知

（2011 年 11 月 15 日）

各省、自治区、直辖市民政厅（局）、人力资源和社会保障厅（局）、财政厅（局），福建省公务员局，新疆生产建设兵团民政局、人事局、劳动社会保障局、财务局，中央和国家机关各部门、各直属机构人事（干部）部门：

2011年8月1日，国务院公布施行的《烈士褒扬条例》和国务院、中央军委公布施行的《关于修改〈军人抚恤优待条例〉的决定》调整了一次性抚恤金标准。为适应有关政策的变化，现就国家机关工作人员及离退休人员死亡一次性抚恤金发放有关问题通知如下：

一、调整一次性抚恤金发放标准

自2011年8月1日起，国家机关工作人员及离退休人员死亡，一次性抚恤金发放标准调整为：烈士和因公牺牲的，为上一年度全国城镇居民人均可支配收入的20倍加本人生前40个月基本工资或基本离退休费；病故的，为上一年度全国城镇居民人均可支配收入的2倍加本人生前40个月基本工资或基本离退休费。发放一次性抚恤金所需经费仍按现行渠道解决。

二、一次性抚恤金计发办法

国家机关工作人员及离退休人员死亡一次性抚恤金的计发办法仍按照民政部、人事部、财政部《关于国家机关工作人员及离退休人员死亡一次性抚恤发放办法的通知》（民发〔2007〕64号）的有关规定执行。

民政部
人力资源和社会保障部
财政部
2011年11月15日

民政部、人事部、财政部关于国家机关工作人员及离退休人员死亡一次性抚恤金发放办法的通知

（2007 年 5 月 8 日）

中央和国家机关各部门、各直属机构人事（干部）部门，各省、自治区、直辖市民政厅（局）、人事厅（局）、财政厅（局），计划单列市民政局、人事局、财政局，新疆生产建设兵团民政局、人事局、财政局：

2004年10月1日，国务院、中央军委公布施行的《军人抚恤优待条例》提高了一次性抚恤标准；2006年7月1日，国家机关工资制度进行了改革。为适应有关政策的调整变化，现就国家机关工作人员及离退休人员死亡一次性抚恤金发放有关问题通知如下：

一、调整一次性抚恤金标准

自2004年10月1日起，国家机关工作人员及离退休人员死亡，一次性抚恤金按照以下标准执行：烈士为本人生前80个月基本工资或基本离退休费，因公牺牲为本人生前40个月基本工资或基本离退休费，病故为本人生前20个月基本工资或基本离退休费。发放一次性抚恤金所需经费按现行渠道解决。

二、一次性抚恤金计发办法

自2006年7月1日起，国家机关工作人员及离退休人员死亡一次性抚恤金的计发办法为：

（一）国家机关在职工作人员死亡，一次性抚恤金按本人生前最后一个月基本工资为基数计发。其中：

1. 公务员，为本人职务工资和级别工资之和；

2. 机关技术工人，为本人岗位工资和技术等级（职务）工资之和；

3. 机关普通工人，为本人岗位工资。

（二）国家机关离退休人员死亡，一次性抚恤金按本人生前最后一个月享受的国家规定的基本离退休费为基数计发。其中：

1. 离退休人员为本人基本退休费，即本人离退休时计发的基本离退休费和本人离退休后历次按国家规定增加的基本离退休费之和；

2. 按照《国务院关于颁发〈国务院关于安置老弱病残干部的暂行办法〉和〈国务院关于工人退休、退职的暂行办法〉的通知》（国发〔1978〕104号）规定办理退职的人员为本人基本退职生活费，即本人退职时计发的基本退职生活费和本人退职后历次按国家规定增加的基本退职生活费之和。

（三）驻外使领馆工作人员、驻外非外交人员和港澳地区内派人员中的机关工作人员死亡，一次性抚恤金按本人国内（内地）基本工资为基数计发。

本《通知》下发后，《民政部、人事部、财政部关于工资制度改革后国家机关工作人员死亡一次性抚恤金计发问题的通知》（民优函〔1994〕212号）即行废止。

本通知由民政部负责解释。

民政部

人事部

财政部

2007年5月8日

民政部、公安部、中国残联关于伤残人民警察享受社会残疾人待遇有关问题的通知

（2016年7月20日）

各省、自治区、直辖市民政厅（局）、公安厅（局）、残联，各计划单列市民政局、公安局、残联，新疆生产建设兵团民政局、公安局、残联：

伤残人民警察为维护国家安全、社会稳定，保护人民群众生命财产安全作出了特殊贡献，是社会残疾人的重要组成部分。为确保伤残人民警察相关待遇落实，现就伤残人民警察享受社会残疾人待遇有关问题通知如下：

一、本通知中“伤残人民警察”是指在依法履行职责任务期间因战因公致残，并按规定评定了伤残等级、持有合法有效的《中华人民共和国伤残人民警察证》的在职及离退休人民警察。

二、伤残人民警察除享受国家给予的特殊待遇外，同时也应享受当地社会残疾人的相应待遇。

三、惠及所有社会残疾人的政策待遇，伤残人民警察凭《中华人民共和国伤残人民警察证》应予享受；惠及特定残疾人的政策待遇（如安装假肢、配发轮椅车等），按照有关身体残疾的特殊要求，符合条件的伤残人民警察应予享受。具体办法由地方民政部门、公安部门会同残联制定。

四、各地民政、公安、残联部门要密切协作，加强有关政策宣传，加大工作力度，建立信息共享机制，确保伤残人民警察享受社会残疾人的相应待遇。

五、铁路、交通、民航、森林、海关等行业公安系统伤残人民警察，国家安全机关、监狱、强制隔离戒毒机关伤残人民警察，人民法院、人民检察院伤残司法警察参照本通知执行。

民政部　公安部　中国残疾人联合会

2016年7月20日

民政部、最高人民法院、最高人民检察院、教育部、公安部、国家安全部、司法部、财政部、交通运输部关于印发《人民警察抚恤优待办法》的通知

（2014 年 4 月 30 日）

各省、自治区、直辖市民政厅（局）、高级人民法院、人民检察院、教育厅（教委）、公安厅（局）、国家安全厅（局）、司法厅（局）、财政厅（局）、交通运输厅（局、委），新疆生产建设兵团民政局，新疆维吾尔自治区高级人民法院生产建设兵团分院，新疆生产建设兵团人民检察院、教育局、公安局、国家安全局、司法局、监狱管理局、财务局、交通运输局，天津市、上海市交通运输和港口管理局：

现将《人民警察抚恤优待办法》印发你们，请遵照执行。

民政部　最高人民法院　最高人民检察院
教育部　公安部　国家安全部
司法部　财政部　交通运输部
2014年4月30日

人民警察抚恤优待办法

第一章　总　则

第一条　为了做好人民警察的抚恤优待工作，激励人民警察的奉献精神，根据《中华人民共和国人民警察法》和国家有关优抚法规、政策，制定本办法。

第二条　本办法所称人民警察，是指公安机关（含铁路、交通、民航、森林公安机关和海关缉私部门）、国家安全机关、司法行政机关的人民警察和人民法院、人民检察院的司法警察。

伤残人民警察、人民警察烈士遗属、因公牺牲人民警察遗属、病故人民警察遗属是本办法规定的抚恤优待对象，依照本办法的规定享受抚恤优待。

第三条　人民警察抚恤优待经费列入财政预算，专款专用，接受财政部门、审计机关的监督。

国家鼓励社会组织和个人对人民警察抚恤优待事业提供捐助。

第四条　各级人民政府民政部门要充分发挥政府职能部门的作用，认真履行职责，严格执行现行优抚法规、政策，根据人民警察的工作性质，准确、及时办理人民警察的伤亡抚恤事宜。

第五条　各级人民政府公安机关、国家安全机关、司法行政机关和各级人民法院、人民检察院（以下简称各级政法机关）要做好抚恤优待政策的执行、宣传工作，关心抚恤优待对象的工作和生活，依据国家有关规定，帮助解决困难和问题。

第六条　各级政法机关的政治工作部门负责办理人民警察抚恤优待的具体工作。

各级政法机关的政治工作部门应当严格管理伤亡人民警察的有关材料，按烈士、因公牺牲、病故、伤残分类建立档案，长期保存。

第二章　死亡抚恤

第七条　人民警察死亡被评定为烈士、被确认为因公牺牲或者病故的，其遗属依照本办法规定享受抚恤。

第八条　人民警察死亡，符合下列情形之一的，评定为烈士：

（一）在依法查处违法犯罪行为、执行国家安全工作任务、执行反恐怖任务和处置突发事件中牺牲的；

（二）抢险救灾或者其他为了抢救、保护国家财产、集体财产、公民生命财产牺牲的；

（三）在执行外交任务或者国家派遣的对外援助、维持国际和平任务中牺牲的；

（四）在执行武器装备科研试验任务中牺牲的；

（五）其他牺牲情节特别突出，堪为楷模的。

人民警察在处置突发事件、执行边海防执勤或者抢险救灾任务中失踪，经法定程序宣告死亡的，按照烈士对待。

第九条　人民警察死亡后，申报烈士的，按照《烈士褒扬条例》有关规定办理。

第十条　人民警察死亡，符合下列情形之一的，确认为因公牺牲：

（一）在执行任务或者在上下班途中，由于意外事件死亡的；

（二）被认定为因战、因公致残后因旧伤复发死亡的；

（三）因患职业病死亡的；

（四）在执行任务中或者在工作岗位上因病猝然死亡，或者因医疗事故死亡的；

（五）其他因公死亡的。

人民警察在处置突发事件、执行边海防执勤或者执行抢险救灾以外的其他任务中失踪，经法定程序宣告死亡的，按照因公牺牲对待。

第十一条　人民警察因公牺牲，由所在单位的县级以上政法机关审查确认，由同级人民政府民政部门复核，实施监督。

国家安全机关人民警察因公牺牲，由省级以上国家安全机关审查确认，由同级人民政府民政部门复核，实施监督。

省（自治区、直辖市）直属监狱和司法行政戒毒场所人民警察因公牺牲，由省（自治区、直辖市）司法行政机关审查确认，由同级人民政府民政部门复核，实施监督。

第十二条　人民警察除第十条第一款第三项、第四项规定情形以外，因其他疾病死亡的，确认为病故。

人民警察非执行任务死亡，或者失踪经法定程序宣告死亡的，按照病故对待。

人民警察病故，由所在单位的县级以上政法机关确认。

第十三条　对烈士遗属，由县级人民政府民政部门发给《中华人民共和国烈士证明书》。对因公牺牲和病故人民警察的遗属，由所在单位的县级以上政法机关分别发给《中华人民共和国人民警察因公牺牲证明书》和《中华人民共和国人民警察病故证明书》。

证明书的持证人应由烈士、因公牺牲、病故人民警察的父母（抚养人）、配偶、子女协商确定，协商不通的，按照下列顺序确定一名持证人：

（一）父母（抚养人）；

（二）配偶；

（三）子女。有多个子女的，发给长子女。无上述对象，发给兄弟姐妹，有多个兄弟姐妹的，发给其中的长者。没有遗属的，由证明书发放机关存档。

确定持证遗属后，原则上不再更改持证人和更换证明书。

第十四条　人民警察死亡被评定为烈士的，依照《烈士褒扬条例》的规定发给遗属烈士褒扬金，其标准为烈士牺牲时上一年度全国城镇居民人均可支配收入的30倍。

第十五条　人民警察死亡，根据其死亡性质和死亡时的月工资标准（基本工资和警衔津贴），发给其遗属一次性抚恤金，标准是：

烈士、因公牺牲的，为上一年度全国城镇居民人均可支配收入的20倍加本人40个月的工资；

病故的，为上一年度全国城镇居民人均可支配收入的2倍加本人40个月的工资。

第十六条　获得荣誉称号和立功（含死亡后追记、追认功勋）的人民警察死亡后，按以下比例增发一次性抚恤金：

（一）获得党中央、国务院授予英雄模范荣誉称号的，增发35%；

（二）获得中央政法机关及省级党委、政府授予英雄模范荣誉称号的，增发30%；

（三）立一等功的，增发25%；

（四）立二等功的，增发15%；

（五）立三等功的，增发5%。

多次获得荣誉称号或者立功的，按照其中最高等级奖励的增发比例，增发一次性抚恤金。

离退休人民警察死亡，增发一次性抚恤金按上述规定执行。

第十七条　烈士的一次性抚恤金、增发一次性抚恤金，由颁发烈士证书的县级人民政府民政部门发放；因公牺牲、病故人民警察的一次性抚恤金、增发一次性抚恤金，由所在单位的县级以上政法机关发放。

第十八条　一次性抚恤金发给烈士、因公牺牲、病故人民警察的父母（抚养人）、配偶、子女；没有父母（抚养人）、配偶、子女的，发给未满18周岁的兄弟姐妹和已满18周岁但无生活费来源且由该人民警察生前供养的兄弟姐妹。

第十九条　对符合享受定期抚恤金条件的烈士遗属，由遗属户籍所在地的县级人民政府民政部门发给定期抚恤金。

对符合享受遗属生活困难补助条件的因公牺牲和病故人民警察遗属，由人民警察所在单位的县级以上政法机关按照因公牺牲、病故军人遗属定期抚恤金标准发给生活困难补助费。

第二十条　享受定期抚恤金或遗属生活困难补助费的人员死亡，停发定期抚恤金或遗属生活困难补助费，并由原发放单位另外增发6个月的定期抚恤金或遗属生活困难补助费，作为丧葬补助费。

第二十一条　对生前作出特殊贡献的因公牺牲、病故人民警察，除按照本办法规定发给其遗属一次性抚恤金外，政法机关可以按照有关规定发给其遗属一次性特别抚恤金。

第二十二条　人民警察失踪，经法定程序宣告死亡的，在其被评定为烈士、确认为因公牺牲或者病故后，又经法定程序撤销对其死亡宣告的，由原评定或者确认机关取消其烈士、因公牺牲人民警察或者病故人民警察资格，并由发证机关收回有关证件，终止其家属原享受的抚恤优待待遇。

第二十三条　《中华人民共和国烈士证明书》《中华人民共和国人民警察因公牺牲证明书》《中华人民共和国人民警察病故证明书》由民政部统一印制。证明书的管理，按照民政部的规定执行。

第三章　伤残抚恤和优待

第二十四条　人民警察伤残，按致残性质分为：

（一）因战致残；

（二）因公致残。

第二十五条　因第八条第一款规定的情形之一导致伤残的，认定为因战致残；因第十条第一款规定的情形之一导致伤残的，认定为因公致残。

第二十六条　伤残的等级，根据劳动功能障碍程度和生活自理障碍程度确定，由重到轻分为一级至十级。伤残等级的具体评定标准，参照《军人残疾等级评定标准》执行。

第二十七条　人民警察因战、因公负伤，符合评定伤残等级条件的，应当在因战、因公负伤3年内提出申请。

伤残人民警察的残情医学鉴定，由设区的市级以上人民政府民政部门指定的伤残医学鉴定机构作出；职业病的残情医学鉴定由省级人民政府民政部门指定的鉴定机构作出。

第二十八条　人民警察伤残等级评定程序按照《伤残抚恤管理办法》有关规定办理。

申请评残的人民警察所在单位应把评残情况逐级报至省级政法机关政治工作部门备案。

第二十九条　人民警察符合评残条件，并经省级人民政府民政部门审批通过的，由省级人民政府民政部门办理《中华人民共和国伤残人民警察证》，并通过县级人民政府民政部门将《中华人民共和国伤残人民警察证》发给本人所在单位，由所在单位转交本人。

第三十条　人民警察被评定伤残等级后，伤残情况发生明显变化，原定伤残等级与现伤残情况明显不符的，应按规定调整伤残等级。

第三十一条　伤残人民警察，按照伤残等级享受伤残抚恤金。伤残抚恤金由发给其伤残证件的县级人民政府民政部门发给，其标准按照《军人抚恤优待条例》规定执行。

第三十二条　伤残人民警察旧伤复发住院治疗期间的伙食补助费、经批准到外地就医的交通食宿费用，已经参加工伤保险的，按照工伤保险有关规定执行；未参加工伤保险的，由所在单位负责解决。

伤残人民警察需要配制假肢、轮椅等辅助器械的，已经参加工伤保险的，按照工伤保险有关规定执行；未参加工伤保险的，按照规定的标准，由其所在单位负责解决。

第三十三条　对符合相关规定的一级至四级伤残人民警察按月发给护理费，护理费的标准为：

（一）一级、二级伤残的，为上年度当地职工月平均工资的50%；

（二）三级、四级伤残的，为上年度当地职工月平均工资的40%。

伤残人民警察的护理费，已经参加工伤保险的，按照工伤保险有关规定执行；未参加工伤保险的，由所在单位负责解决。

第三十四条　伤残抚恤优待关系转移时，当年的伤残抚恤金由迁出地民政部门发给，从第二年起，由迁入地民政部门发给。

第三十五条　伤残人民警察凭《中华人民共和国伤残人民警察证》优先购票乘坐境内运行的火车、轮船、长途公共汽车以及民航班机，享受减收正常票价50%的优待。

伤残人民警察凭《中华人民共和国伤残人民警察证》免费乘坐市内公共汽车、电车和轨道交通工具。

第三十六条　伤残人民警察本人、烈士子女、因公牺牲人民警察子女、一级至四级伤残人民警察子女按照有关规定享受教育优待。

第四章　附　则

第三十七条　未列入行政编制的人民警察的抚恤优待，参照本办法执行，其抚恤费由所在单位按规定发放。

第三十八条　公安机关边防、消防、警卫等现役编制人民警察抚恤优待待遇，按照《军人抚恤优待条例》和有关政策规定执行。

第三十九条　本办法规定的抚恤优待对象被判处有期徒刑、剥夺政治权利或者被通缉期间，中止其抚恤优待待遇；被判处死刑、无期徒刑的，取消其抚恤优待资格。

第四十条　各省、自治区、直辖市政法机关可以根据本地区实际情况，会同同级民政等部门制定对伤亡人民警察及其遗属抚恤优待的具体办法。

第四十一条　本办法由民政部会同最高人民法院、最高人民检察院、公安部、国家安全部、司法部负责解释。

第四十二条　本办法自印发之日起施行。1996年11月19日公安部、民政部颁布的《公安机关人民警察抚恤办法》、1997年8月20日国家安全部、民政部颁布的《国家安全机关人民警察抚恤办法》、1998年5月14日最高人民法院、最高人民检察院、民政部颁布的《人民法院、人民检察院司法警察抚恤办法》、1999年11月16日司法部、民政部颁布的《司法行政系统人民警察抚恤办法》同时废止。

民政部、教育部、总政治部关于印发《优抚对象及其子女教育优待暂行办法》的通知

（2004 年 10 月 21 日）

各省、自治区、直辖市民政厅（局）、教育厅（教委），新疆生产建设兵团民政局、教育局，各军区、各军兵种、各总部、军事科学院、国防大学、国防科技大学、武警部队政治部：

现将《优抚对象及其子女教育优待暂行办法》印发给你们，请遵照执行。

民政部
教育部
总政治部
2004年10月21日

优抚对象及其子女教育优待暂行办法

为体现国家和社会对优抚对象的关怀，保障优抚对象的合法权益，根据《军人抚恤优待条例》的规定，制定本办法。

一、本办法的优待对象包括：退役士兵；残疾军人、烈士子女、因公牺牲军人子女、一级至四级残疾军人子女、现役军人子女。

二、退役士兵报考普通高等学校，在同等条件下，优先录取；自谋职业的城镇退役士兵、在服役期间荣立三等功的退役士兵，可在其统考成绩总分的基础上增加10分投档；其中在服役期间荣立二等功（含）以上或被大军区以上单位授予荣誉称号的，可在其统考成绩总分的基础上增加20分投档。

自谋职业的城镇退役士兵报考成人高等学校可增加10分投档；在服役期间荣立三等功（含）以上的退役士兵，可在考生考试成绩基础上增加20分投档。

退役士兵报考研究生的，在同等条件下，可优先予以复试或录取。

三、烈士子女入学入托的，在同等条件下优先接收；烈士子女在公办学校学习期间免交学费、杂费，对其中寄宿学生酌情给予生活补助。报考普通高中、中等职业学校时降20分录取。

报考普通或成人高等学校的，由省级招生委员会决定，可在高等学校调档分数线下适当降低分数要求投档，降分幅度不得超过20分。

四、残疾军人、因公牺牲军人子女、一级至四级残疾军人子女报考普通高中、中等职业学校的，招生时降10分录取。报考高等学校的，在同等条件下优先录取。残疾军人在校学习期间免交学杂费。

五、驻边疆国境的县（市）、沙漠区、国家确定的边远地区中的三类地区和军队确定的特、一、二类岛屿部队现役军人子女，在报考普通高中、中等职业学校招生时降20分录取，并不得收取省、自治区、直辖市规定收费标准以外的其他任何费用。

报考高等学校的，在同等条件下优先录取。

六、现役军人子女入公办中小学校和幼儿园、托儿所，在同等条件下优先接收；报考普通高等学校，在同等条件下优先录取。

七、凡是国家实施“西部开发助学工程”地区的优抚对象及其子女，在符合资助标准的前提下优先享受“西部开发助学工程”的相关政策。

八、各类优抚对象在同等条件下优先享受国家设立的各类奖学金、学校自行设立的奖学金以及社会各界出资设立的奖学金，优先享受国家提供的各项助学贷款，优先享受学校提供的困难补助和社会捐助，同时学校应优先为他们提供勤工助学岗位。

九、各地可依据此文件精神制定本地区的优待办法。

十、本办法由民政部、教育部、总政治部负责解释

民政部、财政部关于调整一次性抚恤金发放办法的通知

（2001 年 9 月 20 日）

各省、自治区、直辖市民政厅（局）、财政厅（局），各计划单列市民政局、财政局，新疆生产建设兵团民政局、财政局：

现行的国家机关（含民主党派、人民团体）工作人员、人民警察死亡后，由家属户口所在地的民政部门发放一次性抚恤金的规定，是参照传统的军人抚恤办法逐步沿袭下来的，已经不能适应形势发展的要求。为切实保证国家抚恤政策的贯彻落实，经研究决定，从2002年1月1日起，调整一次性抚恤金发放办法。现将有关事项通知如下：

一、国家机关（含民主党派、人民团体）工作人员、人民警察因公牺牲、病故后，一次性抚恤金由死者生前所在单位发放，发放标准和计算办法仍按民政部、财政部的有关规定执行，列“抚恤金”科目。

二、革命烈士和因公牺牲、病故军人的一次性抚恤金发放办法仍按现行政策执行，即由家属户口所在地的民政部门发放。

民政部

财政部

2001年9月20日

民政部关于伤残人员变更国籍后伤残抚恤有关问题的复函

（2009 年 3 月 2 日）

上海市民政局：

你局《关于伤残人员变更国籍后如何进行伤残抚恤管理的请示》（沪民优发〔2009〕2号）收悉。现答复如下：

2007年8月1日施行的《伤残抚恤管理办法》（民政部令第34号）规定“本办法适用对象为中国公民”，因此，对于已经变更为外国国籍的人员，其原由我国有关部门发给的伤残人员证件自然失效（可注明作废留作纪念），有关伤残待遇也不再享受。

此复。

民政部

2009年3月2日

民政部关于公务员在执行任务中或工作岗位上猝然发病情形如何认定因公致残的复函

（2009 年 2 月 17 日）

湖北省民政厅：

你厅《关于公务员在公派考察途中猝然发病能否评残的请示》（鄂民政函〔2008〕401号）收悉。现答复如下：

1989年民政部《关于贯彻执行〈军人抚恤优待条例〉若干具体问题的解释》（民〔1989〕优字19号）对死亡和伤残的情形是分别表述的。其中在因公牺牲的条件中有“在执行任务中因病猝然死亡”情形，但在因公致残的条件中则没有相应内容。2004年新修订的《军人抚恤优待条例》对残疾情形采用了新的表述形式，其中第九条第一款第（四）项规定：“在执行任务中或者在工作岗位上因病猝然死亡，或者因医疗事故死亡的，确认为因公牺牲”；第二十条规定：“因第九条第一款规定的情形之一导致残疾的，认定为因公致残”。这种规定形式在立法上是准用性规范，即没有直接转述因公致残情形的内容，而是规定在这个问题上引用其他条文的法律规范。因此，因公致残的情形是第九条第一款规定的情形。但是，原来的情形引用过来必须依然存在才可以。由于医学上只有因病猝然死亡（即“猝死”）的定义，不存在因病“猝然残疾”的提法，即这种致残情形并不存在。因此，对第二十条规定指引的第九条第一款第（四）项的因公致残内容，排除了在执行任务中或者在工作岗位上因病猝然导致残疾的情形，只有因医疗事故导致残疾。因此，对于由疾病本身导致的诸如偏瘫、失语以及其他残疾不予认定因公致残。但对于由于突发可导致意识、肢体障碍的疾病，进而导致工作程序紊乱以致负外伤致残，视同在执行任务中由于意外事件致残，可确认为因公致残。

民政部

2009年2月17日

7 社区安全

中华人民共和国治安管理处罚法（2012修正）

（2012年10月26日）

第一章　总　则

第一条　为维护社会治安秩序，保障公共安全，保护公民、法人和其他组织的合法权益，规范和保障公安机关及其人民警察依法履行治安管理职责，制定本法。

第二条　扰乱公共秩序，妨害公共安全，侵犯人身权利、财产权利，妨害社会管理，具有社会危害性，依照《中华人民共和国刑法》的规定构成犯罪的，依法追究刑事责任；尚不够刑事处罚的，由公安机关依照本法给予治安管理处罚。

第三条　治安管理处罚的程序，适用本法的规定；本法没有规定的，适用《中华人民共和国行政处罚法》的有关规定。

第四条　在中华人民共和国领域内发生的违反治安管理行为，除法律有特别规定的外，适用本法。

在中华人民共和国船舶和航空器内发生的违反治安管理行为，除法律有特别规定的外，适用本法。

第五条　治安管理处罚必须以事实为依据，与违反治安管理行为的性质、情节以及社会危害程度相当。

实施治安管理处罚，应当公开、公正，尊重和保障人权，保护公民的人格尊严。

办理治安案件应当坚持教育与处罚相结合的原则。

第六条　各级人民政府应当加强社会治安综合治理，采取有效措施，化解社会矛盾，增进社会和谐，维护社会稳定。

第七条　国务院公安部门负责全国的治安管理工作。县级以上地方各级人民政府公安机关负责本行政区域内的治安管理工作。

治安案件的管辖由国务院公安部门规定。

第八条　违反治安管理的行为对他人造成损害的，行为人或者其监护人应当依法承担民事责任。

第九条　对于因民间纠纷引起的打架斗殴或者损毁他人财物等违反治安管理行为，情节较轻的，公安机关可以调解处理。经公安机关调解，当事人达成协议的，不予处罚。经调解未达成协议或者达成协议后不履行的，公安机关应当依照本法的规定对违反治安管理行为人给予处罚，并告知当事人可以就民事争议依法向人民法院提起民事诉讼。

第二章　处罚的种类和适用

第十条　治安管理处罚的种类分为：

（一）警告；

（二）罚款；

（三）行政拘留；

（四）吊销公安机关发放的许可证。

对违反治安管理的外国人，可以附加适用限期出境或者驱逐出境。

第十一条　办理治安案件所查获的毒品、淫秽物品等违禁品，赌具、赌资，吸食、注射毒品的用具以及直接用于实施违反治安管理行为的本人所有的工具，应当收缴，按照规定处理。

违反治安管理所得的财物，追缴退还被侵害人；没有被侵害人的，登记造册，公开拍卖或者按照国家有关规定处理，所得款项上缴国库。

第十二条　已满十四周岁不满十八周岁的人违反治安管理的，从轻或者减轻处罚；不满十四周岁的人违反治安管理的，不予处罚，但是应当责令其监护人严加管教。

第十三条　精神病人在不能辨认或者不能控制自己行为的时候违反治安管理的，不予处罚，但是应当责令其监护人严加看管和治疗。间歇性的精神病人在精神正常的时候违反治安管理的，应当给予处罚。

第十四条　盲人或者又聋又哑的人违反治安管理的，可以从轻、减轻或者不予处罚。

第十五条　醉酒的人违反治安管理的，应当给予处罚。

醉酒的人在醉酒状态中，对本人有危险或者对他人的人身、财产或者公共安全有威胁的，应当对其采取保护性措施约束至酒醒。

第十六条　有两种以上违反治安管理行为的，分别决定，合并执行。行政拘留处罚合并执行的，最长不超过二十日。

第十七条　共同违反治安管理的，根据违反治安管理行为人在违反治安管理行为中所起的作用，分别处罚。

教唆、胁迫、诱骗他人违反治安管理的，按照其教唆、胁迫、诱骗的行为处罚。

第十八条　单位违反治安管理的，对其直接负责的主管人员和其他直接责任人员依照本法的规定处罚。其他法律、行政法规对同一行为规定给予单位处罚的，依照其规定处罚。

第十九条　违反治安管理有下列情形之一的，减轻处罚或者不予处罚：

（一）情节特别轻微的；

（二）主动消除或者减轻违法后果，并取得被侵害人谅解的；

（三）出于他人胁迫或者诱骗的；

（四）主动投案，向公安机关如实陈述自己的违法行为的；

（五）有立功表现的。

第二十条　违反治安管理有下列情形之一的，从重处罚：

（一）有较严重后果的；

（二）教唆、胁迫、诱骗他人违反治安管理的；

（三）对报案人、控告人、举报人、证人打击报复的；

（四）六个月内曾受过治安管理处罚的。

第二十一条　违反治安管理行为人有下列情形之一，依照本法应当给予行政拘留处罚的，不执行行政拘留处罚：

（一）已满十四周岁不满十六周岁的；

（二）已满十六周岁不满十八周岁，初次违反治安管理的；

（三）七十周岁以上的；

（四）怀孕或者哺乳自己不满一周岁婴儿的。

第二十二条　违反治安管理行为在六个月内没有被公安机关发现的，不再处罚。

前款规定的期限，从违反治安管理行为发生之日起计算；违反治安管理行为有连续或者继续状态的，从行为终了之日起计算。

第三章　违反治安管理的行为和处罚

第一节　扰乱公共秩序的行为和处罚

第二十三条　有下列行为之一的，处警告或者二百元以下罚款；情节较重的，处五日以上十日以下拘留，可以并处五百元以下罚款：

（一）扰乱机关、团体、企业、事业单位秩序，致使工作、生产、营业、医疗、教学、科研不能正常进行，尚未造成严重损失的；

（二）扰乱车站、港口、码头、机场、商场、公园、展览馆或者其他公共场所秩序的；

（三）扰乱公共汽车、电车、火车、船舶、航空器或者其他公共交通工具上的秩序的；

（四）非法拦截或者强登、扒乘机动车、船舶、航空器以及其他交通工具，影响交通工具正常行驶的；

（五）破坏依法进行的选举秩序的。

聚众实施前款行为的，对首要分子处十日以上十五日以下拘留，可以并处一千元以下罚款。

第二十四条　有下列行为之一，扰乱文化、体育等大型群众性活动秩序的，处警告或者二百元以下罚款；情节严重的，处五日以上十日以下拘留，可以并处五百元以下罚款：

（一）强行进入场内的；

（二）违反规定，在场内燃放烟花爆竹或者其他物品的；

（三）展示侮辱性标语、条幅等物品的；

（四）围攻裁判员、运动员或者其他工作人员的；

（五）向场内投掷杂物，不听制止的；

（六）扰乱大型群众性活动秩序的其他行为。

因扰乱体育比赛秩序被处以拘留处罚的，可以同时责令其十二个月内不得进入体育场馆观看同类比赛；违反规定进入体育场馆的，强行带离现场。

第二十五条　有下列行为之一的，处五日以上十日以下拘留，可以并处五百元以下罚款；情节较轻的，处五日以下拘留或者五百元以下罚款：

（一）散布谣言，谎报险情、疫情、警情或者以其他方法故意扰乱公共秩序的；

（二）投放虚假的爆炸性、毒害性、放射性、腐蚀性物质或者传染病病原体等危险物质扰乱公共秩序的；

（三）扬言实施放火、爆炸、投放危险物质扰乱公共秩序的。

第二十六条　有下列行为之一的，处五日以上十日以下拘留，可以并处五百元以下罚款；情节较重的，处十日以上十五日以下拘留，可以并处一千元以下罚款：

（一）结伙斗殴的；

（二）追逐、拦截他人的；

（三）强拿硬要或者任意损毁、占用公私财物的；

（四）其他寻衅滋事行为。

第二十七条　有下列行为之一的，处十日以上十五日以下拘留，可以并处一千元以下罚款；情节较轻的，处五日以上十日以下拘留，可以并处五百元以下罚款：

（一）组织、教唆、胁迫、诱骗、煽动他人从事邪教、会道门活动或者利用邪教、会道门、迷信活动，扰乱社会秩序、损害他人身体健康的；

（二）冒用宗教、气功名义进行扰乱社会秩序、损害他人身体健康活动的。

第二十八条　违反国家规定，故意干扰无线电业务正常进行的，或者对正常运行的无线电台（站）产生有害干扰，经有关主管部门指出后，拒不采取有效措施消除的，处五日以上十日以下拘留；情节严重的，处十日以上十五日以下拘留。

第二十九条　有下列行为之一的，处五日以下拘留；情节较重的，处五日以上十日以下拘留：

（一）违反国家规定，侵入计算机信息系统，造成危害的；

（二）违反国家规定，对计算机信息系统功能进行删除、修改、增加、干扰，造成计算机信息系统不能正常运行的；

（三）违反国家规定，对计算机信息系统中存储、处理、传输的数据和应用程序进行删除、修改、增加的；

（四）故意制作、传播计算机病毒等破坏性程序，影响计算机信息系统正常运行的。

第二节　妨害公共安全的行为和处罚

第三十条　违反国家规定，制造、买卖、储存、运输、邮寄、携带、使用、提供、处置爆炸性、毒害性、放射性、腐蚀性物质或者传染病病原体等危险物质的，处十日以上十五日以下拘留；情节较轻的，处五日以上十日以下拘留。

第三十一条　爆炸性、毒害性、放射性、腐蚀性物质或者传染病病原体等危险物质被盗、被抢或者丢失，未按规定报告的，处五日以下拘留；故意隐瞒不报的，处五日以上十日以下拘留。

第三十二条　非法携带枪支、弹药或者弩、匕首等国家规定的管制器具的，处五日以下拘留，可以并处五百元以下罚款；情节较轻的，处警告或者二百元以下罚款。

非法携带枪支、弹药或者弩、匕首等国家规定的管制器具进入公共场所或者公共交通工具的，处五日以上十日以下拘留，可以并处五百元以下罚款。

第三十三条　有下列行为之一的，处十日以上十五日以下拘留：

（一）盗窃、损毁油气管道设施、电力电信设施、广播电视设施、水利防汛工程设施或者水文监测、测量、气象测报、环境监测、地质监测、地震监测等公共设施的；

（二）移动、损毁国家边境的界碑、界桩以及其他边境标志、边境设施或者领土、领海标志设施的；

（三）非法进行影响国（边）界线走向的活动或者修建有碍国（边）境管理的设施的。

第三十四条　盗窃、损坏、擅自移动使用中的航空设施，或者强行进入航空器驾驶舱的，处十日以上十五日以下拘留。

在使用中的航空器上使用可能影响导航系统正常功能的器具、工具，不听劝阻的，处五日以下拘留或者五百元以下罚款。

第三十五条　有下列行为之一的，处五日以上十日以下拘留，可以并处五百元以下罚款；情节较轻的，处五日以下拘留或者五百元以下罚款：

（一）盗窃、损毁或者擅自移动铁路设施、设备、机车车辆配件或者安全标志的；

（二）在铁路线路上放置障碍物，或者故意向列车投掷物品的；

（三）在铁路线路、桥梁、涵洞处挖掘坑穴、采石取沙的；

（四）在铁路线路上私设道口或者平交过道的。

第三十六条　擅自进入铁路防护网或者火车来临时在铁路线路上行走坐卧、抢越铁路，影响行车安全的，处警告或者二百元以下罚款。

第三十七条　有下列行为之一的，处五日以下拘留或者五百元以下罚款；情节严重的，处五日以上十日以下拘留，可以并处五百元以下罚款：

（一）未经批准，安装、使用电网的，或者安装、使用电网不符合安全规定的；

（二）在车辆、行人通行的地方施工，对沟井坎穴不设覆盖物、防围和警示标志的，或者故意损毁、移动覆盖物、防围和警示标志的；

（三）盗窃、损毁路面井盖、照明等公共设施的。

第三十八条　举办文化、体育等大型群众性活动，违反有关规定，有发生安全事故危险的，责令停止活动，立即疏散。对组织者处五日以上十日以下拘留，并处二百元以上五百元以下罚款；情节较轻的，处五日以下拘留或者五百元以下罚款。

第三十九条　旅馆、饭店、影剧院、娱乐场、运动场、展览馆或者其他供社会公众活动的场所的经营管理人员，违反安全规定，致使该场所有发生安全事故危险，经公安机关责令改正，拒不改正的，处五日以下拘留。

第三节　侵犯人身权利、财产权利的行为和处罚

第四十条　有下列行为之一的，处十日以上十五日以下拘留，并处五百元以上一千元以下罚款；情节较轻的，处五日以上十日以下拘留，并处二百元以上五百元以下罚款：

（一）组织、胁迫、诱骗不满十六周岁的人或者残疾人进行恐怖、残忍表演的；

（二）以暴力、威胁或者其他手段强迫他人劳动的；

（三）非法限制他人人身自由、非法侵入他人住宅或者非法搜查他人身体的。

第四十一条　胁迫、诱骗或者利用他人乞讨的，处十日以上十五日以下拘留，可以并处一千元以下罚款。

反复纠缠、强行讨要或者以其他滋扰他人的方式乞讨的，处五日以下拘留或者警告。

第四十二条　有下列行为之一的，处五日以下拘留或者五百元以下罚款；情节较重的，处五日以上十日以下拘留，可以并处五百元以下罚款：

（一）写恐吓信或者以其他方法威胁他人人身安全的；

（二）公然侮辱他人或者捏造事实诽谤他人的；

（三）捏造事实诬告陷害他人，企图使他人受到刑事追究或者受到治安管理处罚的；

（四）对证人及其近亲属进行威胁、侮辱、殴打或者打击报复的；

（五）多次发送淫秽、侮辱、恐吓或者其他信息，干扰他人正常生活的；

（六）偷窥、偷拍、窃听、散布他人隐私的。

第四十三条　殴打他人的，或者故意伤害他人身体的，处五日以上十日以下拘留，并处二百元以上五百元以下罚款；情节较轻的，处五日以下拘留或者五百元以下罚款。

有下列情形之一的，处十日以上十五日以下拘留，并处五百元以上一千元以下罚款：

（一）结伙殴打、伤害他人的；

（二）殴打、伤害残疾人、孕妇、不满十四周岁的人或者六十周岁以上的人的；

（三）多次殴打、伤害他人或者一次殴打、伤害多人的。

第四十四条　猥亵他人的，或者在公共场所故意裸露身体，情节恶劣的，处五日以上十日以下拘留；猥亵智力残疾人、精神病人、不满十四周岁的人或者有其他严重情节的，处十日以上十五日以下拘留。

第四十五条　有下列行为之一的，处五日以下拘留或者警告：

（一）虐待家庭成员，被虐待人要求处理的；

（二）遗弃没有独立生活能力的被扶养人的。

第四十六条　强买强卖商品，强迫他人提供服务或者强迫他人接受服务的，处五日以上十日以下拘留，并处二百元以上五百元以下罚款；情节较轻的，处五日以下拘留或者五百元以下罚款。

第四十七条　煽动民族仇恨、民族歧视，或者在出版物、计算机信息网络中刊载民族歧视、侮辱内容的，处十日以上十五日以下拘留，可以并处一千元以下罚款。

第四十八条　冒领、隐匿、毁弃、私自开拆或者非法检查他人邮件的，处五日以下拘留或者五百元以下罚款。

第四十九条　盗窃、诈骗、哄抢、抢夺、敲诈勒索或者故意损毁公私财物的，处五日以上十日以下拘留，可以并处五百元以下罚款；情节较重的，处十日以上十五日以下拘留，可以并处一千元以下罚款。

第四节　妨害社会管理的行为和处罚

第五十条　有下列行为之一的，处警告或者二百元以下罚款；情节严重的，处五日以上十日以下拘留，可以并处五百元以下罚款：

（一）拒不执行人民政府在紧急状态情况下依法发布的决定、命令的；

（二）阻碍国家机关工作人员依法执行职务的；

（三）阻碍执行紧急任务的消防车、救护车、工程抢险车、警车等车辆通行的；

（四）强行冲闯公安机关设置的警戒带、警戒区的。

阻碍人民警察依法执行职务的，从重处罚。

第五十一条　冒充国家机关工作人员或者以其他虚假身份招摇撞骗的，处五日以上十日以下拘留，可以并处五百元以下罚款；情节较轻的，处五日以下拘留或者五百元以下罚款。

冒充军警人员招摇撞骗的，从重处罚。

第五十二条　有下列行为之一的，处十日以上十五日以下拘留，可以并处一千元以下罚款；情节较轻的，处五日以上十日以下拘留，可以并处五百元以下罚款：

（一）伪造、变造或者买卖国家机关、人民团体、企业、事业单位或者其他组织的公文、证件、证明文件、印章的；

（二）买卖或者使用伪造、变造的国家机关、人民团体、企业、事业单位或者其他组织的公文、证件、证明文件的；

（三）伪造、变造、倒卖车票、船票、航空客票、文艺演出票、体育比赛入场券或者其他有价票证、凭证的；

（四）伪造、变造船舶户牌，买卖或者使用伪造、变造的船舶户牌，或者涂改船舶发动机号码的。

第五十三条　船舶擅自进入、停靠国家禁止、限制进入的水域或者岛屿的，对船舶负责人及有关责任人员处五百元以上一千元以下罚款；情节严重的，处五日以下拘留，并处五百元以上一千元以下罚款。

第五十四条　有下列行为之一的，处十日以上十五日以下拘留，并处五百元以上一千元以下罚款；情节较轻的，处五日以下拘留或者五百元以下罚款：

（一）违反国家规定，未经注册登记，以社会团体名义进行活动，被取缔后，仍进行活动的；

（二）被依法撤销登记的社会团体，仍以社会团体名义进行活动的；

（三）未经许可，擅自经营按照国家规定需要由公安机关许可的行业的。

有前款第三项行为的，予以取缔。

取得公安机关许可的经营者，违反国家有关管理规定，情节严重的，公安机关可以吊销许可证。

第五十五条　煽动、策划非法集会、游行、示威，不听劝阻的，处十日以上十五日以下拘留。

第五十六条　旅馆业的工作人员对住宿的旅客不按规定登记姓名、身份证件种类和号码的，或者明知住宿的旅客将危险物质带入旅馆，不予制止的，处二百元以上五百元以下罚款。

旅馆业的工作人员明知住宿的旅客是犯罪嫌疑人员或者被公安机关通缉的人员，不向公安机关报告的，处二百元以上五百元以下罚款；情节严重的，处五日以下拘留，可以并处五百元以下罚款。

第五十七条　房屋出租人将房屋出租给无身份证件的人居住的，或者不按规定登记承租人姓名、身份证件种类和号码的，处二百元以上五百元以下罚款。

房屋出租人明知承租人利用出租房屋进行犯罪活动，不向公安机关报告的，处二百元以上五百元以下罚款；情节严重的，处五日以下拘留，可以并处五百元以下罚款。

第五十八条　违反关于社会生活噪声污染防治的法律规定，制造噪声干扰他人正常生活的，处警告；警告后不改正的，处二百元以上五百元以下罚款。

第五十九条　有下列行为之一的，处五百元以上一千元以下罚款；情节严重的，处五日以上十日以下拘留，并处五百元以上一千元以下罚款：

（一）典当业工作人员承接典当的物品，不查验有关证明、不履行登记手续，或者明知是违法犯罪嫌疑人、赃物，不向公安机关报告的；

（二）违反国家规定，收购铁路、油田、供电、电信、矿山、水利、测量和城市公用设施等废旧专用器材的；

（三）收购公安机关通报寻查的赃物或者有赃物嫌疑的物品的；

（四）收购国家禁止收购的其他物品的。

第六十条　有下列行为之一的，处五日以上十日以下拘留，并处二百元以上五百元以下罚款：

（一）隐藏、转移、变卖或者损毁行政执法机关依法扣押、查封、冻结的财物的；

（二）伪造、隐匿、毁灭证据或者提供虚假证言、谎报案情，影响行政执法机关依法办案的；

（三）明知是赃物而窝藏、转移或者代为销售的；

（四）被依法执行管制、剥夺政治权利或者在缓刑、暂予监外执行中的罪犯或者被依法采取刑事强制措施的人，有违反法律、行政法规或者国务院有关部门的监督管理规定的行为。

第六十一条　协助组织或者运送他人偷越国（边）境的，处十日以上十五日以下拘留，并处一千元以上五千元以下罚款。

第六十二条　为偷越国（边）境人员提供条件的，处五日以上十日以下拘留，并处五百元以上二千元以下罚款。

偷越国（边）境的，处五日以下拘留或者五百元以下罚款。

第六十三条　有下列行为之一的，处警告或者二百元以下罚款；情节较重的，处五日以上十日以下拘留，并处二百元以上五百元以下罚款：

（一）刻画、涂污或者以其他方式故意损坏国家保护的文物、名胜古迹的；

（二）违反国家规定，在文物保护单位附近进行爆破、挖掘等活动，危及文物安全的。

第六十四条　有下列行为之一的，处五百元以上一千元以下罚款；情节严重的，处十日以上十五日以下拘留，并处五百元以上一千元以下罚款：

（一）偷开他人机动车的；

（二）未取得驾驶证驾驶或者偷开他人航空器、机动船舶的。

第六十五条　有下列行为之一的，处五日以上十日以下拘留；情节严重的，处十日以上十五日以下拘留，可以并处一千元以下罚款：

（一）故意破坏、污损他人坟墓或者毁坏、丢弃他人尸骨、骨灰的；

（二）在公共场所停放尸体或者因停放尸体影响他人正常生活、工作秩序，不听劝阻的。

第六十六条　卖淫、嫖娼的，处十日以上十五日以下拘留，可以并处五千元以下罚款；情节较轻的，处五日以下拘留或者五百元以下罚款。

在公共场所拉客招嫖的，处五日以下拘留或者五百元以下罚款。

第六十七条　引诱、容留、介绍他人卖淫的，处十日以上十五日以下拘留，可以并处五千元以下罚款；情节较轻的，处五日以下拘留或者五百元以下罚款。

第六十八条　制作、运输、复制、出售、出租淫秽的书刊、图片、影片、音像制品等淫秽物品或者利用计算机信息网络、电话以及其他通信工具传播淫秽信息的，处十日以上十五日以下拘留，可以并处三千元以下罚款；情节较轻的，处五日以下拘留或者五百元以下罚款。

第六十九条　有下列行为之一的，处十日以上十五日以下拘留，并处五百元以上一千元以下罚款：

（一）组织播放淫秽音像的；

（二）组织或者进行淫秽表演的；

（三）参与聚众淫乱活动的。

明知他人从事前款活动，为其提供条件的，依照前款的规定处罚。

第七十条　以营利为目的，为赌博提供条件的，或者参与赌博赌资较大的，处五日以下拘留或者五百元以下罚款；情节严重的，处十日以上十五日以下拘留，并处五百元以上三千元以下罚款。

第七十一条　有下列行为之一的，处十日以上十五日以下拘留，可以并处三千元以下罚款；情节较轻的，处五日以下拘留或者五百元以下罚款：

（一）非法种植罂粟不满五百株或者其他少量毒品原植物的；

（二）非法买卖、运输、携带、持有少量未经灭活的罂粟等毒品原植物种子或者幼苗的；

（三）非法运输、买卖、储存、使用少量罂粟壳的。

有前款第一项行为，在成熟前自行铲除的，不予处罚。

第七十二条　有下列行为之一的，处十日以上十五日以下拘留，可以并处二千元以下罚款；情节较轻的，处五日以下拘留或者五百元以下罚款：

（一）非法持有鸦片不满二百克、海洛因或者甲基苯丙胺不满十克或者其他少量毒品的；

（二）向他人提供毒品的；

（三）吸食、注射毒品的；

（四）胁迫、欺骗医务人员开具麻醉药品、精神药品的。

第七十三条　教唆、引诱、欺骗他人吸食、注射毒品的，处十日以上十五日以下拘留，并处五百元以上二千元以下罚款。

第七十四条　旅馆业、饮食服务业、文化娱乐业、出租汽车业等单位的人员，在公安机关查处吸毒、赌博、卖淫、嫖娼活动时，为违法犯罪行为人通风报信的，处十日以上十五日以下拘留。

第七十五条　饲养动物，干扰他人正常生活的，处警告；警告后不改正的，或者放任动物恐吓他人的，处二百元以上五百元以下罚款。

驱使动物伤害他人的，依照本法第四十三条第一款的规定处罚。

第七十六条　有本法第六十七条、第六十八条、第七十条的行为，屡教不改的，可以按照国家规定采取强制性教育措施。

第四章　处罚程序

第一节　调　查

第七十七条　公安机关对报案、控告、举报或者违反治安管理行为人主动投案，以及其他行政主管部门、司法机关移送的违反治安管理案件，应当及时受理，并进行登记。

第七十八条　公安机关受理报案、控告、举报、投案后，认为属于违反治安管理行为的，应当立即进行调查；认为不属于违反治安管理行为的，应当告知报案人、控告人、举报人、投案人，并说明理由。

第七十九条　公安机关及其人民警察对治安案件的调查，应当依法进行。严禁刑讯逼供或者采用威胁、引诱、欺骗等非法手段收集证据。

以非法手段收集的证据不得作为处罚的根据。

第八十条　公安机关及其人民警察在办理治安案件时，对涉及的国家秘密、商业秘密或者个人隐私，应当予以保密。

第八十一条　人民警察在办理治安案件过程中，遇有下列情形之一的，应当回避；违反治安管理行为人、被侵害人或者其法定代理人也有权要求他们回避：

（一）是本案当事人或者当事人的近亲属的；

（二）本人或者其近亲属与本案有利害关系的；

（三）与本案当事人有其他关系，可能影响案件公正处理的。

人民警察的回避，由其所属的公安机关决定；公安机关负责人的回避，由上一级公安机关决定。

第八十二条　需要传唤违反治安管理行为人接受调查的，经公安机关办案部门负责人批准，使用传唤证传唤。对现场发现的违反治安管理行为人，人民警察经出示工作证件，可以口头传唤，但应当在询问笔录中注明。

公安机关应当将传唤的原因和依据告知被传唤人。对无正当理由不接受传唤或者逃避传唤的人，可以强制传唤。

第八十三条　对违反治安管理行为人，公安机关传唤后应当及时询问查证，询问查证的时间不得超过八小时；情况复杂，依照本法规定可能适用行政拘留处罚的，询问查证的时间不得超过二十四小时。

公安机关应当及时将传唤的原因和处所通知被传唤人家属。

第八十四条　询问笔录应当交被询问人核对；对没有阅读能力的，应当向其宣读。记载有遗漏或者差错的，被询问人可以提出补充或者更正。被询问人确认笔录无误后，应当签名或者盖章，询问的人民警察也应当在笔录上签名。

被询问人要求就被询问事项自行提供书面材料的，应当准许；必要时，人民警察也可以要求被询问人自行书写。

询问不满十六周岁的违反治安管理行为人，应当通知其父母或者其他监护人到场。

第八十五条　人民警察询问被侵害人或者其他证人，可以到其所在单位或者住处进行；必要时，也可以通知其到公安机关提供证言。

人民警察在公安机关以外询问被侵害人或者其他证人，应当出示工作证件。

询问被侵害人或者其他证人，同时适用本法第八十五条的规定。

第八十六条　询问聋哑的违反治安管理行为人、被侵害人或者其他证人，应当有通晓手语的人提供帮助，并在笔录上注明。

询问不通晓当地通用的语言文字的违反治安管理行为人、被侵害人或者其他证人，应当配备翻译人员，并在笔录上注明。

第八十七条　公安机关对与违反治安管理行为有关的场所、物品、人身可以进行检查。检查时，人民警察不得少于二人，并应当出示工作证件和县级以上人民政府公安机关开具的检查证明文件。对确有必要立即进行检查的，人民警察经出示工作证件，可以当场检查，但检查公民住所应当出示县级以上人民政府公安机关开具的检查证明文件。

检查妇女的身体，应当由女性工作人员进行。

第八十八条　检查的情况应当制作检查笔录，由检查人、被检查人和见证人签名或者盖章；被检查人拒绝签名的，人民警察应当在笔录上注明。

第八十九条　公安机关办理治安案件，对与案件有关的需要作为证据的物品，可以扣押；对被侵害人或者善意第三人合法占有的财产，不得扣押，应当予以登记。对与案件无关的物品，不得扣押。

对扣押的物品，应当会同在场见证人和被扣押物品持有人查点清楚，当场开列清单一式二份，由调查人员、见证人和持有人签名或者盖章，一份交给持有人，另一份附卷备查。

对扣押的物品，应当妥善保管，不得挪作他用；对不宜长期保存的物品，按照有关规定处理。经查明与案件无关的，应当及时退还；经核实属于他人合法财产的，应当登记后立即退还；满六个月无人对该财产主张权利或者无法查清权利人的，应当公开拍卖或者按照国家有关规定处理，所得款项上缴国库。

第九十条　为了查明案情，需要解决案件中有争议的专门性问题的，应当指派或者聘请具有专门知识的人员进行鉴定；鉴定人鉴定后，应当写出鉴定意见，并且签名。

第二节　决定

第九十一条　治安管理处罚由县级以上人民政府公安机关决定；其中警告、五百元以下的罚款可以由公安派出所决定。

第九十二条　对决定给予行政拘留处罚的人，在处罚前已经采取强制措施限制人身自由的时间，应当折抵。限制人身自由一日，折抵行政拘留一日。

第九十三条　公安机关查处治安案件，对没有本人陈述，但其他证据能够证明案件事实的，可以作出治安管理处罚决定。但是，只有本人陈述，没有其他证据证明的，不能作出治安管理处罚决定。

第九十四条　公安机关作出治安管理处罚决定前，应当告知违反治安管理行为人作出治安管理处罚的事实、理由及依据，并告知违反治安管理行为人依法享有的权利。

违反治安管理行为人有权陈述和申辩。公安机关必须充分听取违反治安管理行为人的意见，对违反治安管理行为人提出的事实、理由和证据，应当进行复核；违反治安管理行为人提出的事实、理由或者证据成立的，公安机关应当采纳。

公安机关不得因违反治安管理行为人的陈述、申辩而加重处罚。

第九十五条　治安案件调查结束后，公安机关应当根据不同情况，分别作出以下处理：

（一）确有依法应当给予治安管理处罚的违法行为的，根据情节轻重及具体情况，作出处罚决定；

（二）依法不予处罚的，或者违法事实不能成立的，作出不予处罚决定；

（三）违法行为已涉嫌犯罪的，移送主管机关依法追究刑事责任；

（四）发现违反治安管理行为人有其他违法行为的，在对违反治安管理行为作出处罚决定的同时，通知有关行政主管部门处理。

第九十六条　公安机关作出治安管理处罚决定的，应当制作治安管理处罚决定书。决定书应当载明下列内容：

（一）被处罚人的姓名、性别、年龄、身份证件的名称和号码、住址；

（二）违法事实和证据；

（三）处罚的种类和依据；

（四）处罚的执行方式和期限；

（五）对处罚决定不服，申请行政复议、提起行政诉讼的途径和期限；

（六）作出处罚决定的公安机关的名称和作出决定的日期。

决定书应当由作出处罚决定的公安机关加盖印章。

第九十七条　公安机关应当向被处罚人宣告治安管理处罚决定书，并当场交付被处罚人；无法当场向被处罚人宣告的，应当在二日内送达被处罚人。决定给予行政拘留处罚的，应当及时通知被处罚人的家属。

有被侵害人的，公安机关应当将决定书副本抄送被侵害人。

第九十八条　公安机关作出吊销许可证以及处二千元以上罚款的治安管理处罚决定前，应当告知违反治安管理行为人有权要求举行听证；违反治安管理行为人要求听证的，公安机关应当及时依法举行听证。

第九十九条　公安机关办理治安案件的期限，自受理之日起不得超过三十日；案情重大、复杂的，经上一级公安机关批准，可以延长三十日。

为了查明案情进行鉴定的期间，不计入办理治安案件的期限。

第一百条　违反治安管理行为事实清楚，证据确凿，处警告或者二百元以下罚款的，可以当场作出治安管理处罚决定。

第一百零一条　当场作出治安管理处罚决定的，人民警察应当向违反治安管理行为人出示工作证件，并填写处罚决定书。处罚决定书应当当场交付被处罚人；有被侵害人的，并将决定书副本抄送被侵害人。

前款规定的处罚决定书，应当载明被处罚人的姓名、违法行为、处罚依据、罚款数额、时间、地点以及公安机关名称，并由经办的人民警察签名或者盖章。

当场作出治安管理处罚决定的，经办的人民警察应当在二十四小时内报所属公安机关备案。

第一百零二条　被处罚人对治安管理处罚决定不服的，可以依法申请行政复议或者提起行政诉讼。

第三节　执行

第一百零三条　对被决定给予行政拘留处罚的人，由作出决定的公安机关送达拘留所执行。

第一百零四条　受到罚款处罚的人应当自收到处罚决定书之日起十五日内，到指定的银行缴纳罚款。但是，有下列情形之一的，人民警察可以当场收缴罚款：

（一）被处五十元以下罚款，被处罚人对罚款无异议的；

（二）在边远、水上、交通不便地区，公安机关及其人民警察依照本法的规定作出罚款决定后，被处罚人向指定的银行缴纳罚款确有困难，经被处罚人提出的；

（三）被处罚人在当地没有固定住所，不当场收缴事后难以执行的。

第一百零五条　人民警察当场收缴的罚款，应当自收缴罚款之日起二日内，交至所属的公安机关；在水上、旅客列车上当场收缴的罚款，应当自抵岸或者到站之日起二日内，交至所属的公安机关；公安机关应当自收到罚款之日起二日内将罚款缴付指定的银行。

第一百零六条　人民警察当场收缴罚款的，应当向被处罚人出具省、自治区、直辖市人民政府财政部门统一制发的罚款收据；不出具统一制发的罚款收据的，被处罚人有权拒绝缴纳罚款。

第一百零七条　被处罚人不服行政拘留处罚决定，申请行政复议、提起行政诉讼的，可以向公安机关提出暂缓执行行政拘留的申请。公安机关认为暂缓执行行政拘留不致发生社会危险的，由被处罚人或者其近亲属提出符合本法第一百零八条规定条件的担保人，或者按每日行政拘留二百元的标准交纳保证金，行政拘留的处罚决定暂缓执行。

第一百零八条　担保人应当符合下列条件：

（一）与本案无牵连；

（二）享有政治权利，人身自由未受到限制；

（三）在当地有常住户口和固定住所；

（四）有能力履行担保义务。

第一百零九条　担保人应当保证被担保人不逃避行政拘留处罚的执行。

担保人不履行担保义务，致使被担保人逃避行政拘留处罚的执行的，由公安机关对其处三千元以下罚款。

第一百一十条　被决定给予行政拘留处罚的人交纳保证金，暂缓行政拘留后，逃避行政拘留处罚的执行的，保证金予以没收并上缴国库，已经作出的行政拘留决定仍应执行。

第一百一十一条　行政拘留的处罚决定被撤销，或者行政拘留处罚开始执行的，公安机关收取的保证金应当及时退还交纳人。

第五章　执法监督

第一百一十二条　公安机关及其人民警察应当依法、公正、严格、高效办理治安案件，文明执法，不得徇私舞弊。

第一百一十三条　公安机关及其人民警察办理治安案件，禁止对违反治安管理行为人打骂、虐待或者侮辱。

第一百一十四条　公安机关及其人民警察办理治安案件，应当自觉接受社会和公民的监督。

公安机关及其人民警察办理治安案件，不严格执法或者有违法违纪行为的，任何单位和个人都有权向公安机关或者人民检察院、行政监察机关检举、控告；收到检举、控告的机关，应当依据职责及时处理。

第一百一十五条　公安机关依法实施罚款处罚，应当依照有关法律、行政法规的规定，实行罚款决定与罚款收缴分离；收缴的罚款应当全部上缴国库。

第一百一十六条　人民警察办理治安案件，有下列行为之一的，依法给予行政处分；构成犯罪的，依法追究刑事责任：

（一）刑讯逼供、体罚、虐待、侮辱他人的；

（二）超过询问查证的时间限制人身自由的；

（三）不执行罚款决定与罚款收缴分离制度或者不按规定将罚没的财物上缴国库或者依法处理的；

（四）私分、侵占、挪用、故意损毁收缴、扣押的财物的；

（五）违反规定使用或者不及时返还被侵害人财物的；

（六）违反规定不及时退还保证金的；

（七）利用职务上的便利收受他人财物或者谋取其他利益的；

（八）当场收缴罚款不出具罚款收据或者不如实填写罚款数额的；

（九）接到要求制止违反治安管理行为的报警后，不及时出警的；

（十）在查处违反治安管理活动时，为违法犯罪行为人通风报信的；

（十一）有徇私舞弊、滥用职权，不依法履行法定职责的其他情形的。

办理治安案件的公安机关有前款所列行为的，对直接负责的主管人员和其他直接责任人员给予相应的行政处分。

第一百一十七条　公安机关及其人民警察违法行使职权，侵犯公民、法人和其他组织合法权益的，应当赔礼道歉；造成损害的，应当依法承担赔偿责任。

第六章　附　则

第一百一十八条　本法所称以上、以下、以内，包括本数。

第一百一十九条　本法自2006年3月1日起施行。1986年9月5日公布、1994年5月12日修订公布的《中华人民共和国治安管理处罚条例》同时废止。

公安部、民政部关于加强社区警务建设的意见

（2002年8月5日）

当前，各地认真贯彻落实《中共中央办公厅、国务院办公厅关于转发〈民政部关于在全国推进城市社区建设的意见〉的通知》（中办发〔2000〕23号）精神，大力加强城市社区建设，取得了明显成效。全国公安机关以城市社区体制改革为契机，积极实施社区警务战略，一些地方探索出了在新世纪新阶段派出所民警立足社区、依靠社区、服务群众、确保一方平安的警务工作新路子，积累了不少成功的经验。为进一步加强社区警务建设，充分发挥社区警务在社区建设中的重要作用，提出以下意见：

一、提高认识，抓紧工作，充分发挥社区警务在社区建设中的重要作用

推进城市社区建设，是新形势下坚持群众路线、做好群众工作和加强基层政权建设的重要举措，对于促进经济和社会协调发展，维护社会稳定具有十分重要的意义。开展社区警务建设，是公安机关主动适应社会经济发展和城市化进程，加强公安基层基础工作，全面提高公安机关控制社会治安能力的重大战略，是城市社区建设的重要内容，也是社区建设和发展的重要保障。通过加强社区警务建设，能够有效落实社会治安综合治理措施，为社区发展创造一个安定的社会环境；能够更加有效地促使民警扎根社区，切实把精力用于治安管理、安全防范和服务群众上，进一步密切警民关系，充分调动广大居民群众参与社区管理、社区建设的积极性。各级公安、民政部门要充分认识社区警务建设的重要性，积极为党委、政府当好参谋，加快社区警务建设步伐，通过社区警务建设推动和促进社区建设的深入开展。

二、统筹规划，合理布局，实现社区警务建设规范运作

城市社区体制改革以后，各地公安机关要根据社区规模大小、人口多少、治安状况等因素，以一名民警负责管理实有人口3000人左右为基本标准，划分民警责任区。对于治安情况平稳、规模较小的社区，实行一社区一警制，并以社区联勤的形式加强协作配合；对于治安复杂、区域较大的社区，实行一社区两警或一社区多警制。在城市和县城，要以社区为单位设立社区警务室。各地在推进社区建设时，要将社区警务室建设纳入社区居委会办公用房的整体规划，落实社区警务室用房，并尽可能与社区居委会相邻。在市、县范围内，社区警务室要做到样式统一、标识统一、配置统一。要结合实际，对社区民警承担的收集掌握情况信息、实有人口管理、治安管理、安全防范和服务群众等职责任务进行细化分解，制定明确的工作要求和考核标准，建立健全工作制度，形成科学、规范、有序、高效的社区警务工作机制。

治保会是维护社区治安的重要组织和力量。各地民政部门要把治保会组织建设作为社区居委会建设的一项重要内容来抓，配齐配强社区治保干部。各级公安机关要切实加强对治保干部的业务指导和业务培训工作，帮助建立健全工作制度，通过社区组织充分调动社区群众参与维护社区治安的积极性，组织、发动群众开展形式多样的治安巡逻防范活动，努力构筑严密的社区群防群治网络。在社区居委会中，由派出所推荐一名社区民警，通过居民群众选举进入社区居委会领导班子，以利于社区治安综合治理工作的组织和协调。社区民警应在确保完成社区警务工作任务的前提下，积极参与社区各项公益事务，协助社区居委会开展工作。

三、加强领导，密切配合，确保社区警务建设取得实效

社区警务是依托社区而建立起来的立足社区、依靠社区、服务社区的新型警务体制，与社区建设相辅相成。同时，社区警务建设也是对我国公安机关传统警务机制的改革和创新，是实现由被动型警务向主动型警务转变，增强公安工作可持续发展后劲的内在要求。各地要把加强社区警务建设作为社区建设的一项重要内容，与社区建设同规划、同部署、同实施。要协调有关单位和部门为社区警务建设提供条件，并在财力、物力上予以大力支持。

各级公安机关必须从战略的高度，切实加强对社区警务建设工作的组织领

导，各市、县（区）公安局（分局）一把手是社区警务工作的第一责任人，必须亲自抓、负总责；分管领导要具体抓。要建立强有力的工作班子，制定具体的工作方案和时间表，明确各阶段的工作任务和工作目标。要根据城市社区建设的进程，规划社区警务建设工作，保证与社区建设同步规划、同步实施，逐步建立起适合本地实际的社区警务工作机制。在社区警务建设中，公安机关要积极主动地将社区警务建设的设想、建议和要求向党委、政府汇报，与民政等部门密切配合，为社区警务建设创造一个良好的环境。

最高人民法院、最高人民检察院、公安部、司法部关于进一步加强社区矫正工作衔接配合管理的意见

（2016 年 8 月 30 日）

为进一步加强社区矫正工作衔接配合，确保社区矫正依法适用、规范运行，根据刑法、刑事诉讼法以及最高人民法院、最高人民检察院、公安部、司法部《社区矫正实施办法》等有关规定，结合工作实际，制定本意见。

一、加强社区矫正适用前的衔接配合管理

1.人民法院、人民检察院、公安机关、监狱对拟适用或者提请适用社区矫正的被告人、犯罪嫌疑人或者罪犯，需要调查其对所居住社区影响的，可以委托其居住地县级司法行政机关调查评估。对罪犯提请假释的，应当委托其居住地县级司法行政机关调查评估。对拟适用社区矫正的被告人或者罪犯，裁定或者决定机关应当核实其居住地。

委托调查评估时，委托机关应当发出调查评估委托函，并附下列材料：

（1）人民法院委托时，应当附带起诉书或者自诉状；

（2）人民检察院委托时，应当附带起诉意见书；

（3）看守所、监狱委托时，应当附带判决书、裁定书、执行通知书、减刑裁定书复印件以及罪犯在服刑期间表现情况材料。

2.调查评估委托函应当包括犯罪嫌疑人、被告人、罪犯及其家属等有关人员的姓名、住址、联系方式、案由以及委托机关的联系人、联系方式等内容。

调查评估委托函不得通过案件当事人、法定代理人、诉讼代理人或者其他利害关系人转交居住地县级司法行政机关。

3.居住地县级司法行政机关应当自收到调查评估委托函及所附材料之日起

10个工作日内完成调查评估，提交评估意见。对于适用刑事案件速裁程序的，居住地县级司法行政机关应当在5个工作日内完成调查评估，提交评估意见。评估意见同时抄送居住地县级人民检察院。

需要延长调查评估时限的，居住地县级司法行政机关应当与委托机关协商，并在协商确定的期限内完成调查评估。

调查评估意见应当客观公正反映被告人、犯罪嫌疑人、罪犯适用社区矫正对其所居住社区的影响。委托机关应当认真审查调查评估意见，作为依法适用或者提请适用社区矫正的参考。

4.人民法院在作出暂予监外执行决定前征求人民检察院意见时，应当附罪犯的病情诊断、妊娠检查或者生活不能自理的鉴别意见等有关材料。

二、加强对社区服刑人员交付接收的衔接配合管理

5.对于被判处管制、宣告缓刑、假释的罪犯，人民法院、看守所、监狱应当书面告知其到居住地县级司法行政机关报到的时间期限以及逾期报到的后果，并在规定期限内将有关法律文书送达居住地县级司法行政机关，同时抄送居住地县级人民检察院和公安机关。

社区服刑人员前来报到时，居住地县级司法行政机关未收到法律文书或者法律文书不齐全，可以先记录在案，并通知人民法院、监狱或者看守所在5日内送达或者补齐法律文书。

6.人民法院决定暂予监外执行或者公安机关、监狱管理机关批准暂予监外执行的，交付时应当将罪犯的病情诊断、妊娠检查或者生活不能自理的鉴别意见等有关材料复印件一并送达居住地县级司法行政机关。

7.人民法院、公安机关、司法行政机关在社区服刑人员交付接收工作中衔接脱节，或者社区服刑人员逃避监管、未按规定时间期限报到，造成没有及时执行社区矫正的，属于漏管。

8.居住地社区矫正机构发现社区服刑人员漏管，应当及时组织查找，并由居住地县级司法行政机关通知有关人民法院、公安机关、监狱、居住地县级人民检察院。

社区服刑人员逃避监管、不按规定时间期限报到导致漏管的，居住地县级司法行政机关应当给予警告；符合收监执行条件的，依法提出撤销缓刑、撤销

假释或者对暂予监外执行收监执行的建议。

9.人民检察院应当加强对社区矫正交付接收中有关机关履职情况的监督，发现有下列情形之一的，依法提出纠正意见：

（1）人民法院、公安机关、监狱未依法送达交付执行法律文书，或者未向社区服刑人员履行法定告知义务；

（2）居住地县级司法行政机关依法应当接收社区服刑人员而未接收；

（3）社区服刑人员未在规定时间期限报到，居住地社区矫正机构未及时组织查找；

（4）人民法院决定暂予监外执行，未通知居住地社区矫正机构与有关公安机关，致使未办理交接手续；

（5）公安机关、监狱管理机关批准罪犯暂予监外执行，罪犯服刑的看守所、监狱未按规定与居住地社区矫正机构办理交接手续；

（6）其他未履行法定交付接收职责的情形。

三、加强对社区服刑人员监督管理的衔接配合

10.社区服刑人员在社区矫正期间脱离居住地社区矫正机构的监督管理下落不明，或者虽能查找到其下落但拒绝接受监督管理的，属于脱管。

11.居住地社区矫正机构发现社区服刑人员脱管，应当及时采取联系本人、其家属亲友，走访有关单位和人员等方式组织追查，做好记录，并由县级司法行政机关视情形依法给予警告、提请治安管理处罚、提请撤销缓刑、撤销假释或者对暂予监外执行的提请收监执行。

12.人民检察院应当加强对社区矫正监督管理活动的监督，发现有下列情形之一的，依法提出纠正意见：

（1）社区服刑人员报到后，居住地县级司法行政机关未向社区服刑人员履行法定告知义务，致使其未按照有关规定接受监督管理；

（2）居住地社区矫正机构违反规定批准社区服刑人员离开所居住的市、县，或者违反人民法院禁止令的内容批准社区服刑人员进入特定区域或者场所；

（3）居住地县级司法行政机关对违反社区矫正规定的社区服刑人员，未依法给予警告、提请治安管理处罚；

（4）其他未履行法定监督管理职责的情形。

13.司法行政机关应当会同人民法院、人民检察院、公安机关健全完善联席会议制度、情况通报制度，每月通报核对社区服刑人员人数变动、漏管脱管等数据信息，及时协调解决工作中出现的问题。

14.司法行政机关应当建立完善社区服刑人员的信息交换平台，推动与人民法院、人民检察院、公安机关互联互通，利用网络及时准确传输交换有关法律文书，根据需要查询社区服刑人员脱管漏管、被治安管理处罚、犯罪等情况，共享社区矫正工作动态信息，实现网上办案、网上监管、网上监督。对社区服刑人员采用电子定位方式实施监督，应当采用相应技术，防止发生人机分离，提高监督管理的有效性和安全性。

15.社区服刑人员被依法决定行政拘留、司法拘留、收容教育、强制隔离戒毒等或者因涉嫌犯新罪、发现判决宣告前还有其他罪没有判决被采取强制措施的，决定机关应当自作出决定之日起3日内将有关情况通知居住地县级司法行政机关和居住地县级人民检察院。

四、加强对社区服刑人员收监执行的衔接配合管理

16.社区服刑人员符合收监执行条件的，居住地社区矫正机构应当及时按照规定，向原裁判人民法院或者公安机关、监狱管理机关送达撤销缓刑、撤销假释建议书或者对暂予监外执行的收监执行建议书并附相关证明材料。人民法院、公安机关、监狱管理机关应当在规定期限内依法作出裁定或者决定，并将法律文书送达居住地县级司法行政机关，同时抄送居住地县级人民检察院、公安机关。

17.社区服刑人员因违反监督管理规定被依法撤销缓刑、撤销假释或者暂予监外执行被决定收监执行的，应当本着就近、便利、安全的原则，送交其居住地所属的省（区、市）的看守所、监狱执行刑罚。

18.社区服刑人员被裁定撤销缓刑的，居住地社区矫正机构应当向看守所、监狱移交撤销缓刑裁定书和执行通知书、撤销缓刑建议书以及原判决书、裁定书和执行通知书、起诉书副本、结案登记表以及社区矫正期间表现情况等文书材料。

社区服刑人员被裁定撤销假释的，居住地社区矫正机构应当向看守所、监

狱移交撤销假释裁定书和执行通知书，撤销假释建议书、社区矫正期间表现情况材料，原判决书、裁定书和执行通知书、起诉书副本、结案登记表复印件等文书材料。罪犯收监后，居住地社区矫正机构通知罪犯原服刑看守所、监狱将罪犯假释前的档案材料移交撤销假释后的服刑看守所、监狱。

暂予监外执行社区服刑人员被人民法院决定收监执行的，居住地社区矫正机构应当向看守所、监狱移交收监执行决定书和执行通知书以及原判决书、裁定书和执行通知书、起诉书副本、结案登记表、社区矫正期间表现等文书材料。

暂予监外执行社区服刑人员被公安机关、监狱管理机关决定收监执行的，居住地社区矫正机构应当向看守所、监狱移交社区服刑人员在接受矫正期间的表现情况等文书材料。

19.撤销缓刑、撤销假释裁定书或者对暂予监外执行罪犯收监执行决定书应当在居住地社区矫正机构教育场所公示。属于未成年或者犯罪的时候不满十八周岁被判处五年有期徒刑以下刑罚的社区服刑人员除外。

20.被裁定、决定收监执行的社区服刑人员在逃的，居住地社区矫正机构应当在收到人民法院、公安机关、监狱管理机关的裁定、决定后，立即通知居住地县级公安机关，由其负责实施追捕。

撤销缓刑、撤销假释裁定书和对暂予监外执行罪犯收监执行决定书，可以作为公安机关网上追逃依据。公安机关根据案情决定是否实施网上追逃。

21.社区服刑人员被行政拘留、司法拘留、收容教育、强制隔离戒毒等行政处罚或者强制措施期间，人民法院、公安机关、监狱管理机关依法作出对其撤销缓刑、撤销假释的裁定或者收监执行决定的，居住地社区矫正机构应当将人民法院、公安机关、监狱管理机关的裁定书、决定书送交作出上述决定的机关，由有关部门依法收监执行刑罚。

22.人民检察院应当加强对社区矫正收监执行活动的监督，发现有下列情形之一的，依法提出纠正意见：

（1）居住地县级司法行政机关未依法向人民法院、公安机关、监狱管理机关提出撤销缓刑、撤销假释建议或者对暂予监外执行的收监执行建议；

（2）人民法院、公安机关、监狱管理机关未依法作出裁定、决定，或者未依法送达；

（3）居住地县级司法行政机关、公安机关未依法将罪犯送交看守所、监狱，或者未依法移交被收监执行罪犯的文书材料；

（4）看守所、监狱未依法收监执行；

（5）公安机关未依法协助送交收监执行罪犯，或者未依法对在逃的收监执行罪犯实施追捕；

（6）其他违反收监执行规定的情形。

23.对社区服刑人员实行社区矫正，本意见未明确的程序和事项，按照有关法律法规以及最高人民法院、最高人民检察院、公安部、司法部《社区矫正实施办法》，最高人民法院、最高人民检察院、公安部、司法部、国家卫生计生委《暂予监外执行规定》等执行。

24.本意见自发布之日起施行。

国家安全监管总局关于持续加大安全社区推进力度全面提升安全社区建设工作水平的通知

（2015 年 11 月 6 日）

各省、自治区、直辖市、计划单列市及新疆生产建设兵团安全生产监督管理局，有关直属事业单位、社团组织，有关中央企业：

2011年10月以来，各地区、各有关部门和企业认真贯彻落实《国务院安委会办公室关于进一步深入推进安全社区建设的通知》（安委办〔2011〕38号）精神，积极开展安全社区建设工作取得阶段性成效。但是，安全社区建设还存在认识不到位、发展不够平衡、质量水平不够高、重形式轻内容以及政策、资金、技术支持不到位等问题。

为在全国范围内持续深化、扎实推进安全社区建设工作，全面提升建设水平，现就有关事项通知如下：

一、进一步认识安全社区建设的重要意义，明确指导思想和工作目标

（一）重要意义。安全社区建设将生产安全与公共安全、社区安全与企业安全、个人安全与集体安全融为一体，是一项立足基层、造福百姓的惠民工程，秉持以人为本、安全第一、综合治理、持续改进的理念，实行压减各类事故伤害的安全项目引领，是科学理念与安全发展实践的有机统一。持续开展、扎实推进安全社区建设是促进全国安全生产形势持续稳定好转的需要，是建设社会主义和谐社会的需要，是强化安全生产“三基”（基层、基础、基本功）建设、构建安全生产长效机制的需要，是推进国家治理体系和治理能力现代化的需要。

（二）指导思想。强化红线意识，推进依法治安，坚持“贴近百姓、贴近

实际、贴近民生”的工作原则，继续向中西部地区倾斜，向经济开发区、城乡接合部（区）、矿（山）区、企业和其他人员密集区以及“农转非”社区等事故伤害易发区、多发区倾斜，全方位构建社区公共安全网，不断提升社区公众安全感和满意度，为全国安全生产形势根本好转、社区安全生产、居民生活幸福贡献力量。

（三）总体目标。到2015年年底，我国80%的省级区域开展安全社区建设，50%以上的省级区域有被命名的安全社区，建成全国安全社区600家。力争到2020年，启动安全社区建设单位1万家，覆盖人口5亿，实现省级行政区域、计划单列市与省会城市全覆盖；各省级行政区域基本建成安全社区地区支持中心，发展全国安全社区评审员不少于500名。

二、加强组织领导，全力深入推进安全社区建设工作蓬勃开展

（一）提升安全社区建设工作定位。要把安全社区建设作为保障社区长治久安的重要民生工程、统揽基层安全工作的重要抓手、落实安全生产责任体系“五级五覆盖”的重要环节，作为履行安全监管监察责任的一项重要任务，融入日常各项工作中。要将安全社区建设纳入安全生产目标考核范畴，作为安全发展示范城市等工作的重要考核指标。

（二）加强组织领导。地方各级安全监管部门要明确工作任务、明确领导分工、明确责任部门。各地区要成立安全社区建设推进领导机构，建立健全安全社区建设推进机制。已启动建设的地区要对安全社区建设工作进行再动员、再部署、再落实，加大推进力度。未启动建设的地区和符合建设要求的行业企业社区要抓紧启动。

（三）抓好统筹推进。各地要开展一次调查摸底，深入调查了解辖区社区安全状况和需求，整合优化有关社区建设和安全建设的内容、标准，认真编制好“十三五”期间安全社区建设规划，统筹推进安全社区建设相关工作。要结合实际，制定各阶段的工作计划和目标，明确建设重点，完善保障措施。

（四）建立健全财政扶持政策。各省级安全监管局要协调落实安全社区建设的财政扶持政策。为安全促进项目策划实施、跨界合作、人员培训等提供必要的资金保障。对于各社区、各部门、社会单位和公众在安全社区建设工作中做出突出成绩的，要给予表扬。

（五）大力培育地区支持中心。各省级安全监管局要加大支持中心建设力度，保障必要的工作人员和工作经费。没有支持中心的地区，要根据工作实际确定安全社区建设技术支持单位；已有地区支持中心的，要充实工作力量，完善工作机制。

（六）抓好安全社区建设示范。各地区要不断总结典型经验，创新工作思路，积极探索有利于推动安全社区建设的有效途径和方法。各有关部门、单位要积极培养安全社区建设典型，树立一批安全社区建设示范单位，确定并积极推广一批安全促进示范项目。各有关部门、单位要及时总结推广好的经验和做法，通过召开安全社区建设工作交流会、观摩会、社区互动互学考察等方式，加强信息交流。

（七）加强宣教培训和督促检查。各地要充分利用各类舆论媒体，采取各种方式，做好安全社区建设内容的宣贯工作，大力宣传开展安全社区建设工作的重要意义，着力营造安全社区建设的浓厚氛围。各级安全监管部门要定期对地区安全社区建设工作开展督促检查，建立公告制度，适时发布安全社区建设进展情况，及时公布获得和撤销安全社区称号的社区名单。

（八）促进国际安全社区有序发展。各地要鼓励支持建设单位在建成全国安全社区的基础上，开展国际安全社区建设。中国职业安全健康协会作为国际安全社区支持中心，要认真履行职责，积极推荐符合国际安全社区准则要求的社区加入国际安全社区网络，促进国际安全社区有序发展。

三、抓好重点工作，全面提升安全社区建设工作水平

（一）规范安全社区建设过程。各建设单位要充分理解、掌握和运用安全社区理念、标准和建设方法，实施好基层安全管理网络建设、跨界组织机构设计、社区安全诊断、安全促进项目策划实施、绩效评估等关键环节。要针对辖区在生产安全、道路交通安全、消防安全、校园安全等方面存在的薄弱事项，策划实施安全促进项目，解决重点难点问题。

（二）完善安全社区建设工作机制。要充分发挥地方各级安全生产委员会的组织协调作用，建立完善工作机制，合理界定安全监管、消防、交通、公安、教育、民政等部门在建设工作中的职责。要按照各自职责分工，强化对安全社区建设工作的行业指导和对口帮助。

（三）充实加强安全社区建设队伍。各建设单位、相关职能部门要安排专（兼）职工作人员，不断充实安全社区建设队伍。各地区要加强政策宣传和开展专项培训，着力培养一支掌握和应用安全社区理念、标准和方法的人才队伍，不断提升队伍综合素质。

（四）加强安全社区建设技术指导。各安全社区地区支持中心要依托同级安全生产委员会专家资源，整合交通安全、旅游安全、校园安全、家居安全等相关行业专家，搭建技术指导平台，加强对安全社区建设工作的技术指导，提升安全干预水平。

（五）严格组织安全社区现场评定。各地要严格组织现场评定、严格进行预审、严格工作标准，做到不符合标准的不推荐、现场评定发现的问题未整改完成的不推荐、不符合要求的不通过。

（六）规范安全社区证后管理。各建设单位命名后要做到建设队伍不散、人员不撤、机制不变，持续策划实施安全促进项目。各级安全监管部门要把安全社区证后管理纳入日常动态管理范畴，不定期采用专项监督检查或其他类型的安全检查、督查，对已命名单位的持续改进工作进行抽验，督促其改进提升，并建立奖惩机制和摘牌机制。

各省（区、市）及新疆生产建设兵团安全监管局要认真总结本地区安全社区开展情况、取得的成效、主要做法和经验，分析存在的问题，提出改进工作的措施建议，形成总结报告，于2015年11月底前报送国家安全监管总局安全社区综合审定委员会（联系人及电话：葛世友、李亚南，010-64464566、64463959，电子邮箱：safecpc@sina.com）。

安全监管总局

2015年11月6日

8 社区卫生健康

国务院关于发展城市社区卫生服务的指导意见

（2016 年 2 月 21 日）

各省、自治区、直辖市人民政府，国务院各部委、各直属机构：

社区卫生服务是城市卫生工作的重要组成部分，是实现人人享有初级卫生保健目标的基础环节。大力发展社区卫生服务，构建以社区卫生服务为基础、社区卫生服务机构与医院和预防保健机构分工合理、协作密切的新型城市卫生服务体系，对于坚持预防为主、防治结合的方针，优化城市卫生服务结构，方便群众就医，减轻费用负担，建立和谐医患关系，具有重要意义。

改革开放以来，我国城市卫生事业有了很大发展，服务规模不断扩大，科技水平不断提高，医疗条件明显改善，疾病防治能力显著增强，为增进人民健康发挥了重要作用。同时，在城市卫生事业发展中还存在优质资源过分向大医院集中，社区卫生服务资源短缺、服务能力不强、不能满足群众基本卫生服务需求等问题。这是造成群众看病难、看病贵的重要原因之一。为深化城市医疗卫生体制改革，优化城市卫生资源结构，发展社区卫生服务，努力满足群众的基本卫生服务需求，制定以下指导意见：

一、发展社区卫生服务的指导思想、基本原则和工作目标

（一）指导思想。以邓小平理论和“三个代表”重要思想为指导，全面落实科学发展观，坚持为人民健康服务的方向，将发展社区卫生服务作为深化城市医疗卫生体制改革、有效解决城市居民看病难、看病贵问题的重要举措，作为构建新型城市卫生服务体系的基础，着力推进体制、机制创新，为居民提供安全、有效、便捷、经济的公共卫生服务和基本医疗服务。

（二）基本原则。

——坚持社区卫生服务的公益性质，注重卫生服务的公平、效率和可及

性。

——坚持政府主导，鼓励社会参与，多渠道发展社区卫生服务。

——坚持实行区域卫生规划，立足于调整现有卫生资源、辅以改扩建和新建，健全社区卫生服务网络。

——坚持公共卫生和基本医疗并重，中西医并重，防治结合。

——坚持以地方为主，因地制宜，探索创新，积极推进。

（三）工作目标。到2010年，全国地级以上城市和有条件的县级市要建立比较完善的城市社区卫生服务体系。具体目标是：社区卫生服务机构设置合理，服务功能健全，人员素质较高，运行机制科学，监督管理规范，居民可以在社区享受到疾病预防等公共卫生服务和一般常见病、多发病的基本医疗服务。东中部地区地级以上城市和西部地区省会城市及有条件的地级城市要加快发展，力争在二三年内取得明显进展。

二、推进社区卫生服务体系建设

（四）坚持公益性质，完善社区卫生服务功能。社区卫生服务机构提供公共卫生服务和基本医疗服务，具有公益性质，不以营利为目的。要以社区、家庭和居民为服务对象，以妇女、儿童、老年人、慢性病人、残疾人、贫困居民等为服务重点，以主动服务、上门服务为主，开展健康教育、预防、保健、康复、计划生育技术服务和一般常见病、多发病的诊疗服务。

（五）坚持政府主导、鼓励社会参与，建立健全社区卫生服务网络。地方政府要制订发展规划，有计划、有步骤地建立健全以社区卫生服务中心和社区卫生服务站为主体，以诊所、医务所（室）、护理院等其他基层医疗机构为补充的社区卫生服务网络。在大中型城市，政府原则上按照3万~10万居民或按照街道办事处所辖范围规划设置1所社区卫生服务中心，根据需要可设置若干社区卫生服务站。社区卫生服务中心与社区卫生服务站可实行一体化管理。社区卫生服务机构主要通过调整现有卫生资源，对政府举办的一级、部分二级医院和国有企事业单位所属医疗机构等基层医疗机构进行转型或改造改制设立。现有卫生资源不足的，应加以补充和完善。要按照平等、竞争、择优的原则，统筹社区卫生服务机构发展，鼓励社会力量参与发展社区卫生服务，充分发挥社会力量举办的社区卫生服务机构的作用。

（六）建立社区卫生服务机构与预防保健机构、医院合理的分工协作关系。调整疾病预防控制、妇幼保健等预防保健机构的职能，适宜社区开展的公共卫生服务交由社区卫生服务机构承担。疾病预防控制、妇幼保健等预防保健机构要对社区卫生服务机构提供业务指导和技术支持。实行社区卫生服务机构与大中型医院多种形式的联合与合作，建立分级医疗和双向转诊制度，探索开展社区首诊制试点，由社区卫生服务机构逐步承担大中型医院的一般门诊、康复和护理等服务。

（七）加强社区卫生服务队伍建设。加强高等医学院校的全科医学、社区护理学科教育，积极为社区培训全科医师、护士，鼓励高等医学院校毕业生到社区卫生服务机构服务。完善全科医师、护士等卫生技术人员的任职资格制度，制订聘用办法，加强岗位培训，开展规范化培训，提高人员素质和专业技术能力。要采取多种形式鼓励和组织大中型医院、预防保健机构、计划生育技术服务机构的高、中级卫生技术人员定期到社区卫生服务机构提供技术指导和服务，社区卫生服务机构要有计划地组织卫生技术人员到医院和预防保健机构进修学习、参加学术活动。鼓励退休医护人员依照有关规定参与社区卫生服务。

（八）完善社区卫生服务运行机制。政府举办的社区卫生服务机构属于事业单位，要根据事业单位改革原则，改革人事管理制度，按照服务工作需要和精干、效能的要求，实行定编定岗、公开招聘、合同聘用、岗位管理、绩效考核的办法。对工作绩效优异的人员予以奖励；对经培训仍达不到要求的人员按国家有关规定解除聘用关系。要改革收入分配管理制度，实行以岗位工资和绩效工资为主要内容的收入分配办法，加强和改善工资总额管理。社区卫生服务从业人员的收入不得与服务收入直接挂钩。

各地区要积极探索建立科学合理的社区卫生服务收支运行管理机制，规范收支管理，有条件的可实行收支两条线管理试点。地方政府要按照购买服务的方式，根据社区服务人口、社区卫生服务机构提供的公共卫生服务项目数量、质量和相关成本核定财政补助；尚不具备条件的可以按人员基本工资和开展公共卫生服务所需经费核定政府举办的社区卫生服务机构财政补助，并积极探索、创造条件完善财政补助方式。各地区要采取有效办法，鼓励药品生产经营企业生产、供应质优价廉的社区卫生服务常用药品，开展政府集中采购、统一配送、零差率销售药品和医药分开试点。

（九）加强社区卫生服务的监督管理。规范社区卫生服务机构的设置条件和标准，依法严格社区卫生服务机构、从业人员和技术服务项目的准入，明确社区卫生服务范围和内容，健全社区卫生服务技术操作规程和工作制度，完善社区卫生服务考核评价制度，推进社区卫生服务信息管理系统建设。加强社区卫生服务的标准化建设，对不符合要求的社区卫生服务机构和工作人员，要及时调整、退出，保证服务质量。加强社区卫生服务执业监管，建立社会民主监督制度，将接受服务居民的满意度作为考核社区卫生服务机构和从业人员业绩的重要标准。发挥行业自律组织提供服务、反映诉求、规范行为等作用。加强药品、医疗器械管理，确保医药安全。严格财务管理，加强财政、审计监督。

（十）发挥中医药和民族医药在社区卫生服务中的优势与作用。加强社区中医药和民族医药服务能力建设，合理配备中医药或民族医药专业技术人员，积极开展对社区卫生服务从业人员的中医药基本知识和技能培训，推广和应用适宜的中医药和民族医药技术。在预防、医疗、康复、健康教育等方面，充分利用中医药和民族医药资源，充分发挥中医药和民族医药的特色和优势。

三、完善发展社区卫生服务的政策措施

（十一）制订实施社区卫生服务发展规划。地方政府要制订社区卫生服务发展中长期规划和年度发展计划，将发展社区卫生服务纳入当地国民经济和社会发展规划及区域卫生规划，落实规划实施的政策措施。在城市新建和改建居民区中，社区卫生服务设施要与居民住宅同步规划、同步建设、同步投入使用。市辖区人民政府原则上不再举办医院，着力于发展社区卫生服务。

（十二）加大对社区卫生服务的经费投入。各级政府要调整财政支出结构，建立稳定的社区卫生服务筹资和投入机制，加大对社区卫生服务的投入力度。地方政府要为社区卫生服务机构提供必要的房屋和医疗卫生设备等设施，对业务培训给予适当补助，并根据社区人口、服务项目和数量、质量及相关成本核定预防保健等社区公共卫生服务经费补助。政府举办的社区卫生服务机构的离退休人员费用，在事业单位养老保障制度改革前，由地方政府根据有关规定予以安排。地方政府要根据本地实际情况进一步加大力度安排社区公共卫生服务经费，并随着经济发展逐步增加。中央财政从2007年起对中西部地区发展

社区公共卫生服务按照一定标准给予补助。中央对中西部地区社区卫生服务机构的基础设施建设、基本设备配置和人员培训等给予必要支持。

（十三）发挥社区卫生服务在医疗保障中的作用。按照“低水平、广覆盖”的原则，不断扩大医疗保险的覆盖范围，完善城镇职工基本医疗保险定点管理办法和医疗费用结算办法，将符合条件的社区卫生服务机构纳入城镇职工基本医疗保险定点医疗机构的范围，将符合规定的医疗服务项目纳入基本医疗保险支付范围，引导参保人员充分利用社区卫生服务。探索建立以社区卫生服务为基础的城市医疗救助制度。

（十四）落实有关部门职责，促进社区卫生服务发展。各有关部门要切实履行职责，共同推进社区卫生服务发展。

——卫生部门负责制订社区卫生服务发展规划、准入标准和管理规范，制订社区公共卫生服务项目，加强行业监督管理。按照国家有关规定，组织开展社区卫生服务从业人员岗位培训和继续教育。

——机构编制部门牵头研究制订政府举办的社区卫生服务机构人员编制标准的意见。

——发展改革部门负责将社区卫生服务发展纳入国民经济和社会发展规划，根据需要安排社区卫生服务机构基础设施建设投资。价格部门研究制订社区卫生服务收费标准和药品价格管理办法。

——教育部门负责全科医学和社区护理学科教育，将社区卫生服务技能作为医学教育的重要内容。

——民政部门负责将社区卫生服务纳入社区建设规划，探索建立以社区卫生服务为基础的城市医疗救助制度，做好社区卫生服务的民主监督工作。

——财政部门负责制订社区卫生服务的财政补助政策及财务收支管理办法。

——人事部门负责完善全科医师、护士等卫生技术人员的任职资格制度，制订社区全科医师、护士等卫生技术人员的聘用办法和吸引优秀卫生人才进社区的有关政策。

——劳动保障部门负责制订促进城镇职工基本医疗保险参保人员到社区卫生服务机构就诊的有关政策措施。

——建设（规划）部门负责按照国家有关标准，将社区卫生服务设施纳入城市建设规划，并依法加强监督。

——人口和计划生育部门负责社区计划生育技术服务的指导和管理。

——食品药品监管部门负责社区卫生服务所需药品和医疗器械的质量监督管理。

——中医药部门负责制订推动中医药和民族医药为社区居民服务的有关政策措施。

四、加强对社区卫生服务工作的领导

（十五）发展社区卫生服务是政府履行社会管理和公共服务职能的一项重要内容，主要责任在地方政府。地方政府要充分认识发展社区卫生服务对于维护居民健康、促进社区和谐的重要意义，认真贯彻落实国家有关方针政策，将发展社区卫生服务纳入政府年度工作目标考核。要成立以政府分管领导为组长、各有关部门负责同志参加的领导小组，加强对社区卫生服务发展工作的领导。省级人民政府要按照指导意见要求，结合本地实际，制订贯彻落实的具体政策措施，层层明确责任，加强调查研究，统筹协调，督查指导，落实工作任务。国务院成立由负责卫生工作的国务院副总理任组长的城市社区卫生工作领导小组，研究制订促进社区卫生发展的方针和政策措施，研究解决工作中的重大问题，加强对地方社区卫生服务工作的检查指导，推动社区卫生服务持续健康发展。

国务院

2006年2月21日

国家卫生健康委办公厅关于印发社区医院基本标准和医疗质量安全核心制度要点（试行）的通知

（2019 年 5 月 31 日）

各省、自治区、直辖市及新疆生产建设兵团卫生健康委：

为贯彻落实党的十九大精神和健康中国战略部署，满足人民群众对基本医疗卫生服务的需求，提升基层医疗机构综合服务能力，我委在有条件的地区启动社区医院建设试点工作，并组织制定了《社区医院基本标准（试行）》和《社区医院医疗质量安全核心制度要点（试行）》（可从国家卫生健康委网站下载）。现印发给你们，请遵照执行。各省级卫生健康行政部门要及时将工作进展情况报送医政医管局。

联系人：医政医管局　耿铖、胡瑞荣、王毅

电话：010-68791885

传真：010-68792195

邮箱：yzygjzyc@nhfpc.gov.cn

附件：

1.社区医院基本标准（试行）

2.社区医院医疗质量安全核心制度要点（试行）

国家卫生健康委办公厅

2019年5月31日

附件1

社区医院基本标准（试行）

一、社区医院定位

社区医院以社区、家庭和居民为服务对象，以居民健康为中心，提供常见病、多发病和慢性病的基本医疗服务和基本公共卫生服务，属于非营利性医疗机构。

二、社区医院设置

社区医院设置应当符合区域医疗卫生服务体系规划和医疗机构设置规划，在现有社区卫生服务中心和有条件的乡镇卫生院的基础上，医疗服务能力达到一定水平，加挂社区医院牌子。

三、基本功能

（一）具备常见病、多发病、慢性病的门诊、住院诊疗综合服务能力。符合条件的，可提供适宜的手术操作项目。

（二）开展基本公共卫生服务，承担辖区的公共卫生管理和计划生育技术服务工作，能够提供健康管理、康复指导等个性化的签约服务。

（三）具备辖区内居民基层首诊、双向转诊等分级诊疗功能，开展远程医疗服务，提供部分常见病、慢性病的在线复诊服务。

（四）对周边基层医疗卫生机构开展技术指导和帮扶。

四、床位设置

实际开放床位数≥30张，可按照服务人口1.0–1.5张/千人配置。主要以老年、康复、护理、安宁疗护床位为主，鼓励有条件的设置内科、外科、妇科、儿科等床位。床位使用率≥75%。

五、科室设置

（一）临床科室。至少设置全科医疗科、康复医学科、中医科，应当设置内科、外科、妇科、儿科、口腔科、眼科、耳鼻喉科、精神（心理）科、安宁疗护（临终关怀）科、血液净化室等专业科室中的5个科室，有条件的可设置感染性疾病诊室（发热门诊）、老年医学科等科室。

（二）公共卫生科室。至少设置预防保健科、预防接种门诊、妇儿保健门诊、健康教育室、计划生育技术服务室。公共卫生科室宜相对集中设置，有条件的可设置“优生优育优教中心（三优指导中心）”、营养科。

（三）医技等科室。至少设置医学检验科（化验室）、医学影像科、心电图室、西（中）药房。有条件的可设置胃镜室等功能检查室。影像诊断、临床检验、消毒供应室等科室可由第三方机构或者医联体上级医疗机构提供服务。开展手术操作的社区医院应当设置手术室、麻醉科，病理诊断可由第三方机构或者医联体上级医疗机构提供服务。

（四）其他科室。应当设有治疗室、注射室、输液室、处置室、观察室。社区医院应当根据有关规定和临床用血需求设置输血科或者血库。

（五）管理科室。至少设有综合办公室（党建办公室）、医务科（质管科）、护理科、院感科、公共卫生管理科、财务资产科。有条件的可设置双向转诊办公室、信息科、病案室等。

六、人员配置

（一）非卫技人员比例不超过15%。

（二）每床至少配备0.7名卫生技术人员。

（三）医护比达到1∶1.5，每个临床科室至少配备1名具有主治医师及以上职称的执业医师。

（四）全科医师不少于3名，公共卫生医师不少于2名，并配备一定比例的中医类别执业医师。

七、设备设施

有与开展的诊疗科目相应的设备设施。

八、房屋

（一）功能分区合理，流程科学，洁污分流，充分体现保护患者隐私、无障碍设计要求，并符合国家卫生学标准。

（二）房屋建筑耐久年限、建筑安全等级应不低于二级，符合节能环保及抗震设防要求。有污水处理设施，污水排放达标。建有规范的医疗废物暂存处。

（三）业务用房建设应符合《社区卫生服务中心、站建设标准》（建标163—2013）相关要求。

（四）业务用房建筑面积≥3000平方米。每床位净使用面积不少于6平方米。

九、规章制度

社区医院应当严格遵守国家有关法律、法规、规章和技术规范，建立健全各项规章制度，有国家制定或认定的医疗护理等技术操作规程，并成册可用。重点加强以下制度建设：

（一）医疗质量安全制度。按照《社区医院医疗质量安全核心制度要点》有关要求，建立医疗质量安全核心制度，加强医疗质量安全管理。

（二）医院财务管理制度。建立健全会计核算和财务管理制度，严格执行国家财务、会计、资产和审计监督等相关法律法规。

（三）加强基层党组织建设制度。充分发挥党支部政治功能，完善议事决策制度，加强思想政治工作和医德医风建设，建立完善医德医风工作机制与考评制度。加强医院文化建设，培育和塑造医学人文精神，践行和弘扬崇高职业精神。

（四）其他制度。应当建立工作人员职业道德规范与行为准则，人员岗位责任制度，技术人员聘用、培训、管理、考核与奖惩制度，职能科室工作制度，技术服务规范与工作制度，双向转诊制度，投诉调查处理制度，医疗废物管理制度，药品、设备、档案、信息管理等制度。

十、其他要求

开展手术操作的社区医院应当严格执行《医疗技术临床应用管理办法》和医疗机构手术分级管理有关要求，严格落实医疗质量安全核心制度，保障医疗质量与安全。

附件2

社区医院医疗质量安全核心制度要点（试行）

医疗质量安全核心制度是指在诊疗活动中对保障医疗质量和患者安全发挥重要的基础性作用，社区医院及其医务人员应当严格遵守的一系列制度。根据《医疗质量管理办法》，医疗质量安全核心制度共18项。本要点是社区医院实施医疗质量安全核心制度的基本要求。

一、首诊负责制度

（一）定义。指患者的首位接诊医师（首诊医师）在一次就诊过程结束前或由其他医师接诊前，负责该患者全程诊疗管理的制度。社区医院和科室的首诊责任参照医师首诊责任执行。

（二）基本要求。

1.明确患者在诊疗过程中不同阶段的责任主体。

2.保障患者诊疗过程中诊疗服务的连续性。

3.首诊医师应当作好医疗记录，保障医疗行为可追溯。

4.非本医疗机构诊疗科目范围内疾病，应当告知患者或其法定代理人，并建议患者前往相应医疗机构就诊。

二、值班和交接班制度

（一）定义。指医疗机构及其医务人员通过值班和交接班机制保障患者诊疗过程连续性的制度。

（二）基本要求。

1.社区医院应当建立全院性医疗值班体系，包括临床、医技、护理部门以及提供诊疗支持的后勤部门，明确值班岗位职责并保证常态运行。

2.社区医院及科室应当明确各值班岗位职责、值班人员资质和人数。值班表应当在全院公开，值班表应当涵盖与患者诊疗相关的所有岗位和时间。

3.当值医务人员中必须有本机构执业的医务人员，非本机构执业医务人员不得单独值班。当值人员不得擅自离岗，应当在指定的地点休息。

4.各级值班人员应当确保通讯畅通。

5.值班期间所有的诊疗活动必须及时记入病历。

6.交接班内容应当专册记录，并由交班人员和接班人员双签名。

三、查对制度

（一）定义。指为防止医疗差错，保障医疗安全，医务人员对医疗行为和医疗器械、设施、药品等进行复核查对的制度。

（二）基本要求。

1.社区医院的查对制度应当涵盖患者身份识别、临床诊疗行为、设备设施运行和医疗环境安全等相关方面。

2.每项医疗行为都必须查对患者身份。应当至少使用两种身份查对方式，严禁将床号作为身份查对的标识。为无名患者进行诊疗活动时，须双人核对。用电子设备辨别患者身份时，仍需口语化查对。

3.医疗器械、设施、药品、标本等查对要求按照国家有关规定和标准执行。

四、死亡病例讨论制度

（一）定义。指为全面梳理诊疗过程、总结和积累诊疗经验、不断提升诊疗服务水平，对医疗机构内死亡病例的死亡原因、死亡诊断、诊疗过程等进行讨论的制度。

（二）基本要求。

1.死亡病例讨论原则上应当在患者死亡1周内完成。尸检病例须在尸检报告出具后1周内再次讨论。

2.死亡病例讨论应当在全科范围内进行，由科主任主持，必要时邀请医务管理部门和相关科室参加。鼓励邀请医联体内上级医疗机构医师参加，予以指导。

3.死亡病例讨论情况应当按照本机构统一制定的模板进行专册记录，由主持人审核并签字。死亡病例讨论结果应当记入病历。

4.社区医院应当对全部死亡病例及时汇总分析，并提出持续改进意见。

五、病历管理制度

（一）定义。指为准确反映医疗活动全过程，实现医疗服务行为可追溯，维护医患双方合法权益，保障医疗质量和医疗安全，对医疗文书的书写、质控、保存、使用等环节进行管理的制度。

（二）基本要求。

1.社区医院应当建立门诊及住院病历管理和质量控制制度，严格落实国家病历书写、管理和应用相关规定，建立病历质量检查、评估与反馈机制。

2.社区医院病历书写应当做到客观、真实、准确、及时、完整、规范，并明确病历书写的格式、内容和时限。

3.实施电子病历的医疗机构，应当建立电子病历的建立、记录、修改、使用、存储、传输、质控、安全等级保护等管理制度。

4.社区医院应当保障病历资料安全，病历内容记录与修改信息可追溯。

5.鼓励推行病历无纸化。

六、危急值报告制度

（一）定义。指对提示患者处于生命危急状态的检查、检验结果建立复核、报告、记录等管理机制，以保障患者安全的制度。

（二）基本要求。

1.社区医院应当分别建立门诊和住院患者危急值报告具体管理流程和记录规范，确保危急值信息准确，传递及时，信息传递各环节无缝衔接且可追溯。

2.社区医院应当制订可能危及患者生命的各项检查、检验结果危急值清单，并定期调整。

3.出现危急值时，出具检查、检验结果报告的部门报出前，应当双人核对并签字确认，紧急情况下可单人双次核对。对于需要立即重复检查、检验的项目，应当及时复检并核对。

4.外送的检验标本或检查项目存在危急值项目的，医院应当和该单位协商危急值的通知方式，并建立可追溯的危急值报告流程，确保临床科室或患方能够及时接收危急值。

5.临床科室任何接收到危急值信息的人员应当准确记录、复读、确认危急值结果，并立即通知相关医师。

6.社区医院应当统一制订临床危急值信息登记专册和模板，确保危急值信息报告全流程的人员、时间、内容等关键要素可追溯。

七、抗菌药物分级管理制度

（一）定义。指根据抗菌药物的安全性、疗效、细菌耐药性和价格等因素，对抗菌药物进行分级管理使用的制度。

（二）基本要求。

1.根据抗菌药物的安全性、疗效、细菌耐药性和价格等因素，抗菌药物分为非限制使用级、限制使用级与特殊使用级三级。

2.社区医院应当严格按照有关规定建立本机构抗菌药物分级管理目录和医师抗菌药物处方权限，并定期调整。

3.社区医院原则上不使用特殊使用级抗菌药物。确需使用的，通过医联体上级医疗机构专家会诊明确后方可使用，按照规定规范特殊使用级抗菌药物使用流程。

4.社区医院应当按照抗菌药物分级管理原则，建立抗菌药物遴选、采购、处方、调剂、临床应用和药物评价的管理制度和具体操作流程。

八、新技术和新项目准入制度

（一）定义。指为保障患者安全，对于本医疗机构首次开展临床应用的医疗技术或诊疗方法实施论证、审核、质控、评估全流程规范管理的制度。

（二）基本要求。

1.社区医院拟开展的新技术和新项目应当为安全、有效、经济、适宜、能够进行临床应用的技术和项目。

2.社区医院应当明确本机构医疗技术和诊疗项目临床应用清单并定期更新。

3.社区医院应当建立新技术和新项目审批流程，所有新技术和新项目必须经过技术管理和医学伦理审核通过后，方可开展临床应用。必要时可依托医联体牵头单位进行技术管理和医学伦理审核，并在其指导下开展临床应用。

4.新技术和新项目临床应用前，要充分论证可能存在的安全隐患或技术风险，并制订相应预案。

5.社区医院应当明确开展新技术和新项目临床应用的专业人员范围，并加强新技术和新项目质量控制工作。

6.社区医院应当建立新技术和新项目临床应用动态评估制度，对新技术和新项目实施全程追踪管理和动态评估。

7.社区医院开展临床研究的新技术和新项目按照国家有关规定执行。

九、信息安全管理制度

（一）定义。指医疗机构按照信息安全管理相关法律法规和技术标准要求，对医疗机构患者诊疗信息的收集、存储、使用、传输、处理、发布等进行全流程系统性保障的制度。

（二）基本要求。

1.社区医院应当依法依规建立覆盖患者诊疗信息管理全流程的制度和技术保障体系，完善组织架构，明确管理部门，落实信息安全等级保护等有关要求。

2.社区医院主要负责人是医疗机构患者诊疗信息安全管理第一责任人。

3.社区医院应当建立患者诊疗信息安全风险评估和应急工作机制，制订应急预案。

4.社区医院应当确保实现本机构患者诊疗信息管理全流程的安全性、真实性、连续性、完整性、稳定性、时效性、溯源性。

5.社区医院应当建立患者诊疗信息保护制度，使用患者诊疗信息应当遵循合法、依规、正当、必要的原则，不得出售或擅自向他人或其他机构提供患者诊疗信息。

6.社区医院应当建立员工授权管理制度，明确员工的患者诊疗信息使用权限和相关责任。社区医院应当为员工使用患者诊疗信息提供便利和安全保障，因个人授权信息保管不当造成的不良后果由被授权人承担。

7.社区医院应当不断提升患者诊疗信息安全防护水平，防止信息泄露、毁损、丢失。定期开展患者诊疗信息安全自查工作，建立患者诊疗信息系统安全事故责任管理、追溯机制。在发生或者可能发生患者诊疗信息泄露、毁损、丢失的情况时，应当立即采取补救措施，按照规定向有关部门报告。

社区医院提供住院诊疗服务的还应当建立以下制度：

十、查房制度

（一）定义。指患者住院期间，由不同级别的医师以查房的形式实施患者评估、制订与调整诊疗方案、观察诊疗效果等医疗活动的制度。

（二）基本要求。

1.实行科主任领导下的1个不同级别的医师查房制度，有条件的社区医院应当实行三级查房制度。鼓励医联体内上级医疗机构医师定期查房指导，与社区医院医生形成三级查房模式。

2.遵循下级医师服从上级医师，所有医师服从科主任的工作原则。

3.社区医院应当明确各级医师的医疗决策和实施权限。

4.社区医院应当严格明确查房周期。工作日每天至少查房2次，非工作日每天至少查房1次，查房医师中最高级别的医师每周至少查房2次，低级别的医师每周至少查房3次。有开展手术的，术者必须亲自在术前和术后24小时内查房。通过医联体组建联合病房的，上级医疗机构医师每周至少查房1次。

5.社区医院应当明确医师查房行为规范，尊重患者、注意仪表、保护隐私、加强沟通、规范流程。

6.开展护理、药师查房的可参照上述规定执行。

十一、会诊制度

（一）定义。会诊是指出于诊疗需要，由本科室以外或本机构以外的医务人员协助提出诊疗意见或提供诊疗服务的活动。规范会诊行为的制度称为会诊制度。

（二）基本要求。

1.按会诊范围，会诊分为机构内会诊和机构外会诊。机构内多学科会诊、医联体上级医疗机构会诊应当由医疗管理部门组织。

2.按病情紧急程度，会诊分为急会诊和普通会诊。机构内急会诊应当在会诊请求发出后10分钟内到位，普通会诊应当在会诊发出后24小时内完成。

3.社区医院应当统一会诊单格式及填写规范，明确各类会诊的具体流程。

4.原则上，会诊请求人员应当陪同完成会诊，会诊情况应当在会诊单中记录。会诊意见的处置情况应当在病程中记录。

5.前往或邀请机构外会诊，应当严格遵照国家有关规定执行。

十二、分级护理制度

（一）定义。指医护人员根据住院患者病情和（或）自理能力进行分级别护理的制度。

（二）基本要求。

1.社区医院应当按照国家分级护理管理相关指导原则和护理服务工作标准，制定本机构分级护理制度。

2.原则上，护理级别分为特级护理、一级护理、二级护理、三级护理4个级别。

3.医护人员应当根据患者病情和自理能力变化动态调整护理级别。

4.患者护理级别应当明确标识。

十三、疑难病例讨论制度

（一）定义。指为尽早明确诊断或完善诊疗方案，对诊断或治疗存在疑难问题的病例进行讨论的制度。

（二）基本要求。

1.社区医院及临床科室应当明确疑难病例的范围，包括但不限于出现以下情形的患者：没有明确诊断或诊疗方案难以确定、疾病在应有明确疗效的周期内未能达到预期疗效、非计划再次住院和非计划再次手术、出现可能危及生命或造成器官功能严重损害的并发症等。

2.疑难病例均应当由科室或医务管理部门组织开展讨论。讨论原则上应当由科主任主持，全科人员参加。必要时邀请相关科室人员或机构外人员参加。

3.社区医院应当统一疑难病例讨论记录的格式和模板。讨论内容应当专册记录，主持人需审核并签字。讨论的结论应当记录在病历中。

4.参加疑难病例讨论成员中应当至少有2人具有主治及以上专业技术职务任职资格。

十四、患者抢救与转诊制度

（一）定义。指针对患者出现严重并发症或者病情急性加重等情况，进行抢救与转诊，并对流程进行规范的制度。

（二）基本要求。

1.社区医院应当明确患者抢救的范围，包括但不限于出现以下情形的患者：出现严重合并症或并发症，病情急性加重；病情危重，不立即处置可能存在危及生命或出现重要脏器功能严重损害；生命体征不稳定并有恶化倾向等。

2.社区医院应当建立患者抢救与转诊制度，制订相关预案，提升医务人员对病情评估能力，及时识别病情危重状态，确保急危重患者优先救治。与上级医疗机构建立转诊绿色通道机制，及时将经抢救患者转诊至上级医疗机构。

3.社区医院应当配置必要的抢救设备和药品，并建立急救资源调配机制。

4.临床科室开展患者抢救时，由现场职称和年资最高的医师主持。紧急情况下医务人员参与或主持急危重患者的抢救，不受其执业范围限制。

5.抢救完成后6小时内应当将抢救记录记入病历，记录时间应当具体到分钟，主持抢救的人员应当审核并签字。

社区医院开展手术操作相关项目，还应当建立以下制度：

十五、术前讨论制度

（一）定义。指以降低手术风险、保障手术安全为目的，在患者手术实施前，医师必须对拟实施手术的手术指征、手术方式、预期效果、手术风险和处置预案等进行讨论的制度。

（二）基本要求。

1.除以紧急抢救生命为目的的急诊手术外，所有住院患者手术必须实施术前讨论，术者必须参加。

2.术前讨论的范围包括手术组讨论、医师团队讨论、病区内讨论和全科讨论。临床科室应当明确本科室开展的各级手术术前讨论的范围并经医务部门审定。全科讨论应当由科主任或其授权的副主任主持，必要时邀请医务管理部门和相关科室参加。患者手术涉及多学科或存在可能影响手术的合并症的，应当邀请相关科室参与讨论，或事先完成相关学科的会诊。

3.术前讨论完成后，方可开具手术医嘱，签署手术知情同意书。

4.术前讨论的结论应当记入病历。

十六、手术安全核查制度

（一）定义。指在麻醉实施前、手术开始前和患者离开手术室前对患者身份、手术部位、手术方式等进行多方参与的核查，以保障患者安全的制度。

（二）基本要求。

1.区医院应当建立手术安全核查制度和标准化流程。

2.手术安全核查过程和内容按国家有关规定执行。

3.手术安全核查表纳入病历。

十七、手术分级管理制度

（一）定义。指为保障患者安全，按照手术风险程度、复杂程度、难易程度和资源消耗不同，对手术进行分级管理的制度。

（二）基本要求。

1.按照手术风险性和难易程度不同，手术分为四级。具体要求按照国家有关规定执行。

2.社区医院应当建立手术分级管理工作制度和手术分级管理目录。

3.社区医院应当建立手术分级授权管理机制，建立手术医师技术档案。

4.社区医院应当对手术医师能力进行定期评估，根据评估结果对手术权限进行动态调整。

十八、临床用血审核制度

（一）定义。指在临床用血全过程中，对与临床用血相关的各项程序和环节进行审核和评估，以保障患者临床用血安全的制度。

（二）基本要求。设置输血科或者血库的社区医院应当达到以下要求：

1.社区医院应当严格落实国家关于医疗机构临床用血的有关规定，设立临床用血管理委员会或工作组，制订本机构血液预订、接收、入库、储存、出库、库存预警、临床合理用血等管理制度，完善临床用血申请、审核、监测、分析、评估、改进等管理制度、机制和具体流程。

2.临床用血审核包括但不限于用血申请、输血治疗知情同意、适应证判断、配血、取血发血、临床输血、输血中观察和输血后管理等环节，并全程记录，保障信息可追溯，健全临床合理用血评估与结果应用制度、输血不良反应监测和处置流程。

3.社区医院应当完善急救用血管理制度和流程，保障急救治疗需要。

国家卫生健康委办公厅关于印发乡镇卫生院服务能力评价指南（2019 年版）和社区卫生服务中心服务能力评价指南（2019 年版）的通知

（2019 年 3 月 19 日）

各省、自治区、直辖市及新疆生产建设兵团卫生健康委：

按照《关于开展“优质服务基层行”活动的通知》（国卫基层函〔2018〕195号）要求，根据《乡镇卫生院服务能力标准（2018年版）》和《社区卫生服务中心服务能力标准（2018年版）》，我委组织编写了《乡镇卫生院服务能力评价指南（2019年版）》和《社区卫生服务中心服务能力评价指南（2019年版）》。现印发给你们，请参照执行。

各级地方卫生健康行政部门要加强组织领导，建立专家队伍，开展宣传培训，指导乡镇卫生院和社区卫生服务中心按照评价指南要求，开展自评，查找不足，不断提升服务能力，优化服务模式，改善服务质量，保障医疗安全，规范机构管理，努力为城乡居民提供优质、高效的基层医疗卫生服务。

省级卫生健康行政部门要及时将“优质服务基层行”活动开展情况和评价指南应用中存在的问题、有关建议报送我委基层司。

附件（略）：

1.乡镇卫生院服务能力评价指南（2019年版）

2.社区卫生服务中心服务能力评价指南（2019年版）

国家卫生健康委办公厅

2019年3月19日

国家卫生健康委办公厅关于开展社区医院建设试点工作的通知

（2019 年 2 月 27 日）

河北省、山西省、内蒙古自治区、黑龙江省、江苏省、安徽省、江西省、山东省、河南省、湖北省、湖南省、广东省、广西壮族自治区、海南省、重庆市、四川省、云南省、陕西省、甘肃省、青海省卫生健康委：

为贯彻落实党的十九大精神和健康中国战略部署，满足人民群众对基本医疗卫生服务的需求，我委决定在有条件的地区开展社区医院建设试点工作，现将有关事宜通知如下：

一、试点意义

开展社区医院建设试点工作是提升基层医疗卫生服务能力的有力抓手，是推进分级诊疗制度建设的重大举措，是推动构建优质高效的医疗卫生服务体系的内在要求。推进社区医院建设试点，有利于合理拓展基层医疗卫生服务功能，有利于提升基层医疗卫生机构影响力和社会地位，有利于提升广大基层卫生人员的职业自信和归属感，有利于提升居民对基层医疗卫生机构的信任度和利用率。

二、试点原则

（一）坚持以居民健康为中心，以发展为主线，以满足人民群众基本医疗卫生服务需求为出发点的原则，进一步提升群众对基层医疗卫生机构的信任度和获得感。

（二）坚持试点起步，稳步推开的原则，既要勇于创新，敢于担当，启动社区医院试点工作，又要稳妥有序，久久为功，成熟一个设置一个，数量服从质量。

（三）坚持社区医院防治结合的功能定位和公益性质，加挂社区医院牌子后，经营性质不变，现有财政补偿水平和优惠政策不降低不缩水。

三、试点范围

（一）兼顾不同地区经济社会发展和基层发展水平，在自愿申请的基础上，2019年在河北等20个省（区、市）开展试点，2020年在总结评估的基础上稳步推进。

（二）省内的试点范围由试点省份结合实际自行确定，可以在省内的一个地市开展试点，也可在全省范围内开展试点。

（三）试点机构以社区卫生服务中心为主，鼓励在条件具备的乡镇卫生院开展试点。

四、试点机构遴选条件

原则上，试点地区满足以下条件的基层医疗卫生机构即可申请作为试点机构：

（一）区县级党委政府重视并支持社区医院建设，能够加大资金投入，深化体制机制改革，为社区医院建设营造良好环境，特别是在加挂社区医院牌子后财政经常性投入不降低。

（二）基层医疗卫生机构具备较强的服务能力和一定规模的服务人口，实际开放床位数≥30张，床位使用率≥75%，业务用房建筑面积≥3000平方米。

（三）加强与优质服务基层行活动的衔接，对于达到《社区卫生服务中心服务能力标准（2018年版）》和《乡镇卫生院服务能力标准（2018年版）》推荐标准的机构，优先作为试点机构。

五、主要建设任务

作为试点的社区卫生服务中心和乡镇卫生院，主要从以下方面开展建设：

（一）补齐短板，健全临床科室设置和设备配备。一是在临床科室方面，在《社区卫生服务中心基本标准》科室设置要求的基础上，至少设置内科、外科、妇科、儿科、口腔科、眼科、耳鼻喉科、精神（心理）科、安宁疗护（临终关怀）科、血液透析科等专业科室中的5个二级学科科室，有条件的可设置部分三级学科科室。二是在医技等科室方面，至少设置医学检验科（化验室）、医学影像科、心电图室、西（中）药房。有条件的可设置胃镜室等功能检查室。影像诊断、临床检验等科室可由第三方机构或者医联体上级医疗机构提供服务。三是在其他科室方面，应当设有治疗室、注射室、输液室、处置室、观察室，并根据有关规定和临床用血需求设置输血科或者血库。同时，至少设有综合办公室（党建办公室）、医务科（质管科）、护理科、院感科、公共卫生管理科、财务资产科。有条件的可设置信息科、病案室等。四是配备与开展的诊疗科目相应的设备，逐步实现服务同质化。

（二）抓住重点，提升基本医疗服务能力。一是提高门诊常见病、多发病诊治能力，提供一般疾病的诊断、治疗、康复、护理服务，鼓励结合群众需求建设特色科室。二是加强住院病房建设，合理设置床位，可按照服务人口1.0–1.5张/千人配置。社区医院主要以老年、康复、护理、安宁疗护床位为主，鼓励有条件的设置内科、外科、妇科、儿科等床位，开设家庭病床，不断提高病床使用效率。三是提高中医药服务和医疗康复能力，推广中医药综合服务模式，广泛推广和运用中医药适宜技术，为群众提供中医特色服务。四是加强医疗质量建设，以医疗质量安全为底线，落实医疗质量安全核心制度，规范医疗行为，严格机构内部管理。五是积极参与医联体建设，促进优质医疗资源下沉，强化医联体内上级医院对基层医疗卫生机构资源与技术的支持，提升基层医疗服务质量。鼓励与医联体内上级医院开设联合病房。

（三）深化改革，提高辖区综合服务水平。一是加强防治融合，按照服务规范落实国家基本公共卫生服务项目，推进基本慢性病防、治、管整体融合发展，逐步实现同质化管理。二是发挥社区医院的示范标杆作用，承担区域性基层健康管理（体检）中心、康复护理中心、安宁养护中心、基层卫生人才培训中心等职能，体现区域基层卫生资源的集合效应。三是改革创新，优化基层运行机制。落实机构补偿、人事聘用、考核分配等医改政策，形成机构有活力、医务人员有动力的良好机构运行氛围，进一步赢得居民认可和信任。四是严格遵守国家有关法律、法规、规章和技术规范，建立健全各项规章制度，加强基层党组织建设制度、医院财务管理制度等建设。

六、工作程序和命名原则

作为社区医院试点的基层医疗卫生机构按照建设任务进行建设，经省级卫生健康行政部门评估合格后，加挂社区医院牌子。原则上以“××县（市、区）××社区医院”、“××县（市、区）第×医院”或“××县（市、区）××医院××分院”牌子作为第二名称，可不标注“社区”字样。社区卫生服务中心和乡镇卫生院作为机构的第一名称保持不变。

加挂社区医院牌子后，社区医院可以开展一级、二级手术，经评估达到二级医院水平的可以开展三级及以下级别手术。开展手术操作的社区医院应当设置手术室、麻醉科，病理诊断可由第三方机构或者医联体上级医疗机构提供服务。

七、时间安排

（一）启动试点工作。试点省份结合本省实际确定本省（区、市）试点范围和试点地区，研究确定2019年试点工作实施方案和试点范围。2019年4月10日前，各试点省份将试点工作实施方案和试点地区名单报我委备案。

（二）组织实施。试点地区根据实施方案，遵循自愿的原则，遴选试点机构，并指导试点机构完成主要建设任务。省级卫生健康行政部门负责试点工作的监督指导和考核评价，开展对试点工作在机构运行、服务提供、群众满意度等方面的运行监测，协调相关部门为试点地区和机构争取相关支持性政策。

（三）评估挂牌。省级卫生健康行政部门应当于2019年10月31日前组织专家对试点机构进行评估，对完成建设任务并达到标准的基层医疗卫生机构，按照《医疗机构管理条例》有关规定，由负责相应审批权限的卫生健康行政部门及时在《医疗机构执业许可证》中加注社区医院名称，加挂社区医院牌子。2019年11月30日前，各试点省份将社区医院建设试点工作总结报送我委。

八、工作要求

（一）统一思想认识。各级卫生健康部门要充分认识开展社区医院建设试点工作的重要意义，加强领导，认真组织实施，确保试点工作平稳有序开展。各试点机构要把握机遇，强化管理，大胆探索，勇于创新，务求取得实效。

（二）健全工作机制。试点工作原则上以县（市、区）为单位组织实施。

试点地区卫生健康部门要在当地政府领导下，制订试点实施方案，启动试点工作。省级卫生健康行政部门负责试点工作的监督指导和考核评价。要按照试点目的和深化医改任务要求，协调相关部门为试点地区和机构争取相关支持性政策，允许试点医疗机构自主调节基础性和奖励性绩效工资比例，加大奖励性绩效工资占比，并定期向我委报送试点工作建设进展。

（三）适时总结推广。鉴于社区医院建设试点工作涉及面广，社会和群众较为关注，且各地基层医疗卫生机构基础条件差异较大，各地要坚持解放思想，实事求是，及时研究解决试点工作中遇到的困难和问题，为建立健全与人民群众医疗卫生需求相适应的基层医疗卫生服务体系积累宝贵经验。试点地区原有政策措施与本通知不一致的，以本通知为准。我委将适时组织对试点工作进展情况进行指导检查。

国家卫生健康委办公厅

2019年2月27日

民政部、财政部、卫生计生委、中国残联关于加快精神障碍社区康复服务发展的意见

（2017 年 10 月 26 日）

各省、自治区、直辖市民政厅（局）、财政厅（局）、卫生计生委、残联，新疆生产建设兵团民政局、财务局、卫生局、残联：

精神卫生问题是影响经济社会发展的重大公共卫生问题和社会问题。当前，我国严重精神障碍患者人数众多，患病率居高不下且因病致残、致贫现象十分突出。社区康复服务是精神障碍患者恢复生活自理能力和社会适应能力，最终摆脱疾病、回归社会的重要途径，是多学科、多专业融合发展的社会服务。近年来，在各级党委政府的领导下，相关部门积极探索推动“社会化、综合性、开放式”的精神障碍社区康复服务工作，取得了良好成效，但与精神障碍患者的社区康复服务需求相比，还存在服务供给不足、区域发展不平衡、工作机制不健全等突出问题。加快精神障碍社区康复服务发展，是贯彻落实“健康中国2030”规划纲要，努力实现残疾人“人人享有康复服务”目标的重要举措，是贯彻落实《中华人民共和国精神卫生法》，坚持预防、治疗、康复相结合的原则，补齐精神卫生康复体系短板的必然要求，有利于预防精神障碍患者致残致贫，有利于促进患者家庭减轻负担、精准脱贫、加快全面小康进程，对于促进患者家庭幸福和社区和谐，维护社会稳定具有重要意义。

一、总体要求

（一）指导思想。全面贯彻党的十九大精神，按照“四个全面”战略布局和党中央、国务院决策部署，牢固树立和贯彻落实创新、协调、绿色、开放、共享的发展理念，进一步完善体制机制，着力推进资源整合和政策协调，着力

加强服务供给和质量提升，不断满足精神障碍患者多层次、多样化社区康复服务需求。

（二）基本原则。

坚持政府主导，社会参与。发挥政府在规划制定、政策扶持、资金投入、监督管理等方面的主导作用，将精神障碍社区康复服务工作纳入精神卫生服务体系，统一部署，协调推进。搭建跨部门合作机制和开放式服务平台，引导和激励社会组织、企事业单位、社区组织、家庭和个人参与服务。

坚持需求为本，强化服务。以促进精神障碍患者生活自理、回归社会为最终目标，不断整合拓展医学康复、教育康复、职业康复、社会康复等专业服务，推动形成全方位、全生命周期的服务模式。

坚持统筹推进，分类指导。加强顶层制度设计和科学布局，促进精神障碍社区康复服务重要制度、重要机制基本成型。强化基层实践和创新，分类指导，精准发力，有针对性解决不同地区的发展问题。

（三）工作目标。到2025年，80%以上的县（市、区）广泛开展精神障碍社区康复服务。在开展精神障碍社区康复的县（市、区），60%以上的居家患者接受社区康复服务，患者病情复发率、致残率显著降低，自理率、就业率不断提高。形成一批具有推广价值的技术规范和服务模式，基本建立家庭为基础、机构为支撑、“社会化、综合性、开放式”的精神障碍社区康复服务体系。

二、主要任务

（一）着力拓展服务供给。加大政府投入，积极引导社会力量参与，不断优化服务存量，扩充服务增量，大力推进服务主体多元化、服务形式多样化。

建立健全基层服务网络。贯彻落实《中华人民共和国精神卫生法》相关要求，由县级人民政府根据区域实际，统筹规划精神障碍社区康复机构建设。有需求和条件的地方，应充分利用现有资源，重点设立以区（县）为服务范围的精神障碍社区康复机构，大力支持有条件的地区开展以城乡社区为范围的精神障碍社区康复服务，增强服务的可及性、灵活性、个性化。加强资源整合，促进精神障碍患者社区康复服务与医疗救治、社会救助、长期照料、就业服务的衔接配合，构建满足精神障碍患者全面康复需要的全人服务网络。

大力培育服务机构。鼓励有条件的地区新建、改扩建一批政府投资举办的精神障碍社区康复机构。民政举办的精神卫生社会福利机构和有条件的残疾人康复中心要普遍开展精神障碍社区康复服务，并对精神障碍社区康复机构发挥辐射带动作用。新建城乡社区服务机构、政府投资新建的残疾人托养机构要设置精神障碍社区康复服务功能，预留服务场地。鼓励现有城乡社区服务机构、残疾人托养机构积极创造条件，为精神障碍社区康复服务提供场地。精神卫生专业机构、社区卫生服务机构应当发挥技术优势，支持精神障碍社区康复服务。支持成立民办非营利精神障碍社区康复机构，符合慈善组织条件的，可直接向民政部门依法申请登记。培育一批民办精神障碍社区康复机构、从事精神障碍社区康复服务的社会工作专业机构和社会组织。现有精神障碍社区康复机构要通过增加服务项目、提升专业水平等方式挖潜增效，增强服务能力。鼓励社会力量参与精神障碍社区康复机构建设，有条件的地区可以探索在服务设施、运行补贴、职称待遇等方面给予一系列扶持政策。

不断丰富服务形式。通过政府购买服务等方式，鼓励和引导社会组织开展精神障碍社区康复工作。围绕精神障碍患者提高生活自理能力、社会适应能力、恢复职业能力等需求，不断丰富服药训练、生活技能训练、社交技能训练、职业能力训练、居家康复指导等服务项目，因地制宜、积极发挥农疗站、工疗站、日间中心、中途宿舍、精神康复综合服务中心、康复会所、阳光家园等不同类型的服务机构作用，为精神障碍患者提供多种类型的康复服务。鼓励精神障碍社区康复机构开展连锁化、品牌化服务。逐步建立精神障碍社区康复服务的个案管理制度，大力推行精准康复。鼓励精神障碍患者参与社区志愿服务活动，发挥自身价值作用，积极接触社会、融入社会。

（二）探索建立服务转介机制。加强精神障碍治疗与康复资源的整合协调，建立信息共享、衔接顺畅、运转有序的服务转介系统，逐步打通医疗、康复服务循环梗阻。

搭建信息转介平台。以区县为单位，依托辖区精神卫生专业机构、区县社会福利院、残疾人康复中心、精神障碍社区康复机构等资源，建设区县级精神障碍患者社区康复资源平台，承担所辖区域精神障碍患者社区康复需求汇总、转介、调剂等服务工作，加强与卫生计生部门严重精神障碍管理系统的信息比对，形成精神卫生专业机构、精神障碍社区康复机构、精神障碍患者和家庭之间的服务信息交换平台和资源调配平台。加强精神障碍社区康复患者档案管理，充分应用信息化手段，提高社区康复资源数据共享与交换的管理能力和服务能力。

建立康复转介机制。精神卫生专业机构要开展精神障碍患者出院康复评估，并向精神障碍患者和监护人提供社区康复建议及相关信息。适宜参加社区康复的患者，经患者和监护人同意后可由医院转介到相应地区的精神障碍患者社区康复资源平台。建立绿色通道，精神障碍患者社区康复期间病情复发的，可通过精神障碍社区康复机构向医院快速转介。

建立就业转介机制。对病情稳定、具有就业意愿且具备就业能力的精神障碍患者，经功能评估合格后，可由精神障碍社区康复机构直接向相关单位推荐就业，或转介到残疾人就业服务机构、其他就业服务机构推荐就业。精神障碍患者就业后，社区康复机构可协助做好有关辅导工作。鼓励各类企事业单位设置公益性庇护性工作岗位，为精神障碍患者提供更多就业机会。

（三）支持家庭更好发挥主体作用。采取有效措施，不断巩固和增强家庭照护功能，促进家庭成为精神障碍社区康复服务体系的重要力量和资源。

强化家庭监护主体责任。监护人要依法履行对精神障碍患者的监护职责和扶养、抚养、赡养等义务，不得虐待、遗弃患者。要密切关注患者病情变化，学习掌握相关知识技能，照料患者日常生活，积极引导患者在家开展康复活动和参加社区康复，协助医疗机构和社区康复机构做好相关康复工作。监护人不履行监护职责或者侵害被监护人合法权益的，应按照有关法律规定承担责任。

构建社区支持网络。村（居）民委员会应当为生活困难的精神障碍患者家庭提供帮助，并向所在地乡镇人民政府或者街道办事处以及县级人民政府有关部门反映患者及其家庭的情况和要求，帮助其解决实际困难，为患者融入社会创造条件。有条件的地区要建立以家属照护者、社区康复协调员、残疾人专职委员、民政专干、社区医务人员、片警等相关人员为主的综合管理小组。精神卫生专业机构和精神障碍社区康复机构要引导家庭照护者建立互助小组，协调组织有能力的社区志愿者和志愿服务组织为有需要的家庭提供志愿服务。乡镇卫生院、社区卫生服务机构应当建立严重精神障碍患者的健康档案，对在家居住的严重精神障碍患者进行定期随访，指导患者服药和开展康复训练。

创新政策支持体系。将家庭照护者居家康复、照护技能培训纳入精神障碍社区康复基本服务范围，定期组织家庭照护者学习交流。支持建立不同规模的精神障碍患者家庭照护支援中心，为家庭提供照护资讯、政策咨询、情感支持等专业服务。鼓励有条件的地区探索实施精神障碍患者家庭照护者喘息服务，缓解家庭压力。积极实施以奖代补政策，确保精神障碍患者监护责任落到实处。全面实施困难残疾人生活补贴和重度残疾人护理补贴制度，有条件的地区可将持有二代残疾人证并且残疾等级为三级、四级的精神障碍患者纳入护理补贴范围，已开展长期护理保险试点的地区，要做好重度残疾人护理补贴与长期护理保险的统筹衔接。

（四）提高服务管理水平。依法构建科学的管理机制，推动精神障碍社区康复服务规范化、标准化、专业化发展，切实维护精神障碍患者和服务机构的合法权益。

健全管理服务机制。推进精神障碍社区康复服务放管结合，加强民办非营利精神障碍社区康复机构内部治理建设。建立精神障碍社区康复机构法人登记管理和业务管理分工明确、有机衔接、规范高效的管理机制。精神障碍社区康复机构要依照法律法规政策和章程健全内部管理制度，从事医疗康复和护理的人员必须具备相应职业资格。支持精神障碍社区康复机构建立行业组织，发挥管理服务协调作用。

建立技术指导体系。以精神卫生、社会工作、社区康复等领域专家学者和经验丰富的实践工作者为骨干，建立部、省、市三级精神障碍社区康复专家技术指导组，有条件的地区可以建立县级专家技术指导组。专家技术指导组通过研讨、培训、评估、调研等方式，对所辖范围内精神障碍社区康复服务进行技术指导。以市为单位，建立精神卫生专业机构对精神障碍社区康复服务定期指导制度，建立社会工作专业机构对精神障碍社区康复服务的定期督导制度。支持通过定点指导或对口帮扶等方式，协助精神障碍社区康复机构提高服务水平。

强化质量安全管理。强化服务机构质量安全主体责任，指导精神障碍社区康复机构健全安全管理预案，加强安全管理能力建设。探索制定精神障碍社区康复服务协议范本，积极引导服务机构与患者或监护人签订服务协议。开展服务质量评估示范活动，鼓励服务机构建立服务质量管理体系。严禁未经有关部门批准、登记或备案，擅自开展精神障碍社区康复服务。支持精神障碍患者维护自身合法权益。

积极推进标准化和标准认证。培养一批标准化技术人才，研究制定精神障碍社区康复服务标准体系，在信息转介、基本服务、管理制度、成熟模式等重点领域扶持制定一批标准和操作规范。加强标准推广应用，鼓励精神障碍社区康复机构参加标准认证，并采用第三方认证手段进行规范。

三、保障措施

（一）加强组织领导。建立政府组织领导、部门各负其责、家庭、单位和个人尽力尽责、全社会共同参与的综合管理机制。将精神障碍社区康复服务发展纳入各级政府重要议事日程，加强统筹规划和组织协调。民政部、卫生计生委、中国残联要各司其职、加强协调，统筹指导全国精神障碍社区康复服务工作。民政部牵头推进精神障碍社区康复服务工作，促进精神障碍社区康复与残疾人社会福利服务、社区建设、社会工作等业务的融合发展；卫生计生委要将精神障碍康复服务纳入精神卫生服务体系，提供医疗技术支持，促进精神障碍预防、治疗、康复工作有机衔接；中国残联要促进精神障碍社区康复服务与残疾人康复工程、托养服务、就业服务等工作同步有序推进。

（二）加强政策协调。充分发挥相关政策作用，推动形成精神障碍社区康复服务发展政策合力。促进社区康复与精神卫生服务体系相协调，努力实现精神障碍预防、治疗、康复均衡发展，推进社区康复在精神卫生综合管理试点中取得突破，促进精神卫生专业机构康复服务、社区卫生服务与社区康复服务的有效衔接。促进社区康复与综合治理相协调，将精神障碍社区康复服务纳入严重精神障碍患者救治救助工作体系，防范肇事肇祸事件发生，推动落实严重精神障碍患者监护职责以奖代补政策与社区康复服务相互支持，促进严重精神障碍患者家庭和谐与社会稳定。促进社区康复与残疾人福利政策相协调，将精神障碍社区康复服务纳入残疾人基本康复服务目录和残疾人社区康复体系，促进精神障碍社区康复服务与残疾人托养服务、残疾人就业服务的衔接配合。

（三）加强资金支持。各地应当建立健全多元化资金投入机制，统筹保障精神障碍社区康复服务所需经费。财政部门要根据精神障碍社区康复服务需求等情况，合理编制支出预算。民政部门要运用留归民政部门使用的彩票公益金对精神障碍社区康复服务给予支持。卫生计生部门要对精神障碍社区康复服务给予技术支持，并将其纳入精神卫生工作支持范围。残联要将精神障碍社区康复服务纳入精准康复、精准扶贫支持范围。政府资助或享受税收优惠政策的残疾人辅助性就业单位、集中使用残疾人用人单位要积极安排病情稳定、有就业意愿且具备就业能力的精神障碍患者。有条件的地区可根据精神障碍社区康复机构服务人数、次数、质量、效果等，通过政府购买服务方式支持其开展精神障碍康复服务。支持符合条件的精神障碍社区康复社会组织依法取得慈善组织公开募捐资格，开展公开募捐活动。鼓励社会力量通过设立专项基金、定向捐赠等公益慈善方式，资助精神障碍社区康复服务。

（四）加强队伍建设。通过招聘引进等方式，广泛建立以精神科医师、社会工作者为核心，以护士、心理治疗师、心理咨询师、公共卫生医师、康复师、社区康复协调员、其他社区康复服务人员为重要专业力量的综合服务团队。加强精神障碍社区康复服务理论研究和科技创新，重点突破一批基础性、关键性、实用性康复技术。依托现有资源，在省级层面和有条件的地市级层面，设立精神障碍社区康复服务培训基地，大力开展精神障碍社区康复服务培训。要通过设立社会工作岗位、加强社会工作培训等方式，积极引入和培育一支熟练掌握精神障碍社区康复服务知识技能的社会工作者队伍。

（五）加强督查指导。建立精神障碍社区康复服务发展评估体系，依托专家技术指导组定期检查评估各地工作情况。将精神障碍社区康复服务发展纳入地方政府目标管理体系和社会治安综合治理考评体系，纳入民政、卫生计生、残联相关年度考核范围。加强经验总结，向全国普及推广一批符合中国国情、普遍适用、科学有效的社区康复服务模式，加快工作滞后地区发展进程，缩小区域发展差距。同时，加大相关政策及工作推进的宣传力度，营造全社会关心关注精神障碍社区康复服务工作的良好舆论氛围。

民政部
财政部
卫生计生委
中国残疾人联合会
2017年10月26日

国家卫生计生委办公厅关于推进建设群众满意的乡镇卫生院和优质服务示范社区卫生服务中心活动的通知

（2017 年 4 月 7 日）

各省、自治区、直辖市卫生计生委，新疆生产建设兵团卫生局：

按照2017年全国基层卫生工作会议精神和《关于印发基层医疗卫生服务能力提升年活动实施方案的通知》（国卫办基层函〔2017〕238号）要求，为推动基层医疗卫生服务能力提升年活动取得实效，我委将深入开展建设群众满意的乡镇卫生院活动，同时启动建设优质服务示范社区卫生服务中心活动。现将有关要求通知如下。

一、提高思想认识，充分认识活动的重要意义

乡镇卫生院和社区卫生服务中心是直接为群众提供基本医疗和基本公共卫生服务的窗口单位，群众的满意和信任是引导群众到基层就医的前提和基础，是建立有序就医秩序、推动分级诊疗制度建立的保障。各省（区、市）要以建设群众满意的乡镇卫生院和优质服务示范社区卫生服务中心活动为契机，指导乡镇卫生院和社区卫生服务中心积极参与活动，对照标准和要求自查整改，尤其要在提高诊疗服务、规范服务行为、强化医疗质量安全和提升居民感受度等方面下功夫，以活动促发展，不断提高群众对基层医疗卫生机构的利用率和信任度。各省（区、市）要将建设群众满意的乡镇卫生院和优质服务示范社区卫生服务中心活动作为基层医疗卫生服务能力提升年活动的主要内容和重要抓手同部署、同实施、同考核，以遴选一批群众满意的乡镇卫生院和优质服务示范社区卫生服务中心为目标，进一步夯实基层卫生服务网底，提升基层卫生服务能力。

二、突出工作重点，切实提高医疗卫生服务能力

各省（区、市）要围绕基层医疗卫生服务能力提升年活动实施方案，突出工作重点，着力解决群众最关切、反映最强烈的问题。要以需求为导向，做实家庭医生签约服务，完善签约服务内涵和流程，提升签约服务的质量和效果。要不断提高基层医疗卫生机构的门急诊、检验检查等服务能力，注重提高乡镇卫生院的住院服务能力，鼓励有条件的开展特色科室建设，同时加强医疗核心制度建设，强化医疗质量和安全。大力推广中医药适宜技术，积极为群众提供简、便、验、廉的中医药服务。要规范开展基本公共卫生服务，及时梳理辖区居民健康问题，着力提高基本公共卫生服务的绩效。要充分发挥好信息化在提升服务能力等方面的作用。

三、加强组织领导，扎实推进活动深入开展

各省（区、市）要根据《2016—2017年度建设群众满意的乡镇卫生院活动工作方案》和《建设优质服务示范社区卫生服务中心活动工作方案》（见附件1、2）要求，结合本地实际，进一步细化实化工作方案，及时开展活动动员和部署。要加强政策解读，注重发挥行业组织的指导作用，加强定期督导检查，确保活动取得实效。各地要创新活动形式，丰富活动内容，指导乡镇卫生院和社区卫生服务中心加强基层党组织建设，发挥党员模范带头作用，调动全员参与积极性。坚决杜绝活动中出现的程序不严、材料不全、基础数据缺失或者错误等现象。鼓励各地在设备配备、项目支持、院长和主任职务晋升等方面向群众满意的乡镇卫生院和优质服务示范社区卫生服务中心倾斜。

四、挖掘典型经验，做好宣传推广

各省（区、市）要深入挖掘建设群众满意的乡镇卫生院和优质服务示范社区卫生服务中心活动的典型做法和经验，通过网络、报纸、电视等多种途径进行广泛宣传，同时组织乡镇卫生院和社区卫生服务中心通过宣传栏、标语等形式开展宣传活动，扩大社会影响，营造改革发展的良好环境。对活动中涌现的好经验、好做法，各省（区、市）要及时总结推广，并定期上报我委

基层卫生司，我们将择优在国家卫生计生委网站基层医疗卫生服务能力提升年活动专栏及相关媒体刊登和宣传，并将在2017年底对各省（区、市）信息报送等情况进行通报。

附件：

1. 2016—2017年度建设群众满意的乡镇卫生院活动工作方案

2. 建设优质服务示范社区卫生服务中心活动工作方案

国家卫生计生委办公厅

2017年4月7日

附件1

2016—2017年度建设群众满意的乡镇卫生院活动工作方案

根据《国家卫生计生委关于开展“建设群众满意的乡镇卫生院”活动的指导意见》（国卫基层发〔2014〕46号）（以下简称《指导意见》），制定以下工作方案。

一、活动范围

依据当地区域卫生规划和医疗机构设置规划，在乡镇设置、经当地卫生计生行政部门登记注册、依法取得《医疗机构执业许可证》的乡镇卫生院均应当参加活动。各省（区、市）遴选数量控制在上年度本省乡镇卫生院数的15%以内。

二、群众满意的乡镇卫生院标准

请各省（区、市）依据《指导意见》要求，遴选在看病就医方便经济、医疗服务安全可靠、公共卫生服务可及、内部管理规范有序、农村居民满意信任等方面表现突出的机构，同时要着重审查是否符合以下条件：

（一）具有独立法人资格和有效机构代码证，按期通过医疗机构校验。

（二）纳入新农合（或城乡居民医保）的定点医疗机构，未出现过骗取、套取医保基金行为。

（三）两年内未发生过经医疗事故技术鉴定结论为二级及以上负主要责任的医疗事故。

若不符合以上条件之一的，不能认定为“群众满意的乡镇卫生院”。

三、遴选程序

（一）乡镇卫生院自评。拟申请群众满意的乡镇卫生院的机构要严格对照“群众满意的乡镇卫生院”标准和《“群众满意的乡镇卫生院”评价参考指标（2014年版）》开展自查，对发现的问题要及时整改，并向县级卫生计生行政部门提交开展活动的自评报告。

（二）县级初评。县级卫生计生行政部门要加强初审把关，对于发现问题未能及时整改或者整改效果不明显的、群众反映强烈的乡镇卫生院，指导其限期整改；整改后仍达不到要求的，或者乡镇卫生院存在违法违规行为的，均不得上报，确保遴选出的乡镇卫生院经得起群众检验。

（三）省和地市级抽查把关。省和地市级卫生计生行政部门要加强对县级上报候选机构的抽查审核，有条件的省和地市要组织人员对县级上报的候选机构全部进行现场审核，对于不符合要求的候选机构不得上报。各省上报前，候选机构名单要通过报纸、网络等途径公示不少于5天。

（四）国家卫生计生委遴选复核。中国农村卫生协会受我委委托，将组织专家对各省（区、市）上报的候选机构进行遴选复核，必要时组织专家进行现场复核，复核结果报我委审核把关。对于达不到标准的，不予认定；对于弄虚作假的，在全国范围内予以通报。由我委认定的群众满意的乡镇卫生院，如被举报并经核查属实的，取消该卫生院的群众满意的乡镇卫生院称号，并予以通报批评。

四、报送时间和方式

（一）报送时间。上报时间截至2017年7月31日。

（二）上报材料。

1.本省活动开展情况报告和候选机构名单。

2. 2016—2017年度群众满意的乡镇卫生院申报表。

3. 2015和2016年度乡镇卫生院年报表（卫计统1-2表）。

4.辅助材料：医疗机构执业许可证扫描件，反映乡镇卫生院院容院貌和开展活动情况等内容的照片3-5张（JPG格式），有条件的可附送时长10分钟以内的视频资料（AVI或者MPEG格式）。

（三）报送方式。以省（区、市）为单位将上报材料的纸质版和电子版同时报送中国农村卫生协会，其中辅助材料只需报送电子版，以光盘（或U盘）形式与纸质材料一起报送。邮寄地址：北京市东城区广渠门南小街领行国际1-2-1701室；邮编：100061；电子邮箱：wsy@ncwsxh.org。

（四）联系人和联系电话。中国农村卫生协会向际松、高淑红、张元良；010-67155141、010-67150185（兼传真）。

附表：

国家卫生计生委2016—2017年度群众满意的乡镇卫生院申报表

<table>
<tr><td>机构名称</td><td colspan="5">省（区、市）地市　县（市、区）　卫生院</td></tr>
<tr><td>法人代表</td><td></td><td>办公电话／手机</td><td></td><td>主管部门</td><td></td></tr>
<tr><td>联系人</td><td></td><td>办公电话／手机</td><td colspan="3"></td></tr>
<tr><td>地址</td><td colspan="2"></td><td>邮编</td><td colspan="2"></td></tr>
<tr><td>本省（区、市）“群众满意的乡镇卫生院”评价参考指标总分</td><td></td><td>卫生院自评得分</td><td></td><td>其中群众满意度调查</td><td>调查人数：　人（不少于20人）
平均得分：　分（满分：　分）</td></tr>
<tr><td colspan="6">是否以乡镇卫生院为第一名称注册。是□　否□</td></tr>
<tr><td>申请理由（包括开展活动的主要举措、亮点和经验、梳理出的问题、整改情况、群众测评情况、下一步计划等，字数不少于500字）（可另附页）</td><td colspan="5"></td></tr>
<tr><td>卫生院近3年来（2014—2016年）所获县级以上（含）奖励情况</td><td colspan="5">（公章）
年　月　日</td></tr>
<tr><td colspan="6">机构承诺：
按建设群众满意的乡镇卫生院活动要求，提交的材料信息真实有效，无弄虚作假。否则，愿承担相应责任。
（公章）
年　月　日</td></tr>
</table>

县级活动领导小组申报意见	（公章） 年　月　日
市级活动领导小组复核意见	（公章） 年　月　日
省级活动领导小组审核意见	（公章） 年　月　日

注：申报表请用 A4 纸双面打印。

附件2

建设优质服务示范社区卫生服务中心活动工作方案

根据《关于开展社区卫生服务提升工程的通知》《关于进一步规范社区卫生服务管理和提升服务质量的指导意见》，制定以下工作方案。

一、活动范围

依据当地区域卫生规划和医疗机构设置规划，经当地卫生计生行政部门登记注册、依法取得《医疗机构执业许可证》的社区卫生服务中心。2017年，各省（区、市）推荐机构数量控制在上年度本省（区、市）社区卫生服务中心总数的10%以内。

二、遴选标准

依据《社区卫生服务质量评价指标体系（2015年版）》，遴选出在服务能力、服务质量、管理能力、保障条件等方面成绩突出、服务优质、具有示范作用的社区卫生服务中心。同时要着重审查是否符合以下条件：

（一）以社区卫生服务中心为第一名称注册，按期通过医疗机构校验。

（二）按服务人口数量业务用房面积达标（1400平方米/3万~5万人口、1700平方米/5万~7万人口、2000平方米/7万~10万人口）。

（三）纳入城镇职工基本医疗保险、新农合（或城乡居民医保）定点医疗机构，未出现过骗取、套取医保基金行为。

（四）两年内未发生过医疗事故技术鉴定结论为二级及以上负主要责任的医疗事故。

若不符合以上条件之一的，不能认定为优质服务示范社区卫生服务中心。

三、遴选程序

（一）机构自评。各社区卫生服务中心根据《社区卫生服务提升工程实施方案》要求，进行对照检查，结合实际情况，有针对性进行改进，逐步达到标准。已经达到标准的中心，进一步创新完善，提档升级。

（二）区（县）考评推荐。各区（县）卫生计生行政部门要组织考评，将优秀的社区卫生服务中心逐级上报到地市级、省级卫生计生行政部门，并接受审核。

（三）省市复核公示。各省市卫生计生行政部门对上报的机构进行复核，复核结果进行公示不少于5天。听取群众意见后，择优按名额等额上报。

（四）国家审核公布。我委委托中国社区卫生协会对各地推荐的社区卫生服务中心进行资料审核，并组织专家进行现场抽样复核。通过审议的优质服务示范社区卫生服务中心名单公示后，以适当形式予以公布。

四、报送时间和方式

（一）报送时间。报送时间截至2017年7月31日。

（二）报送材料。

1.各省（区、市）开展建设优质服务示范社区卫生服务中心活动的总结报告和推荐机构名单。

2.优质服务示范社区卫生服务中心推荐表。

3.其他辅助材料：机构执业许可证扫描件、房屋产权证或租赁协议扫描件、纳入医保定点机构批复扫描件、区/县卫计（生）局出具的近两年无医疗事故说明扫描件、2015、2016年度社区卫生服务机构年报表（卫计统1-2表）和反映社区卫生服务中心院容院貌、开展活动情况等内容的照片3-5张（JPG格式），有条件的可附送时长10分钟以内的视频资料（AVI或者MPEG格式）。

（三）报送方式。以省（区、市）为单位将材料报送中国社区卫生协会。辅助材料仅需报送电子版，其他材料均需以纸质版和电子版两种形式报送。邮寄地址：北京市朝阳区雅宝路2号科研楼330室；邮编：100020；电子邮箱：youzhizhongxin@163.com。

（四）联系人和联系电话。中国社区卫生协会殷涛、尹德卢；010-85633964。

附表

2017 年优质服务示范社区卫生服务 中心推荐表

<table>
<tr><td>机构名称</td><td colspan="5">______省（区、市）______市（区、州）
______区 / 县______________中心</td></tr>
<tr><td>法人代表</td><td></td><td>职务</td><td></td><td>联系电话</td><td></td></tr>
<tr><td>联系人</td><td></td><td>职务</td><td></td><td>联系电话</td><td></td></tr>
<tr><td>地址</td><td colspan="3"></td><td>邮编</td><td></td></tr>
<tr><td colspan="6">是否以社区卫生服务中心为第一名称注册。
是 □
否 □</td></tr>
<tr><td colspan="6">得分：
机构自评：　　分；　　区（县）级评分：　　分；　　省 / 市级评分：　　分</td></tr>
<tr><td colspan="6">申报理由（包括落实优质服务的主要举措、亮点和经验、梳理出的问题、改善情况、群众测评情况、下一步工作计划等，字数不少于 500 字）（可另附页）</td></tr>
</table>

中心近 3 年（2014—2016 年）所获区级以上（含）奖励情况：
机构承诺： 按建设优质服务示范社区卫生服务中心活动要求，需要提交的材料信息真实有效，无弄虚作假。否则，愿承担相应责任。 （公章） 年　月　日
区（县）级卫生计生行政部门推荐意见 （公章） 年　月　日
地市级卫生计生行政部门推荐意见 （公章） 年　月　日
省级卫生计生行政部门推荐意见 （公章） 年　月　日

注：此表用 A4 纸双面打印。

国家中医药管理局办公室关于印发乡镇卫生院、社区卫生服务中心中医综合服务区（中医馆）建设指南的通知

（2016 年 11 月 3 日）

各省、自治区、直辖市卫生计生委、中医药管理局，新疆生产建设兵团卫生局：

为指导和规范乡镇卫生院、社区卫生服务中心中医综合服务区（中医馆）建设，我局组织专家在总结各地先进经验和地方标准基础上，制定了《乡镇卫生院 社区卫生服务中心中医综合服务区（中医馆）建设指南》，供各地参照执行。

各省级中医药管理部门可参考本指南，结合地方实际，制定、细化本省区市标准，用于指导本省区市乡镇卫生院、社区卫生服务中心中医馆建设。村卫生室、社区卫生服务站等其他基层医疗卫生机构中医馆建设，由各地参照此指南，自行制定建设标准。

各地在工作过程中有何意见或建议，请及时联系我局医政司。

联 系 人：医政司基层服务管理处　程　强

联系电话：010-59957816

电子邮箱：yizhengsierchu@126.com

国家中医药管理局办公室

2016年11月3日

乡镇卫生院、社区卫生服务中心
中医综合服务区（中医馆）建设指南

一、中医科室设置

（一）乡镇卫生院、社区卫生服务中心中医（含民族医，下同）科独立设置，并设中医诊室（2个以上）、中医治疗室（2个以上）等，有条件的可以设置中药煎药室、中药库、治未病室、示教室和候诊区等。

（二）中医科室集中设置，原则上设在机构的一楼或沿街等突出位置，装修装饰体现中医药文化特色，形成中医药文化氛围浓厚并相对独立的中医综合服务区，诊区外悬挂“中医馆”“国医堂”等牌匾（可按本地特点进行统一要求）。中医综合服务区使用面积原则上不低于80平方米。

（三）配备诊断床、听诊器、血压计、温度计、治疗推车、计算机等基本设备，并配备10种以上中医诊疗设备和康复设备（选配参考详见附表）。

二、中药房建设和药事服务

（一）中药房原则上在中医综合服务区内相对独立设置，参照国家中医药管理局《医院中药房基本标准》（国中医药发〔2009〕4号）进行建设。配备中药饮片柜（药斗）、药架（药品柜）、调剂台、药戥、电子秤、冷藏柜等，其中中药饮片柜（药斗）要结构规范合理、外观古朴典雅并具有防虫蛀、防腐蚀、防潮湿等功能。

（二）中药饮片调剂室面积应与业务需求相适应，中药饮片（含中药颗粒剂、民族药制剂）原则上不少于300种。

（三）有条件的可设置煎药室提供煎药服务，其使用面积原则上不低于10平方米；也可与上级中医医院或有合格资质的药品经营企业等进行合作，采用互联网、物联网等技术提供中药饮片配送、代煎代送等服务。

三、中医药人员配备

（一）中医类别执业（助理）医师占本机构执业医师总数的比例达到20%以上，且应不少于2名。其中社区卫生服务中心应至少有1名中级以上职称的中医类别执业医师。

（二）从事中药饮片调剂的，应为中药专业技术人员或经过中医药知识与技能培训并考核合格的药学专业技术人员；煎药室工作人员，应经过中药煎药相关知识和技能培训并考核合格。

四、中医医疗和康复服务

（一）能够提供中药饮片、针刺、艾灸、刮痧、拔罐、中医微创、推拿、敷熨熏浴、骨伤、肛肠、其他类等项目中的6类以上中医药技术方法。

（二）中医诊疗人次占总诊疗人次的比例达30%以上；中医处方（包含中药饮片、中成药）占处方总数的比例达30%以上；中药饮片处方占处方总数的比例达5%以上或中医非药物疗法治疗人次占总诊疗人次的比例达10%以上。

（三）能够应用中医药康复手段，结合现代理疗方法和中医药理论方法，对中风后遗症、肢残等疾病进行康复治疗。

（四）鼓励培育中医优势病种和中医特色专科，坚持中医药诊疗方法的综合运用，大力推广使用中医药适宜技术，提高基层常见病多发病的中医临床疗效。

五、中医预防保健服务

（一）规范提供中医药健康管理服务，目标人群覆盖率不低于国家基本要求。

（二）运用中医药理论知识在饮食起居、情志调摄、食疗药膳、运动锻炼等方面对居民开展养生保健知识宣教等中医药健康教育，注重发挥权威中医类报刊等媒体的健康传播作用，在健康教育印刷资料、音像资料的种类、数量、宣传栏更新次数以及讲座、咨询活动次数等方面，应有40%以上的中医药内容。

（三）运用中医药知识和方法，开展2种以上慢性病患者的中医药健康管理服务。

（四）充分发挥中医药特色优势，积极参与传染病等突发公共卫生事件的预防控制、救治等工作。

六、信息化建设

（一）接入并使用中医健康信息平台，与基层医疗卫生机构现有信息系统实现互联互通、资源共享，功能涵盖中医特色电子病历、辅助开方、辅助诊断、名老中医知识库、古籍文献知识库、远程诊疗、远程教育、远程会议以及中医药健康管理等。

（二）鼓励使用移动互联网、智能客户端、即时通信等现代信息技术提供在线预约诊疗、候诊提醒、划价收费、诊疗报告查询、药品配送等服务，探索互联网延伸医嘱、电子处方等网络中医医疗服务应用，提高服务效率和质量。

七、规章制度执行

（一）实施国家基本药物制度，严格中药饮片、中成药的使用管理，执行中医药临床技术操作规范等中医药相关行业标准规范。

（二）建立工作考核评价制度，将中医药基本医疗、中医药健康管理服务、中医药适宜技术使用等情况，纳入人员年度工作目标和绩效考核内容。

（三）制定执行人员岗位责任制、在职教育培训等各项规章制度。

附件

中医综合服务区（中医馆）中医诊疗设备配备参考表

分　类	设备名称
诊断设备	中医四诊设备、中医体质辨识设备
针疗设备	各类针具、电针治疗设备
灸疗设备	灸疗器具、艾灸仪
中药熏洗设备	中药熏洗设备、中药离子导入设备、中药雾化吸入设备、中药透药设备
牵引设备	颈椎牵引设备、腰椎牵引设备、多功能牵引设备
治疗床	针灸治疗床、推拿治疗床、多功能治疗床
中医光疗设备	中医光疗设备
中医超声治疗设备	中医超声治疗设备
中医电疗设备	高频治疗设备、中频治疗设备、低频治疗设备
中医磁疗设备	特定电磁波治疗设备（TDP 神灯）
	中医磁疗治疗设备
中医热疗设备	蜡疗设备、热敷（干、湿、陶瓷）装置
中药房设备	中药饮片柜（药斗）、药架（药品柜）、药戥、电子秤
煎药室设备	中药煎煮壶（锅）
	煎药机（符合二煎功能，含包装机）
康复训练设备	训练床、训练用阶梯、平行杠、姿势镜等

国家卫生计生委办公厅、公安部办公厅、司法部办公厅关于加强戒毒药物维持治疗和社区戒毒、强制隔离戒毒、社区康复衔接工作的通知

（2016 年 8 月 9 日）

各省（区、市）卫生计生委、公安厅、司法厅，新疆生产建设兵团卫生局、公安局、司法局：

戒毒药物维持治疗（以下简称维持治疗）是控制注射吸毒感染艾滋病和减少毒品滥用及相关违法犯罪活动的有效措施。为深入贯彻落实《传染病防治法》、《禁毒法》、《艾滋病防治条例》、《戒毒条例》和《戒毒药物维持治疗工作管理办法》，进一步巩固维持治疗工作成效，推动禁毒和防治艾滋病工作的深入开展，现就有关要求通知如下。

一、加强部门协调，提高吸毒人群管理和服务水平

各地要充分认识维持治疗工作的重要性和必要性，将其作为依法处置和管理吸毒人员的重要措施，纳入禁毒工作考评内容。各地公安、司法行政、卫生计生行政部门要加强维持治疗衔接工作的组织管理，建立健全由公安、司法行政、卫生计生部门及相关社区戒毒、社区康复工作机构、维持治疗机构参与的维持治疗和社区戒毒、强制隔离戒毒、社区康复衔接工作机制，明确联系人，并根据本地和本系统实际情况，细化衔接工作内容、工作程序和考核要求，进一步提高吸毒人员管控效果。相关部门和机构要定期通报各类戒毒措施工作开展情况，研究解决维持治疗工作存在的问题，总结推广工作经验，组织开展强制隔离戒毒所民警、辅警、维持治疗工作人员、社区禁毒专职工作人员、禁毒社工和社会组织等相关工作人员的业务技能培训，加强督导检查，确保各项衔

接措施的有效落实。

二、加强宣传转介，扩大维持治疗覆盖面

各地公安、司法行政、卫生计生部门要进一步加大针对大众人群、戒毒人员、吸毒人员及其亲属的宣传教育力度，营造良好社会氛围。要科学宣传维持治疗效果和治疗过程中可能出现的问题及应对措施，消除治疗人员顾虑，突出宣传吸食毒品、共用针具和感染艾滋病的危害，加强法治教育，促进其“自重、自省、自立、自爱”，自觉抵制违法犯罪行为。维持治疗机构要为强制隔离戒毒所、社区戒毒、社区康复工作机构开展维持治疗政策和知识宣传教育提供技术支持。

强制隔离戒毒所要将维持治疗相关政策、知识和维持治疗机构联系信息等内容纳入戒毒人员出所教育，通过发放宣传手册、安排现场参观体验等形式，使其掌握维持治疗相关知识和政策。社区戒毒、社区康复工作机构要加强对正在执行社区戒毒和社区康复措施人员的动态管理，做好符合维持治疗条件人员的动员与咨询，主动为自愿申请参加维持治疗的人员（含强制隔离戒毒出所人员）提供维持治疗机构联系信息，并通过适当形式（电话、邮件、社区禁毒专职人员、禁毒社工或社会组织陪同转送等）将其转介至维持治疗机构。维持治疗机构接收正在执行社区戒毒和社区康复措施的人员后，应当向其详细说明维持治疗期间需要遵守的各项规章制度及有关管理措施，并按规定对其进行审核。审核结果应当在1周内反馈至社区戒毒、社区康复工作机构，其中不能纳入治疗的，要详细说明原因。

三、加强维持治疗管理，提高治疗效果

维持治疗机构、社区戒毒、社区康复工作机构要加强治疗人员的管理，督促治疗人员按时服药，不定期对其进行尿吗啡检测，为维持治疗依从性好、无违法犯罪行为的治疗人员优先提供就业指导和技能培训等帮扶措施，适当减免维持治疗药品费用，提高治疗依从性，促进其回归社会。维持治疗机构对首次尿吗啡检测阳性的治疗人员，要认真分析原因，对维持治疗药品剂量不足人员应当及时进行调整，加强心理咨询和教育，并分别于尿检阳性之日起的第7天和第14天进行尿吗啡检测。正在执行社区戒毒和社区康复措施的治疗人员在参

加维持治疗期间出现违反治疗规定、复吸毒品等情形的，维持治疗机构应当终止其治疗，及时报告当地公安机关和社区戒毒、社区康复工作机构。公安机关要依法对上述人员进行处置，并于1周内将处置结果通报维持治疗机构和社区戒毒、社区康复工作机构。正在执行社区戒毒和社区康复措施的治疗人员在参加维持治疗期间脱失的，社区戒毒、社区康复工作机构要对其进行追踪，追踪到的脱失人员再次申请参加维持治疗的，维持治疗机构应当进行严格审核，并会同社区戒毒、社区康复工作机构加强管理和警示性教育，切实提高维持治疗效果。

国家卫生计生委办公厅

公安部办公厅

司法部办公厅

2016年8月19日

国家卫生计生委、国家中医药管理局关于进一步规范社区卫生服务管理和提升服务质量的指导意见

（2015 年 11 月 17 日）

各省、自治区、直辖市卫生计生委、中医药管理局，新疆生产建设兵团卫生局：

为落实《中共中央 国务院关于深化医药卫生体制改革的意见》、《国务院关于促进健康服务业发展的若干意见》（国发〔2013〕40号）、《国务院关于加快发展养老服务业的若干意见》（国发〔2013〕35号）、《国务院关于进一步推进户籍制度改革的意见》（国发〔2014〕25号）、《国务院办公厅关于推进分级诊疗制度建设的指导意见》（国办发〔2015〕70号）等文件精神，现就进一步规范社区卫生服务管理，提升社区卫生服务质量和能力提出如下意见：

一、规范社区卫生服务机构设置与管理

（一）健全社区卫生服务机构网络。综合考虑区域内卫生计生资源、服务半径、服务人口以及城镇化、老龄化、人口流动迁移等因素，制定科学、合理的社区卫生服务机构设置规划，按照规划逐步健全社区卫生服务网络。在城市新建居住区或旧城改造过程中，要按有关要求同步规划建设社区卫生服务机构，鼓励与区域内养老机构联合建设。对流动人口密集地区，应当根据服务人口数量和服务半径等情况，适当增设社区卫生服务机构。对人口规模较大的县和县级市政府所在地，应当根据需要设置社区卫生服务机构或对现有卫生资源进行结构和功能改造，发展社区卫生服务。在推进农村社区建设过程中，应当因地制宜地同步完善农村社区卫生服务机构。城镇化进程中，村委会改居委会后，各地可根据实际情况，按有关标准将原村卫生室改造为社区卫生服务站或撤销村卫生室。

（二）充分发挥社会力量办医的积极作用。城市社区卫生服务网络的主体是社区卫生服务中心和社区卫生服务站，诊所、门诊部、医务室等其他承担初级诊疗任务的基层医疗卫生机构是社区卫生服务网络的重要组成部分。各地应当积极创造条件，鼓励社会力量举办基层医疗卫生机构，满足居民多样化的健康服务需求。鼓励各地积极探索通过政府购买服务的方式，对社会力量举办的基层医疗卫生机构提供的基本医疗卫生服务予以补助。

（三）规范全科医生执业注册。在社区卫生服务机构从事全科医疗（含中医）工作的临床医师，通过全科医师规范化培训或取得全科医学专业中高级技术职务任职资格的，注册为全科医学专业；通过省级卫生计生行政部门和中医药管理部门认可的全科医师转岗培训和岗位培训，其执业范围注册为全科医学，同时可加注相应类别的其他专业。各地要在2016年6月底前完成现有符合条件人员的注册变更工作，具体注册办法由省级卫生计生行政部门、中医药管理部门制定。

（四）改善社区卫生服务环境。社区卫生服务机构要为服务对象创造良好的就诊环境，规范科室布局，明确功能分区，保证服务环境和设施干净、整洁、舒适、温馨，体现人文关怀。预防接种、儿童保健、健康教育和中医药服务区域应当突出特色，营造适宜服务氛围；挂号、分诊、药房等服务区域鼓励实行开放式窗口服务。鼓励使用自助挂号、电子叫号、化验结果自助打印、健康自测等设施设备，改善居民就诊体验。规范使用社区卫生服务机构标识，统一社区卫生服务机构视觉识别系统，统一工作服装、铭牌、出诊包等，机构内部各种标识须清晰易辨识。保护就诊患者隐私权，有条件的应当做到一医一诊室。完善机构无障碍设施，创造无烟机构环境，做到社区卫生服务机构内全面禁止吸烟。

二、加强社区基本医疗和公共卫生服务能力建设

（五）提升社区医疗服务能力。社区卫生服务机构应当重点加强全科医学及中医科室建设，提高常见病、多发病和慢性病的诊治能力。可根据群众需求，发展康复、口腔、妇科（妇女保健）、儿科（儿童保健）、精神（心理）等专业科室。综合考虑服务需求、老龄化进程、双向转诊需要和机构基础条件等因素，以市辖区为单位统筹规划社区卫生服务机构病床规模，合理设置每个

社区卫生服务机构床位数，提高床位使用效率。社区卫生服务机构病床以护理、康复为主，有条件的可设置临终关怀、老年养护病床。乡镇卫生院转型为社区卫生服务中心的，其住院床位和内设科室可根据实际需要予以保留或调整。根据分级诊疗工作需要，按照有关规定和要求配备所需药品品种，满足患者用药需求。

（六）加强与公立医院上下联动。支持社区卫生服务机构与公立医院之间建立固定协作关系，探索推动医疗联合体建设。协作医院应当为社区卫生服务机构预留一定比例的门诊号源，开通转诊绿色通道，优先安排转诊患者就诊。鼓励公立医院医生到社区卫生服务机构多点执业，通过坐诊、带教、查房等多种方式，提升社区卫生服务能力。以高血压、糖尿病、结核病等疾病为切入点，搭建全科医生与公立医院专科医生联系沟通平台，加强分工协作，上下联动，探索社区首诊和双向转诊制度。逐步建立公立医院出院患者跟踪服务制度，为下转患者提供连续性服务。推进远程医疗系统建设，开展远程会诊、医学影像、心电诊断等远程医疗服务。充分利用公立医院等资源，发展集中检验，推动检查检验互认，减少重复就医。

（七）落实社区公共卫生服务。充分利用居民健康档案、卫生统计数据、专项调查等信息，定期开展社区卫生诊断，明确辖区居民基本健康问题，制订人群健康干预计划。实施好国家基本公共卫生服务项目，不断扩大受益人群覆盖面。严格执行各项公共卫生服务规范和技术规范，按照服务流程为特定人群提供相关基本公共卫生服务，提高居民的获得感。加强社区卫生服务机构与专业公共卫生机构的分工协作，合理设置公共卫生服务岗位，进一步整合基本医疗和公共卫生服务，推动防治结合。在稳步提高公共卫生服务数量的同时，注重加强对公共卫生服务质量的监测和管理，关注健康管理效果。

（八）大力发展中医药服务。在基本医疗和公共卫生服务以及慢性病康复中，充分利用中医药资源，发挥中医药的优势和作用。有条件的社区卫生服务中心集中设置中医药综合服务区。加强合理应用中成药的宣传和培训，推广针灸、推拿、拔罐、中医熏蒸等适宜技术。积极开展中医“治未病”服务，为社区居民提供中医健康咨询、健康状态辨识评估及干预服务，大力推广普及中医药健康理念和知识。

（九）加强社区卫生人才队伍建设。合理配置社区卫生服务机构人员岗位结构，加强以全科医生、社区护士为重点的社区卫生人员队伍建设。继续加大对全科医生规范化培训的支持力度，积极采取措施，鼓励医学毕业生参加全科医生规范化培训。大力推进全科医生转岗培训，充实全科医生队伍。以提高实用技能为重点，加强社区卫生在岗人员培训和继续医学教育，社区卫生技术人员每5年累计参加技术培训时间不少于3个月。各地要定期开展社区卫生服务机构管理人员培训，培养一批懂业务、会管理、群众满意的管理人员。

三、转变服务模式，大力推进基层签约服务

（十）加强签约医生团队建设。签约医生团队由二级以上医院医师与基层医疗卫生机构的医务人员组成。根据辖区服务半径和服务人口，合理划分团队责任区域，实行网格化管理。签约医生团队应当掌握辖区居民主要健康问题，开展健康教育和健康促进、危险因素干预和疾病防治，实现综合、连续、有效的健康管理服务。到2020年，力争实现让每个家庭拥有一名合格的签约医生，每个居民有一份电子化的健康档案。

（十一）大力推行基层签约服务。推进签约医生团队与居民或家庭签订服务协议，建立契约式服务关系。在签约服务起始阶段，应当以老年人、慢性病和严重精神障碍患者、孕产妇、儿童、残疾人等长期利用社区卫生服务的人群为重点，逐步扩展到普通人群。在推进签约服务的过程中，要注重签约服务效果，明确签约服务内容和签约条件，确定双方应当承担的责任、权利、义务等事项，努力让居民通过签约服务能够获得更加便利的医疗卫生服务，引导居民主动签约。探索提供差异性服务、分类签约、有偿签约等多种签约服务形式，满足居民多层次服务需求。完善签约服务激励约束机制，签约服务费用主要由医保基金、签约居民付费和基本公共卫生服务经费等渠道解决。

（十二）开展便民服务。社区卫生服务机构要合理安排就诊时间，有条件的社区卫生服务机构应当适当延长就诊时间和周末、节假日开诊，实行错时服务，满足工作人群就诊需求。鼓励各地以慢性病患者管理、预防接种、儿童保健、孕产妇保健等相关服务对象为重点，逐步开展分时段预约诊疗服务。对重点人群开展定期随访，对有需要的病人进行上门访视。大力发展社区护理，鼓励开展居家护理服务。

（十三）做好流动人口社区卫生服务。各地要将农民工及其随迁家属纳入社区卫生服务机构服务范围，根据实际服务人口合理配置卫生技术人员，方便流动人群就近获得医疗卫生服务。流动人口按有关规定与居住地户籍人口同等享受免费基本公共卫生服务。要深入流动人口集中区域，采取宣讲、壁报、发放材料、新媒体等多种形式开展宣传，使其了解国家基本公共卫生服务项目的服务对象、内容、流程等。针对流动人口的特点，应当重点加强健康教育、传染病防控、预防接种、孕产妇保健等公共卫生服务。

（十四）延伸社区卫生服务功能。根据社区人群基本医疗卫生需求，不断完善社区卫生服务内容，丰富服务形式，拓展服务项目。鼓励社区卫生服务机构与养老服务机构开展多种形式的合作，加强与相关部门配合，协同推进医养结合服务模式。鼓励社区卫生服务机构面向服务区域内的机关单位、学校、写字楼等功能社区人群，开展有针对性的基本医疗卫生服务。引导社区居民参与社区卫生服务，通过开展慢性病患者俱乐部或互助小组、培训家庭保健员等形式，不断提高居民自我健康管理意识。

四、加强社区卫生服务保障与监督管理

（十五）加强医疗质量安全保障。严格执行医疗质量管理的有关法律法规、规章制度及诊疗规范，加强医疗质量控制。加强一次性医疗用品、消毒剂、消毒器械等索证和验证工作。对口腔科、消毒供应室、治疗室、换药室和清创室等重点部门医疗器械和环境要严格执行清理、消毒和灭菌。加强院内感染控制，严格执行消毒灭菌操作规范，按要求处理医疗废物，实行登记管理制度，保证医疗安全。严格遵守抗菌药物、激素的使用原则及联合应用抗菌药物指征。合理选用给药途径，严控抗菌药物、激素、静脉用药的使用比例，保证用药与诊断相符。完善医疗风险分担机制，鼓励社区卫生服务机构参加医疗责任保险。

（十六）加强信息技术支撑。推进使用居民就医“一卡通”，用活用好电子健康档案。以省（区、市）为单位，统筹社区卫生服务机构信息管理系统建设，进一步整合妇幼保健、计划生育、预防接种、传染病报告、严重精神障碍等各相关业务系统，避免数据重复录入。推动社区卫生信息平台与社区公共服务综合信息平台有效对接，促进社区卫生服务与其他社区公共服务、便民利民服务、志愿互助服务有机融合和系统集成。不断完善社区卫生服务信息管理系

统功能，逐步实现预约、挂号、诊疗、转诊、公共卫生服务以及收费、医保结算、检验和药品管理等应用功能，加强机构内部信息整合共享，逐步通过信息系统实现服务数量和质量动态监管。加强区域卫生信息平台建设，推动各社区卫生服务机构与区域内其他医疗卫生机构之间信息互联互通、资源共享。充分利用移动互联网、智能客户端、即时通信等现代信息技术，加强医患互动，改善居民感受，提高服务效能。

（十七）加强政策支持和绩效考核。各级卫生计生行政部门、中医药管理部门要推动落实社区卫生服务机构建设、财政补助、人事分配等相关保障政策，充分调动社区医务人员的积极性。进一步加强对社区卫生服务机构的监督管理，建立健全各项管理制度，加强社区卫生服务机构文化和医德医风建设。各地要不断完善绩效考核制度，将提升服务质量有关内容纳入社区卫生服务机构考核重点内容，推动社区卫生服务机构持续改善服务，提高居民信任度和利用率。

国家卫生计生委
国家中医药管理局
2015年11月17日

住建部、国家发改委关于批准发布《社区卫生服务中心、站建设标准》的通知

（2013 年 4 月 10 日）

国务院有关部门，各省、自治区、直辖市、计划单列市住房城乡建设厅（委、局）、发展改革委，新疆生产建设兵团建设局、发展改革委：

根据原建设部《关于印发〈2008年工程项目建设标准和建设项目评价方法与参数编制项目计划〉的通知》（建标函〔2008〕24号）要求，由原卫生部组织编制的《社区卫生服务中心、站建设标准》，经有关部门会审，现批准发布，自2013年7月1日起施行。

在社区卫生服务中心、站建设项目的审批、核准、设计和建设过程中，要严格遵守国家关于严格控制建设标准、进一步降低工程造价的相关要求，认真执行本建设标准，坚决控制工程造价。

本建设标准的管理由住房城乡建设部、国家发展改革委负责，具体解释工作由国家卫生和计划生育委员会负责。

住建部

国家发改委

2013年4月10日

卫生部办公厅关于印发《社区卫生服务机构绩效考核办法（试行）》的通知

（2014 年 6 月 17 日）

各省、自治区、直辖市卫生厅局，新疆生产建设兵团卫生局：

为贯彻落实《中共中央 国务院关于深化医药卫生体制改革的意见》（中发〔2009〕6号）和卫生部《关于卫生事业单位实施绩效考核的指导意见》（卫人发〔2010〕98号）等文件精神，加强对社区卫生服务机构的规范管理，经商国家中医药管理局，我部研究制定了《社区卫生服务机构绩效考核办法（试行）》。现印发给你们，请遵照执行。

附件：

1.社区卫生服务机构绩效考核办法（试行）

2.社区卫生服务机构绩效考核指标体系（略）

卫生部办公厅

2011年6月17日

附件1：

社区卫生服务机构绩效考核办法（试行）

第一章　总　则

第一条　为规范社区卫生服务机构管理，完善服务功能，充分调动工作人员积极性，提高服务质量和工作效率，体现社区卫生服务公益性质，切实使群众受益，依据《中共中央 国务院关于深化医药卫生体制改革的意见》、《国务院关于印发医药卫生体制改革近期重点实施方案（2009—2011年）》和《卫生部关于卫生事业单位实施绩效考核的指导意见》，制定本办法。

第二条　社区卫生服务机构绩效考核是指卫生行政部门依据绩效考核指标体系，运用科学适宜的方法，对社区卫生服务机构的运行管理、功能实现、服务模式和服务效果等进行客观、公正的综合评价。

第三条　本办法考核对象为卫生行政部门登记注册的社区卫生服务中心和社区卫生服务站。实行一体化管理的社区卫生服务中心和社区卫生服务站作为整体接受考核。

第四条　考核原则：

（一）科学、规范、有序。科学制订社区卫生服务机构绩效考核内容及标准，规范绩效考核工作流程与方法，有序开展考核工作。

（二）公平、公正、公开。不同举办主体的社区卫生服务机构平等参与考核。统一考核内容、标准与方法，公开考核结果，接受社会监督。

（三）简便、适宜、高效。简化考核程序，将日常考核与年终考核相结合，采用适宜方法，提高工作效率。

（四）激励、促进、有效。发挥考核作用，奖励先进、改进不足，调动工作人员积极性，促进机构持续、健康发展，保证群众受益。

第五条　地方各级卫生行政部门要加强对社区卫生工作领导，积极协调相关政府部门，完善和落实社区卫生服务相关政策，加强对社区卫生服务机构的监督管理，保障社区卫生服务机构正常运转，为绩效考核提供条件。

第二章　考核内容与方法

第六条　考核内容：

（一）机构管理，包括机构环境、人力资源管理、财务资产管理、药品管理、文化建设、信息管理和服务模式等。

（二）公共卫生服务，包括居民健康档案管理、健康教育、预防接种，妇女、儿童和老年人健康管理，高血压、2型糖尿病和重性精神疾病患者管理，传染病和突发公共卫生事件报告和处理、卫生监督协管，计划生育技术指导等。

（三）基本医疗服务，包括医疗工作效率、医疗质量、合理用药、医疗费用、康复服务等。

（四）中医药服务，包括中医治未病、中医医疗服务。

（五）满意度，包括服务对象和卫生技术人员满意度。

第七条　考核指标体系：

（一）遵循科学性、重要性和可获得性原则制订绩效考核指标体系。

（二）考核指标分为一级指标、二级指标和三级指标，明确考核指标内容、权重、标准以及评分办法。

（三）地方卫生行政部门可对指标体系进行适当调整，并根据当地实际情况确定指标标准及评分办法。

（四）社区卫生服务站的考核指标体系由地方卫生行政部门根据当地实际情况进行调整。

第八条　考核方式方法：

采取日常考核与年终考核相结合、定性考核与定量考核相结合、内部考核与外部考核相结合、综合考核与专业考核相结合方式，通过现场查看、资料查阅、现场访谈与问卷调查等方法进行考核。

第三章　组织实施

第九条　考核主体：

（一）区（市、县）级卫生行政部门会同有关部门组织本辖区所有社区卫生服务机构的绩效考核。

（二）设区的市级卫生行政部门对区（市、县）考核结果抽取一定比例进行复核或组织统一考核。

（三）卫生部和国家中医药管理局、省级卫生行政部门和中医药管理部门对社区卫生服务机构绩效考核工作进行督导检查。

第十条　考核组织：

（一）设区的市、区（市、县）级卫生行政部门应当成立社区卫生服务机构绩效考核领导小组，负责绩效考核工作的领导与组织协调。

（二）成立绩效考核工作组，成员可由政府相关部门、医疗卫生机构、专业公共卫生机构、行业组织及社区居民代表等组成。

（三）鼓励有条件的地区委托第三方开展社区卫生服务机构绩效考核。

（四）原则上考核周期为一年。

第十一条　考核程序：

（一）组织准备。确定考核实施机构和考核人员，明确考核程序和工作安排。如委托第三方实施考核，应当签订相关协议。

（二）具体实施。制订考核方案，考核工作组根据方案对社区卫生服务机构进行考核，并将考核结果上报绩效考核领导小组。

（三）公示公布。绩效考核领导小组将考核结果以适当形式公示公布。

（四）沟通反馈。领导小组对被考核机构取得的成绩和存在的问题进行反馈，提出改进建议。

第十二条　考核工作要求：

（一）卫生行政部门要保证绩效考核工作经费，用于绩效考核组织与实施。

（二）建立绩效考核制度。制订本地社区卫生服务机构绩效考核办法，明确考核主体、考核内容和标准、考核程序和方法以及考核结果应用，完善绩效考核结果反馈机制。

（三）建立绩效考核责任制，明确考核相关人员职责和纪律要求，考核过程中尽可能不影响被考核机构业务的正常开展。

（四）被考核机构确保提供信息真实、准确，积极配合绩效考核工作。

第四章　结果应用

第十三条　绩效考核结果分为优秀、合格、不合格三个等次，各地根据实际情况自行确定各个等级的绩效分值。考核结果作为社区卫生服务机构资金拨付和负责人聘任的重要依据。对考核成绩优秀的社区卫生服务机构予以表彰或奖励；对考核成绩不合格的要求限期整改，整改后仍不合格的给予警告直至取消机构资格。

第十四条　社区卫生服务机构应当结合本办法建立和完善内部绩效考核制度，根据不同岗位职责和要求对工作人员实施分类考核，将考核结果作为工作人员绩效工资及人员聘用的重要依据。

第十五条　根据考核结果，总结推广先进经验，整改存在问题，调整考核指标体系，完善和规范日常管理，提高机构服务质量和效率。

第五章　附　则

第十六条　本办法由卫生部负责解释。

第十七条　地方各级卫生行政部门根据本办法制订本地区社区卫生服务机构绩效考核具体实施方案。

第十八条　本办法自发布之日后30日起施行。

国家发展改革委、卫生部关于加强城市社区卫生服务机构医疗服务和药品价格管理意见的通知

（2006年6月27日）

各省、自治区、直辖市发展改革委、物价局、卫生厅（局）：

为进一步规范城市社区卫生服务中的医药价格行为，减轻群众医药费用负担，促进城市社区卫生服务健康发展，根据《国务院关于发展城市社区卫生服务的指导意见》精神，经商财政部、劳动和社会保障部、国家食品药品监督管理局和国家中医药管理局，现就加强城市社区卫生服务机构医疗服务和药品价格管理的意见通知如下：

一、明确价格管理权限。社区卫生服务机构开展的基本医疗服务实行政府指导价管理。医疗服务的具体定价权限由省、自治区、直辖市价格主管部门会同同级卫生行政部门确定。社区卫生服务机构开展医疗服务价格项目，应符合《全国医疗服务价格项目规范》；新增医疗服务价格项目由省、自治区、直辖市价格主管部门会同同级卫生、中医药行政部门审批。

二、实行多种收付费方式。社区卫生服务的收费可以实行按项目收费，也可以对一般常见病、多发病采取按病种收费等方式。对于一些个性化服务，可以通过由社区卫生服务机构与服务对象签订合同，按照服务时间、服务次数或服务人数等收取费用。对医疗保险参保人员提供的基本医疗服务，可由医疗保险经办机构与社区卫生服务机构采取签订协议的方式，协商确定付费方式及标准。

三、科学核定基本医疗服务价格。制定社区卫生服务机构基本医疗服务价格，要充分体现社区卫生服务机构的公益性质。社区卫生服务成本要合理补偿。定价参考的服务成本要按照扣除政府投入的房屋、设备等固定资产折旧后

的成本核定，按人员工资和业务经费核定财政补助的地区，要扣除财政补助。社会力量举办的社区卫生服务机构提供的基本医疗服务价格，可根据其运行成本适当放宽。制定社区卫生服务机构基本医疗服务价格时，应广泛听取消费者、服务提供者以及劳动保障、中医药管理等有关部门意见。

四、降低药品加价率，严格控制政府定价药品实际零售价格。要逐步弱化药品收益对社区卫生服务机构的补偿作用，在研究采取相关配套措施的基础上，进一步降低社区卫生服务机构销售药品的实际加价率。社区卫生服务机构销售政府定价的药品，其零售价格在不高于政府规定的最高零售价格前提下，以药品生产企业实际出厂（口岸）价加规定流通差价率作价。药品生产经营企业，要主动向社区卫生服务机构提供零售价格建议。对不提供零售价格建议的，社区卫生服务机构可拒绝采购和使用。

五、鼓励廉价药品的生产、供应和使用。研究制定供应社区卫生服务机构使用的廉价药品政策。鼓励药品生产和经营企业在保证药品质量的前提下，通过简化包装、定点生产、统一配送等方式降低成本。对定点生产的廉价药品，制定药品价格时可适当放宽生产企业销售利润率。社区卫生服务机构应优先采购和使用廉价药品。

六、强化价格监督检查。城市社区卫生服务机构要健全内部管理制度，自觉执行相关医药价格政策，全面落实价格公示和收费清单制度。各级价格主管部门要加强价格监督检查工作力度，对违反规定的，要按照《价格违法行为行政处罚规定》查处。

各地都要选择部分地区积极开展城市社区卫生服务机构政府集中采购、统一配送、零差率销售药品和医药分开试点工作。价格主管部门和卫生行政部门要加强领导，提高认识，认真贯彻和落实社区卫生服务中的各项价格管理政策和措施，并结合各地的实际情况，制定具体的实施细则。

国家发展改革委

卫生部

2006年6月27日

劳动和社会保障部关于促进医疗保险参保人员充分利用社区卫生服务的指导意见

（2006年6月22日）

各省、自治区、直辖市劳动和社会保障厅（局）：

促进医疗保险参保人员充分利用社区卫生服务，对保障参保人员基本医疗，提高医疗保险基金使用效率具有重要意义。医疗保险制度改革以来，各地在大力推进医疗保险制度建设的同时，按照党中央、国务院的统一部署，结合本地实际，通过扩大社区卫生服务机构及基层医疗机构定点范围、将社区卫生服务中的基本医疗服务项目纳入医疗保险支付范围、以及适当降低参保人员医疗费用自付比例等措施，引导参保人员利用社区及基层医疗服务，既方便了参保人员就医购药，减轻了参保人员费用负担，又促进了医疗机构的公平竞争和社区卫生服务事业的发展。根据《国务院关于发展城市社区卫生服务的指导意见》（国发〔2006〕10号），为进一步发挥社区卫生服务在医疗保障中的作用，促进医疗保险参保人员充分利用社区卫生服务，现提出如下意见：

一、进一步提高思想认识，明确基本原则

（一）以政府为主导，大力发展城市社区卫生服务，构建新型城市卫生服务体系，是当前深化城镇医疗卫生体制改革，解决城市居民看病难、看病贵问题的重要举措。社区卫生服务功能的完善、网络的健全和运行机制的转换，将对城镇医疗保障制度建设以及医疗保险制度功能发挥产生重要的影响。各级劳动保障部门要高度重视，进一步提高思想认识，在当地政府的领导下，与相关部门密切配合，发挥医疗保险对定点医疗机构和医疗服务项目管理的作用，促进新型城市社区卫生服务网络的形成，利用社区卫生服务机构便捷、经济的服

务优势，更好地满足参保人员基本医疗需求。

（二）基本原则。坚持城镇医疗卫生体制、药品生产流通体制和医疗保险制度三项改革同步推进的工作方针，按照“低水平、广覆盖”的原则，研究完善城镇医疗保障制度，不断扩大医疗保险覆盖面；坚持保障基本医疗需求的原则，合理确定医疗保险基本保障项目，引导参保人员合理利用医疗服务，确保医疗保险制度稳健运行；坚持严格管理和改善服务并重，强化对医疗服务的监督管理，优化对定点医药服务机构和参保人员的服务；坚持因地制宜，积极推进，配套实施，鼓励探索创新。

二、积极将符合条件的社区卫生服务机构纳入定点范围

（三）要根据当地政府制定的社区卫生服务发展规划，随着医疗保险覆盖面的扩大，积极扩大社区卫生服务机构定点范围。允许各类为社区提供基本医疗服务的基层医疗机构［包括社区卫生服务中心和社区卫生服务站，以及门诊部、诊所、医务所（室）等机构］申请医疗保险定点服务。

（四）在坚持医疗机构定点资格条件基础上，进一步细化社区卫生服务机构的定点资格条件。取得医疗保险定点资格的社区卫生服务机构须符合当地政府制定的社区卫生服务发展规划，达到国家规定的医疗技术人员和设施配置基本标准，严格按照城市社区卫生服务机构管理办法规范内部运行，有明确的基本医疗服务和药品使用范围，执行物价部门制定的社区卫生服务和药品价格管理办法，建立规范的公共卫生与基本医疗服务财务管理制度，管理人员及医务人员掌握医疗保险的各项政策规定，具备医疗保险信息管理要求的基本条件等。

（五）统筹地区劳动保障行政部门要按规定程序及时审查社区卫生服务机构提出的申请及有关证明材料，并及时向社会公布取得定点资格的社区卫生服务机构名单，供参保人员选择。医疗保险经办机构要及时根据参保人员选择意向确定定点社区卫生服务机构并签订定点服务协议。实行一体化管理的社区卫生服务中心和社区卫生服务站要同步审查，均符合条件的要同步纳入定点。对由定点基层医疗机构转型的社区卫生服务机构，可通过签订补充协议的方式继续定点。

三、切实将符合规定的社区卫生服务项目纳入支付范围

（六）要在医疗保险药品目录、诊疗项目范围和医疗服务设施标准规定的范围内，根据物价部门制定的社区卫生服务价格标准，对定点社区卫生服务机构提供的一般常见病和多发病诊疗等基本医疗服务进行逐项审定，明确纳入医疗保险基金支付范围的社区医疗服务项目。要根据行业主管部门制定的家庭病床建床标准及管理规范，制定医疗保险家庭病床管理办法，明确家庭病床医疗服务项目纳入医疗保险基金支付的范围。参保人员发生的家庭病床医疗费用，符合出入院标准的由医疗保险基金按规定给予支付。

（七）医疗保险参保人员公平享受社区卫生服务机构面向辖区居民提供的健康教育、健康检查、预防保健、建立健康档案以及慢性病和精神病社区管理等公共卫生服务，其中按规定应免费提供的服务，医疗保险基金和参保人员个人不再额外支付费用。

四、完善参保人员利用社区医疗服务的引导措施

（八）参保人员选择的定点医疗机构中要有1—2家定点社区卫生服务机构。对实行一体化管理的社区卫生服务机构，参保人员可选择社区卫生服务中心及其下设的1家社区卫生服务站作为定点。有条件的地区，可探索直接与社区医师签订服务协议的定点管理办法。在有条件的地区，要积极配合有关部门探索建立双向转诊制度和开展社区首诊制试点。允许参保人员到定点零售药店直接购买非处方药和持定点医疗机构医师处方购药。

（九）适当拉开医疗保险基金对社区卫生服务机构和大中型医院的支付比例档次。不断完善医疗保险费用结算管理办法。有条件的地区，对纳入统筹基金支付的住院和门诊特殊疾病的医疗费用，可探索按病种确定定额标准，由统筹基金和参保人员按比例分担的费用结算办法。

五、加强医疗保险对社区卫生服务机构的管理与服务

（十）要将有关部门制定的用药指南、诊疗规范、处方管理和医疗质量控制等有关办法或标准纳入定点服务协议，作为日常监督检查和年度考核的内容，并与费用结算相挂钩。开展社区卫生服务机构定点服务评议活动和信用等级评定，建立定点医疗机构费用信息公布制度、违规行为举报制度和参保人员满意度调查制度。要根据日常监督检查、考核评议以及参保人员满意度调查的

结果，加强对社区卫生服务机构的定点资格和定点协议的动态管理。对不规范医疗行为严重、发生医疗保险欺诈行为、定点考核不达标以及参保人员满意度低的定点社区卫生服务机构，医疗保险经办机构要解除定点服务协议，追回医疗保险基金损失，并报请劳动保障行政部门取消其定点资格。

（十一）尽快实现医疗保险经办机构与社区卫生服务机构计算机联网，参保人员健康医疗信息共享，医疗费用直接结算。针对社区卫生服务机构特点，制定方便快捷、管理高效的业务管理流程。采取多种方式对定点社区卫生服务机构提供业务培训和技术支持。完善社区劳动保障平台建设，发挥社区劳动保障平台在医疗保险管理中的作用，协调医疗保险参保人员的社区管理。

各级劳动保障部门要在政府统一领导下，积极配合卫生等有关部门，搞好城市社区卫生体系建设中有关试点工作。通过实践探索，不断总结经验，认真研究解决出现的新情况和问题，重大问题及时上报。

劳动和社会保障部

2006年6月22日

9 社区物业管理

中华人民共和国物权法（节选）

（2007年3月16日）

第六章　业主的建筑物区分所有权

第七十条　业主对建筑物内的住宅、经营性用房等专有部分享有所有权，对专有部分以外的共有部分享有共有和共同管理的权利。

第七十一条　业主对其建筑物专有部分享有占有、使用、收益和处分的权利。业主行使权利不得危及建筑物的安全，不得损害其他业主的合法权益。

第七十二条　业主对建筑物专有部分以外的共有部分，享有权利，承担义务；不得以放弃权利不履行义务。

业主转让建筑物内的住宅、经营性用房，其对共有部分享有的共有和共同管理的权利一并转让。

第七十三条　建筑区划内的道路，属于业主共有，但属于城镇公共道路的除外。建筑区划内的绿地，属于业主共有，但属于城镇公共绿地或者明示属于个人的除外。建筑区划内的其他公共场所、公用设施和物业服务用房，属于业主共有。

第七十四条　建筑区划内，规划用于停放汽车的车位、车库应当首先满足业主的需要。

建筑区划内，规划用于停放汽车的车位、车库的归属，由当事人通过出售、附赠或者出租等方式约定。

占用业主共有的道路或者其他场地用于停放汽车的车位，属于业主共有。

第七十五条　业主可以设立业主大会，选举业主委员会。

地方人民政府有关部门应当对设立业主大会和选举业主委员会给予指导和协助。

第七十六条　下列事项由业主共同决定：

（一）制定和修改业主大会议事规则；

（二）制定和修改建筑物及其附属设施的管理规约；

（三）选举业主委员会或者更换业主委员会成员；

（四）选聘和解聘物业服务企业或者其他管理人；

（五）筹集和使用建筑物及其附属设施的维修资金；

（六）改建、重建建筑物及其附属设施；

（七）有关共有和共同管理权利的其他重大事项。

决定前款第五项和第六项规定的事项，应当经专有部分占建筑物总面积三分之二以上的业主且占总人数三分之二以上的业主同意。决定前款其他事项，应当经专有部分占建筑物总面积过半数的业主且占总人数过半数的业主同意。

第七十七条　业主不得违反法律、法规以及管理规约，将住宅改变为经营性用房。业主将住宅改变为经营性用房的，除遵守法律、法规以及管理规约外，应当经有利害关系的业主同意。

第七十八条　业主大会或者业主委员会的决定，对业主具有约束力。

业主大会或者业主委员会作出的决定侵害业主合法权益的，受侵害的业主可以请求人民法院予以撤销。

第七十九条　建筑物及其附属设施的维修资金，属于业主共有。经业主共同决定，可以用于电梯、水箱等共有部分的维修。维修资金的筹集、使用情况应当公布。

第八十条　建筑物及其附属设施的费用分摊、收益分配等事项，有约定的，按照约定；没有约定或者约定不明确的，按照业主专有部分占建筑物总面积的比例确定。

第八十一条　业主可以自行管理建筑物及其附属设施，也可以委托物业服务企业或者其他管理人管理。

对建设单位聘请的物业服务企业或者其他管理人，业主有权依法更换。

第八十二条　物业服务企业或者其他管理人根据业主的委托管理建筑区划内的建筑物及其附属设施，并接受业主的监督。

第八十三条　业主应当遵守法律、法规以及管理规约。

业主大会和业主委员会，对任意弃置垃圾、排放污染物或者噪声、违反规定饲养动物、违章搭建、侵占通道、拒付物业费等损害他人合法权益的行为，有权依照法律、法规以及管理规约，要求行为人停止侵害、消除危险、排除妨害、赔偿损失。业主对侵害自己合法权益的行为，可以依法向人民法院提起诉讼。

物业管理条例（2018修正）

（2018年3月19日）

第一章　总　则

第一条　为了规范物业管理活动，维护业主和物业服务企业的合法权益，改善人民群众的生活和工作环境，制定本条例。

第二条　本条例所称物业管理，是指业主通过选聘物业服务企业，由业主和物业服务企业按照物业服务合同约定，对房屋及配套的设施设备和相关场地进行维修、养护、管理，维护物业管理区域内的环境卫生和相关秩序的活动。

第三条　国家提倡业主通过公开、公平、公正的市场竞争机制选择物业服务企业。

第四条　国家鼓励采用新技术、新方法，依靠科技进步提高物业管理和服务水平。

第五条　国务院建设行政主管部门负责全国物业管理活动的监督管理工作。

县级以上地方人民政府房地产行政主管部门负责本行政区域内物业管理活动的监督管理工作。

第二章　业主及业主大会

第六条　房屋的所有权人为业主。

业主在物业管理活动中，享有下列权利：

（一）按照物业服务合同的约定，接受物业服务企业提供的服务；

（二）提议召开业主大会会议，并就物业管理的有关事项提出建议；

（三）提出制定和修改管理规约、业主大会议事规则的建议；

（四）参加业主大会会议，行使投票权；

（五）选举业主委员会成员，并享有被选举权；

（六）监督业主委员会的工作；

（七）监督物业服务企业履行物业服务合同；

（八）对物业共用部位、共用设施设备和相关场地使用情况享有知情权和监督权；

（九）监督物业共用部位、共用设施设备专项维修资金（以下简称专项维修资金）的管理和使用；

（十）法律、法规规定的其他权利。

第七条　业主在物业管理活动中，履行下列义务：

（一）遵守管理规约、业主大会议事规则；

（二）遵守物业管理区域内物业共用部位和共用设施设备的使用、公共秩序和环境卫生的维护等方面的规章制度；

（三）执行业主大会的决定和业主大会授权业主委员会作出的决定；

（四）按照国家有关规定交纳专项维修资金；

（五）按时交纳物业服务费用；

（六）法律、法规规定的其他义务。

第八条　物业管理区域内全体业主组成业主大会。

业主大会应当代表和维护物业管理区域内全体业主在物业管理活动中的合法权益。

第九条　一个物业管理区域成立一个业主大会。

物业管理区域的划分应当考虑物业的共用设施设备、建筑物规模、社区建设等因素。具体办法由省、自治区、直辖市制定。

第十条　同一个物业管理区域内的业主，应当在物业所在地的区、县人民政府房地产行政主管部门或者街道办事处、乡镇人民政府的指导下成立业主大会，并选举产生业主委员会。但是，只有一个业主的，或者业主人数较少且经全体业主一致同意，决定不成立业主大会的，由业主共同履行业主大会、业主委员会职责。

第十一条　下列事项由业主共同决定：

（一）制定和修改业主大会议事规则；

（二）制定和修改管理规约；

（三）选举业主委员会或者更换业主委员会成员；

（四）选聘和解聘物业服务企业；

（五）筹集和使用专项维修资金；

（六）改建、重建建筑物及其附属设施；

（七）有关共有和共同管理权利的其他重大事项。

第十二条　业主大会会议可以采用集体讨论的形式，也可以采用书面征求意见的形式；但是，应当有物业管理区域内专有部分占建筑物总面积过半数的业主且占总人数过半数的业主参加。

业主可以委托代理人参加业主大会会议。

业主大会决定本条例第十一条第（五）项和第（六）项规定的事项，应当经专有部分占建筑物总面积2/3以上的业主且占总人数2/3以上的业主同意；决定本条例第十一条规定的其他事项，应当经专有部分占建筑物总面积过半数的业主且占总人数过半数的业主同意。

业主大会或者业主委员会的决定，对业主具有约束力。

业主大会或者业主委员会作出的决定侵害业主合法权益的，受侵害的业主可以请求人民法院予以撤销。

第十三条　业主大会会议分为定期会议和临时会议。

业主大会定期会议应当按照业主大会议事规则的规定召开。经20%以上的业主提议，业主委员会应当组织召开业主大会临时会议。

第十四条　召开业主大会会议，应当于会议召开15日以前通知全体业主。

住宅小区的业主大会会议，应当同时告知相关的居民委员会。

业主委员会应当做好业主大会会议记录。

第十五条　业主委员会执行业主大会的决定事项，履行下列职责：

（一）召集业主大会会议，报告物业管理的实施情况；

（二）代表业主与业主大会选聘的物业服务企业签订物业服务合同；

（三）及时了解业主、物业使用人的意见和建议，监督和协助物业服务企业履行物业服务合同；

（四）监督管理规约的实施；

（五）业主大会赋予的其他职责。

第十六条　业主委员会应当自选举产生之日起30日内，向物业所在地的区、县人民政府房地产行政主管部门和街道办事处、乡镇人民政府备案。

业主委员会委员应当由热心公益事业、责任心强、具有一定组织能力的业主担任。

业主委员会主任、副主任在业主委员会成员中推选产生。

第十七条　管理规约应当对有关物业的使用、维护、管理，业主的共同利益，业主应当履行的义务，违反管理规约应当承担的责任等事项依法作出约定。

管理规约应当尊重社会公德，不得违反法律、法规或者损害社会公共利益。

管理规约对全体业主具有约束力。

第十八条　业主大会议事规则应当就业主大会的议事方式、表决程序、业主委员会的组成和成员任期等事项作出约定。

第十九条　业主大会、业主委员会应当依法履行职责，不得作出与物业管理无关的决定，不得从事与物业管理无关的活动。

业主大会、业主委员会作出的决定违反法律、法规的，物业所在地的区、县人民政府房地产行政主管部门或者街道办事处、乡镇人民政府，应当责令限期改正或者撤销其决定，并通告全体业主。

第二十条　业主大会、业主委员会应当配合公安机关，与居民委员会相互协作，共同做好维护物业管理区域内的社会治安等相关工作。

在物业管理区域内，业主大会、业主委员会应当积极配合相关居民委员会依法履行自治管理职责，支持居民委员会开展工作，并接受其指导和监督。

住宅小区的业主大会、业主委员会作出的决定，应当告知相关的居民委员会，并认真听取居民委员会的建议。

第三章　前期物业管理

第二十一条　在业主、业主大会选聘物业服务企业之前，建设单位选聘物业服务企业的，应当签订书面的前期物业服务合同。

第二十二条　建设单位应当在销售物业之前，制定临时管理规约，对有关物业的使用、维护、管理，业主的共同利益，业主应当履行的义务，违反临时管理规约应当承担的责任等事项依法作出约定。

建设单位制定的临时管理规约，不得侵害物业买受人的合法权益。

第二十三条　建设单位应当在物业销售前将临时管理规约向物业买受人明示，并予以说明。

物业买受人在与建设单位签订物业买卖合同时，应当对遵守临时管理规约予以书面承诺。

第二十四条　国家提倡建设单位按照房地产开发与物业管理相分离的原则，通过招投标的方式选聘物业服务企业。

住宅物业的建设单位，应当通过招投标的方式选聘物业服务企业；投标人少于3个或者住宅规模较小的，经物业所在地的区、县人民政府房地产行政主管部门批准，可以采用协议方式选聘物业服务企业。

第二十五条　建设单位与物业买受人签订的买卖合同应当包含前期物业服务合同约定的内容。

第二十六条　前期物业服务合同可以约定期限；但是，期限未满、业主委员会与物业服务企业签订的物业服务合同生效的，前期物业服务合同终止。

第二十七条　业主依法享有的物业共用部位、共用设施设备的所有权或者使用权，建设单位不得擅自处分。

第二十八条　物业服务企业承接物业时，应当对物业共用部位、共用设施设备进行查验。

第二十九条　在办理物业承接验收手续时，建设单位应当向物业服务企业移交下列资料：

（一）竣工总平面图，单体建筑、结构、设备竣工图，配套设施、地下管网工程竣工图等竣工验收资料；

（二）设施设备的安装、使用和维护保养等技术资料；

（三）物业质量保修文件和物业使用说明文件；

（四）物业管理所必需的其他资料。

物业服务企业应当在前期物业服务合同终止时将上述资料移交给业主委员会。

第三十条　建设单位应当按照规定在物业管理区域内配置必要的物业管理用房。

第三十一条　建设单位应当按照国家规定的保修期限和保修范围，承担物业的保修责任。

第四章　物业管理服务

第三十二条　从事物业管理活动的企业应当具有独立的法人资格。

国务院建设行政主管部门应当会同有关部门建立守信联合激励和失信联合惩戒机制，加强行业诚信管理。

第三十三条　一个物业管理区域由一个物业服务企业实施物业管理。

第三十四条　业主委员会应当与业主大会选聘的物业服务企业订立书面的物业服务合同。

物业服务合同应当对物业管理事项、服务质量、服务费用、双方的权利义务、专项维修资金的管理与使用、物业管理用房、合同期限、违约责任等内容进行约定。

第三十五条　物业服务企业应当按照物业服务合同的约定，提供相应的服务。

物业服务企业未能履行物业服务合同的约定，导致业主人身、财产安全受到损害的，应当依法承担相应的法律责任。

第三十六条　物业服务企业承接物业时，应当与业主委员会办理物业验收手续。

业主委员会应当向物业服务企业移交本条例第二十九条第一款规定的资料。

第三十七条　物业管理用房的所有权依法属于业主。未经业主大会同意，物业服务企业不得改变物业管理用房的用途。

第三十八条　物业服务合同终止时，物业服务企业应当将物业管理用房和本条例第二十九条第一款规定的资料交还给业主委员会。

物业服务合同终止时，业主大会选聘了新的物业服务企业的，物业服务企业之间应当做好交接工作。

第三十九条　物业服务企业可以将物业管理区域内的专项服务业务委托给专业性服务企业，但不得将该区域内的全部物业管理一并委托给他人。

第四十条　物业服务收费应当遵循合理、公开以及费用与服务水平相适应的原则，区别不同物业的性质和特点，由业主和物业服务企业按照国务院价格主管部门会同国务院建设行政主管部门制定的物业服务收费办法，在物业服务合同中约定。

第四十一条　业主应当根据物业服务合同的约定交纳物业服务费用。业主与物业使用人约定由物业使用人交纳物业服务费用的，从其约定，业主负连带交纳责任。

已竣工但尚未出售或者尚未交给物业买受人的物业，物业服务费用由建设单位交纳。

第四十二条　县级以上人民政府价格主管部门会同同级房地产行政主管部门，应当加强对物业服务收费的监督。

第四十三条　物业服务企业可以根据业主的委托提供物业服务合同约定以外的服务项目，服务报酬由双方约定。

第四十四条　物业管理区域内，供水、供电、供气、供热、通信、有线电视等单位应当向最终用户收取有关费用。

物业服务企业接受委托代收前款费用的，不得向业主收取手续费等额外费用。

第四十五条　对物业管理区域内违反有关治安、环保、物业装饰装修和使用等方面法律、法规规定的行为，物业服务企业应当制止，并及时向有关行政管理部门报告。

有关行政管理部门在接到物业服务企业的报告后，应当依法对违法行为予以制止或者依法处理。

第四十六条　物业服务企业应当协助做好物业管理区域内的安全防范工作。发生安全事故时，物业服务企业在采取应急措施的同时，应当及时向有关行政管理部门报告，协助做好救助工作。

物业服务企业雇请保安人员的，应当遵守国家有关规定。保安人员在维护物业管理区域内的公共秩序时，应当履行职责，不得侵害公民的合法权益。

第四十七条　物业使用人在物业管理活动中的权利义务由业主和物业使用人约定，但不得违反法律、法规和管理规约的有关规定。

物业使用人违反本条例和管理规约的规定，有关业主应当承担连带责任。

第四十八条　县级以上地方人民政府房地产行政主管部门应当及时处理业主、业主委员会、物业使用人和物业服务企业在物业管理活动中的投诉。

第五章　物业的使用与维护

第四十九条　物业管理区域内按照规划建设的公共建筑和共用设施，不得改变用途。

业主依法确需改变公共建筑和共用设施用途的，应当在依法办理有关手续后告知物业服务企业；物业服务企业确需改变公共建筑和共用设施用途的，应当提请业主大会讨论决定同意后，由业主依法办理有关手续。

第五十条　业主、物业服务企业不得擅自占用、挖掘物业管理区域内的道路、场地，损害业主的共同利益。

因维修物业或者公共利益，业主确需临时占用、挖掘道路、场地的，应当征得业主委员会和物业服务企业的同意；物业服务企业确需临时占用、挖掘道路、场地的，应当征得业主委员会的同意。

业主、物业服务企业应当将临时占用、挖掘的道路、场地，在约定期限内恢复原状。

第五十一条　供水、供电、供气、供热、通信、有线电视等单位，应当依法承担物业管理区域内相关管线和设施设备维修、养护的责任。

前款规定的单位因维修、养护等需要，临时占用、挖掘道路、场地的，应当及时恢复原状。

第五十二条　业主需要装饰装修房屋的，应当事先告知物业服务企业。

物业服务企业应当将房屋装饰装修中的禁止行为和注意事项告知业主。

第五十三条　住宅物业、住宅小区内的非住宅物业或者与单幢住宅楼结构相连的非住宅物业的业主，应当按照国家有关规定交纳专项维修资金。

专项维修资金属于业主所有，专项用于物业保修期满后物业共用部位、共用设施设备的维修和更新、改造，不得挪作他用。

专项维修资金收取、使用、管理的办法由国务院建设行政主管部门会同国务院财政部门制定。

第五十四条　利用物业共用部位、共用设施设备进行经营的，应当在征得相关业主、业主大会、物业服务企业的同意后，按照规定办理有关手续。业主所得收益应当主要用于补充专项维修资金，也可以按照业主大会的决定使用。

第五十五条　物业存在安全隐患，危及公共利益及他人合法权益时，责任人应当及时维修养护，有关业主应当给予配合。

责任人不履行维修养护义务的，经业主大会同意，可以由物业服务企业维修养护，费用由责任人承担。

第六章　法律责任

第五十六条　违反本条例的规定，住宅物业的建设单位未通过招投标的方式选聘物业服务企业或者未经批准，擅自采用协议方式选聘物业服务企业的，由县级以上地方人民政府房地产行政主管部门责令限期改正，给予警告，可以并处10万元以下的罚款。

第五十七条　违反本条例的规定，建设单位擅自处分属于业主的物业共用部位、共用设施设备的所有权或者使用权的，由县级以上地方人民政府房地产行政主管部门处5万元以上20万元以下的罚款；给业主造成损失的，依法承担赔偿责任。

第五十八条　违反本条例的规定，不移交有关资料的，由县级以上地方人民政府房地产行政主管部门责令限期改正；逾期仍不移交有关资料的，对建设单位、物业服务企业予以通报，处1万元以上10万元以下的罚款。

第五十九条　违反本条例的规定，物业服务企业将一个物业管理区域内的全部物业管理一并委托给他人的，由县级以上地方人民政府房地产行政主管部门责令限期改正，处委托合同价款30%以上50%以下的罚款。委托所得收益，用于物业管理区域内物业共用部位、共用设施设备的维修、养护，剩余部分按照业主大会的决定使用；给业主造成损失的，依法承担赔偿责任。

第六十条　违反本条例的规定，挪用专项维修资金的，由县级以上地方人民政府房地产行政主管部门追回挪用的专项维修资金，给予警告，没收违法所得，可以并处挪用数额2倍以下的罚款；构成犯罪的，依法追究直接负责的主管人员和其他直接责任人员的刑事责任。

第六十一条　违反本条例的规定，建设单位在物业管理区域内不按照规定配置必要的物业管理用房的，由县级以上地方人民政府房地产行政主管部门责令限期改正，给予警告，没收违法所得，并处10万元以上50万元以下的罚款。

第六十二条　违反本条例的规定，未经业主大会同意，物业服务企业擅自改变物业管理用房的用途的，由县级以上地方人民政府房地产行政主管部门责令限期改正，给予警告，并处1万元以上10万元以下的罚款；有收益的，所得收益用于物业管理区域内物业共用部位、共用设施设备的维修、养护，剩余部分按照业主大会的决定使用。

第六十三条　违反本条例的规定，有下列行为之一的，由县级以上地方人民政府房地产行政主管部门责令限期改正，给予警告，并按照本条第二款的规定处以罚款；所得收益，用于物业管理区域内物业共用部位、共用设施设备的维修、养护，剩余部分按照业主大会的决定使用：

（一）擅自改变物业管理区域内按照规划建设的公共建筑和共用设施用途的；

（二）擅自占用、挖掘物业管理区域内道路、场地，损害业主共同利益的；

（三）擅自利用物业共用部位、共用设施设备进行经营的。

个人有前款规定行为之一的，处1000元以上1万元以下的罚款；单位有前款规定行为之一的，处5万元以上20万元以下的罚款。

第六十四条　违反物业服务合同约定，业主逾期不交纳物业服务费用的，业主委员会应当督促其限期交纳；逾期仍不交纳的，物业服务企业可以向人民法院起诉。

第六十五条　业主以业主大会或者业主委员会的名义，从事违反法律、法规的活动，构成犯罪的，依法追究刑事责任；尚不构成犯罪的，依法给予治安管理处罚。

第六十六条　违反本条例的规定，国务院建设行政主管部门、县级以上地方人民政府房地产行政主管部门或者其他有关行政管理部门的工作人员利用职务上的便利，收受他人财物或者其他好处，不依法履行监督管理职责，或者发现违法行为不予查处，构成犯罪的，依法追究刑事责任；尚不构成犯罪的，依法给予行政处分。

第七章　附　则

第六十七条　本条例自2003年9月1日起施行。

住房和城乡建设部关于印发《业主大会和业主委员会指导规则》的通知

（2009 年 12 月 1 日）

各省、自治区住房和城乡建设厅，直辖市房地局（建委），新疆生产建设兵团建设局：

为了规范业主大会和业主委员会的活动，维护业主的合法权益，根据《物权法》和《物业管理条例》等法律法规的规定，我部制定了《业主大会和业主委员会指导规则》，现印发给你们，请贯彻执行。执行中的情况，请及时告我部房地产市场监管司。

住房和城乡建设部

2009年12月1日

业主大会和业主委员会指导规则

第一章 总 则

第一条 为了规范业主大会和业主委员会的活动，维护业主的合法权益，根据《中华人民共和国物权法》《物业管理条例》等法律法规的规定，制定本规则。

第二条 业主大会由物业管理区域内的全体业主组成，代表和维护物业管理区域内全体业主在物业管理活动中的合法权利，履行相应的义务。

第三条　业主委员会由业主大会依法选举产生，履行业主大会赋予的职责，执行业主大会决定的事项，接受业主的监督。

第四条　业主大会或者业主委员会的决定，对业主具有约束力。

业主大会和业主委员会应当依法履行职责，不得作出与物业管理无关的决定，不得从事与物业管理无关的活动。

第五条　业主大会和业主委员会，对业主损害他人合法权益和业主共同利益的行为，有权依照法律、法规以及管理规约，要求停止侵害、消除危险、排除妨害、赔偿损失。

第六条　物业所在地的区、县房地产行政主管部门和街道办事处、乡镇人民政府负责对设立业主大会和选举业主委员会给予指导和协助，负责对业主大会和业主委员会的日常活动进行指导和监督。

第二章　业主大会

第七条　业主大会根据物业管理区域的划分成立，一个物业管理区域成立一个业主大会。

只有一个业主的，或者业主人数较少且经全体业主同意，不成立业主大会的，由业主共同履行业主大会、业主委员会职责。

第八条　物业管理区域内，已交付的专有部分面积超过建筑物总面积50%时，建设单位应当按照物业所在地的区、县房地产行政主管部门或者街道办事处、乡镇人民政府的要求，及时报送下列筹备首次业主大会会议所需的文件资料：

（一）物业管理区域证明；

（二）房屋及建筑物面积清册；

（三）业主名册；

（四）建筑规划总平面图；

（五）交付使用共用设施设备的证明；

（六）物业服务用房配置证明；

（七）其他有关的文件资料。

第九条　符合成立业主大会条件的，区、县房地产行政主管部门或者街道办事处、乡镇人民政府应当在收到业主提出筹备业主大会书面申请后60日内，负责组织、指导成立首次业主大会会议筹备组。

第十条　首次业主大会会议筹备组由业主代表、建设单位代表、街道办事处、乡镇人民政府代表和居民委员会代表组成。筹备组成员人数应为单数，其中业主代表人数不低于筹备组总人数的一半，筹备组组长由街道办事处、乡镇人民政府代表担任。

第十一条　筹备组中业主代表的产生，由街道办事处、乡镇人民政府或者居民委员会组织业主推荐。

筹备组应当将成员名单以书面形式在物业管理区域内公告。业主对筹备组成员有异议的，由街道办事处、乡镇人民政府协调解决。

建设单位和物业服务企业应当配合协助筹备组开展工作。

第十二条　筹备组应当做好以下筹备工作：

（一）确认并公示业主身份、业主人数以及所拥有的专有部分面积；

（二）确定首次业主大会会议召开的时间、地点、形式和内容；

（三）草拟管理规约、业主大会议事规则；

（四）依法确定首次业主大会会议表决规则；

（五）制定业主委员会委员候选人产生办法，确定业主委员会委员候选人名单；

（六）制定业主委员会选举办法；

（七）完成召开首次业主大会会议的其他准备工作。

前款内容应当在首次业主大会会议召开15日前以书面形式在物业管理区域内公告。业主对公告内容有异议的，筹备组应当记录并作出答复。

第十三条　依法登记取得或者根据 物权法第二章第三节规定取得建筑物专有部分所有权的人，应当认定为业主。

基于房屋买卖等民事法律行为，已经合法占有建筑物专有部分，但尚未依法办理所有权登记的人，可以认定为业主。

业主的投票权数由专有部分面积和业主人数确定。

第十四条　业主委员会委员候选人由业主推荐或者自荐。筹备组应当核查参选人的资格，根据物业规模、物权份额、委员的代表性和广泛性等因素，确定业主委员会委员候选人名单。

第十五条　筹备组应当自组成之日起90日内完成筹备工作，组织召开首次业主大会会议。

业主大会自首次业主大会会议表决通过管理规约、业主大会议事规则，并选举产生业主委员会之日起成立。

第十六条　划分为一个物业管理区域的分期开发的建设项目，先期开发部分符合条件的，可以成立业主大会，选举产生业主委员会。首次业主大会会议应当根据分期开发的物业面积和进度等因素，在业主大会议事规则中明确增补业主委员会委员的办法。

第十七条　业主大会决定以下事项：

（一）制定和修改业主大会议事规则；

（二）制定和修改管理规约；

（三）选举业主委员会或者更换业主委员会委员；

（四）制定物业服务内容、标准以及物业服务收费方案；

（五）选聘和解聘物业服务企业；

（六）筹集和使用专项维修资金；

（七）改建、重建建筑物及其附属设施；

（八）改变共有部分的用途；

（九）利用共有部分进行经营以及所得收益的分配与使用；

（十）法律法规或者管理规约确定应由业主共同决定的事项。

第十八条　管理规约应当对下列主要事项作出规定：

（一）物业的使用、维护、管理；

（二）专项维修资金的筹集、管理和使用；

（三）物业共用部分的经营与收益分配；

（四）业主共同利益的维护；

（五）业主共同管理权的行使；

（六）业主应尽的义务；

（七）违反管理规约应当承担的责任。

第十九条　业主大会议事规则应当对下列主要事项作出规定：

（一）业主大会名称及相应的物业管理区域；

（二）业主委员会的职责；

（三）业主委员会议事规则；

（四）业主大会会议召开的形式、时间和议事方式；

（五）业主投票权数的确定方法；

（六）业主代表的产生方式；

（七）业主大会会议的表决程序；

（八）业主委员会委员的资格、人数和任期等；

（九）业主委员会换届程序、补选办法等；

（十）业主大会、业主委员会工作经费的筹集、使用和管理；

（十一）业主大会、业主委员会印章的使用和管理。

第二十条　业主拒付物业服务费，不缴存专项维修资金以及实施其他损害业主共同权益行为的，业主大会可以在管理规约和业主大会议事规则中对其共同管理权的行使予以限制。

第二十一条　业主大会会议分为定期会议和临时会议。

业主大会定期会议应当按照业主大会议事规则的规定由业主委员会组织召开。

有下列情况之一的，业主委员会应当及时组织召开业主大会临时会议：

（一）经专有部分占建筑物总面积20%以上且占总人数20%以上业主提议的；

（二）发生重大事故或者紧急事件需要及时处理的；

（三）业主大会议事规则或者管理规约规定的其他情况。

第二十二条　业主大会会议可以采用集体讨论的形式，也可以采用书面征求意见的形式；但应当有物业管理区域内专有部分占建筑物总面积过半数的业主且占总人数过半数的业主参加。

采用书面征求意见形式的，应当将征求意见书送交每一位业主；无法送达的，应当在物业管理区域内公告。凡需投票表决的，表决意见应由业主本人签名。

第二十三条　业主大会确定业主投票权数，可以按照下列方法认定专有部分面积和建筑物总面积：

（一）专有部分面积按照不动产登记簿记载的面积计算；尚未进行登记的，暂按测绘机构的实测面积计算；尚未进行实测的，暂按房屋买卖合同记载的面积计算；

（二）建筑物总面积，按照前项的统计总和计算。

第二十四条　业主大会确定业主投票权数，可以按照下列方法认定业主人数和总人数：

（一）业主人数，按照专有部分的数量计算，一个专有部分按一人计算。但建设单位尚未出售和虽已出售但尚未交付的部分，以及同一买受人拥有一个以上专有部分的，按一人计算；

（二）总人数，按照前项的统计总和计算。

第二十五条　业主大会应当在业主大会议事规则中约定车位、摊位等特定空间是否计入用于确定业主投票权数的专有部分面积。

一个专有部分有两个以上所有权人的，应当推选一人行使表决权，但共有人所代表的业主人数为一人。

业主为无民事行为能力人或者限制民事行为能力人的，由其法定监护人行使投票权。

第二十六条　业主因故不能参加业主大会会议的，可以书面委托代理人参加业主大会会议。

未参与表决的业主，其投票权数是否可以计入已表决的多数票，由管理规约或者业主大会议事规则规定。

第二十七条　物业管理区域内业主人数较多的，可以幢、单元、楼层为单位，推选一名业主代表参加业主大会会议，推选及表决办法应当在业主大会议事规则中规定。

第二十八条　业主可以书面委托的形式，约定由其推选的业主代表在一定期限内代其行使共同管理权，具体委托内容、期限、权限和程序由业主大会议事规则规定。

第二十九条　业主大会会议决定筹集和使用专项维修资金以及改造、重建建筑物及其附属设施的，应当经专有部分占建筑物总面积三分之二以上的业主且占总人数三分之二以上的业主同意；决定本规则第十七条规定的其他共有和共同管理权利事项的，应当经专有部分占建筑物总面积过半数且占总人数过半数的业主同意。

第三十条　业主大会会议应当由业主委员会作出书面记录并存档。

业主大会的决定应当以书面形式在物业管理区域内及时公告。

第三章　业主委员会

第三十一条　业主委员会由业主大会会议选举产生，由5至11人单数组成。业主委员会委员应当是物业管理区域内的业主，并符合下列条件：

（一）具有完全民事行为能力；

（二）遵守国家有关法律、法规；

（三）遵守业主大会议事规则、管理规约，模范履行业主义务；

（四）热心公益事业，责任心强，公正廉洁；

（五）具有一定的组织能力；

（六）具备必要的工作时间。

第三十二条　业主委员会委员实行任期制，每届任期不超过5年，可连选连任，业主委员会委员具有同等表决权。

业主委员会应当自选举之日起7日内召开首次会议，推选业主委员会主任和副主任。

第三十三条　业主委员会应当自选举产生之日起30日内，持下列文件向物业所在地的区、县房地产行政主管部门和街道办事处、乡镇人民政府办理备案手续：

（一）业主大会成立和业主委员会选举的情况；

（二）管理规约；

（三）业主大会议事规则；

（四）业主大会决定的其他重大事项。

第三十四条　业主委员会办理备案手续后，可持备案证明向公安机关申请刻制业主大会印章和业主委员会印章。

业主委员会任期内，备案内容发生变更的，业主委员会应当自变更之日起30日内将变更内容书面报告备案部门。

第三十五条　业主委员会履行以下职责：

（一）执行业主大会的决定和决议；

（二）召集业主大会会议，报告物业管理实施情况；

（三）与业主大会选聘的物业服务企业签订物业服务合同；

（四）及时了解业主、物业使用人的意见和建议，监督和协助物业服务企业履行物业服务合同；

（五）监督管理规约的实施；

（六）督促业主交纳物业服务费及其他相关费用；

（七）组织和监督专项维修资金的筹集和使用；

（八）调解业主之间因物业使用、维护和管理产生的纠纷；

（九）业主大会赋予的其他职责。

第三十六条　业主委员会应当向业主公布下列情况和资料：

（一）管理规约、业主大会议事规则；

（二）业主大会和业主委员会的决定；

（三）物业服务合同；

（四）专项维修资金的筹集、使用情况；

（五）物业共有部分的使用和收益情况；

（六）占用业主共有的道路或者其他场地用于停放汽车车位的处分情况；

（七）业主大会和业主委员会工作经费的收支情况；

（八）其他应当向业主公开的情况和资料。

第三十七条　业主委员会应当按照业主大会议事规则的规定及业主大会的决定召开会议。经三分之一以上业主委员会委员的提议，应当在7日内召开业主委员会会议。

第三十八条　业主委员会会议由主任召集和主持，主任因故不能履行职责，可以委托副主任召集。

业主委员会会议应有过半数的委员出席，作出的决定必须经全体委员半数以上同意。

业主委员会委员不能委托代理人参加会议。

第三十九条　业主委员会应当于会议召开7日前，在物业管理区域内公告业主委员会会议的内容和议程，听取业主的意见和建议。

业主委员会会议应当制作书面记录并存档，业主委员会会议作出的决定，应当有参会委员的签字确认，并自作出决定之日起3日内在物业管理区域内公告。

第四十条　业主委员会应当建立工作档案，工作档案包括以下主要内容：

（一）业主大会、业主委员会的会议记录；

（二）业主大会、业主委员会的决定；

（三）业主大会议事规则、管理规约和物业服务合同；

（四）业主委员会选举及备案资料；

（五）专项维修资金筹集及使用账目；

（六）业主及业主代表的名册；

（七）业主的意见和建议。

第四十一条　业主委员会应当建立印章管理规定，并指定专人保管印章。

使用业主大会印章，应当根据业主大会议事规则的规定或者业主大会会议的决定；使用业主委员会印章，应当根据业主委员会会议的决定。

第四十二条　业主大会、业主委员会工作经费由全体业主承担。工作经费可以由业主分摊，也可以从物业共有部分经营所得收益中列支。工作经费的收支情况，应当定期在物业管理区域内公告，接受业主监督。

工作经费筹集、管理和使用的具体办法由业主大会决定。

第四十三条　有下列情况之一的，业主委员会委员资格自行终止：

（一）因物业转让、灭失等原因不再是业主的；

（二）丧失民事行为能力的；

（三）依法被限制人身自由的；

（四）法律、法规以及管理规约规定的其他情形。

第四十四条　业主委员会委员有下列情况之一的，由业主委员会三分之一以上委员或者持有20%以上投票权数的业主提议，业主大会或者业主委员会根据业主大会的授权，可以决定是否终止其委员资格：

（一）以书面方式提出辞职请求的；

（二）不履行委员职责的；

（三）利用委员资格谋取私利的；

（四）拒不履行业主义务的；

（五）侵害他人合法权益的；

（六）因其他原因不宜担任业主委员会委员的。

第四十五条　业主委员会委员资格终止的，应当自终止之日起3日内将其保管的档案资料、印章及其他属于全体业主所有的财物移交业主委员会。

第四十六条　业主委员会任期内，委员出现空缺时，应当及时补足。业主委员会委员候补办法由业主大会决定或者在业主大会议事规则中规定。业主委员会委员人数不足总数的二分之一时，应当召开业主大会临时会议，重新选举业主委员会。

第四十七条　业主委员会任期届满前3个月，应当组织召开业主大会会议，进行换届选举，并报告物业所在地的区、县房地产行政主管部门和街道办事处、乡镇人民政府。

第四十八条　业主委员会应当自任期届满之日起10日内，将其保管的档案资料、印章及其他属于业主大会所有的财物移交新一届业主委员会。

第四章　指导和监督

第四十九条　物业所在地的区、县房地产行政主管部门和街道办事处、乡镇人民政府应当积极开展物业管理政策法规的宣传和教育活动，及时处理业主、业主委员会在物业管理活动中的投诉。

第五十条　已交付使用的专有部分面积超过建筑物总面积50%，建设单位未按要求报送筹备首次业主大会会议相关文件资料的，物业所在地的区、县房地产行政主管部门或者街道办事处、乡镇人民政府有权责令建设单位限期改正。

第五十一条　业主委员会未按业主大会议事规则的规定组织召开业主大会定期会议，或者发生应当召开业主大会临时会议的情况，业主委员会不履行组织召开会议职责的，物业所在地的区、县房地产行政主管部门或者街道办事处、乡镇人民政府可以责令业主委员会限期召开；逾期仍不召开的，可以由物业所在地的居民委员会在街道办事处、乡镇人民政府的指导和监督下组织召开。

第五十二条　按照业主大会议事规则的规定或者三分之一以上委员提议，应当召开业主委员会会议的，业主委员会主任、副主任无正当理由不召集业主委员会会议的，物业所在地的区、县房地产行政主管部门或者街道办事处、乡镇人民政府可以指定业主委员会其他委员召集业主委员会会议。

第五十三条　召开业主大会会议，物业所在地的区、县房地产行政主管部门和街道办事处、乡镇人民政府应当给予指导和协助。

第五十四条　召开业主委员会会议，应当告知相关的居民委员会，并听取居民委员会的建议。

在物业管理区域内，业主大会、业主委员会应当积极配合相关居民委员会依法履行自治管理职责，支持居民委员会开展工作，并接受其指导和监督。

第五十五条　违反业主大会议事规则或者未经业主大会会议和业主委员会会议的决定，擅自使用业主大会印章、业主委员会印章的，物业所在地的街道办事处、乡镇人民政府应当责令限期改正，并 通告全体业主；造成经济损失或者不良影响的，应当依法追究责任人的法律责任。

第五十六条　业主委员会委员资格终止，拒不移交所保管的档案资料、印章及其他属于全体业主所有的财物的，其他业主委员会委员可以请求物业所在地的公安机关协助移交。

业主委员会任期届满后，拒不移交所保管的档案资料、印章及其他属于全体业主所有的财物的，新一届业主委员会可以请求物业所在地的公安机关协助移交。

第五十七条　业主委员会在规定时间内不组织换届选举的，物业所在地的区、县房地产行政主管部门或者街道办事处、乡镇人民政府应当责令其限期组织换届选举；逾期仍不组织的，可以由物业所在地的居民委员会在街道办事处、乡镇人民政府的指导和监督下，组织换届选举工作。

第五十八条　因客观原因未能选举产生业主委员会或者业主委员会委员人数不足总数的二分之一的，新一届业主委员会产生之前，可以由物业所在地的居民委员会在街道办事处、乡镇人民政府的指导和监督下，代行业主委员会的职责。

第五十九条　业主大会、业主委员会作出的决定违反法律法规的，物业所在地的区、县房地产行政主管部门和街道办事处、乡镇人民政府应当责令限期改正或者撤销其决定，并 通告全体业主。

第六十条　业主不得擅自以业主大会或者业主委员会的名义从事活动。业主以业主大会或者业主委员会的名义，从事违反法律、法规的活动，构成犯罪的，依法追究刑事责任；尚不构成犯罪的，依法给予治安管理处罚。

第六十一条　物业管理区域内，可以召开物业管理联席会议。物业管理联席会议由街道办事处、乡镇人民政府负责召集，由区、县房地产行政主管部门、公安派出所、居民委员会、业主委员会和物业服务企业等方面的代表参加，共同协调解决物业管理中遇到的问题。

第五章　附　则

第六十二条　业主自行管理或者委托其他管理人管理物业，成立业主大会，选举业主委员会的，可参照执行本规则。

第六十三条　物业所在地的区、县房地产行政主管部门与街道办事处、乡镇人民政府在指导、监督业主大会和业主委员会工作中的具体职责分工，按各省、自治区、直辖市人民政府有关规定执行。

第六十四条　本规则自2010年1月1日起施行。《业主大会规程》（建住房〔2003〕131号）同时废止。

最高人民法院关于审理建筑物区分所有权纠纷案件具体应用法律若干问题的解释

（2009 年 10 月 1 日）

第一条　依法登记取得或者根据物权法第二章第三节规定取得建筑物专有部分所有权的人，应当认定为物权法第六章所称的业主。

基于与建设单位之间的商品房买卖民事法律行为，已经合法占有建筑物专有部分，但尚未依法办理所有权登记的人，可以认定为物权法第六章　所称的业主。

第二条　建筑区划内符合下列条件的房屋，以及车位、摊位等特定空间，应当认定为物权法第六章所称的专有部分：

（一）具有构造上的独立性，能够明确区分；

（二）具有利用上的独立性，可以排他使用；

（三）能够登记成为特定业主所有权的客体。

规划上专属于特定房屋，且建设单位销售时已经根据规划列入该特定房屋买卖合同中的露台等，应当认定为物权法第六章　所称专有部分的组成部分。

本条第一款所称房屋，包括整栋建筑物。

第三条　除法律、行政法规规定的共有部分外，建筑区划内的以下部分，也应当认定为物权法第六章所称的共有部分：

（一）建筑物的基础、承重结构、外墙、屋顶等基本结构部分，通道、楼梯、大堂等公共通行部分，消防、公共照明等附属设施、设备，避难层、设备层或者设备间等结构部分；

（二）其他不属于业主专有部分，也不属于市政公用部分或者其他权利人所有的场所及设施等。

建筑区划内的土地，依法由业主共同享有建设用地使用权，但属于业主专有的整栋建筑物的规划占地或者城镇公共道路、绿地占地除外。

第四条　业主基于对住宅、经营性用房等专有部分特定使用功能的合理需要，无偿利用屋顶以及与其专有部分相对应的外墙面等共有部分的，不应认定为侵权。但违反法律、法规、管理规约，损害他人合法权益的除外。

第五条　建设单位按照配置比例将车位、车库，以出售、附赠或者出租等方式处分给业主的，应当认定其行为符合物权法第七十四条第一款有关“应当首先满足业主的需要”的规定。

前款所称配置比例是指规划确定的建筑区划内规划用于停放汽车的车位、车库与房屋套数的比例。

第六条　建筑区划内在规划用于停放汽车的车位之外，占用业主共有道路或者其他场地增设的车位，应当认定为物权法第七十四条第三款所称的车位。

第七条　改变共有部分的用途、利用共有部分从事经营性活动、处分共有部分，以及业主大会依法决定或者管理规约依法确定应由业主共同决定的事项，应当认定为物权法第七十六条第一款第（七）项规定的有关共有和共同管理权利的“其他重大事项”。

第八条　物权法第七十六条第二款和第八十条规定的专有部分面积和建筑物总面积，可以按照下列方法认定：

（一）专有部分面积，按照不动产登记簿记载的面积计算；尚未进行物权登记的，暂按测绘机构的实测面积计算；尚未进行实测的，暂按房屋买卖合同记载的面积计算；

（二）建筑物总面积，按照前项的统计总和计算。

第九条　物权法第七十六条第二款规定的业主人数和总人数，可以按照下列方法认定：

（一）业主人数，按照专有部分的数量计算，一个专有部分按一人计算。但建设单位尚未出售和虽已出售但尚未交付的部分，以及同一买受人拥有一个以上专有部分的，按一人计算；

（二）总人数，按照前项的统计总和计算。

第十条　业主将住宅改变为经营性用房，未按照物权法第七十七条的规定经有利害关系的业主同意，有利害关系的业主请求排除妨害、消除危险、恢复原状或者赔偿损失的，人民法院应予支持。

将住宅改变为经营性用房的业主以多数有利害关系的业主同意其行为进行抗辩的，人民法院不予支持。

第十一条　业主将住宅改变为经营性用房，本栋建筑物内的其他业主，应当认定为物权法第七十七条所称“有利害关系的业主”。建筑区划内，本栋建筑物之外的业主，主张与自己有利害关系的，应证明其房屋价值、生活质量受到或者可能受到不利影响。

第十二条　业主以业主大会或者业主委员会作出的决定侵害其合法权益或者违反了法律规定的程序为由，依据物权法第七十八条第二款的规定请求人民法院撤销该决定的，应当在知道或者应当知道业主大会或者业主委员会作出决定之日起一年内行使。

第十三条　业主请求公布、查阅下列应当向业主公开的情况和资料的，人民法院应予支持：

（一）建筑物及其附属设施的维修资金的筹集、使用情况；

（二）管理规约、业主大会议事规则，以及业主大会或者业主委员会的决定及会议记录；

（三）物业服务合同、共有部分的使用和收益情况；

（四）建筑区划内规划用于停放汽车的车位、车库的处分情况；

（五）其他应当向业主公开的情况和资料。

第十四条　建设单位或者其他行为人擅自占用、处分业主共有部分、改变其使用功能或者进行经营性活动，权利人请求排除妨害、恢复原状、确认处分行为无效或者赔偿损失的，人民法院应予支持。

属于前款所称擅自进行经营性活动的情形，权利人请求行为人将扣除合理成本之后的收益用于补充专项维修资金或者业主共同决定的其他用途的，人民法院应予支持。行为人对成本的支出及其合理性承担举证责任。

第十五条　业主或者其他行为人违反法律、法规、国家相关强制性标准、管理规约，或者违反业主大会、业主委员会依法作出的决定，实施下列行为的，可以认定为物权法第八十三条第二款所称的其他“损害他人合法权益的行为”：

（一）损害房屋承重结构，损害或者违章使用电力、燃气、消防设施，在建筑物内放置危险、放射性物品等危及建筑物安全或者妨碍建筑物正常使用；

（二）违反规定破坏、改变建筑物外墙面的形状、颜色等损害建筑物外观；

（三）违反规定进行房屋装饰装修；

（四）违章加建、改建，侵占、挖掘公共通道、道路、场地或者其他共有部分。

第十六条　建筑物区分所有权纠纷涉及专有部分的承租人、借用人等物业使用人的，参照本解释处理。

专有部分的承租人、借用人等物业使用人，根据法律、法规、管理规约、业主大会或者业主委员会依法作出的决定，以及其与业主的约定，享有相应权利，承担相应义务。

第十七条　本解释所称建设单位，包括包销期满，按照包销合同约定的包销价格购买尚未销售的物业后，以自己名义对外销售的包销人。

第十八条　人民法院审理建筑物区分所有权案件中，涉及有关物权归属争议的，应当以法律、行政法规为依据。

第十九条　本解释自2009年10月1日起施行。

因物权法施行后实施的行为引起的建筑物区分所有权纠纷案件，适用本解释。

本解释施行前已经终审，本解释施行后当事人申请再审或者按照审判监督程序决定再审的案件，不适用本解释。

最高人民法院关于审理物业服务纠纷案件具体应用法律若干问题的解释

（2009 年 10 月 1 日）

第一条 建设单位依法与物业服务企业签订的前期物业服务合同，以及业主委员会与业主大会依法选聘的物业服务企业签订的物业服务合同，对业主具有约束力。业主以其并非合同当事人为由提出抗辩的，人民法院不予支持。

第二条 符合下列情形之一，业主委员会或者业主请求确认合同或者合同相关条款无效的，人民法院应予支持：

（一）物业服务企业将物业服务区域内的全部物业服务业务一并委托他人而签订的委托合同；

（二）物业服务合同中免除物业服务企业责任、加重业主委员会或者业主责任、排除业主委员会或者业主主要权利的条款。

前款所称物业服务合同包括前期物业服务合同。

第三条 物业服务企业不履行或者不完全履行物业服务合同约定的或者法律、法规规定以及相关行业规范确定的维修、养护、管理和维护义务，业主请求物业服务企业承担继续履行、采取补救措施或者赔偿损失等违约责任的，人民法院应予支持。

物业服务企业公开作出的服务承诺及制定的服务细则，应当认定为物业服务合同的组成部分。

第四条 业主违反物业服务合同或者法律、法规、管理规约，实施妨害物业服务与管理的行为，物业服务企业请求业主承担恢复原状、停止侵害、排除妨害等相应民事责任的，人民法院应予支持。

第五条 物业服务企业违反物业服务合同约定或者法律、法规、部门规章规定，擅自扩大收费范围、提高收费标准或者重复收费，业主以违规收费为由提出抗辩的，人民法院应予支持。

业主请求物业服务企业退还其已收取的违规费用的，人民法院应予支持。

第六条　经书面催交，业主无正当理由拒绝交纳或者在催告的合理期限内仍未交纳物业费，物业服务企业请求业主支付物业费的，人民法院应予支持。物业服务企业已经按照合同约定以及相关规定提供服务，业主仅以未享受或者无须接受相关物业服务为抗辩理由的，人民法院不予支持。

第七条　业主与物业的承租人、借用人或者其他物业使用人约定由物业使用人交纳物业费，物业服务企业请求业主承担连带责任的，人民法院应予支持。

第八条　业主大会按照物权法第七十六条规定的程序作出解聘物业服务企业的决定后，业主委员会请求解除物业服务合同的，人民法院应予支持。

物业服务企业向业主委员会提出物业费主张的，人民法院应当告知其向拖欠物业费的业主另行主张权利。

第九条　物业服务合同的权利义务终止后，业主请求物业服务企业退还已经预收，但尚未提供物业服务期间的物业费的，人民法院应予支持。

物业服务企业请求业主支付拖欠的物业费的，按照本解释第六条规定处理。

第十条　物业服务合同的权利义务终止后，业主委员会请求物业服务企业退出物业服务区域、移交物业服务用房和相关设施，以及物业服务所必需的相关资料和由其代管的专项维修资金的，人民法院应予支持。

物业服务企业拒绝退出、移交，并以存在事实上的物业服务关系为由，请求业主支付物业服务合同权利义务终止后的物业费的，人民法院不予支持。

第十一条　本解释涉及物业服务企业的规定，适用于物权法第七十六条、第八十一条、第八十二条所称其他管理人。

第十二条　因物业的承租人、借用人或者其他物业使用人实施违反物业服务合同，以及法律、法规或者管理规约的行为引起的物业服务纠纷，人民法院应当参照本解释关于业主的规定处理。

第十三条　本解释自2009年10月1日起施行。

本解释施行前已经终审，本解释施行后当事人申请再审或者按照审判监督程序决定再审的案件，不适用本解释。

10 婚姻、继承与收养

（一）婚姻

中华人民共和国婚姻法（2001 修正）

（2001 年 4 月 28 日）

第一章　总　则

第一条　本法是婚姻家庭关系的基本准则。

第二条　实行婚姻自由、一夫一妻、男女平等的婚姻制度。

保护妇女、儿童和老人的合法权益。

实行计划生育。

第三条　禁止包办、买卖婚姻和其他干涉婚姻自由的行为。禁止借婚姻索取财物。

禁止重婚。禁止有配偶者与他人同居。禁止家庭暴力。禁止家庭成员间的虐待和遗弃。

第四条　夫妻应当互相忠实，互相尊重；家庭成员间应当敬老爱幼，互相帮助，维护平等、和睦、文明的婚姻家庭关系。

第二章　结　婚

第五条　结婚必须男女双方完全自愿，不许任何一方对他方加以强迫或任何第三者加以干涉。

第六条　结婚年龄，男不得早于二十二周岁，女不得早于二十周岁。晚婚晚育应予鼓励。

第七条　有下列情形之一的，禁止结婚：

（一）直系血亲和三代以内的旁系血亲；

（二）患有医学上认为不应当结婚的疾病。

第八条　要求结婚的男女双方必须亲自到婚姻登记机关进行结婚登记。符合本法规定的，予以登记，发给结婚证。取得结婚证，即确立夫妻关系。未办理结婚登记的，应当补办登记。

第九条　登记结婚后，根据男女双方约定，女方可以成为男方家庭的成员，男方可以成为女方家庭的成员。

第十条　有下列情形之一的，婚姻无效：

（一）重婚的；

（二）有禁止结婚的亲属关系的；

（三）婚前患有医学上认为不应当结婚的疾病，婚后尚未治愈的；

（四）未到法定婚龄的。

第十一条　因胁迫结婚的，受胁迫的一方可以向婚姻登记机关或人民法院请求撤销该婚姻。受胁迫的一方撤销婚姻的请求，应当自结婚登记之日起一年内提出。被非法限制人身自由的当事人请求撤销婚姻的，应当自恢复人身自由之日起一年内提出。

第十二条　无效或被撤销的婚姻，自始无效。当事人不具有夫妻的权利和义务。同居期间所得的财产，由当事人协议处理；协议不成时，由人民法院根据照顾无过错方的原则判决。对重婚导致的婚姻无效的财产处理，不得侵害合法婚姻当事人的财产权益。当事人所生的子女，适用本法有关父母子女的规定。

第三章　家庭关系

第十三条　夫妻在家庭中地位平等。

第十四条　夫妻双方都有各用自己姓名的权利。

第十五条　夫妻双方都有参加生产、工作、学习和社会活动的自由，一方不得对他方加以限制或干涉。

第十六条　夫妻双方都有实行计划生育的义务。

第十七条　夫妻在婚姻关系存续期间所得的下列财产，归夫妻共同所有：

（一）工资、奖金；

（二）生产、经营的收益；

（三）知识产权的收益；

（四）继承或赠与所得的财产，但本法第十八条第三项规定的除外；

（五）其他应当归共同所有的财产。

夫妻对共同所有的财产，有平等的处理权。

第十八条　有下列情形之一的，为夫妻一方的财产：

（一）一方的婚前财产；

（二）一方因身体受到伤害获得的医疗费、残疾人生活补助费等费用；

（三）遗嘱或赠与合同中确定只归夫或妻一方的财产；

（四）一方专用的生活用品；

（五）其他应当归一方的财产。

第十九条　夫妻可以约定婚姻关系存续期间所得的财产以及婚前财产归各自所有、共同所有或部分各自所有、部分共同所有。约定应当采用书面形式。没有约定或约定不明确的，适用本法第十七条、第十八条的规定。

夫妻对婚姻关系存续期间所得的财产以及婚前财产的约定，对双方具有约束力。

夫妻对婚姻关系存续期间所得的财产约定归各自所有的，夫或妻一方对外所负的债务，第三人知道该约定的，以夫或妻一方所有的财产清偿。

第二十条　夫妻有互相扶养的义务。

一方不履行扶养义务时，需要扶养的一方，有要求对方付给扶养费的权利。

第二十一条　父母对子女有抚养教育的义务；子女对父母有赡养扶助的义务。

父母不履行抚养义务时，未成年的或不能独立生活的子女，有要求父母付给抚养费的权利。

子女不履行赡养义务时，无劳动能力的或生活困难的父母，有要求子女付给赡养费的权利。

禁止溺婴、弃婴和其他残害婴儿的行为。

第二十二条　子女可以随父姓，可以随母姓。

第二十三条　父母有保护和教育未成年子女的权利和义务。在未成年子女对国家、集体或他人造成损害时，父母有承担民事责任的义务。

第二十四条　夫妻有相互继承遗产的权利。

父母和子女有相互继承遗产的权利。

第二十五条　非婚生子女享有与婚生子女同等的权利，任何人不得加以危害和歧视。

不直接抚养非婚生子女的生父或生母，应当负担子女的生活费和教育费，直至子女能独立生活为止。

第二十六条　国家保护合法的收养关系。养父母和养子女间的权利和义务，适用本法对父母子女关系的有关规定。

养子女和生父母间的权利和义务，因收养关系的成立而消除。

第二十七条　继父母与继子女间，不得虐待或歧视。

继父或继母和受其抚养教育的继子女间的权利和义务，适用本法对父母子女关系的有关规定。

第二十八条　有负担能力的祖父母、外祖父母，对于父母已经死亡或父母无力抚养的未成年的孙子女、外孙子女，有抚养的义务。有负担能力的孙子女、外孙子女，对于子女已经死亡或子女无力赡养的祖父母、外祖父母，有赡养的义务。

第二十九条　有负担能力的兄、姐，对于父母已经死亡或父母无力抚养的未成年的弟、妹，有扶养的义务。由兄、姐扶养长大的有负担能力的弟、妹，对于缺乏劳动能力又缺乏生活来源的兄、姐，有扶养的义务。

第三十条　子女应当尊重父母的婚姻权利，不得干涉父母再婚以及婚后的生活。子女对父母的赡养义务，不因父母的婚姻关系变化而终止。

第四章　离　婚

第三十一条　【自愿离婚】男女双方自愿离婚的，准予离婚。双方必须到婚姻登记机关申请离婚。婚姻登记机关查明双方确实是自愿并对子女和财产问题已有适当处理时，发给离婚证。

第三十二条　男女一方要求离婚的，可由有关部门进行调解或直接向人民法院提出离婚诉讼。

人民法院审理离婚案件，应当进行调解；如感情确已破裂，调解无效，应准予离婚。

有下列情形之一，调解无效的，应准予离婚：

（一）重婚或有配偶者与他人同居的；

（二）实施家庭暴力或虐待、遗弃家庭成员的；

（三）有赌博、吸毒等恶习屡教不改的；

（四）因感情不和分居满二年的；

（五）其他导致夫妻感情破裂的情形。

一方被宣告失踪，另一方提出离婚诉讼的，应准予离婚。

第三十三条　现役军人的配偶要求离婚，须得军人同意，但军人一方有重大过错的除外。

第三十四条　女方在怀孕期间、分娩后一年内或终止妊娠后六个月内，男方不得提出离婚。女方提出离婚的，或人民法院认为确有必要受理男方离婚请求的，不在此限。

第三十五条　离婚后，男女双方自愿恢复夫妻关系的，必须到婚姻登记机关进行复婚登记。

第三十六条　父母与子女间的关系，不因父母离婚而消除。离婚后，子女无论由父或母直接抚养，仍是父母双方的子女。

离婚后，父母对于子女仍有抚养和教育的权利和义务。

离婚后，哺乳期内的子女，以随哺乳的母亲抚养为原则。哺乳期后的子女，如双方因抚养问题发生争执不能达成协议时，由人民法院根据子女的权益和双方的具体情况判决。

第三十七条　离婚后，一方抚养的子女，另一方应负担必要的生活费和教育费的一部或全部，负担费用的多少和期限的长短，由双方协议；协议不成时，由人民法院判决。

关于子女生活费和教育费的协议或判决，不妨碍子女在必要时向父母任何一方提出超过协议或判决原定数额的合理要求。

第三十八条　离婚后，不直接抚养子女的父或母，有探望子女的权利，另一方有协助的义务。

行使探望权利的方式、时间由当事人协议；协议不成时，由人民法院判决。

父或母探望子女，不利于子女身心健康的，由人民法院依法中止探望的权利；中止的事由消失后，应当恢复探望的权利。

第三十九条　离婚时，夫妻的共同财产由双方协议处理；协议不成时，由人民法院根据财产的具体情况，照顾子女和女方权益的原则判决。

夫或妻在家庭土地承包经营中享有的权益等，应当依法予以保护。

第四十条　夫妻书面约定婚姻关系存续期间所得的财产归各自所有，一方因抚育子女、照料老人、协助另一方工作等付出较多义务的，离婚时有权向另一方请求补偿，另一方应当予以补偿。

第四十一条　离婚时，原为夫妻共同生活所负的债务，应当共同偿还。共同财产不足清偿的，或财产归各自所有的，由双方协议清偿；协议不成时，由人民法院判决。

第四十二条　离婚时，如一方生活困难，另一方应从其住房等个人财产中给予适当帮助。具体办法由双方协议；协议不成时，由人民法院判决。

第五章　救助措施与法律责任

第四十三条　实施家庭暴力或虐待家庭成员，受害人有权提出请求，居民委员会、村民委员会以及所在单位应当予以劝阻、调解。

对正在实施的家庭暴力，受害人有权提出请求，居民委员会、村民委员会应当予以劝阻；公安机关应当予以制止。

实施家庭暴力或虐待家庭成员，受害人提出请求的，公安机关应当依照治安管理处罚的法律规定予以行政处罚。

第四十四条　对遗弃家庭成员，受害人有权提出请求，居民委员会、村民委员会以及所在单位应当予以劝阻、调解。

对遗弃家庭成员，受害人提出请求的，人民法院应当依法作出支付扶养费、抚养费、赡养费的判决。

第四十五条　对重婚的，对实施家庭暴力或虐待、遗弃家庭成员构成犯罪的，依法追究刑事责任。受害人可以依照刑事诉讼法的有关规定，向人民法院自诉；公安机关应当依法侦查，人民检察院应当依法提起公诉。

第四十六条　有下列情形之一，导致离婚的，无过错方有权请求损害赔偿：

（一）重婚的；

（二）有配偶者与他人同居的；

（三）实施家庭暴力的；

（四）虐待、遗弃家庭成员的。

第四十七条　离婚时，一方隐藏、转移、变卖、毁损夫妻共同财产，或伪造债务企图侵占另一方财产的，分割夫妻共同财产时，对隐藏、转移、变卖、毁损夫妻共同财产或伪造债务的一方，可以少分或不分。离婚后，另一方发现有上述行为的，可以向人民法院提起诉讼，请求再次分割夫妻共同财产。

人民法院对前款规定的妨害民事诉讼的行为，依照民事诉讼法的规定予以制裁。

第四十八条　对拒不执行有关扶养费、抚养费、赡养费、财产分割、遗产继承、探望子女等判决或裁定的，由人民法院依法强制执行。有关个人和单位应负协助执行的责任。

第四十九条　其他法律对有关婚姻家庭的违法行为和法律责任另有规定的，依照其规定。

第六章　附　则

第五十条　民族自治地方的人民代表大会有权结合当地民族婚姻家庭的具体情况，制定变通规定。自治州、自治县制定的变通规定，报省、自治区、直辖市人民代表大会常务委员会批准后生效。自治区制定的变通规定，报全国人民代表大会常务委员会批准后生效。

第五十一条　本法自1981年1月1日起施行。

1950年5月1日颁行的《中华人民共和国婚姻法》，自本法施行之日起废止。

婚姻登记条例

（2003年8月8日）

第一章　总　则

第一条　为了规范婚姻登记工作，保障婚姻自由、一夫一妻、男女平等的婚姻制度的实施，保护婚姻当事人的合法权益，根据《中华人民共和国婚姻法》（以下简称婚姻法），制定本条例。

第二条　内地居民办理婚姻登记的机关是县级人民政府民政部门或者乡（镇）人民政府，省、自治区、直辖市人民政府可以按照便民原则确定农村居民办理婚姻登记的具体机关。

中国公民同外国人，内地居民同香港特别行政区居民（以下简称香港居民）、澳门特别行政区居民（以下简称澳门居民）、台湾地区居民（以下简称台湾居民）、华侨办理婚姻登记的机关是省、自治区、直辖市人民政府民政部门或者省、自治区、直辖市人民政府民政部门确定的机关。

第三条　婚姻登记机关的婚姻登记员应当接受婚姻登记业务培训，经考核合格，方可从事婚姻登记工作。

婚姻登记机关办理婚姻登记，除按收费标准向当事人收取工本费外，不得收取其他费用或者附加其他义务。

第二章　结婚登记

第四条　内地居民结婚，男女双方应当共同到一方当事人常住户口所在地的婚姻登记机关办理结婚登记。

中国公民同外国人在中国内地结婚的，内地居民同香港居民、澳门居民、台湾居民、华侨在中国内地结婚的，男女双方应当共同到内地居民常住户口所在地的婚姻登记机关办理结婚登记。

第五条　办理结婚登记的内地居民应当出具下列证件和证明材料：

（一）本人的户口簿、身份证；

（二）本人无配偶以及与对方当事人没有直系血亲和三代以内旁系血亲关系的签字声明。

办理结婚登记的香港居民、澳门居民、台湾居民应当出具下列证件和证明材料：

（一）本人的有效通行证、身份证；

（二）经居住地公证机构公证的本人无配偶以及与对方当事人没有直系血亲和三代以内旁系血亲关系的声明。

办理结婚登记的华侨应当出具下列证件和证明材料：

（一）本人的有效护照；

（二）居住国公证机构或者有权机关出具的、经中华人民共和国驻该国使（领）馆认证的本人无配偶以及与对方当事人没有直系血亲和三代以内旁系血亲关系的证明，或者中华人民共和国驻该国使（领）馆出具的本人无配偶以及与对方当事人没有直系血亲和三代以内旁系血亲关系的证明。

办理结婚登记的外国人应当出具下列证件和证明材料：

（一）本人的有效护照或者其他有效的国际旅行证件；

（二）所在国公证机构或者有权机关出具的、经中华人民共和国驻该国使（领）馆认证或者该国驻华使（领）馆认证的本人无配偶的证明，或者所在国驻华使（领）馆出具的本人无配偶的证明。

第六条　办理结婚登记的当事人有下列情形之一的，婚姻登记机关不予登记：

（一）未到法定结婚年龄的；

（二）非双方自愿的；

（三）一方或者双方已有配偶的；

（四）属于直系血亲或者三代以内旁系血亲的；

（五）患有医学上认为不应当结婚的疾病的。

第七条　婚姻登记机关应当对结婚登记当事人出具的证件、证明材料进行审查并询问相关情况。对当事人符合结婚条件的，应当当场予以登记，发给结婚证；对当事人不符合结婚条件不予登记的，应当向当事人说明理由。

第八条　男女双方补办结婚登记的，适用本条例结婚登记的规定。

第九条　因胁迫结婚的，受胁迫的当事人依据婚姻法第十一条的规定向婚姻登记机关请求撤销其婚姻的，应当出具下列证明材料：

（一）本人的身份证、结婚证；

（二）能够证明受胁迫结婚的证明材料。

婚姻登记机关经审查认为受胁迫结婚的情况属实且不涉及子女抚养、财产及债务问题的，应当撤销该婚姻，宣告结婚证作废。

第三章　离婚登记

第十条　内地居民自愿离婚的，男女双方应当共同到一方当事人常住户口所在地的婚姻登记机关办理离婚登记。

中国公民同外国人在中国内地自愿离婚的，内地居民同香港居民、澳门居民、台湾居民、华侨在中国内地自愿离婚的，男女双方应当共同到内地居民常住户口所在地的婚姻登记机关办理离婚登记。

第十一条　办理离婚登记的内地居民应当出具下列证件和证明材料：

（一）本人的户口簿、身份证；

（二）本人的结婚证；

（三）双方当事人共同签署的离婚协议书。

办理离婚登记的香港居民、澳门居民、台湾居民、华侨、外国人除应当出具前款第（二）项、第（三）项规定的证件、证明材料外，香港居民、澳门居民、台湾居民还应当出具本人的有效通行证、身份证，华侨、外国人还应当出具本人的有效护照或者其他有效国际旅行证件。

离婚协议书应当载明双方当事人自愿离婚的意思表示以及对子女抚养、财产及债务处理等事项协商一致的意见。

第十二条　办理离婚登记的当事人有下列情形之一的，婚姻登记机关不予受理：

（一）未达成离婚协议的；

（二）属于无民事行为能力人或者限制民事行为能力人的；

（三）其结婚登记不是在中国内地办理的。

第十三条　婚姻登记机关应当对离婚登记当事人出具的证件、证明材料进行审查并询问相关情况。对当事人确属自愿离婚，并已对子女抚养、财产、债务等问题达成一致处理意见的，应当当场予以登记，发给离婚证。

第十四条　离婚的男女双方自愿恢复夫妻关系的，应当到婚姻登记机关办理复婚登记。复婚登记适用本条例结婚登记的规定。

第四章　婚姻登记档案和婚姻登记证

第十五条　婚姻登记机关应当建立婚姻登记档案。婚姻登记档案应当长期保管。具体管理办法由国务院民政部门会同国家档案管理部门规定。

第十六条　婚姻登记机关收到人民法院宣告婚姻无效或者撤销婚姻的判决书副本后，应当将该判决书副本收入当事人的婚姻登记档案。

第十七条　结婚证、离婚证遗失或者损毁的，当事人可以持户口簿、身份证向原办理婚姻登记的机关或者一方当事人常住户口所在地的婚姻登记机关申请补领。婚姻登记机关对当事人的婚姻登记档案进行查证，确认属实的，应当为当事人补发结婚证、离婚证。

第五章　罚　则

第十八条　婚姻登记机关及其婚姻登记员有下列行为之一的，对直接负责的主管人员和其他直接责任人员依法给予行政处分：

（一）为不符合婚姻登记条件的当事人办理婚姻登记的；

（二）玩忽职守造成婚姻登记档案损失的；

（三）办理婚姻登记或者补发结婚证、离婚证超过收费标准收取费用的。

违反前款第（三）项规定收取的费用，应当退还当事人。

第六章　附　则

第十九条　中华人民共和国驻外使（领）馆可以依照本条例的有关规定，

为男女双方均居住于驻在国的中国公民办理婚姻登记。

第二十条　本条例规定的婚姻登记证由国务院民政部门规定式样并监制。

第二十一条　当事人办理婚姻登记或者补领结婚证、离婚证应当交纳工本费。工本费的收费标准由国务院价格主管部门会同国务院财政部门规定并公布。

第二十二条　本条例自2003年10月1日起施行。1994年1月12日国务院批准、1994年2月1日民政部发布的《婚姻登记管理条例》同时废止。

民政部关于印发《婚姻登记工作规范》的通知

（2015 年 12 月 8 日）

各省、自治区、直辖市民政厅（局），各计划单列市民政局，新疆生产建设兵团民政局：

为进一步规范婚姻登记工作，我部对《婚姻登记工作暂行规范》进行了修订，现予印发，请认真贯彻执行。

民政部

2015年12月8日

婚姻登记工作规范

第一章　总　则

第一条　为加强婚姻登记规范化管理，维护婚姻当事人的合法权益，根据《中华人民共和国婚姻法》和《婚姻登记条例》，制定本规范。

第二条　各级婚姻登记机关应当依照法律、法规及本规范，认真履行职责，做好婚姻登记工作。

第二章　婚姻登记机关

第三条　婚姻登记机关是依法履行婚姻登记行政职能的机关。

第四条　婚姻登记机关履行下列职责：

（一）办理婚姻登记；

（二）补发婚姻登记证；

（三）撤销受胁迫的婚姻；

（四）建立和管理婚姻登记档案；

（五）宣传婚姻法律法规，倡导文明婚俗。

第五条　婚姻登记管辖按照行政区域划分。

（一）县、不设区的市、市辖区人民政府民政部门办理双方或者一方常住户口在本行政区域内的内地居民之间的婚姻登记。

省级人民政府可以根据实际情况，规定乡（镇）人民政府办理双方或者一方常住户口在本乡（镇）的内地居民之间的婚姻登记。

（二）省级人民政府民政部门或者其确定的民政部门，办理一方常住户口在辖区内的涉外和涉香港、澳门、台湾居民以及华侨的婚姻登记。

办理经济技术开发区、高新技术开发区等特别区域内居民婚姻登记的机关由省级人民政府民政部门提出意见报同级人民政府确定。

（三）现役军人由部队驻地、入伍前常住户口所在地或另一方当事人常住户口所在地婚姻登记机关办理婚姻登记。

婚姻登记机关不得违反上述规定办理婚姻登记。

第六条　具有办理婚姻登记职能的县级以上人民政府民政部门和乡（镇）人民政府应当按照本规范要求设置婚姻登记处。

省级人民政府民政部门设置、变更或撤销婚姻登记处，应当形成文件并对外公布；市、县（市、区）人民政府民政部门、乡（镇）人民政府设置、变更或撤销婚姻登记处，应当形成文件，对外公布并逐级上报省级人民政府民政部门。省级人民政府民政部门应当相应调整婚姻登记信息系统使用相关权限。

第七条　省、市、县（市、区）人民政府民政部门和乡镇人民政府设置的婚姻登记处分别称为：

××省（自治区、直辖市）民政厅（局）婚姻登记处，××市民政局婚姻登记处，××县（市）民政局婚姻登记处；

××市××区民政局婚姻登记处；

××县（市、区）××乡（镇）人民政府婚姻登记处。

县、不设区的市、市辖区人民政府民政部门设置多个婚姻登记处的，应当在婚姻登记处前冠其所在地的地名。

第八条　婚姻登记处应当在门外醒目处悬挂婚姻登记处标牌。标牌尺寸不得小于1500mm×300mm或550mm×450mm。

第九条　婚姻登记处应当按照民政部要求，使用全国婚姻登记工作标识。

第十条　具有办理婚姻登记职能的县级以上人民政府民政部门和乡（镇）人民政府应当刻制婚姻登记工作业务专用印章和钢印。专用印章和钢印为圆形，直径35 mm。

婚姻登记工作业务专用印章和钢印，中央刊“★”，“★”外围刊婚姻登记处所属民政厅（局）或乡（镇）人民政府名称，如：“××省民政厅”、“××市民政局”、“××市××区民政局”、“××县民政局”或者“××县××乡（镇）人民政府”。

“★”下方刊“婚姻登记专用章”。民政局设置多个婚姻登记处的，“婚姻登记专用章”下方刊婚姻登记处序号。

第十一条　婚姻登记处应当有独立的场所办理婚姻登记，并设有候登大厅、结婚登记区、离婚登记室和档案室。结婚登记区、离婚登记室可合并为相应数量的婚姻登记室。

婚姻登记场所应当宽敞、庄严、整洁，设有婚姻登记公告栏。

婚姻登记处不得设在婚纱摄影、婚庆服务、医疗等机构场所内，上述服务机构不得设置在婚姻登记场所内。

第十二条　婚姻登记处应当配备以下设备：

（一）复印机；

（二）传真机；

（三）扫描仪；

（四）证件及纸张打印机；

（五）计算机；

（六）身份证阅读器。

第十三条　婚姻登记处可以安装具有音频和视频功能的设备，并妥善保管音频和视频资料。

婚姻登记场所应当配备必要的公共服务设施，婚姻登记当事人应当按照要求合理使用。

第十四条　婚姻登记处实行政务公开，下列内容应当在婚姻登记处公开展示：

（一）本婚姻登记处的管辖权及依据；

（二）婚姻法的基本原则以及夫妻的权利、义务；

（三）结婚登记、离婚登记的条件与程序；

（四）补领婚姻登记证的条件与程序；

（五）无效婚姻及可撤销婚姻的规定；

（六）收费项目与收费标准；

（七）婚姻登记员职责及其照片、编号；

（八）婚姻登记处办公时间和服务电话，设置多个婚姻登记处的，应当同时公布，巡回登记的，应当公布巡回登记时间和地点；

（九）监督电话。

第十五条　婚姻登记处应当备有《中华人民共和国婚姻法》、《婚姻登记条例》及其他有关文件，供婚姻当事人免费查阅。

第十六条　婚姻登记处在工作日应当对外办公，办公时间在办公场所外公告。

第十七条　婚姻登记处应当通过省级婚姻登记信息系统开展实时联网登记，并将婚姻登记电子数据实时传送给民政部婚姻登记信息系统。

各级民政部门应当为本行政区域内婚姻登记管理信息化建设创造条件，并制定婚姻登记信息化管理制度。

婚姻登记处应当将保存的本辖区未录入信息系统的婚姻登记档案录入婚姻登记历史数据补录系统。

第十八条　婚姻登记处应当按照《婚姻登记档案管理办法》的规定管理婚姻登记档案。

第十九条　婚姻登记处应当制定婚姻登记印章、证书、纸制档案、电子档案等管理制度，完善业务学习、岗位责任、考评奖惩等制度。

第二十条　婚姻登记处应当开通婚姻登记网上预约功能和咨询电话，电话号码在当地114查询台登记。

具备条件的婚姻登记处应当开通互联网网页，互联网网页内容应当包括：

办公时间、办公地点；管辖权限；申请结婚登记的条件、办理结婚登记的程序；申请离婚登记的条件、办理离婚登记的程序；申请补领婚姻登记证的程序和需要的证明材料、撤销婚姻的程序等内容。

第二十一条　婚姻登记处可以设立婚姻家庭辅导室，通过政府购买服务或公开招募志愿者等方式聘用婚姻家庭辅导员，并在坚持群众自愿的前提下，开展婚姻家庭辅导服务。婚姻家庭辅导员应当具备以下资格之一：

（一）社会工作师；

（二）心理咨询师；

（三）律师；

（四）其他相应专业资格。

第二十二条　婚姻登记处可以设立颁证厅，为有需要的当事人颁发结婚证。

第三章　婚姻登记员

第二十三条　婚姻登记机关应当配备专职婚姻登记员。婚姻登记员人数、编制可以参照《婚姻登记机关等级评定标准》确定。

第二十四条　婚姻登记员由本级民政部门考核、任命。

婚姻登记员应当由设区的市级以上人民政府民政部门进行业务培训，经考核合格，取得婚姻登记员培训考核合格证明，方可从事婚姻登记工作。其他人员不得从事本规范第二十五条规定的工作。

婚姻登记员培训考核合格证明由省级人民政府民政部门统一印制。

婚姻登记员应当至少每2年参加一次设区的市级以上人民政府民政部门举办的业务培训，取得业务培训考核合格证明。

婚姻登记处应当及时将婚姻登记员上岗或离岗信息逐级上报省级人民政府民政部门，省级人民政府民政部门应当根据上报的信息及时调整婚姻登记信息系统使用相关权限。

第二十五条　婚姻登记员的主要职责：

（一）负责对当事人有关婚姻状况声明的监誓；

（二）审查当事人是否具备结婚、离婚、补发婚姻登记证、撤销受胁迫婚姻的条件；

（三）办理婚姻登记手续，签发婚姻登记证；

（四）建立婚姻登记档案。

第二十六条　婚姻登记员应当熟练掌握相关法律法规，熟练使用婚姻登记信息系统，文明执法，热情服务。婚姻登记员一般应具有大学专科以上学历。

婚姻登记员上岗应当佩带标识并统一着装。

第四章　结婚登记

第二十七条　结婚登记应当按照初审—受理—审查—登记（发证）的程序办理。

第二十八条　受理结婚登记申请的条件是：

（一）婚姻登记处具有管辖权；

（二）要求结婚的男女双方共同到婚姻登记处提出申请；

（三）当事人男年满22周岁，女年满20周岁；

（四）当事人双方均无配偶（未婚、离婚、丧偶）；

（五）当事人双方没有直系血亲和三代以内旁系血亲关系；

（六）双方自愿结婚；

（七）当事人提交3张2寸双方近期半身免冠合影照片；

（八）当事人持有本规范第二十九条至第三十五条规定的有效证件。

第二十九条　内地居民办理结婚登记应当提交本人有效的居民身份证和户口簿，因故不能提交身份证的可以出具有效的临时身份证。

居民身份证与户口簿上的姓名、性别、出生日期、公民身份证号码应当一致；不一致的，当事人应当先到有关部门更正。

户口簿上的婚姻状况应当与当事人声明一致。不一致的，当事人应当向登记机关提供能够证明其声明真实性的法院生效司法文书、配偶居民死亡医学证明（推断）书等材料；不一致且无法提供相关材料的，当事人应当先到有关部门更正。

当事人声明的婚姻状况与婚姻登记档案记载不一致的，当事人应当向登记机关提供能够证明其声明真实性的法院生效司法文书、配偶居民死亡医学证明

（推断）书等材料。

第三十条　现役军人办理结婚登记应当提交本人的居民身份证、军人证件和部队出具的军人婚姻登记证明。

居民身份证、军人证件和军人婚姻登记证明上的姓名、性别、出生日期、公民身份证号码应当一致；不一致的，当事人应当先到有关部门更正。

第三十一条　香港居民办理结婚登记应当提交：

（一）港澳居民来往内地通行证或者港澳同胞回乡证；

（二）香港居民身份证；

（三）经香港委托公证人公证的本人无配偶以及与对方当事人没有直系血亲和三代以内旁系血亲关系的声明。

第三十二条　澳门居民办理结婚登记应当提交：

（一）港澳居民来往内地通行证或者港澳同胞回乡证；

（二）澳门居民身份证；

（三）经澳门公证机构公证的本人无配偶以及与对方当事人没有直系血亲和三代以内旁系血亲关系的声明。

第三十三条　台湾居民办理结婚登记应当提交：

（一）台湾居民来往大陆通行证或者其他有效旅行证件；

（二）本人在台湾地区居住的有效身份证；

（三）经台湾公证机构公证的本人无配偶以及与对方当事人没有直系血亲和三代以内旁系血亲关系的声明。

第三十四条　华侨办理结婚登记应当提交：

（一）本人的有效护照；

（二）居住国公证机构或者有权机关出具的、经中华人民共和国驻该国使（领）馆认证的本人无配偶以及与对方当事人没有直系血亲和三代以内旁系血亲关系的证明，或者中华人民共和国驻该国使（领）馆出具的本人无配偶以及与对方当事人没有直系血亲和三代以内旁系血亲关系的证明。

与中国无外交关系的国家出具的有关证明，应当经与该国及中国均有外交关系的第三国驻该国使（领）馆和中国驻第三国使（领）馆认证，或者经第三国驻华使（领）馆认证。

第三十五条　外国人办理结婚登记应当提交：

（一）本人的有效护照或者其他有效的国际旅行证件；

（二）所在国公证机构或者有权机关出具的、经中华人民共和国驻该国使（领）馆认证或者该国驻华使（领）馆认证的本人无配偶的证明，或者所在国驻华使（领）馆出具的本人无配偶证明。

与中国无外交关系的国家出具的有关证明，应当经与该国及中国均有外交关系的第三国驻该国使（领）馆和中国驻第三国使（领）馆认证，或者经第三国驻华使（领）馆认证。

第三十六条　婚姻登记员受理结婚登记申请，应当按照下列程序进行：

（一）询问当事人的结婚意愿；

（二）查验本规范第二十九条至第三十五条规定的相应证件和材料；

（三）自愿结婚的双方各填写一份《申请结婚登记声明书》；《申请结婚登记声明书》中“声明人”一栏的签名必须由声明人在监誓人面前完成并按指纹；

（四）当事人现场复述声明书内容，婚姻登记员作监誓人并在监誓人一栏签名。

第三十七条　婚姻登记员对当事人提交的证件、证明、声明进行审查，符合结婚条件的，填写《结婚登记审查处理表》和结婚证。

第三十八条　《结婚登记审查处理表》的填写：

（一）《结婚登记审查处理表》项目的填写，按照下列规定通过计算机完成：

1.“申请人姓名”：当事人是中国公民的，使用中文填写；当事人是外国人的，按照当事人护照上的姓名填写。

2.“出生日期”：使用阿拉伯数字，按照身份证件上的出生日期填写为“××××年××月××日”。

3.“身份证件号”：当事人是内地居民的，填写居民身份证号；当事人是香港、澳门、台湾居民的，填写香港、澳门、台湾居民身份证号，并在号码后加注“（香港）”、“（澳门）”或者“（台湾）”；当事人是华侨的，填写护照或旅行证件号；当事人是外国人的，填写当事人的护照或旅行证件号。

证件号码前面有字符的，应当一并填写。

4.“国籍”：当事人是内地居民、香港居民、澳门居民、台湾居民、华侨的，填写“中国”；当事人是外国人的，按照护照上的国籍填写；无国籍人，填写“无国籍”。

5.“提供证件情况”：应当将当事人提供的证件、证明逐一填写，不得省略。

6.“审查意见”：填写“符合结婚条件，准予登记”。

7.“结婚登记日期”：使用阿拉伯数字，填写为：“××××年××月××日”。填写的日期应当与结婚证上的登记日期一致。

8.“结婚证字号”填写式样按照民政部相关规定执行，填写规则见附则。

9.“结婚证印制号”填写颁发给当事人的结婚证上印制的号码。

10.“承办机关名称”：填写承办该结婚登记的婚姻登记处的名称。

（二）“登记员签名”：由批准该结婚登记的婚姻登记员亲笔签名，不得使用个人印章或者计算机打印。

（三）在“照片”处粘贴当事人提交的照片，并在骑缝处加盖钢印。

第三十九条　结婚证的填写：

（一）结婚证上“结婚证字号”“姓名”“性别”“出生日期”“身份证件号”“国籍”“登记日期”应当与《结婚登记审查处理表》中相应项目完全一致。

（二）“婚姻登记员”：由批准该结婚登记的婚姻登记员使用黑色墨水钢笔或签字笔亲笔签名，签名应清晰可辨，不得使用个人印章或者计算机打印。

（三）在“照片”栏粘贴当事人双方合影照片。

（四）在照片与结婚证骑缝处加盖婚姻登记工作业务专用钢印。

（五）“登记机关”：盖婚姻登记工作业务专用印章（红印）。

第四十条　婚姻登记员在完成结婚证填写后，应当进行认真核对、检查。对填写错误、证件被污染或者损坏的，应当将证件报废处理，重新填写。

第四十一条　颁发结婚证，应当在当事人双方均在场时按照下列步骤进行：

（一）向当事人双方询问核对姓名、结婚意愿；

（二）告知当事人双方领取结婚证后的法律关系以及夫妻权利、义务；

（三）见证当事人本人亲自在《结婚登记审查处理表》上的“当事人领证签名并按指纹”一栏中签名并按指纹；

“当事人领证签名并按指纹”一栏不得空白，不得由他人代为填写、代按指纹。

（四）将结婚证分别颁发给结婚登记当事人双方，向双方当事人宣布：取得结婚证，确立夫妻关系；

（五）祝贺新人。

第四十二条　申请补办结婚登记的，当事人填写《申请补办结婚登记声明书》，婚姻登记机关按照结婚登记程序办理。

第四十三条　申请复婚登记的，当事人填写《申请结婚登记声明书》，婚姻登记机关按照结婚登记程序办理。

第四十四条　婚姻登记员每办完一对结婚登记，应当依照《婚姻登记档案管理办法》，对应当存档的材料进行整理、保存，不得出现原始材料丢失、损毁情况。

第四十五条　婚姻登记机关对不符合结婚登记条件的，不予受理。当事人要求出具《不予办理结婚登记告知书》的，应当出具。

第五章　撤销婚姻

第四十六条　受胁迫结婚的婚姻当事人，可以向原办理该结婚登记的机关请求撤销婚姻。

第四十七条　撤销婚姻应当按照初审—受理—审查—报批—公告的程序办理。

第四十八条　受理撤销婚姻申请的条件：

（一）婚姻登记处具有管辖权；

（二）受胁迫的一方和对方共同到婚姻登记机关签署双方无子女抚养、财产及债务问题的声明书；

（三）申请时距结婚登记之日或受胁迫的一方恢复人身自由之日不超过1年；

（四）当事人持有：

1.本人的身份证、结婚证；

2.要求撤销婚姻的书面申请；

3.公安机关出具的当事人被拐卖、解救的相关材料，或者人民法院作出的能够证明当事人被胁迫结婚的判决书。

第四十九条　符合撤销婚姻的，婚姻登记处按以下程序进行：

（一）查验本规范第四十八条规定的证件和证明材料。

（二）当事人在婚姻登记员面前亲自填写《撤销婚姻申请书》，双方当事人在“声明人”一栏签名并按指纹。

（三）当事人宣读本人的申请书，婚姻登记员作监誓人并在监誓人一栏签名。

第五十条　婚姻登记处拟写“关于撤销×××与×××婚姻的决定”报所属民政部门或者乡（镇）人民政府；符合撤销条件的，婚姻登记机关应当批准，并印发撤销决定。

第五十一条　婚姻登记处应当将《关于撤销×××与×××婚姻的决定》送达当事人双方，并在婚姻登记公告栏公告30日。

第五十二条　婚姻登记处对不符合撤销婚姻条件的，应当告知当事人不予撤销原因，并告知当事人可以向人民法院请求撤销婚姻。

第五十三条　除受胁迫结婚之外，以任何理由请求宣告婚姻无效或者撤销婚姻的，婚姻登记机关不予受理。

第六章　离婚登记

第五十四条　离婚登记按照初审—受理—审查—登记（发证）的程序办理。

第五十五条　受理离婚登记申请的条件是：

（一）婚姻登记处具有管辖权；

（二）要求离婚的夫妻双方共同到婚姻登记处提出申请；

（三）双方均具有完全民事行为能力；

（四）当事人持有离婚协议书，协议书中载明双方自愿离婚的意思表示以及对子女抚养、财产及债务处理等事项协商一致的意见；

（五）当事人持有内地婚姻登记机关或者中国驻外使（领）馆颁发的结婚证；

（六）当事人各提交2张2寸单人近期半身免冠照片；

（七）当事人持有本规范第二十九条至第三十五条规定的有效身份证件。

第五十六条　婚姻登记员受理离婚登记申请，应当按照下列程序进行：

（一）分开询问当事人的离婚意愿，以及对离婚协议内容的意愿，并进行笔录，笔录当事人阅后签名。

（二）查验本规范第五十五条规定的证件和材料。申请办理离婚登记的当事人有一本结婚证丢失的，当事人应当书面声明遗失，婚姻登记机关可以根据另一本结婚证办理离婚登记；申请办理离婚登记的当事人两本结婚证都丢失的，当事人应当书面声明结婚证遗失并提供加盖查档专用章的结婚登记档案复印件，婚姻登记机关可根据当事人提供的上述材料办理离婚登记。

（三）双方自愿离婚且对子女抚养、财产及债务处理等事项协商一致的，双方填写《申请离婚登记声明书》；

《申请离婚登记声明书》中“声明人”一栏的签名必须由声明人在监誓人面前完成并按指纹；

婚姻登记员作监誓人并在监誓人一栏签名。

（四）夫妻双方应当在离婚协议上现场签名；婚姻登记员可以在离婚协议书上加盖“此件与存档件一致，涂改无效。XXXX婚姻登记处XX年XX月XX日”的长方形印章。协议书夫妻双方各一份，婚姻登记处存档一份。当事人因离婚协议书遗失等原因，要求婚姻登记机关复印其离婚协议书的，按照《婚姻登记档案管理办法》的规定查阅婚姻登记档案。

离婚登记完成后，当事人要求更换离婚协议书或变更离婚协议内容的，婚姻登记机关不予受理。

第五十七条　婚姻登记员对当事人提交的证件、《申请离婚登记声明书》、离婚协议书进行审查，符合离婚条件的，填写《离婚登记审查处理表》和离婚证。

《离婚登记审查处理表》和离婚证分别参照本规范第三十八条、第三十九条规定填写。

第五十八条　婚姻登记员在完成离婚证填写后，应当进行认真核对、检查。对打印或者书写错误、证件被污染或者损坏的，应当将证件报废处理，重新填写。

第五十九条　颁发离婚证，应当在当事人双方均在场时按照下列步骤进行：

（一）向当事人双方询问核对姓名、出生日期、离婚意愿；

（二）见证当事人本人亲自在《离婚登记审查处理表》“当事人领证签名并按指纹”一栏中签名并按指纹；

“当事人领证签名并按指纹”一栏不得空白，不得由他人代为填写、代按指纹；

（三）在当事人的结婚证上加盖条型印章，其中注明“双方离婚，证件失效。××婚姻登记处”。注销后的结婚证复印存档，原件退还当事人。

（四）将离婚证颁发给离婚当事人。

第六十条　婚姻登记员每办完一对离婚登记，应当依照《婚姻登记档案管理办法》，对应当存档的材料进行整理、保存，不得出现原始材料丢失、损毁情况。

第六十一条　婚姻登记机关对不符合离婚登记条件的，不予受理。当事人要求出具《不予办理离婚登记告知书》的，应当出具。

第七章　补领婚姻登记证

第六十二条　当事人遗失、损毁婚姻登记证，可以向原办理该婚姻登记的机关或者一方常住户口所在地的婚姻登记机关申请补领。有条件的省份，可以允许本省居民向本辖区内负责内地居民婚姻登记的机关申请补领婚姻登记证。

第六十三条　婚姻登记机关为当事人补发结婚证、离婚证，应当按照初审—受理—审查—发证程序进行。

第六十四条　受理补领结婚证、离婚证申请的条件是：

（一）婚姻登记处具有管辖权；

（二）当事人依法登记结婚或者离婚，现今仍然维持该状况；

（三）当事人持有本规范第二十九条至第三十五条规定的身份证件；

（四）当事人亲自到婚姻登记处提出申请，填写《申请补领婚姻登记证声明书》。

当事人因故不能到婚姻登记处申请补领婚姻登记证的，有档案可查且档案信息与身份信息一致的，可以委托他人办理。委托办理应当提交当事人的户口簿、身份证和经公证机关公证的授权委托书。委托书应当写明当事人姓名、身份证件号码、办理婚姻登记的时间及承办机关、目前的婚姻状况、委托事由、受委托人的姓名和身份证件号码。受委托人应当同时提交本人的身份证件。

当事人结婚登记档案查找不到的，当事人应当提供充分证据证明婚姻关系，婚姻登记机关经过严格审查，确认当事人存在婚姻关系的，可以为其补领结婚证。

第六十五条　婚姻登记员受理补领婚姻登记证申请，应当按照下列程序进行：

（一）查验本规范第六十四条规定的相应证件和证明材料；

（二）当事人填写《申请补领婚姻登记证声明书》，《申请补领婚姻登记证声明书》中“声明人”一栏的签名必须由声明人在监誓人面前完成并按指纹；

（三）婚姻登记员作监誓人并在监誓人一栏签名；

（四）申请补领结婚证的，双方当事人提交3张2寸双方近期半身免冠合影照片；申请补领离婚证的当事人提交2张2寸单人近期半身免冠照片。

第六十六条　婚姻登记员对当事人提交的证件、证明进行审查，符合补发条件的，填写《补发婚姻登记证审查处理表》和婚姻登记证。《补发婚姻登记证审查处理表》参照本规范第三十八条规定填写。

第六十七条　补发婚姻登记证时，应当向当事人询问核对姓名、出生日期，见证当事人本人亲自在《补发婚姻登记证审查处理表》“当事人领证签名并按指纹”一栏中签名并按指纹，将婚姻登记证发给当事人。

第六十八条　当事人的户口簿上以曾用名的方式反映姓名变更的，婚姻登记机关可以采信。

当事人办理结婚登记时未达到法定婚龄，通过非法手段骗取婚姻登记，其在申请补领时仍未达法定婚龄的，婚姻登记机关不得补发结婚证；其在申请补领时已达法定婚龄的，当事人应对结婚登记情况作出书面说明，婚姻登记机关补发的结婚证登记日期为当事人达到法定婚龄之日。

第六十九条　当事人办理过结婚登记，申请补领时的婚姻状况因离婚或丧偶发生改变的，不予补发结婚证；当事人办理过离婚登记的，申请补领时的婚姻状况因复婚发生改变的，不予补发离婚证。

第七十条　婚姻登记机关对不具备补发结婚证、离婚证受理条件的，不予受理。

第八章　监督与管理

第七十一条　各级民政部门应当建立监督检查制度，定期对本级民政部门设立的婚姻登记处和下级婚姻登记机关进行监督检查。

第七十二条　婚姻登记机关及其婚姻登记员有下列行为之一的，对直接负责的主管人员和其他直接责任人员依法给予行政处分：

（一）为不符合婚姻登记条件的当事人办理婚姻登记的；

（二）违反程序规定办理婚姻登记、发放婚姻登记证、撤销婚姻的；

（三）要求当事人提交《婚姻登记条例》和本规范规定以外的证件材料的；

（四）擅自提高收费标准或者增加收费项目的；

（五）玩忽职守造成婚姻登记档案损毁的；

（六）购买使用伪造婚姻证书的；

（七）违反规定应用婚姻登记信息系统的。

第七十三条　婚姻登记员违反规定办理婚姻登记，给当事人造成严重后果的，应当由婚姻登记机关承担对当事人的赔偿责任，并对承办人员进行追偿。

第七十四条　婚姻登记证使用单位不得使用非上级民政部门提供的婚姻登记证。各级民政部门发现本行政区域内有使用非上级民政部门提供的婚姻登记证的，应当予以没收，并追究相关责任人的法律责任和行政责任。

第七十五条　婚姻登记机关发现婚姻登记证有质量问题时，应当及时书面报告省级人民政府民政部门或者国务院民政部门。

第七十六条　人民法院作出与婚姻相关的判决、裁定和调解后，当事人将生效司法文书送婚姻登记机关的，婚姻登记机关应当将司法文书复印件存档并将相关信息录入婚姻登记信息系统。

婚姻登记机关应当加强与本地区人民法院的婚姻信息共享工作，完善婚姻信息数据库。

第九章　附　则

第七十七条　本规范规定的当事人无配偶声明或者证明，自出具之日起6个月内有效。

第七十八条　县级或县级以上人民政府民政部门办理婚姻登记的，“结婚证字号”填写式样为“Jaaaaaa-bbbb-cccccc”（其中“aaaaaa”为6位行政区划代码，“bbbb”为当年年号，“cccccc”为当年办理婚姻登记的序号）。“离婚证字号”开头字符为“L”。“补发结婚证字号”开头字符为“BJ”。“补发离婚证字号”开头字符为“BL”。

县级人民政府民政部门设立多个婚姻登记巡回点的，由县级人民政府民政部门明确字号使用规则，规定各登记点使用号段。

乡（镇）人民政府办理婚姻登记的，行政区划代码由6位改为9位（在县级区划代码后增加三位乡镇代码），其他填写方法与上述规定一致。

对为方便人民群众办理婚姻登记、在行政区划单位之外设立的婚姻登记机关，其行政区划代码由省级人民政府民政部门按照前四位取所属地级市行政区划代码前四位，五六位为序号（从61开始，依次为62、63、……99）的方式统一编码。

第七十九条　当事人向婚姻登记机关提交的“本人无配偶证明”等材料是外国语言文字的，应当翻译成中文。当事人未提交中文译文的，视为未提交该文件。婚姻登记机关可以接受中国驻外国使领馆或有资格的翻译机构出具的翻译文本。

第八十条　本规范自2016年2月1日起实施。

附件：

1.申请结婚登记声明书（略）

2.结婚登记审查处理表（略）

3.申请补办结婚登记声明书（略）

4.不予办理结婚登记告知书（略）

5.撤销婚姻申请书（略）

6.关于撤销×××与×××婚姻的决定（略）

7.申请离婚登记声明书（略）

8.离婚登记审查处理表（略）

9.不予办理离婚登记告知书（略）

10.申请补领婚姻登记证声明书（略）

11.补发婚姻登记证审查处理表（略）

最高人民法院关于适用《中华人民共和国婚姻法》若干问题的解释（一）

（2001年12月27日）

第一条　婚姻法第三条、第三十二条、第四十三条、第四十五条、第四十六条所称的“家庭暴力”，是指行为人以殴打、捆绑、残害、强行限制人身自由或者其他手段，给其家庭成员的身体、精神等方面造成一定伤害后果的行为。持续性、经常性的家庭暴力，构成虐待。

第二条　婚姻法第三条、第三十二条、第四十六条规定的“有配偶者与他人同居”的情形，是指有配偶者与婚外异性，不以夫妻名义，持续、稳定地共同居住。

第三条　当事人仅以婚姻法第四条为依据提起诉讼的，人民法院不予受理；已经受理的，裁定驳回起诉。

第四条　男女双方根据婚姻法第八条规定补办结婚登记的，婚姻关系的效力从双方均符合婚姻法所规定的结婚的实质要件时起算。

第五条　未按婚姻法第八条规定办理结婚登记而以夫妻名义共同生活的男女，起诉到人民法院要求离婚的，应当区别对待：

（一）1994年2月1日民政部《婚姻登记管理条例》公布实施以前，男女双方已经符合结婚实质要件的，按事实婚姻处理。

（二）1994年2月1日民政部《婚姻登记管理条例》公布实施以后，男女双方符合结婚实质要件的，人民法院应当告知其在案件受理前补办结婚登记；未补办结婚登记的，按解除同居关系处理。

第六条　未按婚姻法第八条规定办理结婚登记而以夫妻名义共同生活的男女，一方死亡，另一方以配偶身份主张享有继承权的，按照本解释第五条的原则处理。

第七条　有权依据婚姻法第十条规定向人民法院就已办理结婚登记的婚姻申请宣告婚姻无效的主体，包括婚姻当事人及利害关系人。利害关系人包括：

（一）以重婚为由申请宣告婚姻无效的，为当事人的近亲属及基层组织。

（二）以未到法定婚龄为由申请宣告婚姻无效的，为未达法定婚龄者的近亲属。

（三）以有禁止结婚的亲属关系为由申请宣告婚姻无效的，为当事人的近亲属。

（四）以婚前患有医学上认为不应当结婚的疾病，婚后尚未治愈为由申请宣告婚姻无效的，为与患病者共同生活的近亲属。

第八条　当事人依据婚姻法第十条规定向人民法院申请宣告婚姻无效的，申请时，法定的无效婚姻情形已经消失的，人民法院不予支持。

第九条　人民法院审理宣告婚姻无效案件，对婚姻效力的审理不适用调解，应当依法作出判决；有关婚姻效力的判决一经作出，即发生法律效力。

涉及财产分割和子女抚养的，可以调解。调解达成协议的，另行制作调解书。对财产分割和子女抚养问题的判决不服的，当事人可以上诉。

第十条　婚姻法第十一条所称的“胁迫”，是指行为人以给另一方当事人或者其近亲属的生命、身体健康、名誉、财产等方面造成损害为要挟，迫使另一方当事人违背真实意愿结婚的情况。

因受胁迫而请求撤销婚姻的，只能是受胁迫一方的婚姻关系当事人本人。

第十一条　人民法院审理婚姻当事人因受胁迫而请求撤销婚姻的案件，应当适用简易程序或者普通程序。

第十二条　婚姻法第十一条规定的“一年”，不适用诉讼时效中止、中断或者延长的规定。

第十三条　婚姻法第十二条所规定的自始无效，是指无效或者可撤销婚姻在依法被宣告无效或被撤销时，才确定该婚姻自始不受法律保护。

第十四条　人民法院根据当事人的申请，依法宣告婚姻无效或者撤销婚姻的，应当收缴双方的结婚证书并将生效的判决书寄送当地婚姻登记管理机关。

第十五条　被宣告无效或被撤销的婚姻，当事人同居期间所得的财产，按共同共有处理。但有证据证明为当事人一方所有的除外。

第十六条　人民法院审理重婚导致的无效婚姻案件时，涉及财产处理的，应当准许合法婚姻当事人作为有独立请求权的第三人参加诉讼。

第十七条　婚姻法第十七条关于“夫或妻对夫妻共同所有的财产，有平等的处理权”的规定，应当理解为：

（一）夫或妻在处理夫妻共同财产上的权利是平等的。因日常生活需要而处理夫妻共同财产的，任何一方均有权决定。

（二）夫或妻非因日常生活需要对夫妻共同财产做重要处理决定，夫妻双方应当平等协商，取得一致意见。他人有理由相信其为夫妻双方共同意思表示的，另一方不得以不同意或不知道为由对抗善意第三人。

第十八条　婚姻法第十九条所称“第三人知道该约定的”，夫妻一方对此负有举证责任。

第十九条　婚姻法第十八条规定为夫妻一方的所有的财产，不因婚姻关系的延续而转化为夫妻共同财产。但当事人另有约定的除外。

第二十条　婚姻法第二十一条规定的“不能独立生活的子女”，是指尚在校接受高中及其以下学历教育，或者丧失或未完全丧失劳动能力等非因主观原因而无法维持正常生活的成年子女。

第二十一条　婚姻法第二十一条所称“抚养费”，包括子女生活费、教育费、医疗费等费用。

第二十二条　人民法院审理离婚案件，符合第三十二条第二款规定“应准予离婚”情形的，不应当因当事人有过错而判决不准离婚。

第二十三条　婚姻法第三十三条所称的“军人一方有重大过错”，可以依据婚姻法第三十二条第二款前三项规定及军人有其他重大过错导致夫妻感情破裂的情形予以判断。

第二十四条　人民法院作出的生效的离婚判决中未涉及探望权，当事人就探望权问题单独提起诉讼的，人民法院应予受理。

第二十五条　当事人在履行生效判决、裁定或者调解书的过程中，请求中止行使探望权的，人民法院在征询双方当事人意见后，认为需要中止行使探望权的，依法作出裁定。中止探望的情形消失后，人民法院应当根据当事人的申请通知其恢复探望权的行使。

第二十六条　未成年子女、直接抚养子女的父或母及其他对未成年子女负担抚养、教育义务的法定监护人，有权向人民法院提出中止探望权的请求。

第二十七条 婚姻法第四十二条所称“一方生活困难”，是指依靠个人财产和离婚时分得的财产无法维持当地基本生活水平。

一方离婚后没有住处的，属于生活困难。

离婚时，一方以个人财产中的住房对生活困难者进行帮助的形式，可以是房屋的居住权或者房屋的所有权。

第二十八条 婚姻法第四十六条规定的“损害赔偿”，包括物质损害赔偿和精神损害赔偿。涉及精神损害赔偿的，适用最高人民法院《关于确定民事侵权精神损害赔偿责任若干问题的解释》的有关规定。

第二十九条 承担婚姻法第四十六条规定的损害赔偿责任的主体，为离婚诉讼当事人中无过错方的配偶。

人民法院判决不准离婚的案件，对于当事人基于婚姻法第四十六条提出的损害赔偿请求，不予支持。

在婚姻关系存续期间，当事人不起诉离婚而单独依据该条规定提起损害赔偿请求的，人民法院不予受理。

第三十条 人民法院受理离婚案件时，应当将婚姻法第四十六条等规定中当事人的有关权利义务，书面告知当事人。在适用婚姻法第四十六条时，应当区分以下不同情况：

（一）符合婚姻法第四十六条规定的无过错方作为原告基于该条规定向人民法院提起损害赔偿请求的，必须在离婚诉讼的同时提出。

（二）符合婚姻法第四十六条规定的无过错方作为被告的离婚诉讼案件，如果被告不同意离婚也不基于该条规定提起损害赔偿请求的，可以在离婚后一年内就此单独提起诉讼。

（三）无过错方作为被告的离婚诉讼案件，一审时被告未基于婚姻法第四十六条规定提出损害赔偿请求，二审期间提出的，人民法院应当进行调解，调解不成的，告知当事人在离婚后一年内另行起诉。

第三十一条 当事人依据婚姻法第四十七条的规定向人民法院提起诉讼，请求再次分割夫妻共同财产的诉讼时效为两年，从当事人发现之次日起计算。

第三十二条 婚姻法第四十八条关于对拒不执行有关探望子女等判决和裁定的，由人民法院依法强制执行的规定，是指对拒不履行协助另一方行使探望权的有关个人和单位采取拘留、罚款等强制措施，不能对子女的人身、探望行为进行强制执行。

第三十三条　婚姻法修改后正在审理的一、二审婚姻家庭纠纷案件，一律适用修改后的 婚姻法。此前最高人民法院作出的相关司法解释如与本解释相抵触，以本解释为准。

第三十四条　本解释自公布之日起施行。

最高人民法院关于适用《中华人民共和国婚姻法》若干问题的解释（二）（2017 修订）

（2017 年 3 月 1 日）

第一条　当事人起诉请求解除同居关系的，人民法院不予受理。但当事人请求解除的同居关系，属于婚姻法第三条、第三十二条、第四十六条规定的“有配偶者与他人同居”的，人民法院应当受理并依法予以解除。

当事人因同居期间财产分割或者子女抚养纠纷提起诉讼的，人民法院应当受理。

第二条　人民法院受理申请宣告婚姻无效案件后，经审查确属无效婚姻的，应当依法作出宣告婚姻无效的判决。原告申请撤诉的，不予准许。

第三条　人民法院受理离婚案件后，经审查确属无效婚姻的，应当将婚姻无效的情形告知当事人，并依法作出宣告婚姻无效的判决。

第四条　人民法院审理无效婚姻案件，涉及财产分割和子女抚养的，应当对婚姻效力的认定和其他纠纷的处理分别制作裁判文书。

第五条　夫妻一方或者双方死亡后一年内，生存一方或者利害关系人依据婚姻法第十条的规定申请宣告婚姻无效的，人民法院应当受理。

第六条　利害关系人依据婚姻法第十条的规定，申请人民法院宣告婚姻无效的，利害关系人为申请人，婚姻关系当事人双方为被申请人。

夫妻一方死亡的，生存一方为被申请人。

夫妻双方均已死亡的，不列被申请人。

第七条　人民法院就同一婚姻关系分别受理了离婚和申请宣告婚姻无效案件的，对于离婚案件的审理，应当待申请宣告婚姻无效案件作出判决后进行。

前款所指的婚姻关系被宣告无效后，涉及财产分割和子女抚养的，应当继续审理。

第八条　离婚协议中关于财产分割的条款或者当事人因离婚就财产分割达成的协议，对男女双方具有法律约束力。

当事人因履行上述财产分割协议发生纠纷提起诉讼的，人民法院应当受理。

第九条　男女双方协议离婚后一年内就财产分割问题反悔，请求变更或者撤销财产分割协议的，人民法院应当受理。

人民法院审理后，未发现订立财产分割协议时存在欺诈、胁迫等情形的，应当依法驳回当事人的诉讼请求。

第十条　当事人请求返还按照习俗给付的彩礼的，如果查明属于以下情形，人民法院应当予以支持：

（一）双方未办理结婚登记手续的；

（二）双方办理结婚登记手续但确未共同生活的；

（三）婚前给付并导致给付人生活困难的。

适用前款第（二）、（三）项的规定，应当以双方离婚为条件。

第十一条　婚姻关系存续期间，下列财产属于婚姻法第十七条规定的“其他应当归共同所有的财产”：

（一）一方以个人财产投资取得的收益；

（二）男女双方实际取得或者应当取得的住房补贴、住房公积金；

（三）男女双方实际取得或者应当取得的养老保险金、破产安置补偿费。

第十二条　婚姻法第十七条第三项规定的“知识产权的收益”，是指婚姻关系存续期间，实际取得或者已经明确可以取得的财产性收益。

第十三条　军人的伤亡保险金、伤残补助金、医药生活补助费属于个人财产。

第十四条　人民法院审理离婚案件，涉及分割发放到军人名下的复员费、自主择业费等一次性费用的，以夫妻婚姻关系存续年限乘以年平均值，所得数额为夫妻共同财产。

前款所称年平均值，是指将发放到军人名下的上述费用总额按具体年限均分得出的数额。其具体年限为人均寿命七十岁与军人入伍时实际年龄的差额。

第十五条　夫妻双方分割共同财产中的股票、债券、投资基金份额等有价证券以及未上市股份有限公司股份时，协商不成或者按市价分配有困难的，人民法院可以根据数量按比例分配。

第十六条　人民法院审理离婚案件，涉及分割夫妻共同财产中以一方名义在有限责任公司的出资额，另一方不是该公司股东的，按以下情形分别处理：

（一）夫妻双方协商一致将出资额部分或者全部转让给该股东的配偶，过半数股东同意、其他股东明确表示放弃优先购买权的，该股东的配偶可以成为该公司股东；

（二）夫妻双方就出资额转让份额和转让价格等事项协商一致后，过半数股东不同意转让，但愿意以同等价格购买该出资额的，人民法院可以对转让出资所得财产进行分割。过半数股东不同意转让，也不愿意以同等价格购买该出资额的，视为其同意转让，该股东的配偶可以成为该公司股东。

用于证明前款规定的过半数股东同意的证据，可以是股东会决议，也可以是当事人通过其他合法途径取得的股东的书面声明材料。

第十七条　人民法院审理离婚案件，涉及分割夫妻共同财产中以一方名义在合伙企业中的出资，另一方不是该企业合伙人的，当夫妻双方协商一致，将其合伙企业中的财产份额全部或者部分转让给对方时，按以下情形分别处理：

（一）其他合伙人一致同意的，该配偶依法取得合伙人地位；

（二）其他合伙人不同意转让，在同等条件下行使优先受让权的，可以对转让所得的财产进行分割；

（三）其他合伙人不同意转让，也不行使优先受让权，但同意该合伙人退伙或者退还部分财产份额的，可以对退还的财产进行分割；

（四）其他合伙人既不同意转让，也不行使优先受让权，又不同意该合伙人退伙或者退还部分财产份额的，视为全体合伙人同意转让，该配偶依法取得合伙人地位。

第十八条　夫妻以一方名义投资设立独资企业的，人民法院分割夫妻在该独资企业中的共同财产时，应当按照以下情形分别处理：

（一）一方主张经营该企业的，对企业资产进行评估后，由取得企业一方给予另一方相应的补偿；

（二）双方均主张经营该企业的，在双方竞价基础上，由取得企业的一方给予另一方相应的补偿；

（三）双方均不愿意经营该企业的，按照《中华人民共和国个人独资企业法》等有关规定办理。

第十九条　由一方婚前承租、婚后用共同财产购买的房屋，房屋权属证书登记在一方名下的，应当认定为夫妻共同财产。

第二十条　双方对夫妻共同财产中的房屋价值及归属无法达成协议时，人民法院按以下情形分别处理：

（一）双方均主张房屋所有权并且同意竞价取得的，应当准许；

（二）一方主张房屋所有权的，由评估机构按市场价格对房屋作出评估，取得房屋所有权的一方应当给予另一方相应的补偿；

（三）双方均不主张房屋所有权的，根据当事人的申请拍卖房屋，就所得价款进行分割。

第二十一条　离婚时双方对尚未取得所有权或者尚未取得完全所有权的房屋有争议且协商不成的，人民法院不宜判决房屋所有权的归属，应当根据实际情况判决由当事人使用。

当事人就前款规定的房屋取得完全所有权后，有争议的，可以另行向人民法院提起诉讼。

第二十二条　当事人结婚前，父母为双方购置房屋出资的，该出资应当认定为对自己子女的个人赠与，但父母明确表示赠与双方的除外。

当事人结婚后，父母为双方购置房屋出资的，该出资应当认定为对夫妻双方的赠与，但父母明确表示赠与一方的除外。

第二十三条　债权人就一方婚前所负个人债务向债务人的配偶主张权利的，人民法院不予支持。但债权人能够证明所负债务用于婚后家庭共同生活的除外。

第二十四条　债权人就婚姻关系存续期间夫妻一方以个人名义所负债务主张权利的，应当按夫妻共同债务处理。但夫妻一方能够证明债权人与债务人明确约定为个人债务，或者能够证明属于婚姻法第十九条第三款规定情形的除外。

夫妻一方与第三人串通，虚构债务，第三人主张权利的，人民法院不予支持。

夫妻一方在从事赌博、吸毒等违法犯罪活动中所负债务，第三人主张权利的，人民法院不予支持。

第二十五条　当事人的离婚协议或者人民法院的判决书、裁定书、调解书已经对夫妻财产分割问题作出处理的，债权人仍有权就夫妻共同债务向男女双方主张权利。

一方就共同债务承担连带清偿责任后，基于离婚协议或者人民法院的法律文书向另一方主张追偿的，人民法院应当支持。

第二十六条　夫或妻一方死亡的，生存一方应当对婚姻关系存续期间的共同债务承担连带清偿责任。

第二十七条　当事人在婚姻登记机关办理离婚登记手续后，以婚姻法第四十六条规定为由向人民法院提出损害赔偿请求的，人民法院应当受理。但当事人在协议离婚时已经明确表示放弃该项请求，或者在办理离婚登记手续一年后提出的，不予支持。

第二十八条　夫妻一方申请对配偶的个人财产或者夫妻共同财产采取保全措施的，人民法院可以在采取保全措施可能造成损失的范围内，根据实际情况，确定合理的财产担保数额。

第二十九条　本解释自2004年4月1日起施行。

本解释施行后，人民法院新受理的一审婚姻家庭纠纷案件，适用本解释。

本解释施行后，此前最高人民法院作出的相关司法解释与本解释相抵触的，以本解释为准。

最高人民法院关于适用《中华人民共和国婚姻法》若干问题的解释（三）

（2011 年 8 月 13 日）

第一条　当事人以婚姻法第十条规定以外的情形申请宣告婚姻无效的，人民法院应当判决驳回当事人的申请。

当事人以结婚登记程序存在瑕疵为由提起民事诉讼，主张撤销结婚登记的，告知其可以依法申请行政复议或者提起行政诉讼。

第二条　夫妻一方向人民法院起诉请求确认亲子关系不存在，并已提供必要证据予以证明，另一方没有相反证据又拒绝做亲子鉴定的，人民法院可以推定请求确认亲子关系不存在一方的主张成立。

当事人一方起诉请求确认亲子关系，并提供必要证据予以证明，另一方没有相反证据又拒绝做亲子鉴定的，人民法院可以推定请求确认亲子关系一方的主张成立。

第三条　婚姻关系存续期间，父母双方或者一方拒不履行抚养子女义务，未成年或者不能独立生活的子女请求支付抚养费的，人民法院应予支持。

第四条　婚姻关系存续期间，夫妻一方请求分割共同财产的，人民法院不予支持，但有下列重大理由且不损害债权人利益的除外：

（一）一方有隐藏、转移、变卖、毁损、挥霍夫妻共同财产或者伪造夫妻共同债务等严重损害夫妻共同财产利益行为的；

（二）一方负有法定扶养义务的人患重大疾病需要医治，另一方不同意支付相关医疗费用的。

第五条　夫妻一方个人财产在婚后产生的收益，除孳息和自然增值外，应认定为夫妻共同财产。

第六条　婚前或者婚姻关系存续期间，当事人约定将一方所有的房产赠与另一方，赠与方在赠与房产变更登记之前撤销赠与，另一方请求判令继续履行的，人民法院可以按照 合同法第一百八十六条的规定处理。

第七条　婚后由一方父母出资为子女购买的不动产，产权登记在出资人子女名下的，可按照 婚姻法第十八条第（三）项的规定，视为只对自己子女一方的赠与，该不动产应认定为夫妻一方的个人财产。

由双方父母出资购买的不动产，产权登记在一方子女名下的，该不动产可认定为双方按照各自父母的出资份额按份共有，但当事人另有约定的除外。

第八条　无民事行为能力人的配偶有虐待、遗弃等严重损害无民事行为能力一方的人身权利或者财产权益行为，其他有监护资格的人可以依照特别程序要求变更监护关系；变更后的监护人代理无民事行为能力一方提起离婚诉讼的，人民法院应予受理。

第九条　夫以妻擅自中止妊娠侵犯其生育权为由请求损害赔偿的，人民法院不予支持；夫妻双方因是否生育发生纠纷，致使感情确已破裂，一方请求离婚的，人民法院经调解无效，应依照 婚姻法第三十二条第三款第（五）项的规定处理。

第十条　夫妻一方婚前签订不动产买卖合同，以个人财产支付首付款并在银行贷款，婚后用夫妻共同财产还贷，不动产登记于首付款支付方名下的，离婚时该不动产由双方协议处理。

依前款规定不能达成协议的，人民法院可以判决该不动产归产权登记一方，尚未归还的贷款为产权登记一方的个人债务。双方婚后共同还贷支付的款项及其相对应财产增值部分，离婚时应根据 婚姻法第三十九条第一款规定的原则，由产权登记一方对另一方进行补偿。

第十一条　一方未经另一方同意出售夫妻共同共有的房屋，第三人善意购买、支付合理对价并办理产权登记手续，另一方主张追回该房屋的，人民法院不予支持。

夫妻一方擅自处分共同共有的房屋造成另一方损失，离婚时另一方请求赔偿损失的，人民法院应予支持。

第十二条　婚姻关系存续期间，双方用夫妻共同财产出资购买以一方父母名义参加房改的房屋，产权登记在一方父母名下，离婚时另一方主张按照夫妻共同财产对该房屋进行分割的，人民法院不予支持。购买该房屋时的出资，可以作为债权处理。

第十三条　离婚时夫妻一方尚未退休、不符合领取养老保险金条件，另一方请求按照夫妻共同财产分割养老保险金的，人民法院不予支持；婚后以夫妻共同财产缴付养老保险费，离婚时一方主张将养老金账户中婚姻关系存续期间个人实际缴付部分作为夫妻共同财产分割的，人民法院应予支持。

第十四条　当事人达成的以登记离婚或者到人民法院协议离婚为条件的财产分割协议，如果双方协议离婚未成，一方在离婚诉讼中反悔的，人民法院应当认定该财产分割协议没有生效，并根据实际情况依法对夫妻共同财产进行分割。

第十五条　婚姻关系存续期间，夫妻一方作为继承人依法可以继承的遗产，在继承人之间尚未实际分割，起诉离婚时另一方请求分割的，人民法院应当告知当事人在继承人之间实际分割遗产后另行起诉。

第十六条　夫妻之间订立借款协议，以夫妻共同财产出借给一方从事个人经营活动或用于其他个人事务的，应视为双方约定处分夫妻共同财产的行为，离婚时可按照借款协议的约定处理。

第十七条　夫妻双方均有婚姻法第四十六条规定的过错情形，一方或者双方向对方提出离婚损害赔偿请求的，人民法院不予支持。

第十八条　离婚后，一方以尚有夫妻共同财产未处理为由向人民法院起诉请求分割的，经审查该财产确属离婚时未涉及的夫妻共同财产，人民法院应当依法予以分割。

第十九条　本解释施行后，最高人民法院此前作出的相关司法解释与本解释相抵触的，以本解释为准。

附录：

一、《中华人民共和国婚姻法》第十条

有下列情形之一的，婚姻无效：

（一）重婚的；

（二）有禁止结婚的亲属关系的；

（三）婚前患有医学上认为不应当结婚的疾病，婚后尚未治愈的；

（四）未到法定婚龄的。

二、《中华人民共和国婚姻法》第十八条

有下列情形之一的，为夫妻一方的财产：

（一）一方的婚前财产；

（二）一方因身体受到伤害获得的医疗费、残疾人生活补助费等费用；

（三）遗嘱或赠与合同中确定只归夫或妻一方的财产；

（四）一方专用的生活用品；

（五）其他应当归一方的财产。

三、《中华人民共和国婚姻法》第三十二条第三款

有下列情形之一，调解无效的，应准予离婚：

（一）重婚或有配偶者与他人同居的；

（二）实施家庭暴力或虐待、遗弃家庭成员的；

（三）有赌博、吸毒等恶习屡教不改的；

（四）因感情不和分居满二年的；

（五）其他导致夫妻感情破裂的情形。

四、《中华人民共和国婚姻法》第三十九条第一款

离婚时，夫妻的共同财产由双方协议处理；协议不成时，由人民法院根据财产的具体情况，照顾子女和女方权益的原则判决。

五、《中华人民共和国婚姻法》第四十六条

有下列情形之一，导致离婚的，无过错方有权请求损害赔偿：

（一）重婚的；

（二）有配偶者与他人同居的；

（三）实施家庭暴力的；

（四）虐待、遗弃家庭成员的。

六、《中华人民共和国合同法》第一百八十六条

赠与人在赠与财产的权利转移之前可以撤销赠与。

具有救灾、扶贫等社会公益、道德义务性质的赠与合同或者经过公证的赠与合同，不适用前款规定。

最高人民法院关于审理涉及夫妻债务纠纷案件适用法律有关问题的解释

（2018 年 1 月 18 日）

为正确审理涉及夫妻债务纠纷案件，平等保护各方当事人合法权益，根据《中华人民共和国民法总则》《中华人民共和国婚姻法》《中华人民共和国合同法》《中华人民共和国民事诉讼法》等法律规定，制定本解释。

第一条　夫妻双方共同签字或者夫妻一方事后追认等共同意思表示所负的债务，应当认定为夫妻共同债务。

第二条　夫妻一方在婚姻关系存续期间以个人名义为家庭日常生活需要所负的债务，债权人以属于夫妻共同债务为由主张权利的，人民法院应予支持。

第三条　夫妻一方在婚姻关系存续期间以个人名义超出家庭日常生活需要所负的债务，债权人以属于夫妻共同债务为由主张权利的，人民法院不予支持，但债权人能够证明该债务用于夫妻共同生活、共同生产经营或者基于夫妻双方共同意思表示的除外。

第四条　本解释自2018年1月18日起施行。

本解释施行后，最高人民法院此前作出的相关司法解释与本解释相抵触的，以本解释为准。

婚姻登记档案管理办法

（2006 年 1 月 23 日）

第一条　为规范婚姻登记档案管理，维护婚姻当事人的合法权益，根据《中华人民共和国档案法》和《婚姻登记条例》，制定本办法。

第二条　婚姻登记档案是婚姻登记机关在办理结婚登记、撤销婚姻、离婚登记、补发婚姻登记证的过程中形成的具有凭证作用的各种记录。

第三条　婚姻登记主管部门对婚姻登记档案工作实行统一领导，分级管理，并接受同级地方档案行政管理部门的监督和指导。

第四条　婚姻登记机关应当履行下列档案工作职责：

（一）及时将办理完毕的婚姻登记材料收集、整理、归档；

（二）建立健全各项规章制度，确保婚姻登记档案的齐全完整；

（三）采用科学的管理方法，提高婚姻登记档案的保管水平；

（四）办理查档服务，出具婚姻登记记录证明，告知婚姻登记档案的存放地；

（五）办理婚姻登记档案的移交工作。

第五条　办理结婚登记（含复婚、补办结婚登记，下同）形成的下列材料应当归档：

（一）《结婚登记审查处理表》；

（二）《申请结婚登记声明书》或者《申请补办结婚登记声明书》；

（三）香港特别行政区居民、澳门特别行政区居民、台湾地区居民、出国人员、华侨以及外国人提交的《婚姻登记条例》第五条规定的各种证明材料（含翻译材料）；

（四）当事人身份证件（从《婚姻登记条例》第五条规定，下同）复印件；

（五）其他有关材料。

第六条　办理撤销婚姻形成的下列材料应当归档：

（一）婚姻登记机关关于撤销婚姻的决定；

（二）《撤销婚姻申请书》；

（三）当事人的结婚证原件；

（四）公安机关出具的当事人被拐卖、解救证明，或人民法院作出的能够证明当事人被胁迫结婚的判决书；

（五）当事人身份证件复印件；

（六）其他有关材料。

第七条　办理离婚登记形成的下列材料应当归档：

（一）《离婚登记审查处理表》；

（二）《申请离婚登记声明书》；

（三）当事人结婚证复印件；

（四）当事人离婚协议书；

（五）当事人身份证件复印件；

（六）其他有关材料。

第八条　办理补发婚姻登记证形成的下列材料应当归档：

（一）《补发婚姻登记证审查处理表》；

（二）《申请补领婚姻登记证声明书》；

（三）婚姻登记档案保管部门出具的婚姻登记档案记录证明或其他有关婚姻状况的证明；

（四）当事人身份证件复印件；

（五）当事人委托办理时提交的经公证机关公证的当事人身份证件复印件和委托书，受委托人本人的身份证件复印件；

（六）其他有关材料。

第九条　婚姻登记档案按照年度—婚姻登记性质分类。婚姻登记性质分为结婚登记类、撤销婚姻类、离婚登记类和补发婚姻登记证类四类。

人民法院宣告婚姻无效或者撤销婚姻的判决书副本归入撤销婚姻类档案。

婚姻无效或者撤销婚姻的，应当在当事人原婚姻登记档案的《结婚登记审查处理表》的“备注”栏中注明有关情况及相应的撤销婚姻类档案的档号。

第十条　婚姻登记材料的立卷归档应当遵循下列原则与方法：

（一）婚姻登记材料按照年度归档。

（二）一对当事人婚姻登记材料组成一卷。

（三）卷内材料分别按照本办法第五、六、七、八条规定的顺序排列。

（四）以有利于档案保管和利用的方法固定案卷。

（五）按本办法第九条的规定对案卷进行分类，并按照办理婚姻登记的时间顺序排列。

（六）在卷内文件首页上端的空白处加盖归档章（见附件1），并填写有关内容。归档章设置全宗号、年度、室编卷号、馆编卷号和页数等项目。

全宗号：档案馆给立档单位编制的代号。

年度：案卷的所属年度。

室编卷号：案卷排列的顺序号，每年每个类别分别从“1”开始标注。

馆编卷号：档案移交时按进馆要求编制。

页数：卷内材料有文字的页面数。

（七）按室编卷号的顺序将婚姻登记档案装入档案盒，并填写档案盒封面、盒脊和备考表的项目。

档案盒封面应标明全宗名称和婚姻登记处名称（见附件2）。

档案盒盒脊设置全宗号、年度、婚姻登记性质、起止卷号和盒号等项目（见附件3）。其中，起止卷号填写盒内第一份案卷和最后一份案卷的卷号，中间用“—”号连接；盒号即档案盒的排列顺序号，在档案移交时按进馆要求编制。

备考表置于盒内，说明本盒档案的情况，并填写整理人、检查人和日期（见附件4）。

（八）按类别分别编制婚姻登记档案目录（见附件5）。

（九）每年的婚姻登记档案目录加封面后装订成册，一式三份，并编制目录号（见附件6）。

第十一条　婚姻登记材料的归档要求：

（一）当年的婚姻登记材料应当在次年的3月31日前完成立卷归档；

（二）归档的婚姻登记材料必须齐全完整，案卷规范、整齐，复印件一律使用A4规格的复印纸，复印件和照片应当图像清晰；

（三）归档章、档案盒封面、盒脊、备考表等项目，使用蓝黑墨水或碳素墨水钢笔填写；婚姻登记档案目录应当打印；备考表和档案目录一律使用A4规格纸张。

第十二条　使用计算机办理婚姻登记所形成的电子文件，应当与纸质文件一并归档，归档要求参照《电子文件归档与管理规范》（GB/T18894—2002）。

第十三条　婚姻登记档案的保管期限为100年。对有继续保存价值的可以延长保管期限直至永久。

第十四条　婚姻登记档案应当按照下列规定进行移交：

（一）县级（含）以上地方人民政府民政部门形成的婚姻登记档案，应当在本单位档案部门保管一定时期后向同级国家档案馆移交，具体移交时间由双方商定。

（二）具有办理婚姻登记职能的乡（镇）人民政府形成的婚姻登记档案应当向乡（镇）档案部门移交，具体移交时间从乡（镇）的规定。

乡（镇）人民政府应当将每年的婚姻登记档案目录副本向上一级人民政府民政部门报送。

（三）被撤销或者合并的婚姻登记机关的婚姻登记档案应当按照前两款的规定及时移交。

第十五条　婚姻登记档案的利用应当遵守下列规定：

（一）婚姻登记档案保管部门应当建立档案利用制度，明确办理程序，维护当事人的合法权益；

（二）婚姻登记机关可以利用本机关移交的婚姻登记档案；

（三）婚姻当事人持有合法身份证件，可以查阅本人的婚姻登记档案；婚姻当事人因故不能亲自前往查阅的，可以办理授权委托书，委托他人代为办理，委托书应当经公证机关公证；

（四）人民法院、人民检察院、公安和安全部门为确认当事人的婚姻关系，持单位介绍信可以查阅婚姻登记档案；律师及其他诉讼代理人在诉讼过程中，持受理案件的法院出具的证明材料及本人有效证件可以查阅与诉讼有关的婚姻登记档案；

（五）其他单位、组织和个人要求查阅婚姻登记档案的，婚姻登记档案保管部门在确认其利用目的合理的情况下，经主管领导审核，可以利用；

（六）利用婚姻登记档案的单位、组织和个人，不得公开婚姻登记档案的内容，不得损害婚姻登记当事人的合法权益；

（七）婚姻登记档案不得外借，仅限于当场查阅；复印的婚姻登记档案需加盖婚姻登记档案保管部门的印章方为有效。

第十六条　婚姻登记档案的鉴定销毁应当符合下列要求：

（一）婚姻登记档案保管部门对保管期限到期的档案要进行价值鉴定，对无保存价值的予以销毁，但婚姻登记档案目录应当永久保存。

（二）对销毁的婚姻登记档案应当建立销毁清册，载明销毁档案的时间、种类和数量，并永久保存。

（三）婚姻登记档案保管部门应当派人监督婚姻登记档案的销毁过程，确保销毁档案没有漏销或者流失，并在销毁清册上签字。

第十七条　本办法由民政部负责解释。

第十八条　本办法自公布之日起施行。

附件（略）：

附件1：归档章式样

附件2：档案盒封面式样

附件3：档案盒盒脊式样

附件4：备考表式样

附件5：婚姻登记档案目录式样

5a 结婚登记档案目录

5b 撤销婚姻档案目录

5c 离婚登记档案目录

5d 补发婚姻登记证档案目录

附件6：婚姻登记档案目录封面式样

中国边民与毗邻国边民婚姻登记办法

（2012 年 8 月 8 日）

第一条　为规范边民婚姻登记工作，保护婚姻当事人的合法婚姻权益，根据《中华人民共和国婚姻法》《婚姻登记条例》，制定本办法。

第二条　本办法所称边民是指中国与毗邻国边界线两侧县级行政区域内有当地常住户口的中国公民和外国人。中国与毗邻国就双方国家边境地区和边民的范围达成有关协议的，适用协议的规定。

第三条　本办法适用于中国边民与毗邻国边民在中国边境地区办理婚姻登记。

第四条　边民办理婚姻登记的机关是边境地区县级人民政府民政部门。

边境地区婚姻登记机关应当按照便民原则在交通不便的乡（镇）巡回登记。

第五条　中国边民与毗邻国边民在中国边境地区结婚，男女双方应当共同到中国一方当事人常住户口所在地的婚姻登记机关办理结婚登记。

第六条　办理结婚登记的中国边民应当出具下列证件、证明材料：

（一）本人的居民户口簿、居民身份证；

（二）本人无配偶以及与对方当事人没有直系血亲和三代以内旁系血亲关系的签字声明。

办理结婚登记的毗邻国边民应当出具下列证明材料：

（一）能够证明本人边民身份的有效护照、国际旅行证件或者边境地区出入境通行证件；

所在国公证机构或者有权机关出具的、经中华人民共和国驻该国使（领）馆认证或者该国驻华使（领）馆认证的本人无配偶的证明，或者所在国驻华使（领）馆出具的本人无配偶的证明，或者由毗邻国边境地区与中国乡（镇）人民政府同级的政府出具的本人无配偶证明。

第七条　办理结婚登记的当事人有下列情形之一的，婚姻登记机关不予登记：

（一）未到中国法定结婚年龄的；

（二）非双方自愿的；

（三）一方或者双方已有配偶的；

（四）属于直系血亲或者三代以内旁系血亲的；

（五）患有医学上认为不应当结婚的疾病的。

第八条　婚姻登记机关应当对结婚登记当事人出具的证件、证明材料进行审查并询问相关情况，对当事人符合结婚条件的，应当当场予以登记，发给结婚证。对当事人不符合结婚条件不予登记的，应当向当事人说明理由。

第九条　男女双方补办结婚登记的，适用本办法关于结婚登记的规定。

第十条　未到婚姻登记机关办理结婚登记以夫妻名义同居生活的，不成立夫妻关系。

第十一条　因受胁迫结婚的，受胁迫的边民可以依据《中华人民共和国婚姻法》第十一条的规定向婚姻登记机关请求撤销其婚姻。受胁迫方应当出具下列证件、证明材料：

（一）本人的身份证件；

（二）结婚证；

（三）要求撤销婚姻的书面申请；

（四）公安机关出具或者人民法院作出的能够证明当事人被胁迫结婚的证明材料。

受胁迫方为毗邻国边民的，其身份证件包括能够证明边民身份的有效护照、国际旅行证件或者边境地区出入境通行证件。

婚姻登记机关经审查认为受胁迫结婚的情况属实且不涉及子女抚养、财产及债务问题的，应当撤销该婚姻，宣告结婚证作废。

第十二条　中国边民与毗邻国边民在中国边境地区自愿离婚的，应当共同到中国边民常住户口所在地的婚姻登记机关办理离婚登记。

第十三条　办理离婚登记的双方当事人应当出具下列证件、证明材料：

（一）本人的结婚证；

（二）双方当事人共同签署的离婚协议书。

除上述材料外，办理离婚登记的中国边民还需要提供本人的居民户口簿和居民身份证，毗邻国边民还需要提供能够证明边民身份的有效护照、国际旅行证件或者边境地区出入境通行证件。

离婚协议书应当载明双方当事人自愿离婚的意思表示以及对子女抚养、财产及债务处理等事项协商一致的意见。

第十四条　办理离婚登记的当事人有下列情形之一的，婚姻登记机关不予受理：

（一）未达成离婚协议的；

（二）属于无民事行为能力或者限制民事行为能力人的；

（三）其结婚登记不是在中国内地办理的。

第十五条　婚姻登记机关应当对离婚登记当事人出具的证件、证明材料进行审查并询问相关情况。对当事人确属自愿离婚，并已对子女抚养、财产、债务等问题达成一致处理意见的，应当当场予以登记，发给离婚证。

第十六条　离婚的男女双方自愿恢复夫妻关系的，应当到婚姻登记机关办理复婚登记。复婚登记适用本办法关于结婚登记的规定。

第十七条　结婚证、离婚证遗失或者损毁的，中国边民可以持居民户口簿、居民身份证，毗邻国边民可以持能够证明边民身份的有效护照、国际旅行证件或者边境地区出入境通行证向原办理婚姻登记的机关或者中国一方当事人常住户口所在地的婚姻登记机关申请补领。婚姻登记机关对当事人的婚姻登记档案进行查证，确认属实的，应当为当事人补发结婚证、离婚证。

第十八条　本办法自2012年10月1日起施行。1995年颁布的《中国与毗邻国边民婚姻登记管理试行办法》（民政部令第1号）同时废止。

民政部、总政治部关于士官婚姻管理有关问题的通知

（2011 年 12 月 28 日）

各省、自治区、直辖市民政厅（局），各计划单列市民政局，新疆生产建设兵团民政局；各军区、各军兵种、各总部、军事科学院、国防大学、国防科学技术大学、武警部队政治部：

为加强士官队伍建设，进一步做好新形势下士官婚姻管理工作，根据士官管理有关规定，现就有关事项通知如下：

一、士官符合下列条件之一的，经师（旅）级以上单位政治机关批准，可以在驻地或者部队内部找对象结婚：

（一）中级士官；

（二）年龄超过28周岁的男士官或者年龄超过26周岁的女士官；

（三）烈士子女、孤儿或者因战、因公、因病致残的士官。

二、军队政治机关负责对士官在部队驻地或者部队内部找对象结婚的条件进行审查，符合条件的按有关规定出具《军人婚姻登记证明》。婚姻登记机关依据军队政治机关出具的《军人婚姻登记证明》，为士官办理婚姻登记。

三、民政部、总政治部《关于军队人员婚姻管理有关问题的通知》（政组〔2010〕14号）与本通知不一致的，以本《通知》为准。

民政部

总政治部

2011年12月28日

民政部办公厅关于暂未领取居民身份证军人办理婚姻登记问题的处理意见

（2010年4月13日）

各省、自治区、直辖市民政厅（局），计划单列市民政局，新疆生产建设兵团民政局：

自民政部、解放军总政治部《关于军队人员婚姻管理有关问题的通知》（政组〔2010〕14号，以下简称《通知》）印发实行以来，一些地方反映部分军人申请办理婚姻登记时，无法按照《通知》要求提供本人居民身份证。经解放军总政治部了解，虽然公安部和总参、总政、总后、总装文件规定，军人居民身份证于2008年底全部办理完毕，但由于种种原因，目前确有一些部队官兵没有取得居民身份证。为满足无居民身份证军人婚姻登记的需求，经与解放军总政组织部协商，按下述意见办理：

一、团级以上政治机关出具《军人婚姻登记证明》时，根据军人无居民身份证的具体情况，在证明右上角分别标注“暂未领取居民身份证、已编制公民身份证号码”或“暂未领取居民身份证、未编制公民身份证号码”并在标注处加盖印章。对“暂未领取居民身份证、未编制公民身份证号码”的，《军人婚姻登记证明》中“公民身份号码”栏填写“无”。

二、军人持标注有“暂未领取居民身份证、已编制公民身份证号码”或“暂未领取居民身份证、未编制公民身份证号码”的，若除居民身份证外，当事人其他证件、证明材料齐全且符合相关规定的，婚姻登记机关应当受理其有关登记或补领证件的申请。

为保障军人婚姻权益，在文件下发过程中，军人持2010年8月1日之前出具的有效期内的《军人婚姻登记证明》或旧式婚姻状况证明，若证明中未标注

“暂未领取居民身份证”，但军人声称无居民身份证的，由军人本人做出无居民身份证书面声明，婚姻登记机关可不要求声明人提供居民身份证。

三、军人有居民身份证或“暂未领取居民身份证、已编制公民身份证号码”的，《申请结（离）婚登记声明书》、《结（离）婚登记审查处理表》及《结（离）婚证》上的“身份证件号”按照《通知》要求填写；“暂未领取居民身份证、未编制公民身份证号码”的，上述材料中的“身份证号码”栏填写当事人的《军官证》或《文职干部证》《学员证》《士兵证》《离休证》《退休证》等军人身份证件号码。

民政部办公厅

2010年4月13日

国家发展改革委、人民银行、民政部等印发《关于对婚姻登记严重失信当事人开展联合惩戒的合作备忘录》的通知

（2018 年 2 月 26 日）

各省、自治区、直辖市、新疆生产建设兵团有关部门、机构：

为深入学习贯彻习近平新时代中国特色社会主义思想和党的十九大精神，落实《中华人民共和国婚姻法》《婚姻登记条例》等法律法规精神以及《国务院关于印发社会信用体系建设规划纲要（2014—2020年）的通知》（国发〔2014〕21号）、《国务院关于建立完善守信联合激励和失信联合惩戒制度加快推进社会诚信建设的指导意见》（国发〔2016〕33号）、《国家发展改革委人民银行关于加强和规范守信联合激励和失信联合惩戒对象名单管理工作的指导意见》（发改财金规〔2017〕1798号）等文件要求，加快推进婚姻登记领域信用体系建设，加大对婚姻登记领域严重失信行为的惩戒力度，促进婚姻家庭和谐稳定，加快推进社会信用体系建设，国家发展改革委、人民银行、民政部、中央组织部、中央宣传部、中央编办、中央文明办、最高人民法院、教育部、工业和信息化部、公安部、司法部、财政部、人力资源社会保障部、商务部、卫生计生委、审计署、国资委、海关总署、税务总局、工商总局、质检总局、新闻出版广电总局、统计局、旅游局、银监会、证监会、保监会、国家公务员局、共青团中央、全国妇联等部门联合签署了《关于对婚姻登记严重失信当事人开展联合惩戒的合作备忘录》。现印发给你们，请认真贯彻执行。

附件：关于对婚姻登记严重失信当事人开展联合惩戒的合作备忘录

国家发展改革委　人民银行　民政部
中央组织部　中央宣传部　中央编办
中央文明办　最高人民法院　教育部
工业和信息化部　公安部　司法部
财政部　人力资源社会保障部　商务部
卫生计生委　审计署　国资委
海关总署　税务总局　工商总局
质检总局　新闻出版广电局　统计局
旅游局　银监会　证监会　保监会
国家公务员局　共青团中央　全国妇联
2018年2月26日

附件

关于对婚姻登记严重失信当事人开展联合惩戒的合作备忘录

为深入学习贯彻习近平新时代中国特色社会主义思想和党的十九大精神，落实《中华人民共和国婚姻法》《婚姻登记条例》等法律法规精神以及《国务院关于印发社会信用体系建设规划纲要（2014—2020年）的通知》（国发〔2014〕21号）、《国务院关于建立完善守信联合激励和失信联合惩戒制度加快推进社会诚信建设的指导意见》（国发〔2016〕33 号）、《国家发展改革委人民银行关于加强和规范守信联合激励和失信联合惩戒对象名单管理工作的指导意见》（发改财金规〔2017〕1798号）等文件要求，加快推进婚姻登记领域信用体系建设，加大对婚姻登记领域严重失信行为的惩戒力度，促进婚姻家庭和谐稳定，加快推进社会信用体系建设，国家发展改革委、人民银行、民政部、中央组织部、中央宣传部、中央编办、中央文明办、最高人民法院、教育部、工业和信息化部、公安部、司法部、财政部、人力资源社会保障部、商务部、卫生计生委、审计署、国资委、海关总署、税务总局、工商总局、质检总局、新闻出版广电总局、统计局、旅游局、银监会、证监会、保监会、国家公务员局、共青团中央、全国妇联等部门就婚姻登记领域严重失信当事人开展联合惩戒工作达成如下一致意见。

一、联合惩戒对象

联合惩戒对象为婚姻登记严重失信当事人。当事人有以下行为之一的，由民政部门列入严重失信名单：

（一）使用伪造、变造或者冒用他人身份证件、户口簿、无配偶证明及其他证件、证明材料的；

（二）作无配偶、无直系亲属关系、无三代以内旁系血亲等虚假声明的；

（三）故意隐瞒对方无民事行为能力或限制民事行为能力状况，严重损害对方合法权益的；

（四）其他严重违反《中华人民共和国婚姻法》和《婚姻登记条例》行为的。

二、信息共享与联合惩戒的实施方式

民政部基于全国婚姻登记信用信息平台，建立严重失信名单，通过全国信用信息共享平台与全国婚姻登记信用信息平台实现数据交换和共享。最高人民法院将婚姻登记当事人的判决或调解离婚、撤销婚姻登记、宣告婚姻无效、宣告死亡等案件信息与民政部交换和共享。公安部将婚姻登记当事人及其配偶的身份信息、死亡信息通过国家人口基础信息库与民政部交换和共享。工业和信息化部将婚姻登记当事人的通信信息与民政部交换和共享。卫生计生委将婚姻登记当事人及其配偶的死亡信息与民政部交换和共享。签署本备忘录的各相关部门从全国信用信息共享平台获取婚姻登记严重失信名单后，执行或者协助执行本备忘录规定的惩戒措施，有关部门根据实际情况将联合惩戒的实施情况反馈国家发展改革委和民政部。

三、联合惩戒措施及实施单位

（一）限制招录（聘）为国家公职人员。限制婚姻登记严重失信当事人招录（聘）为公务员、事业单位工作人员。

实施单位：中央组织部、人力资源社会保障部、国家公务员局等

（二）限制登记为事业单位法定代表人。

实施单位：中央编办

（三）限制任职证券公司、基金管理公司、期货公司、融资性担保公司或金融机构、认证机构的董事、监事、高级管理人员。

实施单位：财政部、商务部、工商总局、质检总局、银监会、证监会、保监会、地方政府确定的融资性担保公司监管机构

（四）限制担任国有企业法定代表人、董事、监事、高级管理人员。限制婚姻登记严重失信当事人担任国有企业法定代表人、董事、监事、高级管理人员；已担任相关职务的，提出其不再担任相关职务的意见。

实施单位：中央组织部、国资委、财政部、工商总局等

（五）限制参评道德模范等荣誉。婚姻登记严重失信当事人不得参加道德

模范、五四青年奖、三八红旗手、全国五好文明家庭、最美家庭等评选，已经获得荣誉的予以撤销。

实施单位：中央宣传部、中央文明办、共青团中央、全国妇联等

（六）限制参与相关行业的评先、评优。婚姻登记严重失信当事人为律师、教师、医生、公务员的，在一定期限内限制其参与评先、评优。

实施单位：司法部、教育部、卫生计生委、国家公务员局

（七）供入股证券公司、基金管理公司、期货公司审批或备案，私募投资基金管理人登记，独立基金销售机构审批时审慎性参考。将婚姻登记严重失信当事人相关信息作为证券公司、基金管理公司及期货公司的设立及股权或实际控制人变更审批或备案，私募投资基金管理人登记，独立基金销售机构审批的审慎性参考。

实施单位：证监会

（八）供设立认证机构审批时审慎性参考。

实施单位：质检总局

（九）供金融机构融资授信时审慎性参考。将婚姻登记严重失信当事人信息作为金融机构对拟授信对象融资授信审批时的审慎性参考。

实施单位：人民银行、银监会

（十）限制补贴性资金支持。限制婚姻登记严重失信当事人申请补贴性资金支持。

实施单位：国家发展改革委、财政部、人力资源社会保障部、国资委等

（十一）限制成为海关认证企业。婚姻登记严重失信当事人为企业法定代表人（负责人）、负责关务的高级管理人员、财务负责人时，在企业申请海关认证企业时，不予通过；对已经成为海关认证企业的，按照规定下调企业信用等级。

实施单位：海关总署

（十二）作为选择政府采购供应商、选聘评审专家的审慎性参考。将婚姻登记严重失信当事人信息作为政府采购供应商、选聘评审专家的审慎性参考。

实施单位：财政部

（十三）供重点行业从业人员职业资质资格许可和认定参考。对婚姻登记严重失信当事人申请律师、教师、医生、社会工作者、注册会计师、税务师、

认证从业人员、证券期货从业人员、新闻工作者、导游等资质资格认证予以从严审核，对已成为相关从业人员的相关主体予以重点关注。

实施单位：教育部、司法部、财政部、卫生计生委、审计署、税务总局、质检总局、新闻出版广电总局、统计局、旅游局、证监会

（十四）依法追究违法者的法律责任。对于有使用伪造、变造的身份证件、户口簿、证明材料或者有冒用他人身份证件等违法行为的当事人，依法追究其法律责任。

实施单位：公安部

四、联合惩戒的动态管理

民政部对婚姻登记严重失信名单进行动态管理，及时更新相关信息，相关记录在后台长期保存。有关部门依据各自法定职责，按照法律法规和有关规定实施联合惩戒或者解除联合惩戒。

五、其他事宜

各部门和单位应密切协作，积极落实本备忘录，及时在本系统内下发，并指导监督本系统各级单位按照有关规定实施联合惩戒。

本备忘录签署后，各部门、各领域内相关法律、法规、规章及规范性文件有修改或调整，与本备忘录不一致的，以修改或调整后的法律法规为准。实施过程中具体操作问题，由各部门另行协商明确。

附表： 联合惩戒措施相关依据和实施单位（略）

民政部办公厅关于婚姻登记字号启用新填写方法的通知

（2009 年 11 月 23 日）

各省、自治区、直辖市民政厅（局），计划单列市民政局，新疆生产建设兵团民政局：

为进一步加强婚姻登记规范化建设，加强婚姻登记信息化管理，避免婚姻登记字号重复等问题，现就启用婚姻登记字号新填写方法一事通知如下：

一、县级或县级以上人民政府民政部门办理婚姻登记的，结婚证字号填写方法为Jaaaaaa-bbbb-cccccc，离婚证字号填写方法为Laaaaaa-bbbb-cccccc，补领结婚证字号填写方法为BJaaaaaa-bbbb-cccccc，补领离婚证字号填写方法为BLaaaaaa-bbbb-cccccc，其中“aaaaaa”为6位行政区划代码（参见《中华人民共和国行政区划代码》，GB/T 2260—2002），“bbbb”为当年年号，“cccccc”为当年办理婚姻登记的序号，如北京市东城区民政局2010年办理的第一对结婚登记字号为J110101—2010-000001。

县级民政部门设立多个婚姻登记巡回点的，由县级民政部门通过规定某一号段由某一登记点使用或其他有效方法明确字号使用规则。

二、乡（镇）人民政府办理婚姻登记的，行政区划代码由6位改为9位（参见《县级以下行政区划代码编制规则》，GB/T 10114—2003），其他填写方法与上述规定一致。

三、经济技术开发区、高新技术开发区、农垦等非行政区成立民政局并设立婚姻登记机关的，行政区划代码由省级民政部门按照前一二位为省级代码、三四位为00、五六位为序号的方式统一编码并印发通知，如江苏省无锡市高新技术开发区可编码为320001。

婚姻登记字号新填写方法于2010年1月1日正式启用，因婚姻登记信息系统无法及时改版的，原婚姻登记字号填写方法沿用至2010年6月30日。已经使用民政部2009年版婚姻登记信息系统的，登记字号新填写方法自系统使用之日起启用。

民政部办公厅

2009年11月23日

民政部关于进一步做好婚姻登记规范化建设工作的通知

（2009年4月28日）

今年初，民政部召开了全国婚姻登记规范化建设视频会议。会后，各地结合自身情况，不同程度地开展贯彻落实工作，但有些地方进展相对缓慢，推进过程中也遇到一些问题。为进一步做好婚姻登记规范化建设工作，现就有关事项通知如下：

一、着力推进婚姻登记信息化建设工作

婚姻登记信息化建设是开展婚姻登记工作的重要载体和实现长远发展的关键平台。各地民政部门要加快信息化建设工作的推进速度，特别是尚未实现省内联网的省级民政部门，应加紧解决信息化建设经费问题，积极协调财政、发展改革等部门争取今年的专项经费，或向财政部门申请追加经费，或主动向信息产业等相关部门申请信息化专项经费，以尽快建立省级婚姻登记与管理信息平台，力争在“十一五”期间完成省级婚姻登记信息联网工作。目前，我部正在研发全国婚姻登记信息系统，将于年中免费提供给各地使用，请尚未建立省级婚姻登记与管理信息平台的省份参照《全国婚姻登记系统硬件环境配置建议》（见附件1）的要求，尽快配备相关设备，为下一步系统部署做好准备。已搭建信息平台的省份，应当积极开展婚姻登记档案补录工作，进一步提高在线登记和婚姻管理信息化的能力和水平。网络条件好的地方，要继续推动网上预约登记。各地还应当多方筹措资金，为基层登记机关配置计算机、打印机等硬件设备。

二、科学调整规范化建设指标要求

为推动婚姻登记规范化建设工作又好又快发展，更好地体现科学发展理念，我部在进行充分论证和多方征求意见的基础上，结合基层实际情况，决定对民政部《关于评选全国婚姻登记机关规范化建设窗口单位的通知》（民函〔2006〕156号）中的指标进行调整，将年婚姻工作量［包括结婚登记、离婚登记、补发婚姻登记证、出具（无）婚姻登记记录证明］低于1000件的婚姻登记机关候登室（区）、婚姻登记室（区）总面积的达标标准，由不少于30平方米，调整为不少于15平方米。

三、加大力度逐级开展督导检查工作

民政部将成立由纪检、监察和社会事务等部门组成的部督导检查小组，对部分省份规范化建设进展情况进行督查。各地也应当结合民政部2009年纪检、监察工作要求成立督查组对本地登记机关开展督查，以督查为手段，进一步优化婚姻登记机关设置和人员配置；进一步改善婚姻登记工作管理水平，登记流程和档案管理工作；进一步提高依法行政水平，纠正在登记工作中不能依法办事等问题；特别是要进一步规范婚姻服务工作，坚决杜绝乱收费、搭车收费等损害群众利益的行为。

四、精心组织规范化建设评审工作

今年底，民政部将对新达到规范化要求的单位进行评审（已参加2008年评审的单位将不再参加此次评审），评审范围、条件及评审要求，参照2008年《民政部关于评审“全国婚姻登记规范化建设合格单位”的通知》（民函〔2008〕137号）。对于年婚姻工作量［包括结婚登记、离婚登记、补发婚姻登记证、出具（无）婚姻登记记录证明］低于1000件的婚姻登记机关候登室（区）、婚姻登记室（区）总面积的达标标准按照不少于15平方米执行。各省、自治区、直辖市民政厅（局）应于2009年11月10日前将婚姻登记规范化单位名单、评审表（见附件2）及反映合格单位基本情况的电子版照片（包括婚姻登记机关标识牌、候登区域、婚姻登记区域、档案室环境建设及婚姻登记员合影）统一报送民政部社会事务司婚姻收养管理处。2010年，民政部将对“十一五”期间婚姻登记规范化建设情况进行总结，对婚姻登记工作达到规范化要求的民政局和乡镇人民政府进行评审并颁发奖牌，并为辖区婚姻登记规范化建设作出突出贡献的省、自治区、直辖市民政厅（局）和设区的市民政局及个人予以表扬。各地民政部门要认真组织本地区婚姻登记规范化建设评审工作，对工作进度滞后以及存在明显问题的地方，进行通报批评；对确因客观原因难以按时推进的，予以指导帮助；对工作卓有成效的地方及人员，给予表扬，并将婚姻登记规范化的建设水平、进度与未来几年民政工作的评选挂钩，充分调动地方民政部门的积极性和主动性，为婚姻登记规范化建设工作提供动力。

各省、自治区、直辖市民政部门应当制定本地区“十一五”后期婚姻登记规范化建设实施规划，明确2009年和2010年两年的主要目标和实施方案，并于5月30日前将该规划和《婚姻登记规范化建设情况报表》（见附件3、附件4）一同报送民政部社会事务司。

附件：

1.全国婚姻登记系统硬件环境配置建议（略）

2.“全国婚姻登记规范化单位”评审表

3.县级（含）以上民政部门婚姻登记规范化建设情况报表

4.乡镇人民政府婚姻登记规范化建设情况报表

民政部

2009年4月28日

附件2

<table>
<tr><td colspan="2" rowspan="2">单位名称及性质</td><td colspan="2">名称[ ]</td></tr>
<tr><td colspan="2">性质：行政单位/财政补助事业单位</td></tr>
<tr><td colspan="2">辖区人口数</td><td colspan="2">辖区人口[ ]人</td></tr>
<tr><td colspan="2">2006年婚姻登记量</td><td colspan="2">结婚登记[ ]对；
离婚登记[ ]对；
补发婚姻登记证[ ]对；
撤销婚姻[ ]对；
出具（无）婚姻登记记录证明[ ]份</td></tr>
<tr><td colspan="2">2007年婚姻登记量</td><td colspan="2">结婚登记[ ]对；
离婚登记[ ]对；
补发婚姻登记证[ ]对；
撤销婚姻[ ]对；
出具（无）婚姻登记记录证明[ ]份</td></tr>
<tr><td colspan="2" rowspan="3">婚姻登记员基本情况</td><td>人数[ ]人</td><td>平均年龄[ ]岁</td></tr>
<tr><td colspan="2">行政编制[ ]人；　财政补助事业编制[ ]人</td></tr>
<tr><td colspan="2">大专及以上学历[ ]人；
高中学历[ ]人；
初中及以下学历[ ]人</td></tr>
<tr><td colspan="2">婚姻登记员业务素质总体评价</td><td colspan="2">婚姻登记员参加培训[ ]次/年</td></tr>
<tr><td colspan="2">婚姻登记机关面积情况</td><td colspan="2">候登室（区）[ ]平方米；
结婚登记室（区）[ ]平方米；
离婚登记室（区）[ ]平方米；
档案室（区）[ ]平方米</td></tr>
<tr><td colspan="2">计算机、打印机配备情况</td><td colspan="2">计算机[ ]台；　打印机[ ]台</td></tr>
<tr><td colspan="2">使用婚姻登记软件版本</td><td colspan="2"></td></tr>
<tr><td colspan="2">婚姻登记机关咨询电话</td><td colspan="2"></td></tr>
<tr><td rowspan="3">近三年来</td><td>行风评议结果</td><td colspan="2"></td></tr>
<tr><td>获得哪些荣誉</td><td colspan="2"></td></tr>
<tr><td>有无有效投诉</td><td colspan="2"></td></tr>
</table>

县级人民政府民政部门意见	单位（印章） 年　月　日
市地级人民政府民政部门意见	单位（印章） 年　月　日
省级人民政府民政部门意见	单位（印章） 年　月　日
民政部意见	单位（印章） 年　月　日

附件3

____省（区、市）县级（含）以上民政部门婚姻登记规范化建设情况报表

本省（自治区、直辖市）共有县级以上（含）民政部门婚姻登记机关____个，其中符合规范化要求的____个，占机关总数的____%，未符合的____个。

未达到规范化建设要求的单位情况统计表

单位名称	基本情况					不达标原因								
	机构性质	编制内登记员百分比	大专以上学历登记员百分比	2005—2008年年均工作量	登记场所面积	编制不足	学历及人员素质不达标	计算机数量不足	设施布局不合理	场所面积不达标	乱收费和搭车收费问题	依法行政不到位	内部管理欠缺	其他
合计														

填写说明：

1.“单位名称”栏：请将本省（自治区、直辖市）未达规范化建设要求的县级以上（含）民政部门登记机关按照《中华人民共和国行政区划简册》中关于市、县的序列顺序逐一列出。

2.“登记机构性质”：请填写行政单位、财政补助事业单位、自筹自支事业单位等。

3.“编制内登记员百分比”：是指行政编制、财政补助事业编制登记人员在本登记机关登记员中所占的百分比。

4.“大专以上学历登记员百分比”：是指具有大专以上学历登记员在本登记机关登记员中所占的百分比。

5.“不达标原因”：请用“√”将登记机关不达标事项逐项标出。

附件4

____________省（区、市）乡镇人民政府婚姻登记规范化建设情况报表

本省（自治区、直辖市）共有乡镇人民政府婚姻登记机关____个，其中符合规范化要求的____个，占总数的_____%。

未达到规范化建设要求的单位情况统计表

地区	不达标的乡镇登记机构数量	不达标原因											
		单项不达标的机构数量							双项不达标的机构数量				多项不达标的机构数量
		学历及人员素质不达标	场所面积不达标	计算机数量不足	档案管理不规范	依法行政不到位	乱收费和搭车收费问题	其他	人员学历和面积	人员学历和计算机	面积和计算机	其他	
合计													

填写说明：

1.“地区”栏：请将本省（自治区、直辖市）中有未达规范化建设要求的乡镇人民政府婚姻登记机关所在的县、区、不设区的市按照《中华人民共和国行政区划简册》中的序列顺序逐一列出。

2.“不达标原因”：请将辖区不符合规范化建设要求的乡镇人民政府婚姻登记机关数量累计在相应的事项栏。

3.“单项不达标的机构数量”：是指只有一项内容不符合规范化要求的乡镇登记机构数量。

4.“双项不达标的机构数量”：是指有两项内容不符合规范化要求的乡镇登记机构数量。

5.“多项不达标的机构数量”：是指有两项以上内容不符合规范化要求的乡镇登记机构数量。

民政部办公厅关于启用全国涉外、涉港澳台和华侨婚姻登记信息系统的通知

（2004 年 3 月 16 日）

各省、自治区、直辖市民政厅（局），各计划单列市民政局，新疆生产建设兵团民政局：

全国涉外、涉港澳台和华侨（以下简称涉外）婚姻登记信息系统经过一段时期的试运行，根据试用单位的反馈意见，部信息中心又进行了修改和完善，现决定正式启用。全国涉外婚姻登记信息系统以民政公用政务平台为依托，实现了涉外婚姻登记的实时在线登记和全国联网，数据库建立在民政部。涉外婚姻登记信息系统提供了办理涉外婚姻登记和公众访问、在线预约等功能，同时提供了单机版供登记机关短期内离线登记、客户端数据上传。

全国涉外婚姻登记信息系统建设是婚姻登记信息化建设的重要内容，各地要予以高度重视。各省、自治区、直辖市民政厅（局）应根据全国涉外婚姻登记信息系统用户表（见附件1），指定专人负责管理并及时授与本省（区、市）内办理涉外婚姻登记的登记机关的用户名和初始密码。民政部将于今年4月中旬举办全国涉外婚姻登记信息系统专项培训（具体培训时间、地点另行通知），届时请各地组织涉外婚姻登记管理人员和婚姻登记员参加。

本省（区、市）已经开发、使用涉外婚姻登记软件的，可以继续使用，但需将涉外婚姻登记数据定期上报民政部，民政部负责将该数据输入全国涉外婚姻登记数据库，具体上报格式请与部信息中心联系。

另外，各省、自治区、直辖市民政厅（局）接到本通知后尽快将本省（区、市）内涉外、涉港澳台、涉华侨婚姻登记机关的设置情况（见附件2）报民政部基层政权和社区建设司，以便对外公布并统一管理。

网址格式：http://fm.mca.gov.cn

附件（略）：

1.全国涉外婚姻登记信息系统用户表

2.全国涉外、涉港澳台和华侨婚姻登记机关设置情况表

民政部关于进一步规范（无）婚姻登记记录证明相关工作的通知

（2015 年 8 月 27 日）

各省、自治区、直辖市民政厅（局），各计划单列市民政局，新疆生产建设兵团民政局：

为落实国务院简政放权、方便群众办事创业的有关要求，经与教育部、公安部、司法部、住房和城乡建设部、银监会协商，现就进一步规范（无）婚姻登记记录证明相关工作通知如下：

一、自文件发布之日起，除对涉台和本通知附件所列清单中已列出国家的公证事项仍可继续出具证明外，各地民政部门不再向任何部门和个人出具（无）婚姻登记记录证明。各地民政部门在出具证明时，应当根据当事人所涉事项，在出具证明中注明“本证明仅限于XXX（申请人）办理赴XX国家（或者台湾地区）的XX公证事项使用，用于其他事项无效。”

二、各地要高度重视婚姻登记信息化建设工作，确保按时完成《民政部关于加强婚姻登记信息化建设的通知》（民函〔2013〕183号）确定的各项任务。省级民政部门要切实加大资金、人力投入，不断完善本省（区、市）婚姻登记信息数据库。各级婚姻登记机关要加快纸质历史数据补录工作进度，为有法律法规依据的部门核对当事人的婚姻登记记录情况提供有力支撑。

三、做好政策落实和宣传工作。各地要从转变政府职能、方便群众办事创业和坚持依法行政的角度，统一思想认识，采取有效措施确保此项工作落实到位。会同相关部门落实部门间信息核对的具体措施，使此项简政放权的工作真正惠及广大人民群众。按照政务公开的要求，在办事窗口（大厅）公告取消（无）婚姻登记记录证明的相关规定，并通过多种渠道特别是微信、微博、互联网等新媒体大力宣传，营造良好的社会舆论氛围。

附件：涉外领域需出具（无）婚姻登记记录证明国家清单

民政部

2015年8月27日

附件

涉外领域需出具（无）婚姻登记记录证明国家清单

哈萨克斯坦

芬　兰

奥地利

荷　兰

德　国

阿根廷

乌拉圭

墨西哥

波　兰

注：民政部将根据今后情况变化对清单中所列国家及时进行动态调整，并通知各地民政部门。

民政部关于外国人、华侨提供的无配偶证明认定问题的通知

（2008 年 2 月 15 日）

各省、自治区、直辖市民政厅（局），计划单列市民政局，新疆生产建设兵团民政局：

近来，我部陆续接到各地反映，一些国家出具的无配偶证明内容和形式发生变化，证明中不标明“未婚”、“单身”或“离异”等表明当事人无配偶的字样，而是改为“婚姻无障碍”、具备“婚姻法律能力”、“婚姻查找无记录”等内容；有的外国人、华侨出具有结婚记录的“婚姻查找记录”证明，同时又提供离婚判决书等离婚证件；有的外国人、华侨出具婚姻状况栏为空白或无婚姻状况栏的户籍证明。对于以上证明能否作为无配偶证明使用问题，我部认为，根据《婚姻登记条例》规定，来华办理结婚登记的外国人、华侨需提交无配偶证明，以上证明未载明当事人无配偶，因此不能单独作为无配偶证明予以采用。考虑到各国出证制度的差异，上述证明需同时附有以下材料一并作为无配偶证明使用：

一、当事人持“婚姻无障碍”、具备“婚姻法律能力”证明的，需一并提交该国有权机关出具的“婚姻无障碍”、具备“婚姻法律能力”即指当事人无配偶的证明材料。

二、当事人持“婚姻查找无记录”、“婚姻查找记录”（当事人又提供离婚判决书等离婚证件）、婚姻状况栏为空白或无婚姻状况栏的户籍证明的，需一并提交经中国驻该国使（领）馆认证或该国驻华使（领）馆认证的本人无配偶声明。

三、若有关国家照会我部，明确该国出具的“婚姻无障碍”、具备“婚姻

法律能力”、“婚姻查找无记录”等证明即指当事人无配偶的，经我部通知各地后，该国出具的上述证明可以作为无配偶证明使用。近日，法国驻华大使馆照会我部，明确法国出具的“婚姻无障碍”证明与无配偶证明具有相同的效力和作用，今后，各地应当将法国出具的“婚姻无障碍”证明作为无配偶证明采用。

请各地严格执行有关规定，避免同类证明在有的地区被采用、在有的地区不被采用问题。各地婚姻登记机关可以通过多种形式进行宣传，并向当事人做好解释工作。

民政部

2008 年 2 月 15 日

民政部关于严格制止借婚姻登记乱收费的通知

（2004 年 4 月 15 日）

各省、自治区、直辖市民政厅（局），计划单列市民政局，新疆生产建设兵团民政局：

最近，国务院价格管理部门对部分省婚姻登记收费情况进行了调查，发现有的婚姻登记机关在办理婚姻登记中乱收费现象比较严重，主要表现为：第一，取消项目继续收费。如向农民收《婚育学校结业证》费、《离婚调解书》费。第二，强制服务收费。如在给农民办理结婚登记时强制销售存放结婚证的烫金盒。第三，巧立名目搭车收费。如在办理婚姻登记时搭售福利彩票或搭车收取婚前教育书籍、光盘、胸花和彩条等费用。第四，使用票据不规范。有的婚姻登记机关在办理结婚登记收费时，没有按照财务规定使用规范票据，而使用一般收款收据。

《婚姻登记条例》实施后，民政部门特别是婚姻登记机关乱收费的现象已成为群众投诉的热点和媒体关注的焦点。据了解，调查中发现的上述问题并不是个别现象，而且个别地方还相当严重。婚姻登记中的乱收费问题应当引起各级民政部门的高度重视。为切实保障《婚姻登记条例》的贯彻实施，根据民政部2004年党风廉政建设工作要点中关于“坚决取消任何非自愿收费服务项目和各种搭车收费”的要求，杜绝婚姻登记工作中乱收费的现象，现就治理整顿工作提出如下要求：

一、各级民政部门必须从贯彻“三个代表”重要思想的高度，充分认识治理婚姻登记乱收费的必要性和紧迫性。要端正思想，坚决贯彻落实党中央、国务院关于减轻农民负担的工作要求，切实维护婚姻当事人的合法权益，体现民政工作以民为本的宗旨。

二、采取必要措施，积极解决婚姻登记工作的编制和经费问题。婚姻登记是政府的日常事务性工作，任务重，责任大，各级民政部门要积极争取同级编制部门和财政部门，解决登记机关的编制和经费问题。凡尚未解决编制和经费的可暂缓集中登记。地处偏远山区，人稀地广、交通不便的，不必强行集中登记。

三、要严格区分婚姻登记与婚姻服务的界限，做到婚姻登记与婚姻服务的人员、场地及收费三分开，禁止人员混用、场地交叉、收费混合的现象发生。婚姻登记机关不允许开展任何收费服务业务，收取婚姻证书的工本费必须实行价格公示制度。要在办理登记处的明显位置明确公示证书工本费的收费标准，严格按照国家统一收费标准收费。收取工本费应开具正式行政事业票据，不得擅自提高收费标准或增加收费项目。

四、各级民政部门的婚姻服务机构在开展婚姻服务工作中，必须坚持当事人自愿的原则。所有收费服务项目和收费标准必须经当地物价部门核定。婚姻服务机构必须在明显处公示收费项目、收费标准及价格管理部门批准收费的文号，明示所有收费服务均为当事人自愿，同时须公布价格管理部门的监督电话及婚姻服务机构的上级投诉电话。收费服务必须使用正式发票，严禁搞强制性服务和任何形式的搭车收费。各级民政部门要正确引导婚姻服务，不得给登记机关下达婚姻服务创收任务。

五、要将治理婚姻登记搭车收费和乱收费问题作为今年开展执法检查的工作重点。根据民政部《关于印发〈民政部2004年党风廉政建设工作要点〉的通知》（民发〔2004〕17号）的要求，要通过开展执法检查进一步加强婚姻登记机关的行风建设，树立良好的形象。各级婚姻业务主管部门要会同纪检监察部门，按本通知要求共同对本辖区内的所有婚姻登记机关的登记收费及所有民政部门管理的婚姻服务机构的服务收费情况进行检查，发现不规范的问题及时予以纠正，彻底清理整顿婚姻登记中的乱收费问题。民政部将于下半年组织若干个检查组，重点检查婚姻登记机关的行风建设情况，特别是婚姻登记中有无乱收费问题。

各级民政部门要按照“谁主管、谁负责”的原则，加强领导，强化监督，抓好检查落实。各省、自治区、直辖市民政厅（局）在2004年7月底以前，要将执法检查和清理整顿情况书面分别报部基层政权和社区建设司、监察局。

民政部

2004 年 4 月 15 日

（二）继承

中华人民共和国继承法

（1985 年 4 月 10 日）

第一章　总　则

第一条　根据《中华人民共和国宪法》规定，为保护公民的私有财产的继承权，制定本法。

第二条　继承从被继承人死亡时开始。

第三条　遗产是公民死亡时遗留的个人合法财产，包括：

（一）公民的收入；

（二）公民的房屋、储蓄和生活用品；

（三）公民的林木、牲畜和家禽；

（四）公民的文物、图书资料；

（五）法律允许公民所有的生产资料；

（六）公民的著作权、专利权中的财产权利；

（七）公民的其他合法财产。

第四条　个人承包应得的个人收益，依照本法规定继承。个人承包，依照法律允许由继承人继续承包的，按照承包合同办理。

第五条　继承开始后，按照法定继承办理；有遗嘱的，按照遗嘱继承或者遗赠办理；有遗赠扶养协议的，按照协议办理。

第六条　无行为能力人的继承权、受遗赠权，由他的法定代理人代为行使。

限制行为能力人的继承权、受遗赠权，由他的法定代理人代为行使，或者征得法定代理人同意后行使。

第七条　继承人有下列行为之一的，丧失继承权：

（一）故意杀害被继承人的；

（二）为争夺遗产而杀害其他继承人的；

（三）遗弃被继承人的，或者虐待被继承人情节严重的；

（四）伪造、篡改或者销毁遗嘱，情节严重的。

第八条　继承权纠纷提起诉讼的期限为二年，自继承人知道或者应当知道其权利被侵犯之日起计算。但是，自继承开始之日起超过二十年的，不得再提起诉讼。

第二章　法定继承

第九条　继承权男女平等。

第十条　遗产按照下列顺序继承：

第一顺序：配偶、子女、父母。

第二顺序：兄弟姐妹、祖父母、外祖父母。

继承开始后，由第一顺序继承人继承，第二顺序继承人不继承。没有第一顺序继承人继承的，由第二顺序继承人继承。

本法所说的子女，包括婚生子女、非婚生子女、养子女和有扶养关系的继子女。

本法所说的父母，包括生父母、养父母和有扶养关系的继父母。

本法所说的兄弟姐妹，包括同父母的兄弟姐妹、同父异母或者同母异父的兄弟姐妹、养兄弟姐妹、有扶养关系的继兄弟姐妹。

第十一条　被继承人的子女先于被继承人死亡的，由被继承人的子女的晚辈直系血亲代位继承。代位继承人一般只能继承他的父亲或者母亲有权继承的遗产份额。

第十二条　丧偶儿媳对公、婆，丧偶女婿对岳父、岳母，尽了主要赡养义务的，作为第一顺序继承人。

第十三条　同一顺序继承人继承遗产的份额，一般应当均等。

对生活有特殊困难的缺乏劳动能力的继承人，分配遗产时，应当予以照顾。

对被继承人尽了主要扶养义务或者与被继承人共同生活的继承人，分配遗产时，可以多分。

有扶养能力和有扶养条件的继承人，不尽扶养义务的，分配遗产时，应当不分或者少分。

继承人协商同意的，也可以不均等。

第十四条　对继承人以外的依靠被继承人扶养的缺乏劳动能力又没有生活来源的人，或者继承人以外的对被继承人扶养较多的人，可以分配给他们适当的遗产。

第十五条　继承人应当本着互谅互让、和睦团结的精神，协商处理继承问题。遗产分割的时间、办法和份额，由继承人协商确定。协商不成的，可以由人民调解委员会调解或者向人民法院提起诉讼。

第三章　遗嘱继承和遗赠

第十六条　公民可以依照本法规定立遗嘱处分个人财产，并可以指定遗嘱执行人。

公民可以立遗嘱将个人财产指定由法定继承人的一人或者数人继承。

公民可以立遗嘱将个人财产赠给国家、集体或者法定继承人以外的人。

第十七条　公证遗嘱由遗嘱人经公证机关办理。

自书遗嘱由遗嘱人亲笔书写，签名，注明年、月、日。

代书遗嘱应当有两个以上见证人在场见证，由其中一人代书，注明年、月、日，并由代书人、其他见证人和遗嘱人签名。

以录音形式立的遗嘱，应当有两个以上见证人在场见证。

遗嘱人在危急情况下，可以立口头遗嘱。口头遗嘱应当有两个以上见证人在场见证。危急情况解除后，遗嘱人能够用书面或者录音形式立遗嘱的，所立的口头遗嘱无效。

第十八条　下列人员不能作为遗嘱见证人：

（一）无行为能力人、限制行为能力人；

（二）继承人、受遗赠人；

（三）与继承人、受遗赠人有利害关系的人。

第十九条　遗嘱应当对缺乏劳动能力又没有生活来源的继承人保留必要的遗产份额。

第二十条　遗嘱人可以撤销、变更自己所立的遗嘱。

立有数份遗嘱，内容相抵触的，以最后的遗嘱为准。

自书、代书、录音、口头遗嘱，不得撤销、变更公证遗嘱。

第二十一条　遗嘱继承或者遗赠附有义务的，继承人或者受遗赠人应当履行义务。没有正当理由不履行义务的，经有关单位或者个人请求，人民法院可以取消他接受遗产的权利。

第二十二条　无行为能力人或者限制行为能力人所立的遗嘱无效。

遗嘱必须表示遗嘱人的真实意思，受胁迫、欺骗所立的遗嘱无效。

伪造的遗嘱无效。

遗嘱被篡改的，篡改的内容无效。

第四章　遗产的处理

第二十三条　继承开始后，知道被继承人死亡的继承人应当及时通知其他继承人和遗嘱执行人。继承人中无人知道被继承人死亡或者知道被继承人死亡而不能通知的，由被继承人生前所在单位或者住所地的居民委员会、村民委员会负责通知。

第二十四条　存有遗产的人，应当妥善保管遗产，任何人不得侵吞或者争抢。

第二十五条　继承开始后，继承人放弃继承的，应当在遗产处理前，作出放弃继承的表示。没有表示的，视为接受继承。

受遗赠人应当在知道受遗赠后两个月内，作出接受或者放弃受遗赠的表示。到期没有表示的，视为放弃受遗赠。

第二十六条　夫妻在婚姻关系存续期间所得的共同所有的财产，除有约定的以外，如果分割遗产，应当先将共同所有的财产的一半分出为配偶所有，其余的为被继承人的遗产。

遗产在家庭共有财产之中的，遗产分割时，应当先分出他人的财产。

第二十七条　有下列情形之一的，遗产中的有关部分按照法定继承办理：

（一）遗嘱继承人放弃继承或者受遗赠人放弃受遗赠的；

（二）遗嘱继承人丧失继承权的；

（三）遗嘱继承人、受遗赠人先于遗嘱人死亡的；

（四）遗嘱无效部分所涉及的遗产；

（五）遗嘱未处分的遗产。

第二十八条　遗产分割时，应当保留胎儿的继承份额。胎儿出生时是死体的，保留的份额按照法定继承办理。

第二十九条　遗产分割应当有利于生产和生活需要，不损害遗产的效用。

不宜分割的遗产，可以采取折价、适当补偿或者共有等方法处理。

第三十条　夫妻一方死亡后另一方再婚的，有权处分所继承的财产，任何人不得干涉。

第三十一条　公民可以与扶养人签订遗赠扶养协议。按照协议，扶养人承担该公民生养死葬的义务，享有受遗赠的权利。

公民可以与集体所有制组织签订遗赠扶养协议。按照协议，集体所有制组织承担该公民生养死葬的义务，享有受遗赠的权利。

第三十二条　无人继承又无人受遗赠的遗产，归国家所有；死者生前是集体所有制组织成员的，归所在集体所有制组织所有。

第三十三条　继承遗产应当清偿被继承人依法应当缴纳的税款和债务，缴纳税款和清偿债务以他的遗产实际价值为限。超过遗产实际价值部分，继承人自愿偿还的不在此限。

继承人放弃继承的，对被继承人依法应当缴纳的税款和债务可以不负偿还责任。

第三十四条　执行遗赠不得妨碍清偿遗赠人依法应当缴纳的税款和债务。

第五章　附　则

第三十五条　民族自治地方的人民代表大会可以根据本法的原则，结合当地民族财产继承的具体情况，制定变通的或者补充的规定。自治区的规定，报全国人民代表大会常务委员会备案。自治州、自治县的规定，报省或者自治区的人民代表大会常务委员会批准后生效，并报全国人民代表大会常务委员会备案。

第三十六条　中国公民继承在中华人民共和国境外的遗产或者继承在中华人民共和国境内的外国人的遗产，动产适用被继承人住所地法律，不动产适用不动产所在地法律。

外国人继承在中华人民共和国境内的遗产或者继承在中华人民共和国境外的中国公民的遗产，动产适用被继承人住所地法律，不动产适用不动产所在地法律。

中华人民共和国与外国订有条约、协定的，按照条约、协定办理。

第三十七条　本法自一九八五年十月一日起施行。

最高人民法院关于贯彻执行《中华人民共和国继承法》若干问题的意见

（1985 年 9 月 11 日）

第六届全国人民代表大会第三次会议通过的《中华人民共和国继承法》，是我国公民处理继承问题的准则，是人民法院正确、及时审理继承案件的依据。人民法院贯彻执行继承法，要根据社会主义的法制原则，坚持继承权男女平等，贯彻互相扶助和权利义务相一致的精神，依法保护公民的私有财产的继承权。

为了正确贯彻执行继承法，我们根据继承法的有关规定和审判实践经验，对审理继承案件中具体适用继承法的一些问题，提出以下意见，供各级人民法院在审理继承案件时试行。

一、关于总则部分

1.继承从被继承人生理死亡或被宣告死亡时开始。

失踪人被宣告死亡，以法院判决中确定的失踪人的死亡日期，为继承开始的时间。

2.相互有继承关系的几个人在同一事件中死亡，如不能确定死亡先后时间的，推定没有继承人的人先死亡。死亡人各自都有继承人的，如几个死亡人辈分不同，推定长辈先死亡；几个死亡人辈分相同，推定同时死亡，彼此不发生继承，由他们各自的继承人分别继承。

3.公民可继承的其他合法财产包括有价证券和履行标的为财物的债权等。

4.承包人死亡时尚未取得承包收益的，可把死者生前对承包所投入的资金和所付出的劳动及其增值和孳息，由发包单位或者接续承包合同的人合理折价、补偿，其价额作为遗产。

5.被继承人生前与他人订有遗赠抚养协议，同时又立有遗嘱，继承开始后，如果遗赠抚养协议与遗嘱没有抵触，遗产分别按协议和遗嘱处理；如果有抵触，按协议处理，与协议抵触的遗嘱全部或部分无效。

6.遗嘱继承人依遗嘱取得遗产后，仍有权依继承法第十三条的规定取得遗嘱未处分的遗产。

7.不满六周岁的儿童、精神病患者，可以认定其为无行能力人。

已满六周岁，不满十八周岁的未成年人，应当认定其为限制行为能力人。

8.法定代理人代理被代理人行使继承权、受遗赠权，不得损害被代理人的利益。法定代理人一般不能代理被代理人放弃继承权、受遗赠权。明显损害被代理人利益的，应认定其代理行为无效。

9.在遗产继承中，继承人之间因是否丧失继承权发生纠纷，诉讼到人民法院的，由人民法院根据继承法第七条的规定，判决确认其是否丧失继承权。

10.继承人虐待被继承人情节是否严重，可以从实施虐待行为的时间、手段、后果和社会影响等方面认定。

虐待被继承人情节严重的，不论是否追究刑事责任，均可确认其丧失继承权。

11.继承人故意杀害被继承人的，不论是既遂还是未遂，均应确认其丧失继承权。

12.继承人有继承法第七条第（一）项或第（二）项所列之行为，而被继承人以遗嘱将遗产指定由该继承人继承的，可确认遗嘱无效，并按 继承法第七条的规定处理。

13.继承人虐待被继承人情节严重的，或者遗弃被继承人的，如以后确有悔改表现，而且被虐待人、被遗弃人生前又表示宽恕，可不确认其丧失继承权。

14.继承人伪造、篡改或者销毁遗嘱，侵害了缺乏劳动能力又无生活来源的继承人利益，并造成其生活困难的，应认定其行为情节严重。

15.在诉讼时效期间内，因不可抗拒的事由致继承人无法主张继承权利的，人民法院可按中止诉讼时效处理。

16.继承人在知道自己的权利受到侵犯之日起的二年之内，其遗产继承权纠纷确在人民调解委员会进行调解期间，可按中止诉讼时效处理。

17.继承人因遗产继承纠纷向人民法院提起诉讼，诉讼时效即为中断。

18.自继承开始之日起的第十八年后至第二十年期间内，继承人才知道自己的权利被侵犯的，其提起诉讼的权利，应当在继承开始之日起的二十年之内行使，超过二十年的，不得再行提起诉讼。

二、关于法定继承部分

19.被收养人对养父母尽了赡养义务，同时又对生父母扶养较多的，除可依继承法第十条的规定继承养父母的遗产外，还可依继承法第十四条的规定分得生父母的适当的遗产。

20.在旧社会形成的一夫多妻家庭中，子女与生母以外的父亲的其他配偶之间形成抚养关系的，互有继承权。

21.继子女继承了继父母遗产的，不影响其继承生父母的遗产。

继父母继承了继子女遗产的，不影响其继承生子女的遗产。

22.收养他人为养孙子女，视为养父母与养子女的关系，可互为第一顺序继承人。

23.养子女与生子女之间、养子女与养子女之间，系养兄弟姐妹，可互为第二顺序继承人。

被收养人与其亲兄弟姐妹之间的权利义务关系，因收养关系的成立而消除，不能互为第二顺序继承人。

24.继兄弟姐妹之间的继承权，因继兄弟姐妹之间的扶养关系而发生。没有扶养关系的，不能互为第二顺序继承人。

继兄弟姐妹之间相互继承了遗产的，不影响其继承亲兄弟姐妹的遗产。

25.被继承人的孙子女、外孙子女、曾孙子女、外曾孙子女都可以代位继承，代位继承人不受辈数的限制。

26.被继承人的养子女、已形成扶养关系的继子女的生子女可代位继承；被继承人亲生子女的养子女可代位继承；被继承人养子女的养子女可代位继承；与被继承人已形成扶养关系的继子女的养子女也可以代位继承。

27.代位继承人缺乏劳动能力又没有生活来源，或者对被继承人尽过主要赡养义务的，分配遗产时，可以多分。

28.继承人丧失继承权的，其晚辈直系血亲不得代位继承。如该代位继承人缺乏劳动能力又没有生活来源，或对被继承人尽赡养义务较多的，可适当分给遗产。

29.丧偶儿媳对公婆、丧偶女婿对岳父、岳母，无论其是否再婚，依 继承法第十二条规定作为第一顺序继承人时，不影响其子女代位继承。

30.对被继承人生活提供了主要经济来源，或在劳务等方面给予了主要扶助的，应当认定其尽了主要赡养义务或主要扶养义务。

31.依 继承法第十四条规定可以分给适当遗产的人，分给他们遗产时，按具体情况可多于或少于继承人。

32.依 继承法第十四条规定可以分给适当遗产的人，在其依法取得被继承人遗产的权利受到侵犯时，本人有权以独立的诉讼主体的资格向人民法院提起诉讼。但在遗产分割时，明知而未提出请求的，一般不予受理；不知而未提出请求，在二年以内起诉的，应予受理。

33.继承人有扶养能力和扶养条件，愿意尽扶养义务，但被继承人因有固定收入和劳动能力，明确表示不要求其扶养的，分配遗产时，一般不应因此而影响其继承份额。

34.有扶养能力和扶养条件的继承人虽然与被继承人共同生活，但对需要扶养的被继承人不尽扶养义务，分配遗产时，可以少分或者不分。

三、关于遗嘱继承部分

35.继承法实施前订立的，形式上稍有欠缺的遗嘱，如内容合法，又有充分证据证明确为遗嘱人真实意思表示的，可以认定遗嘱有效。

36.继承人、受遗赠人的债权人、债务人，共同经营的合伙人，也应当视为与继承人、受遗赠人有利害关系，不能作为遗嘱的见证人。

37.遗嘱人未保留缺乏劳动能力又没有生活来源的继承人的遗产份额，遗产处理时，应当为该继承人留下必要的遗产，所剩余的部分，才可参照遗嘱确定的分配原则处理。

继承人是否缺乏劳动能力又没有生活来源，应按遗嘱生效时该继承人的具体情况确定。

38.遗嘱人以遗嘱处分了属于国家、集体或他人所有的财产，遗嘱的这部分，应认定无效。

39.遗嘱人生前的行为与遗嘱的意思表示相反，而使遗嘱处分的财产在继承开始前灭失，部分灭失或所有权转移、部分转移的，遗嘱视为被撤销或部分被撤销。

40.公民在遗书中涉及死后个人财产处分的内容，确为死者真实意思的表示，有本人签名并注明了年、月、日，又无相反证据的，可按自书遗嘱对待。

41.遗嘱人立遗嘱时必须有行为能力。无行为能力人所立的遗嘱，即使其本人后来有了行为能力，仍属无效遗嘱。遗嘱人立遗嘱时有行为能力，后来丧失了行为能力，不影响遗嘱的效力。

42.遗嘱人以不同形式立有数份内容相抵触的遗嘱，其中有公证遗嘱的，以最后所立公证遗嘱为准；没有公证遗嘱的，以最后所立的遗嘱为准。

43.附义务的遗嘱继承或遗赠，如义务能够履行，而继承人、受遗赠人无正当理由不履行，经受益人或其他继承人请求，人民法院可以取消他接受附义务那部分遗产的权利，由提出请求的继承人或受益人负责按遗嘱人的意愿履行义务，接受遗产。

四、关于遗产的处理部分

44.人民法院在审理继承案件时，如果知道有继承人而无法通知的，分割遗产时，要保留其应继承的遗产，并确定该遗产的保管人或保管单位。

45.应当为胎儿保留的遗产份额没有保留的应从继承人所继承的遗产中扣回。

为胎儿保留的遗产份额，如胎儿出生后死亡的，由其继承人继承；如胎儿出生时就是死体的，由被继承人的继承人继承。

46.继承人因放弃继承权，致其不能履行法定义务的，放弃继承权的行为无效。

47.继承人放弃继承应当以书面形式向其他继承人表示。用口头方式表示放弃继承，本人承认，或有其他充分证据证明的，也应当认定其有效。

48.在诉讼中，继承人向人民法院以口头方式表示放弃继承的，要制作笔录，由放弃继承的人签名。

49.继承人放弃继承的意思表示，应当在继承开始后、遗产分割前作出。遗产分割后表示放弃的不再是继承权，而是所有权。

50.遗产处理前或在诉讼进行中，继承人对放弃继承翻悔的，由人民法院根据其提出的具体理由，决定是否承认。遗产处理后，继承人对放弃继承翻悔的，不予承认。

51.放弃继承的效力，追溯到继承开始的时间。

52.继承开始后，继承人没有表示放弃继承，并于遗产分割前死亡的，其继承遗产的权利转移给他的合法继承人。

53.继承开始后，受遗赠人表示接受遗赠，并于遗产分割前死亡的，其接受遗赠的权利转移给他的继承人。

54.由国家或集体组织供给生活费用的烈属和享受社会救济的城市居民，其遗产仍应准许合法继承人继承。

55.集体组织对“五保户”实行“五保”时，双方有扶养协议的，按协议处理；没有抚养协议，死者有遗嘱继承人或法定继承人要求继承的，按遗嘱继承或法定继承处理，但集体组织有权要求扣回“五保”费用。

56.扶养人或集体组织与公民订有遗赠扶养协议，扶养人或集体组织无正当理由不履行，致协议解除的，不能享有受遗赠的权利，其支付的供养费用一般不予补偿；遗赠人无正当理由不履行，致协议解除的，则应偿还扶养人或集体组织已支付的供养费用。

57.遗产因无人继承收归国家或集体组织所有时，按 继承法第十四条规定可以分给遗产的人提出取得遗产的要求，人民法院应视情况适当分给遗产。

58.人民法院在分割遗产中的房屋、生产资料和特定职业所需要的财产时，应依据有利于发挥其使用效益和继承人的实际需要，兼顾各继承人的利益进行处理。

59.人民法院对故意隐匿、侵吞或争抢遗产的继承人，可以酌情减少其应继承的遗产。

60.继承诉讼开始后，如继承人、受遗赠人中有既不愿参加诉讼，又不表示放弃实体权利的，应追加为共同原告；已明确表示放弃继承的，不再列为当事人。

61.继承人中有缺乏劳动能力又没有生活来源的人，即使遗产不足清偿债务，也应为其保留适当遗产，然后再按继承法第三十三条和民事诉讼法第一百八十条的规定清偿债务。

62.遗产已被分割而未清偿债务时，如有法定继承又有遗嘱继承和遗赠的，首先由法定继承人用其所得遗产清偿债务；不足清偿时，剩余的债务由遗嘱继承人和受遗赠人按比例用所得遗产偿还；如果只有遗嘱继承和遗赠的，由遗嘱继承人和受遗赠人按比例用所得偿还。

五、关于附则部分

63.涉外继承，遗产为动产的，适用被继承人住所地法律，即适用被继承人生前最后住所地国家的法律。

64.继承法实行前，人民法院已经审结的继承案件，继承法施行后，按审判监督程序提起再审的适用审结时的有关政策、法律。

人民法院对继承法生效前已经受理，生效时尚未审结的继承案件，适用继承法。但不得再以超过诉讼时效为由驳回起诉。

最高人民法院关于王娟婷与王万福、陈玉兰继承纠纷一案的函

（1994 年 12 月 7 日）

陕西省高级人民法院：

你院〔1994〕陕高法民再字第03号《关于王娟婷与王万福、陈玉兰继承纠纷一案的请示报告》收悉。经研究，我们认为：从该案情况看，王学、王娟婷夫妻自1980年冬起即与其父母王万福、陈玉兰分灶另炊；1981年3月5日王学夫妻与其父母王万福、陈玉兰又分立户籍，各为户主，均以自己的名义独立地进行土地承包、生产经营和经济核算；对外亦各自独立地与他人建立债权、债务等民事关系。据此，王学、王娟婷与王万福、陈玉兰分家的事实应予认定。现当事人双方讼争之四间水泥平板房，系王学、王娟婷投资所建，应认定为他们夫妻共同财产。王学死亡后，应依照我国继承法的有关规定，由王学的法定继承人依法继承。至于遗产的具体处理，可根据情况合理分割。

以上意见，供参考。

最高人民法院关于杨杰遗产继承一案的函

（1994 年 5 月 11 日）

云南省高级人民法院:

你院〔1992〕云高法字第5号关于杨杰遗产继承一案再审情况的请示及补充意见收悉。经研究，我们原则同意你院关于杨兆虎、杨立勤和朱美安为杨杰合法继承人，杨兆龙为继承人以外可分享杨杰遗产的人的意见。具体分割遗产时，请考虑杨杰遗产的历史和现状，依法合情合理地进行处理。同时，应注意做好当事人的工作，以使纠纷妥善解决。

以上意见，供参考。

最高人民法院关于张楚芳、张国芳、张佐尧、张振环继承案如何处理的复函

（1993年1月16日）

辽宁省高级人民法院：

你院〔1992〕民复字第14号关于张楚芳、张国芳、张佐尧、张振环继承一案的请示报告收悉。经研究，我们原则上同意你院审判委员会的第二种意见，即1967年4月沈河区法院将当事人讼争的遗产范围内的金、银物品交中国人民银行沈河办事处“代管”的措施，属于诉讼保全性质。1982年4月法院在未征求当事人意见的情况下，擅自将该金、银物品作价处理，超出了法院采取诉讼保全措施的职权范围。同时，该案长达二十余年未能审结，法院是有一定责任的。根据《中华人民共和国民法通则》等有关法律、政策规定的精神，沈河区人民法院对在诉讼保全中的不当行为给当事人造成的经济损失，应予适当赔偿。

以上意见，供参考。

附：

辽宁省高级人民法院关于张楚芳、张国芳、张佐尧、张振环继承纠纷一案的请示

（1992年8月24日〔1992〕民复字第14号）

最高人民法院：

沈阳市中级人民法院向省院疑请的张楚芳、张国芳、张佐尧、张振环继承纠纷一案，经我院审判委员会讨论认为：此案政策性较强，适用法律上有一定难度，特报请贵院，望予批复。

现将情况报告如下：

上诉人（原审原告）：张楚芳，女，68岁，无职业。

上诉人（原审原告）：张国芳，女，65岁，退休教师。

上诉人（原审原告）：张佐尧，男，92岁。

上诉人（原审原告）：张振环，男，63岁。

一、案件事实和一审法院处理情况

上列当事人是兄弟姊妹关系。1963年3月25日张楚芳、张国芳以张振环“虐待”其母为由，向沈河区人民法院提起诉讼，要求追究其刑事责任。法院于同年6月10日改为继承案。原审法院在审理期间，双方对其父母遗留之金银物的数量说法不一，争执很大。为了便于案件审理和将来执行，沈河区法院决定让张振环把东西交到法院来，张回答：“可以，查清后就交。”1964年5月20日办案人再次向张振环说：“你把你手里这些东西交到法院来。”张答：“行。”并说：“姐姐能不能倒咬一口”，承办人刚广太说：“你和你姐说，这是法院叫交出来的。”

1967年3月18日，办案人与张振环一同将银圆3006块，金镯8只、金耳环4只，金镏19只，其他金品2块交中国人民银行沈河办事处代管。以后“文革”开始，公、检、法被砸烂，一审法院无法行使职权。粉碎“四人帮”后，一审法院曾多次派人要求当事人继续参加诉讼或将金银等物取回，但张楚芳、张国

芳拒绝参加诉讼，并表示什么时间所在单位为其落实政策后，什么时间再解决继承问题，此案一直没有审理。到1982年4月12日，银行对金、银物品不给代管，沈河区法院在未通知当事人的情况下，按当时国家规定的收购价格将上述财物作价20309.87元，由该行收购，将此款又以活期存款方式存入沈阳市沈河区朝阳大街第一储蓄所（账号28438，户名张振环）。1988年 8月24日，沈河区法院收到张楚芳、张国芳给法院的信，要求处理此案。当办案人到张楚芳、张国芳家询问情况时，他们说存放在法院的金银属他们的财产，不是遗产，要求全部归己所有，必须如数返还原物。办案人将当事人的要求与银行协商，但银行答复是：原物已不存在，按政策不能退还原物，银行不负任何责任。

1991年7月27日沈河法院作出一审判决：（一）被继承人张先洲、张任氏之遗产20309.87元；归张楚芳所有7108.46元及利息，归张国芳所有7108.45元及其利息，归张佐尧所有3040.48元及其利息，归张振环所有3046.48元及其利息；（二）把驳回原被告其他请求。宣判后，本案双方当事人均不服，以要求返还原物为由，中国人民银行沈河办事处、沈河区法院作为被上诉人提出上诉。不同意当事人的这种做法，没有把案子按法定时间转到市中院，为此当事人到处上访，坚决要求返还原物。

二、沈阳市中级人民法院处理意见

1991年8月27日，此案转到市中级人民法院，作为二审案件进行审理。在审理中，双方当事人对原审认定的遗产数额继承的比例均没有异议，只要求返还原物或者按现价换算。

1991年10月31日，经市院审判委员会讨论认为：该案原审法院从收案到审结，长达二十多年一直未审理，特别是未经当事人同意，沈河区法院擅自做出将上述金银物以当时国家收购价作价20309.87元卖给银行，这种做法是错误的，根据《中华人民共和国民法通则》第一百二十一条之规定，沈河区法院应承担民事责任。审判委员会一致意见：（一）除维持原判外，应按当前国家规定收购金银价换算，其差价为53046.06（不包括利息）应由沈河区法院予以补偿；（二）沈河区法院从中吸取教训。但沈河区法院不同意承担责任，理由是没有法律依据。当事人则同意按现行国家规定的销售金银价格换算，为慎重起见，市中院特请示省院。

三、省法院处理意见

我院审判委员会对此案经讨论形成两种意见：

一种意见认为：将存款及利息的全部数额返给当事人，沈河法院对差价款不予补偿，其理由：

（一）此案诉讼时间长，除因“文革”、法院无法行使职权外，当事人本身也有责任，一是双方当事人诉争的财产数额差距较大，证据不足，原告坚持被告未交出霸占的全部财产，故不同意结案。二是“文革”后，当事人忙于为自己落实政策上访，尤其是1976年粉碎“四人帮”以后，区院曾多次找当事人继续参加诉讼，但原告拒绝参加诉讼并表示什么时间所在单位为其落实政策，什么时间再解决继承问题。由于当时没有程序法可循，法院不能以此为由视为撤销诉讼或中止诉讼。只得等待，耽误了时间，当然也不能排除法院主观努力不够的问题。

（二）1982年区法院将金银折价存入银行，作价时并未压价，该物价值并未受到损失。一是因为银行根据上级机关通知精神，不再代管金银等物；二是区法院对该金银等物也不便于保管，此案又没有审结，不能将金银退还当事人。法院只好采取保留价款的保全措施，只是手续不够完备，保全的财物没损失原价值。

（三）原来金银与现在金银妁差价是国家政策调整。根据内部材料记载，原金银收购价格每克3.04元，1980年开始调价为13.00元，1988年为38.4元，1991年为48元。系原金银价格的15倍，银圆也由1980年每枚5元，1988年调价为13元，1991年为20元。由此可见，差价不属于当时折价问题，是属国家政策的调整。谁也不能预料到金银能调价，因此，按当时规定价格折价存入银行没有过错。

（四）《民法通则》对职务过错没有追溯力。区法院折价的行为是在 1982年实施，而《民法通则》是1987年实施的。因此，《民法通则》第一百二十一条规定：“国家机关或者国家机关工作人员在执行职务中，侵犯公民、法人的合法权益造成损害的，应当承担民事责任”的规定不适用此案。区法院没有侵权行为，也没有收益，民法通则和行政诉讼法虽有原则规定，但没有具体的赔偿办法，而且行为发生时，上述两个法律尚未实施。退一步讲，区法院同意赔钱，地方财政部门不批准也等于零。因此，中院让区院补偿差价款没有法律依据。

第二种意见认为：沈河区法院应当承担补偿责任，其理由：

（一）此案是1963年诉至法院的，中间虽经过“文革”但1973年各地恢复法院职能，此案到1982年还未审结，法院是有责任的。

（二）当事人提出上诉，无论什么理由都必须移送上级法院，上诉人提出上诉理由没有法律限制，沈河区法院拖着不移送，是有过错的。

（三）在1963年诉讼时，法院与当事人之间就金银保管问题有过协议，由法院代管该物品。法院在未通知当事人的情况下擅自处理，超出了代管的权限，也侵害了委托人的权益。如果当事人不参加诉讼，法院可将财产退给当事人，按撤诉处理，而不应折价。当然，法院的这个责任不是有意的，而是在执行职务过程中发生的。

（四）在补偿数额上，比照1988年国家金银收购价格赔偿。按现价不合适，因为当事人在1988年开始继续要求审理此案的。

特此报告，请批复。

最高人民法院关于被继承人死亡后没有法定继承人，分享遗产人能否分得全部遗产的复函

（1992 年 10 月 11 日）

江苏省高级人民法院：

你院〔1991〕民请字第21号关于沈玉根诉马以荣房屋典当一案的请示报告和卷宗均以收悉。

经研究认为，沈玉根与叔祖母沈戴氏共同生活十多年，并尽了生养死葬的义务。依照我国继承法第十四条的规定，可分给沈玉根适当的遗产。根据沈戴氏死亡后没有法定继承人等情况，沈玉根可以分享沈戴氏的全部遗产，包括对已出典房屋的回赎权。至于是否允许回赎，应依照有关规定和具体情况妥善处理。

附：

江苏省高级人民法院关于沈玉根诉马以荣房屋典当一案的请示报告

（1992年6月6日）

最高人民法院：

我省扬州市中级人民法院向我院请示的沈玉根诉马以荣房屋典当一案，经我院审判委员会研究，意见不尽一致，请示你院。该案的主要案情是：原告沈玉根的叔祖父沈连桂（1968年死亡）、叔祖母戴凤英（1984年死亡）有坐落兴化市昭阳镇玉带路75号瓦平房四小间和玉带路陶家巷6号瓦平房大小共六间。戴凤英死亡后无法定继承人。

一九七〇年被告马以荣原住房屋因国家建设拆迁，经韩正友等人介绍并见证，典进戴凤英的玉带路75号四小间房屋，典契载明：“玉带路86号（原门牌号）沈戴氏有破旧瓦房四小间现急要倒塌，重典于马以荣，计人民币五百元，不拿房租，不限年限，房屋由马以荣修建为两大间，一厨房与沈戴氏无关，修建费由马以荣负责，以后如沈戴氏收回房子，除掉交五百元房金外并付给马以荣全部修建费用以手续结算。”典契签订后，钱、房两清，马以荣即将房屋改建为三间，另有一天井，嗣后又增建了披屋和院墙、自来水等设施，居住使用至今。

一九七五年，原告沈玉根搬至玉带路陶家巷6号与沈戴氏共同生活（户口于一九七五年十二月迁入），承担了沈戴氏的一切生活费用（包括医疗）和死后殡葬义务。一九八二年被告马以荣经城建部门批准，欲将房屋翻建为楼房，沈戴氏曾出面阻止，致翻建未成。一九八九年原告沈玉根以对其叔祖母沈戴氏生前进行了赡养和死后遗留给其典契为据向原审人民法院提起诉讼，要求回赎房子。兴化市人民法院受理后因在适用法律上把握不准，请示扬州市中级人民法院，扬州市中级人民法院审判委员会讨论后对本案审理意见不一致，随向我院请示。我院审判委员会讨论有两种意见：第一种意见认为，沈玉根与叔祖母戴凤英共同生活十多年，虽没有明确的收养关系，但尽了生养死葬的义务，应视为事实上的收养关系，继承死者遗产，因此，沈玉根有权回赎被继承人的房产；第二种意见则认为，沈玉根与戴凤英共同生活时已是成年，并未有明确的收养关系，不存在继承关系，沈玉根对戴凤英尽了生养死葬的义务，依照《继承法》第十四条规定，可以分给他适当的遗产。但是在享受遗产的份额上有分歧，一部分委员认为，享受遗产在无其他继承人的情况下，可以全部享受；另一部分委员认为，继承与享受遗产是有严格区别的，“继承”包括被继承人生前权利的继承，而享受遗产，只是对死者遗产部分或全部享受，无权享受死者生前的权利。本案原告沈玉根已经享受死者戴凤英十间房屋遗产的六间，争议的四间死者生前重典，且已改建，为了维护社会的稳定和当事人的居住条件，可不予回赎或调解被告再给原告适当的补偿。

我院审判委员会原则上倾向第二种意见。

最高人民法院关于蒋家正、蒋淑芳与徐文英等人析产继承案的函

（1991年1月28日）

江苏省高级人民法院：

你院苏法（民）发〔1990〕字第104号关于蒋家正、蒋淑芳与徐文英等人析产继承案的请示报告收悉。

经研究，我们同意你院的倾向性意见，即根据蒋松琴与徐文英结婚后，共同生活时间长达二十年等情况，依照我院1984年8月30日《关于贯彻执行民事政策法律若干问题的意见》第12条的规定精神，原属于蒋松琴的婚前个人房产应视为他与徐文英的夫妻共同财产。蒋松琴去世后，应按先析产后继承的原则，把从夫妻共同财产中分出来的属于蒋松琴的那部分作为蒋的遗产，由其法定继承人继承。各自继承的具体数额，可根据不同情况确定。

以上意见供参考。

最高人民法院关于蒋秀蓉诉彭润明、邱家乐、朱翠莲继承清偿债务纠纷一案的批复

（1991 年 1 月 26 日）

四川省高级人民法院：

你院（89）川法民示字第28号关于新津县蒋秀蓉诉彭润明、邱家乐、朱翠莲继承清偿债务纠纷一案的请示报告收悉。经研究认为：蒋秀蓉在彭润明、邱国红夫妇家当保姆期间，被犯罪分子王念先杀伤致残，彭、邱夫妇亦在与该罪犯搏斗中被杀身亡。从本案事实看，蒋秀蓉并非因保护雇主一家的生命、财产安全或其他利益而被杀伤，故要求从雇主的遗产中补偿其医疗费、生活费等，于法无据。但鉴于蒋秀蓉是在受雇期间受害的具体情况，可尽量对被告多做说服工作，争取其自愿从遗产中给予蒋秀蓉适当照顾。如调解不成，即判决驳回蒋秀蓉的诉讼请求。

以上意见，供参考。

最高人民法院民事审判庭关于王敬民诉胡宁声房屋继承案的复函

（1990年8月13日）

江西省高级人民法院：

你院《关于复查王敬民诉胡宁声房屋继承案请示报告》收悉。经我们研究认为，胡国珍1951年1月死亡后其所遗景德镇市原中山路522号房屋，早已于同年经民政部门调解，达成了由胡济清和倪锦芳各继承一半的协议，当时倪锦芳作为继承人和王敬民的监护人有权行使此项权利。1953年据此协议，由政府发证、确权。这些早已发生效力的法律行为，不应当再予推翻。因此本案再作继承案件处理不当。

附一：

江西省高级人民法院关于复查景德镇市王敬民诉胡宁声房屋继承案请示报告

（1990 年 1 月 5 日）

最高人民法院：

我省景德镇市王敬民诉胡宁声房屋继承案，景德镇市珠山区人民法院第一审，景德镇市中级人民法院第二审，由于王敬民申诉，景德镇市中级人民法院复查报我院请示，经我院审判委员会讨论存在两种不同意见，多数人意见认为景德镇市中级人民法院处理结果正确，但适用法律不当，王敬民应享有代位继承权，但他应继承的份额已被倪锦芳所得，而胡济清所得的应该是他合法继承的。少数人意见，同意本院合议庭意见，王敬民享有代位继承权，胡济清也享有继承权，维持第一审判决，撤销第二审判决。

上述两种意见报你院请示，请审查批示。

附二：

江西省高级人民法院关于景德镇市王敬民诉胡宁声房屋继承案的审查报告

（1989年12月2日）

申诉人（原审原告、第二审被上诉人）：王敬民，男，39岁，汉族，江西省景德镇市人，系景德镇市木材厂干部，住该厂宿舍。

被申诉人（原审被告、第二审上诉人）：胡宁声，男，53岁，汉族，江西省婺源县人，系景德镇市教育局干部，住景德镇市第三中学宿舍。

申诉人王敬民于1983年2月10日以胡宁声为被告，起诉至景德镇市珠山区人民法院，要求继承景市中山路522号祖传房屋一幢。1987年6月20日珠山区人民法院（87）民字第108号民事判决书判决：一、原中山路522号一间房的拆迁补偿费1092元由王敬民继承。二、驳回王敬民的其他诉讼请求。宣判后，胡宁声不服提出上诉。1988年2月1日景德镇市中级人民法院（87）民上字第60号民事判决书改判：一、撤销市珠山区人民法院（87）民字第108号民事判决。二、驳回王敬民的诉讼请求。第二审宣判后，王敬民不服，多次来省法院申诉，我院于1988年5月30日函告景德镇市中级人民法院复查报结果，景德镇市中级人民法院于1989年7月7日将复查处理意见，连同第一、二审案卷报本院请示。

（一）第二审法院复查认定的案件事实和处理意见

坐落在景德镇市原中山路522号房屋一幢（后门牌祥集下弄），系原告王敬民曾外祖父胡国珍的遗产，该屋面积10.86平方丈。胡国珍和妻子林招弟（1943年死亡）生育独子胡建谋（1941年病故），胡建谋与前妻方氏生育一子胡海涛（15岁死亡）、一女胡九珠，后娶倪锦芳（没有生育，于1980年死亡）。1945年12月，胡九珠与王宁结婚，于1950年1月生育独子王敬民（胡九珠1950年1月因难产死亡），1950年5月王宁再婚离开胡家，所生独子王敬民由倪锦芳抚养成人，并住在中山路522号屋内。1950年3月胡国珍因儿子胡建谋、孙女胡九珠死亡，家中只有儿媳倪锦芳，外曾孙王敬民，就收堂弟的儿子胡济清（原审被告胡宁声之父，于1959年死亡）为继子。1951年1月，胡国珍死亡后，其继子胡济清与其丧偶儿媳倪锦芳为继承原中山路522号房屋发生争执，经原市民政部门调解，该房屋由胡济清和倪锦芳共同继承（各一半）。1953年，经胡济清和倪锦芳申请，由市人民政府发了房屋契证，此后，该屋确权归胡济清、倪锦芳共同所有，并由其二人管业使用。1979年11月，胡济清的儿子胡宁声和倪锦芳商量后，将中山路522号房屋卖给了童爱民、徐仁元，王敬民作为中证人在卖契上签字，胡留下一间房屋自住（面积为18.2平方米），胡对倪说他少得450元钱，实际出卖时，胡得款与倪相等，各得1650元，后被发觉，已将钱退还买主。1985年因景德镇市城市建设需要，该屋拆除，胡宁声所留的一间房也被拆除，景德镇市拆迁办分给胡宁声一房一厅住房一套，另付给房屋补偿费人民币1092元。

原审法院第一审认为：坐落在本市中山路522号房屋一幢，系被继承人胡国珍之遗产，胡九珠系胡国珍之孙女，有权继承胡国珍的遗产。因胡九珠先于胡国珍死亡，应由其儿子王敬民代位继承，胡济清系胡国珍之继子，其安葬了胡国珍，应有权继承胡国珍的遗产，但胡济清、倪锦芳在1951年对中山路522号房屋的处理分割时，都明显侵害了作为继承人之一王敬民的合法继承权，没有保留王敬民应继承的财产份额，考虑到胡济清、倪锦芳早已死亡，该屋又被变卖和拆除，本院不另对该屋作价重新分割，但对尚留在市拆迁办的1092元房屋补偿费，可由王敬民继承，至于王敬民提出要胡宁声退还卖屋款和三十余年的房屋租金不予采纳。

原市中级人民法院第二审认为：本市原中山路522号房屋一幢，是胡国珍的遗产，早在1951年经有关部门调解，双方当事人同意，由胡国珍的继子胡济清和丧偶儿媳倪锦芳共同继承，之后又经政府发证、确权，是有效的民事法律行为，应予维持，况且，30多年来，王敬民均未提出异议，该屋出卖时，王敬民还作了中证人，原判认定事实和适用法律不当。

经全面复查，就本案认定事实和存在问题提出如下意见：

一、1951年1月，胡国珍死亡之后，其继子胡济清与其丧偶儿媳倪锦芳为继承中山路522号房屋发生纠纷。经原市民政部门调解，该房屋由胡济清和倪锦芳共同继承（各自一半），之后又经政府发证、确权。原审法院认为上述行为侵害了王敬民的合法继承权，本院第二审认为是有效的民事法律行为。复查后，认为1951年民政部门对该房屋处理和调解是无效的，理由：（1）王敬民系被继承人胡国珍的唯一血亲，鉴于当时无法律、政策依据，但从情理上讲，王敬民之母胡九珠系胡国珍之孙女，有权继承胡的遗产，由于胡九珠先于胡国珍死亡，王敬民可代位继承其母应得的遗产。（2）参照中华人民共和国司法部对天津市司法局、广州市人民委员会司法处《关于遗嘱、继承问题的综合批复》〔1956年9月20日（56）司公字第149号〕“关于代位继承问题有两种意见：一种意见认为代位继承权只能到孙子（包括外孙子女）为止……另一种意见认为曾孙子女（包括曾外孙子女）也应当有代位继承权……又曾孙子女（包括外曾孙子女）在取得代位继承权的时候，一般是在年幼，其父母、祖父母，大多数先被继承人而死亡，正待别人抚养。从法律上肯定其代位继承权是必要的”，王敬民系被继承人的外曾孙，遗产分割时王仅一岁，正由倪锦芳抚养，据此，当时分割遗产没有保留王敬民应继承的份额是不对的。（3）按照现行法律规定，王敬民应有代位继承权，所以，当时房屋分割显然侵害了王敬民的合法权利。（4）1951年民政部门对胡济清与胡九珠所争执房屋的调解不具有法律约束力。

二、本院在第二审判决中认定王敬民30多年来，对房产权未提出异议，引用《中华人民共和国继承法》第八条，驳回王敬民的诉讼请求是不当的。

经审查，珠山区人民法院是在1987年7月2日对本案补办立案登记手续，王敬民早在1983年2月10日向该院提起诉讼。该院已受案审理，有原告王敬民诉讼材料和被告胡宁声答辩材料以及珠山区人民法院调查材料证实，直至1985年颁布继承法该案未审结。根据最高人民法院关于贯彻执行《中华人民共和国继承法》若干问题的意见第六十四条规定，人民法院对继承法生效前已经受理，生效时尚未审结的继承案件，适用继承法，但不得再以超过诉讼时效为由驳回起诉。因此，第二审判决适用继承法第八条不当，即使本院引用继承法第八条，也应裁定发回重审，由第一审法院驳回原告人起诉，本院不宜判决。

处理意见

综上所述：承办人意见：撤销本院（87）民上字第060号民事判决，维持珠山区法院（87）民字第108号民事判决。

合议庭意见：同意承办人意见。

审判委员会意见：倾向维持本院第二审判决，报省院请示。

（二）申诉理由

1.景市中院否定申诉人的继承权不妥。

2.胡济清（胡宁声之父）不能成为胡国珍的过继子。

3.景市中院适用法律不当。

4.景市中院确认“1951年民政局的调解”是有效的民事法律行为，不符合法律要求，缺乏依据。

5.景市中院在判决中用了民法通则第七十一条证明上诉人胡宁声有财产处分权，是不妥的。

（三）本院审查认定事实和处理意见

经审查全案卷宗并赴实地调查，认为二审法院复查认定事实正确，原第二审判决不当。

一、王敬民对中山路522号房屋有代位继承权。景德镇市中山路522号房屋一幢，系胡国珍的遗产，王敬民是胡国珍的外曾孙子女，在母亲胡九珠、外祖父胡建谋先于外曾祖父胡国珍死亡的情况下，王敬民有权代位继承胡国珍的遗产。最高人民法院关于贯彻执行《中华人民共和国继承法》若干问题的意见第二十五条对代位继承人作了规定：“被继承人的孙子女、外孙子女、曾孙子女、外曾孙子女都可以代位继承，代位继承人不受辈数的限制。”依据这条规定，王敬民享有合法的继承权，景德镇市中级人民法院第二审判决否定王敬民的继承权是错误的。

二、景德镇市中级人民法院以该屋出卖时，王敬民作了中证人来否定王敬民的继承权是不妥的。放弃继承权必须有明确的意思表示，王敬民在卖契上作为中证人签了字并不能说明王敬民放弃了继承权，再说卖房并不是遗产的分割。早在1951年，经民政部门调解，房屋已作分割，而且由政府发证、确权。最高人民法院关于贯彻执行《中华人民共和国继承法》若干问题的意见第四十九条规定：“继承人放弃继承的意思表示，应当在继承开始后，遗产分割前作出……”而那时王敬民年仅一岁，根本不能作出放弃继承的意思表示。

三、“1951年民政部门的调解”是无效的民事法律行为，景德镇市中级人民法院认定为有效的民事法律行为，并以此作为否定王敬民继承权的依据之一不妥。1951年，胡国珍去世后，其继子胡济清与其丧偶儿媳倪锦芳为继承原中山路522号房屋发生争执，经原景德镇市民政部门调解，该房屋由胡济清和倪锦芳各继承一半，没有保留王敬民应继承的财产份额，这明显剥夺了作为代位继承人王敬民的合法继承权。因此，不能认为民政局的调解是有效的民事法律行为。

四、景德镇市中级人民法院在第二审判决中认定王敬民30多年来，对房产权未提出异议，引用《中华人民共和国继承法》第八条驳回王敬民的诉讼请求是不当的。经审查，珠山区人民法院是在1987年7月2日对本案补办立案登记手续，而王敬民早在1983年2月10日向该院提起诉讼，该院已受案审理，有原告王敬民的诉讼材料和被告胡宁声答辩材料以及珠山区人民法院调查材料证实，直至1985年颁布继承法该案未审结。最高人民法院关于贯彻执行《中华人民共和国继承法》若干问题的意见第六十四条规定："人民法院对继承法生效前已经受理，生效时尚未审结的继承案件，适用继承法，但不得再以超过诉讼时效为由驳回起诉。"因此，景德镇市中级人民法院适用继承法第八条不当。

五、经查，胡济清确已过继，但过继不到一年胡国珍死亡，且与胡国珍没有形成相互间的扶养关系。胡国珍在家中只剩丧偶儿媳倪锦芳和外曾孙王敬民的情况下，出于封建思想，过继堂弟的儿子，年近40的胡济清到自己名下为子。胡济清1950年3月携带妻子，儿女过继搬入胡国珍家居住，另起伙食。当时胡国珍经济宽裕，日常生活由倪锦芳的养女胡冬来照料。因此说胡济清与胡国珍之间没有形成扶养关系。最高人民法院关于贯彻执行民事政策法律若干问题的意见第三十八条规定："'过继'子女与'过继'父母形成扶养关系的，即为养子女，互有继承权；如系封建性的'过继''立嗣'，没有形成扶养关系的，不能享有继承权。"按照这条的规定，胡济清不享有继承胡国珍遗产的权利，但考虑到胡国珍富裕的生活条件和身边有人照顾的情况客观上造成了相互间没有形成扶养关系的事实，而且年代久远，原房屋已被拆，另外，珠山区人民法院对该案作出第一审判决后，原告王敬民并未提起上诉，因此，否定胡济清的继承权不利于调解人民内部矛盾。承办人和合议庭的意见认为不否定胡济清的继承权为好。

（四）处理意见

综合所述，承办人认为王敬民享有代位继承权，胡济清作为胡国珍的继子也享有继承权，原第一审法院判决较妥。

合议庭意见：撤销景德镇市中级人民法院（87）民上字第060号民事判决，维持珠山区人民法院（87）民字第108号民事判决。

最高人民法院关于对从香港调回的被继承人的遗产如何处理的函

（1990年4月12日）

福建省高级人民法院：

你院（1989）闽法民他字第24号“关于福建省福鼎县法院受理的林泽莘等诉林丛析产纠纷案的请示报告”收悉。经研究，答复如下：

一、被继承人林泽芸的遗产从香港调回后，被告林丛违反“通过协商解决”的一致协议，私自将遗嘱继承后剩余的遗产以自己的名义存入银行，原告要求分割遗产提起诉讼，应以继承纠纷立案审理。

二、被继承人林泽芸与被告林丛的养母子关系可予认定。但对遗产的处理，应根据被继承人生前真实意愿和权利义务相一致的原则，参照继承法第14条规定的精神，分给林泽莘、林传壁、林传绥等人适当的遗产。

（三）收养

中华人民共和国收养法（1998修正）

（1998年11月4日）

第一章　总　则

第一条　为保护合法的收养关系，维护收养关系当事人的权利，制定本法。

第二条　收养应当有利于被收养的未成年人的抚养、成长，保障被收养人和收养人的合法权益，遵循平等自愿的原则，并不得违背社会公德。

第三条　收养不得违背计划生育的法律、法规。

第二章　收养关系的成立

第四条　下列不满十四周岁的未成年人可以被收养：

（一）丧失父母的孤儿；

（二）查找不到生父母的弃婴和儿童；

（三）生父母有特殊困难无力抚养的子女。

第五条　下列公民、组织可以作送养人：

（一）孤儿的监护人；

（二）社会福利机构；

（三）有特殊困难无力抚养子女的生父母。

第六条　收养人应当同时具备下列条件：

（一）无子女；

（二）有抚养教育被收养人的能力；

（三）未患有在医学上认为不应当收养子女的疾病；

（四）年满三十周岁。

第七条　收养三代以内同辈旁系血亲的子女，可以不受本法第四条第三项、第五条第三项、第九条和被收养人不满十四周岁的限制。

华侨收养三代以内同辈旁系血亲的子女，还可以不受收养人无子女的限制。

第八条　收养人只能收养一名子女。

收养孤儿、残疾儿童或者社会福利机构抚养的查找不到生父母的弃婴和儿童，可以不受收养人无子女和收养一名的限制。

第九条　无配偶的男性收养女性的，收养人与被收养人的年龄应当相差四十周岁以上。

第十条　生父母送养子女，须双方共同送养。生父母一方不明或者查找不到的可以单方送养。

有配偶者收养子女，须夫妻共同收养。

第十一条　收养人收养与送养人送养，须双方自愿。收养年满十周岁以上未成年人的，应当征得被收养人的同意。

第十二条　未成年人的父母均不具备完全民事行为能力的，该未成年人的监护人不得将其送养，但父母对该未成年人有严重危害可能的除外。

第十三条　监护人送养未成年孤儿的，须征得有抚养义务的人同意。有抚养义务的人不同意送养、监护人不愿意继续履行监护职责的，应当依照《中华人民共和国民法通则》的规定变更监护人。

第十四条　继父或者继母经继子女的生父母同意，可以收养继子女，并可以不受本法第四条第三项、第五条第三项、第六条和被收养人不满十四周岁以及收养一名的限制。

第十五条　收养应当向县级以上人民政府民政部门登记。收养关系自登记之日起成立。

收养查找不到生父母的弃婴和儿童的，办理登记的民政部门应当在登记前予以公告。

收养关系当事人愿意订立收养协议的，可以订立收养协议。

收养关系当事人各方或者一方要求办理收养公证的，应当办理收养公证。

第十六条　收养关系成立后，公安部门应当依照国家有关规定为被收养人办理户口登记。

第十七条　孤儿或者生父母无力抚养的子女，可以由生父母的亲属、朋友抚养。

抚养人与被抚养人的关系不适用收养关系。

第十八条　配偶一方死亡，另一方送养未成年子女的，死亡一方的父母有优先抚养的权利。

第十九条　送养人不得以送养子女为理由违反计划生育的规定再生育子女。

第二十条　严禁买卖儿童或者借收养名义买卖儿童。

第二十一条　外国人依照本法可以在中华人民共和国收养子女。

外国人在中华人民共和国收养子女，应当经其所在国主管机关依照该国法律审查同意。收养人应当提供由其所在国有权机构出具的有关收养人的年龄、婚姻、职业、财产、健康、有无受过刑事处罚等状况的证明材料，该证明材料应当经其所在国外交机关或者外交机关授权的机构认证，并经中华人民共和国驻该国使领馆认证。该收养人应当与送养人订立书面协议，亲自向省级人民政府民政部门登记。

收养关系当事人各方或者一方要求办理收养公证的，应当到国务院司法行政部门认定的具有办理涉外公证资格的公证机构办理收养公证。

第二十二条　收养人、送养人要求保守收养秘密的，其他人应当尊重其意愿，不得泄露。

第三章　收养的效力

第二十三条　自收养关系成立之日起，养父母与养子女间的权利义务关系，适用法律关于父母子女关系的规定；养子女与养父母的近亲属间的权利义务关系，适用法律关于子女与父母的近亲属关系的规定。

养子女与生父母及其他近亲属间的权利义务关系，因收养关系的成立而消除。

第二十四条　养子女可以随养父或者养母的姓，经当事人协商一致，也可以保留原姓。

第二十五条　违反《中华人民共和国民法通则》第五十五条和本法规定的收养行为无法律效力。

收养行为被人民法院确认无效的，从行为开始时起就没有法律效力。

第四章　收养关系的解除

第二十六条　收养人在被收养人成年以前，不得解除收养关系，但收养人、送养人双方协议解除的除外，养子女年满十周岁以上的，应当征得本人同意。

收养人不履行抚养义务，有虐待、遗弃等侵害未成年养子女合法权益行为的，送养人有权要求解除养父母与养子女间的收养关系。送养人、收养人不能达成解除收养关系协议的，可以向人民法院起诉。

第二十七条　养父母与成年养子女关系恶化、无法共同生活的，可以协议解除收养关系。不能达成协议的，可以向人民法院起诉。

第二十八条　当事人协议解除收养关系的，应当到民政部门办理解除收养关系的登记。

第二十九条　收养关系解除后，养子女与养父母及其他近亲属间的权利义务关系即行消除，与生父母及其他近亲属间的权利义务关系自行恢复，但成年养子女与生父母及其他近亲属间的权利义务关系是否恢复，可以协商确定。

第三十条　收养关系解除后，经养父母抚养的成年养子女，对缺乏劳动能力又缺乏生活来源的养父母，应当给付生活费。因养子女成年后虐待、遗弃养父母而解除收养关系的，养父母可以要求养子女补偿收养期间支出的生活费和教育费。

生父母要求解除收养关系的，养父母可以要求生父母适当补偿收养期间支出的生活费和教育费，但因养父母虐待、遗弃养子女而解除收养关系的除外。

第五章　法律责任

第三十一条　借收养名义拐卖儿童的，依法追究刑事责任。

遗弃婴儿的，由公安部门处以罚款；构成犯罪的，依法追究刑事责任。

出卖亲生子女的，由公安部门没收非法所得，并处以罚款；构成犯罪的，依法追究刑事责任。

第六章　附　则

第三十二条　民族自治地方的人民代表大会及其常务委员会可以根据本法的原则，结合当地情况，制定变通的或者补充的规定。自治区的规定，报全国人民代表大会常务委员会备案。自治州、自治县的规定，报省或者自治区的人民代表大会常务委员会批准后生效，并报全国人民代表大会常务委员会备案。

第三十三条　国务院可以根据本法制定实施办法。

第三十四条　本法自1992年4月1日起施行。

中国公民收养子女登记办法（2019 修正）

（2019 年 3 月 2 日）

第一条　为了规范收养登记行为，根据《中华人民共和国收养法》（以下简称收养法），制定本办法。

第二条　中国公民在中国境内收养子女或者协议解除收养关系的，应当依照本办法的规定办理登记。办理收养登记的机关是县级人民政府民政部门。

第三条　收养社会福利机构抚养的查找不到生父母的弃婴、儿童和孤儿的，在社会福利机构所在地的收养登记机关办理登记。

收养非社会福利机构抚养的查找不到生父母的弃婴和儿童的，在弃婴和儿童发现地的收养登记机关办理登记。

收养生父母有特殊困难无力抚养的子女或者由监护人监护的孤儿的，在被收养人生父母或者监护人常住户口所在地（组织作监护人的，在该组织所在地）的收养登记机关办理登记。

收养三代以内同辈旁系血亲的子女，以及继父或者继母收养继子女的，在被收养人生父或者生母常住户口所在地的收养登记机关办理登记。

第四条　收养关系当事人应当亲自到收养登记机关办理成立收养关系的登记 手续。

夫妻共同收养子女的，应当共同到收养登记机关办理登记手续；一方因故不能亲自前往的，应当书面委托另一方办理登记手续，委托书应当经过村民委员会或者居民委员会证明或者经过公证。

第五条　收养人应当向收养登记机关提交收养申请书和下列证件、证明材料：

（一）收养人的居民户口簿和居民身份证；

（二）由收养人所在单位或者村民委员会、居民委员会出具的本人婚姻状况和抚养教育被收养人的能力等情况的证明，以及收养人出具的子女情况声明；

（三）县级以上医疗机构出具的未患有在医学上认为不应当收养子女的疾病的身体健康检查证明。

收养查找不到生父母的弃婴、儿童的，并应当提交收养人经常居住地计划生育部门出具的收养人生育情况证明；其中收养非社会福利机构抚养的查找不到生父母的弃婴、儿童的，收养人还应当提交下列证明材料：

（一）收养人经常居住地计划生育部门出具的收养人无子女的证明；

（二）公安机关出具的捡拾弃婴、儿童报案的证明。

收养继子女时，可以只提交居民户口簿、居民身份证和收养人与被收养人生父或者生母结婚的证明。

对收养人出具的子女情况声明，登记机关可以进行调查核实。

第六条　送养人应当向收养登记机关提交下列证件和证明材料：

（一）送养人的居民户口簿和居民身份证（组织作监护人的，提交其负责人的身份证件）；

（二）收养法规定送养时应当征得其他有抚养义务的人同意的，并提交其他有抚养义务的人同意送养的书面意见。

社会福利机构为送养人的，并应当提交弃婴、儿童进入社会福利机构的原始记录，公安机关出具的捡拾弃婴、儿童报案的证明，或者孤儿的生父母死亡或者宣告死亡的证明。

监护人为送养人的，并应当提交实际承担监护责任的证明，孤儿的父母死亡或者宣告死亡的证明，或者被收养人生父母无完全民事行为能力并对被收养人有严重危害的证明。

生父母为送养人的，并应当提交与当地计划生育部门签订的不违反计划生育规定的协议；有特殊困难无力抚养子女的，还应当提交送养人有特殊困难的声明。其中，因丧偶或者一方下落不明由单方送养的，还应当提交配偶死亡或者下落不明的证明。对送养人有特殊困难的声明，登记机关可以进行调查核实；子女由三代以内同辈旁系血亲收养的，还应当提交公安机关出具的或者经过公证的与收养人有亲属关系的证明。

被收养人是残疾儿童的，并应当提交县级以上医疗机构出具的该儿童的残疾证明。

第七条　收养登记机关收到收养登记申请书及有关材料后，应当自次日起30日内进行审查。对符合收养法规定条件的，为当事人办理收养登记，发给收养登记证，收养关系自登记之日起成立；对不符合收养法规定条件的，不予登记，并对当事人说明理由。

收养查找不到生父母的弃婴、儿童的，收养登记机关应当在登记前公告查找其生父母；自公告之日起满60日，弃婴、儿童的生父母或者其他监护人未认领的，视为查找不到生父母的弃婴、儿童。公告期间不计算在登记办理期限内。

第八条　收养关系成立后，需要为被收养人办理户口登记或者迁移手续的，由收养人持收养登记证到户口登记机关按照国家有关规定办理。

第九条　收养关系当事人协议解除收养关系的，应当持居民户口簿、居民身份证、收养登记证和解除收养关系的书面协议，共同到被收养人常住户口所在地的收养登记 机关办理解除收养关系登记。

第十条　收养登记机关收到解除收养关系登记申请书及有关材料后，应当自 次日起30日内进行审查；对符合收养法规定的，为当事人办理解除收养关系的登记，收回收 养登记证，发给解除收养关系证明。

第十一条　为收养关系当事人出具证明材料的组织，应当如实出具有关证明材料。出具虚假证明材料的，由收养登记机关没收虚假证明材料，并建议有关组织对直接责 任人员给予批评教育，或者依法给予行政处分、纪律处分。

第十二条　收养关系当事人弄虚作假骗取收养登记的，收养关系无效，由收养登记机关撤销登记，收缴收养登记证。

第十三条　本办法规定的收养登记证、解除收养关系证明的式样，由国务院民政部门制定。

第十四条　华侨以及居住在香港、澳门、台湾地区的中国公民在内地收养子女的，申请办理收养登记的管辖以及所需要出具的证件和证明材料，按照国务院民政部门的 有关规定执行。

第十五条　本办法自发布之日起施行。

外国人在中华人民共和国收养子女登记办法

（1999 年 5 月 25 日）

第一条　为了规范涉外收养登记行为，根据《中华人民共和国收养法》，制定本办法。

第二条　外国人在中华人民共和国境内收养子女（以下简称外国人在华收养子女），应当依照本办法办理登记。

收养人夫妻一方为外国人，在华收养子女，也应当依照本办法办理登记。

第三条　外国人在华收养子女，应当符合中国有关收养法律的规定，并应当符合收养人所在国有关收养法律的规定；因收养人所在国法律的规定与中国法律的规定不一致而产生的问题，由两国政府有关部门协商处理。

第四条　外国人在华收养子女，应当通过所在国政府或者政府委托的收养组织（以下简称外国收养组织）向中国政府委托的收养组织（以下简称中国收养组织）转交收养申请并提交收养人的家庭情况报告和证明。

前款规定的收款人的收养申请、家庭情况报告和证明，是指由其所在国有权机构出具，经其所在国外交机关或者外交机关授权的机构认证，并经中华人民共和国驻该国使馆或者领馆认证的下列文件：

（一）跨国收养申请书；

（二）出生证明；

（三）婚姻状况证明；

（四）职业、经济收入和财产状况证明；

（五）身体健康检查证明；

（六）有无受过刑事处罚的证明；

（七）收养人所在国主管机关同意其跨国收养子女的证明；

（八）家庭情况报告，包括收养人的身份、收养的合格性和适当性、家庭状况和病史、收养动机以及适合于照顾儿童的特点等。

在华工作或者学习连续居住一年以上的外国人在华收养子女，应当提交前款规定的除身体健康检查证明以外的文件，并应当提交在华所在单位或者有关部门出具的婚姻状况证明，职业、经济收入或者财产状况证明，有无受过刑事处罚证明以及县级以上医疗机构出具的身体健康检查证明。

第五条　送养人应当向省、自治区、直辖市人民政府民政部门提交本人的居民户口簿和居民身份证（社会福利机构作送养人的，应当提交其负责人的身份证件）、被收养人的户簿证明等情况证明，并根据不同情况提交下列有关证明材料：

（一）被收养人的生父母（包括已经离婚的）为送养人的，应当提交生父母有特殊困难无力抚养的证明和生父母双方同意送养的书面意见；其中，被收养人的生父或者生母因丧偶或者一方下落不明，由单方送养的，并应当提交配偶死亡或者下落不明的证明以及死亡的或者下落不明的配偶的父母不行使优先抚养权的书面声明；

（二）被收养人的父母均不具备完全民事行为能力，由被收养人的其他监护人作送养人的，应当提交被收养人的父母不具备完全民事行为能力且对被收养人有严重危害的证明以及监护人有监护权的证明；

（三）被收养人的父母均已死亡，由被收养人的监护人作送养人的，应当提交其生父母的死亡证明、监护人实际承担监护责任的证明，以及其他有抚养义务的人同意送养的书面意见；

（四）由社会福利机构作送养人的，应当提交弃婴、儿童被遗弃和发现的情况证明以及查找其父母或者其他监护人的情况证明；被收养人是孤儿的，应当提交孤儿父母的死亡或者宣告死亡证明，以及有抚养孤儿义务的其他人同意送养的书面意见。

送养残疾儿童的，还应当提交县级以上医疗机构出具的该儿童的残疾证明。

第六条　省、自治区、直辖市人民政府民政部门应当对送养人提交的证件和证明材料进行审查，对查找不到生父母的弃婴和儿童公告查找其生父母；认为被收养人、送养人符合 收养法规定条件的，将符合 收养法规定的被收养人、送养人名单通知中国收养组织，同时转交下列证件和证明材料：

（一）送养人的居民户口簿和居民身份证（社会福利机构作送养人的，为其负责人的身份证件）复制件；

（二）被收养人是弃婴或者孤儿的证明、户籍证明、成长情况报告和身体健康检查证明的复制件及照片。

省、自治区、直辖市人民政府民政部门查找弃婴或者儿童生父母的公告应当在省级地方报纸上刊登。自公告刊登之日起满60日，弃婴和儿童的生父母或者其他监护人未认领的，视为查找不到生父母的弃婴和儿童。

第七条　中国收养组织对外国收养人的收养申请和有关证明进行审查后，应当在省、自治区、直辖市人民政府民政部门报送的符合收养法规定条件的被收养人中，参照外国收养人的意愿，选择适当的被收养人，并将该被收养人及其送养人的有关情况通过外国政府或者外国收养组织送交外国收养人。外国收养人同意收养的，中国收养组织向其发出来华收养子女通知书，同时通知有关的省、自治区、直辖市人民政府民政部门向送养人发出被收养人已被同意收养的通知。

第八条　外国人来华收养子女，应当亲自来华办理登记手续。夫妻共同收养的，应当共同来华办理收养手续；一方因故不能来华的，应当书面委托另一方。委托书应当经所在国公证和认证。

第九条　外国人来华收养子女，应当与送养人订立书面收养协议。协议一式三份，收养人、送养人各执一份，办理收养登记手续时收养登记机关收存一份。

书面协议订立后，收养关系当事人应当共同到被收养人常住户口所在地的省、自治区、直辖市人民政府民政部门办理收养登记。

第十条　收养关系当事人办理收养登记时，应当填写外国人来华收养子女登记申请书并提交收养协议，同时分别提供有关材料。

收养人应当提供下列材料：

（一）中国收养组织发出的来华收养子女通知书；

（二）收养人的身份证件和照片。

送养人应当提供下列材料：

（一）省、自治区、直辖市人民政府民政部门发出的被收养人已被同意收养的通知；

（二）送养人的居民户口簿和居民身份证（社会福利机构作送养人的，为其负责人的身份证件）、被收养人的照片。

第十一条　收养登记机关收到外国人来华收养子女登记申请书和收养人、被收养人及其送养人的有关材料后，应当自次日起7日内进行审查，对符合本办法第十条规定的，为当事人办理收养登记，发给收养登记证书。收养关系自登记之日起成立。

收养登记机关应当将登记结果通知中国收养组织。

第十二条　收养关系当事人办理收养登记后，各方或者一方要求办理收养公证的，应当到收养登记地的具有办理涉外公证资格的公证机构办理收养公证。

第十三条　被收养人出境前，收养人应当凭收养登记证书到收养登记地的公安机关为被收养人办理出境手续。

第十四条　外国人在华收养子女，应当向登记机关交纳登记费。登记费的收费标准按照国家有关规定执行。

中国收养组织是非营利性公益事业单位，为外国收养人提供收养服务，可以收取服务费。服务费的收费标准按照国家有关规定执行。

为抚养在社会福利机构生活的弃婴和儿童，国家鼓励外国收养人、外国收养组织向社会福利机构捐赠。受赠的社会福利机构必须将捐赠财物全部用于改善所抚养的弃婴和儿童的养育条件，不得挪作他用，并应当将捐赠财物的使用情况告知捐赠人。受赠的社会福利机构还应当接受有关部门的监督，并应当将捐赠的使用情况向社会公布。

第十五条　中国收养组织的活动受国务院民政部门监督。

第十六条　本办法自发布之日起施行。1993年11月3日国务院批准，1993年11月10日司法部、民政部发布的《外国人在中华人民共和国收养子女实施办法》同时废止。

国务院办公厅关于加强孤儿保障工作的意见

（2010 年 11 月 16 日）

各省、自治区、直辖市人民政府，国务院各部委、各直属机构：

党和政府历来关心孤儿的健康成长。新中国成立以来，我国孤儿福利事业取得了长足进展，孤儿生活状况得到了明显改善，但总体看，孤儿保障体系还不够健全，保障水平有待提高。为建立与我国经济社会发展水平相适应的孤儿保障制度，使孤儿生活得更加幸福、更有尊严，经国务院同意，现提出以下意见：

一、拓展安置渠道，妥善安置孤儿

孤儿是指失去父母、查找不到生父母的未满18周岁的未成年人，由地方县级以上民政部门依据有关规定和条件认定。地方各级政府要按照有利于孤儿身心健康成长的原则，采取多种方式，拓展孤儿安置渠道，妥善安置孤儿。

（一）亲属抚养。孤儿的监护人依照《中华人民共和国民法通则》等法律法规确定。孤儿的祖父母、外祖父母、兄、姐要依法承担抚养义务、履行监护职责；鼓励关系密切的其他亲属、朋友担任孤儿监护人；没有前述监护人的，未成年人的父、母的所在单位或者未成年人住所地的居民委员会、村民委员会或者民政部门担任监护人。监护人不履行监护职责或者侵害孤儿合法权益的，应承担相应的法律责任。

（二）机构养育。对没有亲属和其他监护人抚养的孤儿，经依法公告后由民政部门设立的儿童福利机构收留抚养。有条件的儿童福利机构可在社区购买、租赁房屋，或在机构内部建造单元式居所，为孤儿提供家庭式养育。公安部门应及时为孤儿办理儿童福利机构集体户口。

（三）家庭寄养。由孤儿父母生前所在单位或者孤儿住所地的村（居）民委员会或者民政部门担任监护人的，可由监护人对有抚养意愿和抚养能力的家庭进行评估，选择抚育条件较好的家庭开展委托监护或者家庭寄养，并给予养育费用补贴，当地政府可酌情给予劳务补贴。

（四）依法收养。鼓励收养孤儿。收养孤儿按照《中华人民共和国收养法》的规定办理。对中国公民依法收养的孤儿，需要为其办理户口登记或者迁移手续的，户口登记机关应及时予以办理，并在登记与户主关系时注明子女关系。对寄养的孤儿，寄养家庭有收养意愿的，应优先为其办理收养手续。继续稳妥开展涉外收养，进一步完善涉外收养办法。

二、建立健全孤儿保障体系，维护孤儿基本权益

（一）建立孤儿基本生活保障制度。为满足孤儿基本生活需要，建立孤儿基本生活保障制度。各省、自治区、直辖市政府按照不低于当地平均生活水平的原则，合理确定孤儿基本生活最低养育标准，机构抚养孤儿养育标准应高于散居孤儿养育标准，并建立孤儿基本生活最低养育标准自然增长机制。地方各级财政要安排专项资金，确保孤儿基本生活费及时足额到位；中央财政安排专项资金，对地方支出孤儿基本生活费按照一定标准给予补助。民政、财政部门要建立严格的孤儿基本生活费管理制度，加强监督检查，确保专款专用、按时发放，确保孤儿基本生活费用于孤儿。

（二）提高孤儿医疗康复保障水平。将孤儿纳入城镇居民基本医疗保险、新型农村合作医疗、城乡医疗救助等制度覆盖范围，适当提高救助水平，参保（合）费用可通过城乡医疗救助制度解决；将符合规定的残疾孤儿医疗康复项目纳入基本医疗保障范围，稳步提高待遇水平；有条件的地方政府和社会慈善组织可为孤儿投保意外伤害保险和重大疾病保险等商业健康保险或补充保险。卫生部门要对儿童福利机构设置的医院、门诊部、诊所、卫生所（室）给予支持和指导；疾病预防控制机构要加强对儿童福利机构防疫工作的指导，及时调查处理机构内发生的传染病疫情；鼓励、支持医疗机构采取多种形式减免孤儿医疗费用。继续实施“残疾孤儿手术康复明天计划”。

（三）落实孤儿教育保障政策。家庭经济困难的学龄前孤儿到学前教育机构接受教育的，由当地政府予以资助。将义务教育阶段的孤儿寄宿生全面纳入生活补助范围。在普通高中、中等职业学校、高等职业学校和普通本科高校就

读的孤儿，纳入国家资助政策体系优先予以资助；孤儿成年后仍在校就读的，继续享有相应政策；学校为其优先提供勤工助学机会。切实保障残疾孤儿受教育的权利，具备条件的残疾孤儿，在普通学校随班就读；不适合在普通学校就读的视力、听力、言语、智力等残疾孤儿，安排到特殊教育学校就读；不能到特殊教育学校就读的残疾孤儿，鼓励并扶持儿童福利机构设立特殊教育班或特殊教育学校，为其提供特殊教育。

（四）扶持孤儿成年后就业。认真贯彻落实《中华人民共和国就业促进法》和《国务院关于做好促进就业工作的通知》（国发〔2008〕5号）等精神，鼓励和帮扶有劳动能力的孤儿成年后实现就业，按规定落实好职业培训补贴、职业技能鉴定补贴、免费职业介绍、职业介绍补贴和社会保险补贴等政策；孤儿成年后就业困难的，优先安排其到政府开发的公益性岗位就业。人力资源社会保障部门要进一步落实孤儿成年后就业扶持政策，提供针对性服务和就业援助，促进有劳动能力的孤儿成年后就业。

（五）加强孤儿住房保障和服务。居住在农村的无住房孤儿成年后，按规定纳入农村危房改造计划优先予以资助，乡镇政府和村民委员会要组织动员社会力量和当地村民帮助其建房。居住在城市的孤儿成年后，符合城市廉租住房保障条件或其他保障性住房供应条件的，当地政府要优先安排、应保尽保。对有房产的孤儿，监护人要帮助其做好房屋的维修和保护工作。

三、加强儿童福利机构建设，提高专业保障水平

（一）完善儿童福利机构设施。“十二五”期间，继续实施“儿童福利机构建设蓝天计划”，孤儿较多的县（市）可独立设置儿童福利机构，其他县（市）要依托民政部门设立的社会福利机构建设相对独立的儿童福利设施，并根据实际需要，为其配备抚育、康复、特殊教育必需的设备器材和救护车、校车等，完善儿童福利机构养护、医疗康复、特殊教育、技能培训、监督评估等方面的功能。儿童福利机构设施建设、维修改造及有关设备购置，所需经费由财政预算、民政部门使用的彩票公益金、社会捐助等多渠道解决。发展改革部门要充分考虑儿童福利事业发展需要，统筹安排儿童福利机构设施建设项目，逐步改善儿童福利机构条件。海关在办理国（境）外无偿捐赠给儿童福利机构的物资设备通关手续时，给予通关便利。

（二）加强儿童福利机构工作队伍建设。科学设置儿童福利机构岗位，加强孤残儿童护理员、医护人员、特教教师、社工、康复师等专业人员培训。在整合现有儿童福利机构从业人员队伍的基础上，积极创造条件，通过购买服务和社会化用工等形式，充实儿童福利机构工作力量，提升服务水平。按照国家有关规定，落实对儿童福利机构工作人员的工资倾斜政策。将儿童福利机构中设立的特殊教育班或特殊教育学校的教师、医护人员专业技术职务评定工作纳入教育、卫生系统职称评聘体系，在结构比例、评价方面给予适当倾斜。教育、卫生部门举办的继续教育和业务培训要主动吸收儿童福利机构相关人员参加。积极推进孤残儿童护理员职业资格制度建设，支持开发孤残儿童护理员教材，设置孤残儿童护理员专业，对孤残儿童护理员进行培训。

（三）发挥儿童福利机构的作用。儿童福利机构是孤儿保障的专业机构，要发挥其在孤儿保障中的重要作用。对社会上无人监护的孤儿，儿童福利机构要及时收留抚养，确保孤儿居有定所、生活有着。要发挥儿童福利机构的专业优势，为亲属抚养、家庭寄养的孤儿提供有针对性的指导和服务。

四、健全工作机制，促进孤儿福利事业健康发展

（一）加强组织领导。地方各级政府要高度重视孤儿保障工作，把孤儿福利事业纳入国民经济和社会发展总体规划、相关专项规划和年度计划。要加强对孤儿保障工作的领导，健全“政府主导，民政牵头，部门协作，社会参与”的孤儿保障工作机制，及时研究解决孤儿保障工作中存在的实际困难和问题。民政部门要发挥牵头部门作用，加强孤儿保障工作能力建设，充实儿童福利工作力量，强化对儿童福利机构的监督管理，建设好全国儿童福利信息管理系统。财政部门要建立稳定的经费保障机制，将孤儿保障所需资金纳入社会福利事业发展资金预算，通过财政拨款、民政部门使用的彩票公益金等渠道安排资金，切实保障孤儿的基本生活和儿童福利专项工作经费。发展改革、教育、公安、司法、人力资源社会保障、住房城乡建设、卫生、人口计生等部门要将孤儿保障有关工作列入职责范围和目标管理，进一步明确责任。

（二）保障孤儿合法权益。依法保护孤儿的人身、财产权利，积极引导法律服务人员为孤儿提供法律服务，为符合法律援助条件的孤儿依法提供法律援助。有关方面要严厉打击查处拐卖孤儿、遗弃婴儿等违法犯罪行为，及时发现并制止公民私自收养弃婴和儿童的行为。公安部门应及时出具弃婴捡拾报案证明，积极查找弃婴和儿童的生父母或者其他监护人。卫生部门要加强对医疗保健机构的监督管理，医疗保健机构发现弃婴，应及时向所在地公安机关报案，不得转送他人。有关部门要尽快研究拟订有关儿童福利的法规。

（三）加强宣传引导。进一步加大宣传工作力度，弘扬中华民族慈幼恤孤的人道主义精神和传统美德，积极营造全社会关心关爱孤儿的氛围。大力发展孤儿慈善事业，引导社会力量通过慈善捐赠、实施公益项目、提供服务等多种方式，广泛开展救孤恤孤活动。

国务院办公厅

2010 年 11 月 16 日

民政部关于印发《收养登记工作规范》的通知

各省、自治区、直辖市民政厅（局），计划单列市民政局，新疆生产建设兵团民政局：

为切实保证《中华人民共和国收养法》、《外国人在中华人民共和国收养子女登记办法》、《中国公民收养子女登记办法》和《华侨以及居住在香港、澳门、台湾地区的中国公民办理收养登记的管辖以及所需要出具的证件和证明材料的规定》的实施，进一步规范收养登记工作，我部制定了《收养登记工作规范》（以下简称《规范》）。现将《规范》印发你们，请认真贯彻执行。

《规范》对于收养登记机关的设置、收养登记和解除登记的程序、撤销收养和补领收养证件的要求以及收养登记机关和收养登记员的监督与管理等问题作了具体规定。请将在贯彻实施《规范》的过程中遇到的重要情况，及时报部社会事务局。

民政部

2008年8月25日

收养登记工作规范

为了规范收养登记工作，根据《中华人民共和国收养法》《外国人在中华人民共和国收养子女登记办法》《中国公民收养子女登记办法》和《华侨以及居住在香港、澳门、台湾地区的中国公民办理收养登记的管辖以及所需要出具的证件和证明材料的规定》，制定本规范。

第一章　收养登记机关和登记员

第一条　收养登记机关是依法履行收养登记行政职能的各级人民政府民政部门。

收养登记机关应当依照法律、法规及本规范，认真履行职责，做好收养登记工作。

第二条　收养登记机关的职责：

（一）办理收养登记；

（二）办理解除收养登记；

（三）撤销收养登记；

（四）补发收养登记证和解除收养关系证明；

（五）出具收养关系证明；

（六）办理寻找弃婴（弃儿）生父母公告；

（七）建立和保管收养登记档案；

（八）宣传收养法律法规。

第三条　收养登记的管辖按照《外国人在中华人民共和国收养子女登记办法》《中国公民收养子女登记办法》和《华侨以及居住在香港、澳门、台湾地区的中国公民办理收养登记的管辖以及所需要出具的证件和证明材料的规定》的有关规定确定。

第四条　收养登记机关办理收养登记应当使用民政厅或者民政局公章。

收养登记机关应当按照有关规定刻制收养登记专用章。

第五条　收养登记机关应当设置有专门的办公场所，并在醒目位置悬挂收养登记处（科）标识牌。

收养登记场所应当庄严、整洁，设有收养登记公告栏。

第六条　收养登记实行政务公开，应当在收养登记场所公开展示下列内容：

（一）本收养登记机关的管辖权及依据；

（二）收养法的基本原则以及父母和子女的权利、义务；

（三）办理收养登记、解除收养登记的条件与程序；

（四）补领收养登记证的条件与程序；

（五）无效收养及可撤销收养的规定；

（六）收费项目与收费标准、依据；

（七）收养登记员职责及其照片、编号；

（八）办公时间和服务电话（电话号码在当地114查询台登记）；

（九）监督电话。

收养登记场所应当备有《中华人民共和国收养法》《外国人在中华人民共和国收养子女登记办法》《中国公民收养子女登记办法》和《华侨以及居住在香港、澳门、台湾地区的中国公民办理收养登记的管辖以及所需要出具的证件和证明材料的规定》，及其他有关文件供收养当事人免费查阅。

收养登记机关对外办公时间应当为国家法定办公时间。

第七条　收养登记机关应当实行计算机管理。各级民政部门应当为本行政区域内收养登记管理信息化建设创造条件。

第八条　收养登记机关应当配备收养登记员。收养登记员由本级民政部门考核、任免。

第九条　收养登记员的主要职责：

（一）解答咨询；

（二）审查当事人是否具备收养登记、解除收养登记、补发收养登记证、撤销收养登记的条件；

（三）颁发收养登记证；

（四）出具收养登记证明；

（五）及时将办理完毕的收养登记材料收集、整理、归档。

第十条　收养登记员应当熟练掌握相关法律法规和计算机操作，依法行政，热情服务，讲求效率。

收养登记员应当尊重当事人的意愿，保守收养秘密。

第十一条　收养登记员办理收养登记及相关业务应当按照申请—受理—审查—报批—登记—颁证的程序办理。

第十二条　收养登记员在完成表格和证书、证明填写后，应当进行认真核对、检查，并复印存档。对打印或者书写错误、证件被污染或者损坏的，应当作废处理，重新填写。

第二章　收养登记

第十三条　受理收养登记申请的条件是：

（一）收养登记机关具有管辖权；

（二）收养登记当事人提出申请；

（三）当事人持有的证件、证明材料符合规定。

收养人和被收养人应当提交2张2 寸近期半身免冠合影照片。送养人应当提交2张2 寸近期半身免冠合影或者单人照片，社会福利机构送养的除外。

第十四条　收养登记员受理收养登记申请，应当按照下列程序进行：

（一）区分收养登记类型，查验当事人提交的证件和证明材料、照片是否符合此类型的要求；

（二）询问或者调查当事人的收养意愿、目的和条件，告知收养登记的条件和弄虚作假的后果；

（三）见证当事人在《收养登记申请书》（附件1）上签名；

（四）将当事人的信息输入计算机应当用程序，并进行核查；

（五）复印当事人的身份证件、户口簿。单身收养的应当复印无婚姻登记记录证明、离婚证或者配偶死亡证明；夫妻双方共同收养的应当复印结婚证。

第十五条　《收养登记申请书》的填写：

（一）当事人“姓名”：当事人是中国公民的，使用中文填写；当事人是外国人的，按照当事人护照上的姓名填写；

（二）“出生日期”：使用阿拉伯数字，按照身份证件上的出生日期填写为“××××年××月××日”；

（三）“身份证件号”：当事人是内地居民的，填写公民身份证号码；当事人是香港、澳门、台湾居民中的中国公民的，填写香港、澳门、台湾居民身份证号，并在号码后加注“（香港）”“（澳门）”或者“（台湾）”；当事人是华侨的，填写护照号；当事人是外国人的，填写护照号。

证件号码前面有字符的，应当一并填写；

（四）“国籍”：当事人是内地居民、华侨以及居住在香港、澳门、台湾地区的中国公民的，填写“中国”；当事人是外国人的，按照护照上的国籍填写；

（五）“民族”“职业”和“文化程度”，按照《中华人民共和国国家标准》填写；

（六）“健康状况”填写“健康”“良好”“残疾”或者其他疾病；

（七）“婚姻状况”填写“未婚”“已婚”“离婚”“丧偶”；

（八）“家庭收入”填写家庭年收入总和；

（九）“住址”填写户口簿上的家庭住址；

（十）送养人是社会福利机构的，填写“送养人情况（1）”，经办人应当是社会福利机构工作人员。送养人是非社会福利机构的，填写“送养人情况（2）”，“送养人和被收养人关系”是亲属关系的，应当写明具体亲属关系；不是亲属关系的，应当写明“非亲属”。

收养非社会福利机构抚养的查找不到生父母的儿童的，送养人有关内容不填；

（十一）“被收养后改名为”填写被收养人被收养后更改的姓名。未更改姓名的，此栏不填；

（十二）被收养人“身份类别”分别填写“孤儿”“社会福利机构抚养的查找不到生父母的儿童”“非社会福利机构抚养的查找不到生父母的儿童”“生父母有特殊困难无力抚养的子女”“继子女”。收养三代以内同辈旁系血亲的子女，应当写明具体亲属关系；

（十三）继父母收养继子女的，要同时填写收养人和送养人有关内容。单身收养后，收养人结婚，其配偶要求收养继子女的；送养人死亡或者被人民法院宣告死亡的，送养人有关内容不填；

（十四）《收养登记申请书》中收养人、被收养人和送养人（送养人是社会福利机构的经办人）的签名必须由当事人在收养登记员当面完成；

当事人没有书写能力的，由当事人口述，收养登记员代为填写。收养登记员代当事人填写完毕后，应当宣读，当事人认为填写内容无误，在当事人签名处按指纹。当事人签名一栏不得空白，也不得由他人代为填写、代按指纹。

第十六条　收养登记员要分别询问或者调查收养人、送养人、年满10周岁以上的被收养人和其他应当询问或者调查的人。

询问或者调查的重点是被询问人或者被调查人的姓名、年龄、健康状况、经济和教育能力、收养人、送养人和被收养人之间的关系、收养的意愿和目的。特别是对年满10周岁以上的被收养人应当询问是否同意被收养和有关协议内容。

询问或者调查结束后，要将笔录给被询问人或者被调查人阅读。被询问人或者被调查人要写明“已阅读询问（或者调查）笔录，与本人所表示的意思一致（或者调查情况属实）”，并签名。被询问人或者被调查人没有书写能力的，可由收养登记员向被询问或者被调查人宣读所记录的内容，并注明“由收养登记员记录，并向当事人宣读，被询问人（被调查人）在确认所记录内容正确无误后按指纹。”然后请被询问人或者被调查人在注明处按指纹。

第十七条　收养查找不到生父母的弃婴、弃儿的，收养登记机关应当根据《中国公民收养子女登记办法》第七条的规定，在登记前公告查找其生父母（附件2）。

公告应当刊登在收养登记机关所在地设区的市（地区）级以上地方报纸上。公告要有查找不到生父母的弃婴、弃儿的照片。办理公告时收养登记员要保存捡拾证明和捡拾地派出所出具的报案证明。派出所出具的报案证明应当有出具该证明的警员签名和警号。

第十八条　办理内地居民收养登记和华侨收养登记，以及香港、澳门、台湾居民中的中国公民的收养登记，收养登记员收到当事人提交的申请书及有关材料后，应当自次日起30日内进行审查。对符合收养条件的，为当事人办理收养登记，填写《收养登记审查处理表》（附件3），报民政局主要领导或者分管领导批准，并填发收养登记证。

办理涉外收养登记，收养登记员收到当事人提交的申请书及有关材料后，应当自次日起7日内进行审查。对符合收养条件的，为当事人办理收养登记，填写《收养登记审查处理表》，报民政厅（局）主要领导或者分管领导批准，并填发收养登记证。

第十九条　《收养登记审查处理表》和收养登记证由计算机打印，未使用计算机进行收养登记的，应当使用蓝黑、黑色墨水的钢笔或者签字笔填写。

第二十条　《收养登记审查处理表》的填写：

（一）“提供证件情况”：应当对当事人提供的证件、证明材料核实后填写“齐全”；

（二）“审查意见”：填写“符合收养条件，准予登记”；

（三）“主要领导或者分管领导签名”：由批准该收养登记的民政厅（局）主要领导或者分管领导亲笔签名，不得使用个人印章或者计算机打印；

（四）“收养登记员签名”：由办理该收养登记的收养登记员亲笔签名，不得使用个人印章或者计算机打印；

（五）“收养登记日期”：使用阿拉伯数字，填写为“××××年××月××日”。填写的日期应当与收养登记证上的登记日期一致；

（六）“承办机关名称”：填写承办单位名称；

（七）“收养登记证字号”填写式样为“（XXXX）AB收字YYYYY”（AB为收养登记机关所在省级和县级或者市级和区级的行政区域简称，XXXX为年号，YYYYY为当年办理收养登记的序号）；

（八）“收养登记证印制号”填写颁发给当事人的收养登记证上印制的号码。

第二十一条　收养登记证的填写按照《民政部办公厅关于启用新式〈收养登记证〉的通知》（民办函〔2006〕203号）的要求填写。

收养登记证上收养登记字号、姓名、性别、国籍、出生日期、身份证件号、住址、被收养人身份、更改的姓名，以及登记日期应当与《收养登记申请书》和《收养登记审查处理表》中相应项目一致。

无送养人的，“送养人姓名（名称）”一栏不填。

第二十二条　颁发收养登记证，应当在当事人在场时按照下列步骤进行：

（一）核实当事人姓名和收养意愿；

（二）告知当事人领取收养登记证后的法律关系以及父母和子女的权利、义务；

（三）见证当事人本人亲自在附件3上的“当事人领证签名或者按指纹”一栏中签名；当事人没有书写能力的，应当按指纹。

“当事人领证签名或者按指纹”一栏不得空白，不得由他人代为填写、代按指纹；

（四）将收养登记证颁发给收养人，并向当事人宣布：取得收养登记证，确立收养关系。

第二十三条　收养登记机关对不符合收养登记条件的，不予受理，但应当向当事人出具《不予办理收养登记通知书》（附件4），并将当事人提交的证件和证明材料全部退还当事人。对于虚假证明材料，收养登记机关予以没收。

第三章　解除收养登记

第二十四条　受理解除收养关系登记申请的条件是：

（一）收养登记机关具有管辖权；

（二）收养人、送养人和被收养人共同到被收养人常住户口所在地的收养登记机关提出申请；

（三）收养人、送养人自愿解除收养关系并达成协议。被收养人年满10周岁的，已经征得其同意；

（四）持有收养登记机关颁发的收养登记证。经公证机构公证确立收养关系的，应当持有公证书；

（五）收养人、送养人和被收养人各提交2张2寸单人近期半身免冠照片，社会福利机构送养的除外；

（六）收养人、送养人和被收养人持有身份证件、户口簿。

送养人是社会福利机构的，要提交社会福利机构法定代表人居民身份证复印件。

养父母与成年养子女协议解除收养关系的，无须送养人参与。

第二十五条　收养登记员受理解除收养关系登记申请，应当按照下列程序进行：

（一）查验当事人提交的照片、证件和证明材料。

当事人提供的收养登记证上的姓名、出生日期、公民身份证号码与身份证、户口簿不一致的，当事人应当书面说明不一致的原因；

（二）向当事人讲明收养法关于解除收养关系的条件；

（三）询问当事人的解除收养关系意愿以及对解除收养关系协议内容的意愿；

（四）收养人、送养人和被收养人参照本规范第十五条的相关内容填写《解除收养登记申请书》（附件5）；

（五）将当事人的信息输入计算机应当用程序，并进行核查；

（六）复印当事人的身份证件、户口簿。

第二十六条　收养登记员要分别询问收养人、送养人、年满10周岁以上的被收养人和其他应当询问的人。

询问的重点是被询问人的姓名、年龄、健康状况、民事行为能力、收养人、送养人和被收养人之间的关系、解除收养登记的意愿。对年满10周岁以上的被收养人应当询问是否同意解除收养登记和有关协议内容。

对未成年的被收养人，要询问送养人同意解除收养登记后接纳被收养人和有关协议内容。

询问结束后，要将笔录给被询问人阅读。被询问人要写明“已阅读询问笔录，与本人所表示的意思一致”，并签名。被询问人没有书写能力的，可由收养登记员向被询问人宣读所记录的内容，并注明“由收养登记员记录，并向当事人宣读，被询问人在确认所记录内容正确无误后按指纹。”然后请被询问人在注明处按指纹。

第二十七条　收养登记员收到当事人提交的证件、申请解除收养关系登记申请书、解除收养关系协议书后，应当自次日起30日内进行审查。对符合解除收养条件的，为当事人办理解除收养关系登记，填写《解除收养登记审查处理表》（附件6），报民政厅（局）主要领导或者分管领导批准，并填发《解除收养关系证明》。

“解除收养关系证明字号”填写式样为“（XXXX）AB解字YYYYY”（AB为收养登记机关所在省级和县级或者市级和区级的行政区域简称，XXXX为年号，YYYYY为当年办理解除收养登记的序号）。

第二十八条　颁发解除收养关系证明，应当在当事人均在场时按照下列步骤进行：

（一）核实当事人姓名和解除收养关系意愿；

（二）告知当事人领取解除收养关系证明后的法律关系；

（三）见证当事人本人亲自在《解除收养登记审查处理表》“领证人签名或者按指纹”一栏中签名；当事人没有书写能力的，应当按指纹。

“领证人签名或者按指纹”一栏不得空白，不得由他人代为填写、代按指纹；

（四）收回收养登记证，收养登记证遗失应当提交查档证明；

（五）将解除收养关系证明一式两份分别颁发给解除收养关系的收养人和

被收养人，并宣布：取得解除收养关系证明，收养关系解除。

第二十九条　收养登记机关对不符合解除收养关系登记条件的，不予受理，但应当向当事人出具《不予办理解除收养登记通知书》（附件7），将当事人提交的证件和证明材料全部退还当事人。对于虚假证明材料，收养登记机关予以没收。

第四章　撤销收养登记

第三十条　收养关系当事人弄虚作假骗取收养登记的，按照《中国公民收养子女登记办法》第十二条的规定，由利害关系人、有关单位或者组织向原收养登记机关提出，由收养登记机关撤销登记，收缴收养登记证。

第三十一条　收养登记员受理撤销收养登记申请，应当按照下列程序进行：

（一）查验申请人提交的证件和证明材料；

（二）申请人在收养登记员面前亲自填写《撤销收养登记申请书》（附件8），并签名。

申请人没有书写能力的，可由当事人口述，第三人代为填写，当事人在“申请人”一栏按指纹。

第三人应当在申请书上注明代写人的姓名、公民身份证号码、住址、与申请人的关系。

收养登记机关工作人员不得作为第三人代申请人填写；

（三）申请人宣读本人的申请书，收养登记员作见证人并在见证人一栏签名；

（四）调查涉案当事人的收养登记情况。

第三十二条　符合撤销条件的，收养登记机关拟写《关于撤销×××与×××收养登记决定书》（附件9），报民政厅（局）主要领导或者分管领导批准，并印发撤销决定。

第三十三条　收养登记机关应当将《关于撤销×××与×××收养登记决定书》送达每位当事人，收缴收养登记证，并在收养登记机关的公告栏公告30日。

第三十四条　收养登记机关对不符合撤销收养条件的，应当告知当事人不予撤销的原因，并告知当事人可以向人民法院起诉。

第五章　补领收养登记证、解除收养关系证明

第三十五条　当事人遗失、损毁收养证件，可以向原收养登记机关申请补领。

第三十六条　受理补领收养登记证、解除收养关系证明申请的条件是：

（一）收养登记机关具有管辖权；

（二）依法登记收养或者解除收养关系，目前仍然维持该状况；

（三）收养人或者被收养人亲自到收养登记机关提出申请。

收养人或者被收养人因故不能到原收养登记机关申请补领收养登记证的，可以委托他人办理。委托办理应当提交经公证机关公证的当事人的身份证件复印件和委托书。委托书应当写明当事人办理收养登记的时间及承办机关、目前的收养状况、委托事由、受委托人的姓名和身份证件号码。受委托人应当同时提交本人的身份证件。

夫妻双方共同收养子女的，应当共同到收养登记机关提出申请，一方不能亲自到场的，应当书面委托另一方，委托书应当经过村（居）民委员会证明或者经过公证。外国人的委托书应当经所在国公证和认证。夫妻双方一方死亡的，另一方应当出具配偶死亡的证明；离婚的出具离婚证件，可以一方提出申请。

被收养人未成年的，可由监护人提出申请。监护人要提交监护证明；

（四）申请人持有身份证件、户口簿；

（五）申请人持有查档证明。

收养登记档案遗失的，申请人应当提交能够证明其收养状况的证明。户口本上父母子女关系的记载，单位、村（居）民委员会或者近亲属出具的写明当事人收养状况的证明可以作为当事人收养状况证明使用；

（六）收养人和被收养人的2张2寸合影或者单人近期半身免冠照片。

监护人提出申请的，要提交监护人1张2寸合影或者单人近期半身免冠照片。监护人为单位的，要提交单位法定代表人身份证件复印件和经办人1张2寸单人近期半身免冠照片。

第三十七条　收养登记员受理补领收养登记证、解除收养关系证明，应当按照下列程序进行：

（一）查验申请人提交的照片、证件和证明材料。

申请人出具的身份证、户口簿上的姓名、年龄、公民身份证号码与原登记档案不一致的，申请人应当书面说明不一致的原因，收养登记机关可根据申请人出具的身份证件补发收养登记证；

（二）向申请人讲明补领收养登记证、解除收养关系证明的条件；

（三）询问申请人当时办理登记的情况和现在的收养状况。

对于没有档案可查的，收养登记员要对申请人进行询问。询问结束后，要将笔录给被询问人阅读。被询问人要写明“已阅读询问笔录，与本人所表示的意思一致”，并签名。被询问人没有书写能力的，可由收养登记员向被询问人宣读所记录的内容，并注明“由收养登记员记录，并向被询问人宣读，被询问人在确认所记录内容正确无误后按指纹。”然后请被询问人在注明处按指纹；

（四）申请人参照本规范第十五条相关规定填写《补领收养登记证申请书》（附件10）；

（五）将申请人的信息输入计算机应当用程序，并进行核查；

（六）向出具查档证明的机关进行核查；

（七）复印当事人的身份证件、户口簿。

第三十八条　收养登记员收到申请人提交的证件、证明后，应当自次日起30日内进行审查，符合补发条件的，填写《补发收养登记证审查处理表》（附件11），报民政厅（局）主要领导或者分管领导批准，并填发收养登记证、解除收养关系证明。

《补发收养登记证审查处理表》和收养登记证按照《民政部办公厅关于启用新式〈收养登记证〉的通知》（民办函〔2006〕203号）和本规范相关规定填写。

第三十九条　补发收养登记证、解除收养关系证明，应当在申请人或者委托人在场时按照下列步骤进行：

（一）向申请人或者委托人核实姓名和原登记日期；

（二）见证申请人或者委托人在《补发收养登记证审查处理表》“领证人签名或者按指纹”一栏中签名；申请人或者委托人没有书写能力的，应当按指纹。

“领证人签名或者按指纹”一栏不得空白，不得由他人代为填写、代按指纹；

（三）将补发的收养登记证、解除收养登记证发给申请人或者委托人，并告知妥善保管。

第四十条　收养登记机关对不具备补发收养登记证、解除收养关系证明受理条件的，不予受理，并告知原因和依据。

第四十一条　当事人办理过收养或者解除收养关系登记，申请补领时的收养状况因解除收养关系或者收养关系当事人死亡发生改变的，不予补发收养登记证，可由收养登记机关出具收养登记证明。

收养登记证明不作为收养人和被收养人现在收养状况的证明。

第四十二条　出具收养登记证明的申请人范围和程序与补领收养登记证相同。申请人向原办理该收养登记的机关提出申请，并填写《出具收养登记证明申请书》（附件12）。收养登记员收到当事人提交的证件、证明后，应当自次日起30日内进行审查，符合出证条件的，填写《出具收养登记证明审查处理表》（附件13），报民政厅（局）主要领导或者分管领导批准，并填写《收养登记证明书》（附件14），发给申请人。

第四十三条　“收养登记证明字号”填写式样为“（XXXX）AB证字YYYYY”（AB为收养登记机关所在省级和县级或者市级和区级的行政区域简称，XXXX为年号，YYYYY为当年出具收养登记证明的序号）。

第六章　收养档案和证件管理

第四十四条　收养登记机关应当按照《收养登记档案管理暂行办法》（民发〔2003〕181号）的规定，制定立卷、归档、保管、移交和使用制度，建立和管理收养登记档案，不得出现原始材料丢失、损毁情况。

第四十五条　收养登记机关不得购买非上级民政部门提供的收养证件。各级民政部门发现本行政区域内有购买、使用非上级民政部门提供的收养证件的，应当予以没收，并追究相关责任人的法律责任和行政责任。

收养登记机关已将非法购制的收养证件颁发给收养当事人的，应当追回，并免费为当事人换发符合规定的收养登记证、解除收养关系证明。

报废的收养证件由收养登记机关登记造册，统一销毁。

收养登记机关发现收养证件有质量问题时，应当及时书面报告省（自治区、直辖市）人民政府民政部门。

第七章 监督与管理

第四十六条 各级民政部门应当建立监督检查制度，定期对本级民政部门设立的收养登记处（科）和下级收养登记机关进行监督检查，发现问题，及时纠正。

第四十七条 收养登记机关应当按规定到指定的物价部门办理收费许可证，按照国家规定的标准收取收养登记费，并使用财政部门统一制定的收费票据。

第四十八条 收养登记机关及其收养登记员有下列行为之一的，对直接负责的主管人员和其他直接责任人员依法给予行政处分：

（一）为不符合收养登记条件的当事人办理收养登记的；

（二）依法应当予以登记而不予登记的；

（三）违反程序规定办理收养登记、解除收养关系登记、撤销收养登记及其他证明的；

（四）要求当事人提交《中华人民共和国收养法》《中国公民收养子女登记办法》《华侨以及居住在香港、澳门、台湾地区的中国公民办理收养登记的管辖以及所需要出具的证件和证明材料的规定》《外国人在中华人民共和国收养子女登记办法》和本规范规定以外的证件和证明材料的；

（五）擅自提高收费标准、增加收费项目或者不使用规定收费票据的；

（六）玩忽职守造成收养登记档案损毁的；

（七）泄露当事人收养秘密并造成严重后果的；

（八）购买使用伪造收养证书的。

第四十九条 收养登记员违反规定办理收养登记，给当事人造成严重后果的，应当由收养登记机关承担对当事人的赔偿责任，并对承办人员进行追偿。

第八章 附 则

第五十条 收养查找不到生父母的弃婴、儿童的公告费，由收养人缴纳。

第五十一条　收养登记当事人提交的居民身份证与常住户口簿上的姓名、性别、出生日期应当一致；不一致的，当事人应当先到公安部门更正。

居民身份证或者常住户口簿丢失，当事人应当先到公安户籍管理部门补办证件。当事人无法提交居民身份证的，可提交有效临时身份证办理收养登记。当事人无法提交居民户口簿的，可提交公安部门或者有关户籍管理机构出具的加盖印章的户籍证明办理收养登记。

第五十二条　收养登记当事人提交的所在单位或者村民委员会、居民委员会、县级以上医疗机构、人口计生部门出具的证明，以及本人的申请，有效期6个月。

第五十三条　人民法院依法判决或者调解结案的收养案件，确认收养关系效力或者解除收养关系的，不再办理收养登记或者解除收养登记。

第五十四条　《中华人民共和国收养法》公布施行以前所形成的收养关系，收养关系当事人申请办理收养登记的，不予受理。

附件1：收养登记申请书

附件2：寻找弃婴（弃儿）生父母公告

附件3：收养登记审查处理表

附件4：不予办理收养登记通知书

附件5：解除收养登记申请书

附件6：解除收养登记审查处理表

附件7：不予办理解除收养登记通知书

附件8：撤销收养登记申请书

附件9：关于撤销×××、×××与×××收养登记决定书

附件10：补领收养登记证申请书

附件11：补发收养登记证审查处理表

附件12：出具收养登记证明申请书

附件13：出具收养登记证明审查处理表

附件14：收养登记证明书

（以上附件略）

华侨以及居住在香港、澳门、台湾地区的中国公民办理收养登记的管辖以及所需要出具的证件和证明材料的规定

（1999 年 5 月 25 日）

第一条　根据《中国公民收养子女登记办法》，制定本规定。

第二条　华侨以及居住在香港、澳门、台湾地区的中国公民在内地收养子女的，应当到被收养人常住户口所在地的直辖市、设区的市、自治州人民政府民政部门或者地区（盟）行政公署民政部门申请办理收养登记。

第三条　居住在已与中国建立外交关系国家的华侨申请办理成立收养关系的登记时，应当提交收养申请书和下列证件、证明材料：

（一）护照；

（二）收养人居住国有权机构出具的收养人的年龄、婚姻、有无子女、职业、财产、健康、有无受过刑事处罚等状况的证明材料，该证明材料应当经其居住国外交机关或者外交机关授权的机构认证，并经中国驻该国使领馆认证。

第四条　居住在未与中国建立外交关系国家的华侨申请办理成立收养关系的登记时，应当提交收养申请书和下列证件、证明材料：

（一）护照；

（二）收养人居住国有权机构出具的收养人的年龄、婚姻、有无子女、职业、财产、健康、有无受过刑事处罚等状况的证明材料，该证明材料应当经其居住外交机关或者外交机关授权的机构认证，并经已与中国建立外交关系的国家驻该国使领馆认证。

第五条　香港居民中的中国公民申请办理成立收养关系的登记时，应当提交收养申请书和下列证件、证明材料：

（一）香港居民身份证、香港居民来往内地通行证或者香港同胞回乡证；

（二）经国家主管机关委托的香港委托公证人证明的收养人的年龄、婚姻、有无子女、职业、财产、健康、有无受过刑事处罚等状况的证明材料。

第六条　澳门居民中的中国公民申请办理成立收养关系的登记时，应当提交收养申请书和下列证件、证明材料：

（一）澳门居民身份证、澳门居民来往内地通行证或者澳门同胞回乡证；

（二）澳门地区有权机构出具的收养人的年龄、婚姻、有无子女、职业、财产、健康、有无受过刑事处罚等状况的证明材料。

第七条　台湾居民申请办理成立收养关系的登记时，应当提交收养申请书和下列证件、证明材料：

（一）在台湾地区居住的有效证明；

（二）中华人民共和国主管机关签发或签注的在有效期内的旅行证件；

（三）经台湾地区公证机构公证的收养人的年龄、婚姻、有无子女、职业、财产、健康、有无受过刑事处罚等状况的证明材料。

第八条　本规定自发布之日起施行。

民政部办公厅关于启用“全国收养登记管理信息系统”及启用新式收养登记字号的通知

（2010年11月19日）

各省、自治区、直辖市民政厅（局），各计划单列市民政局，新疆生产建设兵团民政局：

为加强全国收养登记管理信息化建设，我部研发了“全国收养登记管理信息系统”并在试点省份完成试运行。为保证该系统于2011年1月1日在全国正式启用，同时避免在系统使用过程中出现收养登记字号重复等问题，现就有关事项通知如下：

一、认真测试，保证系统按时启用

“全国收养登记管理信息系统”以信息化基础支撑环境为依托，系统和数据库建在民政部，为办理内地居民收养登记、涉港澳台居民和华侨收养登记的民政局提供实时在线登记服务。该系统访问地址为：http：//adopt.mca.gov.cn或http：//202.108.98.55，用户名为办理收养登记的民政局所属地行政区划代码（参见《中华人民共和国行政区划代码》，GB/T 2260—2006），如北京市东城区民政局用户名为110101，各地初始密码均为123456。

收到通知后，办理内地居民收养登记、涉港澳台居民和华侨收养登记的民政局应及时登录系统并更改初始密码，在系统正式启用前认真测试练习，保证正确操作，测试数据由我部于2011年1月1日前统一删除。我部将择期举办系统操作培训班，培训时间及地点另行通知。已经自行开发收养登记管理信息系统的民政部门，可以继续使用原系统办理收养登记。

二、启用新式收养登记字号

自2011年1月1日起，各地启用新式收养登记字号填写方法。办理收养登记的，收养登记字号为Saaaaaa-bbbb-cccc；办理解除收养登记的，解除收养登记字号为Jaaaaaa-bbbb-cccc；办理撤销收养登记的，撤销收养登记字号为Caaaaaa-bbbb-cccc；补发收养登记证的，补发收养登记证字号为BSaaaaaa-bbbb-cccc；补发解除收养登记证的，补发解除收养登记证字号为BJaaaaaa-bbbb-cccc；出具收养登记证明的，收养登记证明字号为Zaaaaaa-bbbb-cccc。

以上“aaaaaa”为办理收养登记的民政局所属地行政区划代码，“bbbb”为当年年号，“cccc”为当年办理登记、补发证件或出具证明序号，如北京市民政局2011年办理的第一对涉外收养登记字号为S110000—2011-0001。

各地在使用系统过程中遇到问题，可通过省级民政部门及时与开发公司或我部联系。紫光软件系统有限公司联系人及联系电话：罗新宇，13261200092，民政部社会事务司联系人及联系电话：阳艳燕，010-58123173，民政部信息中心联系人及联系电话：宝力高，010-58123754。

民政部办公厅

2010年11月19日

民政部办公厅关于生父母一方为非中国内地居民送养内地子女有关问题的意见

（2009 年 9 月 24 日）

各省、自治区、直辖市民政厅（局），计划单列市民政局，新疆生产建设兵团民政局：

《中华人民共和国收养法》实施十年来，随着我国对外交流的不断深入，收养领域出现了许多新情况和新问题，为深入贯彻落实科学发展观，充分体现儿童最佳利益原则，切实维护收养关系当事人的合法权益和合理诉求，根据《中华人民共和国收养法》的有关规定，现就解决生父母一方为中国内地居民，另一方为非中国内地居民（外国人、华侨以及港澳台居民，下同）送养中国内地户籍子女问题提出以下意见：

一、被收养人的生父母应当提供的材料

（一）被收养人的生父或者生母是中国内地居民的，应当提供下列材料：

1.本人居民身份证、户口簿以及2张2寸近期半身免冠照片；

2.本人与被收养人的父母子女关系证明；

3.本人签署的同意送养子女的书面意见；

4.被收养人居民身份证、户口簿以及2张2寸近期半身免冠照片。

父母子女关系证明是指DNA鉴定证明或者公安机关、人民法院、公证机构以及其他有权机关出具的能够证明父母子女关系的文书。（下同）

（二）被收养人的生父或者生母是非中国内地居民的，应当提供下列材料：

1.本人有效身份证件（外国人、华侨应当提供本人有效护照或者其他有效的国际旅行证件，港澳台居民应当提供有效通行证和身份证，下同）和2张2寸近期半身免冠照片；

2.本人与被收养人的父母子女关系证明；

3.本人签署的同意送养子女的书面意见；

4.所在国或者所在地区有权机关出具的不反对此送养行为的证明。

若送养人所在国无法出具材料4中的证明，也可以提供所在国驻华使领馆出具的表明该国法律不反对此类送养行为的证明。华侨无须提供材料4。

送养人有特殊困难无力抚养子女的，应当同时提交父母有特殊困难无力抚养子女的证明。“有特殊困难”是指生父母家庭人均收入处于当地居民最低生活保障水平的，或者生父母因病、因残导致家庭生活困难的，或者因其他客观原因导致家庭无力抚养子女的。送养人为中国内地居民的，提供本人声明及所在街道办事处、乡镇人民政府出具的当事人有特殊困难无力抚养的证明。送养人为非中国内地居民的，提供本人声明及所在国或所在地区有权机构出具的本人有特殊困难无力抚养子女的证明，当事人在中国内地居住满一年，无法提供所在国或者所在地区出具的有特殊困难无力抚养子女证明，也可以只出具本人声明。

被收养人父母一方死亡或者下落不明的，送养人应当提交死亡或者下落不明的证明以及死亡或者下落不明一方的父母不行使优先抚养权的书面证明。由非中国内地居民单方送养的，应当同时提交本部分（一）中第2、4项材料。

被收养人是残疾儿童的，应当提交县级或者二级以上医疗机构出具的该儿童的残疾证明。

被收养人年满10周岁的，应当提交被收养人同意被收养的证明。

外国人、华侨提交的声明、书面意见或者所在国出具的证明材料，应当经我国驻该国使领馆认证或者该国驻华使领馆公证或者认证。港澳台地区居民提交的声明、书面意见或者所在地区出具的证明材料应当经有权机关公证。

二、办理收养登记的程序

收养人应当按照其身份提供相应的证件和证明材料，并按照现行法律程序办理收养手续。收养登记机关应当根据收养关系当事人的身份对其证件及证明材料进行审查，符合《中华人民共和国收养法》及相关规定的，予以登记，发给收养登记证。不符合规定的，应当说明原因。

民政部办公厅
2009年9月24日

民政部、公安部、司法部、卫生部、人口计生委关于解决国内公民私自收养子女有关问题的通知

（2008 年 9 月 5 日）

各省、自治区、直辖市民政厅（局）、公安厅（局）、司法厅（局）、卫生厅（局）、人口计生委，新疆生产建设兵团民政局、公安局、司法局、人口计生委：

《中华人民共和国收养法》（以下简称《收养法》）实施以来，国内公民依法收养意识不断增强，通过办理收养登记，有效地保障了收养关系当事人的合法权益。但目前依然存在国内公民未经登记私自收养子女的情况，因收养关系不能成立，导致已经被抚养的未成年人在落户、入学、继承等方面的合法权益无法得到有效保障。为全面贯彻落实科学发展观，体现以人为本，依法保护当事人的合法权益，进一步做好国内公民收养子女登记工作，现就解决国内公民私自收养子女问题通知如下：

一、区分不同情况，妥善解决现存私自收养子女问题

（一）1999年4月1日，《收养法》修改决定施行前国内公民私自收养子女的，依据司法部《关于办理收养法实施前建立的事实收养关系公证的通知》（司发通〔1993〕125号）、《关于贯彻执行〈中华人民共和国收养法〉若干问题的意见》（司发通〔2000〕33号）和公安部《关于国内公民收养弃婴等落户问题的通知》（公通字〔1997〕54号）的有关规定办理。

依据司法部《关于贯彻执行〈中华人民共和国收养法〉若干问题的意见》（司发通〔2000〕33号）的规定，对当事人之间抚养的事实已办理公证的，抚养人可持公证书、本人的合法有效身份证件及相关证明材料，向其常住户口所在地的户口登记机关提出落户申请，经县、市公安机关审批同意后，办理落户手续。

（二）1999年4月1日，《收养法》修改决定施行后国内公民私自收养子女的，按照下列情况办理：

1.收养人符合《收养法》规定的条件，私自收养非社会福利机构抚养的查找不到生父母的弃婴和儿童，捡拾证明不齐全的，由收养人提出申请，到弃婴和儿童发现地的县（市）人民政府民政部门领取并填写《捡拾弃婴（儿童）情况证明》，经收养人常住户口所在地的村（居）民委员会确认，乡（镇）人民政府、街道办事处审核并出具《子女情况证明》，发现地公安部门对捡拾人进行询问并出具《捡拾弃婴（儿童）报案证明》，收养人持上述证明及《中国公民收养子女登记办法》（以下简称《登记办法》）规定的其他证明材料到弃婴和儿童发现地的县（市）人民政府民政部门办理收养登记。

2.收养人具备抚养教育能力，身体健康，年满30周岁，先有子女，后又私自收养非社会福利机构抚养的查找不到生父母的弃婴和儿童，或者先私自收养非社会福利机构抚养的查找不到生父母的弃婴和儿童，后又生育子女的，由收养人提出申请，到弃婴和儿童发现地的县（市）人民政府民政部门领取并填写《捡拾弃婴（儿童）情况证明》，发现地公安部门出具《捡拾弃婴（儿童）报案证明》。弃婴和儿童发现地的县（市）人民政府民政部门应公告查找其生父母，并由发现地的社会福利机构办理入院登记手续，登记集体户口。对于查找不到生父母的弃婴、儿童，按照收养社会福利机构抚养的弃婴和儿童予以办理收养手续。由收养人常住户口所在地的村（居）民委员会确认，乡（镇）人民政府、街道办事处负责审核并出具收养前当事人《子女情况证明》。在公告期内或收养后有检举收养人政策外生育的，由人口计生部门予以调查处理。确属政策外生育的，由人口计生部门按有关规定处理。

捡拾地没有社会福利机构的，可到由上一级人民政府民政部门指定的机构办理。

3.收养人不满30周岁，但符合收养人的其他条件，私自收养非社会福利机构抚养的查找不到生父母的弃婴和儿童且愿意继续抚养的，可向弃婴和儿童发现地的县（市）人民政府民政部门或社会福利机构提出助养申请，登记集体户口后签订义务助养协议，监护责任由民政部门或社会福利机构承担。待收养人年满30周岁后，仍符合收养人条件的，可以办理收养登记。

4.单身男性私自收养非社会福利机构抚养的查找不到生父母的女性弃婴和

儿童，年龄相差不到40周岁的，由当事人常住户口所在地的乡（镇）人民政府、街道办事处，动员其将弃婴和儿童送交当地县（市）人民政府民政部门指定的社会福利机构抚养。

夫妻双方在婚姻关系存续期间私自收养女性弃婴和儿童，后因离婚或者丧偶，女婴由男方抚养，年龄相差不到40周岁，抚养事实满一年的，可凭公证机构出具的抚养事实公证书，以及人民法院离婚判决书、离婚调解书、离婚证或者其妻死亡证明等相关证明材料，到县（市）人民政府民政部门申请办理收养登记。

5.私自收养生父母有特殊困难无力抚养的子女、由监护人送养的孤儿，或者私自收养三代以内同辈旁系血亲的子女，符合《收养法》规定条件的，应当依法办理登记手续；不符合条件的，应当将私自收养的子女交由生父母或者监护人抚养。

（三）私自收养发生后，收养人因经济状况，身体健康等原因不具备抚养能力，或者收养人一方死亡、离异，另一方不愿意继续抚养，或者养父母双亡的，可由收养人或其亲属将被收养人送交社会福利机构抚养（被收养人具备完全民事行为能力的除外）。其亲属符合收养人条件且愿意收养的，应当依法办理收养登记。

（四）对于不符合上述规定的国内公民私自收养，依据《收养法》及相关法律法规的规定，由当事人常住户口所在地的乡（镇）人民政府、街道办事处，动员其将弃婴或儿童送交社会福利机构抚养。

二、综合治理，建立依法安置弃婴的长效机制

有关部门要高度重视，从构建社会主义和谐社会的高度出发，采取有力措施，加大《收养法》《登记办法》等法律、法规和政策的宣传贯彻力度，充分发挥乡（镇）人民政府、街道办事处，村（居）民委员会的作用，广泛深入地向群众宣传弃婴收养的有关规定，切实做到依法安置，依法登记和依法收养。

民政部门应协调、协助本辖区内弃婴的报案、临时安置、移送社会福利机构等工作。同时，要进一步加强、规范社会福利机构建设，提高养育水平，妥善接收、安置查找不到生父母的弃婴和儿童；对不按规定，拒绝接收的，要责令改正。

公安部门应依据有关规定及时为弃婴捡拾人出具捡拾报案证明，为查找不到生父母的弃婴和儿童办理社会福利机构集体户口，将已被收养的儿童户口迁至收养人家庭户口，并在登记与户主关系时注明子女关系；应积极查找弃婴和儿童的生父母或其他监护人，严厉打击查处借收养名义拐卖儿童、遗弃婴儿等违法犯罪行为。

司法行政部门应指导公证机构依法办理收养公证和当事人之间抚养事实公证。

卫生部门应加强对医疗保健机构的监督管理，配合民政、公安部门做好弃婴和儿童的收养登记工作。医疗保健机构发现弃婴和弃儿，应及时向所在地公安部门报案并移送福利机构，不得转送他人或私自收养。

人口计生部门应积极配合民政部门做好收养登记工作，掌握辖区内居民的家庭成员情况和育龄人员的生育情况，做好相关工作。

各地应广泛深入宣传通知精神，集中处理本行政区域内2009年4月1日之前发生的国内公民私自收养。自本通知下发之日起，公民捡拾弃婴的，一律到当地公安部门报案，查找不到生父母和其他监护人的一律由公安部门送交当地社会福利机构或者民政部门指定的抚养机构抚养。公民申请收养子女的，应到民政部门申请办理收养登记。对本通知下发之前已经处理且执行完结的私自收养子女的问题，不再重新处理；正在处理过程中，但按照通知规定不予处理的，终止有关程序；已经发生，尚未处理的，按本通知执行。

各级政府和有关部门应以科学发展观为统领，本着“以人为本、儿童至上、区别对待、依法办理”的原则，积极稳妥地解决已经形成的私自收养问题。各省、自治区、直辖市相关部门应根据通知精神，结合本地实际情况，制订相关实施意见。对已确立的收养关系的户口迁移，应按当地公安部门的现行规定执行。

附件：

1.捡拾弃婴（儿童）情况证明

2.子女情况证明

3.捡拾弃婴（儿童）报案证明

民政部

公安部

司法部

卫生部

人口计生委

2008年9月5日

附件1

捡拾弃婴（儿童）情况证明

编号

<table>
<tr><td rowspan="2">捡拾人情况</td><td>姓　名</td><td></td><td colspan="2">公民身份证号码</td><td colspan="2"></td></tr>
<tr><td>工作单位</td><td></td><td colspan="2">家庭住址</td><td colspan="2"></td></tr>
<tr><td>弃婴情况</td><td>姓　名</td><td></td><td>性别</td><td></td><td>出生日期</td><td></td></tr>
<tr><td rowspan="2">捡拾情况</td><td>捡拾时间</td><td></td><td colspan="2">捡拾地点</td><td colspan="2"></td></tr>
<tr><td>捡拾经过</td><td colspan="5"></td></tr>
<tr><td colspan="7">以上情况均属实，如有不实，由本人承担全部法律责任
捡拾人：（签字并按指纹）</td></tr>
<tr><td rowspan="2">证明人情况</td><td>姓　名</td><td></td><td colspan="2">公民身份证号码</td><td colspan="2"></td></tr>
<tr><td>工作单位</td><td></td><td colspan="2">家庭住址</td><td colspan="2"></td></tr>
<tr><td rowspan="2">证明人情况</td><td>姓　名</td><td></td><td colspan="2">公民身份证号码</td><td colspan="2"></td></tr>
<tr><td>工作单位</td><td></td><td colspan="2">家庭住址</td><td colspan="2"></td></tr>
<tr><td colspan="7">以上情况均属实，如有不实，由本人承担全部法律责任
证明人：（签字并按指纹）　　证明人：（签字并按指纹）</td></tr>
<tr><td>村（居）民委员会意见</td><td colspan="6">年　月　日</td></tr>
</table>

此表一式三份，公安部门、人口计生部门、民政部门各留存一份

附件2

子女情况证明

（一）收养人无子女情况证明

，男，　　年　月　日出生，初（再）婚

住　址；

，女，年 月 日出生，初（再）婚

住　址；

二人于　　年　月　日结婚，婚后一直未生育亦未收养子女。

备注：

（一方或双方系再婚者，须在备注栏写明每次结婚时间、离婚时间且未生育亦未收养子女）

特此证明

年　月　日

（二）收养人生育子女情况证明

，男，　　年　月　日出生，初（再）婚

住　址；

，女，　　年　月　日出生，初（再）婚

住　址；

二人于　　年　月　日结婚（系初、再婚），婚后生育子女情况如下：

姓名：　　　（男、女），　　年　月　日出生。

备注：

（属再婚者须在备注栏写明再婚前的婚姻、子女情况，包括原婚姻的对方姓名、结婚时间、何时生育子女及子女姓名、归属等情况）

特此证明

年　月　日

附件3

捡拾弃婴（儿童）报案证明

编号

民政局：

依据《关于解决国内公民私自收养子女有关问题的通知》（民发〔2008〕132号）的规定，兹证明　　（被捡拾人）于　　年　月　日在　　（地点）被　　（捡拾人）捡拾，未查找到其生父母。

特此证明。

县（区）公安局

（分局）派出所

年　月　日

民政部关于社会福利机构涉外送养工作的若干规定

（2008 年 1 月 18 日）

各省、自治区、直辖市民政厅（局），计划单列市民政局，新疆生产建设兵团民政局：

为了进一步规范社会福利机构的涉外送养行为，维护被送养儿童的合法权益，保证涉外送养工作的健康发展，现作如下规定：

一、涉外送养的儿童必须是社会福利机构抚养的丧失父母的孤儿（以下简称孤儿）或查找不到生父母的弃婴、儿童。

二、社会福利机构送养儿童，应当向省级人民政府民政部门报送以下证明材料：

（一）社会福利机构负责人的身份证复制件。

（二）被送养儿童的户籍证明复制件。

（三）被送养儿童成长情况报告。

成长情况报告应包括以下内容：入院经过、入院初期的身体状况、在院期间各阶段的身心发育状况及免疫接种情况、性格特征及表现、喜好、与他人交往等情况。

被送养儿童年龄为0–6周岁的，还应提交《被送养儿童成长状况表》（见附件1），此表每3个月填写一次。

（四）《被送养儿童体格检查表》及化验检查报告单（见附件2）。

体检应当在定点医院进行。定点医院应当是地（市）级以上的儿童医院或设有儿科的综合性医院。定点医院由社会福利机构的主管民政部门提出，省级人民政府民政部门审核批准，报中国收养中心备案。社会福利机构或其主管民政部门要与定点医院签订合作协议，明确双方的权利和责任。体检结果有效期为6个月，超过期限的应当重新体检。

被送养儿童是病残的，应提交病残诊断证明、检查报告、治疗情况报告等。

（五）被送养儿童2寸免冠彩色照片、近期全身生活照片。

被送养儿童是病残儿童且病残有外观表现的，还应提供病残部位照片。

（六）被送养儿童是孤儿的，应当提交《社会福利机构接收孤儿入院登记表》（见附件3）、孤儿父母死亡或者宣告死亡的证明、其他有抚养义务的人同意送养的书面意见。

被送养儿童是弃婴的，应当提交公安机关出具的捡拾弃婴报案的证明、《捡拾弃婴登记表》（见附件4）、《社会福利机构接收弃婴入院登记表》（见附件5）。

（七）被送养儿童年满7周岁以上的，应提交儿童有关情况的报告。

（八）被送养儿童是年满10周岁以上的，应提交该儿童同意被送养的书面意见。

三、社会福利机构送养弃婴、儿童，省级人民政府民政部门应当在当地省级报纸上刊登查找弃婴、儿童生父母的公告。自公告刊登之日起满60日，弃婴、儿童的生父母或其他监护人未认领的，视为查找不到生父母的弃婴、儿童。

公告应包括以下内容：弃婴、儿童的姓名、年龄、性别、身体特征、被捡拾的时间、地点、随身携带物品、公告期限、认领方式，并附1寸入院初期的正面免冠照片。弃婴、儿童入院前姓名不详、年龄为估算的，要特别注明。

四、省级人民政府民政部门负责审查社会福利机构报送的材料，着重审查以下内容：

（一）报送的材料是否齐全、有效。

（二）被送养儿童的身体发育状况是否达到相应的发育水平；体检结果是否达到涉外送养各项指标的要求，是否患有智力低下、脑瘫及其他潜在性的不宜涉外送养的疾病。

（三）儿童来源是否清楚，身心发育是否健康，道德品质是否良好。

（四）有无其他不宜涉外送养的问题。

省级人民政府民政部门审查合格后，填写《涉外送养审查意见表》（见附件6），由省级人民政府民政部门负责人签署意见，并加盖印章。

五、省级人民政府民政部门审查同意后，应当向中国收养中心报送以下材料：

（一）涉外送养儿童名单。

（二）本规定第二条所列材料的复制件。

（三）《涉外送养审查意见表》。

六、被送养儿童的材料报送中国收养中心后，省级人民政府民政部门应当做好以下工作：

（一）所报送儿童寄养在家庭的，适时通知社会福利机构解除寄养关系。

（二）如有国内公民申请收养，应当及时通报中国收养中心。若该儿童尚未选配外国收养家庭，优先安排国内公民收养；若外国收养人已同意收养该儿童，则不再安排国内公民收养。

（三）如发生儿童病重或死亡等重大情况不能送养时，应当及时书面通报中国收养中心。

七、中国收养中心为被送养儿童选择到外国收养人后，向省级人民政府民政部门发出《涉外送养通知》，由省级人民政府民政部门书面通知社会福利机构。

八、社会福利机构接到被送养儿童已被同意收养的通知后，应当做好以下工作：

（一）复查被送养儿童身心发育等方面的情况，如果情况发生较大变化不宜涉外送养的，应当及时通过省级人民政府民政部门书面通报中国收养中心。

（二）将收养父母的情况如实告诉7周岁以上被送养儿童，并为其提供心理咨询和辅导。

（三）做好交接被送养儿童收养登记的各项准备工作。

九、收养登记前，省级人民政府民政部门应视具体情况确定适当的融和期，以便收养人与被送养儿童相互了解和融和。省级人民政府民政部门应当在法定工作日和指定的办公地点安排外国收养人与被送养儿童、送养人见面，在确认收养关系当事人的身份无误后，由送养人向收养人介绍被送养儿童的情况和有关事项，并向外国收养人交接被送养儿童。交接被送养儿童时，送养人和收养人应当签订融和期间委托监护协议（见附件7）。

融和期满后，收养关系当事人对收养事宜无疑义的，收养人和送养人应当订立书面收养协议（见附件8），协议一式三份。

十、收养协议订立后，收养关系当事人应当共同到被送养儿童常住户口所在地的省级人民政府民政部门，依照《外国人在中华人民共和国收养子女登记办法》的规定，办理收养登记。收养登记完成后，省级人民政府民政部门应当及时将收养登记结果转交中国收养中心，并附收养登记证件的复制件。

十一、从事涉外收养工作的人员应当严格依法办事，增强组织纪律观念，遵守外事工作纪律，恪守职业道德，保守工作秘密；不得私自联系涉外收养事务，不得指定收养；严禁在工作中弄虚作假，严禁从涉外收养中获取不正当收益。未经中国收养中心同意，禁止向外国收养人、外国收养组织提供被送养儿童的信息资料；未经省级人民政府民政部门同意，社会福利机构不得擅自接洽外国收养人、外国收养组织。

十二、本规定自下发之日起执行。

附件1：被送养儿童成长状况表

附件2：被送养儿童体格检查表

附件3：社会福利机构接收孤儿入院登记表

附件4：捡拾弃婴登记表

附件5：社会福利机构接收弃婴入院登记表

附件6：涉外送养审查意见表

附件7：融和期间委托监护协议

附件8：收养协议

（以上附件略）

民政部关于进一步加强涉外送养工作的通知

（2010 年 6 月 17 日）

各省、自治区、直辖市民政厅（局），计划单列市民政局，新疆生产建设兵团民政局：

自从开展涉外送养工作以来，各级民政部门及儿童社会福利工作者以高度的责任感和人道主义精神，积极努力地为孤儿、弃婴创造适合其身心发育的环境，使部分失去家庭的儿童重新回归了家庭。目前，涉外送养已经成为安置、养育孤儿和弃婴的方式之一。同时，涉外送养工作的开展也为减轻社会福利机构的压力，提高管理和服务水平，改善办院条件，增进与收养国人民之间的友谊，发挥了积极作用。但是，随着工作的开展，也出现了一些问题，如不及时加以解决，将影响涉外送养工作的健康发展，有损于我国社会福利事业的形象。为进一步贯彻落实有关法律法规和全国收养工作会议精神，促进涉外送养工作依法、有序、健康地进行，现提出如下意见：

一、充分认识涉外收养工作的重要性、敏感性

涉外送养属于一种发生在不同国家和不同种族之间、不同文化背景之下的跨国收养行为，直接关系到被送养儿童的人身权益、其所在国的国家形象和外国收养人的合法利益。各级民政部门务必保持清醒的头脑。涉外送养工作要以充分保障被送养儿童的合法权益为前提。我国作为联合国《儿童权利公约》的缔约国，在《收养法》中规定："收养应当有利于被收养的未成年人的抚养、成长，保障被收养人和收养人的合法权益。"从这个意义上讲，涉外送养是我国政府为保障孤儿、弃婴合法权益所采取的一项措施，因此，在收养工作中，各地要牢固树立"优先国内公民收养，适量涉外送养"的指导思想，正确处理涉外送养与国内收养的关系，把维护我国被收养儿童的利益放在首位。要紧密结合我国社会福利社会化的进程，努力挖掘和拓展国内安置孤残儿童的新的思路和途径。在积极鼓励国内公民收养和满足国内收养需求的前提下，适度开展并做好涉外送养工作。

收养是重要的民事法律行为。外国收养人通过合法手续在中国境内收养子女，是对我国儿童福利事业的支持和帮助，其行为受我国法律保护。各级民政部门、各地社会福利机构和中国收养中心在为在华收养子女的外国收养人办理收养手续的过程中，必须端正态度，认真负责，及时、准确地提供被收养人的真实情况，力戒为达到送养目的采取欺骗行为。

涉外送养工作也是一项政治性很强的工作，直接关系国家形象。联合国《儿童权利公约》明确指出："跨国收养应当是确认儿童不能安置于国内寄养、收养家庭或不能以任何方式在儿童原籍国加以照料的一种替代办法。"各级民政部门和相关人员对此应有正确认识，严防给境外反华势力和一些别有用心的人攻击我国儿童福利事业制造口实。

二、进一步加强对涉外送养工作的管理和监督

各省、自治区、直辖市民政部门要进一步贯彻落实全国收养工作会议精神，督促和指导本地社会福利机构建立健全涉外收养工作的各项规章制度。统一思想，慎重对待本地社会福利机构对开展涉外送养工作的愿望和要求，要从国家利益出发，严格把关。严禁把涉外送养工作当作"创收"和"扶贫"手段，不得以涉外送养捐赠款替代政府划拨给社会福利机构的事业费。

各地民政厅（局）业务主管部门，应注意不断提高业务素质和执法水平，加强对社会福利机构涉外送养工作的日常监督和检查，严格依法办事，防止把有被拐卖嫌疑、走失等来源不清或身份有待确定的儿童送养出去。要把涉外送养工作作为社会福利机构管理工作的重要组成部分，纳入考核评比内容。

各地应根据本地社会福利机构的发展实际，制定严格的标准，有选择地确定部分社会福利机构开展涉外送养工作。那些内部管理混乱、服务质量差、设施设备不完善的社会福利机构，不得开展涉外送养工作。

要进一步开展对社会福利机构中从事涉外收养工作人员的培训。社会福利机构直接从事涉外送养工作，其工作人员在实际工作中与外国收养人直接接触，他们的业务能力和政策水平直接影响当地涉外送养工作的质量甚至国家的

声誉。开展对社会福利机构从事涉外送养工作人员的培训，特别是对拟开展涉外送养工作的福利机构主要管理人员的培训，应作为一项制度给予统一规定。各省、自治区、直辖市民政厅（局）每年应至少举办一次针对相关人员的培训。凡院长未经省级以上民政部门培训的福利院，不能开展涉外送养工作。在培训工作中，除加强对收养法规和政策等有关业务知识的培训外，要注重加强对工作人员职业道德和廉洁自律的教育。

开展涉外送养工作的社会福利机构要进一步增强自身建设，以高度负责的态度开展工作。所有在院儿童，都要在接收、养育的全过程中做好详细记录和规范的档案立卷保存工作。凡开展涉外收养工作的社会福利机构，都要实行涉外收养儿童定点医院体检制度。工作人员应详细掌握儿童的身体状况特别是健康情况，在上报送养材料时严禁虚报待送养儿童的年龄，严禁把待送养孩子与非送养孩子按不同标准分开抚养，严禁为送养孩子编造空头的待送养花名册甚至到社会上找孩子，或与邻院、邻省订立利益合同代送和转送孩子。严禁社会福利机构擅自为收养组织和收养人提供预送养情况。对违反规定的社会福利机构要停止其涉外送养，严肃处理，通报全国，并追究有关领导和当事人的责任。

三、进一步规范涉外收养捐赠的管理和使用

《外国人在中华人民共和国收养子女登记办法》指出：“为抚养在社会福利机构生活的弃婴和儿童，国家鼓励外国收养人、外国收养组织向社会福利机构捐赠。受赠的社会福利机构必须将捐赠财物全部用于改善所抚养的弃婴和儿童的养育条件，不得挪作它用，并应当将捐赠财物的使用情况告知捐赠人。受赠的社会福利机构还应当接受有关部门的监督，并应当将捐赠的使用情况向社会公布。”

外国收养人如有捐赠意愿的，福利机构应视情况举行一个有不同岗位人员代表参加的小型捐赠仪式，并由社会福利机构向外国收养捐赠人出具捐赠接受凭证。社会福利机构接受外汇现钞捐赠，必须严格执行我国捐赠法、外汇管理条例和国家财务制度的有关规定，不得擅自私存。接受收养捐赠的单位，必须是送养儿童的社会福利机构，其他任何部门、单位和个人不得代收或转交。

收养人捐赠，必须坚持完全自愿的原则，社会福利机构以及其他任何机构、组织和个人不得对此进行干预。社会福利机构不得强迫或变相强迫外国收养人捐赠和支付法定之外不合理的其他费用。

社会福利机构使用捐赠款物，要坚持领导班子集体确定、登记造册、张榜公布等程序，做到账目清楚，手续完备，用途公开。涉外送养捐赠款除外国收养捐赠人有指定意向外，实行专款专用。只能用于：儿童福利院（社会福利院儿童部）的基础设施改造及医疗、康复、教学、娱乐设备更新；孤残儿童接受医疗、康复、学习的费用及改善儿童的生活；送养儿童工作所需的费用（其费用不得超过捐赠款的4%）。严禁用于福利院行政经费、职工工资及福利待遇等费用的支出；特别是严禁购买小轿车、移动电话等用品。

受赠的社会福利机构必须严格遵守《捐赠法》，及时将捐赠财物的使用情况告知捐赠人及向全体职工和社会公布。同时，受赠的社会福利机构还应接受上级民政部门和有关财务部门、审计部门的监督和检查。要建立涉外送养捐赠使用报告制度。10（含）万元人民币以上的支出，必须申报上级民政主管部门审核批准。

四、做好大龄、残疾儿童的送养工作

为鼓励外国收养人收养社会福利机构抚养的大龄儿童和残疾儿童，中国收养中心可以为其加快办理手续，并免收服务费；实行涉外送养指标调控的省份不占指标；民政部门免收登记费。

各省、自治区、直辖市民政厅（局），要结合贯彻落实全国社会福利社会化工作会议精神，进一步加强社会福利机构的各项建设，认真研究涉外送养工作的理论，探索新办法，解决新问题，切实做好我国的涉外送养工作。

民政部

2010年6月17日

民政部关于在办理收养登记中严格区分孤儿与查找不到生父母的弃婴的通知

（1992年8月11日）

各省、自治区、直辖市民政厅（局），各计划单列市民政局：

《中华人民共和国收养法》实施后，各地的收养登记工作已陆续开展起来。目前发现在办理收养登记的过程中，各地孤儿与查找不到生父的弃婴的认定，政策掌握不统一，出现了一些偏差。为了严格执行《收养法》，维护当事人的合法权益，现就此问题，特作如下通知：

一、我国《收养法》中所称的孤儿是指其父母死亡或人民法院宣告其父母死亡的不满十四周岁的未成年人。

二、送养孤儿的须提交有关部门出具的孤儿父母死亡证明书（正常死亡证明书由医疗卫生单位出具，非正常死亡证明书由县以上公安部门出具）或人民法院宣告死亡的判决书。

三、收养登记员对当事人提交的孤儿父母死亡的证明应严格审查和进行必要的调查，并将调查笔录归卷存档。对当事人弄虚作假的，收养登记机关应拒绝为其办理登记。若收养登记员审查不严，玩忽职守，应视情节轻重，由其主管机关撤销其收养登记员资格或给予其必要的行政处分。

以上各条在全国人大对如何认定孤儿和弃婴未作出新的解释前，望各地严格遵照执行。

民政部

1992年8月11日

民政部、国家宗教事务局关于规范宗教界收留孤儿、弃婴活动的通知

（2014 年 4 月 30 日）

各省、自治区、直辖市民政厅（局）、宗教局（民宗委、厅、局），新疆生产建设兵团民政局、民宗局：

济孤恤幼是宗教界行慈举善的重要形式。近年来，宗教界在孤儿、弃婴救助方面发挥了积极作用，但也存在一些监管不到位、抚育不科学、教育无保障等问题。根据《关于进一步做好弃婴相关工作的通知》（民发〔2013〕83 号），为规范宗教界收留孤儿、弃婴活动，现就有关事项通知如下：

一、正确对待和妥善处理宗教界收留孤儿、弃婴问题，关系到儿童合法权益保障，关系到宗教界积极作用发挥，关系到社会和谐稳定。要深入贯彻以人为本的理念，始终坚持儿童优先、儿童利益最大化的原则，采取有效措施规范宗教界收留孤儿、弃婴活动。

宗教界收留孤儿、弃婴活动，是指依法登记的宗教团体、宗教活动场所和经认定备案的宗教教职人员及上述三类主体兴办的收留孤儿、弃婴机构（三类主体兴办的收留孤儿、弃婴机构，以下简称“宗教界兴办机构”）从事的收留孤儿、弃婴活动。除上述三类主体外，其他组织和个人不得以宗教为名从事收留孤儿、弃婴活动。

二、宗教团体、宗教活动场所及宗教界兴办机构要有相对稳定的人力、财力资源，要有符合国家消防安全和卫生防疫标准的制度，具备儿童健康成长必需的抚育、教育等条件。

基本具备上述条件的宗教界兴办机构，应申请与民政部门合办，并严格按照双方签订的合办协议，加强日常管理，强化抚育责任，依法依规开展活动。

不同意与民政部门合办的，以及基本具备上述条件的宗教团体、宗教活动场所，要主动向民政部门提出代养申请。民政部门要与其签订代养协议，明确责任，加强业务指导和规范管理。宗教事务部门要配合民政部门做好宗教界的工作。

不具备上述条件的宗教团体、宗教活动场所及宗教界兴办机构，民政、宗教事务部门要提出整改期限和整改措施，指导和帮助其改善基础设施和收留条件。对于经整改仍不具备上述基本条件的，或虽具备上述条件但既不同意合办又不签订代养协议的，民政、宗教事务部门要会同公安等有关部门责令其停止收留活动。能够查找到监护人的，将孤儿、弃婴交付监护人；查找不到监护人的，送交民政部门设立的儿童福利机构收留抚养。

三、宗教教职人员个人已收留孤儿、弃婴的，按照《关于进一步做好弃婴相关工作的通知》（民发〔2013〕83号）相关规定执行。

四、与民政部门合办或签订代养协议的宗教界兴办机构，以及已经与民政部签订代养协议且具备落户条件的宗教团体和宗教活动场所，可接受孤儿、弃婴落户。宗教团体和宗教活动场所不具备落户条件的，应到与其合办或签订代养协议的儿童福利机构落户。

五、民政部门要按照《关于发放孤儿基本生活费的通知》（民发〔2010〕161号）的相关规定，积极为宗教界收留的儿童进行孤儿身份认定。材料齐全的，将其纳入孤儿国家保障范围，按照当地孤儿养育标准发放基本生活费；材料不全但可以补齐的，民政部门要协调相关部门为其补齐手续并纳入孤儿国家保障范围；材料确实无法补齐不能认定为孤儿的，要按照国家相关规定予以救助。

六、宗教界收留孤儿、弃婴活动应遵守的基本原则和享受的扶持优惠政策，适用《关于鼓励和规范宗教界从事公益慈善活动的意见》（国宗发〔2012〕6号）。宗教界要按照《中华人民共和国未成年人保护法》《中华人民共和国义务教育法》等法律法规，充分保障孤儿、弃婴的合法权益。不得强制收留的孤儿、弃婴信仰宗教。

七、民政、宗教事务部门要积极协调公安、卫生计生等有关部门为宗教界收留的孤儿、弃婴查找监护人，办理户籍登记；协调卫生计生部门适度减免宗教界收留孤儿、弃婴的治病费用，减轻其经济负担；协调教育部门帮助宗教界收留的孤儿、弃婴入学就读，保障其接受义务教育权利，减免相关费用；协调新闻宣传部门加强政策法规宣传，对责令停止收留活动的，做好社会舆论引导和解释工作。

八、民政、宗教事务部门要强化服务意识，寓管理于服务之中，帮助协调解决宗教界收留孤儿、弃婴存在的困难和问题。民政部门要充分发挥在孤儿、弃婴保障工作中的主导作用，加强指导管理。宗教事务部门要配合民政等相关部门加强对宗教界从事收留孤儿、弃婴活动的监督检查，推动规范管理。

自本通知下发之日起，宗教界申请设立收留孤儿、弃婴的机构，必须与当地县级以上人民政府民政部门共同举办。

民政部

国家宗教事务局

2014年4月30日

民政部关于规范生父母有特殊困难无力抚养的子女和社会散居孤儿收养工作的意见

（2014 年 9 月 28 日）

各省、自治区、直辖市民政厅（局）：

为规范生父母有特殊困难无力抚养的子女和社会散居孤儿（以下简称两类儿童）的收养工作，切实维护被收养儿童的合法权益，根据《中华人民共和国收养法》及《中国公民收养子女登记办法》《外国人在中华人民共和国收养子女登记办法》及相关规定，现就两类儿童收养提出如下意见：

一、坚持两类儿童收养工作原则

收养应当有利于被收养未成年人的抚养、成长。要落实儿童利益最佳的原则，把“一切为了孩子”的要求贯穿于收养工作始终，让儿童回归家庭，得到父母的关爱和良好的教育。要坚持国内收养优先的原则，鼓励、支持符合条件的国内家庭收养，研究创制亲属收养的政策措施，积极引导国内家庭转变收养观念，帮助大龄和残疾儿童实现国内收养。同时，积极稳妥地开展涉外收养工作。要遵循平等自愿的原则，充分尊重被收养人和送养人的意愿，切实维护其合法权益。对送养年满十周岁以上未成年人的，要征得其本人同意。告知送养人送养的权利义务，让其知晓送养后的法律后果，方便其行使选择权利。他人不得诱使或强迫监护人送养。要坚持依法登记的原则，强化对收养登记工作人员的管理约束，不断增强法律意识，提高依法办事能力，严格依法依规办理收养登记。

二、明确送养人和送养意愿

生父母有特殊困难无力抚养的子女由生父母作为送养人。生父母均不具备完全民事行为能力且对被收养人有严重危害可能的，由被收养人的监护人作为送养人。社会散居孤儿由其监护人作为送养人。社会散居孤儿的监护人依法变更为社会福利机构的，可以由社会福利机构送养。送养人可以向民政部门提出送养意愿。民政部门可以委托社会福利机构代为接收送养意愿。

三、严格规范送养材料

提交送养材料时，送养人可以直接向县级以上人民政府民政部门提交，也可以由受委托的社会福利机构转交。受委托的社会福利机构应当协助送养人按照要求提交送养证明材料。

送养人应当提交下列证件和证明材料：本人及被收养人的居民身份证和居民户口簿或公安机关出具的户籍证明，《生父母或监护人同意送养的书面意见》（见附件1），并根据下列情况提交相关证明材料。

（一）生父母作为送养人的，应当提交下列证明材料：

1.生父母有特殊困难无力抚养子女的证明；

2.生父母与当地卫生和计划生育部门签订的计划生育协议。

生父母有特殊困难无力抚养的证明是指生父母所在单位或者村（居）委会根据下列证件、证明材料之一出具的能够确定生父母有特殊困难无力抚养的相关证明：

（1）县级以上医疗机构出具的重特大疾病证明；

（2）县级残疾人联合会出具的重度残疾证明；

（3）人民法院判处有期徒刑或无期徒刑、死刑的判决书。

生父母确因其他客观原因无力抚养子女的，乡镇人民政府、街道办事处出具的有关证明可以作为生父母有特殊困难无力抚养的证明使用。

（二）如生父母一方死亡或者下落不明的，送养人还应当提交下列证明：

1.死亡证明、公安机关或者其他有关机关出具的下落不明的证明；

2.经公证的死亡或者下落不明一方的父母不行使优先抚养权的书面声明（见附件2）。

（三）生父母以外的监护人作为送养人的，应当提交下列证明材料：

1.生父母的死亡证明或者人民法院出具的能够证明生父母双方均不具备完全民事行为能力的文书；

2.监护人所在单位或村（居）委会出具的监护人实际承担监护责任的证明；

3.其他有抚养义务的人（祖父母、外祖父母、成年兄姐）出具的经公证的同意送养的书面意见（见附件3）。

生父母均不具备完全民事行为能力的，还应当提交生父母所在单位、村（居）委会、医疗机构、司法鉴定机构或者其他有权机关出具的生父母对被收养人有严重危害可能的证明。

（四）涉外送养的，送养人还应当提交下列材料：

1.被收养人照片；

2.县级以上医疗机构出具的被收养人体检报告；

3.被收养人成长报告。

体检报告参照《关于社会福利机构涉外送养若干规定》（民发〔2003〕112号）办理。被收养人成长报告应全面、准确地反映儿童的情况，包括儿童生父母简要情况、儿童成长发育情况、生活习惯、性格爱好等。7岁以上儿童的成长报告应着重反映儿童心理发育、学习、与人交往、道德品行等方面的情况。

四、依法办理收养登记

（一）中国公民收养两类儿童登记。

中国公民收养两类儿童登记的办理，按照《中国公民收养子女登记办法》及相关规定执行。

（二）外国人收养两类儿童登记。

外国人收养两类儿童登记的办理，由省级人民政府民政部门对送养人提交的涉外送养材料进行审查，认为符合法律规定的，填写《生父母有特殊困难无力抚养的子女和社会散居孤儿涉外送养审查意见表》（见附件4），并向中国儿童福利和收养中心报送，同时附两套上述涉外送养材料的复制件以及被收养人照片。

中国儿童福利和收养中心为被收养人选择到外国收养人后，向省级人民政府民政部门发出《涉外送养通知》，由省级人民政府民政部门书面通知送养人，或者由受委托的社会福利机构代为转交送养人。

送养人接到书面通知后，省级人民政府民政部门和受委托的社会福利机构，应当积极协助送养人做好交接工作，并指导送养人将收养人的情况如实告诉7周岁以上被收养人，帮助送养人做好被收养人的心理辅导。

受委托的社会福利机构可在自身条件允许时，应当事人一方要求，指定人员陪同送养人和被收养人办理收养登记。

外国人收养两类儿童的其他事宜参照《关于社会福利机构涉外送养若干规定》（民发〔2003〕112号）执行。

五、做好两类儿童收养工作的相关要求

各级人民政府民政部门要加强对受托社会福利机构指导督促，做好宣传引导工作，依法保障两类儿童收养工作的健康开展。要切实加强对被收养人的身份审核。受委托的社会福利机构要对被收养人和送养人的情况进行实地调查走访，重点了解是否符合两类儿童的送养条件，注意做好调查笔录、材料保存等工作，严防弄虚作假。有条件的地方可通过政府购买服务、引入社会工作者等方式开展收养评估工作，对被收养人和送养人的情况进行了解把握。各级人民政府民政部门要加强对送养证明材料的审查，依法办理收养登记。

附件：

1.生父母或监护人同意送养的书面意见

2.死亡或下落不明一方的父母不行使优先抚养权的书面声明

3.其他有抚养义务的人同意送养的书面意见

4.生父母有特殊困难无力抚养的子女和社会散居孤儿涉外送养审查意见表

民政部

2014年9月28日

附件1

生父母或监护人同意送养的书面意见

本人　　，身份证号：　　　　　　　　　　　　，是　　（儿童姓名）（性别　，　　年　月　日生，身份证号　　　　　　　　　　）的监护人，与该儿童是　　关系。按照《中华人民共和国收养法》第十一条的规定，我自愿将上述儿童送养（包括涉外送养）。并做出声明如下：本人自愿送养该儿童，并未受到任何威胁、强迫；本人知道此收养将建立养父母与被收养儿童间永久性的父母子女关系；本人知道出具该书面意见的后果，特别是收养将导致　（儿童姓名）与本人的法律关系终止的后果。

下列内容由声明人亲笔抄录：本人保证已完全知晓、理解并同意上述声明，并永久性地放弃我作为监护人的所有权利。本人承诺严格遵守该书面意见规定的事项，绝不反悔。

声明人（签字）：

年　月　日

附件2

死亡或下落不明一方的父母不行使优先抚养权的书面声明

本人　　　，身份证号：　　　　　　　　　　　　　　　　　　　，是（□死亡　□下落不明）一方　　　的父亲/母亲。本人知悉（孙子女/外孙子女姓名）　　　将被其父亲/母亲（姓名）　　　送养。按照《中华人民共和国收养法》第十八条的规定，本人不对（儿童姓名）　　　行使优先抚养权，同意将该儿童送养。

下列内容由声明人亲笔抄录：本人保证已完全知晓、理解并同意上述声明，并永久性放弃我优先抚养（儿童姓名）　　　的权利。本人承诺严格遵守该书面意见规定的事项，绝不反悔。

特此声明。

声明人（签字）：

年　月　日

附件3

其他有抚养义务的人同意送养的书面意见

本人　　　，身份证号：　　　　　　　　　　　　　　，是　　　（儿童姓名）（性别　，　　年　月　日生，身份证号：　　　　　　　　　　　　）的（亲属关系）　　。按照《中华人民共和国婚姻法》第二十八和二十九条的规定，本人是上述儿童的其他有抚养义务的人。按照《中华人民共和国收养法》第十三条“监护人送养未成年孤儿的，需征得有抚养义务人的同意”及《中国公民收养子女登记办法》第六条第一款第（二）项、《外国人在中华人民共和国收养子女登记办法》第五条第二款第（四）项的规定，同意将其送养。

下列内容由声明人亲笔抄录：本人保证已完全知晓、理解并同意上述声明，本人承诺严格遵守该书面意见规定的事项，绝不反悔。

特此声明。

声明人（签字）：

年　月　日

附件4

生父母有特殊困难无力抚养的子女和社会散居孤儿

涉外送养审查意见表

省（自治区、直辖市）：

送养人姓名：

被收养人姓名：

填表日期：　　年　月　日　　　　　　　　中华人民共和国民政部　制

<table>
<tr><td rowspan="4" colspan="2">被收养人情况</td><td>姓名</td><td colspan="2"></td><td colspan="2">性别</td><td></td><td rowspan="3">照片</td></tr>
<tr><td>姓名拼音</td><td colspan="2"></td><td colspan="2">出生日期</td><td></td></tr>
<tr><td>身体状况</td><td colspan="5"></td></tr>
<tr><td>户籍住址</td><td colspan="6"></td></tr>
<tr><td rowspan="10">送养人情况</td><td rowspan="5">送养人</td><td>姓名</td><td></td><td>性别</td><td></td><td>出生日期</td><td></td><td rowspan="4">照片</td></tr>
<tr><td>单位</td><td colspan="5"></td></tr>
<tr><td>身份证号</td><td colspan="2"></td><td colspan="2">联系电话</td><td></td></tr>
<tr><td colspan="3">与被收养人的关系</td><td colspan="3"></td></tr>
<tr><td>户籍住址</td><td colspan="6"></td></tr>
<tr><td rowspan="5">送养人</td><td>姓名</td><td></td><td>性别</td><td></td><td>出生日期</td><td></td><td rowspan="4">照片</td></tr>
<tr><td>单位</td><td colspan="5"></td></tr>
<tr><td>身份证号</td><td colspan="2"></td><td colspan="2">联系电话</td><td></td></tr>
<tr><td colspan="3">与被收养人的关系</td><td colspan="3"></td></tr>
<tr><td>户籍住址</td><td colspan="6"></td></tr>
<tr><td colspan="3">送养人申请送养的意见</td><td colspan="6">送养人签字：

年　月　日</td></tr>
<tr><td colspan="3">省级民政部门审查意见</td><td colspan="6">负责人签字：
盖　章

年　月　日</td></tr>
</table>

注：“身体状况”栏填写“正常”或“病残诊断结论”。

民政部、公安部关于开展查找不到生父母的打拐解救儿童收养工作的通知

（2015 年 8 月 20 日）

各省、自治区、直辖市民政厅（局）、公安厅（局），新疆生产建设兵团民政局、公安局：

家庭是儿童成长的最佳环境，为落实党的十八届三中全会通过的《中共中央关于全面深化改革若干重大问题的决定》中关于健全困境儿童分类保障制度的要求以及国务院办公厅《中国反对拐卖人口行动计划（2013—2020年）》（国办发〔2013〕19号）的相关要求，进一步完善打拐解救儿童安置渠道，使查找不到生父母的打拐解救儿童能够通过收养回归家庭中健康、快乐成长，根据《中华人民共和国收养法》等法律法规的有关规定，现就查找不到生父母的打拐解救儿童收养问题通知如下：

一、全力查找打拐解救儿童生父母

儿童失踪后，其监护人应当及时向公安机关报警。公安机关接到儿童失踪报警后，应当立即出警处置并立案侦查，迅速启动儿童失踪快速查找机制，充分调动警务资源，第一时间组织查找，并及时免费采集失踪儿童父母血样录入全国打拐DNA信息库。

公安机关解救被拐卖儿童后，对于查找到生父母或其他监护人的，应当及时送还。对于暂时查找不到生父母及其他监护人的，应当送交社会福利机构或者救助保护机构抚养，并签发打拐解救儿童临时照料通知书（附件1），由社会福利机构或者救助保护机构承担临时监护责任。同时，公安机关要一律采集打拐解救儿童血样，检验后录入全国打拐DNA信息库比对，寻找儿童的生父母。公安机关经查找，1个月内未找到儿童生父母或其他监护人的，应当为社

会福利机构或者救助保护机构出具暂时未查找到生父母或其他监护人的证明（附件2）。社会福利机构或者救助保护机构在接收打拐解救儿童后，应当在报纸和全国打拐解救儿童寻亲公告平台上发布儿童寻亲公告。公告满30日，儿童的生父母或者其他监护人未认领的，救助保护机构应当在7日内将儿童及相关材料移交当地社会福利机构。社会福利机构应当尽快为儿童办理入院手续并申报落户手续，公安机关应当积极办理落户手续。

从儿童被送交社会福利机构或者救助保护机构之日起满12个月，公安机关未能查找到儿童生父母或其他监护人的，应当向社会福利机构出具查找不到生父母或其他监护人的证明（附件3）。

打拐解救儿童在社会福利机构或者救助保护机构期间，如有人主张其为被公告儿童的生父母或者其他监护人的，上述机构应当立即通知公安机关，由公安机关开展调查核实工作。公安机关经调查确认找到打拐解救儿童生父母或其他监护人的，应当出具打拐解救儿童送还通知书（附件4），由社会福利机构或者救助保护机构配合该儿童生父母或其他监护人将儿童接回。

二、依法开展收养登记工作

社会福利机构收到查找不到生父母或其他监护人的证明后，对于符合收养条件的儿童，应当及时进行国内送养，使儿童能够尽快回归正常的家庭生活。

办理收养登记前，社会福利机构应当与收养家庭签订收养协议（附件5）。

收养人应当填写收养申请书并向有管辖权的收养登记机关提交下列证件、证明材料：

（一）居民户口簿和居民身份证；

（二）婚姻登记证或者离婚判决书、离婚调解书；

（三）县级以上医疗机构出具的未患有在医学上认为不应当收养子女疾病的身体健康检查证明；

收养登记机关应当对收养人进行收养能力评估。收养能力评估可以通过委托第三方等方式开展。收养能力评估应当包括收养人收养动机、职业和经济状况、受教育程度、身体情况、道德品质、家庭关系等内容。

社会福利机构应当向收养登记机关提交下列证件、证明材料：

社会福利机构应当向收养登记机关提交下列证件、证明材料：

（一）社会福利机构法人登记证书、法定代表人身份证明和授权委托书；

（二）被收养人照片、指纹、DNA信息和情况说明；

（三）被收养人进入社会福利机构的原始记录和查找不到生父母或其他监护人的证明等相关证明材料；

被收养人有残疾或者患有重病的，社会福利机构应当同时提交县级以上医疗机构出具的残疾证明或者患病证明。

被收养人年满10周岁的，收养登记机关还应就收养登记事项单独征得其本人同意。

收养登记机关在收到收养登记申请书及相关材料后，应当按照规定进行公告。自公告之日起满60日，打拐解救儿童的生父母或者其他监护人未认领的，收养登记机关应当为符合条件的当事人办理收养登记。对不符合条件的，不予登记并对当事人说明理由。

三、妥善处理打拐解救儿童收养关系解除问题

打拐解救儿童被收养后，公安机关查找到其生父母或其他监护人，或者其生父母或其他监护人又查找到该儿童的，如儿童的生父母或其他监护人要求解除收养关系，且经公安机关确认该儿童确属于被盗抢、被拐骗或者走失的，收养人应当与社会福利机构共同到民政部门办理解除收养关系登记。

儿童的生父母双方或者其他监护人有出卖或者故意遗弃儿童行为的，应当依法追究法律责任，已成立的合法收养关系不受影响。

四、扎实抓好政策落实工作

（一）切实加强组织领导。各地要从落实党中央和国务院关于加强被拐卖受害人的救助、安置、康复和回归社会工作有关要求的高度充分认识此项工作的重要意义，将其作为保护未成年人合法权益和打击整治拐卖儿童犯罪买方市场的重要举措抓紧抓好。各地民政部门和公安部门要建立协调沟通机制，形成工作合力，细化职责分工，将好事办好。要做好督促检查工作，确保此项工作尽快落实。

（二）尽快解决历史问题。各地要优先解决已经在社会福利机构或者救助保护机构长期生活的打拐解救儿童的落户和收养问题。对于社会福利机构或

者救助保护机构内尚未采集血样的打拐解救儿童，当地公安机关应当及时采集DNA信息入库比对查找其生父母，相关费用由公安机关承担，社会福利机构应当协助配合。对于采集了DNA信息、并在本通知实行前已经查找其生父母或其他监护人满12个月的儿童，公安机关应当直接向社会福利机构出具查找不到生父母或其他监护人的证明。社会福利机构或者救助保护机构应当及时在报纸和全国打拐解救儿童寻亲公告平台上发布寻亲公告，公告期满后救助保护机构应当在7日内将儿童及相关材料移交当地社会福利机构。社会福利机构应当在公安机关配合下尽快办理落户等手续，对于符合收养条件的儿童，按照本通知要求及时送养。

（三）着力做好宣传引导。各地要通过多种渠道主动做好政策宣传工作，特别是做好与新闻媒体的沟通，使群众充分了解相关法律规定和打拐解救儿童的生活状况，知晓办理收养登记对于保护打拐解救儿童权益和打击拐卖儿童犯罪的重要意义，营造良好的社会舆论氛围。

附件：

1.打拐解救儿童临时照料通知书

2.暂时未查找到生父母或其他监护人证明

3.查找不到生父母或其他监护人证明

4.打拐解救儿童送还通知书

5.收养协议

（以上附件略）

民政部　公安部

2015年8月20日

11 人民调解与信访

中华人民共和国人民调解法

（2010年8月28日）

第一章　总　则

第一条　为了完善人民调解制度，规范人民调解活动，及时解决民间纠纷，维护社会和谐稳定，根据宪法，制定本法。

第二条　本法所称人民调解，是指人民调解委员会通过说服、疏导等方法，促使当事人在平等协商基础上自愿达成调解协议，解决民间纠纷的活动。

第三条　人民调解委员会调解民间纠纷，应当遵循下列原则：

（一）在当事人自愿、平等的基础上进行调解；

（二）不违背法律、法规和国家政策；

（三）尊重当事人的权利，不得因调解而阻止当事人依法通过仲裁、行政、司法等途径维护自己的权利。

第四条　人民调解委员会调解民间纠纷，不收取任何费用。

第五条　国务院司法行政部门负责指导全国的人民调解工作，县级以上地方人民政府司法行政部门负责指导本行政区域的人民调解工作。

基层人民法院对人民调解委员会调解民间纠纷进行业务指导。

第六条　国家鼓励和支持人民调解工作。县级以上地方人民政府对人民调解工作所需经费应当给予必要的支持和保障，对有突出贡献的人民调解委员会和人民调解员按照国家规定给予表彰奖励。

第二章　人民调解委员会

第七条　人民调解委员会是依法设立的调解民间纠纷的群众性组织。

第八条　村民委员会、居民委员会设立人民调解委员会。企业事业单位根据需要设立人民调解委员会。

人民调解委员会由委员三至九人组成，设主任一人，必要时，可以设副主任若干人。

人民调解委员会应当有妇女成员，多民族居住的地区应当有人数较少民族的成员。

第九条　村民委员会、居民委员会的人民调解委员会委员由村民会议或者村民代表会议、居民会议推选产生；企业事业单位设立的人民调解委员会委员由职工大会、职工代表大会或者工会组织推选产生。

人民调解委员会委员每届任期三年，可以连选连任。

第十条　县级人民政府司法行政部门应当对本行政区域内人民调解委员会的设立情况进行统计，并且将人民调解委员会以及人员组成和调整情况及时通报所在地基层人民法院。

第十一条　人民调解委员会应当建立健全各项调解工作制度，听取群众意见，接受群众监督。

第十二条　村民委员会、居民委员会和企业事业单位应当为人民调解委员会开展工作提供办公条件和必要的工作经费。

第三章　人民调解员

第十三条　人民调解员由人民调解委员会委员和人民调解委员会聘任的人员担任。

第十四条　人民调解员应当由公道正派、热心人民调解工作，并具有一定文化水平、政策水平和法律知识的成年公民担任。

县级人民政府司法行政部门应当定期对人民调解员进行业务培训。

第十五条　人民调解员在调解工作中有下列行为之一的，由其所在的人民调解委员会给予批评教育、责令改正，情节严重的，由推选或者聘任单位予以罢免或者解聘：

（一）偏袒一方当事人的；

（二）侮辱当事人的；

（三）索取、收受财物或者牟取其他不正当利益的；

（四）泄露当事人的个人隐私、商业秘密的。

第十六条　人民调解员从事调解工作，应当给予适当的误工补贴；因从事调解工作致伤致残，生活发生困难的，当地人民政府应当提供必要的医疗、生活救助；在人民调解工作岗位上牺牲的人民调解员，其配偶、子女按照国家规定享受抚恤和优待。

第四章　调解程序

第十七条　当事人可以向人民调解委员会申请调解；人民调解委员会也可以主动调解。当事人一方明确拒绝调解的，不得调解。

第十八条　基层人民法院、公安机关对适宜通过人民调解方式解决的纠纷，可以在受理前告知当事人向人民调解委员会申请调解。

第十九条　人民调解委员会根据调解纠纷的需要，可以指定一名或者数名人民调解员进行调解，也可以由当事人选择一名或者数名人民调解员进行调解。

第二十条　人民调解员根据调解纠纷的需要，在征得当事人的同意后，可以邀请当事人的亲属、邻里、同事等参与调解，也可以邀请具有专门知识、特定经验的人员或者有关社会组织的人员参与调解。

人民调解委员会支持当地公道正派、热心调解、群众认可的社会人士参与调解。

第二十一条　人民调解员调解民间纠纷，应当坚持原则，明法析理，主持公道。

调解民间纠纷，应当及时、就地进行，防止矛盾激化。

第二十二条　人民调解员根据纠纷的不同情况，可以采取多种方式调解民间纠纷，充分听取当事人的陈述，讲解有关法律、法规和国家政策，耐心疏导，在当事人平等协商、互谅互让的基础上提出纠纷解决方案，帮助当事人自愿达成调解协议。

第二十三条　当事人在人民调解活动中享有下列权利：

（一）选择或者接受人民调解员；

（二）接受调解、拒绝调解或者要求终止调解；

（三）要求调解公开进行或者不公开进行；

（四）自主表达意愿、自愿达成调解协议。

第二十四条　当事人在人民调解活动中履行下列义务：

（一）如实陈述纠纷事实；

（二）遵守调解现场秩序，尊重人民调解员；

（三）尊重对方当事人行使权利。

第二十五条　人民调解员在调解纠纷过程中，发现纠纷有可能激化的，应当采取有针对性的预防措施；对有可能引起治安案件、刑事案件的纠纷，应当及时向当地公安机关或者其他有关部门报告。

第二十六条　人民调解员调解纠纷，调解不成的，应当终止调解，并依据有关法律、法规的规定，告知当事人可以依法通过仲裁、行政、司法等途径维护自己的权利。

第二十七条　人民调解员应当记录调解情况。人民调解委员会应当建立调解工作档案，将调解登记、调解工作记录、调解协议书等材料立卷归档。

第五章　调解协议

第二十八条　经人民调解委员会调解达成调解协议的，可以制作调解协议书。当事人认为无须制作调解协议书的，可以采取口头协议方式，人民调解员应当记录协议内容。

第二十九条　调解协议书可以载明下列事项：

（一）当事人的基本情况；

（二）纠纷的主要事实、争议事项以及各方当事人的责任；

（三）当事人达成调解协议的内容，履行的方式、期限。

调解协议书自各方当事人签名、盖章或者按指印，人民调解员签名并加盖人民调解委员会印章之日起生效。调解协议书由当事人各执一份，人民调解委员会留存一份。

第三十条　口头调解协议自各方当事人达成协议之日起生效。

第三十一条　经人民调解委员会调解达成的调解协议，具有法律约束力，当事人应当按照约定履行。

人民调解委员会应当对调解协议的履行情况进行监督，督促当事人履行约定的义务。

第三十二条　经人民调解委员会调解达成调解协议后，当事人之间就调解协议的履行或者调解协议的内容发生争议的，一方当事人可以向人民法院提起诉讼。

第三十三条　经人民调解委员会调解达成调解协议后，双方当事人认为有必要的，可以自调解协议生效之日起三十日内共同向人民法院申请司法确认，人民法院应当及时对调解协议进行审查，依法确认调解协议的效力。

人民法院依法确认调解协议有效，一方当事人拒绝履行或者未全部履行的，对方当事人可以向人民法院申请强制执行。

人民法院依法确认调解协议无效的，当事人可以通过人民调解方式变更原调解协议或者达成新的调解协议，也可以向人民法院提起诉讼。

第六章　附　则

第三十四条　乡镇、街道以及社会团体或者其他组织根据需要可以参照本法有关规定设立人民调解委员会，调解民间纠纷。

第三十五条　本法自2011年1月1日起施行。

中华人民共和国信访条例

（2005 年 1 月 10 日）

第一章　总　则

第一条　为了保持各级人民政府同人民群众的密切联系，保护信访人的合法权益，维护信访秩序，制定本条例。

第二条　本条例所称信访，是指公民、法人或者其他组织采用书信、电子邮件、传真、电话、走访等形式，向各级人民政府、县级以上人民政府工作部门反映情况，提出建议、意见或者投诉请求，依法由有关行政机关处理的活动。

采用前款规定的形式，反映情况，提出建议、意见或者投诉请求的公民、法人或者其他组织，称信访人。

第三条　各级人民政府、县级以上人民政府工作部门应当做好信访工作，认真处理来信、接待来访，倾听人民群众的意见、建议和要求，接受人民群众的监督，努力为人民群众服务。

各级人民政府、县级以上人民政府工作部门应当畅通信访渠道，为信访人采用本条例规定的形式反映情况，提出建议、意见或者投诉请求提供便利条件。

任何组织和个人不得打击报复信访人。

第四条　信访工作应当在各级人民政府领导下，坚持属地管理、分级负责，谁主管、谁负责，依法、及时、就地解决问题与疏导教育相结合的原则。

第五条　各级人民政府、县级以上人民政府工作部门应当科学、民主决策，依法履行职责，从源头上预防导致信访事项的矛盾和纠纷。

县级以上人民政府应当建立统一领导、部门协调，统筹兼顾、标本兼治，各负其责、齐抓共管的信访工作格局，通过联席会议、建立排查调处机制、建立信访督查工作制度等方式，及时化解矛盾和纠纷。

各级人民政府、县级以上人民政府各工作部门的负责人应当阅批重要来信、接待重要来访、听取信访工作汇报，研究解决信访工作中的突出问题。

第六条　县级以上人民政府应当设立信访工作机构；县级以上人民政府工作部门及乡、镇人民政府应当按照有利工作、方便信访人的原则，确定负责信访工作的机构（以下简称信访工作机构）或者人员，具体负责信访工作。

县级以上人民政府信访工作机构是本级人民政府负责信访工作的行政机构，履行下列职责：

（一）受理、交办、转送信访人提出的信访事项；

（二）承办上级和本级人民政府交由处理的信访事项；

（三）协调处理重要信访事项；

（四）督促检查信访事项的处理；

（五）研究、分析信访情况，开展调查研究，及时向本级人民政府提出完善政策和改进工作的建议；

（六）对本级人民政府其他工作部门和下级人民政府信访工作机构的信访工作进行指导。

第七条　各级人民政府应当建立健全信访工作责任制，对信访工作中的失职、渎职行为，严格依照有关法律、行政法规和本条例的规定，追究有关责任人员的责任，并在一定范围内予以通报。

各级人民政府应当将信访工作绩效纳入公务员考核体系。

第八条　信访人反映的情况，提出的建议、意见，对国民经济和社会发展或者对改进国家机关工作以及保护社会公共利益有贡献的，由有关行政机关或者单位给予奖励。

对在信访工作中做出优异成绩的单位或者个人，由有关行政机关给予奖励。

第二章　信访渠道

第九条　各级人民政府、县级以上人民政府工作部门应当向社会公布信访工作机构的通信地址、电子信箱、投诉电话、信访接待的时间和地点、查询信访事项处理进展及结果的方式等相关事项。

各级人民政府、县级以上人民政府工作部门应当在其信访接待场所或者网站公布与信访工作有关的法律、法规、规章，信访事项的处理程序，以及其他为信访人提供便利的相关事项。

第十条　设区的市级、县级人民政府及其工作部门，乡、镇人民政府应当建立行政机关负责人信访接待日制度，由行政机关负责人协调处理信访事项。信访人可以在公布的接待日和接待地点向有关行政机关负责人当面反映信访事项。

县级以上人民政府及其工作部门负责人或者其指定的人员，可以就信访人反映突出的问题到信访人居住地与信访人面谈沟通。

第十一条　国家信访工作机构充分利用现有政务信息网络资源，建立全国信访信息系统，为信访人在当地提出信访事项、查询信访事项办理情况提供便利。

县级以上地方人民政府应当充分利用现有政务信息网络资源，建立或者确定本行政区域的信访信息系统，并与上级人民政府、政府有关部门、下级人民政府的信访信息系统实现互联互通。

第十二条　县级以上各级人民政府的信访工作机构或者有关工作部门应当及时将信访人的投诉请求输入信访信息系统，信访人可以持行政机关出具的投诉请求受理凭证到当地人民政府的信访工作机构或者有关工作部门的接待场所查询其所提出的投诉请求的办理情况。具体实施办法和步骤由省、自治区、直辖市人民政府规定。

第十三条　设区的市、县两级人民政府可以根据信访工作的实际需要，建立政府主导、社会参与、有利于迅速解决纠纷的工作机制。

信访工作机构应当组织相关社会团体、法律援助机构、相关专业人员、社会志愿者等共同参与，运用咨询、教育、协商、调解、听证等方法，依法、及时、合理处理信访人的投诉请求。

第三章　信访事项的提出

第十四条　信访人对下列组织、人员的职务行为反映情况，提出建议、意见，或者不服下列组织、人员的职务行为，可以向有关行政机关提出信访事项：

（一）行政机关及其工作人员；

（二）法律、法规授权的具有管理公共事务职能的组织及其工作人员；

（三）提供公共服务的企业、事业单位及其工作人员；

（四）社会团体或者其他企业、事业单位中由国家行政机关任命、派出的人员；

（五）村民委员会、居民委员会及其成员。

对依法应当通过诉讼、仲裁、行政复议等法定途径解决的投诉请求，信访人应当依照有关法律、行政法规规定的程序向有关机关提出。

第十五条　信访人对各级人民代表大会以及县级以上各级人民代表大会常务委员会、人民法院、人民检察院职权范围内的信访事项，应当分别向有关的人民代表大会及其常务委员会、人民法院、人民检察院提出，并遵守本条例第十六条、第十七条、第十八条、第十九条、第二十条的规定。

第十六条　信访人采用走访形式提出信访事项，应当向依法有权处理的本级或者上一级机关提出；信访事项已经受理或者正在办理的，信访人在规定期限内向受理、办理机关的上级机关再提出同一信访事项的，该上级机关不予受理。

第十七条　信访人提出信访事项，一般应当采用书信、电子邮件、传真等书面形式；信访人提出投诉请求的，还应当载明信访人的姓名（名称）、住址和请求、事实、理由。

有关机关对采用口头形式提出的投诉请求，应当记录信访人的姓名（名称）、住址和请求、事实、理由。

第十八条　信访人采用走访形式提出信访事项的，应当到有关机关设立或者指定的接待场所提出。

多人采用走访形式提出共同的信访事项的，应当推选代表，代表人数不得超过5人。

第十九条　信访人提出信访事项，应当客观真实，对其所提供材料内容的真实性负责，不得捏造、歪曲事实，不得诬告、陷害他人。

第二十条　信访人在信访过程中应当遵守法律、法规，不得损害国家、社会、集体的利益和其他公民的合法权利，自觉维护社会公共秩序和信访秩序，不得有下列行为：

（一）在国家机关办公场所周围、公共场所非法聚集，围堵、冲击国家机关，拦截公务车辆，或者堵塞、阻断交通的；

（二）携带危险物品、管制器具的；

（三）侮辱、殴打、威胁国家机关工作人员，或者非法限制他人人身自由的；

（四）在信访接待场所滞留、滋事，或者将生活不能自理的人弃留在信访接待场所的；

（五）煽动、串联、胁迫、以财物诱使、幕后操纵他人信访或者以信访为名借机敛财的；

（六）扰乱公共秩序、妨害国家和公共安全的其他行为。

第四章　信访事项的受理

第二十一条　县级以上人民政府信访工作机构收到信访事项，应当予以登记，并区分情况，在15日内分别按下列方式处理：

（一）对本条例第十五条规定的信访事项，应当告知信访人分别向有关的人民代表大会及其常务委员会、人民法院、人民检察院提出。对已经或者依法应当通过诉讼、仲裁、行政复议等法定途径解决的，不予受理，但应当告知信访人依照有关法律、行政法规规定程序向有关机关提出。

（二）对依照法定职责属于本级人民政府或者其工作部门处理决定的信访事项，应当转送有权处理的行政机关；情况重大、紧急的，应当及时提出建议，报请本级人民政府决定。

（三）信访事项涉及下级行政机关或者其工作人员的，按照“属地管理、分级负责，谁主管、谁负责”的原则，直接转送有权处理的行政机关，并抄送下一级人民政府信访工作机构。

县级以上人民政府信访工作机构要定期向下一级人民政府信访工作机构通报转送情况，下级人民政府信访工作机构要定期向上一级人民政府信访工作机构报告转送信访事项的办理情况。

（四）对转送信访事项中的重要情况需要反馈办理结果的，可以直接交由有权处理的行政机关办理，要求其在指定办理期限内反馈结果，提交办结报告。

按照前款第（二）项至第（四）项规定，有关行政机关应当自收到转送、交办的信访事项之日起15日内决定是否受理并书面告知信访人，并按要求通报信访工作机构。

第二十二条　信访人按照本条例规定直接向各级人民政府信访工作机构以外的行政机关提出的信访事项，有关行政机关应当予以登记；对符合本条例第十四条第一款规定并属于本机关法定职权范围的信访事项，应当受理，不得推诿、敷衍、拖延；对不属于本机关职权范围的信访事项，应当告知信访人向有权的机关提出。

有关行政机关收到信访事项后，能够当场答复是否受理的，应当当场书面答复；不能当场答复的，应当自收到信访事项之日起15日内书面告知信访人。但是，信访人的姓名（名称）、住址不清的除外。

有关行政机关应当相互通报信访事项的受理情况。

第二十三条　行政机关及其工作人员不得将信访人的检举、揭发材料及有关情况透露或者转给被检举、揭发的人员或者单位。

第二十四条　涉及两个或者两个以上行政机关的信访事项，由所涉及的行政机关协商受理；受理有争议的，由其共同的上一级行政机关决定受理机关。

第二十五条　应当对信访事项作出处理的行政机关分立、合并、撤销的，由继续行使其职权的行政机关受理；职责不清的，由本级人民政府或者其指定的机关受理。

第二十六条　公民、法人或者其他组织发现可能造成社会影响的重大、紧急信访事项和信访信息时，可以就近向有关行政机关报告。地方各级人民政府接到报告后，应当立即报告上一级人民政府；必要时，通报有关主管部门。县级以上地方人民政府有关部门接到报告后，应当立即报告本级人民政府和上一级主管部门；必要时，通报有关主管部门。国务院有关部门接到报告后，应当立即报告国务院；必要时，通报有关主管部门。

行政机关对重大、紧急信访事项和信访信息不得隐瞒、谎报、缓报，或者授意他人隐瞒、谎报、缓报。

第二十七条　对于可能造成社会影响的重大、紧急信访事项和信访信息，有关行政机关应当在职责范围内依法及时采取措施，防止不良影响的产生、扩大。

第五章　信访事项的办理和督办

第二十八条　行政机关及其工作人员办理信访事项，应当恪尽职守、秉公办事，查明事实、分清责任，宣传法制、教育疏导，及时妥善处理，不得推诿、敷衍、拖延。

第二十九条　信访人反映的情况，提出的建议、意见，有利于行政机关改进工作、促进国民经济和社会发展的，有关行政机关应当认真研究论证并积极采纳。

第三十条　行政机关工作人员与信访事项或者信访人有直接利害关系的，应当回避。

第三十一条　对信访事项有权处理的行政机关办理信访事项，应当听取信访人陈述事实和理由；必要时可以要求信访人、有关组织和人员说明情况；需要进一步核实有关情况的，可以向其他组织和人员调查。

对重大、复杂、疑难的信访事项，可以举行听证。听证应当公开举行，通过质询、辩论、评议、合议等方式，查明事实，分清责任。听证范围、主持人、参加人、程序等由省、自治区、直辖市人民政府规定。

第三十二条　对信访事项有权处理的行政机关经调查核实，应当依照有关法律、法规、规章及其他有关规定，分别作出以下处理，并书面答复信访人：

（一）请求事实清楚，符合法律、法规、规章或者其他有关规定的，予以支持；

（二）请求事由合理但缺乏法律依据的，应当对信访人做好解释工作；

（三）请求缺乏事实根据或者不符合法律、法规、规章或者其他有关规定的，不予支持。

有权处理的行政机关依照前款第（一）项规定作出支持信访请求意见的，应当督促有关机关或者单位执行。

第三十三条　信访事项应当自受理之日起60日内办结；情况复杂的，经本行政机关负责人批准，可以适当延长办理期限，但延长期限不得超过30日，并告知信访人延期理由。法律、行政法规另有规定的，从其规定。

第三十四条　信访人对行政机关作出的信访事项处理意见不服的，可以自收到书面答复之日起30日内请求原办理行政机关的上一级行政机关复查。收到复查请求的行政机关应当自收到复查请求之日起30日内提出复查意见，并予以书面答复。

第三十五条　信访人对复查意见不服的，可以自收到书面答复之日起30日内向复查机关的上一级行政机关请求复核。收到复核请求的行政机关应当自收到复核请求之日起30日内提出复核意见。

复核机关可以按照本条例第三十一条第二款的规定举行听证，经过听证的复核意见可以依法向社会公示。听证所需时间不计算在前款规定的期限内。

信访人对复核意见不服，仍然以同一事实和理由提出投诉请求的，各级人民政府信访工作机构和其他行政机关不再受理。

第三十六条　县级以上人民政府信访工作机构发现有关行政机关有下列情形之一的，应当及时督办，并提出改进建议：

（一）无正当理由未按规定的办理期限办结信访事项的；

（二）未按规定反馈信访事项办理结果的；

（三）未按规定程序办理信访事项的；

（四）办理信访事项推诿、敷衍、拖延的；

（五）不执行信访处理意见的；

（六）其他需要督办的情形。

收到改进建议的行政机关应当在30日内书面反馈情况；未采纳改进建议的，应当说明理由。

第三十七条　县级以上人民政府信访工作机构对于信访人反映的有关政策性问题，应当及时向本级人民政府报告，并提出完善政策、解决问题的建议。

第三十八条　县级以上人民政府信访工作机构对在信访工作中推诿、敷衍、拖延、弄虚作假造成严重后果的行政机关工作人员，可以向有关行政机关提出给予行政处分的建议。

第三十九条　县级以上人民政府信访工作机构应当就以下事项向本级人民政府定期提交信访情况分析报告：

（一）受理信访事项的数据统计、信访事项涉及领域以及被投诉较多的机关；

（二）转送、督办情况以及各部门采纳改进建议的情况；

（三）提出的政策性建议及其被采纳情况。

第六章　法律责任

第四十条　因下列情形之一导致信访事项发生，造成严重后果的，对直接负责的主管人员和其他直接责任人员，依照有关法律、行政法规的规定给予行政处分；构成犯罪的，依法追究刑事责任：

（一）超越或者滥用职权，侵害信访人合法权益的；

（二）行政机关应当作为而不作为，侵害信访人合法权益的；

（三）适用法律、法规错误或者违反法定程序，侵害信访人合法权益的；

（四）拒不执行有权处理的行政机关作出的支持信访请求意见的。

第四十一条　县级以上人民政府信访工作机构对收到的信访事项应当登记、转送、交办而未按规定登记、转送、交办，或者应当履行督办职责而未履行的，由其上级行政机关责令改正；造成严重后果的，对直接负责的主管人员和其他直接责任人员依法给予行政处分。

第四十二条　负有受理信访事项职责的行政机关在受理信访事项过程中违反本条例的规定，有下列情形之一的，由其上级行政机关责令改正；造成严重后果的，对直接负责的主管人员和其他直接责任人员依法给予行政处分：

（一）对收到的信访事项不按规定登记的；

（二）对属于其法定职权范围的信访事项不予受理的；

（三）行政机关未在规定期限内书面告知信访人是否受理信访事项的。

第四十三条　对信访事项有权处理的行政机关在办理信访事项过程中，有下列行为之一的，由其上级行政机关责令改正；造成严重后果的，对直接负责的主管人员和其他直接责任人员依法给予行政处分：

（一）推诿、敷衍、拖延信访事项办理或者未在法定期限内办结信访事项的；

（二）对事实清楚，符合法律、法规、规章或者其他有关规定的投诉请求未予支持的。

第四十四条　行政机关工作人员违反本条例规定，将信访人的检举、揭发材料或者有关情况透露、转给被检举、揭发的人员或者单位的，依法给予行政处分。

行政机关工作人员在处理信访事项过程中，作风粗暴，激化矛盾并造成严重后果的，依法给予行政处分。

第四十五条　行政机关及其工作人员违反本条例第二十六条规定，对可能造成社会影响的重大、紧急信访事项和信访信息，隐瞒、谎报、缓报，或者授意他人隐瞒、谎报、缓报，造成严重后果的，对直接负责的主管人员和其他直接责任人员依法给予行政处分；构成犯罪的，依法追究刑事责任。

第四十六条　打击报复信访人，构成犯罪的，依法追究刑事责任；尚不构成犯罪的，依法给予行政处分或者纪律处分。

第四十七条　违反本条例第十八条、第二十条规定的，有关国家机关工作人员应当对信访人进行劝阻、批评或者教育。

经劝阻、批评和教育无效的，由公安机关予以警告、训诫或者制止；违反集会游行示威的法律、行政法规，或者构成违反治安管理行为的，由公安机关依法采取必要的现场处置措施、给予治安管理处罚；构成犯罪的，依法追究刑事责任。

第四十八条　信访人捏造歪曲事实、诬告陷害他人，构成犯罪的，依法追究刑事责任；尚不构成犯罪的，由公安机关依法给予治安管理处罚。

第七章　附　则

第四十九条　社会团体、企业事业单位的信访工作参照本条例执行。

第五十条　对外国人、无国籍人、外国组织信访事项的处理，参照本条例执行。

第五十一条　本条例自2005年5月1日起施行。1995年10月28日国务院发布的《信访条例》同时废止。

国务院法制办公室、国家信访局对《信访条例》第三十四条、第三十五条中“上一级行政机关”的含义及《信访条例》适用问题的解释

（2005年6月3日）

各省、自治区、直辖市法制工作机构、信访局（办）：

根据《信访条例》的立法精神和所确定的原则，经国务院批准，现对《信访条例》第三十四条、第三十五条中“上一级行政机关”的含义及《信访条例》的适用问题解释如下：

一、《信访条例》第三十四条、第三十五条中“上一级行政机关”的含义：原办理行政机关、复查机关是设区的市级以下人民政府工作部门的，其上一级行政机关是指本级人民政府或者上一级人民政府主管部门；原办理行政机关、复查机关是省级人民政府工作部门的，其上一级行政机关是指本级人民政府。

二、信访人在2005年5月1日前提出的信访事项尚未办理完毕的，参照新修订的《信访条例》的规定办理；已经办结，信访人提出新的事实或者理由重新信访的，按照新修订的《信访条例》的规定办理。不能提出新的事实或者理由的，不再重新受理。

人民调解委员会组织条例

（1989 年 6 月 17 日）

第一条　为了加强人民调解委员会的建设，及时调解民间纠纷，增进人民团结，维护社会安定，以利于社会主义现代化建设，制定本条例。

第二条　人民调解委员会是村民委员会和居民委员会下设的调解民间纠纷的群众性组织，在基层人民政府和基层人民法院指导下进行工作。

基层人民政府及其派出机关指导人民调解委员会的日常工作由司法助理员负责。

第三条　人民调解委员会由委员三至九人组成，设主任一人，必要时可以设副主任。

人民调解委员会委员除由村民委员会成员或者居民委员会成员兼任的以外由群众选举产生，每三年改选一次，可以连选连任。

多民族居住地区的人民调解委员会中，应当有人数较少的民族的成员。

人民调解委员会委员不能任职时，由原选举单位补选。

人民调解委员会委员严重失职或者违法乱纪的，由原选举单位撤换。

第四条　为人公正，联系群众，热心人民调解工作，并有一定法律知识和政策水平的成年公民，可以当选为人民调解委员会委员。

第五条　人民调解委员会的任务为调解民间纠纷，并通过调解工作宣传法律、法规、规章和政策，教育公民遵纪守法，尊重社会公德。

人民调解委员会应当向村民委员会或者居民委员会反映民间纠纷和调解工作的情况。

第六条　人民调解委员会的调解工作应当遵守以下原则：

（一）依据法律、法规、规章和政策进行调解，法律、法规、规章和政策没有明确规定的，依据社会公德进行调解；

（二）在双方当事人自愿平等的基础上进行调解；

（三）尊重当事人的诉讼权利，不得因未经调解或者调解不成而阻止当事人向人民法院起诉。

第七条　人民调解委员会根据当事人的申请及时调解纠纷；当事人没有申请的，也可以主动调解。

人民调解委员会调解纠纷可以由委员一人或数人进行；跨地区、跨单位的纠纷，可以由有关的各方调解组织共同调解。

人民调解委员会调解纠纷，可以邀请有关单位和个人参加，被邀请的单位和个人应当给予支持。

第八条　人民调解委员会调解纠纷，应当在查明事实、分清是非的基础上，充分说理，耐心疏导，消除隔阂，帮助当事人达成协议。

调解纠纷应当进行登记，制作笔录，根据需要或者当事人的请求，可以制作调解协议书。调解协议书应当有双方当事人和调解人员的签名，并加盖人民调解委员会的印章。

第九条　人民调解委员会主持下达成的调解协议，当事人应当履行。

经过调解，当事人未达成协议或者达成协议后又反悔的，任何一方可以请求基层人民政府处理，也可以向人民法院起诉。

第十条　基层人民政府对于人民调解委员会主持下达成的调解协议，符合法律、法规、规章和政策的，应当予以支持；违背法律、法规、规章和政策的，应当予以纠正。

第十一条　人民调解委员会调解民间纠纷不收费。

第十二条　人民调解委员会委员必须遵守以下纪律：

（一）不得徇私舞弊；

（二）不得对当事人压制、打击报复；

（三）不得侮辱、处罚当事人；

（四）不得泄露当事人的隐私；

（五）不得吃请受礼。

第十三条　各级人民政府对成绩显著的人民调解委员会和调解委员应当予以表彰和奖励。

第十四条　对人民调解委员会委员，根据情况可以给予适当补贴。

人民调解委员会的工作经费和调解委员的补贴经费，由村民委员会或者居民委员会解决。

第十五条　企业、事业单位根据需要设立的人民调解委员会，参照本条例执行。

第十六条　本条例由司法部负责解释。

第十七条　本条例自发布之日起施行。1954年3月22日原中央人民政府政务院公布的《人民调解委员会暂行组织通则》同时废止。

人民调解工作若干规定

（2002 年 9 月 26 日）

第一章　总　则

第一条　为了规范人民调解工作，完善人民调解组织，提高人民调解质量，根据《中华人民共和国宪法》和《中华人民共和国民事诉讼法》《人民调解委员会组织条例》等法律、法规的规定，结合人民调解工作实际，制定本规定。

第二条　人民调解委员会是调解民间纠纷的群众性组织。

人民调解员是经群众选举或者接受聘任，在人民调解委员会领导下，从事人民调解工作的人员。

人民调解委员会委员、调解员，统称人民调解员。

第三条　人民调解委员会的任务是：

（一）调解民间纠纷，防止民间纠纷激化；

（二）通过调解工作宣传法律、法规、规章和政策，教育公民遵纪守法，尊重社会公德，预防民间纠纷发生；

（三）向村民委员会、居民委员会、所在单位和基层人民政府反映民间纠纷和调解工作的情况。

第四条　人民调解委员会调解民间纠纷，应当遵守下列原则：

（一）依据法律、法规、规章和政策进行调解，法律、法规、规章和政策没有明确规定的，依据社会主义道德进行调解；

（二）在双方当事人自愿平等的基础上进行调解；

（三）尊重当事人的诉讼权利，不得因未经调解或者调解不成而阻止当事人向人民法院起诉。

第五条　根据《最高人民法院关于审理涉及人民调解协议的民事案件的若

干规定》，经人民调解委员会调解达成的、有民事权利义务内容，并由双方当事人签字或者盖章的调解协议，具有民事合同性质。当事人应当按照约定履行自己的义务，不得擅自变更或者解除调解协议。

第六条　在人民调解活动中，纠纷当事人享有下列权利：

（一）自主决定接受、不接受或者终止调解；

（二）要求有关调解人员回避；

（三）不受压制强迫，表达真实意愿，提出合理要求；

（四）自愿达成调解协议。

第七条　在人民调解活动中，纠纷当事人承担下列义务：

（一）如实陈述纠纷事实，不得提供虚假证明材料；

（二）遵守调解规则；

（三）不得加剧纠纷、激化矛盾；

（四）自觉履行人民调解协议。

第八条　人民调解委员会调解民间纠纷不收费。

第九条　司法行政机关依照本办法对人民调解工作进行指导和管理。

指导和管理人民调解委员会的日常工作，由乡镇、街道司法所（科）负责。

第二章　人民调解委员会和人民调解员

第十条　人民调解委员会可以采用下列形式设立：

（一）农村村民委员会、城市（社区）居民委员会设立的人民调解委员会；

（二）乡镇、街道设立的人民调解委员会；

（三）企业事业单位根据需要设立的人民调解委员会；

（四）根据需要设立的区域性、行业性的人民调解委员会。

人民调解委员会的设立及其组成人员，应当向所在地乡镇、街道司法所（科）备案；乡镇、街道人民调解委员会的设立及其组成人员，应当向县级司法行政机关备案。

第十一条　人民调解委员会由委员三人以上组成，设主任一人，必要时可以设副主任。

多民族聚居地区的人民调解委员会中，应当有人数较少的民族的成员。

人民调解委员会中应当有妇女委员。

第十二条　村民委员会、居民委员会和企业事业单位的人民调解委员会根据需要，可以自然村、小区（楼院）、车间等为单位，设立调解小组，聘任调解员。

第十三条　乡镇、街道人民调解委员会委员由下列人员担任：

（一）本乡镇、街道辖区内设立的村民委员会、居民委员会、企业事业单位的人民调解委员会主任；

（二）本乡镇、街道的司法助理员；

（三）在本乡镇、街道辖区内居住的懂法律、有专长、热心人民调解工作的社会志愿人员。

第十四条　担任人民调解员的条件是：为人公正，联系群众，热心人民调解工作，具有一定法律、政策水平和文化水平。

乡镇、街道人民调解委员会委员应当具备高中以上文化程度。

第十五条　人民调解员除由村民委员会成员、居民委员会成员或者企业事业单位有关负责人兼任的以外，一般由本村民区、居民区或者企业事业单位的群众选举产生，也可以由村民委员会、居民委员会或者企业事业单位聘任。

乡镇、街道人民调解委员会委员由乡镇、街道司法所（科）聘任。

区域性、行业性的人民调解委员会委员，由设立该人民调解委员会的组织聘任。

第十六条　人民调解员任期三年，每三年改选或者聘任一次，可以连选连任或者续聘。

人民调解员不能履行职务时，由原选举单位或者聘任单位补选、补聘。

人民调解员严重失职或者违法乱纪的，由原选举单位或者聘任单位撤换。

第十七条　人民调解员调解纠纷，必须遵守下列纪律：

（一）不得徇私舞弊；

（二）不得对当事人压制、打击报复；

（三）不得侮辱、处罚纠纷当事人；

（四）不得泄露当事人隐私；

（五）不得吃请受礼。

第十八条　人民调解员依法履行职务，受到非法干涉、打击报复的，可以请求司法行政机关和有关部门依法予以保护。

人民调解员履行职务，应当坚持原则，爱岗敬业，热情服务，诚实守信，举止文明，廉洁自律，注重学习，不断提高法律、道德素养和调解技能。

第十九条　人民调解委员会应当建立健全岗位责任制、例会、学习、考评、业务登记、统计和档案等各项规章制度，不断加强组织、队伍和业务建设。

第三章　民间纠纷的受理

第二十条　人民调解委员会调解的民间纠纷，包括发生在公民与公民之间、公民与法人和其他社会组织之间涉及民事权利义务争议的各种纠纷。

第二十一条　民间纠纷，由纠纷当事人所在地（所在单位）或者纠纷发生地的人民调解委员会受理调解。

村民委员会、居民委员会或者企业事业单位的人民调解委员会调解不了的疑难、复杂民间纠纷和跨地区、跨单位的民间纠纷，由乡镇、街道人民调解委员会受理调解，或者由相关的人民调解委员会共同调解。

第二十二条　人民调解委员会不得受理调解下列纠纷：

（一）法律、法规规定只能由专责机关管辖处理的，或者法律、法规禁止采用民间调解方式解决的；

（二）人民法院、公安机关或者其他行政机关已经受理或者解决的。

第二十三条　人民调解委员会根据纠纷当事人的申请，受理调解纠纷；当事人没有申请的，也可以主动调解，但当事人表示异议的除外。

当事人申请调解纠纷，可以书面申请，也可以口头申请。

受理调解纠纷，应当进行登记。

第二十四条　当事人申请调解纠纷，符合条件的，人民调解委员会应当及时受理调解。

不符合受理条件的，应当告知当事人按照法律、法规规定提请有关机关处理或者向人民法院起诉；随时有可能激化的，应当在采取必要的缓解疏导措施后，及时提交有关机关处理。

第四章　民间纠纷的调解

第二十五条　人民调解委员会调解纠纷，应当指定一名人民调解员为调解主持人，根据需要可以指定若干人民调解员参加调解。

当事人对调解主持人提出回避要求的，人民调解委员会应当予以调换。

第二十六条　人民调解委员会调解纠纷，应当分别向双方当事人询问纠纷的事实和情节，了解双方的要求及其理由，根据需要向有关方面调查核实，做好调解前的准备工作。

第二十七条　人民调解委员会调解纠纷，根据需要可以邀请有关单位或者个人参加，被邀请的单位或者个人应当给予支持。

调解跨地区、跨单位的纠纷，相关人民调解委员会应当相互配合，共同做好调解工作。

第二十八条　人民调解委员会调解纠纷，一般在专门设置的调解场所进行，根据需要也可以在便利当事人的其他场所进行。

第二十九条　人民调解委员会调解纠纷，根据需要可以公开进行，允许当事人的亲属、邻里和当地（本单位）群众旁听。但是涉及当事人的隐私、商业秘密或者当事人表示反对的除外。

第三十条　人民调解委员会调解纠纷，在调解前应当以口头或者书面形式告知当事人人民调解的性质、原则和效力，以及当事人在调解活动中享有的权利和承担的义务。

第三十一条　人民调解委员会调解纠纷，应当在查明事实、分清责任的基础上，根据当事人的特点和纠纷性质、难易程度、发展变化的情况，采取灵活多样的方式方法，开展耐心、细致的说服疏导工作，促使双方当事人互谅互让，消除隔阂，引导、帮助当事人达成解决纠纷的调解协议。

第三十二条　人民调解委员会调解纠纷，应当密切注意纠纷激化的苗头，通过调解活动防止纠纷激化。

第三十三条　人民调解委员会调解纠纷，一般在一个月内调结。

第五章　人民调解协议及其履行

第三十四条　经人民调解委员会调解解决的纠纷，有民事权利义务内容的，或者当事人要求制作书面调解协议的，应当制作书面调解协议。

第三十五条　调解协议应当载明下列事项：

（一）双方当事人基本情况；

（二）纠纷简要事实、争议事项及双方责任；

（三）双方当事人的权利和义务；

（四）履行协议的方式、地点、期限；

（五）当事人签名，调解主持人签名，人民调解委员会印章。

调解协议由纠纷当事人各执一份，人民调解委员会留存一份。

第三十六条　当事人应当自觉履行调解协议。

人民调解委员会应当对调解协议的履行情况适时进行回访，并就履行情况做出记录。

第三十七条　当事人不履行调解协议或者达成协议后又反悔的，人民调解委员会应当按下列情形分别处理：

（一）当事人无正当理由不履行协议的，应当做好当事人的工作，督促其履行；

（二）如当事人提出协议内容不当，或者人民调解委员会发现协议内容不当的，应当在征得双方当事人同意后，经再次调解变更原协议内容；或者撤销原协议，达成新的调解协议；

（三）对经督促仍不履行人民调解协议的，应当告知当事人可以请求基层人民政府处理，也可以就调解协议的履行、变更、撤销向人民法院起诉。

第三十八条　对当事人因对方不履行调解协议或者达成协议后又后悔，起诉到人民法院的民事案件，原承办该纠纷调解的人民调解委员会应当配合人民法院对该案件的审判工作。

第六章　对人民调解工作的指导

第三十九条　各级司法行政机关应当采取切实措施，加强指导，不断推进本地区人民调解委员会的组织建设、队伍建设、业务建设和制度建设，规范人民调解工作，提高人民调解工作的质量和水平。

各级司法行政机关在指导工作中，应当加强与人民法院的协调和配合。

第四十条　各级司法行政机关应当采取多种形式，加强对人民调解员的培训，不断提高人民调解员队伍的素质。

第四十一条　各级司法行政机关对于成绩显著、贡献突出的人民调解委员会和人民调解员，应当定期或者适时给予表彰和奖励。

第四十二条　各级司法行政机关应当积极争取同级人民政府的支持，保障人民调解工作的指导和表彰经费；协调和督促村民委员会、居民委员会和企业事业单位，落实人民调解委员会的工作经费和人民调解员的补贴经费。

第四十三条　乡镇、街道司法所（科），司法助理员应当加强对人民调解委员会工作的指导和监督，负责解答、处理人民调解委员会或者纠纷当事人就人民调解工作有关问题的请示、咨询和投诉；应人民调解委员会的请求或者根据需要，协助、参与对具体纠纷的调解活动；对人民调解委员会主持达成的调解协议予以检查，发现违背法律、法规、规章和政策的，应当予以纠正；总结交流人民调解工作经验，调查研究民间纠纷的特点和规律，指导人民调解委员会改进工作。

第七章　附　则

第四十四条　人民调解委员会工作所需的各种文书格式，由司法部统一制定。

第四十五条　本规定自二〇〇二年十一月一日起施行。本规定发布前，司法部制定的有关规章、规范性文件与本规定相抵触的，以本规定为准。

最高人民法院、司法部关于认真贯彻实施《中华人民共和国人民调解法》加强和创新社会管理的意见

（2011 年 5 月 3 日）

各省、自治区、直辖市高级人民法院、司法厅（局），新疆维吾尔自治区高级人民法院新疆生产建设兵团分院，新疆生产建设兵团司法局：

近年来，在党中央、国务院的正确领导下，在各级党委、政府的重视支持和人民法院、司法行政机关的精心指导下，人民调解工作紧紧围绕党和国家工作大局，充分发挥维护社会和谐稳定"第一道防线"作用，积极预防、有效化解了大量矛盾纠纷，为维护社会和谐稳定，促进经济社会又好又快发展做出了积极贡献。2011年1月1日，《中华人民共和国人民调解法》（以下简称人民调解法）正式施行，对于完善人民调解制度、推动人民调解工作的改革与发展、充分发挥人民调解工作的职能作用具有十分重要的作用。2011年2月19日，胡锦涛总书记在省部级主要领导干部社会管理及其创新专题研讨班上作了重要讲话，深刻阐述了加强和创新社会管理的重要性和紧迫性，科学分析了当前我国社会管理领域存在的突出问题及其原因，明确提出了新形势下加强和创新社会管理、做好群众工作的总体思路和重点任务，为人民调解工作的发展指明了方向。为认真贯彻实施人民调解法，切实加强和创新社会管理，更好地维护社会稳定，现提出如下意见：

一、充分认识贯彻实施人民调解法加强和创新社会管理的重要意义

当前，我国既处于发展的重要战略机遇期，又处于社会矛盾凸显期，社会管理领域存在不少薄弱环节和问题。只有加强和创新社会管理，正确处理人

民内部矛盾和其他社会矛盾，妥善协调各方面利益关系，才能最大限度激发社会创造力、最大限度增加和谐因素、最大限度减少不和谐因素，保持社会和谐稳定。社会管理，主要是对人的服务和管理，说到底是做群众的工作，涉及广大人民群众切身利益。新的形势下，与时俱进地做好联系群众、宣传群众、组织群众、服务群众、团结群众的各项工作，把群众工作渗透社会管理的各个环节、各个方面，就可以从源头上化解社会矛盾、维护社会稳定、促进社会和谐。人民调解是基层群众民主自治的重要形式，人民调解委员会是群众性组织，人民调解员来自群众、代表群众、服务群众，人民调解工作是党和政府联系群众、服务群众的桥梁和纽带，是群众工作的重要组成部分。做好人民调解工作，在党委政府的主导下，让人民群众组织起来，自己管理自己的事情，对于进一步做好群众工作，加强和创新社会管理，维护社会和谐稳定具有十分重要的意义。同时，人民调解法的正式实施，为进一步做好新形势下的人民调解工作，加强和创新社会管理提供了有力的法律保障，奠定了坚实的法制基础。各级人民法院、司法行政机关和广大人民调解组织、人民调解员要从政治和全局的高度，深刻认识学习贯彻实施人民调解法、加强和创新社会管理的重要意义，切实贯彻党的全心全意为人民服务的根本宗旨，坚持党的群众路线，努力提高人民调解工作水平，全力预防化解矛盾纠纷，维护社会和谐稳定，使人民调解这项具有中国特色的社会主义法律制度发挥新的更大的作用，为实现好、维护好、发展好最广大人民根本利益作出积极的贡献。

二、认真做好矛盾纠纷排查工作

要在党委、政府统一领导下，认真做好矛盾纠纷排查工作。要建立完善矛盾纠纷排查机制，充分发挥人民调解组织遍布城乡、网络健全，人民调解员扎根基层、面向群众的优势，积极开展矛盾纠纷大排查，做到底数清、情况明，为有效化解矛盾纠纷奠定基础。要动员广大人民调解组织和人民调解员充分发挥人民调解群众性、民间性、自治性的制度优势，深入村组、社区、厂矿、企业，定期开展矛盾纠纷排查；对于特定行业或专业领域具有行业性、专业性特点的矛盾纠纷，要经常组织专项排查；在重大活动、重要节日、社会敏感期，要集中力量组织开展重点排查。通过排查摸底，掌握社情民意，及时发现纠纷苗头，做到早发现、早处置、早解决。对于排查出来的矛盾纠纷要进行认真统计、梳理和分析，按照纠纷性质、难易程度和轻重缓急，分门别类进行登记，制定有针对性的调解预案，为开展调解做好准备。要紧紧围绕开展重大活动、完成重大任务、应对重大事件，开展矛盾纠纷预防化解活动，切实提高对社会热点、敏感问题的预知、预判和预防能力。要进一步健全完善矛盾纠纷情报信息网络，完善信息收集、报送分析制度和矛盾纠纷信息反馈机制，及时发现可能导致矛盾纠纷的潜在因素，变被动调解为主动化解，变事后调处为事先预防，努力把矛盾纠纷化解在萌芽状态。

三、大力做好矛盾纠纷化解工作

要按照人民调解法的要求，认真做好矛盾纠纷化解工作。要坚持抓早、抓小、抓苗头，对排查出来的矛盾纠纷，应当及时、就地调解，防止矛盾激化。人民调解员调解民间纠纷，要坚持原则，明法析理，主持公道，根据纠纷的不同情况，采取多种方式进行调解，充分听取当事人的陈述，讲解有关法律、法规和国家政策，耐心疏导，在当事人平等协商、互谅互让的基础上提出纠纷解决方案，帮助当事人自愿达成调解协议。对有可能激化的矛盾纠纷，人民调解员要采取有针对性的预防措施，对有可能引起治安案件、刑事案件的纠纷，应当及时向当地公安机关或者其他有关部门报告。人民调解员调解民间纠纷，调解不成的，应当终止调解，并依据有关法律、法规的规定，告知当事人可以依法通过仲裁、行政、司法等途径维护自己的权利。人民调解委员会要对其主持下达成的调解协议的履行情况进行监督，督促当事人履行约定的义务。要进一步加强人民调解的法制宣传教育功能，在调解中开展法制宣传教育，做深入细致的思想工作，提高群众的法律意识，教育群众遵纪守法，依法合理反映诉求，维护自身合法权益。要围绕党委、政府关注和人民群众关心的社会热点、难点纠纷，努力预防化解矛盾纠纷，维护社会和谐稳定。要认真研究分析矛盾纠纷的新特点新规律，努力把握新形势下化解矛盾纠纷的新需求，不断拓展工作领域，积极参与企业改制、征地拆迁、劳动争议、教育医疗、环境保护、安全生产、食品药品安全、知识产权、交通事故等领域矛盾纠纷的调解工作，及时化解社会矛盾。

四、大力加强人民调解组织建设

要按照人民调解法的规定，加强各类人民调解组织建设，健全完善人民调解组织网络，扩大覆盖面。要依法全面建立村（居）人民调解组织，对村（居）人民调解委员会建设情况进行调查摸底，没有建立的要尽快建立，已经建立的要加以巩固、调整、充实，确保每一个村（居）都有人民调解委员会，实现村（居）人民调解组织全覆盖。要积极推进企（事）业单位人民调解组织建设，加强与企（事）业单位的沟通联系，结合企（事）业单位的特点和实际，积极稳妥地推进人民调解组织建设。要进一步巩固乡镇（街道）人民调解委员会，充分发挥其化解疑难复杂纠纷的作用。要积极发展社会团体或者其他组织设立的人民调解组织，按照人民调解法以及与相关部门联合制定的意见要求，加强与有关行业主管部门、社会团体和其他组织的沟通、协调，相互支持、密切配合，共同指导和推动在医疗卫生、道路交通、劳动人事、物业管理、环境保护、征地拆迁、城乡建设及大型集贸市场、流动人口聚居区、行政接边地区、旅游区等行业或领域建立行业性、专业性人民调解组织。

五、大力加强人民调解员队伍建设

要按照人民调解法关于人民调解员选任方式、选任条件、行为规范、教育培训、优待抚恤的规定，采取有力措施，大力加强人民调解员队伍建设。要发展壮大人民调解员队伍，努力建设一支善于做人民调解工作、有奉献精神、年龄和知识结构合理、专兼职相结合的调解员队伍。认真做好人民调解员选任工作，严格按照选任条件，采取推选、聘任等方式，把那些公道正派、热心人民调解工作并具有一定文化水平、政策水平和法律知识的人员吸收到调解员队伍中来。要充分利用社会资源，吸纳热心公益事业的离退休法官、检察官、警官和律师、公证员等法律工作者以及不同行业的社会志愿者参与人民调解工作，不断完善人民调解员队伍结构。要积极发展专业化、社会化的人民调解员队伍，争取有关部门支持，在相关领域和行业建立一支具有相应职业背景和专业知识的调解员队伍。各级司法行政机关特别是县级司法行政机关、司法所要加强对人民调解员的日常管理，教育他们自觉遵守法律、法规、政策和行为规范，定期进行督促检查。要进一步加大人民调解员培训力度，按照人民调解法的要求，有计划、有组织地定期开展人民调解员的普遍轮训，对他们进行思想政治教育、行为规范教育，以及与调解相关的法律法规培训、调解实务培训，提高他们的政治法律素质、业务能力和调解技巧。

六、依法确认人民调解协议的法律效力

人民调解协议是当事人在人民调解委员会的主持下，在平等协商的基础上自愿达成的纠纷解决方案，具有法律约束力。人民法院要通过依法确认人民调解协议的法律效力，加大对人民调解工作的司法保障。经人民调解委员会调解达成调解协议后，双方当事人认为有必要并按照人民调解法的规定自调解协议生效之日起三十日内共同向人民法院申请司法确认的，人民法院应当及时受理；只有一方当事人申请或者双方当事人在人民调解协议生效后三十日之后提出申请等不符合司法确认申请条件的，人民法院应当告知当事人可以按照最高人民法院《关于审理涉及人民调解协议的民事案件的若干规定》，向人民法院提起诉讼或者另寻法律途径解决。人民法院在对当事人提出的确认申请及其调解协议进行审查时，应当按照最高人民法院《关于人民调解协议司法确认程序的若干规定》规定，着重审查调解协议是否违反法律、行政法规强制性规定，是否损害国家利益、社会公共利益、社会公序良俗以及第三人合法权益，是否存在人民调解委员会、人民调解员强迫调解或者其他违背当事人意愿的行为；着重审查调解协议是否具有可执行的民事权利义务内容等情形。经审查符合司法确认条件的，人民法院应当及时以决定书的形式依法确认调解协议的效力；不符合司法确认条件的，应当及时作出不予确认的决定。人民法院依法确认人民调解协议有效，一方当事人拒绝履行或者未全部履行的，对方当事人可以向作出确认决定的人民法院申请强制执行。人民法院办理人民调解协议司法确认案件，不得收取费用。人民法院依法确认调解协议无效或者不予确认的，当事人可以通过人民调解变更原调解协议或者达成新的调解协议，也可以向人民法院提起诉讼。

七、大力加强人民调解工作法制化、规范化、制度化建设

要按照人民调解法的规定，大力推进人民调解法制化、规范化、制度化建设。各级司法行政机关要结合实际，依据人民调解法立法原则和精神，对现有规章、制度、规范性文件进行清理，建立、修改、完善相关的法规规章和规范性文件。要根据司法部印发的人民调解文书格式，规范人民调解登记、记录、调解协议书制作和档案管理工作，及时将调解纠纷登记、调解工作记录、调解协议等材料立卷归档。要规范人民调解工作程序和工作流程，规范名称、组织

机构、人员组成，做到名称、印章、场所标识、徽章、工作程序、文书格式六统一。要加强人民调解化解矛盾纠纷的统计报送工作，人民调解委员会主持下达成的书面协议和口头协议都要进行统计，定期报送县级司法行政机关。要加强人民调解工作制度化建设，建立健全各项调解工作制度，听取群众意见，接受群众监督。要建立完善人民调解组织建设，人民调解员选任、聘任，队伍培训，统计分析，检查督导等各项规章制度。指导人民调解组织建立健全社情民意分析研判制度、重大纠纷集体讨论制度、重大疑难纠纷报告制度、矛盾纠纷调处跟踪反馈机制、群体性事件快速反应机制等，逐步形成一整套有效预防和化解矛盾纠纷的人民调解工作制度体系。要及时总结推广各地人民调解工作中行之有效、群众普遍认可的好经验好做法，并用制度的形式固定下来，形成长效机制。

八、依法推进人民调解方式方法和工作机制创新

要在人民调解法的框架内大力推进人民调解工作方式方法和工作机制的创新，充分发挥人民调解工作的特色和优势，增强人民调解工作的生机与活力。要在坚持人民调解工作本质属性和基本原则的基础上，根据纠纷的不同情况，采用灵活多样的方式化解矛盾纠纷。要整合司法行政系统资源搞好调解，发挥律师、基层法律服务工作者、法律援助工作者的专业优势，积极参与人民调解，帮助解决疑难复杂的矛盾纠纷。要善于借助社会力量和专业力量参与调解，对于专业性、法律性、政策性较强的矛盾纠纷，积极引导专家学者和有关部门负责人员参与调处。要顺应信息化时代的要求，积极探索运用互联网、通信等现代科技手段开展人民调解工作，方便人民群众，提高工作效率。要进一步健全完善人民调解、行政调解、司法调解相互衔接配合的矛盾纠纷预防化解工作机制，注重发挥好人民调解“第一道防线”作用，巩固和强化人民调解在社会矛盾纠纷调解工作体系中的基础作用，形成调解矛盾纠纷的合力，共同做好社会矛盾化解。

要加强人民调解与诉讼的有机衔接，强化人民调解协议效力，提高协议履行率。基层人民法院应当按照人民调解法规定，对适宜通过人民调解方式解决的纠纷，可以在受理前告知当事人向人民调解委员会申请调解。对于人民调解员调解不成，终止调解后当事人提起民事诉讼的，基层人民法院应当及时受理。

九、落实人民调解工作的保障政策

人民调解法规定，国家鼓励和支持人民调解工作。县级以上地方政府对人民调解工作所需经费应当给予必要的支持和保障，对有突出贡献的人民调解委员会和人民调解员按照国家规定给予表彰奖励。人民调解员从事调解工作，应当给予适当的误工补贴。人民调解员因从事调解工作致伤致残，生活发生困难的，当地人民政府应当提供必要的医疗、生活救助。在人民调解工作岗位上牺牲的人民调解员，其配偶、子女按照国家规定享受抚恤和优待。此外，人民调解法还明确规定，村（居）民委员会和企（事）业单位应当为人民调解委员会开展工作提供办公条件和必要的工作经费。

人民调解法关于国家支持和保障人民调解工作的规定，对于调动广大人民调解员的积极性，推动人民调解工作的发展具有重要意义。各级司法行政机关要认真落实人民调解法的规定，切实把司法行政机关指导人民调解工作经费、人民调解委员会工作补助经费、人民调解员补贴经费落实到位，不留缺口。要积极争取党委、政府和有关部门支持，制定出台有关政策措施，加大投入，努力解决好人民调解场所、办公设施等问题。要健全制度、加强监督，管好用好人民调解经费。

十、进一步加强对人民调解工作的指导

人民调解法规定，县级以上地方人民政府司法行政部门负责指导本行政区域内的人民调解工作；基层人民法院对人民调解委员会调解民间纠纷进行业务指导。司法行政机关、基层人民法院要认真履行职责，进一步加强对人民调解工作的指导，推动人民调解工作深入发展。司法行政机关要把指导人民调解工作列入重要议事日程，切实加强领导。要根据人民调解法的规定，结合本地实际，研究制定人民调解工作发展规划、规章制度和政策措施，并认真贯彻落实。要加强对人民调解委员会组织建设、队伍建设、业务建设和制度建设的指导，从实际出发，根据不同地域、不同层次、不同行业、不同领域人民调解组织的不同情况，有针对性地提出工作要求，作出工作部署，加强督促检查，努力提高人民调解工作水平。要加强调查研究，认真分析研究本地区民间纠纷的

特点和规律，指导人民调解委员会改进工作。要认真总结人民调解实践中的好做法、好经验，大力加以推广，充分发挥典型示范作用。县级司法行政机关要定期开展对人民调解员的业务培训工作，依法对本行政区域内人民调解委员会的设立情况进行统计，将人民调解委员会以及人员组成和调整情况及时通报所在地基层人民法院。乡镇（街道）司法所要加强对辖区内人民调解委员会工作的日常指导，切实提高指导工作的水平，规范人民调解委员会的业务台账、调解文书和工作档案，督促建立和落实各项规章制度，定期组织评比考核，确保调解工作依法、规范进行。

基层人民法院按照人民调解法规定对人民调解委员会调解民间纠纷进行业务指导时，应当坚持“不缺位、不错位、不越位”原则，既不能以审判权取代人民调解自治权，也不能混淆人民调解和司法调解的界限，做到指导方式合法灵活，指导深度合理到位。人民法院应当尊重和支持司法行政机关对人民调解组织的机构设置、工作安排、人员培训、发展规划和职责分工的统筹安排。基层人民法院与司法行政机关应当加强协调与配合，在指导人民调解工作中实现优势互补，共同推动人民调解事业发展。

加强对人民调解工作的指导应当坚持常态指导和动态指导相结合。基层人民法院可以通过参与司法行政机关举办的人民调解员培训班、组织人民调解员旁听法庭审理、依法确认经人民调解委员会调解达成的调解协议具有法律效力、聘任有经验的人民调解员为人民陪审员等常态措施指导人民调解工作。基层人民法院还可根据客观情势，针对民间纠纷在不同地区、不同行业的不同情形和人民调解组织形式、工作模式的发展变化，适时加强指导，确保在第一时间将民间纠纷，特别是可能激化的民间纠纷，化解在第一现场。基层人民法院根据工作需要可以实行巡回指导的工作方式。实行巡回指导，要着眼于方便群众，坚持以人为本，真正解决人民群众最关心、最直接、最现实的利益问题。实行巡回指导，还应当注意因地制宜、因时制宜，妥善采取专项指导、就地指导等动态、多元的指导措施，确保指导工作取得明显实效。基层人民法院应当设立专（兼）职人民调解指导员，对因企业改制、征地拆迁、劳动争议、教育医疗、环境保护、安全生产、食品药品安全、知识产权、交通事故等可能引发的群体性民间纠纷，配合司法行政机关实施专项指导，及时沟通信息，专题研究，制定对策，及时化解矛盾。基层人民法院要积极引导当事人向人民调解组织申请调解，依法审理涉及人民调解协议的民事案件，依法开展司法确认等与审判职能相关的工作。

要积极争取党委、政府对人民调解工作的重视和支持，推动把人民调解工作纳入党委、政府加强和创新社会管理的总体部署，纳入党和政府主导的维护群众权益机制，积极争取政策、经费支持，解决人民调解工作遇到的困难和问题，大力宣传表彰奖励在人民调解工作中涌现出来的先进集体和先进个人，为人民调解工作的发展创造良好条件。各级司法行政机关要进一步加强与人民法院的协调配合，进一步健全完善统计通报、沟通信息、研究工作制度，加强在调解业务指导等方面的配合，形成工作合力，共同做好指导人民调解的工作，更加深入地贯彻实施人民调解法，加强和创新社会管理，促进社会和谐稳定，努力为经济社会发展、为实现全面建设小康社会宏伟目标创造更加良好的社会条件。

最高人民法院关于人民法院办理执行信访案件若干问题的意见

（2016 年 6 月 27 日）

为贯彻落实中央关于涉诉信访纳入法治轨道解决、实行诉访分离以及建立健全信访终结制度的指导精神，根据《中华人民共和国民事诉讼法》（以下简称《民事诉讼法》）及有关司法解释，结合人民法院执行工作实际，现针对执行信访案件交办督办、实行诉访分离以及信访终结等若干问题，提出如下意见：

一、关于办理执行信访案件的基本要求

1.执行信访案件，指信访当事人向人民法院申诉信访，请求督促执行或者纠正执行错误的案件。执行信访案件分为执行实施类信访案件、执行审查类信访案件两类。

2.各级人民法院执行部门应当设立执行信访专门机构；执行信访案件的接待处理、交办督办以及信访终结的复查、报请、决定及备案等各项工作，由各级人民法院执行部门统一归口管理。

3.各级人民法院应当建立健全执行信访案件办理机制，畅通执行申诉信访渠道，切实公开信访办理流程与处理结果，确保相关诉求依法、及时、公开得到处理：

（1）设立执行申诉来访接待窗口，公布执行申诉来信邮寄地址，并配备专人接待来访与处理来信；

（2）收到申诉信访材料后，应当通过网络系统、内部函文等方式，及时向下级人民法院交办；

（3）以书面通知或其他适当方式，向信访当事人告知案件处理过程及结果。

4.各级人民法院应当建立执行信访互联网申诉、远程视频接访等网络系统，引导信访当事人通过网络反映问题，减少传统来人来信方式信访。

5.各级人民法院应当建立和落实执行信访案件交办督办制度：

（1）上级人民法院交办执行信访案件后，通过挂牌督办、巡回督导、领导包案等有效工作方式进一步督促办理；

（2）设立执行信访案件台账，以执行信访案件总数、已化解信访案件数量等作为基数，以案访比、化解率等作为指标，定期对辖区法院进行通报；

（3）将辖区法院执行信访工作情况纳入绩效考评，并提请同级党委政法委纳入社会治安综合治理考核范围；

（4）下级人民法院未落实督办意见或者信访化解工作长期滞后，上级人民法院可以约谈下级人民法院分管副院长或者执行局长，进行告诫谈话，提出整改要求。

二、关于执行实施类信访案件的办理

6.执行实施类信访案件，指申请执行人申诉信访，反映执行法院消极执行，请求督促执行的案件。

执行实施类信访案件的办理，应当遵照“执行到位、有效化解”原则。如果被执行人具有可供执行财产，应当穷尽各类执行措施，尽快执行到位。如果被执行人确无财产可供执行，应当尽最大努力解释说明，争取息诉罢访，有效化解信访矛盾；经解释说明，仍然反复申诉、缠访闹访，可以依法终结信访。

7.执行实施类信访案件，符合下列情形的，可以认定为有效化解，上级人民法院不再交办督办：

（1）案件确已执行到位；

（2）当事人达成执行和解协议并已开始依协议实际履行；

（3）经重新核查，被执行人确无财产可供执行，经解释说明或按照有关规定进行司法救助后，申请执行人书面承诺息诉罢访。

8.申请执行人申诉信访请求督促执行，如果符合下列情形，上级人民法院不再作为执行信访案件交办督办：

（1）因受理破产申请而中止执行，已告知申请执行人依法申报债权；

（2）再审裁定中止执行，已告知申请执行人依法应诉；

（3）因牵涉犯罪，案件已根据相关规定中止执行并移送有关机关处理；

（4）信访诉求系认为执行依据存在错误。

9.案件已经执行完毕，但申请执行人以案件尚未执行完毕为由申诉信访，应当制作结案通知书，并告知针对结案通知书提出执行异议。

10.被执行人确无财产可供执行，执行法院根据相关规定作出终结本次执行程序裁定，申请执行人以案件尚未执行完毕为由申诉信访，告知针对终结本次执行程序裁定提出执行异议。

三、关于执行审查类信访案件的办理

11.执行审查类信访案件，指信访当事人申诉信访，反映执行行为违反法律规定或对执行标的主张实体权利，请求纠正执行错误的案件。

执行审查类信访案件的办理，应当遵照“诉访分离”原则。如果能够通过《民事诉讼法》及相关司法解释予以救济，必须通过法律程序审查；如果已经穷尽法律救济程序以及本意见所规定的执行监督程序，仍然反复申诉、缠访闹访，可以依法终结信访。如果属于审判程序、国家赔偿程序处理范畴，告知通过相应程序寻求救济。

12.信访当事人向执行法院请求纠正执行错误，如果符合执行异议、案外人异议受理条件，应当严格按照立案登记制要求，正式立案审查。

13.信访当事人未向执行法院提交《执行异议申请》，但以“申诉书”“情况反映”等形式主张执行行为违反法律规定或对执行标的主张实体权利的，应当参照执行异议申请予以受理。

14.信访当事人向上级人民法院申诉信访，主张下级人民法院执行行为违反法律规定或对执行标的主张实体权利，如案件尚未经过异议程序或执行监督程序处理，上级人民法院一般不进行实质性审查，按照如下方式处理：

（1）告知信访当事人按照相关规定寻求救济；

（2）通过信访制度交办督办，责令下级人民法院按照异议程序或执行监督程序审查；

（3）下级人民法院正式立案审查后，上级人民法院不再交办督办。

15.当事人、利害关系人不服《民事诉讼法》第二百二十五条所规定执行复议裁定，向上一级人民法院申诉信访，上一级人民法院应当作为执行监督案件立案审查，以裁定方式作出结论。

16.当事人、利害关系人在异议期限之内已经提出异议，但是执行法院未予立案审查，如果当事人、利害关系人在异议期限之后继续申诉信访，执行法院应当作为执行监督案件立案审查，以裁定方式作出结论。

当事人、利害关系人不服前款所规定执行监督裁定，向上一级人民法院继续申诉信访，上一级人民法院应当作为执行监督案件立案审查，以裁定方式作出结论。

17.信访当事人向上级人民法院申诉信访，反映异议、复议案件严重超审限的，上级人民法院应当通过信访制度交办督办，责令下级人民法院限期作出异议、复议裁定。

18.当事人、利害关系人申诉信访请求纠正执行错误，如果符合下列情形，上级人民法院不再作为执行信访案件交办督办：

（1）信访诉求系针对人民法院根据行政机关申请所作出准予执行裁定，并非针对执行行为；

（2）信访诉求系认为执行依据存在错误。

四、关于执行信访案件的依法终结

19.被执行人确无财产可供执行，申请执行人书面承诺息诉罢访，如果又以相同事由反复申诉、缠访闹访，执行法院可以逐级报请高级人民法院决定终结信访。

20.当事人、利害关系人提出执行异议，经异议程序、复议程序及执行监督程序审查，最终结论驳回其请求，如果仍然反复申诉、缠访闹访，可以依法终结信访：

（1）执行监督裁定由高级人民法院作出的，由高级人民法院决定终结信访；

（2）执行复议、监督裁定由最高人民法院作出的，由最高人民法院决定终结信访或交高级人民法院终结信访。

21.执行实施类信访案件，即使已经终结信访，执行法院仍然应当定期查询被执行人财产状况；申请执行人提出新的财产线索而请求恢复执行的，执行法院应当立即恢复执行。

22.申请执行人因案件未能执行到位而导致生活严重困难的，一般不作信访终结。

23.高级人民法院决定终结信访之前，应当报请最高人民法院备案。最高人民法院对于不符合条件的，及时通知高级人民法院予以补正或者退回。不予终结备案的，高级人民法院不得终结。

24.最高人民法院、高级人民法院决定终结信访的，应当书面告知信访当事人。

25.已经终结的执行信访案件，除另有规定外，上级人民法院不再交办督办，各级人民法院不再重复审查；信访终结后，信访当事人仍然反复申诉、缠访闹访的，依法及时处理，并报告同级党委政法委。

26.执行信访终结其他程序要求，依照民事案件信访终结相关规定办理。

附件：执行信访案件分流办理示意图（略）

中共中央办公厅、国务院办公厅关于印发《信访工作责任制实施办法》的通知

（2016 年 10 月 8 日）

各省、自治区、直辖市党委和人民政府，中央和国家机关各部委，解放军各大单位、中央军委各部门、各人民团体：

《信访工作责任制实施办法》已经中央领导同志同意，现印发给你们，请遵照执行。

中共中央办公厅

国务院办公厅

2016 年 10 月 8 日

信访工作责任制实施办法

第一章 总 则

第一条 为了进一步落实各级党政机关及其领导干部、工作人员信访工作责任，从源头上预防和减少信访问题发生，推动信访问题及时就地解决，依法维护群众合法权益，促进社会和谐稳定，根据国家有关法律法规和中央有关规定，制定本办法。

第二条 本办法所称党政机关，包括党的机关、人大机关、行政机关、政协机关、审判机关、检察机关。

各级党政机关派出机构、直属事业单位以及工会、共青团、妇联等人民团体适用本办法。

国有和国有控股企业参照本办法执行。

第三条　落实信访工作责任制，以邓小平理论、“三个代表”重要思想、科学发展观为指导，深入贯彻习近平总书记系列重要讲话精神，按照“属地管理、分级负责，谁主管、谁负责，依法、及时、就地解决问题与疏导教育相结合”的工作原则，综合运用督查、考核、惩戒等措施，依法规范各级党政机关履行信访工作职责，把信访突出问题处理好，把群众合理合法利益诉求解决好，确保中央关于信访工作决策部署贯彻落实。

第二章　责任内容

第四条　各级党政机关应当将信访工作列入议事日程，定期听取工作汇报、分析信访形势、研究解决工作中的重要问题，从人力物力财力上保证信访工作顺利开展；应当科学、民主决策，依法履行职责，从源头上预防和减少导致信访问题的矛盾和纠纷。

党政机关领导班子主要负责人对本地区、本部门、本系统的信访工作负总责，其他成员根据工作分工，对职权范围内的信访工作负主要领导责任。

各级领导干部应当阅批群众来信和网上信访，定期接待群众来访，协调处理疑难复杂信访问题。

第五条　各级党政机关工作部门对属于本部门职权范围内的信访事项，应当依照有关法律法规规定和程序，及时妥善处理。

垂直管理部门负责本系统的信访工作，应当督促下级部门和单位依法、及时、就地解决信访问题。

第六条　地方各级党委和政府在预防和处理本地区信访问题中负有主体责任，应当加强矛盾纠纷排查化解和信访风险防控预警，针对具体问题明确责任归属，协调督促有关责任部门和单位依法、及时、就地解决，并加强对信访群众的疏导教育。

第七条　各级信访部门应当在党委和政府的统一领导下，协调、指导和监督本地区的信访工作，依照法定程序和诉讼与信访分离制度受理、交办、转送和督办信访事项，协调处理重要信访问题，分析研究信访情况，提出改进工作、完善政策和给予处分的建议。

第八条　各级党政机关工作人员在处理信访事项过程中，应当遵守群众纪律，秉公办事、清正廉洁、保守秘密、热情周到。

第三章　督查考核

第九条　各级党政机关应当将信访工作纳入督查范围，对本地区、本部门、本系统信访工作开展和责任落实情况，每年至少组织开展一次专项督查，并在适当范围内通报督查情况。

第十条　各级党政机关应当以依法、及时、就地解决信访问题为导向，建立健全信访工作考核评价机制，制定科学合理的考核评价标准和指标体系，定期对本地区、本部门、本系统信访工作情况进行考核。考核结果作为对领导班子和领导干部综合考评的重要参考。

各级组织人事部门在干部考察工作中，应当听取信访部门意见，了解掌握领导干部履行信访工作职责情况。

国家信访局负责对各省、自治区、直辖市信访工作情况进行年度考核。对工作成效明显的省、自治区、直辖市予以通报表扬；对问题较多的省、自治区、直辖市，加强工作指导，督促解决存在的问题。

第四章　责任追究

第十一条　各级党政机关及其领导干部、工作人员不履行或者未能正确履行本办法所列责任内容，有下列情形之一的，应当追究责任：

（一）因决策失误、工作失职，损害群众利益，导致信访问题产生，造成严重后果的；

（二）未按照规定受理、交办、转送和督办信访事项，或者不执行信访事项处理意见，严重损害信访群众合法权益的；

（三）违反群众纪律，对应当解决的群众合理合法诉求消极应付、推诿扯皮，或者对待信访群众态度恶劣、简单粗暴，损害党群干群关系，造成严重后果的；

（四）对发生的集体访或者信访负面舆情处置不力，导致事态扩大，造成不良影响的；

（五）对信访部门提出的改进工作、完善政策和给予处分等建议重视不够、落实不力，导致问题长期得不到解决的；

（六）其他应当追究责任的失职失责情形。

对前款规定中涉及的集体责任，领导班子主要负责人和直接主管的负责人承担主要领导责任，参与决策和工作的班子其他成员承担重要领导责任，对错误决策或者行为提出明确反对意见而没有被采纳的，不承担领导责任；涉及的个人责任，具体负责的工作人员承担直接责任，领导班子主要负责人和直接主管的负责人承担领导责任。

第十二条　根据情节轻重，对各级党政机关领导干部、工作人员的责任追究采取通报、诫勉、组织调整或者组织处理、纪律处分的方式进行。上述追责方式，可以单独使用，也可以合并使用。

涉嫌违法犯罪的，按照国家有关法律规定处理。

第十三条　对具有本办法第十一条所列情形、情节较轻的，由有管理权限的党政机关对相关责任人进行通报，限期整改。

第十四条　对受到通报后仍未按期完成整改目标，或者具有本办法第十一条所列情形且危害严重以及影响重大的，由有管理权限的党政机关对相关责任人进行诫勉，督促限期整改。同时，取消该地区、部门和单位本年度评选综合性荣誉称号的资格。

第十五条　对受到诫勉后仍未按期完成整改目标，或者有本办法第十一条所列情形且危害特别严重以及影响特别重大的，由有管理权限的党政机关对相关责任人采取停职检查、调整职务、责令辞职、降职、免职等组织调整或者组织处理措施。

第十六条　对在信访工作中失职失责的相关责任人，应当给予党纪政纪处分的，依纪依法追究责任。

第五章　附　则

第十七条　各省、自治区、直辖市，中央和国家机关各部门，可以根据本办法制定实施细则。

中央军事委员会可以根据本办法，结合中国人民解放军和中国人民武装警察部队的实际情况，制定具体规定。

第十八条　本办法由国家信访局负责解释。

第十九条　本办法自2016年10月8日起施行。此前发布的有关信访工作责任制的规定，凡与本办法不一致的，按照本办法执行。